OLD TESTAMENT PARSING GUIDE
JOB-MALACHI

TODD S. BEALL, Ph.D.
WILLIAM A. BANKS, Th.M.
COLIN SMITH, M.A.

MOODY PRESS
Chicago

© 1990 by
THE MOODY BIBLE INSTITUTE
OF CHICAGO

All rights reserved. No part of this book may be reproduced in any form without permission in writing from the publisher, except in the case of brief quotations embodied in critical articles or reviews.

ISBN: 0-8024-6316-9

1 2 3 4 5 6 Printing/AK/Year 93 92 91 90

Printed in the United States of America

CONTENTS

Introduction v

Preface to Volume Two viii

Errata (Volume One) ix

Abbreviations xii

Parsing Guide
    Job 1
    Psalms 24
    Proverbs 79
    Ecclesiastes 97
    Song of Solomon 104
    Isaiah 106
    Jeremiah 153
    Lamentations 203
    Ezekiel 208
    Daniel 249
    Hosea 263
    Joel 269
    Amos 271
    Obadiah 276
    Jonah 277
    Micah 279
    Nahum 282
    Habakkuk 284
    Zephaniah 286
    Haggai 288
    Zechariah 289
    Malachi 296

ACKNOWLEDGEMENTS

We thank the Lord for many people who have helped to make this volume a reality. As in the first volume, we would like to thank Dr. Homer Heater, Professor of Bible Exposition at Dallas Theological Seminary (formerly Academic Dean of Capital Bible Seminary), for his encouragement and help throughout the project; and Dr. Richard A. Taylor, Professor of Old Testament at Dallas Theological Seminary (formerly at Capital), for his careful proofing of the Aramaic sections of the work. We would also like to acknowledge the contributions of Dr. Kenneth Barker, Academic Dean of Capital Bible Seminary, who helped in checking some of the more troublesome forms and provided encouragement throughout the completion of this second volume.

The completion of these volumes was continually aided by the help and encouragement of *all* the faculty, administration, staff, and students of Capital Bible Seminary. In particular, we would especially acknowledge the help of the following Capital Bible Seminary students and alumni who checked significant portions of this volume: Carol Hedegard, Olu Ijatuyi, Paul Liebert, Doug Lyon, and Joe Sperty.

Special thanks also goes to Dr. Alan Groves, Professor of Old Testament at Westminster Theological Seminary, and his staff, for their checking of every verb in this work during their preparation of a morphologically tagged text of the Hebrew Bible.

We would also like to acknowledge the gracious assistance of Michael Bushell, whose word processing program (with Hebrew capabilities) was used in the preparation of this work. And we thank the entire staff at Moody Press for their encouragement and patience during the production of these volumes.

Finally, we would especially like to thank our wives and families for their patience with us during the past eight years as we labored for countless hours on this work. Without their willingness to sacrifice in many ways, this project would never have been accomplished.

Todd S. Beall
William A. Banks
Colin Smith

INTRODUCTION

Purpose of the Work

Over the past fifteen years, numerous aids for students of the New Testament have appeared, making the task of translating and understanding the original Greek text much easier. Interlinear Greek-English New Testaments, verse-by-verse vocabulary lists, grammatical aids, and New Testament parsing guides all have enabled the serious student of the Scripture (whether pastor or layperson) to delve into the original Greek text with greater ease than ever before.

Comparable works for the Old Testament, however, have been lacking until recently. The now completed *Interlinear Hebrew-English Old Testament*, by J. Kohlenberger III (Zondervan) and *A Reader's Hebrew-English Lexicon of the Old Testament*, by T. Armstrong, D. Busby, and C. Carr (Zondervan) have helped to make the study of the Old Testament in Hebrew easier, as has B. Einspahr's *Index to Brown, Driver and Briggs Hebrew Lexicon* (Moody). But one of the chief difficulties in studying Hebrew is in mastering its verbal system, and until now a verse-by-verse parsing aid (similar to N. Han's *A Parsing Guide to the Greek New Testament* [Herald]) for the Old Testament did not exist.

The purpose of this work, then, is to supply a verse-by-verse parsing aid for *every* verb in the Old Testament, so that the busy pastor or serious Bible student will be aided in translating more rapidly any portion of the Old Testament text. Rather than spending his time searching for a verb's root in the lexicon, or looking up the form in Davidson's *Analytical Hebrew and Chaldee Lexicon of the Old Testament* (Zondervan; where words are listed alphabetically by their form, not verse by verse), the student may spend his time more profitably in the interpretation of the text at hand. To this end, the page number of Brown, Driver and Briggs' *Hebrew and English Lexicon of the Old Testament* (BDB; Oxford) is listed beside each verb entry, so that the student may look up the word rapidly in this standard lexicon should he need further help on a word's use or meaning.

Scope of the Work

This work, issued in two volumes, lists every verb form in order of occurrence in the Old Testament according to verse. If the same form occurs twice within a verse, it is parsed twice. Consideration was given to eliminating the most common verb forms (for example, לאמר and ויהי), but it was thought that it would be most helpful for those whose Hebrew is weak to include all verb forms. The more advanced Hebrew student may simply skip over the more obvious forms.

The Hebrew text used is the *Biblia Hebraica Stuttgartensia* (BHS), which reproduces the Leningrad Codex. In addition, the textual variants represented by the *Kethib-Qere* of the Masoretes are represented in the parsing guide whenever either the *Kethib* (what is written in the text) or the *Qere* (what is to be read instead of the *Kethib*) is a verb form. (In the parsing guide the *Kethib* is noted by a "k" after the verb form, while the *Qere* is marked by a "q".) Help in parsing some of the *Kethib-Qere* forms has been provided by R. Gordis, *The Biblical Text in the Making: A Study of the Kethib-Qere* (Ktav), although Gordis has not been followed in all instances.

Sample Parsing Guide Entry

To explain the features of the parsing guide, it will be helpful to consider a sample parsing guide entry:

Ch	Vs	Form	Stem	Tnse	Pgn	Root	BDB	Sfx	Meaning
1:	28	כבשה	qal	impv	mp	כבש	461	3fs	subdue

Each entry begins with the chapter and verse location of the form in question ("1: 28"). Next, the unpointed verb form is given ("כבשה"), *without* any prefixes (even ו ["and"] and the ל ["to"] used for construct infinitives are omitted from the form written in the parsing guide). Suffixes are, however, included. Next, the stem, tense, and person, gender, and number of the form are given ("qal impv mp"). The root of the form is then indicated ("כבש"), followed by the page number in BDB where discussion of the verb root begins ("461"). Note that the BDB page numbers do not reference the page a particular citation is discussed, as in Einspahr, but rather the page where discussion of the verb root begins. (The former method could not have been chosen, since BDB does not necessarily cite *all* occurrences of a particular verb, whereas the parsing guide does). Next, where applicable, the person, gender, and number of the suffix attached to the verb are indicated ("3fs"). Finally, a definition of the verb is provided ("subdue"). This definition is *not* intended to replace a more thorough lexical study, but rather reflects the most common meaning of the word in the stem indicated. Because of space limitations, sometimes the definition is abbreviated (note especially the abbreviation "c" for "cause" used in hiphil stems).

Parsing of Waw Consecutive and Volitive Forms

While other Old Testament parsing aids (such as Davidson's) do not specifically indicate *waw* consecutive perfect (wcp), *waw* consecutive imperfect (wci), cohortative, or jussive forms, the present work has attempted to delineate such forms. Little problem is encountered in parsing *waw* consecutive imperfect forms, since these forms have a particular orthography that distinguishes the *waw* consecutive imperfect from the simple *waw*. In the case of *waw* consecutive perfects, however, the situation is more complicated because there is no difference in form between a *waw* consecutive perfect and a simple *waw* (sometimes there is a change of tone, but many times there is not). Thus, the recognition of *waw* consecutive perfects is not determined simply by form, but rather by meaning. Hence, the recognition of *waw* consecutive perfects is sometimes a subjective process.

A similar problem is met with the determination of cohortatives and jussives. In the case of cohortatives, sometimes the orthography is unclear, since final א and final ה verbs rarely take the ה of the cohortative, and suffixed forms never do. Furthermore, occasionally the cohortative *form* is used, but the meaning is not cohortative (see Gesenius' *Hebrew Grammar* [Oxford], §108g, h). The same is true for the jussives. The jussives look the same as the normal imperfects in all the plural forms and in most of the singular forms as well (the jussive differs in form only in the hiphil and in the middle weak and final ה verbs). Because of this similarity in form, as Gesenius notes, "it is frequently doubtful which of the two the writer intended" (*Hebrew Grammar*, §109k). Sometimes the jussive form is used, but the meaning seems to be imperfect; at other times the meaning appears to be jussive, but the jussive form (where it would be distinctive) is not used (see further, S. R. Driver, *A Treatise on the Use of the Tenses in Hebrew* [Oxford], §170-75). Hence, as P. Joüon observes, it is often necessary to distinguish between the syntactical jussive "mode" and the jussive "form" (*Grammaire de l'hébreu biblique* [Pontifical Biblical Institute], §114g n. 2).

To help distinguish between those cases where the *form* is clearly jussive or cohortative and those where the form does not show it, but the *meaning* seems to be jussive or cohortative, the following abbreviations are used in the parsing guide:

(1) *jus* indicates jussive in form and meaning;

(2) *jusf* indicates jussive in form only, not meaning (rare);

and (3) *jusm* indicates jussive in meaning, but no unique form to indicate jussive is used. Similar sigla are used for cohortatives (*coh*, *cohf*, and *cohm*).

It is recognized that there is a great deal of subjectivity involved in the determination of some of the *waw* consecutive perfect forms, and many of the jussive and cohortative forms (especially those designated with jusf, jusm, cohf, and cohm), since in many cases the *context*, not form alone, is the determining factor. This problem is particularly acute in Hebrew poetry (i.e., most of Volume Two). Hence, the parsing guide should not be regarded as the "last word" in these cases. However, it was thought that the benefits of designating the *waw* consecutive perfects, cohortatives, and jussives in the parsing guide outweighed the increased subjectivity involved.

Other Difficult Forms

Aside from the problems with *waw* consecutive perfects, cohortatives, and jussives mentioned above, there are other forms which present particular difficulties in parsing.

Often it is difficult to decide whether a form is a verb or an adjective (for example, טוב). Similarly, for some weak verbs the forms for perfect 3ms and for participle are the same, and it is often difficult to decide between the two (especially troublesome are בא and מת). In such cases we have normally followed BDB, if it made reference to the specific form. We have also made abundant use of S. Mandelkern's *Veteris Testamenti Concordantiae Hebraicae atque Chaldaicae* (Tel Aviv: Schocken) and A. Even-Shoshan's *A New Concordance of the Old Testament* (Baker) for help in disputed forms. Throughout the work, we have striven for consistency as much as possible in such matters.

Because the Masoretes did not recognize qal passive forms, they pointed such forms as Pual perfects or Hophal imperfects, and the forms are so listed in BDB. In the parsing guide, however, we have noted numerous qal passive forms, in accordance with Gesenius (*Hebrew Grammar*, §52e, 53u) and Joüon (*Grammaire de l'hébreu biblique*, §58).

In the case of one particular verb, חוה, the root indicated in the parsing guide does not match the BDB page number given. BDB regarded such forms as השתחות (Gen. 37:10) as a hithpalel from the root שחה, but in reality the form should be parsed as a hishtaphel from the root חוה. The BDB page number for all references to this root is given as page 1005, where the forms are discussed under the (incorrect) root שחה.

Finally, some forms seem nearly impossible to parse as pointed (for example, ילדת in Gen. 16:11: its pointing is a hybrid of qal participle and qal perfect). Such forms have been marked with a "?" after the BDB page number to indicate that the parsing of this form is uncertain. We have tried to keep the number of forms marked with a "?" to a strict minimum.

Accuracy of the Work

Every effort has been made to ensure a high degree of accuracy in this work. Each form has been parsed and checked in context by all co-authors as well as at least one other person. In addition, the entire work was then sorted and compared by hand with Mandelkern's Concordance. Thus, in addition to the original work, each entry has been checked at least five different times.

Yet, by no means are we claiming inerrancy for this work. With nearly 75,000 verbs listed in both volumes, and eight pieces of information about each form, these volumes contain about 600,000 items, or over 4,000,000 characters of information. Undoubtedly some typos (Hebrew and English) and parsing errors have slipped through our careful checking procedures. The authors would be most grateful for information as to any errors encountered, so that they may be corrected in future editions.

May the Lord be glorified, and the study of His Word be enhanced by those who use this work.

PREFACE TO VOLUME TWO

We are thankful for the excellent reception of the first volume of the *Old Testament Parsing Guide*, already in its second printing. A number of errors have been found in the process of working on volume two, as well as through the check of our work by Dr. Alan Groves and his staff at Westminster Theological Seminary. A complete errata list is given on the following pages. Most of these errors were corrected in the second printing; those that were not are marked with an asterisk (*).

Perhaps the biggest change since volume one is the addition of a third author, Rev. Colin Smith. Mr. Smith helped us extensively in the checking of volume one and then volunteered to do some of the original work in volume two. In addition, he checked the entire second volume carefully and has been a tremendous help in his analysis of the more difficult forms (especially jussives and cohortatives). We thank the Lord for Mr. Smith's excellent contribution to this project, and welcome him as a co-author.

Our continued hope is that these volumes will be instrumental in making the process of translating the Hebrew text less tedious, to the end that more and more students and pastors will uncover the richness of the Hebrew language in their preaching and teaching of the Word of God.

ERRATA (VOLUME ONE)

Note that an asterisk (*) indicates a correction since the second printing of volume one; all other errata were corrected in the second printing. Minor changes in the definition column from the first to second printing are not included in this list.

Correct Entry								Explanation of change
pola=polal (p. viii)								[wrong abb. in intro]
* Gen 4:15	יקם	qalp	impf	3ms	נקם	667	be avenged	[hoph>qalp]
* Gen 4:24	יקם	qalp	impf	3ms	נקם	667	be avenged	[hoph>qalp]
Gen 14:5	יכו	hiph	wci	3mp	נכה	645	smite	[3cp>3mp]
Gen 16:11	ילדת	qal	wcp	2fs	ילד	408?	bear,beget	[insert "?"]
Gen 18:21	באה	qal	pft	3fs	בוא	97	come in	[ptc fs>pft 3fs]
* Gen 19:7	תרעו	hiph	jusm	2mp	רעע	949	hurt,do evil	[impf>jusm]
Gen 21:3	נולד	niph	pft	3ms	ילד	408	be born	[ptc ms>pft 3ms]
Gen 21:30	תהיה	qal	impf	3fs	היה	224	be,become	[2ms>3fs]
Gen 22:13	נאחז	niph	pft	3ms	אחז	28	be caught	[ptc ms>pft 3ms]
* Gen 24:33	ויושם q	qalp	wci	3ms	שים	962	be set	[hoph>qalp]
Gen 24:48	קחת	qal	infc		לקח	542	take	[del. ל in form]
Gen 24:55	תלך	qal	impf	3fs	הלך	229	walk,go	[2ms>3fs]
Gen 26:27	תשלחוני	piel	wci	2mp	שלח	1018	1cs send away,shoot	[wcp>wci]
* Gen 27:31	יקם	qal	jusm	3ms	קום	877	arise,stand	[jus>jusm]
Gen 28:6	קחת	qal	infc		לקח	542	take	[del. ל in form]
Gen 32:17	עברו	qal	impv	mp	עבר	716	pass over	[ms>mp]
Gen 35:3	נעלה	qal	cohm	1cp	עלה	748	go up	[coh>cohm]
Gen 38:23	מצאתה	qal	pft	2ms	מצא	592	3fs find	[1cs>2ms]
Gen 43:18	קחת	qal	infc		לקח	542	take	[del. ל in form]
Gen 43:29	יחנך	qal	jusm	3ms	חנן	335	2ms show favor	[ך (final kaph) in form, not ך]
Gen 46:27	באה	qal	pft	3fs	בוא	97	come in	[ptc fs>pft 3fs]
Gen 49:7	אפיצם	hiph	impf	1cs	פוץ	806	3mp scatter	[wci>impf]
Gen 50:22	ישב	qal	wci	3ms	ישב	442	sit,dwell	[3mr>3ms]
* Exo 21:21	יקם	qalp	impf	3ms	נקם	667	be avenged	[hoph>qalp]
Exo 26:24	תמים	qal	ptc	mp	תאם	1060	be double	[DELETE LINE]
Exo 34:19	חזכר	niph	impf	3fs	זכר	269?	be remembered	[insert "?"]
Exo 35:24	מרים	hiph	ptc	ms	רום	926	raise,lift	[mp>ms]
Lev 6:9	יאכלוה	qal	impf	3mp	אכל	37	3fs eat	[3cp>3mp]
Lev 11:4	מעלה	hiph	ptc	ms	עלה	748	bring up,offer	[fs>ms]
Lev 11:5	מעלה	hiph	ptc	ms	עלה	748	bring up,offer	[fs>ms]
* Lev 19:20	חפשה	pual	pft	3fs	חפש	344	be searched for	[ADD after יומתו]
Num 3:4	זרה	qal	ptc	fs	זור	266	be stranger	[ADD after הקרבם]
Num 10:35	יפצו	qal	jusm	3mp	פוץ	806	be scattered	[jus>jusm]
Num 11:15	אראה	qal	cohm	1cs	ראה	906	see	[coh>cohm]
Num 13:2	יתרו	qal	jusm	3mp	תור	1064	seek out,spy	[jus>jusm]
Num 16:21	אכלה	piel	cohm	1cs	כלה	477	complete,finish	[coh>cohm]
* Num 22:6	יואר	qalp	impf	3ms	ארר	76	be cursed	[hoph>qalp]
* Num 22:19	יסף	hiph	jusf	3ms	יסף	414	add,do again	[jus>jusf]
Num 23:22	מוציאם	hiph	ptc	ms	יצא	422	3mp bring out	[mp>ms + 3mp suffix]
* Num 24:19	ירד	qal	jusf	3ms	רדה	921	rule	[jus>jusf]
* Num 32:14	ספות	qal	infc		יסף	414	add,increase	[root יסף>ספה]
Num 33:39	מת	qal	infc		מות	559	3ms die	[DELETE LINE]
Det 1:22	ישבו	hiph	jusm	3mp	שוב	996	bring back	[jus>jusm]
Det 7:10	שנאו	qal	ptc	ms	שנא	971	3ms hate	[mp>ms]
* Det 7:16	תחס	qal	impf	3fs	חוס	299?	pity	[jusf>impf]
Det 9:9	קחת	qal	infc		לקח	542	take	[del. ל in form]
* Det 13:9	תחוס	qal	impf	3fs	חוס	299?	pity	[jusf>impf]
Det 14:21	מכר	qal	infa		מכר	569	sell	[infc>infa]
Det 18:16	אספ	hiph	jus	1cs	יסף	414?	add,do again	[insert "?"]
Det 18:21	דברו	piel	pft	3ms	דבר	180	3ms speak	[infc>pft 3ms]
Det 18:22	דברו	piel	pft	3ms	דבר	180	3ms speak	[infc>pft 3ms]
Det 18:22	דברו	piel	pft	3ms	דבר	180	3ms speak	[infc>pft 3ms]

Correct entry								Explanation of change
* Det 19:13	תָחוֹס	qal	impf	3fs	חוס	299?		pity	[jusf>impf]
* Det 19:21	תָחוֹס	qal	impf	3fs	חוס	299?		pity	[jusf>impf]
Det 21:8	נִכַּפֵּר	nith	wcp	3ms	כפר	497?		be covered	[insert "?"]
Det 24:4	קַחְתָּהּ	qal	infc		לקח	542	3fs	take	[del. ל in form]
Det 24:19	קַחְתּוֹ	qal	infc		לקח	542	3ms	take	[del. ל in form]
* Det 25:12	תָחוֹס	qal	impf	3fs	חוס	299?		pity	[jusf>impf]
Det 26:19	תִתֶּךָ	qal	infc		נתן	678	2ms	give,set	[ךָ (final kaph) in form, not ד]
Det 30:16	מְצַוְּךָ	piel	ptc	ms	צוה	845	2ms	command	[ךָ (final kaph) in form, not ד]
Det 33:16	תָּבוֹאתָה	qal	coh	3fs	בוא	97?	3fs	come in	[insert "?"]
Det 34:7	מֹתוֹ	qal	infc		מות	559	3ms	die	[DELETE LINE]
Det 34:7	כָּהֲתָה	qal	pft	3fs	כהה	462		grow dim	[add verse no.]
Jos 18:4	יָקֻמוּ	qal	jusm	3mp	קום	877		arise	[jus>jusm]
Jos 18:4	יָבֹאוּ	qal	jusm	3mp	בוא	97		come in	[jus>jusm]
Jos 22:26	נַעֲשֶׂה	qal	cohm	1cp	עשה	793		do,make	[coh>cohm]
Jud 1:24	הַרְאֵנוּ	hiph	impv	ms	ראה	906	1cp	show,exhibit	[mp>ms]
Jud 2:15	נִשְׁבַּע	niph	pft	3ms	שבע	989		swear	[chg. מ to ב in form]
Jud 5:13	יְרַד	qal	pft	3ms	ירד	432?		come down	[insert "?"]
Jud 5:13	יְרַד	qal	pft	3ms	ירד	432?		come down	[insert "?"]
* Jud 5:26	תִּשְׁלַחְנָה	qal	impf	3fp	שלח	1018?		send	[insert "?"]
Jud 6:18	חֻמֻשׁ	qal	jusm	2ms	מוש	559		depart,remove	[jus>jusm]
* Jud 11:7	צַר	qal	pft	3ms	צרר	864		bind,be cramped	[ADD after בָּאתֶם]
Jud 13:5	יָלַדְתְּ	qal	wcp	2fs	ילד	408?		bear,beget	[insert "?"]
Jud 13:7	יָלַדְתְּ	qal	wcp	2fs	ילד	408?		bear,beget	[insert "?"]
Jud 14:3	קַחְתּ	qal	infc		לקח	542		take	[del. ל in form]
Jud 16:25	טוֹבk	qal	pft	3ms	טוב	373		be pleasing	[add "k"]
Jud 16:25	טוֹבq	qal	infc		טוב	373		be pleasing	[ADD after טוֹבk]
Jud 18:7	מַכְלִים	hiph	ptc	ms	כלם	483		humiliate	[mp>ms]
Jud 18:9	נַעֲלָה	qal	cohm	1cp	עלה	748		go up	[coh>cohm]
Jud 19:11	נָלִין	qal	cohm	1cp	לון	533		spend the night	[coh>cohm]
Jud 20:10	קַחְתּ	qal	infc		לקח	542		take	[del. ל in form]
* Rth 1:13	מַר	qal	pft	3ms	מרר	600		be bitter	[ADD after הָיָה]
* Rth 2:13	אֶמְצָא	qal	cohm	1cs	מצא	592		find	[impf>cohm]
Rth 3:3	יָרַדְתִּיk	qal	wcp	2fs	ירד	432		come down	[1cs>2fs]
Rth 3:4	שָׁכַבְתִּיk	qal	wcp	2fs	שכב	1011		lie,lie down	[1cs>2fs]
Rth 4:6	אוּכַל	qal	impf	1cs	יכל	407		be able	[אכל 37 eat>יכל 407 be able]
* 1Sm 2:10	יַרְעֵם	hiph	jusf	3ms	רעם	947		thunder	[impf>jusf]
* 1Sm 2:10	יָרֵם	hiph	jusf	3ms	רום	926		raise,lift	[impf>jusf]
1Sm 2:16	קַטֵּר	piel	infa		קטר	882		make sacrifices	[hiph>piel]
1Sm 4:3	יֹשִׁעֵנוּ	hiph	jusm	3ms	ישע	446	1cp	deliver,save	[jus>jusm]
1Sm 4:15	קָמָה	qal	pft	3fs	קום	877		arise	[ptc ms>pft 3fs]
1Sm 7:8	יֹשִׁעֵנוּ	hiph	jusm	3ms	ישע	446	1cp	deliver,save	[jus>jusm]
1Sm 10:22	נֶחְבָּא	niph	ptc	ms	חבא	285		hide oneself	[pft 3ms>ptc ms]
* 1Sm 14:36	נִשְׁאַר	hiph	jusf	1cp	שאר	983		leave,spare	[jus>jusf]
1Sm 14:44	יוֹסִף	hiph	jusm	3ms	יסף	414		add,do again	[jus>jusm]
1Sm 15:5	יָרֶב	hiph	wci	3ms	ארב	70		lie in wait	[qal ריב 936 strive>hiph ארב lie in wait]
1Sm 15:9	נִמְבְזָה	niph	ptc	fs	בזה	102?		despised	[insert "?"]
1Sm 15:33	שִׁכְּלָה	piel	pft	3fs	שכל	1013		make childless	[qal...be bereaved>piel...make childless]
1Sm 15:33	שָׁכַל	qal	impf	3fs	שכל	1013		be bereaved	[piel...make childless>qal...be bereaved]
1Sm 18:23	נְקַלֶּה	niph	ptc	fs	קלל	886		be trifling	[ms קלה 885 be dishonored>fs 886 be trifling]
1Sm 19:14	קַחַת	qal	infc		לקח	542		take	[del. ל in form]
1Sm 19:20	קַחַת	qal	infc		לקח	542		take	[del. ל in form]
1Sm 20:29	אֶרְאֶה	qal	cohm	1cs	ראה	906		see	[coh>cohm]
1Sm 22:14	סָר	qal	ptc	ms	סור	693?		turn aside	[insert "?"]
1Sm 23:23	חִפַּשְׂתִּי	piel	wcp	1cs	חפש	344		search for	[qal...search out>piel...search for]
1Sm 24:12	קַחְתָּהּ	qal	infc		לקח	542	3fs	take	[del. ל in form]
1Sm 25:24	תְּדַבֵּר	piel	jusm	3fs	דבר	180		speak	[jus>jusm]
1Sm 25:34	תְבֹאתִיk	qal	wci	2fs	בוא	97?		come in	[insert "?"]
1Sm 25:34	תְבֹאתq	qal	wci	2fs	בוא	97?		come in	[insert "?"]
1Sm 25:39	קַחְתָּהּ	qal	infc		לקח	542	3fs	take	[del. ל in form]
1Sm 25:40	קַחְתֵּךְ	qal	infc		לקח	542	2fs	take	[del. ל in form]
2Sm 1:17	יְקֹנֵן	pol	wci	3ms	קין	884		chant a dirge	[poel קוֹנֵןq>pol קין]
2Sm 2:14	יְשַׂחֲקוּ	piel	jusm	3mp	שחק	965		make sport	[qal...laugh>piel...make sport]
2Sm 3:33	יְקֹנֵן	pol	wci	3ms	קין	884		chant a dirge	[poel קוֹנֵןq>pol קין]

Correct entry									Explanation of change
2Sm 12:4	קחת	qal	infc		לקח	542		take	[del. ל in form]
2Sm 15:8	יָשִׁיבk	hiph	impf	3ms	שוב	996?		bring back	[insert "?"]
2Sm 15:8	יָשׁוּבq	qal	infa		ישׁב	442?		sit,dwell	[insert "?"]
2Sm 15:20	אֲנוֹעֵךk	qal	impf	1cs	נוע	631?	2ms	totter,wave	[insert "?"]
*2Sm 17:12	נותר	niph	impf	3ms	יתר	451		leave,spare	[hiph jus 1cp>niph impf 3ms]
2Sm 18:8	וּנְפֹצִיתk	niph	ptc	fp	פוץ	806?		be scattered	[insert "?"]
2Sm 18:31	יִתְבַּשֵּׂר	hith	jusm	3ms	בשׂר	142		receive tidings	[jus>jusm]
2Sm 19:43	נִשֵּׂאת	niph	infa		נשׂא	669?		be lifted up	[ptc fs>infa + insert "?"]
2Sm 20:5	וַיְיַחֶרk	piel	wci	3ms	אחר	29?		tarry,hinder	[insert "?"]
*2Sm 22:14	יַרְעֵם	hiph	jusf	3ms	רעם	947		thunder	[impf>jusf]
2Sm 22:36	עַנְוַתְךָ	piel	infc		ענה	776	2ms	humble	[DELETE LINE]
2Sm 22:49	קָמַי	qal	ptc	mp	קום	877	1cs	arise	[ADD after אֹיְבַי]
*2Sm 24:14	צַר	qal	pft	3ms	צרר	864		bind,be cramped	[ADD after יֹאמַר]
1Kg 2:16	תָּשִׁבִי	hiph	jusm	2fs	שוב	996		bring back	[jus>jusm]
1Kg 2:17	יִתֵּן	qal	jusm	3ms	נתן	678		give,set	[jus>jusm]
1Kg 3:21	מֵת	qal	pft	3ms	מות	559		die	[ptc ms>pft 3ms]
1Kg 6:19	תֵּתֵן	qal	infc		נתן	678?		give,set	[insert "?"]
1Kg 8:26	יֵאָמֶן	niph	jusm	3ms	אמן	52		be confirmed	[jus>jusm]
1Kg 8:31	נָשָׁא	qal	.wcp	3ms	נשׂא	673?		be creditor	[insert "?"]
1Kg 8:37	יָצַר	hiph	impf	3ms	צרר	864		make narrow	[qal...bind,be cramped>hiph...make narrow]
1Kg 11:22	חָסֵר	qal	ptc	ms	חסר	341		lack	[ADD after יֹאמַר]
1Kg 13:3	נִקְרָע	niph	ptc	ms	קרע	902		be rent,split	[pft 3ms>ptc ms]
1Kg 16:31	נָקֵל	niph	pft	3ms	קלל	886		be trifling	[ptc ms>pft 3ms]
1Kg 17:11	קְחִי	qal	infc		לקח	542		take	[del. ל in form]
1Kg 18:40	יִמָּלֵט	niph	jusm	3ms	מלט	572		escape	[jus>jusm]
1Kg 19:10	קַחְתָּהּ	qal	infc		לקח	542	3fs	take	[del. ל in form]
1Kg 19:14	קַחְתָּהּ	qal	infc		לקח	542	3fs	take	[del. ל in form]
1Kg 20:39	סָר	qal	pft	3ms	סור	693		turn aside	[ptc ms>pft 3ms]
1Kg 21:7	יִיטַב	qal	jusm	3ms	יטב	405		be good	[jus>jusm]
1Kg 21:10	יְעִדֻהוּ	hiph	jusm	3mp	עוד	729	3ms	bear witness	[jus>jusm]
1Kg 21:15	מֵת	qal	pft	3ms	מות	559		die	[ptc ms>pft 3ms]
2Kg 6:17	מָלֵא	qal	pft	3ms	מלא	569		be full,fill	[ptc ms>pft 3ms]
2Kg 6:27	יוֹשִׁעֵךְ	hiph	jusm	3ms	ישׁע	446	2ms	deliver,save	[jus>jusm]
2Kg 6:31	יוֹסִף	hiph	jusm	3ms	יסף	414		add,do again	[jus>jusm]
2Kg 14:8	נִתְרָאֶה	hith	cohm	1cp	ראה	906		look at each	[coh>cohm]
2Kg 19:26	קִצְרֵי	qal	ptc	mp	קצר	894		reap,harvest	[DELETE LINE]
2Kg 22:4	יַתֵּם	hiph	jusm	3ms	תמם	1070		finish	[jus>jusm]
*2Kg 25:29	שִׁנָּא	piel	wcp	3ms	שנה	1039		change,alter	[pft>wcp]
1Ch 11:17	יִתְאָוk	hith	wci	3ms	אוה	16		desire	[3mp>3ms]
1Ch 11:17	יִתְאָיוq	hith	wci	3ms	אוה	16?		desire	[3mp>3ms + insert "?"]
1Ch 14:2	נִשֵּׂאת	niph	pft	3fs	נשׂא	669		be lifted up	[ptc fs>pft 3fs]
1Ch 15:27	מְכֻרְבָּל	pual	ptc	ms	כרבל	499		be clothed	[רבלk in root>כרבל]
*1Ch 21:13	צַר	qal	pft	3ms	צרר	864		bind,be cramped	[ADD after יֹאמַר]
1Ch 22:19	נִבְנֶה	niph	ptc	ms	בנה	124		be built	[fs>ms]
1Ch 23:6	יַחְלְקֵם	piel	wci	3ms	חלק	323	3mp	divide	[niph...be divided>piel...divide]
1Ch 23:26	שֵׂאת	qal	infc		נשׂא	669		lift,carry	[chg. verse no. from 29 to 26]
1Ch 23:29	מֻרְבֶּכֶת	hoph	ptc	fs	רבך	916		be mixed	[add verse no.]
1Ch 24:4	יַחְלְקֵם	piel	wci	3ms	חלק	323	3mp	divide	[niph...be divided>piel...divide]
1Ch 26:16	עוֹלָה	qal	ptc	fs	עלה	748		go up	[ms>fs]
2Ch 6:22	נָשָׁא	qal	wcp	3ms	נשׂא	673?		be creditor	[insert "?"]
2Ch 22:3	יוֹעַצְתּוֹ	qal	ptc	fs	יעץ	419	3ms	advise,counsel	[pptc>ptc]
2Ch 25:17	נִתְרָאֶה	hith	cohm	1cp	ראה	906		look at each	[coh>cohm]
2Ch 32:23	נִשָּׂא	hith	wci	3ms	נשׂא	669		lift self up	[niph...be lifted up>hith...lift self up]
2Ch 34:9	יָשִׁיבk	qal	ptc	mp	ישׁב	442		sit,dwell	[שוב 996 turn...>ישׁב 442 sit,dwell]
2Ch 34:33	סָרוּ	qal	pft	3cp	סור	693		turn aside	[hiph...take away>qal...turn aside]
2Ch 35:25	יְקוֹנֵן	pol	wci	3ms	קין	884		chant a dirge	[poel נגן q>pol קין]
Ezr 4:2	נִבְנֶה	qal	cohm	1cp	בנה	124		build	[coh>cohm]
Ezr 4:7	מְתֻרְגָּם	pual	ptc	ms	תרגם	1076		be interpreted	[רגם in root>תרגם]
Ezr 6:3	מְסוֹבְלִין	saph	pptc	mp	יבל	1094?		bear along	[insert "?"]
Neh 2:13	מְפֹרָצִיםk	pual	ptc	mp	פרץ	829?		broken down	[insert "?"]
Neh 2:17	נִבְנֶה	qal	cohm	1cp	בנה	124		build	[coh>cohm]
Neh 10:39	עַשֵּׂר	hiph	infa		עשׂר	797?		take tithe	[insert "?"]
Est 2:3	יִקְבְּצוּ	qal	jusm	3mp	קבץ	867		gather,collect	[jus>jusm]

ABBREVIATIONS

The following abbreviations are used in the *Old Testament Parsing Guide*:

Stem Abbreviations

Hebrew

niph=niphal
hiph=hiphil
hoph=hophal
hith=hithpael

(less common)
hish=hishtaphel
hoth=hothpaal
htpo=hithpolel
htpp=hithpalpel
nith=nithpael
pal=palel
pall=pealal
pil=pilel
pilp=pilpel
pol=polel
pola=polal
polp=polpal
pul=pulal
qalp=qal passive

Aramaic

aph=aphel
haph=haphel
hish=hishtaphel
htap=hithaphel
htpa=hithpaal
htpe=hithpeel
htpo=hithpolel
htpp=hithpalpel
ish=ishtaphel
ith=ithpeel
itho=ithpoel
pol=polel
shap=shaphel

Tense Abbreviations

coh=cohortative in form and meaning
cohf=cohortative in form, not meaning
cohm=cohortative in meaning, but no unique form to indicate cohortative
impf=imperfect
impv=imperative
infa=infinitive absolute
infc=infinitive construct
jus=jussive in form and meaning
jusf=jussive in form, not meaning
jusm=jussive in meaning, but no unique form to indicate jussive
pft=perfect
pptc=passive participle (only in qal)
ptc=participle
wci=*waw* consecutive imperfect
wcp=*waw* consecutive perfect

Special Symbols (see Introduction for further explanation)

k=*Kethib* form
q=*Qere* form
?=Parsing of this form is unclear
c. (in Meaning section)=cause

Job 1:1–2:1

ChVs	Form	Stem	Tnse	PGN	Root	BDB	Sfx	Meaning
JOB								
1:1	היה	qal	pft	3ms	היה	224		be, become
	היה	qal	pft	3ms	היה	224		be, become
	ירא	qal	ptc	ms	ירא	431		fear
	סר	qal	ptc	ms	סור	693		turn aside
1:2	יולדו	niph	wci	3mp	ילד	408		be born
1:3	יהי	qal	wci	3ms	היה	224		be, become
	יהי	qal	wci	3ms	היה	224		be, become
1:4	הלכו	qal	pft	3cp	הלך	229		walk, go
	עשו	qal	pft	3cp	עשה	793		do, make
	שלחו	qal	pft	3cp	שלח	1018		send
	קראו	qal	pft	3cp	קרא	894		call, proclaim
	אכל	qal	infc		אכל	37		eat, devour
	שתות	qal	infc		שתה	1059		drink
1:5	יהי	qal	wci	3ms	היה	224		be, become
	הקיפו	hiph	pft	3cp	נקף	668		surround
	ישלח	qal	wci	3ms	שלח	1018		send
	יקדשם	piel	wci	3ms	קדש	872	3mp	consecrate
	השכים	hiph	pft	3ms	שכם	1014		rise early
	העלה	hiph	pft	3ms	עלה	748		bring up, offer
	אמר	qal	pft	3ms	אמר	55		say
	חטאו	qal	pft	3cp	חטא	306		sin
	ברכו	piel	pft	3cp	ברך	138		bless
	יעשה	qal	impf	3ms	עשה	793		do, make
1:6	יהי	qal	wci	3ms	היה	224		be, become
	יבאו	qal	wci	3mp	בוא	97		come in
	התיצב	hith	infc		יצב	426		stand oneself
	יבוא	qal	wci	3ms	בוא	97		come in
1:7	יאמר	qal	wci	3ms	אמר	55		say
	תבא	qal	impf	2ms	בוא	97		come in
	יען	qal	wci	3ms	ענה	772		answer
	יאמר	qal	wci	3ms	אמר	55		say
	שוט	qal	infc		שוט	1001		go about
	התהלך	hith	infc		הלך	229		walk to and fro
1:8	יאמר	qal	wci	3ms	אמר	55		say
	שמת	qal	pft	2ms	שים	962		put, set
	ירא	qal	ptc	ms	ירא	431		fear
	סר	qal	ptc	ms	סור	693		turn aside
1:9	יען	qal	wci	3ms	ענה	772		answer
	יאמר	qal	wci	3ms	אמר	55		say
	ירא	qal	pft	3ms	ירא	431		fear
1:10	שכת	qal	pft	2ms	שוך	962		hedge about
	ברכת	piel	pft	2ms	ברך	138		bless
	פרץ	qal	pft	3ms	פרץ	829		break through
1:11	שלח	qal	impv	ms	שלח	1018		send
	גע	qal	impv	ms	נגע	619		touch, strike
	יברכך	piel	impf	3ms	ברך	138	2ms	bless
1:12	יאמר	qal	wci	3ms	אמר	55		say
	תשלח	qal	jusm	2ms	שלח	1018		send
	יצא	qal	wci	3ms	יצא	422		go out
1:13	יהי	qal	wci	3ms	היה	224		be, become
	אכלים	qal	ptc	mp	אכל	37		eat, devour
	שתים	qal	ptc	mp	שתה	1059		drink
1:14	בא	qal	pft	3ms	בוא	97		come in
1:14	יאמר	qal	wci	3ms	אמר	55		say
	היו	qal	pft	3cp	היה	224		be, become
	חרשות	qal	ptc	fp	חרש	360		engrave, plough
	רעות	qal	ptc	fp	רעה	944		pasture, tend
1:15	תפל	qal	wci	3fs	נפל	656		fall
	תקחם	qal	wci	3fs	לקח	542	3mp	take
	הכו	hiph	pft	3cp	נכה	645		smite
	אמלטה	niph	wci	1cs	מלט	572		escape
	הגיד	hiph	infc		נגד	616		declare, tell
1:16	מדבר	piel	ptc	ms	דבר	180		speak
	בא	qal	pft	3ms	בוא	97		come in
	יאמר	qal	wci	3ms	אמר	55		say
	נפלה	qal	pft	3fs	נפל	656		fall
	תבער	qal	wci	3fs	בער	128		burn
	תאכלם	qal	wci	3fs	אכל	37	3mp	eat, devour
	אמלטה	niph	wci	1cs	מלט	572		escape
	הגיד	hiph	infc		נגד	616		declare, tell
1:17	מדבר	piel	ptc	ms	דבר	180		speak
	בא	qal	pft	3ms	בוא	97		come in
	יאמר	qal	wci	3ms	אמר	55		say
	שמו	qal	pft	3cp	שים	962		put, set
	יפשטו	qal	wci	3mp	פשט	832		strip off
	יקחום	qal	wci	3mp	לקח	542	3mp	take
	הכו	hiph	pft	3cp	נכה	645		smite
	אמלטה	niph	wci	1cs	מלט	572		escape
	הגיד	hiph	infc		נגד	616		declare, tell
1:18	מדבר	piel	ptc	ms	דבר	180		speak
	בא	qal	pft	3ms	בוא	97		come in
	יאמר	qal	wci	3ms	אמר	55		say
	אכלים	qal	ptc	mp	אכל	37		eat, devour
	שתים	qal	ptc	mp	שתה	1059		drink
1:19	באה	qal	pft	3fs	בוא	97		come in
	יגע	qal	wci	3ms	נגע	619		touch, strike
	יפל	qal	wci	3ms	נפל	656		fall
	ימותו	qal	wci	3mp	מות	559		die
	אמלטה	niph	wci	1cs	מלט	572		escape
	הגיד	hiph	infc		נגד	616		declare, tell
1:20	יקם	qal	wci	3ms	קום	877		arise, stand
	יקרע	qal	wci	3ms	קרע	902		tear, rend
	יגז	qal	wci	3ms	גזז	159		shear
	יפל	qal	wci	3ms	נפל	656		fall
	ישתחו	hish	wci	3ms	חוה	1005		bow down
1:21	יאמר	qal	wci	3ms	אמר	55		say
	יצתי k	qal	pft	1cs	יצא	422		go out
	יצאתי q	qal	pft	1cs	יצא	422		go out
	אשוב	qal	impf	1cs	שוב	996		turn, return
	נתן	qal	pft	3ms	נתן	678		give, set
	לקח	qal	pft	3ms	לקח	542		take
	יהי	qal	jus	3ms	היה	224		be, become
	מברך	pual	ptc	ms	ברך	138		be blessed
1:22	חטא	qal	pft	3ms	חטא	306		sin
	נתן	qal	pft	3ms	נתן	678		give, set
2:1	יהי	qal	wci	3ms	היה	224		be, become
	יבאו	qal	wci	3mp	בוא	97		come in

Job 2:1–3:22

ChVs	Form	Stem	Tnse	PGN	Root	BDB	Sfx	Meaning
2:1	התיצב	hith	infc		יצב	426		stand oneself
	יבוא	qal	wci	3ms	בוא	97		come in
	התיצב	hith	infc		יצב	426		stand oneself
2:2	יאמר	qal	wci	3ms	אמר	55		say
	תבא	qal	impf	2ms	בוא	97		come in
	יען	qal	wci	3ms	ענה	772		answer
	יאמר	qal	wci	3ms	אמר	55		say
	שט	qal	infc		שוט	1001		go about
	התהלך	hith	infc		הלך	229		walk to and fro
2:3	יאמר	qal	wci	3ms	אמר	55		say
	שמת	qal	pft	2ms	שים	962		put, set
	ירא	qal	ptc	ms	ירא	431		fear
	סר	qal	ptc	ms	סור	693		turn aside
	מחזיק	hiph	ptc	ms	חזק	304		make firm, seize
	תסיתני	hiph	wci	2ms	סות	694	1cs	incite, allure
	בלעו	piel	infc		בלע	118	3ms	swallow up
2:4	יען	qal	wci	3ms	ענה	772		answer
	יאמר	qal	wci	3ms	אמר	55		say
	יתן	qal	impf	3ms	נתן	678		give, set
2:5	שלח	qal	impv	ms	שלח	1018		send
	גע	qal	impv	ms	נגע	619		touch, strike
	יברכך	piel	impf	3ms	ברך	138	2ms	bless
2:6	יאמר	qal	wci	3ms	אמר	55		say
	שמר	qal	impv	ms	שמר	1036		keep, watch
2:7	יצא	qal	wci	3ms	יצא	422		go out
	יך	hiph	wci	3ms	נכה	645		smite
2:8	יקח	qal	wci	3ms	לקח	542		take
	התגרד	hith	infc		גרד	173		scrape oneself
	ישב	qal	ptc	ms	ישב	442		sit, dwell
2:9	תאמר	qal	wci	3fs	אמר	55		say
	מחזיק	hiph	ptc	ms	חזק	304		make firm, seize
	ברך	piel	impv	ms	ברך	138		bless
	מת	qal	impv	ms	מות	559		die
2:10	יאמר	qal	wci	3ms	אמר	55		say
	דבר	piel	infc		דבר	180		speak
	תדברי	piel	impf	2fs	דבר	180		speak
	נקבל	piel	impf	1cp	קבל	867		take, receive
	נקבל	piel	impf	1cp	קבל	867		take, receive
	חטא	qal	pft	3ms	חטא	306		sin
2:11	ישמעו	qal	wci	3mp	שמע	1033		hear
	באה	qal	pft	3fs	בוא	97		come in
	יבאו	qal	wci	3mp	בוא	97		come in
	יועדו	niph	wci	3mp	יעד	416		gather
	בוא	qal	infc		בוא	97		come in
	נוד	qal	infc		נוד	626		wander, lament
	נחמו	piel	infc		נחם	636	3ms	comfort
2:12	ישאו	qal	wci	3mp	נשא	669		lift, carry
	הכירהו	hiph	pft	3cp	נכר	647	3ms	regard, notice
	ישאו	qal	wci	3mp	נשא	669		lift, carry
	יבכו	qal	wci	3mp	בכה	113		weep
	יקרעו	qal	wci	3mp	קרע	902		tear, rend
	יזרקו	qal	wci	3mp	זרק	284		toss, scatter
2:13	ישבו	qal	wci	3mp	ישב	442		sit, dwell
	דבר	qal	ptc	ms	דבר	180		speak
2:13	ראו	qal	pft	3cp	ראה	906		see
	גדל	qal	pft	3ms	גדל	152		be great, grow
3:1	פתח	qal	pft	3ms	פתח	834		open
	יקלל	piel	wci	3ms	קלל	886		curse
3:2	יען	qal	wci	3ms	ענה	772		answer
	יאמר	qal	wci	3ms	אמר	55		say
3:3	יאבד	qal	jusm	3ms	אבד	1		perish
	אולד	niph	impf	1cs	ילד	408		be born
	אמר	qal	pft	3ms	אמר	55		say
	הרה	qalp	pft	3ms	הרה	247		be conceived
3:4	יהי	qal	jus	3ms	היה	224		be, become
	ידרשהו	qal	jusm	3ms	דרש	205	3ms	resort to, seek
	תופע	hiph	jus	3fs	יפע	422		shine forth
3:5	יגאלהו	qal	jusm	3mp	גאל	145	3ms	redeem
	תשכן	qal	jusm	3fs	שכן	1014		settle, dwell
	יבעתהו	piel	jusm	3mp	בעת	129	3ms	terrify
3:6	יקחהו	qal	jusm	3ms	לקח	542	3ms	take
	יחד	qal	jus	3ms	חדה	292		rejoice
	יבא	qal	jusm	3ms	בוא	97		come in
3:7	יהי	qal	jus	3ms	היה	224		be, become
	תבא	qal	jusm	3fs	בוא	97		come in
3:8	יקבהו	qal	jusm	3mp	קבב	866	3ms	curse
	אררי	qal	ptc	mp	ארר	76		curse
	ערר	pol	infc		עור	734		rouse, incite
3:9	יחשכו	qal	jusm	3mp	חשך	364		be dark
	יקו	piel	jus	3ms	קוה	875		wait for
	יראה	qal	jusm	3ms	ראה	906		see
3:10	סגר	qal	pft	3ms	סגר	688		shut
	יסתר	hiph	wci	3ms	סתר	711		hide
3:11	אמות	qal	impf	1cs	מות	559		die
	יצאתי	qal	pft	1cs	יצא	422		go out
	אגוע	qal	impf	1cs	גוע	157		expire, die
3:12	קדמוני	piel	pft	3cp	קדם	869	1cs	meet, confront
	אינק	qal	impf	1cs	ינק	413		suck
3:13	שכבתי	qal	pft	1cs	שכב	1011		lie, lie down
	אשקוט	qal	impf	1cs	שקט	1052		be quiet
	ישנתי	qal	pft	1cs	ישן	445		sleep
	ינוח	qal	impf	3ms	נוח	628		rest
3:14	יעצי	qal	ptc	mp	יעץ	419		advise, counsel
	בנים	qal	ptc	mp	בנה	124		build
3:15	ממלאים	piel	ptc	mp	מלא	569		fill
3:16	טמון	qal	pptc	ms	טמן	380		hide
	אהיה	qal	impf	1cs	היה	224		be, become
	ראו	qal	pft	3cp	ראה	906		see
3:17	חדלו	qal	pft	3cp	חדל	292		cease
	ינוחו	qal	impf	3mp	נוח	628		rest
3:18	שאננו	pal	pft	3cp	שאן	983		be at ease
	שמעו	qal	pft	3cp	שמע	1033		hear
	נגש	qal	ptc	ms	נגש	620		press, exact
3:20	יתן	qal	impf	3ms	נתן	678		give, set
3:21	מחכים	piel	ptc	mp	חכה	314		wait
	יחפרהו	qal	wci	3mp	חפר	343	3ms	dig, search
3:22	ישישו	qal	impf	3mp	שוש	965		exult
	ימצאו	qal	impf	3mp	מצא	592		find

ChVs	Form	Stem	Tnse	PGN	Root	BDB	Sfx	Meaning
3:23	נסתרה	niph	pft	3fs	סתר	711		hide, be hid
	יסך	qal	wci	3ms	סוך	692		shut in
3:24	תבא	qal	impf	3fs	בוא	97		come in
	יתכו	qal	wci	3mp	נתך	677		pour forth
3:25	פחדתי	qal	pft	1cs	פחד	808		be in dread
	יאתיני	qal	wci	3ms	אתה	87	1cs	come
	יגרתי	qal	pft	1cs	יגר	388		be afraid
	יבא	qal	impf	3ms	בוא	97		come in
3:26	שלותי	qal	pft	1cs	שלה	1017		be quiet, ease
	שקטתי	qal	pft	1cs	שקט	1052		be quiet
	נחתי	qal	pft	1cs	נוח	628		rest
	יבא	qal	wci	3ms	בוא	97		come in
4:1	יען	qal	wci	3ms	ענה	772		answer
	יאמר	qal	wci	3ms	אמר	55		say
4:2	נסה	piel	pft	3ms	נסה	650		test, try
	תלאה	qal	impf	2ms	לאה	521		be weary
	עצר	qal	infc		עצר	783		restrain
	יוכל	qal	impf	3ms	יכל	407		be able
4:3	יסרת	piel	pft	2ms	יסר	415		correct, chasten
	תחזק	piel	impf	2ms	חזק	304		make strong
4:4	כושל	qal	ptc	ms	כשל	505		stumble, totter
	יקימון	hiph	impf	3mp	קום	877		raise, build, set
	כרעות	qal	ptc	fp	כרע	502		bow down
	תאמץ	piel	impf	2ms	אמץ	54		make firm
4:5	תבוא	qal	impf	3fs	בוא	97		come in
	תלא	qal	wci	2ms	לאה	521		be weary
	תגע	qal	impf	3fs	נגע	619		touch, strike
	תבהל	niph	wci	2ms	בהל	96		be disturbed
4:7	זכר	qal	impv	ms	זכר	269		remember
	אבד	qal	pft	3ms	אבד	1		perish
	נכחדו	niph	pft	3cp	כחד	470		be hid, effaced
4:8	ראיתי	qal	pft	1cs	ראה	906		see
	חרשי	qal	ptc	mp	חרש	360		engrave, plough
	זרעי	qal	ptc	mp	זרע	281		sow
	יקצרהו	qal	impf	3mp	קצר	894	3ms	reap, harvest
4:9	יאבדו	qal	impf	3mp	אבד	1		perish
	יכלו	qal	impf	3mp	כלה	477		finished, spent
4:10	נתעו	niph	pft	3cp	נתע	683		be broken
	אבד	qal	ptc	ms	אבד	1		perish
4:11	יתפרדו	hith	impf	3mp	פרד	825		be divided
4:12	יגנב	pual	impf	3ms	גנב	170		be stolen away
	תקח	qal	wci	3fs	לקח	542		take
4:13	נפל	qal	infc		נפל	656		fall
4:14	קראני	qal	pft	3ms	קרא	896	1cs	meet, encounter
	הפחיד	hiph	pft	3ms	פחד	808		fill with dread
4:15	יחלף	qal	impf	3ms	חלף	322		pass on
	תסמר	piel	impf	3fs	סמר	702		stand erect
4:16	יעמד	qal	impf	3ms	עמד	763		stand, stop
	אכיר	hiph	impf	1cs	נכר	647		regard, notice
	אשמע	qal	impf	1cs	שמע	1033		hear
4:17	יצדק	qal	impf	3ms	צדק	842		be righteous
	עשהו	qal	ptc	ms	עשה	793	3ms	do, make
	יטהר	qal	impf	3ms	טהר	372		be clean, pure
4:18	יאמין	hiph	impf	3ms	אמן	52		believe
4:18	ישים	qal	impf	3ms	שים	962		put, set
4:19	שכני	qal	ptc	mp	שכן	1014		settle, dwell
	ידכאום	piel	impf	3mp	דכא	193	3mp	crush
4:20	יכתו	hoph	impf	3mp	כתת	510		be crushed
	משים	hiph	ptc	ms	שים	962		set
	יאבדו	qal	impf	3mp	אבד	1		perish
4:21	נסע	niph	pft	3ms	נסע	652		be pulled up
	ימותו	qal	impf	3mp	מות	559		die
5:1	קרא	qal	impv	ms	קרא	894		call, proclaim
	עונך	qal	ptc	ms	ענה	772	2ms	answer
	תפנה	qal	impf	2ms	פנה	815		turn
5:2	יהרג	qal	impf	3ms	הרג	246		kill
	פתה	qal	ptc	ms	פתה	834		be simple
	תמית	hiph	impf	3fs	מות	559		kill
5:3	ראיתי	qal	pft	1cs	ראה	906		see
	משריש	hiph	ptc	ms	שרש	1057		strike root
	אקוב	qal	wci	1cs	קבב	866		curse
5:4	ירחקו	qal	impf	3mp	רחק	934		be distant
	ידכאו	hith	impf	3mp	דכא	193		be crushed
	מציל	hiph	ptc	ms	נצל	664		snatch, deliver
5:5	יאכל	qal	impf	3ms	אכל	37		eat, devour
	יקחהו	qal	impf	3ms	לקח	542	3ms	take
	שאף	qal	wcp	3ms	שאף	983		gasp, pant after
5:6	יצא	qal	impf	3ms	יצא	422		go out
	יצמח	qal	impf	3ms	צמח	855		sprout up
5:7	יולד	qalp	pft	3ms	ילד	408		be born
	יגביהו	hiph	impf	3mp	גבה	146		make high, exalt
	עוף	qal	infc		עוף	733		fly
5:8	אדרש	qal	impf	1cs	דרש	205		resort to, seek
	אשים	qal	impf	1cs	שים	962		put, set
5:9	עשה	qal	ptc	ms	עשה	793		do, make
	נפלאות	niph	ptc	fp	פלא	810		be wonderful
5:10	נתן	qal	ptc	ms	נתן	678		give, set
	שלח	qal	ptc	ms	שלח	1018		send
5:11	שום	qal	infc		שים	962		put, set
	קדרים	qal	ptc	mp	קדר	871		be dark
	שגבו	qal	pft	3cp	שגב	960		be high
5:12	מפר	hiph	ptc	ms	פרר	830		break, frustrate
	תעשינה	qal	impf	3fp	עשה	793		do, make
5:13	לכד	qal	ptc	ms	לכד	539		capture
	נפתלים	niph	ptc	mp	פתל	836		wrestle, twist
	נמהרה	niph	pft	3fs	מהר	554		be hurried
5:14	יפגשו	piel	impf	3mp	פגש	803		encounter
	ימששו	piel	impf	3mp	משש	606		grope
5:15	ישע	hiph	wci	3ms	ישע	446		deliver, save
5:16	תהי	qal	wci	3fs	היה	224		be, become
	קפצה	qal	pft	3fs	קפץ	891		shut
5:17	יוכחנו	hiph	impf	3ms	יכח	406	3ms	decide, reprove
	תמאס	qal	jusm	2ms	מאס	549		reject, refuse
5:18	יכאיב	hiph	impf	3ms	כאב	456		pain, mar
	יחבש	qal	impf	3ms	חבש	289		bind
	ימחץ	qal	impf	3ms	מחץ	563		smite through
	תרפינה	qal	impf	3fp	רפא	950		heal
5:19	יצילך	hiph	impf	3ms	נצל	664	2ms	snatch, deliver

ChVs	Form	Stem	Tnse	PGN	Root	BDB	Sfx	Meaning
5:19	יגע	qal	impf	3ms	נגע	619		touch,strike
5:20	פדך	qal	pft	3ms	פדה	804	2ms	ransom
5:21	תחבא	niph	impf	2ms	חבא	285		hide oneself
	תירא	qal	impf	2ms	ירא	431		fear
	יבוא	qal	impf	3ms	בוא	97		come in
5:22	תשחק	qal	impf	2ms	שחק	965		laugh
	תירא	qal	jusm	2ms	ירא	431		fear
5:23	השלמה	hoph	pft	3fs	שלם	1023		live in peace
5:24	ידעת	qal	wcp	2ms	ידע	393		know
	פקדת	qal	wcp	2ms	פקד	823		attend to,visit
	תחטא	qal	impf	2ms	חטא	306		sin
5:25	ידעת	qal	wcp	2ms	ידע	393		know
	תבוא	qal	impf	2ms	בוא	97		come in
5:26	עלות	qal	infc		עלה	748		go up
5:27	חקרנוה	qal	pft	1cp	חקר	350	3fs	search
	שמענה	qal	impv	ms	שמע	1033	3fs	hear
	דע	qal	impv	ms	ידע	393		know
6:1	יען	qal	wci	3ms	ענה	772		answer
	יאמר	qal	wci	3ms	אמר	55		say
6:2	שקול	qal	infa		שקל	1053		weigh
	ישקל	niph	impf	3ms	שקל	1053		be weighed
	ישאו	qal	impf	3mp	נשא	669		lift,carry
6:3	יכבד	qal	impf	3ms	כבד	457		be heavy
	לעו	qal	pft	3cp	לוע	534		talk wildly
6:4	שתה	qal	ptc	fs	שתה	1059		drink
	יערכוני	qal	impf	3mp	ערך	789	1cs	set in order
6:5	ינהק	qal	impf	3ms	נהק	625		cry,bray
	יגעה	qal	impf	3ms	געה	171		low (of cattle)
6:6	יאכל	niph	impf	3ms	אכל	37		be eaten
6:7	מאנה	piel	pft	3fs	מאן	549		refuse
	נגוע	qal	infc		נגע	619		touch,strike
6:8	יתן	qal	impf	3ms	נתן	678		give,set
	תבוא	qal	impf	3fs	בוא	97		come in
	יתן	qal	impf	3ms	נתן	678		give,set
6:9	יאל	hiph	jus	3ms	יאל	383		be willing
	ידכאני	piel	jusm	3ms	דכא	193	1cs	crush
	יתר	hiph	jus	3ms	נתר	684		loosen,set free
	יבצעני	piel	jusm	3ms	בצע	130	1cs	cut off,finish
6:10	תהי	qal	jus	3fs	היה	224		be,become
	אסלדה	piel	coh	1cs	סלד	698		rejoice
	יחמול	qal	impf	3ms	חמל	328		spare
	כחדתי	piel	pft	1cs	כחד	470		hide
6:11	איחל	piel	impf	1cs	יחל	403		await
	אאריך	hiph	impf	1cs	ארך	73		prolong
6:13	נדחה	niph	pft	3fs	נדח	623		be banished
6:14	יעזוב	qal	impf	3ms	עזב	736		leave,loose
6:15	בגדו	qal	pft	3cp	בגד	93		act faithlessly
	יעברו	qal	impf	3mp	עבר	716		pass over
6:16	קדרים	qal	ptc	mp	קדר	871		be dark
	יתעלם	hith	impf	3ms	עלם	761		hide oneself
6:17	יזרבו	pual	impf	3mp	זרב	279		be scorched
	נצמתו	niph	pft	3cp	צמת	856		be annihilated
	חמו	qal	infc		חמם	328	3ms	be warm
	נדעכו	niph	pft	3cp	דעך	200		be made extinct

ChVs	Form	Stem	Tnse	PGN	Root	BDB	Sfx	Meaning
6:18	ילפתו	niph	impf	3mp	לפת	542		turn oneself
	יעלו	qal	impf	3mp	עלה	748		go up
	יאבדו	qal	impf	3mp	אבד	1		perish
6:19	הביטו	hiph	pft	3cp	נבט	613		look,regard
	קוו	piel	pft	3cp	קוה	875		wait for
6:20	בשו	qal	pft	3cp	בוש	101		be ashamed
	בטח	qal	pft	3ms	בטח	105		trust
	באו	qal	pft	3cp	בוא	97		come in
	יחפרו	qal	wci	3mp	חפר	344		be ashamed
6:21	הייתם	qal	pft	2mp	היה	224		be,become
	תראו	qal	impf	2mp	ראה	906		see
	תיראו	qal	wci	2mp	ירא	431		fear
6:22	אמרתי	qal	pft	1cs	אמר	55		say
	הבו	qal	impv	mp	יהב	396		give
	שחדו	qal	impv	mp	שחד	1005		bribe
6:23	מלטוני	piel	impv	mp	מלט	572	1cs	deliver
	תפדוני	qal	impf	2mp	פדה	804	1cs	ransom
6:24	הורוני	hiph	impv	mp	ירה	434	1cs	shoot,teach
	אחריש	hiph	impf	1cs	חרש	361		be silent
	שגיתי	qal	pft	1cs	שגה	993		err,go astray
	הבינו	hiph	impv	mp	בין	106		understand
6:25	נמרצו	niph	pft	3cp	מרץ	599		be grievous
	יוכיח	hiph	impf	3ms	יכח	406		decide,reprove
	הוכח	hiph	infa		יכח	406		decide,reprove
6:26	הוכח	hiph	infc		יכח	406		decide,reprove
	תחשבו	qal	impf	2mp	חשב	362		think,devise
	נאש	niph	ptc	ms	יאש	384		despair
6:27	תפילו	hiph	impf	2mp	נפל	656		cause to fall
	תכרו	qal	impf	2mp	כרה	500		get by trade
6:28	הואילו	hiph	impv	mp	יאל	383		be willing
	פנו	qal	impv	mp	פנה	815		turn
	אכזב	piel	impf	1cs	כזב	469		lie,deceive
6:29	שבו	qal	impv	mp	שוב	996		turn,return
	תהי	qal	jus	3fs	היה	224		be,become
	שבי k	qal	impv	fs	שוב	996		turn,return
	שבו q	qal	impv	mp	שוב	996		turn,return
6:30	יבין	qal	impf	3ms	בין	106		discern
7:2	ישאף	qal	impf	3ms	שאף	983		gasp,pant after
	יקוה	piel	impf	3ms	קוה	875		wait for
7:3	הנחלתי	hoph	pft	1cs	נחל	635		made to possess
	מנו	piel	pft	3cp	מנה	584		appoint
7:4	שכבתי	qal	pft	1cs	שכב	1011		lie,lie down
	אמרתי	qal	wcp	1cs	אמר	55		say
	אקום	qal	impf	1cs	קום	877		arise,stand
	מדד	piel	wcp	3ms	מדד	551		measure
	שבעתי	qal	wcp	1cs	שבע	959		be sated
7:5	לבש	qal	pft	3ms	לבש	527		put on,clothe
	רגע	qal	pft	3ms	רגע	921		harden
	ימאס	niph	wci	3ms	מאס	549		flow,run
7:6	קלו	qal	pft	3cp	קלל	886		be slight,swift
	יכלו	qal	wci	3mp	כלה	477		finished,spent
7:7	זכר	qal	impv	ms	זכר	269		remember
	תשוב	qal	impf	3fs	שוב	996		turn,return
	ראות	qal	infc		ראה	906		see

ChVs	Form	Stem	Tnse	PGN	Root	BDB	Sfx	Meaning
7:8	תשורני	qal	impf	3fs	שור	1003	1cs	behold, regard
	ראי	qal	ptc	ms	ראה	906	1cs	see
7:9	כלה	qal	pft	3ms	כלה	477		finished, spent
	ילך	qal	wci	3ms	הלך	229		walk, go
	יורד	qal	ptc	ms	ירד	432		come down
	יעלה	qal	impf	3ms	עלה	748		go up
7:10	ישוב	qal	impf	3ms	שוב	996		turn, return
	יכירנו	hiph	impf	3ms	נכר	647	3ms	regard, notice
7:11	אחשך	qal	impf	1cs	חשך	362		withhold
	אדברה	piel	coh	1cs	דבר	180		speak
	אשיחה	qal	coh	1cs	שיח	967		muse, complain
7:12	תשים	qal	impf	2ms	שים	962		put, set
7:13	אמרתי	qal	pft	1cs	אמר	55		say
	תנחמני	piel	impf	3fs	נחם	636	1cs	comfort
	ישא	qal	impf	3ms	נשא	669		lift, carry
7:14	חתתני	piel	wcp	2ms	חתת	369		dismay
	תבעתני	piel	impf	2ms	בעת	129	1cs	terrify
7:15	תבחר	qal	wci	3fs	בחר	103		choose
7:16	מאסתי	qal	pft	1cs	מאס	549		reject, refuse
	אחיה	qal	impf	1cs	חיה	310		live
	חדל	qal	impv	ms	חדל	292		cease
7:17	תגדלנו	piel	impf	2ms	גדל	152	3ms	cause to grow
	תשית	qal	impf	2ms	שית	1011		put, set
7:18	תפקדנו	qal	wci	2ms	פקד	823	3ms	attend to, visit
	תבחננו	qal	impf	2ms	בחן	103	3ms	examine, try
7:19	תשעה	qal	impf	2ms	שעה	1043		gaze, regard
	תרפני	hiph	impf	2ms	רפה	951	1cs	slacken, abandon
	בלעי	qal	infc		בלע	118	1cs	swallow
7:20	חטאתי	qal	pft	1cs	חטא	306		sin
	אפעל	qal	impf	1cs	פעל	821		do, make
	נצר	qal	ptc	ms	נצר	665		watch, guard
	שמתני	qal	pft	2ms	שים	962	1cs	put, set
	אהיה	qal	wci	1cs	היה	224		be, become
7:21	תשא	qal	impf	2ms	נשא	669		lift, carry
	תעביר	hiph	impf	2ms	עבר	716		cause to pass
	אשכב	qal	impf	1cs	שכב	1011		lie, lie down
	שחרתני	piel	wcp	2ms	שחר	1007	1cs	seek, desire
8:1	יען	qal	wci	3ms	ענה	772		answer
	יאמר	qal	wci	3ms	אמר	55		say
8:2	תמלל	piel	impf	2ms	מלל	576		speak
8:3	יעות	piel	impf	3ms	עות	736		make crooked
	יעות	piel	impf	3ms	עות	736		make crooked
8:4	חטאו	qal	pft	3cp	חטא	306		sin
	ישלחם	piel	wci	3ms	שלח	1018	3mp	send away, shoot
8:5	תשחר	piel	impf	2ms	שחר	1007		seek, desire
	תתחנן	hith	impf	2ms	חנן	335		seek favor
8:6	יעיר	hiph	impf	3ms	עור	734		rouse, stir up
	שלם	piel	wcp	3ms	שלם	1022		repay, reward
8:7	היה	qal	wcp	3ms	היה	224		be, become
	ישגה	qal	impf	3ms	שגה	960		grow
8:8	שאל	qal	impv	ms	שאל	981		ask, borrow
	כונן	pol	impv	ms	כון	465		establish
8:9	נדע	qal	impf	1cp	ידע	393		know
8:10	יורוך	hiph	impf	3mp	ירה	434	2ms	shoot, teach
8:10	יאמרו	qal	impf	3mp	אמר	55		say
	יוצאו	hiph	impf	3mp	יצא	422		bring out
8:11	יגאה	qal	impf	3ms	גאה	144		rise up
	ישגה	qal	impf	3ms	שגה	960		grow
8:12	יקטף	niph	impf	3ms	קטף	882		be plucked off
	ייבש	qal	impf	3ms	יבש	386		be dry
8:13	שכחי	qal	ptc	mp	שכח	1013		forget
	תאבד	qal	impf	3fs	אבד	1		perish
8:14	יקוט	qal	impf	3ms	קוט	876		break, snap
8:15	ישען	niph	impf	3ms	שען	1043		lean, support
	יעמד	qal	impf	3ms	עמד	763		stand, stop
	יחזיק	hiph	impf	3ms	חזק	304		make firm, seize
	יקום	qal	impf	3ms	קום	877		arise, stand
8:16	תצא	qal	impf	3fs	יצא	422		go out
8:17	יסבכו	pual	impf	3mp	סבך	687		be interwoven
	יחזה	qal	impf	3ms	חזה	302		see
8:18	יבלענו	piel	impf	3ms	בלע	118	3ms	swallow up
	כחש	piel	wcp	3ms	כחש	471		deceive
	ראיתיך	qal	pft	1cs	ראה	906	2ms	see
8:19	יצמחו	qal	impf	3mp	צמח	855		sprout up
8:20	ימאס	qal	impf	3ms	מאס	549		reject, refuse
	יחזיק	hiph	impf	3ms	חזק	304		make firm, seize
	מרעים	hiph	ptc	mp	רעע	949		hurt, do evil
8:21	ימלה	piel	impf	3ms	מלא	569		fill
8:22	שנאיך	qal	ptc	mp	שנא	971	2ms	hate
	ילבשו	qal	impf	3mp	לבש	527		put on, clothe
9:1	יען	qal	wci	3ms	ענה	772		answer
	יאמר	qal	wci	3ms	אמר	55		say
9:2	ידעתי	qal	pft	1cs	ידע	393		know
	יצדק	qal	impf	3ms	צדק	842		be righteous
9:3	יחפץ	qal	impf	3ms	חפץ	342		delight in
	ריב	qal	infc		ריב	936		strive, contend
	יעננו	qal	impf	3ms	ענה	772	3ms	answer
9:4	הקשה	hiph	pft	3ms	קשה	904		harden
	ישלם	qal	wci	3ms	שלם	1022		be complete
9:5	מעתיק	hiph	ptc	ms	עתק	801		move, remove
	ידעו	qal	pft	3cp	ידע	393		know
	הפכם	qal	pft	3ms	הפך	245	3mp	turn, overturn
9:6	מרגיז	hiph	ptc	ms	רגז	919		cause to quake
	יתפלצון	hith	impf	3mp	פלץ	814		shudder
9:7	אמר	qal	ptc	ms	אמר	55		say
	יזרח	qal	impf	3ms	זרח	280		rise, appear
	יחתם	qal	impf	3ms	חתם	367		seal
9:8	נטה	qal	ptc	ms	נטה	639		stretch, incline
	דורך	qal	ptc	ms	דרך	201		tread, march
9:9	עשה	qal	ptc	ms	עשה	793		do, make
9:10	עשה	qal	ptc	ms	עשה	793		do, make
	נפלאות	niph	ptc	fp	פלא	810		be wonderful
9:11	יעבר	qal	impf	3ms	עבר	716		pass over
	אראה	qal	impf	1cs	ראה	906		see
	יחלף	qal	impf	3ms	חלף	322		pass on
	אבין	qal	impf	1cs	בין	106		discern
9:12	יחתף	qal	impf	3ms	חתף	368		seize
	ישיבנו	hiph	impf	3ms	שוב	996	3ms	bring back

ChVs	Form	Stem	Tnse	PGN	Root	BDB	Sfx	Meaning
9:12	יאמר	qal	impf	3ms	אמר	55		say
	תעשה	qal	impf	2ms	עשה	793		do,make
9:13	ישיב	hiph	impf	3ms	שוב	996		bring back
	שחחו	qal	pft	3cp	שחח	1005		be bowed down
	עזרי	qal	ptc	mp	עזר	740		help,aid
9:14	אעננו	qal	impf	1cs	ענה	772	3ms	answer
	אבחרה	qal	coh	1cs	בחר	103		choose
9:15	צדקתי	qal	pft	1cs	צדק	842		be righteous
	אענה	qal	impf	1cs	ענה	772		answer
	משפטי	poel	ptc	ms	שפט	1047	1cs	judge
	אתחנן	hith	impf	1cs	חנן	335		seek favor
9:16	קראתי	qal	pft	1cs	קרא	894		call,proclaim
	יענני	qal	wci	3ms	ענה	772	1cs	answer
	אאמין	hiph	impf	1cs	אמן	52		believe
	יאזין	hiph	impf	3ms	אזן	24		hear
9:17	ישופני	qal	impf	3ms	שוף	1003	1cs	bruise,cover
	הרבה	hiph	wcp	3ms	רבה	915		make many
9:18	יתנני	qal	impf	3ms	נתן	678	1cs	give,set
	השב	hiph	infa		שוב	996		bring back
	ישבעני	hiph	impf	3ms	שבע	959	1cs	satisfy
9:19	יועידני	hiph	impf	3ms	יעד	416	1cs	appoint,summon
9:20	אצדק	qal	impf	1cs	צדק	842		be righteous
	ירשיעני	hiph	impf	3ms	רשע	957	1cs	condemn,be evil
	יעקשני	hiph	wci	3ms	עקש	786	1cs	declare crooked
9:21	אדע	qal	impf	1cs	ידע	393		know
	אמאס	qal	impf	1cs	מאס	549		reject,refuse
9:22	אמרתי	qal	pft	1cs	אמר	55		say
	מכלה	piel	ptc	ms	כלה	477		complete,finish
9:23	ימית	hiph	impf	3ms	מות	559		kill
	ילעג	qal	impf	3ms	לעג	541		mock,deride
9:24	נתנה	niph	pft	3fs	נתן	678		be given
	שפטיה	qal	ptc	mp	שפט	1047	3fs	judge
	יכסה	piel	impf	3ms	כסה	491		cover
9:25	קלו	qal	pft	3cp	קלל	886		be slight,swift
	רץ	qal	ptc	ms	רוץ	930		run
	ברחו	qal	pft	3cp	ברח	137		go thru,flee
	ראו	qal	pft	3cp	ראה	906		see
9:26	חלפו	qal	pft	3cp	חלף	322		pass on
	יטוש	qal	impf	3ms	טוש	377		rush
9:27	אמרי	qal	infc		אמר	55	1cs	say
	אשכחה	qal	coh	1cs	שכח	1013		forget
	אעזבה	qal	coh	1cs	עזב	736		leave,loose
	אבליגה	hiph	coh	1cs	בלג	114		gleam,smile
9:28	יגרתי	qal	pft	1cs	יגר	388		be afraid
	ידעתי	qal	pft	1cs	ידע	393		know
	תנקני	piel	impf	2ms	נקה	667	1cs	acquit
9:29	ארשע	qal	impf	1cs	רשע	957		be wicked
	איגע	qal	impf	1cs	יגע	388		toil,grow weary
9:30	התרחצתי	hith	pft	1cs	רחץ	934		wash oneself
	הזכותי	hiph	wcp	1cs	זכך	269		cleanse
9:31	תטבלני	qal	impf	2ms	טבל	371	1cs	dip
	תעבוני	piel	wcp	3cp	תעב	1073	1cs	abhor
9:32	אעננו	qal	impf	1cs	ענה	772	3ms	answer
	נבוא	qal	impf	1cp	בוא	97		come in
9:33	מוכיח	hiph	ptc	ms	יכח	406		decide,reprove
	ישת	qal	jus	3ms	שית	1011		put,set
9:34	יסר	hiph	jus	3ms	סור	693		take away
	תבעתני	piel	jusm	3fs	בעת	129	1cs	terrify
9:35	אדברה	piel	coh	1cs	דבר	180		speak
	איראנו	qal	impf	1cs	ירא	431	3ms	fear
10:1	נקטה	niph	pft	3fs	קוט	876		feel loathing
	אעזבה	qal	coh	1cs	עזב	736		leave,loose
	אדברה	piel	coh	1cs	דבר	180		speak
10:2	אמר	qal	impf	1cs	אמר	55		say
	תרשיעני	hiph	jusm	2ms	רשע	957	1cs	condemn,be evil
	הודיעני	hiph	impv	ms	ידע	393	1cs	declare
	תריבני	qal	impf	2ms	ריב	936	1cs	strive,contend
10:3	תעשק	qal	impf	2ms	עשק	798		oppress,extort
	תמאס	qal	impf	2ms	מאס	549		reject,refuse
	הופעת	hiph	pft	2ms	יפע	422		shine forth
10:4	ראות	qal	infc		ראה	906		see
	תראה	qal	impf	2ms	ראה	906		see
10:6	תבקש	piel	impf	2ms	בקש	134		seek
	תדרוש	qal	impf	2ms	דרש	205		resort to,seek
10:7	ארשע	qal	impf	1cs	רשע	957		be wicked
	מציל	hiph	ptc	ms	נצל	664		snatch,deliver
10:8	עצבוני	piel	pft	3cp	עצב	781	1cs	shape
	יעשוני	qal	wci	3mp	עשה	793	1cs	do,make
	תבלעני	piel	wci	2ms	בלע	118	1cs	swallow up
10:9	זכר	qal	impv	ms	זכר	269		remember
	עשיתני	qal	pft	2ms	עשה	793	1cs	do,make
	תשיבני	hiph	impf	2ms	שוב	996	1cs	bring back
10:10	תתיכני	hiph	impf	2ms	נתך	677	1cs	pour out
	תקפיאני	hiph	impf	2ms	קפא	891	1cs	curdle
10:11	תלבישני	hiph	impf	2ms	לבש	527	1cs	clothe
	תסככני	poel	impf	2ms	סכך	697	1cs	weave together
10:12	עשית	qal	pft	2ms	עשה	793		do,make
	שמרה	qal	pft	3fs	שמר	1036		keep,watch
10:13	צפנת	qal	pft	2ms	צפן	860		hide
	ידעתי	qal	pft	1cs	ידע	393		know
10:14	חטאתי	qal	pft	1cs	חטא	306		sin
	שמרתני	qal	wcp	2ms	שמר	1036	1cs	keep,watch
	תנקני	piel	impf	2ms	נקה	667	1cs	acquit
10:15	רשעתי	qal	pft	1cs	רשע	957		be wicked
	צדקתי	qal	pft	1cs	צדק	842		be righteous
	אשא	qal	impf	1cs	נשא	669		lift,carry
10:16	יגאה	qal	impf	3ms	גאה	144		rise up
	תצודני	qal	impf	2ms	צוד	844	1cs	hunt
	תשב	qal	jusf	2ms	שוב	996		turn,return
	תתפלא	hith	impf	2ms	פלא	810		show wonderful
10:17	תחדש	piel	impf	2ms	חדש	293		renew,repair
	תרב	hiph	jusf	2ms	רבה	915		make many
10:18	הצאתני	hiph	pft	2ms	יצא	422	1cs	bring out
	אגוע	qal	impf	1cs	גוע	157		expire,die
	תראני	qal	impf	3fs	ראה	906	1cs	see
10:19	הייתי	qal	pft	1cs	היה	224		be,become
	אהיה	qal	impf	1cs	היה	224		be,become
	אובל	hoph	impf	1cs	יבל	384		be borne along

ChVs	Form	Stem	Tnse	PGN	Root	BDB	Sfx	Meaning
10:20	יחדלk	qal	jusm	3ms	חדל	292		cease
	חדלq	qal	impv	ms	חדל	292		cease
	ישיתk	qal	jusm	3ms	שית	1011		put,set
	שיתq	qal	impv	ms	שית	1011		put,set
	אבליגה	hiph	coh	1cs	בלג	114		gleam,smile
10:21	אלך	qal	impf	1cs	הלך	229		walk,go
	אשוב	qal	impf	1cs	שוב	996		turn,return
10:22	תפע	hiph	wci	3fs	יפע	422		shine forth
11:1	יען	qal	wci	3ms	ענה	772		answer
	יאמר	qal	wci	3ms	אמר	55		say
11:2	יענה	niph	impf	3ms	ענה	772		be answered
	יצדק	qal	impf	3ms	צדק	842		be righteous
11:3	יחרישו	hiph	impf	3mp	חרש	361		be silent
	תלעג	qal	wci	2ms	לעג	541		mock,deride
	מכלם	hiph	ptc	ms	כלם	483		humiliate
11:4	תאמר	qal	wci	2ms	אמר	55		say
	הייתי	qal	pft	1cs	היה	224		be,become
11:5	יתן	qal	impf	3ms	נתן	678		give,set
	דבר	piel	infc		דבר	180		speak
	יפתח	qal	impf	3ms	פתח	834		open
11:6	יגד	hiph	jus	3ms	נגד	616		declare,tell
	דע	qal	impv	ms	ידע	393		know
	ישה	hiph	impf	3ms	נשה	674		cause to forget
11:7	תמצא	qal	impf	2ms	מצא	592		find
	תמצא	qal	impf	2ms	מצא	592		find
11:8	תפעל	qal	impf	2ms	פעל	821		do,make
	תדע	qal	impf	2ms	ידע	393		know
11:10	יחלף	qal	impf	3ms	חלף	322		pass on
	יסגיר	hiph	impf	3ms	סגר	688		shut up,deliver
	יקהיל	hiph	impf	3ms	קהל	874		call assembly
	ישיבנו	hiph	impf	3ms	שוב	996	3ms	bring back
11:11	ידע	qal	pft	3ms	ידע	393		know
	ירא	qal	wci	3ms	ראה	906		see
	יתבונן	htpo	impf	3ms	בין	106		understand
11:12	נבוב	qal	pptc	ms	נבב	612		hollow out
	ילבב	niph	impf	3ms	לבב	525		be intelligent
	יולד	niph	impf	3ms	ילד	408		be born
11:13	הכינות	hiph	pft	2ms	כון	465		fix,prepare
	פרשת	qal	wcp	2ms	פרש	831		spread out
11:14	הרחיקהו	hiph	impv	ms	רחק	934	3ms	put far away
	תשכן	hiph	jus	2ms	שכן	1014		cause to dwell
11:15	תשא	qal	impf	2ms	נשא	669		lift,carry
	היית	qal	wcp	2ms	היה	224		be,become
	מצק	hoph	ptc	ms	יצק	427		be poured,firm
	תירא	qal	impf	2ms	ירא	431		fear
11:16	תשכח	qal	impf	2ms	שכח	1013		forget
	עברו	qal	pft	3cp	עבר	716		pass over
	תזכר	qal	impf	2ms	זכר	269		remember
11:17	יקום	qal	impf	3ms	קום	877		arise,stand
	תעפה	qal	coh	3fs	עוף	734?		be dark
	תהיה	qal	impf	3fs	היה	224		be,become
11:18	בטחת	qal	wcp	2ms	בטח	105		trust
	חפרת	qal	wcp	2ms	חפר	343		dig,search
	תשכב	qal	impf	2ms	שכב	1011		lie,lie down
11:19	רבצת	qal	wcp	2ms	רבץ	918		lie down
	מחריד	hiph	ptc	ms	חרד	353		terrify
	חלו	piel	wcp	3cp	חלה	318		pacify,entreat
11:20	תכלינה	qal	impf	3fp	כלה	477		finished,spent
	אבד	qal	pft	3ms	אבד	1		perish
12:1	יען	qal	wci	3ms	ענה	772		answer
	יאמר	qal	wci	3ms	אמר	55		say
12:2	תמות	qal	impf	3fs	מות	559		die
12:3	נפל	qal	ptc	ms	נפל	656		fall
12:4	אהיה	qal	impf	1cs	היה	224		be,become
	קרא	qal	ptc	ms	קרא	894		call,proclaim
	יענהו	qal	wci	3ms	ענה	772	3ms	answer
12:5	נכון	niph	ptc	ms	כון	465		be established
	מועדי	qal	ptc	mp	מעד	588		slip,waver
12:6	ישליו	qal	impf	3mp	שלה	1017		be quiet,ease
	שדדים	qal	ptc	mp	שדד	994		destroy,oppress
	מרגיזי	hiph	ptc	mp	רגז	919		cause to quake
	הביא	hiph	pft	3ms	בוא	97		bring in
12:7	שאל	qal	impv	ms	שאל	981		ask,borrow
	תרך	hiph	jusm	3fs	ירה	434	2ms	shoot,teach
	יגד	hiph	jus	3ms	נגד	616		declare,tell
12:8	שיח	qal	impv	ms	שיח	967		muse,complain
	תרך	hiph	jusm	3fs	ירה	434	2ms	shoot,teach
	יספרו	piel	jusm	3mp	ספר	707		recount
12:9	ידע	qal	pft	3ms	ידע	393		know
	עשתה	qal	pft	3fs	עשה	793		do,make
12:11	תבחן	qal	impf	3fs	בחן	103		examine,try
	יטעם	qal	impf	3ms	טעם	380		taste
12:14	יהרוס	qal	impf	3ms	הרס	248		throw down
	יבנה	niph	impf	3ms	בנה	124		be built
	יסגר	qal	impf	3ms	סגר	688		shut
	יפתח	niph	impf	3ms	פתח	834		be opened
12:15	יעצר	qal	impf	3ms	עצר	783		restrain
	יבשו	qal	impf	3mp	יבש	386		be dry
	ישלחם	piel	impf	3ms	שלח	1018	3mp	send away,shoot
	יהפכו	qal	impf	3mp	הפך	245		turn,overturn
12:16	שגג	qal	ptc	ms	שגג	992		err,sin
	משגה	hiph	ptc	ms	שגה	993		lead astray
12:17	מוליך	hiph	ptc	ms	הלך	229		lead,bring
	יועצים	qal	ptc	mp	יעץ	419		advise,counsel
	שפטים	qal	ptc	mp	שפט	1047		judge
	יהולל	poel	impf	3ms	הלל	237		make fool
12:18	פתח	piel	pft	3ms	פתח	834		loose,free
	יאסר	qal	wci	3ms	אסר	63		tie,bind
12:19	מוליך	hiph	ptc	ms	הלך	229		lead,bring
	יסלף	piel	impf	3ms	סלף	701		pervert,turn
12:20	מסיר	hiph	ptc	ms	סור	693		take away
	נאמנים	niph	ptc	mp	אמן	52		be confirmed
	יקח	qal	impf	3ms	לקח	542		take
12:21	שופך	qal	ptc	ms	שפך	1049		pour out
	רפה	piel	pft	3ms	רפה	951		let fall
12:22	מגלה	piel	ptc	ms	גלה	162		uncover
	יצא	hiph	wci	3ms	יצא	422		bring out
12:23	משניא	hiph	ptc	ms	שגא	960		make great,laud

Job 12:23–14:13

ChVs	Form	Stem	Tnse	PGN	Root	BDB	Sfx	Meaning
12:23	יאבדם	piel	wci	3ms	אבד	1	3mp	destroy
	שׁטח	qal	ptc	ms	שׁטח	1008		spread abroad
	ינחם	hiph	wci	3ms	נחה	634	3mp	lead, guide
12:24	מסיר	hiph	ptc	ms	סור	693		take away
	יתעם	hiph	wci	3ms	תעה	1073	3mp	cause to err
12:25	ימשׁשׁו	piel	impf	3mp	משׁשׁ	606		grope
	יתעם	hiph	wci	3ms	תעה	1073	3mp	cause to err
13:1	ראתה	qal	pft	3fs	ראה	906		see
	שׁמעה	qal	pft	3fs	שׁמע	1033		hear
	תבן	qal	wci	3fs	בין	106		discern
13:2	ידעתי	qal	pft	1cs	ידע	393		know
	נפל	qal	ptc	ms	נפל	656		fall
13:3	אדבר	piel	impf	1cs	דבר	180		speak
	הוכח	hiph	infa		יכח	406		decide, reprove
	אחפץ	qal	impf	1cs	חפץ	342		delight in
13:4	טפלי	qal	ptc	mp	טפל	381		smear, glue
	רפאי	qal	ptc	mp	רפא	950		heal
13:5	יתן	qal	impf	3ms	נתן	678		give, set
	החרשׁ	hiph	infa		חרשׁ	361		be silent
	תחרישׁון	hiph	impf	2mp	חרשׁ	361		be silent
	תהי	qal	jus	3fs	היה	224		be, become
13:6	שׁמעו	qal	impv	mp	שׁמע	1033		hear
	הקשׁיבו	hiph	impv	mp	קשׁב	904		give attention
13:7	תדברו	piel	impf	2mp	דבר	180		speak
	תדברו	piel	impf	2mp	דבר	180		speak
13:8	תשׂאון	qal	impf	2mp	נשׂא	669		lift, carry
	תריבון	qal	impf	2mp	ריב	936		strive, contend
13:9	יחקר	qal	impf	3ms	חקר	350		search
	התל	hiph	infc		תלל	1068		mock, deceive
	תהתלו	hiph	impf	2mp	תלל	1068		mock, deceive
13:10	הוכח	hiph	infa		יכח	406		decide, reprove
	יוכיח	hiph	impf	3ms	יכח	406		decide, reprove
	תשׂאון	qal	impf	2mp	נשׂא	669		lift, carry
13:11	תבעת	piel	impf	3fs	בעת	129		terrify
	יפל	qal	impf	3ms	נפל	656		fall
13:13	החרישׁו	hiph	impv	mp	חרשׁ	361		be silent
	אדברה	piel	coh	1cs	דבר	180		speak
	יעבר	qal	jusm	3ms	עבר	716		pass over
13:14	אשׂא	qal	impf	1cs	נשׂא	669		lift, carry
	אשׂים	qal	impf	1cs	שׂים	962		put, set
13:15	יקטלני	qal	impf	3ms	קטל	881	1cs	slay
	איחל	piel	impf	1cs	יחל	403		await
	אוכיח	hiph	impf	1cs	יכח	406		decide, reprove
13:16	יבוא	qal	impf	3ms	בוא	97		come in
13:17	שׁמעו	qal	impv	mp	שׁמע	1033		hear
	שׁמוע	qal	infa		שׁמע	1033		hear
13:18	ערכתי	qal	pft	1cs	ערך	789		set in order
	ידעתי	qal	pft	1cs	ידע	393		know
	אצדק	qal	impf	1cs	צדק	842		be righteous
13:19	יריב	qal	impf	3ms	ריב	936		strive, contend
	אחרישׁ	hiph	impf	1cs	חרשׁ	361		be silent
	אגוע	qal	impf	1cs	גוע	157		expire, die
13:20	תעשׂ	qal	jus	2ms	עשׂה	793		do, make
	אסתר	niph	impf	1cs	סתר	711		hide, be hid
13:21	הרחק	hiph	impv	ms	רחק	934		put far away
	תבעתני	piel	jusm	3fs	בעת	129	1cs	terrify
13:22	קרא	qal	impv	ms	קרא	894		call, proclaim
	אענה	qal	impf	1cs	ענה	772		answer
	אדבר	piel	impf	1cs	דבר	180		speak
	השׁיבני	hiph	impv	ms	שׁוב	996	1cs	bring back
13:23	הדעני	hiph	impv	ms	ידע	393	1cs	declare
13:24	תסתיר	hiph	impf	2ms	סתר	711		hide
	תחשׁבני	qal	impf	2ms	חשׁב	362	1cs	think, devise
	אויב	qal	ptc	ms	איב	33		be hostile to
13:25	נדף	niph	ptc	ms	נדף	623		be driven about
	תערוץ	qal	impf	2ms	ערץ	791		frighten, fear
	תרדף	qal	impf	2ms	רדף	922		pursue
13:26	תכתב	qal	impf	2ms	כתב	507		write
	תורישׁני	hiph	impf	2ms	ירשׁ	439	1cs	c. to possess
13:27	תשׂם	qal	jusf	2ms	שׂים	962		put, set
	תשׁמור	qal	impf	2ms	שׁמר	1036		keep, watch
	תתחקה	hith	impf	2ms	חקה	348		carve
13:28	יבלה	qal	impf	3ms	בלה	115		wear out
	אכלו	qal	pft	3ms	אכל	37	3ms	eat, devour
14:1	ילוד	qal	pptc	ms	ילד	408		bear, beget
14:2	יצא	qal	pft	3ms	יצא	422		go out
	ימל	qal	wci	3ms	מלל	576		wither
	יברח	qal	wci	3ms	ברח	137		go thru, flee
	יעמוד	qal	impf	3ms	עמד	763		stand, stop
14:3	פקחת	qal	pft	2ms	פקח	824		open
	תביא	hiph	impf	2ms	בוא	97		bring in
14:4	יתן	qal	impf	3ms	נתן	678		give, set
14:5	חרוצים	qal	pptc	mp	חרץ	358		cut, decide
	עשׂית	qal	pft	2ms	עשׂה	793		do, make
	יעבור	qal	impf	3ms	עבר	716		pass over
14:6	שׁעה	qal	impv	ms	שׁעה	1043		gaze, regard
	יחדל	qal	jusm	3ms	חדל	292		cease
	ירצה	qal	impf	3ms	רצה	953		be pleased
14:7	יכרת	niph	impf	3ms	כרת	503		be cut off
	יחליף	hiph	impf	3ms	חלף	322		change
	תחדל	qal	impf	3fs	חדל	292		cease
14:8	יזקין	hiph	impf	3ms	זקן	278		grow old
	ימות	qal	impf	3ms	מות	559		die
14:9	יפרח	hiph	impf	3ms	פרח	827		cause to bud
	עשׂה	qal	wcp	3ms	עשׂה	793		do, make
14:10	ימות	qal	impf	3ms	מות	559		die
	יחלשׁ	qal	wci	3ms	חלשׁ	325		prostrate
	יגוע	qal	wci	3ms	גוע	157		expire, die
14:11	אזלו	qal	pft	3cp	אזל	23		go
	יחרב	qal	impf	3ms	חרב	351		be dried up
	יבשׁ	qal	wcp	3ms	יבשׁ	386		be dry
14:12	שׁכב	qal	pft	3ms	שׁכב	1011		lie, lie down
	יקום	qal	impf	3ms	קום	877		arise, stand
	יקיצו	hiph	impf	3mp	קיץ	884		awake
	יערו	niph	impf	3mp	עור	734		be roused
14:13	יתן	qal	impf	3ms	נתן	678		give, set
	תצפנני	hiph	impf	2ms	צפן	860	1cs	hide
	תסתירני	hiph	impf	2ms	סתר	711	1cs	hide

ChVs	Form	Stem	Tnse	PGN	Root	BDB	Sfx	Meaning
14:13	שוב	qal	infc		שוב	996		turn, return
	תשית	qal	impf	2ms	שית	1011		put, set
	תזכרני	qal	impf	2ms	זכר	269	1cs	remember
14:14	ימות	qal	impf	3ms	מות	559		die
	יחיה	qal	impf	3ms	חיה	310		live
	איחל	piel	impf	1cs	יחל	403		await
	בוא	qal	infc		בוא	97		come in
14:15	תקרא	qal	impf	2ms	קרא	894		call, proclaim
	אענך	qal	impf	1cs	ענה	772	2ms	answer
	תכסף	qal	impf	2ms	כסף	493		long for
14:16	תספור	qal	impf	2ms	ספר	707		count
	תשמור	qal	impf	2ms	שמר	1036		keep, watch
14:17	חתם	qal	pptc	ms	חתם	367		seal
	תטפל	qal	wci	2ms	טפל	381		smear, glue
14:18	נופל	qal	ptc	ms	נפל	656		fall
	יבול	qal	impf	3ms	נבל	615		sink, droop
	יעתק	qal	impf	3ms	עתק	801		move, advance
14:19	שחקו	qal	pft	3cp	שחק	1006		rub away
	תשטף	qal	impf	3fs	שטף	1009		overflow
	האבדת	hiph	pft	2ms	אבד	1		destroy
14:20	תתקפהו	qal	impf	2ms	תקף	1075	3ms	overpower
	יהלך	qal	wci	3ms	הלך	229		walk, go
	משנה	piel	ptc	ms	שנה	1039		change, alter
	תשלחהו	piel	wci	2ms	שלח	1018	3ms	send away, shoot
14:21	יכבדו	qal	impf	3mp	כבד	457		be heavy
	ידע	qal	impf	3ms	ידע	393		know
	יצערו	qal	impf	3mp	צער	858		be small
	יבין	qal	impf	3ms	בין	106		discern
14:22	יכאב	qal	impf	3ms	כאב	456		be in pain
	תאבל	qal	impf	3fs	אבל	5		mourn
15:1	יען	qal	wci	3ms	ענה	772		answer
	יאמר	qal	wci	3ms	אמר	55		say
15:2	יענה	qal	impf	3ms	ענה	772		answer
	ימלא	piel	impf	3ms	מלא	569		fill
15:3	הוכח	hiph	infa		יכח	406		decide, reprove
	יסכון	qal	impf	3ms	סכן	698		be of use
	יועיל	hiph	impf	3ms	יעל	418		profit, benefit
15:4	תפר	hiph	impf	2ms	פרר	830		break, frustrate
	תגרע	qal	impf	2ms	גרע	175		diminish
15:5	יאלף	piel	impf	3ms	אלף	48		teach
	תבחר	qal	impf	2ms	בחר	103		choose
15:6	ירשיעך	hiph	impf	3ms	רשע	957	2ms	condemn, be evil
	יענו	qal	impf	3mp	ענה	772		answer
15:7	תולד	niph	impf	2ms	ילד	408		be born
	חוללת	pola	pft	2ms	חול	296		be born, writhe
15:8	תשמע	qal	impf	2ms	שמע	1033		hear
	תגרע	qal	impf	2ms	גרע	175		diminish
15:9	ידעת	qal	pft	2ms	ידע	393		know
	נדע	qal	impf	1cp	ידע	393		know
	תבין	qal	impf	2ms	בין	106		discern
15:10	שב	qal	ptc	ms	שיב	966		be hoary
15:12	יקחך	qal	impf	3ms	לקח	542	2ms	take
	ירזמון	qal	impf	3mp	רזם	931		wink, flash
15:13	תשיב	hiph	impf	2ms	שוב	996		bring back
15:13	הצאת	hiph	wcp	2ms	יצא	422		bring out
15:14	יזכה	qal	impf	3ms	זכה	269		be clean, pure
	יצדק	qal	impf	3ms	צדק	842		be righteous
	ילוד	qal	pptc	ms	ילד	408		bear, beget
15:15	יאמין	hiph	impf	3ms	אמן	52		believe
	זכו	qal	pft	3cp	זכך	269		be bright, pure
15:16	נתעב	niph	ptc	ms	תעב	1073		be abhorred
	נאלח	niph	ptc	ms	אלח	47		be corrupt
	שתה	qal	ptc	ms	שתה	1059		drink
15:17	אחוך	piel	cohm	1cs	חוה	296	2ms	declare
	שמע	qal	impv	ms	שמע	1033		hear
	חזיתי	qal	pft	1cs	חזה	302		see
	אספרה	piel	coh	1cs	ספר	707		recount
15:18	יגידו	hiph	impf	3mp	נגד	616		declare, tell
	כחדו	piel	pft	3cp	כחד	470		hide
15:19	נתנה	niph	pft	3fs	נתן	678		be given
	עבר	qal	pft	3ms	עבר	716		pass over
	זר	qal	ptc	ms	זור	266		be stranger
15:20	מתחולל	htpo	ptc	ms	חול	296		whirl, writhe
	נצפנו	niph	pft	3cp	צפן	860		be stored up
15:21	שודד	qal	ptc	ms	שדד	994		destroy, oppress
	יבואנו	qal	impf	3ms	בוא	97	3ms	come in
15:22	יאמין	hiph	impf	3ms	אמן	52		believe
	שוב	qal	infc		שוב	996		turn, return
	צפוk	qal	pptc	ms	צפה	859		keep watch
	צפויq	qal	pptc	ms	צפה	859		keep watch
15:23	נדד	qal	ptc	ms	נדד	622		retreat, flee
	ידע	qal	pft	3ms	ידע	393		know
	נכון	niph	ptc	ms	כון	465		be established
15:24	יבעתהו	piel	impf	3mp	בעת	129	3ms	terrify
	תתקפהו	qal	impf	3fs	תקף	1075	3ms	overpower
15:25	נטה	qal	pft	3ms	נטה	639		stretch, incline
	יתגבר	hith	impf	3ms	גבר	149		behave proudly
15:26	ירוץ	qal	impf	3ms	רוץ	930		run
15:27	כסה	piel	pft	3ms	כסה	491		cover
	יעש	qal	wci	3ms	עשה	793		do, make
15:28	ישכון	qal	wci	3ms	שכן	1014		settle, dwell
	נכחדות	niph	ptc	fp	כחד	470		be hid, effaced
	ישבו	qal	impf	3mp	ישב	442		sit, dwell
	התעתדו	hith	pft	3cp	עתד	800		be prepared
15:29	יעשר	qal	impf	3ms	עשר	799		be rich
	יקום	qal	impf	3ms	קום	877		arise, stand
	יטה	qal	impf	3ms	נטה	639		stretch, incline
15:30	יסור	qal	impf	3ms	סור	693		turn aside
	תיבש	piel	impf	3fs	יבש	386		make dry
	יסור	qal	impf	3ms	סור	693		turn aside
15:31	יאמן	hiph	jus	3ms	אמן	52		believe
	נתעה	niph	pft	3ms	תעה	1073		be led astray
	תהיה	qal	impf	3fs	היה	224		be, become
15:32	תמלא	niph	impf	3fs	מלא	569		be filled
	רעננה	pal	pft	3fs	רען	947		be green
15:33	יחמס	qal	impf	3ms	חמס	329		treat violently
	ישלך	hiph	jusf	3ms	שלך	1020		throw, cast
15:34	אכלה	qal	pft	3fs	אכל	37		eat, devour

Job 15:35–18:11

ChVs	Form	Stem	Tnse	PGN	Root	BDB	Sfx	Meaning
15:35	הרה	qal	infa		הרה	247		conceive
	ילד	qal	infa		ילד	408		bear, beget
	תכין	hiph	impf	3fs	כון	465		fix, prepare
16:1	יען	qal	wci	3ms	ענה	772		answer
	יאמר	qal	wci	3ms	אמר	55		say
16:2	שמעתי	qal	pft	1cs	שמע	1033		hear
	מנחמי	piel	ptc	mp	נחם	636		comfort
16:3	ימריצך	hiph	impf	3ms	מרץ	599	2ms	sicken, vex
	תענה	qal	impf	2ms	ענה	772		answer
16:4	אדברה	piel	coh	1cs	דבר	180		speak
	אחבירה	hiph	coh	1cs	חבר	287		join together
	אניעה	hiph	coh	1cs	נוע	631		shake, disturb
16:5	אאמצכם	piel	cohm	1cs	אמץ	54	2mp	make firm
	יחשך	qal	impf	3ms	חשך	362		withhold
16:6	אדברה	piel	coh	1cs	דבר	180		speak
	יחשך	niph	impf	3ms	חשך	362		be spared
	אחדלה	qal	coh	1cs	חדל	292		cease
	יהלך	qal	impf	3ms	הלך	229		walk, go
16:7	הלאני	hiph	pft	3ms	לאה	521	1cs	make weary
	השמות	hiph	pft	2ms	שמם	1030		ravage, appall
16:8	תקמטני	qal	wci	2ms	קמט	888	1cs	seize
	היה	qal	pft	3ms	היה	224		be, become
	יקם	qal	wci	3ms	קום	877		arise, stand
	יענה	qal	impf	3ms	ענה	772		answer
16:9	טרף	qal	pft	3ms	טרף	382		tear, rend
	ישטמני	qal	wci	3ms	שטם	966	1cs	bear a grudge
	חרק	qal	pft	3ms	חרק	359		grind teeth
	ילטוש	qal	impf	3ms	לטש	538		hammer, sharpen
16:10	פערו	qal	pft	3cp	פער	822		open wide
	הכו	hiph	pft	3cp	נכה	645		smite
	יתמלאון	hith	impf	3mp	מלא	569		mass oneself
16:11	יסגירני	hiph	impf	3ms	סגר	688	1cs	shut up, deliver
	ירטני	qal	impf	3ms	רטה	936	1cs	wring out
16:12	הייתי	qal	pft	1cs	היה	224		be, become
	יפרפרני	pilp	wci	3ms	פרר	830	1cs	be shattered
	אחז	qal	pft	3ms	אחז	28		grasp
	יפצפצני	pilp	wci	3ms	פצץ	822	1cs	dash in pieces
	יקימני	hiph	wci	3ms	קום	877	1cs	raise, build, set
16:13	יסבו	qal	impf	3mp	סבב	685		surround
	יפלח	piel	impf	3ms	פלח	812		cleave
	יחמול	qal	impf	3ms	חמל	328		spare
	ישפך	qal	impf	3ms	שפך	1049		pour out
16:14	יפרצני	qal	impf	3ms	פרץ	829	1cs	break through
	ירץ	qal	impf	3ms	רוץ	930		run
16:15	תפרתי	qal	pft	1cs	תפר	1074		sew together
	עללתי	poel	pft	1cs	עלל	760		insert, thrust
16:16	חמרמרה k	pall	pft	3fs	חמר	331		be red
	חמרמרו q	pall	pft	3cp	חמר	331		be red
16:18	תכסי	piel	jusm	2fs	כסה	491		cover
	יהי	qal	jus	3ms	היה	224		be, become
16:20	מליצי	hiph	ptc	mp	ליץ	539	1cs	deride
	דלפה	qal	pft	3fs	דלף	196		drop, drip
16:21	יוכח	hiph	jus	3ms	יכח	406		decide, reprove
16:22	יאתיו	qal	impf	3mp	אתה	87		come
16:22	אשוב	qal	impf	1cs	שוב	996		turn, return
	אהלך	qal	impf	1cs	הלך	229		walk, go
17:1	חבלה	pual	pft	3fs	חבל	287		be ruined
	נזעכו	niph	pft	3cp	זעך	276		be extinguished
17:2	המרותם	hiph	infc		מרה	598	3mp	rebel
	תלן	qal	jus	3fs	לון	533		lodge, remain
17:3	שימה	qal	impv	ms	שים	962		put, set
	ערבני	qal	impv	ms	ערב	786	1cs	take on pledge
	יתקע	niph	impf	3ms	תקע	1075		be blown, struck
17:4	צפנת	qal	pft	2ms	צפן	860		hide
	תרמם	pol	impf	2ms	רום	926		raise, rear
17:5	יניד	hiph	impf	3ms	נגד	616		declare, tell
	תכלנה	qal	impf	3fp	כלה	477		finished, spent
17:6	הצגני	hiph	pft	3ms	יצג	426	1cs	place, establish
	אהיה	qal	impf	1cs	היה	224		be, become
17:7	תכה	qal	wci	3fs	כהה	462		grow dim
17:8	ישמו	qal	impf	3mp	שמם	1030		be desolate
	יתערר	htpo	impf	3ms	עור	734		exult, rouse
17:9	יאחז	qal	impf	3ms	אחז	28		grasp
	יסיף	hiph	impf	3ms	יסף	414		add, do again
17:10	תשבו	qal	impf	2mp	שוב	996		turn, return
	באו	qal	impv	mp	בוא	97		come in
	אמצא	qal	impf	1cs	מצא	592		find
17:11	עברו	qal	pft	3cp	עבר	716		pass over
	נתקו	niph	pft	3cp	נתק	683		be drawn, torn
17:12	ישימו	qal	impf	3mp	שים	962		put, set
17:13	אקוה	piel	impf	1cs	קוה	875		wait for
	רפדתי	piel	pft	1cs	רפד	951		spread, support
17:14	קראתי	qal	pft	1cs	קרא	894		call, proclaim
17:15	ישורנה	qal	impf	3ms	שור	1003	3fs	behold, regard
17:16	תרדנה	qal	impf	3fp	ירד	432		come down
18:1	יען	qal	wci	3ms	ענה	772		answer
	יאמר	qal	wci	3ms	אמר	55		say
18:2	תשימון	qal	impf	2mp	שים	962		put, set
	תבינו	qal	impf	2mp	בין	106		discern
18:3	נדבר	piel	impf	1cp	דבר	180		speak
	נחשבנו	niph	pft	1cp	חשב	362		be thought
	נטמינו	niph	pft	1cp	טמה	380		be unclean
18:4	טרף	qal	ptc	ms	טרף	382		tear, rend
	תעזב	niph	impf	3fs	עזב	736		be left
	יעתק	qal	impf	3ms	עתק	801		move, advance
18:5	ידעך	qal	impf	3ms	דעך	200		go out
	יגה	qal	impf	3ms	נגה	618		shine
18:6	חשך	qal	pft	3ms	חשך	364		be dark
	ידעך	qal	impf	3ms	דעך	200		go out
18:7	יצרו	qal	impf	3mp	צרר	864		bind, be cramped
	תשליכהו	hiph	impf	3fs	שלך	1020	3ms	throw, cast
18:8	שלח	pual	pft	3ms	שלח	1018		be sent off
	יתהלך	hith	impf	3ms	הלך	229		walk to and fro
18:9	יאחז	qal	impf	3ms	אחז	28		grasp
	יחזק	hiph	jusf	3ms	חזק	304		make firm, seize
18:10	טמון	qal	pptc	ms	טמן	380		hide
18:11	בעתהו	piel	pft	3cp	בעת	129	3ms	terrify
	הפיצהו	hiph	pft	3cp	פוץ	806	3ms	scatter

ChVs	Form	Stem	Tnse	PGN	Root	BDB	Sfx	Meaning
18:12	יהי	qal	jusf	3ms	היה	224		be, become
	נכון	niph	ptc	ms	כון	465		be established
18:13	יאכל	qal	impf	3ms	אכל	37		eat, devour
	יאכל	qal	impf	3ms	אכל	37		eat, devour
18:14	ינתק	niph	impf	3ms	נתק	683		be drawn, torn
	תצעדהו	hiph	impf	3fs	צעד	857	3ms	make march
18:15	תשכון	qal	impf	3fs	שכן	1014		settle, dwell
	יזרה	pual	impf	3ms	זרה	279		be scattered
18:16	יבשו	qal	impf	3mp	יבש	386		be dry
	ימל	qal	impf	3ms	מלל	576		wither
18:17	אבד	qal	pft	3ms	אבד	1		perish
18:18	יהדפהו	qal	impf	3mp	הדף	213	3ms	thrust, drive
	ינדהו	hiph	impf	3mp	נדד	622	3ms	chase away
18:20	נשמו	niph	pft	3cp	שמם	1030		be desolate
	אחזו	qal	pft	3cp	אחז	28		grasp
18:21	ידע	qal	pft	3ms	ידע	393		know
19:1	יען	qal	wci	3ms	ענה	772		answer
	יאמר	qal	wci	3ms	אמר	55		say
19:2	תוגיון	hiph	impf	2mp	יגה	387		cause grief
	תדכאונני	piel	impf	2mp	דכא	193	1cs	crush
19:3	תכלימוני	hiph	impf	2mp	כלם	483	1cs	humiliate
	תבשו	qal	impf	2mp	בוש	101		be ashamed
	תהכרו	hiph	impf	2mp	הכר	229		cause to wonder
19:4	שגיתי	qal	pft	1cs	שנה	993		err, go astray
	תלין	qal	impf	3fs	לון	533		lodge, remain
19:5	תגדילו	hiph	impf	2mp	גדל	152		make great
	תוכיחו	hiph	impf	2mp	יכח	406		decide, reprove
19:6	דעו	qal	impv	mp	ידע	393		know
	עותני	piel	pft	3ms	עות	736	1cs	make crooked
	הקיף	hiph	pft	3ms	נקף	668		surround
19:7	אצעק	qal	impf	1cs	צעק	858		cry out
	אענה	niph	impf	1cs	ענה	772		be answered
	אשוע	piel	impf	1cs	שוע	1002		cry for help
19:8	גדר	qal	pft	3ms	גדר	154		wall up
	אעבור	qal	impf	1cs	עבר	716		pass over
	ישים	qal	impf	3ms	שים	962		put, set
19:9	הפשיט	hiph	pft	3ms	פשט	832		strip off
	יסר	qal	wci	3ms	סור	693		turn aside
19:10	יתצני	qal	impf	3ms	נתץ	683	1cs	pull down
	אלך	qal	wci	1cs	הלך	229		walk, go
	יסע	hiph	wci	3ms	נסע	652		lead out, remove
19:11	יחר	hiph	wci	3ms	חרה	354		burn
	יחשבני	qal	wci	3ms	חשב	362	1cs	think, devise
19:12	יבאו	qal	impf	3mp	בוא	97		come in
	יסלו	qal	wci	3mp	סלל	699		cast up
	יחנו	qal	wci	3mp	חנה	333		decline, encamp
19:13	הרחיק	hiph	pft	3ms	רחק	934		put far away
	ידעי	qal	ptc	mp	ידע	393	1cs	know
	זרו	qal	pft	3cp	זור	266		be stranger
19:14	חדלו	qal	pft	3cp	חדל	292		cease
	מידעי	pual	ptc	mp	ידע	393	1cs	be known
	שכחוני	qal	pft	3cp	שכח	1013	1cs	forget
19:15	גרי	qal	ptc	mp	גור	157		sojourn
	זר	qal	ptc	ms	זור	266		be stranger
19:15	תחשבני	qal	impf	3fp	חשב	362	1cs	think, devise
	הייתי	qal	pft	1cs	היה	224		be, become
19:16	קראתי	qal	pft	1cs	קרא	894		call, proclaim
	יענה	qal	impf	3ms	ענה	772		answer
	אתחנן	hith	impf	1cs	חנן	335		seek favor
19:17	זרה	qal	pft	3fs	זור	266		be loathsome
	חנתי	qal	pft	1cs	חנן	337		be loathsome
19:18	מאסו	qal	pft	3cp	מאס	549		reject, refuse
	אקומה	qal	coh	1cs	קום	877		arise, stand
	ידברו	piel	wci	3mp	דבר	180		speak
19:19	תעבוני	piel	pft	3cp	תעב	1073	1cs	abhor
	אהבתי	qal	pft	1cs	אהב	12		love
	נהפכו	niph	pft	3cp	הפך	245		turn oneself
19:20	דבקה	qal	pft	3fs	דבק	179		cling, cleave
	אתמלטה	hith	wci	1cs	מלט	572		escape
19:21	חנני	qal	impv	mp	חנן	335	1cs	show favor
	חנני	qal	impv	mp	חנן	335	1cs	show favor
	נגעה	qal	pft	3fs	נגע	619		touch, strike
19:22	תרדפני	qal	impf	2mp	רדף	922	1cs	pursue
	תשבעו	qal	impf	2mp	שבע	959		be sated
19:23	יתן	qal	impf	3ms	נתן	678		give, set
	יכתבון	niph	impf	3mp	כתב	507		be written
	יתן	qal	impf	3ms	נתן	678		give, set
	יחקו	qalp	impf	3mp	חקק	349		inscribed
19:24	יחצבון	niph	impf	3mp	חצב	345		be hewn
19:25	ידעתי	qal	pft	1cs	ידע	393		know
	גאלי	qal	ptc	ms	גאל	145	1cs	redeem
	יקום	qal	impf	3ms	קום	877		arise, stand
19:26	נקפו	piel	pft	3cp	נקף	668		strike off
	אחזה	qal	impf	1cs	חזה	302		see
19:27	אחזה	qal	impf	1cs	חזה	302		see
	ראו	qal	pft	3cp	ראה	906		see
	זר	qal	ptc	ms	זור	266		be stranger
	כלו	qal	pft	3cp	כלה	477		finished, spent
19:28	תאמרו	qal	impf	2mp	אמר	55		say
	נרדף	qal	impf	1cp	רדף	922		pursue
	נמצא	niph	pft	3ms	מצא	592		be found
19:29	גורו	qal	impv	mp	גור	158		dread
	תדעון	qal	impf	2mp	ידע	393		know
20:1	יען	qal	wci	3ms	ענה	772		answer
	יאמר	qal	wci	3ms	אמר	55		say
20:2	ישיבוני	hiph	impf	3mp	שוב	996	1cs	bring back
	חושי	qal	infc		חוש	301	1cs	make haste
20:3	אשמע	qal	impf	1cs	שמע	1033		hear
	יעננני	qal	impf	3ms	ענה	772	1cs	answer
20:4	ידעת	qal	pft	2ms	ידע	393		know
	שים	qal	infc		שים	962		put, set
20:6	יעלה	qal	impf	3ms	עלה	748		go up
	יגיע	hiph	impf	3ms	נגע	619		reach, arrive
20:7	יאבד	qal	impf	3ms	אבד	1		perish
	ראיו	qal	ptc	mp	ראה	906	3ms	see
	יאמרו	qal	impf	3mp	אמר	55		say
20:8	יעוף	qal	impf	3ms	עוף	733		fly
	ימצאוהו	qal	impf	3mp	מצא	592	3ms	find

Job 20:8 – 21:24

ChVs	Form	Stem	Tnse	PGN	Root	BDB	Sfx	Meaning
20:8	ידד	hoph	impf	3ms	נדד	622		be chased away
20:9	שזפתו	qal	pft	3fs	שזף	1004	3ms	look on
	תוסיף	hiph	impf	3fs	יסף	414		add, do again
	תשורנו	qal	impf	3fs	שור	1003	3ms	behold, regard
20:10	ירצו	piel	impf	3mp	רצה	953		seek favor
	תשבנה	hiph	impf	3fp	שוב	996		bring back
20:11	מלאו	qal	pft	3cp	מלא	569		be full, fill
	תשכב	qal	impf	3fs	שכב	1011		lie, lie down
20:12	תמתיק	hiph	impf	3fs	מתק	608		make sweet
	יכחידנה	hiph	impf	3ms	כחד	470	3fs	hide, efface
20:13	יחמל	qal	impf	3ms	חמל	328		spare
	יעזבנה	qal	impf	3ms	עזב	736	3fs	leave, loose
	ימנענה	qal	impf	3ms	מנע	586	3fs	withhold
20:14	נהפך	niph	pft	3ms	הפך	245		turn oneself
20:15	בלע	qal	pft	3ms	בלע	118		swallow
	יקאנו	hiph	wci	3ms	קיא	883	3ms	vomit up
	יורשנו	hiph	impf	3ms	ירש	439	3ms	c. to possess
20:16	יינק	qal	impf	3ms	ינק	413		suck
	תהרגהו	qal	impf	3fs	הרג	246	3ms	kill
20:17	ירא	qal	jus	3ms	ראה	906		see
20:18	משיב	hiph	ptc	ms	שוב	996		bring back
	יבלע	qal	impf	3ms	בלע	118		swallow
	יעלס	qal	impf	3ms	עלס	763		rejoice
20:19	רצץ	piel	pft	3ms	רצץ	954		crush, oppress
	עזב	qal	pft	3ms	עזב	736		leave, loose
	גזל	qal	pft	3ms	גזל	159		tear away, rob
	יבנהו	qal	impf	3ms	בנה	124	3ms	build
20:20	ידע	qal	pft	3ms	ידע	393		know
	חמדו	qal	pptc	ms	חמד	326	3ms	desire
	ימלט	piel	impf	3ms	מלט	572		deliver
20:21	אכלו	qal	infc		אכל	37	3ms	eat, devour
	יחיל	qal	impf	3ms	חול	298		be firm
20:22	מלאות	qal	infc		מלא	569		be full, fill
	יצר	qal	impf	3ms	צרר	864		bind, be cramped
	תבואנו	qal	impf	3fs	בוא	97	3ms	come in
20:23	יהי	qal	jusf	3ms	היה	224		be, become
	מלא	piel	infc		מלא	569		fill
	ישלח	piel	impf	3ms	שלח	1018		send away, shoot
	ימטר	hiph	jusf	3ms	מטר	565		rain
20:24	יברח	qal	impf	3ms	ברח	137		go thru, flee
	תחלפהו	qal	impf	3fs	חלף	322	3ms	pass on
20:25	שלף	qal	pft	3ms	שלף	1025		draw out, off
	יצא	qal	wci	3ms	יצא	422		go out
	יהלך	qal	impf	3ms	הלך	229		walk, go
20:26	טמון	qal	pptc	ms	טמן	380		hide
	צפוניו	qal	pptc	mp	צפן	860	3ms	hide
	תאכלהו	qal	impf	3fs	אכל	37	3ms	eat, devour
	נפח	pual	pft	3ms	נפח	655		be blown
	ירע	qal	jusf	3ms	רעה	944		pasture, tend
20:27	יגלו	piel	impf	3mp	גלה	162		uncover
	מתקוממה	htpo	ptc	fs	קום	877		rise up
20:28	יגל	qal	jusf	3ms	גלה	162		uncover
	נגרות	niph	ptc	fp	נגר	620		be poured
21:1	יען	qal	wci	3ms	ענה	772		answer
21:1	יאמר	qal	wci	3ms	אמר	55		say
21:2	שמעו	qal	impv	mp	שמע	1033		hear
	שמוע	qal	infa		שמע	1033		hear
	תהי	qal	jus	3fs	היה	224		be, become
21:3	שאוני	qal	impv	mp	נשא	669	1cs	lift, carry
	אדבר	piel	impf	1cs	דבר	180		speak
	דברי	piel	infc		דבר	180	1cs	speak
	תלעיג	hiph	impf	2ms	לעג	541		mock, deride
21:4	תקצר	qal	impf	3fs	קצר	894		be short
21:5	פנו	qal	impv	mp	פנה	815		turn
	השמו	hiph	impv	mp	שמם	1030		ravage, appall
	שימו	qal	impv	mp	שים	962		put, set
21:6	זכרתי	qal	pft	1cs	זכר	269		remember
	נבהלתי	niph	wcp	1cs	בהל	96		be disturbed
	אחז	qal	wcp	3ms	אחז	28		grasp
21:7	יחיו	qal	impf	3mp	חיה	310		live
	עתקו	qal	pft	3cp	עתק	801		move, advance
	גברו	qal	pft	3cp	גבר	149		be strong
21:8	נכון	niph	ptc	ms	כון	465		be established
21:10	עבר	piel	pft	3ms	עבר	716		spread over
	יגעל	hiph	impf	3ms	געל	171		cast away
	תפלט	piel	impf	3fs	פלט	812		deliver
	תשכל	piel	impf	3fs	שכל	1013		make childless
21:11	ישלחו	piel	impf	3mp	שלח	1018		send away, shoot
	ירקדון	piel	impf	3mp	רקד	955		leap, dance
21:12	ישאו	qal	impf	3mp	נשא	669		lift, carry
	ישמחו	qal	impf	3mp	שמח	970		rejoice
21:13	יבלו k	piel	impf	3mp	בלה	115		wear out
	יכלו q	piel	impf	3mp	כלה	477		complete, finish
	יחתו	qal	impf	3mp	נחת	639		go down
21:14	יאמרו	qal	wci	3mp	אמר	55		say
	סור	qal	impv	ms	סור	693		turn aside
	חפצנו	qal	pft	1cp	חפץ	342		delight in
21:15	נעבדנו	qal	impf	1cp	עבד	712	3ms	work, serve
	נועיל	hiph	impf	1cp	יעל	418		profit, benefit
	נפגע	qal	impf	1cp	פגע	803		meet, encounter
21:16	רחקה	qal	pft	3fs	רחק	934		be distant
21:17	ידעך	qal	impf	3ms	דעך	200		go out
	יבא	qal	impf	3ms	בוא	97		come in
	יחלק	piel	impf	3ms	חלק	323		divide
21:18	יהיו	qal	impf	3mp	היה	224		be, become
	גנבתו	qal	pft	3fs	גנב	170	3ms	steal
21:19	יצפן	qal	impf	3ms	צפן	860		hide
	ישלם	piel	jusm	3ms	שלם	1022		repay, reward
	ידע	qal	jusm	3ms	ידע	393		know
21:20	יראו	qal	jusm	3mp	ראה	906		see
	ישתה	qal	jusm	3ms	שתה	1059		drink
21:21	חצצו	pual	pft	3cp	חצץ	346		be cut in two
21:22	ילמד	piel	impf	3ms	למד	540		teach
	רמים	qal	ptc	mp	רום	926		be high
	ישפוט	qal	impf	3ms	שפט	1047		judge
21:23	ימות	qal	impf	3ms	מות	559		die
21:24	מלאו	qal	pft	3cp	מלא	569		be full, fill
	ישקה	pual	impf	3ms	שקה	1052		be watered

Job 21:25 – 23:9

ChVs	Form	Stem	Tnse	PGN	Root	BDB	Sfx	Meaning
21:25	ימות	qal	impf	3ms	מות	559		die
	אכל	qal	pft	3ms	אכל	37		eat, devour
21:26	ישכבו	qal	impf	3mp	שכב	1011		lie, lie down
	תכסה	piel	impf	3fs	כסה	491		cover
21:27	ידעתי	qal	pft	1cs	ידע	393		know
	תחמסו	qal	impf	2mp	חמס	329		treat violently
21:28	תאמרו	qal	impf	2mp	אמר	55		say
21:29	שאלתם	qal	pft	2mp	שאל	981		ask, borrow
	עוברי	qal	ptc	mp	עבר	716		pass over
	תנכרו	piel	impf	2mp	נכר	647		recognize
21:30	יחשך	niph	impf	3ms	חשך	362		be spared
	יובלו	hoph	impf	3mp	יבל	384		be borne along
21:31	יגיד	hiph	impf	3ms	נגד	616		declare, tell
	עשה	qal	pft	3ms	עשה	793		do, make
	ישלם	piel	impf	3ms	שלם	1022		repay, reward
21:32	יובל	hoph	impf	3ms	יבל	384		be borne along
	ישקוד	qal	impf	3ms	שקד	1052		watch, wake
21:33	מתקו	qal	pft	3cp	מתק	608		be sweet, suck
	ימשוך	qal	impf	3ms	משך	604		draw, pull
21:34	תנחמוני	piel	impf	2mp	נחם	636	1cs	comfort
	נשאר	niph	pft	3ms	שאר	983		be left
22:1	יען	qal	wci	3ms	ענה	772		answer
	יאמר	qal	wci	3ms	אמר	55		say
22:2	יסכן	qal	impf	3ms	סכן	698		be of use
	יסכן	qal	impf	3ms	סכן	698		be of use
	משכיל	hiph	ptc	ms	שכל	968		look at, prosper
22:3	תצדק	qal	impf	2ms	צדק	842		be righteous
	תתם	hiph	impf	2ms	תמם	1070		finish
22:4	יכיחך	hiph	impf	3ms	יכח	406	2ms	decide, reprove
	יבוא	qal	impf	3ms	בוא	97		come in
22:6	תחבל	qal	impf	2ms	חבל	286		bind
	תפשיט	hiph	impf	2ms	פשט	832		strip off
22:7	תשקה	hiph	impf	2ms	שקה	1052		give to drink
	תמנע	qal	impf	2ms	מנע	586		withhold
22:8	נשוא	qal	pptc	ms	נשא	669		lift, carry
	ישב	qal	impf	3ms	ישב	442		sit, dwell
22:9	שלחת	piel	pft	2ms	שלח	1018		send away, shoot
	ידכא	pual	impf	3ms	דכא	193		be crushed
22:10	יבהלך	piel	impf	3ms	בהל	96	2ms	hasten, dismay
22:11	תראה	qal	impf	2ms	ראה	906		see
	תכסך	piel	impf	3fs	כסה	491	2ms	cover
22:12	ראה	qal	impv	ms	ראה	906		see
	רמו	qal	pft	3cp	רום	926		be high
22:13	אמרת	qal	wcp	2ms	אמר	55		say
	ידע	qal	pft	3ms	ידע	393		know
	ישפוט	qal	impf	3ms	שפט	1047		judge
22:14	יראה	qal	impf	3ms	ראה	906		see
	יתהלך	hith	impf	3ms	הלך	229		walk to and fro
22:15	תשמר	qal	impf	2ms	שמר	1036		keep, watch
	דרכו	qal	pft	3cp	דרך	201		tread, march
22:16	קמטו	pual	pft	3cp	קמט	888		be snatched
	יוצק	hoph	impf	3ms	יצק	427		be poured, firm
22:17	אמרים	qal	ptc	mp	אמר	55		say
	סור	qal	impv	ms	סור	693		turn aside
22:17	יפעל	qal	impf	3ms	פעל	821		do, make
22:18	מלא	piel	pft	3ms	מלא	569		fill
	רחקה	qal	pft	3fs	רחק	934		be distant
22:19	יראו	qal	impf	3mp	ראה	906		see
	ישמחו	qal	impf	3mp	שמח	970		rejoice
	ילעג	qal	impf	3ms	לעג	541		mock, deride
22:20	נכחד	niph	pft	3ms	כחד	470		be hid, effaced
	אכלה	qal	pft	3fs	אכל	37		eat, devour
22:21	הסכן	hiph	impv	ms	סכן	698		show habit
	שלם	qal	impv	ms	שלם	1023		be at peace
	תבואתך	qal	impf	3fs	בוא	97	2ms	come in
22:22	קח	qal	impv	ms	לקח	542		take
	שים	qal	impv	ms	שים	962		put, set
22:23	תשוב	qal	impf	2ms	שוב	996		turn, return
	תבנה	niph	impf	2ms	בנה	124		be built
	תרחיק	hiph	impf	2ms	רחק	934		put far away
22:24	שית	qal	impv	ms	שית	1011		put, set
22:25	היה	qal	wcp	3ms	היה	224		be, become
22:26	תתענג	hith	impf	2ms	ענג	772		enjoy oneself
	תשא	qal	impf	2ms	נשא	669		lift, carry
22:27	תעתיר	hiph	impf	2ms	עתר	801		pray
	ישמעך	qal	impf	3ms	שמע	1033	2ms	hear
	תשלם	piel	impf	2ms	שלם	1022		repay, reward
22:28	תגזור	qal	impf	2ms	גזר	160		divide
	יקם	qal	jus	3ms	קום	877		arise, stand
	נגה	qal	pft	3ms	נגה	618		shine
22:29	השפילו	hiph	pft	3cp	שפל	1050		make low, abase
	תאמר	qal	wci	2ms	אמר	55		say
	יושע	hiph	impf	3ms	ישע	446		deliver, save
22:30	ימלט	piel	impf	3ms	מלט	572		deliver
	נמלט	niph	wcp	3ms	מלט	572		escape
23:1	יען	qal	wci	3ms	ענה	772		answer
	יאמר	qal	wci	3ms	אמר	55		say
23:2	כבדה	qal	pft	3fs	כבד	457		be heavy
23:3	יתן	qal	impf	3ms	נתן	678		give, set
	ידעתי	qal	pft	1cs	ידע	393		know
	אמצאהו	qal	impf	1cs	מצא	592	3ms	find
	אבוא	qal	cohm	1cs	בוא	97		come in
23:4	אערכה	qal	coh	1cs	ערך	789		set in order
	אמלא	piel	cohm	1cs	מלא	569		fill
23:5	אדעה	qal	coh	1cs	ידע	393		know
	יענני	qal	impf	3ms	ענה	772	1cs	answer
	אבינה	qal	coh	1cs	בין	106		discern
	יאמר	qal	impf	3ms	אמר	55		say
23:6	יריב	qal	impf	3ms	ריב	936		strive, contend
	ישם	qal	impf	3ms	שים	962		put, set
23:7	נוכח	niph	ptc	ms	יכח	406		argue
	אפלטה	piel	coh	1cs	פלט	812		deliver
	שפטי	qal	ptc	ms	שפט	1047	1cs	judge
23:8	אהלך	qal	impf	1cs	הלך	229		walk, go
	אבין	qal	impf	1cs	בין	106		discern
23:9	עשתו	qal	infc		עשה	793	3ms	do, make
	אחז	qal	jusf	1cs	חזה	302?		see
	יעטף	qal	impf	3ms	עטף	742		turn aside

Job 23:9–26:5

ChVs	Form	Stem	Tnse	PGN	Root	BDB	Sfx	Meaning
23:9	אראה	qal	impf	1cs	ראה	906		see
23:10	ידע	qal	pft	3ms	ידע	393		know
	בחנני	qal	pft	3ms	בחן	103	1cs	examine, try
	אצא	qal	impf	1cs	יצא	422		go out
23:11	אחזה	qal	pft	3fs	אחז	28		grasp
	שמרתי	qal	pft	1cs	שמר	1036		keep, watch
	אט	hiph	jusf	1cs	נטה	639?		turn, incline
23:12	אמיש	hiph	impf	1cs	מוש	559		remove, depart
	צפנתי	qal	pft	1cs	צפן	860		hide
23:13	ישיבנו	hiph	impf	3ms	שוב	996	3ms	bring back
	אותה	piel	pft	3fs	אוה	16		desire
	יעש	qal	wci	3ms	עשה	793		do, make
23:14	ישלים	hiph	impf	3ms	שלם	1022		complete
23:15	אבהל	niph	impf	1cs	בהל	96		be disturbed
	אתבונן	htpo	impf	1cs	בין	106		understand
	אפחד	qal	impf	1cs	פחד	808		be in dread
23:16	הרך	hiph	pft	3ms	רכך	939		make timid
	הבהילני	hiph	pft	3ms	בהל	96	1cs	dismay, hasten
23:17	נצמתי	niph	pft	1cs	צמת	856		be annihilated
	כסה	piel	pft	3ms	כסה	491		cover
24:1	נצפנו	niph	pft	3cp	צפן	860		be stored up
	ידעו k	qal	ptc	ms	ידע	393	3ms	know
	ידעיו	qal	ptc	mp	ידע	393	3ms	know
	חזו	qal	pft	3cp	חזה	302		see
24:2	ישיגו	hiph	impf	3mp	סוג	690		displace
	גזלו	qal	pft	3cp	גזל	159		tear away, rob
	ירעו	qal	wci	3mp	רעה	944		pasture, tend
24:3	ינהגו	qal	impf	3mp	נהג	624		drive
	יחבלו	qal	impf	3mp	חבל	286		bind
24:4	יטו	hiph	impf	3mp	נטה	639		turn, incline
	חבאו	pual	pft	3cp	חבא	285		be hidden
24:5	יצאו	qal	pft	3cp	יצא	422		go out
	משחרי	piel	ptc	mp	שחר	1007		seek, desire
24:6	יקצירו k	hiph	impf	3mp	קצר	894		reap
	יקצורו q	qal	impf	3mp	קצר	894		reap, harvest
	ילקשו	piel	impf	3mp	לקש	545		despoil
24:7	ילינו	qal	impf	3mp	לון	533		lodge, remain
24:8	ירטבו	qal	impf	3mp	רטב	936		be moist
	חבקו	piel	pft	3cp	חבק	287		embrace
24:9	יגזלו	qal	impf	3mp	גזל	159		tear away, rob
	יחבלו	qal	impf	3mp	חבל	286		bind
24:10	הלכו	piel	pft	3cp	הלך	229		walk
	נשאו	qal	pft	3cp	נשא	669		lift, carry
24:11	יצהירו	hiph	impf	3mp	צהר	844		press out oil
	דרכו	qal	pft	3cp	דרך	201		tread, march
	יצמאו	qal	wci	3mp	צמא	854		be thirsty
24:12	ינאקו	qal	impf	3mp	נאק	611		groan
	תשוע	piel	impf	3fs	שוע	1002		cry for help
	ישים	qal	impf	3ms	שים	962		put, set
24:13	היו	qal	pft	3cp	היה	224		be, become
	מרדי	qal	ptc	mp	מרד	597		rebel
	הכירו	hiph	pft	3cp	נכר	647		regard, notice
	ישבו	qal	pft	3cp	ישב	442		sit, dwell
24:14	יקום	qal	impf	3ms	קום	877		arise, stand
24:14	רוצח	qal	ptc	ms	רצח	953		murder, slay
	יקטל	qal	impf	3ms	קטל	881		slay
	יהי	qal	jusf	3ms	היה	224		be, become
24:15	נאף	qal	ptc	ms	נאף	610		commit adultery
	שמרה	qal	pft	3fs	שמר	1036		keep, watch
	אמר	qal	infc		אמר	55		say
	תשורני	qal	impf	3fs	שור	1003	1cs	behold, regard
	ישים	qal	impf	3ms	שים	962		put, set
24:16	חתר	qal	pft	3ms	חתר	369		dig, row
	חתמו	piel	pft	3cp	חתם	367		seal
	ידעו	qal	pft	3cp	ידע	393		know
24:17	יכיר	hiph	impf	3ms	נכר	647		regard, notice
24:18	תקלל	pual	impf	3fs	קלל	886		be cursed
	יפנה	qal	impf	3ms	פנה	815		turn
24:19	יגזלו	qal	impf	3mp	גזל	159		tear away, rob
	חטאו	qal	pft	3cp	חטא	306		sin
24:20	ישכחהו	qal	impf	3ms	שכח	1013	3ms	forget
	מתקו	qal	pft	3ms	מתק	608	3ms	be sweet, suck
	יזכר	niph	impf	3ms	זכר	269		be remembered
	תשבר	niph	wci	3fs	שבר	990		be broken
24:21	רעה	qal	ptc	ms	רעה	944		pasture, tend
	תלד	qal	impf	3fs	ילד	408		bear, beget
	ייטיב	hiph	impf	3ms	יטב	405		do good
24:22	משך	qal	wcp	3ms	משך	604		draw, pull
	יקום	qal	impf	3ms	קום	877		arise, stand
	יאמין	hiph	impf	3ms	אמן	52		believe
24:23	יתן	qal	impf	3ms	נתן	678		give, set
	ישען	niph	impf	3ms	שען	1043		lean, support
24:24	רומו	qal	pft	3cp	רמם	942		be exalted
	המכו	hoph	wcp	3cp	מכך	568		be brought low
	יקפצון	niph	impf	3mp	קפץ	891		draw together
	ימלו	qal	impf	3mp	מלל	576		wither
24:25	יכזיבני	hiph	impf	3ms	כזב	469	1cs	make a liar
	ישם	qal	jusf	3ms	שים	962		put, set
25:1	יען	qal	wci	3ms	ענה	772		answer
	יאמר	qal	wci	3ms	אמר	55		say
25:2	המשל	hiph	infa		משל	605		cause to rule
	עשה	qal	ptc	ms	עשה	793		do, make
25:3	יקום	qal	impf	3ms	קום	877		arise, stand
25:4	יצדק	qal	impf	3ms	צדק	842		be righteous
	יזכה	qal	impf	3ms	זכה	269		be clean, pure
	ילוד	qal	pptc	ms	ילד	408		bear, beget
25:5	יאהיל	hiph	impf	3ms	אהל	14		shine
	זכו	qal	pft	3cp	זכך	269		be bright, pure
26:1	יען	qal	wci	3ms	ענה	772		answer
	יאמר	qal	wci	3ms	אמר	55		say
26:2	עזרת	qal	pft	2ms	עזר	740		help, aid
	הושעת	hiph	pft	2ms	ישע	446		deliver, save
26:3	יעצת	qal	pft	2ms	יעץ	419		advise, counsel
	הודעת	hiph	pft	2ms	ידע	393		declare
26:4	הגדת	hiph	pft	2ms	נגד	616		declare, tell
	יצאה	qal	pft	3fs	יצא	422		go out
26:5	יחוללו	pola	impf	3mp	חול	296		be born, writhe
	שכניהם	qal	ptc	mp	שכן	1014	3mp	settle, dwell

Job 26:7 – 28:23

ChVs	Form	Stem	Tnse	PGN	Root	BDB	Sfx	Meaning
26:7	נטה	qal	ptc	ms	נטה	639		stretch, incline
	תלה	qal	ptc	ms	תלה	1067		hang
26:8	צרר	qal	ptc	ms	צרר	864		bind, be cramped
	נבקע	niph	pft	3ms	בקע	131		be cleft
26:9	מאחז	piel	ptc	ms	אחז	28		enclose
	פרשז	pil	infa		פרש	831		spread out
26:10	חג	qal	pft	3ms	חוג	295		draw round
26:11	ירופפו	poal	impf	3mp	רפף	952		shake, rock
	יתמהו	qal	impf	3mp	תמה	1069		be astounded
26:12	רגע	qal	pft	3ms	רגע	920		disturb
	מחץ	qal	pft	3ms	מחץ	563		smite through
26:13	חללה	poel	pft	3fs	חלל	319		pierce
26:14	נשמע	qal	impf	1cp	שמע	1033		hear
	יתבונן	htpo	impf	3ms	בין	106		understand
27:1	יסף	hiph	wci	3ms	יסף	414		add, do again
	שאת	qal	infc		נשא	669		lift, carry
	יאמר	qal	wci	3ms	אמר	55		say
27:2	הסיר	hiph	pft	3ms	סור	693		take away
	המר	hiph	pft	3ms	מרר	600		make bitter
27:4	תדברנה	piel	impf	3fp	דבר	180		speak
	יהגה	qal	impf	3ms	הגה	211		groan, utter
27:5	אצדיק	hiph	impf	1cs	צדק	842		make righteous
	אגוע	qal	impf	1cs	גוע	157		expire, die
	אסיר	hiph	impf	1cs	סור	693		take away
27:6	החזקתי	hiph	pft	1cs	חזק	304		make firm, seize
	ארפה	hiph	impf	1cs	רפה	951	3fs	slacken, abandon
	יחרף	qal	impf	3ms	חרף	357		reproach
27:7	יהי	qal	jus	3ms	היה	224		be, become
	איבי	qal	ptc	ms	איב	33	1cs	be hostile to
	מתקוממי	htpo	ptc	ms	קום	877	1cs	rise up
27:8	יבצע	qal	impf	3ms	בצע	130		cut off
	ישל	qal	jusf	3ms	שלה	1017		draw out
27:9	ישמע	qal	impf	3ms	שמע	1033		hear
	תבוא	qal	impf	3fs	בוא	97		come in
27:10	יתענג	hith	impf	3ms	ענג	772		enjoy oneself
	יקרא	qal	impf	3ms	קרא	894		call, proclaim
27:11	אורה	hiph	impf	1cs	ירה	434		shoot, teach
	אכחד	piel	impf	1cs	כחד	470		hide
27:12	חזיתם	qal	pft	2mp	חזה	302		see
	תהבלו	qal	impf	2mp	הבל	211		be worthless
27:13	יקחו	qal	impf	3mp	לקח	542		take
27:14	ירבו	qal	impf	3mp	רבה	915		be many, great
	ישבעו	qal	impf	3mp	שבע	959		be sated
27:15	יקברו	niph	impf	3mp	קבר	868		be buried
	תבכינה	qal	impf	3fp	בכה	113		weep
27:16	יצבר	qal	impf	3ms	צבר	840		heap up
	יכין	hiph	impf	3ms	כון	465		fix, prepare
27:17	יכין	hiph	impf	3ms	כון	465		fix, prepare
	ילבש	qal	impf	3ms	לבש	527		put on, clothe
	יחלק	qal	impf	3ms	חלק	323		divide, share
27:18	בנה	qal	pft	3ms	בנה	124		build
	עשה	qal	pft	3ms	עשה	793		do, make
	נצר	qal	ptc	ms	נצר	665		watch, guard
27:19	ישכב	qal	impf	3ms	שכב	1011		lie, lie down
27:19	יאסף	niph	impf	3ms	אסף	62		assemble
	פקח	qal	pft	3ms	פקח	824		open
27:20	תשיגהו	hiph	impf	3fs	נשג	673	3ms	reach, overtake
	גנבתו	qal	pft	3fs	גנב	170	3ms	steal
27:21	ישאהו	qal	impf	3ms	נשא	669	3ms	lift, carry
	ילך	qal	impf	3ms	הלך	229		walk, go
	ישערהו	piel	impf	3ms	שער	973	3ms	whirl away
27:22	ישלך	hiph	jusf	3ms	שלך	1020		throw, cast
	יחמל	qal	impf	3ms	חמל	328		spare
	ברוח	qal	infa		ברח	137		go thru, flee
	יברח	qal	impf	3ms	ברח	137		go thru, flee
27:23	ישפק	qal	impf	3ms	ספק	706		slap, clap
	ישרק	qal	impf	3ms	שרק	1056		hiss
28:1	יזקו	qal	impf	3mp	זקק	279		refine
28:2	יקח	qalp	impf	3ms	לקח	542		be taken
	יצוק	qal	impf	3ms	צוק	848		pour out, melt
28:3	שם	qal	pft	3ms	שים	962		put, set
	חוקר	qal	ptc	ms	חקר	350		search
28:4	פרץ	qal	pft	3ms	פרץ	829		break through
	גר	qal	ptc	ms	גור	157		sojourn
	נשכחים	niph	ptc	mp	שכח	1013		be forgotten
	דלו	qal	pft	3cp	דלל	195		hang, be low
	נעו	qal	pft	3cp	נוע	631		totter, wave
28:5	יצא	qal	impf	3ms	יצא	422		go out
	נהפך	niph	pft	3ms	הפך	245		turn oneself
28:7	ידעו	qal	pft	3ms	ידע	393	3ms	know
	שזפתו	qal	pft	3fs	שזף	1004	3ms	look on
28:8	הדריכהו	hiph	pft	3cp	דרך	201	3ms	tread, lead
	עדה	qal	pft	3ms	עדה	723		advance
28:9	שלח	qal	pft	3ms	שלח	1018		send
	הפך	qal	pft	3ms	הפך	245		turn, overturn
28:10	בקע	piel	pft	3ms	בקע	131		cut to pieces
	ראתה	qal	pft	3fs	ראה	906		see
28:11	חבש	piel	pft	3ms	חבש	289		bind
	יצא	hiph	impf	3ms	יצא	422		bring out
28:12	תמצא	niph	impf	3fs	מצא	592		be found
28:13	ידע	qal	pft	3ms	ידע	393		know
	תמצא	niph	impf	3fs	מצא	592		be found
28:14	אמר	qal	pft	3ms	אמר	55		say
	אמר	qal	pft	3ms	אמר	55		say
28:15	יתן	qalp	impf	3ms	נתן	678		be given
	ישקל	niph	impf	3ms	שקל	1053		be weighed
28:16	תסלה	pual	impf	3fs	סלה	699		be weighed
28:17	יערכנה	qal	impf	3ms	ערך	789	3fs	set in order
28:18	יזכר	niph	impf	3ms	זכר	269		be remembered
28:19	יערכנה	qal	impf	3ms	ערך	789	3fs	set in order
	תסלה	pual	impf	3fs	סלה	699		be weighed
28:20	תבוא	qal	impf	3fs	בוא	97		come in
28:21	נעלמה	niph	pft	3fs	עלם	761		be concealed
	נסתרה	niph	pft	3fs	סתר	711		hide, be hid
28:22	אמרו	qal	pft	3cp	אמר	55		say
	שמענו	qal	pft	1cp	שמע	1033		hear
28:23	הבין	hiph	pft	3ms	בין	106		understand
	ידע	qal	pft	3ms	ידע	393		know

Job 28:24 – 30:19

ChVs	Form	Stem	Tnse	PGN	Root	BDB	Sfx	Meaning
28:24	יביט	hiph	impf	3ms	נבט	613		look, regard
	יראה	qal	impf	3ms	ראה	906		see
28:25	עשׂות	qal	infc		עשׂה	793		do, make
	תכן	piel	pft	3ms	תכן	1067		mete out
28:26	עשׂתו	qal	infc		עשׂה	793	3ms	do, make
28:27	ראה	qal	pft	3ms	ראה	906	3fs	see
	יספרה	piel	wci	3ms	ספר	707	3fs	recount
	הכינה	hiph	pft	3ms	כון	465	3fs	fix, prepare
	חקרה	qal	pft	3ms	חקר	350	3fs	search
28:28	יאמר	qal	wci	3ms	אמר	55		say
	סור	qal	infc		סור	693		turn aside
29:1	יסף	hiph	wci	3ms	יסף	414		add, do again
	שׂאת	qal	infc		נשׂא	669		lift, carry
	יאמר	qal	wci	3ms	אמר	55		say
29:2	יתנני	qal	impf	3ms	נתן	678	1cs	give, set
	ישׁמרני	qal	impf	3ms	שׁמר	1036	1cs	keep, watch
29:3	הלו	qal	infc		הלל	237	3ms	shine
	אלך	qal	jusf	1cs	הלך	229?		walk, go
29:4	הייתי	qal	pft	1cs	היה	224		be, become
29:6	רחץ	qal	infc		רחץ	934		wash, bathe
	יצוק	qal	impf	3ms	צוק	848		pour out, melt
29:7	צאתי	qal	infc		יצא	422	1cs	go out
	אכין	hiph	impf	1cs	כון	465		fix, prepare
29:8	ראוני	qal	pft	3cp	ראה	906	1cs	see
	נחבאו	niph	pft	3cp	חבא	285		hide oneself
	קמו	qal	pft	3cp	קום	877		arise, stand
	עמדו	qal	pft	3cp	עמד	763		stand, stop
29:9	עצרו	qal	pft	3cp	עצר	783		restrain
	ישׂימו	qal	impf	3mp	שׂים	962		put, set
29:10	נחבאו	niph	pft	3cp	חבא	285		hide oneself
	דבקה	qal	pft	3fs	דבק	179		cling, cleave
29:11	שׁמעה	qal	pft	3fs	שׁמע	1033		hear
	תאשׁרני	piel	wci	3fs	אשׁר	80	1cs	call blessed
	ראתה	qal	pft	3fs	ראה	906		see
	תעידני	hiph	wci	3fs	עוד	729	1cs	testify, warn
29:12	אמלט	piel	impf	1cs	מלט	572		deliver
	משׁוע	piel	ptc	ms	שׁוע	1002		cry for help
	עזר	qal	ptc	ms	עזר	740		help, aid
29:13	אבד	qal	ptc	ms	אבד	1		perish
	תבא	qal	impf	3fs	בוא	97		come in
	ארנן	hiph	impf	1cs	רנן	943		cause to shout
29:14	לבשׁתי	qal	pft	1cs	לבשׁ	527		put on, clothe
	ילבשׁני	qal	wci	3ms	לבשׁ	527	1cs	put on, clothe
29:15	הייתי	qal	pft	1cs	היה	224		be, become
29:16	ידעתי	qal	pft	1cs	ידע	393		know
	אחקרהו	qal	impf	1cs	חקר	350	3ms	search
29:17	אשׁברה	piel	wci	1cs	שׁבר	990		shatter
	אשׁליך	hiph	impf	1cs	שׁלך	1020		throw, cast
29:18	אמר	qal	wci	1cs	אמר	55		say
	אגוע	qal	impf	1cs	גוע	157		expire, die
	ארבה	hiph	impf	1cs	רבה	915		make many
29:19	פתוח	qal	pptc	ms	פתח	834		open
	ילין	qal	impf	3ms	לון	533		lodge, remain
29:20	תחליף	hiph	impf	3fs	חלף	322		change
29:21	שׁמעו	qal	pft	3cp	שׁמע	1033		hear
	יחלו	piel	pft	3cp	יחל	403		await
	ידמו	qal	impf	3mp	דמם	198		be silent
29:22	ישׁנו	qal	impf	3mp	שׁנה	1040		do again, repeat
	תטף	qal	impf	3fs	נטף	642		drop, drip
29:23	יחלו	piel	pft	3cp	יחל	403		await
	פערו	qal	pft	3cp	פער	822		open wide
29:24	אשׂחק	qal	impf	1cs	שׂחק	965		laugh
	יאמינו	hiph	impf	3mp	אמן	52		believe
	יפילון	hiph	impf	3mp	נפל	656		cause to fall
29:25	אבחר	qal	impf	1cs	בחר	103		choose
	אשׁב	qal	impf	1cs	ישׁב	442		sit, dwell
	אשׁכון	qal	impf	1cs	שׁכן	1014		settle, dwell
	ינחם	piel	impf	3ms	נחם	636		comfort
30:1	שׂחקו	qal	pft	3cp	שׂחק	965		laugh
	מאסתי	qal	pft	1cs	מאס	549		reject, refuse
	שׁית	qal	infc		שׁית	1011		put, set
30:2	אבד	qal	pft	3ms	אבד	1		perish
30:3	ערקים	qal	ptc	mp	ערק	792		gnaw
30:4	קטפים	qal	ptc	mp	קטף	882		pluck off
30:5	יגרשׁו	pual	impf	3mp	גרשׁ	176		be expelled
	יריעו	hiph	impf	3mp	רוע	929		raise a shout
30:6	שׁכן	qal	infc		שׁכן	1014		settle, dwell
30:7	ינהקו	qal	impf	3mp	נהק	625		cry, bray
	יספחו	pual	impf	3mp	ספח	705		be joined
30:8	נכאו	niph	pft	3cp	נכא	644		smite, scourge
30:9	הייתי	qal	pft	1cs	היה	224		be, become
	אהי	qal	wci	1cs	היה	224		be, become
30:10	תעבוני	piel	pft	3cp	תעב	1073	1cs	abhor
	רחקו	qal	pft	3cp	רחק	934		be distant
	חשׂכו	qal	pft	3cp	חשׂך	362		withhold
30:11	פתח	piel	pft	3ms	פתח	834		loose, free
	יעננו	piel	wci	3ms	ענה	776	1cs	humble
	שׁלחו	piel	pft	3cp	שׁלח	1018		send away, shoot
30:12	יקומו	qal	impf	3mp	קום	877		arise, stand
	שׁלחו	piel	pft	3cp	שׁלח	1018		send away, shoot
	יסלו	qal	wci	3mp	סלל	699		cast up
30:13	נתסו	qal	pft	3cp	נתס	683		tear down
	יעילו	hiph	impf	3mp	יעל	418		profit, benefit
	עזר	qal	ptc	ms	עזר	740		help, aid
30:14	יאתיו	qal	impf	3mp	אתה	87		come
	התגלגלו	htpp	pft	3cp	גלל	164		roll self
30:15	ההפך	hoph	pft	3ms	הפך	245		be turned upon
	תרדף	qal	impf	3fs	רדף	922		pursue
	עברה	qal	pft	3fs	עבר	716		pass over
30:16	תשׁתפך	hith	impf	3fs	שׁפך	1049		pour self out
	יאחזוני	qal	impf	3mp	אחז	28	1cs	grasp
30:17	נקר	piel	pft	3ms	נקר	669		bore out
	ערקי	qal	ptc	mp	ערק	792		gnaw
	ישׁכבון	qal	impf	3mp	שׁכב	1011		lie, lie down
30:18	יתחפשׂ	hith	impf	3ms	חפשׂ	344		disguise self
	יאזרני	qal	impf	3ms	אזר	25	1cs	gird
30:19	הרני	hiph	pft	3ms	ירה	434	1cs	shoot, teach
	אתמשׁל	hith	wci	1cs	משׁל	605		be like

Job 30:20 – 31:36

ChVs	Form	Stem	Tnse	PGN	Root	BDB	Sfx	Meaning
30:20	אשוע	piel	impf	1cs	שוע	1002		cry for help
	תעננִי	qal	impf	2ms	ענה	772	1cs	answer
	עמדתי	qal	pft	1cs	עמד	763		stand,stop
	תתבנן	htpo	wci	2ms	בין	106		understand
30:21	תהפך	niph	impf	2ms	הפך	245		turn oneself
	תשטמני	qal	impf	2ms	שטם	966	1cs	bear a grudge
30:22	תשאני	qal	impf	2ms	נשא	669	1cs	lift,carry
	תרכיבני	hiph	impf	2ms	רכב	938	1cs	cause to ride
	תמגגני	pol	impf	2ms	מוג	556	1cs	soften
30:23	ידעתי	qal	pft	1cs	ידע	393		know
	תשיבני	hiph	impf	2ms	שוב	996	1cs	bring back
30:24	ישלח	qal	impf	3ms	שלח	1018		send
30:25	בכיתי	qal	pft	1cs	בכה	113		weep
	עגמה	qal	pft	3fs	עגם	723		be grieved
30:26	קויתי	piel	pft	1cs	קוה	875		wait for
	יבא	qal	wci	3ms	בוא	97		come in
	איחלה	piel	coh	1cs	יחל	403		await
	יבא	qal	wci	3ms	בוא	97		come in
30:27	רתחו	pual	pft	3cp	רתח	958		boil
	דמו	qal	pft	3cp	דמם	198		be silent
	קדמני	piel	pft	3cp	קדם	869	1cs	meet,confront
30:28	קדר	qal	ptc	ms	קדר	871		be dark
	הלכתי	piel	pft	1cs	הלך	229		walk
	קמתי	qal	pft	1cs	קום	877		arise,stand
	אשוע	piel	impf	1cs	שוע	1002		cry for help
30:29	הייתי	qal	pft	1cs	היה	224		be,become
30:30	שחר	qal	pft	3ms	שחר	1007		be black
	חרה	qal	pft	3fs	חרר	359		be hot
30:31	יהי	qal	wci	3ms	היה	224		be,become
	בכים	qal	ptc	mp	בכה	113		weep
31:1	כרתי	qal	pft	1cs	כרת	503		cut,destroy
	אתבונן	htpo	impf	1cs	בין	106		understand
31:3	פעלי	qal	ptc	mp	פעל	821		do,make
31:4	יראה	qal	impf	3ms	ראה	906		see
	יספור	qal	impf	3ms	ספר	707		count
31:5	הלכתי	qal	pft	1cs	הלך	229		walk,go
	תחש	qal	wci	3fs	חוש	301		make haste
31:6	ישקלני	qal	jusm	3ms	שקל	1053	1cs	weigh
	ידע	qal	jusm	3ms	ידע	393		know
31:7	תטה	qal	impf	3fs	נטה	639		stretch,incline
	הלך	qal	pft	3ms	הלך	229		walk,go
	דבק	qal	pft	3ms	דבק	179		cling,cleave
31:8	אזרעה	qal	coh	1cs	זרע	281		sow
	יאכל	qal	jusm	3ms	אכל	37		eat,devour
	ישרשו	pual	jusm	3mp	שרש	1057		be rooted out
31:9	נפתה	niph	pft	3ms	פתה	834		be deceived
	ארבתי	qal	pft	1cs	ארב	70		lie in wait
31:10	תטחן	qal	jusm	3fs	טחן	377		grind
	יכרעון	qal	jusm	3mp	כרע	502		bow down
31:12	תאכל	qal	impf	3fs	אכל	37		eat,devour
	תשרש	piel	impf	3fs	שרש	1057		root up
31:13	אמאס	qal	impf	1cs	מאס	549		reject,refuse
31:14	אעשה	qal	impf	1cs	עשה	793		do,make
	יקום	qal	impf	3ms	קום	877		arise,stand
31:14	יפקד	qal	impf	3ms	פקד	823		attend to,visit
	אשיבנו	hiph	impf	1cs	שוב	996	3ms	bring back
31:15	עשני	qal	ptc	ms	עשה	793	1cs	do,make
	עשהו	qal	pft	3ms	עשה	793	3ms	do,make
	יכננו	pol	wci	3ms	כון	465	1cp	establish
31:16	אמנע	qal	impf	1cs	מנע	586		withhold
	אכלה	piel	impf	1cs	כלה	477		complete,finish
31:17	אכל	qal	impf	1cs	אכל	37		eat,devour
	אכל	qal	pft	3ms	אכל	37		eat,devour
31:18	גדלני	qal	pft	3ms	גדל	152	1cs	be great,grow
	אנחנה	hiph	impf	1cs	נחה	634	3fs	lead,guide
31:19	אראה	qal	impf	1cs	ראה	906		see
	אובד	qal	ptc	ms	אבד	1		perish
31:20	ברכוני	piel	pft	3cp	ברך	138	1cs	bless
	יתחמם	hith	impf	3ms	חמם	328		warm oneself
31:21	הניפותי	hiph	pft	1cs	נוף	631		swing,wave
	אראה	qal	impf	1cs	ראה	906		see
31:22	תפול	qal	jusm	3fs	נפל	656		fall
	תשבר	niph	jusm	3fs	שבר	990		be broken
31:23	אוכל	qal	impf	1cs	יכל	407		be able
31:24	שמתי	qal	pft	1cs	שים	962		put,set
	אמרתי	qal	pft	1cs	אמר	55		say
31:25	אשמח	qal	impf	1cs	שמח	970		rejoice
	מצאה	qal	pft	3fs	מצא	592		find
31:26	אראה	qal	impf	1cs	ראה	906		see
	יהל	hiph	impf	3ms	הלל	237		flash
	הלך	qal	ptc	ms	הלך	229		walk,go
31:27	יפת	qal	wci	3ms	פתה	834		be simple
	תשק	qal	wci	3fs	נשק	676		kiss
31:28	כחשתי	piel	pft	1cs	כחש	471		deceive
31:29	אשמח	qal	impf	1cs	שמח	970		rejoice
	משנאי	piel	ptc	ms	שנא	971	1cs	hate
	התעררתי	htpo	wcp	1cs	עור	734		exult,rouse
	מצאו	qal	pft	3ms	מצא	592	3ms	find
31:30	נתתי	qal	pft	1cs	נתן	678		give,set
	חטא	qal	infc		חטא	306		sin
	שאל	qal	infc		שאל	981		ask,borrow
31:31	אמרו	qal	pft	3cp	אמר	55		say
	יתן	qal	impf	3ms	נתן	678		give,set
	נשבע	niph	ptc	ms	שבע	959		be sated
31:32	ילין	qal	impf	3ms	לון	533		lodge,remain
	אפתח	qal	impf	1cs	פתח	834		open
31:33	כסיתי	piel	pft	1cs	כסה	491		cover
	טמון	qal	infc		טמן	380		hide
31:34	אערוץ	qal	impf	1cs	ערץ	791		frighten,fear
	יחתני	hiph	impf	3ms	חתת	369	1cs	dismay
	אדם	qal	wci	1cs	דמם	198		be silent
	אצא	qal	impf	3ms	יצא	422		go out
31:35	יתן	qal	impf	3ms	נתן	678		give,set
	שמע	qal	ptc	ms	שמע	1033		hear
	יענני	qal	jusm	3ms	ענה	772	1cs	answer
	כתב	qal	pft	3ms	כתב	507		write
31:36	אשאנו	qal	impf	1cs	נשא	669	3ms	lift,carry
	אענדנו	qal	impf	1cs	ענד	772	3ms	bind around

Job 31:37–33:21

ChVs	Form	Stem	Tnse	PGN	Root	BDB	Sfx	Meaning
31:37	אגידנו	hiph	impf	1cs	נגד	616	3ms	declare, tell
	אקרבנו	piel	impf	1cs	קרב	897	3ms	c. to bring near
31:38	תזעק	qal	impf	3fs	זעק	277		call, cry out
	יבכיון	qal	impf	3mp	בכה	113		weep
31:39	אכלתי	qal	pft	1cs	אכל	37		eat, devour
	הפחתי	hiph	pft	1cs	נפח	655		c. to breathe
31:40	יצא	qal	jusm	3ms	יצא	422		go out
	תמו	qal	pft	3cp	תמם	1070		be finished
32:1	ישבתו	qal	wci	3mp	שבת	991		cease, desist
	ענות	qal	infc		ענה	772		answer
32:2	יחר	qal	wci	3ms	חרה	354		be kindled, burn
	חרה	qal	pft	3ms	חרה	354		be kindled, burn
	צדקו	piel	infc		צדק	842	3ms	justify
32:3	חרה	qal	pft	3ms	חרה	354		be kindled, burn
	מצאו	qal	pft	3cp	מצא	592		find
	ירשיעו	hiph	wci	3mp	רשע	957		condemn, be evil
32:4	חכה	piel	pft	3ms	חכה	314		wait
32:5	ירא	qal	wci	3ms	ראה	906		see
	יחר	qal	wci	3ms	חרה	354		be kindled, burn
32:6	יען	qal	wci	3ms	ענה	772		answer
	יאמר	qal	wci	3ms	אמר	55		say
	זחלתי	qal	pft	1cs	זחל	267		fear
	אירא	qal	wci	1cs	ירא	431		fear
	חות	piel	infc		חוה	296		declare
32:7	אמרתי	qal	pft	1cs	אמר	55		say
	ידברו	piel	jusm	3mp	דבר	180		speak
	ידיעו	hiph	jusm	3mp	ידע	393		declare
32:8	תבינם	hiph	impf	3fs	בין	106	3mp	understand
32:9	יחכמו	qal	impf	3mp	חכם	314		be wise
	יבינו	qal	impf	3mp	בין	106		discern
32:10	אמרתי	qal	pft	1cs	אמר	55		say
	שמעה	qal	impv	ms	שמע	1033		hear
	אחוה	piel	impf	1cs	חוה	296		declare
32:11	הוחלתי	hiph	pft	1cs	יחל	403		wait
	אזין	hiph	impf	1cs	אזן	24		hear
	תחקרון	qal	impf	2mp	חקר	350		search
32:12	אתבונן	htpo	impf	1cs	בין	106		understand
	מוכיח	hiph	ptc	ms	יכח	406		decide, reprove
	עונה	qal	ptc	ms	ענה	772		answer
32:13	תאמרו	qal	impf	2mp	אמר	55		say
	מצאנו	qal	pft	1cp	מצא	592		find
	ידפנו	qal	jusm	3ms	נדף	623	3ms	drive about
32:14	ערך	qal	pft	3ms	ערך	789		set in order
	אשיבנו	hiph	impf	1cs	שוב	996	3ms	bring back
32:15	חתו	qal	pft	3cp	חתת	369		be shattered
	ענו	qal	pft	3cp	ענה	772		answer
	העתיקו	hiph	pft	3cp	עתק	801		move, remove
32:16	הוחלתי	hiph	wcp	1cs	יחל	403		wait
	ידברו	piel	impf	3mp	דבר	180		speak
	עמדו	qal	pft	3cp	עמד	763		stand, stop
	ענו	qal	pft	3cp	ענה	772		answer
32:17	אענה	hiph	impf	1cs	ענה	772		c. to answer
	אחוה	piel	impf	1cs	חוה	296		declare
32:18	מלתי	qal	pft	1cs	מלא	569		be full, fill
32:18	הציקתני	hiph	pft	3fs	צוק	847	1cs	constrain
32:19	יפתח	niph	impf	3ms	פתח	834		be opened
	יבקע	niph	impf	3ms	בקע	131		be cleft
32:20	אדברה	piel	coh	1cs	דבר	180		speak
	ירוח	qal	jusm	3ms	רוח	926		be wide
	אפתח	qal	cohm	1cs	פתח	834		open
	אענה	qal	cohm	1cs	ענה	772		answer
32:21	אשא	qal	cohm	1cs	נשא	669		lift, carry
	אכנה	piel	impf	1cs	כנה	487		give title
32:22	ידעתי	qal	pft	1cs	ידע	393		know
	אכנה	piel	impf	1cs	כנה	487		give title
	ישאני	qal	impf	3ms	נשא	669	1cs	lift, carry
	עשני	qal	ptc	ms	עשה	793	1cs	do, make
33:1	שמע	qal	impv	ms	שמע	1033		hear
	האזינה	hiph	impv	ms	אזן	24		hear
33:2	פתחתי	qal	pft	1cs	פתח	834		open
	דברה	piel	pft	3fs	דבר	180		speak
33:3	ברור	qal	pptc	ms	ברר	140		purify, polish
	מללו	piel	pft	3cp	מלל	576		speak
33:4	עשתני	qal	pft	3fs	עשה	793	1cs	do, make
	תחיני	piel	impf	3fs	חיה	310	1cs	preserve, revive
33:5	תוכל	qal	impf	2ms	יכל	407		be able
	השיבני	hiph	impv	ms	שוב	996	1cs	bring back
	ערכה	qal	impv	ms	ערך	789		set in order
	התיצבה	hith	impv	ms	יצב	426		stand oneself
33:6	קרצתי	pual	pft	1cs	קרץ	902		be nipped
33:7	תבעתך	piel	impf	3fs	בעת	129	2ms	terrify
	יכבד	qal	impf	3ms	כבד	457		be heavy
33:8	אמרת	qal	pft	2ms	אמר	55		say
	אשמע	qal	impf	1cs	שמע	1033		hear
33:10	ימצא	qal	impf	3ms	מצא	592		find
	יחשבני	qal	impf	3ms	חשב	362	1cs	think, devise
	אויב	qal	ptc	ms	איב	33		be hostile to
33:11	ישם	qal	jusf	3ms	שים	962		put, set
	ישמר	qal	impf	3ms	שמר	1036		keep, watch
33:12	צדקת	qal	pft	2ms	צדק	842		be righteous
	אענך	qal	impf	1cs	ענה	772	2ms	answer
	ירבה	qal	impf	3ms	רבה	915		be many, great
33:13	ריבות	qal	pft	2ms	ריב	936		strive, contend
	יענה	qal	impf	3ms	ענה	772		answer
33:14	ידבר	piel	impf	3ms	דבר	180		speak
	ישורנה	qal	impf	3ms	שור	1003	3fs	behold, regard
33:15	נפל	qal	infc		נפל	656		fall
33:16	יגלה	qal	impf	3ms	גלה	162		uncover
	יחתם	qal	impf	3ms	חתם	367		seal
33:17	הסיר	hiph	infc		סור	693		take away
	יכסה	piel	impf	3ms	כסה	491		cover
33:18	יחשך	qal	impf	3ms	חשך	362		withhold
	עבר	qal	infc		עבר	716		pass over
33:19	הוכח	hoph	impf	3ms	יכח	406		be punished
33:20	זהמתו	piel	wcp	3fs	זהם	263	3ms	make loathsome
33:21	יכל	qal	jusf	3ms	כלה	477		finished, spent
	q שפו	pual	wcp	3cp	שפה	1045		be laid bare
	ראו	qalp	pft	3cp	ראה	906		be seen

ChVs	Form	Stem	Tnse	PGN	Root	BDB	Sfx	Meaning
33:22	תקרב	qal	wci	3fs	קרב	897		approach
	ממתים	hiph	ptc	mp	מות	559		kill
33:23	מליץ	hiph	ptc	ms	ליץ	539		deride
	הגיד	hiph	infc		נגד	616		declare, tell
33:24	יחננו	qal	wci	3ms	חנן	335	3ms	show favor
	יאמר	qal	wci	3ms	אמר	55		say
	פדעהו	qal	impv	ms	פדע	804	3ms	deliver
	רדת	qal	infc		ירד	432		come down
	מצאתי	qal	pft	1cs	מצא	592		find
33:25	רטפש	qalp	pft	3ms	רטפש	936		grow fresh
	ישוב	qal	impf	3ms	שוב	996		turn, return
33:26	יעתר	qal	impf	3ms	עתר	801		pray
	ירצהו	qal	wci	3ms	רצה	953	3ms	be pleased
	ירא	qal	wci	3ms	ראה	906		see
	ישב	hiph	wci	3ms	שוב	996		bring back
33:27	ישר	qal	jusf	3ms	שור	1003		behold, regard
	יאמר	qal	wci	3ms	אמר	55		say
	חטאתי	qal	pft	1cs	חטא	306		sin
	העויתי	hiph	pft	1cs	עוה	730		pervert
	שוה	qal	pft	3ms	שוה	1000		be even, smooth
33:28	פדה	qal	pft	3ms	פדה	804		ransom
	עבר	qal	infc		עבר	716		pass over
	תראה	qal	impf	3fs	ראה	906		see
33:29	יפעל	qal	impf	3ms	פעל	821		do, make
33:30	השיב	hiph	infc		שוב	996		bring back
	אור	niph	infc		אור	21		be lit
33:31	הקשב	hiph	impv	ms	קשב	904		give attention
	שמע	qal	impv	ms	שמע	1033		hear
	החרש	hiph	impv	ms	חרש	361		be silent
	אדבר	piel	impf	1cs	דבר	180		speak
33:32	השיבני	hiph	impv	ms	שוב	996	1cs	bring back
	דבר	piel	impv	ms	דבר	180		speak
	חפצתי	qal	pft	1cs	חפץ	342		delight in
	צדקך	piel	infc		צדק	842	2ms	justify
33:33	שמע	qal	impv	ms	שמע	1033		hear
	החרש	hiph	impv	ms	חרש	361		be silent
	אאלפך	piel	coh1	1cs	אלף	48	2ms	teach
34:1	יען	qal	wci	3ms	ענה	772		answer
	יאמר	qal	wci	3ms	אמר	55		say
34:2	שמעו	qal	impv	mp	שמע	1033		hear
	ידעים	qal	ptc	mp	ידע	393		know
	האזינו	hiph	impv	mp	אזן	24		hear
34:3	תבחן	qal	impf	3fs	בחן	103		examine, try
	יטעם	qal	impf	3ms	טעם	380		taste
	אכל	qal	infc		אכל	37		eat, devour
34:4	נבחרה	qal	coh	1cp	בחר	103		choose
	נדעה	qal	coh	1cp	ידע	393		know
34:5	אמר	qal	pft	3ms	אמר	55		say
	צדקתי	qal	pft	1cs	צדק	842		be righteous
	הסיר	hiph	pft	3ms	סור	693		take away
34:6	אכזב	piel	impf	1cs	כזב	469		lie, deceive
	אנוש	qal	pptc	ms	אנש	60		be weak, sick
34:7	ישתה	qal	impf	3ms	שתה	1059		drink
34:8	ארח	qal	wcp	3ms	ארח	72		wander, go
34:8	פעלי	qal	ptc	mp	פעל	821		do, make
	לכת	qal	infc		הלך	229		walk, go
34:9	אמר	qal	pft	3ms	אמר	55		say
	יסכן	qal	impf	3ms	סכן	698		be of use
	רצתו	qal	infc		רצה	953	3ms	be pleased
34:10	שמעו	qal	impv	mp	שמע	1033		hear
34:11	ישלם	piel	impf	3ms	שלם	1022		repay, reward
	ימצאנו	hiph	impf	3ms	מצא	592	3ms	cause to find
34:12	ירשיע	hiph	impf	3ms	רשע	957		condemn, be evil
	יעות	piel	impf	3ms	עות	736		make crooked
34:13	פקד	qal	pft	3ms	פקד	823		attend to, visit
	שם	qal	pft	3ms	שים	962		put, set
34:14	ישים	qal	impf	3ms	שים	962		put, set
	יאסף	qal	impf	3ms	אסף	62		gather
34:15	יגוע	qal	impf	3ms	גוע	157		expire, die
	ישוב	qal	impf	3ms	שוב	996		turn, return
34:16	שמעה	qal	impv	ms	שמע	1033		hear
	האזינה	hiph	impv	ms	אזן	24		hear
34:17	שונא	qal	ptc	ms	שנא	971		hate
	יחבוש	qal	impf	3ms	חבש	289		bind
	תרשיע	hiph	impf	2ms	רשע	957		condemn, be evil
34:18	אמר	qal	infc		אמר	55		say
34:19	נשא	qal	pft	3ms	נשא	669		lift, carry
	נכר	piel	pft	3ms	נכר	647		recognize
34:20	ימתו	qal	impf	3mp	מות	559		die
	יגעשו	pual	impf	3mp	געש	172		be convulsed
	יעברו	qal	impf	3mp	עבר	716		pass over
	יסירו	hiph	impf	3mp	סור	693		take away
34:21	יראה	qal	impf	3ms	ראה	906		see
34:22	הסתר	niph	infc		סתר	711		hide, be hid
	פעלי	qal	ptc	mp	פעל	821		do, make
34:23	ישים	qal	impf	3ms	שים	962		put, set
	הלך	qal	infc		הלך	229		walk, go
34:24	ירע	qal	impf	3ms	רעע	949		break
	יעמד	hiph	wci	3ms	עמד	763		set up, raise
34:25	יכיר	hiph	impf	3ms	נכר	647		regard, notice
	הפך	qal	wcp	3ms	הפך	245		turn, overturn
	ידכאו	hith	impf	3mp	דכא	193		be crushed
34:26	ספקם	qal	pft	3ms	ספק	706	3mp	slap, clap
	ראים	qal	ptc	mp	ראה	906		see
34:27	סרו	qal	pft	3cp	סור	693		turn aside
	השכילו	hiph	pft	3cp	שכל	968		look at, prosper
34:28	הביא	hiph	infc		בוא	97		bring in
	ישמע	qal	impf	3ms	שמע	1033		hear
34:29	ישקט	hiph	impf	3ms	שקט	1052		show quietness
	ירשע	hiph	impf	3ms	רשע	957		condemn, be evil
	יסתר	hiph	jus	3ms	סתר	711		hide
	ישורנו	qal	impf	3ms	שור	1003	3ms	behold, regard
34:30	מלך	qal	infc		מלך	573		be king, reign
34:31	אמר	qal	pft	3ms	אמר	55		say
	נשאתי	qal	pft	1cs	נשא	669		lift, carry
	אחבל	qal	impf	1cs	חבל	287		act corruptly
34:32	אחזה	qal	impf	1cs	חזה	302		see
	הרני	hiph	impv	ms	ירה	434	1cs	shoot, teach

Job 34:32–36:27

ChVs	Form	Stem	Tnse	PGN	Root	BDB	Sfx	Meaning
34:32	פעלתי	qal	pft	1cs	פעל	821		do, make
	אסיף	hiph	impf	1cs	יסף	414		add, do again
34:33	ישלמנה	piel	impf	3ms	שלם	1022	3fs	repay, reward
	מאסת	qal	pft	2ms	מאס	549		reject, refuse
	תבחר	qal	impf	2ms	בחר	103		choose
	ידעת	qal	pft	2ms	ידע	393		know
	דבר	piel	impv	ms	דבר	180		speak
34:34	יאמרו	qal	impf	3mp	אמר	55		say
	שמע	qal	ptc	ms	שמע	1033		hear
34:35	ידבר	piel	impf	3ms	דבר	180		speak
	השכיל	hiph	infa		שכל	968		look at, prosper
34:36	יבחן	niph	impf	3ms	בחן	103		be tried
34:37	יסיף	hiph	impf	3ms	יסף	414		add, do again
	יספוק	qal	impf	3ms	ספק	706		slap, clap
	ירב	hiph	jusf	3ms	רבה	915		make many
35:1	יען	qal	wci	3ms	ענה	772		answer
	יאמר	qal	wci	3ms	אמר	55		say
35:2	חשבת	qal	pft	2ms	חשב	362		think, devise
	אמרת	qal	pft	2ms	אמר	55		say
35:3	תאמר	qal	impf	2ms	אמר	55		say
	יסכן	qal	impf	3ms	סכן	698		be of use
	אעיל	hiph	impf	1cs	יעל	418		profit, benefit
35:4	אשיבך	hiph	impf	1cs	שוב	996	2ms	bring back
35:5	הבט	hiph	impv	ms	נבט	613		look, regard
	ראה	qal	impv	ms	ראה	906		see
	שור	qal	impv	ms	שור	1003		behold, regard
	גבהו	qal	pft	3cp	גבה	146		be high
35:6	חטאת	qal	pft	2ms	חטא	306		sin
	תפעל	qal	impf	2ms	פעל	821		do, make
	רבו	qal	pft	3cp	רבב	912		be many
	תעשה	qal	impf	2ms	עשה	793		do, make
35:7	צדקת	qal	pft	2ms	צדק	842		be righteous
	תתן	qal	impf	2ms	נתן	678		give, set
	יקח	qal	impf	3ms	לקח	542		take
35:9	יזעיקו	hiph	impf	3mp	זעק	277		call together
	ישועו	piel	impf	3mp	שוע	1002		cry for help
35:10	אמר	qal	pft	3ms	אמר	55		say
	עשי	qal	ptc	mp	עשה	793	1cs	do, make
	נתן	qal	ptc	ms	נתן	678		give, set
35:11	מלפנו	piel	ptc	ms	אלף	48	1cp	teach
	יחכמנו	piel	impf	3ms	חכם	314	1cp	make wise
35:12	יצעקו	qal	impf	3mp	צעק	858		cry out
	יענה	qal	impf	3ms	ענה	772		answer
35:13	ישמע	qal	impf	3ms	שמע	1033		hear
	ישורנה	qal	impf	3ms	שור	1003	3fs	behold, regard
35:14	תאמר	qal	impf	2ms	אמר	55		say
	תשורנו	qal	impf	2ms	שור	1003	3ms	behold, regard
	תחולל	pol	impf	3ms	חול	296		dance, writhe
35:15	פקד	qal	pft	3ms	פקד	823		attend to, visit
	ידע	qal	pft	3ms	ידע	393		know
35:16	יפצה	qal	impf	3ms	פצה	822		open, set free
	יכבר	hiph	impf	3ms	כבר	460		make many
36:1	יסף	qal	wci	3ms	יסף	414		add, increase
	יאמר	qal	wci	3ms	אמר	55		say
36:2	כתר	piel	impv	ms	כתר	509		surround, wait
	אחוך	piel	cohm	1cs	חוה	296	2ms	declare
36:3	אשא	qal	impf	1cs	נשא	669		lift, carry
	פעלי	qal	ptc	ms	פעל	821	1cs	do, make
	אתן	qal	impf	1cs	נתן	678		give, set
36:5	ימאס	qal	impf	3ms	מאס	549		reject, refuse
36:6	יחיה	piel	impf	3ms	חיה	310		preserve, revive
	יתן	qal	impf	3ms	נתן	678		give, set
36:7	יגרע	qal	impf	3ms	גרע	175		diminish
	ישיבם	hiph	wci	3ms	ישב	442	3mp	cause to dwell
	יגבהו	qal	wci	3mp	גבה	146		be high
36:8	אסורים	qal	pptc	mp	אסר	63		tie, bind
	ילכדון	niph	impf	3mp	לכד	539		be captured
36:9	יגד	hiph	wci	3ms	נגד	616		declare, tell
	יתגברו	hith	impf	3mp	גבר	149		behave proudly
36:10	יגל	qal	wci	3ms	גלה	162		uncover
	יאמר	qal	wci	3ms	אמר	55		say
	ישבון	qal	impf	3mp	שוב	996		turn, return
36:11	ישמעו	qal	impf	3mp	שמע	1033		hear
	יעבדו	qal	impf	3mp	עבד	712		work, serve
	יכלו	piel	impf	3mp	כלה	477		complete, finish
36:12	ישמעו	qal	impf	3mp	שמע	1033		hear
	יעברו	qal	impf	3mp	עבר	716		pass over
	יגועו	qal	impf	3mp	גוע	157		expire, die
36:13	ישימו	qal	impf	3mp	שים	962		put, set
	ישועו	piel	impf	3mp	שוע	1002		cry for help
	אסרם	qal	pft	3ms	אסר	63	3mp	tie, bind
36:14	תמת	qal	jusf	3fs	מות	559		die
36:15	יחלץ	piel	impf	3ms	חלץ	322		deliver
	יגל	qal	jusf	3ms	גלה	162		uncover
36:16	הסיתך	hiph	pft	3ms	סות	694	2ms	incite, allure
	מלא	qal	pft	3ms	מלא	569		be full, fill
36:17	מלאת	qal	pft	2ms	מלא	569		be full, fill
	יתמכו	qal	impf	3mp	תמך	1069		grasp, support
36:18	יסיתך	hiph	impf	3ms	סות	694	2ms	incite, allure
	יטך	hiph	jusm	3ms	נטה	639	2ms	turn, incline
36:19	יערך	qal	impf	3ms	ערך	789		set in order
36:20	תשאף	qal	jusm	2ms	שאף	983		gasp, pant after
	עלות	qal	infc		עלה	748		go up
36:21	השמר	niph	impv	ms	שמר	1036		be kept, guarded
	תפן	qal	jus	2ms	פנה	815		turn
	בחרת	qal	pft	2ms	בחר	103		choose
36:22	ישגיב	hiph	impf	3ms	שגב	960		act exaltedly
36:23	פקד	qal	pft	3ms	פקד	823		attend to, visit
	אמר	qal	pft	3ms	אמר	55		say
	פעלת	qal	pft	2ms	פעל	821		do, make
36:24	זכר	qal	impv	ms	זכר	269		remember
	תשגיא	hiph	impf	2ms	שגא	960		make great, laud
	שררו	pol	pft	3cp	שיר	1010		sing
36:25	חזו	qal	pft	3cp	חזה	302		see
	יביט	hiph	impf	3ms	נבט	613		look, regard
36:26	נדע	qal	impf	1cp	ידע	393		know
36:27	יגרע	piel	impf	3ms	גרע	175		withdraw
	יזקו	qal	impf	3mp	זקק	279		refine

Job 36:28–38:16

ChVs	Form	Stem	Tnse	PGN	Root	BDB	Sfx	Meaning
36:28	יזלו	qal	impf	3mp	נזל	633		flow
	ירעפו	qal	impf	3mp	רעף	950		trickle, drip
36:29	יבין	qal	impf	3ms	בין	106		discern
36:30	פרש	qal	pft	3ms	פרש	831		spread out
	כסה	piel	pft	3ms	כסה	491		cover
36:31	ידין	qal	impf	3ms	דין	192		judge
	יתן	qal	impf	3ms	נתן	678		give, set
	מכביר	hiph	ptc	ms	כבר	460		make many
36:32	כסה	piel	pft	3ms	כסה	491		cover
	יצו	piel	wci	3ms	צוה	845		command
	מפגיע	hiph	ptc	ms	פגע	803		entreat, attack
36:33	יגיד	hiph	impf	3ms	נגד	616		declare, tell
	עולה	qal	ptc	ms	עלה	748		go up
37:1	יחרד	qal	impf	3ms	חרד	353		tremble
	יתר	qal	impf	3ms	נתר	684		start up
37:2	שמעו	qal	impv	mp	שמע	1033		hear
	שמוע	qal	infa		שמע	1033		hear
	יצא	qal	impf	3ms	יצא	422		go out
37:3	ישרהו	qal	impf	3ms	שרה	1056	3ms	let loose
37:4	ישאג	qal	impf	3ms	שאג	980		roar
	ירעם	hiph	jusf	3ms	רעם	947		thunder
	יעקבם	piel	impf	3ms	עקב	784	3mp	attack at heel
	ישמע	niph	impf	3ms	שמע	1033		be heard
37:5	ירעם	hiph	jusf	3ms	רעם	947		thunder
	נפלאות	niph	ptc	fp	פלא	810		be wonderful
	עשה	qal	ptc	ms	עשה	793		do, make
	נדע	qal	impf	1cp	ידע	393		know
37:6	יאמר	qal	impf	3ms	אמר	55		say
	הוא	qal	impv	ms	הוא	216		fall
37:7	יחתום	qal	impf	3ms	חתם	367		seal
	דעת	qal	infc		ידע	393		know
37:8	תבא	qal	wci	3fs	בוא	97		come in
	תשכן	qal	impf	3fs	שכן	1014		settle, dwell
37:9	תבוא	qal	impf	3fs	בוא	97		come in
	מזרים	piel	ptc	mp	זרה	279		scatter
37:10	יתן	qal	impf	3ms	נתן	678		give, set
37:11	יטריח	hiph	impf	3ms	טרח	382		burden
	יפיץ	hiph	impf	3ms	פוץ	806		scatter
37:12	מתהפך	hith	ptc	ms	הפך	245		turn every way
	פעלם	qal	infc		פעל	821	3mp	do, make
	יצום	piel	impf	3ms	צוה	845	3mp	command
37:13	ימצאהו	hiph	impf	3ms	מצא	592	3ms	cause to find
37:14	האזינה	hiph	impv	ms	אזן	24		hear
	עמד	qal	impv	ms	עמד	763		stand, stop
	התבונן	htpo	impv	ms	בין	106		understand
	נפלאות	niph	ptc	fp	פלא	810		be wonderful
37:15	תדע	qal	impf	2ms	ידע	393		know
	שום	qal	infc		שים	962		put, set
	הופיע	hiph	wcp	3ms	יפע	422		shine forth
37:16	תדע	qal	impf	2ms	ידע	393		know
37:17	השקט	hiph	infc		שקט	1052		show quietness
37:18	תרקיע	hiph	impf	2ms	רקע	955		stretch out
	מוצק	hoph	ptc	ms	יצק	427		be poured, firm
37:19	הודיענו	hiph	impv	ms	ידע	393	1cp	declare
37:19	נאמר	qal	impf	1cp	אמר	55		say
	נערך	qal	impf	1cp	ערך	789		set in order
37:20	יספר	pual	impf	3ms	ספר	707		be recounted
	אדבר	piel	impf	1cs	דבר	180		speak
	אמר	qal	pft	3ms	אמר	55		say
	יבלע	pual	impf	3ms	בלע	118		be swallowed up
37:21	ראו	qal	pft	3cp	ראה	906		see
	עברה	qal	pft	3fs	עבר	716		pass over
	תטהרם	piel	wci	3fs	טהר	372	3mp	cleanse
37:22	יאתה	qal	impf	3ms	אתה	87		come
	נורא	niph	ptc	ms	ירא	431		be feared
37:23	מצאנהו	qal	pft	1cp	מצא	592	3ms	find
	יענה	piel	impf	3ms	ענה	776		humble
37:24	יראוהו	qal	pft	3cp	ירא	431	3ms	fear
	יראה	qal	impf	3ms	ראה	906		see
38:1	יען	qal	wci	3ms	ענה	772		answer
	יאמר	qal	wci	3ms	אמר	55		say
38:2	מחשיך	hiph	ptc	ms	חשך	364		make dark
38:3	אזר	qal	impv	ms	אזר	25		gird
	אשאלך	qal	cohm	1cs	שאל	981	2ms	ask, borrow
	הודיעני	hiph	impv	ms	ידע	393	1cs	declare
38:4	היית	qal	pft	2ms	היה	224		be, become
	יסדי	qal	infc		יסד	413	1cs	establish
	הגד	hiph	impv	ms	נגד	616		declare, tell
	ידעת	qal	pft	2ms	ידע	393		know
38:5	שם	qal	pft	3ms	שים	962		put, set
	תדע	qal	impf	2ms	ידע	393		know
	נטה	qal	pft	3ms	נטה	639		stretch, incline
38:6	הטבעו	hoph	pft	3cp	טבע	371		be sunk
	ירה	qal	pft	3ms	ירה	434		throw, shoot
38:7	רן	qal	infc		רנן	943		cry aloud
	יריעו	hiph	wci	3mp	רוע	929		raise a shout
38:8	יסך	qal	wci	3ms	סוך	692		shut in
	גיחו	qal	infc		גיח	161	3ms	burst forth
	יצא	qal	impf	3ms	יצא	422		go out
38:9	שומי	qal	infc		שים	962	1cs	put, set
38:10	אשבר	qal	wci	1cs	שבר	990		break
	אשים	qal	wci	1cs	שים	962		put, set
38:11	אמר	qal	wci	1cs	אמר	55		say
	תבוא	qal	impf	2ms	בוא	97		come in
	תסיף	hiph	impf	2ms	יסף	414		add, do again
	ישית	qal	impf	3ms	שית	1011		put, set
38:12	צוית	piel	pft	2ms	צוה	845		command
	ידעתהk	piel	pft	2ms	ידע	393		cause to know
	ידעתq	piel	pft	2ms	ידע	393		cause to know
38:13	אחז	qal	infc		אחז	28		grasp
	ינערו	niph	impf	3mp	נער	654		be shaken out
38:14	תתהפך	hith	impf	3fs	הפך	245		turn every way
	יתיצבו	hith	impf	3mp	יצב	426		stand oneself
38:15	ימנע	niph	impf	3ms	מנע	586		be withholden
	רמה	qal	ptc	fs	רום	926		be high
	תשבר	niph	impf	3fs	שבר	990		be broken
38:16	באת	qal	pft	2ms	בוא	97		come in
	התהלכת	hith	pft	2ms	הלך	229		walk to and fro

Job 38:17 – 39:25

ChVs	Form	Stem	Tnse	PGN	Root	BDB	Sfx	Meaning
38:17	נגלו	niph	pft	3cp	גלה	162		uncover self
	תראה	qal	impf	2ms	ראה	906		see
38:18	התבננת	htpo	pft	2ms	בין	106		understand
	הגד	hiph	impv	ms	נגד	616		declare, tell
	ידעת	qal	pft	2ms	ידע	393		know
38:19	ישכן	qal	impf	3ms	שכן	1014		settle, dwell
38:20	תקחנו	qal	impf	2ms	לקח	542	3ms	take
	תבין	qal	impf	2ms	בין	106		discern
38:21	ידעת	qal	pft	2ms	ידע	393		know
	תולד	niph	impf	2ms	ילד	408		be born
38:22	באת	qal	pft	2ms	בוא	97		come in
	תראה	qal	impf	2ms	ראה	906		see
38:23	חשכתי	qal	pft	1cs	חשך	362		withhold
38:24	יחלק	niph	impf	3ms	חלק	323		be divided
	יפץ	hiph	jusf	3ms	פוץ	806		scatter
38:25	פלג	piel	pft	3ms	פלג	811		divide
38:26	המטיר	hiph	infc		מטר	565		rain
38:27	השביע	hiph	infc		שבע	959		satisfy
	הצמיח	hiph	infc		צמח	855		cause to grow
38:28	הוליד	hiph	pft	3ms	ילד	408		beget
38:29	יצא	qal	pft	3ms	יצא	422		go out
	ילדו	qal	pft	3ms	ילד	408	3ms	bear, beget
38:30	יתחבאו	hith	impf	3mp	חבא	285		hide oneself
	יתלכדו	hith	impf	3mp	לכד	539		hold fast
38:31	תקשר	piel	impf	2ms	קשר	905		bind
	תפתח	piel	impf	2ms	פתח	834		loose, free
38:32	תציא	hiph	impf	2ms	יצא	422		bring out
	תנחם	hiph	impf	2ms	נחה	634	3mp	lead, guide
38:33	ידעת	qal	pft	2ms	ידע	393		know
	תשים	qal	impf	2ms	שים	962		put, set
38:34	תרים	hiph	impf	2ms	רום	926		raise, lift
	תכסך	piel	impf	2ms	כסה	491	2ms	cover
38:35	תשלח	piel	impf	2ms	שלח	1018		send away, shoot
	ילכו	qal	jusm	3mp	הלך	229		walk, go
	יאמרו	qal	jusm	3mp	אמר	55		say
38:36	שת	qal	pft	3ms	שית	1011		put, set
	נתן	qal	pft	3ms	נתן	678		give, set
38:37	יספר	piel	impf	3ms	ספר	707		recount
	ישכיב	hiph	impf	3ms	שכב	1011		lay
38:38	צקת	qal	infc		יצק	427		pour out, cast
	ידבקו	pual	impf	3mp	דבק	179		be joined
38:39	תצוד	qal	impf	2ms	צוד	844		hunt
	תמלא	piel	impf	2ms	מלא	569		fill
38:40	ישחו	qal	impf	3mp	שחח	1005		be bowed down
	ישבו	qal	impf	3mp	ישב	442		sit, dwell
38:41	יכין	hiph	impf	3ms	כון	465		fix, prepare
	ישועו	piel	impf	3mp	שוע	1002		cry for help
	יתעו	qal	impf	3mp	תעה	1073		wander, err
39:1	ידעת	qal	pft	2ms	ידע	393		know
	לדת	qal	infc		ילד	408		bear, beget
	חלל	pol	infc		חול	296		dance, writhe
	תשמר	qal	impf	2ms	שמר	1036		keep, watch
39:2	תספר	qal	impf	2ms	ספר	707		count
	תמלאנה	piel	impf	3fp	מלא	569		fill
39:2	ידעת	qal	pft	2ms	ידע	393		know
	לדתנה	qal	infc		ילד	408	3fp	bear, beget
39:3	תכרענה	qal	impf	3fp	כרע	502		bow down
	תפלחנה	piel	impf	3fp	פלח	812		cleave
	תשלחנה	piel	impf	3fp	שלח	1018		send away, shoot
39:4	יחלמו	qal	impf	3mp	חלם	321		be healthy
	ירבו	qal	impf	3mp	רבה	915		be many, great
	יצאו	qal	pft	3cp	יצא	422		go out
	שבו	qal	pft	3cp	שוב	996		turn, return
39:5	שלח	piel	pft	3ms	שלח	1018		send away, shoot
	פתח	piel	pft	3ms	פתח	834		loose, free
39:6	שמתי	qal	pft	1cs	שים	962		put, set
39:7	ישחק	qal	impf	3ms	שחק	965		laugh
	נגש	qal	ptc	ms	נגש	620		press, exact
	ישמע	qal	impf	3ms	שמע	1033		hear
39:8	ידרוש	qal	impf	3ms	דרש	205		resort to, seek
39:9	יאבה	qal	impf	3ms	אבה	2		be willing
	עבדך	qal	infc		עבד	712	2ms	work, serve
	ילין	qal	impf	3ms	לון	533		lodge, remain
39:10	תקשר	qal	impf	2ms	קשר	905		bind
	ישדד	piel	impf	3ms	שדד	961		harrow
39:11	תבטח	qal	impf	2ms	בטח	105		trust
	תעזב	qal	impf	2ms	עזב	736		leave, loose
39:12	תאמין	hiph	impf	2ms	אמן	52		believe
	ישוב k	qal	impf	3ms	שוב	996		turn, return
	ישיב q	hiph	impf	3ms	שוב	996		bring back
	יאסף	qal	impf	3ms	אסף	62		gather
39:13	נעלסה	niph	pft	3fs	עלס	763		flap joyously
39:14	תעזב	qal	impf	3fs	עזב	736		leave, loose
	תחמם	piel	impf	3fs	חמם	328		keep warm
39:15	תשכח	qal	wci	3fs	שכח	1013		forget
	תזורה	qal	impf	3fs	זור	266	3fs	press down
	תדושה	qal	impf	3fs	דוש	190	3fs	tread
39:16	הקשיח	hiph	pft	3ms	קשח	905		treat roughly
39:17	השה	hiph	pft	3ms	נשה	674	3fs	cause to forget
	חלק	qal	pft	3ms	חלק	323		divide, share
39:18	תמריא	hiph	impf	3fs	מרא	597		flap
	תשחק	qal	impf	3fs	שחק	965		laugh
	רכבו	qal	ptc	ms	רכב	938	3ms	mount, ride
39:19	תתן	qal	impf	2ms	נתן	678		give, set
	תלביש	hiph	impf	2ms	לבש	527		clothe
39:20	תרעישנו	hiph	impf	2ms	רעש	950	3ms	cause to quake
39:21	יחפרו	qal	impf	3mp	חפר	343		dig, search
	ישיש	qal	impf	3ms	שוש	965		exult
	יצא	qal	impf	3ms	יצא	422		go out
	קראת	qal	infc		קרא	896		meet, encounter
39:22	ישחק	qal	impf	3ms	שחק	965		laugh
	יחת	qal	impf	3ms	חתת	369		be shattered
	ישוב	qal	impf	3ms	שוב	996		turn, return
39:23	תרנה	qal	impf	3fs	רנה	943		rattle
39:24	יגמא	piel	impf	3ms	גמא	167		swallow
	יאמין	hiph	impf	3ms	אמן	52		believe
39:25	יאמר	qal	impf	3ms	אמר	55		say
	יריח	hiph	impf	3ms	ריח	926		smell

ChVs	Form	Stem	Tnse	PGN	Root	BDB	Sfx	Meaning
39:26	יאבר	hiph	jusf	3ms	אבר	7		fly
	יפרש	qal	impf	3ms	פרש	831		spread out
39:27	יגביה	hiph	impf	3ms	גבה	146		make high,exalt
	ירים	hiph	impf	3ms	רום	926		raise,lift
39:28	ישכן	qal	impf	3ms	שכן	1014		settle,dwell
	יתלנן	htpo	impf	3ms	לון	533		abide
39:29	חפר	qal	pft	3ms	חפר	343		dig,search
	יביטו	hiph	impf	3mp	נבט	613		look,regard
39:30	יעלעו	piel	impf	3mp	עלע	763		drink
40:1	יען	qal	wci	3ms	ענה	772		answer
	יאמר	qal	wci	3ms	אמר	55		say
40:2	רב	qal	infa		ריב	936		strive,contend
	מוכיח	hiph	ptc	ms	יכח	406		decide,reprove
	יעננה	qal	jusm	3ms	ענה	772	3fs	answer
40:3	יען	qal	wci	3ms	ענה	772		answer
	יאמר	qal	wci	3ms	אמר	55		say
40:4	קלתי	qal	pft	1cs	קלל	886		be slight,swift
	אשיבך	hiph	impf	1cs	שוב	996	2ms	bring back
	שמתי	qal	pft	1cs	שים	962		put,set
40:5	דברתי	piel	pft	1cs	דבר	180		speak
	אענה	qal	impf	1cs	ענה	772		answer
	אוסיף	hiph	impf	1cs	יסף	414		add,do again
40:6	יען	qal	wci	3ms	ענה	772		answer
	יאמר	qal	wci	3ms	אמר	55		say
40:7	אזר	qal	impv	ms	אזר	25		gird
	אשאלך	qal	impf	1cs	שאל	981	2ms	ask,borrow
	הודיעני	hiph	impv	ms	ידע	393	1cs	declare
40:8	תפר	hiph	impf	2ms	פרר	830		break,frustrate
	תרשיעני	hiph	impf	2ms	רשע	957	1cs	condemn,be evil
	תצדק	qal	impf	2ms	צדק	842		be righteous
40:9	תרעם	hiph	jusf	2ms	רעם	947		thunder
40:10	עדה	qal	impv	ms	עדה	725		ornament,adorn
	תלבש	qal	impf	2ms	לבש	527		put on,clothe
40:11	הפץ	hiph	impv	ms	פוץ	806		scatter
	ראה	qal	impv	ms	ראה	906		see
	השפילהו	hiph	impv	ms	שפל	1050	3ms	make low,abase
40:12	ראה	qal	impv	ms	ראה	906		see
	הכניעהו	hiph	impv	ms	כנע	488	3ms	humble,subdue
	הדך	qal	impv	ms	הדך	213		cast down
40:13	טמנם	qal	impv	ms	טמן	380	3mp	hide
	חבש	qal	impv	ms	חבש	289		bind
40:14	אודך	hiph	impf	1cs	ידה	392	2ms	praise
	תושע	hiph	impf	3fs	ישע	446		deliver,save
40:15	עשיתי	qal	pft	1cs	עשה	793		do,make
	יאכל	qal	impf	3ms	אכל	37		eat,devour
40:17	יחפץ	qal	impf	3ms	חפץ	343		bend down
	ישרגו	pual	impf	3mp	שרג	974		be intertwined
40:19	עשו	qal	ptc	ms	עשה	793	3ms	do,make
	יגש	hiph	jus	3ms	נגש	620		bring near
40:20	ישאו	qal	impf	3mp	נשא	669		lift,carry
	ישחקו	piel	impf	3mp	שחק	965		make sport
40:21	ישכב	qal	impf	3ms	שכב	1011		lie,lie down
40:22	יסכהו	qal	impf	3mp	סכך	696	3ms	cover
	יסבוהו	qal	impf	3mp	סבב	685	3ms	surround
40:23	יעשק	qal	impf	3ms	עשק	798		oppress,extort
	יחפוז	qal	impf	3ms	חפז	342		be alarmed
	יבטח	qal	impf	3ms	בטח	105		trust
	יניח	qal	impf	3ms	גיח	161		burst forth
40:24	יקחנו	qal	impf	3ms	לקח	542	3ms	take
	ינקב	qal	impf	3ms	נקב	666		pierce
40:25	תמשך	qal	impf	2ms	משך	604		draw,pull
	תשקיע	hiph	impf	2ms	שקע	1054		make sink
40:26	תשים	qal	impf	2ms	שים	962		put,set
	תקוב	qal	impf	2ms	נקב	666		pierce
40:27	ירבה	hiph	impf	3ms	רבה	915		make many
	ידבר	piel	impf	3ms	דבר	180		speak
40:28	יכרת	qal	impf	3ms	כרת	503		cut,destroy
	תקחנו	qal	impf	2ms	לקח	542	3ms	take
40:29	תשחק	piel	impf	2ms	שחק	965		make sport
	תקשרנו	qal	impf	2ms	קשר	905	3ms	bind
40:30	יכרו	qal	impf	3mp	כרה	500		get by trade
	יחצוהו	qal	impf	3mp	חצה	345	3ms	divide
40:31	תמלא	piel	impf	2ms	מלא	569		fill
40:32	שים	qal	impv	ms	שים	962		put,set
	זכר	qal	impv	ms	זכר	269		remember
	תוסף	hiph	jus	2ms	יסף	414		add,do again
41:1	נכזבה	niph	pft	3fs	כזב	469		be found false
	יטל	hoph	impf	3ms	טול	376		be hurled
41:2	יעורנו	qal	impf	3ms	עור	734	3ms	rouse self
	יתיצב	hith	impf	3ms	יצב	426		stand oneself
41:3	הקדימני	hiph	pft	3ms	קדם	869	1cs	encounter
	אשלם	piel	impf	1cs	שלם	1022		repay,reward
41:4	אחריש	hiph	impf	1cs	חרש	361		be silent
41:5	גלה	piel	pft	3ms	גלה	162		uncover
	יבוא	qal	impf	3ms	בוא	97		come in
41:6	פתח	piel	pft	3ms	פתח	834		loose,free
41:7	סגור	qal	pptc	ms	סגר	688		shut
41:8	יגשו	qal	impf	3mp	נגש	620		draw near
	יבוא	qal	impf	3ms	בוא	97		come in
41:9	ידבקו	pual	impf	3mp	דבק	179		be joined
	יתלכדו	hith	impf	3mp	לכד	539		hold fast
	יתפרדו	hith	impf	3mp	פרד	825		be divided
41:10	תהל	hiph	impf	3fs	הלל	237		flash
41:11	יהלכו	qal	impf	3mp	הלך	229		walk,go
	יתמלטו	hith	impf	3mp	מלט	572		escape
41:12	יצא	qal	impf	3ms	יצא	422		go out
	נפוח	qal	pptc	ms	נפח	655		breathe,blow
41:13	תלהט	piel	impf	3fs	להט	529		set ablaze
	יצא	qal	impf	3ms	יצא	422		go out
41:14	ילין	qal	impf	3ms	לון	533		lodge,remain
	תדוץ	qal	impf	3fs	דוץ	189		dance
41:15	דבקו	qal	pft	3cp	דבק	179		cling,cleave
	יצוק	qal	pptc	ms	יצק	427		pour out,cast
	ימוט	niph	impf	3ms	מוט	556		be shaken
41:16	יצוק	qal	pptc	ms	יצק	427		pour out,cast
	יצוק	qal	pptc	ms	יצק	427		pour out,cast
41:17	ינורו	qal	impf	3mp	גור	158		dread
	יתחטאו	hith	impf	3mp	חטא	306		purify oneself

ChVs	Form	Stem	Tnse	PGN	Root	BDB	Sfx	Meaning	ChVs	Form	Stem	Tnse	PGN	Root	BDB	Sfx	Meaning
41:18	משׂיגהו	hiph	ptc	ms	נשׂג	673	3ms	reach, overtake	42:11	יבאו	qal	wci	3mp	בוא	97		come in
	תקום	qal	impf	3fs	קום	877		arise, stand		ידעיו	qal	ptc	mp	ידע	393	3ms	know
41:19	יחשׁב	qal	impf	3ms	חשׁב	362		think, devise		יאכלו	qal	wci	3mp	אכל	37		eat, devour
41:20	יבריחנו	hiph	impf	3ms	ברח	137	3ms	cause to flee		ינדו	qal	wci	3mp	נוד	626		wander, lament
	נהפכו	niph	pft	3cp	הפך	245		turn oneself		ינחמו	piel	wci	3mp	נחם	636		comfort
41:21	נחשׁבו	niph	pft	3cp	חשׁב	362		be thought		הביא	hiph	pft	3ms	בוא	97		bring in
	ישׂחק	qal	impf	3ms	שׂחק	965		laugh		יתנו	qal	wci	3mp	נתן	678		give, set
41:22	ירפד	qal	impf	3ms	רפד	951		spread	42:12	ברך	piel	pft	3ms	ברך	138		bless
41:23	ירתיח	hiph	impf	3ms	רתח	958		make boil		יהי	qal	wci	3ms	היה	224		be, become
	ישׂים	qal	impf	3ms	שׂים	962		put, set	42:13	יהי	qal	wci	3ms	היה	224		be, become
41:24	יאיר	hiph	impf	3ms	אור	21		cause to shine	42:14	יקרא	qal	wci	3ms	קרא	894		call, proclaim
	יחשׁב	qal	impf	3ms	חשׁב	362		think, devise	42:15	נמצא	niph	pft	3ms	מצא	592		be found
41:25	עשׂו	qal	pptc	ms	עשׂה	793		do, make		יתן	qal	wci	3ms	נתן	678		give, set
41:26	יראה	qal	impf	3ms	ראה	906		see	42:16	יחי	qal	wci	3ms	חיה	310		live
42:1	יען	qal	wci	3ms	ענה	772		answer		יראk	qal	wci	3ms	ראה	906		see
	יאמר	qal	wci	3ms	אמר	55		say		ויראהq	qal	wci	3ms	ראה	906		see
42:2	ידעתk	qal	pft	1cs	ידע	393		know	42:17	ימת	qal	wci	3ms	מות	559		die
	ידעתיq	qal	pft	1cs	ידע	393		know									
	תוכל	qal	impf	2ms	יכל	407		be able	PSALMS								
	יבצר	niph	impf	3ms	בצר	130		be withheld	1:1	הלך	qal	pft	3ms	הלך	229		walk, go
42:3	מעלים	hiph	ptc	ms	עלם	761		conceal, hide		עמד	qal	pft	3ms	עמד	763		stand, stop
	הגדתי	hiph	pft	1cs	נגד	616		declare, tell		לצים	qal	ptc	mp	ליץ	539		scorn
	אבין	qal	impf	1cs	בין	106		discern		ישׁב	qal	pft	3ms	ישׁב	442		sit, dwell
	נפלאות	niph	ptc	fp	פלא	810		be wonderful	1:2	יהגה	qal	impf	3ms	הגה	211		groan, utter
	אדע	qal	impf	1cs	ידע	393		know	1:3	היה	qal	wcp	3ms	היה	224		be, become
42:4	שׁמע	qal	impv	ms	שׁמע	1033		hear		שׁתול	qal	pptc	ms	שׁתל	1060		transplant
	אדבר	piel	impf	1cs	דבר	180		speak		יתן	qal	impf	3ms	נתן	678		give, set
	אשׁאלך	qal	impf	1cs	שׁאל	981	2ms	ask, borrow		יבול	qal	impf	3ms	נבל	615		sink, droop
	הודיעני	hiph	impv	ms	ידע	393	1cs	declare		יעשׂה	qal	impf	3ms	עשׂה	793		do, make
42:5	שׁמעתיך	qal	pft	1cs	שׁמע	1033	2ms	hear		יצליח	hiph	impf	3ms	צלח	852		cause to thrive
	ראתך	qal	pft	3fs	ראה	906	2ms	see	1:4	תדפנו	qal	impf	3fs	נדף	623	3ms	drive about
42:6	אמאס	qal	impf	1cs	מאס	549		reject, refuse	1:5	יקמו	qal	impf	3mp	קום	877		arise, stand
	נחמתי	niph	wcp	1cs	נחם	636		be sorry	1:6	יודע	qal	ptc	ms	ידע	393		know
42:7	יהי	qal	wci	3ms	היה	224		be, become		תאבד	qal	impf	3fs	אבד	1		perish
	דבר	piel	pft	3ms	דבר	180		speak	2:1	רגשׁו	qal	pft	3cp	רגשׁ	921		be in tumult
	יאמר	qal	wci	3ms	אמר	55		say		יהגו	qal	impf	3mp	הגה	211		groan, utter
	חרה	qal	pft	3ms	חרה	354		be kindled, burn	2:2	יתיצבו	hith	impf	3mp	יצב	426		stand oneself
	דברתם	piel	pft	2mp	דבר	180		speak		רוזנים	qal	ptc	mp	רזן	931		be ruler
	נכונה	niph	ptc	fs	כון	465		be established		נוסדו	niph	pft	3cp	יסד	413		sit together
42:8	קחו	qal	impv	mp	לקח	542		take	2:3	ננתקה	piel	coh	1cp	נתק	683		tear apart
	לכו	qal	impv	mp	הלך	229		walk, go		נשׁליכה	hiph	coh	1cp	שׁלך	1020		throw, cast
	העליתם	hiph	wcp	2mp	עלה	748		bring up, offer	2:4	יושׁב	qal	ptc	ms	ישׁב	442		sit, dwell
	יתפלל	hith	impf	3ms	פלל	813		pray		ישׂחק	qal	impf	3ms	שׂחק	965		laugh
	אשׂא	qal	impf	1cs	נשׂא	669		lift, carry		ילעג	qal	impf	3ms	לעג	541		mock, deride
	עשׂות	qal	infc		עשׂה	793		do, make	2:5	ידבר	piel	impf	3ms	דבר	180		speak
	דברתם	piel	pft	2mp	דבר	180		speak		יבהלמו	piel	impf	3ms	בהל	96	3mp	hasten, dismay
	נכונה	niph	ptc	fs	כון	465		be established	2:6	נסכתי	qal	pft	1cs	נסך	651		install
42:9	ילכו	qal	wci	3mp	הלך	229		walk, go	2:7	אספרה	piel	coh	1cs	ספר	707		recount
	יעשׂו	qal	wci	3mp	עשׂה	793		do, make		אמר	qal	pft	3ms	אמר	55		say
	דבר	piel	pft	3ms	דבר	180		speak		ילדתיך	qal	pft	1cs	ילד	408	2ms	bear, beget
	ישׂא	qal	wci	3ms	נשׂא	669		lift, carry	2:8	שׁאל	qal	impv	ms	שׁאל	981		ask, borrow
42:10	שׁב	qal	pft	3ms	שׁוב	996		turn, return		אתנה	qal	coh	1cs	נתן	678		give, set
	התפללו	hith	infc		פלל	813	3ms	pray	2:9	תרעם	qal	impf	2ms	רעע	949	3mp	break
	יסף	hiph	wci	3ms	יסף	414		add, do again		יוצר	qal	ptc	ms	יצר	427		form, create

ChVs	Form	Stem	Tnse	PGN	Root	BDB	Sfx	Meaning	ChVs	Form	Stem	Tnse	PGN	Root	BDB	Sfx	Meaning
2:9	תנפצם	piel	impf	2ms	נפץ	658	3mp	dash to pieces	4:9	תושיבני	hiph	impf	2ms	ישב	442	1cs	cause to dwell
2:10	השכילו	hiph	impv	mp	שכל	968		look at, prosper	5:1	מנצח	piel	ptc	ms	נצח	663		act as director
	הוסרו	niph	impv	mp	יסר	415		be corrected	5:2	האזינה	hiph	impv	ms	אזן	24		hear
	שפטי	qal	ptc	mp	שפט	1047		judge		בינה	qal	impv	ms	בין	106		discern
2:11	עבדו	qal	impv	mp	עבד	712		work, serve	5:3	הקשיבה	hiph	impv	ms	קשב	904		give attention
	גילו	qal	impv	mp	גיל	162		rejoice		שועי	piel	infc		שוע	1002		cry for help
2:12	נשקו	piel	impv	mp	נשק	676		kiss		אתפלל	hith	impf	1cs	פלל	813		pray
	יאנף	qal	impf	3ms	אנף	60		be angry	5:4	תשמע	qal	impf	2ms	שמע	1033		hear
	תאבדו	qal	impf	2mp	אבד	1		perish		אערך	qal	impf	1cs	ערך	789		set in order
	יבער	qal	impf	3ms	בער	128		burn		אצפה	piel	impf	1cs	צפה	859		watch closely
	חוסי	qal	ptc	mp	חסה	340		seek refuge	5:5	יגרך	qal	impf	3ms	גור	157	2ms	sojourn
3:1	ברחו	qal	infc		ברח	137	3ms	go thru, flee	5:6	יתיצבו	hith	impf	3mp	יצב	426		stand oneself
3:2	רבו	qal	pft	3cp	רבב	912		be many		הוללים	qal	ptc	mp	הלל	237		be boastful
	קמים	qal	ptc	mp	קום	877		arise, stand		שנאת	qal	pft	2ms	שנא	971		hate
3:3	אמרים	qal	ptc	mp	אמר	55		say		פעלי	qal	ptc	mp	פעל	821		do, make
3:4	מרים	hiph	ptc	ms	רום	926		raise, lift	5:7	תאבד	piel	impf	2ms	אבד	1		destroy
3:5	אקרא	qal	impf	1cs	קרא	894		call, proclaim		דברי	qal	ptc	mp	דבר	180		speak
	יענני	qal	wci	3ms	ענה	772	1cs	answer		יתעב	piel	impf	3ms	תעב	1073		abhor
3:6	שכבתי	qal	pft	1cs	שכב	1011		lie, lie down	5:8	אבוא	qal	cohm	1cs	בוא	97		come in
	אישנה	qal	wci	1cs	ישן	445		sleep		אשתחוה	hish	cohm	1cs	חוה	1005		bow down
	הקיצותי	hiph	pft	1cs	קיץ	884		awake	5:9	נחני	qal	impv	ms	נחה	634	1cs	lead
	יסמכני	qal	impf	3ms	סמך	701	1cs	lean, support		הושרk	hiph	impv	ms	ישר	448		make straight
3:7	אירא	qal	impf	1cs	ירא	431		fear		הישרq	hiph	impv	ms	ישר	448		make straight
	שתו	qal	pft	3cp	שית	1011		put, set	5:10	נכונה	niph	ptc	fs	כון	465		be established
3:8	קומה	qal	impv	ms	קום	877		arise, stand		פתוח	qal	pptc	ms	פתח	834		open
	הושיעני	hiph	impv	ms	ישע	446	1cs	deliver, save		יחליקון	hiph	impf	3mp	חלק	325		make smooth
	הכית	hiph	pft	2ms	נכה	645		smite	5:11	האשימם	hiph	impv	ms	אשם	79	3mp	declare guilty
	איבי	qal	ptc	mp	איב	33	1cs	be hostile to		יפלו	qal	jusm	3mp	נפל	656		fall
	שברת	piel	pft	2ms	שבר	990		shatter		הדיחמו	hiph	impv	ms	נדח	623	3mp	thrust out
4:1	מנצח	piel	ptc	ms	נצח	663		act as director		מרו	qal	pft	3cp	מרה	598		be disobedient
4:2	קראי	qal	infc		קרא	894	1cs	call, proclaim	5:12	ישמחו	qal	jusm	3mp	שמח	970		rejoice
	ענני	qal	impv	ms	ענה	772	1cs	answer		חוסי	qal	ptc	mp	חסה	340		seek refuge
	הרחבת	hiph	pft	2ms	רחב	931		enlarge		ירננו	piel	jusm	3mp	רנן	943		shout w/joy
	חנני	qal	impv	ms	חנן	335	1cs	show favor		תסך	hiph	impf	3ms	סכך	696		cover
	שמע	qal	impv	ms	שמע	1033		hear		יעלצו	qal	jusm	3mp	עלץ	763		rejoice, exult
4:3	תאהבון	qal	impf	2mp	אהב	12		love		אהבי	qal	ptc	mp	אהב	12		love
	תבקשו	piel	impf	2mp	בקש	134		seek	5:13	תברך	piel	impf	2ms	ברך	138		bless
4:4	דעו	qal	impv	mp	ידע	393		know		תעטרנו	qal	impf	2ms	עטר	742	3ms	surround
	הפלה	hiph	pft	3ms	פלה	811		make separate	6:1	מנצח	piel	ptc	ms	נצח	663		act as director
	ישמע	qal	impf	3ms	שמע	1033		hear	6:2	תוכיחני	hiph	jusm	2ms	יכח	406	1cs	decide, reprove
	קראי	qal	infc		קרא	894	1cs	call, proclaim		תיסרני	piel	jusm	2ms	יסר	415	1cs	correct, chasten
4:5	רגזו	qal	impv	mp	רגז	919		quake	6:3	חנני	qal	impv	ms	חנן	335	1cs	show favor
	תחטאו	jusm	2mp		חטא	306		sin		רפאני	qal	impv	ms	רפא	950	1cs	heal
	אמרו	qal	impv	mp	אמר	55		say		נבהלו	niph	pft	3cp	בהל	96		be disturbed
	דמו	qal	impv	mp	דמם	198		be silent	6:4	נבהלה	niph	pft	3fs	בהל	96		be disturbed
4:6	זבחו	qal	impv	mp	זבח	256		slaughter	6:5	שובה	qal	impv	ms	שוב	996		turn, return
	בטחו	qal	impv	mp	בטח	105		trust		חלצה	piel	impv	ms	חלץ	322		deliver
4:7	אמרים	qal	ptc	mp	אמר	55		say		הושיעני	hiph	impv	ms	ישע	446	1cs	deliver, save
	יראנו	hiph	impf	3ms	ראה	906	1cp	show, exhibit	6:6	יודה	hiph	impf	3ms	ידה	392		praise
	נסה	qal	impv	ms	נשא	669		lift, carry	6:7	יגעתי	qal	pft	1cs	יגע	388		toil, grow weary
4:8	נתתה	qal	pft	2ms	נתן	678		give, set		אשחה	hiph	impf	1cs	שחה	965		make swim
	רבו	qal	pft	3cp	רבב	912		be many		אמסה	hiph	impf	1cs	מסה	587		melt, dissolve
4:9	אשכבה	qal	coh	1cs	שכב	1011		lie, lie down	6:8	עששה	qal	pft	3fs	עשש	799		waste away
	אישן	qal	cohm	1cs	ישן	445		sleep		עתקה	qal	pft	3fs	עתק	801		move, advance

ChVs	Form	Stem	Tnse	PGN	Root	BDB	Sfx	Meaning
6:8	צוררי	qal	ptc	mp	צרר	865	1cs	show hostility
6:9	סורו	qal	impv	mp	סור	693		turn aside
	פעלי	qal	ptc	mp	פעל	821		do,make
	שמע	qal	pft	3ms	שמע	1033		hear
6:10	שמע	qal	pft	3ms	שמע	1033		hear
	יקח	qal	impf	3ms	לקח	542		take
6:11	יבשו	qal	jusm	3mp	בוש	101		be ashamed
	יבהלו	niph	jusm	3mp	בהל	96		be disturbed
	איבי	qal	ptc	mp	איב	33	1cs	be hostile to
	ישבו	qal	jusm	3mp	שוב	996		turn,return
	יבשו	qal	jusm	3mp	בוש	101		be ashamed
7:1	שר	qal	pft	3ms	שיר	1010		sing
7:2	חסיתי	qal	pft	1cs	חסה	340		seek refuge
	הושיעני	hiph	impv	ms	ישע	446	1cs	deliver,save
	רדפי	qal	ptc	mp	רדף	922	1cs	pursue
	הצילני	hiph	impv	ms	נצל	664	1cs	snatch,deliver
7:3	יטרף	qal	impf	3ms	טרף	382		tear,rend
	פרק	qal	ptc	ms	פרק	830		tear away
	מציל	hiph	ptc	ms	נצל	664		snatch,deliver
7:4	עשיתי	qal	pft	1cs	עשה	793		do,make
7:5	גמלתי	qal	pft	1cs	גמל	168		deal out,ripen
	שולמי	qal	ptc	ms	שלם	1023	1cs	be at peace
	אחלצה	piel	wci	1cs	חלץ	322		deliver
	צוררי	qal	ptc	ms	צרר	865	1cs	show hostility
7:6	ירדף	qal	jusm	3ms	רדף	922		pursue
	איב	qal	ptc	ms	איב	33		be hostile to
	ישג	hiph	jus	3ms	נשג	673		reach,overtake
	ירמס	qal	jusm	3ms	רמס	942		trample
	ישכן	hiph	jus	3ms	שכן	1014		cause to dwell
7:7	קומה	qal	impv	ms	קום	877		arise,stand
	הנשא	niph	impv	ms	נשא	669		be lifted up
	צוררי	qal	ptc	mp	צרר	865	1cs	show hostility
	עורה	qal	impv	ms	עור	734		rouse self
	צוית	piel	pft	2ms	צוה	845		command
7:8	תסובבך	poel	jusm	3fs	סבב	685	2ms	encompass
	שובה	qal	impv	ms	שוב	996		turn,return
7:9	ידין	qal	jusm	3ms	דין	192		judge
	שפטני	qal	impv	ms	שפט	1047	1cs	judge
7:10	יגמר	qal	jusm	3ms	גמר	170		end,complete
	תכונן	pol	impf	2ms	כון	465		establish
	בחן	qal	ptc	ms	בחן	103		examine,try
7:11	מושיע	hiph	ptc	ms	ישע	446		deliver,save
7:12	שופט	qal	ptc	ms	שפט	1047		judge
	זעם	qal	ptc	ms	זעם	276		be indignant
7:13	ישוב	qal	impf	3ms	שוב	996		turn,return
	ילטוש	qal	impf	3ms	לטש	538		hammer,sharpen
	דרך	qal	pft	3ms	דרך	201		tread,march
	יכוננה	pol	wci		כון	465	3fs	establish
7:14	הכין	hiph	pft	3ms	כון	465		fix,prepare
	דלקים	qal	ptc	mp	דלק	196		burn,pursue
	יפעל	qal	impf	3ms	פעל	821		do,make
7:15	יחבל	piel	impf	3ms	חבל	286		writhe,travail
	הרה	qal	wcp	3ms	הרה	247		conceive
	ילד	qal	wcp	3ms	ילד	408		bear,beget
7:16	כרה	qal	pft	3ms	כרה	500		dig
	יחפרהו	qal	wci	3ms	חפר	343	3ms	dig,search
	יפל	qal	wci	3ms	נפל	656		fall
	יפעל	qal	impf	3ms	פעל	821		do,make
7:17	ישוב	qal	impf	3ms	שוב	996		turn,return
	ירד	qal	impf	3ms	ירד	432		come down
7:18	אודה	hiph	cohm	1cs	ידה	392		praise
	אזמרה	piel	coh	1cs	זמר	274		make music
8:1	מנצח	piel	ptc	ms	נצח	663		act as director
8:2	תנה	qal	impv	ms	נתן	678?		give,set
8:3	ינקים	qal	ptc	mp	ינק	413		suck
	יסדת	piel	pft	2ms	יסד	413		found,establish
	צורריך	qal	ptc	mp	צרר	865	2ms	show hostility
	השבית	hiph	infc		שבת	991		destroy,remove
	איב	qal	ptc	ms	איב	33		be hostile to
	מתנקם	hith	ptc	ms	נקם	667		avenge oneself
8:4	אראה	qal	impf	1cs	ראה	906		see
	כוננתה	pol	pft	2ms	כון	465		establish
8:5	תזכרנו	qal	impf	2ms	זכר	269	3ms	remember
	תפקדנו	qal	impf	2ms	פקד	823	3ms	attend to,visit
8:6	תחסרהו	piel	wci	2ms	חסר	341	3ms	cause to lack
	תעטרהו	piel	impf	2ms	עטר	742	3ms	crown
8:7	תמשילהו	hiph	impf	2ms	משל	605	3ms	cause to rule
	שתה	qal	pft	2ms	שית	1011		put,set
8:9	עבר	qal	ptc	ms	עבר	716		pass over
9:1	מנצח	piel	ptc	ms	נצח	663		act as director
9:2	אודה	hiph	cohm	1cs	ידה	392		praise
	אספרה	piel	coh	1cs	ספר	707		recount
	נפלאותיך	niph	ptc	fp	פלא	810	2ms	be wonderful
9:3	אשמחה	qal	coh	1cs	שמח	970		rejoice
	אעלצה	qal	coh	1cs	עלץ	763		rejoice,exult
	אזמרה	piel	coh	1cs	זמר	274		make music
9:4	שוב	qal	infc		שוב	996		turn,return
	אויבי	qal	ptc	mp	איב	33	1cs	be hostile to
	יכשלו	niph	impf	3mp	כשל	505		stumble
	יאבדו	qal	impf	3mp	אבד	1		perish
9:5	עשית	qal	pft	2ms	עשה	793		do,make
	ישבת	qal	pft	2ms	ישב	442		sit,dwell
	שופט	qal	ptc	ms	שפט	1047		judge
9:6	גערת	qal	pft	2ms	נער	172		rebuke
	אבדת	piel	pft	2ms	אבד	1		destroy
	מחית	qal	pft	2ms	מחה	562		wipe,blot out
9:7	אויב	qal	ptc	ms	איב	33		be hostile to
	תמו	qal	pft	3cp	תמם	1070		be finished
	נתשת	qal	pft	2ms	נתש	684		pull up
	אבד	qal	pft	3ms	אבד	1		perish
9:8	ישב	qal	impf	3ms	ישב	442		sit,dwell
	כונן	pol	pft	3ms	כון	465		establish
9:9	ישפט	qal	impf	3ms	שפט	1047		judge
	ידין	qal	impf	3ms	דין	192		judge
9:10	יהי	qal	jus	3ms	היה	224		be,become
9:11	יבטחו	qal	impf	3mp	בטח	105		trust
	יודעי	qal	ptc	mp	ידע	393		know
	עזבת	qal	pft	2ms	עזב	736		leave,loose

Psalms 9:11–12:4

ChVs	Form	Stem	Tnse	PGN	Root	BDB	Sfx	Meaning
9:11	דרשיך	qal	ptc	mp	דרש	205	2ms	resort to, seek
9:12	זמרו	piel	impv	mp	זמר	274		make music
	ישב	qal	ptc	ms	ישב	442		sit, dwell
	הגידו	hiph	impv	mp	נגד	616		declare, tell
9:13	דרש	qal	ptc	ms	דרש	205		resort to, seek
	זכר	qal	pft	3ms	זכר	269		remember
	שכח	qal	pft	3ms	שכח	1013		forget
9:14	חנני	qal	impv	ms	חנן	335	1cs	show favor
	ראה	qal	impv	ms	ראה	906		see
	שנאי	qal	ptc	mp	שנא	971	1cs	hate
	מרוממי	pol	ptc	ms	רום	926	1cs	raise, rear
9:15	אספרה	piel	coh	1cs	ספר	707		recount
	אגילה	qal	coh	1cs	גיל	162		rejoice
9:16	טבעו	qal	pft	3cp	טבע	371		sink
	עשו	qal	pft	3cp	עשה	793		do, make
	טמנו	qal	pft	3cp	טמן	380		hide
	נלכדה	niph	pft	3fs	לכד	539		be captured
9:17	נודע	niph	pft	3ms	ידע	393		be made known
	עשה	qal	pft	3ms	עשה	793		do, make
	נוקש	qal	ptc	ms	נקש	669		strike down
9:18	ישובו	qal	impf	3mp	שוב	996		turn, return
9:19	ישכח	niph	impf	3ms	שכח	1013		be forgotten
	תאבד	qal	impf	3fs	אבד	1		perish
9:20	קומה	qal	impv	ms	קום	877		arise, stand
	יעז	qal	jusm	3ms	עזז	738		be strong
	ישפטו	niph	jusm	3mp	שפט	1047		plead
9:21	שיתה	qal	impv	ms	שית	1011		put, set
	ידעו	qal	jusm	3mp	ידע	393		know
10:1	תעמד	qal	impf	2ms	עמד	763		stand, stop
	תעלים	hiph	impf	2ms	עלם	761		conceal, hide
10:2	ידלק	qal	impf	3ms	דלק	196		burn, pursue
	יתפשו	niph	impf	3mp	תפש	1074		be seized
	חשבו	qal	pft	3cp	חשב	362		think, devise
10:3	הלל	piel	pft	3ms	הלל	237		praise
	בצע	qal	ptc	ms	בצע	130		cut off
	ברך	piel	pft	3ms	ברך	138		bless
	נאץ	piel	pft	3ms	נאץ	610		spurn
10:4	ידרש	qal	impf	3ms	דרש	205		resort to, seek
10:5	יחילו	qal	impf	3mp	חול	298		be firm
	צורריו	qal	ptc	mp	צרר	865	3ms	show hostility
	יפיח	hiph	impf	3ms	פוח	806		breathe, utter
10:6	אמר	qal	pft	3ms	אמר	55		say
	אמוט	niph	impf	1cs	מוט	556		be shaken
10:7	מלא	qal	pft	3ms	מלא	569		be full, fill
10:8	ישב	qal	impf	3ms	ישב	442		sit, dwell
	יהרג	qal	impf	3ms	הרג	246		kill
	יצפנו	qal	impf	3mp	צפן	860		hide
10:9	יארב	qal	impf	3ms	ארב	70		lie in wait
	יארב	qal	impf	3ms	ארב	70		lie in wait
	חטוף	qal	infc		חטף	310		seize
	יחטף	qal	impf	3ms	חטף	310		seize
	משכו	qal	infc		משך	604	3ms	draw, pull
10:10	דכהk	qal	wcp	3ms	דכה	194		be crushed
	ידכהq	qal	impf	3ms	דכה	194		be crushed
10:10	ישח	qal	impf	3ms	שחח	1005		be bowed down
	נפל	qal	wcp	3ms	נפל	656		fall
10:11	אמר	qal	pft	3ms	אמר	55		say
	שכח	qal	pft	3ms	שכח	1013		forget
	הסתיר	hiph	pft	3ms	סתר	711		hide
	ראה	qal	pft	3ms	ראה	906		see
10:12	קומה	qal	impv	ms	קום	877		arise, stand
	נשא	qal	impv	ms	נשא	669		lift, carry
	תשכח	qal	jusm	2ms	שכח	1013		forget
10:13	נאץ	piel	pft	3ms	נאץ	610		spurn
	אמר	qal	pft	3ms	אמר	55		say
	תדרש	qal	impf	2ms	דרש	205		resort to, seek
10:14	ראתה	qal	pft	2ms	ראה	906		see
	תביט	hiph	impf	2ms	נבט	613		look, regard
	תת	qal	infc		נתן	678		give, set
	יעזב	qal	impf	3ms	עזב	736		leave, loose
	היית	qal	pft	2ms	היה	224		be, become
	עוזר	qal	ptc	ms	עזר	740		help, aid
10:15	שבר	qal	impv	ms	שבר	990		break
	תדרוש	qal	impf	2ms	דרש	205		resort to, seek
	תמצא	qal	impf	3fs	מצא	592		find
10:16	אבדו	qal	pft	3cp	אבד	1		perish
10:17	שמעת	qal	pft	2ms	שמע	1033		hear
	תכין	hiph	impf	2ms	כון	465		fix, prepare
	תקשיב	hiph	impf	2ms	קשב	904		give attention
10:18	שפט	qal	infc		שפט	1047		judge
	יוסיף	hiph	impf	3ms	יסף	414		add, do again
	ערץ	qal	infc		ערץ	791		frighten, fear
11:1	מנצח	piel	ptc	ms	נצח	663		act as director
	חסיתי	qal	pft	1cs	חסה	340		seek refuge
	תאמרו	qal	impf	2mp	אמר	55		say
	נודוk	qal	impv	mp	נוד	626		wander, lament
	נודיq	qal	impv	fs	נוד	626		wander, lament
11:2	ידרכון	qal	impf	3mp	דרך	201		tread, march
	כוננו	pol	pft	3cp	כון	465		establish
	ירות	qal	infc		ירה	434		throw, shoot
11:3	יהרסון	niph	impf	3mp	הרס	248		be thrown down
	פעל	qal	pft	3ms	פעל	821		do, make
11:4	יחזו	qal	impf	3mp	חזה	302		see
	יבחנו	qal	impf	3mp	בחן	103		examine, try
11:5	יבחן	qal	impf	3ms	בחן	103		examine, try
	אהב	qal	ptc	ms	אהב	12		love
	שנאה	qal	pft	3fs	שנא	971		hate
11:6	ימטר	hiph	jusf	3ms	מטר	565		rain
11:7	אהב	qal	pft	3ms	אהב	12		love
	יחזו	qal	impf	3mp	חזה	302		see
12:1	מנצח	piel	ptc	ms	נצח	663		act as director
12:2	הושיעה	hiph	impv	ms	ישע	446		deliver, save
	גמר	qal	pft	3ms	גמר	170		end, complete
	פסו	qal	pft	3cp	פסס	821		vanish
	אמונים	qal	pptc	mp	אמן	52		nourish
12:3	ידברו	piel	impf	3mp	דבר	180		speak
	ידברו	piel	impf	3mp	דבר	180		speak
12:4	יכרת	hiph	jus	3ms	כרת	503		cut off, destroy

Psalms 12:4–17:4

ChVs	Form	Stem	Tnse	PGN	Root	BDB	Sfx	Meaning
12:4	מדברת	piel	ptc	fs	דבר	180		speak
12:5	אמרו	qal	pft	3cp	אמר	55		say
	נגביר	hiph	impf	1cp	גבר	149		confirm
12:6	אקום	qal	impf	1cs	קום	877		arise, stand
	יאמר	qal	impf	3ms	אמר	55		say
	אשית	qal	impf	1cs	שית	1011		put, set
	יפיח	hiph	impf	3ms	פוח	806		breathe, utter
12:7	צרוף	qal	pptc	ms	צרף	864		refine, test
	מזקק	pual	ptc	ms	זקק	279		refined
12:8	תשמרם	qal	impf	2ms	שמר	1036	3mp	keep, watch
	תצרנו	qal	impf	2ms	נצר	665	3ms	watch, guard
12:9	יתהלכון	hith	impf	3mp	הלך	229		walk to and fro
	רם	qal	infc		רום	926		be high
13:1	מנצח	piel	ptc	ms	נצח	663		act as director
13:2	תשכחני	qal	impf	2ms	שכח	1013	1cs	forget
	תסתיר	hiph	impf	2ms	סתר	711		hide
13:3	אשית	qal	impf	1cs	שית	1011		put, set
	ירום	qal	impf	3ms	רום	926		be high
	איבי	qal	ptc	ms	איב	33	1cs	be hostile to
13:4	הביטה	hiph	impv	ms	נבט	613		look, regard
	עננ״י	qal	impv	ms	ענה	772	1cs	answer
	האירה	hiph	impv	ms	אור	21		cause to shine
	אישן	qal	impf	1cs	ישן	445		sleep
13:5	יאמר	qal	impf	3ms	אמר	55		say
	איבי	qal	ptc	ms	איב	33	1cs	be hostile to
	יכלתיו	qal	pft	1cs	יכל	407	3ms	be able
	יגילו	qal	impf	3mp	גיל	162		rejoice
	אמוט	niph	impf	1cs	מוט	556		be shaken
13:6	בטחתי	qal	pft	1cs	בטח	105		trust
	יגל	qal	jus	3ms	גיל	162		rejoice
	אשירה	qal	coh	1cs	שיר	1010		sing
	גמל	qal	pft	3ms	גמל	168		deal out, ripen
14:1	מנצח	piel	ptc	ms	נצח	663		act as director
	אמר	qal	pft	3ms	אמר	55		say
	השחיתו	hiph	pft	3cp	שחת	1007		spoil, ruin
	התעיבו	hiph	pft	3cp	תעב	1073		do abominably
	עשה	qal	ptc	ms	עשה	793		do, make
14:2	השקיף	hiph	pft	3ms	שקף	1054		look down
	ראות	qal	infc		ראה	906		see
	משכיל	hiph	ptc	ms	שכל	968		look at, prosper
	דרש	qal	ptc	ms	דרש	205		resort to, seek
14:3	סר	qal	pft	3ms	סור	693		turn aside
	נאלחו	niph	pft	3cp	אלח	47		be corrupt
	עשה	qal	ptc	ms	עשה	793		do, make
14:4	ידעו	qal	pft	3cp	ידע	393		know
	פעלי	qal	ptc	mp	פעל	821		do, make
	אכלי	qal	ptc	mp	אכל	37		eat, devour
	אכלו	qal	pft	3cp	אכל	37		eat, devour
	קראו	qal	pft	3cp	קרא	894		call, proclaim
14:5	פחדו	qal	pft	3cp	פחד	808		be in dread
14:6	תבישו	hiph	impf	2mp	בוש	101		put to shame
14:7	יתן	qal	impf	3ms	נתן	678		give, set
	שוב	qal	infc		שוב	996		turn, return
	יגל	qal	jus	3ms	גיל	162		rejoice
14:7	ישמח	qal	jusm	3ms	שמח	970		rejoice
15:1	יגור	qal	impf	3ms	גור	157		sojourn
	ישכן	qal	impf	3ms	שכן	1014		settle, dwell
15:2	הולך	qal	ptc	ms	הלך	229		walk, go
	פעל	qal	ptc	ms	פעל	821		do, make
	דבר	qal	ptc	ms	דבר	180		speak
15:3	רגל	qal	pft	3ms	רגל	920		wander about
	עשה	qal	pft	3ms	עשה	793		do, make
	נשא	qal	pft	3ms	נשא	669		lift, carry
15:4	נבזה	niph	ptc	ms	בזה	102		despised
	נמאס	niph	ptc	ms	מאס	549		be rejected
	יראי	qal	ptc	mp	ירא	431		fear
	יכבד	piel	impf	3ms	כבד	457		honor, make dull
	נשבע	niph	pft	3ms	שבע	989		swear
	הרע	hiph	infc		רעע	949		hurt, do evil
	ימר	hiph	impf	3ms	מור	558		change
15:5	נתן	qal	pft	3ms	נתן	678		give, set
	לקח	qal	pft	3ms	לקח	542		take
	עשה	qal	ptc	ms	עשה	793		do, make
	ימוט	niph	impf	3ms	מוט	556		be shaken
16:1	שמרני	qal	impv	ms	שמר	1036	1cs	keep, watch
	חסיתי	qal	pft	1cs	חסה	340		seek refuge
16:2	אמרת	qal	pft	2fs	אמר	55		say
16:4	ירבו	qal	impf	3mp	רבה	915		be many, great
	מהרו	qal	pft	3cp	מהר	555		exchange, buy
	אסיך	hiph	impf	1cs	נסך	650		pour out
	אשא	qal	impf	1cs	נשא	669		lift, carry
16:5	תומיך	qal	ptc	ms	תמך	1069		grasp, support
16:6	נפלו	qal	pft	3cp	נפל	656		fall
	שפרה	qal	pft	3fs	שפר	1051		be beautiful
16:7	אברך	piel	impf	1cs	ברך	138		bless
	יעצני	qal	pft	3ms	יעץ	419	1cs	advise, counsel
	יסרוני	piel	pft	3cp	יסר	415	1cs	correct, chasten
16:8	שויתי	piel	pft	1cs	שוה	1001		set, place
	אמוט	niph	impf	1cs	מוט	556		be shaken
16:9	שמח	qal	pft	3ms	שמח	970		rejoice
	יגל	qal	wci	3ms	גיל	162		rejoice
	ישכן	qal	impf	3ms	שכן	1014		settle, dwell
16:10	תעזב	qal	impf	2ms	עזב	736		leave, loose
	תתן	qal	impf	2ms	נתן	678		give, set
	ראות	qal	infc		ראה	906		see
16:11	תודיעני	hiph	impf	2ms	ידע	393	1cs	declare
17:1	שמעה	qal	impv	ms	שמע	1033		hear
	הקשיבה	hiph	impv	ms	קשב	904		give attention
	האזינה	hiph	impv	ms	אזן	24		hear
17:2	יצא	qal	jusm	3ms	יצא	422		go out
	תחזינה	qal	jusm	3fp	חזה	302		see
17:3	בחנת	qal	pft	2ms	בחן	103		examine, try
	פקדת	qal	pft	2ms	פקד	823		attend to, visit
	צרפתני	qal	pft	2ms	צרף	864	1cs	refine, test
	תמצא	qal	impf	2ms	מצא	592		find
	זמתי	qal	pft	1cs	זמם	273		consider, devise
	יעבר	qal	impf	3ms	עבר	716		pass over
17:4	שמרתי	qal	pft	1cs	שמר	1036		keep, watch

ChVs	Form	Stem	Tnse	PGN	Root	BDB	Sfx	Meaning
17:5	תמך	qal	infa		תמך	1069		grasp, support
	נמוטו	niph	pft	3cp	מוט	556		be shaken
17:6	קראתיך	qal	pft	1cs	קרא	894	2ms	call, proclaim
	תענני	qal	impf	2ms	ענה	772	1cs	answer
	הט	hiph	impv	ms	נטה	639		turn, incline
	שמע	qal	impv	ms	שמע	1033		hear
17:7	הפלה	hiph	impv	ms	פלה	811		make separate
	מושיע	hiph	ptc	ms	ישע	446		deliver, save
	חוסים	qal	ptc	mp	חסה	340		seek refuge
	מתקוממים	htpo	ptc	mp	קום	877		rise up
17:8	שמרני	qal	impv	ms	שמר	1036	1cs	keep, watch
	תסתירני	hiph	impf	2ms	סתר	711	1cs	hide
17:9	שדוני	qal	pft	3cp	שדד	994	1cs	destroy, oppress
	איבי	qal	ptc	mp	איב	33	1cs	be hostile to
	יקיפו	hiph	impf	3mp	נקף	668		surround
17:10	סגרו	qal	pft	3cp	סגר	688		shut
	דברו	piel	pft	3cp	דבר	180		speak
17:11	סבבוני k	qal	pft	3cp	סבב	685	1cs	surround
	סבבונו q	qal	pft	3cp	סבב	685	1cp	surround
	ישיתו	qal	impf	3mp	שית	1011		put, set
	נטות	qal	infc		נטה	639		stretch, incline
17:12	יכסוף	qal	impf	3ms	כסף	493		long for
	טרוף	qal	infc		טרף	382		tear, rend
	ישב	qal	ptc	ms	ישב	442		sit, dwell
17:13	קומה	qal	impv	ms	קום	877		arise, stand
	קדמה	piel	impv	ms	קדם	869		meet, confront
	הכריעהו	hiph	impv	ms	כרע	502	3ms	cause to bow
	פלטה	piel	impv	ms	פלט	812		deliver
17:14	צפונך q	qal	pptc	ms	צפן	860	2ms	hide
	תמלא	piel	impf	2ms	מלא	569		fill
	ישבעו	qal	impf	3mp	שבע	959		be sated
	הניחו	hiph	wcp	3cp	נוח	628		give rest, put
17:15	אחזה	qal	cohm	1cs	חזה	302		see
	אשבעה	qal	coh	1cs	שבע	959		be sated
	הקיץ	hiph	infc		קיץ	884		awake
18:1	מנצח	piel	ptc	ms	נצח	663		act as director
	דבר	piel	pft	3ms	דבר	180		speak
	הציל	hiph	pft	3ms	נצל	664		snatch, deliver
	איביו	qal	ptc	mp	איב	33	3ms	be hostile to
18:2	יאמר	qal	wci	3ms	אמר	55		say
	ארחמך	qal	impf	1cs	רחם	933	2ms	love
18:3	מפלטי	piel	ptc	ms	פלט	812	1cs	deliver
	אחסה	qal	impf	1cs	חסה	340		seek refuge
18:4	מהלל	pual	ptc	ms	הלל	237		be praised
	אקרא	qal	impf	1cs	קרא	894		call, proclaim
	איבי	qal	ptc	mp	איב	33	1cs	be hostile to
	אושע	niph	impf	1cs	ישע	446		be saved
18:5	אפפוני	qal	pft	3cp	אפף	67	1cs	encompass
	יבעתוני	piel	impf	3mp	בעת	129	1cs	terrify
18:6	סבבוני	qal	pft	3cp	סבב	685	1cs	surround
	קדמוני	piel	pft	3cp	קדם	869	1cs	meet, confront
18:7	אקרא	qal	impf	1cs	קרא	894		call, proclaim
	אשוע	piel	impf	1cs	שוע	1002		cry for help
	ישמע	qal	impf	3ms	שמע	1033		hear
18:7	תבוא	qal	impf	3fs	בוא	97		come in
18:8	תגעש	qal	wci	3fs	געש	172		quake
	תרעש	qal	wci	3fs	רעש	950		quake
	ירגזו	qal	impf	3mp	רגז	919		quake
	יתגעשו	hith	wci	3mp	געש	172		toss to and fro
	חרה	qal	pft	3ms	חרה	354		be kindled, burn
18:9	עלה	qal	pft	3ms	עלה	748		go up
	תאכל	qal	impf	3fs	אכל	37		eat, devour
	בערו	qal	pft	3cp	בער	128		burn
18:10	יט	qal	wci	3ms	נטה	639		stretch, incline
	ירד	qal	wci	3ms	ירד	432		come down
18:11	ירכב	qal	wci	3ms	רכב	938		mount, ride
	יעף	qal	wci	3ms	עוף	733		fly
	ידא	qal	wci	3ms	דאה	178		fly swiftly
18:12	ישת	qal	jusf	3ms	שית	1011		put, set
18:13	עברו	qal	pft	3cp	עבר	716		pass over
18:14	ירעם	hiph	wci	3ms	רעם	947		thunder
	יתן	qal	impf	3ms	נתן	678		give, set
18:15	ישלח	qal	wci	3ms	שלח	1018		send
	יפיצם	hiph	wci	3ms	פוץ	806	3mp	scatter
	יהמם	qal	wci	3ms	המם	243	3mp	confuse, vex
18:16	יראו	niph	wci	3mp	ראה	906		appear, be seen
	יגלו	niph	wci	3mp	גלה	162		uncover self
18:17	ישלח	qal	impf	3ms	שלח	1018		send
	יקחני	qal	impf	3ms	לקח	542	1cs	take
	ימשני	hiph	impf	3ms	משה	602	1cs	draw out, save
18:18	יצילני	hiph	impf	3ms	נצל	664	1cs	snatch, deliver
	איבי	qal	ptc	ms	איב	33	1cs	be hostile to
	שנאי	qal	ptc	mp	שנא	971	1cs	hate
	אמצו	qal	pft	3cp	אמץ	54		be strong
18:19	יקדמוני	piel	impf	3mp	קדם	869	1cs	meet, confront
	יהי	qal	wci	3ms	היה	224		be, become
18:20	יוציאני	hiph	wci	3ms	יצא	422	1cs	bring out
	יחלצני	piel	impf	3ms	חלץ	322	1cs	deliver
	חפץ	qal	pft	3ms	חפץ	342		delight in
18:21	יגמלני	qal	impf	3ms	גמל	168	1cs	deal out, ripen
	ישיב	hiph	impf	3ms	שוב	996		bring back
18:22	שמרתי	qal	pft	1cs	שמר	1036		keep, watch
	רשעתי	qal	pft	1cs	רשע	957		be wicked
18:23	אסיר	hiph	impf	1cs	סור	693		take away
18:24	אהי	qal	wci	1cs	היה	224		be, become
	אשתמר	hith	wci	1cs	שמר	1036		keep oneself
18:25	ישב	hiph	impf	3ms	שוב	996		bring back
18:26	תתחסד	hith	impf	2ms	חסד	338		show self kind
	תתמם	hith	impf	2ms	תמם	1070		act honestly
18:27	נבר	niph	ptc	ms	ברר	140		purify oneself
	תתברר	hith	impf	2ms	ברר	140		purify oneself
	תתפתל	hith	impf	2ms	פתל	836		deal perversely
18:28	תושיע	hiph	impf	2ms	ישע	446		deliver, save
	רמות	qal	ptc	fp	רום	926		be high
	תשפיל	hiph	impf	2ms	שפל	1050		make low, abase
18:29	תאיר	hiph	impf	2ms	אור	21		cause to shine
	יגיה	hiph	impf	3ms	נגה	618		cause to shine
18:30	ארץ	qal	impf	1cs	רוץ	930		run

Psalms 18:30–20:9

ChVs	Form	Stem	Tnse	PGN	Root	BDB	Sfx	Meaning
18:30	אדלג	piel	impf	1cs	דלג	194		leap over
18:31	צרופה	qal	pptc	fs	צרף	864		refine, test
	חסים	qal	ptc	mp	חסה	340		seek refuge
18:33	מאזרני	piel	ptc	ms	אזר	25	1cs	gird
	יתן	qal	wci	3ms	נתן	678		give, set
18:34	משוה	piel	ptc	ms	שוה	1001		set, place
	יעמידני	hiph	impf	3ms	עמד	763	1cs	set up, raise
18:35	מלמד	piel	ptc	ms	למד	540		teach
	נחתה	piel	wcp	3fs	נחת	639		press down
18:36	תתן	qal	wci	2ms	נתן	678		give, set
	תסעדני	qal	impf	3fs	סעד	703	1cs	support
	תרבני	hiph	impf	2ms	רבה	915	1cs	make many
18:37	תרחיב	hiph	impf	2ms	רחב	931		enlarge
	מעדו	qal	pft	3cp	מעד	588		slip, waver
18:38	ארדוף	qal	impf	1cs	רדף	922		pursue
	אויבי	qal	ptc	mp	איב	33	1cs	be hostile to
	אשיגם	hiph	impf	1cs	נשג	673	3mp	reach, overtake
	אשוב	qal	impf	1cs	שוב	996		turn, return
	כלותם	piel	infc		כלה	477	3mp	complete, finish
18:39	אמחצם	qal	impf	1cs	מחץ	563	3mp	smite through
	יכלו	qal	impf	3mp	יכל	407		be able
	קום	qal	infc		קום	877		arise, stand
	יפלו	qal	impf	3mp	נפל	656		fall
18:40	תאזרני	piel	wci	2ms	אזר	25	1cs	gird
	תכריע	hiph	impf	2ms	כרע	502		cause to bow
	קמי	qal	ptc	mp	קום	877	1cs	arise, stand
18:41	איבי	qal	ptc	mp	איב	33	1cs	be hostile to
	נתתה	qal	pft	2ms	נתן	678		give, set
	משנאי	piel	ptc	mp	שנא	971	1cs	hate
	אצמיתם	hiph	impf	1cs	צמת	856	3mp	annihilate
18:42	ישועו	piel	impf	3mp	שוע	1002		cry for help
	מושיע	hiph	ptc	ms	ישע	446		deliver, save
	ענם	qal	pft	3ms	ענה	772	3mp	answer
18:43	אשחקם	qal	impf	1cs	שחק	1006	3mp	rub away
	אריקם	hiph	impf	1cs	ריק	937	3mp	make empty
18:44	תפלטני	piel	impf	2ms	פלט	812	1cs	deliver
	תשימני	qal	impf	2ms	שים	962	1cs	put, set
	ידעתי	qal	pft	1cs	ידע	393		know
	יעבדוני	qal	impf	3mp	עבד	712	1cs	work, serve
18:45	ישמעו	niph	impf	3mp	שמע	1033		be heard
	יכחשו	piel	impf	3mp	כחש	471		deceive
18:46	יבלו	qal	impf	3mp	נבל	615		sink, droop
	יחרגו	qal	impf	3mp	חרג	353		quake
18:47	ברוך	qal	pptc	ms	ברך	138		kneel, bless
	ירום	qal	jusm	3ms	רום	926		be high
18:48	נותן	qal	ptc	ms	נתן	678		give, set
	ידבר	hiph	wci	3ms	דבר	180		lead
18:49	מפלטי	piel	ptc	ms	פלט	812	1cs	deliver
	איבי	qal	ptc	mp	איב	33	1cs	be hostile to
	קמי	qal	ptc	mp	קום	877	1cs	arise, stand
	תרוממני	pol	impf	2ms	רום	926	1cs	raise, rear
	תצילני	hiph	impf	2ms	נצל	664	1cs	snatch, deliver
18:50	אודך	hiph	cohm	1cs	ידה	392	2ms	praise
	אזמרה	piel	coh	1cs	זמר	274		make music
18:51	מגדל	hiph	ptc	ms	גדל	152		make great
	מגדיל q	hiph	ptc	ms	גדל	152		make great
	עשה	qal	ptc	ms	עשה	793		do, make
19:1	מנצח	piel	ptc	ms	נצח	663		act as director
19:2	מספרים	piel	ptc	mp	ספר	707		recount
	מגיד	hiph	ptc	ms	נגד	616		declare, tell
19:3	יביע	hiph	impf	3ms	נבע	615		pour out
	יחוה	piel	impf	3ms	חוה	296		declare
19:4	נשמע	niph	ptc	ms	שמע	1033		be heard
19:5	יצא	qal	pft	3ms	יצא	422		go out
	שם	qal	pft	3ms	שים	962		put, set
19:6	יצא	qal	ptc	ms	יצא	422		go out
	ישיש	qal	impf	3ms	שוש	965		exult
	רוץ	qal	infc		רוץ	930		run
19:7	נסתר	niph	ptc	ms	סתר	711		hide, be hid
19:8	משיבת	hiph	ptc	fs	שוב	996		bring back
	נאמנה	niph	ptc	fs	אמן	52		be confirmed
	מחכימת	hiph	ptc	fs	חכם	314		make wise
19:9	משמחי	piel	ptc	mp	שמח	970		gladden
	מאירת	hiph	ptc	fs	אור	21		cause to shine
19:10	עומדת	qal	ptc	fs	עמד	763		stand, stop
	צדקו	qal	pft	3cp	צדק	842		be righteous
19:11	נחמדים	niph	ptc	mp	חמד	326		desirable
19:12	נזהר	niph	ptc	ms	זהר	264		be admonished
	שמרם	qal	infc		שמר	1036	3mp	keep, watch
19:13	יבין	qal	impf	3ms	בין	106		discern
	נסתרות	niph	ptc	fp	סתר	711		hide, be hid
	נקני	piel	impv	ms	נקה	667	1cs	acquit
19:14	חשך	qal	impv	ms	חשך	362		withhold
	ימשלו	qal	jusm	3mp	משל	605		rule
	איתם	qal	impf	1cs	תמם	1070		be finished
	נקיתי	niph	wcp	1cs	נקה	667		be clean, free
19:15	יהיו	qal	jusm	3mp	היה	224		be, become
	גאלי	qal	ptc	ms	גאל	145	1cs	redeem
20:1	מנצח	piel	ptc	ms	נצח	663		act as director
20:2	יענך	qal	jusm	3ms	ענה	772	2ms	answer
	ישגבך	piel	jusm	3ms	שגב	960	2ms	set high
20:3	ישלח	qal	jusm	3ms	שלח	1018		send
	יסעדך	qal	jusm	3ms	סעד	703	2ms	support
20:4	יזכר	qal	jusm	3ms	זכר	269		remember
	ידשנה	piel	coh	3ms	דשן	206?		make fat
20:5	יתן	qal	jusm	3ms	נתן	678		give, set
	ימלא	piel	jusm	3ms	מלא	569		fill
20:6	נרננה	piel	coh	1cp	רנן	943		shout w/joy
	נדגל	qal	cohm	1cp	דגל	186		set up banner
	ימלא	piel	jusm	3ms	מלא	569		fill
20:7	ידעתי	qal	pft	1cs	ידע	393		know
	הושיע	hiph	pft	3ms	ישע	446		deliver, save
	יענהו	qal	impf	3ms	ענה	772	3ms	answer
20:8	נזכיר	hiph	impf	1cp	זכר	269		c. to remember
20:9	כרעו	qal	pft	3cp	כרע	502		bow down
	נפלו	qal	pft	3cp	נפל	656		fall
	קמנו	qal	pft	1cp	קום	877		arise, stand
	נתעודד	htpo	wci	1cp	עוד	728		be restored

ChVs	Form	Stem	Tnse	PGN	Root	BDB	Sfx	Meaning
20:10	הושיעה	hiph	impv	ms	ישע	446		deliver,save
	יעננו	qal	jusm	3ms	ענה	772	1cp	answer
	קראנו	qal	infc		קרא	894	1cp	call,proclaim
21:1	מנצח	piel	ptc	ms	נצח	663		act as director
21:2	ישמח	qal	impf	3ms	שמח	970		rejoice
	יגיל	qal	impf	3ms	גיל	162		rejoice
21:3	נתתה	qal	pft	2ms	נתן	678		give,set
	מנעת	qal	pft	2ms	מנע	586		withhold
21:4	תקדמנו	piel	impf	2ms	קדם	869	3ms	meet,confront
	תשית	qal	impf	2ms	שית	1011		put,set
21:5	שאל	qal	pft	3ms	שאל	981		ask,borrow
	נתתה	qal	pft	2ms	נתן	678		give,set
21:6	תשוה	piel	impf	2ms	שוה	1001		set,place
21:7	תשיתהו	qal	impf	2ms	שית	1011	3ms	put,set
	תחדהו	piel	impf	2ms	חדה	292	3ms	make joyful
21:8	בטח	qal	ptc	ms	בטח	105		trust
	ימוט	niph	impf	3ms	מוט	556		be shaken
21:9	תמצא	qal	impf	3fs	מצא	592		find
	איביך	qal	ptc	mp	איב	33	2ms	be hostile to
	תמצא	qal	impf	3fs	מצא	592		find
	שנאיך	qal	ptc	mp	שנא	971	2ms	hate
21:10	תשיתמו	qal	impf	2ms	שית	1011	3mp	put,set
	יבלעם	piel	impf	3ms	בלע	118	3mp	swallow up
	תאכלם	qal	impf	3fs	אכל	37	3mp	eat,devour
21:11	תאבד	piel	impf	2ms	אבד	1		destroy
21:12	נטו	qal	pft	3cp	נטה	639		stretch,incline
	חשבו	qal	pft	3cp	חשב	362		think,devise
	יוכלו	qal	impf	3mp	יכל	407		be able
21:13	תשיתמו	qal	impf	2ms	שית	1011	3mp	put,set
	תכונן	pol	impf	2ms	כון	465		establish
21:14	רומה	qal	impv	ms	רום	926		be high
	נשירה	qal	coh	1cp	שיר	1010		sing
	נזמרה	piel	coh	1cp	זמר	274		make music
22:1	מנצח	piel	ptc	ms	נצח	663		act as director
22:2	עזבתני	qal	pft	2ms	עזב	736	1cs	leave,loose
22:3	אקרא	qal	impf	1cs	קרא	894		call,proclaim
	תענה	qal	impf	2ms	ענה	772		answer
22:4	יושב	qal	ptc	ms	ישב	442		sit,dwell
22:5	בטחו	qal	pft	3cp	בטח	105		trust
	בטחו	qal	pft	3cp	בטח	105		trust
	תפלטמו	piel	wci	2ms	פלט	812	3mp	deliver
22:6	זעקו	qal	pft	3cp	זעק	277		call,cry out
	נמלטו	niph	pft	3cp	מלט	572		escape
	בטחו	qal	pft	3cp	בטח	105		trust
	בושו	qal	pft	3cp	בוש	101		be ashamed
22:7	בזוי	qal	pptc	ms	בזה	102		despise
22:8	ראי	qal	ptc	mp	ראה	906	1cs	see
	ילעגו	hiph	impf	3mp	לעג	541		mock,deride
	יפטירו	hiph	impf	3mp	פטר	809		separate
	יניעו	hiph	impf	3mp	נוע	631		shake,disturb
22:9	גל	qal	impv	ms	גלל	164		roll away
	יפלטהו	piel	jusm	3ms	פלט	812	3ms	deliver
	יצילהו	hiph	jusm	3ms	נצל	664	3ms	snatch,deliver
	חפץ	qal	pft	3ms	חפץ	342		delight in
22:10	גחי	qal	ptc	ms	גיח	161	1cs	burst forth
	מבטיחי	hiph	ptc	ms	בטח	105	1cs	cause to trust
22:11	השלכתי	hoph	pft	1cs	שלך	1020		be cast
22:12	תרחק	qal	jusm	2ms	רחק	934		be distant
	עוזר	qal	ptc	ms	עזר	740		help,aid
22:13	סבבוני	qal	pft	3cp	סבב	685	1cs	surround
	כתרוני	piel	pft	3cp	כתר	509	1cs	surround,wait
22:14	פצו	qal	pft	3cp	פצה	822		open,set free
	טרף	qal	ptc	ms	טרף	382		tear,rend
	שאג	qal	ptc	ms	שאג	980		roar
22:15	נשפכתי	niph	pft	1cs	שפך	1049		be poured out
	התפרדו	hith	pft	3cp	פרד	825		be divided
	היה	qal	pft	3ms	היה	224		be,become
	נמס	niph	pft	3ms	מסס	587		melt,despair
22:16	יבש	qal	pft	3ms	יבש	386		be dry
	מדבק	hoph	ptc	ms	דבק	179		made to cling
	תשפתני	qal	impf	2ms	שפת	1046	1cs	set,establish
22:17	סבבוני	qal	pft	3cp	סבב	685	1cs	surround
	מרעים	hiph	ptc	mp	רעע	949		hurt,do evil
	הקיפוני	hiph	pft	3cp	נקף	668	1cs	surround
22:18	אספר	piel	impf	1cs	ספר	707		recount
	יביטו	hiph	impf	3mp	נבט	613		look,regard
	יראו	qal	impf	3mp	ראה	906		see
22:19	יחלקו	piel	impf	3mp	חלק	323		divide
	יפילו	hiph	impf	3mp	נפל	656		cause to fall
22:20	תרחק	qal	jusm	2ms	רחק	934		be distant
	חושה	qal	impv	ms	חוש	301		make haste
22:21	הצילה	hiph	impv	ms	נצל	664		snatch,deliver
22:22	הושיעני	hiph	impv	ms	ישע	446	1cs	deliver,save
	עניתני	qal	pft	2ms	ענה	772	1cs	answer
22:23	אספרה	piel	coh	1cs	ספר	707		recount
	אהללך	piel	cohm	1cs	הלל	237	2ms	praise
22:24	יראי	qal	ptc	mp	ירא	431		fear
	הללוהו	piel	impv	mp	הלל	237	3ms	praise
	כבדוהו	piel	impv	mp	כבד	457	3ms	honor,make dull
	גורו	qal	impv	mp	גור	158		dread
22:25	בזה	qal	pft	3ms	בזה	102		despise
	שקץ	piel	pft	3ms	שקץ	1055		detest
	הסתיר	hiph	pft	3ms	סתר	711		hide
	שועו	piel	infc		שוע	1002	3ms	cry for help
	שמע	qal	pft	3ms	שמע	1033		hear
22:26	אשלם	piel	impf	1cs	שלם	1022		repay,reward
	יראיו	qal	ptc	mp	ירא	431	3ms	fear
22:27	יאכלו	qal	impf	3mp	אכל	37		eat,devour
	ישבעו	qal	impf	3mp	שבע	959		be sated
	יהללו	piel	impf	3mp	הלל	237		praise
	דרשיו	qal	ptc	mp	דרש	205	3ms	resort to,seek
	יחי	qal	jus	3ms	חיה	310		live
22:28	יזכרו	qal	impf	3mp	זכר	269		remember
	ישבו	qal	impf	3mp	שוב	996		turn,return
	ישתחוו	hish	impf	3mp	חוה	1005		bow down
22:29	משל	qal	ptc	ms	משל	605		rule
22:30	אכלו	qal	pft	3cp	אכל	37		eat,devour
	ישתחוו	hish	wci	3mp	חוה	1005		bow down

Psalms 22:30– 26:8

ChVs	Form	Stem	Tnse	PGN	Root	BDB	Sfx	Meaning
22:30	יכרעו	qal	impf	3mp	כרע	502		bow down
	יורדי	qal	ptc	mp	ירד	432		come down
	חיה	piel	pft	3ms	חיה	310		preserve, revive
22:31	יעבדנו	qal	impf	3ms	עבד	712	3ms	work, serve
	יספר	pual	impf	3ms	ספר	707		be recounted
22:32	יבאו	qal	impf	3mp	בוא	97		come in
	יגידו	hiph	impf	3mp	נגד	616		declare, tell
	נולד	niph	ptc	ms	ילד	408		be born
	עשה	qal	pft	3ms	עשה	793		do, make
23:1	רעי	qal	ptc	ms	רעה	944	1cs	pasture, tend
	אחסר	qal	impf	1cs	חסר	341		lack
23:2	ירביצני	hiph	impf	3ms	רבץ	918	1cs	c. to lie down
	ינהלני	piel	impf	3ms	נהל	624	1cs	lead, refresh
23:3	ישובב	pol	impf	3ms	שוב	996		bring back
	ינחני	hiph	impf	3ms	נחה	634	1cs	lead, guide
23:4	אלך	qal	impf	1cs	הלך	229		walk, go
	אירא	qal	impf	1cs	ירא	431		fear
	ינחמני	piel	impf	3mp	נחם	636	1cs	comfort
23:5	תערך	qal	impf	2ms	ערך	789		set in order
	צררי	qal	ptc	mp	צרר	865	1cs	show hostility
	דשנת	piel	pft	2ms	דשן	206		make fat
23:6	ירדפוני	qal	impf	3mp	רדף	922	1cs	pursue
	שבתי	qal	wcp	1cs	שוב	996		turn, return
24:1	ישבי	qal	ptc	mp	ישב	442		sit, dwell
24:2	יסדה	qal	pft	3ms	יסד	413	3fs	establish
	יכוננה	pol	impf	3ms	כון	465	3fs	establish
24:3	יעלה	qal	impf	3ms	עלה	748		go up
	יקום	qal	impf	3ms	קום	877		arise, stand
24:4	נשא	qal	pft	3ms	נשא	669		lift, carry
	נשבע	niph	pft	3ms	שבע	989		swear
24:5	ישא	qal	impf	3ms	נשא	669		lift, carry
24:6	דרשוk	qal	ptc	ms	דרש	205	3ms	resort to, seek
	דרשיוq	qal	ptc	mp	דרש	205	3ms	resort to, seek
	מבקשי	piel	ptc	mp	בקש	134		seek
24:7	שאו	qal	impv	mp	נשא	669		lift, carry
	הנשאו	niph	impv	mp	נשא	669		be lifted up
	יבוא	qal	jusm	3ms	בוא	97		come in
24:9	שאו	qal	impv	mp	נשא	669		lift, carry
	שאו	qal	impv	mp	נשא	669		lift, carry
	יבא	qal	jusm	3ms	בוא	97		come in
25:1	אשא	qal	impf	1cs	נשא	669		lift, carry
25:2	בטחתי	qal	pft	1cs	בטח	105		trust
	אבושה	qal	coh	1cs	בוש	101		be ashamed
	יעלצו	qal	jusm	3mp	עלץ	763		rejoice, exult
	איבי	qal	ptc	mp	איב	33	1cs	be hostile to
25:3	קויך	qal	ptc	mp	קוה	875	2ms	wait for
	יבשו	qal	impf	3mp	בוש	101		be ashamed
	יבשו	qal	impf	3mp	בוש	101		be ashamed
	בוגדים	qal	ptc	mp	בגד	93		act faithlessly
25:4	הודיעני	hiph	impv	ms	ידע	393	1cs	declare
	למדני	piel	impv	ms	למד	540	1cs	teach
25:5	הדריכני	hiph	impv	ms	דרך	201	1cs	tread, lead
	למדני	piel	impv	ms	למד	540	1cs	teach
	קויתי	piel	pft	1cs	קוה	875		wait for
25:6	זכר	qal	impv	ms	זכר	269		remember
25:7	תזכר	qal	jusm	2ms	זכר	269		remember
	זכר	qal	impv	ms	זכר	269		remember
25:8	יורה	hiph	impf	3ms	ירה	434		shoot, teach
25:9	ידרך	hiph	jusf	3ms	דרך	201		tread, lead
	ילמד	piel	impf	3ms	למד	540		teach
25:10	נצרי	qal	ptc	mp	נצר	665		watch, guard
25:11	סלחת	qal	wcp	2ms	סלח	699		forgive, pardon
25:12	ירא	qal	ptc	ms	ירא	431		fear
	יורנו	hiph	impf	3ms	ירה	434	3ms	shoot, teach
	יבחר	qal	impf	3ms	בחר	103		choose
25:13	תלין	qal	impf	3fs	לון	533		lodge, remain
	יירש	qal	impf	3ms	ירש	439		possess, inherit
25:14	יראיו	qal	ptc	mp	ירא	431	3ms	fear
	הודיעם	hiph	infc		ידע	393	3mp	declare
25:15	יוציא	hiph	impf	3ms	יצא	422		bring out
25:16	פנה	qal	impv	ms	פנה	815		turn
	חנני	qal	impv	ms	חנן	335	1cs	show favor
25:17	הרחיבו	hiph	pft	3cp	רחב	931		enlarge
	הוציאני	hiph	impv	ms	יצא	422	1cs	bring out
25:18	ראה	qal	impv	ms	ראה	906		see
	שא	qal	impv	ms	נשא	669		lift, carry
25:19	ראה	qal	impv	ms	ראה	906		see
	איבי	qal	ptc	mp	איב	33	1cs	be hostile to
	רבו	qal	pft	3cp	רבב	912		be many
	שנאוני	qal	pft	3cp	שנא	971	1cs	hate
25:20	שמרה	qal	impv	ms	שמר	1036		keep, watch
	הצילני	hiph	impv	ms	נצל	664	1cs	snatch, deliver
	אבוש	qal	cohm	1cs	בוש	101		be ashamed
	חסיתי	qal	pft	1cs	חסה	340		seek refuge
25:21	יצרוני	qal	jusm	3mp	נצר	665	1cs	watch, guard
	קויתיך	piel	pft	1cs	קוה	875	2ms	wait for
25:22	פדה	qal	impv	ms	פדה	804		ransom
26:1	שפטני	qal	impv	ms	שפט	1047	1cs	judge
	הלכתי	qal	pft	1cs	הלך	229		walk, go
	בטחתי	qal	pft	1cs	בטח	105		trust
	אמעד	qal	impf	1cs	מעד	588		slip, waver
26:2	בחנני	qal	impv	ms	בחן	103	1cs	examine, try
	נסני	piel	impv	ms	נסה	650	1cs	test, try
	צרופהk	qal	impv	ms	צרף	864		refine, test
	צרפהq	qal	impv	ms	צרף	864		refine, test
26:3	התהלכתי	hith	wcp	1cs	הלך	229		walk to and fro
26:4	ישבתי	qal	pft	1cs	ישב	442		sit, dwell
	נעלמים	niph	ptc	mp	עלם	761		be concealed
	אבוא	qal	impf	1cs	בוא	97		come in
26:5	שנאתי	qal	pft	1cs	שנא	971		hate
	מרעים	hiph	ptc	mp	רעע	949		hurt, do evil
	אשב	qal	impf	1cs	ישב	442		sit, dwell
26:6	ארחץ	qal	impf	1cs	רחץ	934		wash, bathe
	אסבבה	poel	coh	1cs	סבב	685		encompass
26:7	שמע	hiph	infc		שמע	1033		cause to hear
	ספר	piel	infc		ספר	707		recount
	נפלאותיך	niph	ptc	fp	פלא	810	2ms	be wonderful
26:8	אהבתי	qal	pft	1cs	אהב	12		love

ChVs	Form	Stem	Tnse	PGN	Root	BDB	Sfx	Meaning
26:9	תאסף	qal	jusm	2ms	אסף	62		gather
26:10	מלאה	qal	pft	3fs	מלא	569		be full, fill
26:11	אלך	qal	impf	1cs	הלך	229		walk, go
	פדני	qal	impv	ms	פדה	804	1cs	ransom
	חנני	qal	impv	ms	חנן	335	1cs	show favor
26:12	עמדה	qal	pft	3fs	עמד	763		stand, stop
	אברך	piel	impf	1cs	ברך	138		bless
27:1	אירא	qal	impf	1cs	ירא	431		fear
	אפחד	qal	impf	1cs	פחד	808		be in dread
27:2	קרב	qal	infc		קרב	897		approach
	מרעים	hiph	ptc	mp	רעע	949		hurt, do evil
	אכל	qal	infc		אכל	37		eat, devour
	איבי	qal	ptc	mp	איב	33	1cs	be hostile to
	כשלו	qal	pft	3cp	כשל	505		stumble, totter
	נפלו	qal	pft	3cp	נפל	656		fall
27:3	תחנה	qal	impf	3fs	חנה	333		decline, encamp
	יירא	qal	impf	3ms	ירא	431		fear
	תקום	qal	impf	3fs	קום	877		arise, stand
	בוטח	qal	ptc	ms	בטח	105		trust
27:4	שאלתי	qal	pft	1cs	שאל	981		ask, borrow
	אבקש	piel	impf	1cs	בקש	134		seek
	שבתי	qal	infc		ישב	442	1cs	sit, dwell
	חזות	qal	infc		חזה	302		see
	בקר	piel	infc		בקר	133		seek, inquire
27:5	יצפנני	qal	impf	3ms	צפן	860	1cs	hide
	יסתרני	hiph	impf	3ms	סתר	711	1cs	hide
	ירוממני	pol	impf	3ms	רום	926	1cs	raise, rear
27:6	ירום	qal	impf	3ms	רום	926		be high
	איבי	qal	ptc	mp	איב	33	1cs	be hostile to
	אזבחה	qal	coh	1cs	זבח	256		slaughter
	אשירה	qal	coh	1cs	שיר	1010		sing
	אזמרה	piel	coh	1cs	זמר	274		make music
27:7	שמע	qal	impv	ms	שמע	1033		hear
	אקרא	qal	impf	1cs	קרא	894		call, proclaim
	חנני	qal	impv	ms	חנן	335	1cs	show favor
	ענני	qal	impv	ms	ענה	772	1cs	answer
27:8	אמר	qal	pft	3ms	אמר	55		say
	בקשו	piel	impv	mp	בקש	134		seek
	אבקש	piel	impf	1cs	בקש	134		seek
27:9	תסתר	hiph	jus	2ms	סתר	711		hide
	תט	hiph	jus	2ms	נטה	639		turn, incline
	היית	qal	pft	2ms	היה	224		be, become
	תטשני	qal	jusm	2ms	נטש	643	1cs	leave, forsake
	תעזבני	qal	jusm	2ms	עזב	736	1cs	leave, loose
27:10	עזבוני	qal	pft	3cp	עזב	736	1cs	leave, loose
	יאספני	qal	impf	3ms	אסף	62	1cs	gather
27:11	הורני	hiph	impv	ms	ירה	434	1cs	shoot, teach
	נחני	qal	impv	ms	נחה	634	1cs	lead
27:12	תתנני	qal	jusm	2ms	נתן	678	1cs	give, set
	קמו	qal	pft	3cp	קום	877		arise, stand
27:13	האמנתי	hiph	pft	1cs	אמן	52		believe
	ראות	qal	infc		ראה	906		see
27:14	קוה	piel	impv	ms	קוה	875		wait for
	חזק	qal	impv	ms	חזק	304		be strong
27:14	יאמץ	hiph	jus	3ms	אמץ	54		be strong
	קוה	piel	impv	ms	קוה	875		wait for
28:1	אקרא	qal	impf	1cs	קרא	894		call, proclaim
	תחרש	qal	jusm	2ms	חרש	361		be silent, deaf
	תחשה	qal	impf	2ms	חשה	364		be silent
	נמשלתי	niph	wcp	1cs	משל	605		be like
	יורדי	qal	ptc	mp	ירד	432		come down
28:2	שמע	qal	impv	ms	שמע	1033		hear
	שועי	piel	infc		שוע	1002	1cs	cry for help
	נשאי	qal	infc		נשא	669	1cs	lift, carry
28:3	תמשכני	qal	jusm	2ms	משך	604	1cs	draw, pull
	פעלי	qal	ptc	mp	פעל	821		do, make
	דברי	qal	ptc	mp	דבר	180		speak
28:4	תן	qal	impv	ms	נתן	678		give, set
	תן	qal	impv	ms	נתן	678		give, set
	השב	hiph	impv	ms	שוב	996		bring back
28:5	יבינו	qal	impf	3mp	בין	106		discern
	יהרסם	qal	impf	3ms	הרס	248	3mp	throw down
	יבנם	qal	impf	3ms	בנה	124	3mp	build
28:6	ברוך	qal	pptc	ms	ברך	138		kneel, bless
	שמע	qal	pft	3ms	שמע	1033		hear
28:7	בטח	qal	pft	3ms	בטח	105		trust
	נעזרתי	niph	pft	1cs	עזר	740		be helped
	יעלז	qal	wci	3ms	עלז	759		exult, triumph
	אהודנו	hiph	impf	1cs	ידה	392	3ms	praise
28:9	הושיעה	hiph	impv	ms	ישע	446		deliver, save
	ברך	piel	impv	ms	ברך	138		bless
	רעם	qal	impv	ms	רעה	944	3mp	pasture, tend
	נשאם	piel	impv	ms	נשא	669	3mp	lift up
29:1	הבו	qal	impv	mp	יהב	396		give
	הבו	qal	impv	mp	יהב	396		give
29:2	הבו	qal	impv	mp	יהב	396		give
	השתחוו	hish	impv	mp	חוה	1005		bow down
29:3	הרעים	hiph	pft	3ms	רעם	947		thunder
29:5	שבר	qal	ptc	ms	שבר	990		break
	ישבר	piel	wci	3ms	שבר	990		shatter
29:6	ירקידם	hiph	wci	3ms	רקד	955	3mp	make skip
29:7	חצב	qal	ptc	ms	חצב	345		hew out, dig
29:8	יחיל	hiph	impf	3ms	חול	296		cause trembling
	יחיל	hiph	impf	3ms	חול	296		cause trembling
29:9	יחולל	pol	impf	3ms	חול	296		dance, writhe
	יחשף	qal	wci	3ms	חשף	362		strip off
	אמר	qal	ptc	ms	אמר	55		say
29:10	ישב	qal	pft	3ms	ישב	442		sit, dwell
	ישב	qal	wci	3ms	ישב	442		sit, dwell
29:11	יתן	qal	impf	3ms	נתן	678		give, set
	יברך	piel	impf	3ms	ברך	138		bless
30:2	ארוממך	pol	cohm	1cs	רום	926	2ms	raise, rear
	דליתני	piel	pft	2ms	דלה	194	1cs	draw up
	שמחת	piel	pft	2ms	שמח	970		gladden
	איבי	qal	ptc	mp	איב	33	1cs	be hostile to
30:3	שועתי	piel	pft	1cs	שוע	1002		cry for help
	תרפאני	qal	wci	2ms	רפא	950	1cs	heal
30:4	העלית	hiph	pft	2ms	עלה	748		bring up, offer

Psalms 30:4—32:3

ChVs	Form	Stem	Tnse	PGN	Root	BDB	Sfx	Meaning	ChVs	Form	Stem	Tnse	PGN	Root	BDB	Sfx	Meaning
30:4	חייתני	piel	pft	2ms	חיה	310	1cs	preserve, revive	31:11	כלו	qal	pft	3cp	כלה	477		finished, spent
	יורדי k	qal	ptc	mp	ירד	432		come down		כשל	qal	pft	3ms	כשל	505		stumble, totter
	מירדי q	qal	infc		ירד	432	1cs	come down		עששו	qal	pft	3cp	עשש	799		waste away
30:5	זמרו	piel	impv	mp	זמר	274		make music	31:12	צררי	qal	ptc	mp	צרר	865	1cs	show hostility
	הודו	hiph	impv	mp	ידה	392		praise		הייתי	qal	pft	1cs	היה	224		be, become
30:6	ילין	qal	impf	3ms	לון	533		lodge, remain		מידעי	pual	ptc	mp	ידע	393	1cs	be known
30:7	אמרתי	qal	pft	1cs	אמר	55		say		ראי	qal	ptc	mp	ראה	906	1cs	see
	אמוט	niph	impf	1cs	מוט	556		be shaken		נדדו	qal	pft	3cp	נדד	622		retreat, flee
30:8	העמדתה	hiph	pft	2ms	עמד	763		set up, raise	31:13	נשכחתי	niph	pft	1cs	שכח	1013		be forgotten
	הסתרת	hiph	pft	2ms	סתר	711		hide		מת	qal	ptc	ms	מות	559		die
	הייתי	qal	pft	1cs	היה	224		be, become		הייתי	qal	pft	1cs	היה	224		be, become
	נבהל	niph	ptc	ms	בהל	96		be disturbed		אבד	qal	ptc	ms	אבד	1		perish
30:9	אקרא	qal	impf	1cs	קרא	894		call, proclaim	31:14	שמעתי	qal	pft	1cs	שמע	1033		hear
	אתחנן	hith	impf	1cs	חנן	335		seek favor		הוסדם	niph	infc		יסד	413	3mp	sit together
30:10	רדתי	qal	infc		ירד	432	1cs	come down		קחת	qal	infc		לקח	542		take
	יודך	hiph	impf	3ms	ידה	392	2ms	praise		זממו	qal	pft	3cp	זמם	273		consider, devise
	יגיד	hiph	impf	3ms	נגד	616		declare, tell	31:15	בטחתי	qal	pft	1cs	בטח	105		trust
30:11	שמע	qal	impv	ms	שמע	1033		hear		אמרתי	qal	pft	1cs	אמר	55		say
	חנני	qal	impv	ms	חנן	335	1cs	show favor	31:16	הצילני	hiph	impv	ms	נצל	664	1cs	snatch, deliver
	היה	qal	impv	ms	היה	224		be, become		איבי	qal	ptc	ms	איב	33	1cs	be hostile to
	עזר	qal	ptc	ms	עזר	740		help, aid		רדפי	qal	ptc	mp	רדף	922	1cs	pursue
30:12	הפכת	qal	pft	2ms	הפך	245		turn, overturn	31:17	האירה	hiph	impv	ms	אור	21		cause to shine
	פתחת	piel	pft	2ms	פתח	834		loose, free		הושיעני	hiph	impv	ms	ישע	446	1cs	deliver, save
	תאזרני	piel	wci	2ms	אזר	25	1cs	gird	31:18	אבושה	qal	coh	1cs	בוש	101		be ashamed
30:13	יזמרך	piel	impf	3ms	זמר	274	2ms	make music		קראתיך	qal	pft	1cs	קרא	894	2ms	call, proclaim
	ידם	qal	impf	3ms	דמם	198		be silent		יבשו	qal	jusm	3mp	בוש	101		be ashamed
	אודך	hiph	coh	1cs	ידה	392	2ms	praise		ידמו	qal	jusm	3mp	דמם	198		be silent
31:1	מנצח	piel	ptc	ms	נצח	663		act as director	31:19	תאלמנה	niph	jusm	3fp	אלם	47		be dumb
31:2	חסיתי	qal	pft	1cs	חסה	340		seek refuge		דברות	qal	ptc	fp	דבר	180		speak
	אבושה	qal	coh	1cs	בוש	101		be ashamed	31:20	צפנת	qal	pft	2ms	צפן	860		hide
	פלטני	piel	impv	ms	פלט	812	1cs	deliver		יראיך	qal	ptc	mp	ירא	431	2ms	fear
31:3	הטה	hiph	impv	ms	נטה	639		turn, incline		פעלת	qal	pft	2ms	פעל	821		do, make
	הצילני	hiph	impv	ms	נצל	664	1cs	snatch, deliver		חסים	qal	ptc	mp	חסה	340		seek refuge
	היה	qal	impv	ms	היה	224		be, become	31:21	תסתירם	hiph	impf	2ms	סתר	711	3mp	hide
	הושיעני	hiph	infc		ישע	446	1cs	deliver, save		תצפנם	qal	impf	2ms	צפן	860	3mp	hide
31:4	תנחני	hiph	impf	2ms	נחה	634	1cs	lead, guide	31:22	ברוך	qal	pptc	ms	ברך	138		kneel, bless
	תנהלני	piel	impf	2ms	נהל	624	1cs	lead, refresh		הפליא	hiph	pft	3ms	פלא	810		do wondrously
31:5	תוציאני	hiph	impf	2ms	יצא	422	1cs	bring out	31:23	אמרתי	qal	pft	1cs	אמר	55		say
	טמנו	qal	pft	3cp	טמן	380		hide		חפזי	qal	infc		חפז	342	1cs	be alarmed
31:6	אפקיד	hiph	impf	1cs	פקד	823		set, entrust		נגרזתי	niph	pft	1cs	גרז	173		cut off
	פדיתה	qal	pft	2ms	פדה	804		ransom		שמעת	qal	pft	2ms	שמע	1033		hear
31:7	שנאתי	qal	pft	1cs	שנא	971		hate		שועי	piel	infc		שוע	1002	1cs	cry for help
	שמרים	qal	ptc	mp	שמר	1036		keep, watch	31:24	אהבו	qal	impv	mp	אהב	12		love
	בטחתי	qal	pft	1cs	בטח	105		trust		אמונים	qal	pptc	mp	אמן	52		nourish
31:8	אגילה	qal	coh	1cs	גיל	162		rejoice		נצר	qal	ptc	ms	נצר	665		watch, guard
	אשמחה	qal	coh	1cs	שמח	970		rejoice		משלם	piel	ptc	ms	שלם	1022		repay, reward
	ראית	qal	pft	2ms	ראה	906		see		עשה	qal	ptc	ms	עשה	793		do, make
	ידעת	qal	pft	2ms	ידע	393		know	31:25	חזקו	qal	impv	mp	חזק	304		be strong
31:9	הסגרתני	hiph	pft	2ms	סגר	688	1cs	shut up, deliver		יאמץ	hiph	jus	3ms	אמץ	54		be strong
	אויב	qal	ptc	ms	איב	33		be hostile to		מיחלים	piel	ptc	mp	יחל	403		await
	העמדת	hiph	pft	2ms	עמד	763		set up, raise	32:1	נשוי	qal	pptc	ms	נשא	669		lift, carry
31:10	חנני	qal	impv	ms	חנן	335	1cs	show favor		כסוי	qal	pptc	ms	כסה	491		conceal
	צר	qal	pft	3ms	צרר	864		bind, be cramped	32:2	יחשב	qal	impf	3ms	חשב	362		think, devise
	עששה	qal	pft	3fs	עשש	799		waste away	32:3	החרשתי	hiph	pft	1cs	חרש	361		be silent

ChVs	Form	Stem	Tnse	PGN	Root	BDB	Sfx	Meaning
32:3	בלו	qal	pft	3cp	בלה	115		wear out
32:4	תכבד	qal	impf	3fs	כבד	457		be heavy
	נהפך	niph	pft	3ms	הפך	245		turn oneself
32:5	אודיעך	hiph	impf	1cs	ידע	393	2ms	declare
	כסיתי	piel	pft	1cs	כסה	491		cover
	אמרתי	qal	pft	1cs	אמר	55		say
	אודה	hiph	cohm	1cs	ידה	392		praise
	נשאת	qal	pft	2ms	נשא	669		lift, carry
32:6	יתפלל	hith	jusm	3ms	פלל	813		pray
	מצא	qal	infc		מצא	592		find
	יגיעו	hiph	impf	3mp	נגע	619		reach, arrive
32:7	תצרני	qal	impf	2ms	נצר	665	1cs	watch, guard
	תסובבני	poel	impf	2ms	סבב	685	1cs	encompass
32:8	אשכילך	hiph	cohm	1cs	שכל	968	2ms	look at, prosper
	אורך	hiph	cohm	1cs	ירה	434	2ms	shoot, teach
	תלך	qal	impf	2ms	הלך	229		walk, go
	איעצה	qal	coh	1cs	יעץ	419		advise, counsel
32:9	תהיו	qal	jusm	2mp	היה	224		be, become
	הבין	hiph	infc		בין	106		understand
	בלום	qal	infc		בלם	117		curb
	קרב	qal	infc		קרב	897		approach
32:10	בוטח	qal	ptc	ms	בטח	105		trust
	יסובבנו	poel	impf	3ms	סבב	685	3ms	encompass
32:11	שמחו	qal	impv	mp	שמח	970		rejoice
	גילו	qal	impv	mp	גיל	162		rejoice
	הרנינו	hiph	impv	mp	רנן	943		cause to shout
33:1	רננו	piel	impv	mp	רנן	943		shout w/joy
33:2	הודו	hiph	impv	mp	ידה	392		praise
	זמרו	piel	impv	mp	זמר	274		make music
33:3	שירו	qal	impv	mp	שיר	1010		sing
	היטיבו	hiph	impv	mp	יטב	405		do good
	נגן	piel	infc		נגן	618		play (strings)
33:5	אהב	qal	ptc	ms	אהב	12		love
	מלאה	qal	pft	3fs	מלא	569		be full, fill
33:6	נעשו	niph	pft	3cp	עשה	793		be done
33:7	כנס	qal	ptc	ms	כנס	488		collect
	נתן	qal	ptc	ms	נתן	678		give, set
33:8	ייראו	qal	jusm	3mp	ירא	431		fear
	יגורו	qal	jusm	3mp	גור	158		dread
	ישבי	qal	ptc	mp	ישב	442		sit, dwell
33:9	אמר	qal	pft	3ms	אמר	55		say
	יהי	qal	wci	3ms	היה	224		be, become
	צוה	piel	pft	3ms	צוה	845		command
	יעמד	qal	wci	3ms	עמד	763		stand, stop
33:10	הפיר	hiph	pft	3ms	פרר	830		break, frustrate
	הניא	hiph	pft	3ms	נוא	626		restrain
33:11	תעמד	qal	impf	3fs	עמד	763		stand, stop
33:12	בחר	qal	pft	3ms	בחר	103		choose
33:13	הביט	hiph	pft	3ms	נבט	613		look, regard
	ראה	qal	pft	3ms	ראה	906		see
33:14	שבתו	qal	infc		ישב	442	3ms	sit, dwell
	השגיח	hiph	pft	3ms	שגח	993		gaze
	ישבי	qal	ptc	mp	ישב	442		sit, dwell
33:15	יצר	qal	ptc	ms	יצר	427		form, create
33:15	מבין	hiph	ptc	ms	בין	106		understand
33:16	נושע	niph	ptc	ms	ישע	446		be saved
	ינצל	niph	impf	3ms	נצל	664		be delivered
33:17	ימלט	piel	impf	3ms	מלט	572		deliver
33:18	יראיו	qal	ptc	mp	ירא	431	3ms	fear
	מיחלים	piel	ptc	mp	יחל	403		await
33:19	הציל	hiph	infc		נצל	664		snatch, deliver
	חיותם	piel	infc		חיה	310	3mp	preserve, revive
33:20	חכתה	piel	pft	3fs	חכה	314		wait
33:21	ישמח	qal	impf	3ms	שמח	970		rejoice
	בטחנו	qal	pft	1cp	בטח	105		trust
33:22	יהי	qal	jus	3ms	היה	224		be, become
	יחלנו	piel	pft	1cp	יחל	403		await
34:1	שנותו	piel	infc		שנה	1039	3ms	change, alter
	יגרשהו	piel	wci	3ms	גרש	176	3ms	drive out
	ילך	qal	wci	3ms	הלך	229		walk, go
34:2	אברכה	piel	coh	1cs	ברך	138		bless
34:3	תתהלל	hith	impf	3fs	הלל	237		glory
	ישמעו	qal	jusm	3mp	שמע	1033		hear
	ישמחו	qal	jusm	3mp	שמח	970		rejoice
34:4	גדלו	piel	impv	mp	גדל	152		cause to grow
	נרוממה	pol	coh	1cp	רום	926		raise, rear
34:5	דרשתי	qal	pft	1cs	דרש	205		resort to, seek
	ענני	qal	pft	3ms	ענה	772	1cs	answer
	הצילני	hiph	pft	3ms	נצל	664	1cs	snatch, deliver
34:6	הביטו	hiph	pft	3cp	נבט	613		look, regard
	נהרו	qal	pft	3cp	נהר	626		shine, beam
	יחפרו	qal	jusm	3mp	חפר	344		be ashamed
34:7	קרא	qal	pft	3ms	קרא	894		call, proclaim
	שמע	qal	pft	3ms	שמע	1033		hear
	הושיעו	hiph	pft	3ms	ישע	446	3ms	deliver, save
34:8	חנה	qal	ptc	ms	חנה	333		decline, encamp
	יראיו	qal	ptc	mp	ירא	431	3ms	fear
	יחלצם	piel	wci	3ms	חלץ	322	3mp	deliver
34:9	טעמו	qal	impv	mp	טעם	380		taste
	ראו	qal	impv	mp	ראה	906		see
	יחסה	qal	impf	3ms	חסה	340		seek refuge
34:10	יראו	qal	impv	mp	ירא	431		fear
	יראיו	qal	ptc	mp	ירא	431	3ms	fear
34:11	רשו	qal	pft	3cp	רוש	930		be in want
	רעבו	qal	pft	3cp	רעב	944		be hungry
	דרשי	qal	ptc	mp	דרש	205		resort to, seek
	יחסרו	qal	impf	3mp	חסר	341		lack
34:12	לכו	qal	impv	mp	הלך	229		walk, go
	שמעו	qal	impv	mp	שמע	1033		hear
	אלמדכם	piel	cohm	1cs	למד	540	2mp	teach
34:13	אהב	qal	ptc	ms	אהב	12		love
	ראות	qal	infc		ראה	906		see
34:14	נצר	qal	impv	ms	נצר	665		watch, guard
	דבר	piel	infc		דבר	180		speak
34:15	סור	qal	impv	ms	סור	693		turn aside
	עשה	qal	impv	ms	עשה	793		do, make
	בקש	piel	impv	ms	בקש	134		seek
	רדפהו	qal	impv	ms	רדף	922	3ms	pursue

Psalms 34:17–36:7

ChVs	Form	Stem	Tnse	PGN	Root	BDB	Sfx	Meaning
34:17	עשׂי	qal	ptc	mp	עשׂה	793		do,make
	הכרית	hiph	infc		כרת	503		cut off,destroy
34:18	צעקו	qal	pft	3cp	צעק	858		cry out
	שׁמע	qal	pft	3ms	שׁמע	1033		hear
	הצילם	hiph	pft	3ms	נצל	664	3mp	snatch,deliver
34:19	נשׁברי	niph	ptc	mp	שׁבר	990		be broken
	יושׁיע	hiph	impf	3ms	ישׁע	446		deliver,save
34:20	יצילנו	hiph	impf	3ms	נצל	664	3ms	snatch,deliver
34:21	שׁמר	qal	ptc	ms	שׁמר	1036		keep,watch
	נשׁברה	niph	pft	3fs	שׁבר	990		be broken
34:22	תמותת	pol	impf	3fs	מות	559		kill
	שׂנאי	qal	ptc	mp	שׂנא	971		hate
	יאשׁמו	qal	impf	3mp	אשׁם	79		offend
34:23	פודה	qal	ptc	ms	פדה	804		ransom
	יאשׁמו	qal	impf	3mp	אשׁם	79		offend
	חסים	qal	ptc	mp	חסה	340		seek refuge
35:1	ריבה	qal	impv	ms	ריב	936		strive,contend
	לחם	qal	impv	ms	לחם	535		fight
	לחמי	qal	ptc	mp	לחם	535	1cs	fight
35:2	החזק	hiph	impv	ms	חזק	304		make firm,seize
	קומה	qal	impv	ms	קום	877		arise,stand
35:3	הרק	hiph	impv	ms	ריק	937		make empty
	סגר	qal	impv	ms	סגר	688		shut
	קראת	qal	infc		קרא	896		meet,encounter
	רדפי	qal	ptc	mp	רדף	922	1cs	pursue
	אמר	qal	impv	ms	אמר	55		say
35:4	יבשׁו	qal	jusm	3mp	בושׁ	101		be ashamed
	יכלמו	niph	jusm	3mp	כלם	483		be humiliated
	מבקשׁי	piel	ptc	mp	בקשׁ	134		seek
	יסגו	niph	jusm	3mp	סוג	690		turn away
	יחפרו	qal	jusm	3mp	חפר	344		be ashamed
	חשׁבי	qal	ptc	mp	חשׁב	362		think,devise
35:5	יהיו	qal	jusm	3mp	היה	224		be,become
	דוחה	qal	ptc	ms	דחה	190		push
35:6	יהי	qal	jus	3ms	היה	224		be,become
	רדפם	qal	ptc	ms	רדף	922	3mp	pursue
35:7	טמנו	qal	pft	3cp	טמן	380		hide
	חפרו	qal	pft	3cp	חפר	343		dig,search
35:8	תבואהו	qal	jusm	3fs	בוא	97	3ms	come in
	ידע	qal	impf	3ms	ידע	393		know
	טמן	qal	pft	3ms	טמן	380		hide
	תלכדו	qal	jusm	3fs	לכד	539	3ms	capture
	יפל	qal	jusm	3ms	נפל	656		fall
35:9	תגיל	qal	impf	3fs	גיל	162		rejoice
	תשׂישׂ	qal	impf	3fs	שׂושׂ	965		exult
35:10	תאמרנה	qal	impf	3fp	אמר	55		say
	מציל	hiph	ptc	ms	נצל	664		snatch,deliver
	גזלו	qal	ptc	ms	גזל	159	3ms	tear away,rob
35:11	יקומון	qal	impf	3mp	קום	877		arise,stand
	ידעתי	qal	pft	1cs	ידע	393		know
	ישׁאלוני	qal	impf	3mp	שׁאל	981	1cs	ask,borrow
35:12	ישׁלמוני	piel	impf	3mp	שׁלם	1022	1cs	repay,reward
35:13	חלותם	qal	infc		חלה	317	3mp	be weak,sick
	עניתי	piel	pft	1cs	ענה	776		humble
35:13	תשׁוב	qal	impf	3fs	שׁוב	996		turn,return
35:14	התהלכתי	hith	pft	1cs	הלך	229		walk to and fro
	קדר	qal	ptc	ms	קדר	871		be dark
	שׁחותי	qal	pft	1cs	שׁחח	1005		be bowed down
35:15	שׂמחו	qal	pft	3cp	שׂמח	970		rejoice
	נאספו	niph	pft	3cp	אסף	62		assemble
	נאספו	niph	pft	3cp	אסף	62		assemble
	ידעתי	qal	pft	1cs	ידע	393		know
	קרעו	qal	pft	3cp	קרע	902		tear,rend
	דמו	qal	pft	3cp	דמם	198		be silent
35:16	חרק	qal	infa		חרק	359		grind teeth
35:17	תראה	qal	impf	2ms	ראה	906		see
	השׁיבה	hiph	impv	ms	שׁוב	996		bring back
35:18	אודך	hiph	cohm	1cs	ידה	392	2ms	praise
	אהללך	piel	cohm	1cs	הלל	237	2ms	praise
35:19	ישׂמחו	qal	jusm	3mp	שׂמח	970		rejoice
	איבי	qal	ptc	mp	איב	33	1cs	be hostile to
	שׂנאי	qal	ptc	mp	שׂנא	971	1cs	hate
	יקרצו	qal	jusm	3mp	קרץ	902		nip,pinch
35:20	ידברו	piel	impf	3mp	דבר	180		speak
	יחשׁבון	qal	impf	3mp	חשׁב	362		think,devise
35:21	ירחיבו	hiph	wci	3mp	רחב	931		enlarge
	אמרו	qal	pft	3cp	אמר	55		say
	ראתה	qal	pft	3fs	ראה	906		see
35:22	ראיתה	qal	pft	2ms	ראה	906		see
	תחרשׁ	qal	jusm	2ms	חרשׁ	361		be silent,deaf
	תרחק	qal	jusm	2ms	רחק	934		be distant
35:23	העירה	hiph	impv	ms	עור	734		rouse,stir up
	הקיצה	hiph	impv	ms	קיץ	884		awake
35:24	שׁפטני	qal	impv	ms	שׁפט	1047	1cs	judge
	ישׂמחו	qal	jusm	3mp	שׂמח	970		rejoice
35:25	יאמרו	qal	jusm	3mp	אמר	55		say
	יאמרו	qal	jusm	3mp	אמר	55		say
	בלענוהו	piel	pft	1cp	בלע	118	3ms	swallow up
35:26	יבשׁו	qal	jusm	3mp	בושׁ	101		be ashamed
	יחפרו	qal	jusm	3mp	חפר	344		be ashamed
	ילבשׁו	qal	jusm	3mp	לבשׁ	527		put on,clothe
	מגדילים	hiph	ptc	mp	גדל	152		make great
35:27	ירנו	qal	jusm	3mp	רנן	943		cry aloud
	ישׂמחו	qal	jusm	3mp	שׂמח	970		rejoice
	יאמרו	qal	jusm	3mp	אמר	55		say
	יגדל	qal	jusm	3ms	גדל	152		be great,grow
35:28	תהגה	qal	impf	3fs	הגה	211		groan,utter
36:1	מנצח	piel	ptc	ms	נצח	663		act as director
36:3	החליק	hiph	pft	3ms	חלק	325		make smooth
	מצא	qal	infc		מצא	592		find
	שׂנא	qal	infc		שׂנא	971		hate
36:4	חדל	qal	pft	3ms	חדל	292		cease
	השׂכיל	hiph	infc		שׂכל	968		look at,prosper
	היטיב	hiph	infc		יטב	405		do good
36:5	יחשׁב	qal	impf	3ms	חשׁב	362		think,devise
	יתיצב	hith	impf	3ms	יצב	426		stand oneself
	ימאס	qal	impf	3ms	מאס	549		reject,refuse
36:7	תושׁיע	hiph	impf	2ms	ישׁע	446		deliver,save

ChVs	Form	Stem	Tnse	PGN	Root	BDB	Sfx	Meaning	ChVs	Form	Stem	Tnse	PGN	Root	BDB	Sfx	Meaning
36:8	יחסיון	qal	impf	3mp	חסה	340		seek refuge	37:15	תבוא	qal	impf	3fs	בוא	97		come in
36:9	ירוין	qal	impf	3mp	רוה	924		drink copiously		תשברנה	niph	impf	3fp	שבר	990		be broken
	תשקם	hiph	impf	2ms	שקה	1052	3mp	give to drink	37:17	תשברנה	niph	impf	3fp	שבר	990		be broken
36:10	נראה	qal	impf	1cp	ראה	906		see		סומך	qal	ptc	ms	סמך	701		lean, support
36:11	משך	qal	impv	ms	משך	604		draw, pull	37:18	יודע	qal	ptc	ms	ידע	393		know
	ידעיך	qal	ptc	mp	ידע	393	2ms	know		תהיה	qal	impf	3fs	היה	224		be, become
36:12	תבואני	qal	jusm	3fs	בוא	97	1cs	come in	37:19	יבשו	qal	impf	3mp	בוש	101		be ashamed
	תנדני	hiph	jusm	3fs	נוד	626	1cs	cause to wander		ישבעו	qal	impf	3mp	שבע	959		be sated
36:13	נפלו	qal	pft	3cp	נפל	656		fall	37:20	יאבדו	qal	impf	3mp	אבד	1		perish
	פעלי	qal	ptc	mp	פעל	821		do, make		איבי	qal	ptc	mp	איב	33		be hostile to
	דחו	pual	pft	3cp	דחה	190		be thrust down		כלו	qal	pft	3cp	כלה	477		finished, spent
	יכלו	qal	pft	3cp	יכל	407		be able		כלו	qal	pft	3cp	כלה	477		finished, spent
	קום	qal	infc		קום	877		arise, stand	37:21	לוה	qal	ptc	ms	לוה	531		borrow
37:1	תתחר	hith	jus	2ms	חרה	354		hotly contend		ישלם	piel	impf	3ms	שלם	1022		repay, reward
	מרעים	hiph	ptc	mp	רעע	949		hurt, do evil		חונן	qal	ptc	ms	חנן	335		show favor
	תקנא	piel	jusm	2ms	קנא	888		be jealous		נותן	qal	ptc	ms	נתן	678		give, set
	עשי	qal	ptc	mp	עשה	793		do, make	37:22	מברכיו	pual	ptc	mp	ברך	138	3ms	be blessed
37:2	ימלו	qal	impf	3mp	מלל	576		wither		יירשו	qal	impf	3mp	ירש	439		possess, inherit
	יבולון	qal	impf	3mp	נבל	615		sink, droop		מקלליו	pual	ptc	mp	קלל	886	3ms	be cursed
37:3	בטח	qal	impv	ms	בטח	105		trust		יכרתו	niph	impf	3mp	כרת	503		be cut off
	עשה	qal	impv	ms	עשה	793		do, make	37:23	כוננו	pola	pft	3cp	כון	465		be established
	שכן	qal	impv	ms	שכן	1014		settle, dwell		יחפץ	qal	impf	3ms	חפץ	342		delight in
	רעה	qal	impv	ms	רעה	944		pasture, tend	37:24	יפל	qal	impf	3ms	נפל	656		fall
37:4	התענג	hith	impv	ms	ענג	772		enjoy oneself		יוטל	hoph	impf	3ms	טול	376		be hurled
	יתן	qal	jusm	3ms	נתן	678		give, set		סומך	qal	ptc	ms	סמך	701		lean, support
37:5	גול	qal	impv	ms	גלל	164		roll away	37:25	הייתי	qal	pft	1cs	היה	224		be, become
	בטח	qal	impv	ms	בטח	105		trust		זקנתי	qal	pft	1cs	זקן	278		be old
	יעשה	qal	impf	3ms	עשה	793		do, make		ראיתי	qal	pft	1cs	ראה	906		see
37:6	הוציא	hiph	wcp	3ms	יצא	422		bring out		נעזב	niph	ptc	ms	עזב	736		be left
37:7	דום	qal	impv	ms	דמם	198		be silent		מבקש	piel	ptc	ms	בקש	134		seek
	התחולל	htpo	impv	ms	חול	296		whirl, writhe	37:26	חונן	qal	ptc	ms	חנן	335		show favor
	תתחר	hith	jus	2ms	חרה	354		hotly contend		מלוה	hiph	ptc	ms	לוה	531		lend
	מצליח	hiph	ptc	ms	צלח	852		cause to thrive	37:27	סור	qal	impv	ms	סור	693		turn aside
	עשה	qal	ptc	ms	עשה	793		do, make		עשה	qal	impv	ms	עשה	793		do, make
37:8	הרף	hiph	impv	ms	רפה	951		slacken, abandon		שכן	qal	impv	ms	שכן	1014		settle, dwell
	עזב	qal	impv	ms	עזב	736		leave, loose	37:28	אהב	qal	ptc	ms	אהב	12		love
	תתחר	hith	jus	2ms	חרה	354		hotly contend		יעזב	qal	impf	3ms	עזב	736		leave, loose
	הרע	hiph	infc		רעע	949		hurt, do evil		נשמרו	niph	pft	3cp	שמר	1036		be kept, guarded
37:9	מרעים	hiph	ptc	mp	רעע	949		hurt, do evil		נכרת	niph	pft	3ms	כרת	503		be cut off
	יכרתון	niph	impf	3mp	כרת	503		be cut off	37:29	יירשו	qal	impf	3mp	ירש	439		possess, inherit
	קוי	qal	ptc	mp	קוה	875		wait for		ישכנו	qal	impf	3mp	שכן	1014		settle, dwell
	יירשו	qal	impf	3mp	ירש	439		possess, inherit	37:30	יהגה	qal	impf	3ms	הגה	211		groan, utter
37:10	התבוננת	htpo	pft	2ms	בין	106		understand		תדבר	piel	impf	3fs	דבר	180		speak
37:11	יירשו	qal	impf	3mp	ירש	439		possess, inherit	37:31	תמעד	qal	impf	3fs	מעד	588		slip, waver
	התענגו	hith	wcp	3cp	ענג	772		enjoy oneself	37:32	צופה	qal	ptc	ms	צפה	859		keep watch
37:12	זמם	qal	ptc	ms	זמם	273		consider, devise		מבקש	piel	ptc	ms	בקש	134		seek
	חרק	qal	ptc	ms	חרק	359		grind teeth		המיתו	hiph	infc		מות	559	3ms	kill
37:13	ישחק	qal	impf	3ms	שחק	965		laugh	37:33	יעזבנו	qal	impf	3ms	עזב	736	3ms	leave, loose
	ראה	qal	pft	3ms	ראה	906		see		ירשיענו	hiph	impf	3ms	רשע	957	3ms	condemn, be evil
	יבא	qal	impf	3ms	בוא	97		come in		השפטו	niph	infc		שפט	1047	3ms	plead
37:14	פתחו	qal	pft	3cp	פתח	834		open	37:34	קוה	piel	impv	ms	קוה	875		wait for
	דרכו	qal	pft	3cp	דרך	201		tread, march		שמר	qal	impv	ms	שמר	1036		keep, watch
	הפיל	hiph	infc		נפל	656		cause to fall		ירוממך	pol	jusm	3ms	רום	926	2ms	raise, rear
	טבוח	qal	infc		טבח	370		slaughter		רשת	qal	infc		ירש	439		possess, inherit

Psalms 37:34–40:1

ChVs	Form	Stem	Tnse	PGN	Root	BDB	Sfx	Meaning
37:34	הכרת	niph	infc		כרת	503		be cut off
	תראה	qal	impf	2ms	ראה	906		see
37:35	ראיתי	qal	pft	1cs	ראה	906		see
	מתערה	hith	ptc		ערה	788		make naked
37:36	יעבר	qal	wci	3ms	עבר	716		pass over
	אבקשהו	piel	wci	1cs	בקש	134	3ms	seek
	נמצא	niph	pft	3ms	מצא	592		be found
37:37	שמר	qal	impv	ms	שמר	1036		keep, watch
	ראה	qal	impv	ms	ראה	906		see
37:38	פשעים	qal	ptc	mp	פשע	833		rebel, sin
	נשמדו	niph	pft	3cp	שמד	1029		be exterminated
	נכרתה	niph	pft	3fs	כרת	503		be cut off
37:40	יעזרם	qal	wci	3ms	עזר	740	3mp	help, aid
	יפלטם	piel	wci	3ms	פלט	812	3mp	deliver
	יפלטם	piel	impf	3ms	פלט	812	3mp	deliver
	יושיעם	hiph	impf	3ms	ישע	446	3mp	deliver, save
	חסו	qal	pft	3cp	חסה	340		seek refuge
38:1	הזכיר	hiph	infc		זכר	269		c. to remember
38:2	תוכיחני	hiph	jusm	2ms	יכח	406	1cs	decide, reprove
	תיסרני	piel	jusm	2ms	יסר	415	1cs	correct, chasten
38:3	נחתו	niph	pft	3cp	נחת	639		penetrate
	תנחת	qal	wci	3fs	נחת	639		go down
38:5	עברו	qal	pft	3cp	עבר	716		pass over
	יכבדו	qal	impf	3mp	כבד	457		be heavy
38:6	הבאישו	hiph	pft	3cp	באש	92		cause to stink
	נמקו	niph	pft	3cp	מקק	596		rot, decay
38:7	נעויתי	niph	pft	1cs	עוה	730		be bent
	שחתי	qal	pft	1cs	שחח	1005		be bowed down
	קדר	qal	ptc	ms	קדר	871		be dark
	הלכתי	piel	pft	1cs	הלך	229		walk
38:8	מלאו	qal	pft	3cp	מלא	569		be full, fill
	נקלה	niph	ptc	ms	קלה	885		be burnt
38:9	נפוגותי	niph	pft	1cs	פוג	806		be benumbed
	נדכיתי	niph	pft	1cs	דכה	194		be crushed
	שאגתי	qal	pft	1cs	שאג	980		roar
38:10	נסתרה	niph	pft	3fs	סתר	711		hide, be hid
38:11	סחרחר	pall	pft	3ms	סחר	695		palpitate
	עזבני	qal	pft	3ms	עזב	736	1cs	leave, loose
38:12	אהבי	qal	ptc	mp	אהב	12	1cs	love
	יעמדו	qal	impf	3mp	עמד	763		stand, stop
	עמדו	qal	pft	3cp	עמד	763		stand, stop
38:13	ינקשו	piel	wci	3mp	נקש	669		set trap
	מבקשי	piel	ptc	mp	בקש	134		seek
	דרשי	qal	ptc	mp	דרש	205		resort to, seek
	דברו	piel	pft	3cp	דבר	180		speak
	יהגו	qal	impf	3mp	הגה	211		groan, utter
38:14	אשמע	qal	impf	1cs	שמע	1033		hear
	יפתח	qal	impf	3ms	פתח	834		open
38:15	אהי	qal	wci	1cs	היה	224		be, become
	שמע	qal	ptc	ms	שמע	1033		hear
38:16	הוחלתי	hiph	pft	1cs	יחל	403		wait
	תענה	qal	impf	2ms	ענה	772		answer
38:17	אמרתי	qal	pft	1cs	אמר	55		say
	ישמחו	qal	jusm	3mp	שמח	970		rejoice
38:17	מוט	qal	infc		מוט	556		totter
	הגדילו	hiph	pft	3cp	גדל	152		make great
38:18	נכון	niph	ptc	ms	כון	465		be established
38:19	אגיד	hiph	impf	1cs	נגד	616		declare, tell
	אדאג	qal	impf	1cs	דאג	178		be anxious
38:20	איבי	qal	ptc	mp	איב	33	1cs	be hostile to
	עצמו	qal	pft	3cp	עצם	782		be mighty, many
	רבו	qal	pft	3cp	רבב	912		be many
	שנאי	qal	ptc	mp	שנא	971	1cs	hate
38:21	משלמי	piel	ptc	mp	שלם	1022		repay, reward
	ישטנוני	qal	impf	3mp	שטן	966	1cs	be adversary
	רדופי‍k	qal	infc		רדף	922	1cs	pursue
	רדפי‍q	qal	infc		רדף	922	1cs	pursue
38:22	תעזבני	qal	jusm	2ms	עזב	736	1cs	leave, loose
	תרחק	qal	jusm	2ms	רחק	934		be distant
38:23	חושה	qal	impv	ms	חוש	301		make haste
39:1	מנצח	piel	ptc	ms	נצח	663		act as director
39:2	אמרתי	qal	pft	1cs	אמר	55		say
	אשמרה	qal	coh	1cs	שמר	1036		keep, watch
	חטוא	qal	infc		חטא	306		sin
	אשמרה	qal	coh	1cs	שמר	1036		keep, watch
39:3	נאלמתי	niph	pft	1cs	אלם	47		be dumb
	החשיתי	hiph	pft	1cs	חשה	364		show silence
	נעכר	niph	pft	3ms	עכר	747		be stirred up
39:4	חם	qal	pft	3ms	חמם	328		be warm
	תבער	qal	impf	3fs	בער	128		burn
	דברתי	piel	pft	1cs	דבר	180		speak
39:5	הודיעני	hiph	impv	ms	ידע	393	1cs	declare
	אדעה	qal	coh	1cs	ידע	393		know
39:6	נתתה	qal	pft	2ms	נתן	678		give, set
	נצב	niph	ptc	ms	נצב	662		stand
39:7	יתהלך	hith	impf	3ms	הלך	229		walk to and fro
	יהמיון	qal	impf	3mp	המה	242		growl, murmur
	יצבר	qal	impf	3ms	צבר	840		heap up
	ידע	qal	impf	3ms	ידע	393		know
	אספם	qal	ptc	ms	אסף	62	3mp	gather
39:8	קויתי	piel	pft	1cs	קוה	875		wait for
39:9	הצילני	hiph	impv	ms	נצל	664	1cs	snatch, deliver
	תשימני	qal	jusm	2ms	שים	962	1cs	put, set
39:10	נאלמתי	niph	pft	1cs	אלם	47		be dumb
	אפתח	qal	impf	1cs	פתח	834		open
	עשית	qal	pft	2ms	עשה	793		do, make
39:11	הסר	hiph	impv	ms	סור	693		take away
	כליתי	qal	pft	1cs	כלה	477		finished, spent
39:12	יסרת	piel	pft	2ms	יסר	415		correct, chasten
	תמס	hiph	wci	2ms	מסה	587		melt, dissolve
	חמודו	qal	pptc	ms	חמד	326		desire
39:13	שמעה	qal	impv	ms	שמע	1033		hear
	האזינה	hiph	impv	ms	אזן	24		hear
	תחרש	qal	jusm	2ms	חרש	361		be silent, deaf
39:14	השע	hiph	impv	ms	שעה	1043		look away
	אבליגה	hiph	coh	1cs	בלג	114		gleam, smile
	אלך	qal	impf	1cs	הלך	229		walk, go
40:1	מנצח	piel	ptc	ms	נצח	663		act as director

ChVs	Form	Stem	Tnse	PGN	Root	BDB	Sfx	Meaning
40:2	קוה	piel	infa		קוה	875		wait for
	קויתי	piel	pft	1cs	קוה	875		wait for
	יט	qal	wci	3ms	נטה	639		stretch, incline
	ישמע	qal	wci	3ms	שמע	1033		hear
40:3	יעלני	hiph	wci	3ms	עלה	748	1cs	bring up, offer
	יקם	hiph	wci	3ms	קום	877		raise, build, set
	כונן	pol	pft	3ms	כון	465		establish
40:4	יתן	qal	wci	3ms	נתן	678		give, set
	יראו	qal	impf	3mp	ראה	906		see
	ייראו	qal	impf	3mp	ירא	431		fear
	יבטחו	qal	impf	3mp	בטח	105		trust
40:5	שם	qal	pft	3ms	שים	962		put, set
	פנה	qal	pft	3ms	פנה	815		turn
	שטי	qal	ptc	mp	שוט	962		swerve
40:6	עשית	qal	pft	2ms	עשה	793		do, make
	נפלאתיך	niph	ptc	fp	פלא	810	2ms	be wonderful
	ערך	qal	infc		ערך	789		set in order
	אגידה	hiph	coh	1cs	נגד	616		declare, tell
	אדברה	piel	coh	1cs	דבר	180		speak
	עצמו	qal	pft	3cp	עצם	782		be mighty, many
	ספר	piel	infc		ספר	707		recount
40:7	חפצת	qal	pft	2ms	חפץ	342		delight in
	כרית	qal	pft	2ms	כרה	500		dig
	שאלת	qal	pft	2ms	שאל	981		ask, borrow
40:8	אמרתי	qal	pft	1cs	אמר	55		say
	באתי	qal	pft	1cs	בוא	97		come in
	כתוב	qal	pptc	ms	כתב	507		write
40:9	עשות	qal	infc		עשה	793		do, make
	חפצתי	qal	pft	1cs	חפץ	342		delight in
40:10	בשרתי	piel	pft	1cs	בשר	142		bear tidings
	אכלא	qal	impf	1cs	כלא	476		shut up
	ידעת	qal	pft	2ms	ידע	393		know
40:11	כסיתי	piel	pft	1cs	כסה	491		cover
	אמרתי	qal	pft	1cs	אמר	55		say
	כחדתי	piel	pft	1cs	כחד	470		hide
40:12	תכלא	qal	impf	2ms	כלא	476		shut up
	יצרוני	qal	impf	3mp	נצר	665	1cs	watch, guard
40:13	אפפו	qal	pft	3cp	אפף	67		encompass
	השיגוני	hiph	pft	3cp	נשג	673	1cs	reach, overtake
	יכלתי	qal	pft	1cs	יכל	407		be able
	ראות	qal	infc		ראה	906		see
	עצמו	qal	pft	3cp	עצם	782		be mighty, many
	עזבני	qal	pft	3ms	עזב	736	1cs	leave, loose
40:14	רצה	qal	impv	ms	רצה	953		be pleased
	הצילני	hiph	infc		נצל	664	1cs	snatch, deliver
	חושה	qal	impv	ms	חוש	301		make haste
40:15	יבשו	qal	jusm	3mp	בוש	101		be ashamed
	יחפרו	qal	jusm	3mp	חפר	344		be ashamed
	מבקשי	piel	ptc	mp	בקש	134		seek
	ספותה	qal	infc		ספה	705	3fs	sweep away
	יסגו	niph	jusm	3mp	סוג	690		turn away
	יכלמו	niph	jusm	3mp	כלם	483		be humiliated
40:16	ישמו	qal	jusm	3mp	שמם	1030		be desolate
	אמרים	qal	ptc	mp	אמר	55		say
40:17	ישישו	qal	jusm	3mp	שוש	965		exult
	ישמחו	qal	jusm	3mp	שמח	970		rejoice
	מבקשיך	piel	ptc	mp	בקש	134	2ms	seek
	יאמרו	qal	jusm	3mp	אמר	55		say
	יגדל	qal	jusm	3ms	גדל	152		be great, grow
	אהבי	qal	ptc	mp	אהב	12		love
40:18	יחשב	qal	jus	3ms	חשב	362		think, devise
	מפלטי	piel	ptc	ms	פלט	812	1cs	deliver
	תאחר	piel	jusm	2ms	אחר	29		tarry, hinder
41:1	מנצח	piel	ptc	ms	נצח	663		act as director
41:2	משכיל	hiph	ptc	ms	שכל	968		look at, prosper
	ימלטהו	piel	impf	3ms	מלט	572	3ms	deliver
41:3	ישמרהו	qal	impf	3ms	שמר	1036	3ms	keep, watch
	יחיהו	piel	impf	3ms	חיה	310	3ms	preserve, revive
	יאשרk	pual	impf	3ms	אשר	80		be made blessed
	ואשרq	pual	wcp	3ms	אשר	80		be made blessed
	תתנהו	qal	jusm	2ms	נתן	678	3ms	give, set
	איביו	qal	ptc	mp	איב	33	3ms	be hostile to
41:4	יסעדנו	qal	impf	3ms	סעד	703	3ms	support
	הפכת	qal	pft	2ms	הפך	245		turn, overturn
41:5	אמרתי	qal	pft	1cs	אמר	55		say
	חנני	qal	impv	ms	חנן	335	1cs	show favor
	רפאה	qal	impv	ms	רפא	950		heal
	חטאתי	qal	pft	1cs	חטא	306		sin
41:6	אויבי	qal	ptc	mp	איב	33	1cs	be hostile to
	יאמרו	qal	impf	3mp	אמר	55		say
	ימות	qal	impf	3ms	מות	559		die
	אבד	qal	wcp	3ms	אבד	1		perish
41:7	בא	qal	pft	3ms	בוא	97		come in
	ראות	qal	infc		ראה	906		see
	ידבר	piel	impf	3ms	דבר	180		speak
	יקבץ	qal	impf	3ms	קבץ	867		gather, collect
	יצא	qal	impf	3ms	יצא	422		go out
	ידבר	piel	impf	3ms	דבר	180		speak
41:8	יתלחשו	hith	impf	3mp	לחש	538		whisper
	שנאי	qal	ptc	mp	שנא	971	1cs	hate
	יחשבו	qal	impf	3mp	חשב	362		think, devise
41:9	יצוק	qal	pptc	ms	יצק	427		pour out, cast
	שכב	qal	pft	3ms	שכב	1011		lie, lie down
	יוסיף	hiph	impf	3ms	יסף	414		add, do again
	קום	qal	infc		קום	877		arise, stand
41:10	בטחתי	qal	pft	1cs	בטח	105		trust
	אוכל	qal	ptc	ms	אכל	37		eat, devour
	הגדיל	hiph	pft	3ms	גדל	152		make great
41:11	חנני	qal	impv	ms	חנן	335	1cs	show favor
	הקימני	hiph	impv	ms	קום	877	1cs	raise, build, set
	אשלמה	piel	coh	1cs	שלם	1022		repay, reward
41:12	ידעתי	qal	pft	1cs	ידע	393		know
	חפצת	qal	pft	2ms	חפץ	342		delight in
	יריע	hiph	impf	3ms	רוע	929		raise a shout
	איבי	qal	ptc	ms	איב	33	1cs	be hostile to
41:13	תמכת	qal	pft	2ms	תמך	1069		grasp, support
	תציבני	hiph	wci	2ms	נצב	662	1cs	cause to stand
41:14	ברוך	qal	pptc	ms	ברך	138		kneel, bless

ChVs	Form	Stem	Tnse	PGN	Root	BDB	Sfx	Meaning
42:1	מנצח	piel	ptc	ms	נצח	663		act as director
42:2	תערג	qal	impf	3fs	ערג	788		long for
	תערג	qal	impf	3fs	ערג	788		long for
42:3	צמאה	qal	pft	3fs	צמא	854		be thirsty
	אבוא	qal	impf	1cs	בוא	97		come in
	אראה	niph	impf	1cs	ראה	906		appear, be seen
42:4	היתה	qal	pft	3fs	היה	224		be, become
	אמר	qal	infc		אמר	55		say
42:5	אזכרה	qal	coh	1cs	זכר	269		remember
	אשפכה	qal	coh	1cs	שפך	1049		pour out
	אעבר	qal	impf	1cs	עבר	716		pass over
	אדדם	hith	impf	1cs	דדה	186	3mp	walk slowly
	חוגג	qal	ptc	ms	חגג	290		keep festival
42:6	תשתוחחי	htpo	impf	2fs	שחח	1005		be cast down
	תהמי	qal	wci	2fs	המה	242		growl, murmur
	הוחילי	hiph	impv	fs	יחל	403		wait
	אודנו	hiph	impf	1cs	ידה	392	3ms	praise
42:7	תשתוחח	htpo	impf	3fs	שחח	1005		be cast down
	אזכרך	qal	impf	1cs	זכר	269	2ms	remember
42:8	קרא	qal	ptc	ms	קרא	894		call, proclaim
	עברו	qal	pft	3cp	עבר	716		pass over
42:9	יצוה	piel	impf	3ms	צוה	845		command
42:10	אומרה	qal	coh	1cs	אמר	55		say
	שכחתני	qal	pft	2ms	שכח	1013	1cs	forget
	קדר	qal	ptc	ms	קדר	871		be dark
	אלך	qal	impf	1cs	הלך	229		walk, go
	אויב	qal	ptc	ms	איב	33		be hostile to
42:11	חרפוני	piel	pft	3cp	חרף	357	1cs	reproach
	צוררי	qal	ptc	mp	צרר	865	1cs	show hostility
	אמרם	qal	infc		אמר	55	3mp	say
42:12	תשתוחחי	htpo	impf	2fs	שחח	1005		be cast down
	תהמי	qal	impf	2fs	המה	242		growl, murmur
	הוחילי	hiph	impv	fs	יחל	403		wait
	אודנו	hiph	cohm	1cs	ידה	392	3ms	praise
43:1	שפטני	qal	impv	ms	שפט	1047	1cs	judge
	ריבה	qal	impv	ms	ריב	936		strive, contend
	תפלטני	piel	impv	2ms	פלט	812	1cs	deliver
43:2	זנחתני	qal	pft	2ms	זנח	276	1cs	reject
	קדר	qal	ptc	ms	קדר	871		be dark
	אתהלך	hith	impf	1cs	הלך	229		walk to and fro
	אויב	qal	ptc	ms	איב	33		be hostile to
43:3	שלח	qal	impv	ms	שלח	1018		send
	ינחוני	hiph	jusm	3mp	נחה	634	1cs	lead, guide
	יביאוני	hiph	jusm	3mp	בוא	97	1cs	bring in
43:4	אבואה	qal	coh	1cs	בוא	97		come in
	אודך	hiph	cohm	1cs	ידה	392	2ms	praise
43:5	תשתוחחי	htpo	impf	2fs	שחח	1005		be cast down
	תהמי	qal	impf	2fs	המה	242		growl, murmur
	הוחילי	hiph	impv	fs	יחל	403		wait
	אודנו	hiph	cohm	1cs	ידה	392	3ms	praise
44:1	מנצח	piel	ptc	ms	נצח	663		act as director
44:2	שמענו	qal	pft	1cp	שמע	1033		hear
	ספרו	piel	pft	3cp	ספר	707		recount
	פעלת	qal	pft	2ms	פעל	821		do, make
44:3	הורשת	hiph	pft	2ms	ירש	439		c. to possess
	תטעם	qal	wci	2ms	נטע	642	3mp	plant
	תרע	hiph	impf	2ms	רעע	949		hurt, do evil
	תשלחם	piel	wci	2ms	שלח	1018	3mp	send away, shoot
44:4	ירשו	qal	pft	3cp	ירש	439		possess, inherit
	הושיעה	hiph	pft	3fs	ישע	446		deliver, save
	רציתם	qal	pft	2ms	רצה	953	3mp	be pleased
44:5	צוה	piel	impv	ms	צוה	845		command
44:6	ננגח	piel	impf	1cp	נגח	618		thrust at
	נבוס	qal	impf	1cp	בוס	100		trample
	קמינו	qal	ptc	mp	קום	877	1cp	arise, stand
44:7	אבטח	qal	impf	1cs	בטח	105		trust
	תושיעני	hiph	impf	3fs	ישע	446	1cs	deliver, save
44:8	הושעתנו	hiph	pft	2ms	ישע	446	1cp	deliver, save
	משנאינו	piel	ptc	mp	שנא	971	1cp	hate
	הבישות	hiph	pft	2ms	בוש	101		put to shame
44:9	הללנו	piel	pft	1cp	הלל	237		praise
	נודה	hiph	cohm	1cp	ידה	392		praise
44:10	זנחת	qal	pft	2ms	זנח	276		reject
	תכלימנו	hiph	wci	2ms	כלם	483	1cp	humiliate
	תצא	qal	impf	2ms	יצא	422		go out
44:11	תשיבנו	hiph	impf	2ms	שוב	996	1cp	bring back
	משנאינו	piel	ptc	mp	שנא	971	1cp	hate
	שסו	qal	pft	3cp	שסה	1042		plunder
44:12	תתננו	qal	impf	2ms	נתן	678	1cp	give, set
	זריתנו	piel	pft	2ms	זרה	279	1cp	scatter
44:13	תמכר	qal	impf	2ms	מכר	569		sell
	רבית	piel	pft	2ms	רבה	915		make large
44:14	תשימנו	qal	impf	2ms	שים	962	1cp	put, set
44:15	תשימנו	qal	impf	2ms	שים	962	1cp	put, set
44:16	כסתני	piel	pft	3fs	כסה	491	1cs	cover
44:17	מחרף	piel	ptc	ms	חרף	357		reproach
	מגדף	piel	ptc	ms	גדף	154		revile
	אויב	qal	ptc	ms	איב	33		be hostile to
	מתנקם	hith	ptc	ms	נקם	667		avenge oneself
44:18	באתנו	qal	pft	3fs	בוא	97	1cp	come in
	שכחנוך	qal	pft	1cp	שכח	1013	2ms	forget
	שקרנו	piel	pft	1cp	שקר	1055		deal falsely
44:19	נסוג	niph	pft	3ms	סוג	690		turn away
	תט	qal	wci	3fs	נטה	639		stretch, incline
44:20	דכיתנו	piel	pft	2ms	דכה	194	1cp	crush
	תכס	piel	wci	2ms	כסה	491		cover
44:21	שכחנו	qal	pft	1cp	שכח	1013		forget
	נפרש	qal	wci	1cp	פרש	831		spread out
	זר	qal	ptc	ms	זור	266		be stranger
44:22	יחקר	qal	impf	3ms	חקר	350		search
	ידע	qal	ptc	ms	ידע	393		know
44:23	הרגנו	qalp	pft	1cp	הרג	246		be killed
	נחשבנו	niph	pft	1cp	חשב	362		be thought
44:24	עורה	qal	impv	ms	עור	734		rouse self
	תישן	qal	impf	2ms	ישן	445		sleep
	הקיצה	hiph	impv	ms	קיץ	884		awake
	תזנח	qal	jusm	2ms	זנח	276		reject
44:25	תסתיר	hiph	impf	2ms	סתר	711		hide

ChVs	Form	Stem	Tnse	PGN	Root	BDB	Sfx	Meaning
44:25	תשכח	qal	impf	2ms	שכח	1013		forget
44:26	שחה	qal	pft	3fs	שוח	1001		sink down
	דבקה	qal	pft	3fs	דבק	179		cling,cleave
44:27	קומה	qal	impv	ms	קום	877		arise,stand
	פדנו	qal	impv	ms	פדה	804	1cp	ransom
45:1	מנצח	piel	ptc	ms	נצח	663		act as director
45:2	רחש	qal	pft	3ms	רחש	935		stir
	אמר	qal	ptc	ms	אמר	55		say
45:3	יפיפית	pall	pft	2ms	יפה	421		be beautiful
	הוצק	hoph	pft	3ms	יצק	427		be poured,firm
	ברכך	piel	pft	3ms	ברך	138	2ms	bless
45:4	חגור	qal	impv	ms	חגר	291		gird
45:5	צלח	qal	impv	ms	צלח	852		prosper
	רכב	qal	impv	ms	רכב	938		mount,ride
	תורך	hiph	jusm	3fs	ירה	434	2ms	shoot,teach
	נוראות	niph	ptc	fp	ירא	431		be feared
45:6	שנונים	qal	pptc	mp	שנן	1041		whet,sharpen
	יפלו	qal	jusm	3mp	נפל	656		fall
	אויבי	qal	ptc	mp	איב	33		be hostile to
45:8	אהבת	qal	pft	2ms	אהב	12		love
	תשנא	qal	wci		שנא	971		hate
	משחך	qal	pft	3ms	משח	602	2ms	smear,anoint
45:9	שמחוך	piel	pft	3cp	שמח	970	2ms	gladden
45:10	נצבה	niph	pft	3fs	נצב	662		stand
45:11	שמעי	qal	impv	fs	שמע	1033		hear
	ראי	qal	impv	fs	ראה	906		see
	הטי	hiph	impv	fs	נטה	639		turn,incline
	שכחי	qal	impv	fs	שכח	1013		forget
45:12	יתאו	hith	jus	3ms	אוה	16		desire
	השתחוי	hish	impv	fs	חוה	1005		bow down
45:13	יחלו	piel	impf	3mp	חלה	318		pacify,entreat
45:15	תובל	hoph	impf	3fs	יבל	384		be borne along
	מובאות	hoph	ptc	fp	בוא	97		be brought
45:16	תובלנה	hoph	impf	3fp	יבל	384		be borne along
	תבאינה	qal	impf	3fp	בוא	97		come in
45:17	יהיו	qal	impf	3mp	היה	224		be,become
	תשיתמו	qal	impf	2ms	שית	1011	3mp	put,set
45:18	אזכירה	hiph	coh	1cs	זכר	269		c. to remember
	יהודך	hiph	impf	3mp	ידה	392	2ms	praise
46:1	מנצח	piel	ptc	ms	נצח	663		act as director
46:2	נמצא	niph	pft	3ms	מצא	592		be found
46:3	נירא	qal	impf	1cp	ירא	431		fear
	המיר	hiph	infc		מור	558		change
	מוט	qal	infc		מוט	556		totter
46:4	יהמו	qal	impf	3mp	המה	242		growl,murmur
	יחמרו	qal	impf	3mp	חמר	330		foam
	ירעשו	qal	impf	3mp	רעש	950		quake
46:5	ישמחו	piel	impf	3mp	שמח	970		gladden
46:6	תמוט	niph	impf	3fs	מוט	556		be shaken
	יעזרה	qal	impf	3ms	עזר	740	3fs	help,aid
	פנות	qal	infc		פנה	815		turn
46:7	המו	qal	pft	3cp	המה	242		growl,murmur
	מטו	qal	pft	3cp	מוט	556		totter
	נתן	qal	pft	3ms	נתן	678		give,set
46:7	תמוג	qal	impf	3fs	מוג	556		melt
46:9	לכו	qal	impv	mp	הלך	229		walk,go
	חזו	qal	impv	mp	חזה	302		see
	שם	qal	pft	3ms	שים	962		put,set
46:10	משבית	hiph	ptc		שבת	991		destroy,remove
	ישבר	piel	impf	3ms	שבר	990		shatter
	קצץ	piel	wcp	3ms	קצץ	893		cut off
	ישרף	qal	impf	3ms	שרף	976		burn
46:11	הרפו	hiph	impv	mp	רפה	951		slacken,abandon
	דעו	qal	impv	mp	ידע	393		know
	ארום	qal	impf	1cs	רום	926		be high
	ארום	qal	impf	1cs	רום	926		be high
47:1	מנצח	piel	ptc	ms	נצח	663		act as director
47:2	תקעו	qal	impv	mp	תקע	1075		thrust,clap
	הריעו	hiph	impv	mp	רוע	929		raise a shout
47:3	נורא	niph	ptc	ms	ירא	431		be feared
47:4	ידבר	hiph	jusf	3ms	דבר	180		lead
47:5	יבחר	qal	impf	3ms	בחר	103		choose
	אהב	qal	pft	3ms	אהב	12		love
47:6	עלה	qal	pft	3ms	עלה	748		go up
47:7	זמרו	piel	impv	mp	זמר	274		make music
	זמרו	piel	impv	mp	זמר	274		make music
	זמרו	piel	impv	mp	זמר	274		make music
	זמרו	piel	impv	mp	זמר	274		make music
47:8	זמרו	piel	impv	mp	זמר	274		make music
47:9	מלך	qal	pft	3ms	מלך	573		be king,reign
	ישב	qal	pft	3ms	ישב	442		sit,dwell
47:10	נאספו	niph	pft	3cp	אסף	62		assemble
	נעלה	niph	pft	3ms	עלה	748		be brought up
48:2	מהלל	pual	ptc	ms	הלל	237		be praised
48:4	נודע	niph	pft	3ms	ידע	393		be made known
48:5	נועדו	niph	pft	3cp	יעד	416		gather
	עברו	qal	pft	3cp	עבר	716		pass over
48:6	ראו	qal	pft	3cp	ראה	906		see
	תמהו	qal	pft	3cp	תמה	1069		be astounded
	נבהלו	niph	pft	3cp	בהל	96		be disturbed
	נחפזו	niph	pft	3cp	חפז	342		hurry in alarm
48:7	אחזתם	qal	pft	3fs	אחז	28	3mp	grasp
	יולדה	qal	ptc	fs	ילד	408		bear,beget
48:8	תשבר	piel	impf	2ms	שבר	990		shatter
48:9	שמענו	qal	pft	1cp	שמע	1033		hear
	ראינו	qal	pft	1cp	ראה	906		see
	יכוננה	pol	impf	3ms	כון	465	3fs	establish
48:10	דמינו	piel	pft	1cp	דמה	197		liken,think
48:11	מלאה	qal	pft	3fs	מלא	569		be full,fill
48:12	ישמח	qal	jusm	3ms	שמח	970		rejoice
	תגלנה	qal	jusm	3fp	גיל	162		rejoice
48:13	סבו	qal	impv	mp	סבב	685		surround
	הקיפוה	hiph	impv	mp	נקף	668	3fs	surround
	ספרו	qal	impv	mp	ספר	707		count
48:14	שיתו	qal	impv	mp	שית	1011		put,set
	פסגו	piel	impv	mp	פסג	819		pass between
	תספרו	piel	impf	2mp	ספר	707		recount
48:15	ינהגנו	piel	impf	3ms	נהג	624	1cp	drive away,lead

Psalms 48:15–51:3

ChVs	Form	Stem	Tnse	PGN	Root	BDB	Sfx	Meaning
48:15	מות	qal	infc		מות	559		die
49:1	מנצח	piel	ptc	ms	נצח	663		act as director
49:2	שמעו	qal	impv	mp	שמע	1033		hear
	האזינו	hiph	impv	mp	אזן	24		hear
	ישבי	qal	ptc	mp	ישב	442		sit, dwell
49:4	ידבר	piel	impf	3ms	דבר	180		speak
49:5	אטה	hiph	impf	1cs	נטה	639		turn, incline
	אפתח	qal	impf	1cs	פתח	834		open
49:6	אירא	qal	impf	1cs	ירא	431		fear
	יסובני	qal	impf	3ms	סבב	685	1cs	surround
49:7	בטחים	qal	ptc	mp	בטח	105		trust
	יתהללו	hith	impf	3mp	הלל	237		glory
49:8	פדה	qal	infa		פדה	804		ransom
	יפדה	qal	impf	3ms	פדה	804		ransom
	יתן	qal	impf	3ms	נתן	678		give, set
49:9	יקר	qal	impf	3ms	יקר	429		be precious
	חדל	qal	wcp	3ms	חדל	292		cease
49:10	יחי	qal	jus	3ms	חיה	310		live
	יראה	qal	impf	3ms	ראה	906		see
49:11	יראה	qal	impf	3ms	ראה	906		see
	ימותו	qal	impf	3mp	מות	559		die
	יאבדו	qal	impf	3mp	אבד	1		perish
	עזבו	qal	wcp	3cp	עזב	736		leave, loose
49:12	קראו	qal	pft	3cp	קרא	894		call, proclaim
49:13	ילין	qal	impf	3ms	לון	533		lodge, remain
	נמשל	niph	pft	3ms	משל	605		be like
	נדמו	niph	pft	3cp	דמה	198		be cut off
49:14	ירצו	qal	impf	3mp	רצה	953		be pleased
49:15	שתו	qal	pft	3cp	שתת	1060		set, appoint
	ירעם	qal	impf	3ms	רעה	944	3mp	pasture, tend
	ירדו	qal	wci	3mp	רדה	921		rule
	בלות	piel	infc		בלה	115		wear out
49:16	יפדה	qal	impf	3ms	פדה	804		ransom
	יקחני	qal	impf	3ms	לקח	542	1cs	take
49:17	תירא	qal	jusm	2ms	ירא	431		fear
	יעשר	hiph	impf	3ms	עשר	799		make rich
	ירבה	qal	impf	3ms	רבה	915		be many, great
49:18	יקח	qal	impf	3ms	לקח	542		take
	ירד	qal	impf	3ms	ירד	432		come down
49:19	יברך	piel	impf	3ms	ברך	138		bless
	יודך	hiph	impf	3mp	ידה	392	2ms	praise
	תיטיב	hiph	impf	2ms	יטב	405		do good
49:20	תבוא	qal	impf	3fs	בוא	97		come in
	יראו	qal	impf	3mp	ראה	906		see
49:21	יבין	qal	impf	3ms	בין	106		discern
	נמשל	niph	pft	3ms	משל	605		be like
	נדמו	niph	pft	3cp	דמה	198		be cut off
50:1	דבר	piel	pft	3ms	דבר	180		speak
	יקרא	qal	wci	3ms	קרא	894		call, proclaim
50:2	הופיע	hiph	jusm	3ms	יפע	422		shine forth
50:3	יבא	qal	jusm	3ms	בוא	97		come in
	יחרש	qal	impf	3ms	חרש	361		be silent, deaf
	תאכל	qal	impf	3fs	אכל	37		eat, devour
	נשערה	niph	pft	3fs	שער	973		be tempestuous
50:4	יקרא	qal	impf	3ms	קרא	894		call, proclaim
	דין	qal	infc		דין	192		judge
50:5	אספו	qal	impv	mp	אסף	62		gather
	כרתי	qal	ptc	mp	כרת	503		cut, destroy
50:6	יגידו	hiph	wci	3mp	נגד	616		declare, tell
	שפט	qal	ptc	ms	שפט	1047		judge
50:7	שמעה	qal	impv	ms	שמע	1033		hear
	אדברה	piel	coh	1cs	דבר	180		speak
	אעידה	hiph	coh	1cs	עוד	729		testify, warn
50:8	אוכיחך	hiph	impf	1cs	יכח	406	2ms	decide, reprove
50:9	אקח	qal	impf	1cs	לקח	542		take
50:11	ידעתי	qal	pft	1cs	ידע	393		know
50:12	ארעב	qal	impf	1cs	רעב	944		be hungry
	אמר	qal	impf	1cs	אמר	55		say
50:13	אוכל	qal	impf	1cs	אכל	37		eat, devour
	אשתה	qal	impf	1cs	שתה	1059		drink
50:14	זבח	qal	impv	ms	זבח	256		slaughter
	שלם	piel	impv	ms	שלם	1022		repay, reward
50:15	קראני	qal	impv	ms	קרא	894	1cs	call, proclaim
	אחלצך	piel	impf	1cs	חלץ	322	2ms	deliver
	תכבדני	piel	impf	2ms	כבד	457	1cs	honor, make dull
50:16	אמר	qal	pft	3ms	אמר	55		say
	ספר	piel	infc		ספר	707		recount
	תשא	qal	wci	2ms	נשא	669		lift, carry
50:17	שנאת	qal	pft	2ms	שנא	971		hate
	תשלך	hiph	wci	2ms	שלך	1020		throw, cast
50:18	ראית	qal	pft	2ms	ראה	906		see
	תרץ	qal	wci	2ms	רצה	953		be pleased
	מנאפים	piel	ptc	mp	נאף	610		commit adultery
50:19	שלחת	qal	pft	2ms	שלח	1018		send
	תצמיד	hiph	impf	3fs	צמד	855		contrive, knot
50:20	תשב	qal	impf	2ms	ישב	442		sit, dwell
	תדבר	piel	impf	2ms	דבר	180		speak
	תתן	qal	impf	2ms	נתן	678		give, set
50:21	עשית	qal	pft	2ms	עשה	793		do, make
	החרשתי	hiph	pft	1cs	חרש	361		be silent
	דמית	piel	pft	1cs	דמה	197		liken, think
	היות	qal	infc		היה	224		be, become
	אהיה	qal	impf	1cs	היה	224		be, become
	אוכיחך	hiph	cohm	1cs	יכח	406	2ms	decide, reprove
	אערכה	qal	coh	1cs	ערך	789		set in order
50:22	בינו	qal	impv	mp	בין	106		discern
	שכחי	qal	ptc	mp	שכח	1013		forget
	אטרף	qal	impf	1cs	טרף	382		tear, rend
	מציל	hiph	ptc	ms	נצל	664		snatch, deliver
50:23	זבח	qal	ptc	ms	זבח	256		slaughter
	יכבדנני	piel	impf	3ms	כבד	457	1cs	honor, make dull
	שם	qal	wcp	3ms	שים	962		put, set
	אראנו	hiph	impf	1cs	ראה	906	3ms	show, exhibit
51:1	מנצח	piel	ptc	ms	נצח	663		act as director
51:2	בוא	qal	infc		בוא	97		come in
	בא	qal	pft	3ms	בוא	97		come in
51:3	חנני	qal	impv	ms	חנן	335	1cs	show favor
	מחה	qal	impv	ms	מחה	562		wipe, blot out

ChVs	Form	Stem	Tnse	PGN	Root	BDB	Sfx	Meaning
51:4	הַרְבֵּה	hiph	infa		רבה	915		make many
	הֶרֶב	hiph	impv	ms	רבה	915		make many
	כַּבְּסֵנִי	piel	impv	ms	כבס	460	1cs	wash
	טַהֲרֵנִי	piel	impv	ms	טהר	372	1cs	cleanse
51:5	אֵדָע	qal	impf	1cs	ידע	393		know
51:6	חָטָאתִי	qal	pft	1cs	חטא	306		sin
	עָשִׂיתִי	qal	pft	1cs	עשה	793		do, make
	תִּצְדַּק	qal	impf	2ms	צדק	842		be righteous
	דָּבְרֶךָ	qal	infc		דבר	180	2ms	speak
	תִּזְכֶּה	qal	impf	2ms	זכה	269		be clean, pure
	שָׁפְטֶךָ	qal	infc		שפט	1047	2ms	judge
51:7	חוֹלָלְתִּי	pola	pft	1cs	חול	296		be born, writhe
	יֶחֱמַתְנִי	piel	pft	3fs	יחם	404	1cs	conceive
51:8	חָפַצְתָּ	qal	pft	2ms	חפץ	342		delight in
	סָתֻם	qal	pptc	ms	סתם	711		stop up
	תוֹדִיעֵנִי	hiph	impf	2ms	ידע	393	1cs	declare
51:9	תְּחַטְּאֵנִי	piel	impf	2ms	חטא	306	1cs	purify
	אֶטְהָר	qal	impf	1cs	טהר	372		be clean, pure
	תְּכַבְּסֵנִי	piel	impf	2ms	כבס	460	1cs	wash
	אַלְבִּין	hiph	impf	1cs	לבן	526		make white
51:10	תַּשְׁמִיעֵנִי	hiph	impf	2ms	שמע	1033	1cs	cause to hear
	תָּגֵלְנָה	qal	impf	3fp	גיל	162		rejoice
	דִּכִּיתָ	piel	pft	2ms	דכה	194		crush
51:11	הַסְתֵּר	hiph	impv	ms	סתר	711		hide
	מְחֵה	qal	impv	ms	מחה	562		wipe, blot out
51:12	בְּרָא	qal	impv	ms	ברא	135		create
	נָכוֹן	niph	ptc	ms	כון	465		be established
	חַדֵּשׁ	piel	impv	ms	חדש	293		renew, repair
51:13	תַּשְׁלִיכֵנִי	hiph	jusm	2ms	שלך	1020	1cs	throw, cast
	תִּקַּח	qal	jusm	2ms	לקח	542		take
51:14	הָשִׁיבָה	hiph	impv	ms	שוב	996		bring back
	תִּסְמְכֵנִי	qal	impf	2ms	סמך	701	1cs	lean, support
51:15	אֲלַמְּדָה	piel	coh	1cs	למד	540		teach
	פֹּשְׁעִים	qal	ptc	mp	פשע	833		rebel, sin
	יָשׁוּבוּ	qal	impf	3mp	שוב	996		turn, return
51:16	הַצִּילֵנִי	hiph	impv	ms	נצל	664	1cs	snatch, deliver
	תְּרַנֵּן	piel	impf	3fs	רנן	943		shout w/joy
51:17	תִּפְתָּח	qal	impf	2ms	פתח	834		open
	יַגִּיד	hiph	impf	3ms	נגד	616		declare, tell
51:18	תַּחְפֹּץ	qal	impf	2ms	חפץ	342		delight in
	אֶתֵּנָה	qal	coh	1cs	נתן	678		give, set
	תִרְצֶה	qal	impf	2ms	רצה	953		be pleased
51:19	נִשְׁבָּרָה	niph	ptc	fs	שבר	990		be broken
	נִשְׁבָּר	niph	ptc	ms	שבר	990		be broken
	נִדְכֶּה	niph	ptc	ms	דכה	194		be crushed
	תִבְזֶה	qal	impf	2ms	בזה	102		despise
51:20	הֵיטִיבָה	hiph	impv	ms	יטב	405		do good
	תִּבְנֶה	qal	impf	2ms	בנה	124		build
51:21	תַּחְפֹּץ	qal	impf	2ms	חפץ	342		delight in
	יַעֲלוּ	hiph	impf	3mp	עלה	748		bring up, offer
52:1	מְנַצֵּחַ	piel	ptc	ms	נצח	663		act as director
52:2	בּוֹא	qal	infc		בוא	97		come in
	יַגֵּד	hiph	wci	3ms	נגד	616		declare, tell
	יֹאמֶר	qal	wci	3ms	אמר	55		say
52:2	בָּא	qal	pft	3ms	בוא	97		come in
52:3	תִּתְהַלֵּל	hith	impf	2ms	הלל	237		glory
52:4	תַּחְשֹׁב	qal	impf	3fs	חשב	362		think, devise
	מְלֻטָּשׁ	pual	ptc	ms	לטש	538		sharpened
	עֹשֵׂה	qal	ptc	ms	עשה	793		do, make
52:5	אָהַבְתָּ	qal	pft	2ms	אהב	12		love
	דַּבֵּר	piel	infc		דבר	180		speak
52:6	אָהַבְתָּ	qal	pft	2ms	אהב	12		love
52:7	יִתָּצְךָ	qal	impf	3ms	נתץ	683	2ms	pull down
	יַחְתְּךָ	qal	impf	3ms	חתה	367	2ms	snatch up
	יִסָּחֲךָ	qal	impf	3ms	נסח	650	2ms	tear away
	וְשֵׁרֶשְׁךָ	piel	wcp	3ms	שרש	1057	2ms	root up
52:8	יִרְאוּ	qal	impf	3mp	ראה	906		see
	יִירָאוּ	qal	impf	3mp	ירא	431		fear
	יִשְׂחָקוּ	qal	impf	3mp	שחק	965		laugh
52:9	יָשִׂים	qal	impf	3ms	שים	962		put, set
	יִבְטַח	qal	wci	3ms	בטח	105		trust
	יָעֹז	qal	impf	3ms	עזז	738		be strong
52:10	בָטַחְתִּי	qal	pft	1cs	בטח	105		trust
52:11	אוֹדְךָ	hiph	cohm	1cs	ידה	392	2ms	praise
	עָשִׂיתָ	qal	pft	2ms	עשה	793		do, make
	אֲקַוֶּה	piel	cohm	1cs	קוה	875		wait for
53:1	מְנַצֵּחַ	piel	ptc	ms	נצח	663		act as director
53:2	אָמַר	qal	pft	3ms	אמר	55		say
	הִשְׁחִיתוּ	hiph	pft	3cp	שחת	1007		spoil, ruin
	הִתְעִיבוּ	hiph	pft	3cp	תעב	1073		do abominably
	עֹשֵׂה	qal	ptc	ms	עשה	793		do, make
53:3	הִשְׁקִיף	hiph	pft	3ms	שקף	1054		look down
	רְאוֹת	qal	infc		ראה	906		see
	מַשְׂכִּיל	hiph	ptc	ms	שכל	968		look at, prosper
	דֹּרֵשׁ	qal	ptc	ms	דרש	205		resort to, seek
53:4	סָג	qal	pft	3ms	סוג	690		backslide
	נֶאֱלָחוּ	niph	pft	3cp	אלח	47		be corrupt
	עֹשֵׂה	qal	ptc	ms	עשה	793		do, make
53:5	יָדְעוּ	qal	pft	3cp	ידע	393		know
	פֹּעֲלֵי	qal	ptc	mp	פעל	821		do, make
	אֹכְלֵי	qal	ptc	mp	אכל	37		eat, devour
	אָכְלוּ	qal	pft	3cp	אכל	37		eat, devour
	קָרָאוּ	qal	pft	3cp	קרא	894		call, proclaim
53:6	פָּחֲדוּ	qal	pft	3cp	פחד	808		be in dread
	הָיָה	qal	pft	3ms	היה	224		be, become
	פִּזַּר	piel	pft	3ms	פזר	808		scatter
	חֹנָךְ	qal	ptc	ms	חנה	333	2ms	decline, encamp
	הֱבִשֹׁתָה	hiph	pft	2ms	בוש	101		put to shame
	מְאָסָם	qal	pft	3ms	מאס	549	3mp	reject, refuse
53:7	יִתֵּן	qal	impf	3ms	נתן	678		give, set
	שׁוּב	qal	infc		שוב	996		turn, return
	יָגֵל	qal	jus	3ms	גיל	162		rejoice
	יִשְׂמַח	qal	jusm	3ms	שמח	970		rejoice
54:1	מְנַצֵּחַ	piel	ptc	ms	נצח	663		act as director
54:2	בּוֹא	qal	infc		בוא	97		come in
	יֹאמְרוּ	qal	wci	3mp	אמר	55		say
	מִסְתַּתֵּר	hith	ptc	ms	סתר	711		hide self
54:3	הוֹשִׁיעֵנִי	hiph	impv	ms	ישע	446	1cs	deliver, save

Psalms 54:3–56:12

ChVs	Form	Stem	Tnse	PGN	Root	BDB	Sfx	Meaning
54:3	תדיני	qal	impf	2ms	דין	192	1cs	judge
54:4	שמע	qal	impv	ms	שמע	1033		hear
	האזינה	hiph	impv	ms	אזן	24		hear
54:5	זרים	qal	ptc	mp	זור	266		be stranger
	קמו	qal	pft	3cp	קום	877		arise, stand
	בקשו	piel	pft	3cp	בקש	134		seek
	שמו	qal	pft	3cp	שים	962		put, set
54:6	עזר	qal	ptc	ms	עזר	740		help, aid
	סמכי	qal	ptc	mp	סמך	701		lean, support
54:7	ישוב k	qal	jusm	3ms	שוב	996		turn, return
	ישיב q	hiph	jusm	3ms	שוב	996		bring back
	הצמיתם	hiph	impv	ms	צמת	856	3mp	annihilate
54:8	אזבחה	qal	coh	1cs	זבח	256		slaughter
	אודה	hiph	cohm	1cs	ידה	392		praise
54:9	הצילני	hiph	pft	3ms	נצל	664	1cs	snatch, deliver
	איבי	qal	ptc	mp	איב	33	1cs	be hostile to
	ראתה	qal	pft	3fs	ראה	906		see
55:1	מנצח	piel	ptc	ms	נצח	663		act as director
55:2	האזינה	hiph	impv	ms	אזן	24		hear
	תתעלם	hith	jusm	2ms	עלם	761		hide oneself
55:3	הקשיבה	hiph	impv	ms	קשב	904		give attention
	ענני	qal	impv	ms	ענה	772	1cs	answer
	אריד	hiph	impf	1cs	רוד	923		rove, ramble
	אהימה	hiph	coh	1cs	הום	223		be noisy
55:4	אויב	qal	ptc	ms	איב	33		be hostile to
	ימיטו	hiph	impf	3mp	מוט	556		dislodge
	ישטמוני	qal	impf	3mp	שטם	966	1cs	bear a grudge
55:5	יחיל	qal	impf	3ms	חול	296		dance, writhe
	נפלו	qal	pft	3cp	נפל	656		fall
55:6	יבא	qal	impf	3ms	בוא	97		come in
	תכסני	piel	wci	3fs	כסה	491	1cs	cover
55:7	אמר	qal	wci	1cs	אמר	55		say
	יתן	qal	impf	3ms	נתן	678		give, set
	אעופה	qal	coh	1cs	עוף	733		fly
	אשכנה	qal	coh	1cs	שכן	1014		settle, dwell
55:8	ארחיק	hiph	cohm	1cs	רחק	934		put far away
	נדד	qal	infc		נדד	622		retreat, flee
	אלין	qal	cohm	1cs	לון	533		lodge, remain
55:9	אחישה	hiph	coh	1cs	חוש	301		show haste
	סעה	qal	ptc	fs	סעה	703		rush forth
55:10	בלע	piel	impv	ms	בלע	118		swallow up
	פלג	piel	impv	ms	פלג	811		divide
	ראיתי	qal	pft	1cs	ראה	906		see
55:11	יסובבה	poel	impf	3mp	סבב	685	3fs	encompass
55:12	ימיש	hiph	impf	3ms	מוש	559		remove, depart
55:13	אויב	qal	ptc	ms	איב	33		be hostile to
	יחרפני	piel	impf	3ms	חרף	357	1cs	reproach
	אשא	qal	impf	1cs	נשא	669		lift, carry
	משנאי	piel	ptc	ms	שנא	971	1cs	hate
	הגדיל	hiph	pft	3ms	גדל	152		make great
	אסתר	niph	impf	1cs	סתר	711		hide, be hid
55:14	מידעי	pual	ptc	ms	ידע	393	1cs	be known
55:15	נמתיק	hiph	impf	1cp	מתק	608		make sweet
	נהלך	piel	impf	1cp	הלך	229		walk
55:16	ישי q	hiph	jusm	3ms	נשא	674		beguile
	ירדו	qal	jusm	3mp	ירד	432		come down
55:17	אקרא	qal	cohm	1cs	קרא	894		call, proclaim
	יושיעני	hiph	impf	3ms	ישע	446	1cs	deliver, save
55:18	אשיחה	qal	coh	1cs	שיח	967		muse, complain
	אהמה	qal	cohm	1cs	המה	242		growl, murmur
	ישמע	qal	wci	3ms	שמע	1033		hear
55:19	פדה	qal	pft	3ms	פדה	804		ransom
	היו	qal	pft	3cp	היה	224		be, become
55:20	ישמע	qal	impf	3ms	שמע	1033		hear
	יענם	qal	impf	3ms	ענה	772	3mp	answer
	ישב	qal	ptc	ms	ישב	442		sit, dwell
	יראו	qal	pft	3cp	ירא	431		fear
55:21	שלח	qal	pft	3ms	שלח	1018		send
	חלל	piel	pft	3ms	חלל	320		pollute
55:22	חלקו	qal	pft	3cp	חלק	325		be smooth
	רכו	qal	pft	3cp	רכך	939		be tender, timid
55:23	השלך	hiph	impv	ms	שלך	1020		throw, cast
	יכלכלך	pilp	impf	3ms	כול	465	2ms	support
	יתן	qal	impf	3ms	נתן	678		give, set
55:24	תורדם	hiph	impf	2ms	ירד	432	3mp	bring down
	יחצו	qal	impf	3mp	חצה	345		divide
	אבטח	qal	impf	1cs	בטח	105		trust
56:1	מנצח	piel	ptc	ms	נצח	663		act as director
	אחז	qal	infc		אחז	28		grasp
56:2	חנני	qal	impv	ms	חנן	335	1cs	show favor
	שאפני	qal	pft	3ms	שאף	983	1cs	trample, crush
	לחם	qal	ptc	ms	לחם	535		fight
	ילחצני	qal	impf	3ms	לחץ	537	1cs	press, oppress
56:3	שאפו	qal	pft	3cp	שאף	983		trample, crush
	לחמים	qal	ptc	mp	לחם	535		fight
56:4	אירא	qal	impf	1cs	ירא	431		fear
	אבטח	qal	impf	1cs	בטח	105		trust
56:5	אהלל	piel	impf	1cs	הלל	237		praise
	בטחתי	qal	pft	1cs	בטח	105		trust
	אירא	qal	impf	1cs	ירא	431		fear
	יעשה	qal	impf	3ms	עשה	793		do, make
56:6	יעצבו	piel	impf	3mp	עצב	780		vex
56:7	יגורו	qal	impf	3mp	גור	158		stir up, quarrel
	יצפינו k	hiph	impf	3mp	צפן	860		hide
	יצפונו q	hiph	impf	3mp	צפן	860		hide
	ישמרו	qal	impf	3mp	שמר	1036		keep, watch
	קוו	piel	pft	3cp	קוה	875		wait for
56:8	פלט	piel	impv	ms	פלט	812		deliver
	הורד	hiph	impv	ms	ירד	432		bring down
56:9	ספרתה	qal	pft	2ms	ספר	707		count
	שימה	qal	impv	ms	שים	962		put, set
56:10	ישובו	qal	impf	3mp	שוב	996		turn, return
	אויבי	qal	ptc	mp	איב	33	1cs	be hostile to
	אקרא	qal	impf	1cs	קרא	894		call, proclaim
	ידעתי	qal	pft	1cs	ידע	393		know
56:11	אהלל	piel	impf	1cs	הלל	237		praise
	אהלל	piel	impf	1cs	הלל	237		praise
56:12	בטחתי	qal	pft	1cs	בטח	105		trust

ChVs	Form	Stem	Tnse	PGN	Root	BDB	Sfx	Meaning
56:12	אירא	qal	impf	1cs	ירא	431		fear
	יעשה	qal	impf	3ms	עשה	793		do, make
56:13	אשלם	piel	impf	1cs	שלם	1022		repay, reward
56:14	הצלת	hiph	pft	2ms	נצל	664		snatch, deliver
	התהלך	hith	infc		הלך	229		walk to and fro
57:1	מנצח	piel	ptc	ms	נצח	663		act as director
	תשחת	hiph	jus	2ms	שחת	1007		spoil, ruin
	ברחו	qal	infc		ברח	137	3ms	go thru, flee
57:2	חנני	qal	impv	ms	חנן	335	1cs	show favor
	חנני	qal	impv	ms	חנן	335	1cs	show favor
	חסיה	qal	pft	3fs	חסה	340		seek refuge
	אחסה	qal	impf	1cs	חסה	340		seek refuge
	יעבר	qal	impf	3ms	עבר	716		pass over
57:3	אקרא	qal	impf	1cs	קרא	894		call, proclaim
	גמר	qal	ptc	ms	גמר	170		end, complete
57:4	ישלח	qal	impf	3ms	שלח	1018		send
	יושיעני	hiph	impf	3ms	ישע	446	1cs	deliver, save
	חרף	piel	pft	3ms	חרף	357		reproach
	שאפי	qal	ptc	ms	שאף	983	1cs	trample, crush
	ישלח	qal	impf	3ms	שלח	1018		send
57:5	אשכבה	qal	coh	1cs	שכב	1011		lie, lie down
	להטים	qal	ptc	mp	להט	529		burn
57:6	רומה	qal	impv	ms	רום	926		be high
57:7	הכינו	hiph	pft	3cp	כון	465		fix, prepare
	כפף	qal	pft	3ms	כפף	496		bend down
	כרו	qal	pft	3cp	כרה	500		dig
	נפלו	qal	pft	3cp	נפל	656		fall
57:8	נכון	niph	ptc	ms	כון	465		be established
	נכון	niph	ptc	ms	כון	465		be established
	אשירה	qal	coh	1cs	שיר	1010		sing
	אזמרה	piel	coh	1cs	זמר	274		make music
57:9	עורה	qal	impv	ms	עור	734		rouse self
	עורה	qal	impv	ms	עור	734		rouse self
	אעירה	hiph	coh	1cs	עור	734		rouse, stir up
57:10	אודך	hiph	cohm	1cs	ידה	392	2ms	praise
	אזמרך	piel	cohm	1cs	זמר	274	2ms	make music
57:12	רומה	qal	impv	ms	רום	926		be high
58:1	מנצח	piel	ptc	ms	נצח	663		act as director
	תשחת	hiph	jus	2ms	שחת	1007		spoil, ruin
58:2	תדברון	piel	impf	2mp	דבר	180		speak
	תשפטו	qal	impf	2mp	שפט	1047		judge
58:3	תפעלון	qal	impf	2mp	פעל	821		do, make
	תפלסון	piel	impf	2mp	פלס	814		weigh, level
58:4	זרו	qal	pft	3cp	זור	266		be stranger
	תעו	qal	pft	3cp	תעה	1073		wander, err
	דברי	qal	ptc	mp	דבר	180		speak
58:5	יאטם	hiph	jusf	3ms	אטם	31		shut
58:6	ישמע	qal	impf	3ms	שמע	1033		hear
	מלחשים	piel	ptc	ms	לחש	538		whisper
	חובר	qal	ptc	ms	חבר	287		unite
	מחכם	pual	ptc	ms	חכם	314		made wise
58:7	הרס	qal	impv	ms	הרס	248		throw down
	נתץ	qal	impv	ms	נתץ	683		pull down
58:8	ימאסו	niph	jusm	3mp	מאס	549		flow, run
58:8	יתהלכו	hith	impf	3mp	הלך	229		walk to and fro
	ידרך	qal	impf	3ms	דרך	201		tread, march
	יתמללו	htpo	jusm	3mp	מלל	576		be cut off
58:9	יהלך	qal	impf	3ms	הלך	229		walk, go
	חזו	qal	pft	3cp	חזה	302		see
58:10	יבינו	qal	impf	3mp	בין	106		discern
	ישערנו	qal	impf	3ms	שער	973	3ms	sweep away
58:11	ישמח	qal	impf	3ms	שמח	970		rejoice
	חזה	qal	pft	3ms	חזה	302		see
	ירחץ	qal	impf	3ms	רחץ	934		wash, bathe
58:12	יאמר	qal	impf	3ms	אמר	55		say
	שפטים	qal	ptc	mp	שפט	1047		judge
59:1	מנצח	piel	ptc	ms	נצח	663		act as director
	תשחת	hiph	jus	2ms	שחת	1007		spoil, ruin
	שלח	qal	infc		שלח	1018		send
	ישמרו	qal	wci	3mp	שמר	1036		keep, watch
	המיתו	hiph	infc		מות	559	3ms	kill
59:2	הצילני	hiph	impv	ms	נצל	664	1cs	snatch, deliver
	איבי	qal	ptc	mp	איב	33	1cs	be hostile to
	מתקוממי	htpo	ptc	mp	קום	877	1cs	rise up
	תשגבני	piel	impf	2ms	שגב	960	1cs	set high
59:3	הצילני	hiph	impv	ms	נצל	664	1cs	snatch, deliver
	פעלי	qal	ptc	mp	פעל	821		do, make
	הושיעני	hiph	impv	ms	ישע	446	1cs	deliver, save
59:4	ארבו	qal	pft	3cp	ארב	70		lie in wait
	יגורו	qal	impf	3mp	גור	158		stir up, quarrel
59:5	ירוצון	qal	impf	3mp	רוץ	930		run
	יכוננו	htpo	impf	3mp	כון	465		be established
	עורה	qal	impv	ms	עור	734		rouse self
	קראתי	qal	infc		קרא	896	1cs	meet, encounter
	ראה	qal	impv	ms	ראה	906		see
59:6	הקיצה	hiph	impv	ms	קיץ	884		awake
	פקד	qal	infc		פקד	823		attend to, visit
	תחן	qal	jusm	2ms	חנן	335		show favor
	בגדי	qal	ptc	mp	בגד	93		act faithlessly
59:7	ישובו	qal	impf	3mp	שוב	996		turn, return
	יהמו	qal	impf	3mp	המה	242		growl, murmur
	יסובבו	poel	impf	3mp	סבב	685		encompass
59:8	יביעון	hiph	impf	3mp	נבע	615		pour out
	שמע	qal	ptc	ms	שמע	1033		hear
59:9	תשחק	qal	impf	2ms	שחק	965		laugh
	תלעג	qal	impf	2ms	לעג	541		mock, deride
59:10	אשמרה	qal	coh	1cs	שמר	1036		keep, watch
59:11	יקדמני	piel	impf	3ms	קדם	869	1cs	meet, confront
	יראני	hiph	impf	3ms	ראה	906	1cs	show, exhibit
59:12	תהרגם	qal	jusm	2ms	הרג	246	3mp	kill
	ישכחו	qal	impf	3mp	שכח	1013		forget
	הניעמו	hiph	impv	ms	נוע	631	3mp	shake, disturb
	הורידמו	hiph	impv	ms	ירד	432	3mp	bring down
59:13	ילכדו	niph	jusm	3mp	לכד	539		be captured
	יספרו	piel	impf	3mp	ספר	707		recount
59:14	כלה	piel	impv	ms	כלה	477		complete, finish
	כלה	piel	impv	ms	כלה	477		complete, finish
	ידעו	qal	jusm	3mp	ידע	393		know

Psalms 59:14–63:8

ChVs	Form	Stem	Tnse	PGN	Root	BDB	Sfx	Meaning	ChVs	Form	Stem	Tnse	PGN	Root	BDB	Sfx	Meaning
59:14	משל	qal	ptc	ms	משל	605		rule	61:3	עטף	qal	infc		עטף	742		be feeble
59:15	ישובו	qal	impf	3mp	שוב	996		turn, return		ירום	qal	impf	3ms	רום	926		be high
	יהמו	qal	impf	3mp	המה	242		growl, murmur		תנחני	hiph	impf	2ms	נחה	634	1cs	lead, guide
	יסובבו	poel	impf	3mp	סבב	685		encompass	61:4	היית	qal	pft	2ms	היה	224		be, become
59:16 k	ינועון	qal	impf	3mp	נוע	631		totter, wave		איב	qal	ptc	ms	איב	33		be hostile to
q	יניעון	hiph	impf	3mp	נוע	631		shake, disturb	61:5	אגורה	qal	coh	1cs	גור	157		sojourn
	אכל	qal	infc		אכל	37		eat, devour		אחסה	qal	cohm	1cs	חסה	340		seek refuge
	ישבעו	qal	impf	3mp	שבע	959		be sated	61:6	שמעת	qal	pft	2ms	שמע	1033		hear
	ילינו	qal	wci	3mp	לון	533		lodge, remain		נתת	qal	pft	2ms	נתן	678		give, set
59:17	אשיר	qal	impf	1cs	שיר	1010		sing		יראי	qal	ptc	mp	ירא	431		fear
	ארנן	piel	impf	1cs	רנן	943		shout w/joy	61:7	תוסיף	hiph	impf	2ms	יסף	414		add, do again
	היית	qal	pft	2ms	היה	224		be, become	61:8	ישב	qal	jusm	3ms	ישב	442		sit, dwell
	צר	qal	pft	3ms	צרר	864		bind, be cramped		מן	piel	impv	ms	מנה	584		appoint
59:18	אזמרה	piel	coh	1cs	זמר	274		make music		ינצרהו	qal	impf	3mp	נצר	665	3ms	watch, guard
60:1	מנצח	piel	ptc	ms	נצח	663		act as director	61:9	אזמרה	piel	coh	1cs	זמר	274		make music
	למד	piel	infc		למד	540		teach		שלמי	piel	infc		שלם	1022	1cs	repay, reward
60:2	הצותו	hiph	infc		נצה	663	3ms	struggle	62:1	מנצח	piel	ptc	ms	נצח	663		act as director
	ישב	qal	wci	3ms	שוב	996		turn, return	62:3	אמוט	niph	impf	1cs	מוט	556		be shaken
	יד	hiph	wci	3ms	נכה	645		smite	62:4	תהותתו	pol	impf	2mp	הות	223		shout at
60:3	זנחתנו	qal	pft	2ms	זנח	276	1cp	reject		תרצחו	pual	impf	2mp	רצח	953		be crushed
	פרצתנו	qal	pft	2ms	פרץ	829	1cp	break through		נטוי	qal	pptc	ms	נטה	639		stretch, incline
	אנפת	qal	pft	2ms	אנף	60		be angry		דחויה	qal	pptc	fs	דחה	190		push
	תשובב	pol	impf	2ms	שוב	996		bring back	62:5	יעצו	qal	pft	3cp	יעץ	419		advise, counsel
60:4	הרעשתה	hiph	pft	2ms	רעש	950		cause to quake		הדיח	hiph	infc		נדח	623		thrust out
	פצמתה	qal	pft	2ms	פצם	822	3fs	split open		ירצו	qal	impf	3mp	רצה	953		be pleased
	רפה	qal	impv	ms	רפא	950		heal		יברכו	piel	impf	3mp	ברך	138		bless
	מטה	qal	pft	3fs	מוט	556		totter		יקללו	piel	impf	3mp	קלל	886		curse
60:5	הראיתה	hiph	pft	2ms	ראה	906		show, exhibit	62:6	דומי	qal	impv	fs	דמם	198		be silent
	השקיתנו	hiph	pft	2ms	שקה	1052	1cp	give to drink	62:7	אמוט	niph	impf	1cs	מוט	556		be shaken
60:6	נתתה	qal	pft	2ms	נתן	678		give, set	62:9	בטחו	qal	impv	mp	בטח	105		trust
	יראיך	qal	ptc	mp	ירא	431	2ms	fear		שפכו	qal	impv	mp	שפך	1049		pour out
	התנוסס	htpo	infc		נסס	651		be raised	62:10	עלות	qal	infc		עלה	748		go up
60:7	יחלצון	niph	impf	3mp	חלץ	322		be delivered	62:11	תבטחו	qal	jusm	2mp	בטח	105		trust
	הושיעה	hiph	impv	ms	ישע	446		deliver, save		תהבלו	qal	jusm	2mp	הבל	211		be worthless
k	ענננו	qal	impv	ms	ענה	772	1cp	answer		ינוב	qal	impf	3ms	נוב	626		bear fruit
q	ענני	qal	impv	ms	ענה	772	1cs	answer		תשיתו	qal	jusm	2mp	שית	1011		put, set
60:8	דבר	piel	pft	3ms	דבר	180		speak	62:12	דבר	piel	pft	3ms	דבר	180		speak
	אעלזה	qal	coh	1cs	עלז	759		exult, triumph		שמעתי	qal	pft	1cs	שמע	1033		hear
	אחלקה	piel	coh	1cs	חלק	323		divide	62:13	תשלם	piel	impf	2ms	שלם	1022		repay, reward
	אמדד	piel	cohm	1cs	מדד	551		measure	63:1	היותו	qal	infc		היה	224	3ms	be, become
60:9	מחקקי	poel	ptc	ms	חקק	349	1cs	prescribe(r)	63:2	אשחרך	piel	impf	1cs	שחר	1007	2ms	seek, desire
60:10	אשליך	hiph	impf	1cs	שלך	1020		throw, cast		צמאה	qal	pft	3fs	צמא	854		be thirsty
	התרעעי	htpo	impv	fs	רוע	929		shout for joy		כמה	qal	pft	3ms	כמה	484		faint
60:11	יבלני	hiph	impf	3ms	יבל	384	1cs	bear along	63:3	חזיתיך	qal	pft	1cs	חזה	302	2ms	see
	נחני	qal	pft	3ms	נחה	634	1cs	lead		ראות	qal	infc		ראה	906		see
60:12	זנחתנו	qal	pft	2ms	זנח	276	1cp	reject	63:4	ישבחונך	piel	impf	3mp	שבח	986	2ms	laud, praise
	תצא	qal	impf	2ms	יצא	422		go out	63:5	אברכך	piel	impf	1cs	ברך	138	2ms	bless
60:13	הבה	qal	impv	ms	יהב	396		give		אשא	qal	impf	1cs	נשא	669		lift, carry
60:14	נעשה	qal	impf	1cp	עשה	793		do, make	63:6	תשבע	qal	impf	3fs	שבע	959		be sated
	יבוס	qal	impf	3ms	בוס	100		trample		יהלל	piel	impf	3ms	הלל	237		praise
61:1	מנצח	piel	ptc	ms	נצח	663		act as director	63:7	זכרתיך	qal	pft	1cs	זכר	269	2ms	remember
61:2	שמעה	qal	impv	ms	שמע	1033		hear		אהגה	qal	impf	1cs	הגה	211		groan, utter
	הקשיבה	hiph	impv	ms	קשב	904		give attention	63:8	היית	qal	pft	2ms	היה	224		be, become
61:3	אקרא	qal	impf	1cs	קרא	894		call, proclaim		ארנן	piel	impf	1cs	רנן	943		shout w/joy

ChVs	Form	Stem	Tnse	PGN	Root	BDB	Sfx	Meaning
63:9	דבקה	qal	pft	3fs	דבק	179		cling, cleave
	תמכה	qal	pft	3fs	תמך	1069		grasp, support
63:10	יבקשו	piel	impf	3mp	בקש	134		seek
	יבאו	qal	impf	3mp	בוא	97		come in
63:11	יגירהו	hiph	impf	3mp	נגר	620	3ms	pour, hurl down
	יהיו	qal	impf	3mp	היה	224		be, become
63:12	ישמח	qal	impf	3ms	שמח	970		rejoice
	יתהלל	hith	impf	3ms	הלל	237		glory
	נשבע	niph	ptc	ms	שבע	989		swear
	יסכר	niph	impf	3ms	סכר	698		be stopped
	דוברי	qal	ptc	mp	דבר	180		speak
64:1	מנצח	piel	ptc	ms	נצח	663		act as director
64:2	שמע	qal	impv	ms	שמע	1033		hear
	איב	qal	ptc	ms	איב	33		be hostile to
	תצר	qal	impf	2ms	נצר	665		watch, guard
64:3	תסתירני	hiph	impf	2ms	סתר	711	1cs	hide
	מרעים	hiph	ptc	mp	רעע	949		hurt, do evil
	פעלי	qal	ptc	mp	פעל	821		do, make
64:4	שננו	qal	pft	3cp	שנן	1041		whet, sharpen
	דרכו	qal	pft	3cp	דרך	201		tread, march
64:5	ירות	qal	infc		ירה	434		throw, shoot
	ירהו	hiph	impf	3mp	ירה	434	3ms	shoot, teach
	ייראו	qal	impf	3mp	ירא	431		fear
64:6	יחזקו	piel	impf	3mp	חזק	304		make strong
	יספרו	piel	impf	3mp	ספר	707		recount
	טמון	qal	infc		טמן	380		hide
	אמרו	qal	pft	3cp	אמר	55		say
	יראה	qal	impf	3ms	ראה	906		see
64:7	יחפשו	qal	impf	3mp	חפש	344		search out
	תמנו	qal	pft	1cp	תמם	1070		be finished
	מחפש	pual	ptc	ms	חפש	344		be searched for
64:8	ירם	hiph	wci	3ms	ירה	434	3mp	shoot, teach
	היו	qal	pft	3cp	היה	224		be, become
64:9	יכשילוהו	hiph	wci	3mp	כשל	505	3ms	cause to fall
	יתנדדו	htpo	impf	3mp	נדד	622		flee away
	ראה	qal	ptc	ms	ראה	906		see
64:10	וייראו	qal	wci	3mp	ירא	431		fear
	יגידו	hiph	wci	3mp	נגד	616		declare, tell
	השכילו	hiph	pft	3cp	שכל	968		look at, prosper
64:11	ישמח	qal	jusm	3ms	שמח	970		rejoice
	חסה	qal	wcp	3ms	חסה	340		seek refuge
	יתהללו	hith	jusm	3mp	הלל	237		glory
65:1	מנצח	piel	ptc	ms	נצח	663		act as director
65:2	ישלם	pual	impf	3ms	שלם	1022		be repaid
65:3	שמע	qal	ptc	ms	שמע	1033		hear
	יבאו	qal	impf	3mp	בוא	97		come in
65:4	גברו	qal	pft	3cp	גבר	149		be strong
	תכפרם	piel	impf	2ms	כפר	497	3mp	cover, atone
65:5	תבחר	qal	impf	2ms	בחר	103		choose
	תקרב	piel	impf	2ms	קרב	897		c. to bring near
	ישכן	qal	impf	3ms	שכן	1014		settle, dwell
	נשבעה	qal	coh	1cp	שבע	959		be sated
65:6	נוראות	niph	ptc	fp	ירא	431		be feared
	תעננו	qal	impf	2ms	ענה	772	1cp	answer
65:7	מכין	hiph	ptc	ms	כון	465		fix, prepare
	נאזר	niph	ptc	ms	אזר	25		girded
65:8	משביח	hiph	ptc	ms	שבח	986		still
65:9	ויראו	qal	wci	3mp	ירא	431		fear
	ישבי	qal	ptc	mp	ישב	442		sit, dwell
	תרנין	hiph	impf	2ms	רנן	943		cause to shout
65:10	פקדת	qal	pft	2ms	פקד	823		attend to, visit
	תשקקה	pol	impf	2ms	שוק	1003	3fs	be abundant
	תעשרנה	hiph	impf	2ms	עשר	799	3fs	make rich
	תכין	hiph	impf	2ms	כון	465		fix, prepare
	תכינה	hiph	impf	2ms	כון	465	3fs	fix, prepare
65:11	רוה	piel	infa		רוה	924		saturate
	נחת	piel	infa		נחת	639		press down
	תמגגנה	pol	impf	2ms	מוג	556	3fs	soften
	תברך	piel	impf	2ms	ברך	138		bless
65:12	עטרת	piel	pft	2ms	עטר	742		crown
	ירעפון	qal	impf	3mp	רעף	950		trickle, drip
65:13	ירעפו	qal	impf	3mp	רעף	950		trickle, drip
	תחגרנה	qal	impf	3fp	חגר	291		gird
65:14	לבשו	qal	pft	3cp	לבש	527		put on, clothe
	יעטפו	qal	impf	3mp	עטף	742		cover oneself
	יתרועעו	htpo	impf	3mp	רוע	929		shout for joy
	ישירו	qal	impf	3mp	שיר	1010		sing
66:1	מנצח	piel	ptc	ms	נצח	663		act as director
	הריעו	hiph	impv	mp	רוע	929		raise a shout
66:2	זמרו	piel	impv	mp	זמר	274		make music
	שימו	qal	impv	mp	שים	962		put, set
66:3	אמרו	qal	impv	mp	אמר	55		say
	נורא	niph	ptc	ms	ירא	431		be feared
	יכחשו	piel	impf	3mp	כחש	471		deceive
	איביך	qal	ptc	mp	איב	33	2ms	be hostile to
66:4	ישתחוו	hish	impf	3mp	חוה	1005		bow down
	יזמרו	piel	impf	3mp	זמר	274		make music
	יזמרו	piel	impf	3mp	זמר	274		make music
66:5	לכו	qal	impv	mp	הלך	229		walk, go
	ראו	qal	impv	mp	ראה	906		see
66:6	הפך	qal	pft	3ms	הפך	245		turn, overturn
	יעברו	qal	impf	3mp	עבר	716		pass over
	נשמחה	qal	coh	1cp	שמח	970		rejoice
66:7	משל	qal	ptc	ms	משל	605		rule
	תצפינה	qal	impf	3fp	צפה	859		keep watch
	סוררים	qal	ptc	mp	סרר	710		be stubborn
	ירימוk	hiph	jusm	3mp	רום	926		raise, lift
	ירומוq	qal	jusm	3mp	רום	926		be high
66:8	ברכו	piel	impv	mp	ברך	138		bless
	השמיעו	hiph	impv	mp	שמע	1033		cause to hear
66:9	שם	qal	ptc	ms	שים	962		put, set
	נתן	qal	pft	3ms	נתן	678		give, set
66:10	בחנתנו	qal	pft	2ms	בחן	103	1cp	examine, try
	צרפתנו	qal	pft	2ms	צרף	864	1cp	refine, test
	צרף	qal	infc		צרף	864		refine, test
66:11	הבאתנו	hiph	pft	2ms	בוא	97	1cp	bring in
	שמת	qal	pft	2ms	שים	962		put, set

Psalms 66:12–68:29

ChVs	Form	Stem	Tnse	PGN	Root	BDB	Sfx	Meaning	ChVs	Form	Stem	Tnse	PGN	Root	BDB	Sfx	Meaning
66:12	הרכבת	hiph	pft	2ms	רכב	938		cause to ride	68:5	סלו	qal	impv	mp	סלל	699		cast up
	באנו	qal	pft	1cp	בוא	97		come in		רכב	qal	ptc	ms	רכב	938		mount, ride
	תוציאנו	hiph	wci	2ms	יצא	422	1cp	bring out		עלזו	qal	impv	mp	עלז	759		exult, triumph
66:13	אבוא	qal	impf	1cs	בוא	97		come in	68:7	מושיב	hiph	ptc	ms	ישב	442		cause to dwell
	אשלם	piel	impf	1cs	שלם	1022		repay, reward		מוציא	hiph	ptc	ms	יצא	422		bring out
66:14	פצו	qal	pft	3cp	פצה	822		open, set free		סוררים	qal	ptc	mp	סרר	710		be stubborn
	דבר	piel	pft	3ms	דבר	180		speak		שכנו	qal	pft	3cp	שכן	1014		settle, dwell
66:15	אעלה	hiph	impf	1cs	עלה	748		bring up, offer	68:8	צאתך	qal	infc		יצא	422	2ms	go out
	אעשה	qal	impf	1cs	עשה	793		do, make		צעדך	qal	infc		צעד	857	2ms	step, march
66:16	לכו	qal	impv	mp	הלך	229		walk, go	68:9	רעשה	qal	pft	3fs	רעש	950		quake
	שמעו	qal	impv	mp	שמע	1033		hear		נטפו	qal	pft	3cp	נטף	642		drop, drip
	אספרה	piel	coh	1cs	ספר	707		recount	68:10	תניף	hiph	impf	2ms	נוף	631		swing, wave
	יראי	qal	ptc	mp	ירא	431		fear		נלאה	niph	pft	3ms	לאה	521		tire oneself
	עשה	qal	pft	3ms	עשה	793		do, make		כוננתה	pol	pft	2ms	כון	465	3fs	establish
66:17	קראתי	qal	pft	1cs	קרא	894		call, proclaim	68:11	ישבו	qal	pft	3cp	ישב	442		sit, dwell
	רומם	pola	wcp	3ms	רום	926		be lifted up		תכין	hiph	impf	2ms	כון	465		fix, prepare
66:18	ראיתי	qal	pft	1cs	ראה	906		see	68:12	יתן	qal	impf	3ms	נתן	678		give, set
	ישמע	qal	impf	3ms	שמע	1033		hear		מבשרות	piel	ptc	fp	בשר	142		bear tidings
66:19	שמע	qal	pft	3ms	שמע	1033		hear	68:13	ידדון	qal	impf	3mp	נדד	622		retreat, flee
	הקשיב	hiph	pft	3ms	קשב	904		give attention		ידדון	qal	impf	3mp	נדד	622		retreat, flee
66:20	ברוך	qal	pptc	ms	ברך	138		kneel, bless		תחלק	piel	impf	3fs	חלק	323		divide
	הסיר	hiph	pft	3ms	סור	693		take away	68:14	תשכבון	qal	impf	2mp	שכב	1011		lie, lie down
67:1	מנצח	piel	ptc	ms	נצח	663		act as director		נחפה	niph	ptc	fs	חפה	341		be covered
67:2	יחננו	qal	jusm	3ms	חנן	335	1cp	show favor	68:15	פרש	piel	infc		פרש	831		spread out
	יברכנו	piel	jusm	3ms	ברך	138	1cp	bless		תשלג	hiph	jusf	3fs	שלג	1017		snow
	יאר	hiph	jus	3ms	אור	21		cause to shine	68:17	תרצדון	piel	impf	2mp	רצד	952		watch enviously
67:3	דעת	qal	infc		ידע	393		know		חמד	qal	pft	3ms	חמד	326		desire
67:4	יודוך	hiph	jusm	3mp	ידה	392	2ms	praise		שבתו	qal	infc		ישב	442	3ms	sit, dwell
	יודוך	hiph	jusm	3mp	ידה	392	2ms	praise		ישכן	qal	impf	3ms	שכן	1014		settle, dwell
67:5	ישמחו	qal	jusm	3mp	שמח	970		rejoice	68:19	עלית	qal	pft	2ms	עלה	748		go up
	ירננו	piel	jusm	3mp	רנן	943		shout w/joy		שבית	qal	pft	2ms	שבה	985		take captive
	תשפט	qal	impf	2ms	שפט	1047		judge		לקחת	qal	pft	2ms	לקח	542		take
	תנחם	hiph	impf	2ms	נחה	634	3mp	lead, guide		סוררים	qal	ptc	mp	סרר	710		be stubborn
67:6	יודוך	hiph	jusm	3mp	ידה	392	2ms	praise		שכן	qal	infc		שכן	1014		settle, dwell
	יודוך	hiph	jusm	3mp	ידה	392	2ms	praise	68:20	ברוך	qal	pptc	ms	ברך	138		kneel, bless
67:7	נתנה	qal	pft	3fs	נתן	678		give, set		יעמס	qal	impf	3ms	עמס	770		load, carry
	יברכנו	piel	impf	3ms	ברך	138	1cp	bless	68:22	ימחץ	qal	impf	3ms	מחץ	563		smite through
67:8	יברכנו	piel	impf	3ms	ברך	138	1cp	bless		איביו	qal	ptc	mp	איב	33	3ms	be hostile to
	ייראו	qal	impf	3mp	ירא	431		fear		מתהלך	hith	ptc	ms	הלך	229		walk to and fro
68:1	מנצח	piel	ptc	ms	נצח	663		act as director	68:23	אמר	qal	pft	3ms	אמר	55		say
68:2	יקום	qal	impf	3ms	קום	877		arise, stand		אשיב	hiph	impf	1cs	שוב	996		bring back
	יפוצו	qal	impf	3mp	פוץ	806		be scattered		אשיב	hiph	impf	1cs	שוב	996		bring back
	אויביו	qal	ptc	mp	איב	33	3ms	be hostile to	68:24	תמחץ	qal	impf	3fs	מחץ	563		smite through
	ינוסו	qal	impf	3mp	נוס	630		flee, escape		איבים	qal	ptc	mp	איב	33		be hostile to
	משנאיו	piel	ptc	mp	שנא	971	3ms	hate	68:25	ראו	qal	pft	3cp	ראה	906		see
68:3	הנדף	niph	infc		נדף	623		be driven about	68:26	קדמו	piel	pft	3cp	קדם	869		meet, confront
	תנדף	qal	impf	2ms	נדף	623		drive about		שרים	qal	ptc	mp	שיר	1010		sing
	המס	niph	infc		מסס	587		melt, despair		נגנים	qal	ptc	mp	נגן	618		play (strings)
	יאבדו	qal	impf	3mp	אבד	1		perish		תופפות	qal	ptc	fp	תפף	1074		beat, sound
68:4	ישמחו	qal	impf	3mp	שמח	970		rejoice	68:27	ברכו	piel	impv	mp	ברך	138		bless
	יעלצו	qal	impf	3mp	עלץ	763		rejoice, exult	68:28	רדם	qal	ptc	ms	רדה	921	3mp	rule
	ישישו	qal	impf	3mp	שוש	965		exult	68:29	צוה	piel	pft	3ms	צוה	845		command
68:5	שירו	qal	impv	mp	שיר	1010		sing		עוזה	qal	impv	ms	עזז	738		be strong
	זמרו	piel	impv	mp	זמר	274		make music		פעלת	qal	pft	2ms	פעל	821		do, make

ChVs	Form	Stem	Tnse	PGN	Root	BDB	Sfx	Meaning
68:30	יובילו	hiph	impf	3mp	יבל	384		bear along
68:31	גער	qal	impv	ms	גער	172		rebuke
	מתרפס	hith	ptc	ms	רפס	952		humble oneself
	בזר	piel	pft	3ms	בזר	103		scatter
	יחפצו	qal	impf	3mp	חפץ	342		delight in
68:32	יאתיו	qal	impf	3mp	אתה	87		come
	תריץ	hiph	impf	3fs	רוץ	930		bring quickly
68:33	שירו	qal	impv	mp	שיר	1010		sing
	זמרו	piel	impv	mp	זמר	274		make music
68:34	רכב	qal	ptc	ms	רכב	938		mount, ride
	יתן	qal	impf	3ms	נתן	678		give, set
68:35	תנו	qal	impv	mp	נתן	678		give, set
68:36	נורא	niph	ptc	ms	ירא	431		be feared
	נתן	qal	ptc	ms	נתן	678		give, set
	ברוך	qal	pptc	ms	ברך	138		kneel, bless
69:1	מנצח	piel	ptc	ms	נצח	663		act as director
69:2	הושיעני	hiph	impv	ms	ישע	446	1cs	deliver, save
	באו	qal	pft	3cp	בוא	97		come in
69:3	טבעתי	qal	pft	1cs	טבע	371		sink
	באתי	qal	pft	1cs	בוא	97		come in
	שטפתני	qal	pft	3fs	שטף	1009	1cs	overflow
69:4	יגעתי	qal	pft	1cs	יגע	388		toil, grow weary
	קראי	qal	infc		קרא	894	1cs	call, proclaim
	נחר	niph	pft	3ms	חרר	359		be scorched
	כלו	qal	pft	3cp	כלה	477		finished, spent
	מיחל	piel	ptc	ms	יחל	403		await
69:5	רבו	qal	pft	3cp	רבב	912		be many
	שנאי	qal	ptc	mp	שנא	971	1cs	hate
	עצמו	qal	pft	3cp	עצם	782		be mighty, many
	מצמיתי	hiph	ptc	mp	צמת	856	1cs	annihilate
	איבי	qal	ptc	mp	איב	33	1cs	be hostile to
	גזלתי	qal	pft	1cs	גזל	159		tear away, rob
	אשיב	hiph	impf	1cs	שוב	996		bring back
69:6	ידעת	qal	pft	2ms	ידע	393		know
	נכחדו	niph	pft	3cp	כחד	470		be hid, effaced
69:7	יבשו	qal	jusm	3mp	בוש	101		be ashamed
	קויך	qal	ptc	mp	קוה	875	2ms	wait for
	יכלמו	niph	jusm	3mp	כלם	483		be humiliated
	מבקשיך	piel	ptc	mp	בקש	134	2ms	seek
69:8	נשאתי	qal	pft	1cs	נשא	669		lift, carry
	כסתה	piel	pft	3fs	כסה	491		cover
69:9	מוזר	hoph	ptc	ms	זור	266		estranged
	הייתי	qal	pft	1cs	היה	224		be, become
69:10	אכלתני	qal	pft	3fs	אכל	37	1cs	eat, devour
	חורפיך	qal	ptc	mp	חרף	357	2ms	reproach
	נפלו	qal	pft	3cp	נפל	656		fall
69:11	אבכה	qal	wci	1cs	בכה	113		weep
	תהי	qal	wci	3fs	היה	224		be, become
69:12	אתנה	qal	wci	1cs	נתן	678		give, set
	אהי	qal	wci	1cs	היה	224		be, become
69:13	ישיחו	qal	impf	3mp	שיח	967		muse, complain
	ישבי	qal	ptc	mp	ישב	442		sit, dwell
	שותי	qal	ptc	mp	שתה	1059		drink
69:14	עניני	qal	impv	ms	ענה	772	1cs	answer
69:15	הצילני	hiph	impv	ms	נצל	664	1cs	snatch, deliver
	אטבעה	qal	coh	1cs	טבע	371		sink
	אנצלה	niph	coh	1cs	נצל	664		be delivered
	שנאי	qal	ptc	mp	שנא	971	1cs	hate
69:16	תשטפני	qal	jusm	3fs	שטף	1009	1cs	overflow
	תבלעני	qal	jusm	3fs	בלע	118	1cs	swallow
	תאטר	qal	jusm	3fs	אטר	32		shut up
69:17	עניני	qal	impv	ms	ענה	772	1cs	answer
	פנה	qal	impv	ms	פנה	815		turn
69:18	תסתר	hiph	jus	2ms	סתר	711		hide
	צר	qal	pft	3ms	צרר	864		bind, be cramped
	מהר	piel	impv	ms	מהר	554		hasten
	עניני	qal	impv	ms	ענה	772	1cs	answer
69:19	קרבה	qal	impv	ms	קרב	897		approach
	גאלה	qal	impv	ms	גאל	145	3fs	redeem
	איבי	qal	ptc	mp	איב	33	1cs	be hostile to
	פדני	qal	impv	ms	פדה	804	1cs	ransom
69:20	ידעת	qal	pft	2ms	ידע	393		know
	צוררי	qal	ptc	mp	צרר	865	1cs	show hostility
69:21	שברה	qal	pft	3fs	שבר	990		break
	אנושה	qal	wci	1cs	נוש	633		be sick
	אקוה	piel	wci	1cs	קוה	875		wait for
	נוד	qal	infc		נוד	626		wander, lament
	מנחמים	piel	ptc	mp	נחם	636		comfort
	מצאתי	qal	pft	1cs	מצא	592		find
69:22	יתנו	qal	wci	3mp	נתן	678		give, set
	ישקוני	hiph	impf	3mp	שקה	1052	1cs	give to drink
69:23	יהי	qal	jus	3ms	היה	224		be, become
69:24	תחשכנה	qal	jusm	3fp	חשך	364		be dark
	ראות	qal	infc		ראה	906		see
	המעד	hiph	impv	ms	מעד	588		cause to waver
69:25	שפך	qal	impv	ms	שפך	1049		pour out
	ישיגם	hiph	jusm	3ms	נשג	673	3mp	reach, overtake
69:26	תהי	qal	jus	3fs	היה	224		be, become
	נשמה	niph	ptc	fs	שמם	1030		be desolate
	יהי	qal	jus	3ms	היה	224		be, become
	ישב	qal	ptc	ms	ישב	442		sit, dwell
69:27	הכית	hiph	pft	2ms	נכה	645		smite
	רדפו	qal	pft	3cp	רדף	922		pursue
	יספרו	piel	impf	3mp	ספר	707		recount
69:28	תנה	qal	impv	ms	נתן	678		give, set
	יבאו	qal	jusm	3mp	בוא	97		come in
69:29	ימחו	niph	jusm	3mp	מחה	562		be wiped out
	יכתבו	niph	jusm	3mp	כתב	507		be written
69:30	כואב	qal	ptc	ms	כאב	456		be in pain
	תשגבני	piel	jusm	3fs	שגב	960	1cs	set high
69:31	אהללה	piel	coh	1cs	הלל	237		praise
	אגדלנו	piel	cohm	1cs	גדל	152	3ms	cause to grow
69:32	תיטב	qal	impf	3fs	יטב	405		be good
	מקרן	hiph	ptc	ms	קרן	902		display horns
	מפריס	hiph	ptc	ms	פרס	828		divide
69:33	ראו	qal	pft	3cp	ראה	906		see
	ישמחו	qal	impf	3mp	שמח	970		rejoice
	דרשי	qal	ptc	mp	דרש	205		resort to, seek

Psalms 69:33–72:4

ChVs	Form	Stem	Tnse	PGN	Root	BDB	Sfx	Meaning
69:33	יחי	qal	jus	3ms	חיה	310		live
69:34	שמע	qal	ptc	ms	שמע	1033		hear
	בזה	qal	pft	3ms	בזה	102		despise
69:35	יהללוהו	piel	jusm	3mp	הלל	237	3ms	praise
	רמש	qal	ptc	ms	רמש	942		creep
69:36	יושיע	hiph	impf	3ms	ישע	446		deliver,save
	יבנה	qal	impf	3ms	בנה	124		build
	ישבו	qal	wcp	3cp	ישב	442		sit,dwell
	ירשוה	qal	wcp	3cp	ירש	439	3fs	possess,inherit
69:37	ינחלוה	qal	impf	3mp	נחל	635	3fs	possess,inherit
	אהבי	qal	ptc	mp	אהב	12		love
	ישכנו	qal	impf	3mp	שכן	1014		settle,dwell
70:1	מנצח	piel	ptc	ms	נצח	663		act as director
	הזכיר	hiph	infc		זכר	269		c. to remember
70:2	הצילני	hiph	infc		נצל	664	1cs	snatch,deliver
	חושה	qal	impv	ms	חוש	301		make haste
70:3	יבשו	qal	jusm	3mp	בוש	101		be ashamed
	יחפרו	qal	jusm	3mp	חפר	344		be ashamed
	מבקשי	piel	ptc	mp	בקש	134		seek
	יסגו	niph	jusm	3mp	סוג	690		turn away
	יכלמו	niph	jusm	3mp	כלם	483		be humiliated
70:4	ישובו	qal	jusm	3mp	שוב	996		turn,return
	אמרים	qal	ptc	mp	אמר	55		say
70:5	ישישו	qal	jusm	3mp	שוש	965		exult
	ישמחו	qal	jusm	3mp	שמח	970		rejoice
	מבקשיך	piel	ptc	mp	בקש	134	2ms	seek
	יאמרו	qal	jusm	3mp	אמר	55		say
	יגדל	qal	jusm	3ms	גדל	152		be great,grow
	אהבי	qal	ptc	mp	אהב	12		love
70:6	חושה	qal	impv	ms	חוש	301		make haste
	מפלטי	piel	ptc	ms	פלט	812	1cs	deliver
	תאחר	piel	jusm	2ms	אחר	29		tarry,hinder
71:1	חסיתי	qal	pft	1cs	חסה	340		seek refuge
	אבושה	qal	coh	1cs	בוש	101		be ashamed
71:2	תצילני	hiph	impf	2ms	נצל	664	1cs	snatch,deliver
	תפלטני	piel	impf	2ms	פלט	812	1cs	deliver
	הטה	hiph	impv	ms	נטה	639		turn,incline
	הושיעני	hiph	impv	ms	ישע	446	1cs	deliver,save
71:3	היה	qal	impv	ms	היה	224		be,become
	בוא	qal	infc		בוא	97		come in
	צוית	piel	pft	2ms	צוה	845		command
	הושיעני	hiph	infc		ישע	446	1cs	deliver,save
71:4	פלטני	piel	impv	ms	פלט	812	1cs	deliver
	מעול	piel	ptc	ms	עול	732		act wrongfully
	חומץ	qal	ptc	ms	חמץ	330		be ruthless
71:6	נסמכתי	niph	pft	1cs	סמך	701		support oneself
	גוזי	qal	ptc	ms	גזה	159	1cs	sever
71:7	הייתי	qal	pft	1cs	היה	224		be,become
71:8	ימלא	niph	impf	3ms	מלא	569		be filled
71:9	תשליכני	hiph	jusm	2ms	שלך	1020	1cs	throw,cast
	כלות	qal	infc		כלה	477		finished,spent
	תעזבני	qal	jusm	2ms	עזב	736	1cs	leave,loose
71:10	אמרו	qal	pft	3cp	אמר	55		say
	אויבי	qal	ptc	mp	איב	33	1cs	be hostile to
71:10	שמרי	qal	ptc	mp	שמר	1036		keep,watch
	נועצו	niph	pft	3cp	יעץ	419		consult
71:11	אמר	qal	infc		אמר	55		say
	עזבו	qal	pft	3ms	עזב	736	3ms	leave,loose
	רדפו	qal	impv	mp	רדף	922		pursue
	תפשוהו	qal	impv	mp	תפש	1074	3ms	seize,grasp
	מציל	hiph	ptc	ms	נצל	664		snatch,deliver
71:12	תרחק	qal	jusm	2ms	רחק	934		be distant
	חישהk	qal	impv	ms	חוש	301		make haste
	חושהq	qal	impv	ms	חוש	301		make haste
71:13	יבשו	qal	jusm	3mp	בוש	101		be ashamed
	יכלו	qal	jusm	3mp	כלה	477		finished,spent
	שטני	qal	ptc	mp	שטן	966		be adversary
	יעטו	qal	jusm	3mp	עטה	741		wrap oneself
	מבקשי	piel	ptc	mp	בקש	134		seek
71:14	איחל	piel	impf	1cs	יחל	403		await
	הוספתי	hiph	wcp	1cs	יסף	414		add,do again
71:15	יספר	piel	impf	3ms	ספר	707		recount
	ידעתי	qal	pft	1cs	ידע	393		know
71:16	אבוא	qal	impf	1cs	בוא	97		come in
	אזכיר	hiph	impf	1cs	זכר	269		c. to remember
71:17	למדתני	piel	pft	2ms	למד	540	1cs	teach
	אגיד	hiph	impf	1cs	נגד	616		declare,tell
	נפלאותיך	niph	ptc	fp	פלא	810	2ms	be wonderful
71:18	תעזבני	qal	jusm	2ms	עזב	736	1cs	leave,loose
	אגיד	hiph	impf	1cs	נגד	616		declare,tell
	יבוא	qal	impf	3ms	בוא	97		come in
71:19	עשית	qal	pft	2ms	עשה	793		do,make
71:20	הראיתנוk	hiph	pft	2ms	ראה	906	1cp	show,exhibit
	הראיתניq	hiph	pft	2ms	ראה	906	1cs	show,exhibit
	תשוב	qal	impf	2ms	שוב	996		turn,return
	תחייניk	piel	impf	2ms	חיה	310	1cp	preserve,revive
	תחייניq	piel	impf	2ms	חיה	310	1cs	preserve,revive
	תשוב	qal	impf	2ms	שוב	996		turn,return
	תעלני	hiph	impf	2ms	עלה	748	1cs	bring up,offer
71:21	תרב	hiph	jus	2ms	רבה	915		make many
	תסב	qal	jusm	2ms	סבב	685		surround
	תנחמני	piel	impf	2ms	נחם	636	1cs	comfort
71:22	אודך	hiph	cohm	1cs	ידה	392	2ms	praise
	אזמרה	piel	coh	1cs	זמר	274		make music
71:23	תרננה	piel	impf	3fp	רנן	943		shout w/joy
	אזמרה	piel	coh	1cs	זמר	274		make music
	פדית	qal	pft	2ms	פדה	804		ransom
71:24	תהגה	qal	impf	3fs	הגה	211		groan,utter
	בשו	qal	pft	3cp	בוש	101		be ashamed
	חפרו	qal	pft	3cp	חפר	344		be ashamed
	מבקשי	piel	ptc	mp	בקש	134		seek
72:1	תן	qal	impv	ms	נתן	678		give,set
72:2	ידין	qal	impf	3ms	דין	192		judge
72:3	ישאו	qal	impf	3mp	נשא	669		lift,carry
72:4	ישפט	qal	impf	3ms	שפט	1047		judge
	יושיע	hiph	impf	3ms	ישע	446		deliver,save
	ידכא	piel	impf	3ms	דכא	193		crush
	עושק	qal	ptc	ms	עשק	798		oppress,extort

ChVs	Form	Stem	Tnse	PGN	Root	BDB	Sfx	Meaning
72:5	ייראוך	qal	impf	3mp	ירא	431	2ms	fear
72:6	ירד	qal	impf	3ms	ירד	432		come down
72:7	יפרח	qal	impf	3ms	פרח	827		bud
72:8	ירד	qal	jus	3ms	רדה	921		rule
72:9	יכרעו	qal	impf	3mp	כרע	502		bow down
	איביו	qal	ptc	mp	איב	33	3ms	be hostile to
	ילחכו	piel	impf	3mp	לחך	535		lick up
72:10	ישיבו	hiph	impf	3mp	שוב	996		bring back
	יקריבו	hiph	impf	3mp	קרב	897		bring near
72:11	ישתחוו	hish	impf	3mp	חוה	1005		bow down
	יעבדוהו	qal	impf	3mp	עבד	712	3ms	work, serve
72:12	יציל	hiph	impf	3ms	נצל	664		snatch, deliver
	משוע	piel	ptc	ms	שוע	1002		cry for help
	עזר	qal	ptc	ms	עזר	740		help, aid
72:13	יחס	qal	impf	3ms	חוס	299?		pity
	יושיע	hiph	impf	3ms	ישע	446		deliver, save
72:14	יגאל	qal	impf	3ms	גאל	145		redeem
	ייקר	qal	impf	3ms	יקר	429		be precious
72:15	יחי	qal	jus	3ms	חיה	310		live
	יתן	qal	jusm	3ms	נתן	678		give, set
	יתפלל	hith	jusm	3ms	פלל	813		pray
	יברכנהו	piel	jusm	3ms	ברך	138	3ms	bless
72:16	יהי	qal	jus	3ms	היה	224		be, become
	ירעש	qal	jusm	3ms	רעש	950		quake
	יציצו	qal	jusm	3mp	צוץ	847		flourish, shine
72:17	יהי	qal	jus	3ms	היה	224		be, become
	יניןk	qal	jusm	3ms	נון	630		propagate
	ינוןq	niph	jusm	3ms	נון	630		be propagated
	יתברכו	hith	jusm	3mp	ברך	138		bless oneself
	יאשרוהו	piel	jusm	3mp	אשר	80	3ms	call blessed
72:18	ברוך	qal	pptc	ms	ברך	138		kneel, bless
	עשה	qal	ptc	ms	עשה	793		do, make
	נפלאות	niph	ptc	fp	פלא	810		be wonderful
72:19	ברוך	qal	pptc	ms	ברך	138		kneel, bless
	ימלא	niph	jusm	3ms	מלא	569		be filled
72:20	כלו	pual	pft	3cp	כלה	477		be finished
73:2	נטויk	qal	pptc	ms	נטה	639		stretch, incline
	נטיוq	qal	pft	3cp	נטה	639		stretch, incline
	שפכהk	qalp	pft	3fs	שפך	1049		be poured out
	שפכוq	qalp	pft	3cp	שפך	1049		be poured out
73:3	קנאתי	piel	pft	1cs	קנא	888		be jealous
	הוללים	qal	ptc	mp	הלל	237		be boastful
	אראה	qal	impf	1cs	ראה	906		see
73:5	ינגעו	pual	impf	3mp	נגע	619		be stricken
73:6	ענקתמו	qal	pft	3fs	ענק	778	3mp	be necklace
	יעטף	qal	impf	3ms	עטף	742		cover oneself
73:7	יצא	qal	pft	3ms	יצא	422		go out
	עברו	qal	pft	3cp	עבר	716		pass over
73:8	ימיקו	hiph	impf	3mp	מוק	558		mock
	ידברו	piel	impf	3mp	דבר	180		speak
	ידברו	piel	impf	3mp	דבר	180		speak
73:9	שתו	qal	pft	3cp	שתת	1060		set, appoint
	תהלך	qal	impf	3fs	הלך	229		walk, go
73:10	ישיבk	hiph	impf	3ms	שוב	996		bring back
73:10	ישובq	qal	impf	3ms	שוב	996		turn, return
	ימצו	niph	impf	3mp	מצה	594		be drained out
73:11	אמרו	qal	wcp	3cp	אמר	55		say
	ידע	qal	pft	3ms	ידע	393		know
73:12	השנו	hiph	pft	3cp	שנה	960		increase
73:13	זכיתי	piel	pft	1cs	זכה	269		make clean
	ארחץ	qal	wci	1cs	רחץ	934		wash, bathe
73:14	אהי	qal	wci	1cs	היה	224		be, become
	נגוע	qal	pptc	ms	נגע	619		touch, strike
73:15	אמרתי	qal	pft	1cs	אמר	55		say
	אספרה	piel	coh	1cs	ספר	707		recount
	בגדתי	qal	pft	1cs	בגד	93		act faithlessly
73:16	אחשבה	piel	wci	1cs	חשב	362		devise
	דעת	qal	infc		ידע	393		know
73:17	אבוא	qal	impf	1cs	בוא	97		come in
	אבינה	qal	coh	1cs	בין	106		discern
73:18	תשית	qal	impf	2ms	שית	1011		put, set
	הפלתם	hiph	pft	2ms	נפל	656	3mp	cause to fall
73:19	היו	qal	pft	3cp	היה	224		be, become
	ספו	qal	pft	3cp	סוף	692		come to an end
	תמו	qal	pft	3cp	תמם	1070		be finished
73:20	הקיץ	hiph	infc		קיץ	884		awake
	עיר	hiph	infc		עור	734		rouse, stir up
	תבזה	qal	impf	2ms	בזה	102		despise
73:21	יתחמץ	hith	impf	3ms	חמץ	329		be embittered
	אשתונן	htpo	impf	1cs	שנן	1041		be pierced
73:22	אדע	qal	impf	1cs	ידע	393		know
	הייתי	qal	pft	1cs	היה	224		be, become
73:23	אחזת	qal	pft	2ms	אחז	28		grasp
73:24	תנחני	hiph	impf	2ms	נחה	634	1cs	lead, guide
	תקחני	qal	impf	2ms	לקח	542	1cs	take
73:25	חפצתי	qal	pft	1cs	חפץ	342		delight in
73:26	כלה	qal	pft	3ms	כלה	477		finished, spent
73:27	יאבדו	qal	impf	3mp	אבד	1		perish
	הצמתה	hiph	pft	2ms	צמת	856		annihilate
	זונה	qal	ptc	ms	זנה	275		act a harlot
73:28	שתי	qal	pft	1cs	שית	1011		put, set
	ספר	piel	infc		ספר	707		recount
74:1	זנחת	qal	pft	2ms	זנח	276		reject
	יעשן	qal	impf	3ms	עשן	798		smoke, fume
74:2	זכר	qal	impv		זכר	269		remember
	קנית	qal	pft	2ms	קנה	888		get, buy
	גאלת	qal	pft	2ms	גאל	145		redeem
	שכנת	qal	pft	2ms	שכן	1014		settle, dwell
74:3	הרימה	hiph	impv	ms	רום	926		raise, lift
	הרע	hiph	pft	3ms	רעע	949		hurt, do evil
	איב	qal	ptc	ms	איב	33		be hostile to
74:4	שאגו	qal	pft	3cp	שאג	980		roar
	צרריך	qal	ptc	mp	צרר	865	2ms	show hostility
	שמו	qal	pft	3cp	שים	962		put, set
74:5	יודע	niph	impf	3ms	ידע	393		be made known
	מביא	hiph	ptc	ms	בוא	97		bring in
74:6	יהלמון	qal	impf	3mp	הלם	240		smite
74:7	שלחו	piel	pft	3cp	שלח	1018		send away, shoot

Psalms 74:7—77:7

ChVs	Form	Stem	Tnse	PGN	Root	BDB	Sfx	Meaning
74:7	חללו	piel	pft	3cp	חלל	320		pollute
74:8	אמרו	qal	pft	3cp	אמר	55		say
	נינם	qal	cohm	1cp	ינה	413	3mp	oppress
	שרפו	qal	pft	3cp	שרף	976		burn
74:9	ראינו	qal	pft	1cp	ראה	906		see
	ידע	qal	ptc	ms	ידע	393		know
74:10	יחרף	piel	impf	3ms	חרף	357		reproach
	ינאץ	piel	impf	3ms	נאץ	610		spurn
	אויב	qal	ptc	ms	איב	33		be hostile to
74:11	תשיב	hiph	impf	2ms	שוב	996		bring back
	כלה	piel	impv	ms	כלה	477		complete, finish
74:12	פעל	qal	ptc	ms	פעל	821		do, make
74:13	פוררת	poel	pft	2ms	פרר	830		divide
	שברת	piel	pft	2ms	שבר	990		shatter
74:14	רצצת	piel	pft	2ms	רצץ	954		crush, oppress
	תתננו	qal	impf	2ms	נתן	678	3ms	give, set
74:15	בקעת	qal	pft	2ms	בקע	131		cleave, break
	הובשת	hiph	pft	2ms	יבש	386		make dry
74:16	הכינות	hiph	pft	2ms	כון	465		fix, prepare
74:17	הצבת	hiph	pft	2ms	נצב	662		cause to stand
	יצרתם	qal	pft	2ms	יצר	427	3mp	form, create
74:18	זכר	qal	impv	ms	זכר	269		remember
	אויב	qal	ptc	ms	איב	33		be hostile to
	חרף	piel	pft	3ms	חרף	357		reproach
	נאצו	piel	pft	3cp	נאץ	610		spurn
74:19	תתן	qal	jusm	2ms	נתן	678		give, set
	תשכח	qal	jusm	2ms	שכח	1013		forget
74:20	הבט	hiph	impv	ms	נבט	613		look, regard
	מלאו	qal	pft	3cp	מלא	569		be full, fill
74:21	ישב	qal	jus	3ms	שוב	996		turn, return
	נכלם	niph	ptc	ms	כלם	483		be humiliated
	יהללו	piel	jusm	3mp	הלל	237		praise
74:22	קומה	qal	impv	ms	קום	877		arise, stand
	ריבה	qal	impv	ms	ריב	936		strive, contend
	זכר	qal	impv	ms	זכר	269		remember
74:23	תשכח	qal	jusm	2ms	שכח	1013		forget
	צרריך	qal	ptc	mp	צרר	865	2ms	show hostility
	קמיך	qal	ptc	mp	קום	877	2ms	arise, stand
	עלה	qal	ptc	ms	עלה	748		go up
75:1	מנצח	piel	ptc	ms	נצח	663		act as director
	תשחת	hiph	jus	2ms	שחת	1007		spoil, ruin
75:2	הודינו	hiph	pft	1cp	ידה	392		praise
	הודינו	hiph	pft	1cp	ידה	392		praise
	ספרו	piel	pft	3cp	ספר	707		recount
	נפלאותיך	niph	ptc	fp	פלא	810	2ms	be wonderful
75:3	אקח	qal	impf	1cs	לקח	542		take
	אשפט	qal	impf	1cs	שפט	1047		judge
75:4	נמגים	niph	ptc	mp	מוג	556		melt away
	ישביה	qal	ptc	mp	ישב	442	3fs	sit, dwell
	תכנתי	piel	pft	1cs	תכן	1067		mete out
75:5	אמרתי	qal	pft	1cs	אמר	55		say
	הוללים	qal	ptc	mp	הלל	237		be boastful
	תהלו	qal	jusm	2mp	הלל	237		be boastful
	תרימו	hiph	jusm	2mp	רום	926		raise, lift
75:6	תרימו	hiph	jusm	2mp	רום	926		raise, lift
	תדברו	piel	jusm	2mp	דבר	180		speak
75:7	הרים	hiph	infc		רום	926		raise, lift
75:8	שפט	qal	ptc	ms	שפט	1047		judge
	ישפיל	hiph	impf	3ms	שפל	1050		make low, abase
	ירים	hiph	impf	3ms	רום	926		raise, lift
75:9	חמר	qal	pft	3ms	חמר	330		foam
	יגר	hiph	wci	3ms	נגר	620		pour, hurl down
	ימצו	qal	impf	3mp	מצה	594		drain out
	ישתו	qal	impf	3mp	שתה	1059		drink
75:10	אגיד	hiph	impf	1cs	נגד	616		declare, tell
	אזמרה	piel	coh	1cs	זמר	274		make music
75:11	אגדע	piel	impf	1cs	גדע	154		hew off
	תרוממנה	pola	impf	3fp	רום	926		be lifted up
76:1	מנצח	piel	ptc	ms	נצח	663		act as director
76:2	נודע	niph	ptc	ms	ידע	393		be made known
76:3	יהי	qal	wci	3ms	היה	224		be, become
76:4	שבר	piel	pft	3ms	שבר	990		shatter
76:5	נאור	niph	ptc	ms	אור	21		be lit
76:6	אשתוללו	htpo	pft	3cp	שלל	1021		be spoiled
	נמו	qal	pft	3cp	נום	630		be drowsy
	מצאו	qal	pft	3cp	מצא	592		find
76:7	נרדם	niph	ptc	ms	רדם	922		be fast asleep
76:8	נורא	niph	ptc	ms	ירא	431		be feared
	יעמד	qal	impf	3ms	עמד	763		stand, stop
76:9	השמעת	hiph	pft	2ms	שמע	1033		cause to hear
	יראה	qal	pft	3fs	ירא	431		fear
	שקטה	qal	pft	3fs	שקט	1052		be quiet
76:10	קום	qal	infc		קום	877		arise, stand
	הושיע	hiph	infc		ישע	446		deliver, save
76:11	תודך	hiph	impf	3fs	ידה	392	2ms	praise
	תחגר	qal	impf	2ms	חגר	291		gird
76:12	נדרו	qal	impv	mp	נדר	623		vow
	שלמו	piel	impv	mp	שלם	1022		repay, reward
	יובילו	hiph	jusm	3mp	יבל	384		bear along
76:13	יבצר	qal	impf	3ms	בצר	130		cut off
	נורא	niph	ptc	ms	ירא	431		be feared
77:1	מנצח	piel	ptc	ms	נצח	663		act as director
77:2	אצעקה	qal	coh	1cs	צעק	858		cry out
	האזין	hiph	wcp	3ms	אזן	24		hear
77:3	דרשתי	qal	pft	1cs	דרש	205		resort to, seek
	נגרה	niph	pft	3fs	נגר	620		be poured
	תפוג	qal	impf	3fs	פוג	806		grow numb
	מאנה	piel	pft	3fs	מאן	549		refuse
	הנחם	niph	infc		נחם	636		be sorry
77:4	אזכרה	qal	coh	1cs	זכר	269		remember
	אהמיה	qal	coh	1cs	המה	242		growl, murmur
	אשיחה	qal	coh	1cs	שיח	967		muse, complain
	תתעטף	hith	impf	3fs	עטף	742		faint
77:5	אחזת	qal	pft	2ms	אחז	28		grasp
	נפעמתי	niph	pft	1cs	פעם	821		be disturbed
	אדבר	piel	impf	1cs	דבר	180		speak
77:6	חשבתי	piel	pft	1cs	חשב	362		devise
77:7	אזכרה	qal	coh	1cs	זכר	269		remember

ChVs	Form	Stem	Tnse	PGN	Root	BDB	Sfx	Meaning
77:7	אשׂיחה	qal	coh	1cs	שׂיח	967		muse,complain
	יחפשׂ	piel	wci	3ms	חפשׂ	344		search for
77:8	יזנח	qal	impf	3ms	זנח	276		reject
	יסיף	hiph	impf	3ms	יסף	414		add,do again
	רצות	qal	infc		רצה	953		be pleased
77:9	אפס	qal	pft	3ms	אפס	67		cease
	גמר	qal	pft	3ms	גמר	170		end,complete
77:10	שׁכח	qal	pft	3ms	שׁכח	1013		forget
	חנות	qal	infc		חנן	335		show favor
	קפץ	qal	pft	3ms	קפץ	891		shut
77:11	אמר	qal	wci	1cs	אמר	55		say
	חלותי	qal	infc		חלל	319	1cs	pierce
	שׁנות	qal	infc		שׁנה	1039		change
77:12	אזכירk	hiph	impf	1cs	זכר	269		c. to remember
	אזכורq	qal	impf	1cs	זכר	269		remember
	אזכרה	qal	coh	1cs	זכר	269		remember
77:13	הגיתי	qal	wcp	1cs	הגה	211		groan,utter
	אשׂיחה	qal	coh	1cs	שׂיח	967		muse,complain
77:15	עשׂה	qal	ptc	ms	עשׂה	793		do,make
	הודעת	hiph	pft	2ms	ידע	393		declare
77:16	גאלת	qal	pft	2ms	גאל	145		redeem
77:17	ראוך	qal	pft	3cp	ראה	906	2ms	see
	ראוך	qal	pft	3cp	ראה	906	2ms	see
	יחילו	qal	impf	3mp	חול	296		dance,writhe
	ירגזו	qal	impf	3mp	רגז	919		quake
77:18	זרמו	poel	pft	3cp	זרם	281		pour forth
	נתנו	qal	pft	3cp	נתן	678		give,set
	יתהלכו	hith	impf	3mp	הלך	229		walk to and fro
77:19	האירו	hiph	pft	3cp	אור	21		cause to shine
	רגזה	qal	pft	3fs	רגז	919		quake
	תרעשׁ	qal	wci	3fs	רעשׁ	950		quake
77:20	נדעו	niph	pft	3cp	ידע	393		be made known
77:21	נחית	qal	pft	2ms	נחה	634		lead
78:1	האזינה	hiph	impv	ms	אזן	24		hear
	הטו	hiph	impv	mp	נטה	639		turn,incline
78:2	אפתחה	qal	coh	1cs	פתח	834		open
	אביעה	hiph	coh	1cs	נבע	615		pour out
78:3	שׁמענו	qal	pft	1cp	שׁמע	1033		hear
	נדעם	qal	wci	1cp	ידע	393	3mp	know
	ספרו	piel	pft	3cp	ספר	707		recount
78:4	נכחד	piel	impf	1cp	כחד	470		hide
	מספרים	piel	ptc	mp	ספר	707		recount
	נפלאותיו	niph	ptc	fp	פלא	810	3ms	be wonderful
	עשׂה	qal	pft	3ms	עשׂה	793		do,make
78:5	יקם	hiph	wci	3ms	קום	877		raise,build,set
	שׂם	qal	pft	3ms	שׂים	962		put,set
	צוה	piel	pft	3ms	צוה	845		command
	הודיעם	hiph	infc		ידע	393	3mp	declare
78:6	ידעו	qal	impf	3mp	ידע	393		know
	יולדו	niph	impf	3mp	ילד	408		be born
	יקמו	qal	impf	3mp	קום	877		arise,stand
	יספרו	piel	impf	3mp	ספר	707		recount
78:7	ישׂימו	qal	impf	3mp	שׂים	962		put,set
	ישׁכחו	qal	impf	3mp	שׁכח	1013		forget
78:7	ינצרו	qal	impf	3mp	נצר	665		watch,guard
78:8	יהיו	qal	impf	3mp	היה	224		be,become
	סורר	qal	ptc	ms	סרר	710		be stubborn
	מרה	qal	ptc	ms	מרה	598		be disobedient
	הכין	hiph	pft	3ms	כון	465		fix,prepare
	נאמנה	niph	pft	3fs	אמן	52		be confirmed
78:9	נושׁקי	qal	ptc	mp	נשׁק	676		be armed with
	רומי	qal	ptc	mp	רמה	941		cast,shoot
	הפכו	qal	pft	3cp	הפך	245		turn,overturn
78:10	שׁמרו	qal	pft	3cp	שׁמר	1036		keep,watch
	מאנו	piel	pft	3cp	מאן	549		refuse
	לכת	qal	infc		הלך	229		walk,go
78:11	ישׁכחו	qal	wci	3mp	שׁכח	1013		forget
	נפלאותיו	niph	ptc	fp	פלא	810	3ms	be wonderful
	הראם	hiph	pft	3ms	ראה	906	3mp	show,exhibit
78:12	עשׂה	qal	pft	3ms	עשׂה	793		do,make
78:13	בקע	qal	pft	3ms	בקע	131		cleave,break
	יעבירם	hiph	wci	3ms	עבר	716	3mp	cause to pass
	יצב	hiph	wci	3ms	נצב	662		cause to stand
78:14	ינחם	hiph	wci	3ms	נחה	634	3mp	lead,guide
78:15	יבקע	piel	impf	3ms	בקע	131		cut to pieces
	ישׁק	hiph	wci	3ms	שׁקה	1052		give to drink
78:16	יוצא	hiph	wci	3ms	יצא	422		bring out
	נוזלים	qal	ptc	mp	נזל	633		flow
	יורד	hiph	wci	3ms	ירד	432		bring down
78:17	יוסיפו	hiph	wci	3mp	יסף	414		add,do again
	חטא	qal	infc		חטא	306		sin
	מרות	hiph	infc		מרה	598		rebel
78:18	ינסו	piel	wci	3mp	נסה	650		test,try
	שׁאל	qal	infc		שׁאל	981		ask,borrow
78:19	ידברו	piel	wci	3mp	דבר	180		speak
	אמרו	qal	pft	3cp	אמר	55		say
	יוכל	qal	impf	3ms	יכל	407		be able
	ערך	qal	infc		ערך	789		set in order
78:20	הכה	hiph	pft	3ms	נכה	645		smite
	יזובו	qal	wci	3mp	זוב	264		flow,gush
	ישׁטפו	qal	impf	3mp	שׁטף	1009		overflow
	יוכל	qal	impf	3ms	יכל	407		be able
	תת	qal	infc		נתן	678		give,set
	יכין	hiph	impf	3ms	כון	465		fix,prepare
78:21	שׁמע	qal	pft	3ms	שׁמע	1033		hear
	יתעבר	hith	wci	3ms	עבר	720		be arrogant
	נשׂקה	niph	pft	3fs	שׂלק	969		be kindled
	עלה	qal	pft	3ms	עלה	748		go up
78:22	האמינו	hiph	pft	3cp	אמן	52		believe
	בטחו	qal	pft	3cp	בטח	105		trust
78:23	יצו	piel	wci	3ms	צוה	845		command
	פתח	qal	pft	3ms	פתח	834		open
78:24	ימטר	hiph	wci	3ms	מטר	565		rain
	אכל	qal	infc		אכל	37		eat,devour
	נתן	qal	pft	3ms	נתן	678		give,set
78:25	אכל	qal	pft	3ms	אכל	37		eat,devour
	שׁלח	qal	pft	3ms	שׁלח	1018		send
78:26	יסע	hiph	jusf	3ms	נסע	652		lead out,remove

Psalms 78:26–79:3

ChVs	Form	Stem	Tnse	PGN	Root	BDB	Sfx	Meaning
78:26	ינהג	piel	wci	3ms	נהג	624		drive away, lead
78:27	ימטר	hiph	wci	3ms	מטר	565		rain
78:28	יפל	hiph	wci	3ms	נפל	656		cause to fall
78:29	יאכלו	qal	wci	3mp	אכל	37		eat, devour
	ישבעו	qal	wci	3mp	שבע	959		be sated
	יבא	hiph	impf	3ms	בוא	97		bring in
78:30	זרו	qal	pft	3cp	זור	266		be stranger
78:31	עלה	qal	pft	3ms	עלה	748		go up
	יהרג	qal	wci	3ms	הרג	246		kill
	הכריע	hiph	pft	3ms	כרע	502		cause to bow
78:32	חטאו	qal	pft	3cp	חטא	306		sin
	האמינו	hiph	pft	3cp	אמן	52		believe
	נפלאותיו	niph	ptc	fp	פלא	810	3ms	be wonderful
78:33	יכל	piel	wci	3ms	כלה	477		complete, finish
78:34	הרגם	qal	pft	3ms	הרג	246	3mp	kill
	דרשוהו	qal	wcp	3cp	דרש	205	3ms	resort to, seek
	שבו	qal	wcp	3cp	שוב	996		turn, return
	שחרו	piel	wcp	3cp	שחר	1007		seek, desire
78:35	יזכרו	qal	wci	3mp	זכר	269		remember
	גאלם	qal	ptc	ms	גאל	145	3mp	redeem
78:36	יפתוהו	piel	wci	3mp	פתה	834	3ms	entice
	יכזבו	piel	impf	3mp	כזב	469		lie, deceive
78:37	נכון	niph	ptc	ms	כון	465		be established
	נאמנו	niph	pft	3cp	אמן	52		be confirmed
78:38	יכפר	piel	impf	3ms	כפר	497		cover, atone
	ישחית	hiph	impf	3ms	שחת	1007		spoil, ruin
	הרבה	hiph	wcp	3ms	רבה	915		make many
	השיב	hiph	infc		שוב	996		bring back
	יעיר	hiph	impf	3ms	עור	734		rouse, stir up
78:39	יזכר	qal	wci	3ms	זכר	269		remember
	הולך	qal	ptc	ms	הלך	229		walk, go
	ישוב	qal	impf	3ms	שוב	996		turn, return
78:40	ימרוהו	hiph	impf	3mp	מרה	598	3ms	rebel
	יעציבוהו	hiph	impf	3mp	עצב	780	3ms	cause pain
78:41	ישובו	qal	wci	3mp	שוב	996		turn, return
	ינסו	piel	wci	3mp	נסה	650		test, try
	התוו	hiph	pft	3cp	תוה	1063		pain, wound
78:42	זכרו	qal	pft	3cp	זכר	269		remember
	פדם	qal	pft	3ms	פדה	804	3mp	ransom
78:43	שם	qal	pft	3ms	שים	962		put, set
78:44	יהפך	qal	wci	3ms	הפך	245		turn, overturn
	נזליהם	qal	ptc	mp	נזל	633	3mp	flow
	ישתיון	qal	impf	3mp	שתה	1059		drink
78:45	ישלח	piel	impf	3ms	שלח	1018		send away, shoot
	יאכלם	qal	wci	3ms	אכל	37	3mp	eat, devour
	תשחיתם	hiph	wci	3ms	שחת	1007	3mp	spoil, ruin
78:46	יתן	qal	wci	3ms	נתן	678		give, set
78:47	יהרג	qal	impf	3ms	הרג	246		kill
78:48	יסגר	hiph	wci	3ms	סגר	688		shut up, deliver
78:49	ישלח	piel	impf	3ms	שלח	1018		send away, shoot
78:50	יפלס	piel	impf	3ms	פלס	814		weigh, level
	חשך	qal	pft	3ms	חשך	362		withhold
	הסגיר	hiph	pft	3ms	סגר	688		shut up, deliver
78:51	יך	hiph	wci	3ms	נכה	645		smite
78:52	יסע	hiph	wci	3ms	נסע	652		lead out, remove
	ינהגם	piel	wci	3ms	נהג	624	3mp	drive away, lead
78:53	ינחם	hiph	wci	3ms	נחה	634	3mp	lead, guide
	פחדו	qal	pft	3cp	פחד	808		be in dread
	אויביהם	qal	ptc	mp	איב	33	3mp	be hostile to
	כסה	piel	pft	3ms	כסה	491		cover
78:54	יביאם	hiph	wci	3ms	בוא	97	3mp	bring in
	קנתה	qal	pft	3fs	קנה	888		get, buy
78:55	ינרש	piel	wci	3ms	גרש	176		drive out
	יפילם	hiph	wci	3ms	נפל	656	3mp	cause to fall
	ישכן	hiph	wci	3ms	שכן	1014		cause to dwell
78:56	ינסו	piel	wci	3mp	נסה	650		test, try
	ימרו	hiph	wci	3mp	מרה	598		rebel
	שמרו	qal	pft	3cp	שמר	1036		keep, watch
78:57	יסגו	niph	wci	3mp	סוג	690		turn away
	יבגדו	qal	wci	3mp	בגד	93		act faithlessly
	נהפכו	niph	pft	3cp	הפך	245		turn oneself
78:58	יכעיסוהו	hiph	wci	3mp	כעס	494	3ms	vex, provoke
	יקניאוהו	hiph	impf	3mp	קנא	888	3ms	make jealous
78:59	שמע	qal	pft	3ms	שמע	1033		hear
	יתעבר	hith	wci	3ms	עבר	720		be arrogant
	ימאס	qal	wci	3ms	מאס	549		reject, refuse
78:60	יטש	qal	wci	3ms	נטש	643		leave, forsake
	שכן	piel	pft	3ms	שכן	1014		establish
78:61	יתן	qal	wci	3ms	נתן	678		give, set
78:62	יסגר	hiph	wci	3ms	סגר	688		shut up, deliver
	התעבר	hith	pft	3ms	עבר	720		be arrogant
78:63	אכלה	qal	pft	3fs	אכל	37		eat, devour
	הוללו	pual	pft	3cp	הלל	237		be praised
78:64	נפלו	qal	pft	3cp	נפל	656		fall
	תבכינה	qal	impf	3fp	בכה	113		weep
78:65	יקץ	qal	wci	3ms	יקץ	429		awake
	מתרונן	htpo	ptc	ms	רון	929		overcome
78:66	יך	hiph	wci	3ms	נכה	645		smite
	נתן	qal	pft	3ms	נתן	678		give, set
78:67	ימאס	qal	wci	3ms	מאס	549		reject, refuse
	בחר	qal	pft	3ms	בחר	103		choose
78:68	יבחר	qal	wci	3ms	בחר	103		choose
	אהב	qal	pft	3ms	אהב	12		love
78:69	יבן	qal	wci	3ms	בנה	124		build
	רמים	qal	ptc	mp	רום	926		be high
	יסדה	qal	pft	3ms	יסד	413	3fs	establish
78:70	יבחר	qal	wci	3ms	בחר	103		choose
	יקחהו	qal	wci	3ms	לקח	542	3ms	take
78:71	עלות	qal	ptc	fp	עול	732		give suck
	הביאו	hiph	pft	3ms	בוא	97	3ms	bring in
	רעות	qal	infc		רעה	944		pasture, tend
78:72	ירעם	qal	wci	3ms	רעה	944	3mp	pasture, tend
	ינחם	hiph	impf	3ms	נחה	634	3mp	lead, guide
79:1	באו	qal	pft	3cp	בוא	97		come in
	טמאו	piel	pft	3cp	טמא	379		defile
	שמו	qal	pft	3cp	שים	962		put, set
79:2	נתנו	qal	pft	3cp	נתן	678		give, set
79:3	שפכו	qal	pft	3cp	שפך	1049		pour out

Psalms 79:3–81:15

ChVs	Form	Stem	Tnse	PGN	Root	BDB	Sfx	Meaning
79:3	קוֹבֵר	qal	ptc	ms	קבר	868		bury
79:4	הָיִינוּ	qal	pft	1cp	היה	224		be, become
79:5	תֶּאֱנַף	qal	impf	2ms	אנף	60		be angry
	תִּבְעַר	qal	impf	3fs	בער	128		burn
79:6	שְׁפֹךְ	qal	impv	ms	שפך	1049		pour out
	יְדָעוּךָ	qal	pft	3cp	ידע	393	2ms	know
	קָרָאוּ	qal	pft	3cp	קרא	894		call, proclaim
79:7	אָכַל	qal	pft	3ms	אכל	37		eat, devour
	הֵשַׁמּוּ	hiph	pft	3cp	שמם	1030		ravage, appall
79:8	תִּזְכָּר	qal	jusm	2ms	זכר	269		remember
	מַהֵר	piel	impv	ms	מהר	554		hasten
	יְקַדְּמוּנוּ	piel	jusm	3mp	קדם	869	1cp	meet, confront
	דַלּוֹנוּ	qal	pft	1cp	דלל	195		hang, be low
79:9	עָזְרֵנוּ	qal	impv	ms	עזר	740	1cp	help, aid
	הַצִּילֵנוּ	hiph	impv	ms	נצל	664	1cp	snatch, deliver
	כַּפֵּר	piel	impv	ms	כפר	497		cover, atone
79:10	יֹאמְרוּ	qal	impf	3mp	אמר	55		say
	יִוָּדַע	niph	jusm	3ms	ידע	393		be made known
	שָׁפוּךְ	qal	pptc	fs	שפך	1049		pour out
79:11	תָּבוֹא	qal	jusm	3fs	בוא	97		come in
	הוֹתֵר	hiph	impv	ms	יתר	451		leave, spare
79:12	הָשֵׁב	hiph	impv	ms	שוב	996		bring back
	חֵרְפוּךָ	piel	pft	3cp	חרף	357	2ms	reproach
79:13	נוֹדֶה	hiph	impf	1cp	ידה	392		praise
	נְסַפֵּר	piel	impf	1cp	ספר	707		recount
80:1	מְנַצֵּחַ	piel	ptc	ms	נצח	663		act as director
80:2	רֹעֵה	qal	ptc	ms	רעה	944		pasture, tend
	הַאֲזִינָה	hiph	impv	ms	אזן	24		hear
	נֹהֵג	qal	ptc	ms	נהג	624		drive
	יֹשֵׁב	qal	ptc	ms	ישב	442		sit, dwell
	הוֹפִיעָה	hiph	impv	ms	יפע	422		shine forth
80:3	עוֹרְרָה	pol	impv	ms	עור	734		rouse, incite
	לְכָה	qal	impv	ms	הלך	229		walk, go
80:4	הֲשִׁיבֵנוּ	hiph	impv	ms	שוב	996	1cp	bring back
	הָאֵר	hiph	impv	ms	אור	21		cause to shine
	נִוָּשֵׁעָה	niph	coh	1cp	ישע	446		be saved
80:5	עָשַׁנְתָּ	qal	pft	2ms	עשן	798		smoke, fume
80:6	הֶאֱכַלְתָּם	hiph	pft	2ms	אכל	37	3mp	cause to eat
	תַּשְׁקֵמוֹ	hiph	wci	2ms	שקה	1052	3mp	give to drink
80:7	תְּשִׂימֵנוּ	qal	impf	2ms	שים	962	1cp	put, set
	אֹיְבֵינוּ	qal	ptc	mp	איב	33	1cp	be hostile to
	יִלְעֲגוּ	qal	impf	3mp	לעג	541		mock, deride
80:8	הֲשִׁיבֵנוּ	hiph	impv	ms	שוב	996	1cp	bring back
	הָאֵר	hiph	impv	ms	אור	21		cause to shine
	נִוָּשֵׁעָה	niph	coh	1cp	ישע	446		be saved
80:9	תַּסִּיעַ	hiph	impf	2ms	נסע	652		lead out, remove
	תְּגָרֵשׁ	piel	impf	2ms	גרש	176		drive out
	תִּטָּעֶהָ	qal	wci	2ms	נטע	642	3fs	plant
80:10	פִּנִּיתָ	piel	pft	2ms	פנה	815		make clear
	תַּשְׁרֵשׁ	hiph	wci	3fs	שרש	1057		strike root
	תְּמַלֵּא	piel	wci	3fs	מלא	569		fill
80:11	כָּסּוּ	pual	pft	3cp	כסה	491		be covered
80:12	תְּשַׁלַּח	piel	impf	3fs	שלח	1018		send away, shoot
80:13	פָּרַצְתָּ	qal	pft	2ms	פרץ	829		break through
80:13	אָרוּהָ	qal	wcp	3cp	ארה	71	3fs	pluck
	עֹבְרֵי	qal	ptc	mp	עבר	716		pass over
80:14	יְכַרְסְמֶנָּה	piel	impf	3ms	כרסם	493	3fs	tear off
	יִרְעֶנָּה	qal	impf	3ms	רעה	944	3fs	pasture, tend
80:15	שׁוּב	qal	impv	ms	שוב	996		turn, return
	הַבֵּט	hiph	impv	ms	נבט	613		look, regard
	רְאֵה	qal	impv	ms	ראה	906		see
	פְּקֹד	qal	impv	ms	פקד	823		attend to, visit
80:16	נָטְעָה	qal	pft	3fs	נטע	642		plant
	אִמְּצַתָּה	piel	pft	2ms	אמץ	54		make firm
80:17	שְׂרֻפָה	qal	pptc	fs	שרף	976		burn
	כְּסוּחָה	qal	pptc	fs	כסח	492		cut away
	יֹאבֵדוּ	qal	impf	3mp	אבד	1		perish
80:18	תְּהִי	qal	jus	3fs	היה	224		be, become
	אִמַּצְתָּ	piel	pft	2ms	אמץ	54		make firm
80:19	נָסוֹג	qal	impf	1cp	סוג	690		backslide
	תְּחַיֵּנוּ	piel	impf	2ms	חיה	310	1cp	preserve, revive
	נִקְרָא	qal	impf	1cp	קרא	894		call, proclaim
80:20	הֲשִׁיבֵנוּ	hiph	impv	ms	שוב	996	1cp	bring back
	הָאֵר	hiph	impv	ms	אור	21		cause to shine
	נִוָּשֵׁעָה	niph	coh	1cp	ישע	446		be saved
81:1	מְנַצֵּחַ	piel	ptc	ms	נצח	663		act as director
81:2	הַרְנִינוּ	hiph	impv	mp	רנן	943		cause to shout
	הָרִיעוּ	hiph	impv	mp	רוע	929		raise a shout
81:3	שְׂאוּ	qal	impv	mp	נשא	669		lift, carry
	תְּנוּ	qal	impv	mp	נתן	678		give, set
81:4	תִּקְעוּ	qal	impv	mp	תקע	1075		thrust, clap
81:6	שָׂמוֹ	qal	pft	3ms	שים	962	3ms	put, set
	צֵאתוֹ	qal	infc		יצא	422	3ms	go out
	יָדַעְתִּי	qal	pft	1cs	ידע	393		know
	אֶשְׁמָע	qal	impf	1cs	שמע	1033		hear
81:7	הֲסִירוֹתִי	hiph	pft	1cs	סור	693		take away
	תַּעֲבֹרְנָה	qal	impf	3fp	עבר	716		pass over
81:8	קָרָאתָ	qal	pft	2ms	קרא	894		call, proclaim
	אֲחַלְּצֶךָּ	piel	wci	1cs	חלץ	322	2ms	deliver
	אֶעֶנְךָ	qal	impf	1cs	ענה	772	2ms	answer
	אֶבְחָנְךָ	qal	impf	1cs	בחן	103	2ms	examine, try
81:9	שְׁמַע	qal	impv	ms	שמע	1033		hear
	אָעִידָה	hiph	coh	1cs	עוד	729		testify, warn
	תִשְׁמַע	qal	impf	2ms	שמע	1033		hear
81:10	יִהְיֶה	qal	impf	3ms	היה	224		be, become
	זָר	qal	ptc	ms	זור	266		be stranger
	תִשְׁתַּחֲוֶה	hish	impf	2ms	חוה	1005		bow down
81:11	הַמַּעַלְךָ	hiph	ptc	ms	עלה	748	2ms	bring up, offer
	הַרְחֶב	hiph	impv	ms	רחב	931		enlarge
	אֲמַלְאֵהוּ	piel	cohm	1cs	מלא	569	3ms	fill
81:12	שָׁמַע	qal	pft	3ms	שמע	1033		hear
	אָבָה	qal	pft	3ms	אבה	2		be willing
81:13	אֲשַׁלְּחֵהוּ	piel	wci	1cs	שלח	1018	3ms	send away, shoot
	יֵלְכוּ	qal	impf	3mp	הלך	229		walk, go
81:14	שֹׁמֵעַ	qal	ptc	ms	שמע	1033		hear
	יְהַלֵּכוּ	piel	impf	3mp	הלך	229		walk
81:15	אוֹיְבֵיהֶם	qal	ptc	mp	איב	33	3mp	be hostile to
	אַכְנִיעַ	hiph	impf	1cs	כנע	488		humble, subdue

ChVs	Form	Stem	Tnse	PGN	Root	BDB	Sfx	Meaning
81:15	אשיב	hiph	impf	1cs	שוב	996		bring back
81:16	משנאי	piel	ptc	mp	שנא	971		hate
	יכחשו	piel	impf	3mp	כחש	471		deceive
	יהי	qal	jus	3ms	היה	224		be, become
81:17	יאכילהו	hiph	wci	3ms	אכל	37	3ms	cause to eat
	אשביעך	hiph	impf	1cs	שבע	959	2ms	satisfy
82:1	נצב	niph	ptc	ms	נצב	662		stand
	ישפט	qal	impf	3ms	שפט	1047		judge
82:2	תשפטו	qal	impf	2mp	שפט	1047		judge
	תשאו	qal	impf	2mp	נשא	669		lift, carry
82:3	שפטו	qal	impv	mp	שפט	1047		judge
	רש	qal	ptc	ms	רוש	930		be in want
	הצדיקו	hiph	impv	mp	צדק	842		make righteous
82:4	פלטו	piel	impv	mp	פלט	812		deliver
	הצילו	hiph	impv	mp	נצל	664		snatch, deliver
82:5	ידעו	qal	pft	3cp	ידע	393		know
	יבינו	qal	impf	3mp	בין	106		discern
	יתהלכו	hith	impf	3mp	הלך	229		walk to and fro
	ימוטו	niph	impf	3mp	מוט	556		be shaken
82:6	אמרתי	qal	pft	1cs	אמר	55		say
82:7	תמותון	qal	impf	2mp	מות	559		die
	תפלו	qal	impf	2mp	נפל	656		fall
82:8	קומה	qal	impv	ms	קום	877		arise, stand
	שפטה	qal	impv	ms	שפט	1047		judge
	תנחל	qal	impf	2ms	נחל	635		possess, inherit
83:2	תחרש	qal	jusm	2ms	חרש	361		be silent, deaf
	תשקט	qal	jusm	2ms	שקט	1052		be quiet
83:3	אויביך	qal	ptc	mp	איב	33	2ms	be hostile to
	יהמיון	qal	impf	3mp	המה	242		growl, murmur
	משנאיך	piel	ptc	mp	שנא	971	2ms	hate
	נשאו	qal	pft	3cp	נשא	669		lift, carry
83:4	יערימו	hiph	impf	3mp	ערם	791		act craftily
	יתיעצו	hith	impf	3mp	יעץ	419		conspire
	צפוניך	qal	pptc	mp	צפן	860	2ms	hide
83:5	אמרו	qal	pft	3cp	אמר	55		say
	לכו	qal	impv	mp	הלך	229		walk, go
	נכחידם	hiph	cohm	1cp	כחד	470	3mp	hide, efface
	יזכר	niph	impf	3ms	זכר	269		be remembered
83:6	נועצו	niph	pft	3cp	יעץ	419		consult
	יכרתו	qal	impf	3mp	כרת	503		cut, destroy
83:8	ישבי	qal	ptc	mp	ישב	442		sit, dwell
83:9	נלוה	niph	pft	3ms	לוה	530		join oneself
	היו	qal	pft	3cp	היה	224		be, become
83:10	עשה	qal	impv	ms	עשה	793		do, make
83:11	נשמדו	niph	pft	3cp	שמד	1029		be exterminated
	היו	qal	pft	3cp	היה	224		be, become
83:12	שיתמו	qal	impv	ms	שית	1011	3mp	put, set
83:13	אמרו	qal	pft	3cp	אמר	55		say
	נירשה	qal	coh	1cp	ירש	439		possess, inherit
83:14	שיתמו	qal	impv	ms	שית	1011	3mp	put, set
83:15	תבער	qal	impf	3fs	בער	128		burn
	תלהט	piel	impf	3fs	להט	529		set ablaze
83:16	תרדפם	qal	impf	2ms	רדף	922	3mp	pursue
	תבהלם	piel	impf	2ms	בהל	96	3mp	hasten, dismay

ChVs	Form	Stem	Tnse	PGN	Root	BDB	Sfx	Meaning
83:17	מלא	piel	impv	ms	מלא	569		fill
	יבקשו	piel	jusm	3mp	בקש	134		seek
83:18	יבשו	qal	jusm	3mp	בוש	101		be ashamed
	יבהלו	niph	jusm	3mp	בהל	96		be disturbed
	יחפרו	qal	jusm	3mp	חפר	344		be ashamed
	יאבדו	qal	jusm	3mp	אבד	1		perish
83:19	ידעו	qal	jusm	3mp	ידע	393		know
84:1	מנצח	piel	ptc	ms	נצח	663		act as director
84:3	נכספה	niph	pft	3fs	כסף	493		long for
	כלתה	qal	pft	3fs	כלה	477		finished, spent
	ירננו	piel	impf	3mp	רנן	943		shout w/joy
84:4	מצאה	qal	pft	3fs	מצא	592		find
	שתה	qal	pft	3fs	שית	1011		put, set
84:5	יושבי	qal	ptc	mp	ישב	442		sit, dwell
	יהללוך	piel	impf	3mp	הלל	237	2ms	praise
84:7	עברי	qal	ptc	mp	עבר	716		pass over
	ישיתוהו	qal	impf	3mp	שית	1011	3ms	put, set
	יעטה	hiph	impf	3ms	עטה	741		wrap
84:8	ילכו	qal	impf	3mp	הלך	229		walk, go
	יראה	niph	impf	3ms	ראה	906		appear, be seen
84:9	שמעה	qal	impv	ms	שמע	1033		hear
	האזינה	hiph	impv	ms	אזן	24		hear
84:10	ראה	qal	impv	ms	ראה	906		see
	הבט	hiph	impv	ms	נבט	613		look, regard
84:11	בחרתי	qal	pft	1cs	בחר	103		choose
	הסתופף	htpo	infc		ספף	706		guard threshold
	דור	qal	infc		דור	189		heap, dwell
84:12	יתן	qal	impf	3ms	נתן	678		give, set
	ימנע	qal	impf	3ms	מנע	586		withhold
	הלכים	qal	ptc	mp	הלך	229		walk, go
84:13	בטח	qal	ptc	ms	בטח	105		trust
85:1	מנצח	piel	ptc	ms	נצח	663		act as director
85:2	רצית	qal	pft	2ms	רצה	953		be pleased
	שבת	qal	pft	2ms	שוב	996		turn, return
85:3	נשאת	qal	pft	2ms	נשא	669		lift, carry
	כסית	piel	pft	2ms	כסה	491		cover
85:4	אספת	qal	pft	2ms	אסף	62		gather
	השיבות	hiph	pft	2ms	שוב	996		bring back
85:5	שובנו	qal	impv	ms	שוב	996	1cp	turn, return
	הפר	hiph	impv	ms	פרר	830		break, frustrate
85:6	תאנף	qal	impf	2ms	אנף	60		be angry
	תמשך	qal	impf	2ms	משך	604		draw, pull
85:7	תשוב	qal	impf	2ms	שוב	996		turn, return
	תחינו	piel	impf	2ms	חיה	310	1cp	preserve, revive
	ישמחו	qal	impf	3mp	שמח	970		rejoice
85:8	הראנו	hiph	impv	ms	ראה	906	1cp	show, exhibit
	תתן	qal	impf	2ms	נתן	678		give, set
85:9	אשמעה	qal	coh	1cs	שמע	1033		hear
	ידבר	piel	impf	3ms	דבר	180		speak
	ידבר	piel	impf	3ms	דבר	180		speak
	ישובו	qal	jusm	3mp	שוב	996		turn, return
85:10	יראיו	qal	ptc	mp	ירא	431	3ms	fear
	שכן	qal	infc		שכן	1014		settle, dwell
85:11	נפגשו	niph	pft	3cp	פגש	803		meet together

Psalms 85: 11 – 89: 2

ChVs	Form	Stem	Tnse	PGN	Root	BDB	Sfx	Meaning
85:11	נשקו	qal	pft	3cp	נשק	676		kiss
85:12	תצמח	qal	impf	3fs	צמח	855		sprout up
	נשקף	niph	pft	3ms	שקף	1054		look down
85:13	יתן	qal	impf	3ms	נתן	678		give, set
	תתן	qal	impf	3fs	נתן	678		give, set
85:14	יהלך	piel	impf	3ms	הלך	229		walk
	ישם	qal	jusf	3ms	שים	962		put, set
86:1	הטה	hiph	impv	ms	נטה	639		turn, incline
	ענני	qal	impv	ms	ענה	772	1cs	answer
86:2	שמרה	qal	impv	ms	שמר	1036		keep, watch
	הושע	hiph	impv	ms	ישע	446		deliver, save
	בוטח	qal	ptc	ms	בטח	105		trust
86:3	חנני	qal	impv	ms	חנן	335	1cs	show favor
	אקרא	qal	impf	1cs	קרא	894		call, proclaim
86:4	שמח	piel	impv	ms	שמח	970		gladden
	אשא	qal	impf	1cs	נשא	669		lift, carry
86:5	קראיך	qal	ptc	mp	קרא	894	2ms	call, proclaim
86:6	האזינה	hiph	impv	ms	אזן	24		hear
	הקשיבה	hiph	impv	ms	קשב	904		give attention
86:7	אקראך	qal	impf	1cs	קרא	894	2ms	call, proclaim
	תענני	qal	impf	2ms	ענה	772	1cs	answer
86:9	עשית	qal	pft	2ms	עשה	793		do, make
	יבואו	qal	impf	3mp	בוא	97		come in
	ישתחוו	hish	impf	3mp	חוה	1005		bow down
	יכבדו	piel	impf	3mp	כבד	457		honor, make dull
86:10	עשה	qal	ptc	ms	עשה	793		do, make
	נפלאות	niph	ptc	fp	פלא	810		be wonderful
86:11	הורני	hiph	impv	ms	ירה	434	1cs	shoot, teach
	אהלך	piel	impf	1cs	הלך	229		walk
	יחד	piel	impv	ms	יחד	402		unite
	יראה	qal	infc		ירא	431		fear
86:12	אודך	hiph	cohm	1cs	ידה	392	2ms	praise
	אכבדה	piel	coh	1cs	כבד	457		honor, make dull
86:13	הצלת	hiph	pft	2ms	נצל	664		snatch, deliver
86:14	קמו	qal	pft	3cp	קום	877		arise, stand
	בקשו	piel	pft	3cp	בקש	134		seek
	שמוך	qal	pft	3cp	שים	962	2ms	put, set
86:16	פנה	qal	impv	ms	פנה	815		turn
	חנני	qal	impv	ms	חנן	335	1cs	show favor
	תנה	qal	impv	ms	נתן	678		give, set
	הושיעה	hiph	impv	ms	ישע	446		deliver, save
86:17	עשה	qal	impv	ms	עשה	793		do, make
	יראו	qal	jusm	3mp	ראה	906		see
	שנאי	qal	ptc	mp	שנא	971	1cs	hate
	יבשו	qal	jusm	3mp	בוש	101		be ashamed
	עזרתני	qal	pft	2ms	עזר	740	1cs	help, aid
	נחמתני	piel	pft	2ms	נחם	636	1cs	comfort
87:2	אהב	qal	ptc	ms	אהב	12		love
87:3	נכבדות	niph	ptc	fp	כבד	457		be honored
	מדבר	pual	ptc	ms	דבר	180		spoken
87:4	אזכיר	hiph	impf	1cs	זכר	269		c. to remember
	ידעי	qal	ptc	mp	ידע	393	1cs	know
	ילד	qalp	pft	3ms	ילד	408		be born
87:5	יאמר	niph	impf	3ms	אמר	55		be said, called
87:5	ילד	qalp	pft	3ms	ילד	408		be born
	יכוננה	pol	impf	3ms	כון	465	3fs	establish
87:6	יספר	qal	impf	3ms	ספר	707		count
	כתוב	qal	infc		כתב	507		write
	ילד	qalp	pft	3ms	ילד	408		be born
87:7	שרים	qal	ptc	mp	שיר	1010		sing
	חללים	qal	ptc	mp	חלל	320		play pipe
88:1	מנצח	piel	ptc	ms	נצח	663		act as director
	ענות	piel	infc		ענה	776?		humble
88:2	צעקתי	qal	pft	1cs	צעק	858		cry out
88:3	תבוא	qal	jusm	3fs	בוא	97		come in
	הטה	hiph	impv	ms	נטה	639		turn, incline
88:4	שבעה	qal	pft	3fs	שבע	959		be sated
	הגיעו	hiph	pft	3cp	נגע	619		reach, arrive
88:5	נחשבתי	niph	pft	1cs	חשב	362		be thought
	יורדי	qal	ptc	mp	ירד	432		come down
	הייתי	qal	pft	1cs	היה	224		be, become
88:6	מתים	qal	ptc	mp	מות	559		die
	שכבי	qal	ptc	mp	שכב	1011		lie, lie down
	זכרתם	qal	pft	2ms	זכר	269	3mp	remember
	נגזרו	niph	pft	3cp	גזר	160		be cut off
88:7	שתני	qal	pft	2ms	שית	1011	1cs	put, set
88:8	סמכה	qal	pft	3fs	סמך	701		lean, support
	ענית	piel	pft	2ms	ענה	776		humble
88:9	הרחקת	hiph	pft	2ms	רחק	934		put far away
	מידעי	pual	ptc	mp	ידע	393	1cs	be known
	שתני	qal	pft	2ms	שית	1011	1cs	put, set
	כלא	qal	pptc	ms	כלא	476		shut up
	אצא	qal	impf	1cs	יצא	422		go out
88:10	דאבה	qal	pft	3fs	דאב	178		be faint
	קראתיך	qal	pft	1cs	קרא	894	2ms	call, proclaim
	שטחתי	piel	pft	1cs	שטח	1008		spread out
88:11	מתים	qal	ptc	mp	מות	559		die
	תעשה	qal	impf	2ms	עשה	793		do, make
	יקומו	qal	impf	3mp	קום	877		arise, stand
	יודוך	hiph	impf	3mp	ידה	392	2ms	praise
88:12	יספר	pual	impf	3ms	ספר	707		be recounted
88:13	יודע	niph	impf	3ms	ידע	393		be made known
88:14	שועתי	piel	pft	1cs	שוע	1002		cry for help
	תקדמך	piel	impf	3fs	קדם	869	2ms	meet, confront
88:15	תזנח	qal	impf	2ms	זנח	276		reject
	תסתיר	hiph	impf	2ms	סתר	711		hide
88:16	גוע	qal	ptc	ms	גוע	157		expire, die
	נשאתי	qal	pft	1cs	נשא	669		lift, carry
	אפונה	qal	coh	1cs	פון	806		be helpless
88:17	עברו	qal	pft	3cp	עבר	716		pass over
	צמתותני	pil	pft	3cp	צמת	856	1cs	annihilate
88:18	סבוני	qal	pft	3cp	סבב	685	1cs	surround
	הקיפו	hiph	pft	3cp	נקף	668		surround
88:19	הרחקת	hiph	pft	2ms	רחק	934		put far away
	אהב	qal	ptc	ms	אהב	12		love
	מידעי	pual	ptc	mp	ידע	393	1cs	be known
89:2	אשירה	qal	coh	1cs	שיר	1010		sing
	אודיע	hiph	cohm	1cs	ידע	393		declare

Psalms 89:3–90:5

ChVs	Form	Stem	Tnse	PGN	Root	BDB	Sfx	Meaning
89:3	אמרתי	qal	pft	1cs	אמר	55		say
	יבנה	niph	impf	3ms	בנה	124		be built
	תכן	hiph	impf	2ms	כון	465		fix, prepare
89:4	כרתי	qal	pft	1cs	כרת	503		cut, destroy
	נשבעתי	niph	pft	1cs	שבע	989		swear
89:5	אכין	hiph	impf	1cs	כון	465		fix, prepare
	בניתי	qal	wcp	1cs	בנה	124		build
89:6	יודו	hiph	impf	3mp	ידה	392		praise
89:7	יערך	qal	impf	3ms	ערך	789		set in order
	ידמה	qal	impf	3ms	דמה	197		be like
89:8	נערץ	niph	ptc	ms	ערץ	791		be fearful
	נורא	niph	ptc	ms	ירא	431		be feared
89:10	מושל	qal	ptc	ms	משל	605		rule
	שוא	qal	infc		נשא	669		lift, carry
	תשבחם	piel	impf	2ms	שבח	986	3mp	still, soothe
89:11	דכאת	piel	pft	2ms	דכא	193		crush
	פזרת	piel	pft	2ms	פזר	808		scatter
	אויביך	qal	ptc	mp	איב	33	2ms	be hostile to
89:12	יסדתם	qal	pft	2ms	יסד	413	3mp	establish
89:13	בראתם	qal	pft	2ms	ברא	135	3mp	create
	ירננו	piel	impf	3mp	רנן	943		shout w/joy
89:14	תעז	qal	impf	3fs	עזז	738		be strong
	תרום	qal	impf	3fs	רום	926		be high
89:15	יקדמו	piel	impf	3mp	קדם	869		meet, confront
89:16	יודעי	qal	ptc	mp	ידע	393		know
	יהלכון	piel	impf	3mp	הלך	229		walk
89:17	יגילון	qal	impf	3mp	גיל	162		rejoice
	ירומו	qal	impf	3mp	רום	926		be high
89:18	תרים k	hiph	impf	2ms	רום	926		raise, lift
	תרום q	qal	impf	3fs	רום	926		be high
89:20	דברת	piel	pft	2ms	דבר	180		speak
	תאמר	qal	wci	2ms	אמר	55		say
	שויתי	piel	pft	1cs	שוה	1001		set, place
	הרימותי	hiph	pft	1cs	רום	926		raise, lift
	בחור	qal	pptc	ms	בחר	103		choose
89:21	מצאתי	qal	pft	1cs	מצא	592		find
	משחתיו	qal	pft	1cs	משח	602	3ms	smear, anoint
89:22	תכון	niph	impf	3fs	כון	465		be established
	תאמצנו	piel	impf	3fs	אמץ	54	3ms	make firm
89:23	ישא	hiph	impf	3ms	נשא	673		be creditor
	אויב	qal	ptc	ms	איב	33		be hostile to
	יעננו	piel	impf	3ms	ענה	776	3ms	humble
89:24	כתותי	qal	wcp	1cs	כתת	510		beat, crush
	משנאיו	piel	ptc	mp	שנא	971	3ms	hate
	אגוף	qal	impf	1cs	נגף	619		smite, strike
89:25	תרום	qal	impf	3fs	רום	926		be high
89:26	שמתי	qal	wcp	1cs	שים	962		put, set
89:27	יקראני	qal	impf	3ms	קרא	894	1cs	call, proclaim
89:28	אתנהו	qal	impf	1cs	נתן	678	3ms	give, set
89:29	אשמור k	qal	impf	1cs	שמר	1036		keep, watch
	אשמר q	qal	impf	1cs	שמר	1036		keep, watch
	נאמנת	niph	ptc	fs	אמן	52		be confirmed
89:30	שמתי	qal	wcp	1cs	שים	962		put, set
89:31	יעזבו	qal	impf	3mp	עזב	736		leave, loose
89:31	ילכון	qal	impf	3mp	הלך	229		walk, go
89:32	יחללו	piel	impf	3mp	חלל	320		pollute
	ישמרו	qal	impf	3mp	שמר	1036		keep, watch
89:33	פקדתי	qal	wcp	1cs	פקד	823		attend to, visit
89:34	אפיר	hiph	impf	1cs	פרר	830		break, frustrate
	אשקר	piel	impf	1cs	שקר	1055		deal falsely
89:35	אחלל	piel	impf	1cs	חלל	320		pollute
	אשנה	piel	impf	1cs	שנה	1039		change, alter
89:36	נשבעתי	niph	pft	1cs	שבע	989		swear
	אכזב	piel	impf	1cs	כזב	469		lie, deceive
89:37	יהיה	qal	impf	3ms	היה	224		be, become
89:38	יכון	niph	impf	3ms	כון	465		be established
	נאמן	niph	ptc	ms	אמן	52		be confirmed
89:39	זנחת	qal	pft	2ms	זנח	276		reject
	תמאס	qal	wci	2ms	מאס	549		reject, refuse
	התעברת	hith	pft	2ms	עבר	720		be arrogant
89:40	נארתה	piel	pft	2ms	נאר	611		spurn
	חללת	piel	pft	2ms	חלל	320		pollute
89:41	פרצת	qal	pft	2ms	פרץ	829		break through
	שמת	qal	pft	2ms	שים	962		put, set
89:42	שסהו	qal	pft	3cp	שסס	1042	3ms	plunder
	עברי	qal	ptc	mp	עבר	716		pass over
	היה	qal	pft	3ms	היה	224		be, become
89:43	הרימות	hiph	pft	2ms	רום	926		raise, lift
	השמחת	hiph	pft	2ms	שמח	970		gladden
	אויביו	qal	ptc	mp	איב	33	3ms	be hostile to
89:44	תשיב	hiph	impf	2ms	שוב	996		bring back
	הקימתו	hiph	pft	2ms	קום	877	3ms	raise, build, set
89:45	השבת	hiph	pft	2ms	שבת	991		destroy, remove
	מגרתה	piel	pft	2ms	מגר	550		throw
89:46	הקצרת	hiph	pft	2ms	קצר	894		shorten
	העטית	hiph	pft	2ms	עטה	741		wrap
89:47	תסתר	niph	impf	2ms	סתר	711		hide, be hid
	תבער	qal	impf	3fs	בער	128		burn
89:48	זכר	qal	impv	ms	זכר	269		remember
	בראת	qal	pft	2ms	ברא	135		create
89:49	יחיה	qal	impf	3ms	חיה	310		live
	יראה	qal	impf	3ms	ראה	906		see
	ימלט	piel	impf	3ms	מלט	572		deliver
89:50	נשבעת	niph	pft	2ms	שבע	989		swear
89:51	זכר	qal	impv	ms	זכר	269		remember
	שאתי	qal	infc		נשא	669	1cs	lift, carry
89:52	חרפו	piel	pft	3cp	חרף	357		reproach
	אויביך	qal	ptc	mp	איב	33	2ms	be hostile to
	חרפו	piel	pft	3cp	חרף	357		reproach
89:53	ברוך	qal	pptc	ms	ברך	138		kneel, bless
90:1	היית	qal	pft	2ms	היה	224		be, become
90:2	ילדו	qalp	pft	3cp	ילד	408		be born
	תחולל	pol	wci	2ms	חול	296		dance, writhe
90:3	תשב	hiph	impf	2ms	שוב	996		bring back
	תאמר	qal	wci	2ms	אמר	55		say
	שובו	qal	impv	mp	שוב	996		turn, return
90:4	יעבר	qal	impf	3ms	עבר	716		pass over
90:5	זרמתם	qal	pft	2ms	זרם	281	3mp	flood

ChVs	Form	Stem	Tnse	PGN	Root	BDB	Sfx	Meaning
90:5	יהיו	qal	impf	3mp	היה	224		be,become
	יחלף	qal	impf	3ms	חלף	322		pass on
90:6	יציץ	qal	impf	3ms	צוץ	847		flourish,shine
	חלף	qal	wcp	3ms	חלף	322		pass on
	ימולל	poel	impf	3ms	מלל	576		wither
	יבש	qal	wcp	3ms	יבש	386		be dry
90:7	כלינו	qal	pft	1cp	כלה	477		finished,spent
	נבהלנו	niph	pft	1cp	בהל	96		be disturbed
90:8	שת k	qal	pft	2ms	שית	1011		put,set
	שתה q	qal	pft	2ms	שית	1011		put,set
	עלמנו	qal	pptc	ms	עלם	761	1cp	be secret
90:9	פנו	qal	pft	3cp	פנה	815		turn
	כלינו	piel	pft	1cp	כלה	477		complete,finish
90:10	גז	qal	pft	3ms	גוז	156		pass away
	נעפה	qal	wci	1cp	עוף	733		fly
90:11	יודע	qal	ptc	ms	ידע	393		know
90:12	מנות	qal	infc		מנה	584		count,allot
	הודע	hiph	impv	ms	ידע	393		declare
	נבא	hiph	cohm	1cp	בוא	97		bring in
90:13	שובה	qal	impv	ms	שוב	996		turn,return
	הנחם	niph	impv	ms	נחם	636		be sorry
90:14	שבענו	piel	impv	ms	שבע	959	1cp	satisfy
	נרננה	piel	coh	1cp	רנן	943		shout w/joy
	נשמחה	qal	coh	1cp	שמח	970		rejoice
90:15	שמחנו	piel	impv	ms	שמח	970	1cp	gladden
	עניתנו	piel	pft	2ms	ענה	776	1cp	humble
	ראינו	qal	pft	1cp	ראה	906		see
90:16	יראה	niph	jusm	3ms	ראה	906		appear,be seen
90:17	יהי	qal	jus	3ms	היה	224		be,become
	כוננה	pol	impv	ms	כון	465		establish
	כוננהו	pol	impv	ms	כון	465	3ms	establish
91:1	ישב	qal	ptc	ms	ישב	442		sit,dwell
	יתלונן	htpo	impf	3ms	לון	533		abide
91:2	אמר	qal	impf	1cs	אמר	55		say
	אבטח	qal	impf	1cs	בטח	105		trust
91:3	יצילך	hiph	impf	3ms	נצל	664	2ms	snatch,deliver
91:4	יסך	hiph	jusf	3ms	סכך	696		cover
	תחסה	qal	impf	2ms	חסה	340		seek refuge
91:5	תירא	qal	impf	2ms	ירא	431		fear
	יעוף	qal	impf	3ms	עוף	733		fly
91:6	יהלך	qal	impf	3ms	הלך	229		walk,go
	ישוד	qal	impf	3ms	שדד	994		destroy,oppress
91:7	יפל	qal	impf	3ms	נפל	656		fall
	יגש	qal	impf	3ms	נגש	620		draw near
91:8	תביט	hiph	impf	2ms	נבט	613		look,regard
	תראה	qal	impf	2ms	ראה	906		see
91:9	שמת	qal	pft	2ms	שים	962		put,set
91:10	תאנה	pual	impf	3fs	אנה	58		be sent
	יקרב	qal	impf	3ms	קרב	897		approach
91:11	יצוה	piel	impf	3ms	צוה	845		command
	שמרך	qal	infc		שמר	1036	2ms	keep,watch
91:12	ישאונך	qal	impf	3mp	נשא	669	2ms	lift,carry
	תנף	qal	impf	2ms	נגף	619		smite,strike
91:13	תדרך	qal	impf	2ms	דרך	201		tread,march
91:13	תרמס	qal	impf	2ms	רמס	942		trample
91:14	חשק	qal	pft	3ms	חשק	365		love
	אפלטהו	piel	impf	1cs	פלט	812	3ms	deliver
	אשגבהו	piel	impf	1cs	שגב	960	3ms	set high
	ידע	qal	pft	3ms	ידע	393		know
91:15	יקראני	qal	impf	3ms	קרא	894	1cs	call,proclaim
	אענהו	qal	impf	1cs	ענה	772	3ms	answer
	אחלצהו	piel	impf	1cs	חלץ	322	3ms	deliver
	אכבדהו	piel	wci	1cs	כבד	457	3ms	honor,make dull
91:16	אשביעהו	hiph	impf	1cs	שבע	959	3ms	satisfy
	אראהו	hiph	impf	1cs	ראה	906	3ms	show,exhibit
92:2	הדות	hiph	infc		ידה	392		praise
	זמר	piel	infc		זמר	274		make music
92:3	הגיד	hiph	infc		נגד	616		declare,tell
92:5	שמחתני	piel	pft	2ms	שמח	970	1cs	gladden
	ארנן	piel	impf	1cs	רנן	943		shout w/joy
92:6	גדלו	qal	pft	3cp	גדל	152		be great,grow
	עמקו	qal	pft	3cp	עמק	770		be deep
92:7	ידע	qal	impf	3ms	ידע	393		know
	יבין	qal	impf	3ms	בין	106		discern
92:8	פרח	qal	infc		פרח	827		bud
	יציצו	qal	wci	3mp	צוץ	847		flourish,shine
	פעלי	qal	ptc	mp	פעל	821		do,make
	השמדם	niph	infc		שמד	1029	3mp	be exterminated
92:10	איביך	qal	ptc	mp	איב	33	2ms	be hostile to
	איביך	qal	ptc	mp	איב	33	2ms	be hostile to
	יאבדו	qal	impf	3mp	אבד	1		perish
	יתפרדו	hith	impf	3mp	פרד	825		be divided
	פעלי	qal	ptc	mp	פעל	821		do,make
92:11	תרם	hiph	wci	2ms	רום	926		raise,lift
	בלתי	qal	pft	1cs	בלל	117		mingle,mix
92:12	תבט	hiph	wci	3fs	נבט	613		look,regard
	קמים	qal	ptc	mp	קום	877		arise,stand
	מרעים	hiph	ptc	mp	רעע	949		hurt,do evil
	תשמענה	qal	impf	3fp	שמע	1033		hear
92:13	יפרח	qal	impf	3ms	פרח	827		bud
	ישגה	qal	impf	3ms	שגה	960		grow
92:14	שתולים	qal	pptc	mp	שתל	1060		transplant
	יפריחו	hiph	impf	3mp	פרח	827		cause to bud
92:15	ינובון	qal	impf	3mp	נוב	626		bear fruit
	יהיו	qal	impf	3mp	היה	224		be,become
92:16	הגיד	hiph	infc		נגד	616		declare,tell
93:1	מלך	qal	pft	3ms	מלך	573		be king,reign
	לבש	qal	pft	3ms	לבש	527		put on,clothe
	לבש	qal	pft	3ms	לבש	527		put on,clothe
	התאזר	hith	pft	3ms	אזר	25		gird oneself
	תכון	niph	impf	3fs	כון	465		be established
	תמוט	niph	impf	3fs	מוט	556		be shaken
93:2	נכון	niph	ptc	ms	כון	465		be established
93:3	נשאו	qal	pft	3cp	נשא	669		lift,carry
	נשאו	qal	pft	3cp	נשא	669		lift,carry
	ישאו	qal	impf	3mp	נשא	669		lift,carry
93:5	נאמנו	niph	pft	3cp	אמן	52		be confirmed
	נאוה	pil	pft	3ms	נאה	610		be lovely

Psalms 94:1–97:1

ChVs	Form	Stem	Tnse	PGN	Root	BDB	Sfx	Meaning
94:1	הופיע	hiph	impv	ms	יפע	422		shine forth
94:2	הנשא	niph	impv	ms	נשא	669		be lifted up
	שפט	qal	ptc	ms	שפט	1047		judge
	השב	hiph	impv	ms	שוב	996		bring back
94:3	יעלזו	qal	impf	3mp	עלז	759		exult, triumph
94:4	יביעו	hiph	impf	3mp	נבע	615		pour out
	ידברו	piel	impf	3mp	דבר	180		speak
	יתאמרו	hith	impf	3mp	אמר	55		boast
	פעלי	qal	ptc	mp	פעל	821		do, make
94:5	ידכאו	piel	impf	3mp	דכא	193		crush
	יענו	piel	impf	3mp	ענה	776		humble
94:6	יהרגו	qal	impf	3mp	הרג	246		kill
	ירצחו	piel	impf	3mp	רצח	953		murder
94:7	יאמרו	qal	wci	3mp	אמר	55		say
	יראה	qal	impf	3ms	ראה	906		see
	יבין	qal	impf	3ms	בין	106		discern
94:8	בינו	qal	impv	mp	בין	106		discern
	בערים	qal	ptc	mp	בער	129		be stupid
	תשכילו	hiph	impf	2mp	שכל	968		look at, prosper
94:9	נטע	qal	ptc	ms	נטע	642		plant
	ישמע	qal	impf	3ms	שמע	1033		hear
	יצר	qal	ptc	ms	יצר	427		form, create
	יביט	hiph	impf	3ms	נבט	613		look, regard
94:10	יסר	qal	ptc	ms	יסר	415		discipline
	יוכיח	hiph	impf	3ms	יכח	406		decide, reprove
	מלמד	piel	ptc	ms	למד	540		teach
94:11	ידע	qal	ptc	ms	ידע	393		know
94:12	תיסרנו	piel	impf	2ms	יסר	415	3ms	correct, chasten
	תלמדנו	piel	impf	2ms	למד	540	3ms	teach
94:13	השקיט	hiph	infc		שקט	1052		show quietness
	יכרה	niph	impf	3ms	כרה	500		be dug
94:14	יטש	qal	impf	3ms	נטש	643		leave, forsake
	יעזב	qal	impf	3ms	עזב	736		leave, loose
94:15	ישוב	qal	impf	3ms	שוב	996		turn, return
94:16	יקום	qal	impf	3ms	קום	877		arise, stand
	מרעים	hiph	ptc	mp	רעע	949		hurt, do evil
	יתיצב	hith	impf	3ms	יצב	426		stand oneself
	פעלי	qal	ptc	mp	פעל	821		do, make
94:17	שכנה	qal	pft	3fs	שכן	1014		settle, dwell
94:18	אמרתי	qal	pft	1cs	אמר	55		say
	מטה	qal	pft	3fs	מוט	556		totter
	יסעדני	qal	impf	3ms	סעד	703	1cs	support
94:19	ישעשעו	pilp	impf	3mp	שעע	1044		sport, delight
94:20	יחברך	qal	impf	3ms	חבר	287	2ms	unite
	יצר	qal	ptc	ms	יצר	427		form, create
94:21	יגודו	qal	impf	3mp	גדד	151		attack
	ירשיעו	hiph	impf	3mp	רשע	957		condemn, be evil
94:22	יהי	qal	wci	3ms	היה	224		be, become
94:23	ישב	hiph	wci	3ms	שוב	996		bring back
	יצמיתם	hiph	impf	3ms	צמת	856	3mp	annihilate
	יצמיתם	hiph	impf	3ms	צמת	856	3mp	annihilate
95:1	לכו	qal	impv	mp	הלך	229		walk, go
	נרננה	piel	coh	1cp	רנן	943		shout w/joy
	נריעה	hiph	coh	1cp	רוע	929		raise a shout
95:2	נקדמה	piel	coh	1cp	קדם	869		meet, confront
	נריע	hiph	cohm	1cp	רוע	929		raise a shout
95:5	עשהו	qal	pft	3ms	עשה	793	3ms	do, make
	יצרו	qal	pft	3cp	יצר	427		form, create
95:6	באו	qal	impv	mp	בוא	97		come in
	נשתחוה	hish	cohm	1cp	חוה	1005		bow down
	נכרעה	qal	coh	1cp	כרע	502		bow down
	נברכה	qal	coh	1cp	ברך	138		kneel, bless
	עשנו	qal	ptc	ms	עשה	793	1cp	do, make
95:7	תשמעו	qal	impf	2mp	שמע	1033		hear
95:8	תקשו	hiph	jusm	2mp	קשה	904		harden
95:9	נסוני	piel	pft	3cp	נסה	650	1cs	test, try
	בחנוני	qal	pft	3cp	בחן	103	1cs	examine, try
	ראו	qal	pft	3cp	ראה	906		see
95:10	אקוט	qal	impf	1cs	קוט	876		feel a loathing
	אמר	qal	wci	1cs	אמר	55		say
	תעי	qal	ptc		תעה	1073		wander, err
	ידעו	qal	pft	3cp	ידע	393		know
95:11	נשבעתי	niph	pft	1cs	שבע	989		swear
	יבאון	qal	impf	3mp	בוא	97		come in
96:1	שירו	qal	impv	mp	שיר	1010		sing
	שירו	qal	impv	mp	שיר	1010		sing
96:2	שירו	qal	impv	mp	שיר	1010		sing
	ברכו	piel	impv	mp	ברך	138		bless
	בשרו	piel	impv	mp	בשר	142		bear tidings
96:3	ספרו	piel	impv	mp	ספר	707		recount
	נפלאותיו	niph	ptc	fp	פלא	810	3ms	be wonderful
96:4	מהלל	pual	ptc	ms	הלל	237		be praised
	נורא	niph	ptc	ms	ירא	431		be feared
96:5	עשה	qal	pft	3ms	עשה	793		do, make
96:7	הבו	qal	impv	mp	יהב	396		give
96:8	הבו	qal	impv	mp	יהב	396		give
	שאו	qal	impv	mp	נשא	669		lift, carry
	באו	qal	impv	mp	בוא	97		come in
96:9	השתחוו	hish	impv	mp	חוה	1005		bow down
	חילו	qal	impv	mp	חול	296		dance, writhe
96:10	אמרו	qal	impv	mp	אמר	55		say
	מלך	qal	pft	3ms	מלך	573		be king, reign
	תכון	niph	impf	3fs	כון	465		be established
	תמוט	niph	impf	3fs	מוט	556		be shaken
	ידין	qal	impf	3ms	דין	192		judge
96:11	ישמחו	qal	jusm	3mp	שמח	970		rejoice
	תגל	qal	jus	3fs	גיל	162		rejoice
	ירעם	qal	jusm	3ms	רעם	947		thunder
96:12	יעלז	qal	jusm	3ms	עלז	759		exult, triumph
	ירננו	piel	impf	3mp	רנן	943		shout w/joy
96:13	בא	qal	ptc	ms	בוא	97		come in
	בא	qal	ptc	ms	בוא	97		come in
	שפט	qal	infc		שפט	1047		judge
	ישפט	qal	impf	3ms	שפט	1047		judge
97:1	מלך	qal	pft	3ms	מלך	573		be king, reign
	תגל	qal	jus	3fs	גיל	162		rejoice
	ישמחו	qal	jusm	3mp	שמח	970		rejoice

ChVs	Form	Stem	Tnse	PGN	Root	BDB	Sfx	Meaning
97:3	תלך	qal	impf	3fs	הלך	229		walk,go
	תלהט	piel	impf	3fs	להט	529		set ablaze
97:4	האירו	hiph	pft	3cp	אור	21		cause to shine
	ראתה	qal	pft	3fs	ראה	906		see
	תחל	qal	wci	3fs	חול	296		dance,writhe
97:5	נמסו	niph	pft	3cp	מסס	587		melt,despair
97:6	הגידו	hiph	pft	3cp	נגד	616		declare,tell
	ראו	qal	pft	3cp	ראה	906		see
97:7	יבשו	qal	jusm	3mp	בוש	101		be ashamed
	עבדי	qal	ptc	mp	עבד	712		work,serve
	מתהללים	hith	ptc	mp	הלל	237		glory
	השתחוו	hish	impv	mp	חוה	1005		bow down
97:8	שמעה	qal	pft	3fs	שמע	1033		hear
	תשמח	qal	wci	3fs	שמח	970		rejoice
	תגלנה	qal	wci	3fp	גיל	162		rejoice
97:9	נעלית	niph	pft	2ms	עלה	748		be brought up
97:10	אהבי	qal	ptc	mp	אהב	12		love
	שנאו	qal	impv	mp	שנא	971		hate
	שמר	qal	ptc	ms	שמר	1036		keep,watch
	יצילם	hiph	impf	3ms	נצל	664	3mp	snatch,deliver
97:11	זרע	qal	pptc	ms	זרע	281		sow
97:12	שמחו	qal	impv	mp	שמח	970		rejoice
	הודו	hiph	impv	mp	ידה	392		praise
98:1	שירו	qal	impv	mp	שיר	1010		sing
	נפלאות	niph	ptc	fp	פלא	810		be wonderful
	עשה	qal	pft	3ms	עשה	793		do,make
	הושיעה	hiph	pft	3fs	ישע	446		deliver,save
98:2	הודיע	hiph	pft	3ms	ידע	393		declare
	גלה	piel	pft	3ms	גלה	162		uncover
98:3	זכר	qal	pft	3ms	זכר	269		remember
	ראו	qal	pft	3cp	ראה	906		see
98:4	הריעו	hiph	impv	mp	רוע	929		raise a shout
	פצחו	qal	impv	mp	פצח	822		break forth
	רננו	piel	impv	mp	רנן	943		shout w/joy
	זמרו	piel	impv	mp	זמר	274		make music
98:5	זמרו	piel	impv	mp	זמר	274		make music
98:6	הריעו	hiph	impv	mp	רוע	929		raise a shout
98:7	ירעם	qal	jusm	3ms	רעם	947		thunder
	ישבי	qal	ptc	mp	ישב	442		sit,dwell
98:8	ימחאו	qal	jusm	3mp	מחא	561		clap
	ירננו	piel	jusm	3mp	רנן	943		shout w/joy
98:9	בא	qal	ptc	ms	בוא	97		come in
	שפט	qal	infc		שפט	1047		judge
	ישפט	qal	impf	3ms	שפט	1047		judge
99:1	מלך	qal	pft	3ms	מלך	573		be king,reign
	ירגזו	qal	jusm	3mp	רגז	919		quake
	ישב	qal	ptc	ms	ישב	442		sit,dwell
	תנוט	qal	jusm	3fs	נוט	630		shake
99:2	רם	qal	ptc	ms	רום	926		be high
99:3	יודו	hiph	jusm	3mp	ידה	392		praise
	נורא	niph	ptc	ms	ירא	431		be feared
99:4	אהב	qal	pft	3ms	אהב	12		love
	כוננת	pol	pft	2ms	כון	465		establish
	עשית	qal	pft	2ms	עשה	793		do,make
99:5	רוממו	pol	impv	mp	רום	926		raise,rear
	השתחוו	hish	impv	mp	חוה	1005		bow down
99:6	קראי	qal	ptc	mp	קרא	894		call,proclaim
	קראים	qal	ptc	mp	קרא	894		call,proclaim
	יענם	qal	impf	3ms	ענה	772	3mp	answer
99:7	ידבר	piel	impf	3ms	דבר	180		speak
	שמרו	qal	pft	3cp	שמר	1036		keep,watch
	נתן	qal	pft	3ms	נתן	678		give,set
99:8	עניתם	qal	pft	2ms	ענה	772	3mp	answer
	נשא	qal	ptc	ms	נשא	669		lift,carry
	היית	qal	pft	2ms	היה	224		be,become
	נקם	qal	ptc	ms	נקם	667		avenge
99:9	רוממו	pol	impv	mp	רום	926		raise,rear
	השתחוו	hish	impv	mp	חוה	1005		bow down
100:1	הריעו	hiph	impv	mp	רוע	929		raise a shout
100:2	עבדו	qal	impv	mp	עבד	712		work,serve
	באו	qal	impv	mp	בוא	97		come in
100:3	דעו	qal	impv	mp	ידע	393		know
	עשנו	qal	pft	3ms	עשה	793	1cp	do,make
100:4	באו	qal	impv	mp	בוא	97		come in
	הודו	hiph	impv	mp	ידה	392		praise
	ברכו	piel	impv	mp	ברך	138		bless
101:1	אשירה	qal	coh	1cs	שיר	1010		sing
	אזמרה	piel	coh	1cs	זמר	274		make music
101:2	אשכילה	hiph	coh	1cs	שכל	968		look at,prosper
	תבוא	qal	impf	2ms	בוא	97		come in
	אתהלך	hith	impf	1cs	הלך	229		walk to and fro
101:3	אשית	qal	impf	1cs	שית	1011		put,set
	עשה	qal	infc		עשה	793		do,make
	שנאתי	qal	pft	1cs	שנא	971		hate
	ידבק	qal	impf	3ms	דבק	179		cling,cleave
101:4	יסור	qal	impf	3ms	סור	693		turn aside
	אדע	qal	impf	1cs	ידע	393		know
101:5	מלושני k	poel	ptc	ms	לשן	546	1cs	slander
	מלשני q	poel	ptc	ms	לשן	546	1cs	slander
	אצמית	hiph	impf	1cs	צמת	856		annihilate
	אוכל	qal	impf	1cs	יכל	407		be able
101:6	נאמני	niph	ptc	mp	אמן	52		be confirmed
	שבת	qal	infc		ישב	442		sit,dwell
	הלך	qal	ptc	ms	הלך	229		walk,go
	ישרתני	piel	impf	3ms	שרת	1058	1cs	minister,serve
101:7	ישב	qal	impf	3ms	ישב	442		sit,dwell
	עשה	qal	ptc	ms	עשה	793		do,make
	דבר	qal	ptc	ms	דבר	180		speak
	יכון	niph	impf	3ms	כון	465		be established
101:8	אצמית	hiph	impf	1cs	צמת	856		annihilate
	הכרית	hiph	infc		כרת	503		cut off,destroy
	פעלי	qal	ptc	mp	פעל	821		do,make
102:1	יעטף	qal	impf	3ms	עטף	742		be feeble
	ישפך	qal	impf	3ms	שפך	1049		pour out
102:2	שמעה	qal	impv	ms	שמע	1033		hear
	תבוא	qal	jusm	3fs	בוא	97		come in
102:3	תסתר	hiph	jus	2ms	סתר	711		hide
	צר	qal	pft	3ms	צרר	864		bind,be cramped

Psalms 102:3–104:2

ChVs	Form	Stem	Tnse	PGN	Root	BDB	Sfx	Meaning
102:3	הטה	hiph	impv	ms	נטה	639		turn, incline
	אקרא	qal	impf	1cs	קרא	894		call, proclaim
	מהר	piel	impv	ms	מהר	554		hasten
	ענני	qal	impv	ms	ענה	772	1cs	answer
102:4	כלו	qal	pft	3cp	כלה	477		finished, spent
	נחרו	niph	pft	3cp	חרר	359		be scorched
102:5	הוכה	hoph	pft	3ms	נכה	645		be smitten
	יבש	qal	wci	3ms	יבש	386		be dry
	שכחתי	qal	pft	1cs	שכח	1013		forget
	אכל	qal	infc		אכל	37		eat, devour
102:6	דבקה	qal	pft	3fs	דבק	179		cling, cleave
102:7	דמיתי	qal	pft	1cs	דמה	197		be like
	הייתי	qal	pft	1cs	היה	224		be, become
102:8	שקדתי	qal	pft	1cs	שקד	1052		watch, wake
	אהיה	qal	wci	1cs	היה	224		be, become
	בודד	qal	ptc	ms	בדד	94		be separate
102:9	חרפוני	piel	pft	3cp	חרף	357	1cs	reproach
	אויבי	qal	ptc	mp	איב	33	1cs	be hostile to
	מהוללי	poal	ptc	mp	הלל	237	1cs	befool
	נשבעו	niph	pft	3cp	שבע	989		swear
102:10	אכלתי	qal	pft	1cs	אכל	37		eat, devour
	מסכתי	qal	pft	1cs	מסך	587		pour, mix
102:11	נשאתני	qal	pft	2ms	נשא	669	1cs	lift, carry
	תשליכני	hiph	wci	2ms	שלך	1020	1cs	throw, cast
102:12	נטוי	qal	pptc	ms	נטה	639		stretch, incline
	איבש	qal	impf	1cs	יבש	386		be dry
102:13	תשב	qal	impf	2ms	ישב	442		sit, dwell
102:14	תקום	qal	impf	2ms	קום	877		arise, stand
	תרחם	piel	impf	2ms	רחם	933		have compassion
	חננה	qal	infc		חנן	335	3fs	show favor
	בא	qal	pft	3ms	בוא	97		come in
102:15	רצו	qal	pft	3cp	רצה	953		be pleased
	יחננו	poel	impf	3mp	חנן	335		direct favor to
102:16	יראו	qal	impf	3mp	ירא	431		fear
102:17	בנה	qal	pft	3ms	בנה	124		build
	נראה	niph	pft	3ms	ראה	906		appear, be seen
102:18	פנה	qal	pft	3ms	פנה	815		turn
	בזה	qal	pft	3ms	בזה	102		despise
102:19	תכתב	niph	jusm	3fs	כתב	507		be written
	נברא	niph	ptc	ms	ברא	135		be created
	יהלל	piel	impf	3ms	הלל	237		praise
102:20	השקיף	hiph	pft	3ms	שקף	1054		look down
	הביט	hiph	pft	3ms	נבט	613		look, regard
102:21	שמע	qal	infc		שמע	1033		hear
	פתח	piel	infc		פתח	834		loose, free
102:22	ספר	piel	infc		ספר	707		recount
102:23	הקבץ	niph	infc		קבץ	867		assemble, gather
	עבד	qal	infc		עבד	712		work, serve
102:24	ענה	piel	pft	3ms	ענה	776		humble
	קצר	piel	pft	3ms	קצר	894		shorten
102:25	אמר	qal	impf	1cs	אמר	55		say
	תעלני	hiph	jusm	2ms	עלה	748	1cs	bring up, offer
102:26	יסדת	qal	pft	2ms	יסד	413		establish
102:27	יאבדו	qal	impf	3mp	אבד	1		perish
102:27	תעמד	qal	impf	2ms	עמד	763		stand, stop
	יבלו	qal	impf	3mp	בלה	115		wear out
	תחליפם	hiph	impf	2ms	חלף	322	3mp	change
	יחלפו	qal	impf	3mp	חלף	322		pass on
102:28	יתמו	qal	impf	3mp	תמם	1070		be finished
102:29	ישכונו	qal	impf	3mp	שכן	1014		settle, dwell
	יכון	niph	impf	3ms	כון	465		be established
103:1	ברכי	piel	impv	fs	ברך	138		bless
103:2	ברכי	piel	impv	fs	ברך	138		bless
	תשכחי	qal	jusm	2fs	שכח	1013		forget
103:3	סלח	qal	ptc	ms	סלח	699		forgive, pardon
	רפא	qal	ptc	ms	רפא	950		heal
103:4	גואל	qal	ptc	ms	גאל	145		redeem
	מעטרכי	piel	ptc	ms	עטר	742	2ms	crown
103:5	משביע	hiph	ptc	ms	שבע	959		satisfy
	תתחדש	hith	impf	3fs	חדש	293		renew oneself
103:6	עשה	qal	ptc	ms	עשה	793		do, make
	עשוקים	qal	pptc	mp	עשק	798		oppress, extort
103:7	יודיע	hiph	impf	3ms	ידע	393		declare
103:9	יריב	qal	impf	3ms	ריב	936		strive, contend
	יטור	qal	impf	3ms	נטר	643		keep
103:10	עשה	qal	pft	3ms	עשה	793		do, make
	גמל	qal	pft	3ms	גמל	168		deal out, ripen
103:11	גבה	qal	infc		גבה	146		be high
	גבר	qal	pft	3ms	גבר	149		be strong
	יראיו	qal	ptc	mp	ירא	431	3ms	fear
103:12	רחק	qal	infc		רחק	934		be distant
	הרחיק	hiph	pft	3ms	רחק	934		put far away
103:13	רחם	piel	infc		רחם	933		have compassion
	רחם	piel	pft	3ms	רחם	933		have compassion
	יראיו	qal	ptc	mp	ירא	431	3ms	fear
103:14	ידע	qal	pft	3ms	ידע	393		know
	זכור	qal	pptc	ms	זכר	269		remember
103:15	יציץ	qal	impf	3ms	צוץ	847		flourish, shine
103:16	עברה	qal	pft	3fs	עבר	716		pass over
	יכירנו	hiph	impf	3ms	נכר	647	3ms	regard, notice
103:17	יראיו	qal	ptc	mp	ירא	431	3ms	fear
103:18	שמרי	qal	ptc	mp	שמר	1036		keep, watch
	זכרי	qal	ptc	mp	זכר	269		remember
	עשותם	qal	infc		עשה	793	3mp	do, make
103:19	הכין	hiph	pft	3ms	כון	465		fix, prepare
	משלה	qal	pft	3fs	משל	605		rule
103:20	ברכו	piel	impv	mp	ברך	138		bless
	עשי	qal	ptc	ms	עשה	793		do, make
	שמע	qal	infc		שמע	1033		hear
103:21	ברכו	piel	impv	mp	ברך	138		bless
	משרתיו	piel	ptc	mp	שרת	1058	3ms	minister, serve
	עשי	qal	ptc	ms	עשה	793		do, make
103:22	ברכו	piel	impv	mp	ברך	138		bless
	ברכי	piel	impv	fs	ברך	138		bless
104:1	ברכי	piel	impv	fs	ברך	138		bless
	גדלת	qal	pft	2ms	גדל	152		be great, grow
	לבשת	qal	pft	2ms	לבש	527		put on, clothe
104:2	עטה	qal	ptc	ms	עטה	741		wrap oneself

ChVs	Form	Stem	Tnse	PGN	Root	BDB	Sfx	Meaning
104:2	נוטה	qal	ptc	ms	נטה	639		stretch, incline
104:3	מקרה	piel	ptc	ms	קרה	900		lay beams
	שם	qal	ptc	ms	שׂים	962		put, set
	מהלך	piel	ptc	ms	הלך	229		walk
104:4	עשה	qal	ptc	ms	עשה	793		do, make
	משרתיו	piel	ptc	mp	שׁרת	1058	3ms	minister, serve
	להט	qal	ptc	ms	להט	529		burn
104:5	יסד	qal	pft	3ms	יסד	413		establish
	תמוט	niph	impf	3fs	מוט	556		be shaken
104:6	כסיתו	piel	pft	2ms	כסה	491	3ms	cover
	יעמדו	qal	impf	3mp	עמד	763		stand, stop
104:7	ינוסון	qal	impf	3mp	נוס	630		flee, escape
	יחפזון	niph	impf	3mp	חפז	342		hurry in alarm
104:8	יעלו	qal	impf	3mp	עלה	748		go up
	ירדו	qal	impf	3mp	ירד	432		come down
	יסדת	qal	pft	2ms	יסד	413		establish
104:9	שׂמת	qal	pft	2ms	שׂים	962		put, set
	יעברון	qal	impf	3mp	עבר	716		pass over
	ישובון	qal	impf	3mp	שוב	996		turn, return
	כסות	piel	infc		כסה	491		cover
104:10	משלח	piel	ptc	ms	שׁלח	1018		send away, shoot
	יהלכון	piel	impf	3mp	הלך	229		walk
104:11	ישקו	hiph	impf	3mp	שקה	1052		give to drink
	ישברו	qal	impf	3mp	שׁבר	990		break
104:12	ישכון	qal	impf	3ms	שׁכן	1014		settle, dwell
	יתנו	qal	impf	3mp	נתן	678		give, set
104:13	משקה	hiph	ptc	ms	שׁקה	1052		give to drink
	תשׂבע	qal	impf	3fs	שׂבע	959		be sated
104:14	מצמיח	hiph	ptc	ms	צמח	855		cause to grow
	הוציא	hiph	infc		יצא	422		bring out
104:15	ישמח	piel	impf	3ms	שׂמח	970		gladden
	הצהיל	hiph	infc		צהל	843		make shining
	יסעד	qal	impf	3ms	סעד	703		support
104:16	ישבעו	qal	impf	3mp	שׂבע	959		be sated
	נטע	qal	pft	3ms	נטע	642		plant
104:17	יקננו	piel	impf	3mp	קנן	890		make nest
104:19	עשה	qal	pft	3ms	עשה	793		do, make
	ידע	qal	pft	3ms	ידע	393		know
104:20	תשת	qal	jus	2ms	שׁית	1011		put, set
	יהי	qal	jus	3ms	היה	224		be, become
	תרמשׂ	qal	impf	3fs	רמשׂ	942		creep
104:21	שׁאגים	qal	ptc	mp	שׁאג	980		roar
	בקש	piel	infc		בקש	134		seek
104:22	תזרח	qal	impf	3fs	זרח	280		rise, appear
	יאספון	niph	impf	3mp	אסף	62		assemble
	ירבצון	qal	impf	3mp	רבץ	918		lie down
104:23	יצא	qal	impf	3ms	יצא	422		go out
104:24	רבו	qal	pft	3cp	רבב	912		be many
	עשׂית	qal	pft	2ms	עשׂה	793		do, make
	מלאה	qal	pft	3fs	מלא	569		be full, fill
104:26	יהלכון	piel	impf	3mp	הלך	229		walk
	יצרת	qal	pft	2ms	יצר	427		form, create
	שׂחק	piel	infc		שׂחק	965		make sport
104:27	ישברון	piel	impf	3mp	שׂבר	960		wait, hope
104:27	תת	qal	infc		נתן	678		give, set
104:28	תתן	qal	impf	2ms	נתן	678		give, set
	ילקטון	qal	impf	3mp	לקט	544		pick, gather
	תפתח	qal	impf	2ms	פתח	834		open
	ישׂבעון	qal	impf	3mp	שׂבע	959		be sated
104:29	תסתיר	hiph	impf	2ms	סתר	711		hide
	יבהלון	niph	impf	3mp	בהל	96		be disturbed
	תסף	qal	impf	2ms	אסף	62		gather
	יגועון	qal	impf	3mp	גוע	157		expire, die
	ישובון	qal	impf	3mp	שוב	996		turn, return
104:30	תשלח	piel	impf	2ms	שׁלח	1018		send away, shoot
	יבראון	niph	impf	3mp	ברא	135		be created
	תחדש	piel	impf	2ms	חדש	293		renew, repair
104:31	יהי	qal	jus	3ms	היה	224		be, become
	ישׂמח	qal	jusm	3ms	שׂמח	970		rejoice
104:32	מביט	hiph	ptc	ms	נבט	613		look, regard
	תרעד	qal	wci	3fs	רעד	944		tremble
	יגע	qal	impf	3ms	נגע	619		touch, strike
	יעשׁנו	qal	impf	3mp	עשׁן	798		smoke, fume
104:33	אשׁירה	qal	coh	1cs	שׁיר	1010		sing
	אזמרה	piel	coh	1cs	זמר	274		make music
104:34	יערב	qal	jusm	3ms	ערב	787		be sweet
	אשׂמח	qal	impf	1cs	שׂמח	970		rejoice
104:35	יתמו	qal	jusm	3mp	תמם	1070		be finished
	ברכי	piel	impv	fs	ברך	138		bless
	הללו	piel	impv	mp	הלל	237		praise
105:1	הודו	hiph	impv	mp	ידה	392		praise
	קראו	qal	impv	mp	קרא	894		call, proclaim
	הודיעו	hiph	impv	mp	ידע	393		declare
105:2	שׁירו	qal	impv	mp	שׁיר	1010		sing
	זמרו	piel	impv	mp	זמר	274		make music
	שׂיחו	qal	impv	mp	שׂיח	967		muse, complain
	נפלאותיו	niph	ptc	fp	פלא	810	3ms	be wonderful
105:3	התהללו	hith	impv	mp	הלל	237		glory
	ישׂמח	qal	jusm	3ms	שׂמח	970		rejoice
	מבקשׁי	piel	ptc	mp	בקש	134		seek
105:4	דרשׁו	qal	impv	mp	דרש	205		resort to, seek
	בקשׁו	piel	impv	mp	בקש	134		seek
105:5	זכרו	qal	impv	mp	זכר	269		remember
	נפלאותיו	niph	ptc	fp	פלא	810	3ms	be wonderful
	עשׂה	qal	pft	3ms	עשׂה	793		do, make
105:8	זכר	qal	pft	3ms	זכר	269		remember
	צוה	piel	pft	3ms	צוה	845		command
105:9	כרת	qal	pft	3ms	כרת	503		cut, destroy
105:10	יעמידה	hiph	wci	3ms	עמד	763	3fs	set up, raise
105:11	אמר	qal	infc		אמר	55		say
	אתן	qal	impf	1cs	נתן	678		give, set
105:12	היותם	qal	infc		היה	224	3mp	be, become
	גרים	qal	ptc	mp	גור	157		sojourn
105:13	יתהלכו	hith	wci	3mp	הלך	229		walk to and fro
105:14	הניח	hiph	pft	3ms	נוח	628		give rest, put
	עשׁקם	qal	infc		עשׁק	798	3mp	oppress, extort
	יוכח	hiph	wci	3ms	יכח	406		decide, reprove
105:15	תגעו	qal	jusm	2mp	נגע	619		touch, strike

Psalms 105:15–106:19

ChVs	Form	Stem	Tnse	PGN	Root	BDB	Sfx	Meaning	ChVs	Form	Stem	Tnse	PGN	Root	BDB	Sfx	Meaning
105:15	תרעו	hiph	jusm	2mp	רעע	949		hurt,do evil	105:41	יזובו	qal	wci	3mp	זוב	264		flow,gush
105:16	יקרא	qal	wci	3ms	קרא	894		call,proclaim		הלכו	qal	pft	3cp	הלך	229		walk,go
	שבר	qal	pft	3ms	שבר	990		break	105:42	זכר	qal	pft	3ms	זכר	269		remember
105:17	שלח	qal	pft	3ms	שלח	1018		send	105:43	יוצא	hiph	wci	3ms	יצא	422		bring out
	נמכר	niph	pft	3ms	מכר	569		be sold	105:44	יתן	qal	wci	3ms	נתן	678		give,set
105:18	ענו	piel	pft	3cp	ענה	776		humble		יירשו	qal	impf	3mp	ירש	439		possess,inherit
	באה	qal	pft	3fs	בוא	97		come in	105:45	ישמרו	qal	impf	3mp	שמר	1036		keep,watch
105:19	בא	qal	infc		בוא	97		come in		ינצרו	qal	impf	3mp	נצר	665		watch,guard
	צרפתהו	qal	pft	3fs	צרף	864	3ms	refine,test		הללו	piel	impv	mp	הלל	237		praise
105:20	שלח	qal	pft	3ms	שלח	1018		send	106:1	הללו	piel	impv	mp	הלל	237		praise
	יתירהו	hiph	wci	3ms	נתר	684	3ms	loosen,set free		הודו	hiph	impv	mp	ידה	392		praise
	משל	qal	ptc	ms	משל	605		rule	106:2	ימלל	piel	impf	3ms	מלל	576		speak
	יפתחהו	piel	wci	3ms	פתח	834	3ms	loose,free		ישמיע	hiph	impf	3ms	שמע	1033		cause to hear
105:21	שמו	qal	pft	3ms	שים	962	3ms	put,set	106:3	שמרי	qal	ptc	mp	שמר	1036		keep,watch
	משל	qal	ptc	ms	משל	605		rule		עשה	qal	ptc	ms	עשה	793		do,make
105:22	אסר	qal	infc		אסר	63		tie,bind	106:4	זכרני	qal	impv	ms	זכר	269	1cs	remember
	יחכם	piel	impf	3ms	חכם	314		make wise		פקדני	qal	impv	ms	פקד	823	1cs	attend to,visit
105:23	יבא	qal	wci	3ms	בוא	97		come in	106:5	ראות	qal	infc		ראה	906		see
	גר	qal	pft	3ms	גור	157		sojourn		שמח	qal	infc		שמח	970		rejoice
105:24	יפר	hiph	wci	3ms	פרה	826		make fruitful		התהלל	hith	infc		הלל	237		glory
	יעצמהו	hiph	wci	3ms	עצם	782	3ms	make strong	106:6	חטאנו	qal	pft	1cp	חטא	306		sin
105:25	הפך	qal	pft	3ms	הפך	245		turn,overturn		העוינו	hiph	pft	1cp	עוה	731		commit iniquity
	שנא	qal	infc		שנא	971		hate		הרשענו	hiph	pft	1cp	רשע	957		condemn,be evil
	התנכל	hith	infc		נכל	647		deal craftily	106:7	השכילו	hiph	pft	3cp	שכל	968		look at,prosper
105:26	שלח	qal	pft	3ms	שלח	1018		send		נפלאותיך	niph	ptc	fp	פלא	810	2ms	be wonderful
	בחר	qal	pft	3ms	בחר	103		choose		זכרו	qal	pft	3cp	זכר	269		remember
105:27	שמו	qal	pft	3cp	שים	962		put,set		ימרו	hiph	wci	3mp	מרה	598		rebel
105:28	שלח	qal	pft	3ms	שלח	1018		send	106:8	יושיעם	hiph	wci	3ms	ישע	446	3mp	deliver,save
	יחשך	hiph	wci	3ms	חשך	364		make dark		הודיע	hiph	infc		ידע	393		declare
	מרו	qal	pft	3cp	מרה	598		be disobedient	106:9	יגער	qal	wci	3ms	גער	172		rebuke
105:29	הפך	qal	pft	3ms	הפך	245		turn,overturn		יחרב	qal	wci	3ms	חרב	351		be dried up
	ימת	hiph	wci	3ms	מות	559		kill		יוליכם	hiph	wci	3ms	הלך	229	3mp	lead,bring
105:30	שרץ	qal	pft	3ms	שרץ	1056		swarm,teem	106:10	יושיעם	hiph	wci	3ms	ישע	446	3mp	deliver,save
105:31	אמר	qal	pft	3ms	אמר	55		say		שונא	qal	ptc	ms	שנא	971		hate
	יבא	qal	wci	3ms	בוא	97		come in		יגאלם	qal	wci	3ms	גאל	145	3mp	redeem
105:32	נתן	qal	pft	3ms	נתן	678		give,set		אויב	qal	ptc	ms	איב	33		be hostile to
105:33	יך	hiph	wci	3ms	נכה	645		smite	106:11	יכסו	piel	wci	3mp	כסה	491		cover
	ישבר	piel	wci	3ms	שבר	990		shatter		נותר	niph	pft	3ms	יתר	451		be left,remain
105:34	אמר	qal	pft	3ms	אמר	55		say	106:12	יאמינו	hiph	wci	3mp	אמן	52		believe
	יבא	qal	wci	3ms	בוא	97		come in		ישירו	qal	impf	3mp	שיר	1010		sing
105:35	יאכל	qal	wci	3ms	אכל	37		eat,devour	106:13	מהרו	piel	pft	3cp	מהר	554		hasten
	יאכל	qal	wci	3ms	אכל	37		eat,devour		שכחו	qal	pft	3cp	שכח	1013		forget
105:36	יך	hiph	wci	3ms	נכה	645		smite		חכו	piel	pft	3cp	חכה	314		wait
105:37	יוציאם	hiph	wci	3ms	יצא	422	3mp	bring out	106:14	יתאוו	hith	wci	3mp	אוה	16		desire
	כושל	qal	ptc	ms	כשל	505		stumble,totter		ינסו	piel	wci	3mp	נסה	650		test,try
105:38	שמח	qal	pft	3ms	שמח	970		rejoice	106:15	יתן	qal	wci	3ms	נתן	678		give,set
	צאתם	qal	infc		יצא	422	3mp	go out		ישלח	piel	wci	3ms	שלח	1018		send away,shoot
	נפל	qal	pft	3ms	נפל	656		fall	106:16	יקנאו	piel	wci	3mp	קנא	888		be jealous
105:39	פרש	qal	pft	3ms	פרש	831		spread out	106:17	תפתח	qal	impf	3fs	פתח	834		open
	האיר	hiph	infc		אור	21		cause to shine		תבלע	qal	wci	3fs	בלע	118		swallow
105:40	שאל	qal	pft	3ms	שאל	981		ask,borrow		תכס	piel	wci	3fs	כסה	491		cover
	יבא	hiph	wci	3ms	בוא	97		bring in	106:18	תבער	qal	wci	3fs	בער	128		burn
	ישביעם	hiph	impf	3ms	שבע	959	3mp	satisfy		תלהט	piel	impf	3fs	להט	529		set ablaze
105:41	פתח	qal	pft	3ms	פתח	834		open	106:19	יעשו	qal	impf	3mp	עשה	793		do,make

ChVs	Form	Stem	Tnse	PGN	Root	BDB	Sfx	Meaning
106:19	ישתחוו	hish	wci	3mp	חוה	1005		bow down
106:20	ימירו	hiph	wci	3mp	מור	558		change
	אכל	qal	ptc	ms	אכל	37		eat, devour
106:21	שכחו	qal	pft	3cp	שכח	1013		forget
	מושיעם	hiph	ptc	ms	ישע	446	3mp	deliver, save
	עשה	qal	ptc	ms	עשה	793		do, make
106:22	נפלאות	niph	ptc	fp	פלא	810		be wonderful
	נוראות	niph	ptc	fp	ירא	431		be feared
106:23	יאמר	qal	wci	3ms	אמר	55		say
	השמידם	hiph	infc		שמד	1029	3mp	exterminate
	עמד	qal	pft	3ms	עמד	763		stand, stop
	השיב	hiph	infc		שוב	996		bring back
	השחית	hiph	infc		שחת	1007		spoil, ruin
106:24	ימאסו	qal	wci	3mp	מאס	549		reject, refuse
	האמינו	hiph	pft	3cp	אמן	52		believe
106:25	ירגנו	niph	wci	3mp	רגן	920		murmur, rebel
	שמעו	qal	pft	3cp	שמע	1033		hear
106:26	ישא	qal	wci	3ms	נשא	669		lift, carry
	הפיל	hiph	infc		נפל	656		cause to fall
106:27	הפיל	hiph	infc		נפל	656		cause to fall
	זרותם	piel	infc		זרה	279	3mp	scatter
106:28	יצמדו	niph	wci	3mp	צמד	855		join oneself to
	יאכלו	qal	wci	3mp	אכל	37		eat, devour
	מתים	qal	ptc	mp	מות	559		die
106:29	יכעיסו	hiph	wci	3mp	כעס	494		vex, provoke
	תפרץ	qal	wci	3fs	פרץ	829		break through
106:30	יעמד	qal	wci	3ms	עמד	763		stand, stop
	יפלל	piel	wci	3ms	פלל	813		mediate, judge
	תעצר	niph	wci	3fs	עצר	783		be restrained
106:31	תחשב	niph	wci	3fs	חשב	362		be thought
106:32	יקציפו	hiph	wci	3mp	קצף	893		provoke
	ירע	qal	wci	3ms	רעע	949		be evil
106:33	המרו	hiph	pft	3cp	מרה	598		rebel
	יבטא	piel	wci	3ms	בטה	104		speak rashly
106:34	השמידו	hiph	pft	3cp	שמד	1029		exterminate
	אמר	qal	pft	3ms	אמר	55		say
106:35	יתערבו	hith	wci	3mp	ערב	786		exchange, share
	ילמדו	qal	wci	3mp	למד	540		learn
106:36	יעבדו	qal	wci	3mp	עבד	712		work, serve
	יהיו	qal	wci	3mp	היה	224		be, become
106:37	יזבחו	qal	wci	3mp	זבח	256		slaughter
106:38	ישפכו	qal	wci	3mp	שפך	1049		pour out
	זבחו	piel	pft	3cp	זבח	256		sacrifice
	תחנף	qal	wci	3fs	חנף	337		be polluted
106:39	יטמאו	qal	wci	3mp	טמא	379		become unclean
	יזנו	qal	wci	3mp	זנה	275		act a harlot
106:40	יחר	qal	wci	3ms	חרה	354		be kindled, burn
	יתעב	piel	wci	3ms	תעב	1073		abhor
106:41	יתנם	qal	wci	3ms	נתן	678	3mp	give, set
	ימשלו	qal	wci	3mp	משל	605		rule
	שנאיהם	qal	ptc	mp	שנא	971	3mp	hate
106:42	ילחצום	qal	wci	3mp	לחץ	537	3mp	press, oppress
	אויביהם	qal	ptc	mp	איב	33	3mp	be hostile to
	יכנעו	niph	wci	3mp	כנע	488		humble self
106:43	יצילם	hiph	impf	3ms	נצל	664	3mp	snatch, deliver
	ימרו	hiph	impf	3mp	מרה	598		rebel
	ימכו	qal	wci	3mp	מכך	568		be low, sink
106:44	ירא	qal	wci	3ms	ראה	906		see
	שמעו	qal	infc		שמע	1033	3ms	hear
106:45	יזכר	qal	wci	3ms	זכר	269		remember
	ינחם	niph	wci	3ms	נחם	636		be sorry
106:46	יתן	qal	wci	3ms	נתן	678		give, set
	שוביהם	qal	ptc	mp	שבה	985	3mp	take captive
106:47	הושיענו	hiph	impv	ms	ישע	446	1cp	deliver, save
	קבצנו	piel	impv	ms	קבץ	867	1cp	gather together
	הדות	hiph	infc		ידה	392		praise
	השתבח	hith	infc		שבח	986		boast
106:48	ברוך	qal	pptc	ms	ברך	138		kneel, bless
	אמר	qal	wcp	3ms	אמר	55		say
	הללו	piel	impv	mp	הלל	237		praise
107:1	הדו	hiph	impv	mp	ידה	392		praise
107:2	יאמרו	qal	jusm	3mp	אמר	55		say
	גאולי	qal	pptc	mp	גאל	145		redeem
	גאלם	qal	pft	3ms	גאל	145	3mp	redeem
107:3	קבצם	piel	pft	3ms	קבץ	867	3mp	gather together
107:4	תעו	qal	pft	3cp	תעה	1073		wander, err
	מצאו	qal	pft	3cp	מצא	592		find
107:5	תתעטף	hith	impf	3fs	עטף	742		faint
107:6	יצעקו	qal	wci	3mp	צעק	858		cry out
	יצילם	hiph	impf	3ms	נצל	664	3mp	snatch, deliver
107:7	ידריכם	hiph	wci	3ms	דרך	201	3mp	tread, lead
	לכת	qal	infc		הלך	229		walk, go
107:8	יודו	hiph	jusm	3mp	ידה	392		praise
	נפלאותיו	niph	ptc	fp	פלא	810	3ms	be wonderful
107:9	השביע	hiph	pft	3ms	שבע	959		satisfy
	שקקה	qal	ptc	fs	שקק	1055		run, rush
	מלא	piel	pft	3ms	מלא	569		fill
107:10	ישבי	qal	ptc	mp	ישב	442		sit, dwell
107:11	המרו	hiph	pft	3cp	מרה	598		rebel
	נאצו	qal	pft	3cp	נאץ	610		spurn
107:12	יכנע	hiph	wci	3ms	כנע	488		humble, subdue
	כשלו	qal	pft	3cp	כשל	505		stumble, totter
	עזר	qal	ptc	ms	עזר	740		help, aid
107:13	יזעקו	qal	wci	3mp	זעק	277		call, cry out
	יושיעם	hiph	impf	3ms	ישע	446	3mp	deliver, save
107:14	יוציאם	hiph	impf	3ms	יצא	422	3mp	bring out
	ינתק	piel	impf	3ms	נתק	683		tear apart
107:15	יודו	hiph	jusm	3mp	ידה	392		praise
	נפלאותיו	niph	ptc	fp	פלא	810	3ms	be wonderful
107:16	שבר	piel	pft	3ms	שבר	990		shatter
	גדע	piel	pft	3ms	גדע	154		hew off
107:17	יתענו	hith	impf	3mp	ענה	776		humble oneself
107:18	תתעב	piel	impf	3fs	תעב	1073		abhor
	יגיעו	hiph	wci	3mp	נגע	619		reach, arrive
107:19	יזעקו	qal	wci	3mp	זעק	277		call, cry out
	יושיעם	hiph	impf	3ms	ישע	446	3mp	deliver, save
107:20	ישלח	qal	impf	3ms	שלח	1018		send
	ירפאם	qal	impf	3ms	רפא	950	3mp	heal

Psalms 107:20–109:14

ChVs	Form	Stem	Tnse	PGN	Root	BDB	Sfx	Meaning
107:20	ימלט	piel	impf	3ms	מלט	572		deliver
107:21	יודו	hiph	jusm	3mp	ידה	392		praise
	נפלאותיו	niph	ptc	fp	פלא	810	3ms	be wonderful
107:22	יזבחו	qal	jusm	3mp	זבח	256		slaughter
	יספרו	piel	jusm	3mp	ספר	707		recount
107:23	יורדי	qal	ptc	mp	ירד	432		come down
	עשי	qal	ptc	mp	עשה	793		do, make
107:24	ראו	qal	pft	3cp	ראה	906		see
	נפלאותיו	niph	ptc	fp	פלא	810	3ms	be wonderful
107:25	יאמר	qal	wci	3ms	אמר	55		say
	יעמד	hiph	wci	3ms	עמד	763		set up, raise
	תרומם	pol	wci	3fs	רום	926		raise, rear
107:26	יעלו	qal	impf	3mp	עלה	748		go up
	ירדו	qal	impf	3mp	ירד	432		come down
	תתמוגג	htpo	impf	3fs	מוג	556		melt
107:27	יחוגו	qal	impf	3mp	חגג	290		keep festival
	ינועו	qal	impf	3mp	נוע	631		totter, wave
	תתבלע	hith	impf	3fs	בלע	118		be ruined
107:28	יצעקו	qal	wci	3mp	צעק	858		cry out
	יוציאם	hiph	impf	3ms	יצא	422	3mp	bring out
107:29	יקם	hiph	jusf	3ms	קום	877		raise, build, set
	יחשו	qal	wci	3mp	חשה	364		be silent
107:30	ישמחו	qal	wci	3mp	שמח	970		rejoice
	ישתקו	qal	impf	3mp	שתק	1060		be quiet
	ינחם	hiph	wci	3ms	נחה	634	3mp	lead, guide
107:31	יודו	hiph	jusm	3mp	ידה	392		praise
	נפלאותיו	niph	ptc	fp	פלא	810	3ms	be wonderful
107:32	ירממוהו	pol	jusm	3mp	רום	926	3ms	raise, rear
	יהללוהו	piel	jusm	3mp	הלל	237	3mp	praise
107:33	ישם	qal	jusf	3ms	שים	962		put, set
107:34	ישבי	qal	ptc	mp	ישב	442		sit, dwell
107:35	ישם	qal	jusf	3ms	שים	962		put, set
107:36	יושב	hiph	wci	3ms	ישב	442		cause to dwell
	יכוננו	pol	wci	3mp	כון	465		establish
107:37	יזרעו	qal	wci	3mp	זרע	281		sow
	יטעו	qal	wci	3mp	נטע	642		plant
	יעשו	qal	wci	3mp	עשה	793		do, make
107:38	יברכם	piel	wci	3ms	ברך	138	3mp	bless
	ירבו	qal	wci	3mp	רבה	915		be many, great
	ימעיט	hiph	impf	3ms	מעט	589		make small
107:39	ימעטו	qal	wci	3mp	מעט	589		be small, few
	ישחו	qal	wci	3mp	שחח	1005		be bowed down
107:40	שפך	qal	ptc	ms	שפך	1049		pour out
	יתעם	hiph	wci	3ms	תעה	1073	3mp	cause to err
107:41	ישגב	piel	wci	3ms	שגב	960		set high
	ישם	qal	wci	3ms	שים	962		put, set
107:42	יראו	qal	impf	3mp	ראה	906		see
	ישמחו	qal	impf	3mp	שמח	970		rejoice
	קפצה	qal	pft	3fs	קפץ	891		shut
107:43	ישמר	qal	jusm	3ms	שמר	1036		keep, watch
	יתבוננו	htpo	jusm	3mp	בין	106		understand
108:2	נכון	niph	ptc	ms	כון	465		be established
	אשירה	qal	coh	1cs	שיר	1010		sing
	אזמרה	piel	coh	1cs	זמר	274		make music
108:3	עורה	qal	impv	ms	עור	734		rouse self
	אעירה	hiph	coh	1cs	עור	734		rouse, stir up
108:4	אודך	hiph	cohm	1cs	ידה	392	2ms	praise
	אזמרך	piel	cohm	1cs	זמר	274	2ms	make music
108:6	רומה	qal	impv	ms	רום	926		be high
108:7	יחלצון	niph	impf	3mp	חלץ	322		be delivered
	הושיעה	hiph	impv	ms	ישע	446		deliver, save
	עניני	qal	impv	ms	ענה	772	1cs	answer
108:8	דבר	piel	pft	3ms	דבר	180		speak
	אעלזה	qal	coh	1cs	עלז	759		exult, triumph
	אחלקה	piel	coh	1cs	חלק	323		divide
	אמדד	piel	cohm	1cs	מדד	551		measure
108:9	מחקקי	poel	ptc	ms	חקק	349	1cs	prescribe(r)
108:10	אשליך	hiph	impf	1cs	שלך	1020		throw, cast
	אתרועע	htpo	impf	1cs	רוע	929		shout for joy
108:11	יבלני	hiph	impf	3ms	יבל	384	1cs	bear along
	נחני	qal	pft	3ms	נחה	634	1cs	lead
108:12	זנחתנו	qal	pft	2ms	זנח	276	1cp	reject
	תצא	qal	impf	2ms	יצא	422		go out
108:13	הבה	qal	impv	ms	יהב	396		give
108:14	נעשה	qal	impf	1cp	עשה	793		do, make
	יבוס	qal	impf	3ms	בוס	100		trample
109:1	מנצח	piel	ptc	ms	נצח	663		act as director
	תחרש	qal	jusm	2ms	חרש	361		be silent, deaf
109:2	פתחו	qal	pft	3cp	פתח	834		open
	דברו	piel	pft	3cp	דבר	180		speak
109:3	סבבוני	qal	pft	3cp	סבב	685	1cs	surround
	ילחמוני	niph	wci	3mp	לחם	535	1cs	wage war
109:4	ישטנוני	qal	impf	3mp	שטן	966	1cs	be adversary
109:5	ישימו	qal	wci	3mp	שים	962		put, set
109:6	הפקד	hiph	impv	ms	פקד	823		set, entrust
	יעמד	qal	jusm	3ms	עמד	763		stand, stop
109:7	השפטו	niph	infc		שפט	1047	3ms	plead
	יצא	qal	jusm	3ms	יצא	422		go out
	תהיה	qal	jusm	3fs	היה	224		be, become
109:8	יהיו	qal	jusm	3mp	היה	224		be, become
	יקח	qal	jusm	3ms	לקח	542		take
109:9	יהיו	qal	jusm	3mp	היה	224		be, become
109:10	נוע	qal	infa		נוע	631		totter, wave
	ינועו	qal	jusm	3mp	נוע	631		totter, wave
	שאלו	piel	wcp	3cp	שאל	981		inquire, beg
	דרשו	qal	wcp	3cp	דרש	205		resort to, seek
109:11	ינקש	piel	jusm	3ms	נקש	669		set trap
	נושה	qal	ptc	ms	נשה	674		lend
	יבזו	qal	jusm	3mp	בזז	102		plunder
	זרים	qal	ptc	mp	זור	266		be stranger
109:12	יהי	qal	jus	3ms	היה	224		be, become
	משך	qal	ptc	ms	משך	604		draw, pull
	יהי	qal	jus	3ms	היה	224		be, become
	חונן	qal	ptc	ms	חנן	335		show favor
109:13	יהי	qal	jus	3ms	היה	224		be, become
	הכרית	hiph	infc		כרת	503		cut off, destroy
	ימח	niph	jus	3ms	מחה	562		be wiped out
109:14	יזכר	niph	jusm	3ms	זכר	269		be remembered

ChVs	Form	Stem	Tnse	PGN	Root	BDB	Sfx	Meaning
109:14	תמח	niph	jus	3fs	מחה	562		be wiped out
109:15	יהיו	qal	jusm	3mp	היה	224		be, become
	יכרת	hiph	jus	3ms	כרת	503		cut off, destroy
109:16	זכר	qal	pft	3ms	זכר	269		remember
	עשות	qal	infc		עשה	793		do, make
	ירדף	qal	wci	3ms	רדף	922		pursue
	נכאה	niph	ptc	ms	כאה	456		be humbled
	מותת	pol	infc		מות	559		kill
109:17	יאהב	qal	wci	3ms	אהב	12		love
	תבואהו	qal	wci	3fs	בוא	97	3ms	come in
	חפץ	qal	pft	3ms	חפץ	342		delight in
	תרחק	qal	wci	3fs	רחק	934		be distant
109:18	ילבש	qal	wci	3ms	לבש	527		put on, clothe
	תבא	qal	wci	3fs	בוא	97		come in
109:19	תהי	qal	jus	3fs	היה	224		be, become
	יעטה	qal	impf	3ms	עטה	741		wrap oneself
	יחגרה	qal	impf	3ms	חגר	291	3fs	gird
109:20	שטני	qal	ptc	mp	שטן	966	1cs	be adversary
	דברים	qal	ptc	mp	דבר	180		speak
109:21	עשה	qal	impv	ms	עשה	793		do, make
	הצילני	hiph	impv	ms	נצל	664	1cs	snatch, deliver
109:22	חלל	qal	pft	3ms	חלל	319		pierce
109:23	נטותו	qal	infc		נטה	639	3ms	stretch, incline
	נהלכתי	niph	pft	1cs	הלך	229		be gone
	ננערתי	niph	pft	1cs	נער	654		be shaken out
109:24	כשלו	qal	pft	3cp	כשל	505		stumble, totter
	כחש	qal	pft	3ms	כחש	471		grow lean
109:25	הייתי	qal	pft	1cs	היה	224		be, become
	יראוני	qal	impf	3mp	ראה	906	1cs	see
	יניעון	hiph	impf	3mp	נוע	631		shake, disturb
109:26	עזרני	qal	impv	ms	עזר	740	1cs	help, aid
	הושיעני	hiph	impv	ms	ישע	446	1cs	deliver, save
109:27	ידעו	qal	jusm	3mp	ידע	393		know
	עשיתה	qal	pft	2ms	עשה	793	3fs	do, make
109:28	יקללו	piel	impf	3mp	קלל	886		curse
	תברך	piel	impf	2ms	ברך	138		bless
	קמו	qal	pft	3cp	קום	877		arise, stand
	יבשו	qal	wci	3mp	בוש	101		be ashamed
	ישמח	qal	impf	3ms	שמח	970		rejoice
109:29	ילבשו	qal	impf	3mp	לבש	527		put on, clothe
	שוטני	qal	ptc	mp	שטן	966	1cs	be adversary
	יעטו	qal	impf	3mp	עטה	741		wrap oneself
109:30	אודה	hiph	cohm	1cs	ידה	392		praise
	אהללנו	piel	cohm	1cs	הלל	237	3ms	praise
109:31	יעמד	qal	impf	3ms	עמד	763		stand, stop
	הושיע	hiph	infc		ישע	446		deliver, save
	שפטי	qal	ptc	mp	שפט	1047		judge
110:1	שב	qal	impv	ms	ישב	442		sit, dwell
	אשית	qal	impf	1cs	שית	1011		put, set
	איביך	qal	ptc	mp	איב	33	2ms	be hostile to
110:2	ישלח	qal	impf	3ms	שלח	1018		send
	רדה	qal	impv	ms	רדה	921		rule
	איביך	qal	ptc	mp	איב	33	2ms	be hostile to
110:4	נשבע	niph	pft	3ms	שבע	989		swear
110:4	ינחם	niph	impf	3ms	נחם	636		be sorry
110:5	מחץ	qal	pft	3ms	מחץ	563		smite through
110:6	ידין	qal	impf	3ms	דין	192		judge
	מלא	qal	pft	3ms	מלא	569		be full, fill
	מחץ	qal	pft	3ms	מחץ	563		smite through
110:7	ישתה	qal	impf	3ms	שתה	1059		drink
	ירים	hiph	impf	3ms	רום	926		raise, lift
111:1	הללו	piel	impv	mp	הלל	237		praise
	אודה	hiph	cohm	1cs	ידה	392		praise
111:2	דרושים	qal	pptc	mp	דרש	205		resort to, seek
111:3	עמדת	qal	ptc	fs	עמד	763		stand, stop
111:4	עשה	qal	pft	3ms	עשה	793		do, make
	נפלאתיו	niph	ptc	fp	פלא	810	3ms	be wonderful
111:5	נתן	qal	pft	3ms	נתן	678		give, set
	יראיו	qal	ptc	mp	ירא	431	3ms	fear
	יזכר	qal	impf	3ms	זכר	269		remember
111:6	הגיד	hiph	pft	3ms	נגד	616		declare, tell
	תת	qal	infc		נתן	678		give, set
111:7	נאמנים	niph	ptc	mp	אמן	52		be confirmed
111:8	סמוכים	qal	pptc	mp	סמך	701		lean, support
	עשוים	qal	pptc	mp	עשה	793		do, make
111:9	שלח	qal	pft	3ms	שלח	1018		send
	צוה	piel	pft	3ms	צוה	845		command
	נורא	niph	ptc	ms	ירא	431		be feared
111:10	עשיהם	qal	ptc	mp	עשה	793	3mp	do, make
	עמדת	qal	ptc	fs	עמד	763		stand, stop
112:1	הללו	piel	impv	mp	הלל	237		praise
	ירא	qal	pft	3ms	ירא	431		fear
	חפץ	qal	pft	3ms	חפץ	342		delight in
112:2	יהיה	qal	impf	3ms	היה	224		be, become
	יברך	pual	impf	3ms	ברך	138		be blessed
112:3	עמדת	qal	ptc	fs	עמד	763		stand, stop
112:4	זרח	qal	pft	3ms	זרח	280		rise, appear
112:5	חונן	qal	ptc	ms	חנן	335		show favor
	מלוה	hiph	ptc	ms	לוה	531		lend
	יכלכל	pilp	impf	3ms	כול	465		support
112:6	ימוט	niph	impf	3ms	מוט	556		be shaken
	יהיה	qal	impf	3ms	היה	224		be, become
112:7	יירא	qal	impf	3ms	ירא	431		fear
	נכון	niph	ptc	ms	כון	465		be established
	בטח	qal	pptc	ms	בטח	105		trust
112:8	סמוך	qal	pptc	ms	סמך	701		lean, support
	יירא	qal	impf	3ms	ירא	431		fear
	יראה	qal	impf	3ms	ראה	906		see
112:9	פזר	piel	pft	3ms	פזר	808		scatter
	נתן	qal	pft	3ms	נתן	678		give, set
	עמדת	qal	ptc	fs	עמד	763		stand, stop
	תרום	qal	impf	3fs	רום	926		be high
112:10	יראה	qal	impf	3ms	ראה	906		see
	כעס	qal	wcp	3ms	כעס	494		be angry, vexed
	יחרק	qal	impf	3ms	חרק	359		grind teeth
	נמס	niph	wcp	3ms	מסס	587		melt, despair
	תאבד	qal	impf	3fs	אבד	1		perish
113:1	הללו	piel	impv	mp	הלל	237		praise

Psalms 113:1–118:7

ChVs	Form	Stem	Tnse	PGN	Root	BDB	Sfx	Meaning
113:1	הללו	piel	impv	mp	הלל	237		praise
	הללו	piel	impv	mp	הלל	237		praise
113:2	יהי	qal	jus	3ms	היה	224		be, become
	מברך	pual	ptc	ms	ברך	138		be blessed
113:3	מהלל	pual	ptc	ms	הלל	237		be praised
113:4	רם	qal	ptc	ms	רום	926		be high
113:5	מגביהי	hiph	ptc	ms	גבה	146		make high, exalt
	שבת	qal	infc		ישב	442		sit, dwell
113:6	משפילי	hiph	ptc	ms	שפל	1050		make low, abase
	ראות	qal	infc		ראה	906		see
113:7	מקימי	hiph	ptc	ms	קום	877		raise, build, set
	ירים	hiph	impf	3ms	רום	926		raise, lift
113:8	הושיבי	hiph	infc		ישב	442		cause to dwell
113:9	מושיבי	hiph	ptc	ms	ישב	442		cause to dwell
	הללו	piel	impv	mp	הלל	237		praise
114:1	צאת	qal	infc		יצא	422		go out
	לעז	qal	ptc	ms	לעז	541		stammer
114:2	היתה	qal	pft	3fs	היה	224		be, become
114:3	ראה	qal	pft	3ms	ראה	906		see
	ינס	qal	wci	3ms	נוס	630		flee, escape
	יסב	qal	impf	3ms	סבב	685		surround
114:4	רקדו	qal	pft	3cp	רקד	955		skip about
114:5	תנוס	qal	impf	2ms	נוס	630		flee, escape
	תסב	qal	impf	2ms	סבב	685		surround
114:6	תרקדו	qal	impf	2mp	רקד	955		skip about
114:7	חולי	qal	impv	fs	חול	296		dance, writhe
114:8	הפכי	qal	ptc	ms	הפך	245		turn, overturn
115:1	תן	qal	impv	ms	נתן	678		give, set
115:2	יאמרו	qal	impf	3mp	אמר	55		say
115:3	חפץ	qal	pft	3ms	חפץ	342		delight in
	עשה	qal	pft	3ms	עשה	793		do, make
115:5	ידברו	piel	impf	3mp	דבר	180		speak
	יראו	qal	impf	3mp	ראה	906		see
115:6	ישמעו	qal	impf	3mp	שמע	1033		hear
	יריחון	hiph	impf	3mp	ריח	926		smell
115:7	ימישון	hiph	impf	3mp	מוש	559		feel
	יהלכו	piel	impf	3mp	הלך	229		walk
	יהגו	qal	impf	3mp	הגה	211		groan, utter
115:8	יהיו	qal	impf	3mp	היה	224		be, become
	עשיהם	qal	ptc	mp	עשה	793	3mp	do, make
	בטח	qal	ptc	ms	בטח	105		trust
115:9	בטח	qal	impv	ms	בטח	105		trust
115:10	בטחו	qal	impv	mp	בטח	105		trust
115:11	יראי	qal	ptc	mp	ירא	431		fear
	בטחו	qal	impv	mp	בטח	105		trust
115:12	זכרנו	qal	pft	3ms	זכר	269	1cp	remember
	יברך	piel	impf	3ms	ברך	138		bless
	יברך	piel	impf	3ms	ברך	138		bless
	יברך	piel	impf	3ms	ברך	138		bless
115:13	יברך	piel	impf	3ms	ברך	138		bless
	יראי	qal	ptc	mp	ירא	431		fear
115:14	יסף	hiph	jus	3ms	יסף	414		add, do again
115:15	ברוכים	qal	pptc	mp	ברך	138		kneel, bless
	עשה	qal	ptc	ms	עשה	793		do, make
115:16	נתן	qal	pft	3ms	נתן	678		give, set
115:17	מתים	qal	ptc	mp	מות	559		die
	יהללו	piel	impf	3mp	הלל	237		praise
	ירדי	qal	ptc	mp	ירד	432		come down
115:18	נברך	piel	impf	1cp	ברך	138		bless
	הללו	piel	impv	mp	הלל	237		praise
116:1	אהבתי	qal	pft	1cs	אהב	12		love
	ישמע	qal	impf	3ms	שמע	1033		hear
116:2	הטה	hiph	pft	3ms	נטה	639		turn, incline
	אקרא	qal	impf	1cs	קרא	894		call, proclaim
116:3	אפפוני	qal	pft	3cp	אפף	67	1cs	encompass
	מצאוני	qal	pft	3cp	מצא	592	1cs	find
	אמצא	qal	impf	1cs	מצא	592		find
116:4	אקרא	qal	impf	1cs	קרא	894		call, proclaim
	מלטה	piel	impv	ms	מלט	572		deliver
116:5	מרחם	piel	ptc	ms	רחם	933		have compassion
116:6	שמר	qal	ptc	ms	שמר	1036		keep, watch
	דלותי	qal	pft	1cs	דלל	195		hang, be low
	יהושיע	hiph	impf	3ms	ישע	446		deliver, save
116:7	שובי	qal	impv	fs	שוב	996		turn, return
	גמל	qal	pft	3ms	גמל	168		deal out, ripen
116:8	חלצת	piel	pft	2ms	חלץ	322		deliver
116:9	אתהלך	hith	impf	1cs	הלך	229		walk to and fro
116:10	האמנתי	hiph	pft	1cs	אמן	52		believe
	אדבר	piel	impf	1cs	דבר	180		speak
	עניתי	qal	pft	1cs	ענה	776		be bowed down
116:11	אמרתי	qal	pft	1cs	אמר	55		say
	חפזי	qal	infc		חפז	342	1cs	be alarmed
	כזב	qal	ptc	ms	כזב	469		lie
116:12	אשיב	hiph	impf	1cs	שוב	996		bring back
116:13	אשא	qal	impf	1cs	נשא	669		lift, carry
	אקרא	qal	impf	1cs	קרא	894		call, proclaim
116:14	אשלם	piel	impf	1cs	שלם	1022		repay, reward
116:16	פתחת	piel	pft	2ms	פתח	834		loose, free
116:17	אזבח	qal	impf	1cs	זבח	256		slaughter
	אקרא	qal	impf	1cs	קרא	894		call, proclaim
116:18	אשלם	piel	impf	1cs	שלם	1022		repay, reward
116:19	הללו	piel	impv	mp	הלל	237		praise
117:1	הללו	piel	impv	mp	הלל	237		praise
	שבחוהו	piel	impv	mp	שבח	986	3ms	laud, praise
117:2	גבר	qal	pft	3ms	גבר	149		be strong
	הללו	piel	impv	mp	הלל	237		praise
118:1	הודו	hiph	impv	mp	ידה	392		praise
118:2	יאמר	qal	jusm	3ms	אמר	55		say
118:3	יאמרו	qal	jusm	3mp	אמר	55		say
118:4	יאמרו	qal	jusm	3mp	אמר	55		say
	יראי	qal	ptc	mp	ירא	431		fear
118:5	קראתי	qal	pft	1cs	קרא	894		call, proclaim
	ענני	qal	pft	3ms	ענה	772	1cs	answer
118:6	אירא	qal	impf	1cs	ירא	431		fear
	יעשה	qal	impf	3ms	עשה	793		do, make
118:7	עזרי	qal	ptc	mp	עזר	740	1cs	help, aid
	אראה	qal	impf	1cs	ראה	906		see
	שנאי	qal	ptc	mp	שנא	971	1cs	hate

ChVs	Form	Stem	Tnse	PGN	Root	BDB	Sfx	Meaning
118:8	חסות	qal	infc		חסה	340		seek refuge
	בטח	qal	infc		בטח	105		trust
118:9	חסות	qal	infc		חסה	340		seek refuge
	בטח	qal	infc		בטח	105		trust
118:10	סבבוני	qal	pft	3cp	סבב	685	1cs	surround
	אמילם	hiph	impf	1cs	מול	557	3mp	cut off
118:11	סבוני	qal	pft	3cp	סבב	685	1cs	surround
	סבבוני	qal	pft	3cp	סבב	685	1cs	surround
	אמילם	hiph	impf	1cs	מול	557	3mp	cut off
118:12	סבוני	qal	pft	3cp	סבב	685	1cs	surround
	דעכו	pual	pft	3cp	דעך	200		be extinguished
	אמילם	hiph	impf	1cs	מול	557	3mp	cut off
118:13	דחה	qal	infa		דחה	190		push
	דחיתני	qal	pft	2ms	דחה	190	1cs	push
	נפל	qal	infc		נפל	656		fall
	עזרני	qal	pft	3ms	עזר	740	1cs	help, aid
118:14	יהי	qal	wci	3ms	היה	224		be, become
118:15	עשה	qal	ptc	fs	עשה	793		do, make
118:16	רוממה	pol	ptc	fs	רום	926		raise, rear
	עשה	qal	ptc	fs	עשה	793		do, make
118:17	אמות	qal	impf	1cs	מות	559		die
	אחיה	qal	impf	1cs	חיה	310		live
	אספר	piel	impf	1cs	ספר	707		recount
118:18	יסר	piel	infa		יסר	415		correct, chasten
	יסרני	piel	pft	3ms	יסר	415	1cs	correct, chasten
	נתנני	qal	pft	3ms	נתן	678	1cs	give, set
118:19	פתחו	qal	impv	mp	פתח	834		open
	אבא	qal	cohm	1cs	בוא	97		come in
	אודה	hiph	cohm	1cs	ידה	392		praise
118:20	יבאו	qal	impf	3mp	בוא	97		come in
118:21	אודך	hiph	cohm	1cs	ידה	392	2ms	praise
	עניתני	qal	pft	2ms	ענה	772	1cs	answer
	תהי	qal	wci	2ms	היה	224		be, become
118:22	מאסו	qal	pft	3cp	מאס	549		reject, refuse
	בונים	qal	ptc	mp	בנה	124		build
	היתה	qal	pft	3fs	היה	224		be, become
118:23	היתה	qal	pft	3fs	היה	224		be, become
	נפלאת	niph	pft	3fs	פלא	810		be wonderful
118:24	עשה	qal	pft	3ms	עשה	793		do, make
	נגילה	qal	coh	1cp	גיל	162		rejoice
	נשמחה	qal	coh	1cp	שמח	970		rejoice
118:25	הושיעה	hiph	impv	ms	ישע	446		deliver, save
	הצליחה	hiph	impv	ms	צלח	852		cause to thrive
118:26	ברוך	qal	pptc	ms	ברך	138		kneel, bless
	בא	qal	ptc	ms	בוא	97		come in
	ברכנוכם	piel	pft	1cp	ברך	138	2mp	bless
118:27	יאר	hiph	wci	3ms	אור	21		cause to shine
	אסרו	qal	impv	mp	אסר	63		tie, bind
118:28	אודך	hiph	cohm	1cs	ידה	392	2ms	praise
	ארוממך	pol	cohm	1cs	רום	926	2ms	raise, rear
118:29	הודו	hiph	impv	mp	ידה	392		praise
119:1	הלכים	qal	ptc	mp	הלך	229		walk, go
119:2	נצרי	qal	ptc	mp	נצר	665		watch, guard
	ידרשוהו	qal	impf	3mp	דרש	205	3ms	resort to, seek
119:3	פעלו	qal	pft	3cp	פעל	821		do, make
	הלכו	qal	pft	3cp	הלך	229		walk, go
119:4	צויתה	piel	pft	2ms	צוה	845		command
	שמר	qal	infc		שמר	1036		keep, watch
119:5	יכנו	niph	impf	3mp	כון	465		be established
	שמר	qal	infc		שמר	1036		keep, watch
119:6	אבוש	qal	impf	1cs	בוש	101		be ashamed
	הביטי	hiph	infc		נבט	613	1cs	look, regard
119:7	אודך	hiph	cohm	1cs	ידה	392	2ms	praise
	למדי	qal	infc		למד	540	1cs	learn
119:8	אשמר	qal	impf	1cs	שמר	1036		keep, watch
	תעזבני	qal	jusm	2ms	עזב	736	1cs	leave, loose
119:9	יזכה	piel	impf	3ms	זכה	269		make clean
	שמר	qal	infc		שמר	1036		keep, watch
119:10	דרשתיך	qal	pft	1cs	דרש	205	2ms	resort to, seek
	תשגני	hiph	jusm	2ms	שגה	993	1cs	lead astray
119:11	צפנתי	qal	pft	1cs	צפן	860		hide
	אחטא	qal	impf	1cs	חטא	306		sin
119:12	ברוך	qal	pptc	ms	ברך	138		kneel, bless
	למדני	piel	impv	ms	למד	540	1cs	teach
119:13	ספרתי	piel	pft	1cs	ספר	707		recount
119:14	ששתי	qal	pft	1cs	שוש	965		exult
119:15	אשיחה	qal	coh	1cs	שיח	967		muse, complain
	אביטה	hiph	coh	1cs	נבט	613		look, regard
119:16	אשתעשע	htpp	impf	1cp	שעע	1044		delight oneself
	אשכח	qal	impf	1cs	שכח	1013		forget
119:17	גמל	qal	impv	ms	גמל	168		deal out, ripen
	אחיה	qal	cohm	1cs	חיה	310		live
	אשמרה	qal	coh	1cs	שמר	1036		keep, watch
119:18	גל	piel	impv	ms	גלה	162		uncover
	אביטה	hiph	coh	1cs	נבט	613		look, regard
	נפלאות	niph	ptc	fp	פלא	810		be wonderful
119:19	תסתר	hiph	jus	2ms	סתר	711		hide
119:20	גרסה	qal	pft	3fs	גרס	176		be crushed
119:21	גערת	qal	pft	2ms	גער	172		rebuke
	ארורים	qal	pptc	mp	ארר	76		curse
	שנים	qal	ptc	mp	שנה	993		err, go astray
119:22	גל	qal	impv	ms	גלל	164		roll away
	נצרתי	qal	pft	1cs	נצר	665		watch, guard
119:23	ישבו	qal	pft	3cp	ישב	442		sit, dwell
	נדברו	niph	pft	3cp	דבר	180		speak with
	ישיח	qal	impf	3ms	שיח	967		muse, complain
119:25	דבקה	qal	pft	3fs	דבק	179		cling, cleave
	חיני	piel	impv	ms	חיה	310	1cs	preserve, revive
119:26	ספרתי	piel	pft	1cs	ספר	707		recount
	תעננני	qal	wci	2ms	ענה	772	1cs	answer
	למדני	piel	impv	ms	למד	540	1cs	teach
119:27	הביני	hiph	impv	ms	בין	106	1cs	understand
	אשיחה	qal	coh	1cs	שיח	967		muse, complain
	נפלאותיך	niph	ptc	fp	פלא	810	2ms	be wonderful
119:28	דלפה	qal	pft	3fs	דלף	196		drop, drip
	קימני	piel	impv	ms	קום	877	1cs	confirm
119:29	הסר	hiph	impv	ms	סור	693		take away
	חנני	qal	impv	ms	חנן	335	1cs	show favor

Psalms 119:30–119:81

ChVs	Form	Stem	Tnse	PGN	Root	BDB	Sfx	Meaning	ChVs	Form	Stem	Tnse	PGN	Root	BDB	Sfx	Meaning
119:30	בחרתי	qal	pft	1cs	בחר	103		choose	119:58	חליתי	piel	pft	1cs	חלה	318		pacify,entreat
	שויתי	piel	pft	1cs	שוה	1001		set,place		חנני	qal	impv	ms	חנן	335	1cs	show favor
119:31	דבקתי	qal	pft	1cs	דבק	179		cling,cleave	119:59	חשבתי	piel	pft	1cs	חשב	362		devise
	תבישני	hiph	jusm	2ms	בוש	101	1cs	put to shame		אשיבה	hiph	wci		שוב	996		bring back
119:32	ארוץ	qal	impf	1cs	רוץ	930		run	119:60	חשתי	qal	pft	1cs	חוש	301		make haste
	תרחיב	hiph	impf	2ms	רחב	931		enlarge		התמהמהתי	htpp	pft	1cs	מהה	554		tarry
119:33	הורני	hiph	impv	ms	ירה	434	1cs	shoot,teach		שמר	qal	infc		שמר	1036		keep,watch
	אצרנה	qal	cohm	1cs	נצר	665	3fs	watch,guard	119:61	עודני	piel	pft	3cp	עוד	728	1cs	surround
119:34	הבינני	hiph	impv	ms	בין	106	1cs	understand		שכחתי	qal	pft	1cs	שכח	1013		forget
	אצרה	qal	coh	1cs	נצר	665		watch,guard	119:62	אקום	qal	impf	1cs	קום	877		arise,stand
	אשמרנה	qal	cohm	1cs	שמר	1036	3fs	keep,watch		הודות	hiph	infc		ידה	392		praise
119:35	הדריכני	hiph	impv	ms	דרך	201	1cs	tread,lead	119:63	יראוך	qal	pft	3cp	ירא	431	2ms	fear
	חפצתי	qal	pft	1cs	חפץ	342		delight in		שמרי	qal	ptc	mp	שמר	1036		keep,watch
119:36	הט	hiph	impv	ms	נטה	639		turn,incline	119:64	מלאה	qal	pft	3fs	מלא	569		be full,fill
119:37	העבר	hiph	impv	ms	עבר	716		cause to pass		למדני	piel	impv	ms	למד	540	1cs	teach
	ראות	qal	infc		ראה	906		see	119:65	עשית	qal	pft	2ms	עשה	793		do,make
	חיני	piel	impv	ms	חיה	310	1cs	preserve,revive	119:66	למדני	piel	impv	ms	למד	540	1cs	teach
119:38	הקם	hiph	impv	ms	קום	877		raise,build,set		האמנתי	hiph	pft	1cs	אמן	52		believe
119:39	העבר	hiph	impv	ms	עבר	716		cause to pass	119:67	אענה	qal	impf	1cs	ענה	776		be bowed down
	יגרתי	qal	pft	1cs	יגר	388		be afraid		שגג	qal	ptc	ms	שגג	992		err,sin
119:40	תאבתי	qal	pft	1cs	תאב	1060		long for		שמרתי	qal	pft	1cs	שמר	1036		keep,watch
	חיני	piel	impv	ms	חיה	310	1cs	preserve,revive	119:68	מטיב	hiph	ptc	ms	יטב	405		do good
119:41	יבאני	qal	jusm	3mp	בוא	97	1cs	come in		למדני	piel	impv	ms	למד	540	1cs	teach
	אענה	qal	cohm	1cs	ענה	772		answer	119:69	טפלו	qal	pft	3cp	טפל	381		smear,glue
	חרפי	qal	ptc	ms	חרף	357	1cs	reproach		אצר	qal	impf	1cs	נצר	665		watch,guard
	בטחתי	qal	pft	1cs	בטח	105		trust	119:70	טפש	qal	pft	3ms	טפש	382		be gross
119:43	תצל	hiph	jus	2ms	נצל	664		snatch,deliver		שעשעתי	pilp	pft	1cs	שעע	1044		sport,delight
	יחלתי	piel	pft	1cs	יחל	403		await	119:71	עניתי	pual	pft	1cs	ענה	776		be afflicted
119:44	אשמרה	qal	coh	1cs	שמר	1036		keep,watch		אלמד	qal	impf	1cs	למד	540		learn
119:45	אתהלכה	hith	coh	1cs	הלך	229		walk to and fro	119:73	עשוני	qal	pft	3cp	עשה	793	1cs	do,make
	דרשתי	qal	pft	1cs	דרש	205		resort to,seek		יכוננוני	pol	impf	3mp	כון	465	1cs	establish
119:46	אדברה	piel	coh	1cs	דבר	180		speak		הבינני	hiph	impv	ms	בין	106	1cs	understand
	אבוש	qal	impf	1cs	בוש	101		be ashamed		אלמדה	qal	coh	1cs	למד	540		learn
119:47	אשתעשע	htpp	cohm	1cs	שעע	1044		delight oneself	119:74	יראיך	qal	ptc	mp	ירא	431	2ms	fear
	אהבתי	qal	pft	1cs	אהב	12		love		יראוני	qal	jusm	3mp	ראה	906	1cs	see
119:48	אשא	qal	cohm	1cs	נשא	669		lift,carry		ישמחו	qal	jusm	3mp	שמח	970		rejoice
	אהבתי	qal	pft	1cs	אהב	12		love		יחלתי	piel	pft	1cs	יחל	403		await
	אשיחה	qal	coh	1cs	שיח	967		muse,complain	119:75	ידעתי	qal	pft	1cs	ידע	393		know
119:49	זכר	qal	impv	ms	זכר	269		remember		עניתני	piel	pft	2ms	ענה	776	1cs	humble
	יחלתני	piel	pft	2ms	יחל	403	1cs	await	119:76	יהי	qal	jus	3ms	היה	224		be,become
119:50	חיתני	piel	pft	3fs	חיה	310	1cs	preserve,revive		נחמני	piel	infc		נחם	636	1cs	comfort
119:51	הליצני	hiph	pft	3cp	ליץ	539	1cs	deride	119:77	יבאוני	qal	jusm	3mp	בוא	97	1cs	come in
	נטיתי	qal	pft	1cs	נטה	639		stretch,incline		אחיה	qal	cohm	1cs	חיה	310		live
119:52	זכרתי	qal	pft	1cs	זכר	269		remember	119:78	יבשו	qal	jusm	3mp	בוש	101		be ashamed
	אתנחם	hith	wci	1cs	נחם	636		have compassion		עותוני	piel	pft	3cp	עות	736	1cs	make crooked
119:53	אחזתני	qal	pft	3fs	אחז	28	1cs	grasp		אשיח	qal	impf	1cs	שיח	967		muse,complain
	עזבי	qal	ptc	mp	עזב	736		leave,loose	119:79	ישובו	qal	jusm	3mp	שוב	996		turn,return
119:54	היו	qal	pft	3cp	היה	224		be,become		יראיך	qal	ptc	mp	ירא	431	2ms	fear
119:55	זכרתי	qal	pft	1cs	זכר	269		remember		וידעו k	qal	wcp	3cp	ידע	393		know
	אשמרה	qal	wci	1cs	שמר	1036		keep,watch		וידעי q	qal	ptc	mp	ידע	393		know
119:56	היתה	qal	pft	3fs	היה	224		be,become	119:80	יהי	qal	jus	3ms	היה	224		be,become
	נצרתי	qal	pft	1cs	נצר	665		watch,guard		אבוש	qal	impf	1cs	בוש	101		be ashamed
119:57	אמרתי	qal	pft	1cs	אמר	55		say	119:81	כלתה	qal	pft	3fs	כלה	477		finished,spent
	שמר	qal	infc		שמר	1036		keep,watch		יחלתי	piel	pft	1cs	יחל	403		await

ChVs	Form	Stem	Tnse	PGN	Root	BDB	Sfx	Meaning	ChVs	Form	Stem	Tnse	PGN	Root	BDB	Sfx	Meaning
119:82	כלו	qal	pft	3cp	כלה	477		finished,spent	119:113	שנאתי	qal	pft	1cs	שנא	971		hate
	אמר	qal	infc		אמר	55		say		אהבתי	qal	pft	1cs	אהב	12		love
	תנחמני	piel	impf	2ms	נחם	636	1cs	comfort	119:114	יחלתי	piel	pft	1cs	יחל	403		await
119:83	הייתי	qal	pft	1cs	היה	224		be,become	119:115	סורו	qal	impv	mp	סור	693		turn aside
	שכחתי	qal	pft	1cs	שכח	1013		forget		מרעים	hiph	ptc	mp	רעע	949		hurt,do evil
119:84	תעשה	qal	impf	2ms	עשה	793		do,make		אצרה	qal	coh	1cs	נצר	665		watch,guard
	רדפי	qal	ptc	mp	רדף	922	1cs	pursue	119:116	סמכני	qal	impv	ms	סמך	701	1cs	lean,support
119:85	כרו	qal	pft	3cp	כרה	500		dig		אחיה	qal	cohm	1cs	חיה	310		live
119:86	רדפוני	qal	pft	3cp	רדף	922	1cs	pursue		תבישני	hiph	jusm	2ms	בוש	101	1cs	put to shame
	עזרני	qal	impv	ms	עזר	740	1cs	help,aid	119:117	סעדני	qal	impv	ms	סעד	703	1cs	support
119:87	כלוני	piel	pft	3cp	כלה	477	1cs	complete,finish		אושעה	niph	coh	1cs	ישע	446		be saved
	עזבתי	qal	pft	1cs	עזב	736		leave,loose		אשעה	qal	coh	1cs	שעה	1043		gaze,regard
119:88	חיני	piel	impv	ms	חיה	310	1cs	preserve,revive	119:118	סלית	qal	pft	2ms	סלה	699		make light of
	אשמרה	qal	coh	1cs	שמר	1036		keep,watch		שונים	qal	ptc	mp	שגה	993		err,go astray
119:89	נצב	niph	ptc	ms	נצב	662		stand	119:119	השבת	hiph	pft	2ms	שבת	991		destroy,remove
119:90	כוננת	pol	pft	2ms	כון	465		establish		אהבתי	qal	pft	1cs	אהב	12		love
	תעמד	qal	wci	3fs	עמד	763		stand,stop	119:120	סמר	qal	pft	3ms	סמר	702		bristle
119:91	עמדו	qal	pft	3cp	עמד	763		stand,stop		יראתי	qal	pft	1cs	ירא	431		fear
119:92	אבדתי	qal	pft	1cs	אבד	1		perish	119:121	עשיתי	qal	pft	1cs	עשה	793		do,make
119:93	אשכח	qal	impf	1cs	שכח	1013		forget		תניחני	hiph	impf	2ms	נוח	628	1cs	give rest,put
	חייתני	piel	pft	2ms	חיה	310	1cs	preserve,revive		עשקי	qal	ptc	mp	עשק	798	1cs	oppress,extort
119:94	הושיעני	hiph	impv	ms	ישע	446	1cs	deliver,save	119:122	ערב	qal	impv	ms	ערב	786		take on pledge
	דרשתי	qal	pft	1cs	דרש	205		resort to,seek		יעשקני	qal	jusm	3mp	עשק	798	1cs	oppress,extort
119:95	קוו	piel	pft	3cp	קוה	875		wait for	119:123	כלו	qal	pft	3cp	כלה	477		finished,spent
	אבדני	piel	infc		אבד	1	1cs	destroy	119:124	עשה	qal	impv	ms	עשה	793		do,make
	אתבונן	htpo	impf	1cs	בין	106		understand		למדני	piel	impv	ms	למד	540	1cs	teach
119:96	ראיתי	qal	pft	1cs	ראה	906		see	119:125	הבינני	hiph	impv	ms	בין	106	1cs	understand
119:97	אהבתי	qal	pft	1cs	אהב	12		love		אדעה	qal	coh	1cs	ידע	393		know
119:98	איבי	qal	ptc	mp	איב	33	1cs	be hostile to	119:126	עשות	qal	infc		עשה	793		do,make
	תחכמני	piel	impf	3fs	חכם	314	1cs	make wise		הפרו	hiph	pft	3cp	פרר	830		break,frustrate
119:99	מלמדי	piel	ptc	mp	למד	540	1cs	teach	119:127	אהבתי	qal	pft	1cs	אהב	12		love
	השכלתי	hiph	pft	1cs	שכל	968		look at,prosper	119:128	ישרתי	piel	pft	1cs	ישר	448		make straight
119:100	אתבונן	htpo	impf	1cs	בין	106		understand		שנאתי	qal	pft	1cs	שנא	971		hate
	נצרתי	qal	pft	1cs	נצר	665		watch,guard	119:129	נצרתם	qal	pft	3fs	נצר	665	3mp	watch,guard
119:101	כלאתי	qal	pft	1cs	כלא	476		shut up	119:130	יאיר	hiph	impf	3ms	אור	21		cause to shine
	אשמר	qal	impf	1cs	שמר	1036		keep,watch		מבין	hiph	ptc		בין	106		understand
119:102	סרתי	qal	pft	1cs	סור	693		turn aside	119:131	פערתי	qal	wci	1cs	פער	822		open wide
	הורתני	hiph	pft	2ms	ירה	434	1cs	shoot,teach		אשאפה	qal	wci	1cs	שאף	983		gasp,pant after
119:103	נמלצו	niph	pft	3cp	מלץ	576		be smooth		יאבתי	qal	pft	1cs	יאב	383		long,desire
119:104	אתבונן	htpo	impf	1cs	בין	106		understand	119:132	פנה	qal	impv	ms	פנה	815		turn
	שנאתי	qal	pft	1cs	שנא	971		hate		חנני	qal	impv	ms	חנן	335	1cs	show favor
119:106	נשבעתי	niph	pft	1cs	שבע	989		swear		אהבי	qal	ptc	mp	אהב	12		love
	אקימה	piel	wci	1cs	קום	877		confirm	119:133	הכן	hiph	impv	ms	כון	465		fix,prepare
	שמר	qal	infc		שמר	1036		keep,watch		תשלט	hiph	jusm	3fs	שלט	1020		give power
119:107	נעניתי	niph	pft	1cs	ענה	776		be afflicted	119:134	פדני	qal	impv	ms	פדה	804	1cs	ransom
	חיני	piel	impv	ms	חיה	310	1cs	preserve,revive		אשמרה	qal	coh	1cs	שמר	1036		keep,watch
119:108	רצה	qal	impv	ms	רצה	953		be pleased	119:135	האר	hiph	impv	ms	אור	21		cause to shine
	למדני	piel	impv	ms	למד	540	1cs	teach		למדני	piel	impv	ms	למד	540	1cs	teach
119:109	שכחתי	qal	pft	1cs	שכח	1013		forget	119:136	ירדו	qal	pft	3cp	ירד	432		come down
119:110	נתנו	qal	pft	3cp	נתן	678		give,set		שמרו	qal	pft	3cp	שמר	1036		keep,watch
	תעיתי	qal	pft	1cs	תעה	1073		wander,err	119:138	צוית	piel	pft	2ms	צוה	845		command
119:111	נחלתי	qal	pft	1cs	נחל	635		possess,inherit	119:139	צמתתני	piel	pft	3fs	צמת	856	1cs	put an end to
119:112	נטיתי	qal	pft	1cs	נטה	639		stretch,incline		שכחו	qal	pft	3cp	שכח	1013		forget
	עשות	qal	infc		עשה	793		do,make	119:140	צרופה	qal	pptc	fs	צרף	864		refine,test

Psalms 119:140–122:4

ChVs	Form	Stem	Tnse	PGN	Root	BDB	Sfx	Meaning
119:140	אהבה	qal	pft	3ms	אהב	12	3fs	love
119:141	נבזה	niph	ptc	ms	בזה	102		despised
	שכחתי	qal	pft	1cs	שכח	1013		forget
119:143	מצאוני	qal	pft	3cp	מצא	592	1cs	find
119:144	הבינני	hiph	impv	ms	בין	106	1cs	understand
	אחיה	qal	cohm	1cs	חיה	310		live
119:145	קראתי	qal	pft	1cs	קרא	894		call,proclaim
	ענני	qal	impv	ms	ענה	772	1cs	answer
	אצרה	qal	coh	1cs	נצר	665		watch,guard
119:146	קראתיך	qal	pft	1cs	קרא	894	2ms	call,proclaim
	הושיעני	hiph	impv	ms	ישע	446	1cs	deliver,save
	אשמרה	qal	coh	1cs	שמר	1036		keep,watch
119:147	קדמתי	piel	pft	1cs	קדם	869		meet,confront
	אשועה	piel	wci	1cs	שוע	1002		cry for help
	יחלתי	piel	pft	1cs	יחל	403		await
119:148	קדמו	piel	pft	3cp	קדם	869		meet,confront
	שיח	qal	infc		שיח	967		muse,complain
119:149	שמעה	qal	impv	ms	שמע	1033		hear
	חיני	piel	impv	ms	חיה	310	1cs	preserve,revive
119:150	קרבו	qal	pft	3cp	קרב	897		approach
	רדפי	qal	ptc	mp	רדף	922		pursue
	רחקו	qal	pft	3cp	רחק	934		be distant
119:152	ידעתי	qal	pft	1cs	ידע	393		know
	יסדתם	qal	pft	2ms	יסד	413	3mp	establish
119:153	ראה	qal	impv	ms	ראה	906		see
	חלצני	piel	impv	ms	חלץ	322	1cs	deliver
	שכחתי	qal	pft	1cs	שכח	1013		forget
119:154	ריבה	qal	impv	ms	ריב	936		strive,contend
	גאלני	qal	impv	ms	גאל	145	1cs	redeem
	חיני	piel	impv	ms	חיה	310	1cs	preserve,revive
119:155	דרשו	qal	pft	3cp	דרש	205		resort to,seek
119:156	חיני	piel	impv	ms	חיה	310	1cs	preserve,revive
119:157	רדפי	qal	ptc	mp	רדף	922	1cs	pursue
	נטיתי	qal	pft	1cs	נטה	639		stretch,incline
119:158	ראיתי	qal	pft	1cs	ראה	906		see
	בגדים	qal	ptc	mp	בגד	93		act faithlessly
	אתקוטטה	htpo	wci		קוט	876		loathe
	שמרו	qal	pft	3cp	שמר	1036		keep,watch
119:159	ראה	qal	impv	ms	ראה	906		see
	אהבתי	qal	pft	1cs	אהב	12		love
	חיני	piel	impv	ms	חיה	310		preserve,revive
119:161	רדפוני	qal	pft	3cp	רדף	922	1cs	pursue
	פחד	qal	pft	3ms	פחד	808		be in dread
119:162	שש	qal	ptc	ms	שוש	965		exult
	מוצא	qal	ptc	ms	מצא	592		find
119:163	שנאתי	qal	pft	1cs	שנא	971		hate
	אתעבה	piel	wci	1cs	תעב	1073		abhor
	אהבתי	qal	pft	1cs	אהב	12		love
119:164	הללתיך	piel	pft	1cs	הלל	237	2ms	praise
119:165	אהבי	qal	ptc	mp	אהב	12		love
119:166	שברתי	piel	pft	1cs	שבר	960		wait,hope
	עשיתי	qal	pft	1cs	עשה	793		do,make
119:167	שמרה	qal	pft	3fs	שמר	1036		keep,watch
	אהבם	qal	wci	1cs	אהב	12	3mp	love
119:168	שמרתי	qal	pft	1cs	שמר	1036		keep,watch
119:169	תקרב	qal	jusm	3fs	קרב	897		approach
	הבינני	hiph	impv	ms	בין	106	1cs	understand
119:170	תבוא	qal	jusm	3fs	בוא	97		come in
	הצילני	hiph	impv	ms	נצל	664	1cs	snatch,deliver
119:171	תבענה	hiph	jusm	3fp	נבע	615		pour out
	תלמדני	piel	impf	2ms	למד	540	1cs	teach
119:172	תען	qal	jus	3fs	ענה	777		sing
119:173	תהי	qal	jus	3fs	היה	224		be,become
	עזרני	qal	infc		עזר	740	1cs	help,aid
	בחרתי	qal	pft	1cs	בחר	103		choose
119:174	תאבתי	qal	pft	1cs	תאב	1060		long for
119:175	תחי	qal	jus	3fs	חיה	310		live
	תהללך	piel	jusm	3fs	הלל	237	2ms	praise
	יעזרני	qal	jusm	3mp	עזר	740	1cs	help,aid
119:176	תעיתי	qal	pft	1cs	תעה	1073		wander,err
	אבד	qal	ptc	ms	אבד	1		perish
	בקש	piel	impv	ms	בקש	134		seek
	שכחתי	qal	pft	1cs	שכח	1013		forget
120:1	קראתי	qal	pft	1cs	קרא	894		call,proclaim
	יעננ	qal	wci	3ms	ענה	772	1cs	answer
	הצילה	hiph	impv	ms	נצל	664		snatch,deliver
120:3	יתן	qal	impf	3ms	נתן	678		give,set
	יסיף	hiph	impf	3ms	יסף	414		add,do again
120:4	שנונים	qal	pptc	mp	שנן	1041		whet,sharpen
120:5	גרתי	qal	pft	1cs	גור	157		sojourn
	שכנתי	qal	pft	1cs	שכן	1014		settle,dwell
120:6	שכנה	qal	pft	3fs	שכן	1014		settle,dwell
	שונא	qal	ptc	ms	שנא	971		hate
120:7	אדבר	piel	impf	1cs	דבר	180		speak
121:1	אשא	qal	impf	1cs	נשא	669		lift,carry
	יבא	qal	impf	3ms	בוא	97		come in
121:2	עשה	qal	ptc	ms	עשה	793		do,make
121:3	יתן	qal	jusm	3ms	נתן	678		give,set
	ינום	qal	jusm	3ms	נום	630		be drowsy
	שמרך	qal	ptc	ms	שמר	1036	2ms	keep,watch
121:4	ינום	qal	impf	3ms	נום	630		be drowsy
	יישן	qal	impf	3ms	ישן	445		sleep
	שומר	qal	ptc	ms	שמר	1036		keep,watch
121:5	שמרך	qal	ptc	ms	שמר	1036	2ms	keep,watch
121:6	יככה	hiph	impf	3ms	נכה	645	2ms	smite
121:7	ישמרך	qal	impf	3ms	שמר	1036	2ms	keep,watch
	ישמר	qal	impf	3ms	שמר	1036		keep,watch
121:8	ישמר	qal	impf	3ms	שמר	1036		keep,watch
	צאתך	qal	infc		יצא	422	2ms	go out
	בואך	qal	infc		בוא	97	2ms	come in
122:1	שמחתי	qal	pft	1cs	שמח	970		rejoice
	אמרים	qal	ptc	mp	אמר	55		say
	נלך	qal	cohm	1cp	הלך	229		walk,go
122:2	עמדות	qal	ptc	fp	עמד	763		stand,stop
	היו	qal	pft	3cp	היה	224		be,become
122:3	בנויה	qal	pptc	fs	בנה	124		build
	חברה	pual	pft	3fs	חבר	287		be joined
122:4	עלו	qal	pft	3cp	עלה	748		go up

Psalms 122:4–130:2

ChVs	Form	Stem	Tnse	PGN	Root	BDB	Sfx	Meaning
122:4	הדות	hiph	infc		ידה	392		praise
122:5	ישבו	qal	pft	3cp	ישב	442		sit,dwell
122:6	שאלו	qal	impv	mp	שאל	981		ask,borrow
	ישליו	qal	jusm	3mp	שלה	1017		be quiet,ease
	אהביך	qal	ptc	mp	אהב	12	2fs	love
122:7	יהי	qal	jus		היה	224		be,become
122:8	אדברה	piel	coh	1cs	דבר	180		speak
122:9	אבקשה	piel	coh	1cs	בקש	134		seek
123:1	נשאתי	qal	pft	1cs	נשא	669		lift,carry
	ישבי	qal	ptc	ms	ישב	442		sit,dwell
123:2	יחננו	qal	impf	3ms	חנן	335	1cp	show favor
123:3	חננו	qal	impv	ms	חנן	335	1cp	show favor
	חננו	qal	impv	ms	חנן	335	1cp	show favor
	שבענו	qal	pft	1cp	שבע	959		be sated
123:4	שבעה	qal	pft	3fs	שבע	959		be sated
	יונים q	qal	ptc	mp	ינה	413		oppress
124:1	היה	qal	pft	3ms	היה	224		be,become
	יאמר	qal	jusm	3ms	אמר	55		say
124:2	היה	qal	pft	3ms	היה	224		be,become
	קום	qal	infc		קום	877		arise,stand
124:3	בלעונו	qal	pft	3cp	בלע	118	1cp	swallow
	חרות	qal	infc		חרה	354		be kindled,burn
124:4	שטפונו	qal	pft	3cp	שטף	1009	1cp	overflow
	עבר	qal	pft	3ms	עבר	716		pass over
124:5	עבר	qal	pft	3ms	עבר	716		pass over
124:6	ברוך	qal	pptc	ms	ברך	138		kneel,bless
	נתננו	qal	pft	3ms	נתן	678	1cp	give,set
124:7	נמלטה	niph	pft	3fs	מלט	572		escape
	יוקשים	qal	ptc	mp	יקש	430		lay snares
	נשבר	niph	ptc	ms	שבר	990		be broken
	נמלטנו	niph	pft	1cp	מלט	572		escape
124:8	עשה	qal	ptc	ms	עשה	793		do,make
125:1	בטחים	qal	ptc	mp	בטח	105		trust
	ימוט	niph	impf	3ms	מוט	556		be shaken
	ישב	qal	impf	3ms	ישב	442		sit,dwell
125:3	ינוח	qal	impf	3ms	נוח	628		rest
	ישלחו	qal	impf	3mp	שלח	1018		send
125:4	היטיבה	hiph	impv	ms	יטב	405		do good
125:5	מטים	hiph	ptc	mp	נטה	639		turn,incline
	יוליכם	hiph	impf	3ms	הלך	229	3mp	lead,bring
	פעלי	qal	ptc	mp	פעל	821		do,make
126:1	שוב	qal	infc		שוב	996		turn,return
	היינו	qal	pft	1cp	היה	224		be,become
	חלמים	qal	ptc	mp	חלם	321		dream
126:2	ימלא	niph	impf	3ms	מלא	569		be filled
	יאמרו	qal	impf	3mp	אמר	55		say
	הגדיל	hiph	pft	3ms	גדל	152		make great
	עשות	qal	infc		עשה	793		do,make
126:3	הגדיל	hiph	pft	3ms	גדל	152		make great
	עשות	qal	infc		עשה	793		do,make
	היינו	qal	pft	1cp	היה	224		be,become
126:4	שובה	qal	impv	ms	שוב	996		turn,return
126:5	זרעים	qal	ptc	mp	זרע	281		sow
	יקצרו	qal	impf	3mp	קצר	894		reap,harvest
126:6	הלוך	qal	infa		הלך	229		walk,go
	ילך	qal	impf	3ms	הלך	229		walk,go
	בכה	qal	infa		בכה	113		weep
	נשא	qal	ptc	ms	נשא	669		lift,carry
	בא	qal	infa		בוא	97		come in
	יבוא	qal	impf	3ms	בוא	97		come in
	נשא	qal	ptc	ms	נשא	669		lift,carry
127:1	יבנה	qal	impf	3ms	בנה	124		build
	עמלו	qal	pft	3cp	עמל	765		labor,toil
	בוניו	qal	ptc	mp	בנה	124	3ms	build
	ישמר	qal	impf	3ms	שמר	1036		keep,watch
	שקד	qal	pft	3ms	שקד	1052		watch,wake
	שומר	qal	ptc	ms	שמר	1036		keep,watch
127:2	משכימי	hiph	ptc	mp	שכם	1014		rise early
	קום	qal	infc		קום	877		arise,stand
	מאחרי	piel	ptc	mp	אחר	29		tarry,hinder
	שבת	qal	infc		ישב	442		sit,dwell
	אכלי	qal	ptc	mp	אכל	37		eat,devour
	יתן	qal	impf	3ms	נתן	678		give,set
	מלא	piel	pft	3ms	מלא	569		fill
127:5	יבשו	qal	impf	3mp	בוש	101		be ashamed
	ידברו	piel	impf	3mp	דבר	180		speak
	אויבים	qal	ptc	mp	איב	33		be hostile to
128:1	ירא	qal	ptc	ms	ירא	431		fear
	הלך	qal	ptc	ms	הלך	229		walk,go
128:2	תאכל	qal	impf	2ms	אכל	37		eat,devour
128:3	פריה	qal	ptc	fs	פרה	826		bear fruit
128:4	יברך	pual	impf	3ms	ברך	138		be blessed
	ירא	qal	ptc	ms	ירא	431		fear
128:5	יברכך	piel	jusm	3ms	ברך	138	2ms	bless
	ראה	qal	impv	ms	ראה	906		see
128:6	ראה	qal	impv	ms	ראה	906		see
129:1	צררוני	qal	pft	3cp	צרר	865	1cs	show hostility
	יאמר	qal	jusm	3ms	אמר	55		say
129:2	צררוני	qal	pft	3cp	צרר	865	1cs	show hostility
	יכלו	qal	pft	3cp	יכל	407		be able
129:3	חרשו	qal	pft	3cp	חרש	360		engrave,plough
	חרשים	qal	ptc	mp	חרש	360		engrave,plough
	האריכו	hiph	pft	3cp	ארך	73		prolong
129:4	קצץ	piel	pft	3ms	קצץ	893		cut off
129:5	יבשו	qal	jusm	3mp	בוש	101		be ashamed
	יסגו	niph	jusm	3mp	סוג	690		turn away
	שנאי	qal	ptc	mp	שנא	971		hate
129:6	יהיו	qal	jusm	3mp	היה	224		be,become
	שלף	qal	pft	3ms	שלף	1025		draw out,off
	יבש	qal	pft	3ms	יבש	386		be dry
129:7	מלא	piel	pft	3ms	מלא	569		fill
	קוצר	qal	ptc	ms	קצר	894		reap,harvest
	מעמר	piel	ptc	ms	עמר	771		bind sheaves
129:8	אמרו	qal	pft	3cp	אמר	55		say
	עברים	qal	ptc	mp	עבר	716		pass over
	ברכנו	piel	pft	1cp	ברך	138		bless
130:1	קראתיך	qal	pft	1cs	קרא	894	2ms	call,proclaim
130:2	שמעה	qal	impv	ms	שמע	1033		hear

Psalms 130:2–136:4

ChVs	Form	Stem	Tnse	PGN	Root	BDB	Sfx	Meaning
130:2	תהיינה	qal	jusm	3fp	היה	224		be, become
130:3	תשמר	qal	impf	2ms	שמר	1036		keep, watch
	יעמד	qal	impf	3ms	עמד	763		stand, stop
130:4	תורא	niph	impf	2ms	ירא	431		be feared
130:5	קויתי	piel	pft	1cs	קוה	875		wait for
	קותה	piel	pft	3fs	קוה	875		wait for
	הוחלתי	hiph	pft	1cs	יחל	403		wait
130:6	שמרים	qal	ptc	mp	שמר	1036		keep, watch
	שמרים	qal	ptc	mp	שמר	1036		keep, watch
130:7	יחל	piel	impv	ms	יחל	403		await
	הרבה	hiph	infa		רבה	915		make many
130:8	יפדה	qal	impf	3ms	פדה	804		ransom
131:1	גבה	qal	pft	3ms	גבה	146		be high
	רמו	qal	pft	3cp	רום	926		be high
	הלכתי	piel	pft	1cs	הלך	229		walk
	נפלאות	niph	ptc	fp	פלא	810		be wonderful
131:2	שויתי	piel	pft	1cs	שוה	1000		level
	דוממתי	poel	pft	1cs	דמם	198		silence
	גמל	qal	pptc	ms	גמל	168		deal out, ripen
	גמל	qal	pptc	ms	גמל	168		deal out, ripen
131:3	יחל	piel	impv	ms	יחל	403		await
132:1	זכור	qal	impv	ms	זכר	269		remember
	ענותו	pual	infc		ענה	776	3ms	be afflicted
132:2	נשבע	niph	pft	3ms	שבע	989		swear
	נדר	qal	pft	3ms	נדר	623		vow
132:3	אבא	qal	impf	1cs	בוא	97		come in
	אעלה	qal	impf	1cs	עלה	748		go up
132:4	אתן	qal	impf	1cs	נתן	678		give, set
132:5	אמצא	qal	impf	1cs	מצא	592		find
132:6	שמענוה	qal	pft	1cp	שמע	1033	3fs	hear
	מצאנוה	qal	pft	1cp	מצא	592	3fs	find
132:7	נבואה	qal	coh	1cp	בוא	97		come in
	נשתחוה	hish	cohm	1cp	חוה	1005		bow down
132:8	קומה	qal	impv	ms	קום	877		arise, stand
132:9	ילבשו	qal	jusm	3mp	לבש	527		put on, clothe
	ירננו	piel	jusm	3mp	רנן	943		shout w/joy
132:10	תשב	hiph	jus	2ms	שוב	996		bring back
132:11	נשבע	niph	pft	3ms	שבע	989		swear
	ישוב	qal	impf	3ms	שוב	996		turn, return
	אשית	qal	impf	1cs	שית	1011		put, set
132:12	ישמרו	qal	impf	3mp	שמר	1036		keep, watch
	אלמדם	piel	impf	1cs	למד	540	3mp	teach
	ישבו	qal	impf	3mp	ישב	442		sit, dwell
132:13	בחר	qal	pft	3ms	בחר	103		choose
	אוה	piel	pft	3ms	אוה	16	3fs	desire
132:14	אשב	qal	impf	1cs	ישב	442		sit, dwell
	אותיה	piel	pft	1cs	אוה	16	3fs	desire
132:15	ברך	piel	infa		ברך	138		bless
	אברך	piel	impf	1cs	ברך	138		bless
	אשביע	hiph	impf	1cs	שבע	959		satisfy
132:16	אלביש	hiph	impf	1cs	לבש	527		clothe
	רנן	piel	infa		רנן	943		shout w/joy
	ירננו	piel	impf	3mp	רנן	943		shout w/joy
132:17	אצמיח	hiph	impf	1cs	צמח	855		cause to grow
132:17	ערכתי	qal	pft	1cs	ערך	789		set in order
132:18	אויביו	qal	ptc	mp	איב	33	3ms	be hostile to
	אלביש	hiph	impf	1cs	לבש	527		clothe
	יציץ	qal	impf	3ms	צוץ	847		flourish, shine
133:1	שבת	qal	infc		ישב	442		sit, dwell
133:2	ירד	qal	ptc	ms	ירד	432		come down
	ירד	qal	ptc	ms	ירד	432		come down
133:3	ירד	qal	ptc	ms	ירד	432		come down
	צוה	piel	pft	3ms	צוה	845		command
134:1	ברכו	piel	impv	mp	ברך	138		bless
	עמדים	qal	ptc	mp	עמד	763		stand, stop
134:2	שאו	qal	impv	mp	נשא	669		lift, carry
	ברכו	piel	impv	mp	ברך	138		bless
134:3	יברכך	piel	jusm	3ms	ברך	138	2ms	bless
	עשה	qal	ptc	ms	עשה	793		do, make
135:1	הללו	piel	impv	mp	הלל	237		praise
	הללו	piel	impv	mp	הלל	237		praise
	הללו	piel	impv	mp	הלל	237		praise
135:2	עמדים	qal	ptc	mp	עמד	763		stand, stop
135:3	הללו	piel	impv	mp	הלל	237		praise
	זמרו	piel	impv	mp	זמר	274		make music
135:4	בחר	qal	pft	3ms	בחר	103		choose
135:5	ידעתי	qal	pft	1cs	ידע	393		know
135:6	חפץ	qal	pft	3ms	חפץ	342		delight in
	עשה	qal	pft	3ms	עשה	793		do, make
135:7	מעלה	hiph	ptc	ms	עלה	748		bring up, offer
	עשה	qal	pft	3ms	עשה	793		do, make
	מוצא	hiph	ptc	ms	יצא	422		bring out
135:8	הכה	hiph	pft	3ms	נכה	645		smite
135:9	שלח	qal	pft	3ms	שלח	1018		send
135:10	הכה	hiph	pft	3ms	נכה	645		smite
	הרג	qal	pft	3ms	הרג	246		kill
135:12	נתן	qal	pft	3ms	נתן	678		give, set
135:14	ידין	qal	impf	3ms	דין	192		judge
	יתנחם	hith	impf	3ms	נחם	636		have compassion
135:16	ידברו	piel	impf	3mp	דבר	180		speak
	יראו	qal	impf	3mp	ראה	906		see
135:17	יאזינו	hiph	impf	3mp	אזן	24		hear
135:18	יהיו	qal	impf	3mp	היה	224		be, become
	עשיהם	qal	ptc	mp	עשה	793	3mp	do, make
	בטח	qal	ptc	ms	בטח	105		trust
135:19	ברכו	piel	impv	mp	ברך	138		bless
	ברכו	piel	impv	mp	ברך	138		bless
135:20	ברכו	piel	impv	mp	ברך	138		bless
	יראי	qal	ptc	mp	ירא	431		fear
	ברכו	piel	impv	mp	ברך	138		bless
135:21	ברוך	qal	pptc	ms	ברך	138		kneel, bless
	שכן	qal	ptc	ms	שכן	1014		settle, dwell
	הללו	piel	impv	mp	הלל	237		praise
136:1	הודו	hiph	impv	mp	ידה	392		praise
136:2	הודו	hiph	impv	mp	ידה	392		praise
136:3	הודו	hiph	impv	mp	ידה	392		praise
136:4	עשה	qal	ptc	ms	עשה	793		do, make
	נפלאות	niph	ptc	fp	פלא	810		be wonderful

ChVs	Form	Stem	Tnse	PGN	Root	BDB	Sfx	Meaning	ChVs	Form	Stem	Tnse	PGN	Root	BDB	Sfx	Meaning
136:5	עשה	qal	ptc	ms	עשה	793		do,make	138:7	תחיני	piel	impf	2ms	חיה	310	1cs	preserve,revive
136:6	רקע	qal	ptc	ms	רקע	955		stamp,beat		איבי	qal	ptc	mp	איב	33	1cs	be hostile to
136:7	עשה	qal	ptc	ms	עשה	793		do,make		תשלח	qal	impf	2ms	שלח	1018		send
136:10	מכה	hiph	ptc	ms	נכה	645		smite		תושיעני	hiph	impf	2ms	ישע	446	1cs	deliver,save
136:11	יוצא	hiph	wci	3ms	יצא	422		bring out	138:8	יגמר	qal	impf	3ms	גמר	170		end,complete
136:12	נטויה	qal	pptc	fs	נטה	639		stretch,incline		תרף	hiph	jus	2ms	רפה	951		slacken,abandon
136:13	גזר	qal	ptc	ms	גזר	160		divide	139:1	מנצח	piel	ptc	ms	נצח	663		act as director
136:14	העביר	hiph	pft	3ms	עבר	716		cause to pass		חקרתני	qal	pft	2ms	חקר	350	1cs	search
136:15	נער	piel	pft	3ms	נער	654		shake utterly		תדע	qal	wci	2ms	ידע	393		know
136:16	מוליך	hiph	ptc	ms	הלך	229		lead,bring	139:2	ידעת	qal	pft	2ms	ידע	393		know
136:17	מכה	hiph	ptc	ms	נכה	645		smite		שבתי	qal	infc		ישב	442	1cs	sit,dwell
136:18	יהרג	qal	wci	3ms	הרג	246		kill		קומי	qal	infc		קום	877	1cs	arise,stand
136:21	נתן	qal	pft	3ms	נתן	678		give,set		בנתה	qal	pft	2ms	בין	106		discern
136:23	זכר	qal	pft	3ms	זכר	269		remember	139:3	ארחי	qal	infc		ארח	72	1cs	wander,go
136:24	יפרקנו	qal	wci	3ms	פרק	830	1cp	tear away		רבעי	qal	infc		רבע	918	1cs	lie down
136:25	נתן	qal	ptc	ms	נתן	678		give,set		זרית	piel	pft	2ms	זרה	279		scatter
136:26	הודו	hiph	impv	mp	ידה	392		praise		הסכנתה	hiph	pft	2ms	סכן	698		show habit
137:1	ישבנו	qal	pft	1cp	ישב	442		sit,dwell	139:4	ידעת	qal	pft	2ms	ידע	393		know
	בכינו	qal	pft	1cp	בכה	113		weep	139:5	צרתני	qal	pft	2ms	צור	848	1cs	confine,shut in
	זכרנו	qal	infc		זכר	269	1cp	remember		תשת	qal	wci	2ms	שית	1011		put,set
137:2	תלינו	qal	pft	1cp	תלה	1067		hang	139:6	נשגבה	niph	pft	3fs	שגב	960		be high,exalted
137:3	שאלונו	qal	pft	3cp	שאל	981	1cp	ask,borrow		אוכל	qal	impf	1cs	יכל	407		be able
	שובינו	qal	ptc	mp	שבה	985	1cp	take captive	139:7	אלך	qal	impf	1cs	הלך	229		walk,go
	שירו	qal	impv	mp	שיר	1010		sing		אברח	qal	impf	1cs	ברח	137		go thru,flee
137:4	נשיר	qal	impf	1cp	שיר	1010		sing	139:8	אסק	qal	impf	1cs	סלק	701		ascend
137:5	אשכחך	qal	impf	1cs	שכח	1013	2fs	forget		אציעה	hiph	coh	1cs	יצע	426		spread out
	תשכח	qal	jusm	3fs	שכח	1013		forget	139:9	אשא	qal	cohm	1cs	נשא	669		lift,carry
137:6	תדבק	qal	jusm	3fs	דבק	179		cling,cleave		אשכנה	qal	coh	1cs	שכן	1014		settle,dwell
	אזכרכי	qal	impf	1cs	זכר	269	2fs	remember	139:10	תנחני	hiph	impf	3fs	נחה	634	1cs	lead,guide
	אעלה	hiph	impf	1cs	עלה	748		bring up,offer		תאחזני	qal	impf	3fs	אחז	28	1cs	grasp
137:7	זכר	qal	impv	ms	זכר	269		remember	139:11	אמר	qal	wci	1cs	אמר	55		say
	אמרים	qal	ptc	mp	אמר	55		say		ישופני	qal	impf	3ms	שוף	1003	1cs	bruise,cover
	ערו	piel	impv	mp	ערה	788		lay bare	139:12	יחשיך	hiph	impf	3ms	חשך	364		make dark
	ערו	piel	impv	mp	ערה	788		lay bare		יאיר	hiph	impf	3ms	אור	21		cause to shine
137:8	שדודה	qal	pptc	fs	שדד	994		destroy,oppress	139:13	קנית	qal	pft	2ms	קנה	888		get,buy
	ישלם	piel	impf	3ms	שלם	1022		repay,reward		תסכני	qal	impf	2ms	סכך	697	1cs	weave together
	גמלת	qal	pft	2fs	גמל	168		deal out,ripen	139:14	אודך	hiph	cohm	1cs	ידה	392	2ms	praise
137:9	יאחז	qal	impf	3ms	אחז	28		grasp		נוראות	niph	ptc	fp	ירא	431		be feared
	נפץ	piel	wcp	3ms	נפץ	658		dash to pieces		נפליתי	niph	pft	1cs	פלה	811		be distinct
138:1	אודך	hiph	cohm	1cs	ידה	392	2ms	praise		נפלאים	niph	ptc	mp	פלא	810		be wonderful
	אזמרך	piel	cohm	1cs	זמר	274	2ms	make music		ידעת	qal	ptc	fs	ידע	393		know
138:2	אשתחוה	hish	cohm	1cs	חוה	1005		bow down	139:15	נכחד	niph	pft	3ms	כחד	470		be hid,effaced
	אודה	hiph	cohm	1cs	ידה	392		praise		עשיתי	qalp	pft	1cs	עשה	793		be made
	הגדלת	hiph	pft	2ms	גדל	152		make great		רקמתי	pual	pft	1cs	רקם	955		be woven
138:3	קראתי	qal	pft	1cs	קרא	894		call,proclaim	139:16	ראו	qal	pft	3cp	ראה	906		see
	תענני	qal	wci	2ms	ענה	772	1cs	answer		יכתבו	niph	impf	3mp	כתב	507		be written
	תרהבני	hiph	impf	2ms	רהב	923	1cs	alarm,confuse		יצרו	qalp	pft	3cp	יצר	427		be formed
138:4	יודוך	hiph	jusm	3mp	ידה	392	2ms	praise	139:17	יקרו	qal	pft	3cp	יקר	429		be precious
	שמעו	qal	pft	3cp	שמע	1033		hear		עצמו	qal	pft	3cp	עצם	782		be mighty,many
138:5	ישירו	qal	jusm	3mp	שיר	1010		sing	139:18	אספרם	qal	impf	1cs	ספר	707	3mp	count
138:6	רם	qal	ptc	ms	רום	926		be high		ירבון	qal	impf	3mp	רבה	915		be many,great
	יראה	qal	impf	3ms	ראה	906		see		הקיצתי	hiph	pft	1cs	קיץ	884		awake
	יידע	qal	impf	3ms	ידע	393		know	139:19	תקטל	qal	impf	2ms	קטל	881		slay
138:7	אלך	qal	impf	1cs	הלך	229		walk,go		סורו	qal	impv	mp	סור	693		turn aside

Psalms 139: 20–143: 3

ChVs	Form	Stem	Tnse	PGN	Root	BDB	Sfx	Meaning
139:20	יאמרך	qal	impf	3mp	אמר	55	2ms	say
	נשא	qal	pft	3cp	נשא	669?		lift, carry
139:21	משנאיך	piel	ptc	mp	שנא	971	2ms	hate
	אשנא	qal	impf	1cs	שנא	971		hate
	תקוממיך	htpo	ptc	mp	קום	877?	2ms	rise up
	אתקוטט	htpo	impf	1cs	קוט	876		loathe
139:22	שנאתים	qal	pft	1cs	שנא	971	3mp	hate
	אויבים	qal	ptc	mp	איב	33		be hostile to
	היו	qal	pft	3cp	היה	224		be, become
139:23	חקרני	qal	impv	ms	חקר	350	1cs	search
	דע	qal	impv	ms	ידע	393		know
	בחנני	qal	impv	ms	בחן	103	1cs	examine, try
	דע	qal	impv	ms	ידע	393		know
139:24	ראה	qal	impv	ms	ראה	906		see
	נחני	qal	impv	ms	נחה	634	1cs	lead
140:1	מנצח	piel	ptc	ms	נצח	663		act as director
140:2	חלצני	piel	impv	ms	חלץ	322	1cs	deliver
	תנצרני	qal	impf	2ms	נצר	665	1cs	watch, guard
140:3	חשבו	qal	pft	3cp	חשב	362		think, devise
	יגורו	qal	impf	3mp	גור	158		stir up, quarrel
140:4	שננו	qal	pft	3cp	שנן	1041		whet, sharpen
140:5	שמרני	qal	impv	ms	שמר	1036	1cs	keep, watch
	תנצרני	qal	impf	2ms	נצר	665	1cs	watch, guard
	חשבו	qal	pft	3cp	חשב	362		think, devise
	דחות	qal	infc		דחה	190		push
140:6	טמנו	qal	pft	3cp	טמן	380		hide
	פרשו	qal	pft	3cp	פרש	831		spread out
	שתו	qal	pft	3cp	שית	1011		put, set
140:7	אמרתי	qal	pft	1cs	אמר	55		say
	האזינה	hiph	impv		אזן	24		hear
140:8	סכתה	qal	pft	2ms	סכך	696		cover
140:9	תתן	qal	jusm	2ms	נתן	678		give, set
	תפק	hiph	jus	2ms	פוק	807		produce, obtain
	ירומו	qal	impf	3mp	רום	926		be high
140:10	מסבי	hiph	ptc	mp	סבב	685	1cs	cause to turn
	יכסומוk	piel	jusm	3mp	כסה	491	3mp	cover
	יכסימוq	piel	jusm	3ms	כסה	491	3mp	cover
140:11	ימיטוk	hiph	jusm	3mp	מוט	556		dislodge
	ימוטוq	niph	jusm	3mp	מוט	556		be shaken
	יפלם	hiph	jusm	3ms	נפל	656	3mp	cause to fall
	יקומו	qal	jusm	3mp	קום	877		arise, stand
140:12	יכון	niph	jusm	3ms	כון	465		be established
	יצודנו	qal	jusm	3ms	צוד	844	3ms	hunt
140:13	ידעתk	qal	pft	1cs	ידע	393		know
	ידעתיq	qal	pft	1cs	ידע	393		know
	יעשה	qal	impf	3ms	עשה	793		do, make
140:14	יודו	hiph	impf	3mp	ידה	392		praise
	ישבו	qal	impf	3mp	ישב	442		sit, dwell
141:1	קראתיך	qal	pft	1cs	קרא	894	2ms	call, proclaim
	חושה	qal	impv	ms	חוש	301		make haste
	האזינה	hiph	impv	ms	אזן	24		hear
	קראי	qal	infc		קרא	894	1cs	call, proclaim
141:2	תכון	niph	jusm	3fs	כון	465		be established
141:3	שיתה	qal	impv	ms	שית	1011		put, set
141:3	נצרה	qal	impv	ms	נצר	665		watch, guard
141:4	תט	hiph	jus	2ms	נטה	639		turn, incline
	התעולל	htpo	infc		עלל	759		do evil
	פעלי	qal	ptc	mp	פעל	821		do, make
	אלחם	qal	impf	1cs	לחם	536		eat, consume
141:5	יהלמני	qal	jusm	3ms	הלם	240	1cs	smite
	יוכיחני	hiph	jusm	3ms	יכח	406	1cs	decide, reprove
	יני	hiph	jusm	3ms	נוא	626		restrain
141:6	נשמטו	niph	pft	3cp	שמט	1030		be thrown down
	שפטיהם	qal	ptc	mp	שפט	1047	3mp	judge
	שמעו	qal	wcp	3cp	שמע	1033		hear
	נעמו	qal	pft	3cp	נעם	653		be delightful
141:7	פלח	qal	ptc	ms	פלח	812		cleave, plough
	בקע	qal	ptc	ms	בקע	131		cleave, break
	נפזרו	niph	pft	3cp	פזר	808		be scattered
141:8	חסיתי	qal	pft	1cs	חסה	340		seek refuge
	תער	piel	jus	2ms	ערה	788		lay bare
141:9	שמרני	qal	impv	ms	שמר	1036	1cs	keep, watch
	יקשו	qal	pft	3cp	יקש	430		lay snares
	פעלי	qal	ptc	mp	פעל	821		do, make
141:10	יפלו	qal	jusm	3mp	נפל	656		fall
	אעבור	qal	impf	1cs	עבר	716		pass over
142:1	היותו	qal	infc		היה	224	3ms	be, become
142:2	אזעק	qal	impf	1cs	זעק	277		call, cry out
	אתחנן	hith	impf	1cs	חנן	335		seek favor
142:3	אשפך	qal	impf	1cs	שפך	1049		pour out
	אגיד	hiph	impf	1cs	נגד	616		declare, tell
142:4	התעטף	hith	infc		עטף	742		faint
	ידעת	qal	pft	2ms	ידע	393		know
	אהלך	piel	impf	1cs	הלך	229		walk
	טמנו	qal	pft	3cp	טמן	380		hide
142:5	הביט	hiph	impv	ms	נבט	613		look, regard
	ראה	qal	impv	ms	ראה	906		see
	מכיר	hiph	ptc	ms	נכר	647		regard, notice
	אבד	qal	pft	3ms	אבד	1		perish
	דורש	qal	ptc	ms	דרש	205		resort to, seek
142:6	זעקתי	qal	pft	1cs	זעק	277		call, cry out
	אמרתי	qal	pft	1cs	אמר	55		say
142:7	הקשיבה	hiph	impv	ms	קשב	904		give attention
	דלותי	qal	pft	1cs	דלל	195		hang, be low
	הצילני	hiph	impv	ms	נצל	664	1cs	snatch, deliver
	רדפי	qal	ptc	mp	רדף	922	1cs	pursue
	אמצו	qal	pft	3cp	אמץ	54		be strong
142:8	הוציאה	hiph	impv	ms	יצא	422		bring out
	הודות	hiph	infc		ידה	392		praise
	יכתרו	hiph	impf	3mp	כתר	509		surround, wear
	תגמל	qal	impf	2ms	גמל	168		deal out, ripen
143:1	שמע	qal	impv	ms	שמע	1033		hear
	האזינה	hiph	impv	ms	אזן	24		hear
	ענני	qal	impv	ms	ענה	772	1cs	answer
143:2	תבוא	qal	jusm	2ms	בוא	97		come in
	יצדק	qal	impf	3ms	צדק	842		be righteous
143:3	רדף	qal	pft	3ms	רדף	922		pursue
	אויב	qal	ptc	ms	איב	33		be hostile to

ChVs	Form	Stem	Tnse	PGN	Root	BDB	Sfx	Meaning
143:3	דכא	piel	pft	3ms	דכא	193		crush
	הושיבני	hiph	pft	3ms	ישב	442	1cs	cause to dwell
	מתי	qal	ptc	mp	מות	559		die
143:4	תתעטף	hith	wci	3fs	עטף	742		faint
	ישתומם	htpo	impf	3ms	שמם	1030		be appalled
143:5	זכרתי	qal	pft	1cs	זכר	269		remember
	הגיתי	qal	pft	1cs	הגה	211		groan, utter
	אשוחח	pol	impf	1cs	שיח	967		meditate
143:6	פרשתי	piel	pft	1cs	פרש	831		spread out
143:7	מהר	piel	impv	ms	מהר	554		hasten
	ענני	qal	impv	ms	ענה	772	1cs	answer
	כלתה	qal	pft	3fs	כלה	477		finished, spent
	תסתר	hiph	jus	2ms	סתר	711		hide
	נמשלתי	niph	wcp	1cs	משל	605		be like
	ירדי	qal	ptc	mp	ירד	432		come down
143:8	השמיעני	hiph	impv	ms	שמע	1033	1cs	cause to hear
	בטחתי	qal	pft	1cs	בטח	105		trust
	הודיעני	hiph	impv	ms	ידע	393	1cs	declare
	אלך	qal	impf	1cs	הלך	229		walk, go
	נשאתי	qal	pft	1cs	נשא	669		lift, carry
143:9	הצילני	hiph	impv	ms	נצל	664	1cs	snatch, deliver
	איבי	qal	ptc	mp	איב	33	1cs	be hostile to
	כסתי	piel	pft	1cs	כסה	491		cover
143:10	למדני	piel	impv	ms	למד	540	1cs	teach
	עשות	qal	infc		עשה	793		do, make
	תנחני	hiph	jusm	3fs	נחה	634	1cs	lead, guide
143:11	תחיני	piel	impf	2ms	חיה	310	1cs	preserve, revive
	תוציא	hiph	impf	2ms	יצא	422		bring out
143:12	תצמית	hiph	impf	2ms	צמת	856		annihilate
	איבי	qal	ptc	mp	איב	33	1cs	be hostile to
	האבדת	hiph	wcp	2ms	אבד	1		destroy
	צררי	qal	ptc	mp	צרר	865	1cs	show hostility
144:1	ברוך	qal	pptc	ms	ברך	138		kneel, bless
	מלמד	piel	ptc	ms	למד	540		teach
144:2	מפלטי	piel	ptc	ms	פלט	812	1cs	deliver
	חסיתי	qal	pft	1cs	חסה	340		seek refuge
	רודד	qal	ptc	ms	רדד	921		beat down
144:3	תדעהו	qal	wci	2ms	ידע	393	3ms	know
	תחשבהו	piel	wci	2ms	חשב	362	3ms	devise
144:4	דמה	qal	pft	3ms	דמה	197		be like
	עובר	qal	ptc	ms	עבר	716		pass over
144:5	הט	hiph	impv	ms	נטה	639		turn, incline
	תרד	qal	impf	2ms	ירד	432		come down
	גע	qal	impv	ms	נגע	619		touch, strike
	יעשנו	qal	jusm	3mp	עשן	798		smoke, fume
144:6	ברוק	qal	impv	ms	ברק	140		flash
	תפיצם	hiph	impf	2ms	פוץ	806	3mp	scatter
	שלח	qal	impv	ms	שלח	1018		send
	תהמם	qal	impf	2ms	המם	243	3mp	confuse, vex
144:7	שלח	qal	impv	ms	שלח	1018		send
	פצני	qal	impv	ms	פצה	822	1cs	open, set free
	הצילני	hiph	impv	ms	נצל	664	1cs	snatch, deliver
144:8	דבר	piel	pft	3ms	דבר	180		speak
144:9	אשירה	qal	coh	1cs	שיר	1010		sing
144:9	אזמרה	piel	coh	1cs	זמר	274		make music
144:10	נותן	qal	ptc	ms	נתן	678		give, set
	פוצה	qal	ptc	ms	פצה	822		open, set free
144:11	פצני	qal	impv	ms	פצה	822	1cs	open, set free
	הצילני	hiph	impv	ms	נצל	664	1cs	snatch, deliver
	דבר	piel	pft	3ms	דבר	180		speak
144:12	מגדלים	pual	ptc	mp	גדל	152		brought up
	מחטבות	pual	ptc	fp	חטב	310		hewn
144:13	מפיקים	hiph	ptc	mp	פוק	807		produce, obtain
	מאליפות	hiph	ptc	fp	אלף	1120		make thousands
	מרבבות	pual	ptc	fp	רבב	1126		multip by 10000
144:14	מסבלים	pual	ptc	mp	סבל	687		be laden
	יוצאת	qal	ptc	fs	יצא	422		go out
145:1	ארוממך	pol	cohm	1cs	רום	926	2ms	raise, rear
	אברכה	piel	coh	1cs	ברך	138		bless
145:2	אברכך	piel	cohm	1cs	ברך	138	2ms	bless
	אהללה	piel	coh	1cs	הלל	237		praise
145:3	מהלל	pual	ptc	ms	הלל	237		be praised
145:4	ישבח	piel	impf	3ms	שבח	986		laud, praise
	ינידו	hiph	impf	3mp	נגד	616		declare, tell
145:5	נפלאותיך	niph	ptc	fp	פלא	810	2ms	be wonderful
	אשיחה	qal	coh	1cs	שיח	967		muse, complain
145:6	נוראתיך	niph	ptc	fp	ירא	431	2ms	be feared
	יאמרו	qal	impf	3mp	אמר	55		say
	אספרנה	piel	impf	1cs	ספר	707	3fs	recount
145:7	יביעו	hiph	impf	3mp	נבע	615		pour out
	ירננו	piel	impf	3mp	רנן	943		shout w/joy
145:10	יודוך	hiph	impf	3mp	ידה	392	2ms	praise
	יברכוכה	piel	impf	3mp	ברך	138	2ms	bless
145:11	יאמרו	qal	impf	3mp	אמר	55		say
	ידברו	piel	impf	3mp	דבר	180		speak
145:12	הודיע	hiph	infc		ידע	393		declare
145:14	סומך	qal	ptc	ms	סמך	701		lean, support
	נפלים	qal	ptc	mp	נפל	656		fall
	זוקף	qal	ptc	ms	זקף	279		raise up
	כפופים	qal	pptc	mp	כפף	496		bend down
145:15	ישברו	piel	impf	3mp	שבר	960		wait, hope
	נותן	qal	ptc	ms	נתן	678		give, set
145:16	פותח	qal	ptc	ms	פתח	834		open
	משביע	hiph	ptc	ms	שבע	959		satisfy
145:18	קראיו	qal	ptc	mp	קרא	894	3ms	call, proclaim
	יקראהו	qal	impf	3mp	קרא	894	3ms	call, proclaim
145:19	יראיו	qal	ptc	mp	ירא	431	3ms	fear
	יעשה	qal	impf	3ms	עשה	793		do, make
	ישמע	qal	impf	3ms	שמע	1033		hear
	יושיעם	hiph	impf	3ms	ישע	446	3mp	deliver, save
145:20	שומר	qal	ptc	ms	שמר	1036		keep, watch
	אהביו	qal	ptc	mp	אהב	12	3ms	love
	ישמיד	hiph	impf	3ms	שמד	1029		exterminate
145:21	ידבר	piel	impf	3ms	דבר	180		speak
	יברך	piel	impf	3ms	ברך	138		bless
146:1	הללי	piel	impv	mp	הלל	237		praise
	הללי	piel	impv	fs	הלל	237		praise
146:2	אהללה	piel	coh	1cs	הלל	237		praise

Psalms 146:2–150:2

ChVs	Form	Stem	Tnse	PGN	Root	BDB	Sfx	Meaning
146:2	אזמרה	piel	coh	1cs	זמר	274		make music
146:3	תבטחו	qal	jusm	2mp	בטח	105		trust
146:4	תצא	qal	impf	3fs	יצא	422		go out
	ישב	qal	impf	3ms	שוב	996		turn, return
	אבדו	qal	pft	3cp	אבד	1		perish
146:6	עשה	qal	ptc	ms	עשה	793		do, make
	שמר	qal	ptc	ms	שמר	1036		keep, watch
146:7	עשה	qal	ptc	ms	עשה	793		do, make
	עשוקים	qal	pptc	mp	עשק	798		oppress, extort
	נתן	qal	ptc	ms	נתן	678		give, set
	מתיר	hiph	ptc	ms	נתר	684		loosen, set free
	אסורים	qal	pptc	mp	אסר	63		tie, bind
146:8	פקח	qal	ptc	ms	פקח	824		open
	זקף	qal	ptc	ms	זקף	279		raise up
	כפופים	qal	pptc	mp	כפף	496		bend down
	אהב	qal	ptc	ms	אהב	12		love
146:9	שמר	qal	ptc	ms	שמר	1036		keep, watch
	יעודד	pol	impf	3ms	עוד	728		restore
	יעות	piel	impf	3ms	עות	736		make crooked
146:10	ימלך	qal	impf	3ms	מלך	573		be king, reign
	הללו	piel	impv	mp	הלל	237		praise
147:1	הללו	piel	impv	mp	הלל	237		praise
	זמרה	piel	infc		זמר	274		make music
147:2	בונה	qal	ptc	ms	בנה	124		build
	נדחי	niph	ptc	mp	נדח	623		be banished
	יכנס	piel	impf	3ms	כנס	488		gather together
147:3	רפא	qal	ptc	ms	רפא	950		heal
	שבורי	qal	pptc	mp	שבר	990		break
	מחבש	piel	ptc	ms	חבש	289		bind
147:4	מונה	qal	ptc	ms	מנה	584		count, allot
	יקרא	qal	impf	3ms	קרא	894		call, proclaim
147:6	מעודד	pol	ptc	ms	עוד	728		restore
	משפיל	hiph	ptc	ms	שפל	1050		make low, abase
147:7	ענו	qal	impv	mp	ענה	777		sing
	זמרו	piel	impv	mp	זמר	274		make music
147:8	מכסה	piel	ptc	ms	כסה	491		cover
	מכין	hiph	ptc	ms	כון	465		fix, prepare
	מצמיח	hiph	ptc	ms	צמח	855		cause to grow
147:9	נותן	qal	ptc	ms	נתן	678		give, set
	יקראו	qal	impf	3mp	קרא	894		call, proclaim
147:10	יחפץ	qal	impf	3ms	חפץ	342		delight in
	ירצה	qal	impf	3ms	רצה	953		be pleased
147:11	רוצה	qal	ptc	ms	רצה	953		be pleased
	יראיו	qal	ptc	mp	ירא	431	3ms	fear
	מיחלים	piel	ptc	mp	יחל	403		await
147:12	שבחי	piel	impv	fs	שבח	986		laud, praise
	הללי	piel	impv	fs	הלל	237		praise
147:13	חזק	piel	pft	3ms	חזק	304		make strong
	ברך	piel	pft	3ms	ברך	138		bless
147:14	שם	qal	ptc	ms	שים	962		put, set
	ישביעך	hiph	impf	3ms	שבע	959	2fs	satisfy
147:15	שלח	qal	ptc	ms	שלח	1018		send
	ירוץ	qal	impf	3ms	רוץ	930		run
147:16	נתן	qal	ptc	ms	נתן	678		give, set
147:16	יפזר	piel	impf	3ms	פזר	808		scatter
147:17	משליך	hiph	ptc	ms	שלך	1020		throw, cast
	יעמד	qal	impf	3ms	עמד	763		stand, stop
147:18	ישלח	qal	impf	3ms	שלח	1018		send
	ימסם	hiph	impf	3ms	מסה	587	3mp	melt, dissolve
	ישב	hiph	jusf	3ms	נשב	674		cause to blow
	יזלו	qal	impf	3mp	נזל	633		flow
147:19	מגיד	hiph	ptc	ms	נגד	616		declare, tell
147:20	עשה	qal	pft	3ms	עשה	793		do, make
	ידעום	qal	pft	3cp	ידע	393	3mp	know
	הללו	piel	impv	mp	הלל	237		praise
148:1	הללו	piel	impv	mp	הלל	237		praise
	הללו	piel	impv	mp	הלל	237		praise
	הללוהו	piel	impv	mp	הלל	237	3ms	praise
148:2	הללוהו	piel	impv	mp	הלל	237	3ms	praise
	הללוהו	piel	impv	mp	הלל	237	3ms	praise
148:3	הללוהו	piel	impv	mp	הלל	237	3ms	praise
	הללוהו	piel	impv	mp	הלל	237	3ms	praise
148:4	הללוהו	piel	impv	mp	הלל	237	3ms	praise
148:5	יהללו	piel	jusm	3mp	הלל	237		praise
	צוה	piel	pft	3ms	צוה	845		command
	נבראו	niph	pft	3cp	ברא	135		be created
148:6	יעמידם	hiph	wci	3ms	עמד	763	3mp	set up, raise
	נתן	qal	pft	3ms	נתן	678		give, set
	יעבור	qal	impf	3ms	עבר	716		pass over
148:7	הללו	piel	impv	mp	הלל	237		praise
148:8	עשה	qal	ptc	fs	עשה	793		do, make
148:11	שפטי	qal	ptc	mp	שפט	1047		judge
148:13	יהללו	piel	jusm	3mp	הלל	237		praise
	נשגב	niph	ptc	ms	שגב	960		be high, exalted
148:14	ירם	hiph	wci	3ms	רום	926		raise, lift
149:1	הללו	piel	impv	mp	הלל	237		praise
	שירו	qal	impv	mp	שיר	1010		sing
149:2	ישמח	qal	jusm	3ms	שמח	970		rejoice
	עשיו	qal	ptc	ms	עשה	793	3ms	do, make
	יגילו	qal	jusm	3mp	גיל	162		rejoice
149:3	יהללו	piel	jusm	3mp	הלל	237		praise
	יזמרו	piel	jusm	3mp	זמר	274		make music
149:4	רוצה	qal	ptc	ms	רצה	953		be pleased
	יפאר	piel	impf	3ms	פאר	802		beautify
149:5	יעלזו	qal	jusm	3mp	עלז	759		exult, triumph
	ירננו	piel	jusm	3mp	רנן	943		shout w/joy
149:7	עשות	qal	infc		עשה	793		do, make
149:8	אסר	qal	infc		אסר	63		tie, bind
	נכבדיהם	niph	ptc	mp	כבד	457	3mp	be honored
149:9	עשות	qal	infc		עשה	793		do, make
	כתוב	qal	pptc	ms	כתב	507		write
	הללו	piel	impv	mp	הלל	237		praise
150:1	הללו	piel	impv	mp	הלל	237		praise
	הללו	piel	impv	mp	הלל	237		praise
	הללוהו	piel	impv	mp	הלל	237	3ms	praise
150:2	הללוהו	piel	impv	mp	הלל	237	3ms	praise
	הללוהו	piel	impv	mp	הלל	237	3ms	praise

ChVs	Form	Stem	Tnse	PGN	Root	BDB	Sfx	Meaning
150:3	הללוהו	piel	impv	mp	הלל	237	3ms	praise
	הללוהו	piel	impv	mp	הלל	237	3ms	praise
150:4	הללוהו	piel	impv	mp	הלל	237	3ms	praise
	הללוהו	piel	impv	mp	הלל	237	3ms	praise
150:5	הללוהו	piel	impv	mp	הלל	237	3ms	praise
	הללוהו	piel	impv	mp	הלל	237	3ms	praise
150:6	תהלל	piel	jusm	3fs	הלל	237		praise
	הללו	piel	impv	mp	הלל	237		praise

PROVERBS

ChVs	Form	Stem	Tnse	PGN	Root	BDB	Sfx	Meaning
1:2	דעת	qal	infc		ידע	393		know
	הבין	hiph	infc		בין	106		understand
1:3	קחת	qal	infc		לקח	542		take
	השכל	hiph	infa		שכל	968		look at, prosper
1:4	תת	qal	infc		נתן	678		give, set
1:5	ישמע	qal	jusm	3ms	שמע	1033		hear
	יוסף	hiph	jus	3ms	יסף	414		add, do again
	נבון	niph	ptc	ms	בין	106		be discerning
	יקנה	qal	jusm	3ms	קנה	888		get, buy
1:6	הבין	hiph	infc		בין	106		understand
1:7	בזו	qal	pft	3cp	בוז	100		despise
1:8	שמע	qal	impv	ms	שמע	1033		hear
	תטש	qal	jusm	2ms	נטש	643		leave, forsake
1:10	יפתוך	piel	impf	3mp	פתה	834	2ms	entice
	תבא	qal	jus	2ms	אבה	2		be willing
1:11	יאמרו	qal	impf	3mp	אמר	55		say
	לכה	qal	impv	ms	הלך	229		walk, go
	נארבה	qal	coh	1cp	ארב	70		lie in wait
	נצפנה	qal	coh	1cp	צפן	860		hide
1:12	נבלעם	qal	cohm	1cp	בלע	118	3mp	swallow
	יורדי	qal	ptc	mp	ירד	432		come down
1:13	נמצא	qal	impf	1cp	מצא	592		find
	נמלא	piel	impf	1cp	מלא	569		fill
1:14	תפיל	hiph	impf	2ms	נפל	656		cause to fall
	יהיה	qal	impf	3ms	היה	224		be, become
1:15	תלך	qal	jusm	2ms	הלך	229		walk, go
	מנע	qal	impv	ms	מנע	586		withhold
1:16	ירוצו	qal	impf	3mp	רוץ	930		run
	ימהרו	piel	impf	3mp	מהר	554		hasten
	שפך	qal	infc		שפך	1049		pour out
1:17	מזרה	pual	ptc	fs	זרה	279		be scattered
1:18	יארבו	qal	impf	3mp	ארב	70		lie in wait
	יצפנו	qal	impf	3mp	צפן	860		hide
1:19	בצע	qal	ptc	ms	בצע	130		cut off
	יקח	qal	impf	3ms	לקח	542		take
1:20	תרנה	qal	impf	3fp	רנן	943		cry aloud
	תתן	qal	impf	3fs	נתן	678		give, set
1:21	המיות	qal	ptc	fp	המה	242		growl, murmur
	תקרא	qal	impf	3fs	קרא	894		call, proclaim
	תאמר	qal	impf	3fs	אמר	55		say
1:22	תאהבו	qal	impf	2mp	אהב	12		love
	לצים	qal	ptc	mp	ליץ	539		scorn
	חמדו	qal	pft	3cp	חמד	326		desire
	ישנאו	qal	impf	3mp	שנא	971		hate
1:23	תשובו	qal	impf	2mp	שוב	996		turn, return
	אביעה	hiph	coh	1cs	נבע	615		pour out
	אודיעה	hiph	coh	1cs	ידע	393		declare
1:24	קראתי	qal	pft	1cs	קרא	894		call, proclaim
	תמאנו	piel	wci	2mp	מאן	549		refuse
	נטיתי	qal	pft	1cs	נטה	639		stretch, incline
	מקשיב	hiph	ptc	ms	קשב	904		give attention
1:25	תפרעו	qal	wci	2mp	פרע	828		let go
	אביתם	qal	pft	2mp	אבה	2		be willing
1:26	אשחק	qal	impf	1cs	שחק	965		laugh
	אלעג	qal	impf	1cs	לעג	541		mock, deride
	בא	qal	infc		בוא	97		come in
1:27	בא	qal	infc		בוא	97		come in
	יאתה	qal	impf	3ms	אתה	87		come
	בא	qal	infc		בוא	97		come in
1:28	יקראנני	qal	impf	3mp	קרא	894	1cs	call, proclaim
	אענה	qal	impf	1cs	ענה	772		answer
	ישחרנני	piel	impf	3mp	שחר	1007	1cs	seek, desire
	ימצאנני	qal	impf	3mp	מצא	592	1cs	find
1:29	שנאו	qal	pft	3cp	שנא	971		hate
	בחרו	qal	pft	3cp	בחר	103		choose
1:30	אבו	qal	pft	3cp	אבה	2		be willing
	נאצו	qal	pft	3cp	נאץ	610		spurn
1:31	יאכלו	qal	impf	3mp	אכל	37		eat, devour
	ישבעו	qal	impf	3mp	שבע	959		be sated
1:32	תהרגם	qal	impf	3fs	הרג	246	3mp	kill
	תאבדם	piel	impf	3fs	אבד	1	3mp	destroy
1:33	שמע	qal	ptc	ms	שמע	1033		hear
	ישכן	qal	impf	3ms	שכן	1014		settle, dwell
	שאנן	pal	wcp	3ms	שאן	983		be at ease
2:1	תקח	qal	impf	2ms	לקח	542		take
	תצפן	qal	impf	2ms	צפן	860		hide
2:2	הקשיב	hiph	infc		קשב	904		give attention
	תטה	hiph	impf	2ms	נטה	639		turn, incline
2:3	תקרא	qal	impf	2ms	קרא	894		call, proclaim
	תתן	qal	impf	2ms	נתן	678		give, set
2:4	תבקשנה	piel	impf	2ms	בקש	134	3fs	seek
	תחפשנה	qal	impf	2ms	חפש	344	3fs	search out
2:5	תבין	qal	impf	2ms	בין	106		discern
	תמצא	qal	impf	2ms	מצא	592		find
2:6	יתן	qal	impf	3ms	נתן	678		give, set
2:7	צפן k	qal	wcp	3ms	צפן	860		hide
	יצפן q	qal	impf	3ms	צפן	860		hide
	הלכי	qal	ptc	mp	הלך	229		walk, go
2:8	נצר	qal	infc		נצר	665		watch, guard
	ישמר	qal	impf	3ms	שמר	1036		keep, watch
2:9	תבין	qal	impf	2ms	בין	106		discern
2:10	תבוא	qal	impf	3fs	בוא	97		come in
	ינעם	qal	impf	3ms	נעם	653		be delightful
2:11	תשמר	qal	impf	3fs	שמר	1036		keep, watch
	תנצרכה	qal	impf	3fs	נצר	665	2ms	watch, guard
2:12	הצילך	hiph	infc		נצל	664	2ms	snatch, deliver
	מדבר	piel	ptc	ms	דבר	180		speak
2:13	עזבים	qal	ptc	mp	עזב	736		leave, loose

Proverbs 2:13–4:7

ChVs	Form	Stem	Tnse	PGN	Root	BDB	Sfx	Meaning
2:13	לכת	qal	infc		הלך	229		walk, go
2:14	עשׂות	qal	infc		עשׂה	793		do, make
	יגילו	qal	impf	3mp	גיל	162		rejoice
2:15	נלוזים	niph	ptc	mp	לוז	531		be crooked
2:16	הצילך	hiph	infc		נצל	664	2ms	snatch, deliver
	זרה	qal	ptc	fs	זור	266		be stranger
	החליקה	hiph	pft	3fs	חלק	325		make smooth
2:17	עזבת	qal	ptc	fs	עזב	736		leave, loose
	שׁכחה	qal	pft	3fs	שׁכח	1013		forget
2:18	שׁחה	qal	pft	3fs	שׁוח	1001		sink down
2:19	באיה	qal	ptc	mp	בוא	97	3fs	come in
	ישׁובון	qal	impf	3mp	שׁוב	996		turn, return
	ישׂיגו	hiph	impf	3mp	נשׂג	673		reach, overtake
2:20	תלך	qal	impf	2ms	הלך	229		walk, go
	תשׁמר	qal	impf	2ms	שׁמר	1036		keep, watch
2:21	ישׁכנו	qal	impf	3mp	שׁכן	1014		settle, dwell
	יותרו	niph	impf	3mp	יתר	451		be left, remain
2:22	יכרתו	niph	impf	3mp	כרת	503		be cut off
	בוגדים	qal	ptc	mp	בגד	93		act faithlessly
	יסחו	qal	impf	3mp	נסח	650		tear away
3:1	תשׁכח	qal	jusm	2ms	שׁכח	1013		forget
	יצר	qal	jusm	3ms	נצר	665		watch, guard
3:2	יוסיפו	hiph	impf	3mp	יסף	414		add, do again
3:3	יעזבך	qal	jusm	3mp	עזב	736	2ms	leave, loose
	קשׁרם	qal	impv	ms	קשׁר	905	3mp	bind
	כתבם	qal	impv	ms	כתב	507	3mp	write
3:4	מצא	qal	impv	ms	מצא	592		find
3:5	בטח	qal	impv	ms	בטח	105		trust
	תשׁען	niph	jusm	2ms	שׁען	1043		lean, support
3:6	דעהו	qal	impv	ms	ידע	393	3ms	know
	יישׁר	piel	impf	3ms	ישׁר	448		make straight
3:7	תהי	qal	jus	2ms	היה	224		be, become
	ירא	qal	impv	ms	ירא	431		fear
	סור	qal	impv	ms	סור	693		turn aside
3:8	תהי	qal	jus	3fs	היה	224		be, become
3:9	כבד	piel	impv	ms	כבד	457		honor, make dull
3:10	ימלאו	niph	jusm	3mp	מלא	569		be filled
	יפרצו	qal	impf	3mp	פרץ	829		break through
3:11	תמאס	qal	jusm	2ms	מאס	549		reject, refuse
	תקץ	qal	jus	2ms	קוץ	880		loathe, abhor
3:12	יאהב	qal	impf	3ms	אהב	12		love
	יוכיח	hiph	impf	3ms	יכח	406		decide, reprove
	ירצה	qal	impf	3ms	רצה	953		be pleased
3:13	מצא	qal	pft	3ms	מצא	592		find
	יפיק	hiph	impf	3ms	פוק	807		produce, obtain
3:15	ישׁוו	qal	impf	3mp	שׁוה	1000		be even, smooth
3:18	מחזיקים	hiph	ptc	mp	חזק	304		make firm, seize
	תמכיה	qal	ptc		תמך	1069	3fs	grasp, support
	מאשׁר	pual	ptc	ms	אשׁר	80		be made blessed
3:19	יסד	qal	pft	3ms	יסד	413		establish
	כונן	pol	pft	3ms	כון	465		establish
3:20	נבקעו	niph	pft	3cp	בקע	131		be cleft
	ירעפו	qal	impf	3mp	רעף	950		trickle, drip
3:21	ילזו	qal	jusm	3mp	לוז	531		depart
3:21	נצר	qal	impv	ms	נצר	665		watch, guard
3:22	יהיו	qal	impf	3mp	היה	224		be, become
3:23	תלך	qal	impf	2ms	הלך	229		walk, go
	תגוף	qal	impf	3fs	נגף	619		smite, strike
3:24	תשׁכב	qal	impf	2ms	שׁכב	1011		lie, lie down
	תפחד	qal	impf	2ms	פחד	808		be in dread
	שׁכבת	qal	wcp	2ms	שׁכב	1011		lie, lie down
	ערבה	qal	wcp	3fs	ערב	787		be sweet
3:25	תירא	qal	jusm	2ms	ירא	431		fear
	תבא	qal	impf	3fs	בוא	97		come in
3:26	יהיה	qal	impf	3ms	היה	224		be, become
	שׁמר	qal	wcp	3ms	שׁמר	1036		keep, watch
3:27	תמנע	qal	jusm	2ms	מנע	586		withhold
	היות	qal	infc		היה	224		be, become
	עשׂות	qal	infc		עשׂה	793		do, make
3:28	תאמר	qal	jusm	2ms	אמר	55		say
	לך	qal	impv	ms	הלך	229		walk, go
	שׁוב	qal	impv	ms	שׁוב	996		turn, return
	אתן	qal	impf	1cs	נתן	678		give, set
3:29	תחרשׁ	qal	jusm	2ms	חרשׁ	360		engrave, plough
	יושׁב	qal	ptc	ms	ישׁב	442		sit, dwell
3:30	תרובk	qal	jusm	2ms	ריב	936		strive, contend
	תריבq	qal	jusm	2ms	ריב	936		strive, contend
	גמלך	qal	pft	3ms	גמל	168	2ms	deal out, ripen
3:31	תקנא	piel	jusm	2ms	קנא	888		be jealous
	תבחר	qal	jusm	2ms	בחר	103		choose
3:32	נלוז	niph	ptc	ms	לוז	531		be crooked
3:33	יברך	piel	impf	3ms	ברך	138		bless
3:34	לצים	qal	ptc	mp	ליץ	539		scorn
	יליץ	qal	impf	3ms	ליץ	539		scorn
	יתן	qal	impf	3ms	נתן	678		give, set
3:35	ינחלו	qal	impf	3mp	נחל	635		possess, inherit
	מרים	hiph	ptc	ms	רום	926		raise, lift
4:1	שׁמעו	qal	impv	mp	שׁמע	1033		hear
	הקשׁיבו	hiph	impv	mp	קשׁב	904		give attention
	דעת	qal	infc		ידע	393		know
4:2	נתתי	qal	pft	1cs	נתן	678		give, set
	תעזבו	qal	jusm	2mp	עזב	736		leave, loose
4:3	הייתי	qal	pft	1cs	היה	224		be, become
4:4	ירני	hiph	wci	3ms	ירה	434	1cs	shoot, teach
	יאמר	qal	wci	3ms	אמר	55		say
	יתמך	qal	jusm	3ms	תמך	1069		grasp, support
	שׁמר	qal	impv	ms	שׁמר	1036		keep, watch
	חיה	qal	impv	ms	חיה	310		live
4:5	קנה	qal	impv	ms	קנה	888		get, buy
	קנה	qal	impv	ms	קנה	888		get, buy
	תשׁכח	qal	jusm	2ms	שׁכח	1013		forget
	תט	qal	jus	2ms	נטה	639		stretch, incline
4:6	תעזבה	qal	jusm	2ms	עזב	736	3fs	leave, loose
	תשׁמרך	qal	jusm	3fs	שׁמר	1036	2ms	keep, watch
	אהבה	qal	impv	ms	אהב	12	3fs	love
	תצרך	qal	jusm	3fs	נצר	665	2ms	watch, guard
4:7	קנה	qal	impv	ms	קנה	888		get, buy
	קנה	qal	impv	ms	קנה	888		get, buy

ChVs	Form	Stem	Tnse	PGN	Root	BDB	Sfx	Meaning
4:8	סלסלה	pilp	impv	ms	סלל	699	3fs	exalt
	תרוממך	pol	jusm	3fs	רום	926	2ms	raise, rear
	תכבדך	piel	impf	3fs	כבד	457	2ms	honor, make dull
	תחבקנה	piel	impf	2ms	חבק	287	3fs	embrace
4:9	תתן	qal	impf	3fs	נתן	678		give, set
	תמגנך	piel	impf	3fs	מגן	171	2ms	deliver up
4:10	שמע	qal	impv	ms	שמע	1033		hear
	קח	qal	impv	ms	לקח	542		take
	ירבו	qal	jusm	3mp	רבה	915		be many, great
4:11	הרתיך	hiph	pft	1cs	ירה	434	2ms	shoot, teach
	הדרכתיך	hiph	pft	1cs	דרך	201	2ms	tread, lead
4:12	לכתך	qal	infc		הלך	229	2ms	walk, go
	יצר	qal	impf	3ms	צרר	864		bind, be cramped
	תרוץ	qal	impf	2ms	רוץ	930		run
	תכשל	niph	impf	2ms	כשל	505		stumble
4:13	החזק	hiph	impv	ms	חזק	304		make firm, seize
	תרף	hiph	jus	2ms	רפה	951		slacken, abandon
	נצרה	qal	impv	ms	נצר	665	3fs	watch, guard
4:14	תבא	qal	jusm	2ms	בוא	97		come in
	תאשר	piel	jusm	2ms	אשר	80		call blessed
4:15	פרעהו	qal	impv	ms	פרע	828	3ms	let go
	תעבר	qal	jusm	2ms	עבר	716		pass over
	שטה	qal	impv	ms	שטה	966		turn aside
	עבור	qal	impv	ms	עבר	716		pass over
4:16	ישנו	qal	impf	3mp	ישן	445		sleep
	ירעו	hiph	impf	3mp	רעע	949		hurt, do evil
	נגזלה	niph	wcp	3fs	גזל	159		be robbed
	יכשולו k	qal	impf	3mp	כשל	505		stumble, totter
	יכשילו q	hiph	impf	3mp	כשל	505		cause to fall
4:17	לחמו	qal	pft	3cp	לחם	536		eat, consume
	ישתו	qal	impf	3mp	שתה	1059		drink
4:18	הולך	qal	ptc	ms	הלך	229		walk, go
	אור	qal	ptc	ms	אור	21		become light
	נכון	niph	ptc	ms	כון	465		be established
4:19	ידעו	qal	pft	3cp	ידע	393		know
	יכשלו	niph	impf	3mp	כשל	505		stumble
4:20	הקשיבה	hiph	impv	ms	קשב	904		give attention
	הט	hiph	impv	ms	נטה	639		turn, incline
4:21	יליזו	hiph	jusm	3mp	לוז	531		depart, turn
	שמרם	qal	impv	ms	שמר	1036	3mp	keep, watch
4:22	מצאיהם	qal	ptc	mp	מצא	592	3mp	find
4:23	נצר	qal	impv	ms	נצר	665		watch, guard
4:24	הסר	hiph	impv	ms	סור	693		take away
	הרחק	hiph	impv	ms	רחק	934		put far away
4:25	יביטו	hiph	jusm	3mp	נבט	613		look, regard
	יישרו	hiph	jusm	3mp	ישר	448		make straight
4:26	פלס	piel	impv	ms	פלס	814		weigh, level
	יכנו	niph	jusm	3mp	כון	465		be established
4:27	תט	qal	jus	2ms	נטה	639		stretch, incline
	הסר	hiph	impv	ms	סור	693		take away
5:1	הקשיבה	hiph	impv	ms	קשב	904		give attention
	הט	hiph	impv	ms	נטה	639		turn, incline
5:2	שמר	qal	infc		שמר	1036		keep, watch
	ינצרו	qal	impf	3mp	נצר	665		watch, guard
5:3	תטפנה	qal	impf	3fp	נטף	642		drop, drip
	זרה	qal	ptc	fs	זור	266		be stranger
5:5	ירדות	qal	ptc	fp	ירד	432		come down
	יתמכו	qal	impf	3mp	תמך	1069		grasp, support
5:6	תפלס	piel	impf	3fs	פלס	814		weigh, level
	נעו	qal	pft	3cp	נוע	631		totter, wave
	תדע	qal	impf	3fs	ידע	393		know
5:7	שמעו	qal	impv	mp	שמע	1033		hear
	תסורו	qal	jusm	2mp	סור	693		turn aside
5:8	הרחק	hiph	impv	ms	רחק	934		put far away
	תקרב	qal	jusm	2ms	קרב	897		approach
5:9	תתן	qal	impf	2ms	נתן	678		give, set
5:10	ישבעו	qal	impf	3mp	שבע	959		be sated
	זרים	qal	ptc	mp	זור	266		be stranger
5:11	נהמת	qal	wcp	2ms	נהם	625		growl, groan
	כלות	qal	infc		כלה	477		finished, spent
5:12	אמרת	qal	wcp	2ms	אמר	55		say
	שנאתי	qal	pft	1cs	שנא	971		hate
	נאץ	qal	pft	3ms	נאץ	610		spurn
5:13	שמעתי	qal	pft	1cs	שמע	1033		hear
	מלמדי	piel	ptc	mp	למד	540	1cs	teach
	הטיתי	hiph	pft	1cs	נטה	639		turn, incline
5:14	הייתי	qal	pft	1cs	היה	224		be, become
5:15	שתה	qal	impv	ms	שתה	1059		drink
	נזלים	qal	ptc	mp	נזל	633		flow
5:16	יפוצו	qal	impf	3mp	פוץ	807		flow, overflow
5:17	יהיו	qal	jusm	3mp	היה	224		be, become
	זרים	qal	ptc	mp	זור	266		be stranger
5:18	יהי	qal	jus	3ms	היה	224		be, become
	ברוך	qal	pptc	ms	ברך	138		kneel, bless
	שמח	qal	impv	ms	שמח	970		rejoice
5:19	ירוך	piel	jusm	3mp	רוה	924	2ms	saturate
	תשגה	qal	impf	2ms	שגה	993		err, go astray
5:20	תשגה	qal	impf	2ms	שגה	993		err, go astray
	זרה	qal	ptc	fs	זור	266		be stranger
	תחבק	piel	impf	2ms	חבק	287		embrace
5:21	מפלס	piel	ptc	ms	פלס	814		weigh, level
5:22	ילכדנו	qal	impf	3mp	לכד	539	3ms	capture
	יתמך	niph	impf	3ms	תמך	1069		be seized
5:23	ימות	qal	impf	3ms	מות	559		die
	ישגה	qal	impf	3ms	שגה	993		err, go astray
6:1	ערבת	qal	pft	2ms	ערב	786		take on pledge
	תקעת	qal	pft	2ms	תקע	1075		thrust, clap
	זר	qal	ptc	ms	זור	266		be stranger
6:2	נוקשת	niph	pft	2ms	יקש	430		be ensnared
	נלכדת	niph	pft	2ms	לכד	539		be captured
6:3	עשה	qal	impv	ms	עשה	793		do, make
	הנצל	niph	impv	ms	נצל	664		be delivered
	באת	qal	pft	2ms	בוא	97		come in
	לך	qal	impv	ms	הלך	229		walk, go
	התרפס	hith	impv	ms	רפס	952		humble oneself
	רהב	qal	impv	ms	רהב	923		storm against
6:4	תתן	qal	jusm	2ms	נתן	678		give, set
6:5	הנצל	niph	impv	ms	נצל	664		be delivered

Proverbs 6:6–7:22

ChVs	Form	Stem	Tnse	PGN	Root	BDB	Sfx	Meaning
6:6	לך	qal	impv	ms	הלך	229		walk, go
	ראה	qal	impv	ms	ראה	906		see
	חכם	qal	impv	ms	חכם	314		be wise
6:7	משל	qal	ptc	ms	משל	605		rule
6:8	תכין	hiph	impf	3fs	כון	465		fix, prepare
	אגרה	qal	pft	3fs	אגר	8		gather
6:9	תשכב	qal	impf	2ms	שכב	1011		lie, lie down
	תקום	qal	impf	2ms	קום	877		arise, stand
6:10	שכב	qal	infc		שכב	1011		lie, lie down
6:11	בא	qal	wcp	3ms	בוא	97		come in
	מהלך	piel	ptc	ms	הלך	229		walk
6:12	הולך	qal	ptc	ms	הלך	229		walk, go
6:13	קרץ	qal	ptc	ms	קרץ	902		nip, pinch
	מלל	qal	ptc	ms	מלל	576		scrape, signal
	מרה	hiph	ptc	ms	ירה	434		shoot, teach
6:14	חרש	qal	ptc	ms	חרש	360		engrave, plough
	ישלח	piel	impf	3ms	שלח	1018		send away, shoot
6:15	יבוא	qal	impf	3ms	בוא	97		come in
	ישבר	niph	impf	3ms	שבר	990		be broken
6:16	שנא	qal	pft	3ms	שנא	971		hate
6:17	רמות	qal	ptc	fp	רום	926		be high
	שפכות	qal	ptc	fp	שפך	1049		pour out
6:18	חרש	qal	ptc	ms	חרש	360		engrave, plough
	ממהרות	piel	ptc	fp	מהר	554		hasten
	רוץ	qal	infc		רוץ	930		run
6:19	יפיח	hiph	impf	3ms	פוח	806		breathe, utter
	משלח	piel	ptc	ms	שלח	1018		send away, shoot
6:20	נצר	qal	impv	ms	נצר	665		watch, guard
	תטש	qal	jusm	2ms	נטש	643		leave, forsake
6:21	קשרם	qal	impv	ms	קשר	905	3mp	bind
	ענדם	qal	impv	ms	ענד	772	3mp	bind around
6:22	התהלכך	hith	infc		הלך	229	2ms	walk to and fro
	תנחה	hiph	impf	3fs	נחה	634		lead, guide
	שכבך	qal	infc		שכב	1011	2ms	lie, lie down
	תשמר	qal	impf	3fs	שמר	1036		keep, watch
	הקיצות	hiph	wcp	2ms	קיץ	884		awake
	תשיחך	qal	impf	3fs	שיח	967	2ms	muse, complain
6:24	שמרך	qal	infc		שמר	1036	2ms	keep, watch
6:25	תחמד	qal	jusm	2ms	חמד	326		desire
	תקחך	qal	jusm	3fs	לקח	542	2ms	take
6:26	זונה	qal	ptc	fs	זנה	275		act a harlot
	תצוד	qal	impf	3fs	צוד	844		hunt
6:27	יחתה	qal	impf	3ms	חתה	367		snatch up
	תשרפנה	niph	impf	3fp	שרף	976		be burned
6:28	יהלך	piel	impf	3ms	הלך	229		walk
	תכוינה	niph	impf	3fp	כוה	464		be burned
6:29	בא	qal	ptc	ms	בוא	97		come in
	ינקה	niph	impf	3ms	נקה	667		be clean, free
	נגע	qal	ptc	ms	נגע	619		touch, strike
6:30	יבוזו	qal	impf	3mp	בוז	100		despise
	יגנוב	qal	impf	3ms	גנב	170		steal
	מלא	piel	infc		מלא	569		fill
	ירעב	qal	impf	3ms	רעב	944		be hungry
6:31	נמצא	niph	wcp	3ms	מצא	592		be found
6:31	ישלם	piel	impf	3ms	שלם	1022		repay, reward
	יתן	qal	impf	3ms	נתן	678		give, set
6:32	נאף	qal	ptc	ms	נאף	610		commit adultery
	משחית	hiph	ptc	ms	שחת	1007		spoil, ruin
	יעשנה	qal	impf	3ms	עשה	793	3fs	do, make
6:33	ימצא	qal	impf	3ms	מצא	592		find
	תמחה	niph	impf	3fs	מחה	562		be wiped out
6:34	יחמול	qal	impf	3ms	חמל	328		spare
6:35	ישא	qal	impf	3ms	נשא	669		lift, carry
	יאבה	qal	impf	3ms	אבה	2		be willing
	תרבה	hiph	impf	3fs	רבה	915		make many
7:1	שמר	qal	impv	ms	שמר	1036		keep, watch
	תצפן	qal	impf	2ms	צפן	860		hide
7:2	שמר	qal	impv	ms	שמר	1036		keep, watch
	חיה	qal	impv	ms	חיה	310		live
7:3	קשרם	qal	impv	ms	קשר	905	3mp	bind
	כתבם	qal	impv	ms	כתב	507	3mp	write
7:4	אמר	qal	impv	ms	אמר	55		say
	תקרא	qal	impf	2ms	קרא	894		call, proclaim
7:5	שמרך	qal	infc		שמר	1036	2ms	keep, watch
	זרה	qal	ptc	fs	זור	266		be stranger
	החליקה	hiph	pft	3fs	חלק	325		make smooth
7:6	נשקפתי	niph	pft	1cs	שקף	1054		look down
7:7	ארא	qal	wci	1cs	ראה	906		see
	אבינה	qal	cohf	1cs	בין	106		discern
7:8	עבר	qal	ptc	ms	עבר	716		pass over
	יצעד	qal	impf	3ms	צעד	857		step, march
7:10	קראתו	qal	infc		קרא	896	3ms	meet, encounter
	זונה	qal	ptc	fs	זנה	275		act a harlot
	נצרת	qal	pptc	fs	נצר	665		watch, guard
7:11	המיה	qal	ptc	fs	המה	242		growl, murmur
	סררת	qal	ptc	fs	סרר	710		be stubborn
	ישכנו	qal	impf	3mp	שכן	1014		settle, dwell
7:12	תארב	qal	impf	3fs	ארב	70		lie in wait
7:13	החזיקה	hiph	wcp	3fs	חזק	304		make firm, seize
	נשקה	qal	wcp	3fs	נשק	676		kiss
	העזה	hiph	pft	3fs	עזז	738		make firm
	תאמר	qal	wci	3fs	אמר	55		say
7:14	שלמתי	piel	pft	1cs	שלם	1022		repay, reward
7:15	יצאתי	qal	pft	1cs	יצא	422		go out
	קראתך	qal	infc		קרא	896	2ms	meet, encounter
	שחר	piel	infc		שחר	1007		seek, desire
	אמצאך	qal	wci	1cs	מצא	592	2ms	find
7:16	רבדתי	qal	pft	1cs	רבד	914		bespread, deck
7:17	נפתי	qal	pft	1cs	נוף	631		sprinkle
7:18	לכה	qal	impv	ms	הלך	229		walk, go
	נרוה	qal	cohm	1cp	רוה	924		drink copiously
	נתעלסה	hith	coh	1cp	עלס	763		delight oneself
7:19	הלך	qal	pft	3ms	הלך	229		walk, go
7:20	לקח	qal	pft	3ms	לקח	542		take
	יבא	qal	impf	3ms	בוא	97		come in
7:21	הטתו	hiph	pft	3fs	נטה	639	3ms	turn, incline
	תדיחנו	hiph	impf	3fs	נדח	623	3ms	thrust out
7:22	הולך	qal	ptc	ms	הלך	229		walk, go

Proverbs 7:22–9:9

ChVs	Form	Stem	Tnse	PGN	Root	BDB	Sfx	Meaning
7:22	יבוא	qal	impf	3ms	בוא	97		come in
7:23	יפלח	piel	impf	3ms	פלח	812		cleave
	מהר	piel	infc		מהר	554		hasten
	ידע	qal	pft	3ms	ידע	393		know
7:24	שמעו	qal	impv	mp	שמע	1033		hear
	הקשיבו	hiph	impv	mp	קשב	904		give attention
7:25	ישט	qal	jus	3ms	שטה	966		turn aside
	תתע	qal	jus	3fs	תעה	1073		wander, err
7:26	הפילה	hiph	pft	3fs	נפל	656		cause to fall
	הרניה	qal	pptc	mp	הרג	246	3fs	kill
7:27	ירדות	qal	ptc	fp	ירד	432		come down
8:1	תקרא	qal	impf	3fs	קרא	894		call, proclaim
	תתן	qal	impf	3fs	נתן	678		give, set
8:2	נצבה	niph	pft	3fs	נצב	662		stand
8:3	תרנה	qal	impf	3fp	רנן	943		cry aloud
8:4	אקרא	qal	impf	1cs	קרא	894		call, proclaim
8:5	הבינו	hiph	impv	mp	בין	106		understand
	הבינו	hiph	impv	mp	בין	106		understand
8:6	שמעו	qal	impv	mp	שמע	1033		hear
	אדבר	piel	impf	1cs	דבר	180		speak
8:7	יהגה	qal	impf	3ms	הגה	211		groan, utter
8:8	נפתל	niph	ptc	ms	פתל	836		wrestle, twist
8:9	מבין	hiph	ptc	ms	בין	106		understand
	מצאי	qal	ptc	mp	מצא	592		find
8:10	קחו	qal	impv	mp	לקח	542		take
	נבחר	niph	ptc	ms	בחר	103		be chosen
8:11	ישוו	qal	impf	3mp	שוה	1000		be even, smooth
8:12	שכנתי	qal	pft	1cs	שכן	1014		settle, dwell
	אמצא	qal	impf	1cs	מצא	592		find
8:13	שנאת	qal	infc		שנא	971		hate
	שנאתי	qal	pft	1cs	שנא	971		hate
8:15	ימלכו	qal	impf	3mp	מלך	573		be king, reign
	רוזנים	qal	ptc	mp	רזן	931		be ruler
	יחקקו	poel	impf	3mp	חקק	349		prescribe(r)
8:16	ישרו	qal	impf	3mp	שרר	979		rule
	שפטי	qal	ptc	mp	שפט	1047		judge
8:17	אהביה k	qal	ptc	mp	אהב	12	3fs	love
	אהבי q	qal	ptc	mp	אהב	12	1cs	love
	אהב	qal	impf	1cs	אהב	12		love
	משחרי	piel	ptc	mp	שחר	1007	1cs	seek, desire
	ימצאנני	qal	impf	3mp	מצא	592	1cs	find
8:19	נבחר	niph	ptc	ms	בחר	103		be chosen
8:20	אהלך	piel	impf	1cs	הלך	229		walk
8:21	הנחיל	hiph	infc		נחל	635		c. to inherit
	אהבי	qal	ptc	mp	אהב	12	1cs	love
	אמלא	piel	impf	1cs	מלא	569		fill
8:22	קנני	qal	pft	3ms	קנה	888	1cs	get, buy
8:23	נסכתי	niph	pft	1cs	נסך	651		be installed
8:24	חוללתי	pola	pft	1cs	חול	296		be born, writhe
	נכבדי	niph	ptc	mp	כבד	457		be honored
8:25	הטבעו	hoph	pft	3cp	טבע	371		be sunk
	חוללתי	pola	pft	1cs	חול	296		be born, writhe
8:26	עשה	qal	pft	3ms	עשה	793		do, make
8:27	הכינו	hiph	infc		כון	465	3ms	fix, prepare
8:27	חוקו	qal	infc		חקק	349	3ms	cut in, inscribe
8:28	אמצו	piel	infc		אמץ	54	3ms	make firm
	עזוז	qal	infc		עזז	738		be strong
8:29	שומו	qal	infc		שים	962	3ms	put, set
	יעברו	qal	impf	3mp	עבר	716		pass over
	חוקו	qal	infc		חקק	349	3ms	cut in, inscribe
8:30	אהיה	qal	wci	1cs	היה	224		be, become
	אהיה	qal	wci	1cs	היה	224		be, become
	משחקת	piel	ptc	fs	שחק	965		make sport
8:31	משחקת	piel	ptc	fs	שחק	965		make sport
8:32	שמעו	qal	impv	mp	שמע	1033		hear
	ישמרו	qal	impf	3mp	שמר	1036		keep, watch
8:33	שמעו	qal	impv	mp	שמע	1033		hear
	חכמו	qal	impv	mp	חכם	314		be wise
	תפרעו	qal	jusm	2mp	פרע	828		let go
8:34	שמע	qal	ptc	ms	שמע	1033		hear
	שקד	qal	infc		שקד	1052		watch, wake
	שמר	qal	infc		שמר	1036		keep, watch
8:35	מצאי	qal	ptc	ms	מצא	592	1cs	find
	מצאי k	qal	ptc	ms	מצא	592	1cs	find
	מצא q	qal	pft	3ms	מצא	592		find
	יפק	hiph	wci	3ms	פוק	807		produce, obtain
8:36	חטאי	qal	ptc	ms	חטא	306	1cs	sin
	חמס	qal	ptc	ms	חמס	329		treat violently
	משנאי	piel	ptc	mp	שנא	971	1cs	hate
	אהבו	qal	pft	3cp	אהב	12		love
9:1	בנתה	qal	pft	3fs	בנה	124		build
	חצבה	qal	pft	3fs	חצב	345		hew out, dig
9:2	טבחה	qal	pft	3fs	טבח	370		slaughter
	מסכה	qal	pft	3fs	מסך	587		pour, mix
	ערכה	qal	pft	3fs	ערך	789		set in order
9:3	שלחה	qal	pft	3fs	שלח	1018		send
	תקרא	qal	impf	3fs	קרא	894		call, proclaim
9:4	יסר	qal	jusm	3ms	סור	693		turn aside
	אמרה	qal	pft	3fs	אמר	55		say
9:5	לכו	qal	impv	mp	הלך	229		walk, go
	לחמו	qal	impv	mp	לחם	536		eat, consume
	שתו	qal	impv	mp	שתה	1059		drink
	מסכתי	qal	pft	1cs	מסך	587		pour, mix
9:6	עזבו	qal	impv	mp	עזב	736		leave, loose
	חיו	qal	impv	mp	חיה	310		live
	אשרו	qal	impv	mp	אשר	80		go straight
9:7	יסר	qal	ptc	ms	יסר	415		discipline
	לץ	qal	ptc	ms	ליץ	539		scorn
	לקח	qal	ptc	ms	לקח	542		take
	מוכיח	hiph	ptc	ms	יכח	406		decide, reprove
9:8	תוכח	hiph	jus	2ms	יכח	406		decide, reprove
	לץ	qal	ptc	ms	ליץ	539		scorn
	ישנאך	qal	impf	3ms	שנא	971	2ms	hate
	הוכח	hiph	impv	mp	יכח	406		decide, reprove
	יאהבך	qal	jusm	3ms	אהב	12	2ms	love
9:9	תן	qal	impv	ms	נתן	678		give, set
	יחכם	qal	jusm	3ms	חכם	314		be wise
	הודע	hiph	impv	ms	ידע	393		declare

Proverbs 9:9–11:15

ChVs	Form	Stem	Tnse	PGN	Root	BDB	Sfx	Meaning
9:9	יוסף	hiph	jus	3ms	יסף	414		add, do again
9:11	ירבו	qal	impf	3mp	רבה	915		be many, great
	יוסיפו	hiph	impf	3mp	יסף	414		add, do again
9:12	חכמת	qal	pft	2ms	חכם	314		be wise
	חכמת	qal	pft	2ms	חכם	314		be wise
	לצת	qal	pft	2ms	ליץ	539		scorn
	תשא	qal	impf	2ms	נשא	669		lift, carry
9:13	המיה	qal	ptc	fs	המה	242		growl, murmur
	ידעה	qal	pft	3fs	ידע	393		know
9:14	ישבה	qal	wcp	3fs	ישב	442		sit, dwell
9:15	קרא	qal	infc		קרא	894		call, proclaim
	עברי	qal	ptc	mp	עבר	716		pass over
	מישרים	piel	ptc	mp	ישר	448		make straight
9:16	יסר	qal	jusm	3ms	סור	693		turn aside
	אמרה	qal	wcp	3fs	אמר	55		say
9:17	גנובים	qal	pptc	mp	גנב	170		steal
	ימתקו	qal	impf	3mp	מתק	608		be sweet, suck
	ינעם	qal	impf	3ms	נעם	653		be delightful
9:18	ידע	qal	pft	3ms	ידע	393		know
	קראיה	qal	pptc	mp	קרא	894	3fs	call, proclaim
10:1	ישמח	piel	impf	3ms	שמח	970		gladden
10:2	יועילו	hiph	impf	3mp	יעל	418		profit, benefit
	תציל	hiph	impf	3fs	נצל	664		snatch, deliver
10:3	ירעיב	hiph	impf	3ms	רעב	944		cause to hunger
	יהדף	qal	impf	3ms	הדף	213		thrust, drive
10:4	ראש	qal	ptc	ms	רוש	930		be in want
	עשה	qal	ptc	ms	עשה	793		do, make
	תעשיר	hiph	impf	3fs	עשר	799		make rich
10:5	אגר	qal	ptc	ms	אגר	8		gather
	משכיל	hiph	ptc	ms	שכל	968		look at, prosper
	נרדם	niph	ptc	ms	רדם	922		be fast asleep
	מביש	hiph	ptc	ms	בוש	101		put to shame
10:6	יכסה	piel	impf	3ms	כסה	491		cover
10:7	ירקב	qal	impf	3ms	רקב	955		rot
10:8	יקח	qal	impf	3ms	לקח	542		take
	ילבט	niph	impf	3ms	לבט	526		be thrust down
10:9	הולך	qal	ptc	ms	הלך	229		walk, go
	ילך	qal	impf	3ms	הלך	229		walk, go
	מעקש	piel	ptc	ms	עקש	786		twist
	יודע	niph	impf	3ms	ידע	393		be made known
10:10	קרץ	qal	ptc	ms	קרץ	902		nip, pinch
	יתן	qal	impf	3ms	נתן	678		give, set
	ילבט	niph	impf	3ms	לבט	526		be thrust down
10:11	יכסה	piel	impf	3ms	כסה	491		cover
10:12	תעורר	pol	impf	3fs	עור	734		rouse, incite
	תכסה	piel	impf	3fs	כסה	491		cover
10:13	נבון	niph	ptc	ms	בין	106		be discerning
	תמצא	niph	impf	3fs	מצא	592		be found
10:14	יצפנו	qal	impf	3mp	צפן	860		hide
10:17	שמר	qal	ptc	ms	שמר	1036		keep, watch
	עוזב	qal	ptc	ms	עזב	736		leave, loose
	מתעה	hiph	ptc	ms	תעה	1073		cause to err
10:18	מכסה	piel	ptc	ms	כסה	491		cover
	מוצא	hiph	ptc	ms	יצא	422		bring out
10:19	יחדל	qal	impf	3ms	חדל	292		cease
	חשך	qal	ptc	ms	חשך	362		withhold
	משכיל	hiph	ptc	ms	שכל	968		look at, prosper
10:20	נבחר	niph	ptc	ms	בחר	103		be chosen
10:21	ירעו	qal	impf	3mp	רעה	944		pasture, tend
	ימותו	qal	impf	3mp	מות	559		die
10:22	תעשיר	hiph	impf	3fs	עשר	799		make rich
	יוסף	hiph	impf	3ms	יסף	414		add, do again
10:23	עשות	qal	infc		עשה	793		do, make
10:24	תבואנו	qal	impf	3fs	בוא	97	3ms	come in
	יתן	qal	impf	3ms	נתן	678		give, set
10:25	עבור	qal	infc		עבר	716		pass over
10:26	שלחיו	qal	ptc	mp	שלח	1018	3ms	send
10:27	תוסיף	hiph	impf	3fs	יסף	414		add, do again
	תקצרנה	qal	impf	3fp	קצר	894		be short
10:28	תאבד	qal	impf	3fs	אבד	1		perish
10:29	פעלי	qal	ptc	mp	פעל	821		do, make
10:30	ימוט	niph	impf	3ms	מוט	556		be shaken
	ישכנו	qal	impf	3mp	שכן	1014		settle, dwell
10:31	ינוב	qal	impf	3ms	נוב	626		bear fruit
	תכרת	niph	impf	3fs	כרת	503		be cut off
10:32	ידעון	qal	impf	3mp	ידע	393		know
11:2	בא	qal	pft	3ms	בוא	97		come in
	יבא	qal	wci	3ms	בוא	97		come in
11:3	תנחם	hiph	impf	3fs	נחה	634	3mp	lead, guide
	בוגדים	qal	ptc	mp	בגד	93		act faithlessly
	שדדם k	qal	wcp		שדד	994	3mp	destroy, oppress
	ישדם q	qal	impf	3ms	שדד	994	3mp	destroy, oppress
11:4	יועיל	hiph	impf	3ms	יעל	418		profit, benefit
	תציל	hiph	impf	3fs	נצל	664		snatch, deliver
11:5	תישר	piel	impf	3fs	ישר	448		make straight
	יפל	qal	impf	3ms	נפל	656		fall
11:6	תצילם	hiph	impf	3fs	נצל	664	3mp	snatch, deliver
	בגדים	qal	ptc	mp	בגד	93		act faithlessly
	ילכדו	niph	impf	3mp	לכד	539		be captured
11:7	תאבד	qal	impf	3fs	אבד	1		perish
	אבדה	qal	pft	3fs	אבד	1		perish
11:8	נחלץ	niph	pft	3ms	חלץ	322		be delivered
	יבא	qal	wci	3ms	בוא	97		come in
11:9	ישחת	hiph	impf	3ms	שחת	1007		spoil, ruin
	יחלצו	niph	impf	3mp	חלץ	322		be delivered
11:10	תעלץ	qal	impf	3fs	עלץ	763		rejoice, exult
	אבד	qal	infc		אבד	1		perish
11:11	תרום	qal	impf	3fs	רום	926		be high
	תהרס	niph	impf	3fs	הרס	248		be thrown down
11:12	בז	qal	ptc	ms	בוז	100		despise
	יחריש	hiph	impf	3ms	חרש	361		be silent
11:13	הולך	qal	ptc	ms	הלך	229		walk, go
	מגלה	piel	ptc	ms	גלה	162		uncover
	נאמן	niph	ptc	ms	אמן	52		be confirmed
	מכסה	piel	ptc	ms	כסה	491		cover
11:14	יפל	qal	impf	3ms	נפל	656		fall
	יועץ	qal	ptc	ms	יעץ	419		advise, counsel
11:15	ירוע	niph	impf	3ms	רעע	949		suffer hurt

ChVs	Form	Stem	Tnse	PGN	Root	BDB	Sfx	Meaning	ChVs	Form	Stem	Tnse	PGN	Root	BDB	Sfx	Meaning
11:15	ערב	qal	pft	3ms	ערב	786		take on pledge	12:11	עבד	qal	ptc	ms	עבד	712		work, serve
	זר	qal	ptc	ms	זור	266		be stranger		ישבע	qal	impf	3ms	שבע	959		be sated
	שנא	qal	ptc	ms	שנא	971		hate		מרדף	piel	ptc	ms	רדף	922		pursue eagerly
	תקעים	qal	ptc	mp	תקע	1075		thrust, clap	12:12	חמד	qal	pft	3ms	חמד	326		desire
	בוטח	qal	ptc	ms	בטח	105		trust		יתן	qal	impf	3ms	נתן	678		give, set
11:16	תתמך	qal	impf	3fs	תמך	1069		grasp, support	12:13	יצא	qal	wci	3ms	יצא	422		go out
	יתמכו	qal	impf	3mp	תמך	1069		grasp, support	12:14	ישבע	qal	impf	3ms	שבע	959		be sated
11:17	גמל	qal	ptc	ms	גמל	168		deal out, ripen		ישוב k	qal	impf	3ms	שוב	996		turn, return
	עכר	qal	ptc	ms	עכר	747		trouble		ישיב q	hiph	impf	3ms	שוב	996		bring back
11:18	עשה	qal	ptc	ms	עשה	793		do, make	12:15	שמע	qal	ptc	ms	שמע	1033		hear
	זרע	qal	ptc	ms	זרע	281		sow	12:16	יודע	niph	impf	3ms	ידע	393		be made known
11:19	מרדף	piel	ptc	ms	רדף	922		pursue eagerly		כסה	qal	ptc	ms	כסה	491		conceal
11:21	ינקה	niph	impf	3ms	נקה	667		be clean, free	12:17	יפיח	hiph	impf	3ms	פוח	806		breathe, utter
	נמלט	niph	pft	3ms	מלט	572		escape		יגיד	hiph	impf	3ms	נגד	616		declare, tell
11:22	סרת	qal	ptc	fs	סור	693		turn aside	12:18	בוטה	qal	ptc	ms	בטה	104		babbler
11:24	מפזר	piel	ptc	ms	פזר	808		scatter	12:19	תכון	niph	impf	3fs	כון	465		be established
	נוסף	niph	ptc	ms	יסף	414		be joined to		ארגיעה	hiph	coh	1cs	רגע	920		twinkle, wink
	חושך	qal	ptc	ms	חשך	362		withhold	12:20	חרשי	qal	ptc	mp	חרש	360		engrave, plough
11:25	תדשן	pual	impf	3fs	דשן	206		be made fat		יעצי	qal	ptc	mp	יעץ	419		advise, counsel
	מרוה	hiph	ptc	ms	רוה	924		water	12:21	יאנה	pual	impf	3ms	אנה	58		be sent
	יורא	hoph	impf	3ms	רוה	924		be watered		מלאו	qal	pft	3cp	מלא	569		be full, fill
11:26	מנע	qal	ptc	ms	מנע	586		withhold	12:22	עשי	qal	ptc	mp	עשה	793		do, make
	יקבהו	qal	impf	3mp	קבב	866	3ms	curse	12:23	כסה	qal	ptc	ms	כסה	491		conceal
	משביר	hiph	ptc	ms	שבר	991		sell grain		יקרא	qal	impf	3ms	קרא	894		call, proclaim
11:27	שחר	qal	ptc	ms	שחר	1007		look early	12:24	תמשול	qal	impf	3fs	משל	605		rule
	יבקש	piel	impf	3ms	בקש	134		seek		תהיה	qal	impf	3fs	היה	224		be, become
	דרש	qal	ptc	ms	דרש	205		resort to, seek	12:25	ישחנה	hiph	impf	3ms	שחה	1005	3fs	depress
	תבואנו	qal	impf	3fs	בוא	97	3ms	come in		ישמחנה	piel	impf	3ms	שמח	970	3fs	gladden
11:28	בוטח	qal	ptc	ms	בטח	105		trust	12:26	יתר	hiph	jusf	3ms	תור	1064		spy out
	יפל	qal	impf	3ms	נפל	656		fall		תתעם	hiph	impf	3fs	תעה	1073	3mp	cause to err
	יפרחו	qal	impf	3mp	פרח	827		bud	12:27	יחרך	qal	impf	3ms	חרך	355		start
11:29	עוכר	qal	ptc	ms	עכר	747		trouble	13:1	לץ	qal	ptc	ms	ליץ	539		scorn
	ינחל	qal	impf	3ms	נחל	635		possess, inherit		שמע	qal	pft	3ms	שמע	1033		hear
11:30	לקח	qal	ptc	ms	לקח	542		take	13:2	יאכל	qal	impf	3ms	אכל	37		eat, devour
11:31	ישלם	pual	impf	3ms	שלם	1022		be repaid		בגדים	qal	ptc	mp	בגד	93		act faithlessly
	חוטא	qal	ptc	ms	חטא	306		sin	13:3	נצר	qal	ptc	ms	נצר	665		watch, guard
12:1	אהב	qal	ptc	ms	אהב	12		love		שמר	qal	ptc	ms	שמר	1036		keep, watch
	אהב	qal	ptc	ms	אהב	12		love		פשק	qal	ptc	ms	פשק	832		part, open wide
	שנא	qal	ptc	ms	שנא	971		hate	13:4	מתאוה	hith	ptc	ms	אוה	16		desire
12:2	יפיק	hiph	impf	3ms	פוק	807		produce, obtain		תדשן	pual	impf	3fs	דשן	206		be made fat
	ירשיע	hiph	impf	3ms	רשע	957		condemn, be evil	13:5	ישנא	qal	impf	3ms	שנא	971		hate
12:3	יכון	niph	impf	3ms	כון	465		be established		יבאיש	hiph	impf	3ms	באש	92		cause to stink
	ימוט	niph	impf	3ms	מוט	556		be shaken		יחפיר	hiph	impf	3ms	חפר	344		display shame
12:4	מבישה	hiph	ptc	fs	בוש	101		put to shame	13:6	תצר	qal	impf	3fs	נצר	665		watch, guard
12:6	ארב	qal	infc		ארב	70		lie in wait		תסלף	piel	impf	3fs	סלף	701		pervert, turn
	יצילם	hiph	impf	3ms	נצל	664	3mp	snatch, deliver	13:7	מתעשר	hith	ptc	ms	עשר	799		enrich self
12:7	הפוך	qal	infa		הפך	245		turn, overturn		מתרושש	htpo	ptc	ms	רוש	930		make self poor
	יעמד	qal	impf	3ms	עמד	763		stand, stop	13:8	רש	qal	ptc	ms	רוש	930		be in want
12:8	יהלל	pual	impf	3ms	הלל	237		be praised		שמע	qal	pft	3ms	שמע	1033		hear
	נעוה	niph	ptc	ms	עוה	730		be bent	13:9	ישמח	qal	impf	3ms	שמח	970		rejoice
	יהיה	qal	impf	3ms	היה	224		be, become		ידעך	qal	impf	3ms	דעך	200		go out
12:9	נקלה	niph	ptc	ms	קלה	885		be dishonored	13:10	יתן	qal	impf	3ms	נתן	678		give, set
	מתכבד	hith	ptc	ms	כבד	457		make self heavy		נועצים	niph	ptc	mp	יעץ	419		consult
12:10	יודע	qal	ptc	ms	ידע	393		know	13:11	ימעט	qal	impf	3ms	מעט	589		be small, few

Proverbs 13: 11 – 15: 2

ChVs	Form	Stem	Tnse	PGN	Root	BDB	Sfx	Meaning
13:11	קבץ	qal	ptc	ms	קבץ	867		gather, collect
	ירבה	hiph	impf	3ms	רבה	915		make many
13:12	ממשכה	pual	ptc	fs	משך	604		be drawn out
	מחלה	hiph	ptc	fs	חלה	317		make sick
	באה	qal	ptc	fs	בוא	97		come in
13:13	בז	qal	ptc	ms	בוז	100		despise
	יחבל	niph	impf	3ms	חבל	286		be pledged
	ירא	qal	ptc	ms	ירא	431		fear
	ישלם	pual	impf	3ms	שלם	1022		be repaid
13:14	סור	qal	infc		סור	693		turn aside
13:15	יתן	qal	impf	3ms	נתן	678		give, set
	בגדים	qal	ptc	mp	בגד	93		act faithlessly
13:16	יעשה	qal	impf	3ms	עשה	793		do, make
	יפרש	qal	impf	3ms	פרש	831		spread out
13:17	יפל	qal	impf	3ms	נפל	656		fall
13:18	פורע	qal	ptc	ms	פרע	828		let go
	שומר	qal	ptc	ms	שמר	1036		keep, watch
	יכבד	pual	impf	3ms	כבד	457		be honored
13:19	נהיה	niph	ptc	fs	היה	224		be done
	תערב	qal	impf	3fs	ערב	787		be sweet
	סור	qal	infc		סור	693		turn aside
13:20 k	הלוך	qal	infa		הלך	229		walk, go
q	הלך	qal	ptc	ms	הלך	229		walk, go
k	חכם	qal	impv	ms	חכם	314		be wise
q	יחכם	qal	impf	3ms	חכם	314		be wise
	רעה	qal	ptc	ms	רעה	945		associate with
	ירוע	niph	impf	3ms	רעע	949		suffer hurt
13:21	תרדף	piel	impf	3fs	רדף	922		pursue eagerly
	ישלם	piel	impf	3ms	שלם	1022		repay, reward
13:22	ינחיל	hiph	impf	3ms	נחל	635		c. to inherit
	צפון	qal	pptc	ms	צפן	860		hide
	חוטא	qal	ptc	ms	חטא	306		sin
13:23	ראשים	qal	ptc	mp	רוש	930		be in want
	נספה	niph	ptc	ms	ספה	705		be swept away
13:24	חושך	qal	ptc	ms	חשך	362		withhold
	שונא	qal	ptc	ms	שנא	971		hate
	אהבו	qal	ptc	ms	אהב	12	3ms	love
	שחרו	piel	pft	3ms	שחר	1007	3ms	seek, desire
13:25	אכל	qal	ptc	ms	אכל	37		eat, devour
	תחסר	qal	impf	3fs	חסר	341		lack
14:1	בנתה	qal	pft	3fs	בנה	124		build
	תהרסנו	qal	impf	3fs	הרס	248	3ms	throw down
14:2	הולך	qal	ptc	ms	הלך	229		walk, go
	ירא	qal	ptc	ms	ירא	431		fear
	נלוז	niph	ptc	ms	לוז	531		be crooked
	בוזהו	qal	ptc	ms	בזה	102	3ms	despise
14:3	תשמורם	qal	impf	3fs	שמר	1036	3mp	keep, watch
14:5	יכזב	piel	impf	3ms	כזב	469		lie, deceive
	יפיח	hiph	impf	3ms	פוח	806		breathe, utter
14:6	בקש	piel	pft	3ms	בקש	134		seek
	לץ	qal	ptc	ms	ליץ	539		scorn
	נבון	niph	ptc	ms	בין	106		be discerning
	נקל	niph	pft	3ms	קלל	886		be trifling
14:7	לך	qal	impv	ms	הלך	229		walk, go
14:7	ידעת	qal	pft	2ms	ידע	393		know
14:8	הבין	hiph	infc		בין	106		understand
14:9	יליץ	hiph	impf	3ms	ליץ	539		deride
14:10	יודע	qal	ptc	ms	ידע	393		know
	יתערב	hith	impf	3ms	ערב	786		exchange, share
	זר	qal	ptc	ms	זור	266		be stranger
14:11	ישמד	niph	impf	3ms	שמד	1029		be exterminated
	יפריח	hiph	impf	3ms	פרח	827		cause to bud
14:13	יכאב	qal	impf	3ms	כאב	456		be in pain
14:14	ישבע	qal	impf	3ms	שבע	959		be sated
	סוג	qal	ptc	ms	סוג	690		backslide
14:15	יאמין	hiph	impf	3ms	אמן	52		believe
	יבין	qal	impf	3ms	בין	106		discern
14:16	ירא	qal	ptc	ms	ירא	431		fear
	סר	qal	ptc	ms	סור	693		turn aside
	מתעבר	hith	ptc	ms	עבר	720		be arrogant
	בוטח	qal	ptc	ms	בטח	105		trust
14:17	יעשה	qal	impf	3ms	עשה	793		do, make
	ישנא	niph	impf	3ms	שנא	971		be hated
14:18	נחלו	qal	pft	3cp	נחל	635		possess, inherit
	יכתרו	hiph	impf	3mp	כתר	509		surround, wear
14:19	שחו	qal	pft	3cp	שחח	1005		be bowed down
14:20	ישנא	niph	impf	3ms	שנא	971		be hated
	רש	qal	ptc	ms	רוש	930		be in want
	אהבי	qal	ptc	mp	אהב	12		love
14:21	בז	qal	ptc	ms	בוז	100		despise
	חוטא	qal	ptc	ms	חטא	306		sin
	מחונן	poel	ptc	ms	חנן	335		direct favor to
14:22	יתעו	qal	impf	3mp	תעה	1073		wander, err
	חרשי	qal	ptc	mp	חרש	360		engrave, plough
	חרשי	qal	ptc	mp	חרש	360		engrave, plough
14:23	יהיה	qal	impf	3ms	היה	224		be, become
14:25	מציל	hiph	ptc	ms	נצל	664		snatch, deliver
	יפח	hiph	impf	3ms	פוח	806		breathe, utter
14:26	יהיה	qal	impf	3ms	היה	224		be, become
14:27	סור	qal	infc		סור	693		turn aside
14:29	מרים	hiph	ptc	ms	רום	926		raise, lift
14:31	עשק	qal	ptc	ms	עשק	798		oppress, extort
	חרף	piel	pft	3ms	חרף	357		reproach
	עשהו	qal	ptc	ms	עשה	793	3ms	do, make
	מכבדו	piel	ptc	ms	כבד	457	3ms	honor, make dull
	חנן	qal	ptc	ms	חנן	335		show favor
14:32	ידחה	niph	impf	3ms	דחה	190		be cast down
	חסה	qal	ptc	ms	חסה	340		seek refuge
14:33	נבון	niph	ptc	ms	בין	106		be discerning
	תנוח	qal	impf	3fs	נוח	628		rest
	תודע	niph	impf	3fs	ידע	393		be made known
14:34	תרומם	pol	impf	3fs	רום	926		raise, rear
14:35	משכיל	hiph	ptc	ms	שכל	968		look at, prosper
	תהיה	qal	impf	3fs	היה	224		be, become
	מביש	hiph	ptc	ms	בוש	101		put to shame
15:1	ישיב	hiph	impf	3ms	שוב	996		bring back
	יעלה	hiph	impf	3ms	עלה	748		bring up, offer
15:2	תיטיב	hiph	impf	3fs	יטב	405		do good

ChVs	Form	Stem	Tnse	PGN	Root	BDB	Sfx	Meaning	ChVs	Form	Stem	Tnse	PGN	Root	BDB	Sfx	Meaning
15:2	יביע	hiph	impf	3ms	נבע	615		pour out	16:4	פעל	qal	pft	3ms	פעל	821		do, make
15:3	צפות	qal	ptc	fp	צפה	859		keep watch	16:5	ינקה	niph	impf	3ms	נקה	667		be clean, free
15:5	ינאץ	qal	impf	3ms	נאץ	610		spurn	16:6	יכפר	pual	impf	3ms	כפר	497		be atoned for
	שמר	qal	ptc	ms	שמר	1036		keep, watch		סור	qal	infc		סור	693		turn aside
	יערם	hiph	impf	3ms	ערם	791		act craftily	16:7	רצות	qal	infc		רצה	953		be pleased
15:6	נעכרת	niph	ptc	fs	עכר	747		be stirred up		אויביו	qal	ptc	mp	איב	33	3ms	be hostile to
15:7	יזרו	piel	impf	3mp	זרה	279		scatter		ישלם	hiph	impf	3ms	שלם	1023		make peace
15:9	מרדף	piel	ptc	ms	רדף	922		pursue eagerly	16:9	יחשב	piel	impf	3ms	חשב	362		devise
	יאהב	qal	impf	3ms	אהב	12		love		יכין	hiph	impf	3ms	כון	465		fix, prepare
15:10	עזב	qal	ptc	ms	עזב	736		leave, loose	16:10	ימעל	qal	impf	3ms	מעל	591		act faithlessly
	שונא	qal	ptc	ms	שנא	971		hate	16:12	עשות	qal	infc		עשה	793		do, make
	ימות	qal	impf	3ms	מות	559		die		יכון	niph	impf	3ms	כון	465		be established
15:12	יאהב	qal	impf	3ms	אהב	12		love	16:13	דבר	qal	ptc	ms	דבר	180		speak
	לץ	qal	ptc	ms	ליץ	539		scorn		יאהב	qal	impf	3ms	אהב	12		love
	הוכח	hiph	infa		יכח	406		decide, reprove	16:14	יכפרנה	piel	impf	3ms	כפר	497	3fs	cover, atone
	ילך	qal	impf	3ms	הלך	229		walk, go	16:16	קנה	qal	infc		קנה	888		get, buy
15:13	ייטב	hiph	impf	3ms	יטב	405		do good		קנות	qal	infc		קנה	888		get, buy
15:14	נבון	niph	ptc	ms	בין	106		be discerning		נבחר	niph	ptc	ms	בחר	103		be chosen
	יבקש	piel	impf	3ms	בקש	134		seek	16:17	סור	qal	infc		סור	693		turn aside
	ירעה	qal	impf	3ms	רעה	944		pasture, tend		שמר	qal	ptc	ms	שמר	1036		keep, watch
15:17	אבוס	qal	pptc	ms	אבס	7		fatten		נצר	qal	ptc	ms	נצר	665		watch, guard
15:18	יגרה	piel	impf	3ms	גרה	173		excite	16:19	שפל	qal	infc		שפל	1050		be low
	ישקיט	hiph	impf	3ms	שקט	1052		show quietness		חלק	piel	infc		חלק	323		divide
15:19	סללה	qal	pptc	fs	סלל	699		cast up	16:20	משכיל	hiph	ptc	ms	שכל	968		look at, prosper
15:20	ישמח	piel	impf	3ms	שמח	970		gladden		ימצא	qal	impf	3ms	מצא	592		find
	בוזה	qal	ptc	ms	בזה	102		despise		בוטח	qal	ptc	ms	בטח	105		trust
15:21	יישר	piel	impf	3ms	ישר	448		make straight	16:21	יקרא	niph	impf	3ms	קרא	894		be called
	לכת	qal	infc		הלך	229		walk, go		נבון	niph	ptc	ms	בין	106		be discerning
15:22	הפר	hiph	infa		פרר	830		break, frustrate		יסיף	hiph	impf	3ms	יסף	414		add, do again
	יועצים	qal	ptc	mp	יעץ	419		advise, counsel	16:23	ישכיל	hiph	impf	3ms	שכל	968		look at, prosper
	תקום	qal	impf	3fs	קום	877		arise, stand		יסיף	hiph	impf	3ms	יסף	414		add, do again
15:24	משכיל	hiph	ptc	ms	שכל	968		look at, prosper	16:26	עמלה	qal	pft	3fs	עמל	765		labor, toil
	סור	qal	infc		סור	693		turn aside		אכף	qal	pft	3ms	אכף	38		urge, press
15:25	יסח	qal	impf	3ms	נסח	650		tear away	16:27	כרה	qal	ptc	ms	כרה	500		dig
	יצב	hiph	jusf	3ms	נצב	662		cause to stand	16:28	ישלח	piel	impf	3ms	שלח	1018		send away, shoot
15:27	עכר	qal	ptc	ms	עכר	747		trouble		נרגן	niph	ptc	ms	רגן	920		murmur, rebel
	בוצע	qal	ptc	ms	בצע	130		cut off		מפריד	hiph	ptc	ms	פרד	825		divide
	שנא	qal	ptc	ms	שנא	971		hate	16:29	יפתה	piel	impf	3ms	פתה	834		entice
	יחיה	qal	impf	3ms	חיה	310		live		הוליכו	hiph	wcp	3ms	הלך	229	3ms	lead, bring
15:28	יהגה	qal	impf	3ms	הגה	211		groan, utter	16:30	עצה	qal	ptc	ms	עצה	781		shut (eyes)
	ענות	qal	infc		ענה	772		answer		חשב	qal	infc		חשב	362		think, devise
	יביע	hiph	impf	3ms	נבע	615		pour out		קרץ	qal	ptc	ms	קרץ	902		nip, pinch
15:29	ישמע	qal	impf	3ms	שמע	1033		hear		כלה	piel	pft	3ms	כלה	477		complete, finish
15:30	ישמח	piel	impf	3ms	שמח	970		gladden	16:31	תמצא	niph	impf	3fs	מצא	592		be found
	תדשן	piel	impf	3fs	דשן	206		make fat	16:32	משל	qal	ptc	ms	משל	605		rule
15:31	שמעת	qal	ptc	fs	שמע	1033		hear		לכד	qal	ptc	ms	לכד	539		capture
	תלין	qal	impf	3fs	לון	533		lodge, remain	16:33	יוטל	hoph	impf	3ms	טול	376		be hurled
15:32	פורע	qal	ptc	ms	פרע	828		let go	17:2	משכיל	hiph	ptc	ms	שכל	968		look at, prosper
	מואס	qal	ptc	ms	מאס	549		reject, refuse		ימשל	qal	impf	3ms	משל	605		rule
	שומע	qal	ptc	ms	שמע	1033		hear		מביש	hiph	ptc	ms	בוש	101		put to shame
	קונה	qal	ptc	ms	קנה	888		get, buy		יחלק	qal	impf	3ms	חלק	323		divide, share
16:2	תכן	qal	ptc	ms	תכן	1067		estimate	17:3	בחן	qal	ptc	ms	בחן	103		examine, try
16:3	גל	qal	impv	ms	גלל	164		roll away	17:4	מרע	hiph	ptc	ms	רעע	949		hurt, do evil
	יכנו	niph	jusm	3mp	כון	465		be established		מקשיב	hiph	ptc	ms	קשב	904		give attention

Proverbs 17:4–19:4

ChVs	Form	Stem	Tnse	PGN	Root	BDB	Sfx	Meaning
17:4	מזין	hiph	ptc	ms	אזן	24		hear
17:5	לעג	qal	ptc	ms	לעג	541		mock, deride
	רש	qal	ptc	ms	רוש	930		be in want
	חרף	piel	pft	3ms	חרף	357		reproach
	עשהו	qal	ptc	ms	עשה	793	3ms	do, make
	ינקה	niph	impf	3ms	נקה	667		be clean, free
17:8	יפנה	qal	impf	3ms	פנה	815		turn
	ישכיל	hiph	impf	3ms	שכל	968		look at, prosper
17:9	מכסה	piel	ptc	ms	כסה	491		cover
	מבקש	piel	ptc	ms	בקש	134		seek
	שנה	qal	ptc	ms	שנה	1040		do again, repeat
	מפריד	hiph	ptc	ms	פרד	825		divide
17:10	תחת	qal	impf	3fs	נחת	639		go down
	מבין	hiph	ptc	ms	בין	106		understand
	הכות	hiph	infc		נכה	645		smite
17:11	יבקש	piel	impf	3ms	בקש	134		seek
	ישלח	pual	impf	3ms	שלח	1018		be sent off
17:12	פגוש	qal	infa		פגש	803		meet
17:13	משיב	hiph	ptc	ms	שוב	996		bring back
	תמיש	hiph	impf	3fs	מוש	559		remove, depart
	תמושq	qal	impf	3fs	מוש	559		depart, remove
17:14	פוטר	qal	ptc	ms	פטר	809		remove, set free
	התגלע	hith	pft	3ms	גלע	166		break out
	נטוש	qal	impv	ms	נטש	643		leave, forsake
17:15	מצדיק	hiph	ptc	ms	צדק	842		make righteous
	מרשיע	hiph	ptc	ms	רשע	957		condemn, be evil
17:16	קנות	qal	infc		קנה	888		get, buy
17:17	אהב	qal	ptc	ms	אהב	12		love
	יולד	niph	impf	3ms	ילד	408		be born
17:18	תוקע	qal	ptc	ms	תקע	1075		thrust, clap
	ערב	qal	ptc	ms	ערב	786		take on pledge
17:19	אהב	qal	ptc	ms	אהב	12		love
	אהב	qal	ptc	ms	אהב	12		love
	מגביה	hiph	ptc	ms	גבה	146		make high, exalt
	מבקש	piel	ptc	ms	בקש	134		seek
17:20	ימצא	qal	impf	3ms	מצא	592		find
	נהפך	niph	ptc	ms	הפך	245		turn oneself
	יפול	qal	impf	3ms	נפל	656		fall
17:21	ילד	qal	ptc	ms	ילד	408		bear, beget
	ישמח	qal	impf	3ms	שמח	970		rejoice
17:22	ייטב	hiph	impf	3ms	יטב	405		do good
	תיבש	piel	impf	3fs	יבש	386		make dry
17:23	יקח	qal	impf	3ms	לקח	542		take
	הטות	hiph	infc		נטה	639		turn, incline
17:24	מבין	hiph	ptc	ms	בין	106		understand
17:25	יולדתו	qal	ptc	fs	ילד	408	3ms	bear, beget
17:26	ענוש	qal	infc		ענש	778		punish, fine
	הכות	hiph	infc		נכה	645		smite
17:27	חושך	qal	ptc	ms	חשך	362		withhold
	יודע	qal	ptc	ms	ידע	393		know
17:28	מחריש	hiph	ptc	ms	חרש	361		be silent
	יחשב	niph	impf	3ms	חשב	362		be thought
	אטם	qal	ptc	ms	אטם	31		shut
	נבון	niph	ptc	ms	בין	106		be discerning
18:1	יבקש	piel	impf	3ms	בקש	134		seek
	נפרד	niph	ptc	ms	פרד	825		divide
	יתגלע	hith	impf	3ms	גלע	166		break out
18:2	יחפץ	qal	impf	3ms	חפץ	342		delight in
	התגלות	hith	infc		גלה	162		be uncovered
18:3	בוא	qal	infc		בוא	97		come in
	בא	qal	pft	3ms	בוא	97		come in
18:4	נבע	qal	ptc	ms	נבע	615		flow
18:5	שאת	qal	infc		נשא	669		lift, carry
	הטות	hiph	infc		נטה	639		turn, incline
18:6	יבאו	qal	impf	3mp	בוא	97		come in
	יקרא	qal	impf	3ms	קרא	894		call, proclaim
18:8	נרגן	niph	ptc	ms	רגן	920		murmur, rebel
	מתלהמים	hith	ptc	mp	להם	529		eat greedily
	ירדו	qal	pft	3cp	ירד	432		come down
18:9	מתרפה	hith	ptc	ms	רפה	951		show self lazy
18:10	ירוץ	qal	impf	3ms	רוץ	930		run
	נשגב	niph	wcp	3ms	שגב	960		be high, exalted
18:11	נשגבה	niph	ptc	fs	שגב	960		be high, exalted
18:12	יגבה	qal	impf	3ms	גבה	146		be high
18:13	משיב	hiph	ptc	ms	שוב	996		bring back
	ישמע	qal	impf	3ms	שמע	1033		hear
18:14	יכלכל	pilp	impf	3ms	כול	465		support
	ישאנה	qal	impf	3ms	נשא	669	3fs	lift, carry
18:15	נבון	niph	ptc	ms	בין	106		be discerning
	יקנה	qal	impf	3ms	קנה	888		get, buy
	תבקש	piel	impf	3fs	בקש	134		seek
18:16	ירחיב	hiph	impf	3ms	רחב	931		enlarge
	ינחנו	hiph	impf	3ms	נחה	634	3ms	lead, guide
18:17	יבאk	qal	impf	3ms	בוא	97		come in
	בא q	qal	wcp	3ms	בוא	97		come in
	חקרו	qal	wcp	3ms	חקר	350	3ms	search
18:18	ישבית	hiph	impf	3ms	שבת	991		destroy, remove
	יפריד	hiph	impf	3ms	פרד	825		divide
18:19	נפשע	niph	ptc	ms	פשע	833		be offended
18:20	תשבע	qal	impf	3fs	שבע	959		be sated
	ישבע	qal	impf	3ms	שבע	959		be sated
18:21	אהביה	qal	ptc	mp	אהב	12	3fs	love
	יאכל	qal	impf	3ms	אכל	37		eat, devour
18:22	מצא	qal	pft	3ms	מצא	592		find
	מצא	qal	pft	3ms	מצא	592		find
	יפק	hiph	wci	3ms	פוק	807		produce, obtain
18:23	ידבר	piel	impf	3ms	דבר	180		speak
	רש	qal	ptc	ms	רוש	930		be in want
	יענה	qal	impf	3ms	ענה	772		answer
18:24	התרעע	htpo	infc		רעע	949		break in pieces
	אהב	qal	ptc	ms	אהב	12		love
19:1	רש	qal	ptc	ms	רוש	930		be in want
	הולך	qal	ptc	ms	הלך	229		walk, go
19:2	אץ	qal	ptc	ms	אוץ	21		press, hasten
	חוטא	qal	ptc	ms	חטא	306		sin
19:3	תסלף	piel	impf	3fs	סלף	701		pervert, turn
	יזעף	qal	impf	3ms	זעף	277		be vexed
19:4	יסיף	hiph	impf	3ms	יסף	414		add, do again

ChVs	Form	Stem	Tnse	PGN	Root	BDB	Sfx	Meaning
19:4	יפרד	niph	impf	3ms	פרד	825		divide
19:5	ינקה	niph	impf	3ms	נקה	667		be clean, free
	יפיח	hiph	impf	3ms	פוח	806		breathe, utter
	ימלט	niph	impf	3ms	מלט	572		escape
19:6	יחלו	piel	impf	3mp	חלה	318		pacify, entreat
19:7	רש	qal	ptc	ms	רוש	930		be in want
	שנאהו	qal	pft	3cp	שנא	971	3ms	hate
	רחקו	qal	pft	3cp	רחק	934		be distant
	מרדף	piel	ptc	ms	רדף	922		pursue eagerly
19:8	קנה	qal	ptc	ms	קנה	888		get, buy
	אהב	qal	ptc	ms	אהב	12		love
	שמר	qal	ptc	ms	שמר	1036		keep, watch
	מצא	qal	infc		מצא	592		find
19:9	ינקה	niph	impf	3ms	נקה	667		be clean, free
	יפיח	hiph	impf	3ms	פוח	806		breathe, utter
	יאבד	qal	impf	3ms	אבד	1		perish
19:10	משל	qal	infc		משל	605		rule
19:11	האריך	hiph	pft	3ms	ארך	73		prolong
	עבר	qal	infc		עבר	716		pass over
19:13	טרד	qal	ptc	ms	טרד	382		persist
19:14	משכלת	hiph	ptc	fs	שכל	968		look at, prosper
19:15	תפיל	hiph	impf	3fs	נפל	656		cause to fall
	תרעב	qal	impf	3fs	רעב	944		be hungry
19:16	שמר	qal	ptc	ms	שמר	1036		keep, watch
	שמר	qal	ptc	ms	שמר	1036		keep, watch
	בוזה	qal	ptc	ms	בזה	102		despise
	יומת k	hoph	impf	3ms	מות	559		be killed
	ימות q	qal	impf	3ms	מות	559		die
19:17	מלוה	hiph	ptc	ms	לוה	531		lend
	חונן	qal	ptc	ms	חנן	335		show favor
	ישלם	piel	impf	3ms	שלם	1022		repay, reward
19:18	יסר	piel	impv	ms	יסר	415		correct, chasten
	המיתו	hiph	infc		מות	559	3ms	kill
	תשא	qal	jusm	2ms	נשא	669		lift, carry
19:19	נשא	qal	ptc	ms	נשא	669		lift, carry
	תציל	hiph	impf	2ms	נצל	664		snatch, deliver
	תוסף	hiph	impf	2ms	יסף	414		add, do again
19:20	שמע	qal	impv	ms	שמע	1033		hear
	קבל	piel	impv	ms	קבל	867		take, receive
	תחכם	qal	impf	2ms	חכם	314		be wise
19:21	תקום	qal	impf	3fs	קום	877		arise, stand
19:22	רש	qal	ptc	ms	רוש	930		be in want
19:23	ילין	qal	impf	3ms	לון	533		lodge, remain
	יפקד	niph	impf	3ms	פקד	823		be visited
19:24	טמן	qal	pft	3ms	טמן	380		hide
	ישיבנה	hiph	impf	3ms	שוב	996	3fs	bring back
19:25	לץ	qal	ptc	ms	ליץ	539		scorn
	תכה	hiph	impf	2ms	נכה	645		smite
	יערם	hiph	impf	3ms	ערם	791		act craftily
	הוכיח	hiph	infc		יכח	406?		decide, reprove
	נבון	niph	ptc	ms	בין	106		be discerning
	יבין	qal	impf	3ms	בין	106		discern
19:26	משדד	piel	ptc	ms	שדד	994		assault
	יבריח	hiph	impf	3ms	ברח	137		cause to flee
19:26	מביש	hiph	ptc	ms	בוש	101		put to shame
	מחפיר	hiph	ptc	ms	חפר	344		display shame
19:27	חדל	qal	impv	ms	חדל	292		cease
	שמע	qal	infc		שמע	1033		hear
	שגות	qal	infc		שגה	993		err, go astray
19:28	יליץ	qal	impf	3ms	ליץ	539		scorn
	יבלע	piel	impf	3ms	בלע	118		swallow up
19:29	נכונו	niph	pft	3cp	כון	465		be established
	לצים	qal	ptc	mp	ליץ	539		scorn
20:1	לץ	qal	ptc	ms	ליץ	539		scorn
	המה	qal	ptc	ms	המה	242		growl, murmur
	שגה	qal	ptc	ms	שגה	993		err, go astray
	יחכם	qal	impf	3ms	חכם	314		be wise
20:2	מתעברו	hith	ptc	ms	עבר	720	3ms	be arrogant
	חוטא	qal	ptc	ms	חטא	306		sin
20:3	יתגלע	hith	impf	3ms	גלע	166		break out
20:4	יחרש	qal	impf	3ms	חרש	360		engrave, plough
	ישאל k	qal	impf	3ms	שאל	981		ask, borrow
	שאל q	qal	wcp	3ms	שאל	981		ask, borrow
20:5	ידלנה	qal	impf	3ms	דלה	194	3fs	draw (water)
20:6	יקרא	qal	impf	3ms	קרא	894		call, proclaim
	ימצא	qal	impf	3ms	מצא	592		find
20:7	מתהלך	hith	ptc	ms	הלך	229		walk to and fro
20:8	יושב	qal	ptc	ms	ישב	442		sit, dwell
	מזרה	piel	ptc	ms	זרה	279		scatter
20:9	יאמר	qal	impf	3ms	אמר	55		say
	זכיתי	piel	pft	1cs	זכה	269		make clean
	טהרתי	qal	pft	1cs	טהר	372		be clean, pure
20:11	יתנכר	hith	impf	3ms	נכר	647		be recognized
20:12	שמעת	qal	ptc	fs	שמע	1033		hear
	ראה	qal	ptc	fs	ראה	906		see
	עשה	qal	pft	3ms	עשה	793		do, make
20:13	תאהב	qal	jusm	2ms	אהב	12		love
	תורש	niph	impf	2ms	ירש	439		be impoverished
	פקח	qal	impv	ms	פקח	824		open
	שבע	qal	impv	ms	שבע	959		be sated
20:14	יאמר	qal	impf	3ms	אמר	55		say
	קונה	qal	ptc	ms	קנה	888		get, buy
	אזל	qal	ptc	ms	אזל	23		go
	יתהלל	hith	impf	3ms	הלל	237		glory
20:16	לקח	qal	impv	ms	לקח	542		take
	ערב	qal	pft	3ms	ערב	786		take on pledge
	זר	qal	ptc	ms	זור	266		be stranger
	חבלהו	qal	impv	ms	חבל	286	3ms	bind
20:17	ימלא	niph	impf	3ms	מלא	569		be filled
20:18	תכון	niph	impf	2ms	כון	465		be established
	עשה	qal	impv	ms	עשה	793		do, make
20:19	גולה	qal	ptc	ms	גלה	162		uncover
	הולך	qal	ptc	ms	הלך	229		walk, go
	פתה	qal	ptc	ms	פתה	834		be simple
	תתערב	hith	impf	2ms	ערב	786		exchange, share
20:20	מקלל	piel	ptc	ms	קלל	886		curse
	ידעך	qal	impf	3ms	דעך	200		go out
20:21	מבחלת k	pual	ptc	fs	בחל	103		gotten by greed

Proverbs 20:21 – 22:13

ChVs	Form	Stem	Tnse	PGN	Root	BDB	Sfx	Meaning
20:21	מְבֹהֶלֶת q	pual	ptc	fs	בהל	96		hastened
	תְּבֹרָךְ	pual	impf	3fs	ברך	138		be blessed
20:22	תֹּאמַר	qal	jusm	2ms	אמר	55		say
	אֲשַׁלְּמָה	piel	coh	1cs	שלם	1022		repay, reward
	קַוֵּה	piel	impv	ms	קוה	875		wait for
	יֹשַׁע	hiph	jus	3ms	ישע	446		deliver, save
20:24	יָבִין	qal	impf	3ms	בין	106		discern
20:25	יָלַע	qal	jus	3ms	לוע	534		talk wildly
	בַּקֵּר	piel	infc		בקר	133		seek, inquire
20:26	מְזָרֶה	piel	ptc	ms	זרה	279		scatter
	יָּשֶׁב	hiph	wci	3ms	שוב	996		bring back
20:27	חֹפֵשׂ	qal	ptc	ms	חפשׂ	344		search out
20:28	יִצְּרוּ	qal	impf	3mp	נצר	665		watch, guard
	סָעַד	qal	wcp	3ms	סעד	703		support
20:30	תַּמְרִיק k	hiph	impf	3fs	מרק	599		cleanse
21:1	יַחְפֹּץ	qal	impf	3ms	חפץ	342		delight in
	יַטֶּנּוּ	hiph	impf	3ms	נטה	639	3ms	turn, incline
21:2	תֹּכֵן	qal	ptc	ms	תכן	1067		estimate
21:3	עֲשֹׂה	qal	infc		עשה	793		do, make
	נִבְחָר	niph	ptc	ms	בחר	103		be chosen
21:5	אָץ	qal	ptc	ms	אוץ	21		press, hasten
21:6	נִדָּף	niph	ptc	ms	נדף	623		be driven about
	מְבַקְשֵׁי	piel	ptc	mp	בקשׁ	134		seek
21:7	יְגוֹרֵם	qal	impf	3ms	גרר	176	3mp	drag away
	מֵאֲנוּ	piel	pft	3cp	מאן	549		refuse
	עֲשׂוֹת	qal	infc		עשה	793		do, make
21:9	שֶׁבֶת	qal	infc		ישב	442		sit, dwell
21:10	אִוְּתָה	piel	pft	3fs	אוה	16		desire
	יֻחַן	qalp	impf	3ms	חנן	335		be shown favor
21:11	עֲנָשׁ	qal	infc		ענשׁ	778		punish, fine
	לֵץ				ליץ	539		scorn
	יֶחְכַּם	qal	impf	3ms	חכם	314		be wise
	הַשְׂכִּיל	hiph	infc		שׂכל	968		look at, prosper
	יִקַּח	qal	impf	3ms	לקח	542		take
21:12	מַשְׂכִּיל	hiph	ptc	ms	שׂכל	968		look at, prosper
	מְסַלֵּף	piel	ptc	ms	סלף	701		pervert, turn
21:13	אֹטֵם	qal	ptc	ms	אטם	31		shut
	יִקְרָא	qal	impf	3ms	קרא	894		call, proclaim
	יֵעָנֶה	niph	impf	3ms	ענה	772		be answered
21:14	יִכְפֶּה	qal	impf	3ms	כפה	495		subdue
21:15	עֲשׂוֹת	qal	infc		עשה	793		do, make
	פֹּעֲלֵי	qal	ptc	mp	פעל	821		do, make
21:16	תּוֹעֶה	qal	ptc	ms	תעה	1073		wander, err
	הַשְׂכֵּל	hiph	infa		שׂכל	968		look at, prosper
	יָנוּחַ	qal	impf	3ms	נוח	628		rest
21:17	אֹהֵב	qal	ptc	ms	אהב	12		love
	אֹהֵב	qal	ptc	ms	אהב	12		love
	יַעֲשִׁיר	hiph	impf	3ms	עשׁר	799		make rich
21:18	בּוֹגֵד	qal	ptc	ms	בגד	93		act faithlessly
21:19	שֶׁבֶת	qal	infc		ישב	442		sit, dwell
21:20	נֶחְמָד	niph	ptc	ms	חמד	326		desirable
	יְבַלְּעֶנּוּ	piel	impf	3ms	בלע	118	3ms	swallow up
21:21	רֹדֵף	qal	ptc	ms	רדף	922		pursue
	יִמְצָא	qal	impf	3ms	מצא	592		find

ChVs	Form	Stem	Tnse	PGN	Root	BDB	Sfx	Meaning
21:22	עָלָה	qal	pft	3ms	עלה	748		go up
	יֹּרֶד	hiph	wci	3ms	ירד	432		bring down
21:23	שֹׁמֵר	qal	ptc	ms	שׁמר	1036		keep, watch
	שֹׁמֵר	qal	ptc	ms	שׁמר	1036		keep, watch
21:24	לֵץ	qal	ptc	ms	ליץ	539		scorn
	עוֹשֶׂה	qal	ptc	ms	עשה	793		do, make
21:25	תְּמִיתֶנּוּ	hiph	impf	3fs	מות	559	3ms	kill
	מֵאֲנוּ	piel	pft	3cp	מאן	549		refuse
	עֲשׂוֹת	qal	infc		עשה	793		do, make
21:26	הִתְאַוָּה	hith	pft	3ms	אוה	16		desire
	יִתֵּן	qal	impf	3ms	נתן	678		give, set
	יַחְשֹׂךְ	qal	impf	3ms	חשׂך	362		withhold
21:27	יְבִיאֶנּוּ	hiph	impf	3ms	בוא	97	3ms	bring in
21:28	יֹאבֵד	qal	impf	3ms	אבד	1		perish
	שׁוֹמֵעַ	qal	ptc	ms	שׁמע	1033		hear
	יְדַבֵּר	piel	impf	3ms	דבר	180		speak
21:29	הֵעֵז	hiph	pft	3ms	עזז	738		make firm
	יָכִין k	hiph	impf	3ms	כון	465		fix, prepare
	יָבִין q	qal	impf	3ms	בין	106		discern
21:31	מוּכָן	hoph	ptc	ms	כון	465		be established
22:1	נִבְחָר	niph	ptc	ms	בחר	103		be chosen
22:2	רָשׁ	qal	ptc	ms	רושׁ	930		be in want
	נִפְגָּשׁוּ	niph	pft	3cp	פגשׁ	803		meet together
	עֹשֵׂה	qal	ptc	ms	עשה	793		do, make
22:3	רָאָה	qal	pft	3ms	ראה	906		see
	יִסָּתֵר k	niph	impf	3ms	סתר	711		hide, be hid
	נִסְתָּר q	niph	pft	3ms	סתר	711		hide, be hid
	עָבְרוּ	qal	pft	3cp	עבר	716		pass over
	נֶעֱנָשׁוּ	niph	pft	3cp	ענשׁ	778		be fined
22:5	שׁוֹמֵר	qal	ptc	ms	שׁמר	1036		keep, watch
	יִרְחַק	qal	impf	3ms	רחק	934		be distant
22:6	חֲנֹךְ	qal	impv	ms	חנך	335		train, dedicate
	יַזְקִין	hiph	impf	3ms	זקן	278		grow old
	יָסוּר	qal	impf	3ms	סור	693		turn aside
22:7	רָשִׁים	qal	ptc	mp	רושׁ	930		be in want
	יִמְשׁוֹל	qal	impf	3ms	משׁל	605		rule
	לֹוֶה	qal	ptc	ms	לוה	531		borrow
	מַלְוֶה	hiph	ptc	ms	לוה	531		lend
22:8	זוֹרֵעַ	qal	ptc	ms	זרע	281		sow
	יִקְצוֹר k	qal	impf	3ms	קצר	894		reap, harvest
	יִקְצָר q	qal	impf	3ms	קצר	894		reap, harvest
	יִכְלֶה	qal	impf	3ms	כלה	477		finished, spent
22:9	יְבֹרָךְ	pual	impf	3ms	ברך	138		be blessed
	נָתַן	qal	pft	3ms	נתן	678		give, set
22:10	גָּרֵשׁ	piel	impv	ms	גרשׁ	176		drive out
	לֵץ	qal	ptc	ms	ליץ	539		scorn
	יֵצֵא	qal	jusm	3ms	יצא	422		go out
	יִשְׁבֹּת	qal	impf	3ms	שׁבת	991		cease, desist
22:11	אֹהֵב	qal	ptc	ms	אהב	12		love
22:12	נָצְרוּ	qal	pft	3cp	נצר	665		watch, guard
	יְסַלֵּף	piel	wci	3ms	סלף	701		pervert, turn
	בֹּגֵד	qal	ptc	ms	בגד	93		act faithlessly
22:13	אָמַר	qal	pft	3ms	אמר	55		say
	אֵרָצֵחַ	niph	impf	1cs	רצח	953		be slain

ChVs	Form	Stem	Tnse	PGN	Root	BDB	Sfx	Meaning
22:14	זרות	qal	ptc	fp	זור	266		be stranger
	זעום	qal	pptc	ms	זעם	276		be indignant
	יפול k	qal	impf	3ms	נפל	656		fall
	יפל q	qal	impf	3ms	נפל	656		fall
22:15	קשורה	qal	pptc	fs	קשר	905		bind
	ירחיקנה	hiph	impf	3ms	רחק	934	3fs	put far away
22:16	עשק	qal	ptc	ms	עשק	798		oppress, extort
	הרבות	hiph	infc		רבה	915		make many
	נתן	qal	ptc	ms	נתן	678		give, set
22:17	הט	hiph	impv	ms	נטה	639		turn, incline
	שמע	qal	impv	ms	שמע	1033		hear
	תשית	qal	impf	2ms	שית	1011		put, set
22:18	תשמרם	qal	impf	2ms	שמר	1036	3mp	keep, watch
	יכנו	niph	impf	3mp	כון	465		be established
22:19	היות	qal	infc		היה	224		be, become
	הודעתיך	hiph	pft	1cs	ידע	393	2ms	declare
22:20	כתבתי	qal	pft	1cs	כתב	507		write
22:21	הודיעך	hiph	infc		ידע	393	2ms	declare
	השיב	hiph	infc		שוב	996		bring back
	שלחיך	qal	ptc	mp	שלח	1018	2ms	send
22:22	תגזל	qal	jusm	2ms	גזל	159		tear away, rob
	תדכא	piel	jusm	2ms	דכא	193		crush
22:23	יריב	qal	impf	3ms	ריב	936		strive, contend
	קבע	qal	wcp	3ms	קבע	867		rob
	קבעיהם	qal	ptc	mp	קבע	867	3mp	rob
22:24	תתרע	hith	jusm	2ms	רעה	945		associate self
	תבוא	qal	impf	2ms	בוא	97		come in
22:25	תאלף	qal	impf	2ms	אלף	48		learn
	לקחת	qal	wcp	2ms	לקח	542		take
22:26	תהי	qal	jus	2ms	היה	224		be, become
	תקעי	qal	ptc	mp	תקע	1075		thrust, clap
	ערבים	qal	ptc	mp	ערב	786		take on pledge
22:27	שלם	piel	infc		שלם	1022		repay, reward
	יקח	qal	impf	3ms	לקח	542		take
22:28	תסג	hiph	jus	2ms	סוג	690		displace
	עשו	qal	pft	3cp	עשה	793		do, make
22:29	חזית	qal	pft	2ms	חזה	302		see
	יתיצב	hith	impf	3ms	יצב	426		stand oneself
	יתיצב	hith	impf	3ms	יצב	426		stand oneself
23:1	תשב	qal	impf	2ms	ישב	442		sit, dwell
	לחום	qal	infc		לחם	536		eat, consume
	מושל	qal	ptc	ms	משל	605		rule
	בין	qal	infa		בין	106		discern
	תבין	qal	impf	2ms	בין	106		discern
23:2	שמת	qal	wcp	2ms	שים	962		put, set
23:3	תתאו k	hith	jus	2ms	אוה	16		desire
	תתאיו q	hith	jus	2ms	אוה	16?		desire
23:4	תיגע	qal	jusm	2ms	יגע	388		toil, grow weary
	העשיר	hiph	infc		עשר	799		make rich
	חדל	qal	impv	ms	חדל	292		cease
23:5	התעוף	qal	impf	2ms	עוף	733		fly
	תעיף q	hiph	impf	2ms	עוף	733		c. to fly away
	עשה	qal	infa		עשה	793		do, make
	יעשה	qal	impf	3ms	עשה	793		do, make
23:5	עיף k	qal	wcp	3ms	עוף	733		fly
	יעוף q	qal	impf	3ms	עוף	733		fly
23:6	תלחם	qal	impf	2ms	לחם	536		eat, consume
	תתאו k	hith	jus	2ms	אוה	16		desire
	תתאיו q	hith	jus	2ms	אוה	16?		desire
23:7	שער	qal	pft	3ms	שער	1045		calculate
	אכל	qal	impv	ms	אכל	37		eat, devour
	שתה	qal	impv	ms	שתה	1059		drink
	יאמר	qal	impf	3ms	אמר	55		say
23:8	אכלת	qal	pft	2ms	אכל	37		eat, devour
	תקיאנה	hiph	impf	2ms	קיא	883	3fs	vomit up
	שחת	piel	wcp	2ms	שחת	1007		spoil, ruin
23:9	תדבר	piel	jusm	2ms	דבר	180		speak
	יבוז	qal	impf	3ms	בוז	100		despise
23:10	תסג	hiph	jus	2ms	סוג	690		displace
	תבא	qal	impf	3ms	בוא	97		come in
23:11	גאלם	qal	ptc	ms	גאל	145	3mp	redeem
	יריב	qal	impf	3ms	ריב	936		strive, contend
23:12	הביאה	hiph	impv	ms	בוא	97		bring in
23:13	תמנע	qal	jusm	2ms	מנע	586		withhold
	תכנו	hiph	impf	2ms	נכה	645	3ms	smite
	ימות	qal	impf	3ms	מות	559		die
23:14	תכנו	hiph	impf	2ms	נכה	645	3ms	smite
	תציל	hiph	impf	2ms	נצל	664		snatch, deliver
23:15	חכם	qal	pft	3ms	חכם	314		be wise
	ישמח	qal	impf	3ms	שמח	970		rejoice
23:16	תעלזנה	qal	impf	3fp	עלז	759		exult, triumph
	דבר	piel	infc		דבר	180		speak
23:17	יקנא	piel	jusm	3ms	קנא	888		be jealous
23:18	תכרת	niph	impf	3fs	כרת	503		be cut off
23:19	שמע	qal	impv	ms	שמע	1033		hear
	חכם	qal	impv	ms	חכם	314		be wise
	אשר	piel	impv	ms	אשר	80		call blessed
23:20	תהי	qal	jus	2ms	היה	224		be, become
	סבאי	qal	ptc	mp	סבא	684		imbibe
	זללי	qal	ptc	mp	זלל	272		be worthless
23:21	סבא	qal	ptc	ms	סבא	684		imbibe
	זולל	qal	ptc	ms	זלל	272		be worthless
	יורש	niph	impf	3ms	ירש	439		be impoverished
	תלביש	hiph	impf	3fs	לבש	527		clothe
23:22	שמע	qal	impv	ms	שמע	1033		hear
	ילדך	qal	pft	3ms	ילד	408	2ms	bear, beget
	תבוז	qal	jusm	2ms	בוז	100		despise
	זקנה	qal	pft	3fs	זקן	278		be old
23:23	קנה	qal	impv	ms	קנה	888		get, buy
	תמכר	qal	jusm	2ms	מכר	569		sell
23:24	גול k	qal	infa		גיל	162		rejoice
	גיל q	qal	infa		גיל	162		rejoice
	יגול k	qal	impf	3ms	גיל	162		rejoice
	יגיל q	qal	impf	3ms	גיל	162		rejoice
	יולד	qal	ptc	ms	ילד	408		bear, beget
	ישמח	qal	impf	3ms	שמח	970		rejoice
23:25	ישמח	qal	jusm	3ms	שמח	970		rejoice
	תגל	qal	jus	3fs	גיל	162		rejoice

Proverbs 23:25–24:31

ChVs	Form	Stem	Tnse	PGN	Root	BDB	Sfx	Meaning
23:25	יולדתך	qal	ptc	fs	ילד	408	2ms	bear, beget
23:26	תנה	qal	impv	ms	נתן	678		give, set
k	תרצנה	qal	jusm	3fp	רצה	953		be pleased
q	תצרנה	qal	jusm	3fp	נצר	665		watch, guard
23:27	זונה	qal	ptc	fs	זנה	275		act a harlot
23:28	תארב	qal	impf	3fs	ארב	70		lie in wait
	בוגדים	qal	ptc	mp	בגד	93		act faithlessly
	תוסף	hiph	impf	3fs	יסף	414		add, do again
23:30	מאחרים	piel	ptc	mp	אחר	29		tarry, hinder
	באים	qal	ptc	mp	בוא	97		come in
	חקר	qal	infc		חקר	350		search
23:31	תרא	qal	jus	2ms	ראה	906		see
	יתאדם	hith	impf	3ms	אדם	10		redden
	יתן	qal	impf	3ms	נתן	678		give, set
	יתהלך	hith	impf	3ms	הלך	229		walk to and fro
23:32	ישך	qal	impf	3ms	נשך	675		bite
	יפרש	hiph	impf	3ms	פרש	831		pierce, sting
23:33	יראו	qal	impf	3mp	ראה	906		see
	זרות	qal	ptc	fp	זור	266		be stranger
	ידבר	piel	impf	3ms	דבר	180		speak
23:34	היית	qal	wcp	2ms	היה	224		be, become
	שכב	qal	ptc	ms	שכב	1011		lie, lie down
	שכב	qal	ptc	ms	שכב	1011		lie, lie down
23:35	הכוני	hiph	pft	3cp	נכה	645	1cs	smite
	חליתי	qal	pft	1cs	חלה	317		be weak, sick
	הלמוני	qal	pft	3cp	הלם	240	1cs	smite
	ידעתי	qal	pft	1cs	ידע	393		know
	אקיץ	hiph	impf	1cs	קיץ	884		awake
	אוסיף	hiph	impf	1cs	יסף	414		add, do again
	אבקשנו	piel	impf	1cs	בקש	134	3ms	seek
24:1	תקנא	piel	jusm	2ms	קנא	888		be jealous
k	תתאו	hith	jus	2ms	אוה	16		desire
q	תתאיו	hith	jus	2ms	אוה	16?		desire
	היות	qal	infc		היה	224		be, become
24:2	יהגה	qal	impf	3ms	הגה	211		groan, utter
	תדברנה	piel	impf	3fp	דבר	180		speak
24:3	יבנה	niph	impf	3ms	בנה	124		be built
	יתכונן	htpo	impf	3ms	כון	465		be established
24:4	ימלאו	niph	impf	3mp	מלא	569		be filled
24:5	מאמץ	piel	ptc	ms	אמץ	54		make firm
24:6	תעשה	qal	impf	2ms	עשה	793		do, make
	יועץ	qal	ptc	ms	יעץ	419		advise, counsel
24:7	יפתח	qal	impf	3ms	פתח	834		open
24:8	מחשב	piel	ptc	ms	חשב	362		devise
	הרע	hiph	infc		רעע	949		hurt, do evil
	יקראו	qal	impf	3mp	קרא	894		call, proclaim
24:9	לץ	qal	ptc	ms	ליץ	539		scorn
24:10	התרפית	hith	pft	2ms	רפה	951		show self lazy
24:11	הצל	hiph	impv	ms	נצל	664		snatch, deliver
	לקחים	qal	pptc	mp	לקח	542		take
	מטים	qal	ptc	mp	מוט	556		totter
	תחשוך	qal	impf	2ms	חשך	362		withhold
24:12	תאמר	qal	impf	2ms	אמר	55		say
	ידענו	qal	pft	1cp	ידע	393		know
24:12	תכן	qal	ptc	ms	תכן	1067		estimate
	יבין	qal	impf	3ms	בין	106		discern
	נצר	qal	ptc	ms	נצר	665		watch, guard
	ידע	qal	impf	3ms	ידע	393		know
	השיב	hiph	wcp	3ms	שוב	996		bring back
24:13	אכל	qal	impv	ms	אכל	37		eat, devour
24:14	דעה	qal	impv	ms	ידע	393		know
	מצאת	qal	pft	2ms	מצא	592		find
	תכרת	niph	impf	3fs	כרת	503		be cut off
24:15	תארב	qal	jusm	2ms	ארב	70		lie in wait
	תשדד	piel	jusm	2ms	שדד	994		assault
24:16	יפול	qal	impf	3ms	נפל	656		fall
	קם	qal	wcp	3ms	קום	877		arise, stand
	יכשלו	niph	impf	3mp	כשל	505		stumble
24:17	נפל	qal	infc		נפל	656		fall
k	אויביך	qal	ptc	mp	איב	33	2ms	be hostile to
q	אויבך	qal	ptc	ms	איב	33	2ms	be hostile to
	תשמח	qal	jusm	2ms	שמח	970		rejoice
	כשלו	niph	infc		כשל	505	3ms	stumble
	יגל	qal	jus	3ms	גיל	162		rejoice
24:18	יראה	qal	impf	3ms	ראה	906		see
	רע	qal	wcp	3ms	רעע	949		be evil
	השיב	hiph	wcp	3ms	שוב	996		bring back
24:19	תתחר	hith	jusm	2ms	חרה	354		hotly contend
	מרעים	hiph	ptc	mp	רעע	949		hurt, do evil
	תקנא	piel	jusm	2ms	קנא	888		be jealous
24:20	תהיה	qal	impf	3fs	היה	224		be, become
	ידעך	qal	impf	3ms	דעך	200		go out
24:21	ירא	qal	impv	ms	ירא	431		fear
	שונים	qal	ptc	mp	שנה	1039		change
	תתערב	hith	jusm	2ms	ערב	786		exchange, share
24:22	יקום	qal	impf	3ms	קום	877		arise, stand
	יודע	qal	ptc	ms	ידע	393		know
24:23	הכר	hiph	infa		נכר	647		regard, notice
24:24	אמר	qal	ptc	ms	אמר	55		say
	יקבהו	qal	impf	3mp	קבב	866	3ms	curse
	יזעמוהו	qal	impf	3mp	זעם	276	3ms	be indignant
24:25	מוכיחים	hiph	ptc	mp	יכח	406		decide, reprove
	ינעם	qal	impf	3ms	נעם	653		be delightful
	תבוא	qal	impf	3fs	בוא	97		come in
24:26	ישק	qal	impf	3ms	נשק	676		kiss
	משיב	hiph	ptc	ms	שוב	996		bring back
24:27	הכן	hiph	impv	ms	כון	465		fix, prepare
	עתדה	piel	impv	ms	עתד	800	3fs	make ready
	בנית	qal	wcp	2ms	בנה	124		build
24:28	תהי	qal	jus	2ms	היה	224		be, become
	פתית	piel	pft	2ms	פתה	834		entice
24:29	תאמר	qal	jusm	2ms	אמר	55		say
	עשה	qal	pft	3ms	עשה	793		do, make
	אעשה	qal	impf	1cs	עשה	793		do, make
	אשיב	hiph	impf	1cs	שוב	996		bring back
24:30	עברתי	qal	pft	1cs	עבר	716		pass over
24:31	עלה	qal	pft	3ms	עלה	748		go up
	כסו	pual	pft	3cp	כסה	491		be covered

ChVs	Form	Stem	Tnse	PGN	Root	BDB	Sfx	Meaning
24:31	נהרסה	niph	pft	3fs	הרס	248		be thrown down
24:32	אחזה	qal	wci	1cs	חזה	302		see
	אשית	qal	impf	1cs	שית	1011		put,set
	ראיתי	qal	pft	1cs	ראה	906		see
	לקחתי	qal	pft	1cs	לקח	542		take
24:33	שכב	qal	infc		שכב	1011		lie,lie down
24:34	בא	qal	wcp	3ms	בוא	97		come in
	מתהלך	hith	ptc	ms	הלך	229		walk to and fro
25:1	העתיקו	hiph	pft	3cp	עתק	801		move,remove
25:2	הסתר	hiph	infc		סתר	711		hide
	חקר	qal	infc		חקר	350		search
25:4	הגו	qal	infa		הגה	212		remove
	יצא	qal	wci	3ms	יצא	422		go out
	צרף	qal	ptc	ms	צרף	864		refine,test
25:5	הגו	qal	infa		הגה	212		remove
	יכון	niph	impf	3ms	כון	465		be established
25:6	תתהדר	hith	jusm	2ms	הדר	213		honor oneself
	תעמד	qal	jusm	2ms	עמד	763		stand,stop
25:7	אמר	qal	infc		אמר	55		say
	עלה	qal	impv		עלה	748		go up
	השפילך	hiph	infc		שפל	1050	2ms	make low,abase
	ראו	qal	pft	3cp	ראה	906		see
25:8	תצא	qal	jusm	2ms	יצא	422		go out
	רב	qal	infc		ריב	936		strive,contend
	תעשה	qal	impf	2ms	עשה	793		do,make
	הכלים	hiph	infc		כלם	483		humiliate
25:9	ריב	qal	impv	ms	ריב	936		strive,contend
	תגל	piel	jus	2ms	גלה	162		uncover
25:10	יחסדך	piel	impf	3ms	חסד	340	2ms	reproach
	שמע	qal	ptc	ms	שמע	1033		hear
	תשוב	qal	impf	3fs	שוב	996		turn,return
25:11	דבר	qal	pptc	ms	דבר	180		speak
25:12	מוכיח	hiph	ptc	ms	יכח	406		decide,reprove
	שמעת	qal	ptc	fs	שמע	1033		hear
25:13	נאמן	niph	ptc	ms	אמן	52		be confirmed
	שלחיו	qal	ptc	mp	שלח	1018	3ms	send
	ישיב	hiph	impf	3ms	שוב	996		bring back
25:14	מתהלל	hith	ptc	ms	הלל	237		glory
25:15	יפתה	pual	impf	3ms	פתה	834		be deceived
	תשבר	qal	impf	3fs	שבר	990		break
25:16	מצאת	qal	pft	2ms	מצא	592		find
	אכל	qal	impv	ms	אכל	37		eat,devour
	תשבענו	qal	impf	2ms	שבע	959	3ms	be sated
	הקאתו	hiph	wcp	2ms	קיא	883	3ms	vomit up
25:17	הקר	hiph	impv	ms	יקר	429		make precious
	ישבעך	qal	impf	3ms	שבע	959	2ms	be sated
	שנאך	qal	wcp	3ms	שנא	971	2ms	hate
25:18	שנון	qal	pptc	ms	שנן	1041		whet,sharpen
	ענה	qal	ptc	ms	ענה	772		answer
25:19	רעה	qal	ptc	fs	רעע	1268		break
	מועדת	qalp	ptc	fs	מעד	588		made to waver
	בונד	qal	ptc	ms	בגד	93		act faithlessly
25:20	מעדה	hiph	ptc	ms	עדה	723		remove
	שר	qal	ptc	ms	שיר	1010		sing
25:21	שנאך	qal	ptc	ms	שנא	971	2ms	hate
	האכלהו	hiph	impv	ms	אכל	37	3ms	cause to eat
	השקהו	hiph	impv	ms	שקה	1052	3ms	give to drink
25:22	חתה	qal	ptc	ms	חתה	367		snatch up
	ישלם	piel	impf	3ms	שלם	1022		repay,reward
25:23	תחולל	pol	impf	3fs	חול	296		dance,writhe
	נזעמים	niph	ptc	mp	זעם	276		be angry
25:24	שבת	qal	infc		ישב	442		sit,dwell
25:26	נרפש	niph	ptc	ms	רפש	952		be muddy
	משחת	hoph	ptc	ms	שחת	1007		be spoiled
	מט	qal	ptc	ms	מוט	556		totter
25:27	אכל	qal	infa		אכל	37		eat,devour
	הרבות	hiph	infc		רבה	915		make many
25:28	פרוצה	qal	pptc	fs	פרץ	829		break through
26:2	נוד	qal	infc		נוד	626		wander,lament
	עוף	qal	infc		עוף	733		fly
	תבא	qal	impf	3fs	בוא	97		come in
26:4	תען	qal	jus	2ms	ענה	772		answer
	תשוה	qal	impf	2ms	שוה	1000		be even,smooth
26:5	ענה	qal	impv	ms	ענה	772		answer
	יהיה	qal	impf	3ms	היה	224		be,become
26:6	מקצה	piel	ptc	ms	קצה	891		cut off
	שתה	qal	ptc	ms	שתה	1059		drink
	שלח	qal	ptc	ms	שלח	1018		send
26:7	דליו	qal	pft	3cp	דלה	194		draw (water)
26:8	צרור	qal	infc		צרר	864		bind,be cramped
	נותן	qal	ptc	ms	נתן	678		give,set
26:9	עלה	qal	pft	3ms	עלה	748		go up
26:10	מחולל	poel	ptc	ms	חלל	319		pierce
	שכר	qal	ptc	ms	שכר	968		hire
	שכר	qal	ptc	ms	שכר	968		hire
	עברים	qal	ptc	mp	עבר	716		pass over
26:11	שב	qal	ptc	ms	שוב	996		turn,return
	שונה	qal	ptc	ms	שנה	1040		do again,repeat
26:12	ראית	qal	pft	2ms	ראה	906		see
26:13	אמר	qal	pft	3ms	אמר	55		say
26:14	תסוב	qal	impf	3fs	סבב	685		surround
26:15	טמן	qal	pft	3ms	טמן	380		hide
	נלאה	niph	pft	3ms	לאה	521		tire oneself
	השיבה	hiph	infc		שוב	996	3fs	bring back
26:16	משיבי	hiph	ptc	mp	שוב	996		bring back
26:17	מחזיק	hiph	ptc	ms	חזק	304		make firm,seize
	עבר	qal	ptc	ms	עבר	716		pass over
	מתעבר	hith	ptc	ms	עבר	720		be arrogant
26:18	מתלהלה	htpp	ptc	ms	להה	529		startle
	ירה	qal	ptc	ms	ירה	434		throw,shoot
26:19	רמה	piel	pft	3ms	רמה	941		beguile
	אמר	qal	wcp	3ms	אמר	55		say
	משחק	piel	ptc	ms	שחק	965		make sport
26:20	תכבה	qal	impf	3fs	כבה	459		be quenched
	נרגן	niph	ptc	ms	רגן	920		murmur,rebel
	ישתק	qal	impf	3ms	שתק	1060		be quiet
26:21	חרחר	pilp	infc		חרר	359		kindle
26:22	נרגן	niph	ptc	ms	רגן	920		murmur,rebel

ChVs	Form	Stem	Tnse	PGN	Root	BDB	Sfx	Meaning	ChVs	Form	Stem	Tnse	PGN	Root	BDB	Sfx	Meaning
26:22	מתלהמים	hith	ptc	mp	להם	529		eat greedily	27:16	יקרא	qal	impf	3ms	קרא	894		call, proclaim
	ירדו	qal	pft	3cp	ירד	432		come down	27:17	יחד	qal	jus	3ms	חדה	292		grow sharp
26:23	מצפה	pual	ptc	ms	צפה	860		be overlaid		יחד	hiph	jus	3ms	חדה	292		sharpen
	דלקים	qal	ptc	mp	דלק	196		burn, pursue	27:18	נצר	qal	ptc	ms	נצר	665		watch, guard
26:24	ינכר	niph	impf	3ms	נכר	649		disguise self		יאכל	qal	impf	3ms	אכל	37		eat, devour
	שונא	qal	ptc	ms	שנא	971		hate		שמר	qal	ptc	ms	שמר	1036		keep, watch
	ישית	qal	impf	3ms	שית	1011		put, set		יכבד	pual	impf	3ms	כבד	457		be honored
26:25	יחנן	piel	impf	3ms	חנן	335		make gracious	27:20	תשבענה	qal	impf	3fp	שבע	959		be sated
	תאמן	hiph	jus	2ms	אמן	52		believe		תשבענה	qal	impf	3fp	שבע	959		be sated
26:26	תכסה	hith	impf	3fs	כסה	491		cover oneself	27:22	תכתוש	qal	impf	2ms	כתש	509		pound
	תגלה	niph	impf	3fs	גלה	162		uncover self		תסור	qal	impf	3fs	סור	693		turn aside
26:27	כרה	qal	ptc	ms	כרה	500		dig	27:23	ידע	qal	infa		ידע	393		know
	יפל	qal	impf	3ms	נפל	656		fall		תדע	qal	impf	2ms	ידע	393		know
	גלל	qal	ptc	ms	גלל	164		roll away		שית	qal	impv	ms	שית	1011		put, set
	תשוב	qal	impf	3fs	שוב	996		turn, return	27:25	נלה	qal	pft	3ms	גלה	162		uncover
26:28	ישנא	qal	impf	3ms	שנא	971		hate		נראה	niph	wcp	3ms	ראה	906		appear, be seen
	יעשה	qal	impf	3ms	עשה	793		do, make		נאספו	niph	wcp	3cp	אסף	62		assemble
27:1	תתהלל	hith	jusm	2ms	הלל	237		glory	28:1	נסו	qal	pft	3cp	נוס	630		flee, escape
	תדע	qal	impf	2ms	ידע	393		know		רדף	qal	ptc	ms	רדף	922		pursue
	ילד	qal	impf	3ms	ילד	408		bear, beget		יבטח	qal	impf	3ms	בטח	105		trust
27:2	יהללך	piel	jusm	3ms	הלל	237	2ms	praise	28:2	מבין	hiph	ptc	ms	בין	106		understand
	זר	qal	ptc	ms	זור	266		be stranger		ידע	qal	ptc	ms	ידע	393		know
27:4	יעמד	qal	impf	3ms	עמד	763		stand, stop		יאריך	hiph	impf	3ms	ארך	73		prolong
27:5	מגלה	pual	ptc	fs	גלה	162		be uncovered	28:3	רש	qal	ptc	ms	רוש	930		be in want
	מסתרת	pual	ptc	fs	סתר	711		be hidden		עשק	qal	ptc	ms	עשק	798		oppress, extort
27:6	נאמנים	niph	ptc	mp	אמן	52		be confirmed		סחף	qal	ptc	ms	סחף	695		prostrate
	אוהב	qal	ptc	ms	אהב	12		love	28:4	עזבי	qal	ptc	mp	עזב	736		leave, loose
	נעתרות	niph	ptc	fp	עתר	801		be abundant		יהללו	piel	impf	3mp	הלל	237		praise
	שונא	qal	ptc	ms	שנא	971		hate		שמרי	qal	ptc	mp	שמר	1036		keep, watch
27:7	תבוס	qal	impf	3fs	בוס	100		trample		יתגרו	hith	impf	3mp	גרה	173		excite oneself
27:8	נודדת	qal	ptc	fs	נדד	622		retreat, flee	28:5	יבינו	qal	impf	3mp	בין	106		discern
	נודד	qal	ptc	ms	נדד	622		retreat, flee		מבקשי	piel	ptc	mp	בקש	134		seek
27:9	ישמח	piel	impf	3ms	שמח	970		gladden		יבינו	qal	impf	3mp	בין	106		discern
27:10	תעזב	qal	jusm	2ms	עזב	736		leave, loose	28:6	רש	qal	ptc	ms	רוש	930		be in want
	תבוא	qal	jusm	2ms	בוא	97		come in		הולך	qal	ptc	ms	הלך	229		walk, go
27:11	חכם	qal	impv	ms	חכם	314		be wise	28:7	נוצר	qal	ptc	ms	נצר	665		watch, guard
	שמח	piel	impv	ms	שמח	970		gladden		מבין	hiph	ptc	ms	בין	106		understand
	אשיבה	hiph	coh	1cs	שוב	996		bring back		רעה	qal	ptc	ms	רעה	945		associate with
	חרפי	qal	ptc		חרף	357	1cs	reproach		זוללים	qal	ptc	mp	זלל	272		be worthless
27:12	ראה	qal	pft	3ms	ראה	906		see		יכלים	hiph	impf	3ms	כלם	483		humiliate
	נסתר	niph	pft	3ms	סתר	711		hide, be hid	28:8	מרבה	hiph	ptc	ms	רבה	915		make many
	עברו	qal	pft	3cp	עבר	716		pass over		חונן	qal	ptc	ms	חנן	335		show favor
	נענשו	niph	pft	3cp	ענש	778		be fined		יקבצנו	qal	impf	3ms	קבץ	867	3ms	gather, collect
27:13	קח	qal	impv		לקח	542		take	28:9	מסיר	hiph	ptc	ms	סור	693		take away
	ערב	qal	pft	3ms	ערב	786		take on pledge		שמע	qal	infc		שמע	1033		hear
	זר	qal	ptc	ms	זור	266		be stranger	28:10	משגה	hiph	ptc	ms	שגה	993		lead astray
	חבלהו	qal	impv	ms	חבל	286	3ms	bind		יפול	qal	impf	3ms	נפל	656		fall
27:14	מברך	piel	ptc	ms	ברך	138		bless		ינחלו	qal	impf	3mp	נחל	635		possess, inherit
	השכים	hiph	infa		שכם	1014		rise early	28:11	מבין	hiph	ptc	ms	בין	106		understand
	תחשב	niph	impf	3fs	חשב	362		be thought		יחקרנו	qal	impf	3ms	חקר	350	3ms	search
27:15	טורד	qal	ptc	ms	טרד	382		persist	28:12	עלץ	qal	infc		עלץ	763		rejoice, exult
	נשתוה	nith	pft	3fs	שוה	1000		be alike		קום	qal	infc		קום	877		arise, stand
27:16	צפניה	qal	ptc	mp	צפן	860	3fs	hide		יחפש	pual	impf	3ms	חפש	344		be searched for
	צפן	qal	pft	3ms	צפן	860		hide	28:13	מכסה	piel	ptc	ms	כסה	491		cover

Proverbs 28:13–29:24

ChVs	Form	Stem	Tnse	PGN	Root	BDB	Sfx	Meaning
28:13	יצליח	hiph	impf	3ms	צלח	852		cause to thrive
	מודה	hiph	ptc	ms	ידה	392		praise
	עזב	qal	ptc	ms	עזב	736		leave, loose
	ירחם	pual	impf	3ms	רחם	933		shown mercy
28:14	מפחד	piel	ptc	ms	פחד	808		deeply dread
	מקשה	hiph	ptc	ms	קשה	904		harden
	יפול	qal	impf	3ms	נפל	656		fall
28:15	נהם	qal	ptc	ms	נהם	625		growl, groan
	שוקק	qal	ptc	ms	שקק	1055		run, rush
	משל	qal	ptc	ms	משל	605		rule
28:16	שנאיk	qal	ptc	mp	שנא	971		hate
	שנאq	qal	ptc	ms	שנא	971		hate
	יאריך	hiph	impf	3ms	ארך	73		prolong
28:17	עשק	qal	pptc	ms	עשק	798		oppress, extort
	ינוס	qal	impf	3ms	נוס	630		flee, escape
	יתמכו	qal	jusm	3mp	תמך	1069		grasp, support
28:18	הולך	qal	ptc	ms	הלך	229		walk, go
	יושע	niph	impf	3ms	ישע	446		be saved
	נעקש	niph	ptc	ms	עקש	786		be crooked
	יפול	qal	impf	3ms	נפל	656		fall
28:19	עבד	qal	ptc	ms	עבד	712		work, serve
	ישבע	qal	impf	3ms	שבע	959		be sated
	מרדף	piel	ptc	ms	רדף	922		pursue eagerly
	ישבע	qal	impf	3ms	שבע	959		be sated
28:20	אץ	qal	ptc	ms	אוץ	21		press, hasten
	העשיר	hiph	infc		עשר	799		make rich
	ינקה	niph	impf	3ms	נקה	667		be clean, free
28:21	הכר	hiph	infa		נכר	647		regard, notice
	יפשע	qal	impf	3ms	פשע	833		rebel, sin
28:22	נבהל	niph	ptc	ms	בהל	96		be disturbed
	ידע	qal	impf	3ms	ידע	393		know
	יבאנו	qal	impf	3ms	בוא	97	3ms	come in
28:23	מוכיח	hiph	ptc	ms	יכח	406		decide, reprove
	ימצא	qal	impf	3ms	מצא	592		find
	מחליק	hiph	ptc	ms	חלק	325		make smooth
28:24	גוזל	qal	ptc	ms	גזל	159		tear away, rob
	אמר	qal	ptc	ms	אמר	55		say
	משחית	hiph	ptc	ms	שחת	1007		spoil, ruin
28:25	יגרה	piel	impf	3ms	גרה	173		excite
	בוטח	qal	ptc	ms	בטח	105		trust
	ידשן	pual	impf	3ms	דשן	206		be made fat
28:26	בוטח	qal	ptc	ms	בטח	105		trust
	הולך	qal	ptc	ms	הלך	229		walk, go
	ימלט	niph	impf	3ms	מלט	572		escape
28:27	נותן	qal	ptc	ms	נתן	678		give, set
	רש	qal	ptc	ms	רוש	930		be in want
	מעלים	hiph	ptc	ms	עלם	761		conceal, hide
28:28	קום	qal	infc		קום	877		arise, stand
	יסתר	niph	impf	3ms	סתר	711		hide, be hid
	אבדם	qal	ptc		אבד	1	3mp	perish
	ירבו	qal	impf	3mp	רבה	915		be many, great
29:1	מקשה	hiph	ptc	ms	קשה	904		harden
	ישבר	niph	impf	3ms	שבר	990		be broken
29:2	רבות	qal	infc		רבה	915		be many, great
29:2	ישמח	qal	impf	3ms	שמח	970		rejoice
	משל	qal	infc		משל	605		rule
	יאנח	niph	impf	3ms	אנח	58		sigh
29:3	אהב	qal	ptc	ms	אהב	12		love
	ישמח	piel	impf	3ms	שמח	970		gladden
	רעה	qal	ptc	ms	רעה	945		associate with
	זנות	qal	ptc	fp	זנה	275		act a harlot
	יאבד	piel	impf	3ms	אבד	1		destroy
29:4	יעמיד	hiph	impf	3ms	עמד	763		set up, raise
	יהרסנה	qal	impf	3ms	הרס	248	3fs	throw down
29:5	מחליק	hiph	ptc	ms	חלק	325		make smooth
	פורש	qal	ptc	ms	פרש	831		spread out
29:6	ירון	qal	impf	3ms	רנן	943		cry aloud
	שמח	qal	wcp	3ms	שמח	970		rejoice
29:7	ידע	qal	ptc	ms	ידע	393		know
	יבין	qal	impf	3ms	בין	106		discern
29:8	יפיחו	hiph	impf	3mp	פוח	806		breathe, utter
	ישיבו	hiph	impf	3mp	שוב	996		bring back
29:9	נשפט	niph	ptc	ms	שפט	1047		plead
	רגז	qal	wcp	3ms	רגז	919		quake
	שחק	qal	wcp	3ms	שחק	965		laugh
29:10	ישנאו	qal	impf	3mp	שנא	971		hate
	יבקשו	piel	impf	3mp	בקש	134		seek
29:11	יוציא	hiph	impf	3ms	יצא	422		bring out
	ישבחנה	piel	impf	3ms	שבח	986	3fs	still, soothe
29:12	משל	qal	ptc	ms	משל	605		rule
	מקשיב	hiph	ptc	ms	קשב	904		give attention
	משרתיו	piel	ptc	mp	שרת	1058	3ms	minister, serve
29:13	רש	qal	ptc	ms	רוש	930		be in want
	נפגשו	niph	pft	3cp	פגש	803		meet together
	מאיר	hiph	ptc	ms	אור	21		cause to shine
29:14	שופט	qal	ptc	ms	שפט	1047		judge
	יכון	niph	impf	3ms	כון	465		be established
29:15	יתן	qal	impf	3ms	נתן	678		give, set
	משלח	pual	ptc	ms	שלח	1018		be sent off
	מביש	hiph	ptc	ms	בוש	101		put to shame
29:16	רבות	qal	infc		רבה	915		be many, great
	ירבה	qal	impf	3ms	רבה	915		be many, great
	יראו	qal	impf	3mp	ראה	906		see
29:17	יסר	piel	impv	ms	יסר	415		correct, chasten
	יניחך	hiph	jusm	3ms	נוח	628	2ms	give rest, put
	יתן	qal	jusm	3ms	נתן	678		give, set
29:18	יפרע	niph	impf	3ms	פרע	828		be let loose
	שמר	qal	ptc	ms	שמר	1036		keep, watch
29:19	יוסר	niph	impf	3ms	יסר	415		be corrected
	יבין	qal	impf	3ms	בין	106		discern
29:20	חזית	qal	pft	2ms	חזה	302		see
	אץ	qal	ptc	ms	אוץ	21		press, hasten
29:21	מפנק	piel	ptc	ms	פנק	819		pamper
	יהיה	qal	impf	3ms	היה	224		be, become
29:22	יגרה	piel	impf	3ms	גרה	173		excite
29:23	תשפילנו	hiph	impf	3fs	שפל	1050	3ms	make low, abase
	יתמך	qal	impf	3ms	תמך	1069		grasp, support
29:24	חולק	qal	ptc	ms	חלק	323		divide, share

Proverbs 29: 24 – 31: 14

ChVs	Form	Stem	Tnse	PGN	Root	BDB	Sfx	Meaning
29:24	שונא	qal	ptc	ms	שנא	971		hate
	ישמע	qal	impf	3ms	שמע	1033		hear
	יגיד	hiph	impf	3ms	נגד	616		declare, tell
29:25	יתן	qal	impf	3ms	נתן	678		give, set
	בוטח	qal	ptc	ms	בטח	105		trust
	ישגב	pual	impf	3ms	שגב	960		be set on high
29:26	מבקשים	piel	ptc	mp	בקש	134		seek
	מושל	qal	ptc	ms	משל	605		rule
30:3	למדתי	qal	pft	1cs	למד	540		learn
	אדע	qal	impf	1cs	ידע	393		know
30:4	עלה	qal	pft	3ms	עלה	748		go up
	ירד	qal	wci	3ms	ירד	432		come down
	אסף	qal	pft	3ms	אסף	62		gather
	צרר	qal	pft	3ms	צרר	864		bind, be cramped
	הקים	hiph	pft	3ms	קום	877		raise, build, set
	תדע	qal	impf	2ms	ידע	393		know
30:5	צרופה	qal	pptc	fs	צרף	864		refine, test
	חסים	qal	ptc	mp	חסה	340		seek refuge
30:6	תוסף	hiph	jus	2ms	יסף	414		add, do again
	יוכיח	hiph	impf	3ms	יכח	406		decide, reprove
	נכזבת	niph	wcp	2ms	כזב	469		be found false
30:7	שאלתי	qal	pft	1cs	שאל	981		ask, borrow
	תמנע	qal	jusm	2ms	מנע	586		withhold
	אמות	qal	impf	1cs	מות	559		die
30:8	הרחק	hiph	impv	ms	רחק	934		put far away
	תתן	qal	jusm	2ms	נתן	678		give, set
	הטריפני	hiph	impv	ms	טרף	382	1cs	devour
30:9	אשבע	qal	impf	1cs	שבע	959		be sated
	כחשתי	piel	wcp	1cs	כחש	471		deceive
	אמרתי	qal	wcp	1cs	אמר	55		say
	אורש	niph	impf	1cs	ירש	439		be impoverished
	גנבתי	qal	wcp	1cs	גנב	170		steal
	תפשתי	qal	wcp	1cs	תפש	1074		seize, grasp
30:10	תלשן	hiph	jus	2ms	לשן	546		slander
	יקללך	piel	impf	3ms	קלל	886	2ms	curse
	אשמת	qal	wcp	2ms	אשם	79		offend
30:11	יקלל	piel	impf	3ms	קלל	886		curse
	יברך	piel	impf	3ms	ברך	138		bless
30:12	רחץ	pual	pft	3ms	רחץ	934		be washed
30:13	רמו	qal	pft	3cp	רום	926		be high
	ינשאו	niph	impf	3mp	נשא	669		be lifted up
30:14	אכל	qal	infc		אכל	37		eat, devour
30:15	הב	qal	impv	ms	יהב	396		give
	הב	qal	impv	ms	יהב	396		give
	תשבענה	qal	impf	3fp	שבע	959		be sated
	אמרו	qal	pft	3cp	אמר	55		say
30:16	שבעה	qal	pft	3fs	שבע	959		be sated
	אמרה	qal	pft	3fs	אמר	55		say
30:17	תלעג	qal	impf	3fs	לעג	541		mock, deride
	תבוז	qal	impf	3fs	בוז	100		despise
	יקרוה	qal	impf	3mp	נקר	669	3fs	bore
	יאכלוה	qal	impf	3mp	אכל	37	3fs	eat, devour
30:18	נפלאו	niph	pft	3cp	פלא	810		be wonderful
	ידעתים	qal	pft	1cs	ידע	393	3mp	know
30:20	מנאפת	piel	ptc	fs	נאף	610		commit adultery
	אכלה	qal	pft	3fs	אכל	37		eat, devour
	מחתה	qal	wcp	3fs	מחה	562		wipe, blot out
	אמרה	qal	wcp	3fs	אמר	55		say
	פעלתי	qal	pft	1cs	פעל	821		do, make
30:21	רגזה	qal	pft	3fs	רגז	919		quake
	תוכל	qal	impf	3fs	יכל	407		be able
	שאת	qal	infc		נשא	669		lift, carry
30:22	ימלוך	qal	impf	3ms	מלך	573		be king, reign
	ישבע	qal	impf	3ms	שבע	959		be sated
30:23	שנואה	qal	pptc	fs	שנא	971		hate
	תבעל	niph	impf	3fs	בעל	127		be married
	תירש	qal	impf	3fs	ירש	439		possess, inherit
30:24	מחכמים	pual	ptc	mp	חכם	314		made wise
30:25	יכינו	hiph	wci	3mp	כון	465		fix, prepare
30:26	ישימו	qal	wci	3mp	שים	962		put, set
30:27	יצא	qal	wci	3ms	יצא	422		go out
	חצץ	qal	ptc	ms	חצץ	346		divide
30:28	תתפש	piel	impf	2ms	תפש	1074		grasp
30:29	מיטיבי	hiph	ptc	mp	יטב	405		do good
	מיטבי	hiph	ptc	mp	יטב	405		do good
	לכת	qal	infc		הלך	229		walk, go
30:30	ישוב	qal	impf	3ms	שוב	996		turn, return
30:32	נבלת	qal	pft	2ms	נבל	614		be foolish
	התנשא	hith	infc		נשא	669		lift self up
	זמות	qal	pft	2ms	זמם	273		consider, devise
30:33	יוציא	hiph	impf	3ms	יצא	422		bring out
	יוציא	hiph	impf	3ms	יצא	422		bring out
	יוציא	hiph	impf	3ms	יצא	422		bring out
31:1	יסרתו	piel	pft	3fs	יסר	415	3ms	correct, chasten
31:3	תתן	qal	jusm	2ms	נתן	678		give, set
	מחות	hiph	infc		מחה	562		blot out
31:4	שתו	qal	infc		שתה	1059		drink
	רוזנים	qal	ptc	mp	רזן	931		be ruler
31:5	ישתה	qal	impf	3ms	שתה	1059		drink
	ישכח	qal	impf	3ms	שכח	1013		forget
	מחקק	pual	ptc	ms	חקק	349		be decreed
	ישנה	piel	impf	3ms	שנה	1039		change, alter
31:6	תנו	qal	impv	mp	נתן	678		give, set
	אובד	qal	ptc	ms	אבד	1		perish
31:7	ישתה	qal	impf	3ms	שתה	1059		drink
	ישכח	qal	impf	3ms	שכח	1013		forget
	יזכר	qal	impf	3ms	זכר	269		remember
31:8	פתח	qal	impv	ms	פתח	834		open
31:9	פתח	qal	impv	ms	פתח	834		open
	שפט	qal	impv	ms	שפט	1047		judge
	דין	qal	impv	ms	דין	192		judge
31:10	ימצא	qal	impf	3ms	מצא	592		find
31:11	בטח	qal	pft	3ms	בטח	105		trust
	יחסר	qal	impf	3ms	חסר	341		lack
31:12	גמלתהו	qal	pft	3fs	גמל	168	3ms	deal out, ripen
31:13	דרשה	qal	pft	3fs	דרש	205		resort to, seek
	תעש	qal	wci	3fs	עשה	793		do, make
31:14	היתה	qal	pft	3fs	היה	224		be, become

ChVs	Form	Stem	Tnse	PGN	Root	BDB	Sfx	Meaning	ChVs	Form	Stem	Tnse	PGN	Root	BDB	Sfx	Meaning
31:14	סוחר	qal	ptc	ms	סחר	695		go around	1:7	הלכים	qal	ptc	mp	הלך	229		walk,go
	תביא	hiph	impf	3fs	בוא	97		bring in		הלכים	qal	ptc	mp	הלך	229		walk,go
31:15	תקם	qal	wci	3fs	קום	877		arise,stand		שבים	qal	ptc	mp	שוב	996		turn,return
	תתן	qal	wci	3fs	נתן	678		give,set		לכת	qal	infc		הלך	229		walk,go
31:16	זממה	qal	pft	3fs	זמם	273		consider,devise	1:8	יוכל	qal	impf	3ms	יכל	407		be able
	תקחהו	qal	wci	3fs	לקח	542	3ms	take		דבר	piel	infc		דבר	180		speak
	נטע	qal	pft	3ms	נטע	642		plant		תשבע	qal	impf	3fs	שבע	959		be sated
	נטעה	qal	pft	3fs	נטע	642		plant		ראות	qal	infc		ראה	906		see
31:17	חגרה	qal	pft	3fs	חגר	291		gird		תמלא	niph	impf	3fs	מלא	569		be filled
	תאמץ	piel	wci	3fs	אמץ	54		make firm		שמע	qal	infc		שמע	1033		hear
31:18	טעמה	qal	pft	3fs	טעם	380		taste	1:9	היה	qal	pft	3ms	היה	224		be,become
	יכבה	qal	impf	3ms	כבה	459		be quenched		יהיה	qal	impf	3ms	היה	224		be,become
31:19	שלחה	piel	pft	3fs	שלח	1018		send away,shoot		נעשה	niph	pft	3ms	עשה	793		be done
	תמכו	qal	pft	3cp	תמך	1069		grasp,support		יעשה	niph	impf	3ms	עשה	793		be done
31:20	פרשה	qal	pft	3fs	פרש	831		spread out	1:10	יאמר	qal	impf	3ms	אמר	55		say
	שלחה	piel	pft	3fs	שלח	1018		send away,shoot		ראה	qal	impv	ms	ראה	906		see
31:21	תירא	qal	impf	3fs	ירא	431		fear		היה	qal	pft	3ms	היה	224		be,become
	לבש	qal	pptc	ms	לבש	527		put on,clothe		היה	qal	pft	3ms	היה	224		be,become
31:22	עשתה	qal	pft	3fs	עשה	793		do,make	1:11	יהיו	qal	impf	3mp	היה	224		be,become
31:23	נודע	niph	ptc	ms	ידע	393		be made known		יהיו	qal	impf	3ms	היה	224		be,become
	שבתו	qal	infc		ישב	442	3ms	sit,dwell		יהיו	qal	impf	3mp	היה	224		be,become
31:24	עשתה	qal	pft	3fs	עשה	793		do,make	1:12	הייתי	qal	pft	1cs	היה	224		be,become
	תמכר	qal	wci	3fs	מכר	569		sell	1:13	נתתי	qal	pft	1cs	נתן	678		give,set
	נתנה	qal	pft	3fs	נתן	678		give,set		דרוש	qal	infc		דרש	205		resort to,seek
31:25	תשחק	qal	wci	3fs	שחק	965		laugh		תור	qal	infc		תור	1064		seek out,spy
31:26	פתחה	qal	pft	3fs	פתח	834		open		נעשה	niph	pft	3ms	עשה	793		be done
31:27	צופיה	qal	ptc	fs	צפה	859		keep watch		נתן	qal	pft	3ms	נתן	678		give,set
	תאכל	qal	impf	3fs	אכל	37		eat,devour		ענות	qal	infc		ענה	775		be busy with
31:28	קמו	qal	pft	3cp	קום	877		arise,stand	1:14	ראיתי	qal	pft	1cs	ראה	906		see
	יאשרוה	piel	wci	3mp	אשר	80	3fs	call blessed		נעשו	niph	pft	3cp	עשה	793		be done
	יהללה	piel	wci	3ms	הלל	237	3fs	praise	1:15	מעות	pual	ptc	ms	עות	736		be bent
31:29	עשו	qal	pft	3cp	עשה	793		do,make		יוכל	qal	impf	3ms	יכל	407		be able
	עלית	qal	pft	2fs	עלה	748		go up		תקן	qal	infc		תקן	1075		be straight
31:30	יראת	qal	ptc	fs	ירא	431		fear		יוכל	qal	impf	3ms	יכל	407		be able
	תתהלל	hith	impf	3fs	הלל	237		glory		המנות	niph	infc		מנה	584		be counted
31:31	תנו	qal	impv	mp	נתן	678		give,set	1:16	דברתי	piel	pft	1cs	דבר	180		speak
	יהללוה	piel	jusm	3mp	הלל	237	3fs	praise		אמר	qal	infc		אמר	55		say
										הגדלתי	hiph	pft	1cs	גדל	152		make great
ECCLESIASTES										הוספתי	hiph	pft	1cs	יסף	414		add,do again
1:2	אמר	qal	pft	3ms	אמר	55		say		היה	qal	pft	3ms	היה	224		be,become
1:3	יעמל	qal	impf	3ms	עמל	765		labor,toil		ראה	qal	pft	3ms	ראה	906		see
1:4	הלך	qal	ptc	ms	הלך	229		walk,go		הרבה	hiph	infa		רבה	915		make many
	בא	qal	ptc	ms	בוא	97		come in	1:17	אתנה	qal	wci	1cs	נתן	678		give,set
	עמדת	qal	ptc	fs	עמד	763		stand,stop		דעת	qal	infc		ידע	393		know
1:5	זרח	qal	wcp	3ms	זרח	280		rise,appear		דעת	qal	infc		ידע	393		know
	בא	qal	wcp	3ms	בוא	97		come in		ידעתי	qal	pft	1cs	ידע	393		know
	שואף	qal	ptc	ms	שאף	983		gasp,pant after	1:18	יוסיף	hiph	impf	3ms	יסף	414		add,do again
	זורח	qal	ptc	ms	זרח	280		rise,appear		יוסיף	hiph	impf	3ms	יסף	414		add,do again
1:6	הולך	qal	ptc	ms	הלך	229		walk,go	2:1	אמרתי	qal	pft	1cs	אמר	55		say
	סובב	qal	ptc	ms	סבב	685		surround		לכה	qal	impv	ms	הלך	229		walk,go
	סובב	qal	ptc	ms	סבב	685		surround		אנסכה	piel	cohm	1cs	נסה	650	2ms	test,try
	סבב	qal	ptc	ms	סבב	685		surround		ראה	qal	impv	ms	ראה	906		see
	הולך	qal	ptc	ms	הלך	229		walk,go	2:2	אמרתי	qal	pft	1cs	אמר	55		say
	שב	qal	ptc	ms	שוב	996		turn,return		מהולל	poal	ptc	ms	הלל	237		befool

Ecclesiastes 2:2–3:8

ChVs	Form	Stem	Tnse	PGN	Root	BDB	Sfx	Meaning
2:2	עשׂה	qal	ptc	fs	עשׂה	793		do, make
2:3	תרתי	qal	pft	1cs	תור	1064		seek out, spy
	משׁוך	qal	infc		משׁך	604		draw, pull
	נהג	qal	ptc	ms	נהג	624		drive
	אחז	qal	infc		אחז	28		grasp
	אראה	qal	impf	1cs	ראה	906		see
	יעשׂו	qal	impf	3mp	עשׂה	793		do, make
2:4	הגדלתי	hiph	pft	1cs	גדל	152		make great
	בניתי	qal	pft	1cs	בנה	124		build
	נטעתי	qal	pft	1cs	נטע	642		plant
2:5	עשׂיתי	qal	pft	1cs	עשׂה	793		do, make
	נטעתי	qal	pft	1cs	נטע	642		plant
2:6	עשׂיתי	qal	pft	1cs	עשׂה	793		do, make
	השׁקות	hiph	infc		שׁקה	1052		give to drink
	צומח	qal	ptc	ms	צמח	855		sprout up
2:7	קניתי	qal	pft	1cs	קנה	888		get, buy
	היה	qal	pft	3ms	היה	224		be, become
	הרבה	hiph	infa		רבה	915		make many
	היה	qal	pft	3ms	היה	224		be, become
	היו	qal	pft	3cp	היה	224		be, become
2:8	כנסתי	qal	pft	1cs	כנס	488		collect
	עשׂיתי	qal	pft	1cs	עשׂה	793		do, make
	שׁרים	qal	ptc	mp	שׁיר	1010		sing
	שׁרות	qal	ptc	fp	שׁיר	1010		sing
2:9	גדלתי	qal	pft	1cs	גדל	152		be great, grow
	הוספתי	hiph	pft	1cs	יסף	414		add, do again
	היה	qal	pft	3ms	היה	224		be, become
	עמדה	qal	pft	3fs	עמד	763		stand, stop
2:10	שׁאלו	qal	pft	3cp	שׁאל	981		ask, borrow
	אצלתי	qal	pft	1cs	אצל	69		reserve
	מנעתי	qal	pft	1cs	מנע	586		withhold
	היה	qal	pft	3ms	היה	224		be, become
2:11	פניתי	qal	pft	1cs	פנה	815		turn
	עשׂו	qal	pft	3cp	עשׂה	793		do, make
	עמלתי	qal	pft	1cs	עמל	765		labor, toil
	עשׂות	qal	infc		עשׂה	793		do, make
2:12	פניתי	qal	pft	1cs	פנה	815		turn
	ראות	qal	infc		ראה	906		see
	יבוא	qal	impf	3ms	בוא	97		come in
	עשׂוהו	qal	pft	3cp	עשׂה	793	3ms	do, make
2:13	ראיתי	qal	pft	1cs	ראה	906		see
2:14	הולך	qal	ptc	ms	הלך	229		walk, go
	ידעתי	qal	pft	1cs	ידע	393		know
	יקרה	qal	impf	3ms	קרה	899		encounter, meet
2:15	אמרתי	qal	pft	1cs	אמר	55		say
	יקרני	qal	impf	3ms	קרה	899	1cs	encounter, meet
	חכמתי	qal	pft	1cs	חכם	314		be wise
	דברתי	piel	pft	1cs	דבר	180		speak
2:16	באים	qal	ptc	mp	בוא	97		come in
	נשׁכח	niph	pft	3ms	שׁכח	1013		be forgotten
	ימות	qal	impf	3ms	מות	559		die
2:17	שׂנאתי	qal	pft	1cs	שׂנא	971		hate
	נעשׂה	niph	pft	3ms	עשׂה	793		be done
2:18	שׂנאתי	qal	pft	1cs	שׂנא	971		hate
2:18	אניחנו	hiph	impf	1cs	נוח	628	3ms	give rest, put
	יהיה	qal	impf	3ms	היה	224		be, become
2:19	יודע	qal	ptc	ms	ידע	393		know
	יהיה	qal	impf	3ms	היה	224		be, become
	ישׁלט	qal	impf	3ms	שׁלט	1020		domineer
	עמלתי	qal	pft	1cs	עמל	765		labor, toil
	חכמתי	qal	pft	1cs	חכם	314		be wise
2:20	סבותי	qal	pft	1cs	סבב	685		surround
	יאשׁ	piel	infc		יאשׁ	384		cause despair
	עמלתי	qal	pft	1cs	עמל	765		labor, toil
2:21	עמל	qal	pft	3ms	עמל	765		labor, toil
	יתננו	qal	impf	3ms	נתן	678	3ms	give, set
2:22	הוה	qal	ptc	ms	הוה	217		become
2:23	שׁכב	qal	pft	3ms	שׁכב	1011		lie, lie down
2:24	יאכל	qal	impf	3ms	אכל	37		eat, devour
	שׁתה	qal	wcp	3ms	שׁתה	1059		drink
	הראה	hiph	wcp	3ms	ראה	906		show, exhibit
	ראיתי	qal	pft	1cs	ראה	906		see
2:25	יאכל	qal	impf	3ms	אכל	37		eat, devour
	יחושׁ	qal	impf	3ms	חושׁ	301		feel, enjoy
2:26	נתן	qal	pft	3ms	נתן	678		give, set
	חוטא	qal	ptc	ms	חטא	306		sin
	נתן	qal	pft	3ms	נתן	678		give, set
	אסוף	qal	infc		אסף	62		gather
	כנוס	qal	infc		כנס	488		collect
	תת	qal	infc		נתן	678		give, set
3:2	לדת	qal	infc		ילד	408		bear, beget
	מות	qal	infc		מות	559		die
	טעת	qal	infc		נטע	642		plant
	עקור	qal	infc		עקר	785		pluck up
	נטוע	qal	pptc	ms	נטע	642		plant
3:3	הרוג	qal	infc		הרג	246		kill
	רפוא	qal	infc		רפא	950		heal
	פרוץ	qal	infc		פרץ	829		break through
	בנות	qal	infc		בנה	124		build
3:4	בכות	qal	infc		בכה	113		weep
	שׂחוק	qal	infc		שׂחק	965		laugh
	ספוד	qal	infc		ספד	704		wail, lament
	רקוד	qal	infc		רקד	955		skip about
3:5	השׁליך	hiph	infc		שׁלך	1020		throw, cast
	כנוס	qal	infc		כנס	488		collect
	חבוק	qal	infc		חבק	287		embrace
	רחק	qal	infc		רחק	934		be distant
	חבק	piel	infc		חבק	287		embrace
3:6	בקשׁ	piel	infc		בקשׁ	134		seek
	אבד	piel	infc		אבד	1		destroy
	שׁמור	qal	infc		שׁמר	1036		keep, watch
	השׁליך	hiph	infc		שׁלך	1020		throw, cast
3:7	קרוע	qal	infc		קרע	902		tear, rend
	תפור	qal	infc		תפר	1074		sew together
	חשׁות	qal	infc		חשׁה	364		be silent
	דבר	piel	infc		דבר	180		speak
3:8	אהב	qal	infc		אהב	12		love
	שׂנא	qal	infc		שׂנא	971		hate

Ecclesiastes 3:9–5:5

ChVs	Form	Stem	Tnse	PGN	Root	BDB	Sfx	Meaning
3:9	עושה	qal	ptc	ms	עשה	793		do, make
3:10	ראיתי	qal	pft	1cs	ראה	906		see
	נתן	qal	pft	3ms	נתן	678		give, set
	ענות	qal	infc		ענה	775		be busy with
3:11	עשה	qal	pft	3ms	עשה	793		do, make
	נתן	qal	pft	3ms	נתן	678		give, set
	ימצא	qal	impf	3ms	מצא	592		find
	עשה	qal	pft	3ms	עשה	793		do, make
3:12	ידעתי	qal	pft	1cs	ידע	393		know
	שמוח	qal	infc		שמח	970		rejoice
	עשות	qal	infc		עשה	793		do, make
3:13	יאכל	qal	impf	3ms	אכל	37		eat, devour
	שתה	qal	wcp	3ms	שתה	1059		drink
	ראה	qal	wcp	3ms	ראה	906		see
3:14	ידעתי	qal	pft	1cs	ידע	393		know
	יעשה	qal	impf	3ms	עשה	793		do, make
	יהיה	qal	impf	3ms	היה	224		be, become
	הוסיף	hiph	infc		יסף	414		add, do again
	גרע	qal	infc		גרע	175		diminish
	עשה	qal	pft	3ms	עשה	793		do, make
	יראו	qal	impf	3mp		431		fear
3:15	היה	qal	pft	3ms	היה	224		be, become
	היות	qal	infc		היה	224		be, become
	היה	qal	pft	3ms	היה	224		be, become
	יבקש	piel	impf	3ms	בקש	134		seek
	נרדף	niph	ptc	ms	רדף	922		be pursued
3:16	ראיתי	qal	pft	1cs	ראה	906		see
3:17	אמרתי	qal	pft	1cs	אמר	55		say
	ישפט	qal	impf	3ms	שפט	1047		judge
3:18	אמרתי	qal	pft	1cs	אמר	55		say
	ברם	qal	infc		ברר	140	3mp	purify, polish
	ראות	qal	infc		ראה	906		see
3:20	הולך	qal	ptc	ms	הלך	229		walk, go
	היה	qal	pft	3ms	היה	224		be, become
	שב	qal	ptc	ms	שוב	996		turn, return
3:21	יודע	qal	ptc	ms	ידע	393		know
	עלה	qal	ptc	fs	עלה	748		go up
	ירדת	qal	ptc	fs	ירד	432		come down
3:22	ראיתי	qal	pft	1cs	ראה	906		see
	ישמח	qal	impf	3ms	שמח	970		rejoice
	יביאנו	hiph	impf	3ms	בוא	97	3ms	bring in
	ראות	qal	infc		ראה	906		see
	יהיה	qal	impf	3ms	היה	224		be, become
4:1	שבתי	qal	pft	1cs	שוב	996		turn, return
	אראה	qal	wci	1cs	ראה	906		see
	נעשים	niph	ptc	mp	עשה	793		be done
	מנחם	piel	ptc	ms	נחם	636		comfort
	עשקיהם	qal	ptc	mp	עשק	798	3mp	oppress, extort
	מנחם	piel	ptc	ms	נחם	636		comfort
4:2	שבח	piel	infa		שבח	986		laud, praise
	מתים	qal	ptc	mp	מות	559		die
	מתו	qal	pft	3cp	מות	559		die
4:3	היה	qal	pft	3ms	היה	224		be, become
	ראה	qal	pft	3ms	ראה	906		see
4:3	נעשה	niph	pft	3ms	עשה	793		be done
4:4	ראיתי	qal	pft	1cs	ראה	906		see
	חבק	qal	ptc	ms	חבק	287		embrace
4:5	אכל	qal	ptc	ms	אכל	37		eat, devour
4:7	שבתי	qal	pft	1cs	שוב	996		turn, return
	אראה	qal	wci	1cs	ראה	906		see
4:8	תשבע	qal	impf	3fs	שבע	959		be sated
	מחסר	piel	ptc	ms	חסר	341		cause to lack
4:10	יפלו	qal	impf	3mp	נפל	656		fall
	יקים	hiph	impf	3ms	קום	877		raise, build, set
	יפול	qal	impf	3ms	נפל	656		fall
	הקימו	hiph	infc		קום	877	3ms	raise, build, set
4:11	ישכבו	qal	impf	3mp	שכב	1011		lie, lie down
	חם	qal	wcp	3ms	חמם	328		be warm
	יחם	qal	impf	3ms	חמם	328		be warm
4:12	יתקפו	qal	impf	3ms	תקף	1075	3ms	overpower
	יעמדו	qal	impf	3mp	עמד	763		stand, stop
	משלש	pual	ptc	ms	שלש	1026		be threefold
	ינתק	niph	impf	3ms	נתק	683		be drawn, torn
4:13	ידע	qal	pft	3ms	ידע	393		know
	הזהר	niph	infc		זהר	264		be admonished
4:14	סורים	qal	pptc	mp	אסר	63		tie, bind
	יצא	qal	pft	3ms	יצא	422		go out
	מלך	qal	infc		מלך	573		be king, reign
	נולד	niph	pft	3ms	ילד	408		be born
	רש	qal	ptc	ms	רוש	930		be in want
4:15	ראיתי	qal	pft	1cs	ראה	906		see
	מהלכים	piel	ptc	mp	הלך	229		walk
	יעמד	qal	impf	3ms	עמד	763		stand, stop
4:16	היה	qal	pft	3ms	היה	224		be, become
	ישמחו	qal	impf	3mp	שמח	970		rejoice
4:17	שמר	qal	impv	ms	שמר	1036		keep, watch
	תלך	qal	impf	2ms	הלך	229		walk, go
	קרוב	qal	infa		קרב	897		approach
	שמע	qal	infc		שמע	1033		hear
	תת	qal	infc		נתן	678		give, set
	יודעים	qal	ptc	mp	ידע	393		know
	עשות	qal	infc		עשה	793		do, make
5:1	תבהל	piel	jusm	2ms	בהל	96		hasten, dismay
	ימהר	piel	jusm	3ms	מהר	554		hasten
	הוציא	hiph	infc		יצא	422		bring out
	יהיו	qal	jusm	3mp	היה	224		be, become
5:2	בא	qal	pft	3ms	בוא	97		come in
5:3	תדר	qal	impf	2ms	נדר	623		vow
	תאחר	piel	jusm	2ms	אחר	29		tarry, hinder
	שלמו	piel	infc		שלם	1022	3ms	repay, reward
	תדר	qal	impf	2ms	נדר	623		vow
	שלם	piel	impv	ms	שלם	1022		repay, reward
5:4	תדר	qal	impf	2ms	נדר	623		vow
	תדור	qal	infc		נדר	623		vow
	תשלם	piel	impf	2ms	שלם	1022		repay, reward
5:5	תתן	qal	jusm	2ms	נתן	678		give, set
	חטיא	hiph	infc		חטא	306		cause to sin
	תאמר	qal	jusm	2ms	אמר	55		say

Ecclesiastes 5:5–7:13

ChVs	Form	Stem	Tnse	PGN	Root	BDB	Sfx	Meaning
5:5	יקצף	qal	impf	3ms	קצף	893		be angry
	חבל	piel	wcp	3ms	חבל	287		ruin, destroy
5:6	הרבה	hiph	infa		רבה	915		make many
	ירא	qal	impv	ms	ירא	431		fear
5:7	רש	qal	ptc	ms	רוש	930		be in want
	תראה	qal	impf	2ms	ראה	906		see
	תתמה	qal	impf	2ms	תמה	1069		be astounded
	שמר	qal	ptc	ms	שמר	1036		keep, watch
5:8	נעבד	niph	pft	3ms	עבד	712		be tilled
5:9	אהב	qal	ptc	ms	אהב	12		love
	ישבע	qal	impf	3ms	שבע	959		be sated
	אהב	qal	ptc	ms	אהב	12		love
5:10	רבות	qal	infc		רבה	915		be many, great
	רבו	qal	pft	3cp	רבב	912		be many
	אוכליה	qal	ptc	mp	אכל	37	3fs	eat, devour
5:11	עבד	qal	pft	3ms	עבד	712		work, serve
	הרבה	hiph	infa		רבה	915		make many
	יאכל	qal	impf	3ms	אכל	37		eat, devour
	מניח	hiph	ptc	ms	נוח	628		give rest, put
	ישון	qal	infc		ישן	445		sleep
5:12	חולה	qal	ptc	fs	חלה	317		be weak, sick
	ראיתי	qal	pft	1cs	ראה	906		see
	שמור	qal	pptc	ms	שמר	1036		keep, watch
5:13	אבד	qal	pft	3ms	אבד	1		perish
	הוליד	hiph	pft	3ms	ילד	408		beget
5:14	יצא	qal	pft	3ms	יצא	422		go out
	ישוב	qal	impf	3ms	שוב	996		turn, return
	לכת	qal	infc		הלך	229		walk, go
	בא	qal	pft	3ms	בוא	97		come in
	ישא	qal	impf	3ms	נשא	669		lift, carry
	ילך	hiph	jus	3ms	הלך	229		lead, bring
5:15	חולה	qal	ptc	fs	חלה	317		be weak, sick
	בא	qal	pft	3ms	בוא	97		come in
	ילך	qal	impf	3ms	הלך	229		walk, go
	יעמל	qal	impf	3ms	עמל	765		labor, toil
5:16	יאכל	qal	impf	3ms	אכל	37		eat, devour
	כעס	qal	wcp	3ms	כעס	494		be angry, vexed
	הרבה	hiph	infa		רבה	915		make many
5:17	ראיתי	qal	pft	1cs	ראה	906		see
	אכול	qal	infc		אכל	37		eat, devour
	שתות	qal	infc		שתה	1059		drink
	ראות	qal	infc		ראה	906		see
	יעמל	qal	impf	3ms	עמל	765		labor, toil
	נתן	qal	pft	3ms	נתן	678		give, set
5:18	נתן	qal	pft	3ms	נתן	678		give, set
	השליטו	hiph	pft	3ms	שלט	1020	3ms	give power
	אכל	qal	infc		אכל	37		eat, devour
	שאת	qal	infc		נשא	669		lift, carry
	שמח	qal	infc		שמח	970		rejoice
5:19	הרבה	hiph	infa		רבה	915		make many
	יזכר	qal	impf	3ms	זכר	269		remember
	מענה	hiph	ptc	ms	ענה	772		c. to answer
6:1	ראיתי	qal	pft	1cs	ראה	906		see
6:2	יתן	qal	impf	3ms	נתן	678		give, set
6:2	יתאוה	hith	impf	3ms	אוה	16		desire
	ישליטנו	hiph	impf	3ms	שלט	1020	3ms	give power
	אכל	qal	infc		אכל	37		eat, devour
	יאכלנו	qal	impf	3ms	אכל	37	3ms	eat, devour
6:3	יוליד	hiph	impf	3ms	ילד	408		beget
	יחיה	qal	impf	3ms	חיה	310		live
	יהיו	qal	impf	3mp	היה	224		be, become
	תשבע	qal	impf	3fs	שבע	959		be sated
	היתה	qal	pft	3fs	היה	224		be, become
	אמרתי	qal	pft	1cs	אמר	55		say
6:4	בא	qal	pft	3ms	בוא	97		come in
	ילך	qal	impf	3ms	הלך	229		walk, go
	יכסה	pual	impf	3ms	כסה	491		be covered
6:5	ראה	qal	pft	3ms	ראה	906		see
	ידע	qal	pft	3ms	ידע	393		know
6:6	חיה	qal	pft	3ms	חיה	310		live
	ראה	qal	pft	3ms	ראה	906		see
	הולך	qal	ptc	ms	הלך	229		walk, go
6:7	תמלא	niph	impf	3fs	מלא	569		be filled
6:8	יודע	qal	ptc	ms	ידע	393		know
	הלך	qal	infc		הלך	229		walk, go
6:9	הלך	qal	infc		הלך	229		walk, go
6:10	היה	qal	pft	3ms	היה	224		be, become
	נקרא	niph	pft	3ms	קרא	894		be called
	נודע	niph	ptc	ms	ידע	393		be made known
	יוכל	qal	impf	3ms	יכל	407		be able
	דין	qal	infc		דין	192		judge
6:11	הרבה	hiph	infa		רבה	915		make many
	מרבים	hiph	ptc	mp	רבה	915		make many
6:12	יודע	qal	ptc	ms	ידע	393		know
	יעשה	qal	impf	3ms	עשה	793	3mp	do, make
	יגיד	hiph	impf	3ms	נגד	616		declare, tell
	יהיה	qal	impf	3ms	היה	224		be, become
7:1	הולדו	niph	infc		ילד	408	3ms	be born
7:2	לכת	qal	infc		הלך	229		walk, go
	לכת	qal	infc		הלך	229		walk, go
	יתן	qal	impf	3ms	נתן	678		give, set
7:3	ייטב	qal	impf	3ms	יטב	405		be good
7:5	שמע	qal	infc		שמע	1033		hear
	שמע	qal	ptc	ms	שמע	1033		hear
7:7	יהולל	poel	impf	3ms	הלל	237		make fool
	יאבד	piel	impf	3ms	אבד	1		destroy
7:9	תבהל	piel	jusm	2ms	בהל	96		hasten, dismay
	כעוס	qal	infc		כעס	494		be angry, vexed
	ינוח	qal	impf	3ms	נוח	628		rest
7:10	תאמר	qal	jusm	2ms	אמר	55		say
	היה	qal	pft	3ms	היה	224		be, become
	היו	qal	pft	3cp	היה	224		be, become
	שאלת	qal	pft	2ms	שאל	981		ask, borrow
7:11	ראי	qal	ptc	mp	ראה	906		see
7:12	תחיה	piel	impf	3fs	חיה	310		preserve, revive
7:13	ראה	qal	impv	ms	ראה	906		see
	יוכל	qal	impf	3ms	יכל	407		be able
	תקן	piel	infc		תקן	1075		make straight

ChVs	Form	Stem	Tnse	PGN	Root	BDB	Sfx	Meaning
7:13	עותו	piel	pft	3ms	עות	736	3ms	make crooked
7:14	היה	qal	impv	ms	היה	224		be, become
	ראה	qal	impv	ms	ראה	906		see
	עשה	qal	pft	3ms	עשה	793		do, make
	ימצא	qal	impf	3ms	מצא	592		find
7:15	ראיתי	qal	pft	1cs	ראה	906		see
	אבד	qal	ptc	ms	אבד	1		perish
	מאריך	hiph	ptc	ms	ארך	73		prolong
7:16	תהי	qal	jus	2ms	היה	224		be, become
	הרבה	hiph	infa		רבה	915		make many
	תתחכם	hith	jusm	2ms	חכם	314		show self wise
	תשומם	htpo	impf	2ms	שמם	1030		be appalled
7:17	תרשע	qal	jusm	2ms	רשע	957		be wicked
	הרבה	hiph	infa		רבה	915		make many
	תהי	qal	jus	2ms	היה	224		be, become
	תמות	qal	impf	2ms	מות	559		die
7:18	תאחז	qal	impf	2ms	אחז	28		grasp
	תנח	hiph	jus	2ms	נוח	628		give rest, put
	ירא	qal	ptc	ms	ירא	431		fear
	יצא	qal	impf	3ms	יצא	422		go out
7:19	תעז	qal	impf	3fs	עזז	738		be strong
	היו	qal	pft	3cp	היה	224		be, become
7:20	יעשה	qal	impf	3ms	עשה	793		do, make
	יחטא	qal	impf	3ms	חטא	306		sin
7:21	ידברו	piel	impf	3mp	דבר	180		speak
	תתן	qal	jusm	2ms	נתן	678		give, set
	תשמע	qal	impf	2ms	שמע	1033		hear
	מקללך	piel	ptc	ms	קלל	886	2ms	curse
7:22	ידע	qal	pft	3ms	ידע	393		know
	קללת	piel	pft	2ms	קלל	886		curse
7:23	נסיתי	piel	pft	1cs	נסה	650		test, try
	אמרתי	qal	pft	1cs	אמר	55		say
	אחכמה	qal	coh	1cs	חכם	314		be wise
7:24	היה	qal	pft	3ms	היה	224		be, become
	ימצאנו	qal	impf	3ms	מצא	592	3ms	find
7:25	סבותי	qal	pft	1cs	סבב	685		surround
	דעת	qal	infc		ידע	393		know
	תור	qal	infc		תור	1064		seek out, spy
	בקש	piel	infc		בקש	134		seek
	דעת	qal	infc		ידע	393		know
7:26	מוצא	qal	ptc	ms	מצא	592		find
	ימלט	niph	impf	3ms	מלט	572		escape
	חוטא	qal	ptc	ms	חטא	306		sin
	ילכד	niph	impf	3ms	לכד	539		be captured
7:27	ראה	qal	impv	ms	ראה	906		see
	מצאתי	qal	pft	1cs	מצא	592		find
	אמרה	qal	pft	3fs	אמר	55		say
	מצא	qal	infc		מצא	592		find
7:28	בקשה	piel	pft	3fs	בקש	134		seek
	מצאתי	qal	pft	1cs	מצא	592		find
	מצאתי	qal	pft	1cs	מצא	592		find
	מצאתי	qal	pft	1cs	מצא	592		find
7:29	ראה	qal	impv	ms	ראה	906		see
	מצאתי	qal	pft	1cs	מצא	592		find
7:29	עשה	qal	pft	3ms	עשה	793		do, make
	בקשו	piel	pft	3cp	בקש	134		seek
8:1	יודע	qal	ptc	ms	ידע	393		know
	תאיר	hiph	impf	3fs	אור	21		cause to shine
	ישנא	pual	impf	3ms	שנה	1039		be changed
8:2	שמור	qal	impv	ms	שמר	1036		keep, watch
8:3	תבהל	niph	jusm	2ms	בהל	96		be disturbed
	תלך	qal	impf	2ms	הלך	229		walk, go
	תעמד	qal	jusm	2ms	עמד	763		stand, stop
	יחפץ	qal	impf	3ms	חפץ	342		delight in
	יעשה	qal	impf	3ms	עשה	793		do, make
8:4	יאמר	qal	impf	3ms	אמר	55		say
	תעשה	qal	impf	2ms	עשה	793		do, make
8:5	שומר	qal	ptc	ms	שמר	1036		keep, watch
	ידע	qal	impf	3ms	ידע	393		know
	ידע	qal	impf	3ms	ידע	393		know
8:7	ידע	qal	ptc	ms	ידע	393		know
	יהיה	qal	impf	3ms	היה	224		be, become
	יהיה	qal	impf	3ms	היה	224		be, become
	יגיד	hiph	impf	3ms	נגד	616		declare, tell
8:8	כלוא	qal	infc		כלא	476		shut up
	ימלט	piel	impf	3ms	מלט	572		deliver
8:9	ראיתי	qal	pft	1cs	ראה	906		see
	נתון	qal	infa		נתן	678		give, set
	נעשה	niph	pft	3ms	עשה	793		be done
	שלט	qal	pft	3ms	שלט	1020		domineer
8:10	ראיתי	qal	pft	1cs	ראה	906		see
	קברים	qal	pptc	mp	קבר	868		bury
	באו	qal	pft	3cp	בוא	97		come in
	יהלכו	piel	impf	3mp	הלך	229		walk
	ישתכחו	hith	impf	3mp	שכח	1013		be forgotten
	עשו	qal	pft	3cp	עשה	793		do, make
8:11	נעשה	niph	pft	3ms	עשה	793		be done
	מלא	qal	pft	3ms	מלא	569		be full, fill
	עשות	qal	infc		עשה	793		do, make
8:12	חטא	qal	ptc	ms	חטא	306		sin
	עשה	qal	ptc	ms	עשה	793		do, make
	מאריך	hiph	ptc	ms	ארך	73		prolong
	יודע	qal	ptc	ms	ידע	393		know
	יהיה	qal	impf	3ms	היה	224		be, become
	יראי	qal	ptc	mp	ירא	431		fear
	ייראו	qal	impf	3mp	ירא	431		fear
8:13	יהיה	qal	impf	3ms	היה	224		be, become
	יאריך	hiph	impf	3ms	ארך	73		prolong
	ירא	qal	ptc	ms	ירא	431		fear
8:14	נעשה	niph	pft	3ms	עשה	793		be done
	מגיע	hiph	ptc	ms	נגע	619		reach, arrive
	מגיע	hiph	ptc	ms	נגע	619		reach, arrive
	אמרתי	qal	pft	1cs	אמר	55		say
8:15	שבחתי	piel	pft	1cs	שבח	986		laud, praise
	אכול	qal	infc		אכל	37		eat, devour
	שתות	qal	infc		שתה	1059		drink
	שמוח	qal	infc		שמח	970		rejoice
	ילונו	qal	impf	3ms	לוה	530	3ms	join

Ecclesiastes 8:15–10:14

ChVs	Form	Stem	Tnse	PGN	Root	BDB	Sfx	Meaning
8:15	נתן	qal	pft	3ms	נתן	678		give,set
8:16	נתתי	qal	pft	1cs	נתן	678		give,set
	דעת	qal	infc		ידע	393		know
	ראות	qal	infc		ראה	906		see
	נעשה	niph	pft	3ms	עשה	793		be done
	ראה	qal	ptc	ms	ראה	906		see
8:17	ראיתי	qal	pft	1cs	ראה	906		see
	יוכל	qal	impf	3ms	יכל	407		be able
	מצוא	qal	infc		מצא	592		find
	נעשה	niph	pft	3ms	עשה	793		be done
	יעמל	qal	impf	3ms	עמל	765		labor,toil
	בקש	piel	infc		בקש	134		seek
	ימצא	qal	impf	3ms	מצא	592		find
	יאמר	qal	impf	3ms	אמר	55		say
	דעת	qal	infc		ידע	393		know
	יוכל	qal	impf	3ms	יכל	407		be able
	מצא	qal	infc		מצא	592		find
9:1	נתתי	qal	pft	1cs	נתן	678		give,set
	בור	qal	infc		בור	101		make clear
	יודע	qal	ptc	ms	ידע	393		know
9:2	זבח	qal	ptc	ms	זבח	256		slaughter
	זבח	qal	ptc	ms	זבח	256		slaughter
	חטא	qal	ptc	ms	חטא	306		sin
	נשבע	niph	ptc	ms	שבע	989		swear
	ירא	qal	ptc	ms	ירא	431		fear
9:3	נעשה	niph	pft	3ms	עשה	793		be done
	מלא	qal	pft	3ms	מלא	569		be full,fill
	מתים	qal	ptc	mp	מות	559		die
9:4	יבחרk	pual	impf	3ms	בחר	103		chosen
	יחברq	pual	impf	3ms	חבר	287		be joined
	מת	qal	ptc	ms	מות	559		die
9:5	יודעים	qal	ptc	mp	ידע	393		know
	ימתו	qal	impf	3mp	מות	559		die
	מתים	qal	ptc	mp	מות	559		die
	יודעים	qal	ptc	mp	ידע	393		know
	נשכח	niph	pft	3ms	שכח	1013		be forgotten
9:6	אבדה	qal	pft	3fs	אבד	1		perish
	נעשה	niph	pft	3ms	עשה	793		be done
9:7	לך	qal	impv	ms	הלך	229		walk,go
	אכל	qal	impv	ms	אכל	37		eat,devour
	שתה	qal	impv	ms	שתה	1059		drink
	רצה	qal	pft	3ms	רצה	953		be pleased
9:8	יהיו	qal	jusm	3mp	היה	224		be,become
	יחסר	qal	jusm	3ms	חסר	341		lack
9:9	ראה	qal	impv	ms	ראה	906		see
	אהבת	qal	pft	2ms	אהב	12		love
	נתן	qal	pft	3ms	נתן	678		give,set
9:10	תמצא	qal	impf	3fs	מצא	592		find
	עשות	qal	infc		עשה	793		do,make
	עשה	qal	impv	ms	עשה	793		do,make
	הלך	qal	ptc	ms	הלך	229		walk,go
9:11	שבתי	qal	pft	1cs	שוב	996		turn,return
	ראה	qal	infa		ראה	906		see
	נבנים	niph	ptc	mp	בין	106		be discerning
9:11	ידעים	qal	ptc	mp	ידע	393		know
	יקרה	qal	impf	3ms	קרה	899		encounter,meet
9:12	ידע	qal	impf	3ms	ידע	393		know
	נאחזים	niph	ptc	mp	אחז	28		possess,caught
	אחזות	qal	pptc	fp	אחז	28		grasp
	יוקשים	qalp	ptc	mp	יקש	430		be snared
	תפול	qal	impf	3fs	נפל	656		fall
9:13	ראיתי	qal	pft	1cs	ראה	906		see
9:14	בא	qal	pft	3ms	בוא	97		come in
	סבב	qal	pft	3ms	סבב	685		surround
	בנה	qal	pft	3ms	בנה	124		build
9:15	מצא	qal	pft	3ms	מצא	592		find
	מלט	piel	pft	3ms	מלט	572		deliver
	זכר	qal	pft	3ms	זכר	269		remember
9:16	אמרתי	qal	pft	1cs	אמר	55		say
	בזויה	qal	pptc	fs	בזה	102		despise
	נשמעים	niph	ptc	mp	שמע	1033		be heard
9:17	נשמעים	niph	ptc	mp	שמע	1033		be heard
	מושל	qal	ptc	ms	משל	605		rule
9:18	חוטא	qal	ptc	ms	חטא	306		sin
	יאבד	piel	impf	3ms	אבד	1		destroy
	הרבה	hiph	infa		רבה	915		make many
10:1	יבאיש	hiph	impf	3ms	באש	92		cause to stink
	יביע	hiph	impf	3ms	נבע	615		pour out
	רוקח	qal	ptc	ms	רקח	955		mix,compound
10:3	הלך	qal	ptc	ms	הלך	229		walk,go
	חסר	qal	ptc	ms	חסר	341		lack
10:4	מושל	qal	ptc	ms	משל	605		rule
	תעלה	qal	impf	3fs	עלה	748		go up
	תנח	hiph	jus	2ms	נוח	628		give rest,put
	יניח	hiph	impf	3ms	נוח	628		give rest,put
10:5	ראיתי	qal	pft	1cs	ראה	906		see
	יצא	qal	ptc	fs	יצא	422		go out
10:6	נתן	niph	pft	3ms	נתן	678		be given
	ישבו	qal	impf	3mp	ישב	442		sit,dwell
10:7	ראיתי	qal	pft	1cs	ראה	906		see
	הלכים	qal	ptc	mp	הלך	229		walk,go
10:8	חפר	qal	ptc	ms	חפר	343		dig,search
	יפול	qal	impf	3ms	נפל	656		fall
	פרץ	qal	ptc	ms	פרץ	829		break through
	ישכנו	qal	impf	3ms	נשך	675	3ms	bite
10:9	מסיע	hiph	ptc	ms	נסע	652		lead out,remove
	יעצב	niph	impf	3ms	עצב	780		be pained
	בוקע	qal	ptc	ms	בקע	131		cleave,break
	יסכן	niph	impf	3ms	סכן	698		endanger
10:10	קהה	piel	pft	3ms	קהה	874		be blunt
	קלקל	pilp	pft	3ms	קלל	886		shake
	יגבר	piel	impf	3ms	גבר	149		make strong
	הכשירk	hiph	infc		כשר	506		give success
	הכשירq	hiph	infa		כשר	506		give success
10:11	ישך	qal	impf	3ms	נשך	675		bite
10:12	תבלענו	piel	impf	3fs	בלע	118	3ms	swallow up
10:14	ירבה	hiph	impf	3ms	רבה	915		make many
	ידע	qal	impf	3ms	ידע	393		know

Ecclesiastes 10:14–12:13

ChVs	Form	Stem	Tnse	PGN	Root	BDB	Sfx	Meaning
10:14	יהיה	qal	impf	3ms	היה	224		be, become
	יהיה	qal	impf	3ms	היה	224		be, become
	יגיד	hiph	impf	3ms	נגד	616		declare, tell
10:15	תיגענו	piel	impf	3fs	יגע	388	3ms	make weary
	ידע	qal	pft	3ms	ידע	393		know
	לכת	qal	infc		הלך	229		walk, go
10:16	יאכלו	qal	impf	3mp	אכל	37		eat, devour
10:17	יאכלו	qal	impf	3mp	אכל	37		eat, devour
10:18	ימך	niph	impf	3ms	מכך	568		sink
	ידלף	qal	impf	3ms	דלף	196		drop, drip
10:19	עשׂים	qal	ptc	mp	עשׂה	793		do, make
	ישׂמח	piel	impf	3ms	שׂמח	970		gladden
	יענה	qal	impf	3ms	ענה	772		answer
10:20	תקלל	piel	jusm	2ms	קלל	886		curse
	תקלל	piel	jusm	2ms	קלל	886		curse
	יוליך	hiph	impf	3ms	הלך	229		lead, bring
	יגיד	hiph	impf	3ms	נגד	616		declare, tell
11:1	שׁלח	piel	impv	ms	שׁלח	1018		send away, shoot
	תמצאנו	qal	impf	2ms	מצא	592	3ms	find
11:2	תן	qal	impv	ms	נתן	678		give, set
	תדע	qal	impf	2ms	ידע	393		know
	יהיה	qal	impf	3ms	היה	224		be, become
11:3	ימלאו	niph	impf	3mp	מלא	569		be filled
	יריקו	hiph	impf	3mp	ריק	937		make empty
	יפול	qal	impf	3ms	נפל	656		fall
	יפול	qal	impf	3ms	נפל	656		fall
	יהוא	qal	impf	3ms	הוה	217		become
11:4	שׁמר	qal	ptc	ms	שׁמר	1036		keep, watch
	יזרע	qal	impf	3ms	זרע	281		sow
	ראה	qal	ptc	ms	ראה	906		see
	יקצור	qal	impf	3ms	קצר	894		reap, harvest
11:5	יודע	qal	ptc	ms	ידע	393		know
	תדע	qal	impf	2ms	ידע	393		know
	יעשׂה	qal	impf	3ms	עשׂה	793		do, make
11:6	זרע	qal	impv	ms	זרע	281		sow
	תנח	hiph	jus	2ms	נוח	628		give rest, put
	יודע	qal	ptc	ms	ידע	393		know
	יכשׁר	qal	impf	3ms	כשׁר	506		be proper
11:7	ראות	qal	infc		ראה	906		see
11:8	הרבה	hiph	infa		רבה	915		make many
	יחיה	qal	impf	3ms	חיה	310		live
	ישׂמח	qal	jusm	3ms	שׂמח	970		rejoice
	יזכר	qal	jusm	3ms	זכר	269		remember
	הרבה	hiph	infa		רבה	915		make many
	יהיו	qal	impf	3mp	היה	224		be, become
	בא	qal	pft	3ms	בוא	97		come in
11:9	שׂמח	qal	impv	ms	שׂמח	970		rejoice
	יטיבך	hiph	jusm	3ms	יטב	405	2ms	do good
	הלך	piel	impv	ms	הלך	229		walk
	דע	qal	impv	ms	ידע	393		know
	יביאך	hiph	impf	3ms	בוא	97	2ms	bring in
11:10	הסר	hiph	impv	ms	סור	693		take away
	העבר	hiph	impv	ms	עבר	716		cause to pass
12:1	זכר	qal	impv	ms	זכר	269		remember
12:1	בוראיך	qal	ptc	mp	ברא	135	2ms	create
	יבאו	qal	impf	3mp	בוא	97		come in
	הגיעו	hiph	wcp	3cp	נגע	619		reach, arrive
	תאמר	qal	impf	2ms	אמר	55		say
12:2	תחשׁך	qal	impf	3fs	חשׁך	364		be dark
	שׁבו	qal	wcp	3cp	שׁוב	996		turn, return
12:3	יזעו	qal	impf	3mp	זוע	266		quake
	שׁמרי	qal	ptc	mp	שׁמר	1036		keep, watch
	התעותו	hith	wcp	3cp	עות	736		bend oneself
	בטלו	qal	wcp	3cp	בטל	105		cease
	טחנות	qal	ptc	fp	טחן	377		grind
	מעטו	piel	pft	3cp	מעט	589		become few
	חשׁכו	qal	wcp	3cp	חשׁך	364		be dark
	ראות	qal	ptc	fp	ראה	906		see
12:4	סגרו	pual	wcp	3cp	סגר	688		be shut up
	שׁפל	qal	infc		שׁפל	1050		be low
	יקום	qal	impf	3ms	קום	877		arise, stand
	ישׁחו	niph	impf	3mp	שׁחח	1005		be humbled
12:5	יראו	qal	impf	3mp	ירא	431		fear
	ינאץ	hiph	impf	3ms	נצץ	665		bloom
	יסתבל	hith	impf	3ms	סבל	687		grow fat
	תפר	hiph	impf	3fs	פרר	830		break, frustrate
	הלך	qal	ptc	ms	הלך	229		walk, go
	סבבו	qal	wcp	3cp	סבב	685		surround
	ספדים	qal	ptc	mp	ספד	704		wail, lament
12:6	ירחק k	qal	impf	3ms	רחק	934		be distant
	ירתק q	niph	impf	3ms	רתק	958		be broken
	תרץ	qal	impf	3fs	רצץ	954		crush
	תשׁבר	niph	impf	3fs	שׁבר	990		be broken
	נרץ	niph	wcp	3ms	רצץ	954		be crushed
12:7	ישׁב	qal	jusf	3ms	שׁוב	996		turn, return
	היה	qal	pft	3ms	היה	224		be, become
	תשׁוב	qal	impf	3fs	שׁוב	996		turn, return
	נתנה	qal	pft	3ms	נתן	678	3fs	give, set
12:8	אמר	qal	pft	3ms	אמר	55		say
12:9	היה	qal	pft	3ms	היה	224		be, become
	למד	piel	pft	3ms	למד	540		teach
	אזן	piel	pft	3ms	אזן	24		weigh
	חקר	piel	pft	3ms	חקר	350		search out
	תקן	piel	pft	3ms	תקן	1075		make straight
	הרבה	hiph	infa		רבה	915		make many
12:10	בקשׁ	piel	pft	3ms	בקשׁ	134		seek
	מצא	qal	infc		מצא	592		find
	כתוב	qal	pptc	ms	כתב	507		write
12:11	נטועים	qal	pptc	mp	נטע	642		plant
	נתנו	niph	pft	3cp	נתן	678		be given
	רעה	qal	ptc	ms	רעה	944		pasture, tend
12:12	הזהר	niph	impv	ms	זהר	264		be admonished
	עשׂות	qal	infc		עשׂה	793		do, make
	הרבה	hiph	infa		רבה	915		make many
	הרבה	hiph	infa		רבה	915		make many
12:13	נשׁמע	niph	pft	3ms	שׁמע	1033		be heard
	ירא	qal	impv	ms	ירא	431		fear
	שׁמור	qal	impv	ms	שׁמר	1036		keep, watch

Ecclesiastes 12:14–Song of Solomon 3:10

ChVs	Form	Stem	Tnse	PGN	Root	BDB	Sfx	Meaning
12:14	יבא	hiph	impf	3ms	בוא	97		bring in
	נעלם	niph	ptc	ms	עלם	761		be concealed

SONG OF SOLOMON

ChVs	Form	Stem	Tnse	PGN	Root	BDB	Sfx	Meaning
1:2	ישקני	qal	jusm	3ms	נשק	676	1cs	kiss
1:3	תורק	hoph	impf	3fs	ריק	937		be emptied
	אהבוך	qal	pft	3cp	אהב	12	2ms	love
1:4	משכני	qal	impv	ms	משך	604	1cs	draw, pull
	נרוצה	qal	coh	1cp	רוץ	930		run
	הביאני	hiph	pft	3ms	בוא	97	1cs	bring in
	נגילה	qal	coh	1cp	גיל	162		rejoice
	נשמחה	qal	coh	1cp	שמח	970		rejoice
	נזכירה	hiph	coh	1cp	זכר	269		c. to remember
	אהבוך	qal	pft	3cp	אהב	12	2ms	love
1:6	תראוני	qal	jusm	2mp	ראה	906	1cs	see
	שזפתני	qal	pft	3fs	שזף	1004	1cs	look on
	נחרו	niph	pft	3cp	חרה	354		be angry
	שמני	qal	pft	3cp	שים	962	1cs	put, set
	נטרה	qal	ptc	fs	נטר	643		keep
	נטרתי	qal	pft	1cs	נטר	643		keep
1:7	הגידה	hiph	impv		נגד	616		declare, tell
	אהבה	qal	pft	3fs	אהב	12		love
	תרעה	qal	impf	2ms	רעה	944		pasture, tend
	תרביץ	hiph	impf	2ms	רבץ	918		c. to lie down
	אהיה	qal	impf	1cs	היה	224		be, become
	עטיה	qal	ptc	fs	עטה	741		wrap oneself
1:8	תדעי	qal	impf	2fs	ידע	393		know
	צאי	qal	impv	fs	יצא	422		go out
	רעי	qal	impv	fs	רעה	944		pasture, tend
	רעים	qal	ptc	mp	רעה	944		pasture, tend
1:9	דמיתיך	piel	pft	1cs	דמה	197	2fs	liken, think
1:10	נאוו	pil	pft	3cp	נאה	610		be lovely
1:11	נעשה	qal	impf	1cp	עשה	793		do, make
1:12	נתן	qal	pft	3ms	נתן	678		give, set
1:13	ילין	qal	impf	3ms	לון	533		lodge, remain
2:3	חמדתי	piel	pft	1cs	חמד	326		delight greatly
	ישבתי	qal	pft	1cs	ישב	442		sit, dwell
2:4	הביאני	hiph	pft	3ms	בוא	97	1cs	bring in
2:5	סמכוני	piel	impv	mp	סמך	701	1cs	sustain
	רפדוני	piel	impv	mp	רפד	951	1cs	spread, support
	חולת	qal	ptc	fs	חלה	317		be weak, sick
2:6	תחבקני	piel	impf	3fs	חבק	287	1cs	embrace
2:7	השבעתי	hiph	pft	1cs	שבע	989		cause to swear
	תעירו	hiph	impf	2mp	עור	734		rouse, stir up
	תעוררו	pol	impf	2mp	עור	734		rouse, incite
	תחפץ	qal	impf	3fs	חפץ	342		delight in
2:8	בא	qal	ptc	ms	בוא	97		come in
	מדלג	piel	ptc	ms	דלג	194		leap over
	מקפץ	piel	ptc	ms	קפץ	891		spring
2:9	דומה	qal	ptc	ms	דמה	197		be like
	עומד	qal	ptc	ms	עמד	763		stand, stop
	משגיח	hiph	ptc	ms	שגח	993		gaze
	מציץ	hiph	ptc	ms	צוץ	847		gaze
2:10	ענה	qal	pft	3ms	ענה	772		answer
2:10	אמר	qal	pft	3ms	אמר	55		say
	קומי	qal	impv	fs	קום	877		arise, stand
	לכי	qal	impv	fs	הלך	229		walk, go
2:11	עבר	qal	pft	3ms	עבר	716		pass over
	חלף	qal	pft	3ms	חלף	322		pass on
2:12	נראו	niph	pft	3cp	ראה	906		appear, be seen
	הגיע	hiph	pft	3ms	נגע	619		reach, arrive
	נשמע	niph	pft	3ms	שמע	1033		be heard
2:13	חנטה	qal	pft	3fs	חנט	334		make spicy
	נתנו	qal	pft	3cp	נתן	678		give, set
	קומי	qal	impv	fs	קום	877		arise, stand
	לכי	qal	impv	fs	הלך	229		walk, go
2:14	הראיני	hiph	impv	fs	ראה	906	1cs	show, exhibit
	השמיעיני	hiph	impv	fs	שמע	1033	1cs	cause to hear
2:15	אחזו	qal	impv	mp	אחז	28		grasp
	מחבלים	piel	ptc	mp	חבל	287		ruin, destroy
2:16	רעה	qal	ptc	ms	רעה	944		pasture, tend
2:17	יפוח	qal	impf	3ms	פוח	806		breathe
	נסו	qal	wcp	3cp	נוס	630		flee, escape
	סב	qal	impv	ms	סבב	685		surround
	דמה	qal	impv	ms	דמה	197		be like
3:1	בקשתי	piel	pft	1cs	בקש	134		seek
	אהבה	qal	pft	3fs	אהב	12		love
	בקשתיו	piel	pft	1cs	בקש	134	3ms	seek
	מצאתיו	qal	pft	1cs	מצא	592	3ms	find
3:2	אקומה	qal	coh	1cs	קום	877		arise, stand
	אסובבה	poel	coh	1cs	סבב	685		encompass
	אבקשה	piel	coh	1cs	בקש	134		seek
	אהבה	qal	pft	3fs	אהב	12		love
	בקשתיו	piel	pft	1cs	בקש	134	3ms	seek
	מצאתיו	qal	pft	1cs	מצא	592	3ms	find
3:3	מצאוני	qal	pft	3cp	מצא	592	1cs	find
	שמרים	qal	ptc	mp	שמר	1036		keep, watch
	סבבים	qal	ptc	mp	סבב	685		surround
	אהבה	qal	pft	3fs	אהב	12		love
	ראיתם	qal	pft	2mp	ראה	906		see
3:4	עברתי	qal	pft	1cs	עבר	716		pass over
	מצאתי	qal	pft	1cs	מצא	592		find
	אהבה	qal	pft	3fs	אהב	12		love
	אחזתיו	qal	pft	1cs	אחז	28	3ms	grasp
	ארפנו	hiph	impf	1cs	רפה	951	3ms	slacken, abandon
	הביאתיו	hiph	pft	1cs	בוא	97	3ms	bring in
	הורתי	qal	pft	fs	הרה	247	1cs	conceive
3:5	השבעתי	hiph	pft	1cs	שבע	989		cause to swear
	תעירו	hiph	impf	2mp	עור	734		rouse, stir up
	תעוררו	pol	impf	2mp	עור	734		rouse, incite
	תחפץ	qal	impf	3fs	חפץ	342		delight in
3:6	עלה	qal	ptc	fs	עלה	748		go up
	מקטרת	pual	ptc	fs	קטר	882		be perfumed
	רוכל	qal	ptc	ms	רכל	940		trade, gossip
3:8	אחזי	qal	pptc	mp	אחז	28		grasp
	מלמדי	pual	ptc	mp	למד	540		be taught
3:9	עשה	qal	pft	3ms	עשה	793		do, make
3:10	עשה	qal	pft	3ms	עשה	793		do, make

Song of Solomon 3:10–6:12

ChVs	Form	Stem	Tnse	PGN	Root	BDB	Sfx	Meaning
3:10	רצוּף	qal	pptc	ms	רצף	954		fit together
3:11	צאינה	qal	impv	fp	יצא	422		go out
	ראינה	qal	impv	fp	ראה	906		see
	עטרה	piel	pft	3fs	עטר	742		crown
4:1	גלשוּ	qal	pft	3cp	גלש	167		sit up
4:2	קצוּבות	qal	pptc	fp	קצב	891		cut off, shear
	עלוּ	qal	pptc	3cp	עלה	748		go up
	מתאימות	hiph	ptc	fp	תאם	1060		bear twins
4:4	בנוּי	qal	pptc	ms	בנה	124		build
	תלוּי	qal	pptc	ms	תלה	1067		hang
4:5	רועים	qal	ptc	mp	רעה	944		pasture, tend
4:6	יפוּח	qal	impf	3ms	פוח	806		breathe
	נסוּ	qal	wcp	3cp	נוס	630		flee, escape
	אלך	qal	impf	1cs	הלך	229		walk, go
4:8	תבואי	qal	impf	2fs	בוא	97		come in
	תשוּרי	qal	impf	2fs	שור	1003		behold, regard
4:9	לבבתני	piel	pft	2fs	לבב	525	1cs	encourage
	לבבתני	piel	pft	2fs	לבב	525	1cs	encourage
4:10	יפוּ	qal	pft	3cp	יפה	421		be beautiful
	טבוּ	qal	pft	3cp	טוב	373		be pleasing
4:11	תטפנה	qal	impf	3fp	נטף	642		drop, drip
4:12	נעוּל	qal	pptc	ms	נעל	653		bar, bolt
	נעוּל	qal	pptc	ms	נעל	653		bar, bolt
	חתוּם	qal	pptc	ms	חתם	367		seal
4:15	נזלים	qal	ptc	mp	נזל	633		flow
4:16	עוּרי	qal	impv	fs	עור	734		rouse self
	בואי	qal	impv	fs	בוא	97		come in
	הפיחי	hiph	impv	fs	פוח	806		breathe, utter
	יזלוּ	qal	jusm	3mp	נזל	633		flow
	יבא	qal	jusm	3ms	בוא	97		come in
	יאכל	qal	jusm	3ms	אכל	37		eat, devour
5:1	באתי	qal	pft	1cs	בוא	97		come in
	אריתי	qal	pft	1cs	ארה	71		pluck
	אכלתי	qal	pft	1cs	אכל	37		eat, devour
	שתיתי	qal	pft	1cs	שתה	1059		drink
	אכלוּ	qal	impv	mp	אכל	37		eat, devour
	שתוּ	qal	impv	mp	שתה	1059		drink
	שכרוּ	qal	impv	mp	שכר	1016		be drunk
5:2	ער	qal	ptc	ms	עור	734		rouse self
	דופק	qal	ptc	ms	דפק	200		beat, knock
	פתחי	qal	impv	fs	פתח	834		open
	נמלא	niph	ptc	ms	מלא	569		be filled
5:3	פשטתי	qal	pft	1cs	פשט	832		strip off
	אלבשנה	qal	impf	1cs	לבש	527	3fs	put on, clothe
	רחצתי	qal	pft	1cs	רחץ	934		wash, bathe
	אטנפם	piel	impf	1cs	טנף	380	3mp	soil
5:4	שלח	qal	pft	3ms	שלח	1018		send
	המוּ	qal	pft	3cp	המה	242		growl, murmur
5:5	קמתי	qal	pft	1cs	קום	877		arise, stand
	פתח	qal	infc		פתח	834		open
	נטפוּ	qal	pft	3cp	נטף	642		drop, drip
	עבר	qal	ptc	ms	עבר	716		pass over
5:6	פתחתי	qal	pft	1cs	פתח	834		open
	חמק	qal	pft	3ms	חמק	330		turn away
5:6	עבר	qal	pft	3ms	עבר	716		pass over
	יצאה	qal	pft	3fs	יצא	422		go out
	דברו	piel	infc		דבר	180	3ms	speak
	בקשתיהו	piel	pft	1cs	בקש	134	3ms	seek
	מצאתיהו	qal	pft	1cs	מצא	592	3ms	find
	קראתיו	qal	pft	1cs	קרא	894	3ms	call, proclaim
	עונני	qal	pft	3ms	ענה	772	1cs	answer
5:7	מצאני	qal	pft	3cp	מצא	592	1cs	find
	שמרים	qal	ptc	mp	שמר	1036		keep, watch
	סבבים	qal	ptc	mp	סבב	685		surround
	הכוני	hiph	pft	3cp	נכה	645	1cs	smite
	פצעוני	qal	pft	3cp	פצע	822	1cs	bruise
	נשאוּ	qal	pft	3cp	נשא	669		lift, carry
	שמרי	qal	ptc	mp	שמר	1036		keep, watch
5:8	השבעתי	hiph	pft	1cs	שבע	989		cause to swear
	תמצאו	qal	impf	2mp	מצא	592		find
	תגידו	hiph	impf	2mp	נגד	616		declare, tell
	חולת	qal	ptc	fs	חלה	317		be weak, sick
5:9	השבעתנו	hiph	pft	3cp	שבע	989	1cp	cause to swear
5:10	דגוּל	qal	pptc	ms	דגל	186		look
5:12	רחצות	qal	ptc	fp	רחץ	934		wash, bathe
	ישבות	qal	ptc	fp	ישב	442		sit, dwell
5:13	נטפות	qal	ptc	fp	נטף	642		drop, drip
	עבר	qal	ptc	ms	עבר	716		pass over
5:14	ממלאים	pual	ptc	mp	מלא	569		be filled
	מעלפת	pual	ptc	fs	עלף	763		be covered
5:15	מיסדים	pual	ptc	mp	יסד	413		be founded
	בחוּר	qal	pptc	ms	בחר	103		choose
6:1	הלך	qal	pft	3ms	הלך	229		walk, go
	פנה	qal	pft	3ms	פנה	815		turn
	נבקשנוּ	piel	cohm	1cp	בקש	134	3ms	seek
6:2	ירד	qal	pft	3ms	ירד	432		come down
	רעות	qal	infc		רעה	944		pasture, tend
	לקט	qal	infc		לקט	544		pick, gather
6:3	רעה	qal	ptc	ms	רעה	944		pasture, tend
6:4	נדגלות	niph	ptc	fp	דגל	186		bannered
6:5	הסבי	hiph	impv	fs	סבב	685		cause to turn
	הרהיבני	hiph	pft	3cp	רהב	923	1cs	alarm, confuse
	גלשוּ	qal	pft	3cp	גלש	167		sit up
6:6	עלוּ	qal	pft	3cp	עלה	748		go up
	מתאימות	hiph	ptc	fp	תאם	1060		bear twins
6:9	יולדתה	qal	ptc	fs	ילד	408	3fs	bear, beget
	ראוּה	qal	pft	3cp	ראה	906	3fs	see
	יאשרוה	piel	wci	3mp	אשר	80	3fs	call blessed
	יהללוה	piel	wci	3mp	הלל	237	3fs	praise
6:10	נשקפה	niph	ptc	fs	שקף	1054		look down
	נדגלות	niph	ptc	fp	דגל	186		bannered
6:11	ירדתי	qal	pft	1cs	ירד	432		come down
	ראות	qal	infc		ראה	906		see
	ראות	qal	infc		ראה	906		see
	פרחה	qal	pft	3fs	פרח	827		bud
	הנצוּ	hiph	pft	3cp	נצץ	665		bloom
6:12	ידעתי	qal	pft	1cs	ידע	393		know
	שמתני	qal	pft	3fs	שים	962	1cs	put, set

Song of Solomon 7:1 – Isaiah 1:10

ChVs	Form	Stem	Tnse	PGN	Root	BDB	Sfx	Meaning
7:1	שׁוּבִי	qal	impv	fs	שׁוב	996		turn, return
	שׁוּבִי	qal	impv	fs	שׁוב	996		turn, return
	שׁוּבִי	qal	impv	fs	שׁוב	996		turn, return
	שׁוּבִי	qal	impv	fs	שׁוב	996		turn, return
	נֶחֱזֶה	qal	cohm	1cp	חזה	302		see
	תֶּחֱזוּ	qal	impf	2mp	חזה	302		see
7:2	יָפוּ	qal	pft	3cp	יפה	421		be beautiful
7:3	יֶחְסַר	qal	jusm	3ms	חסר	341		lack
	סוּגָה	qal	pptc	fs	סוג	691		fence about
7:5	צוֹפֶה	qal	ptc	ms	צפה	859		keep watch
7:6	אָסוּר	qal	pptc	ms	אסר	63		tie, bind
7:7	יָפִית	qal	pft	2fs	יפה	421		be beautiful
	נָעַמְתְּ	qal	pft	2fs	נעם	653		be delightful
7:8	דָּמְתָה	qal	pft	3fs	דמה	197		be like
7:9	אָמַרְתִּי	qal	pft	1cs	אמר	55		say
	אֶעֱלֶה	qal	cohm	1cs	עלה	748		go up
	אֹחֲזָה	qal	coh	1cs	אחז	28		grasp
	יִהְיוּ	qal	jusm	3mp	היה	224		be, become
7:10	הוֹלֵךְ	qal	ptc	ms	הלך	229		walk, go
	דּוֹבֵב	qal	ptc	ms	דבב	179		glide
7:12	לְכָה	qal	impv	ms	הלך	229		walk, go
	נֵצֵא	qal	cohm	1cp	יצא	422		go out
	נָלִינָה	qal	coh	1cp	לון	533		lodge, remain
7:13	נַשְׁכִּימָה	hiph	coh	1cp	שׁכם	1014		rise early
	נִרְאֶה	qal	cohm	1cp	ראה	906		see
	פָּרְחָה	qal	pft	3fs	פרח	827		bud
	פִּתַּח	piel	pft	3ms	פתח	834		loose, free
	הֵנֵצוּ	hiph	pft	3cp	נצץ	665		bloom
	אֶתֵּן	qal	impf	1cs	נתן	678		give, set
7:14	נָתְנוּ	qal	pft	3cp	נתן	678		give, set
	צָפַנְתִּי	qal	pft	1cs	צפן	860		hide
8:1	יִתֶּנְךָ	qal	impf	3ms	נתן	678	2ms	give, set
	יוֹנֵק	qal	ptc	ms	ינק	413		suck
	אֶמְצָאֲךָ	qal	impf	1cs	מצא	592	2ms	find
	אֶשָּׁקְךָ	qal	impf	1cs	נשׁק	676	2ms	kiss
	יָבוּזוּ	qal	impf	3mp	בוז	100		despise
8:2	אֶנְהָגֲךָ	qal	impf	1cs	נהג	624	2ms	drive
	אֲבִיאֲךָ	hiph	impf	1cs	בוא	97	2ms	bring in
	תְּלַמְּדֵנִי	piel	impf	3fs	למד	540	1cs	teach
	אַשְׁקְךָ	hiph	impf	1cs	שׁקה	1052	2ms	give to drink
8:3	תְּחַבְּקֵנִי	piel	impf	3fs	חבק	287	1cs	embrace
8:4	הִשְׁבַּעְתִּי	hiph	pft	1cs	שׁבע	989		cause to swear
	תָּעִירוּ	hiph	impf	2mp	עור	734		rouse, stir up
	תְּעוֹרְרוּ	pol	impf	2mp	עור	734		rouse, incite
	תֶּחְפָּץ	qal	impf	3fs	חפץ	342		delight in
8:5	עֹלָה	qal	ptc	fs	עלה	748		go up
	מִתְרַפֶּקֶת	hith	ptc	fs	רפק	952		support oneself
	עוֹרַרְתִּיךָ	pol	pft	1cs	עור	734	2ms	rouse, incite
	חִבְּלַתְךָ	piel	pft	2fs	חבל	286	2ms	writhe, travail
	חִבְּלָה	piel	pft	3fs	חבל	286		writhe, travail
	יְלָדַתְךָ	qal	pft	3fs	ילד	408	2ms	bear, beget
8:6	שִׂימֵנִי	qal	impv	ms	שׂים	962	1cs	put, set
8:7	יוּכְלוּ	qal	impf	3mp	יכל	407		be able
	כַבּוֹת	piel	infc		כבה	459		extinguish
8:7	יִשְׁטְפוּהָ	qal	impf	3mp	שׁטף	1009	3fs	overflow
	יִתֵּן	qal	impf	3ms	נתן	678		give, set
	בּוֹז	qal	infa		בוז	100		despise
	יָבוּזוּ	qal	impf	3mp	בוז	100		despise
8:8	נַעֲשֶׂה	qal	impf	1cp	עשׂה	793		do, make
	יְדֻבַּר	pual	impf	3ms	דבר	180		spoken
8:9	נִבְנֶה	qal	impf	1cp	בנה	124		build
	נָצוּר	qal	impf	1cp	צור	848		confine, shut in
8:10	הָיִיתִי	qal	pft	1cs	היה	224		be, become
	מוֹצֵאת	qal	ptc	fs	מצא	592		find
8:11	הָיָה	qal	pft	3ms	היה	224		be, become
	נָתַן	qal	pft	3ms	נתן	678		give, set
	נֹטְרִים	qal	ptc	mp	נטר	643		keep
	יָבִא	hiph	impf	3ms	בוא	97		bring in
8:12	נֹטְרִים	qal	ptc	mp	נטר	643		keep
8:13	יוֹשֶׁבֶת	qal	ptc	fs	ישׁב	442		sit, dwell
	מַקְשִׁיבִים	hiph	ptc	mp	קשׁב	904		give attention
	הַשְׁמִיעִנִי	hiph	impv	fs	שׁמע	1033	1cs	cause to hear
8:14	בְּרַח	qal	impv	ms	ברח	137		go thru, flee
	דְּמֵה	qal	impv	ms	דמה	197		be like

ISAIAH

ChVs	Form	Stem	Tnse	PGN	Root	BDB	Sfx	Meaning
1:1	חָזָה	qal	pft	3ms	חזה	302		see
1:2	שִׁמְעוּ	qal	impv	mp	שׁמע	1033		hear
	הַאֲזִינִי	hiph	impv	fs	אזן	24		hear
	דִּבֵּר	piel	pft	3ms	דבר	180		speak
	גִּדַּלְתִּי	piel	pft	1cs	גדל	152		cause to grow
	רוֹמַמְתִּי	pol	pft	1cs	רום	926		raise, rear
	פָּשְׁעוּ	qal	pft	3cp	פשׁע	833		rebel, sin
1:3	יָדַע	qal	pft	3ms	ידע	393		know
	קֹנֵהוּ	qal	ptc	ms	קנה	888	3ms	get, buy
	יָדַע	qal	pft	3ms	ידע	393		know
	הִתְבּוֹנָן	htpo	pft	3ms	בין	106		understand
1:4	חֹטֵא	qal	ptc	ms	חטא	306		sin
	מְרֵעִים	hiph	ptc	mp	רעע	949		hurt, do evil
	מַשְׁחִיתִים	hiph	ptc	mp	שׁחת	1007		spoil, ruin
	עָזְבוּ	qal	pft	3cp	עזב	736		leave, loose
	נִאֲצוּ	piel	pft	3cp	נאץ	610		spurn
	נָזֹרוּ	niph	pft	3cp	זור	266		be estranged
1:5	תֻּכּוּ	hoph	impf	2mp	נכה	645		be smitten
	תוֹסִיפוּ	hiph	impf	2mp	יסף	414		add, do again
1:6	זֹרוּ	qalp	pft	3cp	זור	266		be pressed
	חֻבָּשׁוּ	pual	pft	3cp	חבשׁ	289		be bound up
	רֻכְּכָה	pual	pft	3fs	רכך	939		be softened
1:7	שְׂרֻפוֹת	qal	pptc	fp	שׂרף	976		burn
	זָרִים	qal	ptc	mp	זור	266		be stranger
	אֹכְלִים	qal	ptc	mp	אכל	37		eat, devour
	זָרִים	qal	ptc	mp	זור	266		be stranger
1:8	נוֹתְרָה	niph	pft	3fs	יתר	451		be left, remain
	נְצוּרָה	qal	pptc	fs	נצר	665		watch, guard
1:9	הוֹתִיר	hiph	pft	3ms	יתר	451		leave, spare
	הָיִינוּ	qal	pft	1cp	היה	224		be, become
	דָּמִינוּ	qal	pft	1cp	דמה	197		be like
1:10	שִׁמְעוּ	qal	impv	mp	שׁמע	1033		hear

Isaiah 1:10–2:7

ChVs	Form	Stem	Tnse	PGN	Root	BDB	Sfx	Meaning
1:10	האזינו	hiph	impv	mp	אזן	24		hear
1:11	יאמר	qal	impf	3ms	אמר	55		say
	שבעתי	qal	pft	1cs	שבע	959		be sated
	חפצתי	qal	pft	1cs	חפץ	342		delight in
1:12	תבאו	qal	impf	2mp	בוא	97		come in
	ראות	niph	infc		ראה	906		appear, be seen
	בקש	piel	pft	3ms	בקש	134		seek
	רמס	qal	infc		רמס	942		trample
1:13	תוסיפו	hiph	impf	2mp	יסף	414		add, do again
	הביא	hiph	infc		בוא	97		bring in
	קרא	qal	infc		קרא	894		call, proclaim
	אוכל	qal	impf	1cs	יכל	407		be able
1:14	שנאה	qal	pft	3fs	שנא	971		hate
	היו	qal	pft	3cp	היה	224		be, become
	נלאיתי	niph	pft	1cs	לאה	521		tire oneself
	נשא	qal	infc		נשא	669		lift, carry
1:15	פרשכם	piel	infc		פרש	831	2mp	spread out
	אעלים	hiph	impf	1cs	עלם	761		conceal, hide
	תרבו	hiph	impf	2mp	רבה	915		make many
	שמע	qal	ptc	ms	שמע	1033		hear
	מלאו	qal	pft	3cp	מלא	569		be full, fill
1:16	רחצו	qal	impv	mp	רחץ	934		wash, bathe
	הזכו	hith	impv	mp	זכה	269		make self clean
	הסירו	hiph	impv	mp	סור	693		take away
	חדלו	qal	impv	mp	חדל	292		cease
	הרע	hiph	infc		רעע	949		hurt, do evil
1:17	למדו	qal	impv	mp	למד	540		learn
	היטב	hiph	infc		יטב	405		do good
	דרשו	qal	impv	mp	דרש	205		resort to, seek
	אשרו	piel	impv	mp	אשר	80		call blessed
	שפטו	qal	impv	mp	שפט	1047		judge
	ריבו	qal	impv	mp	ריב	936		strive, contend
1:18	לכו	qal	impv	mp	הלך	229		walk, go
	נוכחה	niph	coh	1cp	יכח	406		argue
	יאמר	qal	impf	3ms	אמר	55		say
	יהיו	qal	impf	3mp	היה	224		be, become
	ילבינו	hiph	impf	3mp	לבן	526		make white
	יאדימו	hiph	impf	3mp	אדם	10		show redness
	יהיו	qal	impf	3mp	היה	224		be, become
1:19	תאבו	qal	impf	2mp	אבה	2		be willing
	שמעתם	qal	wcp	2mp	שמע	1033		hear
	תאכלו	qal	impf	2mp	אכל	37		eat, devour
1:20	תמאנו	piel	impf	2mp	מאן	549		refuse
	מריתם	qal	wcp	2mp	מרה	598		be disobedient
	תאכלו	qalp	impf	2mp	אכל	37		be consumed
	דבר	piel	pft	3ms	דבר	180		speak
1:21	היתה	qal	pft	3fs	היה	224		be, become
	זונה	qal	ptc	fs	זנה	275		act a harlot
	נאמנה	niph	ptc	fs	אמן	52		be confirmed
	ילין	qal	impf	3ms	לון	533		lodge, remain
	מרצחים	piel	ptc	mp	רצח	953		murder
1:22	היה	qal	pft	3ms	היה	224		be, become
	מהול	qal	pptc	ms	מהל	554		weaken
1:23	סוררים	qal	ptc	mp	סרר	710		be stubborn
1:23	אהב	qal	ptc	ms	אהב	12		love
	רדף	qal	ptc	ms	רדף	922		pursue
	ישפטו	qal	impf	3mp	שפט	1047		judge
	יבוא	qal	impf	3ms	בוא	97		come in
1:24	אנחם	niph	cohm	1cs	נחם	636		be sorry
	אנקמה	niph	coh	1cs	נקם	667		avenge oneself
	אויבי	qal	ptc	mp	איב	33	1cs	be hostile to
1:25	אשיבה	hiph	coh	1cs	שוב	996		bring back
	אצרף	qal	cohm	1cs	צרף	864		refine, test
	אסירה	hiph	coh	1cs	סור	693		take away
1:26	אשיבה	hiph	coh	1cs	שוב	996		bring back
	שפטיך	qal	ptc	mp	שפט	1047	2fs	judge
	יעציך	qal	ptc	mp	יעץ	419	2fs	advise, counsel
	יקרא	niph	impf	3ms	קרא	894		be called
	נאמנה	niph	ptc	fs	אמן	52		be confirmed
1:27	תפדה	niph	impf	3fs	פדה	804		be ransomed
	שביה	qal	ptc	mp	שוב	996	3fs	turn, return
1:28	פשעים	qal	ptc	mp	פשע	833		rebel, sin
	עזבי	qal	ptc	mp	עזב	736		leave, loose
	יכלו	qal	impf	3mp	כלה	477		finished, spent
1:29	יבשו	qal	impf	3mp	בוש	101		be ashamed
	חמדתם	qal	pft	2mp	חמד	326		desire
	תחפרו	qal	impf	2mp	חפר	344		be ashamed
	בחרתם	qal	pft	2mp	בחר	103		choose
1:30	תהיו	qal	impf	2mp	היה	224		be, become
	נבלת	qal	ptc	fs	נבל	615		sink, droop
1:31	היה	qal	wcp	3ms	היה	224		be, become
	בערו	qal	wcp	3cp	בער	128		burn
	מכבה	piel	ptc	ms	כבה	459		extinguish
2:1	חזה	qal	pft	3ms	חזה	302		see
2:2	היה	qal	wcp	3ms	היה	224		be, become
	נכון	niph	ptc	ms	כון	465		be established
	יהיה	qal	impf	3ms	היה	224		be, become
	נשא	niph	ptc	ms	נשא	669		be lifted up
	נהרו	qal	wcp	3cp	נהר	625		flow, stream
2:3	הלכו	qal	wcp	3cp	הלך	229		walk, go
	אמרו	qal	wcp	3cp	אמר	55		say
	לכו	qal	impv	mp	הלך	229		walk, go
	נעלה	qal	cohm	1cp	עלה	748		go up
	ירנו	hiph	jusm	3ms	ירה	434	1cp	shoot, teach
	נלכה	qal	coh	1cp	הלך	229		walk, go
	תצא	qal	impf	3fs	יצא	422		go out
2:4	שפט	qal	wcp	3ms	שפט	1047		judge
	הוכיח	hiph	wcp	3ms	יכח	406		decide, reprove
	כתתו	piel	wcp	3cp	כתת	510		beat to pieces
	ישא	qal	impf	3ms	נשא	669		lift, carry
	ילמדו	qal	impf	3mp	למד	540		learn
2:5	לכו	qal	impv	mp	הלך	229		walk, go
	נלכה	qal	coh	1cp	הלך	229		walk, go
2:6	נטשתה	qal	pft	2ms	נטש	643		leave, forsake
	מלאו	qal	pft	3cp	מלא	569		be full, fill
	עננים	poel	ptc	mp	ענן	778		soothsay
	ישפיקו	hiph	impf	3mp	ספק	706		cause to clap
2:7	תמלא	niph	wci	3fs	מלא	569		be filled

Isaiah 2:7–4:3

ChVs	Form	Stem	Tnse	PGN	Root	BDB	Sfx	Meaning
2:7	תמלא	niph	wci	3fs	מלא	569		be filled
2:8	תמלא	niph	wci	3fs	מלא	569		be filled
	ישתחוו	hish	impf	3mp	חוה	1005		bow down
	עשו	qal	pft	3cp	עשה	793		do, make
2:9	ישח	niph	wci	3ms	שחח	1005		be humbled
	ישפל	qal	wci	3ms	שפל	1050		be low
	תשא	qal	jusm	2ms	נשא	669		lift, carry
2:10	בוא	qal	impv	ms	בוא	97		come in
	הטמן	niph	impv	ms	טמן	380		hide oneself
2:11	שפל	qal	pft	3ms	שפל	1050		be low
	שח	qal	wcp	3ms	שחח	1005		be bowed down
	נשגב	niph	wcp	3ms	שגב	960		be high, exalted
2:12	רם	qal	ptc	ms	רום	926		be high
	נשא	niph	ptc	ms	נשא	669		be lifted up
	שפל	qal	wcp	3ms	שפל	1050		be low
2:13	רמים	qal	ptc	mp	רום	926		be high
	נשאים	niph	ptc	mp	נשא	669		be lifted up
2:14	רמים	qal	ptc	mp	רום	926		be high
	נשאות	niph	ptc	fp	נשא	669		be lifted up
2:15	בצורה	qal	pptc	fs	בצר	130		cut off
2:17	שח	qal	wcp	3ms	שחח	1005		be bowed down
	שפל	qal	wcp	3ms	שפל	1050		be low
	נשגב	niph	wcp	3ms	שגב	960		be high, exalted
2:18	יחלף	qal	impf	3ms	חלף	322		pass on
2:19	באו	qal	wcp	3cp	בוא	97		come in
	קומו	qal	infc		קום	877	3ms	arise, stand
	ערץ	qal	infc		ערץ	791		frighten, fear
2:20	ישליך	hiph	impf	3ms	שלך	1020		throw, cast
	עשו	qal	pft	3cp	עשה	793		do, make
	השתחות	hish	infc		חוה	1005		bow down
	חפר	qal	infc		חפר	343		dig, search
2:21	בוא	qal	infc		בוא	97		come in
	קומו	qal	infc		קום	877	3ms	arise, stand
	ערץ	qal	infc		ערץ	791		frighten, fear
2:22	חדלו	qal	impv	mp	חדל	292		cease
	נחשב	niph	ptc	ms	חשב	362		be thought
3:1	מסיר	hiph	ptc	ms	סור	693		take away
3:2	שופט	qal	ptc	ms	שפט	1047		judge
	קסם	qal	ptc	ms	קסם	890		divine
3:3	נשוא	qal	pptc	ms	נשא	669		lift, carry
	יועץ	qal	ptc	ms	יעץ	419		advise, counsel
	נבון	niph	ptc	ms	בין	106		be discerning
3:4	נתתי	qal	wcp	1cs	נתן	678		give, set
	ימשלו	qal	impf	3mp	משל	605		rule
3:5	נגש	niph	wcp	3ms	נגש	620		be pressed
	ירהבו	qal	impf	3mp	רהב	923		storm against
	נקלה	niph	ptc	ms	קלה	885		be dishonored
	נכבד	niph	ptc	ms	כבד	457		be honored
3:6	יתפש	qal	impf	3ms	תפש	1074		seize, grasp
	תהיה	qal	impf	2ms	היה	224		be, become
3:7	ישא	qal	impf	3ms	נשא	669		lift, carry
	אמר	qal	infc		אמר	55		say
	אהיה	qal	impf	1cs	היה	224		be, become
	חבש	qal	infc		חבש	289		bind
3:7	תשימני	qal	impf	2mp	שים	962	1cs	put, set
3:8	כשלה	qal	pft	3fs	כשל	505		stumble, totter
	נפל	qal	pft	3ms	נפל	656		fall
	מרות	hiph	infc		מרה	598		rebel
3:9	ענתה	qal	pft	3fs	ענה	772		answer
	הגידו	hiph	pft	3cp	נגד	616		declare, tell
	כחדו	piel	pft	3cp	כחד	470		hide
	גמלו	qal	pft	3cp	גמל	168		deal out, ripen
3:10	אמרו	qal	impv	mp	אמר	55		say
	טוב	qal	pft	3ms	טוב	373		be pleasing
	יאכלו	qal	impf	3mp	אכל	37		eat, devour
3:11	יעשה	niph	impf	3ms	עשה	793		be done
3:12	נגשיו	qal	ptc	mp	נגש	620	3ms	press, exact
	מעולל	poel	ptc	ms	עלל	760		act the child
	משלו	qal	pft	3cp	משל	605		rule
	מאשריך	piel	ptc	mp	אשר	80	2ms	call blessed
	מתעים	hiph	ptc	mp	תעה	1073		cause to err
	בלעו	piel	pft	3cp	בלע	118		swallow up
3:13	נצב	niph	ptc	ms	נצב	662		stand
	ריב	qal	infc		ריב	936		strive, contend
	עמד	qal	ptc	ms	עמד	763		stand, stop
	דין	qal	infc		דין	192		judge
3:14	יבוא	qal	impf	3ms	בוא	97		come in
	בערתם	piel	pft	2mp	בער	128		burn, consume
3:15	תדכאו	piel	impf	2mp	דכא	193		crush
	תטחנו	qal	impf	2mp	טחן	377		grind
3:16	יאמר	qal	wci	3ms	אמר	55		say
	גבהו	qal	pft	3cp	גבה	146		be high
	תלכנה	qal	wci	3fp	הלך	229		walk, go
	kנטוות	qal	pptc	fp	נטה	639		stretch, incline
	qנטויות	qal	pptc	fp	נטה	639		stretch, incline
	משקרות	piel	ptc	fp	שקר	974		ogle
	הלוך	qal	infa		הלך	229		walk, go
	טפף	qal	infa		טפף	381		trip, skip
	תלכנה	qal	impf	3fp	הלך	229		walk, go
	תעכסנה	piel	impf	3fp	עכס	747		shake bangles
3:17	שפח	piel	wcp	3ms	שפח	705		smite w/scab
	יערה	piel	impf	3ms	ערה	788		lay bare
3:18	יסיר	hiph	impf	3ms	סור	693		take away
3:24	היה	qal	wcp	3ms	היה	224		be, become
	יהיה	qal	impf	3ms	היה	224		be, become
3:25	יפלו	qal	impf	3mp	נפל	656		fall
3:26	אנו	qal	wcp	3cp	אנה	58		mourn
	אבלו	qal	wcp	3cp	אבל	5		mourn
	נקתה	niph	wcp	3fs	נקה	667		be clean, free
	תשב	qal	impf	3fs	ישב	442		sit, dwell
4:1	החזיקו	hiph	wcp	3cp	חזק	304		make firm, seize
	אמר	qal	infc		אמר	55		say
	נאכל	qal	impf	1cp	אכל	37		eat, devour
	נלבש	qal	impf	1cp	לבש	527		put on, clothe
	יקרא	niph	impf	3ms	קרא	894		be called
	אסף	qal	impv	ms	אסף	62		gather
4:2	יהיה	qal	impf	3ms	היה	224		be, become
4:3	היה	qal	wcp	3ms	היה	224		be, become

Isaiah 4: 3 – 5: 29

ChVs	Form	Stem	Tnse	PGN	Root	BDB	Sfx	Meaning
4:3	נשאר	niph	ptc	ms	שאר	983		be left
	נותר	niph	ptc	ms	יתר	451		be left, remain
	יאמר	niph	impf	3ms	אמר	55		be said, called
	כתוב	qal	pptc	ms	כתב	507		write
4:4	רחץ	qal	pft	3ms	רחץ	934		wash, bathe
	ידיח	hiph	impf	3ms	דוח	188		rinse
	בער	piel	infa		בער	128		burn, consume
4:5	ברא	qal	wcp	3ms	ברא	135		create
4:6	תהיה	qal	impf	3fs	היה	224		be, become
5:1	אשירה	qal	coh	1cs	שיר	1010		sing
	היה	qal	pft	3ms	היה	224		be, become
5:2	יעזקהו	piel	wci	3ms	עזק	740	3ms	dig about
	יסקלהו	piel	wci	3ms	סקל	709	3ms	stone, destone
	יטעהו	qal	wci	3ms	נטע	642	3ms	plant
	יבן	qal	wci	3ms	בנה	124		build
	חצב	qal	pft	3ms	חצב	345		hew out, dig
	יקו	piel	wci	3ms	קוה	875		wait for
	עשות	qal	infc		עשה	793		do, make
	יעש	qal	wci	3ms	עשה	793		do, make
5:3	יושב	qal	ptc	ms	ישב	442		sit, dwell
	שפטו	qal	impv	mp	שפט	1047		judge
5:4	עשות	qal	infc		עשה	793		do, make
	עשיתי	qal	pft	1cs	עשה	793		do, make
	קויתי	piel	pft	1cs	קוה	875		wait for
	עשות	qal	infc		עשה	793		do, make
	יעש	qal	wci	3ms	עשה	793		do, make
5:5	אודיעה	hiph	coh	1cs	ידע	393		declare
	עשה	qal	ptc	ms	עשה	793		do, make
	הסר	hiph	infa		סור	693		take away
	היה	qal	wcp	3ms	היה	224		be, become
	בער	piel	infc		בער	128		burn, consume
	פרץ	qal	infa		פרץ	829		break through
	היה	qal	wcp	3ms	היה	224		be, become
5:6	אשיתהו	qal	impf	1cs	שית	1011	3ms	put, set
	יזמר	niph	impf	3ms	זמר	274		be pruned
	יעדר	niph	impf	3ms	עדר	727		hoe
	עלה	qal	wcp	3ms	עלה	748		go up
	אצוה	piel	impf	1cs	צוה	845		command
	המטיר	hiph	infc		מטר	565		rain
5:7	יקו	piel	wci	3ms	קוה	875		wait for
5:8	מגיעי	hiph	ptc	mp	נגע	619		reach, arrive
	יקריבו	hiph	impf	3mp	קרב	897		bring near
	הושבתם	hoph	wcp	2mp	ישב	442		be inhabited
5:9	יהיו	qal	impf	3mp	היה	224		be, become
	יושב	qal	ptc	ms	ישב	442		sit, dwell
5:10	יעשו	qal	impf	3mp	עשה	793		do, make
	יעשה	qal	impf	3ms	עשה	793		do, make
5:11	משכימי	hiph	ptc	mp	שכם	1014		rise early
	ירדפו	qal	impf	3mp	רדף	922		pursue
	מאחרי	piel	ptc	mp	אחר	29		tarry, hinder
	ידליקם	hiph	impf	3ms	דלק	196	3mp	inflame
5:12	היה	qal	wcp	3ms	היה	224		be, become
	יביטו	hiph	impf	3mp	נבט	613		look, regard
	ראו	qal	pft	3cp	ראה	906		see
5:13	גלה	qal	pft	3ms	גלה	162		uncover
5:14	הרחיבה	hiph	pft	3fs	רחב	931		enlarge
	פערה	qal	wcp	3fs	פער	822		open wide
	ירד	qal	wcp	3ms	ירד	432		come down
5:15	ישח	niph	wci	3ms	שחח	1005		be humbled
	ישפל	qal	wci		שפל	1050		be low
	תשפלנה	qal	impf	3fp	שפל	1050		be low
5:16	יגבה	qal	wci	3ms	גבה	146		be high
	נקדש	niph	ptc	ms	קדש	872		be sacred
5:17	רעו	qal	wcp	3cp	רעה	944		pasture, tend
	גרים	qal	ptc	mp	גור	157		sojourn
	יאכלו	qal	impf	3mp	אכל	37		eat, devour
5:18	משכי	qal	ptc	mp	משך	604		draw, pull
5:19	אמרים	qal	ptc	mp	אמר	55		say
	ימהר	piel	jusm	3ms	מהר	554		hasten
	יחישה	hiph	coh	3ms	חוש	301?		show haste
	נראה	qal	impf	1cp	ראה	906		see
	תקרב	qal	jusm	3fs	קרב	897		approach
	תבואה	qal	coh	3fs	בוא	97?		come in
	נדעה	qal	coh	1cp	ידע	393		know
5:20	אמרים	qal	ptc	mp	אמר	55		say
	שמים	qal	ptc	mp	שים	962		put, set
	שמים	qal	ptc	mp	שים	962		put, set
5:21	נבנים	niph	ptc	mp	בין	106		be discerning
5:22	שתות	qal	infc		שתה	1059		drink
	מסך	qal	infc		מסך	587		pour, mix
5:23	מצדיקי	hiph	ptc	mp	צדק	842		make righteous
	יסירו	hiph	impf	3mp	סור	693		take away
5:24	אכל	qal	infc		אכל	37		eat, devour
	ירפה	qal	impf	3ms	רפה	951		sink, relax
	יהיה	qal	impf	3ms	היה	224		be, become
	יעלה	qal	impf	3ms	עלה	748		go up
	מאסו	qal	pft	3cp	מאס	549		reject, refuse
	נאצו	piel	pft	3cp	נאץ	610		spurn
5:25	חרה	qal	pft	3ms	חרה	354		be kindled, burn
	יט	qal	wci	3ms	נטה	639		stretch, incline
	יכהו	hiph	wci	3ms	נכה	645	3ms	smite
	ירגזו	qal	wci	3mp	רגז	919		quake
	תהי	qal	wci	3fs	היה	224		be, become
	שב	qal	pft	3ms	שוב	996		turn, return
	נטויה	qal	pptc	fs	נטה	639		stretch, incline
5:26	נשא	qal	wcp	3ms	נשא	669		lift, carry
	שרק	qal	wcp	3ms	שרק	1056		hiss
	יבוא	qal	impf	3ms	בוא	97		come in
5:27	כושל	qal	ptc	ms	כשל	505		stumble, totter
	ינום	qal	impf	3ms	נום	630		be drowsy
	יישן	qal	impf	3ms	ישן	445		sleep
	נפתח	niph	pft	3ms	פתח	834		be opened
	נתק	niph	pft	3ms	נתק	683		be drawn, torn
5:28	שנונים	qal	pptc	mp	שנן	1041		whet, sharpen
	דרכות	qal	pptc	fp	דרך	201		tread, march
	נחשבו	niph	pft	3cp	חשב	362		be thought
5:29	ישאג k	qal	wcp	3ms	שאג	980		roar
	ישאג q	qal	impf	3ms	שאג	980		roar

Isaiah 5:29–7:13

ChVs	Form	Stem	Tnse	PGN	Root	BDB	Sfx	Meaning
5:29	ינהם	qal	impf	3ms	נהם	625		growl, groan
	יאחז	qal	impf	3ms	אחז	28		grasp
	יפליט	hiph	impf	3ms	פלט	812		bring to safety
	מציל	hiph	ptc	ms	נצל	664		snatch, deliver
5:30	ינהם	qal	impf	3ms	נהם	625		growl, groan
	נבט	piel	wcp	3ms	נבט	613		look
	חשך	qal	pft	3ms	חשך	364		be dark
6:1	אראה	qal	wci	1cs	ראה	906		see
	ישב	qal	ptc	ms	ישב	442		sit, dwell
	רם	qal	ptc	ms	רום	926		be high
	נשא	niph	ptc	ms	נשא	669		be lifted up
	מלאים	qal	ptc	mp	מלא	569		be full, fill
6:2	עמדים	qal	ptc	mp	עמד	763		stand, stop
	יכסה	piel	impf	3ms	כסה	491		cover
	יכסה	piel	impf	3ms	כסה	491		cover
	יעופף	pol	impf	3ms	עוף	733		fly about
6:3	קרא	qal	wcp	3ms	קרא	894		call, proclaim
	אמר	qal	wcp	3ms	אמר	55		say
6:4	ינעו	qal	wci	3mp	נוע	631		totter, wave
	קורא	qal	ptc	ms	קרא	894		call, proclaim
	ימלא	niph	impf	3ms	מלא	569		be filled
6:5	אמר	qal	wci	1cs	אמר	55		say
	נדמיתי	niph	pft	1cs	דמה	198		be cut off
	יושב	qal	ptc	ms	ישב	442		sit, dwell
	ראו	qal	pft	3cp	ראה	906		see
6:6	יעף	qal	wci	3ms	עוף	733		fly
	לקח	qal	pft	3ms	לקח	542		take
6:7	יגע	hiph	wci	3ms	נגע	619		reach, arrive
	יאמר	qal	wci	3ms	אמר	55		say
	נגע	qal	pft	3ms	נגע	619		touch, strike
	סר	qal	wcp	3ms	סור	693		turn aside
	תכפר	pual	impf	3fs	כפר	497		be atoned for
6:8	אשמע	qal	wci	1cs	שמע	1033		hear
	אמר	qal	ptc	ms	אמר	55		say
	אשלח	qal	impf	1cs	שלח	1018		send
	ילך	qal	impf	3ms	הלך	229		walk, go
	אמר	qal	wci	1cs	אמר	55		say
	שלחני	qal	impv	ms	שלח	1018	1cs	send
6:9	יאמר	qal	wci	3ms	אמר	55		say
	לך	qal	impv	ms	הלך	229		walk, go
	אמרת	qal	wcp	2ms	אמר	55		say
	שמעו	qal	impv	mp	שמע	1033		hear
	שמוע	qal	infa		שמע	1033		hear
	תבינו	qal	jusm	2mp	בין	106		discern
	ראו	qal	impv	mp	ראה	906		see
	ראו	qal	infa		ראה	906		see
	תדעו	qal	jusm	2mp	ידע	393		know
6:10	השמן	hiph	impv	ms	שמן	1031		make fat
	הכבד	hiph	impv	ms	כבד	457		make heavy
	השע	hiph	impv	ms	שעע	1044		besmear, blind
	יראה	qal	impf	3ms	ראה	906		see
	ישמע	qal	impf	3ms	שמע	1033		hear
	יבין	qal	impf	3ms	בין	106		discern
	שב	qal	wcp	3ms	שוב	996		turn, return
6:10	רפא	qal	wcp	3ms	רפא	950		heal
6:11	אמר	qal	wci	1cs	אמר	55		say
	יאמר	qal	wci	3ms	אמר	55		say
	שאו	qal	pft	3cp	שאה	980		crash to ruins
	יושב	qal	ptc	ms	ישב	442		sit, dwell
	תשאה	niph	impf	3fs	שאה	980		be laid waste
6:12	רחק	piel	wcp	3ms	רחק	934		send far away
	רבה	qal	wcp	3fs	רבב	912		be many
6:13	שבה	qal	wcp	3fs	שוב	996		turn, return
	היתה	qal	wcp	3fs	היה	224		be, become
	בער	piel	infc		בער	128		burn, consume
7:1	יהי	qal	wci	3ms	היה	224		be, become
	עלה	qal	pft	3ms	עלה	748		go up
	יכל	qal	pft	3ms	יכל	407		be able
	הלחם	niph	infc		לחם	535		wage war
7:2	יגד	hoph	wci	3ms	נגד	616		be told
	אמר	qal	infc		אמר	55		say
	נחה	qal	pft	3fs	נוח	628		rest
	ינע	qal	wci	3ms	נוע	631		totter, wave
	נוע	qal	infc		נוע	631		totter, wave
7:3	יאמר	qal	wci	3ms	אמר	55		say
	צא	qal	impv	ms	יצא	422		go out
	קראת	qal	infc		קרא	896		meet, encounter
	כובס	qal	ptc	ms	כבס	460		tread
7:4	אמרת	qal	wcp	2ms	אמר	55		say
	השמר	niph	impv	ms	שמר	1036		be kept, guarded
	השקט	hiph	impv	ms	שקט	1052		show quietness
	תירא	qal	jusm	2ms	ירא	431		fear
	ירך	qal	jusm	3ms	רכך	939		be tender, timid
7:5	יעץ	qal	pft	3ms	יעץ	419		advise, counsel
	אמר	qal	infc		אמר	55		say
7:6	נעלה	qal	cohm	1cp	עלה	748		go up
	נקיצנה	hiph	cohm	1cp	קוץ	880	3fs	cause dread
	נבקענה	hiph	cohm	1cp	בקע	131	3fs	break into
	נמליך	hiph	cohm	1cp	מלך	573		cause to reign
7:7	אמר	qal	pft	3ms	אמר	55		say
	תקום	qal	impf	3fs	קום	877		arise, stand
	תהיה	qal	impf	3fs	היה	224		be, become
7:8	יחת	qal	impf	3ms	חתת	369		be shattered
7:9	תאמינו	hiph	impf	2mp	אמן	52		believe
	תאמנו	niph	impf	2mp	אמן	52		be confirmed
7:10	יוסף	hiph	wci	3ms	יסף	414		add, do again
	דבר	piel	infc		דבר	180		speak
	אמר	qal	infc		אמר	55		say
7:11	שאל	qal	impv	ms	שאל	981		ask, borrow
	העמק	hiph	infa		עמק	770		make deep
	שאלה	qal	impv	ms	שאל	981		ask, borrow
	הגבה	hiph	infa		גבה	146		make high, exalt
7:12	יאמר	qal	wci	3ms	אמר	55		say
	אשאל	qal	impf	1cs	שאל	981		ask, borrow
	אנסה	piel	impf	1cs	נסה	650		test, try
7:13	יאמר	qal	wci	3ms	אמר	55		say
	שמעו	qal	impv	mp	שמע	1033		hear
	הלאות	hiph	infc		לאה	521		make weary

Isaiah 7:13–8:21

ChVs	Form	Stem	Tnse	PGN	Root	BDB	Sfx	Meaning
7:13	תלאו	hiph	impf	2mp	לאה	521		make weary
7:14	יתן	qal	impf	3ms	נתן	678		give, set
	ילדת	qal	ptc	fs	ילד	408		bear, beget
	קראת	qal	wcp	3fs	קרא	894		call, proclaim
7:15	יאכל	qal	impf	3ms	אכל	37		eat, devour
	דעתו	qal	infc		ידע	393	3ms	know
	מאוס	qal	infa		מאס	549		reject, refuse
	בחור	qal	infa		בחר	103		choose
7:16	ידע	qal	impf	3ms	ידע	393		know
	מאס	qal	infa		מאס	549		reject, refuse
	בחר	qal	infa		בחר	103		choose
	תעזב	niph	impf	3fs	עזב	736		be left
	קץ	qal	ptc	ms	קוץ	880		loathe, abhor
7:17	יביא	hiph	impf	3ms	בוא	97		bring in
	באו	qal	pft	3cp	בוא	97		come in
	סור	qal	infc		סור	693		turn aside
7:18	היה	qal	wcp	3ms	היה	224		be, become
	ישרק	qal	impf	3ms	שרק	1056		hiss
7:19	באו	qal	wcp	3cp	בוא	97		come in
	נחו	qal	wcp	3cp	נוח	628		rest
7:20	ינלח	piel	impf	3ms	גלח	164		shave
	תספה	qal	impf	3fs	ספה	705		sweep away
7:21	היה	qal	wcp	3ms	היה	224		be, become
	יחיה	piel	impf	3ms	חיה	310		preserve, revive
7:22	היה	qal	wcp	3ms	היה	224		be, become
	עשות	qal	infc		עשה	793		do, make
	יאכל	qal	impf	3ms	אכל	37		eat, devour
	יאכל	qal	impf	3ms	אכל	37		eat, devour
	נותר	niph	ptc	ms	יתר	451		be left, remain
7:23	היה	qal	wcp	3ms	היה	224		be, become
	יהיה	qal	impf	3ms	היה	224		be, become
	יהיה	qal	impf	3ms	היה	224		be, become
	יהיה	qal	impf	3ms	היה	224		be, become
7:24	יבוא	qal	impf	3ms	בוא	97		come in
	תהיה	qal	impf	3fs	היה	224		be, become
7:25	יעדרון	niph	impf	3mp	עדר	727		hoe
	תבוא	qal	impf	2ms	בוא	97		come in
	היה	qal	wcp	3ms	היה	224		be, become
8:1	יאמר	qal	wci	3ms	אמר	55		say
	קח	qal	impv	ms	לקח	542		take
	כתב	qal	impv	ms	כתב	507		write
8:2	אעידה	hiph	coh	1cs	עוד	729		testify, warn
	נאמנים	niph	ptc	mp	אמן	52		be confirmed
8:3	אקרב	qal	wci	1cs	קרב	897		approach
	תהר	qal	wci	3fs	הרה	247		conceive
	תלד	qal	wci	3fs	ילד	408		bear, beget
	יאמר	qal	wci	3ms	אמר	55		say
	קרא	qal	impv	ms	קרא	894		call, proclaim
8:4	ידע	qal	impf	3ms	ידע	393		know
	קרא	qal	infc		קרא	894		call, proclaim
	ישא	qal	impf	3ms	נשא	669		lift, carry
8:5	יסף	hiph	wci	3ms	יסף	414		add, do again
	דבר	piel	infc		דבר	180		speak
	אמר	qal	infc		אמר	55		say
8:6	מאס	qal	pft	3ms	מאס	549		reject, refuse
	הלכים	qal	ptc	mp	הלך	229		walk, go
8:7	מעלה	hiph	ptc	ms	עלה	748		bring up, offer
	עלה	qal	wcp	3ms	עלה	748		go up
	הלך	qal	wcp	3ms	הלך	229		walk, go
8:8	חלף	qal	wcp	3ms	חלף	322		pass on
	שטף	qal	pft	3ms	שטף	1009		overflow
	עבר	qal	wcp	3ms	עבר	716		pass over
	יניע	hiph	impf	3ms	נגע	619		reach, arrive
	היה	qal	wcp	3ms	היה	224		be, become
8:9	רעו	qal	impv	mp	רעע	949		break
	חתו	qal	impv	mp	חתת	369		be shattered
	האזינו	hiph	impv	mp	אזן	24		hear
	התאזרו	hith	impv	mp	אזר	25		gird oneself
	חתו	qal	impv	mp	חתת	369		be shattered
	התאזרו	hith	impv	mp	אזר	25		gird oneself
	חתו	qal	impv	mp	חתת	369		be shattered
8:10	עצו	qal	impv	mp	עוץ	734		counsel
	תפר	hoph	impf	3fs	פרר	830		be broken
	דברו	piel	impv	mp	דבר	180		speak
	יקום	qal	impf	3ms	קום	877		arise, stand
8:11	אמר	qal	pft	3ms	אמר	55		say
	יסרני	qal	impf	3ms	יסר	415	1cs	discipline
	לכת	qal	infc		הלך	229		walk, go
	אמר	qal	infc		אמר	55		say
8:12	תאמרון	qal	impf	2mp	אמר	55		say
	יאמר	qal	impf	3ms	אמר	55		say
	תיראו	qal	impf	2mp	ירא	431		fear
	תעריצו	hiph	impf	2mp	ערץ	791		regard with awe
8:13	תקדישו	hiph	impf	2mp	קדש	872		consecrate
	מערצכם	hiph	ptc	ms	ערץ	791	2mp	regard with awe
8:14	היה	qal	wcp	3ms	היה	224		be, become
	יושב	qal	ptc	ms	ישב	442		sit, dwell
8:15	כשלו	qal	wcp	3cp	כשל	505		stumble, totter
	נפלו	qal	wcp	3cp	נפל	656		fall
	נשברו	niph	wcp	3cp	שבר	990		be broken
	נוקשו	niph	wcp	3cp	יקש	430		be ensnared
	נלכדו	niph	wcp	3cp	לכד	539		be captured
8:16	צור	qal	impv	ms	צור	864		bind, be cramped
	חתום	qal	impv	ms	חתם	367		seal
8:17	חכיתי	piel	wcp	1cs	חכה	314		wait
	מסתיר	hiph	ptc	ms	סתר	711		hide
	קויתי	piel	wcp	1cs	קוה	875		wait for
8:18	נתן	qal	pft	3ms	נתן	678		give, set
	שכן	qal	ptc	ms	שכן	1014		settle, dwell
8:19	יאמרו	qal	impf	3mp	אמר	55		say
	דרשו	qal	impv	mp	דרש	205		resort to, seek
	מצפצפים	pilp	ptc	mp	צפף	861		chirp, peep
	מהגים	hiph	ptc	mp	הגה	211		murmur
	ידרש	qal	impf	3ms	דרש	205		resort to, seek
	מתים	qal	ptc	mp	מות	559		die
8:20	יאמרו	qal	impf	3mp	אמר	55		say
8:21	עבר	qal	wcp	3ms	עבר	716		pass over
	נקשה	niph	ptc	ms	קשה	904		be hard pressed

Isaiah 8: 21 – 10: 12

ChVs	Form	Stem	Tnse	PGN	Root	BDB	Sfx	Meaning
8:21	היה	qal	wcp	3ms	היה	224		be, become
	ירעב	qal	impf	3ms	רעב	944		be hungry
	התקצף	hith	wcp	3ms	קצף	893		be angry
	קלל	piel	wcp	3ms	קלל	886		curse
	פנה	qal	wcp	3ms	פנה	815		turn
8:22	יביט	hiph	impf	3ms	נבט	613		look, regard
	מנדח	pual	ptc	ms	נדח	623		be cast out
8:23	הקל	hiph	pft	3ms	קלל	886		make light
	הכביד	hiph	pft	3ms	כבד	457		make heavy
9:1	ההלכים	qal	ptc	mp	הלך	229		walk, go
	ראו	qal	pft	3cp	ראה	906		see
	ישבי	qal	ptc	mp	ישב	442		sit, dwell
	נגה	qal	pft	3ms	נגה	618		shine
9:2	הרבית	hiph	pft	2ms	רבה	915		make many
	הגדלת	hiph	pft	2ms	גדל	152		make great
	שמחו	qal	pft	3cp	שמח	970		rejoice
	יגילו	qal	impf	3mp	גיל	162		rejoice
	חלקם	piel	infc		חלק	323	3mp	divide
9:3	נגש	qal	ptc	ms	נגש	620		press, exact
	החתת	hiph	pft	2ms	חתת	369		dismay
9:4	סאן	qal	ptc	ms	סאן	684		tread
	מגוללה	poal	ptc	fs	גלל	164		rolled
	היתה	qal	wcp	3fs	היה	224		be, become
9:5	ילד	qalp	pft	3ms	ילד	408		be born
	נתן	niph	pft	3ms	נתן	678		be given
	תהי	qal	wci	3fs	היה	224		be, become
	יקרא	qal	wci	3ms	קרא	894		call, proclaim
	יועץ	qal	ptc	ms	יעץ	419		advise, counsel
9:6	הכין	hiph	infc		כון	465		fix, prepare
	סעדה	qal	infc		סעד	703	3fs	support
	תעשה	qal	impf	3fs	עשה	793		do, make
9:7	שלח	qal	pft	3ms	שלח	1018		send
	נפל	qal	wcp	3ms	נפל	656		fall
9:8	ידעו	qal	wcp	3cp	ידע	393		know
	יושב	qal	ptc	ms	ישב	442		sit, dwell
	אמר	qal	infc		אמר	55		say
9:9	נפלו	qal	pft	3cp	נפל	656		fall
	נבנה	qal	impf	1cp	בנה	124		build
	גדעו	pual	pft	3cp	גדע	154		be hewn down
	נחליף	hiph	impf	1cp	חלף	322		change
9:10	ישגב	piel	wci	3ms	שגב	960		set high
	איביו	qal	ptc	mp	איב	33	3ms	be hostile to
	יסכסך	pilp	impf	3ms	סכך	1127		spur on
9:11	יאכלו	qal	wci	3mp	אכל	37		eat, devour
	שב	qal	pft	3ms	שוב	996		turn, return
	נטויה	qal	pptc	fs	נטה	639		stretch, incline
9:12	שב	qal	pft	3ms	שוב	996		turn, return
	מכהו	hiph	ptc	ms	נכה	645	3ms	smite
	דרשו	qal	pft	3cp	דרש	205		resort to, seek
9:13	יכרת	hiph	wci	3ms	כרת	503		cut off, destroy
9:14	נשוא	qal	pptc	ms	נשא	669		lift, carry
	מורה	hiph	ptc	ms	ירה	434		shoot, teach
9:15	יהיו	qal	wci	3mp	היה	224		be, become
	מאשרי	piel	ptc	mp	אשר	80		call blessed
9:15	מתעים	hiph	ptc	mp	תעה	1073		cause to err
	מאשריו	pual	ptc	mp	אשר	80	3ms	be made blessed
	מבלעים	pual	ptc	mp	בלע	118		be swallowed up
9:16	ישמח	qal	impf	3ms	שמח	970		rejoice
	ירחם	piel	impf	3ms	רחם	933		have compassion
	מרע	hiph	ptc	ms	רעע	949		hurt, do evil
	דבר	qal	ptc	ms	דבר	180		speak
	שב	qal	pft	3ms	שוב	996		turn, return
	נטויה	qal	pptc	fs	נטה	639		stretch, incline
9:17	בערה	qal	pft	3fs	בער	128		burn
	תאכל	qal	impf	3fs	אכל	37		eat, devour
	תצת	qal	wci	3fs	יצת	428		kindle
	יתאבכו	hith	wci	3mp	אבך	5		roll up
9:18	נעתם	niph	pft	3ms	עתם	801		be scorched
	יהי	qal	wci	3ms	היה	224		be, become
	יחמלו	qal	impf	3mp	חמל	328		spare
9:19	יגזר	qal	wci	3ms	גזר	160		divide
	רעב	qal	wcp	3ms	רעב	944		be hungry
	יאכל	qal	wci	3ms	אכל	37		eat, devour
	שבעו	qal	pft	3cp	שבע	959		be sated
	יאכלו	qal	impf	3mp	אכל	37		eat, devour
9:20	שב	qal	pft	3ms	שוב	996		turn, return
	נטויה	qal	pptc	fs	נטה	639		stretch, incline
10:1	חקקים	qal	ptc	mp	חקק	349		cut in, inscribe
	מכתבים	piel	ptc	mp	כתב	507		write
	כתבו	piel	pft	3cp	כתב	507		write
10:2	הטות	hiph	infc		נטה	639		turn, incline
	גזל	qal	infc		גזל	159		tear away, rob
	היות	qal	infc		היה	224		be, become
	יבזו	qal	impf	3mp	בזז	102		plunder
10:3	תעשו	qal	impf	2mp	עשה	793		do, make
	תבוא	qal	impf	3fs	בוא	97		come in
	תנוסו	qal	impf	2mp	נוס	630		flee, escape
	תעזבו	qal	impf	2mp	עזב	736		leave, loose
10:4	כרע	qal	pft	3ms	כרע	502		bow down
	הרוגים	qal	pptc	mp	הרג	246		kill
	יפלו	qal	impf	3mp	נפל	656		fall
	שב	qal	pft	3ms	שוב	996		turn, return
	נטויה	qal	pptc	fs	נטה	639		stretch, incline
10:6	אשלחנו	piel	impf	1cs	שלח	1018	3ms	send away, shoot
	אצונו	piel	impf	1cs	צוה	845	3ms	command
	שלל	qal	infc		שלל	1021		spoil, plunder
	בז	qal	infc		בזז	102		plunder
	שימוk	qal	infc		שים	962	3ms	put, set
	שומוq	qal	infc		שים	962	3ms	put, set
10:7	ידמה	piel	impf	3ms	דמה	197		liken, think
	יחשב	qal	impf	3ms	חשב	362		think, devise
	השמיד	hiph	infc		שמד	1029		exterminate
	הכרית	hiph	infc		כרת	503		cut off, destroy
10:8	יאמר	qal	impf	3ms	אמר	55		say
10:10	מצאה	qal	pft	3fs	מצא	592		find
10:11	עשיתי	qal	pft	1cs	עשה	793		do, make
	אעשה	qal	impf	1cs	עשה	793		do, make
10:12	היה	qal	wcp	3ms	היה	224		be, become

ChVs	Form	Stem	Tnse	PGN	Root	BDB	Sfx	Meaning
10:12	יבצע	piel	impf	3ms	בצע	130		cut off, finish
	אפקד	qal	impf	1cs	פקד	823		attend to, visit
10:13	אמר	qal	pft	3ms	אמר	55		say
	עשיתי	qal	pft	1cs	עשה	793		do, make
	נבנותי	niph	pft	1cs	בין	106		be discerning
	אסיר	hiph	impf	1cs	סור	693		take away
	שׁושׁתי	poel	pft	1cs	שסה	1042		plunder, spoil
	אוריד	hiph	impf	1cs	ירד	432		bring down
	יושׁבים	qal	ptc	mp	ישׁב	442		sit, dwell
10:14	תמצא	qal	wci	3fs	מצא	592		find
	אסף	qal	infc		אסף	62		gather
	עזבות	qal	pptc	fp	עזב	736		leave, loose
	אספתי	qal	pft	1cs	אסף	62		gather
	היה	qal	pft	3ms	היה	224		be, become
	נדד	qal	ptc	ms	נדד	622		retreat, flee
	פצה	qal	ptc	ms	פצה	822		open, set free
	מצפצף	pilp	ptc	ms	צפף	861		chirp, peep
10:15	יתפאר	hith	impf	3ms	פאר	802		glorify self
	חצב	qal	ptc	ms	חצב	345		hew out, dig
	יתגדל	hith	impf	3ms	גדל	152		magnify oneself
	מניפו	hiph	ptc	ms	נוף	631	3ms	swing, wave
	הניף	hiph	infc		נוף	631		swing, wave
	מרימיו	hiph	ptc	mp	רום	926	3ms	raise, lift
	הרים	hiph	infc		רום	926		raise, lift
10:16	ישׁלח	piel	impf	3ms	שׁלח	1018		send away, shoot
	יקד	qal	impf	3ms	יקד	428		be kindled
10:17	היה	qal	wcp	3ms	היה	224		be, become
	בערה	qal	wcp	3fs	בער	128		burn
	אכלה	qal	wcp	3fs	אכל	37		eat, devour
10:18	יכלה	piel	impf	3ms	כלה	477		complete, finish
	היה	qal	wcp	3ms	היה	224		be, become
	מסס	qal	infc		מסס	587		dissolve, melt
	נסס	qal	ptc	ms	נסס	651		be sick
10:19	יהיו	qal	impf	3mp	היה	224		be, become
	יכתבם	qal	impf	3ms	כתב	507	3mp	write
10:20	היה	qal	wcp	3ms	היה	224		be, become
	יוסיף	hiph	impf	3ms	יסף	414		add, do again
	השׁען	niph	infc		שׁען	1043		lean, support
	מכהו	hiph	ptc	ms	נכה	645	3ms	smite
	נשׁען	niph	wcp	3ms	שׁען	1043		lean, support
10:21	ישׁוב	qal	impf	3ms	שׁוב	996		turn, return
10:22	יהיה	qal	impf	3ms	היה	224		be, become
	ישׁוב	qal	impf	3ms	שׁוב	996		turn, return
	חרוץ	qal	pptc	ms	חרץ	358		cut, decide
	שׁוטף	qal	ptc	ms	שׁטף	1009		overflow
10:23	נחרצה	niph	ptc	fs	חרץ	358		be decided
	עשׂה	qal	ptc	ms	עשׂה	793		do, make
10:24	אמר	qal	pft	3ms	אמר	55		say
	תירא	qal	jusm	2ms	ירא	431		fear
	ישׁב	qal	ptc	ms	ישׁב	442		sit, dwell
	יככה	hiph	impf	3ms	נכה	645	2ms	smite
	ישׂא	qal	impf	3ms	נשׂא	669		lift, carry
10:25	כלה	qal	wcp	3ms	כלה	477		finished, spent
10:26	עורר	pol	wcp	3ms	עור	734		rouse, incite
10:26	נשׂא	qal	wcp	3ms	נשׂא	669	3ms	lift, carry
10:27	היה	qal	wcp	3ms	היה	224		be, become
	יסור	qal	impf	3ms	סור	693		turn aside
	חבל	pual	wcp	3ms	חבל	287		be ruined
10:28	בא	qal	pft	3ms	בוא	97		come in
	עבר	qal	pft	3ms	עבר	716		pass over
	יפקיד	hiph	impf	3ms	פקד	823		set, entrust
10:29	עברו	qal	pft	3cp	עבר	716		pass over
	חרדה	qal	pft	3fs	חרד	353		tremble
	נסה	qal	pft	3fs	נוס	630		flee, escape
10:30	צהלי	qal	impv	fs	צהל	843		neigh, cry
	הקשׁיבי	hiph	impv	fs	קשׁב	904		give attention
10:31	נדדה	qal	pft	3fs	נדד	622		retreat, flee
	ישׁבי	qal	ptc	mp	ישׁב	442		sit, dwell
	העיזו	hiph	pft	3cp	עוז	731		bring to safety
10:32	עמד	qal	infc		עמד	763		stand, stop
	ינפף	pol	impf	3ms	נוף	631		brandish
10:33	מסעף	piel	ptc	ms	סעף	703		lop off boughs
	רמי	qal	ptc	mp	רום	926		be high
	גדועים	qal	pptc	mp	גדע	154		cut in two
	ישׁפלו	qal	impf	3mp	שׁפל	1050		be low
10:34	נקף	piel	wcp	3ms	נקף	668		strike off
	יפול	qal	impf	3ms	נפל	656		fall
11:1	יצא	qal	wcp	3ms	יצא	422		go out
	יפרה	qal	impf	3ms	פרה	826		bear fruit
11:2	נחה	qal	wcp	3fs	נוח	628		rest
11:3	הריחו	hiph	infc		ריח	926	3ms	smell
	ישׁפוט	qal	impf	3ms	שׁפט	1047		judge
	יוכיח	hiph	impf	3ms	יכח	406		decide, reprove
11:4	שׁפט	qal	wcp	3ms	שׁפט	1047		judge
	הוכיח	hiph	wcp	3ms	יכח	406		decide, reprove
	הכה	hiph	wcp	3ms	נכה	645		smite
	ימית	hiph	impf	3ms	מות	559		kill
11:5	היה	qal	wcp	3ms	היה	224		be, become
11:6	גר	qal	wcp	3ms	גור	157		sojourn
	ירבץ	qal	impf	3ms	רבץ	918		lie down
	נהג	qal	ptc	ms	נהג	624		drive
11:7	תרעינה	qal	impf	3fp	רעה	944		pasture, tend
	ירבצו	qal	impf	3mp	רבץ	918		lie down
	יאכל	qal	impf	3ms	אכל	37		eat, devour
11:8	שׁעשׁע	pilp	wcp	3ms	שׁעע	1044		sport, delight
	יונק	qal	ptc	ms	ינק	413		suck
	גמול	qal	pptc	ms	גמל	168		deal out, ripen
	הדה	qal	pft	3ms	הדה	213		stretch out
11:9	ירעו	hiph	impf	3mp	רעע	949		hurt, do evil
	ישׁחיתו	hiph	impf	3mp	שׁחת	1007		spoil, ruin
	מלאה	qal	pft	3fs	מלא	569		be full, fill
	מכסים	piel	ptc	mp	כסה	491		cover
11:10	היה	qal	wcp	3ms	היה	224		be, become
	עמד	qal	ptc	ms	עמד	763		stand, stop
	ידרשׁו	qal	impf	3mp	דרשׁ	205		resort to, seek
	היתה	qal	wcp	3fs	היה	224		be, become
11:11	היה	qal	wcp	3ms	היה	224		be, become
	יוסיף	hiph	impf	3ms	יסף	414		add, do again

Isaiah 11:11–13:21

ChVs	Form	Stem	Tnse	PGN	Root	BDB	Sfx	Meaning
11:11	קְנוֹת	qal	infc		קנה	888		get, buy
	יִשָּׁאֵר	niph	impf	3ms	שׁאר	983		be left
11:12	נָשָׂא	qal	wcp	3ms	נשׂא	669		lift, carry
	אָסַף	qal	wcp	3ms	אסף	62		gather
	נִדְחֵי	niph	ptc	mp	נדח	623		be banished
	נְפֻצוֹת	qal	pptc	fp	נפץ	659		disperse
	יְקַבֵּץ	piel	impf	3ms	קבץ	867		gather together
11:13	סָרָה	qal	wcp	3fs	סור	693		turn aside
	צֹרְרֵי	qal	ptc	mp	צרר	865		show hostility
	יִכָּרֵתוּ	niph	impf	3mp	כרת	503		be cut off
	יְקַנֵּא	piel	impf	3ms	קנא	888		be jealous
	יָצֹר	qal	impf	3ms	צרר	865		show hostility
11:14	עָפוּ	qal	wcp	3cp	עוף	733		fly
	יָבֹזּוּ	qal	impf	3mp	בזז	102		plunder
11:15	הֶחֱרִים	hiph	wcp	3ms	חרם	355		ban, destroy
	הֵנִיף	hiph	wcp	3ms	נוף	631		swing, wave
	הִכָּהוּ	hiph	wcp	3ms	נכה	645	3ms	smite
	הִדְרִיךְ	hiph	wcp	3ms	דרך	201		tread, lead
11:16	הָיְתָה	qal	wcp	3fs	היה	224		be, become
	יִשָּׁאֵר	niph	impf	3ms	שׁאר	983		be left
	הָיְתָה	qal	pft	3fs	היה	224		be, become
	עֲלֹתוֹ	qal	infc		עלה	748	3ms	go up
12:1	אָמַרְתָּ	qal	wcp	2ms	אמר	55		say
	אוֹדְךָ	hiph	cohm	1cs	ידה	392	2ms	praise
	אָנַפְתָּ	qal	pft	2ms	אנף	60		be angry
	יָשֹׁב	qal	jusf	3ms	שׁוב	996		turn, return
	תְּנַחֲמֵנִי	piel	impf	2ms	נחם	636	1cs	comfort
12:2	אֶבְטַח	qal	impf	1cs	בטח	105		trust
	אֶפְחָד	qal	impf	1cs	פחד	808		be in dread
	יְהִי	qal	wci	3ms	היה	224		be, become
12:3	שְׁאַבְתֶּם	qal	wcp	2mp	שׁאב	980		draw (water)
12:4	אֲמַרְתֶּם	qal	wcp	2mp	אמר	55		say
	הוֹדוּ	hiph	impv	mp	ידה	392		praise
	קִרְאוּ	qal	impv	mp	קרא	894		call, proclaim
	הוֹדִיעוּ	hiph	impv	mp	ידע	393		declare
	הַזְכִּירוּ	hiph	impv	mp	זכר	269		c. to remember
	נִשְׂגָּב	niph	ptc	ms	שׂגב	960		be high, exalted
12:5	זַמְּרוּ	piel	impv	mp	זמר	274		make music
	עָשָׂה	qal	pft	3ms	עשׂה	793		do, make
	מְיֻדַּעַת k	pual	ptc	fs	ידע	393		be known
	מוּדַעַת q	hoph	ptc	fs	ידע	393		be made known
12:6	צַהֲלִי	qal	impv	fs	צהל	843		neigh, cry
	רֹנִּי	qal	impv	fs	רנן	943		cry aloud
	יוֹשֶׁבֶת	qal	ptc	fs	ישׁב	442		sit, dwell
13:1	חָזָה	qal	pft	3ms	חזה	302		see
13:2	נִשְׁפֶּה	niph	ptc	ms	שׁפה	1045		be bare
	שְׂאוּ	qal	impv	mp	נשׂא	669		lift, carry
	הָרִימוּ	hiph	impv	mp	רום	926		raise, lift
	הָנִיפוּ	hiph	impv	mp	נוף	631		swing, wave
	יָבֹאוּ	qal	jusm	3mp	בוא	97		come in
13:3	צִוֵּיתִי	piel	pft	1cs	צוה	845		command
	מְקֻדָּשַׁי	pual	ptc	mp	קדשׁ	872	1cs	be consecrated
	קְרֻאַי	qal	pft	1cs	קרא	894		call, proclaim
13:4	נֶאֱסָפִים	niph	ptc	mp	אסף	62		assemble
13:4	מְפַקֵּד	piel	ptc	ms	פקד	823		muster
13:5	בָּאִים	qal	ptc	mp	בוא	97		come in
	חַבֵּל	piel	infc		חבל	287		ruin, destroy
13:6	הֵילִילוּ	hiph	impv	mp	ילל	410		howl
	יָבוֹא	qal	impf	3ms	בוא	97		come in
13:7	תִּרְפֶּינָה	qal	impf	3fp	רפה	951		sink, relax
	יִמָּס	niph	impf	3ms	מסס	587		melt, despair
13:8	נִבְהָלוּ	niph	wcp	3cp	בהל	96		be disturbed
	יֹאחֵזוּן	qal	impf	3mp	אחז	28		grasp
	יוֹלֵדָה	qal	ptc	fs	ילד	408		bear, beget
	יְחִילוּן	qal	impf	3mp	חול	296		dance, writhe
	יִתְמָהוּ	qal	impf	3mp	תמה	1069		be astounded
13:9	בָּא	qal	ptc	ms	בוא	97		come in
	שׂוּם	qal	infc		שׂים	962		put, set
	יַשְׁמִיד	hiph	impf	3ms	שׁמד	1029		exterminate
13:10	יָהֵלּוּ	hiph	impf	3mp	הלל	237		flash
	חָשַׁךְ	qal	pft	3ms	חשׁך	364		be dark
	צֵאתוֹ	qal	infc		יצא	422	3ms	go out
	יַגִּיהַּ	hiph	impf	3ms	נגה	618		cause to shine
13:11	פָקַדְתִּי	qal	wcp	1cs	פקד	823		attend to, visit
	הִשְׁבַּתִּי	hiph	wcp	1cs	שׁבת	991		destroy, remove
	אַשְׁפִּיל	hiph	impf	1cs	שׁפל	1050		make low, abase
13:12	אוֹקִיר	hiph	impf	1cs	יקר	429		make precious
13:13	אַרְגִּיז	hiph	impf	1cs	רגז	919		cause to quake
	תִּרְעַשׁ	qal	impf	3fs	רעשׁ	950		quake
13:14	הָיָה	qal	wcp	3ms	היה	224		be, become
	מֻדָּח	hoph	ptc	ms	נדח	623		be chased
	מְקַבֵּץ	piel	ptc	ms	קבץ	867		gather together
	יִפְנוּ	qal	impf	3mp	פנה	815		turn
	יָנוּסוּ	qal	impf	3mp	נוס	630		flee, escape
13:15	נִמְצָא	niph	ptc	ms	מצא	592		be found
	יִדָּקֵר	niph	impf	3ms	דקר	201		be pierced
	נִסְפֶּה	niph	ptc	ms	ספה	705		be swept away
	יִפּוֹל	qal	impf	3ms	נפל	656		fall
13:16	יְרֻטְּשׁוּ	pual	impf	3mp	רטשׁ	936		be dashed
	יִשַּׁסּוּ				שׁסס	1042		be plundered
	תִּשָּׁגַלְנָה k	niph	impf	3fp	שׁגל	993		be ravished
	תִּשָּׁכַבְנָה q	niph	impf	3fp	שׁכב	1011		be lain with
13:17	מֵעִיר	hiph	ptc	ms	עור	734		rouse, stir up
	יַחְשֹׁבוּ	qal	impf	3mp	חשׁב	362		think, devise
	יַחְפֹּצוּ	qal	impf	3mp	חפץ	342		delight in
13:18	תְּרַטַּשְׁנָה	piel	impf	3fp	רטשׁ	936		dash in pieces
	יְרַחֵמוּ	piel	impf	3mp	רחם	933		have compassion
	תָּחוּס	qal	impf	3fs	חוס	299		pity
13:19	הָיְתָה	qal	wcp	3fs	היה	224		be, become
13:20	תֵשֵׁב	qal	impf	3fs	ישׁב	442		sit, dwell
	תִּשְׁכֹּן	qal	impf	3fs	שׁכן	1014		settle, dwell
	יַהֵל	piel	impf	3ms	אהל	14		pitch tent
	רֹעִים	qal	ptc	mp	רעה	944		pasture, tend
	יַרְבִּצוּ	hiph	impf	3mp	רבץ	918		c. to lie down
13:21	רָבְצוּ	qal	wcp	3cp	רבץ	918		lie down
	מָלְאוּ	qal	wcp	3cp	מלא	569		be full, fill
	שָׁכְנוּ	qal	wcp	3cp	שׁכן	1014		settle, dwell
	יְרַקְּדוּ	piel	impf	3mp	רקד	955		leap, dance

Isaiah 13: 22 – 14: 29

ChVs	Form	Stem	Tnse	PGN	Root	BDB	Sfx	Meaning
13:22	ענה	qal	wcp	3fs	עון	732		dwell
	בוא	qal	infc		בוא	97		come in
	ימשכו	niph	impf	3mp	משך	604		be delayed
14:1	ירחם	piel	impf	3ms	רחם	933		have compassion
	בחר	qal	wcp	3ms	בחר	103		choose
	הניחם	hiph	wcp	3ms	נוח	628	3mp	give rest, put
	נלוה	niph	wcp	3ms	לוה	530		join oneself
	נספחו	niph	wcp	3cp	ספח	705		attach oneself
14:2	לקחום	qal	wcp	3cp	לקח	542	3mp	take
	הביאום	hiph	wcp	3cp	בוא	97	3mp	bring in
	התנחלום	hith	wcp	3cp	נחל	635	3mp	possess oneself
	היו	qal	wcp	3cp	היה	224		be, become
	שבים	qal	ptc	mp	שבה	985		take captive
	שביהם	qal	ptc	mp	שבה	985	3mp	take captive
	רדו	qal	wcp	3cp	רדה	921		rule
	נגשיהם	qal	ptc	mp	נגש	620	3mp	press, exact
14:3	היה	qal	wcp	3ms	היה	224		be, become
	הניח	hiph	infc		נוח	628		give rest, put
	עבד	qalp	pft	3ms	עבד	712		be worked
14:4	נשאת	qal	wcp	2ms	נשא	669		lift, carry
	אמרת	qal	wcp	2ms	אמר	55		say
	שבת	qal	pft	3ms	שבת	991		cease, desist
	נגש	qal	ptc	ms	נגש	620		press, exact
	שבתה	qal	pft	3fs	שבת	991		cease, desist
14:5	שבר	qal	pft	3ms	שבר	990		break
	משלים	qal	ptc	mp	משל	605		rule
14:6	מכה	hiph	ptc	ms	נכה	645		smite
	רדה	qal	ptc	ms	רדה	921		rule
	חשך	qal	pft	3ms	חשך	362		withhold
14:7	נחה	qal	pft	3fs	נוח	628		rest
	שקטה	qal	pft	3fs	שקט	1052		be quiet
	פצחו	qal	pft	3cp	פצח	822		break forth
14:8	שמחו	qal	pft	3cp	שמח	970		rejoice
	שכבת	qal	pft	2ms	שכב	1011		lie, lie down
	יעלה	qal	impf	3ms	עלה	748		go up
	כרת	qal	ptc	ms	כרת	503		cut, destroy
14:9	רגזה	qal	pft	3fs	רגז	919		quake
	קראת	qal	infc		קרא	896		meet, encounter
	בואך	qal	infc		בוא	97	2ms	come in
	עורר	pol	pft	3ms	עור	734		rouse, incite
	הקים	hiph	pft	3ms	קום	877		raise, build, set
14:10	יענו	qal	impf	3mp	ענה	772		answer
	יאמרו	qal	impf	3mp	אמר	55		say
	חלית	pual	pft	2ms	חלה	317		be made weak
	נמשלת	niph	pft	2ms	משל	605		be like
14:11	הורד	hoph	pft	3ms	ירד	432		be led down
	יצע	hoph	impf	3ms	יצע	426		be spread
14:12	נפלת	qal	pft	2ms	נפל	656		fall
	נגדעת	niph	pft	2ms	גדע	154		be hewn off
	חולש	qal	ptc	ms	חלש	325		prostrate
14:13	אמרת	qal	pft	2ms	אמר	55		say
	אעלה	qal	impf	1cs	עלה	748		go up
	ארים	hiph	impf	1cs	רום	926		raise, lift
	אשב	qal	impf	1cs	ישב	442		sit, dwell
14:14	אעלה	qal	impf	1cs	עלה	748		go up
	אדמה	hith	impf	1cs	דמה	197		make self like
14:15	תורד	hoph	impf	2ms	ירד	432		be led down
14:16	ראיך	qal	ptc	mp	ראה	906	2ms	see
	ישגיחו	hiph	impf	3mp	שגח	993		gaze
	יתבוננו	htpo	impf	3mp	בין	106		understand
	מרגיז	hiph	ptc	ms	רגז	919		cause to quake
	מרעיש	hiph	ptc	ms	רעש	950		cause to quake
14:17	שם	qal	pft	3ms	שים	962		put, set
	הרס	qal	pft	3ms	הרס	248		throw down
	פתח	qal	pft	3ms	פתח	834		open
14:18	שכבו	qal	pft	3cp	שכב	1011		lie, lie down
14:19	השלכת	hoph	pft	2ms	שלך	1020		be cast
	נתעב	niph	ptc	ms	תעב	1073		be abhorred
	הרגים	qal	pptc	mp	הרג	246		kill
	מטעני	pual	ptc	mp	טען	381		pierced
	יורדי	qal	ptc	mp	ירד	432		come down
	מובס	hoph	ptc	ms	בוס	100		trodden down
14:20	תחד	qal	impf	2fs	יחד	402		be united
	שחת	piel	pft	2ms	שחת	1007		spoil, ruin
	הרגת	qal	pft	2ms	הרג	246		kill
	יקרא	niph	impf	3ms	קרא	894		be called
	מרעים	hiph	ptc	mp	רעע	949		hurt, do evil
14:21	הכינו	hiph	impv	mp	כון	465		fix, prepare
	יקמו	qal	impf	3mp	קום	877		arise, stand
	ירשו	qal	wcp	3cp	ירש	439		possess, inherit
	מלאו	qal	wcp	3cp	מלא	569		be full, fill
14:22	קמתי	qal	wcp	1cs	קום	877		arise, stand
	הכרתי	hiph	wcp	1cs	כרת	503		cut off, destroy
14:23	שמתיה	qal	wcp	1cs	שים	962	3fs	put, set
	טאטאתיה	pilp	wcp	1cs	טאטא	370	3fs	sweep away
	השמד	hiph	infa		שמד	1029		exterminate
14:24	נשבע	niph	pft	3ms	שבע	989		swear
	אמר	qal	infc		אמר	55		say
	דמיתי	piel	pft	1cs	דמה	197		liken, think
	היתה	qal	pft	3fs	היה	224		be, become
	יעצתי	qal	pft	1cs	יעץ	419		advise, counsel
	תקום	qal	impf	3fs	קום	877		arise, stand
14:25	שבר	qal	infc		שבר	990		break
	אבוסנו	qal	impf	1cs	בוס	100	3ms	trample
	סר	qal	wcp	3ms	סור	693		turn aside
	יסור	qal	impf	3ms	סור	693		turn aside
14:26	יעוצה	qal	pptc	fs	יעץ	419		advise, counsel
	נטויה	qal	pptc	fs	נטה	639		stretch, incline
14:27	יעץ	qal	pft	3ms	יעץ	419		advise, counsel
	יפר	hiph	impf	3ms	פרר	830		break, frustrate
	נטויה	qal	pptc	fs	נטה	639		stretch, incline
	ישיבנה	hiph	impf	3ms	שוב	996	3fs	bring back
14:28	היה	qal	pft	3fs	היה	224		be, become
14:29	תשמחי	qal	jusm	2fs	שמח	970		rejoice
	נשבר	niph	pft	3ms	שבר	990		be broken
	מכך	hiph	ptc	ms	נכה	645	2fs	smite
	יצא	qal	impf	3ms	יצא	422		go out
	מעופף	pol	ptc	ms	עוף	733		fly about

Isaiah 14:30–17:5

ChVs	Form	Stem	Tnse	PGN	Root	BDB	Sfx	Meaning
14:30	רעו	qal	wcp	3cp	רעה	944		pasture,tend
	ירבצו	qal	impf	3mp	רבץ	918		lie down
	המתי	hiph	wcp	1cs	מות	559		kill
	יהרג	qal	impf	3ms	הרג	246		kill
14:31	הילילי	hiph	impv	fs	ילל	410		howl
	זעקי	qal	impv	fs	זעק	277		call,cry out
	נמוג	niph	infa		מוג	556		melt away
	בא	qal	ptc	ms	בוא	97		come in
	בודד	qal	ptc	ms	בדד	94		be separate
14:32	יענה	qal	impf	3ms	ענה	772		answer
	יסד	piel	pft	3ms	יסד	413		found,establish
	יחסו	qal	impf	3mp	חסה	340		seek refuge
15:1	שדד	pual	pft	3ms	שדד	994		be devastated
	נדמה	niph	pft	3ms	דמה	198		be cut off
	שדד	pual	pft	3ms	שדד	994		be devastated
	נדמה	niph	pft	3ms	דמה	198		be cut off
15:2	עלה	qal	pft	3ms	עלה	748		go up
	ייליל	hiph	impf	3ms	ילל	410		howl
	גרועה	qal	pptc	fs	גרע	175		diminish
15:3	חגרו	qal	pft	3cp	חגר	291		gird
	ייליל	hiph	impf	3ms	ילל	410		howl
	ירד	qal	ptc	ms	ירד	432		come down
15:4	תזעק	qal	wci	3fs	זעק	277		call,cry out
	נשמע	niph	pft	3ms	שמע	1033		be heard
	חלצי	qal	pptc	mp	חלץ	323		equipped
	יריעו	hiph	impf	3mp	רוע	929		raise a shout
	ירעה	qal	pft	3fs	ירע	438		tremble
15:5	יזעק	qal	impf	3ms	זעק	277		call,cry out
	יעלה	qal	impf	3ms	עלה	748		go up
	יעערו	pol	impf	3mp	עור	734		rouse,incite
15:6	יהיו	qal	impf	3mp	היה	224		be,become
	יבש	qal	pft	3ms	יבש	386		be dry
	כלה	qal	pft	3ms	כלה	477		finished,spent
	היה	qal	pft	3ms	היה	224		be,become
15:7	עשה	qal	pft	3ms	עשה	793		do,make
	ישאום	qal	impf	3mp	נשא	669	3mp	lift,carry
15:8	הקיפה	hiph	pft	3fs	נקף	668		surround
15:9	מלאו	qal	pft	3cp	מלא	569		be full,fill
	אשית	qal	impf	1cs	שית	1011		put,set
	נוספות	niph	ptc	fp	יסף	414		be joined to
16:1	שלחו	qal	impv	mp	שלח	1018		send
	משל	qal	ptc	ms	משל	605		rule
16:2	היה	qal	wcp	3ms	היה	224		be,become
	נודד	qal	ptc	ms	נדד	622		retreat,flee
	משלח	pual	ptc	ms	שלח	1018		be sent off
	תהיינה	qal	impf	3fp	היה	224		be,become
16:3	הביאוk	hiph	impv	mp	בוא	97		bring in
	הביאיq	hiph	impv	fs	בוא	97		bring in
	עשו	qal	impv	mp	עשה	793		do,make
	שיתי	qal	impv	fs	שית	1011		put,set
	סתרי	piel	impv	fs	סתר	711		hide carefully
	נדחים	niph	ptc	mp	נדח	623		be banished
	נדד	qal	ptc	ms	נדד	622		retreat,flee
	תגלי	piel	jusm	2fs	גלה	162		uncover
16:4	יגורו	qal	jusm	3mp	גור	157		sojourn
	נדחי	niph	ptc	mp	נדח	623	1cs	be banished
	הוי	qal	impv	fs	הוה	217		become
	שודד	qal	ptc	ms	שדד	994		destroy,oppress
	אפס	qal	pft	3ms	אפס	67		cease
	כלה	qal	pft	3ms	כלה	477		finished,spent
	תמו	qal	pft	3cp	תמם	1070		be finished
	רמס	qal	ptc	ms	רמס	942		trample
16:5	הוכן	hoph	wcp	3ms	כון	465		be established
	ישב	qal	wcp	3ms	ישב	442		sit,dwell
	שפט	qal	ptc	ms	שפט	1047		judge
	דרש	qal	ptc	ms	דרש	205		resort to,seek
16:6	שמענו	qal	pft	1cp	שמע	1033		hear
16:7	ייליל	hiph	impf	3ms	ילל	410		howl
	ייליל	hiph	impf	3ms	ילל	410		howl
	תהגו	qal	impf	2mp	הגה	211		groan,utter
16:8	אמלל	pul	pft	3ms	אמל	51		be feeble
	הלמו	qal	pft	3cp	הלם	240		smite
	נגעו	qal	pft	3cp	נגע	619		touch,strike
	תעו	qal	pft	3cp	תעה	1073		wander,err
	נטשו	niph	pft	3cp	נטש	643		be forsaken
	עברו	qal	pft	3cp	עבר	716		pass over
16:9	אבכה	qal	impf	1cs	בכה	113		weep
	אריוך	piel	impf	1cs	רוה	924	2fs	saturate
	נפל	qal	pft	3ms	נפל	656		fall
16:10	נאסף	niph	wcp	3ms	אסף	62		assemble
	ירנן	pual	impf	3ms	רנן	943		be shouted
	ירעע	pola	impf	3ms	רוע	929		be shouted
	ידרך	qal	impf	3ms	דרך	201		tread,march
	דרך	qal	ptc	ms	דרך	201		tread,march
	השבתי	hiph	pft	1cs	שבת	991		destroy,remove
16:11	יהמו	qal	impf	3mp	המה	242		growl,murmur
16:12	היה	qal	wcp	3ms	היה	224		be,become
	נראה	niph	pft	3ms	ראה	906		appear,be seen
	נלאה	niph	pft	3ms	לאה	521		tire oneself
	בא	qal	wcp	3ms	בוא	97		come in
	התפלל	hith	infc		פלל	813		pray
	יוכל	qal	impf	3ms	יכל	407		be able
16:13	דבר	piel	pft	3ms	דבר	180		speak
16:14	דבר	piel	pft	3ms	דבר	180		speak
	אמר	qal	infc		אמר	55		say
	נקלה	niph	wcp	3ms	קלה	885		be dishonored
17:1	מוסר	hoph	ptc	ms	סור	693		be taken away
	היתה	qal	wcp	3fs	היה	224		be,become
17:2	עזבות	qal	pptc	fp	עזב	736		leave,loose
	תהיינה	qal	impf	3fp	היה	224		be,become
	רבצו	qal	wcp	3cp	רבץ	918		lie down
	מחריד	hiph	ptc	ms	חרד	353		terrify
17:3	נשבת	niph	wcp	3ms	שבת	991		cease
	יהיו	qal	impf	3mp	היה	224		be,become
17:4	ידל	niph	impf	3ms	דלל	195		be brought low
	ירזה	niph	impf	3ms	רזה	930		be made lean
17:5	היה	qal	wcp	3ms	היה	224		be,become

ChVs	Form	Stem	Tnse	PGN	Root	BDB	Sfx	Meaning
17:5	אסף	qal	infc		אסף	62		gather
	יקצור	qal	impf	3ms	קצר	894		reap, harvest
	היה	qal	wcp	3ms	היה	224		be, become
	מלקט	piel	ptc	ms	לקט	544		gather
17:6	נשאר	niph	wcp	3ms	שאר	983		be left
	פריה	qal	ptc	fs	פרה	826		bear fruit
17:7	ישעה	qal	impf	3ms	שעה	1043		gaze, regard
	עשהו	qal	ptc	ms	עשה	793	3ms	do, make
	תראינה	qal	impf	3fp	ראה	906		see
17:8	ישעה	qal	impf	3ms	שעה	1043		gaze, regard
	עשו	qal	pft	3cp	עשה	793		do, make
	יראה	qal	impf	3ms	ראה	906		see
17:9	יהיו	qal	impf	3mp	היה	224		be, become
	עזבו	qal	pft	3cp	עזב	736		leave, loose
	היתה	qal	wcp	3fs	היה	224		be, become
17:10	שכחת	qal	pft	2fs	שכח	1013		forget
	זכרת	qal	pft	2fs	זכר	269		remember
	תטעי	qal	impf	2fs	נטע	642		plant
	זר	qal	ptc	ms	זור	266		be stranger
	תזרענו	qal	impf	2ms	זרע	281	3ms	sow
17:11	תשגשגי	pilp	impf	2fs	שוג	691		fence about
	תפריחי	hiph	impf	2fs	פרח	827		cause to bud
	נחלה	niph	ptc	fs	חלה	317		be made sick
	אנוש	qal	pptc	ms	אנש	60		be weak, sick
17:12	המות	qal	infc		המה	242		growl, murmur
	יהמיון	qal	impf	3mp	המה	242		growl, murmur
	ישאון	niph	impf	3mp	שאה	980		be laid waste
17:13	ישאון	niph	impf	3mp	שאה	980		be laid waste
	וגער	qal	wcp	3ms	גער	172		rebuke
	נס	qal	wcp	3ms	נוס	630		flee, escape
	רדף	pual	wcp	3ms	רדף	922		be chased away
17:14	שוסינו	qal	ptc	mp	שסה	1042	1cp	plunder
	בזזינו	qal	ptc	mp	בזז	102	1cp	plunder
18:2	שלח	qal	ptc	ms	שלח	1018		send
	לכו	qal	impv	mp	הלך	229		walk, go
	ממשך	pual	ptc	ms	משך	604		be drawn out
	מורט	pual	ptc	ms	מרט	598		smooth, polished
	נורא	niph	ptc	ms	ירא	431		be feared
	בזאו	qal	pft	3cp	בזא	102		cut through
18:3	ישבי	qal	ptc	mp	ישב	442		sit, dwell
	שכני	qal	ptc	mp	שכן	1014		settle, dwell
	נשא	qal	infc		נשא	669		lift, carry
	תראו	qal	impf	2mp	ראה	906		see
	תקע	qal	infc		תקע	1075		thrust, clap
	תשמעו	qal	impf	2mp	שמע	1033		hear
18:4	אמר	qal	pft	3ms	אמר	55		say
	אשקוטה k	qal	coh	1cs	שקט	1052		be quiet
	אשקטה q	qal	coh	1cs	שקט	1052		be quiet
	אביטה	hiph	coh	1cs	נבט	613		look, regard
18:5	תם	qal	infc		תמם	1070		be finished
	גמל	qal	ptc	ms	גמל	168		deal out, ripen
	יהיה	qal	impf	3ms	היה	224		be, become
	כרת	qal	wcp	3ms	כרת	503		cut, destroy
	הסיר	hiph	pft	3ms	סור	693		take away
18:5	התז	hiph	pft	3ms	תזז	1064		strike away
18:6	יעזבו	niph	impf	3mp	עזב	736		be left
	קץ	qal	wcp	3ms	קיץ	884		spend summer
	תחרף	qal	impf	3fs	חרף	358		pass harvest
18:7	יובל	hoph	impf	3ms	יבל	384		be borne along
	ממשך	pual	ptc	ms	משך	604		be drawn out
	מורט	pual	ptc	ms	מרט	598		smooth, polished
	נורא	niph	ptc	ms	ירא	431		be feared
	בזאו	qal	pft	3cp	בזא	102		cut through
19:1	רכב	qal	ptc	ms	רכב	938		mount, ride
	בא	qal	ptc	ms	בוא	97		come in
	נעו	qal	wcp	3cp	נוע	631		totter, wave
	ימס	niph	impf	3ms	מסס	587		melt, despair
19:2	סכסכתי	pilp	wcp	1cs	סכך	1127		spur on
	נלחמו	niph	wcp	3cp	לחם	535		wage war
19:3	נבקה	niph	wcp	3fs	בקק	132		be emptied
	אבלע	piel	impf	1cs	בלע	118		swallow up
	דרשו	qal	wcp	3cp	דרש	205		resort to, seek
19:4	סכרתי	piel	wcp	1cs	סכר	698		shut up
	ימשל	qal	impf	3ms	משל	605		rule
19:5	נשתו	niph	wcp	3cp	נשת	677		be dried up
	יחרב	qal	impf	3ms	חרב	351		be dried up
	יבש	qal	wcp	3ms	יבש	386		be dry
19:6	האזניחו	hiph	wcp	3cp	זנח	276		stink
	דללו	qal	pft	3cp	דלל	195		hang, be low
	חרבו	qal	pft	3cp	חרב	351		be dried up
	קמלו	qal	pft	3cp	קמל	888		be decayed
19:7	ייבש	qal	impf	3ms	יבש	386		be dry
	נדף	niph	pft	3ms	נדף	623		be driven about
19:8	אנו	qal	wcp	3cp	אנה	58		mourn
	אבלו	qal	wcp	3cp	אבל	5		mourn
	משליכי	hiph	ptc	mp	שלך	1020		throw, cast
	פרשי	qal	ptc	mp	פרש	831		spread out
	אמללו	pul	pft	3cp	אמל	51		be feeble
19:9	בשו	qal	wcp	3cp	בוש	101		be ashamed
	עבדי	qal	ptc	mp	עבד	712		work, serve
	ארגים	qal	ptc	mp	ארג	70		weave
19:10	היו	qal	wcp	3cp	היה	224		be, become
	מדכאים	pual	ptc	mp	דכא	193		be crushed
	עשי	qal	ptc	mp	עשה	793		do, make
19:11	יעצי	qal	ptc	mp	יעץ	419		advise, counsel
	נבערה	niph	ptc	fs	בער	129		be stupid
	תאמרו	qal	impf	2mp	אמר	55		say
19:12	יגידו	hiph	jusm	3mp	נגד	616		declare, tell
	ידעו	qal	jusm	3mp	ידע	393		know
	יעץ	qal	pft	3ms	יעץ	419		advise, counsel
19:13	נואלו	niph	pft	3cp	יאל	383		act foolishly
	נשאו	niph	pft	3cp	נשא	674		be beguiled
	התעו	hiph	pft	3cp	תעה	1073		cause to err
19:14	מסך	qal	pft	3ms	מסך	587		pour, mix
	התעו	hiph	wcp	3cp	תעה	1073		cause to err
	התעות	niph	infc		תעה	1073		be led astray
19:15	יהיה	qal	impf	3ms	היה	224		be, become
	יעשה	qal	impf	3ms	עשה	793		do, make

Isaiah 19:16—21:11

ChVs	Form	Stem	Tnse	PGN	Root	BDB	Sfx	Meaning
19:16	יהיה	qal	impf	3ms	היה	224		be, become
	חרד	qal	wcp	3ms	חרד	353		tremble
	פחד	qal	wcp	3ms	פחד	808		be in dread
	מניף	hiph	ptc	ms	נוף	631		swing, wave
19:17	היתה	qal	wcp	3fs	היה	224		be, become
	יזכיר	hiph	impf	3ms	זכר	269		c. to remember
	יפחד	qal	impf	3ms	פחד	808		be in dread
	יועץ	qal	ptc	ms	יעץ	419		advise, counsel
19:18	יהיו	qal	impf	3mp	היה	224		be, become
	מדברות	piel	ptc	fp	דבר	180		speak
	נשבעות	niph	ptc	fp	שבע	989		swear
	יאמר	niph	impf	3ms	אמר	55		be said, called
19:19	יהיה	qal	impf	3ms	היה	224		be, become
19:20	היה	qal	wcp	3ms	היה	224		be, become
	יצעקו	qal	impf	3mp	צעק	858		cry out
	לחצים	qal	ptc	mp	לחץ	537		press, oppress
	ישלח	qal	impf	3ms	שלח	1018		send
	מושיע	hiph	ptc	ms	ישע	446		deliver, save
	רב	qal	ptc	ms	ריב	936		strive, contend
	הצילם	hiph	wcp	3ms	נצל	664	3mp	snatch, deliver
19:21	נודע	niph	wcp	3ms	ידע	393		be made known
	ידעו	qal	wcp	3cp	ידע	393		know
	עבדו	qal	wcp	3cp	עבד	712		work, serve
	נדרו	qal	wcp	3cp	נדר	623		vow
	שלמו	piel	wcp	3cp	שלם	1022		repay, reward
19:22	נגף	qal	wcp	3ms	נגף	619		smite, strike
	נגף	qal	infa		נגף	619		smite, strike
	רפוא	qal	infa		רפא	950		heal
	שבו	qal	wcp	3cp	שוב	996		turn, return
	נעתר	niph	wcp	3ms	עתר	801		be supplicated
	רפאם	qal	wcp	3ms	רפא	950	3mp	heal
19:23	תהיה	qal	impf	3fs	היה	224		be, become
	בא	qal	wcp	3ms	בוא	97		come in
	עבדו	qal	wcp	3cp	עבד	712		work, serve
19:24	יהיה	qal	impf	3ms	היה	224		be, become
19:25	ברכו	piel	pft	3ms	ברך	138	3ms	bless
	אמר	qal	infc		אמר	55		say
	ברוך	qal	pptc	ms	ברך	138		kneel, bless
20:1	בא	qal	infc		בוא	97		come in
	שלח	qal	infc		שלח	1018		send
	ילחם	niph	wci	3ms	לחם	535		wage war
	ילכדה	qal	wci	3ms	לכד	539	3fs	capture
20:2	דבר	piel	pft	3ms	דבר	180		speak
	אמר	qal	infc		אמר	55		say
	לך	qal	impv	ms	הלך	229		walk, go
	פתחת	piel	wcp	2ms	פתח	834		loose, free
	תחלץ	qal	impf	2ms	חלץ	322		draw off
	יעש	qal	wci	3ms	עשה	793		do, make
	הלך	qal	infa		הלך	229		walk, go
20:3	יאמר	qal	wci	3ms	אמר	55		say
	הלך	qal	pft	3ms	הלך	229		walk, go
20:4	ינהג	qal	impf	3ms	נהג	624		drive
	חשופי	qal	pptc	mp	חשף	362	1cs	strip off
20:5	חתו	qal	wcp	3cp	חתת	369		be shattered
20:5	בשו	qal	wcp	3cp	בוש	101		be ashamed
20:6	אמר	qal	wcp	3ms	אמר	55		say
	ישב	qal	ptc	ms	ישב	442		sit, dwell
	נסנו	qal	pft	1cp	נוס	630		flee, escape
	הנצל	niph	infc		נצל	664		be delivered
	נמלט	niph	impf	1cp	מלט	572		escape
21:1	חלף	qal	infc		חלף	322		pass on
	בא	qal	ptc	ms	בוא	97		come in
	נוראה	niph	ptc	fs	ירא	431		be feared
21:2	הגד	hoph	pft	3ms	נגד	616		be told
	בוגד	qal	ptc	ms	בגד	93		act faithlessly
	בוגד	qal	ptc	ms	בגד	93		act faithlessly
	שודד	qal	ptc	ms	שדד	994		destroy, oppress
	שודד	qal	ptc	ms	שדד	994		destroy, oppress
	עלי	qal	impv	fs	עלה	748		go up
	צורי	qal	impv	fs	צור	848		confine, shut in
	השבתי	hiph	pft	1cs	שבת	991		destroy, remove
21:3	מלאו	qal	pft	3cp	מלא	569		be full, fill
	אחזוני	qal	pft	3cp	אחז	28	1cs	grasp
	יולדה	qal	ptc	fs	ילד	408		bear, beget
	נעויתי	niph	pft	1cs	עוה	730		be bent
	שמע	qal	infc		שמע	1033		hear
	נבהלתי	niph	pft	1cs	בהל	96		be disturbed
	ראות	qal	infc		ראה	906		see
21:4	תעה	qal	pft	3ms	תעה	1073		wander, err
	בעתתני	piel	pft	3fs	בעת	129	1cs	terrify
	שם	qal	pft	3ms	שים	962		put, set
21:5	ערך	qal	infa		ערך	789		set in order
	צפה	qal	infa		צפה	860		lay out
	אכול	qal	infa		אכל	37		eat, devour
	שתה	qal	infa		שתה	1059		drink
	קומו	qal	impv	mp	קום	877		arise, stand
	משחו	qal	impv	mp	משח	602		smear, anoint
21:6	אמר	qal	pft	3ms	אמר	55		say
	לך	qal	impv	ms	הלך	229		walk, go
	העמד	hiph	impv	ms	עמד	763		set up, raise
	מצפה	piel	ptc	ms	צפה	859		watch closely
	יראה	qal	impf	3ms	ראה	906		see
	יגיד	hiph	jusm	3ms	נגד	616		declare, tell
21:7	ראה	qal	wcp	3ms	ראה	906		see
	הקשיב	hiph	wcp	3ms	קשב	904		give attention
21:8	יקרא	qal	wci	3ms	קרא	894		call, proclaim
	עמד	qal	ptc	ms	עמד	763		stand, stop
	נצב	niph	ptc	ms	נצב	662		stand
21:9	בא	qal	ptc	ms	בוא	97		come in
	יען	qal	wci	3ms	ענה	772		answer
	יאמר	qal	wci	3ms	אמר	55		say
	נפלה	qal	pft	3fs	נפל	656		fall
	נפלה	qal	pft	3fs	נפל	656		fall
	שבר	piel	pft	3ms	שבר	990		shatter
21:10	שמעתי	qal	pft	1cs	שמע	1033		hear
	הגדתי	hiph	pft	1cs	נגד	616		declare, tell
21:11	קרא	qal	ptc	ms	קרא	894		call, proclaim
	שמר	qal	ptc	ms	שמר	1036		keep, watch

Isaiah 21:11 – 23:1

ChVs	Form	Stem	Tnse	PGN	Root	BDB	Sfx	Meaning
21:11	שמר	qal	ptc	ms	שמר	1036		keep,watch
21:12	אמר	qal	pft	3ms	אמר	55		say
	שמר	qal	ptc	ms	שמר	1036		keep,watch
	אתה	qal	pft	3ms	אתה	87		come
	תבעיון	qal	impf	2mp	בעה	126		inquire,swell
	בעיו	qal	impv	mp	בעה	126		inquire,swell
	שבו	qal	impv	mp	שוב	996		turn,return
	אתיו	qal	impv	mp	אתה	87		come
21:13	תלינו	qal	impf	2mp	לון	533		lodge,remain
21:14	קראת	qal	infc		קרא	896		meet,encounter
	התיו	hiph	impv	mp	אתה	87		bring
	ישבי	qal	ptc	mp	ישב	442		sit,dwell
	קדמו	piel	pft	3cp	קדם	869		meet,confront
	נדד	qal	ptc	ms	נדד	622		retreat,flee
21:15	נדדו	qal	pft	3cp	נדד	622		retreat,flee
	נטושה	qal	pptc	fs	נטש	643		leave,forsake
	דרוכה	qal	pptc	fs	דרך	201		tread,march
21:16	אמר	qal	pft	3ms	אמר	55		say
	כלה	qal	wcp	3ms	כלה	477		finished,spent
21:17	ימעטו	qal	impf	3mp	מעט	589		be small,few
	דבר	piel	pft	3ms	דבר	180		speak
22:1	עלית	qal	pft	2fs	עלה	748		go up
22:2	הומיה	qal	ptc	fs	המה	242		growl,murmur
	מתי	qal	ptc	mp	מות	559		die
22:3	נדדו	qal	pft	3cp	נדד	622		retreat,flee
	אסרו	qalp	pft	3cp	אסר	63		taken prisoner
	נמצאיך	niph	ptc	mp	מצא	592	2fs	be found
	אסרו	qalp	pft	3cp	אסר	63		taken prisoner
	ברחו	qal	pft	3cp	ברח	137		go thru,flee
22:4	אמרתי	qal	pft	1cs	אמר	55		say
	שעו	qal	impv	mp	שעה	1043		gaze,regard
	אמרר	piel	cohm	1cs	מרר	600		make bitter
	תאיצו	hiph	jusm	2mp	אוץ	21		hasten
	נחמני	piel	infc		נחם	636	1cs	comfort
22:5	מקרקר	pilp	ptc	ms	קרר	903		tear down
22:6	נשא	qal	pft	3ms	נשא	669		lift,carry
	ערה	piel	pft	3ms	ערה	788		lay bare
22:7	יהי	qal	wci	3ms	היה	224		be,become
	מלאו	qal	pft	3cp	מלא	569		be full,fill
	שת	qal	infa		שית	1011		put,set
	שתו	qal	pft	3cp	שית	1011		put,set
22:8	יגל	piel	wci	3ms	גלה	162		uncover
	תבט	hiph	wci	2ms	נבט	613		look,regard
22:9	ראיתם	qal	pft	2mp	ראה	906		see
	רבו	qal	pft	3cp	רבב	912		be many
	תקבצו	piel	wci	2mp	קבץ	867		gather together
22:10	ספרתם	qal	pft	2mp	ספר	707		count
	תתצו	qal	wci	2mp	נתץ	683		pull down
	בצר	piel	infc		בצר	130		fortify
22:11	עשיתם	qal	pft	2mp	עשה	793		do,make
	הבטתם	hiph	pft	2mp	נבט	613		look,regard
	עשיה	qal	ptc	ms	עשה	793?3fs		do,make
	יצרה	qal	ptc	ms	יצר	427	3fs	form,create
	ראיתם	qal	pft	2mp	ראה	906		see
22:12	יקרא	qal	wci	3ms	קרא	894		call,proclaim
	חגר	qal	infc		חגר	291		gird
22:13	הרג	qal	infa		הרג	246		kill
	שחט	qal	infa		שחט	1006		slaughter
	אכל	qal	infa		אכל	37		eat,devour
	שתות	qal	infa		שתה	1059		drink
	אכול	qal	infa		אכל	37		eat,devour
	שתו	qal	infa		שתה	1059		drink
	נמות	qal	impf	1cp	מות	559		die
22:14	נגלה	niph	pft	3ms	גלה	162		uncover self
	יכפר	pual	impf	3ms	כפר	497		be atoned for
	תמתון	qal	impf	2mp	מות	559		die
	אמר	qal	pft	3ms	אמר	55		say
22:15	אמר	qal	pft	3ms	אמר	55		say
	לך	qal	impv	ms	הלך	229		walk,go
	בא	qal	impv	ms	בוא	97		come in
	סכן	qal	ptc	ms	סכן	698		be of use
22:16	חצבת	qal	pft	2ms	חצב	345		hew out,dig
	חצבי	qal	ptc	ms	חצב	345		hew out,dig
	חקקי	qal	ptc	ms	חקק	349		cut in,inscribe
22:17	מטלטלך	pilp	ptc	ms	טול	376	2ms	hurl
	עטך	qal	ptc	ms	עטה	742	2ms	grasp
	עטה	qal	infa		עטה	742		grasp
22:18	צנוף	qal	infa		צנף	857		wrap together
	יצנפך	qal	impf	3ms	צנף	857	2ms	wrap together
	תמות	qal	impf	2ms	מות	559		die
22:19	הדפתיך	qal	wcp	1cs	הדף	213	2ms	thrust,drive
	יהרסך	qal	impf	3ms	הרס	248	2ms	throw down
22:20	היה	qal	wcp	3ms	היה	224		be,become
	קראתי	qal	wcp	1cs	קרא	894		call,proclaim
22:21	הלבשתיו	hiph	wcp	1cs	לבש	527	3ms	clothe
	אחזקנו	piel	impf	1cs	חזק	304	3ms	make strong
	אתן	qal	impf	1cs	נתן	678		give,set
	היה	qal	wcp	3ms	היה	224		be,become
	יושב	qal	ptc	ms	ישב	442		sit,dwell
22:22	נתתי	qal	wcp	1cs	נתן	678		give,set
	פתח	qal	wcp	3ms	פתח	834		open
	סגר	qal	ptc	ms	סגר	688		shut
	סגר	qal	wcp	3ms	סגר	688		shut
	פתח	qal	ptc	ms	פתח	834		open
22:23	תקעתיו	qal	wcp	1cs	תקע	1075	3ms	thrust,clap
	נאמן	niph	ptc	ms	אמן	52		be confirmed
	היה	qal	wcp	3ms	היה	224		be,become
22:24	תלו	qal	wcp	3cp	תלה	1067		hang
22:25	תמוש	qal	impf	3fs	מוש	559		depart,remove
	תקועה	qal	pptc	fs	תקע	1075		thrust,clap
	נאמן	niph	ptc	ms	אמן	52		be confirmed
	ונדעה	niph	wcp	3fs	גדע	154		be hewn off
	נפלה	qal	wcp	3fs	נפל	656		fall
	נכרת	niph	wcp	3ms	כרת	503		be cut off
	דבר	piel	pft	3ms	דבר	180		speak
23:1	הילילו	hiph	impv	mp	ילל	410		howl
	שדד	pual	pft	3ms	שדד	994		be devastated
	בוא	qal	infc		בוא	97		come in

Isaiah 23:1 – 24:8

ChVs	Form	Stem	Tnse	PGN	Root	BDB	Sfx	Meaning
23:1	נגלה	niph	pft	3ms	גלה	162		uncover self
23:2	דמו	qal	impv	mp	דמם	198		be silent
	ישבי	qal	ptc	mp	ישב	442		sit, dwell
	סחר	qal	ptc	ms	סחר	695		go around
	עבר	qal	ptc	ms	עבר	716		pass over
	מלאוך	piel	pft	3cp	מלא	569	2fs	fill
23:3	תהי	qal	wci	3fs	היה	224		be, become
23:4	בושי	qal	impv	fs	בוש	101		be ashamed
	אמר	qal	pft	3ms	אמר	55		say
	אמר	qal	infc		אמר	55		say
	חלתי	qal	pft	1cs	חול	296		dance, writhe
	ילדתי	qal	pft	1cs	ילד	408		bear, beget
	גדלתי	piel	pft	1cs	גדל	152		cause to grow
	רוממתי	pol	pft	1cs	רום	926		raise, rear
23:5	יחילו	qal	impf	3mp	חול	296		dance, writhe
23:6	עברו	qal	impv	mp	עבר	716		pass over
	הילילו	hiph	impv	mp	ילל	410		howl
	ישבי	qal	ptc	mp	ישב	442		sit, dwell
23:7	יבלוה	hiph	impf	3mp	יבל	384	3fs	bear along
	גור	qal	infc		גור	157		sojourn
23:8	יעץ	qal	pft	3ms	יעץ	419		advise, counsel
	מעטירה	hiph	ptc	fs	עטר	742		bestow crown
	סחריה	qal	ptc	mp	סחר	695	3fs	go around
	נכבדי	niph	ptc	mp	כבד	457		be honored
23:9	יעצה	qal	pft	3ms	יעץ	419	3fs	advise, counsel
	חלל	piel	infc		חלל	320		pollute
	הקל	hiph	infc		קלל	886		make light
	נכבדי	niph	ptc	mp	כבד	457		be honored
23:10	עברי	qal	impv	fs	עבר	716		pass over
23:11	נטה	qal	pft	3ms	נטה	639		stretch, incline
	הרגיז	hiph	pft	3ms	רגז	919		cause to quake
	צוה	piel	pft	3ms	צוה	845		command
	שמד	hiph	infc		שמד	1029		exterminate
23:12	יאמר	qal	wci	3ms	אמר	55		say
	תוסיפי	hiph	impf	2fs	יסף	414		add, do again
	עלוז	qal	infc		עלז	759		exult, triumph
	מעשקה	pual	ptc	fs	עשק	798		crushed
	קומי	qal	impv	fs	קום	877		arise, stand
	עברי	qal	impv	fs	עבר	716		pass over
	ינוח	qal	impf	3ms	נוח	628		rest
23:13	היה	qal	pft	3ms	היה	224		be, become
	יסדה	qal	pft	3ms	יסד	413	3fs	establish
	הקימו	hiph	pft	3cp	קום	877		raise, build, set
	עררו	poel	pft	3cp	ערר	792		lay bare
	שמה	qal	pft	3ms	שים	962	3fs	put, set
23:14	הילילו	hiph	impv	mp	ילל	410		howl
	שדד	pual	pft	3ms	שדד	994		be devastated
23:15	היה	qal	wcp	3ms	היה	224		be, become
	נשכחת	niph	ptc	fs	שכח	1013		be forgotten
	יהיה	qal	impf	3ms	היה	224		be, become
	זונה	qal	ptc	fs	זנה	275		act a harlot
23:16	קחי	qal	impv	fs	לקח	542		take
	סבי	qal	impv	fs	סבב	685		surround
	זונה	qal	ptc	fs	זנה	275		act a harlot
23:16	נשכחה	niph	ptc	fs	שכח	1013		be forgotten
	היטיבי	hiph	impv	fs	יטב	405		do good
	נגן	piel	infc		נגן	618		play (strings)
	הרבי	hiph	impv	fs	רבה	915		make many
	תזכרי	niph	impf	2fs	זכר	269		be remembered
23:17	היה	qal	wcp	3ms	היה	224		be, become
	יפקד	qal	impf	3ms	פקד	823		attend to, visit
	שבה	qal	wcp	3fs	שוב	996		turn, return
	זנתה	qal	wcp	3fs	זנה	275		act a harlot
23:18	היה	qal	wcp	3ms	היה	224		be, become
	יאצר	niph	impf	3ms	אצר	69		be stored up
	יחסן	niph	impf	3ms	חסן	1123		be hoarded
	ישבים	qal	ptc	mp	ישב	442		sit, dwell
	יהיה	qal	impf	3ms	היה	224		be, become
	אכל	qal	infc		אכל	37		eat, devour
24:1	בוקק	qal	ptc	ms	בקק	132		empty, lay waste
	בולקה	qal	ptc	ms	בלק	118	3fs	destroy
	עוה	piel	wcp	3ms	עוה	730		twist
	הפיץ	hiph	wcp	3ms	פוץ	806		scatter
	ישביה	qal	ptc	mp	ישב	442	3fs	sit, dwell
24:2	היה	qal	wcp	3ms	היה	224		be, become
	קונה	qal	ptc	ms	קנה	888		get, buy
	מוכר	qal	ptc	ms	מכר	569		sell
	מלוה	hiph	ptc	ms	לוה	531		lend
	לוה	qal	ptc	ms	לוה	531		borrow
	נשה	qal	ptc	ms	נשה	674		lend
	נשא	qal	ptc	ms	נשא	673		be creditor
24:3	הבוק	niph	infa		בקק	132		be emptied
	תבוק	niph	impf	3fs	בקק	132		be emptied
	הבוז	niph	infa		בזז	102		be plundered
	תבוז	niph	impf	3fs	בזז	102		be plundered
	דבר	piel	pft	3ms	דבר	180		speak
24:4	אבלה	qal	pft	3fs	אבל	5		mourn
	נבלה	qal	pft	3fs	נבל	615		sink, droop
	אמללה	pul	pft	3fs	אמל	51		be feeble
	נבלה	qal	pft	3fs	נבל	615		sink, droop
	אמללו	pul	pft	3cp	אמל	51		be feeble
24:5	חנפה	qal	pft	3fs	חנף	337		be polluted
	ישביה	qal	ptc	mp	ישב	442	3fs	sit, dwell
	עברו	qal	pft	3cp	עבר	716		pass over
	חלפו	qal	pft	3cp	חלף	322		pass on
	הפרו	hiph	pft	3cp	פרר	830		break, frustrate
24:6	אכלה	qal	pft	3fs	אכל	37		eat, devour
	יאשמו	qal	wci	3mp	אשם	79		offend
	ישבי	qal	ptc	mp	ישב	442		sit, dwell
	חרו	qal	pft	3cp	חרר	359		be hot
	ישבי	qal	ptc	mp	ישב	442		sit, dwell
	נשאר	niph	wcp	3ms	שאר	983		be left
24:7	אבל	qal	pft	3ms	אבל	5		mourn
	אמללה	pul	pft	3fs	אמל	51		be feeble
	נאנחו	niph	pft	3cp	אנח	58		sigh
24:8	שבת	qal	pft	3ms	שבת	991		cease, desist
	חדל	qal	pft	3ms	חדל	292		cease
	שבת	qal	pft	3ms	שבת	991		cease, desist

Isaiah 24:9–26:7

ChVs	Form	Stem	Tnse	PGN	Root	BDB	Sfx	Meaning
24:9	ישתו	qal	impf	3mp	שתה	1059		drink
	ימר	qal	impf	3ms	מרר	600		be bitter
	שתיו	qal	ptc	mp	שתה	1059	3ms	drink
24:10	נשברה	niph	pft	3fs	שבר	990		be broken
	סגר	pual	pft	3ms	סגר	688		be shut up
	בוא	qal	infc		בוא	97		come in
24:11	ערבה	qal	pft	3fs	ערב	788		grow dark
	גלה	qal	pft	3ms	גלה	162		uncover
24:12	נשאר	niph	pft	3ms	שאר	983		be left
	יכת	hoph	impf	3ms	כתת	510		be crushed
24:13	יהיה	qal	impf	3ms	היה	224		be, become
	כלה	qal	pft	3ms	כלה	477		finished, spent
24:14	ישאו	qal	impf	3mp	נשא	669		lift, carry
	ירנו	qal	impf	3mp	רנן	943		cry aloud
	צהלו	qal	pft	3cp	צהל	843		neigh, cry
24:15	כבדו	piel	impv	mp	כבד	457		honor, make dull
24:16	שמענו	qal	pft	1cp	שמע	1033		hear
	אמר	qal	wci	1cs	אמר	55		say
	בגדים	qal	ptc	mp	בגד	93		act faithlessly
	בגדו	qal	pft	3cp	בגד	93		act faithlessly
	בוגדים	qal	ptc	mp	בגד	93		act faithlessly
	בגדו	qal	pft	3cp	בגד	93		act faithlessly
24:17	יושב	qal	ptc	ms	ישב	442		sit, dwell
24:18	היה	qal	wcp	3ms	היה	224		be, become
	נס	qal	ptc	ms	נוס	630		flee, escape
	יפל	qal	impf	3ms	נפל	656		fall
	עולה	qal	ptc	ms	עלה	748		go up
	ילכד	niph	impf	3ms	לכד	539		be captured
	נפתחו	niph	pft	3cp	פתח	834		be opened
	ירעשו	qal	wci	3mp	רעש	950		quake
24:19	רעה	qal	infa		רעע	949		break
	התרעעה	htpo	pft	3fs	רעע	949		break in pieces
	פור	qal	infa		פרר	830		split
	התפוררה	htpo	pft	3fs	פרר	830		split
	מוט	qal	infa		מוט	556		totter
	התמוטטה	htpo	pft	3fs	מוט	556		be shaken
24:20	נוע	qal	infa		נוע	631		totter, wave
	תנוע	qal	impf	3fs	נוע	631		totter, wave
	התנודדה	htpo	wcp	3fs	נוד	626		wander, totter
	כבד	qal	wcp	3ms	כבד	457		be heavy
	נפלה	qal	wcp	3fs	נפל	656		fall
	תסיף	hiph	impf	3fs	יסף	414		add, do again
	קום	qal	infc		קום	877		arise, stand
24:21	היה	qal	wcp	3ms	היה	224		be, become
	יפקד	qal	impf	3ms	פקד	823		attend to, visit
24:22	אספו	pual	wcp	3cp	אסף	62		be gathered
	סגרו	pual	wcp	3cp	סגר	688		be shut up
	יפקדו	niph	impf	3mp	פקד	823		be visited
24:23	חפרה	qal	wcp	3fs	חפר	344		be ashamed
	בושה	qal	wcp	3fs	בוש	101		be ashamed
	מלך	qal	pft	3ms	מלך	573		be king, reign
25:1	ארוממך	pol	cohm	1cs	רום	926	2ms	raise, rear
	אודה	hiph	cohm	1cs	ידה	392		praise
	עשית	qal	pft	2ms	עשה	793		do, make
25:2	שמת	qal	pft	2ms	שים	962		put, set
	בצורה	qal	pptc	fs	בצר	130		cut off
	זרים	qal	ptc	mp	זור	266		be stranger
	יבנה	niph	impf	3ms	בנה	124		be built
25:3	יכבדוך	piel	impf	3mp	כבד	457	2ms	honor, make dull
	ייראוך	qal	impf	3mp	ירא	431	2ms	fear
25:4	היית	qal	pft	2ms	היה	224		be, become
25:5	זרים	qal	ptc	mp	זור	266		be stranger
	תכניע	hiph	impf	2ms	כנע	488		humble, subdue
	יענה	qal	impf	3ms	ענה	776		be bowed down
25:6	עשה	qal	wcp	3ms	עשה	793		do, make
	ממחים	pual	ptc	mp	מחה	562		full of marrow
	מזקקים	pual	ptc	mp	זקק	279		refined
25:7	בלע	piel	wcp	3ms	בלע	118		swallow up
	לוט	qal	ptc	ms	לוט	532		wrap
	נסוכה	qal	pptc	fs	נסך	651		weave
25:8	בלע	piel	pft	3ms	בלע	118		swallow up
	מחה	qal	wcp	3ms	מחה	562		wipe, blot out
	יסיר	hiph	impf	3ms	סור	693		take away
	דבר	piel	pft	3ms	דבר	180		speak
25:9	אמר	qal	wcp	3ms	אמר	55		say
	קוינו	piel	pft	1cp	קוה	875		wait for
	יושיענו	hiph	impf	3ms	ישע	446	1cp	deliver, save
	קוינו	piel	pft	1cp	קוה	875		wait for
	נגילה	qal	coh	1cp	גיל	162		rejoice
	נשמחה	qal	coh	1cp	שמח	970		rejoice
25:10	תנוח	qal	impf	3fs	נוח	628		rest
	נדוש	niph	wcp	3ms	דוש	190		be trampled
	הדוש	niph	infc		דוש	190		be trampled
25:11	פרש	piel	wcp	3ms	פרש	831		spread out
	יפרש	piel	impf	3ms	פרש	831		spread out
	שחה	qal	ptc	ms	שחה	965		swim
	שחות	qal	infc		שחה	965		swim
	השפיל	hiph	wcp	3ms	שפל	1050		make low, abase
25:12	השח	hiph	pft	3ms	שחח	1005		prostrate
	השפיל	hiph	pft	3ms	שפל	1050		make low, abase
	הגיע	hiph	pft	3ms	נגע	619		reach, arrive
26:1	יושר	qalp	impf	3ms	שיר	1010		be sung
	ישית	qal	impf	3ms	שית	1011		put, set
26:2	פתחו	qal	impv	mp	פתח	834		open
	יבא	qal	jus	3ms	בוא	97		come in
	שמר	qal	ptc	ms	שמר	1036		keep, watch
26:3	סמוך	qal	pptc	ms	סמך	701		lean, support
	תצר	qal	impf	2ms	נצר	665		watch, guard
	בטוח	qal	pptc	ms	בטח	105		trust
26:4	בטחו	qal	impv	mp	בטח	105		trust
26:5	השח	hiph	pft	3ms	שחח	1005		prostrate
	ישבי	qal	ptc	mp	ישב	442		sit, dwell
	נשגבה	niph	ptc	fs	שגב	960		be high, exalted
	ישפילנה	hiph	impf	3ms	שפל	1050	3fs	make low, abase
	ישפילה	hiph	impf	3ms	שפל	1050	3fs	make low, abase
	יגיענה	hiph	impf	3ms	נגע	619	3fs	reach, arrive
26:6	תרמסנה	qal	impf	3fs	רמס	942	3fs	trample
26:7	תפלס	piel	impf	2ms	פלס	814		weigh, level

Isaiah 26:8 – 27:12

ChVs	Form	Stem	Tnse	PGN	Root	BDB	Sfx	Meaning
26:8	קוינוך	piel	pft	1cp	קוה	875	2ms	wait for
26:9	אויתיך	piel	pft	1cs	אוה	16	2ms	desire
	אשחרך	piel	impf	1cs	שחר	1007	2ms	seek, desire
	למדו	qal	pft	3cp	למד	540		learn
	ישבי	qal	ptc	mp	ישב	442		sit, dwell
26:10	יחן	qalp	impf	3ms	חנן	335		be shown favor
	למד	qal	pft	3ms	למד	540		learn
	יעול	piel	impf	3ms	עול	732		act wrongfully
	יראה	qal	impf	3ms	ראה	906		see
26:11	רמה	qal	pft	3fs	רום	926		be high
	יחזיון	qal	impf	3mp	חזה	302		see
	יחזו	qal	impf	3mp	חזה	302		see
	יבשו	qal	impf	3mp	בוש	101		be ashamed
	תאכלם	qal	impf	3fs	אכל	37	3mp	eat, devour
26:12	תשפת	qal	impf	2ms	שפת	1046		set, establish
	פעלת	qal	pft	2ms	פעל	821		do, make
26:13	בעלונו	qal	pft	3cp	בעל	127	1cp	marry, rule over
	נזכיר	hiph	impf	1cp	זכר	269		c. to remember
26:14	מתים	qal	ptc	mp	מות	559		die
	יחיו	qal	impf	3mp	חיה	310		live
	יקמו	qal	impf	3mp	קום	877		arise, stand
	פקדת	qal	pft	2ms	פקד	823		attend to, visit
	תשמידם	hiph	wci	2ms	שמד	1029	3mp	exterminate
	תאבד	piel	wci	2ms	אבד	1		destroy
26:15	יספת	qal	pft	2ms	יסף	414		add, increase
	יספת	qal	pft	2ms	יסף	414		add, increase
	נכבדת	niph	pft	2ms	כבד	457		be honored
	רחקת	piel	pft	2ms	רחק	934		send far away
26:16	פקדוך	qal	pft	3cp	פקד	823	2ms	attend to, visit
	צקון	qal	pft	3cp	צוק	848		pour out, melt
26:17	תקריב	hiph	impf	3fs	קרב	897		bring near
	לדת	qal	infc		ילד	408		bear, beget
	תחיל	qal	impf	3fs	חול	296		dance, writhe
	תזעק	qal	impf	3fs	זעק	277		call, cry out
	היינו	qal	pft	1cp	היה	224		be, become
26:18	הרינו	qal	pft	1cp	הרה	247		conceive
	חלנו	qal	pft	1cp	חול	296		dance, writhe
	ילדנו	qal	pft	1cp	ילד	408		bear, beget
	נעשה	qal	impf	1cp	עשה	793		do, make
	יפלו	qal	impf	3mp	נפל	656		fall
	ישבי	qal	ptc	mp	ישב	442		sit, dwell
26:19	יחיו	qal	impf	3mp	חיה	310		live
	מתיך	qal	ptc	mp	מות	559	2ms	die
	יקומון	qal	impf	3mp	קום	877		arise, stand
	הקיצו	hiph	impv	mp	קיץ	884		awake
	רננו	piel	impv	mp	רנן	943		shout w/joy
	שכני	qal	ptc	mp	שכן	1014		settle, dwell
	תפיל	hiph	impf	3fs	נפל	656		cause to fall
26:20	לך	qal	impv	ms	הלך	229		walk, go
	בא	qal	impv	ms	בוא	97		come in
	סגר	qal	impv	ms	סגר	688		shut
	חבי	qal	impv	ms	חבה	285		withdraw
	יעבורk	qal	impf	3ms	עבר	716		pass over
	יעברq	qal	impf	3ms	עבר	716		pass over
26:21	יצא	qal	ptc	ms	יצא	422		go out
	פקד	qal	infc		פקד	823		attend to, visit
	ישב	qal	ptc	ms	ישב	442		sit, dwell
	נלתה	piel	wcp	3fs	גלה	162		uncover
	תכסה	piel	impf	3fs	כסה	491		cover
	הרוניה	qal	pptc	mp	הרג	246	3fs	kill
27:1	יפקד	qal	impf	3ms	פקד	823		attend to, visit
	הרג	qal	wcp	3ms	הרג	246		kill
27:2	ענו	piel	impv	mp	ענה	777		sing
27:3	נצרה	qal	ptc	ms	נצר	665	3fs	watch, guard
	אשקנה	hiph	impf	1cs	שקה	1052	3fs	give to drink
	יפקד	qal	impf	3ms	פקד	823		attend to, visit
	אצרנה	qal	impf	1cs	נצר	665	3fs	watch, guard
27:4	יתנני	qal	impf	3ms	נתן	678	1cs	give, set
	אפשעה	qal	coh	1cs	פשע	832		step, march
	אציתנה	hiph	cohm	1cs	יצת	428	3fs	kindle
27:5	יחזק	hiph	jus	3ms	חזק	304		make firm, seize
	יעשה	qal	jusm	3ms	עשה	793		do, make
	יעשה	qal	jusm	3ms	עשה	793		do, make
27:6	באים	qal	ptc	mp	בוא	97		come in
	ישרש	hiph	jusf	3ms	שרש	1057		strike root
	יציץ	qal	impf	3ms	צוץ	847		flourish, shine
	פרח	qal	wcp	3ms	פרח	827		bud
	מלאו	qal	wcp	3cp	מלא	569		be full, fill
27:7	מכהו	hiph	ptc	ms	נכה	645	3ms	smite
	הכהו	hiph	pft	3ms	נכה	645	3ms	smite
	הרניו	qal	pptc	mp	הרג	246	3ms	kill
	הרג	qalp	pft	3ms	הרג	246		be killed
27:8	סאסאה	pilp	infc		סאסא	684	3fs	disturb
	שלחה	piel	infc		שלח	1018	3fs	send away, shoot
	תריבנה	qal	impf	2ms	ריב	936	3fs	strive, contend
	הגה	qal	pft	3ms	הגה	212		remove
27:9	יכפר	pual	impf	3ms	כפר	497		be atoned for
	הסר	hiph	infc		סור	693		take away
	שומו	qal	infc		שים	962	3ms	put, set
	מנפצות	pual	ptc	fp	נפץ	658		be pulverized
	יקמו	qal	impf	3mp	קום	877		arise, stand
27:10	בצורה	qal	pptc	fs	בצר	130		cut off
	משלח	pual	ptc	ms	שלח	1018		be sent off
	נעזב	niph	ptc	ms	עזב	736		be left
	ירעה	qal	impf	3ms	רעה	944		pasture, tend
	ירבץ	qal	impf	3ms	רבץ	918		lie down
	כלה	piel	wcp	3ms	כלה	477		complete, finish
27:11	יבש	qal	infc		יבש	386		be dry
	תשברנה	niph	impf	3fp	שבר	990		be broken
	באות	qal	ptc	fp	בוא	97		come in
	מאירות	hiph	ptc	fp	אור	21		cause to shine
	ירחמנו	piel	impf	3ms	רחם	933	3ms	have compassion
	עשהו	qal	ptc	ms	עשה	793	3ms	do, make
	יצרו	qal	ptc	ms	יצר	427	3ms	form, create
	יחננו	qal	impf	3ms	חנן	335	3ms	show favor
27:12	היה	qal	wcp	3ms	היה	224		be, become
	יחבט	qal	impf	3ms	חבט	286		beat out
	תלקטו	pual	impf	2mp	לקט	544		be gathered

ChVs	Form	Stem	Tnse	PGN	Root	BDB	Sfx	Meaning
27:13	היה	qal	wcp	3ms	היה	224		be, become
	יתקע	niph	impf	3ms	תקע	1075		be blown, struck
	באו	qal	wcp	3cp	בוא	97		come in
	אבדים	qal	ptc	mp	אבד	1		perish
	נדחים	niph	ptc	mp	נדח	623		be banished
	השתחוו	hish	wcp	3cp	חוה	1005		bow down
28:1	נבל	qal	ptc	ms	נבל	615		sink, droop
	הלומי	qal	pptc	mp	הלם	240		smite
28:2	שטפים	qal	ptc	mp	שטף	1009		overflow
	הניח	hiph	pft	3ms	נוח	628		give rest, put
28:3	תרמסנה	niph	impf	3fp	רמס	942		be trampled
28:4	היתה	qal	wcp	3fs	היה	224		be, become
	נבל	qal	ptc	ms	נבל	615		sink, droop
	יראה	qal	impf	3ms	ראה	906		see
	ראה	qal	ptc	ms	ראה	906		see
	יבלענה	qal	impf	3ms	בלע	118	3fs	swallow
28:5	יהיה	qal	impf	3ms	היה	224		be, become
28:6	יושב	qal	ptc	ms	ישב	442		sit, dwell
	משיבי	hiph	ptc	mp	שוב	996		bring back
28:7	שגו	qal	pft	3cp	שגה	993		err, go astray
	תעו	qal	pft	3cp	תעה	1073		wander, err
	שגו	qal	pft	3cp	שגה	993		err, go astray
	נבלעו	niph	pft	3cp	בלע	118		swallowed up
	תעו	qal	pft	3cp	תעה	1073		wander, err
	שגו	qal	pft	3cp	שגה	993		err, go astray
	פקו	qal	pft	3cp	פוק	807		reel
28:8	מלאו	qal	pft	3cp	מלא	569		be full, fill
28:9	יורה	hiph	impf	3ms	ירה	434		shoot, teach
	יבין	hiph	impf	3ms	בין	106		understand
	גמולי	qal	pptc	mp	גמל	168		deal out, ripen
28:11	ידבר	piel	impf	3ms	דבר	180		speak
28:12	אמר	qal	pft	3ms	אמר	55		say
	הניחו	hiph	impv	mp	נוח	628		give rest, put
	אבוא	qal	pft	3cp	אבה	2		be willing
	שמוע	qal	infc		שמע	1033		hear
28:13	היה	qal	wcp	3ms	היה	224		be, become
	ילכו	qal	impf	3mp	הלך	229		walk, go
	כשלו	qal	wcp	3cp	כשל	505		stumble, totter
	נשברו	niph	wcp	3cp	שבר	990		be broken
	נוקשו	niph	wcp	3cp	יקש	430		be ensnared
	נלכדו	niph	wcp	3cp	לכד	539		be captured
28:14	שמעו	qal	impv	mp	שמע	1033		hear
	משלי	qal	ptc	mp	משל	605		rule
28:15	אמרתם	qal	pft	2mp	אמר	55		say
	כרתנו	qal	pft	1cp	כרת	503		cut, destroy
	עשינו	qal	pft	1cp	עשה	793		do, make
	שוטף	qal	ptc	ms	שטף	1009		overflow
	יעבר	qal	pft	3ms	עבר	716		pass over
	יעברq	qal	impf	3ms	עבר	716		pass over
	יבואנו	qal	impf	3ms	בוא	97	1cp	come in
	שמנו	qal	pft	1cp	שים	962		put, set
	נסתרנו	niph	pft	1cp	סתר	711		hide, be hid
28:16	אמר	qal	pft	3ms	אמר	55		say
	יסד	piel	pft	3ms	יסד	413?		found, establish
28:16	מוסד	hoph	ptc	ms	יסד	413		be founded
	מאמין	hiph	ptc	ms	אמן	52		believe
	יחיש	hiph	impf	3ms	חוש	301		show haste
28:17	שמתי	qal	wcp	1cs	שים	962		put, set
	יעה	qal	wcp	3ms	יעה	418		sweep together
	ישטפו	qal	impf	3mp	שטף	1009		overflow
28:18	כפר	pual	wcp	3ms	כפר	497		be atoned for
	תקום	qal	impf	3fs	קום	877		arise, stand
	שוטף	qal	ptc	ms	שטף	1009		overflow
	יעבר	qal	impf	3ms	עבר	716		pass over
	הייתם	qal	wcp	2mp	היה	224		be, become
28:19	עברו	qal	infc		עבר	716	3ms	pass over
	יקח	qal	impf	3ms	לקח	542		take
	יעבר	qal	impf	3ms	עבר	716		pass over
	היה	qal	wcp	3ms	היה	224		be, become
	הבין	hiph	infc		בין	106		understand
28:20	קצר	qal	pft	3ms	קצר	894		be short
	השתרע	hith	infc		שרע	976		stretch oneself
	צרה	qal	pft	3fs	צרר	864		bind, be cramped
	התכנס	hith	infc		כנס	488		gather self
28:21	יקום	qal	impf	3ms	קום	877		arise, stand
	ירגז	qal	impf	3ms	רגז	919		quake
	עשות	qal	infc		עשה	793		do, make
	זר	qal	ptc	ms	זור	266		be stranger
	עבד	qal	infc		עבד	712		work, serve
28:22	תתלוצצו	htpo	jusm	2mp	ליץ	539		act as scorner
	יחזקו	qal	impf	3mp	חזק	304		be strong
	נחרצה	niph	ptc	fs	חרץ	358		be decided
	שמעתי	qal	pft	1cs	שמע	1033		hear
28:23	האזינו	hiph	impv	mp	אזן	24		hear
	שמעו	qal	impv	mp	שמע	1033		hear
	הקשיבו	hiph	impv	mp	קשב	904		give attention
	שמעו	qal	impv	mp	שמע	1033		hear
28:24	יחרש	qal	impf	3ms	חרש	360		engrave, plough
	חרש	qal	ptc	ms	חרש	360		engrave, plough
	זרע	qal	infc		זרע	281		sow
	יפתח	piel	impf	3ms	פתח	834		loose, free
	ישדד	piel	impf	3ms	שדד	961		harrow
28:25	שוה	piel	pft	3ms	שוה	1000		level
	הפיץ	hiph	wcp	3ms	פוץ	806		scatter
	יזרק	qal	impf	3ms	זרק	284		toss, scatter
	שם	qal	wcp	3ms	שים	962		put, set
	נסמן	niph	ptc	ms	סמן	702		be determined
28:26	יסרו	piel	wcp	3ms	יסר	415	3ms	correct, chasten
	יורנו	hiph	impf	3ms	ירה	434	3ms	shoot, teach
28:27	יודש	qalp	impf	3ms	דוש	190		be threshed
	יוסב	hoph	impf	3ms	סבב	685		be turned
	יחבט	niph	impf	3ms	חבט	286		be beaten out
28:28	יודק	hoph	impf	3ms	דקק	200		be crushed
	אדוש	qal	infa		דוש	190?		tread
	ידושנו	qal	impf	3ms	דוש	190	3ms	tread
	המם	qal	wcp	3ms	המם	243		confuse, vex
	ידקנו	qal	impf	3ms	דקק	200	3ms	crush, be fine
28:29	יצאה	qal	pft	3fs	יצא	422		go out

Isaiah 28: 29 – 29: 23

ChVs	Form	Stem	Tnse	PGN	Root	BDB	Sfx	Meaning
28: 29	הפליא	hiph	pft	3ms	פלא	810		do wondrously
	הגדיל	hiph	pft	3ms	גדל	152		make great
29: 1	חנה	qal	pft	3ms	חנה	333		decline, encamp
	ספו	qal	impv	mp	יסף	414		add, increase
	ינקפו	qal	jusm	3mp	נקף	668		go around
29: 2	הציקותי	hiph	wcp	1cs	צוק	847		constrain
	היתה	qal	wcp	3fs	היה	224		be, become
	היתה	qal	wcp	3fs	היה	224		be, become
29: 3	חניתי	qal	wcp	1cs	חנה	333		decline, encamp
	צרתי	qal	wcp	1cs	צור	848		confine, shut in
	הקימתי	hiph	wcp	1cs	קום	877		raise, build, set
29: 4	שפלת	qal	wcp	2fs	שפל	1050		be low
	תדברי	piel	impf	2fs	דבר	180		speak
	תשח	niph	impf	3fs	שחח	1005		be humbled
	היה	qal	wcp	3ms	היה	224		be, become
	תצפצף	pilp	impf	3fs	צפף	861		chirp, peep
29: 5	היה	qal	wcp	3ms	היה	224		be, become
	זריך	qal	ptc	mp	זור	266	2fs	be stranger
	עבר	qal	ptc	ms	עבר	716		pass over
	היה	qal	wcp	3ms	היה	224		be, become
29: 6	תפקד	niph	impf	3fs	פקד	823		be visited
	אוכלה	qal	ptc	fs	אכל	37		eat, devour
29: 7	היה	qal	wcp	3ms	היה	224		be, become
	צבאים	qal	ptc	mp	צבא	838		wage war
	צביה	qal	ptc	mp	צבא	838	3fs	wage war
	מציקים	hiph	ptc	mp	צוק	847		constrain
29: 8	היה	qal	wcp	3ms	היה	224		be, become
	יחלם	qal	impf	3ms	חלם	321		dream
	אוכל	qal	ptc	ms	אכל	37		eat, devour
	הקיץ	hiph	wcp	3ms	קיץ	884		awake
	יחלם	qal	impf	3ms	חלם	321		dream
	שתה	qal	ptc	ms	שתה	1059		drink
	הקיץ	hiph	wcp	3ms	קיץ	884		awake
	שוקקה	qal	ptc	fs	שקק	1055		run, rush
	יהיה	qal	impf	3ms	היה	224		be, become
	צבאים	qal	ptc	mp	צבא	838		wage war
29: 9	התמהמהו	htpp	impv	mp	מהה	554		tarry
	תמהו	qal	impv	mp	תמה	1069		be astounded
	השתעשעו	htpp	impv	mp	שעע	1044		be blinded
	שעו	qal	impv	mp	שעע	1044		be blind
	שכרו	qal	pft	3cp	שכר	1016		be drunk
	נעו	qal	pft	3cp	נוע	631		totter, wave
29: 10	נסך	qal	pft	3ms	נסך	650		pour out
	יעצם	piel	wci	3ms	עצם	783		shut eyes
	כסה	piel	pft	3ms	כסה	491		cover
29: 11	תהי	qal	wci	3fs	היה	224		be, become
	חתום	qal	pptc	ms	חתם	367		seal
	יתנו	qal	impf	3mp	נתן	678		give, set
	יודע	qal	ptc	ms	ידע	393		know
	אמר	qal	infc		אמר	55		say
	קרא	qal	impv	ms	קרא	894		call, proclaim
	אמר	qal	wcp	3ms	אמר	55		say
	אוכל	qal	impf	1cs	יכל	407		be able
	חתום	qal	pptc	ms	חתם	367		seal
29: 12	נתן	niph	wcp	3ms	נתן	678		be given
	ידע	qal	pft	3ms	ידע	393		know
	אמר	qal	infc		אמר	55		say
	קרא	qal	impv	ms	קרא	894		call, proclaim
	אמר	qal	wcp	3ms	אמר	55		say
	ידעתי	qal	pft	1cs	ידע	393		know
29: 13	יאמר	qal	wci	3ms	אמר	55		say
	נגש	niph	pft	3ms	נגש	620		draw near
	כבדוני	piel	pft	3cp	כבד	457	1cs	honor, make dull
	רחק	piel	pft	3ms	רחק	934		send far away
	תהי	qal	wci	3fs	היה	224		be, become
	יראתם	qal	infc		ירא	431	3mp	fear
	מלמדה	pual	ptc	fs	למד	540		be taught
29: 14	יוסף	hiph	impf	3ms	יסף	414?		add, do again
	הפליא	hiph	infc		פלא	810		do wondrously
	הפלא	hiph	infa		פלא	810		do wondrously
	אבדה	qal	wcp	3fs	אבד	1		perish
	נבניו	niph	ptc	mp	בין	106	3ms	be discerning
	תסתתר	hith	impf	3fs	סתר	711		hide self
29: 15	מעמיקים	hiph	ptc	mp	עמק	770		make deep
	סתר	hiph	infc		סתר	711		hide
	היה	qal	wcp	3ms	היה	224		be, become
	יאמרו	qal	wci	3mp	אמר	55		say
	ראנו	qal	ptc	ms	ראה	906	1cp	see
	יודענו	qal	ptc	ms	ידע	393	1cp	know
29: 16	יצר	qal	ptc	ms	יצר	427		form, create
	יחשב	niph	impf	3ms	חשב	362		be thought
	יאמר	qal	impf	3ms	אמר	55		say
	עשהו	qal	ptc	ms	עשה	793	3ms	do, make
	עשני	qal	pft	3ms	עשה	793	1cs	do, make
	אמר	qal	pft	3ms	אמר	55		say
	יוצרו	qal	ptc	ms	יצר	427	3ms	form, create
	הבין	hiph	pft	3ms	בין	106		understand
29: 17	שב	qal	wcp	3ms	שוב	996		turn, return
	יחשב	niph	impf	3ms	חשב	362		be thought
29: 18	שמעו	qal	wcp	3cp	שמע	1033		hear
	תראינה	qal	impf	3fp	ראה	906		see
29: 19	יספו	qal	wcp	3cp	יסף	414		add, increase
	יגילו	qal	impf	3mp	גיל	162		rejoice
29: 20	אפס	qal	pft	3ms	אפס	67		cease
	כלה	qal	wcp	3ms	כלה	477		finished, spent
	לץ	qal	ptc	ms	ליץ	539		scorn
	נכרתו	niph	wcp	3cp	כרת	503		be cut off
	שקדי	qal	ptc	mp	שקד	1052		watch, wake
29: 21	מחטיאי	hiph	ptc	mp	חטא	306		cause to sin
	מוכיח	hiph	ptc	ms	יכח	406		decide, reprove
	יקשון	qal	impf	3mp	קוש	881		lay bait
	יטו	hiph	wci	3mp	נטה	639		turn, incline
29: 22	אמר	qal	pft	3ms	אמר	55		say
	פדה	qal	pft	3ms	פדה	804		ransom
	יבוש	qal	impf	3ms	בוש	101		be ashamed
	יחורו	qal	impf	3mp	חור	301		grow pale
29: 23	ראתו	qal	infc		ראה	906	3ms	see
	יקדישו	hiph	impf	3mp	קדש	872		consecrate

ChVs	Form	Stem	Tnse	PGN	Root	BDB	Sfx	Meaning
29:23	הקדישו	hiph	wcp	3cp	קדש	872		consecrate
	יעריצו	hiph	impf	3mp	ערץ	791		regard with awe
29:24	ידעו	qal	wcp	3cp	ידע	393		know
	תעי	qal	ptc	mp	תעה	1073		wander, err
	רוגנים	qal	ptc	mp	רגן	920		murmur, revolt
	ילמדו	qal	impf	3mp	למד	540		learn
30:1	סוררים	qal	ptc	mp	סרר	710		be stubborn
	עשות	qal	infc		עשה	793		do, make
	נסך	qal	infc		נסך	651		weave
	ספות	qal	infc		יסף	414		add, increase
30:2	הלכים	qal	ptc	mp	הלך	229		walk, go
	רדת	qal	infc		ירד	432		come down
	שאלו	qal	pft	3cp	שאל	981		ask, borrow
	עוז	qal	infc		עוז	731		take refuge
	חסות	qal	infc		חסה	340		seek refuge
30:3	היה	qal	wcp	3ms	היה	224		be, become
30:4	היו	qal	pft	3cp	היה	224		be, become
	יגיעו	hiph	impf	3mp	נגע	619		reach, arrive
30:5	הבאישk	hiph	pft	3ms	באש	92		cause to stink
	הבישq	hiph	pft	3ms	בוש	101		put to shame
	יועילו	hiph	impf	3mp	יעל	418		profit, benefit
	הועיל	hiph	infc		יעל	418		profit, benefit
30:6	מעופף	pol	ptc	ms	עוף	733		fly about
	ישאו	qal	impf	3mp	נשא	669		lift, carry
	יועילו	hiph	impf	3mp	יעל	418		profit, benefit
30:7	יעזרו	qal	impf	3mp	עזר	740		help, aid
	קראתי	qal	pft	1cs	קרא	894		call, proclaim
30:8	בוא	qal	impv	ms	בוא	97		come in
	כתבה	qal	impv	ms	כתב	507	3fs	write
	חקה	qal	impv	ms	חקק	349	3fs	cut in, inscribe
	תהי	qal	jus	3fs	היה	224		be, become
30:9	אבו	qal	pft	3cp	אבה	2		be willing
	שמוע	qal	infc		שמע	1033		hear
30:10	אמרו	qal	pft	3cp	אמר	55		say
	ראים	qal	ptc	mp	ראה	906		see
	תראו	qal	impf	2mp	ראה	906		see
	תחזו	qal	impf	2mp	חזה	302		see
	דברו	piel	impv	mp	דבר	180		speak
	חזו	qal	impv	mp	חזה	302		see
30:11	סורו	qal	impv	mp	סור	693		turn aside
	הטו	hiph	impv	mp	נטה	639		turn, incline
	השביתו	hiph	impv	mp	שבת	991		destroy, remove
30:12	אמר	qal	pft	3ms	אמר	55		say
	מאסכם	qal	infc		מאס	549	2mp	reject, refuse
	תבטחו	qal	wci	2mp	בטח	105		trust
	נלוז	niph	ptc	ms	לוז	531		be crooked
	תשענו	niph	wci	2mp	שען	1043		lean, support
30:13	יהיה	qal	impf	3ms	היה	224		be, become
	נפל	qal	ptc	ms	נפל	656		fall
	נבעה	niph	ptc	ms	בעה	126		searched, swell
	נשגבה	niph	ptc	fs	שגב	960		be high, exalted
	יבוא	qal	impf	3ms	בוא	97		come in
30:14	שברה	qal	wcp	3ms	שבר	990	3fs	break
	יוצרים	qal	ptc	mp	יצר	427		form, create
30:14	כתות	qal	pptc	ms	כתת	510		beat, crush
	יחמל	qal	impf	3ms	חמל	328		spare
	ימצא	niph	impf	3ms	מצא	592		be found
	חתות	qal	infc		חתה	367		snatch up
	יקוד	qal	pptc	ms	יקד	428		be kindled
	חשף	qal	infc		חשף	362		strip off
30:15	אמר	qal	pft	3ms	אמר	55		say
	תושעון	niph	impf	2mp	ישע	446		be saved
	השקט	hiph	infa		שקט	1052		show quietness
	תהיה	qal	impf	3fs	היה	224		be, become
	אביתם	qal	pft	2mp	אבה	2		be willing
30:16	תאמרו	qal	wci	2mp	אמר	55		say
	ננוס	qal	impf	1cp	נוס	630		flee, escape
	תנוסון	qal	impf	2mp	נוס	630		flee, escape
	נרכב	qal	impf	1cp	רכב	938		mount, ride
	יקלו	niph	impf	3mp	קלל	886		be trifling
	רדפיכם	qal	ptc	mp	רדף	922	2mp	pursue
30:17	תנסו	qal	impf	2mp	נוס	630		flee, escape
	נותרתם	niph	pft	2mp	יתר	451		be left, remain
30:18	יחכה	piel	impf	3ms	חכה	314		wait
	חננכם	qal	infc		חנן	335	2mp	show favor
	ירום	qal	impf	3ms	רום	926		be high
	רחמכם	piel	infc		רחם	933	2mp	have compassion
	חוכי	qal	ptc	mp	חכה	314		wait
30:19	ישב	qal	impf	3ms	ישב	442		sit, dwell
	בכו	qal	infa		בכה	113		weep
	תבכה	qal	impf	2ms	בכה	113		weep
	חנון	qal	infa		חנן	335		show favor
	יחנך	qal	impf	3ms	חנן	335	2ms	show favor
	שמעתו	qal	infc		שמע	1033	3ms	hear
	ענך	qal	pft	3ms	ענה	772	2ms	answer
30:20	נתן	qal	wcp	3ms	נתן	678		give, set
	יכנף	niph	impf	3ms	כנף	489		be cornered
	היו	qal	wcp	3cp	היה	224		be, become
	ראות	qal	ptc	fp	ראה	906		see
30:21	תשמענה	qal	impf	3fp	שמע	1033		hear
	אמר	qal	infc		אמר	55		say
	לכו	qal	impv	mp	הלך	229		walk, go
	תאמינו	hiph	impf	2mp	אמן	52		believe
	תשמאילו	hiph	impf	2mp	שמאל	970		go to left
30:22	טמאתם	piel	wcp	2mp	טמא	379		defile
	תזרם	qal	impf	2ms	זרה	279	3mp	scatter
	צא	qal	impv	ms	יצא	422		go out
	תאמר	qal	impf	2ms	אמר	55		say
30:23	נתן	qal	wcp	3ms	נתן	678		give, set
	תזרע	qal	impf	2ms	זרע	281		sow
	היה	qal	wcp	3ms	היה	224		be, become
	ירעה	qal	impf	3ms	רעה	944		pasture, tend
	נרחב	niph	ptc	ms	רחב	931		be roomy
30:24	עבדי	qal	ptc	mp	עבד	712		work, serve
	יאכלו	qal	impf	3mp	אכל	37		eat, devour
	זרה	qal	pptc	ms	זרה	279		scatter
30:25	היה	qal	wcp	3ms	היה	224		be, become
	נשאה	niph	ptc	fs	נשא	669		be lifted up

Isaiah 30:25 – 32:11

ChVs	Form	Stem	Tnse	PGN	Root	BDB	Sfx	Meaning
30:25	נפל	qal	infc		נפל	656		fall
30:26	היה	qal	wcp	3ms	היה	224		be, become
	יהיה	qal	impf	3ms	היה	224		be, become
	חבש	qal	infc		חבש	289		bind
	ירפא	qal	impf	3ms	רפא	950		heal
30:27	בא	qal	ptc	ms	בוא	97		come in
	בער	qal	ptc	ms	בער	128		burn
	מלאו	qal	pft	3cp	מלא	569		be full, fill
	אכלת	qal	ptc	fs	אכל	37		eat, devour
30:28	שוטף	qal	ptc	ms	שטף	1009		overflow
	יחצה	qal	impf	3ms	חצה	345		divide
	הנפה	hiph	infc		נוף	631		swing, wave
	מתעה	hiph	ptc	ms	תעה	1073		cause to err
30:29	יהיה	qal	impf	3ms	היה	224		be, become
	התקדש	hith	infc		קדש	872		consecrate self
	הולך	qal	ptc	ms	הלך	229		walk, go
	בוא	qal	infc		בוא	97		come in
30:30	השמיע	hiph	wcp	3ms	שמע	1033		cause to hear
	יראה	hiph	impf	3ms	ראה	906		show, exhibit
	אוכלה	qal	ptc	fs	אכל	37		eat, devour
30:31	יחת	qal	impf	3ms	חתת	369		be shattered
	יכה	hiph	impf	3ms	נכה	645		smite
30:32	היה	qal	wcp	3ms	היה	224		be, become
	יניח	hiph	impf	3ms	נוח	628		give rest, put
	נלחם	niph	pft	3ms	לחם	535		wage war
30:33	ערוך	qal	pptc	ms	ערך	789		set in order
	הוכן	hoph	pft	3ms	כון	465		be established
	העמיק	hiph	pft	3ms	עמק	770		make deep
	הרחב	hiph	pft	3ms	רחב	931		enlarge
	הרבה	hiph	infa		רבה	915		make many
	בערה	qal	ptc	fs	בער	128		burn
31:1	ירדים	qal	ptc	mp	ירד	432		come down
	ישענו	niph	impf	3mp	שען	1043		lean, support
	יבטחו	qal	wci	3mp	בטח	105		trust
	עצמו	qal	pft	3cp	עצם	782		be mighty, many
	שעו	qal	pft	3cp	שעה	1043		gaze, regard
	דרשו	qal	pft	3cp	דרש	205		resort to, seek
31:2	יבא	hiph	wci	3ms	בוא	97		bring in
	הסיר	hiph	pft	3ms	סור	693		take away
	קם	qal	wcp	3ms	קום	877		arise, stand
	מרעים	hiph	ptc	mp	רעע	949		hurt, do evil
	פעלי	qal	ptc	mp	פעל	821		do, make
31:3	יטה	hiph	impf	3ms	נטה	639		turn, incline
	כשל	qal	wcp	3ms	כשל	505		stumble, totter
	עוזר	qal	ptc	ms	עזר	740		help, aid
	נפל	qal	wcp	3ms	נפל	656		fall
	עזר	qal	pptc	ms	עזר	740		help, aid
	יכליון	qal	impf	3mp	כלה	477		finished, spent
31:4	אמר	qal	pft	3ms	אמר	55		say
	יהגה	qal	impf	3ms	הגה	211		groan, utter
	יקרא	niph	impf	3ms	קרא	894		be called
	רעים	qal	ptc	mp	רעה	944		pasture, tend
	יחת	qal	impf	3ms	חתת	369		be shattered
	יענה	qal	impf	3ms	ענה	776		be bowed down
31:4	ירד	qal	impf	3ms	ירד	432		come down
	צבא	qal	infc		צבא	838		wage war
31:5	עפות	qal	ptc	fp	עוף	733		fly
	ינן	hiph	impf	3ms	גנן	170		defend
	גנון	qal	infa		גנן	170		defend
	הציל	hiph	wcp	3ms	נצל	664		snatch, deliver
	פסח	qal	infa		פסח	820		pass over
	המליט	hiph	wcp	3ms	מלט	572		deliver
31:6	שובו	qal	impv	mp	שוב	996		turn, return
	העמיקו	hiph	pft	3cp	עמק	770		make deep
31:7	ימאסון	qal	impf	3mp	מאס	549		reject, refuse
	עשו	qal	pft	3cp	עשה	793		do, make
31:8	נפל	qal	wcp	3ms	נפל	656		fall
	תאכלנו	qal	impf	3fs	אכל	37	3ms	eat, devour
	נס	qal	wcp	3ms	נוס	630		flee, escape
	יהיו	qal	impf	3mp	היה	224		be, become
31:9	יעבור	qal	impf	3ms	עבר	716		pass over
	חתו	qal	wcp	3cp	חתת	369		be shattered
32:1	ימלך	qal	impf	3ms	מלך	573		be king, reign
	ישרו	qal	impf	3mp	שרר	979		rule
32:2	היה	qal	wcp	3ms	היה	224		be, become
32:3	תשעינה	qal	impf	3fp	שעה	1043		gaze, regard
	ראים	qal	ptc	mp	ראה	906		see
	שמעים	qal	ptc	mp	שמע	1033		hear
	תקשבנה	qal	impf	3fp	קשב	904		listen
32:4	נמהרים	niph	ptc	mp	מהר	554		be hurried
	יבין	qal	impf	3ms	בין	106		discern
	דעת	qal	infc		ידע	393		know
	תמהר	piel	impf	3fs	מהר	554		hasten
	דבר	piel	infc		דבר	180		speak
32:5	יקרא	niph	impf	3ms	קרא	894		be called
	יאמר	niph	impf	3ms	אמר	55		be said, called
32:6	ידבר	piel	impf	3ms	דבר	180		speak
	יעשה	qal	impf	3ms	עשה	793		do, make
	עשות	qal	infc		עשה	793		do, make
	דבר	piel	infc		דבר	180		speak
	הריק	hiph	infc		ריק	937		make empty
	יחסיר	hiph	impf	3ms	חסר	341		cause to lack
32:7	יעץ	qal	pft	3ms	יעץ	419		advise, counsel
	חבל	piel	infc		חבל	287		ruin, destroy
	דבר	piel	infc		דבר	180		speak
32:8	יעץ	qal	pft	3ms	יעץ	419		advise, counsel
	יקום	qal	impf	3ms	קום	877		arise, stand
32:9	קמנה	qal	impv	fp	קום	877		arise, stand
	שמענה	qal	impv	fp	שמע	1033		hear
	בטחות	qal	ptc	fp	בטח	105		trust
	האזנה	hiph	impv	fp	אזן	24		hear
32:10	תרגזנה	qal	impf	3fp	רגז	919		quake
	בטחות	qal	ptc	fp	בטח	105		trust
	כלה	qal	pft	3ms	כלה	477		finished, spent
	יבוא	qal	impf	3ms	בוא	97		come in
32:11	חרדו	qal	impv	mp	חרד	353		tremble
	רגזה	qal	impv	ms	רגז	919		quake
	בטחות	qal	ptc	fp	בטח	105		trust

Isaiah 32:11 – 33:23

ChVs	Form	Stem	Tnse	PGN	Root	BDB	Sfx	Meaning
32:11	פשטה	qal	impv	ms	פשט	832		strip off
	ערה	qal	impv	ms	ערר	792		strip oneself
	חגורה	qal	impv	ms	חגר	291		gird
32:12	ספדים	qal	ptc	mp	ספד	704		wail, lament
	פריה	qal	ptc	fs	פרה	826		bear fruit
32:13	תעלה	qal	impf	3fs	עלה	748		go up
32:14	נטש	pual	pft	3ms	נטש	643		be deserted
	עזב	qalp	pft	3ms	עזב	736		be deserted
	היה	qal	pft	3ms	היה	224		be, become
32:15	יערה	niph	impf	3ms	ערה	788		be poured out
	היה	qal	wcp	3ms	היה	224		be, become
	יחשב	niph	impf	3ms	חשב	362		be thought
32:16	שכן	qal	wcp	3ms	שכן	1014		settle, dwell
	תשב	qal	impf	3fs	ישב	442		sit, dwell
32:17	היה	qal	wcp	3ms	היה	224		be, become
	השקט	hiph	infa		שקט	1052		show quietness
32:18	ישב	qal	wcp	3ms	ישב	442		sit, dwell
32:19	ברד	qal	wcp	3ms	ברד	136		hail
	רדת	qal	infc		ירד	432		come down
	תשפל	qal	impf	3fs	שפל	1050		be low
32:20	זרעי	qal	ptc	mp	זרע	281		sow
	משלחי	piel	ptc	mp	שלח	1018		send away, shoot
33:1	שודד	qal	ptc	ms	שדד	994		destroy, oppress
	שדוד	qal	pptc	ms	שדד	994		destroy, oppress
	בוגד	qal	ptc	ms	בגד	93		act faithlessly
	בגדו	qal	pft	3cp	בגד	93		act faithlessly
	התמך	hiph	infc		תמם	1070	2ms	finish
	שודד	qal	ptc	ms	שדד	994		destroy, oppress
	תושד	qalp	impf	2ms	שדד	994		be devastated
	נלתך	hiph	infc		נלה	649	2ms	cease
	בגד	qal	infc		בגד	93		act faithlessly
	יבגדו	qal	impf	3mp	בגד	93		act faithlessly
33:2	חננו	qal	impv	ms	חנן	335	1cp	show favor
	קוינו	piel	pft	1cp	קוה	875		wait for
	היה	qal	impv	ms	היה	224		be, become
33:3	נדדו	qal	pft	3cp	נדד	622		retreat, flee
	נפצו	qal	pft	3cp	נפץ	659		disperse
33:4	אסף	pual	wcp	3ms	אסף	62		be gathered
	שוקק	qal	ptc	ms	שקק	1055		run, rush
33:5	נשגב	niph	ptc	ms	שגב	960		be high, exalted
	שכן	qal	ptc	ms	שכן	1014		settle, dwell
	מלא	piel	pft	3ms	מלא	569		fill
33:6	היה	qal	wcp	3ms	היה	224		be, become
33:7	צעקו	qal	pft	3cp	צעק	858		cry out
	יבכיון	qal	impf	3mp	בכה	113		weep
33:8	נשמו	niph	pft	3cp	שמם	1030		be desolate
	שבת	qal	pft	3ms	שבת	991		cease, desist
	עבר	qal	ptc	ms	עבר	716		pass over
	הפר	hiph	pft	3ms	פרר	830		break, frustrate
	מאס	qal	pft	3ms	מאס	549		reject, refuse
	חשב	qal	pft	3ms	חשב	362		think, devise
33:9	אבל	qal	pft	3ms	אבל	5		mourn
	אמללה	pul	pft	3fs	אמל	51		be feeble
	החפיר	hiph	pft	3ms	חפר	344		display shame
33:9	קמל	qal	pft	3ms	קמל	888		be decayed
	היה	qal	pft	3ms	היה	224		be, become
	נער	qal	ptc	ms	נער	654		shake out
33:10	אקום	qal	impf	1cs	קום	877		arise, stand
	יאמר	qal	impf	3ms	אמר	55		say
	ארומם	htpo	impf	1cs	רום	926		exalt oneself
	אנשא	niph	impf	1cs	נשא	669		be lifted up
33:11	תהרו	qal	impf	2mp	הרה	247		conceive
	תלדו	qal	impf	2mp	ילד	408		bear, beget
	תאכלכם	qal	impf	3fs	אכל	37	2mp	eat, devour
33:12	היו	qal	wcp	3cp	היה	224		be, become
	כסוחים	qal	pptc	mp	כסח	492		cut away
	יצתו	qal	impf	3mp	יצת	428		kindle
33:13	שמעו	qal	impv	mp	שמע	1033		hear
	עשיתי	qal	pft	1cs	עשה	793		do, make
	דעו	qal	impv	mp	ידע	393		know
33:14	פחדו	qal	pft	3cp	פחד	808		be in dread
	אחזה	qal	pft	3fs	אחז	28		grasp
	יגור	qal	impf	3ms	גור	157		sojourn
	אוכלה	qal	ptc	fs	אכל	37		eat, devour
	יגור	qal	impf	3ms	גור	157		sojourn
33:15	הלך	qal	ptc	ms	הלך	229		walk, go
	דבר	qal	ptc	ms	דבר	180		speak
	מאס	qal	ptc	ms	מאס	549		reject, refuse
	נער	qal	ptc	ms	נער	654		shake out
	תמך	qal	infc		תמך	1069		grasp, support
	אטם	qal	ptc	ms	אטם	31		shut
	שמע	qal	infc		שמע	1033		hear
	עצם	qal	ptc	ms	עצם	783		shut eyes
	ראות	qal	infc		ראה	906		see
33:16	ישכן	qal	impf	3ms	שכן	1014		settle, dwell
	נתן	niph	ptc	ms	נתן	678		be given
	נאמנים	niph	ptc	mp	אמן	52		be confirmed
33:17	תחזינה	qal	impf	3fp	חזה	302		see
	תראינה	qal	impf	3fp	ראה	906		see
33:18	יהגה	qal	impf	3ms	הגה	211		groan, utter
	ספר	qal	ptc	ms	ספר	707		count
	שקל	qal	ptc	ms	שקל	1053		weigh
	ספר	qal	ptc	ms	ספר	707		count
33:19	נועז	niph	ptc	ms	יעז	418		be arrogant
	תראה	qal	impf	2ms	ראה	906		see
	שמוע	qal	infc		שמע	1033		hear
	נלעג	niph	ptc	ms	לעג	541		stammer
33:20	חזה	qal	impv	ms	חזה	302		see
	תראינה	qal	impf	3fp	ראה	906		see
	יצען	qal	impf	3ms	צען	858		travel
	יסע	qal	impf	3ms	נסע	652		pull up, set out
	ינתקו	niph	impf	3mp	נתק	683		be drawn, torn
33:21	תלך	qal	impf	3fs	הלך	229		walk, go
	יעברנו	qal	impf	3ms	עבר	716	3ms	pass over
33:22	שפטנו	qal	ptc	ms	שפט	1047	1cp	judge
	מחקקנו	poel	ptc	ms	חקק	349	1cp	prescribe(r)
	יושיענו	hiph	impf	3ms	ישע	446	1cp	deliver, save
33:23	נטשו	niph	pft	3cp	נטש	643		be forsaken

Isaiah 33: 23 – 36: 2

ChVs	Form	Stem	Tnse	PGN	Root	BDB	Sfx	Meaning
33:23	יחזקו	piel	impf	3mp	חזק	304		make strong
	פרשו	qal	pft	3cp	פרש	831		spread out
	חלק	pual	pft	3ms	חלק	323		be divided
	בזזו	qal	pft	3cp	בזז	102		plunder
33:24	יאמר	qal	impf	3ms	אמר	55		say
	חליתי	qal	pft	1cs	חלה	317		be weak, sick
	ישב	qal	ptc	ms	ישב	442		sit, dwell
	נשא	qal	pptc	ms	נשא	669		lift, carry
34:1	קרבו	qal	impv	mp	קרב	897		approach
	שמע	qal	infc		שמע	1033		hear
	הקשיבו	hiph	impv	mp	קשב	904		give attention
	תשמע	qal	jusm	3fs	שמע	1033		hear
34:2	החרימם	hiph	pft	3ms	חרם	355	3mp	ban, destroy
	נתנם	qal	pft	3ms	נתן	678	3mp	give, set
34:3	ישלכו	hoph	impf	3mp	שלך	1020		be cast
	יעלה	qal	impf	3ms	עלה	748		go up
	נמסו	niph	wcp	3cp	מסס	587		melt, despair
34:4	נמקו	niph	wcp	3cp	מקק	596		rot, decay
	נגלו	niph	wcp	3cp	גלל	164		roll along
	יבול	qal	impf	3ms	נבל	615		sink, droop
	נבל	qal	infc		נבל	615		sink, droop
	נבלת	qal	ptc	fs	נבל	615		sink, droop
34:5	רותה	piel	pft	3fs	רוה	924		saturate
	תרד	qal	impf	3fs	ירד	432		come down
34:6	מלאה	qal	pft	3fs	מלא	569		be full, fill
	הדשנה	hoth	pft	3fs	דשן	206		be fattened
34:7	ירדו	qal	wcp	3cp	ירד	432		come down
	רותה	piel	wcp	3fs	רוה	924		saturate
	ידשן	pual	impf	3ms	דשן	206		be made fat
34:9	נהפכו	niph	wcp	3cp	הפך	245		turn oneself
	היתה	qal	wcp	3fs	היה	224		be, become
	בערה	qal	ptc	fs	בער	128		burn
34:10	תכבה	qal	impf	3fs	כבה	459		be quenched
	יעלה	qal	impf	3ms	עלה	748		go up
	תחרב	qal	impf	3fs	חרב	351		be waste
	עבר	qal	ptc	ms	עבר	716		pass over
34:11	ירשוה	qal	wcp	3cp	ירש	439	3fs	possess, inherit
	ישכנו	qal	impf	3mp	שכן	1014		settle, dwell
	נטה	qal	wcp	3ms	נטה	639		stretch, incline
34:12	יקראו	qal	impf	3mp	קרא	894		call, proclaim
	יהיו	qal	impf	3mp	היה	224		be, become
34:13	עלתה	qal	wcp	3fs	עלה	748		go up
	היתה	qal	wcp	3fs	היה	224		be, become
34:14	פגשו	qal	wcp	3cp	פגש	803		meet
	יקרא	qal	impf	3ms	קרא	894		call, proclaim
	הרגיעה	hiph	pft	3fs	רגע	921		give rest
	מצאה	qal	wcp	3fs	מצא	592		find
34:15	קננה	piel	pft	3fs	קנן	890		make nest
	תמלט	piel	wci	3fs	מלט	572		deliver
	בקעה	qal	wcp	3fs	בקע	131		cleave, break
	דגרה	qal	wcp	3fs	דגר	186		gather together
	נקבצו	niph	pft	3cp	קבץ	867		assemble, gather
34:16	דרשו	qal	impv	mp	דרש	205		resort to, seek
	קראו	qal	impv	mp	קרא	894		call, proclaim
34:16	נעדרה	niph	pft	3fs	עדר	727		be lacking, fail
	פקדו	qal	pft	3cp	פקד	823		attend to, visit
	צוה	piel	pft	3ms	צוה	845		command
	קבצן	piel	pft	3ms	קבץ	867	3fp	gather together
34:17	הפיל	hiph	pft	3ms	נפל	656		cause to fall
	חלקתה	piel	pft	3fs	חלק	323		divide
	יירשוה	qal	impf	3mp	ירש	439	3fs	possess, inherit
	ישכנו	qal	impf	3mp	שכן	1014		settle, dwell
35:1	ישׂשׂום	qal	impf	3mp	שׂושׂ	965		exult
	תגל	qal	jus	3fs	גיל	162		rejoice
	תפרח	qal	impf	3fs	פרח	827		bud
35:2	פרח	qal	infa		פרח	827		bud
	תפרח	qal	impf	3fs	פרח	827		bud
	תגל	qal	jus	3fs	גיל	162		rejoice
	רנן	piel	infc		רנן	943		shout w/joy
	נתן	niph	pft	3ms	נתן	678		be given
	יראו	qal	impf	3mp	ראה	906		see
35:3	חזקו	piel	impv	mp	חזק	304		make strong
	כשלות	qal	ptc	fp	כשל	505		stumble, totter
	אמצו	piel	impv	mp	אמץ	54		make firm
35:4	אמרו	qal	impv	mp	אמר	55		say
	נמהרי	niph	ptc	mp	מהר	554		be hurried
	חזקו	qal	impv	mp	חזק	304		be strong
	תיראו	qal	jusm	2mp	ירא	431		fear
	יבוא	qal	impf	3ms	בוא	97		come in
	יבוא	qal	impf	3ms	בוא	97		come in
	ישעכם	hiph	jus	3ms	ישע	446	2mp	deliver, save
35:5	תפקחנה	niph	impf	3fp	פקח	824		be opened
	תפתחנה	niph	impf	3fp	פתח	834		be opened
35:6	ידלג	piel	impf	3ms	דלג	194		leap over
	תרן	qal	impf	3fs	רנן	943		cry aloud
	נבקעו	niph	pft	3cp	בקע	131		be cleft
35:7	היה	qal	wcp	3ms	היה	224		be, become
35:8	היה	qal	wcp	3ms	היה	224		be, become
	יקרא	niph	impf	3ms	קרא	894		be called
	יעברנו	qal	impf	3ms	עבר	716	3ms	pass over
	הלך	qal	ptc	ms	הלך	229		walk, go
	יתעו	qal	impf	3mp	תעה	1073		wander, err
35:9	יהיה	qal	impf	3ms	היה	224		be, become
	יעלנה	qal	impf	3ms	עלה	748	3fs	go up
	תמצא	niph	impf	3fs	מצא	592		be found
	הלכו	qal	wcp	3cp	הלך	229		walk, go
	גאולים	qal	pptc	mp	גאל	145		redeem
35:10	פדויי	qal	pptc	mp	פדה	804		ransom
	ישבון	qal	impf	3mp	שוב	996		turn, return
	באו	qal	wcp	3cp	בוא	97		come in
	ישיגו	hiph	impf	3mp	נשג	673		reach, overtake
	נסו	qal	wcp	3cp	נוס	630		flee, escape
36:1	יהי	qal	wci	3ms	היה	224		be, become
	עלה	qal	pft	3ms	עלה	748		go up
	בצרות	qal	pptc	fp	בצר	130		cut off
	יתפשם	qal	wci	3ms	תפש	1074	3mp	seize, grasp
36:2	ישלח	qal	wci	3ms	שלח	1018		send
	יעמד	qal	wci	3ms	עמד	763		stand, stop

ChVs	Form	Stem	Tnse	PGN	Root	BDB	Sfx	Meaning	ChVs	Form	Stem	Tnse	PGN	Root	BDB	Sfx	Meaning
36:2	כובס	qal	ptc	ms	כבס	460		tread	36:15	יצילנו	hiph	impf	3ms	נצל	664	1cp	snatch,deliver
36:3	יצא	qal	wci	3ms	יצא	422		go out		תנתן	niph	impf	3fs	נתן	678		be given
	מזכיר	hiph	ptc	ms	זכר	269		c. to remember	36:16	תשמעו	qal	jusm	2mp	שמע	1033		hear
36:4	יאמר	qal	wci	3ms	אמר	55		say		אמר	qal	pft	3ms	אמר	55		say
	אמרו	qal	impv	mp	אמר	55		say		עשו	qal	impv	mp	עשה	793		do,make
	אמר	qal	impv	mp	אמר	55		say		צאו	qal	impv	mp	יצא	422		go out
	בטחת	qal	pft	2ms	בטח	105		trust		אכלו	qal	impv	mp	אכל	37		eat,devour
36:5	אמרתי	qal	pft	1cs	אמר	55		say		שתו	qal	impv	mp	שתה	1059		drink
	בטחת	qal	pft	2ms	בטח	105		trust	36:17	באי	qal	infc		בוא	97	1cs	come in
	מרדת	qal	pft	2ms	מרד	597		rebel		לקחתי	qal	wcp	1cs	לקח	542		take
36:6	בטחת	qal	pft	2ms	בטח	105		trust	36:18	יסית	hiph	impf	3ms	סות	694		incite,allure
	רצוץ	qal	pptc	ms	רצץ	954		crush		אמר	qal	infc		אמר	55		say
	יסמך	niph	impf	3ms	סמך	701		support oneself		יצילנו	hiph	impf	3ms	נצל	664	1cp	snatch,deliver
	בא	qal	wcp	3ms	בוא	97		come in		הצילו	hiph	pft	3cp	נצל	664		snatch,deliver
	נקבה	qal	wcp	3ms	נקב	666	3fs	pierce	36:19	הצילו	hiph	pft	3cp	נצל	664		snatch,deliver
	בטחים	qal	ptc	mp	בטח	105		trust	36:20	הצילו	hiph	pft	3cp	נצל	664		snatch,deliver
36:7	תאמר	qal	impf	2ms	אמר	55		say		יציל	hiph	impf	3ms	נצל	664		snatch,deliver
	בטחנו	qal	pft	1cp	בטח	105		trust	36:21	יחרישו	hiph	wci	3mp	חרש	361		be silent
	הסיר	hiph	pft	3ms	סור	693		take away		ענו	qal	pft	3cp	ענה	772		answer
	יאמר	qal	wci	3ms	אמר	55		say		אמר	qal	infc		אמר	55		say
	תשתחוו	hish	impf	2mp	חוה	1005		bow down		תענהו	qal	impf	2mp	ענה	772	3ms	answer
36:8	התערב	hith	impv	ms	ערב	786		exchange,share	36:22	יבא	qal	wci	3ms	בוא	97		come in
	אתנה	qal	coh	1cs	נתן	678		give,set		מזכיר	hiph	ptc	ms	זכר	269		c. to remember
	תוכל	qal	impf	2ms	יכל	407		be able		קרועי	qal	pptc	mp	קרע	902		tear,rend
	תת	qal	infc		נתן	678		give,set		ינידו	hiph	wci	3mp	נגד	616		declare,tell
	רכבים	qal	ptc	mp	רכב	938		mount,ride	37:1	יהי	qal	wci	3ms	היה	224		be,become
36:9	תשיב	hiph	impf	2ms	שוב	996		bring back		שמע	qal	infc		שמע	1033		hear
	תבטח	qal	wci	2ms	בטח	105		trust		יקרע	qal	wci	3ms	קרע	902		tear,rend
36:10	עליתי	qal	pft	1cs	עלה	748		go up		יתכס	hith	wci	3ms	כסה	491		cover oneself
	השחיתה	hiph	infc		שחת	1007	3fs	spoil,ruin		יבא	qal	wci	3ms	בוא	97		come in
	אמר	qal	pft	3ms	אמר	55		say	37:2	ישלח	qal	wci	3ms	שלח	1018		send
	עלה	qal	impv	ms	עלה	748		go up		מתכסים	hith	ptc	mp	כסה	491		cover oneself
	השחיתה	hiph	impv	ms	שחת	1007	3fs	spoil,ruin	37:3	יאמרו	qal	wci	3mp	אמר	55		say
36:11	יאמר	qal	wci	3ms	אמר	55		say		אמר	qal	pft	3ms	אמר	55		say
	דבר	piel	impv	ms	דבר	180		speak		באו	qal	pft	3cp	בוא	97		come in
	שמעים	qal	ptc	mp	שמע	1033		hear		לדה	qal	infc		ילד	408		bear,beget
	תדבר	piel	jusm	2ms	דבר	180		speak	37:4	ישמע	qal	impf	3ms	שמע	1033		hear
36:12	יאמר	qal	wci	3ms	אמר	55		say		שלחו	qal	pft	3ms	שלח	1018	3ms	send
	שלחני	qal	pft	3ms	שלח	1018	1cs	send		חרף	piel	infc		חרף	357		reproach
	דבר	piel	infc		דבר	180		speak		הוכיח	hiph	wcp	3ms	יכח	406		decide,reprove
	ישבים	qal	ptc	mp	ישב	442		sit,dwell		שמע	qal	pft	3ms	שמע	1033		hear
	אכל	qal	infc		אכל	37		eat,devour		נשאת	qal	wcp	2ms	נשא	669		lift,carry
	שתות	qal	infc		שתה	1059		drink		נמצאה	niph	ptc		fs	מצא	592		be found
36:13	יעמד	qal	wci	3ms	עמד	763		stand,stop	37:5	יבאו	qal	wci	3mp	בוא	97		come in
	יקרא	qal	wci	3ms	קרא	894		call,proclaim	37:6	יאמר	qal	wci	3ms	אמר	55		say
	יאמר	qal	wci	3ms	אמר	55		say		תאמרון	qal	impf	2mp	אמר	55		say
	שמעו	qal	impv	mp	שמע	1033		hear		אמר	qal	pft	3ms	אמר	55		say
36:14	אמר	qal	pft	3ms	אמר	55		say		תירא	qal	jusm	2ms	ירא	431		fear
	ישא	hiph	jusm	3ms	נשא	674		beguile		שמעת	qal	pft	2ms	שמע	1033		hear
	יוכל	qal	impf	3ms	יכל	407		be able		גדפו	piel	pft	3cp	גדף	154		revile
	הציל	hiph	infc		נצל	664		snatch,deliver	37:7	נותן	qal	ptc	ms	נתן	678		give,set
36:15	יבטח	hiph	jusm	3ms	בטח	105		cause to trust		שמע	qal	wcp	3ms	שמע	1033		hear
	אמר	qal	infc		אמר	55		say		שב	qal	wcp	3ms	שוב	996		turn,return
	הצל	hiph	infa		נצל	664		snatch,deliver		הפלתיו	hiph	wcp	1cs	נפל	656	3ms	cause to fall

Isaiah 37:8–37:36

ChVs	Form	Stem	Tnse	PGN	Root	BDB	Sfx	Meaning
37:8	יָשׇׁב	qal	wci	3ms	שׁוב	996		turn, return
	יִמְצָא	qal	wci	3ms	מצא	592		find
	נִלְחָם	niph	ptc	ms	לחם	535		wage war
	שָׁמַע	qal	pft	3ms	שׁמע	1033		hear
	נָסַע	qal	pft	3ms	נסע	652		pull up, set out
37:9	יִשְׁמַע	qal	wci	3ms	שׁמע	1033		hear
	אָמַר	qal	infc		אמר	55		say
	יָצָא	qal	pft	3ms	יצא	422		go out
	הִלָּחֵם	niph	infc		לחם	535		wage war
	יִשְׁמַע	qal	wci	3ms	שׁמע	1033		hear
	יִשְׁלַח	qal	wci	3ms	שׁלח	1018		send
	אָמַר	qal	infc		אמר	55		say
37:10	תֹּאמְרוּן	qal	impf	2mp	אמר	55		say
	אָמַר	qal	infc		אמר	55		say
	יַשִּׁאֲךָ	hiph	jusm	3ms	נשׁא	674	2ms	beguile
	בּוֹטֵחַ	qal	ptc	ms	בטח	105		trust
	אָמַר	qal	infc		אמר	55		say
	תִּנָּתֵן	niph	impf	3fs	נתן	678		be given
37:11	שָׁמַעְתָּ	qal	pft	2ms	שׁמע	1033		hear
	עָשׂוּ	qal	pft	3cp	עשׂה	793		do, make
	הַחֲרִימָם	hiph	infc		חרם	355	3mp	ban, destroy
	תִּנָּצֵל	niph	impf	2ms	נצל	664		be delivered
37:12	הִצִּילוּ	hiph	pft	3cp	נצל	664		snatch, deliver
	הִשְׁחִיתוּ	hiph	pft	3cp	שׁחת	1007		spoil, ruin
37:14	יִקַּח	qal	wci	3ms	לקח	542		take
	יִקְרָאֵהוּ	qal	wci	3ms	קרא	894	3ms	call, proclaim
	יַעַל	qal	wci	3ms	עלה	748		go up
	יִפְרְשֵׂהוּ	qal	wci	3ms	פרשׂ	831	3ms	spread out
37:15	יִתְפַּלֵּל	hith	wci	3ms	פלל	813		pray
	אָמַר	qal	infc		אמר	55		say
37:16	יֹשֵׁב	qal	ptc	ms	ישׁב	442		sit, dwell
	עָשִׂיתָ	qal	pft	2ms	עשׂה	793		do, make
37:17	הַטֵּה	hiph	impv	ms	נטה	639		turn, incline
	שְׁמַע	qal	impv	ms	שׁמע	1033		hear
	פְּקַח	qal	impv	ms	פקח	824		open
	רְאֵה	qal	impv	ms	ראה	906		see
	שְׁמַע	qal	impv	ms	שׁמע	1033		hear
	שָׁלַח	qal	pft	3ms	שׁלח	1018		send
	חָרֵף	piel	infc		חרף	357		reproach
37:18	הֶחֱרִיבוּ	hiph	pft	3cp	חרב	351		make desolate
37:19	נָתֹן	qal	infa		נתן	678		give, set
	יְאַבְּדוּם	piel	wci	3mp	אבד	1	3mp	destroy
37:20	הוֹשִׁיעֵנוּ	hiph	impv	ms	ישׁע	446	1cp	deliver, save
	יֵדְעוּ	qal	jusm	3mp	ידע	393		know
37:21	יִשְׁלַח	qal	wci	3ms	שׁלח	1018		send
	אָמַר	qal	infc		אמר	55		say
	אָמַר	qal	pft	3ms	אמר	55		say
	הִתְפַּלַּלְתָּ	hith	pft	2ms	פלל	813		pray
37:22	דִּבֶּר	piel	pft	3ms	דבר	180		speak
	בָּזָה	qal	pft	3fs	בוז	100		despise
	לָעֲגָה	qal	pft	3fs	לעג	541		mock, deride
	הֵנִיעָה	hiph	pft	3fs	נוע	631		shake, disturb
37:23	חֵרַפְתָּ	piel	pft	2ms	חרף	357		reproach
	גִדַּפְתָּ	piel	pft	2ms	גדף	154		revile
37:23	הֲרִימוֹתָ	hiph	pft	2ms	רום	926		raise, lift
	תִּשָּׂא	qal	wci	2ms	נשׂא	669		lift, carry
37:24	חֵרַפְתָּ	piel	pft	2ms	חרף	357		reproach
	תֹּאמַר	qal	wci	2ms	אמר	55		say
	עָלִיתִי	qal	pft	1cs	עלה	748		go up
	אֶכְרֹת	qal	impf	1cs	כרת	503		cut, destroy
	אָבוֹא	qal	impf	1cs	בוא	97		come in
37:25	קַרְתִּי	qal	pft	1cs	קור	881		bore, dig
	שָׁתִיתִי	qal	pft	1cs	שׁתה	1059		drink
	אַחֲרִב	hiph	impf	1cs	חרב	351		dry up
37:26	שָׁמַעְתָּ	qal	pft	2ms	שׁמע	1033		hear
	עֲשִׂיתִי	qal	pft	1cs	עשׂה	793		do, make
	יְצַרְתִּיהָ	qal	wcp	1cs	יצר	427	3fs	form, create
	הֲבֵאתִיהָ	hiph	pft	1cs	בוא	97	3fs	bring in
	תְּהִי	qal	jus	3fs	היה	224		be, become
	הַשְׁאוֹת	hiph	infc		שׁאה	980		lay waste
	נִצִּים	niph	ptc	mp	נצה	663		be ruined
	בְּצֻרוֹת	qal	pptc	fp	בצר	130		cut off
37:27	יֹשְׁבֵיהֶן	qal	ptc	mp	ישׁב	442	3fp	sit, dwell
	חַתּוּ	qal	pft	3cp	חתת	369		be shattered
	בֹּשׁוּ	qal	pft	3cp	בושׁ	101		be ashamed
	הָיוּ	qal	pft	3cp	היה	224		be, become
37:28	שִׁבְתְּךָ	qal	infc		ישׁב	442	2ms	sit, dwell
	צֵאתְךָ	qal	infc		יצא	422	2ms	go out
	בּוֹאֲךָ	qal	infc		בוא	97	2ms	come in
	יָדַעְתִּי	qal	pft	1cs	ידע	393		know
	הִתְרַגֶּזְךָ	hith	infc		רגז	919	2ms	excite oneself
37:29	הִתְרַגֶּזְךָ	hith	infc		רגז	919	2ms	excite oneself
	עָלָה	qal	pft	3ms	עלה	748		go up
	שַׂמְתִּי	qal	wcp	1cs	שׂים	962		put, set
	הֲשִׁיבֹתִיךָ	hiph	wcp	1cs	שׁוב	996	2ms	bring back
	בָּאתָ	qal	pft	2ms	בוא	97		come in
37:30	אָכוֹל	qal	infa		אכל	37		eat, devour
	זִרְעוּ	qal	impv	mp	זרע	281		sow
	קִצְרוּ	qal	impv	mp	קצר	894		reap, harvest
	נִטְעוּ	qal	impv	mp	נטע	642		plant
	אָכוֹלk	qal	infa		אכל	37		eat, devour
	אִכְלוּq	qal	impv	mp	אכל	37		eat, devour
37:31	יָסְפָה	qal	wcp	3fs	יסף	414		add, increase
	נִשְׁאָרָה	niph	ptc	fs	שׁאר	983		be left
	עָשָׂה	qal	wcp	3ms	עשׂה	793		do, make
37:32	תֵּצֵא	qal	impf	3fs	יצא	422		go out
	תַּעֲשֶׂה	qal	impf	3fs	עשׂה	793		do, make
37:33	אָמַר	qal	pft	3ms	אמר	55		say
	יָבוֹא	qal	impf	3ms	בוא	97		come in
	יוֹרֶה	hiph	impf	3ms	ירה	434		shoot, teach
	יְקַדְּמֶנָּה	piel	impf	3ms	קדם	869	3fs	meet, confront
	יִשְׁפֹּךְ	qal	impf	3ms	שׁפך	1049		pour out
37:34	בָּא	qal	pft	3ms	בוא	97		come in
	יָשׁוּב	qal	impf	3ms	שׁוב	996		turn, return
	יָבוֹא	qal	impf	3ms	בוא	97		come in
37:35	גַּנּוֹתִי	qal	wcp	1cs	גנן	170		defend
	הוֹשִׁיעָה	hiph	infc		ישׁע	446	3fs	deliver, save
37:36	יָצָא	qal	wci	3ms	יצא	422		go out

ChVs	Form	Stem	Tnse	PGN	Root	BDB	Sfx	Meaning
37:36	יכה	hiph	wci	3ms	נכה	645		smite
	ישכימו	hiph	wci	3mp	שכם	1014		rise early
	מתים	qal	ptc	mp	מות	559		die
37:37	יסע	qal	wci	3ms	נסע	652		pull up, set out
	ילך	qal	wci	3ms	הלך	229		walk, go
	ישב	qal	wci	3ms	שוב	996		turn, return
	ישב	qal	wci	3ms	ישב	442		sit, dwell
37:38	יהי	qal	wci	3ms	היה	224		be, become
	משתחוה	hish	ptc	ms	חוה	1005		bow down
	הכהו	hiph	pft	3cp	נכה	645	3ms	smite
	נמלטו	niph	pft	3cp	מלט	572		escape
	ימלך	qal	wci	3ms	מלך	573		be king, reign
38:1	חלה	qal	pft	3ms	חלה	317		be weak, sick
	מות	qal	infc		מות	559		die
	יבוא	qal	wci	3ms	בוא	97		come in
	יאמר	qal	wci	3ms	אמר	55		say
	אמר	qal	pft	3ms	אמר	55		say
	צו	piel	impv	ms	צוה	845		command
	מת	qal	ptc	ms	מות	559		die
	תחיה	qal	impf	2ms	חיה	310		live
38:2	יסב	hiph	wci	3ms	סבב	685		cause to turn
	יתפלל	hith	wci	3ms	פלל	813		pray
38:3	יאמר	qal	wci	3ms	אמר	55		say
	זכר	qal	impv	ms	זכר	269		remember
	התהלכתי	hith	pft	1cs	הלך	229		walk to and fro
	עשיתי	qal	pft	1cs	עשה	793		do, make
	יבך	qal	wci	3ms	בכה	113		weep
38:4	יהי	qal	wci	3ms	היה	224		be, become
	אמר	qal	infc		אמר	55		say
38:5	הלוך	qal	infa		הלך	229		walk, go
	אמרת	qal	wcp	2ms	אמר	55		say
	אמר	qal	pft	3ms	אמר	55		say
	שמעתי	qal	pft	1cs	שמע	1033		hear
	ראיתי	qal	pft	1cs	ראה	906		see
	יוסף	hiph	impf	3ms	יסף	414?		add, do again
38:6	אצילך	hiph	impf	1cs	נצל	664	2ms	snatch, deliver
	גנותי	qal	wcp	1cs	גנן	170		defend
38:7	יעשה	qal	impf	3ms	עשה	793		do, make
	דבר	piel	pft	3ms	דבר	180		speak
38:8	משיב	hiph	ptc	ms	שוב	996		bring back
	ירדה	qal	pft	3fs	ירד	432		come down
	תשב	qal	wci	3fs	שוב	996		turn, return
	ירדה	qal	pft	3fs	ירד	432		come down
38:9	חלתו	qal	infc		חלה	317	3ms	be weak, sick
	יחי	qal	wci	3ms	חיה	310		live
38:10	אמרתי	qal	pft	1cs	אמר	55		say
	אלכה	qal	coh	1cs	הלך	229		walk, go
	פקדתי	pual	pft	1cs	פקד	823		be mustered
38:11	אמרתי	qal	pft	1cs	אמר	55		say
	אראה	qal	impf	1cs	ראה	906		see
	אביט	hiph	impf	1cs	נבט	613		look, regard
	יושבי	qal	ptc	mp	ישב	442		sit, dwell
38:12	נסע	niph	pft	3ms	נסע	652		be pulled up
	נגלה	niph	pft	3ms	גלה	162		uncover self
38:12	רעי	qal	ptc	ms	רעה	944	1cs	pasture, tend
	קפדתי	piel	pft	1cs	קפד	891		gather together
	ארג	qal	ptc	ms	ארג	70		weave
	יבצעני	piel	impf	3ms	בצע	130	1cs	cut off, finish
	תשלימני	hiph	impf	2ms	שלם	1022	1cs	complete
38:13	שויתי	piel	pft	1cs	שוה	1000		level
	ישבר	piel	impf	3ms	שבר	990		shatter
	תשלימני	hiph	impf	2ms	שלם	1022	1cs	complete
38:14	אצפצף	pilp	impf	1cs	צפף	861		chirp, peep
	אהגה	qal	impf	1cs	הגה	211		groan, utter
	דלו	qal	pft	3cp	דלל	195		hang, be low
	ערבני	qal	impv	ms	ערב	786	1cs	take on pledge
38:15	אדבר	piel	impf	1cs	דבר	180		speak
	אמר	qal	wcp	3ms	אמר	55		say
	עשה	qal	pft	3ms	עשה	793		do, make
	אדדה	hith	impf	1cs	דדה	186		walk slowly
38:16	יחיו	qal	impf	3mp	חיה	310		live
	תחלימני	hiph	impf	2ms	חלם	321	1cs	make healthy
	החייני	hiph	impv	ms	חיה	310	1cs	preserve
38:17	מר	qal	pft	3ms	מרר	600		be bitter
	חשקת	qal	pft	2ms	חשק	365		love
	השלכת	hiph	pft	2ms	שלך	1020		throw, cast
38:18	תודך	hiph	impf	3fs	ידה	392	2ms	praise
	יהללך	piel	impf	3ms	הלל	237	2ms	praise
	ישברו	piel	impf	3mp	שבר	960		wait, hope
	יורדי	qal	ptc	mp	ירד	432		come down
38:19	יודך	hiph	impf	3ms	ידה	392	2ms	praise
	יודיע	hiph	impf	3ms	ידע	393		declare
38:20	הושיעני	hiph	infc		ישע	446	1cs	deliver, save
	ננגן	piel	impf	1cp	נגן	618		play (strings)
38:21	יאמר	qal	wci	3ms	אמר	55		say
	ישאו	qal	jusm	3mp	נשא	669		lift, carry
	ימרחו	qal	jusm	3mp	מרח	598		rub
	יחי	qal	jus	3ms	חיה	310		live
38:22	יאמר	qal	wci	3ms	אמר	55		say
	אעלה	qal	impf	1cs	עלה	748		go up
39:1	שלח	qal	pft	3ms	שלח	1018		send
	ישמע	qal	wci	3ms	שמע	1033		hear
	חלה	qal	pft	3ms	חלה	317		be weak, sick
	יחזק	qal	wci	3ms	חזק	304		be strong
39:2	ישמח	qal	wci	3ms	שמח	970		rejoice
	יראם	hiph	wci	3ms	ראה	906	3mp	show, exhibit
	נמצא	niph	pft	3ms	מצא	592		be found
	היה	qal	pft	3ms	היה	224		be, become
	הראם	hiph	pft	3ms	ראה	906	3mp	show, exhibit
39:3	יבא	qal	wci	3ms	בוא	97		come in
	יאמר	qal	wci	3ms	אמר	55		say
	אמרו	qal	pft	3cp	אמר	55		say
	יבאו	qal	impf	3mp	בוא	97		come in
	יאמר	qal	wci	3ms	אמר	55		say
	באו	qal	pft	3cp	בוא	97		come in
39:4	יאמר	qal	wci	3ms	אמר	55		say
	ראו	qal	pft	3cp	ראה	906		see
	יאמר	qal	wci	3ms	אמר	55		say

Isaiah 39: 4 – 40: 25

ChVs	Form	Stem	Tnse	PGN	Root	BDB	Sfx	Meaning
39:4	ראו	qal	pft	3cp	ראה	906		see
	היה	qal	pft	3ms	היה	224		be, become
	הראיתים	hiph	pft	1cs	ראה	906	3mp	show, exhibit
39:5	יאמר	qal	wci	3ms	אמר	55		say
	שמע	qal	impv	ms	שמע	1033		hear
39:6	באים	qal	ptc	mp	בוא	97		come in
	נשא	niph	wcp	3ms	נשא	669		be lifted up
	אצרו	qal	pft	3cp	אצר	69		store up
	יותר	niph	impf	3ms	יתר	451		be left, remain
	אמר	qal	pft	3ms	אמר	55		say
39:7	יצאו	qal	impf	3mp	יצא	422		go out
	תוליד	hiph	impf	2ms	ילד	408		beget
	יקחו	qal	impf	3mp	לקח	542		take
	היו	qal	wcp	3cp	היה	224		be, become
39:8	יאמר	qal	wci	3ms	אמר	55		say
	דברת	piel	pft	2ms	דבר	180		speak
	יאמר	qal	wci	3ms	אמר	55		say
	יהיה	qal	impf	3ms	היה	224		be, become
40:1	נחמו	piel	impv	mp	נחם	636		comfort
	נחמו	piel	impv	mp	נחם	636		comfort
	יאמר	qal	impf	3ms	אמר	55		say
40:2	דברו	piel	impv	mp	דבר	180		speak
	קראו	qal	impv	mp	קרא	894		call, proclaim
	מלאה	qal	pft	3fs	מלא	569		be full, fill
	נרצה	niph	pft	3ms	רצה	953		be accepted
	לקחה	qal	pft	3fs	לקח	542		take
40:3	קורא	qal	ptc	ms	קרא	894		call, proclaim
	פנו	piel	impv	mp	פנה	815		make clear
	ישרו	piel	impv	mp	ישר	448		make straight
40:4	ינשא	niph	impf	3ms	נשא	669		be lifted up
	ישפלו	qal	impf	3mp	שפל	1050		be low
	היה	qal	wcp	3ms	היה	224		be, become
40:5	נגלה	niph	wcp	3ms	גלה	162		uncover self
	ראו	qal	wcp	3cp	ראה	906		see
	דבר	piel	pft	3ms	דבר	180		speak
40:6	אמר	qal	ptc	ms	אמר	55		say
	קרא	qal	impv	ms	קרא	894		call, proclaim
	אמר	qal	pft	3ms	אמר	55		say
	אקרא	qal	impf	1cs	קרא	894		call, proclaim
40:7	יבש	qal	pft	3ms	יבש	386		be dry
	נבל	qal	pft	3ms	נבל	615		sink, droop
	נשבה	qal	pft	3fs	נשב	674		blow
40:8	יבש	qal	pft	3ms	יבש	386		be dry
	נבל	qal	pft	3ms	נבל	615		sink, droop
	יקום	qal	impf	3ms	קום	877		arise, stand
40:9	עלי	qal	impv	fs	עלה	748		go up
	מבשרת	piel	ptc	fs	בשר	142		bear tidings
	הרימי	hiph	impv	fs	רום	926		raise, lift
	מבשרת	piel	ptc	fs	בשר	142		bear tidings
	הרימי	hiph	impv	fs	רום	926		raise, lift
	תיראי	qal	jusm	2fs	ירא	431		fear
	אמרי	qal	impv	fs	אמר	55		say
40:10	יבוא	qal	impf	3ms	בוא	97		come in
	משלה	qal	ptc	fs	משל	605		rule
40:11	ירעה	qal	ptc	ms	רעה	944		pasture, tend
	ירעה	qal	impf	3ms	רעה	944		pasture, tend
	יקבץ	piel	impf	3ms	קבץ	867		gather together
	ישא	qal	impf	3ms	נשא	669		lift, carry
	עלות	qal	ptc	fp	עול	732		give suck
	ינהל	piel	impf	3ms	נהל	624		lead, refresh
40:12	מדד	qal	pft	3ms	מדד	551		measure
	תכן	piel	pft	3ms	תכן	1067		mete out
	כל	qal	pft	3ms	כול	465		comprehend
	שקל	qal	pft	3ms	שקל	1053		weigh
40:13	תכן	piel	pft	3ms	תכן	1067		mete out
	יודיענו	hiph	impf	3ms	ידע	393	3ms	declare
40:14	נועץ	niph	pft	3ms	יעץ	419		consult
	יבינהו	hiph	wci	3ms	בין	106	3ms	understand
	ילמדהו	piel	wci	3ms	למד	540	3ms	teach
	ילמדהו	piel	wci	3ms	למד	540	3ms	teach
	יודיענו	hiph	impf	3ms	ידע	393	3ms	declare
40:15	נחשבו	niph	pft	3cp	חשב	362		be thought
	יטול	qal	impf	3ms	נטל	642		lift, bear
40:16	בער	piel	infc		בער	128		burn, consume
40:17	נחשבו	niph	pft	3cp	חשב	362		be thought
40:18	תדמיון	piel	impf	2mp	דמה	197		liken, think
	תערכו	qal	impf	2mp	ערך	789		set in order
40:19	נסך	qal	pft	3ms	נסך	650		pour out
	צרף	qal	ptc	ms	צרף	864		refine, test
	ירקענו	piel	impf	3ms	רקע	955	3ms	overlay
	צורף	qal	ptc	ms	צרף	864		refine, test
40:20	מסכן	pual	ptc	ms	סכן	698		be poor
	ירקב	qal	impf	3ms	רקב	955		rot
	יבחר	qal	impf	3ms	בחר	103		choose
	יבקש	piel	impf	3ms	בקש	134		seek
	הכין	hiph	infc		כון	465		fix, prepare
	ימוט	niph	impf	3ms	מוט	556		be shaken
40:21	תדעו	qal	impf	2mp	ידע	393		know
	תשמעו	qal	impf	2mp	שמע	1033		hear
	הגד	hoph	pft	3ms	נגד	616		be told
	הבינתם	hiph	pft	2mp	בין	106		understand
40:22	ישב	qal	ptc	ms	ישב	442		sit, dwell
	ישביה	qal	ptc	mp	ישב	442	3fs	sit, dwell
	נוטה	qal	ptc	ms	נטה	639		stretch, incline
	ימתחם	qal	wci	3ms	מתח	607	3mp	spread out
	שבת	qal	infc		ישב	442		sit, dwell
40:23	נותן	qal	ptc	ms	נתן	678		give, set
	רוזנים	qal	ptc	mp	רזן	931		be ruler
	שפטי	qal	ptc	mp	שפט	1047		judge
	עשה	qal	pft	3ms	עשה	793		do, make
40:24	נטעו	niph	pft	3cp	נטע	642		be planted
	זרעו	qalp	pft	3cp	זרע	281		be sown
	שרש	poel	pft	3ms	שרש	1057		take root
	נשף	qal	pft	3ms	נשף	676		blow
	יבשו	qal	wci	3mp	יבש	386		be dry
	תשאם	qal	impf	3fs	נשא	669	3mp	lift, carry
40:25	תדמיוני	piel	impf	2mp	דמה	197	1cs	liken, think
	אשוה	qal	cohm	1cs	שוה	1000		be even, smooth

ChVs	Form	Stem	Tnse	PGN	Root	BDB	Sfx	Meaning
40:25	יאמר	qal	impf	3ms	אמר	55		say
40:26	שאו	qal	impv	mp	נשא	669		lift, carry
	ראו	qal	impv	mp	ראה	906		see
	ברא	qal	pft	3ms	ברא	135		create
	מוציא	hiph	ptc	ms	יצא	422		bring out
	יקרא	qal	impf	3ms	קרא	894		call, proclaim
	נעדר	niph	pft	3ms	עדר	727		be lacking, fail
40:27	תאמר	qal	impf	2ms	אמר	55		say
	תדבר	piel	impf	2ms	דבר	180		speak
	נסתרה	niph	pft	3fs	סתר	711		hide, be hid
	יעבור	qal	impf	3ms	עבר	716		pass over
40:28	ידעת	qal	pft	2ms	ידע	393		know
	שמעת	qal	pft	2ms	שמע	1033		hear
	בורא	qal	ptc	ms	ברא	135		create
	ייעף	qal	impf	3ms	יעף	419		be weary
	ייגע	qal	impf	3ms	יגע	388		toil, grow weary
40:29	נתן	qal	ptc	ms	נתן	678		give, set
	ירבה	hiph	impf	3ms	רבה	915		make many
40:30	יעפו	qal	impf	3mp	יעף	419		be weary
	יגעו	qal	impf	3mp	יגע	388		toil, grow weary
	כשול	qal	infa		כשל	505		stumble, totter
	יכשלו	niph	impf	3mp	כשל	505		stumble
40:31	קוי	qal	ptc	mp	קוה	875		wait for
	יחליפו	hiph	impf	3mp	חלף	322		change
	יעלו	hiph	impf	3mp	עלה	748		bring up, offer
	ירוצו	qal	impf	3mp	רוץ	930		run
	ייגעו	qal	impf	3mp	יגע	388		toil, grow weary
	ילכו	qal	impf	3mp	הלך	229		walk, go
	ייעפו	qal	impf	3mp	יעף	419		be weary
41:1	החרישו	hiph	impv	mp	חרש	361		be silent
	יחליפו	hiph	jusm	3mp	חלף	322		change
	יגשו	qal	jusm	3mp	נגש	620		draw near
	ידברו	piel	jusm	3mp	דבר	180		speak
	נקרבה	qal	coh	1cp	קרב	897		approach
41:2	העיר	hiph	pft	3ms	עור	734		rouse, stir up
	יקראהו	qal	impf	3ms	קרא	894	3ms	call, proclaim
	יתן	qal	impf	3ms	נתן	678		give, set
	ירד	hiph	jusf	3ms	רדה	921		cause to rule
	יתן	qal	impf	3ms	נתן	678		give, set
	נדף	niph	ptc	ms	נדף	623		be driven about
41:3	ירדפם	qal	impf	3ms	רדף	922	3mp	pursue
	יעבור	qal	impf	3ms	עבר	716		pass over
	יבוא	qal	impf	3ms	בוא	97		come in
41:4	פעל	qal	pft	3ms	פעל	821		do, make
	עשה	qal	pft	3ms	עשה	793		do, make
	קרא	qal	ptc	ms	קרא	894		call, proclaim
41:5	ראו	qal	pft	3cp	ראה	906		see
	ייראו	qal	impf	3mp	ירא	431		fear
	יחרדו	qal	impf	3mp	חרד	353		tremble
	קרבו	qal	pft	3cp	קרב	897		approach
	יאתיון	qal	wci	3mp	אתה	87		come
41:6	יעזרו	qal	impf	3mp	עזר	740		help, aid
	יאמר	qal	impf	3ms	אמר	55		say
	חזק	qal	impv	ms	חזק	304		be strong

ChVs	Form	Stem	Tnse	PGN	Root	BDB	Sfx	Meaning
41:7	יחזק	piel	wci	3ms	חזק	304		make strong
	צרף	qal	ptc	ms	צרף	864		refine, test
	מחליק	hiph	ptc	ms	חלק	325		make smooth
	הולם	qal	ptc	ms	הלם	240		smite
	אמר	qal	ptc	ms	אמר	55		say
	יחזקהו	piel	wci	3ms	חזק	304	3ms	make strong
	ימוט	niph	impf	3ms	מוט	556		be shaken
41:8	בחרתיך	qal	pft	1cs	בחר	103	2ms	choose
	אהבי	qal	ptc	ms	אהב	12	1cs	love
41:9	החזקתיך	hiph	pft	1cs	חזק	304	2ms	make firm, seize
	קראתיך	qal	pft	1cs	קרא	894	2ms	call, proclaim
	אמר	qal	wci	3ms	אמר	55		say
	בחרתיך	qal	pft	1cs	בחר	103	2ms	choose
	מאסתיך	qal	pft	1cs	מאס	549	2ms	reject, refuse
41:10	תירא	qal	jusm	2ms	ירא	431		fear
	תשתע	hith	jus	2ms	שעה	1043		look about
	אמצתיך	piel	pft	1cs	אמץ	54	2ms	make firm
	עזרתיך	qal	pft	1cs	עזר	740	2ms	help, aid
	תמכתיך	qal	pft	1cs	תמך	1069	2ms	grasp, support
41:11	יבשו	qal	impf	3mp	בוש	101		be ashamed
	יכלמו	niph	impf	3mp	כלם	483		be humiliated
	נחרים	niph	ptc	mp	חרה	354		be angry
	יהיו	qal	impf	3mp	היה	224		be, become
	יאבדו	qal	impf	3mp	אבד	1		perish
41:12	תבקשם	piel	impf	2ms	בקש	134	3mp	seek
	תמצאם	qal	impf	2ms	מצא	592	3mp	find
	יהיו	qal	impf	3mp	היה	224		be, become
41:13	מחזיק	hiph	ptc	ms	חזק	304		make firm, seize
	אמר	qal	ptc	ms	אמר	55		say
	תירא	qal	jusm	2ms	ירא	431		fear
	עזרתיך	qal	pft	1cs	עזר	740	2ms	help, aid
41:14	תיראי	qal	jusm	2fs	ירא	431		fear
	עזרתיך	qal	pft	1cs	עזר	740	2fs	help, aid
	גאלך	qal	ptc	ms	גאל	145	2fs	redeem
41:15	שמתיך	qal	pft	1cs	שים	962	2fs	put, set
	תדוש	qal	impf	2ms	דוש	190		tread
	תדק	qal	impf	2ms	דקק	200		crush, be fine
	תשים	qal	impf	2ms	שים	962		put, set
41:16	תזרם	qal	impf	2ms	זרה	279	3mp	scatter
	תשאם	qal	impf	3fs	נשא	669	3mp	lift, carry
	תפיץ	hiph	impf	3fs	פוץ	806		scatter
	תגיל	qal	impf	2ms	גיל	162		rejoice
	תתהלל	hith	impf	2ms	הלל	237		glory
41:17	מבקשים	piel	ptc	mp	בקש	134		seek
	נשתה	qal	pft	3fs	נשת	677		be dry
	אענם	qal	impf	1cs	ענה	772	3mp	answer
	אעזבם	qal	impf	1cs	עזב	736	3mp	leave, loose
41:18	אפתח	qal	impf	1cs	פתח	834		open
	אשים	qal	impf	1cs	שים	962		put, set
41:19	אתן	qal	impf	1cs	נתן	678		give, set
	אשים	qal	impf	1cs	שים	962		put, set
41:20	יראו	qal	impf	3mp	ראה	906		see
	ידעו	qal	impf	3mp	ידע	393		know
	ישימו	qal	impf	3mp	שים	962		put, set

Isaiah 41:20–42:16

ChVs	Form	Stem	Tnse	PGN	Root	BDB	Sfx	Meaning	ChVs	Form	Stem	Tnse	PGN	Root	BDB	Sfx	Meaning
41:20	ישכילו	hiph	impf	3mp	שׂכל	968		look at, prosper	42:4	ירוץ	qal	impf	3ms	רצץ	954		crush
	עשתה	qal	pft	3fs	עשׂה	793		do, make		ישים	qal	impf	3ms	שׂים	962		put, set
	בראה	qal	pft	3ms	ברא	135	3fs	create		ייחילו	piel	impf	3mp	יחל	403		await
41:21	קרבו	piel	impv	mp	קרב	897		c. to bring near	42:5	אמר	qal	pft	3ms	אמר	55		say
	יאמר	qal	impf	3ms	אמר	55		say		בורא	qal	ptc	ms	ברא	135		create
	הגישו	hiph	impv	mp	נגשׁ	620		bring near		נוטיהם	qal	ptc	ms	נטה	639?3mp		stretch, incline
	יאמר	qal	impf	3ms	אמר	55		say		רקע	qal	ptc	ms	רקע	955		stamp, beat
41:22	יגישו	hiph	jusm	3mp	נגשׁ	620		bring near		נתן	qal	ptc	ms	נתן	678		give, set
	ויגידו	hiph	jusm	3mp	נגד	616		declare, tell		הלכים	qal	ptc	mp	הלך	229		walk, go
	תקרינה	qal	impf	3fp	קרה	899		encounter, meet	42:6	קראתיך	qal	pft	1cs	קרא	894	2ms	call, proclaim
	הגידו	hiph	impv	mp	נגד	616		declare, tell		אחזק	hiph	jusf	1cs	חזק	304		make firm, seize
	נשׂימה	qal	coh	1cp	שׂים	962		put, set		אצרך	qal	impf	1cs	נצר	665	2ms	watch, guard
	ונדעה	qal	coh	1cp	ידע	393		know		אתנך	qal	impf	1cs	נתן	678	2ms	give, set
	באות	qal	ptc	fp	בוא	97		come in	42:7	פקח	qal	infc		פקח	824		open
	השמיענו	hiph	impv	mp	שמע	1033	1cp	cause to hear		הוציא	hiph	infc		יצא	422		bring out
41:23	הגידו	hiph	impv	mp	נגד	616		declare, tell		ישבי	qal	ptc	mp	ישב	442		sit, dwell
	אתיות	qal	ptc	fp	אתה	87		come	42:8	אתן	qal	impf	1cs	נתן	678		give, set
	ונדעה	qal	coh	1cp	ידע	393		know	42:9	באו	qal	pft	3cp	בוא	97		come in
	תיטיבו	hiph	impf	2mp	יטב	405		do good		מגיד	hiph	ptc	ms	נגד	616		declare, tell
	ותרעו	hiph	impf	2mp	רעע	949		hurt, do evil		תצמחנה	qal	impf	3fp	צמח	855		sprout up
	ונשתעה	hith	coh	1cp	שעה	1043		look about		אשמיע	hiph	impf	1cs	שמע	1033		cause to hear
	נראk	qal	jus	1cp	ראה	906?		see	42:10	שירו	qal	impv	mp	שיר	1010		sing
	ונראה q	qal	cohm	1cp	ראה	906		see		יורדי	qal	ptc	mp	ירד	432		come down
41:24	יבחר	qal	impf	3ms	בחר	103		choose		ישביהם	qal	ptc	mp	ישב	442	3mp	sit, dwell
41:25	העירותי	hiph	pft	1cs	עור	734		rouse, stir up	42:11	ישאו	qal	jusm	3mp	נשׂא	669		lift, carry
	ויאת	qal	wci	3ms	אתה	87		come		תשב	qal	impf	3fs	ישב	442		sit, dwell
	יקרא	qal	impf	3ms	קרא	894		call, proclaim		ירנו	qal	jusm	3mp	רנן	943		cry aloud
	יבא	qal	impf	3ms	בוא	97		come in		ישבי	qal	ptc	mp	ישב	442		sit, dwell
	יוצר	qal	ptc	ms	יצר	427		form, create		יצוחו	qal	jusm	3mp	צוח	846		cry aloud
	ירמס	qal	impf	3ms	רמס	942		trample	42:12	ישׂימו	qal	jusm	3mp	שׂים	962		put, set
41:26	הגיד	hiph	pft	3ms	נגד	616		declare, tell		יגידו	hiph	jusm	3mp	נגד	616		declare, tell
	ונדעה	qal	coh	1cp	ידע	393		know	42:13	יצא	qal	impf	3ms	יצא	422		go out
	נאמר	qal	cohm	1cp	אמר	55		say		יעיר	hiph	impf	3ms	עור	734		rouse, stir up
	מגיד	hiph	ptc	ms	נגד	616		declare, tell		יריע	hiph	impf	3ms	רוע	929		raise a shout
	משמיע	hiph	ptc	ms	שמע	1033		cause to hear		יצריח	hiph	impf	3ms	צרח	863		roar
	שמע	qal	ptc	ms	שמע	1033		hear		איביו	qal	ptc	mp	איב	33	3ms	be hostile to
41:27	מבשר	piel	ptc	ms	בשר	142		bear tidings		יתגבר	hith	impf	3ms	גבר	149		behave proudly
	אתן	qal	impf	1cs	נתן	678		give, set	42:14	החשיתי	hiph	pft	1cs	חשה	364		show silence
41:28	ארא	qal	jus	1cs	ראה	906?		see		אחריש	hiph	impf	1cs	חרש	361		be silent
	יועץ	qal	ptc	ms	יעץ	419		advise, counsel		אתאפק	hith	impf	1cs	אפק	67		restrain self
	אשאלם	qal	impf	1cs	שׁאל	981	3mp	ask, borrow		יולדה	qal	ptc	fs	ילד	408		bear, beget
	ישיבו	hiph	impf	3mp	שׁוב	996		bring back		אפעה	qal	impf	1cs	פעה	821		groan
42:1	אתמך	qal	impf	1cs	תמך	1069		grasp, support		אשם	qal	impf	1cs	נשׁם	675		pant
	רצתה	qal	pft	3fs	רצה	953		be pleased		אשאף	qal	impf	1cs	שׁאף	983		gasp, pant after
	נתתי	qal	pft	1cs	נתן	678		give, set	42:15	אחריב	hiph	impf	1cs	חרב	351		make desolate
	יוציא	hiph	impf	3ms	יצא	422		bring out		אוביש	hiph	impf	1cs	יבש	386		make dry
42:2	יצעק	qal	impf	3ms	צעק	858		cry out		שׂמתי	qal	wcp	1cs	שׂים	962		put, set
	ישׂא	qal	impf	3ms	נשׂא	669		lift, carry		אוביש	hiph	impf	1cs	יבש	386		make dry
	ישמיע	hiph	impf	3ms	שמע	1033		cause to hear	42:16	הולכתי	hiph	wcp	1cs	הלך	229		lead, bring
42:3	רצוץ	qal	pptc	ms	רצץ	954		crush		ידעו	qal	pft	3cp	ידע	393		know
	ישבור	qal	impf	3ms	שבר	990		break		ידעו	qal	pft	3cp	ידע	393		know
	יכבנה	piel	impf	3ms	כבה	459	3fs	extinguish		אדריכם	hiph	impf	1cs	דרך	201	3mp	tread, lead
	יוציא	hiph	impf	3ms	יצא	422		bring out		אשים	qal	impf	1cs	שׂים	962		put, set
42:4	יכהה	qal	impf	3ms	כהה	462		grow dim		עשׂיתם	qal	pft	1cs	עשׂה	793	3mp	do, make

Isaiah 42:16–43:19

ChVs	Form	Stem	Tnse	PGN	Root	BDB	Sfx	Meaning
42:16	עזבתים	qal	pft	1cs	עזב	736	3mp	leave, loose
42:17	נסגו	niph	pft	3cp	סוג	690		turn away
	יבשו	qal	impf	3mp	בוש	101		be ashamed
	בטחים	qal	ptc	mp	בטח	105		trust
	אמרים	qal	ptc	mp	אמר	55		say
42:18	שמעו	qal	impv	mp	שמע	1033		hear
	הביטו	hiph	impv	mp	נבט	613		look, regard
	ראות	qal	infc		ראה	906		see
42:19	אשלח	qal	impf	1cs	שלח	1018		send
	משלם	pual	ptc	ms	שלם	1023		be at peace
42:20	ראית k	qal	pft	2ms	ראה	906		see
	ראות q	qal	infa		ראה	906		see
	תשמר	qal	impf	2ms	שמר	1036		keep, watch
	פקוח	qal	infa		פקח	824		open
	ישמע	qal	impf	3ms	שמע	1033		hear
42:21	חפץ	qal	pft	3ms	חפץ	342		delight in
	יגדיל	hiph	impf	3ms	גדל	152		make great
	יאדיר	hiph	impf	3ms	אדר	12		make glorious
42:22	בזוז	qal	pptc	ms	בזז	102		plunder
	שסוי	qal	pptc	ms	שסה	1042		plunder
	הפח	hiph	infa		פחח	809		ensnare
	החבאו	hoph	pft	3cp	חבא	285		be hidden
	היו	qal	pft	3cp	היה	224		be, become
	מציל	hiph	ptc	ms	נצל	664		snatch, deliver
	אמר	qal	ptc	ms	אמר	55		say
	השב	hiph	impv	ms	שוב	996		bring back
42:23	יאזין	hiph	impf	3ms	אזן	24		hear
	יקשב	hiph	impf	3ms	קשב	904		give attention
	ישמע	qal	impf	3ms	שמע	1033		hear
42:24	נתן	qal	pft	3ms	נתן	678		give, set
	בזזים	qal	ptc	mp	בזז	102		plunder
	חטאנו	qal	pft	1cp	חטא	306		sin
	אבו	qal	pft	3cp	אבה	2		be willing
	הלוך	qal	infa		הלך	229		walk, go
	שמעו	qal	pft	3cp	שמע	1033		hear
42:25	ישפך	qal	wci	3ms	שפך	1049		pour out
	תלהטהו	piel	wci	3fs	להט	529	3ms	set ablaze
	ידע	qal	pft	3ms	ידע	393		know
	תבער	qal	wci	3fs	בער	128		burn
	ישים	qal	impf	3ms	שים	962		put, set
43:1	אמר	qal	pft	3ms	אמר	55		say
	בראך	qal	ptc	ms	ברא	135	2ms	create
	יצרך	qal	ptc	ms	יצר	427	2ms	form, create
	תירא	qal	jusm	2ms	ירא	431		fear
	גאלתיך	qal	pft	1cs	גאל	145	2ms	redeem
	קראתי	qal	pft	1cs	קרא	894		call, proclaim
43:2	תעבר	qal	impf	2ms	עבר	716		pass over
	ישטפוך	qal	impf	3mp	שטף	1009	2ms	overflow
	תלך	qal	impf	2ms	הלך	229		walk, go
	תכוה	niph	impf	2ms	כוה	464		be burned
	תבער	qal	impf	3fs	בער	128		burn
43:3	מושיעך	hiph	ptc	ms	ישע	446	2ms	deliver, save
	נתתי	qal	pft	1cs	נתן	678		give, set
43:4	יקרת	qal	pft	2ms	יקר	429		be precious
43:4	נכבדת	niph	pft	2ms	כבד	457		be honored
	אהבתיך	qal	pft	1cs	אהב	12	2ms	love
	אתן	qal	impf	1cs	נתן	678		give, set
43:5	תירא	qal	jusm	2ms	ירא	431		fear
	אביא	hiph	impf	1cs	בוא	97		bring in
	אקבצך	piel	impf	1cs	קבץ	867	2ms	gather together
43:6	אמר	qal	impf	1cs	אמר	55		say
	תני	qal	impv	fs	נתן	678		give, set
	תכלאי	qal	jusm	2fs	כלא	476		shut up
	הביאי	hiph	impv	fs	בוא	97		bring in
43:7	נקרא	niph	ptc	ms	קרא	894		be called
	בראתיו	qal	pft	1cs	ברא	135	3ms	create
	יצרתיו	qal	pft	1cs	יצר	427	3ms	form, create
	עשיתיו	qal	pft	1cs	עשה	793	3ms	do, make
43:8	הוציא	hiph	impv	ms	יצא	422		bring out
43:9	נקבצו	niph	pft	3cp	קבץ	867		assemble, gather
	יאספו	niph	impf	3mp	אסף	62		assemble
	יגיד	hiph	impf	3ms	נגד	616		declare, tell
	ישמענו	hiph	impf	3mp	שמע	1033	1cp	cause to hear
	יתנו	qal	jusm	3mp	נתן	678		give, set
	יצדקו	qal	jusm	3mp	צדק	842		be righteous
	ישמעו	qal	jusm	3mp	שמע	1033		hear
	יאמרו	qal	jusm	3mp	אמר	55		say
43:10	בחרתי	qal	pft	1cs	בחר	103		choose
	תדעו	qal	impf	2mp	ידע	393		know
	תאמינו	hiph	impf	2mp	אמן	52		believe
	תבינו	qal	impf	2mp	בין	106		discern
	נוצר	niph	pft	3ms	יצר	427		be formed
	יהיה	qal	impf	3ms	היה	224		be, become
43:11	מושיע	hiph	ptc	ms	ישע	446		deliver, save
43:12	הגדתי	hiph	pft	1cs	נגד	616		declare, tell
	הושעתי	hiph	pft	1cs	ישע	446		deliver, save
	השמעתי	hiph	pft	1cs	שמע	1033		cause to hear
	זר	qal	ptc	ms	זור	266		be stranger
43:13	מציל	hiph	ptc	ms	נצל	664		snatch, deliver
	אפעל	qal	impf	1cs	פעל	821		do, make
	ישיבנה	hiph	impf	3ms	שוב	996	3fs	bring back
43:14	אמר	qal	pft	3ms	אמר	55		say
	גאלכם	qal	ptc	ms	גאל	145	2mp	redeem
	שלחתי	piel	pft	1cs	שלח	1018		send away, shoot
	הורדתי	hiph	wcp	1cs	ירד	432		bring down
43:15	בורא	qal	ptc	ms	ברא	135		create
43:16	אמר	qal	pft	3ms	אמר	55		say
	נותן	qal	ptc	ms	נתן	678		give, set
43:17	מוציא	hiph	ptc	ms	יצא	422		bring out
	ישכבו	qal	impf	3mp	שכב	1011		lie, lie down
	יקומו	qal	impf	3mp	קום	877		arise, stand
	דעכו	qal	pft	3cp	דעך	200		go out
	כבו	qal	pft	3cp	כבה	459		be quenched
43:18	תזכרו	qal	jusm	2mp	זכר	269		remember
	תתבננו	htpo	jusm	2mp	בין	106		understand
43:19	עשה	qal	ptc	ms	עשה	793		do, make
	תצמח	qal	impf	3fs	צמח	855		sprout up
	תדעוה	qal	impf	2mp	ידע	393	3fs	know

Isaiah 43:19–44:17

ChVs	Form	Stem	Tnse	PGN	Root	BDB	Sfx	Meaning
43:19	אשׂים	qal	impf	1cs	שׂים	962		put, set
43:20	תכבדני	piel	impf	3fs	כבד	457	1cs	honor, make dull
	נתתי	qal	pft	1cs	נתן	678		give, set
	השׁקות	hiph	infc		שׁקה	1052		give to drink
43:21	יצרתי	qal	pft	1cs	יצר	427		form, create
	יספרו	piel	impf	3mp	ספר	707		recount
43:22	קראת	qal	pft	2ms	קרא	894		call, proclaim
	יגעת	qal	pft	2ms	יגע	388		toil, grow weary
43:23	הביאת	hiph	pft	2ms	בוא	97		bring in
	כבדתני	piel	pft	2ms	כבד	457	1cs	honor, make dull
	העבדתיך	hiph	pft	1cs	עבד	712	2ms	cause to serve
	הוגעתיך	hiph	pft	1cs	יגע	388	2ms	cause to toil
43:24	קנית	qal	pft	2ms	קנה	888		get, buy
	הרויתני	hiph	pft	2ms	רוה	924	1cs	water
	העבדתני	hiph	pft	2ms	עבד	712	1cs	cause to serve
	הוגעתני	hiph	pft	2ms	יגע	388	1cs	cause to toil
43:25	מחה	qal	ptc	ms	מחה	562		wipe, blot out
	אזכר	qal	impf	1cs	זכר	269		remember
43:26	הזכירני	hiph	impv	ms	זכר	269	1cs	c. to remember
	נשׁפטה	niph	coh	1cp	שׁפט	1047		plead
	ספר	piel	impv	ms	ספר	707		recount
	תצדק	qal	impf	2ms	צדק	842		be righteous
43:27	חטא	qal	pft	3ms	חטא	306		sin
	מליציך	hiph	ptc	mp	ליץ	539	2ms	deride
	פשׁעו	qal	pft	3cp	פשׁע	833		rebel, sin
43:28	אחלל	piel	wci	1cs	חלל	320		pollute
	אתנה	qal	coh	1cs	נתן	678		give, set
44:1	שׁמע	qal	impv	ms	שׁמע	1033		hear
	בחרתי	qal	pft	1cs	בחר	103		choose
44:2	אמר	qal	pft	3ms	אמר	55		say
	עשׂך	qal	ptc	ms	עשׂה	793	2ms	do, make
	יצרך	qal	ptc	ms	יצר	427	2ms	form, create
	יעזרך	qal	impf	3ms	עזר	740	2ms	help, aid
	תירא	qal	jusm	2ms	ירא	431		fear
	בחרתי	qal	pft	1cs	בחר	103		choose
44:3	אצק	qal	impf	1cs	יצק	427		pour out, cast
	נזלים	qal	ptc	mp	נזל	633		flow
	אצק	qal	impf	1cs	יצק	427		pour out, cast
44:4	צמחו	qal	wcp	3cp	צמח	855		sprout up
44:5	יאמר	qal	impf	3ms	אמר	55		say
	יקרא	qal	impf	3ms	קרא	894		call, proclaim
	יכתב	qal	impf	3ms	כתב	507		write
	יכנה	piel	impf	3ms	כנה	487		give title
44:6	אמר	qal	pft	3ms	אמר	55		say
	גאלו	qal	ptc	ms	גאל	145	3ms	redeem
44:7	יקרא	qal	jusm	3ms	קרא	894		call, proclaim
	יגידה	hiph	jusm	3ms	נגד	616	3fs	declare, tell
	יערכה	qal	jusm	3ms	ערך	789	3fs	set in order
	שׂומי	qal	infc		שׂים	962	1cs	put, set
	אתיות	qal	ptc	fp	אתה	87		come
	תבאנה	qal	impf	3fp	בוא	97		come in
	יגידו	hiph	impf	3mp	נגד	616		declare, tell
44:8	תפחדו	qal	jusm	2mp	פחד	808		be in dread
	תרהו	qal	jusm	2mp	רהה	923		fear
44:8	השׁמעתיך	hiph	pft	1cs	שׁמע	1033	2ms	cause to hear
	הגדתי	hiph	pft	1cs	נגד	616		declare, tell
	ידעתי	qal	pft	1cs	ידע	393		know
44:9	יצרי	qal	ptc	mp	יצר	427		form, create
	חמודיהם	qal	pptc	mp	חמד	326	3mp	desire
	יועילו	hiph	impf	3mp	יעל	418		profit, benefit
	יראו	qal	impf	3mp	ראה	906		see
	ידעו	qal	impf	3mp	ידע	393		know
	יבשׁו	qal	impf	3mp	בושׁ	101		be ashamed
44:10	יצר	qal	pft	3ms	יצר	427		form, create
	נסך	qal	pft	3ms	נסך	650		pour out
	הועיל	hiph	infc		יעל	418		profit, benefit
44:11	יבשׁו	qal	impf	3mp	בושׁ	101		be ashamed
	יתקבצו	hith	jusm	3mp	קבץ	867		gather together
	יעמדו	qal	jusm	3mp	עמד	763		stand, stop
	יפחדו	qal	jusm	3mp	פחד	808		be in dread
	יבשׁו	qal	jusm	3mp	בושׁ	101		be ashamed
44:12	פעל	qal	wcp	3ms	פעל	821		do, make
	יצרהו	qal	impf	3ms	יצר	427	3ms	form, create
	יפעלהו	qal	wci	3ms	פעל	821	3ms	do, make
	רעב	qal	pft	3ms	רעב	944		be hungry
	שׁתה	qal	pft	3ms	שׁתה	1059		drink
	ייעף	qal	wci	3ms	יעף	419		be weary
44:13	נטה	qal	pft	3ms	נטה	639		stretch, incline
	יתארהו	piel	impf	3ms	תאר	1061	3ms	trace out
	יעשׂהו	qal	wci	3ms	עשׂה	793	3ms	do, make
	יתארהו	piel	impf	3ms	תאר	1061	3ms	trace out
	יעשׂהו	qal	wci	3ms	עשׂה	793	3ms	do, make
	שׁבת	qal	infc		ישׁב	442		sit, dwell
44:14	כרת	qal	infc		כרת	503		cut, destroy
	יקח	qal	wci	3ms	לקח	542		take
	יאמץ	piel	wci	3ms	אמץ	54		make firm
	נטע	qal	pft	3ms	נטע	642		plant
	יגדל	piel	impf	3ms	גדל	152		cause to grow
44:15	היה	qal	wcp	3ms	היה	224		be, become
	בער	piel	infc		בער	128		burn, consume
	יקח	qal	wci	3ms	לקח	542		take
	יחם	qal	wci	3ms	חמם	328		be warm
	ישׂיק	hiph	impf	3ms	שׂלק	969		make a fire
	אפה	qal	wcp	3ms	אפה	66		bake
	יפעל	qal	impf	3ms	פעל	821		do, make
	ישׁתחו	hish	wci	3ms	חוה	1005		bow down
	עשׂהו	qal	pft	3ms	עשׂה	793	3ms	do, make
	יסגד	qal	wci	3ms	סגד	688		prostrate self
44:16	שׂרף	qal	pft	3ms	שׂרף	976		burn
	יאכל	qal	impf	3ms	אכל	37		eat, devour
	יצלה	qal	impf	3ms	צלה	852		roast
	ישׂבע	qal	impf	3ms	שׂבע	959		be sated
	יחם	qal	impf	3ms	חמם	328		be warm
	יאמר	qal	impf	3ms	אמר	55		say
	חמותי	qal	pft	1cs	חמם	328		be warm
	ראיתי	qal	pft	1cs	ראה	906		see
44:17	עשׂה	qal	pft	3ms	עשׂה	793		do, make
	יסגוד k	qal	impf	3ms	סגד	688		prostrate self

Isaiah 44:17—45:12

ChVs	Form	Stem	Tnse	PGN	Root	BDB	Sfx	Meaning	ChVs	Form	Stem	Tnse	PGN	Root	BDB	Sfx	Meaning
44:17	יִסְגָּד-q	qal	impf	3ms	סגד	688		prostrate self	44:27	אוֹבִישׁ	hiph	impf	1cs	יבשׁ	386		make dry
	יִשְׁתַּחוּ	hish	impf	3ms	חוה	1005		bow down	44:28	אֹמֵר	qal	ptc	ms	אמר	55		say
	יִתְפַּלֵּל	hith	impf	3ms	פלל	813		pray		רֹעִי	qal	ptc	ms	רעה	944	1cs	pasture,tend
	יֹאמַר	qal	impf	3ms	אמר	55		say		יַשְׁלִם	hiph	impf	3ms	שׁלם	1022		complete
	הַצִּילֵנִי	hiph	impv	ms	נצל	664	1cs	snatch,deliver		אֲמֹר	qal	infc		אמר	55		say
44:18	יָדְעוּ	qal	pft	3cp	ידע	393		know		תִּבָּנֶה	niph	jusm	3fs	בנה	124		be built
	יָבִינוּ	qal	impf	3mp	בין	106		discern		תִּוָּסֵד	niph	jusm	3fs	יסד	413		sit together
	טַח	qal	pft	3ms	טחח	377		be besmeared	45:1	אָמַר	qal	pft	3ms	אמר	55		say
	רְאוֹת	qal	infc		ראה	906		see		הֶחֱזַקְתִּי	hiph	pft	1cs	חזק	304		make firm,seize
	הַשְׂכִּיל	hiph	infc		שׂכל	968		look at,prosper		רַד	qal	infc		רדד	921		beat down
44:19	יָשִׁיב	hiph	impf	3ms	שׁוב	996		bring back		אֲפַתַּח	piel	impf	1cs	פתח	834		loose,free
	אָמַר	qal	infc		אמר	55		say		פַּתֵּחַ	qal	infc		פתח	834		open
	שָׂרַפְתִּי	qal	pft	1cs	שׂרף	976		burn		יִסָּגֵרוּ	niph	impf	3mp	סגר	688		be shut
	אָפִיתִי	qal	pft	1cs	אפה	66		bake	45:2	אֵלֵךְ	qal	impf	1cs	הלך	229		walk,go
	אֶצְלֶה	qal	impf	1cs	צלה	852		roast		הֲדוּרִים	qal	pptc	mp	הדר	213		swell,honor
	אֹכַל	qal	impf	1cs	אכל	37		eat,devour		אוֹשֵׁר-k	hiph	impf	1cs	ישׁר	448		make straight
	אֶעֱשֶׂה	qal	impf	1cs	עשׂה	793		do,make		אֲיַשֵּׁר-q	piel	impf	1cs	ישׁר	448		make straight
	אֶסְגּוֹד	qal	impf	1cs	סגד	688		prostrate self		אֲשַׁבֵּר	piel	impf	1cs	שׁבר	990		shatter
44:20	רֹעֶה	qal	ptc	ms	רעה	944		pasture,tend		אֲגַדֵּעַ	piel	impf	1cs	גדע	154		hew off
	הוּתַל	hoph	pft	3ms	תלל	1068		be deceived	45:3	נָתַתִּי	qal	wcp	1cs	נתן	678		give,set
	הִטָּהוּ	hiph	pft	3ms	נטה	639	3ms	turn,incline		תֵּדַע	qal	impf	2ms	ידע	393		know
	יַצִּיל	hiph	impf	3ms	נצל	664		snatch,deliver		קוֹרֵא	qal	ptc	ms	קרא	894		call,proclaim
	יֹאמַר	qal	impf	3ms	אמר	55		say	45:4	אֶקְרָא	qal	wci	1cs	קרא	894		call,proclaim
44:21	זְכָר	qal	impv	ms	זכר	269		remember		אֲכַנְּךָ	piel	impf	1cs	כנה	487	2ms	give title
	יְצַרְתִּיךָ	qal	pft	1cs	יצר	427	2ms	form,create		יְדַעְתַּנִי	qal	pft	2ms	ידע	393	1cs	know
	תִנָּשֵׁנִי	niph	impf	2ms	נשׁה	674	1cs	be forgotten	45:5	אֲאַזֶּרְךָ	piel	impf	1cs	אזר	25	2ms	gird
44:22	מָחִיתִי	qal	pft	1cs	מחה	562		wipe,blot out		יְדַעְתָּנִי	qal	pft	2ms	ידע	393	1cs	know
	שׁוּבָה	qal	impv	ms	שׁוב	996		turn,return	45:6	יֵדְעוּ	qal	impf	3mp	ידע	393		know
	גְאַלְתִּיךָ	qal	pft	1cs	גאל	145	2ms	redeem	45:7	יוֹצֵר	qal	ptc	ms	יצר	427		form,create
44:23	רָנּוּ	qal	impv	mp	רנן	943		cry aloud		בוֹרֵא	qal	ptc	ms	ברא	135		create
	עָשָׂה	qal	pft	3ms	עשׂה	793		do,make		עֹשֶׂה	qal	ptc	ms	עשׂה	793		do,make
	הָרִיעוּ	hiph	impv	mp	רוע	929		raise a shout		בוֹרֵא	qal	ptc	ms	ברא	135		create
	פִּצְחוּ	qal	impv	mp	פצח	822		break forth		עֹשֶׂה	qal	ptc	ms	עשׂה	793		do,make
	גָּאַל	qal	pft	3ms	גאל	145		redeem	45:8	הַרְעִיפוּ	hiph	impv	mp	רעף	950		trickle
	יִתְפָּאָר	hith	impf	3ms	פאר	802		glorify self		יִזְּלוּ	qal	jusm	3mp	נזל	633		flow
44:24	אָמַר	qal	pft	3ms	אמר	55		say		תִּפְתַּח	qal	jusm	3fs	פתח	834		open
	גֹּאֲלֶךָ	qal	ptc	ms	גאל	145	2ms	redeem		יִפְרוּ	qal	jusm	3mp	פרה	826		bear fruit
	יֹצֶרְךָ	qal	ptc	ms	יצר	427	2ms	form,create		תַצְמִיחַ	hiph	jusm	3fs	צמח	855		cause to grow
	עֹשֶׂה	qal	ptc	ms	עשׂה	793		do,make		בְרָאתִיו	qal	pft	1cs	ברא	135	3ms	create
	נֹטֶה	qal	ptc	ms	נטה	639		stretch,incline	45:9	רָב	qal	ptc	ms	ריב	936		strive,contend
	רֹקַע	qal	ptc	ms	רקע	955		stamp,beat		יֹצְרוֹ	qal	ptc	ms	יצר	427	3ms	form,create
44:25	מֵפֵר	hiph	ptc	ms	פרר	830		break,frustrate		יֹאמַר	qal	impf	3ms	אמר	55		say
	קֹסְמִים	qal	ptc	mp	קסם	890		divine		יֹצְרוֹ	qal	ptc	ms	יצר	427	3ms	form,create
	יְהוֹלֵל	poel	impf	3ms	הלל	237		make fool		תַּעֲשֶׂה	qal	impf	2ms	עשׂה	793		do,make
	מֵשִׁיב	hiph	ptc	ms	שׁוב	996		bring back	45:10	אֹמֵר	qal	ptc	ms	אמר	55		say
	יְשַׂכֵּל	piel	impf	3ms	סכל	698		make foolish		תּוֹלִיד	hiph	impf	2ms	ילד	408		beget
44:26	מֵקִים	hiph	ptc	ms	קום	877		raise,build,set		תְּחִילִין	qal	impf	2fs	חול	296		dance,writhe
	יַשְׁלִים	hiph	impf	3ms	שׁלם	1022		complete	45:11	אָמַר	qal	pft	3ms	אמר	55		say
	אֹמֵר	qal	ptc	ms	אמר	55		say		יֹצְרוֹ	qal	ptc	ms	יצר	427	3ms	form,create
	תּוּשָׁב	hoph	impf	3fs	ישׁב	442		be inhabited		הָאֹתִיּוֹת	qal	ptc	fp	אתה	87		come
	תִּבָּנֶינָה	niph	impf	3fp	בנה	124		be built		שְׁאָלוּנִי	qal	impv	mp	שׁאל	981	1cs	ask,borrow
	אֲקוֹמֵם	pol	impf	1cs	קום	877		raise up		תְּצַוֻּנִי	piel	impf	2mp	צוה	845	1cs	command
44:27	אֹמֵר	qal	ptc	ms	אמר	55		say	45:12	עָשִׂיתִי	qal	pft	1cs	עשׂה	793		do,make
	חֳרָבִי	qal	impv	fs	חרב	351		be dried up		בָּרָאתִי	qal	pft	1cs	ברא	135		create

Isaiah 45:12 – 46:11

ChVs	Form	Stem	Tnse	PGN	Root	BDB	Sfx	Meaning
45:12	נטו	qal	pft	3cp	נטה	639		stretch, incline
	צויתי	piel	pft	1cs	צוה	845		command
45:13	העירתהו	hiph	pft	1cs	עור	734	3ms	rouse, stir up
	אישר	piel	impf	1cs	ישר	448		make straight
	יבנה	qal	impf	3ms	בנה	124		build
	ישלח	piel	impf	3ms	שלח	1018		send away, shoot
	אמר	qal	pft	3ms	אמר	55		say
45:14	אמר	qal	pft	3ms	אמר	55		say
	יעברו	qal	impf	3mp	עבר	716		pass over
	יהיו	qal	impf	3mp	היה	224		be, become
	ילכו	qal	impf	3mp	הלך	229		walk, go
	יעברו	qal	impf	3mp	עבר	716		pass over
	ישתחוו	hish	impf	3mp	חוה	1005		bow down
	יתפללו	hith	impf	3mp	פלל	813		pray
45:15	מסתתר	hith	ptc	ms	סתר	711		hide self
	מושיע	hiph	ptc	ms	ישע	446		deliver, save
45:16	בושו	qal	pft	3cp	בוש	101		be ashamed
	נכלמו	niph	pft	3cp	כלם	483		be humiliated
	הלכו	qal	pft	3cp	הלך	229		walk, go
45:17	נושע	niph	pft	3ms	ישע	446		be saved
	תבשו	qal	impf	2mp	בוש	101		be ashamed
	תכלמו	niph	impf	2mp	כלם	483		be humiliated
45:18	אמר	qal	pft	3ms	אמר	55		say
	בורא	qal	ptc	ms	ברא	135		create
	יצר	qal	ptc	ms	יצר	427		form, create
	עשה	qal	ptc	ms	עשה	793	3fs	do, make
	כוננה	pol	pft	3ms	כון	465	3fs	establish
	בראה	qal	pft	3ms	ברא	135	3fs	create
	שבת	qal	infc		ישב	442		sit, dwell
	יצרה	qal	pft	3ms	יצר	427	3fs	form, create
45:19	דברתי	piel	pft	1cs	דבר	180		speak
	אמרתי	qal	pft	1cs	אמר	55		say
	בקשוני	piel	impv	mp	בקש	134	1cs	seek
	דבר	qal	ptc	ms	דבר	180		speak
	מגיד	hiph	ptc	ms	נגד	616		declare, tell
45:20	הקבצו	niph	impv	mp	קבץ	867		assemble, gather
	באו	qal	impv	mp	בוא	97		come in
	התנגשו	hith	impv	mp	נגש	620		draw near
	ידעו	qal	pft	3cp	ידע	393		know
	נשאים	qal	ptc	mp	נשא	669		lift, carry
	מתפללים	hith	ptc	mp	פלל	813		pray
	יושיע	hiph	impf	3ms	ישע	446		deliver, save
45:21	הגידו	hiph	impv	mp	נגד	616		declare, tell
	הגישו	hiph	impv	mp	נגש	620		bring near
	יועצו	niph	jusm	3mp	יעץ	419		consult
	השמיע	hiph	pft	3ms	שמע	1033		cause to hear
	הגידה	hiph	pft	3ms	נגד	616	3fs	declare, tell
	מושיע	hiph	ptc	ms	ישע	446		deliver, save
45:22	פנו	qal	impv	mp	פנה	815		turn
	הושעו	niph	impv	mp	ישע	446		be saved
45:23	נשבעתי	niph	pft	1cs	שבע	989		swear
	יצא	qal	pft	3ms	יצא	422		go out
	ישוב	qal	impf	3ms	שוב	996		turn, return
	תכרע	qal	impf	3fs	כרע	502		bow down
45:23	תשבע	niph	impf	3fs	שבע	989		swear
45:24	אמר	qal	pft	3ms	אמר	55		say
	יבוא	qal	impf	3ms	בוא	97		come in
	יבשו	qal	impf	3mp	בוש	101		be ashamed
	נחרים	niph	ptc	mp	חרה	354		be angry
45:25	יצדקו	qal	impf	3mp	צדק	842		be righteous
	יתהללו	hith	impf	3mp	הלל	237		glory
46:1	כרע	qal	pft	3ms	כרע	502		bow down
	קרס	qal	ptc	ms	קרס	902		bend down, stoop
	היו	qal	pft	3cp	היה	224		be, become
	עמוסות	qal	pptc	fp	עמס	770		load, carry
46:2	קרסו	qal	pft	3cp	קרס	902		bend down, stoop
	כרעו	qal	pft	3cp	כרע	502		bow down
	יכלו	qal	pft	3cp	יכל	407		be able
	מלט	piel	infc		מלט	572		deliver
	הלכה	qal	pft	3fs	הלך	229		walk, go
46:3	שמעו	qal	impv	mp	שמע	1033		hear
	עמסים	qal	ptc	mp	עמס	770		load, carry
	נשאים	qal	pptc	mp	נשא	669		lift, carry
46:4	אסבל	qal	impf	1cs	סבל	687		bear a load
	עשיתי	qal	pft	1cs	עשה	793		do, make
	אשא	qal	impf	1cs	נשא	669		lift, carry
	אסבל	qal	impf	1cs	סבל	687		bear a load
	אמלט	piel	impf	1cs	מלט	572		deliver
46:5	תדמיוני	piel	impf	2mp	דמה	197	1cs	liken, think
	תשוו	hiph	impf	2mp	שוה	1000		make like
	תמשלוני	hiph	impf	2mp	משל	605	1cs	compare
	נדמה	qal	impf	1cp	דמה	197		be like
46:6	זלים	qal	ptc	mp	זול	266		lavish
	ישקלו	qal	impf	3mp	שקל	1053		weigh
	ישכרו	qal	impf	3mp	שכר	968		hire
	צורף	qal	ptc	ms	צרף	864		refine, test
	יעשהו	qal	impf	3ms	עשה	793	3ms	do, make
	יסגדו	qal	impf	3mp	סגד	688		prostrate self
	ישתחוו	hish	impf	3mp	חוה	1005		bow down
46:7	ישאהו	qal	impf	3mp	נשא	669	3ms	lift, carry
	יסבלהו	qal	impf	3mp	סבל	687	3ms	bear a load
	יניחהו	hiph	impf	3mp	נוח	628	3ms	give rest, put
	יעמד	qal	impf	3ms	עמד	763		stand, stop
	ימיש	hiph	impf	3ms	מוש	559		remove, depart
	יצעק	qal	impf	3ms	צעק	858		cry out
	יענה	qal	impf	3ms	ענה	772		answer
	יושיענו	hiph	impf	3ms	ישע	446	3ms	deliver, save
46:8	זכרו	qal	impv	mp	זכר	269		remember
	התאששו	htpo	impv	mp	אשש	84		show firm
	השיבו	hiph	impv	mp	שוב	996		bring back
	פושעים	qal	ptc	mp	פשע	833		rebel, sin
46:9	זכרו	qal	impv	mp	זכר	269		remember
46:10	מגיד	hiph	ptc	ms	נגד	616		declare, tell
	נעשו	niph	pft	3cp	עשה	793		be done
	אמר	qal	ptc	ms	אמר	55		say
	תקום	qal	impf	3fs	קום	877		arise, stand
	אעשה	qal	impf	1cs	עשה	793		do, make
46:11	קרא	qal	ptc	ms	קרא	894		call, proclaim

Isaiah 46:11 – 48:7

ChVs	Form	Stem	Tnse	PGN	Root	BDB	Sfx	Meaning
46:11	דברתי	piel	pft	1cs	דבר	180		speak
	אביאנה	hiph	impf	1cs	בוא	97	3fs	bring in
	יצרתי	qal	pft	1cs	יצר	427		form, create
	אעשנה	qal	impf	1cs	עשה	793	3fs	do, make
46:12	שמעו	qal	impv	mp	שמע	1033		hear
46:13	קרבתי	piel	pft	1cs	קרב	897		c. to bring near
	תרחק	qal	impf	3fs	רחק	934		be distant
	תאחר	piel	impf	3fs	אחר	29		tarry, hinder
	נתתי	qal	wcp	1cs	נתן	678		give, set
47:1	רדי	qal	impv	fs	ירד	432		come down
	שבי	qal	impv	fs	ישב	442		sit, dwell
	שבי	qal	impv	fs	ישב	442		sit, dwell
	תוסיפי	hiph	impf	2fs	יסף	414		add, do again
	יקראו	qal	impf	3mp	קרא	894		call, proclaim
47:2	קחי	qal	impv	fs	לקח	542		take
	טחני	qal	impv	fs	טחן	377		grind
	גלי	piel	impv	fs	גלה	162		uncover
	חשפי	qal	impv	fs	חשף	362		strip off
	גלי	piel	impv	fs	גלה	162		uncover
	עברי	qal	impv	fs	עבר	716		pass over
47:3	תגל	niph	jus	3fs	גלה	162		uncover self
	תראה	niph	impf	3fs	ראה	906		appear, be seen
	אקח	qal	impf	1cs	לקח	542		take
	אפגע	qal	impf	1cs	פגע	803		meet, encounter
47:4	גאלנו	qal	ptc	ms	גאל	145	1cp	redeem
47:5	שבי	qal	impv	fs	ישב	442		sit, dwell
	באי	qal	impv	fs	בוא	97		come in
	תוסיפי	hiph	impf	2fs	יסף	414		add, do again
	יקראו	qal	impf	3mp	קרא	894		call, proclaim
47:6	קצפתי	qal	pft	1cs	קצף	893		be angry
	חללתי	piel	pft	1cs	חלל	320		pollute
	אתנם	qal	wci	1cs	נתן	678	3mp	give, set
	שמת	qal	pft	2fs	שים	962		put, set
	הכבדת	hiph	pft	2fs	כבד	457		make heavy
47:7	תאמרי	qal	wci	2fs	אמר	55		say
	אהיה	qal	impf	1cs	היה	224		be, become
	שמת	qal	pft	2fs	שים	962		put, set
	זכרת	qal	pft	2fs	זכר	269		remember
47:8	שמעי	qal	impv	fs	שמע	1033		hear
	יושבת	qal	ptc	fs	ישב	442		sit, dwell
	אמרה	qal	ptc	fs	אמר	55		say
	אשב	qal	impf	1cs	ישב	442		sit, dwell
	אדע	qal	impf	1cs	ידע	393		know
47:9	תבאנה	qal	impf	3fp	בוא	97		come in
	באו	qal	pft	3cp	בוא	97		come in
47:10	תבטחי	qal	wci	2fs	בטח	105		trust
	אמרת	qal	pft	2fs	אמר	55		say
	ראני	qal	ptc	ms	ראה	906	1cs	see
	שובבתך	pol	pft	3fs	שוב	996	2fs	bring back
	תאמרי	qal	wci	2fs	אמר	55		say
47:11	בא	qal	wcp	3ms	בוא	97		come in
	תדעי	qal	impf	2fs	ידע	393		know
	תפל	qal	impf	3fs	נפל	656		fall
	תוכלי	qal	impf	2fs	יכל	407		be able
47:11	כפרה	piel	infc		כפר	497	3fs	cover, atone
	תבא	qal	impf	3fs	בוא	97		come in
	תדעי	qal	impf	2fs	ידע	393		know
47:12	עמדי	qal	impv	fs	עמד	763		stand, stop
	יגעת	qal	pft	2fs	יגע	388		toil, grow weary
	תוכלי	qal	impf	2fs	יכל	407		be able
	הועיל	hiph	infc		יעל	418		profit, benefit
	תערוצי	qal	impf	2fs	ערץ	791		frighten, fear
47:13	נלאית	niph	pft	2fs	לאה	521		tire oneself
	יעמדו	qal	jusm	3mp	עמד	763		stand, stop
	יושיעך	hiph	jusm	3mp	ישע	446	2fs	deliver, save
	אהברו k	qal	pft	3cp	הבר	211		divide
	הברי q	qal	ptc	mp	הבר	211		divide
	חזים	qal	ptc	mp	חזה	302		see
	מודיעם	hiph	ptc	mp	ידע	393		declare
	יבאו	qal	impf	3mp	בוא	97		come in
47:14	היו	qal	pft	3cp	היה	224		be, become
	שרפתם	qal	pft	3fs	שרף	976	3mp	burn
	יצילו	hiph	impf	3mp	נצל	664		snatch, deliver
	חמם	qal	infc		חמם	328		be warm
	שבת	qal	infc		ישב	442		sit, dwell
47:15	היו	qal	pft	3cp	היה	224		be, become
	יגעת	qal	pft	2fs	יגע	388		toil, grow weary
	סחריך	qal	ptc	mp	סחר	695	2fs	go around
	תעו	qal	pft	3cp	תעה	1073		wander, err
	מושיעך	hiph	ptc	ms	ישע	446	2fs	deliver, save
48:1	שמעו	qal	impv	mp	שמע	1033		hear
	נקראים	niph	ptc	mp	קרא	894		be called
	יצאו	qal	pft	3cp	יצא	422		go out
	נשבעים	niph	ptc	mp	שבע	989		swear
	יזכירו	hiph	impf	3mp	זכר	269		c. to remember
48:2	נקראו	niph	pft	3cp	קרא	894		be called
	נסמכו	niph	pft	3cp	סמך	701		support oneself
48:3	הגדתי	hiph	pft	1cs	נגד	616		declare, tell
	יצאו	qal	pft	3cp	יצא	422		go out
	אשמיעם	hiph	impf	1cs	שמע	1033	3mp	cause to hear
	עשיתי	qal	pft	1cs	עשה	793		do, make
	תבאנה	qal	wci	3fp	בוא	97		come in
48:4	דעתי	qal	infc		ידע	393	1cs	know
48:5	אגיד	hiph	wci	1cs	נגד	616		declare, tell
	תבוא	qal	impf	3fs	בוא	97		come in
	השמעתיך	hiph	pft	1cs	שמע	1033	2ms	cause to hear
	תאמר	qal	impf	2ms	אמר	55		say
	עשם	qal	pft	3ms	עשה	793	3mp	do, make
	צום	piel	pft	3ms	צוה	845	3mp	command
48:6	שמעת	qal	pft	2ms	שמע	1033		hear
	חזה	qal	impv	ms	חזה	302		see
	תגידו	hiph	impf	2mp	נגד	616		declare, tell
	השמעתיך	hiph	pft	1cs	שמע	1033	2ms	cause to hear
	נצרות	qal	pptc	fp	נצר	665		watch, guard
	ידעתם	qal	pft	2ms	ידע	393	3mp	know
48:7	נבראו	niph	pft	3cp	ברא	135		be created
	שמעתם	qal	pft	2ms	שמע	1033	3mp	hear
	תאמר	qal	impf	2ms	אמר	55		say

Isaiah 48:7—49:9

ChVs	Form	Stem	Tnse	PGN	Root	BDB	Sfx	Meaning
48:7	ידעתין	qal	pft	1cs	ידע	393	3fp	know
48:8	שמעת	qal	pft	2ms	שמע	1033		hear
	ידעת	qal	pft	2ms	ידע	393		know
	פתחה	piel	pft	3fs	פתח	834		loose, free
	ידעתי	qal	pft	1cs	ידע	393		know
	בגוד	qal	infa		בגד	93		act faithlessly
	תבגוד	qal	impf	2ms	בגד	93		act faithlessly
	פשע	qal	ptc	ms	פשע	833		rebel, sin
	קרא	qalp	pft	3ms	קרא	894		be named
48:9	אאריך	hiph	impf	1cs	ארך	73		prolong
	אחטם	qal	impf	1cs	חטם	310		restrain
	הכריתך	hiph	infc		כרת	503	2ms	cut off, destroy
48:10	צרפתיך	qal	pft	1cs	צרף	864	2ms	refine, test
	בחרתיך	qal	pft	1cs	בחר	103	2ms	choose
48:11	אעשה	qal	impf	1cs	עשה	793		do, make
	יחל	niph	impf	3ms	חלל	320		pollute oneself
	אתן	qal	impf	1cs	נתן	678		give, set
48:12	שמע	qal	impv	ms	שמע	1033		hear
	מקראי	qalp	ptc	ms	קרא	894	1cs	be named
48:13	יסדה	qal	pft	3fs	יסד	413		establish
	טפחה	piel	pft	3fs	טפח	381		spread out
	קרא	qal	ptc	ms	קרא	894		call, proclaim
	יעמדו	qal	impf	3mp	עמד	763		stand, stop
48:14	הקבצו	niph	impv	mp	קבץ	867		assemble, gather
	שמעו	qal	impv	mp	שמע	1033		hear
	הגיד	hiph	pft	3ms	נגד	616		declare, tell
	אהבו	qal	pft	3ms	אהב	12	3ms	love
	יעשה	qal	impf	3ms	עשה	793		do, make
48:15	דברתי	piel	pft	1cs	דבר	180		speak
	קראתיו	qal	pft	1cs	קרא	894	3ms	call, proclaim
	הביאתיו	hiph	pft	1cs	בוא	97	3ms	bring in
	הצליח	hiph	wcp	3ms	צלח	852		cause to thrive
48:16	קרבו	qal	impv	mp	קרב	897		approach
	שמעו	qal	impv	mp	שמע	1033		hear
	דברתי	piel	pft	1cs	דבר	180		speak
	היותה	qal	infc		היה	224	3fs	be, become
	שלחני	qal	pft	3ms	שלח	1018	1cs	send
48:17	אמר	qal	pft	3ms	אמר	55		say
	גאלך	qal	ptc	ms	גאל	145	2ms	redeem
	מלמדך	piel	ptc	ms	למד	540	2ms	teach
	הועיל	hiph	infc		יעל	418		profit, benefit
	מדריכך	hiph	ptc	ms	דרך	201	2ms	tread, lead
	תלך	qal	impf	2ms	הלך	229		walk, go
48:18	הקשבת	hiph	pft	2ms	קשב	904		give attention
	יהי	qal	wci	3ms	היה	224		be, become
48:19	יהי	qal	wci	3ms	היה	224		be, become
	יכרת	niph	impf	3ms	כרת	503		be cut off
	ישמד	niph	impf	3ms	שמד	1029		be exterminated
48:20	צאו	qal	impv	mp	יצא	422		go out
	ברחו	qal	impv	mp	ברח	137		go thru, flee
	הגידו	hiph	impv	mp	נגד	616		declare, tell
	השמיעו	hiph	impv	mp	שמע	1033		cause to hear
	הוציאוה	hiph	impv	mp	יצא	422	3fs	bring out
	אמרו	qal	impv	mp	אמר	55		say
48:20	גאל	qal	pft	3ms	גאל	145		redeem
48:21	צמאו	qal	pft	3cp	צמא	854		be thirsty
	הוליכם	hiph	pft	3ms	הלך	229	3mp	lead, bring
	הזיל	hiph	pft	3ms	נזל	633		cause to flow
	יבקע	qal	wci	3ms	בקע	131		cleave, break
	יזבו	qal	wci	3mp	זוב	264		flow, gush
48:22	אמר	qal	pft	3ms	אמר	55		say
49:1	שמעו	qal	impv	mp	שמע	1033		hear
	הקשיבו	hiph	impv	mp	קשב	904		give attention
	קראני	qal	pft	3ms	קרא	894	1cs	call, proclaim
	הזכיר	hiph	pft	3ms	זכר	269		c. to remember
49:2	ישם	qal	wci	3ms	שים	962		put, set
	החביאני	hiph	pft	3ms	חבא	285	1cs	hide
	ישימני	qal	wci	3ms	שים	962	1cs	put, set
	ברור	qal	pptc	ms	ברר	140		purify, polish
	הסתירני	hiph	pft	3ms	סתר	711	1cs	hide
49:3	יאמר	qal	wci	3ms	אמר	55		say
	אתפאר	hith	impf	1cs	פאר	802		glorify self
49:4	אמרתי	qal	pft	1cs	אמר	55		say
	יגעתי	qal	pft	1cs	יגע	388		toil, grow weary
	כליתי	piel	pft	1cs	כלה	477		complete, finish
49:5	אמר	qal	pft	3ms	אמר	55		say
	יצרי	qal	ptc	ms	יצר	427	1cs	form, create
	שובב	pol	infc		שוב	996		bring back
	יאסף	niph	impf	3ms	אסף	62		assemble
	אכבד	niph	impf	1cs	כבד	457		be honored
	היה	qal	pft	3ms	היה	224		be, become
49:6	יאמר	qal	wci	3ms	אמר	55		say
	נקל	niph	pft	3ms	קלל	886		be trifling
	היותך	qal	infc		היה	224	2ms	be, become
	הקים	hiph	infc		קום	877		raise, build, set
	qנצורי	qal	pptc	mp	נצר	665		watch, guard
	השיב	hiph	infc		שוב	996		bring back
	נתתיך	qal	wcp	1cs	נתן	678	2ms	give, set
	היות	qal	infc		היה	224		be, become
49:7	אמר	qal	pft	3ms	אמר	55		say
	גאל	qal	ptc	ms	גאל	145		redeem
	בזה	qal	infc		בזה	102		despise
	מתעב	piel	ptc	ms	תעב	1073		abhor
	משלים	qal	ptc	mp	משל	605		rule
	יראו	qal	impf	3mp	ראה	906		see
	קמו	qal	wcp	3cp	קום	877		arise, stand
	ישתחוו	hish	impf	3mp	חוה	1005		bow down
	נאמן	niph	ptc	ms	אמן	52		be confirmed
	יבחרך	qal	wci	3ms	בחר	103	2ms	choose
49:8	אמר	qal	pft	3ms	אמר	55		say
	עניתיך	qal	pft	1cs	ענה	772	2ms	answer
	עזרתיך	qal	pft	1cs	עזר	740	2ms	help, aid
	אצרך	qal	impf	1cs	נצר	665	2ms	watch, guard
	אתנך	qal	impf	1cs	נתן	678	2ms	give, set
	הקים	hiph	infc		קום	877		raise, build, set
	הנחיל	hiph	infc		נחל	635		c. to inherit
	שממות	qal	ptc	fp	שמם	1030		be desolate
49:9	אמר	qal	infc		אמר	55		say

Isaiah 49:9–50:6

ChVs	Form	Stem	Tnse	PGN	Root	BDB	Sfx	Meaning
49:9	אסורים	qal	pptc	mp	אסר	63		tie, bind
	צאו	qal	impv	mp	יצא	422		go out
	הגלו	niph	impv	mp	גלה	162		uncover self
	ירעו	qal	impf	3mp	רעה	944		pasture, tend
49:10	ירעבו	qal	impf	3mp	רעב	944		be hungry
	יצמאו	qal	impf	3mp	צמא	854		be thirsty
	יכם	hiph	impf	3ms	נכה	645	3mp	smite
	מרחמם	piel	ptc	ms	רחם	933	3mp	have compassion
	ינהגם	piel	impf	3ms	נהג	624	3mp	drive away, lead
	ינהלם	piel	impf	3ms	נהל	624	3mp	lead, refresh
49:11	שמתי	qal	wcp	1cs	שים	962		put, set
	ירמון	qal	impf	3mp	רום	926		be high
49:12	יבאו	qal	impf	3mp	בוא	97		come in
49:13	רנו	qal	impv	mp	רנן	943		cry aloud
	גילי	qal	impv	fs	גיל	162		rejoice
	יפצחו k	qal	jusm	3mp	פצח	822		break forth
	פפצחו q	qal	impv	mp	פצח	822		break forth
	נחם	piel	pft	3ms	נחם	636		comfort
	ירחם	piel	impf	3ms	רחם	933		have compassion
49:14	תאמר	qal	wci	3fs	אמר	55		say
	עזבני	qal	pft	3ms	עזב	736	1cs	leave, loose
	שכחני	qal	pft	3ms	שכח	1013	1cs	forget
49:15	תשכח	qal	impf	3fs	שכח	1013		forget
	רחם	piel	infc		רחם	933		have compassion
	תשכחנה	qal	impf	3fp	שכח	1013		forget
	אשכחך	qal	impf	1cs	שכח	1013	2fs	forget
49:16	חקתיך	qal	pft	1cs	חקק	349	2fs	cut in, inscribe
49:17	מהרו	piel	pft	3cp	מהר	554		hasten
	מהרסיך	piel	ptc	mp	הרס	248	2fs	tear down
	מחרביך	hiph	ptc	mp	חרב	351	2fs	make desolate
	יצאו	qal	impf	3mp	יצא	422		go out
49:18	שאי	qal	impv	fs	נשא	669		lift, carry
	ראי	qal	impv	fs	ראה	906		see
	נקבצו	niph	pft	3cp	קבץ	867		assemble, gather
	באו	qal	pft	3cp	בוא	97		come in
	תלבשי	qal	impf	2fs	לבש	527		put on, clothe
	תקשרים	piel	impf	2fs	קשר	905	3mp	bind
49:19	שממתיך	qal	ptc	fp	שמם	1030	2fs	be desolate
	תצרי	qal	impf	2fs	צרר	864		bind, be cramped
	יושב	qal	ptc	ms	ישב	442		sit, dwell
	רחקו	qal	wcp	3cp	רחק	934		be distant
	מבלעיך	piel	ptc	mp	בלע	118	2fs	swallow up
49:20	יאמרו	qal	impf	3mp	אמר	55		say
	גשה	qal	impv	ms	נגש	620		draw near
	אשבה	qal	coh	1cs	ישב	442		sit, dwell
49:21	אמרת	qal	wcp	2fs	אמר	55		say
	ילד	qal	pft	3ms	ילד	408		bear, beget
	גלה	qal	ptc	fs	גלה	162		uncover
	סורה	qal	pptc	fs	סור	693		turn aside
	גדל	piel	pft	3ms	גדל	152		cause to grow
	נשארתי	niph	pft	1cs	שאר	983		be left
49:22	אמר	qal	pft	3ms	אמר	55		say
	אשא	qal	impf	1cs	נשא	669		lift, carry
	ארים	hiph	impf	1cs	רום	926		raise, lift
49:22	הביאו	hiph	wcp	3cp	בוא	97		bring in
	תנשאנה	niph	impf	3fp	נשא	669		be lifted up
49:23	היו	qal	wcp	3cp	היה	224		be, become
	אמניך	qal	ptc	mp	אמן	52	2fs	nourish
	מיניקתיך	hiph	ptc	fp	ינק	413	2fs	nurse
	ישתחוו	hish	impf	3mp	חוה	1005		bow down
	ילחכו	piel	impf	3mp	לחך	535		lick up
	ידעת	qal	wcp	2fs	ידע	393		know
	יבשו	qal	impf	3mp	בוש	101		be ashamed
	קוי	qal	ptc	mp	קוה	875	1cs	wait for
49:24	יקח	qalp	impf	3ms	לקח	542		be taken
	ימלט	niph	impf	3ms	מלט	572		escape
49:25	אמר	qal	pft	3ms	אמר	55		say
	יקח	qalp	impf	3ms	לקח	542		be taken
	ימלט	niph	impf	3ms	מלט	572		escape
	אריב	qal	impf	1cs	ריב	936		strive, contend
	אושיע	hiph	impf	1cs	ישע	446		deliver, save
49:26	האכלתי	hiph	wcp	1cs	אכל	37		cause to eat
	מוניך	hiph	ptc	mp	ינה	413	2fs	oppress
	ישכרון	qal	impf	3mp	שכר	1016		be drunk
	ידעו	qal	wcp	3cp	ידע	393		know
	מושיעך	hiph	ptc	ms	ישע	446	2fs	deliver, save
	גאלך	qal	ptc	ms	גאל	145	2fs	redeem
50:1	אמר	qal	pft	3ms	אמר	55		say
	שלחתיה	piel	pft	1cs	שלח	1018	3fs	send away, shoot
	נשי	qal	ptc	mp	נשה	674	1cp	lend
	מכרתי	qal	pft	1cs	מכר	569		sell
	נמכרתם	niph	pft	2mp	מכר	569		be sold
	שלחה	pual	pft	3fs	שלח	1018		be sent off
50:2	באתי	qal	pft	1cs	בוא	97		come in
	קראתי	qal	pft	1cs	קרא	894		call, proclaim
	עונה	qal	ptc	ms	ענה	772		answer
	קצור	qal	infa		קצר	894		be short
	קצרה	qal	pft	3fs	קצר	894		be short
	הציל	hiph	infc		נצל	664		snatch, deliver
	אחריב	hiph	impf	1cs	חרב	351		dry up
	אשים	qal	impf	1cs	שים	962		put, set
	תבאש	qal	impf	3fs	באש	92		stink
	תמת	qal	jusf	3fs	מות	559		die
50:3	אלביש	hiph	impf	1cs	לבש	527		clothe
	אשים	qal	impf	1cs	שים	962		put, set
50:4	נתן	qal	pft	3ms	נתן	678		give, set
	דעת	qal	infc		ידע	393		know
	עות	qal	infc		עות	736		help
	יעיר	hiph	impf	3ms	עור	734		rouse, stir up
	יעיר	hiph	impf	3ms	עור	734		rouse, stir up
	שמע	qal	infc		שמע	1033		hear
50:5	פתח	qal	pft	3ms	פתח	834		open
	מריתי	qal	pft	1cs	מרה	598		be disobedient
	נסוגתי	niph	pft	1cs	סוג	690		turn away
50:6	נתתי	qal	pft	1cs	נתן	678		give, set
	מכים	hiph	ptc	mp	נכה	645		smite
	מרטים	qal	ptc	mp	מרט	598		make bare
	הסתרתי	hiph	pft	1cs	סתר	711		hide

Isaiah 50:7–51:17

ChVs	Form	Stem	Tnse	PGN	Root	BDB	Sfx	Meaning
50:7	יעזר	qal	impf	3ms	עזר	740		help, aid
	נכלמתי	niph	pft	1cs	כלם	483		be humiliated
	שמתי	qal	pft	1cs	שׂים	962		put, set
	אדע	qal	wci	1cs	ידע	393		know
	אבוש	qal	impf	1cs	בוש	101		be ashamed
50:8	מצדיקי	hiph	ptc	ms	צדק	842	1cs	make righteous
	יריב	qal	impf	3ms	ריב	936		strive, contend
	נעמדה	qal	coh	1cp	עמד	763		stand, stop
	יגש	qal	jusm	3ms	נגש	620		draw near
50:9	יעזר	qal	impf	3ms	עזר	740		help, aid
	ירשיעני	hiph	impf	3ms	רשע	957	1cs	condemn, be evil
	יבלו	qal	impf	3mp	בלה	115		wear out
	יאכלם	qal	impf	3ms	אכל	37	3mp	eat, devour
50:10	ירא	qal	ptc	ms	ירא	431		fear
	שמע	qal	ptc	ms	שמע	1033		hear
	הלך	qal	pft	3ms	הלך	229		walk, go
	יבטח	qal	jusm	3ms	בטח	105		trust
	ישען	niph	jusm	3ms	שען	1043		lean, support
50:11	קדחי	qal	ptc	mp	קדח	869		be kindled
	מאזרי	piel	ptc	mp	אזר	25		gird
	לכו	qal	impv	mp	הלך	229		walk, go
	בערתם	piel	pft	2mp	בער	128		burn, consume
	היתה	qal	pft	3fs	היה	224		be, become
	תשכבון	qal	impf	2mp	שכב	1011		lie, lie down
51:1	שמעו	qal	impv	mp	שמע	1033		hear
	רדפי	qal	ptc	mp	רדף	922		pursue
	מבקשי	piel	ptc	mp	בקש	134		seek
	הביטו	hiph	impv	mp	נבט	613		look, regard
	חצבתם	qalp	pft	2mp	חצב	345		hewn
	נקרתם	pual	pft	2mp	נקר	669		be dug
51:2	הביטו	hiph	impv	mp	נבט	613		look, regard
	תחוללכם	pol	impf	3fs	חול	296	2mp	dance, writhe
	קראתיו	qal	pft	1cs	קרא	894	3ms	call, proclaim
	אברכהו	piel	impf	1cs	ברך	138	3ms	bless
	ארבהו	hiph	impf	1cs	רבה	915	3ms	make many
51:3	נחם	piel	pft	3ms	נחם	636		comfort
	נחם	piel	pft	3ms	נחם	636		comfort
	ישם	qal	wci	3ms	שׂים	962		put, set
	ימצא	niph	impf	3ms	מצא	592		be found
51:4	הקשיבו	hiph	impv	mp	קשב	904		give attention
	האזינו	hiph	impv	mp	אזן	24		hear
	תצא	qal	impf	3fs	יצא	422		go out
	ארגיע	hiph	impf	1cs	רגע	921		give rest
51:5	יצא	qal	pft	3ms	יצא	422		go out
	ישפטו	qal	impf	3mp	שפט	1047		judge
	יקוו	piel	impf	3mp	קוה	875		wait for
	ייחלון	piel	impf	3mp	יחל	403		await
51:6	שאו	qal	impv	mp	נשא	669		lift, carry
	הביטו	hiph	impv	mp	נבט	613		look, regard
	נמלחו	niph	pft	3cp	מלח	571		be dissipated
	תבלה	qal	impf	3fs	בלה	115		wear out
	ישביה	qal	ptc	mp	ישב	442	3fs	sit, dwell
	ימותון	qal	impf	3mp	מות	559		die
	תהיה	qal	impf	3fs	היה	224		be, become
51:6	תחת	qal	impf	3fs	חתת	369		be shattered
51:7	שמעו	qal	impv	mp	שמע	1033		hear
	ידעי	qal	ptc	mp	ידע	393		know
	תיראו	qal	jusm	2mp	ירא	431		fear
	תחתו	qal	jusm	2mp	חתת	369		be shattered
51:8	יאכלם	qal	impf	3ms	אכל	37	3mp	eat, devour
	יאכלם	qal	impf	3ms	אכל	37	3mp	eat, devour
	תהיה	qal	impf	3fs	היה	224		be, become
51:9	עורי	qal	impv	fs	עור	734		rouse self
	עורי	qal	impv	fs	עור	734		rouse self
	לבשי	qal	impv	fs	לבש	527		put on, clothe
	עורי	qal	impv	fs	עור	734		rouse self
	מחצבת	hiph	ptc	fs	חצב	345		hew in pieces
	מחוללת	poel	ptc	fs	חלל	319		pierce
51:10	מחרבת	hiph	ptc	fs	חרב	351		dry up
	שמה	qal	pft	3fs	שׂים	962		put, set
	עבר	qal	infc		עבר	716		pass over
	גאולים	qal	pptc	mp	גאל	145		redeem
51:11	פדויי	qal	pptc	mp	פדה	804		ransom
	ישובון	qal	impf	3mp	שוב	996		turn, return
	באו	qal	wcp	3cp	בוא	97		come in
	ישיגון	hiph	impf	3mp	נשג	673		reach, overtake
	נסו	qal	pft	3cp	נוס	630		flee, escape
51:12	מנחמכם	piel	ptc	ms	נחם	636	2mp	comfort
	תיראי	qal	wci	2fs	ירא	431		fear
	ימות	qal	impf	3ms	מות	559		die
	ינתן	niph	impf	3ms	נתן	678		be given
51:13	תשכח	qal	wci	2ms	שכח	1013		forget
	עשך	qal	ptc	ms	עשה	793	2ms	do, make
	נוטה	qal	ptc	ms	נטה	639		stretch, incline
	יסד	qal	ptc	ms	יסד	413		establish
	תפחד	piel	wci	2ms	פחד	808		deeply dread
	מציק	hiph	ptc	ms	צוק	847		constrain
	כונן	pol	pft	3ms	כון	465		establish
	השחית	hiph	infc		שחת	1007		spoil, ruin
	מציק	hiph	ptc	ms	צוק	847		constrain
51:14	מהר	piel	pft	3ms	מהר	554		hasten
	צעה	qal	ptc	ms	צעה	858		stoop, tip
	הפתח	niph	infc		פתח	834		be opened
	ימות	qal	impf	3ms	מות	559		die
	יחסר	qal	impf	3ms	חסר	341		lack
51:15	רגע	qal	ptc	ms	רגע	920		disturb
	יהמו	qal	wci	3mp	המה	242		growl, murmur
51:16	אשים	qal	wci	1cs	שׂים	962		put, set
	כסיתיך	piel	pft	1cs	כסה	491	2ms	cover
	נטע	qal	infc		נטע	642		plant
	יסד	qal	infc		יסד	413		establish
	אמר	qal	infc		אמר	55		say
51:17	התעוררי	htpo	impv	fs	עור	734		exult, rouse
	התעוררי	htpo	impv	fs	עור	734		exult, rouse
	קומי	qal	impv	fs	קום	877		arise, stand
	שתית	qal	pft	2fs	שתה	1059		drink
	שתית	qal	pft	2fs	שתה	1059		drink
	מצית	qal	pft	2fs	מצה	594		drain out

Isaiah 51:18 – 53:6

ChVs	Form	Stem	Tnse	PGN	Root	BDB	Sfx	Meaning	ChVs	Form	Stem	Tnse	PGN	Root	BDB	Sfx	Meaning
51:18	מנהל	piel	ptc	ms	נהל	624		lead, refresh	52:7	מלך	qal	pft	3ms	מלך	573		be king, reign
	ילדה	qal	pft	3fs	ילד	408		bear, beget	52:8	צפיך	qal	ptc	mp	צפה	859	2fs	keep watch
	מחזיק	hiph	ptc	ms	חזק	304		make firm, seize		נשאו	qal	pft	3cp	נשא	669		lift, carry
	גדלה	piel	pft	3fs	גדל	152		cause to grow		ירננו	piel	impf	3mp	רנן	943		shout w/joy
51:19	קראתיך	qal	ptc	fp	קרא	896	2fs	meet, encounter		יראו	qal	impf	3mp	ראה	906		see
	ינוד	qal	impf	3ms	נוד	626		wander, lament		שוב	qal	infc		שוב	996		turn, return
	אנחמך	piel	impf	1cs	נחם	636	2fs	comfort	52:9	פצחו	qal	impv	mp	פצח	822		break forth
51:20	עלפו	pual	pft	3cp	עלף	763		be covered		רננו	piel	impv	mp	רנן	943		shout w/joy
	שכבו	qal	pft	3cp	שכב	1011		lie, lie down		נחם	piel	pft	3ms	נחם	636		comfort
51:21	שמעי	qal	impv	fs	שמע	1033		hear		גאל	qal	pft	3ms	גאל	145		redeem
	שכרת	qal	pptc	fs	שכר	1016		be drunk	52:10	חשף	qal	pft	3ms	חשף	362		strip off
51:22	אמר	qal	pft	3ms	אמר	55		say		ראו	qal	wcp	3cp	ראה	906		see
	יריב	qal	impf	3ms	ריב	936		strive, contend	52:11	סורו	qal	impv	mp	סור	693		turn aside
	לקחתי	qal	pft	1cs	לקח	542		take		סורו	qal	impv	mp	סור	693		turn aside
	תוסיפי	hiph	impf	2fs	יסף	414		add, do again		צאו	qal	impv	mp	יצא	422		go out
	שתותה	qal	infc		שתה	1059	3fs	drink		תגעו	qal	jusm	2mp	נגע	619		touch, strike
51:23	שמתיה	qal	wcp	1cs	שים	962	3fs	put, set		צאו	qal	impv	mp	יצא	422		go out
	מוניך	hiph	ptc	mp	ינה	387	2fs	cause grief		הברו	niph	impv	mp	ברר	140		purify oneself
	אמרו	qal	pft	3cp	אמר	55		say		נשאי	qal	ptc	mp	נשא	669		lift, carry
	שחי	qal	impv	fs	שחה	1005		bow down	52:12	תצאו	qal	impf	2mp	יצא	422		go out
	נעברה	qal	coh	1cp	עבר	716		pass over		תלכון	qal	impf	2mp	הלך	229		walk, go
	תשימי	qal	wci	2fs	שים	962		put, set		הלך	qal	ptc	ms	הלך	229		walk, go
	עברים	qal	ptc	mp	עבר	716		pass over		מאספכם	piel	ptc	ms	אסף	62	2mp	gather
52:1	עורי	qal	impv	fs	עור	734		rouse self	52:13	ישכיל	hiph	impf	3ms	שכל	968		look at, prosper
	עורי	qal	impv	fs	עור	734		rouse self		ירום	qal	impf	3ms	רום	926		be high
	לבשי	qal	impv	fs	לבש	527		put on, clothe		נשא	niph	wcp	3ms	נשא	669		be lifted up
	לבשי	qal	impv	fs	לבש	527		put on, clothe		גבה	qal	wcp	3ms	גבה	146		be high
	יוסיף	hiph	impf	3ms	יסף	414		add, do again	52:14	שממו	qal	pft	3cp	שמם	1030		be desolate
	יבא	qal	impf	3ms	בוא	97		come in	52:15	יזה	hiph	impf	3ms	נזה	633		cause to leap
52:2	התנערי	hith	impv	fs	נער	654		shake self free		יקפצו	qal	impf	3mp	קפץ	891		shut
	קומי	qal	impv	fs	קום	877		arise, stand		ספר	pual	pft	3ms	ספר	707		be recounted
	שבי	qal	impv	fs	ישב	442		sit, dwell		ראו	qal	pft	3cp	ראה	906		see
	התפתחו k	hith	impv	mp	פתח	834		loosen		שמעו	qal	pft	3cp	שמע	1033		hear
	התפתחי q	hith	impv	mp	פתח	834		loosen		התבוננו	htpo	pft	3cp	בין	106		understand
52:3	אמר	qal	pft	3ms	אמר	55		say	53:1	האמין	hiph	pft	3ms	אמן	52		believe
	נמכרתם	niph	pft	2mp	מכר	569		be sold		נגלתה	niph	pft	3fs	גלה	162		uncover self
	תגאלו	niph	impf	2mp	גאל	145		be redeemed	53:2	יעל	qal	wci	3ms	עלה	748		go up
52:4	אמר	qal	pft	3ms	אמר	55		say		נראהו	qal	cohm	1cp	ראה	906	3ms	see
	ירד	qal	pft	3ms	ירד	432		come down		נחמדהו	qal	cohm	1cp	חמד	326	3ms	desire
	גור	qal	infc		גור	157		sojourn	53:3	נבזה	niph	ptc	ms	בזה	102		despised
	עשקו	qal	pft	3ms	עשק	798	3ms	oppress, extort		ידוע	qal	pptc	ms	ידע	393		know
52:5	לקח	qalp	pft	3ms	לקח	542		be taken		נבזה	niph	ptc	ms	בזה	102		despised
	משלו k	qal	ptc	ms	משל	605	3ms	rule		חשבנהו	qal	pft	1cp	חשב	362	3ms	think, devise
	משליו q	qal	ptc	mp	משל	605	3ms	rule	53:4	נשא	qal	pft	3ms	נשא	669		lift, carry
	יהילילו	hiph	impf	3mp	ילל	410		howl		סבלם	qal	pft	3ms	סבל	687	3mp	bear a load
	מנאץ	htpo	ptc	ms	נאץ	610		be scorned		חשבנהו	qal	pft	1cp	חשב	362	3ms	think, devise
52:6	ידע	qal	impf	3ms	ידע	393		know		נגוע	qal	pptc	ms	נגע	619		touch, strike
	מדבר	piel	ptc	ms	דבר	180		speak		מכה	hoph	ptc	ms	נכה	645		be smitten
52:7	נאוו	pil	pft	3cp	נאה	610		be lovely		מענה	pual	ptc	ms	ענה	776		be afflicted
	מבשר	piel	ptc	ms	בשר	142		bear tidings	53:5	מחלל	poal	ptc	ms	חלל	319		pierced
	משמיע	hiph	ptc	ms	שמע	1033		cause to hear		מדכא	pual	ptc	ms	דכא	193		be crushed
	מבשר	piel	ptc	ms	בשר	142		bear tidings		נרפא	niph	pft	3ms	רפא	950		be healed
	משמיע	hiph	ptc	ms	שמע	1033		cause to hear	53:6	תעינו	qal	pft	1cp	תעה	1073		wander, err
	אמר	qal	ptc	ms	אמר	55		say		פנינו	qal	pft	1cp	פנה	815		turn

ChVs	Form	Stem	Tnse	PGN	Root	BDB	Sfx	Meaning
53:6	הפגיע	hiph	pft	3ms	פגע	803		entreat, attack
53:7	נגש	niph	pft	3ms	נגש	620		be pressed
	נענה	niph	ptc	ms	ענה	776		be afflicted
	יפתח	qal	impf	3ms	פתח	834		open
	יובל	hoph	impf	3ms	יבל	384		be borne along
	גזזיה	qal	ptc	mp	גזז	159	3fs	shear
	נאלמה	niph	pft	3fs	אלם	47		be dumb
	יפתח	qal	impf	3ms	פתח	834		open
53:8	לקח	qalp	pft	3ms	לקח	542		be taken
	ישוחח	pol	impf	3ms	שיח	967		meditate
	נגזר	niph	pft	3ms	גזר	160		be cut off
53:9	יתן	qal	wci	3ms	נתן	678		give, set
	עשה	qal	pft	3ms	עשה	793		do, make
53:10	חפץ	qal	pft	3ms	חפץ	342		delight in
	דכאו	piel	infc		דכא	193	3ms	crush
	החלי	hiph	pft	3ms	חלה	317		make sick
	תשים	qal	impf	3fs	שים	962		put, set
	יראה	qal	impf	3ms	ראה	906		see
	יאריך	hiph	impf	3ms	ארך	73		prolong
	יצלח	qal	impf	3ms	צלח	852		prosper
53:11	יראה	qal	impf	3ms	ראה	906		see
	ישבע	qal	impf	3ms	שבע	959		be sated
	יצדיק	hiph	impf	3ms	צדק	842		make righteous
	יסבל	qal	impf	3ms	סבל	687		bear a load
53:12	אחלק	piel	impf	1cs	חלק	323		divide
	יחלק	piel	impf	3ms	חלק	323		divide
	הערה	hiph	pft	3ms	ערה	788		make naked
	פשעים	qal	ptc	mp	פשע	833		rebel, sin
	נמנה	niph	pft	3ms	מנה	584		be counted
	נשא	qal	pft	3ms	נשא	669		lift, carry
	פשעים	qal	ptc	mp	פשע	833		rebel, sin
	יפגיע	hiph	impf	3ms	פגע	803		entreat, attack
54:1	רני	qal	impv	fs	רנן	943		cry aloud
	ילדה	qal	pft	3fs	ילד	408		bear, beget
	פצחי	qal	impv	fs	פצח	822		break forth
	צהלי	qal	impv	fs	צהל	843		neigh, cry
	חלה	qal	pft	3fs	חול	296		dance, writhe
	שוממה	qal	ptc	fs	שמם	1030		be desolate
	בעולה	qal	pptc	fs	בעל	127		marry, rule over
	אמר	qal	pft	3ms	אמר	55		say
54:2	הרחיבי	hiph	impv	fs	רחב	931		enlarge
	יטו	hiph	jusm	3mp	נטה	639		turn, incline
	תחשכי	qal	jusm	2fs	חשך	362		withhold
	האריכי	hiph	impv	fs	ארך	73		prolong
	חזקי	piel	impv	fs	חזק	304		make strong
54:3	תפרצי	qal	impf	2fs	פרץ	829		break through
	יירש	qal	impf	3ms	ירש	439		possess, inherit
	נשמות	niph	ptc	fp	שמם	1030		be desolate
	יושיבו	hiph	impf	3mp	ישב	442		cause to dwell
54:4	תיראי	qal	jusm	2fs	ירא	431		fear
	תבושי	qal	impf	2fs	בוש	101		be ashamed
	תכלמי	niph	impf	2fs	כלם	483		be humiliated
	תחפירי	hiph	impf	2fs	חפר	344		display shame
	תשכחי	qal	impf	2fs	שכח	1013		forget
54:4	תזכרי	qal	impf	2fs	זכר	269		remember
54:5	בעליך	qal	ptc	mp	בעל	127	2fs	marry, rule over
	עשיך	qal	ptc	mp	עשה	793	2fs	do, make
	גאלך	qal	ptc	ms	גאל	145	2fs	redeem
	יקרא	niph	impf	3ms	קרא	894		be called
54:6	עזובה	qal	pptc	fs	עזב	736		leave, loose
	עצובת	qal	pptc	fs	עצב	780		hurt, pain
	קראך	qal	pft	3ms	קרא	894	2fs	call, proclaim
	תמאס	niph	impf	3fs	מאס	549		be rejected
	אמר	qal	pft	3ms	אמר	55		say
54:7	עזבתיך	qal	pft	1cs	עזב	736	2fs	leave, loose
	אקבצך	piel	impf	1cs	קבץ	867	2fs	gather together
54:8	הסתרתי	hiph	pft	1cs	סתר	711		hide
	רחמתיך	piel	pft	1cs	רחם	933	2fs	have compassion
	אמר	qal	pft	3ms	אמר	55		say
	גאלך	qal	ptc	ms	גאל	145	2fs	redeem
54:9	נשבעתי	niph	pft	1cs	שבע	989		swear
	עבר	qal	infc		עבר	716		pass over
	נשבעתי	niph	pft	1cs	שבע	989		swear
	קצף	qal	infc		קצף	893		be angry
	גער	qal	infc		גער	172		rebuke
54:10	ימושו	qal	impf	3mp	מוש	559		depart, remove
	תמוטנה	qal	impf	3fp	מוט	556		totter
	ימוש	qal	impf	3ms	מוש	559		depart, remove
	תמוט	qal	impf	3fs	מוט	556		totter
	אמר	qal	pft	3ms	אמר	55		say
	מרחמך	piel	ptc	ms	רחם	933	2fs	have compassion
54:11	סערה	qal	ptc	fs	סער	704		storm
	נחמה	pual	pft	3fs	נחם	636		be consoled
	מרביץ	hiph	ptc	ms	רבץ	918		c. to lie down
	יסדתיך	qal	wcp	1cs	יסד	413	2fs	establish
54:12	שמתי	qal	wcp	1cs	שים	962		put, set
54:14	תכונני	htpo	impf	2fs	כון	465		be established
	רחקי	qal	impv	fs	רחק	934		be distant
	תיראי	qal	impf	2fs	ירא	431		fear
	תקרב	qal	impf	3fs	קרב	897		approach
54:15	גור	qal	infa		גור	158		stir up, quarrel
	יגור	qal	impf	3ms	גור	158		stir up, quarrel
	גר	qal	pft	3ms	גור	158		stir up, quarrel
	יפול	qal	impf	3ms	נפל	656		fall
54:16	בראתי	qal	pft	1cs	ברא	135		create
	נפח	qal	ptc	ms	נפח	655		breathe, blow
	מוציא	hiph	ptc	ms	יצא	422		bring out
	בראתי	qal	pft	1cs	ברא	135		create
	משחית	hiph	ptc	ms	שחת	1007		spoil, ruin
	חבל	piel	infc		חבל	287		ruin, destroy
54:17	יוצר	qalp	impf	3ms	יצר	427		be formed
	יצלח	qal	impf	3ms	צלח	852		prosper
	תקום	qal	impf	3fs	קום	877		arise, stand
	תרשיעי	hiph	impf	2fs	רשע	957		condemn, be evil
55:1	לכו	qal	impv	mp	הלך	229		walk, go
	לכו	qal	impv	mp	הלך	229		walk, go
	שברו	qal	impv	mp	שבר	991		buy grain
	אכלו	qal	impv	mp	אכל	37		eat, devour

Isaiah 55:1 – 56:11

ChVs	Form	Stem	Tnse	PGN	Root	BDB	Sfx	Meaning
55:1	לכו	qal	impv	mp	הלך	229		walk, go
	שברו	qal	impv	mp	שבר	991		buy grain
55:2	תשקלו	qal	impf	2mp	שקל	1053		weigh
	שמעו	qal	impv	mp	שמע	1033		hear
	שמוע	qal	infa		שמע	1033		hear
	אכלו	qal	impv	mp	אכל	37		eat, devour
	תתענג	hith	jusm	3fs	ענג	772		enjoy oneself
55:3	הטו	hiph	impv	mp	נטה	639		turn, incline
	לכו	qal	impv	mp	הלך	229		walk, go
	שמעו	qal	impv	mp	שמע	1033		hear
	תחי	qal	jus	3fs	חיה	310		live
	אכרתה	qal	coh	1cs	כרת	503		cut, destroy
	נאמנים	niph	ptc	mp	אמן	52		be confirmed
55:4	נתתיו	qal	pft	1cs	נתן	678	3ms	give, set
	מצוה	piel	ptc	ms	צוה	845		command
55:5	תדע	qal	impf	2ms	ידע	393		know
	תקרא	qal	impf	2ms	קרא	894		call, proclaim
	ידעוך	qal	pft	3cp	ידע	393	2ms	know
	ירוצו	qal	impf	3mp	רוץ	930		run
	פארך	piel	pft	3ms	פאר	802	2ms	beautify
55:6	דרשו	qal	impv	mp	דרש	205		resort to, seek
	המצאו	niph	infc		מצא	592	3ms	be found
	קראהו	qal	impv	mp	קרא	894	3ms	call, proclaim
	היותו	qal	infc		היה	224	3ms	be, become
55:7	יעזב	qal	jusm	3ms	עזב	736		leave, loose
	ישב	qal	jus	3ms	שוב	996		turn, return
	ירחמהו	piel	jusm	3ms	רחם	933	3ms	have compassion
	ירבה	hiph	impf	3ms	רבה	915		make many
	סלוח	qal	infc		סלח	699		forgive, pardon
55:9	גבהו	qal	pft	3cp	גבה	146		be high
	גבהו	qal	pft	3cp	גבה	146		be high
55:10	ירד	qal	impf	3ms	ירד	432		come down
	ישוב	qal	impf	3ms	שוב	996		turn, return
	הרוה	hiph	pft	3ms	רוה	924		water
	הולידה	hiph	wcp	3ms	ילד	408	3fs	beget
	הצמיחה	hiph	wcp	3ms	צמח	855	3fs	cause to grow
	נתן	qal	wcp	3ms	נתן	678		give, set
	זרע	qal	ptc	ms	זרע	281		sow
	אכל	qal	ptc	ms	אכל	37		eat, devour
55:11	יהיה	qal	impf	3ms	היה	224		be, become
	יצא	qal	impf	3ms	יצא	422		go out
	ישוב	qal	impf	3ms	שוב	996		turn, return
	עשה	qal	pft	3ms	עשה	793		do, make
	חפצתי	qal	pft	1cs	חפץ	342		delight in
	הצליח	hiph	wcp	3ms	צלח	852		cause to thrive
	שלחתיו	qal	pft	1cs	שלח	1018	3ms	send
55:12	תצאו	qal	impf	2mp	יצא	422		go out
	תובלון	hoph	impf	2mp	יבל	384		be borne along
	יפצחו	qal	impf	3mp	פצח	822		break forth
	ימחאו	qal	impf	3mp	מחא	561		clap
55:13	יעלה	qal	impf	3ms	עלה	748		go up
	יעלה	qal	impf	3ms	עלה	748		go up
	היה	qal	wcp	3ms	היה	224		be, become
	יכרת	niph	impf	3ms	כרת	503		be cut off
56:1	אמר	qal	pft	3ms	אמר	55		say
	שמרו	qal	impv	mp	שמר	1036		keep, watch
	עשו	qal	impv	mp	עשה	793		do, make
	בוא	qal	infc		בוא	97		come in
	הגלות	niph	infc		גלה	162		uncover self
56:2	יעשה	qal	impf	3ms	עשה	793		do, make
	יחזיק	hiph	impf	3ms	חזק	304		make firm, seize
	שמר	qal	ptc	ms	שמר	1036		keep, watch
	חללו	piel	infc		חלל	320	3ms	pollute
	שמר	qal	ptc	ms	שמר	1036		keep, watch
	עשות	qal	infc		עשה	793		do, make
56:3	יאמר	qal	jusm	3ms	אמר	55		say
	נלוה	niph	pft	3ms	לוה	530		join oneself
	אמר	qal	infc		אמר	55		say
	הבדל	hiph	infa		בדל	95		divide
	יבדילני	hiph	impf	3ms	בדל	95	1cs	divide
	יאמר	qal	jusm	3ms	אמר	55		say
56:4	אמר	qal	pft	3ms	אמר	55		say
	ישמרו	qal	impf	3mp	שמר	1036		keep, watch
	בחרו	qal	pft	3cp	בחר	103		choose
	חפצתי	qal	pft	1cs	חפץ	342		delight in
	מחזיקים	hiph	ptc	mp	חזק	304		make firm, seize
56:5	נתתי	qal	wcp	1cs	נתן	678		give, set
	אתן	qal	impf	1cs	נתן	678		give, set
	יכרת	niph	impf	3ms	כרת	503		be cut off
56:6	נלוים	niph	ptc	mp	לוה	530		join oneself
	שרתו	piel	infc		שרת	1058	3ms	minister, serve
	אהבה	qal	infc		אהב	12		love
	היות	qal	infc		היה	224		be, become
	שמר	qal	ptc	ms	שמר	1036		keep, watch
	חללו	piel	infc		חלל	320	3ms	pollute
	מחזיקים	hiph	ptc	mp	חזק	304		make firm, seize
56:7	הביאותים	hiph	wcp	1cs	בוא	97	3mp	bring in
	שמחתים	piel	wcp	1cs	שמח	970	3mp	gladden
	יקרא	niph	impf	3ms	קרא	894		be called
56:8	מקבץ	piel	ptc	ms	קבץ	867		gather together
	נדחי	niph	ptc		נדח	623		be banished
	אקבץ	piel	impf	1cs	קבץ	867		gather together
	נקבציו	niph	ptc	mp	קבץ	867	3ms	assemble, gather
56:9	אתיו	qal	impv	mp	אתה	87		come
	אכל	qal	infc		אכל	37		eat, devour
56:10	צפו k	qal	pft	3cp	צפה	859		keep watch
	צפיו q	qal	ptc	mp	צפה	859	3ms	keep watch
	ידעו	qal	pft	3cp	ידע	393		know
	יוכלו	qal	impf	3mp	יכל	407		be able
	נבח	qal	infc		נבח	613		bark
	הזים	qal	ptc	mp	הזה	223		dream
	שכבים	qal	ptc	mp	שכב	1011		lie, lie down
	אהבי	qal	ptc	mp	אהב	12		love
	נום	qal	infc		נום	630		be drowsy
56:11	ידעו	qal	pft	3cp	ידע	393		know
	רעים	qal	ptc	mp	רעה	944		pasture, tend
	ידעו	qal	pft	3cp	ידע	393		know
	הבין	hiph	infc		בין	106		understand

Isaiah 56:11–58:3

ChVs	Form	Stem	Tnse	PGN	Root	BDB	Sfx	Meaning
56:11	פנו	qal	pft	3cp	פנה	815		turn
56:12	אתיו	qal	impv	mp	אתה	87		come
	אקחה	qal	coh	1cs	לקח	542		take
	נסבאה	qal	coh	1cp	סבא	684		imbibe
	היה	qal	wcp	3ms	היה	224		be, become
57:1	אבד	qal	pft	3ms	אבד	1		perish
	שם	qal	ptc	ms	שים	962		put, set
	נאספים	niph	ptc	mp	אסף	62		assemble
	מבין	hiph	ptc	ms	בין	106		understand
	נאסף	niph	pft	3ms	אסף	62		assemble
57:2	יבוא	qal	impf	3ms	בוא	97		come in
	ינוחו	qal	impf	3mp	נוח	628		rest
	הלך	qal	ptc	ms	הלך	229		walk, go
57:3	קרבו	qal	impv	mp	קרב	897		approach
	עננה	poel	ptc	fs	ענן	778		soothsay
	מנאף	piel	ptc	ms	נאף	610		commit adultery
	תזנה	qal	wci	3fs	זנה	275		act a harlot
57:4	תתענגו	hith	impf	2mp	ענג	772		enjoy oneself
	תרחיבו	hiph	impf	2mp	רחב	931		enlarge
	תאריכו	hiph	impf	2mp	ארך	73		prolong
57:5	נחמים	niph	ptc	mp	חמם	328		inflame self
	שחטי	qal	ptc	mp	שחט	1006		slaughter
57:6	שפכת	qal	pft	2fs	שפך	1049		pour out
	העלית	hiph	pft	2fs	עלה	748		bring up, offer
	אנחם	niph	impf	1cs	נחם	636		be sorry
57:7	נשא	niph	ptc	ms	נשא	669		be lifted up
	שמת	qal	pft	2fs	שים	962		put, set
	עלית	qal	pft	2fs	עלה	748		go up
	זבח	qal	infc		זבח	256		slaughter
57:8	שמת	qal	pft	2fs	שים	962		put, set
	גלית	piel	pft	2fs	גלה	162		uncover
	תעלי	qal	wci	2fs	עלה	748		go up
	הרחבת	hiph	pft	2fs	רחב	931		enlarge
	תכרת	qal	wci	2fs	כרת	503		cut, destroy
	אהבת	qal	pft	2fs	אהב	12		love
	חזית	qal	pft	2fs	חזה	302		see
57:9	תשרי	qal	wci	2fs	שור	1003		travel
	תרבי	hiph	wci	2fs	רבה	915		make many
	תשלחי	piel	wci	2fs	שלח	1018		send away, shoot
	תשפילי	hiph	wci	2fs	שפל	1050		make low, abase
57:10	יגעת	qal	pft	2fs	יגע	388		toil, grow weary
	אמרת	qal	pft	2fs	אמר	55		say
	נואש	niph	ptc	ms	יאש	384		despair
	מצאת	qal	pft	2fs	מצא	592		find
	חלית	qal	pft	2fs	חלה	317		be weak, sick
57:11	דאגת	qal	pft	2fs	דאג	178		be anxious
	תיראי	qal	wci	2fs	ירא	431		fear
	תכזבי	piel	impf	2fs	כזב	469		lie, deceive
	זכרת	qal	pft	2fs	זכר	269		remember
	שמת	qal	pft	2fs	שים	962		put, set
	מחשה	hiph	ptc	ms	חשה	364		show silence
	תיראי	qal	impf	2fs	ירא	431		fear
57:12	אגיד	hiph	impf	1cs	נגד	616		declare, tell
	יועילוך	hiph	impf	3mp	יעל	418	2fs	profit, benefit
57:13	זעקך	qal	infc		זעק	277	2fs	call, cry out
	יצילך	hiph	jusm	3mp	נצל	664	2fs	snatch, deliver
	ישא	qal	impf	3ms	נשא	669		lift, carry
	יקח	qal	impf	3ms	לקח	542		take
	חוסה	qal	ptc	ms	חסה	340		seek refuge
	ינחל	qal	impf	3ms	נחל	635		possess, inherit
	יירש	qal	impf	3ms	ירש	439		possess, inherit
57:14	אמר	qal	wcp	3ms	אמר	55		say
	סלו	qal	impv	mp	סלל	699		cast up
	סלו	qal	impv	mp	סלל	699		cast up
	פנו	piel	impv	mp	פנה	815		make clear
	הרימו	hiph	impv	mp	רום	926		raise, lift
57:15	אמר	qal	pft	3ms	אמר	55		say
	רם	qal	ptc	ms	רום	926		be high
	נשא	niph	ptc	ms	נשא	669		be lifted up
	שכן	qal	ptc	ms	שכן	1014		settle, dwell
	אשכון	qal	impf	1cs	שכן	1014		settle, dwell
	החיות	hiph	infc		חיה	310		preserve
	החיות	hiph	infc		חיה	310		preserve
	נדכאים	niph	ptc	mp	דכא	193		be crushed
57:16	אריב	qal	impf	1cs	ריב	936		strive, contend
	אקצוף	qal	impf	1cs	קצף	893		be angry
	יעטוף	qal	impf	3ms	עטף	742		be feeble
	עשיתי	qal	pft	1cs	עשה	793		do, make
57:17	קצפתי	qal	pft	1cs	קצף	893		be angry
	אכהו	hiph	impf	1cs	נכה	645	3ms	smite
	הסתר	hiph	infa		סתר	711		hide
	אקצף	qal	impf	1cs	קצף	893		be angry
	ילך	qal	wci	3ms	הלך	229		walk, go
57:18	ראיתי	qal	pft	1cs	ראה	906		see
	ארפאהו	qal	impf	1cs	רפא	950	3ms	heal
	אנחנו	hiph	impf	1cs	נחה	634	3ms	lead, guide
	אשלם	piel	wci	1cs	שלם	1022		repay, reward
57:19	בורא	qal	ptc	ms	ברא	135		create
	אמר	qal	pft	3ms	אמר	55		say
	רפאתיו	qal	wcp	1cs	רפא	950	3ms	heal
57:20	נגרש	niph	ptc	ms	גרש	176		be driven
	השקט	hiph	infa		שקט	1052		show quietness
	יוכל	qal	impf	3ms	יכל	407		be able
	ינרשו	qal	wci	3mp	גרש	176		cast out
57:21	אמר	qal	pft	3ms	אמר	55		say
58:1	קרא	qal	impv	ms	קרא	894		call, proclaim
	תחשך	qal	jusm	2ms	חשך	362		withhold
	הרם	hiph	impv	ms	רום	926		raise, lift
	הגד	hiph	impv	ms	נגד	616		declare, tell
58:2	ידרשון	qal	impf	3mp	דרש	205		resort to, seek
	יחפצון	qal	impf	3mp	חפץ	342		delight in
	עשה	qal	pft	3ms	עשה	793		do, make
	עזב	qal	pft	3ms	עזב	736		leave, loose
	ישאלוני	qal	impf	3mp	שאל	981	1cs	ask, borrow
	יחפצון	qal	impf	3mp	חפץ	342		delight in
58:3	צמנו	qal	pft	1cp	צום	847		fast
	ראית	qal	pft	2ms	ראה	906		see
	ענינו	piel	pft	1cp	ענה	776		humble

Isaiah 58: 3 – 59: 12

ChVs	Form	Stem	Tnse	PGN	Root	BDB	Sfx	Meaning
58:3	תדע	qal	impf	2ms	ידע	393		know
	תמצאו	qal	impf	2mp	מצא	592		find
	תנגשׂו	qal	impf	2mp	נגשׂ	620		press, exact
58:4	תצומו	qal	impf	2mp	צום	847		fast
	הכות	hiph	infc		נכה	645		smite
	תצומו	qal	impf	2mp	צום	847		fast
	להשׁמיע	hiph	infc		שׁמע	1033		cause to hear
58:5	יהיה	qal	impf	3ms	היה	224		be, become
	אבחרהו	qal	impf	1cs	בחר	103	3ms	choose
	ענות	piel	infc		ענה	776		humble
	לכף	qal	infc		כפף	496		bend down
	יציע	hiph	impf	3ms	יצע	426		spread out
	תקרא	qal	impf	2ms	קרא	894		call, proclaim
58:6	אבחרהו	qal	impf	1cs	בחר	103	3ms	choose
	פתח	piel	infa		פתח	834		loose, free
	התר	hiph	infa		נתר	684		loosen, set free
	שׁלח	piel	infa		שׁלח	1018		send away, shoot
	רצוצים	qal	pptc	mp	רצץ	954		crush
	תנתקו	piel	impf	2mp	נתק	683		tear apart
58:7	פרס	qal	infa		פרס	828		break in two
	תביא	hiph	impf	2ms	בוא	97		bring in
	תראה	qal	impf	2ms	ראה	906		see
	כסיתו	piel	wcp	2ms	כסה	491	3ms	cover
	תתעלם	hith	impf	2ms	עלם	761		hide oneself
58:8	יבקע	niph	impf	3ms	בקע	131		be cleft
	תצמח	qal	impf	3fs	צמח	855		sprout up
	הלך	qal	wcp	3ms	הלך	229		walk, go
	יאספך	qal	impf	3ms	אסף	62	2ms	gather
58:9	תקרא	qal	impf	2ms	קרא	894		call, proclaim
	יענה	qal	impf	3ms	ענה	772		answer
	תשׁוע	piel	impf	2ms	שׁוע	1002		cry for help
	יאמר	qal	impf	3ms	אמר	55		say
	תסיר	hiph	impf	2ms	סור	693		take away
	שׁלח	qal	infc		שׁלח	1018		send
	דבר	piel	infc		דבר	180		speak
58:10	תפק	hiph	jus	3fs	פוק	807		produce, obtain
	נענה	niph	ptc	ms	ענה	776		be afflicted
	תשׂביע	hiph	impf	2ms	שׂבע	959		satisfy
	זרח	qal	wcp	3ms	זרח	280		rise, appear
58:11	נחך	qal	wcp	3ms	נחה	634	2ms	lead
	השׂביע	hiph	wcp	3ms	שׂבע	959		satisfy
	יחליץ	hiph	impf	3ms	חלץ	323		invigorate
	היית	qal	wcp	2ms	היה	224		be, become
	יכזבו	piel	impf	3mp	כזב	469		lie, deceive
58:12	בנו	qal	wcp	3cp	בנה	124		build
	תקומם	pol	impf	2ms	קום	877		raise up
	קרא	qalp	wcp	3ms	קרא	894		be named
	גדר	qal	ptc	ms	גדר	154		wall up
	משׁבב	pol	ptc	ms	שׁוב	996		bring back
	שׁבת	qal	infc		ישׁב	442		sit, dwell
58:13	תשׁיב	hiph	impf	2ms	שׁוב	996		bring back
	עשׂות	qal	infc		עשׂה	793		do, make
	קראת	qal	wcp	2ms	קרא	894		call, proclaim
	מכבד	pual	ptc	ms	כבד	457		be honored
58:13	כבדתו	piel	wcp	2ms	כבד	457	3ms	honor, make dull
	עשׂות	qal	infc		עשׂה	793		do, make
	מצוא	qal	infc		מצא	592		find
	דבר	piel	infc		דבר	180		speak
58:14	תתענג	hith	impf	2ms	ענג	772		enjoy oneself
	הרכבתיך	hiph	wcp	1cs	רכב	938	2ms	cause to ride
	האכלתיך	hiph	wcp	1cs	אכל	37	2ms	cause to eat
	דבר	piel	pft	3ms	דבר	180		speak
59:1	קצרה	qal	pft	3fs	קצר	894		be short
	הושׁיע	hiph	infc		ישׁע	446		deliver, save
	כבדה	qal	pft	3fs	כבד	457		be heavy
	שׁמוע	qal	infc		שׁמע	1033		hear
59:2	היו	qal	pft	3cp	היה	224		be, become
	מבדלים	hiph	ptc	mp	בדל	95		divide
	הסתירו	hiph	pft	3cp	סתר	711		hide
	שׁמוע	qal	infc		שׁמע	1033		hear
59:3	נגאלו	niph	pft	3cp	גאל	146		be defiled
	דברו	piel	pft	3cp	דבר	180		speak
	תהגה	qal	impf	3fs	הגה	211		groan, utter
59:4	קרא	qal	ptc	ms	קרא	894		call, proclaim
	נשׁפט	niph	ptc	ms	שׁפט	1047		plead
	בטוח	qal	infa		בטח	105		trust
	דבר	piel	infa		דבר	180		speak
	הרו	qal	infa		הרה	247		conceive
	הוליד	hiph	infa		ילד	408		beget
59:5	בקעו	piel	pft	3cp	בקע	131		cut to pieces
	יארגו	qal	impf	3mp	ארג	70		weave
	אכל	qal	ptc	ms	אכל	37		eat, devour
	ימות	qal	impf	3ms	מות	559		die
	זורה	qal	pptc	fs	זור	266		press down
	תבקע	niph	impf	3fs	בקע	131		be cleft
59:6	יהיו	qal	impf	3mp	היה	224		be, become
	יתכסו	hith	impf	3mp	כסה	491		cover oneself
59:7	ירצו	qal	impf	3mp	רוץ	930		run
	ימהרו	piel	impf	3mp	מהר	554		hasten
	שׁפך	qal	infc		שׁפך	1049		pour out
59:8	ידעו	qal	pft	3cp	ידע	393		know
	עקשׁו	piel	pft	3cp	עקשׁ	786		twist
	דרך	qal	ptc	ms	דרך	201		tread, march
	ידע	qal	pft	3ms	ידע	393		know
59:9	רחק	qal	pft	3ms	רחק	934		be distant
	תשׂיגנו	hiph	impf	3fs	נשׂג	673	1cp	reach, overtake
	נקוה	piel	impf	1cp	קוה	875		wait for
	נהלך	piel	impf	1cp	הלך	229		walk
59:10	נגשׁשׁה	piel	coh	1cp	גשׁשׁ	178		grope
	נגשׁשׁה	piel	coh	1cp	גשׁשׁ	178		grope
	כשׁלנו	qal	pft	1cp	כשׁל	505		stumble, totter
	מתים	qal	ptc	mp	מות	559		die
59:11	נהמה	qal	impf	1cp	המה	242		growl, murmur
	הגה	qal	infa		הגה	211		groan, utter
	נהגה	qal	impf	1cp	הגה	211		groan, utter
	נקוה	piel	impf	1cp	קוה	875		wait for
	רחקה	qal	pft	3fs	רחק	934		be distant
59:12	רבו	qal	pft	3cp	רבב	912		be many

Isaiah 59:12– 60:18

ChVs	Form	Stem	Tnse	PGN	Root	BDB	Sfx	Meaning
59:12	ענתה	qal	pft	3fs	ענה	772		answer
	ידענום	qal	pft	1cp	ידע	393	3mp	know
59:13	פשע	qal	infa		פשע	833		rebel, sin
	כחש	piel	infa		כחש	471		deceive
	נסוג	niph	infa		סוג	690		turn away
	דבר	piel	infa		דבר	180		speak
	הרו	poel	infa		הרה	247		conceive
	הגו	poel	infa		הגה	211		speak
59:14	הסג	hoph	wcp	3ms	סוג	690		be driven back
	תעמד	qal	impf	3fs	עמד	763		stand, stop
	כשלה	qal	pft	3fs	כשל	505		stumble, totter
	תוכל	qal	impf	3fs	יכל	407		be able
	בוא	qal	infc		בוא	97		come in
59:15	תהי	qal	wci	3fs	היה	224		be, become
	נעדרת	niph	ptc	fs	עדר	727		be lacking, fail
	סר	qal	ptc	ms	סור	693		turn aside
	משתולל	htpo	ptc		שלל	1021		be spoiled
	ירא	qal	wci	3ms	ראה	906		see
	ירע	qal	wci	3ms	רעע	949		be evil
59:16	ירא	qal	wci	3ms	ראה	906		see
	ישתומם	htpo	wci	3ms	שמם	1030		be appalled
	מפגיע	hiph	ptc	ms	פגע	803		entreat, attack
	תושע	hiph	wci	3fs	ישע	446		deliver, save
	סמכתהו	qal	pft	3fs	סמך	701	3ms	lean, support
59:17	ילבש	qal	wci	3ms	לבש	527		put on, clothe
	ילבש	qal	wci	3ms	לבש	527		put on, clothe
	יעט	qal	wci	3ms	עטה	741		wrap oneself
59:18	ישלם	piel	impf	3ms	שלם	1022		repay, reward
	איביו	qal	ptc	mp	איב	33	3ms	be hostile to
	ישלם	piel	impf	3ms	שלם	1022		repay, reward
59:19	ייראו	qal	impf	3mp	ירא	431		fear
	יבוא	qal	impf	3ms	בוא	97		come in
	נססה	pol	pft	3fs	נוס	630		drive
59:20	בא	qal	wcp	3ms	בוא	97		come in
	גואל	qal	ptc	ms	גאל	145		redeem
	שבי	qal	ptc	mp	שוב	996		turn, return
59:21	אמר	qal	pft	3ms	אמר	55		say
	שמתי	qal	pft	1cs	שים	962		put, set
	ימושו	qal	impf	3mp	מוש	559		depart, remove
	אמר	qal	pft	3ms	אמר	55		say
60:1	קומי	qal	impv	fs	קום	877		arise, stand
	אורי	qal	impv	fs	אור	21		become light
	בא	qal	pft	3ms	בוא	97		come in
	זרח	qal	pft	3ms	זרח	280		rise, appear
60:2	יכסה	piel	impf	3ms	כסה	491		cover
	יזרח	qal	impf	3ms	זרח	280		rise, appear
	יראה	niph	impf	3ms	ראה	906		appear, be seen
60:3	הלכו	qal	wcp	3cp	הלך	229		walk, go
60:4	שאי	qal	impv	fs	נשא	669		lift, carry
	ראי	qal	impv	fs	ראה	906		see
	נקבצו	niph	pft	3cp	קבץ	867		assemble, gather
	באו	qal	pft	3cp	בוא	97		come in
	יבאו	qal	impf	3mp	בוא	97		come in
	תאמנה	niph	impf	3fp	אמן	52		be confirmed
60:5	תראי	qal	impf	2fs	ראה	906		see
	נהרת	qal	wcp	2fs	נהר	626		shine, beam
	פחד	qal	wcp	3ms	פחד	808		be in dread
	רחב	qal	wcp	3ms	רחב	931		be wide
	יהפך	niph	impf	3ms	הפך	245		turn oneself
	יבאו	qal	impf	3mp	בוא	97		come in
60:6	תכסך	piel	impf	3fs	כסה	491	2fs	cover
	יבאו	qal	impf	3mp	בוא	97		come in
	ישאו	qal	impf	3mp	נשא	669		lift, carry
	יבשרו	piel	impf	3mp	בשר	142		bear tidings
60:7	יקבצו	niph	impf	3mp	קבץ	867		assemble, gather
	ישרתונך	piel	impf	3mp	שרת	1058	2fs	minister, serve
	יעלו	hiph	impf	3mp	עלה	748		bring up, offer
	אפאר	piel	impf	1cs	פאר	802		beautify
60:8	תעופינה	qal	impf	3fp	עוף	733		fly
60:9	יקוו	piel	impf	3mp	קוה	875		wait for
	הביא	hiph	infc		בוא	97		bring in
	פארך	piel	pft	3ms	פאר	802	2ms	beautify
60:10	בנו	qal	wcp	3cp	בנה	124		build
	ישרתונך	piel	impf	3mp	שרת	1058	2fs	minister, serve
	הכיתיך	hiph	pft	1cs	נכה	645	2fs	smite
	רחמתיך	piel	pft	1cs	רחם	933	2fs	have compassion
60:11	פתחו	piel	wcp	3cp	פתח	834		loose, free
	יסגרו	niph	impf	3mp	סגר	688		be shut
	הביא	hiph	infc		בוא	97		bring in
	נהוגים	qal	pptc	mp	נהג	624		drive
60:12	יעבדוך	qal	impf	3mp	עבד	712	2fs	work, serve
	יאבדו	qal	impf	3mp	אבד	1		perish
	חרב	qal	infa		חרב	351		be waste
	יחרבו	qal	impf	3mp	חרב	351		be waste
60:13	יבוא	qal	impf	3ms	בוא	97		come in
	פאר	piel	infc		פאר	802		beautify
	אכבד	piel	impf	1cs	כבד	457		honor, make dull
60:14	הלכו	qal	wcp	3cp	הלך	229		walk, go
	שחוח	qal	infc		שחח	1005		be bowed down
	מעניך	piel	ptc	mp	ענה	776	2fs	humble
	השתחוו	hish	wcp	3cp	חוה	1005		bow down
	מנאציך	piel	ptc	mp	נאץ	610	2fs	spurn
	קראו	qal	wcp	3cp	קרא	894		call, proclaim
60:15	היותך	qal	infc		היה	224	2fs	be, become
	עזובה	qal	pptc	fs	עזב	736		leave, loose
	שנואה	qal	pptc	fs	שנא	971		hate
	עובר	qal	ptc	ms	עבר	716		pass over
	שמתיך	qal	wcp	1cs	שים	962	2fs	put, set
60:16	ינקת	qal	wcp	2fs	ינק	413		suck
	תינקי	qal	impf	2fs	ינק	413		suck
	ידעת	qal	wcp	2fs	ידע	393		know
	מושיעך	hiph	ptc	ms	ישע	446	2fs	deliver, save
	גאלך	qal	ptc	ms	גאל	145	2fs	redeem
60:17	אביא	hiph	impf	1cs	בוא	97		bring in
	אביא	hiph	impf	1cs	בוא	97		bring in
	שמתי	qal	wcp	1cs	שים	962		put, set
	נגשיך	qal	ptc	mp	נגש	620	2fs	press, exact
60:18	ישמע	niph	impf	3ms	שמע	1033		be heard

Isaiah 60:18–62:12

ChVs	Form	Stem	Tnse	PGN	Root	BDB	Sfx	Meaning
60:18	קֹרָאת	qal	wcp	2fs	קרא	894		call, proclaim
60:19	יהיה	qal	impf	3ms	היה	224		be, become
	יאיר	hiph	impf	3ms	אור	21		cause to shine
	היה	qal	wcp	3ms	היה	224		be, become
60:20	יבוא	qal	impf	3ms	בוא	97		come in
	יאסף	niph	impf	3ms	אסף	62		assemble
	יהיה	qal	impf	3ms	היה	224		be, become
	שלמו	qal	wcp	3cp	שלם	1022		be complete
60:21	יירשו	qal	impf	3mp	ירש	439		possess, inherit
	התפאר	hith	infc		פאר	802		glorify self
60:22	יהיה	qal	impf	3ms	היה	224		be, become
	אחישנה	hiph	impf	1cs	חוש	301	3fs	show haste
61:1	משח	qal	pft	3ms	משח	602		smear, anoint
	בשר	piel	infc		בשר	142		bear tidings
	שלחני	qal	pft	3ms	שלח	1018	1cs	send
	חבש	qal	infc		חבש	289		bind
	נשברי	niph	ptc	mp	שבר	990		be broken
	קרא	qal	infc		קרא	894		call, proclaim
	שבוים	qal	pptc	mp	שבה	985		take captive
	אסורים	qal	pptc	mp	אסר	63		tie, bind
61:2	קרא	qal	infc		קרא	894		call, proclaim
	נחם	piel	infc		נחם	636		comfort
61:3	שום	qal	infc		שים	962		put, set
	תת	qal	infc		נתן	678		give, set
	קרא	qalp	wcp	3ms	קרא	894		be named
	התפאר	hith	infc		פאר	802		glorify self
61:4	בנו	qal	wcp	3cp	בנה	124		build
	שממות	qal	ptc	fp	שמם	1030		be desolate
	יקוממו	pol	impf	3mp	קום	877		raise up
	חדשו	piel	wcp	3cp	חדש	293		renew, repair
	שממות	qal	ptc	fp	שמם	1030		be desolate
61:5	עמדו	qal	wcp	3cp	עמד	763		stand, stop
	זרים	qal	ptc	mp	זור	266		be stranger
	רעו	qal	wcp	3cp	רעה	944		pasture, tend
	כרמיכם	qal	ptc	mp	כרם	501	2mp	tend vineyard
61:6	תקראו	niph	impf	2mp	קרא	894		be called
	משרתי	piel	ptc		שרת	1058		minister, serve
	יאמר	niph	impf	3ms	אמר	55		be said, called
	תאכלו	qal	impf	2mp	אכל	37		eat, devour
	תתימרו	hith	impf	2mp	אמר	55		boast
61:7	ירנו	qal	impf	3mp	רנן	943		cry aloud
	יירשו	qal	impf	3mp	ירש	439		possess, inherit
	תהיה	qal	impf	3fs	היה	224		be, become
61:8	אהב	qal	ptc	ms	אהב	12		love
	שנא	qal	ptc	ms	שנא	971		hate
	נתתי	qal	wcp	1cs	נתן	678		give, set
	אכרות	qal	impf	1cs	כרת	503		cut, destroy
61:9	נודע	niph	wcp	3ms	ידע	393		be made known
	ראיהם	qal	ptc	mp	ראה	906	3mp	see
	יכירום	hiph	impf	3mp	נכר	647	3mp	regard, notice
	ברך	piel	pft	3ms	ברך	138		bless
61:10	שוש	qal	infa		שוש	965		exult
	אשיש	qal	impf	1cs	שוש	965		exult
	תגל	qal	jus	3fs	גיל	162		rejoice
61:10	הלבישני	hiph	pft	3ms	לבש	527	1cs	clothe
	יעטני	qal	pft	3ms	יעט	418	1cs	cover
	יכהן	piel	impf	3ms	כהן	464		act as priest
	תעדה	qal	impf	3fs	עדה	725		ornament, adorn
61:11	תוציא	hiph	impf	3fs	יצא	422		bring out
	תצמיח	hiph	impf	3fs	צמח	855		cause to grow
	יצמיח	hiph	impf	3ms	צמח	855		cause to grow
62:1	אחשה	qal	impf	1cs	חשה	364		be silent
	אשקוט	qal	impf	1cs	שקט	1052		be quiet
	יצא	qal	impf	3ms	יצא	422		go out
	יבער	qal	impf	3ms	בער	128		burn
62:2	ראו	qal	wcp	3cp	ראה	906		see
	קרא	qalp	wcp	3ms	קרא	894		be named
	יקבנו	qal	impf	3ms	נקב	666	3ms	pierce
62:3	היית	qal	wcp	2fs	היה	224		be, become
62:4	יאמר	niph	impf	3ms	אמר	55		be said, called
	עזובה	qal	pptc	fs	עזב	736		leave, loose
	יאמר	niph	impf	3ms	אמר	55		be said, called
	יקרא	niph	impf	3ms	קרא	894		be called
	בעולה	qal	pptc		בעל	127		marry, rule over
	חפץ	qal	pft	3ms	חפץ	342		delight in
	תבעל	niph	impf	3fs	בעל	127		be married
62:5	יבעל	qal	impf	3ms	בעל	127		marry, rule over
	יבעלוך	qal	impf	3mp	בעל	127	2fs	marry, rule over
	ישיש	qal	impf	3ms	שוש	965		exult
62:6	הפקדתי	hiph	pft	1cs	פקד	823		set, entrust
	שמרים	qal	ptc	mp	שמר	1036		keep, watch
	יחשו	qal	impf	3mp	חשה	364		be silent
	מזכירים	hiph	ptc	mp	זכר	269		c. to remember
62:7	תתנו	qal	jusm	2mp	נתן	678		give, set
	יכונן	pol	impf	3ms	כון	465		establish
	ישים	qal	impf	3ms	שים	962		put, set
62:8	נשבע	niph	pft	3ms	שבע	989		swear
	אתן	qal	impf	1cs	נתן	678		give, set
	איביך	qal	ptc	mp	איב	33	2fs	be hostile to
	ישתו	qal	impf	3mp	שתה	1059		drink
	יגעת	qal	pft	2fs	יגע	388		toil, grow weary
62:9	מאספיו	piel	ptc	mp	אסף	62	3ms	gather
	יאכלהו	qal	impf	3mp	אכל	37	3ms	eat, devour
	הללו	piel	wcp	3cp	הלל	237		praise
	מקבציו	piel	ptc	mp	קבץ	867	3ms	gather together
	ישתהו	qal	impf	3mp	שתה	1059	3ms	drink
62:10	עברו	qal	impv	mp	עבר	716		pass over
	עברו	qal	impv	mp	עבר	716		pass over
	פנו	piel	impv	mp	פנה	815		make clear
	סלו	qal	impv	mp	סלל	699		cast up
	סלו	qal	impv	mp	סלל	699		cast up
	סקלו	piel	impv	mp	סקל	709		stone, destone
	הרימו	hiph	impv	mp	רום	926		raise, lift
62:11	השמיע	hiph	pft	3ms	שמע	1033		cause to hear
	אמרו	qal	impv	mp	אמר	55		say
	בא	qal	ptc	ms	בוא	97		come in
62:12	קראו	qal	wcp	3cp	קרא	894		call, proclaim
	גאולי	qal	pptc	mp	גאל	145		redeem

Isaiah 62:12 – 64:10

ChVs	Form	Stem	Tnse	PGN	Root	BDB	Sfx	Meaning
62:12	יקרא	niph	impf	3ms	קרא	894		be called
	דרושה	qal	pptc	fs	דרש	205		resort to, seek
	נעזבה	niph	pft	3fs	עזב	736		be left
63:1	בא	qal	ptc	ms	בוא	97		come in
	חמוץ	qal	pptc	ms	חמץ	330		be red
	הדור	qal	pptc	ms	הדר	213		swell, honor
	צעה	qal	ptc	ms	צעה	858		stoop, tip
	מדבר	piel	ptc	ms	דבר	180		speak
	הושיע	hiph	infc		ישע	446		deliver, save
63:2	דרך	qal	ptc	ms	דרך	201		tread, march
63:3	דרכתי	qal	pft	1cs	דרך	201		tread, march
	אדרכם	qal	impf	1cs	דרך	201	3mp	tread, march
	ארמסם	qal	impf	1cs	רמס	942	3mp	trample
	יז	qal	jusf	3ms	נזה	633		spatter
	אגאלתי	hiph	pft	1cs	גאל	146		pollute
63:4	באה	qal	pft	3fs	בוא	97		come in
63:5	אביט	hiph	impf	1cs	נבט	613		look, regard
	עזר	qal	ptc	ms	עזר	740		help, aid
	אשתומם	htpo	impf	1cs	שמם	1030		be appalled
	סומך	qal	ptc	ms	סמך	701		lean, support
	תושע	hiph	wci	3fs	ישע	446		deliver, save
	סמכתני	qal	pft	3fs	סמך	701	1cs	lean, support
63:6	אבוס	qal	impf	1cs	בוס	100		trample
	אשכרם	piel	impf	1cs	שכר	1016	3mp	make drunk
	אוריד	hiph	impf	1cs	ירד	432		bring down
63:7	אזכיר	hiph	impf	1cs	זכר	269		c. to remember
	גמלנו	qal	pft	3ms	גמל	168	1cp	deal out, ripen
	גמלם	qal	pft	3ms	גמל	168	3mp	deal out, ripen
63:8	יאמר	qal	wci	3ms	אמר	55		say
	ישקרו	piel	impf	3mp	שקר	1055		deal falsely
	יהי	qal	wci	3ms	היה	224		be, become
	מושיע	hiph	ptc	ms	ישע	446		deliver, save
63:9	הושיעם	hiph	pft	3ms	ישע	446	3mp	deliver, save
	גאלם	qal	pft	3ms	גאל	145	3mp	redeem
	ינטלם	piel	wci	3ms	נטל	642	3mp	take up
	ינשאם	piel	wci	3ms	נשא	669	3mp	lift up
63:10	מרו	qal	pft	3cp	מרה	598		be disobedient
	עצבו	piel	wcp	3cp	עצב	780		vex
	יהפך	niph	wci	3ms	הפך	245		turn oneself
	אויב	qal	ptc	ms	איב	33		be hostile to
	נלחם	niph	pft	3ms	לחם	535		wage war
63:11	יזכר	qal	wci	3ms	זכר	269		remember
	מעלם	hiph	ptc	ms	עלה	748	3mp	bring up, offer
	רעי	qal	ptc	mp	רעה	944		pasture, tend
	שם	qal	ptc	ms	שים	962		put, set
63:12	מוליך	hiph	ptc	ms	הלך	229		lead, bring
	בוקע	qal	ptc	ms	בקע	131		cleave, break
	עשות	qal	infc		עשה	793		do, make
63:13	מוליכם	hiph	ptc	ms	הלך	229	3mp	lead, bring
	יכשלו	niph	impf	3mp	כשל	505		stumble
63:14	תרד	qal	impf	3fs	ירד	432		come down
	תניחנו	hiph	impf	3fs	נוח	628	3ms	give rest, put
	נהגת	piel	pft	2ms	נהג	624		drive away, lead
	עשות	qal	infc		עשה	793		do, make
63:15	הבט	hiph	impv	ms	נבט	613		look, regard
	ראה	qal	impv	ms	ראה	906		see
	התאפקו	hith	pft	3cp	אפק	67		restrain self
63:16	ידענו	qal	pft	3ms	ידע	393	1cp	know
	יכירנו	hiph	impf	3ms	נכר	647	1cp	regard, notice
	גאלנו	qal	ptc	ms	גאל	145	1cp	redeem
63:17	תתענו	hiph	impf	2ms	תעה	1073	1cp	cause to err
	תקשיח	hiph	impf	2ms	קשח	905		treat roughly
	שוב	qal	impv	ms	שוב	996		turn, return
63:18	ירשו	qal	pft	3cp	ירש	439		possess, inherit
	בוססו	pol	pft	3cp	בוס	100		tread down
63:19	היינו	qal	pft	1cp	היה	224		be, become
	משלת	qal	pft	2ms	משל	605		rule
	נקרא	niph	pft	3ms	קרא	894		be called
	קרעת	qal	pft	2ms	קרע	902		tear, rend
	ירדת	qal	pft	2ms	ירד	432		come down
	נזלו	niph	pft	3cp	זלל	272		shake
64:1	קדח	qal	infc		קדח	869		be kindled
	תבעה	qal	impf	3fs	בעה	126		inquire, swell
	הודיע	hiph	infc		ידע	393		declare
	ירגזו	qal	impf	3mp	רגז	919		quake
64:2	עשותך	qal	infc		עשה	793	2ms	do, make
	נוראות	niph	ptc	fp	ירא	431		be feared
	נקוה	piel	impf	1cp	קוה	875		wait for
	ירדת	qal	pft	2ms	ירד	432		come down
	נזלו	niph	pft	3cp	זלל	272		shake
64:3	שמעו	qal	pft	3cp	שמע	1033		hear
	האזינו	hiph	pft	3cp	אזן	24		hear
	ראתה	qal	pft	3fs	ראה	906		see
	יעשה	qal	impf	3ms	עשה	793		do, make
	מחכה	piel	ptc	ms	חכה	314		wait
64:4	פגעת	qal	pft	2ms	פגע	803		meet, encounter
	שש	qal	ptc	ms	שוש	965		exult
	עשה	qal	ptc	ms	עשה	793		do, make
	יזכרוך	qal	impf	3mp	זכר	269	2ms	remember
	קצפת	qal	pft	2ms	קצף	893		be angry
	נחטא	qal	wci	1cp	חטא	306		sin
	ונושע	niph	impf	1cp	ישע	446		be saved
64:5	נהי	qal	wci	1cp	היה	224		be, become
	נבל	qal	wci	1cp	נבל	615		sink, droop
	ישאנו	qal	impf	3mp	נשא	669	1cp	lift, carry
64:6	קורא	qal	ptc	ms	קרא	894		call, proclaim
	מתעורר	htpo	ptc	ms	עור	734		exult, rouse
	החזיק	hiph	infc		חזק	304		make firm, seize
	הסתרת	hiph	pft	2ms	סתר	711		hide
	תמוגננו	qal	wci	2ms	מוג	556	1cp	melt
64:7	יצרנו	qal	ptc	ms	יצר	427	1cp	form, create
64:8	תקצף	qal	jusm	2ms	קצף	893		be angry
	תזכר	qal	jusm	2ms	זכר	269		remember
	הבט	hiph	impv	ms	נבט	613		look, regard
64:9	היו	qal	pft	3cp	היה	224		be, become
	היתה	qal	pft	3fs	היה	224		be, become
64:10	הללוך	piel	pft	3cp	הלל	237	2ms	praise
	היה	qal	pft	3ms	היה	224		be, become

Isaiah 64:10 – 65:24

ChVs	Form	Stem	Tnse	PGN	Root	BDB	Sfx	Meaning
64:10	היה	qal	pft	3ms	היה	224		be, become
64:11	תתאפק	hith	impf	2ms	אפק	67		restrain self
	תחשה	qal	impf	2ms	חשה	364		be silent
	תעננו	piel	impf	2ms	ענה	776	1cp	humble
65:1	נדרשתי	niph	pft	1cs	דרש	205		be sought out
	שאלו	qal	pft	3cp	שאל	981		ask, borrow
	נמצאתי	niph	pft	1cs	מצא	592		be found
	בקשני	piel	pft	3cp	בקש	134	1cs	seek
	אמרתי	qal	pft	1cs	אמר	55		say
	קרא	qalp	pft	3ms	קרא	894		be named
65:2	פרשתי	piel	pft	1cs	פרש	831		spread out
	סורר	qal	ptc	ms	סרר	710		be stubborn
	הלכים	qal	ptc	mp	הלך	229		walk, go
65:3	מכעיסים	hiph	ptc	mp	כעס	494		vex, provoke
	זבחים	qal	ptc	mp	זבח	256		slaughter
	מקטרים	piel	ptc	mp	קטר	882		make sacrifices
65:4	ישבים	qal	ptc	mp	ישב	442		sit, dwell
	נצורים	qal	pptc	mp	נצר	665		watch, guard
	ילינו	qal	impf	3mp	לון	533		lodge, remain
	אכלים	qal	ptc	mp	אכל	37		eat, devour
65:5	אמרים	qal	ptc	mp	אמר	55		say
	קרב	qal	impv	ms	קרב	897		approach
	תגש	qal	jusm	2ms	נגש	620		draw near
	קדשתיך	qal	pft	1cs	קדש	872	2ms	be set apart
	יקדת	qal	ptc	fs	יקד	428		be kindled
65:6	כתובה	qal	pptc	fs	כתב	507		write
	אחשה	qal	impf	1cs	חשה	364		be silent
	שלמתי	piel	pft	1cs	שלם	1022		repay, reward
	שלמתי	piel	wcp	1cs	שלם	1022		repay, reward
65:7	אמר	qal	pft	3ms	אמר	55		say
	קטרו	piel	pft	3cp	קטר	882		make sacrifices
	חרפוני	piel	pft	3cp	חרף	357	1cs	reproach
	מדתי	qal	wcp	1cs	מדד	551		measure
65:8	אמר	qal	pft	3ms	אמר	55		say
	ימצא	niph	impf	3ms	מצא	592		be found
	אמר	qal	wcp	3ms	אמר	55		say
	תשחיתהו	hiph	jusm	2ms	שחת	1007	3ms	spoil, ruin
	אעשה	qal	impf	1cs	עשה	793		do, make
	השחית	hiph	infc		שחת	1007		spoil, ruin
65:9	הוצאתי	hiph	wcp	1cs	יצא	422		bring out
	יורש	qal	ptc	ms	ירש	439		possess, inherit
	ירשוה	qal	wcp	3cp	ירש	439	3fs	possess, inherit
	ישכנו	qal	impf	3mp	שכן	1014		settle, dwell
65:10	היה	qal	wcp	3ms	היה	224		be, become
	דרשוני	qal	pft	3cp	דרש	205	1cs	resort to, seek
65:11	עזבי	qal	ptc	mp	עזב	736		leave, loose
	ערכים	qal	ptc	mp	ערך	789		set in order
	ממלאים	piel	ptc	mp	מלא	569		fill
65:12	מניתי	qal	wcp	1cs	מנה	584		count, allot
	תכרעו	qal	impf	2mp	כרע	502		bow down
	קראתי	qal	pft	1cs	קרא	894		call, proclaim
	עניתם	qal	pft	2mp	ענה	772		answer
	דברתי	piel	pft	1cs	דבר	180		speak
	שמעתם	qal	pft	2mp	שמע	1033		hear
65:12	תעשו	qal	wci	2mp	עשה	793		do, make
	חפצתי	qal	pft	1cs	חפץ	342		delight in
	בחרתם	qal	pft	2mp	בחר	103		choose
65:13	אמר	qal	pft	3ms	אמר	55		say
	יאכלו	qal	impf	3mp	אכל	37		eat, devour
	תרעבו	qal	impf	2mp	רעב	944		be hungry
	ישתו	qal	impf	3mp	שתה	1059		drink
	תצמאו	qal	impf	2mp	צמא	854		be thirsty
	ישמחו	qal	impf	3mp	שמח	970		rejoice
	תבשו	qal	impf	2mp	בוש	101		be ashamed
65:14	ירנו	qal	impf	3mp	רנן	943		cry aloud
	תצעקו	qal	impf	2mp	צעק	858		cry out
	תילילו	hiph	impf	2mp	ילל	410		howl
65:15	הנחתם	hiph	wcp	2mp	נוח	628		give rest, put
	המיתך	hiph	wcp	3ms	מות	559	2ms	kill
	יקרא	qal	impf	3ms	קרא	894		call, proclaim
65:16	מתברך	hith	ptc	ms	ברך	138		bless oneself
	יתברך	hith	impf	3ms	ברך	138		bless oneself
	נשבע	niph	ptc	ms	שבע	989		swear
	נשבע	niph	impf	3ms	שבע	989		swear
	נשכחו	niph	pft	3cp	שכח	1013		be forgotten
	נסתרו	niph	pft	3cp	סתר	711		hide, be hid
65:17	בורא	qal	ptc	ms	ברא	135		create
	תזכרנה	niph	impf	3fp	זכר	269		be remembered
	תעלינה	qal	impf	3fp	עלה	748		go up
65:18	שישו	qal	impv	mp	שוש	965		exult
	גילו	qal	impv	mp	גיל	162		rejoice
	בורא	qal	ptc	ms	ברא	135		create
	בורא	qal	ptc	ms	ברא	135		create
65:19	גלתי	qal	wcp	1cs	גיל	162		rejoice
	ששתי	qal	wcp	1cs	שוש	965		exult
	ישמע	niph	impf	3ms	שמע	1033		be heard
65:20	יהיה	qal	impf	3ms	היה	224		be, become
	ימלא	piel	impf	3ms	מלא	569		fill
	ימות	qal	impf	3ms	מות	559		die
	חוטא	qal	ptc	ms	חטא	306		sin
	יקלל	pual	impf	3ms	קלל	886		be cursed
65:21	בנו	qal	wcp	3cp	בנה	124		build
	ישבו	qal	wcp	3cp	ישב	442		sit, dwell
	נטעו	qal	wcp	3cp	נטע	642		plant
	אכלו	qal	wcp	3cp	אכל	37		eat, devour
65:22	יבנו	qal	impf	3mp	בנה	124		build
	ישב	qal	impf	3ms	ישב	442		sit, dwell
	יטעו	qal	impf	3mp	נטע	642		plant
	יאכל	qal	impf	3ms	אכל	37		eat, devour
	יבלו	piel	impf	3mp	בלה	115		wear out
65:23	ייגעו	qal	impf	3mp	יגע	388		toil, grow weary
	ילדו	qal	impf	3mp	ילד	408		bear, beget
	ברוכי	qal	pptc	mp	ברך	138		kneel, bless
65:24	היה	qal	wcp	3ms	היה	224		be, become
	יקראו	qal	impf	3mp	קרא	894		call, proclaim
	אענה	qal	impf	1cs	ענה	772		answer
	מדברים	piel	ptc	mp	דבר	180		speak
	אשמע	qal	impf	1cs	שמע	1033		hear

Isaiah 65:25 – 66:24

ChVs	Form	Stem	Tnse	PGN	Root	BDB	Sfx	Meaning
65:25	ירעו	qal	impf	3mp	רעה	944		pasture, tend
	יאכל	qal	impf	3ms	אכל	37		eat, devour
	ירעו	hiph	impf	3mp	רעע	949		hurt, do evil
	ישחיתו	hiph	impf	3mp	שחת	1007		spoil, ruin
	אמר	qal	pft	3ms	אמר	55		say
66:1	אמר	qal	pft	3ms	אמר	55		say
	תבנו	qal	impf	2mp	בנה	124		build
66:2	עשתה	qal	pft	3fs	עשה	793		do, make
	יהיו	qal	wci	3mp	היה	224		be, become
	אביט	hiph	impf	1cs	נבט	613		look, regard
66:3	שוחט	qal	ptc	ms	שחט	1006		slaughter
	מכה	hiph	ptc	ms	נכה	645		smite
	זובח	qal	ptc	ms	זבח	256		slaughter
	ערף	qal	ptc	ms	ערף	791		break neck
	מעלה	hiph	ptc	ms	עלה	748		bring up, offer
	מזכיר	hiph	ptc	ms	זכר	269		c. to remember
	מברך	piel	ptc	ms	ברך	138		bless
	בחרו	qal	pft	3cp	בחר	103		choose
	חפצה	qal	pft	3fs	חפץ	342		delight in
66:4	אבחר	qal	impf	1cs	בחר	103		choose
	אביא	hiph	impf	1cs	בוא	97		bring in
	קראתי	qal	pft	1cs	קרא	894		call, proclaim
	עונה	qal	ptc	ms	ענה	772		answer
	דברתי	piel	pft	1cs	דבר	180		speak
	שמעו	qal	pft	3cp	שמע	1033		hear
	יעשו	qal	wci	3mp	עשה	793		do, make
	חפצתי	qal	pft	1cs	חפץ	342		delight in
	בחרו	qal	pft	3cp	בחר	103		choose
66:5	שמעו	qal	impv	mp	שמע	1033		hear
	אמרו	qal	pft	3cp	אמר	55		say
	שנאיכם	qal	ptc	mp	שנא	971	2mp	hate
	מנדיכם	piel	ptc	mp	נדה	622	2mp	expel, remove
	יכבד	qal	jusm	3ms	כבד	457		be heavy
	נראה	qal	cohm1cp		ראה	906		see
	יבשו	qal	impf	3mp	בוש	101		be ashamed
66:6	משלם	piel	ptc	ms	שלם	1022		repay, reward
	איביו	qal	ptc	mp	איב	33	3ms	be hostile to
66:7	תחיל	qal	impf	3fs	חול	296		dance, writhe
	ילדה	qal	pft	3fs	ילד	408		bear, beget
	יבוא	qal	impf	3ms	בוא	97		come in
	המליטה	hiph	wcp	3fs	מלט	572		deliver
66:8	שמע	qal	pft	3ms	שמע	1033		hear
	ראה	qal	pft	3ms	ראה	906		see
	יוחל	hoph	impf	3ms	חול	296		be born
	יולד	niph	impf	3ms	ילד	408		be born
	חלה	qal	pft	3fs	חול	296		dance, writhe
	ילדה	qal	pft	3fs	ילד	408		bear, beget
66:9	אשביר	hiph	impf	1cs	שבר	990		cause to break
	אוליד	hiph	impf	1cs	ילד	408		beget
	יאמר	qal	impf	3ms	אמר	55		say
	מוליד	hiph	ptc	ms	ילד	408		beget
	עצרתי	qal	wcp	1cs	עצר	783		restrain
	אמר	qal	pft	3ms	אמר	55		say
66:10	שמחו	qal	impv	mp	שמח	970		rejoice
66:10	גילו	qal	impv	mp	גיל	162		rejoice
	אהביה	qal	ptc	mp	אהב	12	3fs	love
	שישו	qal	impv	mp	שוש	965		exult
	מתאבלים	hith	ptc	mp	אבל	5		mourn
66:11	תינקו	qal	impf	2mp	ינק	413		suck
	שבעתם	qal	wcp	2mp	שבע	959		be sated
	תמצו	qal	impf	2mp	מצץ	595		drain out
	התענגתם	hith	wcp	2mp	ענג	772		enjoy oneself
66:12	אמר	qal	pft	3ms	אמר	55		say
	נטה	qal	ptc	ms	נטה	639		stretch, incline
	שוטף	qal	ptc	ms	שטף	1009		overflow
	ינקתם	qal	wcp	2mp	ינק	413		suck
	תנשאו	niph	impf	2mp	נשא	669		be lifted up
	תשעשעו	polp	impf	2mp	שעע	1044		be fondled
66:13	תנחמנו	piel	impf	3fs	נחם	636	3ms	comfort
	אנחמכם	piel	impf	1cs	נחם	636	2mp	comfort
	תנחמו	pual	impf	2mp	נחם	636		be consoled
66:14	ראיתם	qal	wcp	2mp	ראה	906		see
	שש	qal	wcp	3ms	שוש	965		exult
	תפרחנה	qal	impf	3fp	פרח	827		bud
	נודעה	niph	wcp	3fs	ידע	393		be made known
	זעם	qal	wcp	3ms	זעם	276		be indignant
	איביו	qal	ptc	mp	איב	33	3ms	be hostile to
66:15	יבוא	qal	impf	3ms	בוא	97		come in
	השיב	hiph	infc		שוב	996		bring back
66:16	נשפט	niph	ptc	ms	שפט	1047		plead
	רבו	qal	wcp	3cp	רבב	912		be many
66:17	מתקדשים	hith	ptc	mp	קדש	872		consecrate self
	מטהרים	hith	ptc	mp	טהר	372		purify oneself
	אכלי	qal	ptc	mp	אכל	37		eat, devour
	יספו	qal	impf	3mp	סוף	692		come to an end
66:18	באה	qal	ptc	fs	בוא	97		come in
	קבץ	piel	infc		קבץ	867		gather together
	באו	qal	wcp	3cp	בוא	97		come in
	ראו	qal	wcp	3cp	ראה	906		see
66:19	שמתי	qal	wcp	1cs	שים	962		put, set
	שלחתי	piel	wcp	1cs	שלח	1018		send away, shoot
	משכי	qal	ptc	mp	משך	604		draw, pull
	שמעו	qal	pft	3cp	שמע	1033		hear
	ראו	qal	pft	3cp	ראה	906		see
	הגידו	hiph	wcp	3cp	נגד	616		declare, tell
66:20	הביאו	hiph	wcp	3cp	בוא	97		bring in
	אמר	qal	pft	3ms	אמר	55		say
	יביאו	hiph	impf	3mp	בוא	97		bring in
66:21	אקח	qal	impf	1cs	לקח	542		take
	אמר	qal	pft	3ms	אמר	55		say
66:22	עשה	qal	ptc	ms	עשה	793		do, make
	עמדים	qal	ptc	mp	עמד	763		stand, stop
	יעמד	qal	impf	3ms	עמד	763		stand, stop
66:23	היה	qal	wcp	3ms	היה	224		be, become
	יבוא	qal	impf	3ms	בוא	97		come in
	השתחות	hish	infc		חוה	1005		bow down
	אמר	qal	pft	3ms	אמר	55		say
66:24	יצאו	qal	wcp	3cp	יצא	422		go out

ChVs	Form	Stem	Tnse	PGN	Root	BDB	Sfx	Meaning	ChVs	Form	Stem	Tnse	PGN	Root	BDB	Sfx	Meaning
66:24	ראו	qal	wcp	3cp	ראה	906		see	1:13	אמר	qal	infc		אמר	55		say
	פשעים	qal	ptc	mp	פשע	833		rebel,sin		ראה	qal	ptc	ms	ראה	906		see
	תמות	qal	impf	3fs	מות	559		die		אמר	qal	wci	1cs	אמר	55		say
	תכבה	qal	impf	3fs	כבה	459		be quenched		נפוח	qal	pptc	ms	נפח	655		breathe,blow
	היו	qal	wcp	3cp	היה	224		be,become		ראה	qal	ptc	ms	ראה	906		see
									1:14	יאמר	qal	wci	3ms	אמר	55		say
JEREMIAH										תפתח	niph	impf	3fs	פתח	834		be opened
1:2	היה	qal	pft	3ms	היה	224		be,become		ישבי	qal	ptc	mp	ישב	442		sit,dwell
	מלכו	qal	infc		מלך	573	3ms	be king,reign	1:15	קרא	qal	ptc	ms	קרא	894		call,proclaim
1:3	יהי	qal	wci	3ms	היה	224		be,become		באו	qal	wcp	3cp	בוא	97		come in
	תם	qal	infc		תמם	1070		be finished		נתנו	qal	wcp	3cp	נתן	678		give,set
	גלות	qal	infc		גלה	162		uncover	1:16	דברתי	piel	wcp	1cs	דבר	180		speak
1:4	יהי	qal	wci	3ms	היה	224		be,become		עזבוני	qal	pft	3cp	עזב	736	1cs	leave,loose
	אמר	qal	infc		אמר	55		say		יקטרו	piel	wci	3mp	קטר	882		make sacrifices
1:5	אצורךk	qal	impf	1cs	יצר	427	2ms	form,create		ישתחוו	hish	wci	3mp	חוה	1005		bow down
	אצרךq	qal	impf	1cs	יצר	427	2ms	form,create	1:17	תאזר	qal	impf	2ms	אזר	25		gird
	ידעתיך	qal	pft	1cs	ידע	393	2ms	know		קמת	qal	wcp	2ms	קום	877		arise,stand
	תצא	qal	impf	2ms	יצא	422		go out		דברת	piel	wcp	2ms	דבר	180		speak
	הקדשתיך	hiph	pft	1cs	קדש	872	2ms	consecrate		אצוך	piel	impf	1cs	צוה	845	2ms	command
	נתתיך	qal	pft	1cs	נתן	678	2ms	give,set		תחת	qal	jusm		חתת	369		be shattered
1:6	אמר	qal	wci	1cs	אמר	55		say		אחתך	hiph	impf	1cs	חתת	369	2ms	dismay
	ידעתי	qal	pft	1cs	ידע	393		know	1:18	נתתיך	qal	pft	1cs	נתן	678	2ms	give,set
	דבר	piel	infc		דבר	180		speak	1:19	נלחמו	niph	wcp	3cp	לחם	535		wage war
1:7	יאמר	qal	wci	3ms	אמר	55		say		יוכלו	qal	impf	3mp	יכל	407		be able
	תאמר	qal	jusm	2ms	אמר	55		say		הצילך	hiph	infc		נצל	664	2ms	snatch,deliver
	אשלחך	qal	impf	1cs	שלח	1018	2ms	send	2:1	יהי	qal	wci	3ms	היה	224		be,become
	תלך	qal	impf	2ms	הלך	229		walk,go		אמר	qal	infc		אמר	55		say
	אצוך	piel	impf	1cs	צוה	845	2ms	command	2:2	הלך	qal	infa		הלך	229		walk,go
	תדבר	piel	impf	2ms	דבר	180		speak		קראת	qal	wcp	2ms	קרא	894		call,proclaim
1:8	תירא	qal	jusm	2ms	ירא	431		fear		אמר	qal	infc		אמר	55		say
	הצלך	hiph	infc		נצל	664	2ms	snatch,deliver		אמר	qal	pft	3ms	אמר	55		say
1:9	ישלח	qal	wci	3ms	שלח	1018		send		זכרתי	qal	pft	1cs	זכר	269		remember
	יגע	hiph	wci	3ms	נגע	619		reach,arrive		לכתך	qal	infc		הלך	229	2fs	walk,go
	יאמר	qal	wci	3ms	אמר	55		say		זרועה	qal	pptc	fs	זרע	281		sow
	נתתי	qal	pft	1cs	נתן	678		give,set	2:3	אכליו	qal	ptc	mp	אכל	37	3ms	eat,devour
1:10	ראה	qal	impv	ms	ראה	906		see		יאשמו	qal	impf	3mp	אשם	79		offend
	הפקדתיך	hiph	pft	1cs	פקד	823	2ms	set,entrust		תבא	qal	impf	3fs	בוא	97		come in
	נתוש	qal	infc		נתש	684		pull up	2:4	שמעו	qal	impv	mp	שמע	1033		hear
	נתוץ	qal	infc		נתץ	683		pull down	2:5	אמר	qal	pft	3ms	אמר	55		say
	האביד	hiph	infc		אבד	1		destroy		מצאו	qal	pft	3cp	מצא	592		find
	הרוס	qal	infc		הרס	248		throw down		רחקו	qal	pft	3cp	רחק	934		be distant
	בנות	qal	infc		בנה	124		build		ילכו	qal	wci	3mp	הלך	229		walk,go
	נטוע	qal	infc		נטע	642		plant		יהבלו	qal	wci	3mp	הבל	211		be worthless
1:11	יהי	qal	wci	3ms	היה	224		be,become	2:6	אמרו	qal	pft	3cp	אמר	55		say
	אמר	qal	infc		אמר	55		say		מעלה	hiph	ptc	ms	עלה	748		bring up,offer
	ראה	qal	ptc	ms	ראה	906		see		מוליך	hiph	ptc	ms	הלך	229		lead,bring
	אמר	qal	wci	1cs	אמר	55		say		עבר	qal	pft	3ms	עבר	716		pass over
	ראה	qal	ptc	ms	ראה	906		see		ישב	qal	pft	3ms	ישב	442		sit,dwell
1:12	יאמר	qal	wci	3ms	אמר	55		say	2:7	אביא	hiph	wci	1cs	בוא	97		bring in
	היטבת	hiph	pft	2ms	יטב	405		do good		אכל	qal	infc		אכל	37		eat,devour
	ראות	qal	infc		ראה	906		see		תבאו	qal	wci	2mp	בוא	97		come in
	שקד	qal	ptc	ms	שקד	1052		watch,wake		תטמאו	piel	wci	2mp	טמא	379		defile
	עשתו	qal	infc		עשה	793	3ms	do,make		שמתם	qal	pft	2mp	שים	962		put,set
1:13	יהי	qal	wci	3ms	היה	224		be,become	2:8	אמרו	qal	pft	3cp	אמר	55		say

Jeremiah 2:8– 2:35

ChVs	Form	Stem	Tnse	PGN	Root	BDB	Sfx	Meaning
2:8	תפשי	qal	ptc	mp	תפש	1074		seize,grasp
	ידעוני	qal	pft	3cp	ידע	393	1cs	know
	רעים	qal	ptc	mp	רעה	944		pasture,tend
	פשעו	qal	pft	3cp	פשע	833		rebel,sin
	נבאו	niph	pft	3cp	נבא	612		prophesy
	יועלו	hiph	impf	3mp	יעל	418		profit,benefit
	הלכו	qal	pft	3cp	הלך	229		walk,go
2:9	אריב	qal	impf	1cs	ריב	936		strive,contend
	אריב	qal	impf	1cs	ריב	936		strive,contend
2:10	עברו	qal	impv	mp	עבר	716		pass over
	ראו	qal	impv	mp	ראה	906		see
	שלחו	qal	impv	mp	שלח	1018		send
	התבוננו	htpo	impv	mp	בין	106		understand
	ראו	qal	impv	mp	ראה	906		see
	היתה	qal	pft	3fs	היה	224		be,become
2:11	הימיר	hiph	pft	3ms	מור	558		change
	המיר	hiph	pft	3ms	מור	558		change
	יועיל	hiph	impf	3ms	יעל	418		profit,benefit
2:12	שמו	qal	impv	mp	שמם	1030		be desolate
	שערו	qal	impv	mp	שער	972		bristle
	חרבו	qal	impv	mp	חרב	351		be waste
2:13	עשה	qal	pft	3ms	עשה	793		do,make
	עזבו	qal	pft	3cp	עזב	736		leave,loose
	חצב	qal	infc		חצב	345		hew out,dig
	נשברים	niph	ptc	mp	שבר	990		be broken
	יכלו	hiph	impf	3mp	כול	465		contain
2:14	היה	qal	pft	3ms	היה	224		be,become
2:15	ישאגו	qal	impf	3mp	שאג	980		roar
	נתנו	qal	pft	3cp	נתן	678		give,set
	ישיתו	qal	wci	3mp	שית	1011		put,set
	נצתה k	niph	pft	3fs	יצת	428		be kindled
	נצתו q	niph	pft	3cp	יצת	428		be kindled
	ישב	qal	ptc	ms	ישב	442		sit,dwell
2:16	ירעוך	qal	impf	3mp	רעה	944	2fs	pasture,tend
2:17	תעשה	qal	impf	2ms	עשה	793		do,make
	עזבך	qal	infc		עזב	736	2fs	leave,loose
	מוליכך	hiph	ptc	ms	הלך	229	2fs	lead,bring
2:18	שתות	qal	infc		שתה	1059		drink
	שתות	qal	infc		שתה	1059		drink
2:19	תיסרך	piel	impf	3fs	יסר	415	2fs	correct,chasten
	תוכחך	hiph	impf	3fp	יכח	406	2fs	decide,reprove
	דעי	qal	impv	fs	ידע	393		know
	ראי	qal	impv	fs	ראה	906		see
	עזבך	qal	infc		עזב	736	2fs	leave,loose
2:20	שברתי	qal	pft	1cs	שבר	990		break
	נתקתי	piel	pft	1cs	נתק	683		tear apart
	תאמרי	qal	wci	2fs	אמר	55		say
	אעבד	qal	impf	1cs	עבד	712		work,serve
	צעה	qal	ptc	fs	צעה	858		stoop,tip
	זנה	qal	ptc	fs	זנה	275		act a harlot
2:21	נטעתיך	qal	pft	1cs	נטע	642	2fs	plant
	נהפכת	niph	pft	2fs	הפך	245		turn oneself
	סורי	qal	pptc	mp	סור	693		turn aside
2:22	תכבסי	piel	impf	2fs	כבס	460		wash
2:22	תרבי	hiph	impf	2fs	רבה	915		make many
	נכתם	niph	ptc	ms	כתם	508		be stained
2:23	תאמרי	qal	impf	2fs	אמר	55		say
	נטמאתי	niph	pft	1cs	טמא	379		defile oneself
	הלכתי	qal	pft	1cs	הלך	229		walk,go
	ראי	qal	impv	fs	ראה	906		see
	דעי	qal	impv	fs	ידע	393		know
	עשית	qal	pft	2fs	עשה	793		do,make
	משרכת	piel	ptc	fs	שרך	976		twist
2:24	שאפה	qal	pft	3fs	שאף	983		gasp,pant after
	ישיבנה	hiph	impf	3ms	שוב	996	3fs	bring back
	מבקשיה	piel	ptc	mp	בקש	134	3fs	seek
	ייעפו	qal	impf	3mp	יעף	419		be weary
	ימצאונה	qal	impf	3mp	מצא	592	3fs	find
2:25	מנעי	qal	impv	fs	מנע	586		withhold
	תאמרי	qal	wci	2fs	אמר	55		say
	נואש	niph	ptc	ms	יאש	384		despair
	אהבתי	qal	pft	1cs	אהב	12		love
	זרים	qal	ptc	mp	זור	266		be stranger
	אלך	qal	impf	1cs	הלך	229		walk,go
2:26	ימצא	niph	impf	3ms	מצא	592		be found
	הבישו	hiph	pft	3cp	בוש	101		put to shame
2:27	אמרים	qal	ptc	mp	אמר	55		say
	ילדתני k	qal	pft	2fs	ילד	408	1cs	bear,beget
	ילדתנו q	qal	pft	2fs	ילד	408	1cp	bear,beget
	פנו	qal	pft	3cp	פנה	815		turn
	יאמרו	qal	impf	3mp	אמר	55		say
	קומה	qal	impv	ms	קום	877		arise,stand
	הושיענו	hiph	impv	ms	ישע	446	1cp	deliver,save
2:28	עשית	qal	pft	2ms	עשה	793		do,make
	יקומו	qal	jusm	3mp	קום	877		arise,stand
	יושיעוך	hiph	impf	3mp	ישע	446	2ms	deliver,save
	היו	qal	pft	3cp	היה	224		be,become
2:29	תריבו	qal	impf	2mp	ריב	936		strive,contend
	פשעתם	qal	pft	2mp	פשע	833		rebel,sin
2:30	הכיתי	hiph	pft	1cs	נכה	645		smite
	לקחו	qal	pft	3cp	לקח	542		take
	אכלה	qal	pft	3fs	אכל	37		eat,devour
	משחית	hiph	ptc	ms	שחת	1007		spoil,ruin
2:31	ראו	qal	impv	mp	ראה	906		see
	הייתי	qal	pft	1cs	היה	224		be,become
	אמרו	qal	pft	3cp	אמר	55		say
	רדנו	qal	pft	1cp	רוד	923		roam
	נבוא	qal	impf	1cp	בוא	97		come in
2:32	תשכח	qal	impf	3fs	שכח	1013		forget
	שכחוני	qal	pft	3cp	שכח	1013	1cs	forget
2:33	תיטבי	hiph	impf	2fs	יטב	405		do good
	בקש	piel	infc		בקש	134		seek
	למדתי k	piel	pft	2fs	למד	540		teach
	למדת q	piel	pft	2fs	למד	540		teach
2:34	נמצאו	niph	pft	3cp	מצא	592		be found
	מצאתים	qal	pft	2fs	מצא	592	3mp	find
2:35	תאמרי	qal	wci	2fs	אמר	55		say
	נקיתי	niph	pft	1cs	נקה	667		be clean,free

Jeremiah 2: 35 – 3: 20

ChVs	Form	Stem	Tnse	PGN	Root	BDB	Sfx	Meaning
2:35	שׁב	qal	pft	3ms	שׁוב	996		turn, return
	נשׁפט	niph	ptc	ms	שׁפט	1047		plead
	אמרך	qal	infc		אמר	55	2fs	say
	חטאתי	qal	pft	1cs	חטא	306		sin
2:36	תזלי	qal	impf	2fs	אזל	23		go
	שׁנות	piel	infc		שׁנה	1039		change, alter
	תבושׁי	qal	impf	2fs	בושׁ	101		be ashamed
	בשׁת	qal	pft	2fs	בושׁ	101		be ashamed
2:37	תצאי	qal	impf	2fs	יצא	422		go out
	מאס	qal	pft	3ms	מאס	549		reject, refuse
	תצליחי	hiph	impf	2fs	צלח	852		cause to thrive
3:1	אמר	qal	infc		אמר	55		say
	ישׁלח	piel	impf	3ms	שׁלח	1018		send away, shoot
	הלכה	qal	wcp	3fs	הלך	229		walk, go
	היתה	qal	wcp	3fs	היה	224		be, become
	ישׁוב	qal	impf	3ms	שׁוב	996		turn, return
	חנוף	qal	infa		חנף	337		be polluted
	תחנף	qal	impf	3fs	חנף	337		be polluted
	זנית	qal	pft	2fs	זנה	275		act a harlot
	שׁוב	qal	infa		שׁוב	996		turn, return
3:2	שׂאי	qal	impv	fs	נשׂא	669		lift, carry
	ראי	qal	impv	fs	ראה	906		see
	שׁגלתk	qalp	pft	2fs	שׁגל	993		be ravished
	שׁכבתq	pual	pft	2fs	שׁכב	1011		be lain with
	ישׁבת	qal	pft	2fs	ישׁב	442		sit, dwell
	תחניפי	hiph	wci	2fs	חנף	337		pollute
3:3	ימנעו	niph	wci	3mp	מנע	586		be withholden
	היה	qal	pft	3ms	היה	224		be, become
	זונה	qal	ptc	fs	זנה	275		act a harlot
	היה	qal	pft	3ms	היה	224		be, become
	מאנת	piel	pft	2fs	מאן	549		refuse
	הכלם	niph	infc		כלם	483		be humiliated
3:4	קראתיk	qal	pft	2fs	קרא	894		call, proclaim
	קראתq	qal	pft	2fs	קרא	894		call, proclaim
3:5	ינטר	qal	impf		נטר	643		keep
	ישׁמר	qal	impf	3ms	שׁמר	1036		keep, watch
	דברתיk	piel	pft	2fs	דבר	180		speak
	דברתq	piel	pft	2fs	דבר	180		speak
	תעשׂי	qal	wci	2fs	עשׂה	793		do, make
	תוכל	qal	wci	2fs	יכל	407		be able
3:6	יאמר	qal	wci	3ms	אמר	55		say
	ראית	qal	pft	2ms	ראה	906		see
	עשׂתה	qal	pft	3fs	עשׂה	793		do, make
	הלכה	qal	ptc	fs	הלך	229		walk, go
	תזני	qal	wci	3fs	זנה	275		act a harlot
3:7	אמר	qal	wci	1cs	אמר	55		say
	עשׂותה	qal	infc		עשׂה	793	3fs	do, make
	תשׁוב	qal	impf	3fs	שׁוב	996		turn, return
	שׁבה	qal	pft	3fs	שׁוב	996		turn, return
	תראהk	qal	wci	3fs	ראה	906		see
	תראq	qal	wci	3fs	ראה	906		see
3:8	ארא	qal	wci	1cs	ראה	906		see
	נאפה	piel	pft	3fs	נאף	610		commit adultery
	שׁלחתיה	piel	pft	1cs	שׁלח	1018	3fs	send away, shoot
3:8	אתן	qal	wci	1cs	נתן	678		give, set
	יראה	qal	pft	3fs	ירא	431		fear
	בגדה	qal	ptc	fs	בגד	93		act faithlessly
	תלך	qal	wci	3fs	הלך	229		walk, go
	תזן	qal	wci	3fs	זנה	275		act a harlot
3:9	היה	qal	wcp	3ms	היה	224		be, become
	תחנף	qal	wci	3fs	חנף	337		be polluted
	תנאף	qal	wci	3fs	נאף	610		commit adultery
3:10	שׁבה	qal	pft	3fs	שׁוב	996		turn, return
3:11	יאמר	qal	wci	3ms	אמר	55		say
	צדקה	piel	pft	3fs	צדק	842		justify
	בגדה	qal	ptc	fs	בגד	93		act faithlessly
3:12	הלך	qal	infa		הלך	229		walk, go
	קראת	qal	wcp	2ms	קרא	894		call, proclaim
	אמרת	qal	wcp	2ms	אמר	55		say
	שׁובה	qal	impv	ms	שׁוב	996		turn, return
	אפיל	hiph	impf	1cs	נפל	656		cause to fall
	אטור	qal	impf	1cs	נטר	643		keep
3:13	דעי	qal	impv	fs	ידע	393		know
	פשׁעת	qal	pft	2fs	פשׁע	833		rebel, sin
	תפזרי	piel	wci	2fs	פזר	808		scatter
	זרים	qal	ptc	mp	זור	266		be stranger
	שׁמעתם	qal	pft	2mp	שׁמע	1033		hear
3:14	שׁובו	qal	impv	mp	שׁוב	996		turn, return
	בעלתי	qal	pft	1cs	בעל	127		marry, rule over
	לקחתי	qal	wcp	1cs	לקח	542		take
	הבאתי	hiph	wcp	1cs	בוא	97		bring in
3:15	נתתי	qal	wcp	1cs	נתן	678		give, set
	רעים	qal	ptc	mp	רעה	944		pasture, tend
	רעו	qal	wcp	3cp	רעה	944		pasture, tend
	השׂכיל	hiph	infa		שׂכל	968		look at, prosper
3:16	היה	qal	wcp	3ms	היה	224		be, become
	תרבו	qal	impf	2mp	רבה	915		be many, great
	פריתם	qal	wcp	2mp	פרה	826		bear fruit
	יאמרו	qal	impf	3mp	אמר	55		say
	יעלה	qal	impf	3ms	עלה	748		go up
	יזכרו	qal	impf	3mp	זכר	269		remember
	יפקדו	qal	impf	3mp	פקד	823		attend to, visit
	יעשׂה	niph	impf	3ms	עשׂה	793		be done
3:17	יקראו	qal	impf	3mp	קרא	894		call, proclaim
	נקוו	niph	wcp	3cp	קוה	876		be collected
	ילכו	qal	impf	3mp	הלך	229		walk, go
3:18	ילכו	qal	impf	3mp	הלך	229		walk, go
	יבאו	qal	impf	3mp	בוא	97		come in
	הנחלתי	hiph	pft	1cs	נחל	635		c. to inherit
3:19	אמרתי	qal	pft	1cs	אמר	55		say
	אשׁיתך	qal	impf	1cs	שׁית	1011	2fs	put, set
	אתן	qal	impf	1cs	נתן	678		give, set
	אמר	qal	wci	1cs	אמר	55		say
	תקראוk	qal	impf	2mp	קרא	894		call, proclaim
	תקראיq	qal	impf	2fs	קרא	894		call, proclaim
	תשׁובוk	qal	impf	2mp	שׁוב	996		turn, return
	תשׁוביq	qal	impf	2fs	שׁוב	996		turn, return
3:20	בגדה	qal	pft	3fs	בגד	93		act faithlessly

Jeremiah 3:20–4:25

ChVs	Form	Stem	Tnse	PGN	Root	BDB	Sfx	Meaning
3:20	בגדתם	qal	pft	2mp	בגד	93		act faithlessly
3:21	נשמע	niph	ptc	ms	שמע	1033		be heard
	העוו	hiph	pft	3cp	עוה	730		pervert
	שכחו	qal	pft	3cp	שכח	1013		forget
3:22	שובו	qal	impv	mp	שוב	996		turn, return
	ארפה	qal	impf	1cs	רפא	950		heal
	אתנו	qal	pft	1cp	אתה	87		come
3:24	אכלה	qal	pft	3fs	אכל	37		eat, devour
3:25	נשכבה	qal	coh	1cp	שכב	1011		lie, lie down
	תכסנו	piel	jusm	3fs	כסה	491	1cp	cover
	חטאנו	qal	pft	1cp	חטא	306		sin
	שמענו	qal	pft	1cp	שמע	1033		hear
4:1	תשוב	qal	impf	2ms	שוב	996		turn, return
	תשוב	qal	impf	2ms	שוב	996		turn, return
	תסיר	hiph	impf	2ms	סור	693		take away
	תנוד	qal	impf	2ms	נוד	626		wander, lament
4:2	נשבעת	niph	wcp	2ms	שבע	989		swear
	התברכו	hith	wcp	3cp	ברך	138		bless oneself
	יתהללו	hith	impf	3mp	הלל	237		glory
4:3	אמר	qal	pft	3ms	אמר	55		say
	נירו	qal	impv	mp	ניר	644		till
	תזרעו	qal	jusm	2mp	זרע	281		sow
4:4	המלו	niph	impv	mp	מול	557		be circumcised
	הסרו	hiph	impv	mp	סור	693		take away
	ישבי	qal	ptc	mp	ישב	442		sit, dwell
	תצא	qal	impf	3fs	יצא	422		go out
	בערה	qal	wcp	3fs	בער	128		burn
	מכבה	piel	ptc	ms	כבה	459		extinguish
4:5	הגידו	hiph	impv	mp	נגד	616		declare, tell
	השמיעו	hiph	impv	mp	שמע	1033		cause to hear
	אמרו	qal	impv	mp	אמר	55		say
	תקעו k	qal	impv	mp	תקע	1075		thrust, clap
	תקעו q	qal	impv	mp	תקע	1075		thrust, clap
	קראו	qal	impv	mp	קרא	894		call, proclaim
	מלאו	piel	impv	mp	מלא	569		fill
	אמרו	qal	impv	mp	אמר	55		say
	האספו	niph	impv	mp	אסף	62		assemble
	נבואה	qal	coh	1cp	בוא	97		come in
4:6	שאו	qal	impv	mp	נשא	669		lift, carry
	העיזו	hiph	impv	mp	עוז	731		bring to safety
	תעמדו	qal	jusm	2mp	עמד	763		stand, stop
	מביא	hiph	ptc	ms	בוא	97		bring in
4:7	עלה	qal	pft	3ms	עלה	748		go up
	משחית	hiph	ptc	ms	שחת	1007		spoil, ruin
	נסע	qal	pft	3ms	נסע	652		pull up, set out
	יצא	qal	pft	3ms	יצא	422		go out
	שום	qal	infc		שים	962		put, set
	תצינה	qal	impf	3fp	נצה	663		fall in ruins
	יושב	qal	ptc	ms	ישב	442		sit, dwell
4:8	חגרו	qal	impv	mp	חגר	291		gird
	ספדו	qal	impv	mp	ספד	704		wail, lament
	הילילו	hiph	impv	mp	ילל	410		howl
	שב	qal	pft	3ms	שוב	996		turn, return
4:9	היה	qal	wcp	3ms	היה	224		be, become
4:9	יאבד	qal	impf	3ms	אבד	1		perish
	נשמו	niph	wcp	3cp	שמם	1030		be desolate
	יתמהו	qal	impf	3mp	תמה	1069		be astounded
4:10	אמר	qal	wci	1cs	אמר	55		say
	השא	hiph	infa		נשא	674		beguile
	השאת	hiph	pft	2ms	נשא	674		beguile
	אמר	qal	infc		אמר	55		say
	יהיה	qal	impf	3ms	היה	224		be, become
	נגעה	qal	wcp	3fs	נגע	619		touch, strike
4:11	יאמר	niph	impf	3ms	אמר	55		be said, called
	זרות	qal	infc		זרה	279		scatter
	הבר	hiph	infc		ברר	140		purify, polish
4:12	יבוא	qal	impf	3ms	בוא	97		come in
	אדבר	piel	impf	1cs	דבר	180		speak
4:13	יעלה	qal	impf	3ms	עלה	748		go up
	קלו	qal	pft	3cp	קלל	886		be slight, swift
	שדדנו	pual	pft	1cp	שדד	994		be devastated
4:14	כבסי	piel	impv	fs	כבס	460		wash
	תושעי	niph	impf	2fs	ישע	446		be saved
	תלין	qal	impf	3fs	לון	533		lodge, remain
4:15	מגיד	hiph	ptc	ms	נגד	616		declare, tell
	משמיע	hiph	ptc	ms	שמע	1033		cause to hear
4:16	הזכירו	hiph	impv	mp	זכר	269		c. to remember
	השמיעו	hiph	impv	mp	שמע	1033		cause to hear
	נצרים	qal	ptc	mp	נצר	665		watch, guard
	באים	qal	ptc	mp	בוא	97		come in
	יתנו	qal	wci	3mp	נתן	678		give, set
4:17	שמרי	qal	ptc	mp	שמר	1036		keep, watch
	היו	qal	pft	3cp	היה	224		be, become
	מרתה	qal	pft	3fs	מרה	598		be disobedient
4:18	עשו	qal	infa		עשה	793		do, make
	נגע	qal	pft	3ms	נגע	619		touch, strike
4:19	אחולה k	qal	coh	1cs	חול	296		dance, writhe
	אוחילה q	hiph	coh	1cs	יחל	403		wait
	המה	qal	ptc	ms	המה	242		growl, murmur
	אחריש	hiph	impf	1cs	חרש	361		be silent
	שמעתי k	qal	pft	2fs	שמע	1033		hear
	שמעת q	qal	pft	2fs	שמע	1033		hear
4:20	נקרא	niph	pft	3ms	קרא	896		meet
	שדדה	pual	pft	3fs	שדד	994		be devastated
	שדדו	pual	pft	3cp	שדד	994		be devastated
4:21	אראה	qal	cohm	1cs	ראה	906		see
	אשמעה	qal	coh	1cs	שמע	1033		hear
4:22	ידעו	qal	pft	3cp	ידע	393		know
	נבונים	niph	ptc	mp	בין	106		be discerning
	הרע	hiph	infc		רעע	949		hurt, do evil
	היטיב	hiph	infc		יטב	405		do good
	ידעו	qal	pft	3cp	ידע	393		know
4:23	ראיתי	qal	pft	1cs	ראה	906		see
4:24	ראיתי	qal	pft	1cs	ראה	906		see
	רעשים	qal	ptc	mp	רעש	950		quake
	התקלקלו	htpp	pft	3cp	קלל	886		shake oneself
4:25	ראיתי	qal	pft	1cs	ראה	906		see
	נדדו	qal	pft	3cp	נדד	622		retreat, flee

Jeremiah 4:26–5:18

ChVs	Form	Stem	Tnse	PGN	Root	BDB	Sfx	Meaning
4:26	ראיתי	qal	pft	1cs	ראה	906		see
	נתצו	niph	pft	3cp	נתץ	683		be pulled down
4:27	אמר	qal	pft	3ms	אמר	55		say
	תהיה	qal	impf	3fs	היה	224		be, become
	אעשה	qal	impf	1cs	עשה	793		do, make
4:28	תאבל	qal	impf	3fs	אבל	5		mourn
	קדרו	qal	wcp	3cp	קדר	871		be dark
	דברתי	piel	pft	1cs	דבר	180		speak
	זמתי	qal	pft	1cs	זמם	273		consider, devise
	נחמתי	niph	pft	1cs	נחם	636		be sorry
	אשוב	qal	impf	1cs	שוב	996		turn, return
4:29	רמה	qal	ptc	ms	רמה	941		cast, shoot
	ברחת	qal	ptc	fs	ברח	137		go thru, flee
	באו	qal	pft	3cp	בוא	97		come in
	עלו	qal	pft	3cp	עלה	748		go up
	עזובה	qal	pptc	fs	עזב	736		leave, loose
	יושב	qal	ptc	ms	ישב	442		sit, dwell
4:30	שדוד	qal	pptc	ms	שדד	994		destroy, oppress
	תעשי	qal	impf	2fs	עשה	793		do, make
	תלבשי	qal	impf	2fs	לבש	527		put on, clothe
	תעדי	qal	impf	2fs	עדה	725		ornament, adorn
	תקרעי	qal	impf	2fs	קרע	902		tear, rend
	תתיפי	hith	impf	2fs	יפה	421		beautify self
	מאסו	qal	pft	3cp	מאס	549		reject, refuse
	עגבים	qal	ptc	mp	עגב	721		lust
	יבקשו	piel	impf	3mp	בקש	134		seek
4:31	חולה	qal	ptc	fs	חול	296		dance, writhe
	שמעתי	qal	pft	1cs	שמע	1033		hear
	מבכירה	hiph	ptc	fs	בכר	114		bear 1st child
	תתיפח	hith	impf	3fs	יפח	422		breathe
	תפרש	piel	impf	3fs	פרש	831		spread out
	עיפה	qal	pft	3fs	עיף	746		be faint
	הרגים	qal	ptc	mp	הרג	246		kill
5:1	שוטטו	pol	impv	mp	שוט	1001		go quickly
	ראו	qal	impv	mp	ראה	906		see
	דעו	qal	impv	mp	ידע	393		know
	בקשו	piel	impv	mp	בקש	134		seek
	תמצאו	qal	impf	2mp	מצא	592		find
	עשה	qal	ptc	ms	עשה	793		do, make
	מבקש	piel	ptc	ms	בקש	134		seek
	אסלח	qal	cohm	1cs	סלח	699		forgive, pardon
5:2	יאמרו	qal	impf	3mp	אמר	55		say
	ישבעו	niph	impf	3mp	שבע	989		swear
5:3	הכיתה	hiph	pft	2ms	נכה	645		smite
	חלו	qal	pft	3cp	חלה	317		be weak, sick
	כליתם	piel	pft	2ms	כלה	477	3mp	complete, finish
	מאנו	piel	pft	3cp	מאן	549		refuse
	קחת	qal	infc		לקח	542		take
	חזקו	piel	pft	3cp	חזק	304		make strong
	מאנו	piel	pft	3cp	מאן	549		refuse
	שוב	qal	infc		שוב	996		turn, return
5:4	אמרתי	qal	pft	1cs	אמר	55		say
	נואלו	niph	pft	3cp	יאל	383		act foolishly
	ידעו	qal	pft	3cp	ידע	393		know
5:5	אלכה	qal	coh	1cs	הלך	229		walk, go
	אדברה	piel	coh	1cs	דבר	180		speak
	ידעו	qal	pft	3cp	ידע	393		know
	שברו	qal	pft	3cp	שבר	990		break
	נתקו	piel	pft	3cp	נתק	683		tear apart
5:6	הכם	hiph	pft	3ms	נכה	645	3mp	smite
	ישדדם	qal	impf	3ms	שדד	994	3mp	destroy, oppress
	שקד	qal	ptc	ms	שקד	1052		watch, wake
	יוצא	qal	ptc	ms	יצא	422		go out
	יטרף	niph	impf	3ms	טרף	382		be torn
	רבו	qal	pft	3cp	רבב	912		be many
	עצמו	qal	pft	3cp	עצם	782		be mighty, many
5:7	אסלוחk	qal	impf	1cs	סלח	699		forgive, pardon
	אסלחq	qal	impf	1cs	סלח	699		forgive, pardon
	עזבוני	qal	pft	3cp	עזב	736	1cs	leave, loose
	ישבעו	niph	wci	3mp	שבע	989		swear
	אשבע	hiph	wci	1cs	שבע	959		satisfy
	ינאפו	qal	wci	3mp	נאף	610		commit adultery
	זונה	qal	ptc	fs	זנה	275		act a harlot
	יתגדדו	htpo	impf	3mp	גדד	151		cut self, throng
5:8	מיזנים	pual	ptc	mp	יזן	402		be well-fed
	משכים	hiph	ptc	mp	שכה	1013		be mad, lustful
	היו	qal	pft	3cp	היה	224		be, become
	יצהלו	qal	impf	3mp	צהל	843		neigh, cry
5:9	אפקד	qal	impf	1cs	פקד	823		attend to, visit
	תתנקם	hith	impf	3fs	נקם	667		avenge oneself
5:10	עלו	qal	impv	mp	עלה	748		go up
	שחתו	piel	impv	mp	שחת	1007		spoil, ruin
	תעשו	qal	jusm	2mp	עשה	793		do, make
	הסירו	hiph	impv	mp	סור	693		take away
5:11	בגוד	qal	infa		בגד	93		act faithlessly
	בגדו	qal	pft	3cp	בגד	93		act faithlessly
5:12	כחשו	piel	pft	3cp	כחש	471		deceive
	יאמרו	qal	wci	3mp	אמר	55		say
	תבוא	qal	impf	3fs	בוא	97		come in
	נראה	qal	impf	1cp	ראה	906		see
5:13	יהיו	qal	impf	3mp	היה	224		be, become
	יעשה	niph	impf	3ms	עשה	793		be done
5:14	אמר	qal	pft	3ms	אמר	55		say
	דברכם	piel	infc		דבר	180	2mp	speak
	נתן	qal	ptc	ms	נתן	678		give, set
	אכלתם	qal	wcp	3fs	אכל	37	3mp	eat, devour
5:15	מביא	hiph	ptc	ms	בוא	97		bring in
	תדע	qal	impf	2ms	ידע	393		know
	תשמע	qal	impf	2ms	שמע	1033		hear
	ידבר	piel	impf	3ms	דבר	180		speak
5:16	פתוח	qal	pptc	ms	פתח	834		open
5:17	אכל	qal	wcp	3ms	אכל	37		eat, devour
	יאכלו	qal	impf	3mp	אכל	37		eat, devour
	יאכל	qal	impf	3ms	אכל	37		eat, devour
	יאכל	qal	impf	3ms	אכל	37		eat, devour
	ירשש	poel	impf	3ms	רשש	958		shatter
	בוטח	qal	ptc	ms	בטח	105		trust
5:18	אעשה	qal	impf	1cs	עשה	793		do, make

Jeremiah 5:19–6:14

ChVs	Form	Stem	Tnse	PGN	Root	BDB	Sfx	Meaning
5:19	היה	qal	wcp	3ms	היה	224		be, become
	תאמרו	qal	impf	2mp	אמר	55		say
	עשה	qal	pft	3ms	עשה	793		do, make
	אמרת	qal	wcp	2ms	אמר	55		say
	עזבתם	qal	pft	2mp	עזב	736		leave, loose
	תעבדו	qal	wci	2mp	עבד	712		work, serve
	תעבדו	qal	impf	2mp	עבד	712		work, serve
	זרים	qal	ptc	mp	זור	266		be stranger
5:20	הגידו	hiph	impv	mp	נגד	616		declare, tell
	השמיעוה	hiph	impv	mp	שמע	1033	3fs	cause to hear
	אמר	qal	infc		אמר	55		say
5:21	שמעו	qal	impv	mp	שמע	1033		hear
	יראו	qal	impf	3mp	ראה	906		see
	ישמעו	qal	impf	3mp	שמע	1033		hear
5:22	תיראו	qal	impf	2mp	ירא	431		fear
	תחילו	qal	impf	2mp	חול	296		dance, writhe
	שמתי	qal	pft	1cs	שׂים	962		put, set
	יעברנהו	qal	impf	3ms	עבר	716	3ms	pass over
	יתגעשו	hith	wci	3mp	געש	172		toss to and fro
	יוכלו	qal	impf	3mp	יכל	407		be able
	המו	qal	wcp	3cp	המה	242		growl, murmur
	יעברנהו	qal	impf	3mp	עבר	716	3ms	pass over
5:23	היה	qal	pft	3ms	היה	224		be, become
	סורר	qal	ptc	ms	סרר	710		be stubborn
	מורה	qal	ptc	ms	מרה	598		be disobedient
	סרו	qal	pft	3cp	סור	693		turn aside
	ילכו	qal	wci	3mp	הלך	229		walk, go
5:24	אמרו	qal	pft	3cp	אמר	55		say
	נירא	qal	cohm	1cp	ירא	431		fear
	נתן	qal	ptc	ms	נתן	678		give, set
	ישמר	qal	impf	3ms	שמר	1036		keep, watch
5:25	הטו	hiph	pft	3cp	נטה	639		turn, incline
	מנעו	qal	pft	3cp	מנע	586		withhold
5:26	נמצאו	niph	pft	3cp	מצא	592		be found
	ישור	qal	impf	3ms	שור	1003		behold, regard
	שך	qal	infc		שכך	1013		abate, crouch
	הציבו	hiph	pft	3cp	נצב	662		cause to stand
	משחית	hiph	ptc	ms	שחת	1007		spoil, ruin
	ילכדו	qal	impf	3mp	לכד	539		capture
5:27	גדלו	qal	pft	3cp	גדל	152		be great, grow
	יעשירו	hiph	wci	3mp	עשר	799		make rich
5:28	שמנו	qal	pft	3cp	שמן	1031		be fat
	עשתו	qal	pft	3cp	עשת	799		be smooth
	עברו	qal	pft	3cp	עבר	716		pass over
	דנו	qal	pft	3cp	דין	192		judge
	יצליחו	hiph	jusm	3mp	צלח	852		cause to thrive
	שפטו	qal	pft	3cp	שפט	1047		judge
5:29	אפקד	qal	impf	1cs	פקד	823		attend to, visit
	תתנקם	hith	impf	3fs	נקם	667		avenge oneself
5:30	נהיתה	niph	pft	3fs	היה	224		be done
5:31	נבאו	niph	pft	3cp	נבא	612		prophesy
	ירדו	qal	impf	3mp	רדה	921		rule
	אהבו	qal	pft	3cp	אהב	12		love
	תעשו	qal	impf	2mp	עשה	793		do, make
6:1	העזו	hiph	impv	mp	עוז	731		bring to safety
	תקעו	qal	impv	mp	תקע	1075		thrust, clap
	שאו	qal	impv	mp	נשא	669		lift, carry
	נשקפה	niph	pft	3fs	שקף	1054		look down
6:2	מענגה	pual	ptc	fs	ענג	772		be delicate
	דמיתי	qal	pft	1cs	דמה	198		cease, cut off
6:3	יבאו	qal	impf	3mp	בוא	97		come in
	רעים	qal	ptc	mp	רעה	944		pasture, tend
	תקעו	qal	pft	3cp	תקע	1075		thrust, clap
	רעו	qal	pft	3cp	רעה	944		pasture, tend
6:4	קדשו	piel	impv	mp	קדש	872		consecrate
	קומו	qal	impv	mp	קום	877		arise, stand
	נעלה	qal	cohm	1cp	עלה	748		go up
	פנה	qal	pft	3ms	פנה	815		turn
	ינטו	niph	impf	3mp	נטה	639		be stretched
6:5	קומו	qal	impv	mp	קום	877		arise, stand
	נעלה	qal	cohm	1cp	עלה	748		go up
	נשחיתה	hiph	coh	1cp	שחת	1007		spoil, ruin
6:6	אמר	qal	pft	3ms	אמר	55		say
	כרתו	qal	impv	mp	כרת	503		cut, destroy
	שפכו	qal	impv	mp	שפך	1049		pour out
	הפקד	hoph	pft	3ms	פקד	823		be appointed
6:7	הקיר	hiph	infc		קרר	903		keep cool
	הקרה	hiph	pft	3fs	קרר	903		keep cool
	ישמע	niph	impf	3ms	שמע	1033		be heard
6:8	הוסרי	niph	impv	fs	יסר	415		be corrected
	תקע	qal	impf	3fs	יקע	429		be dislocated
	אשימך	qal	impf	1cs	שׂים	962	2fs	put, set
	נושבה	niph	pft	3fs	ישב	442		be inhabited
6:9	אמר	qal	pft	3ms	אמר	55		say
	עולל	poel	infa		עלל	760		glean
	יעוללו	poel	impf	3mp	עלל	760		glean
	השב	hiph	impv	ms	שוב	996		bring back
	בוצר	qal	ptc	ms	בצר	130		cut off
6:10	אדברה	piel	coh	1cs	דבר	180		speak
	ואעידה	hiph	coh	1cs	עוד	729		testify, warn
	ישמעו	qal	jusm	3mp	שמע	1033		hear
	יוכלו	qal	impf	3mp	יכל	407		be able
	הקשיב	hiph	infc		קשב	904		give attention
	היה	qal	pft	3ms	היה	224		be, become
	יחפצו	qal	impf	3mp	חפץ	342		delight in
6:11	מלאתי	qal	pft	1cs	מלא	569		be full, fill
	נלאיתי	niph	pft	1cs	לאה	521		tire oneself
	הכיל	hiph	infc		כול	465		contain
	שפך	qal	impv	ms	שפך	1049		pour out
	ילכדו	niph	impf	3mp	לכד	539		be captured
6:12	נסבו	niph	wcp	3cp	סבב	685		turn round
	אטה	hiph	impf	1cs	נטה	639		turn, incline
	ישבי	qal	ptc	mp	ישב	442		sit, dwell
6:13	בוצע	qal	ptc	ms	בצע	130		cut off
	עשה	qal	ptc	ms	עשה	793		do, make
6:14	ירפאו	piel	wci	3mp	רפא	950		heal
	נקלה	niph	ptc	fs	קלל	886		be trifling
	אמר	qal	infc		אמר	55		say

Jeremiah 6:15–7:10

ChVs	Form	Stem	Tnse	PGN	Root	BDB	Sfx	Meaning
6:15	הבישׁו	hiph	pft	3cp	בושׁ	101		put to shame
	עשׂו	qal	pft	3cp	עשׂה	793		do, make
	בושׁ	qal	infa		בושׁ	101		be ashamed
	יבושׁו	qal	impf	3mp	בושׁ	101		be ashamed
	הכלים	hiph	infc		כלם	483		humiliate
	ידעו	qal	pft	3cp	ידע	393		know
	יפלו	qal	impf	3mp	נפל	656		fall
	נפלים	qal	ptc	mp	נפל	656		fall
	פקדתים	qal	pft	1cs	פקד	823	3mp	attend to, visit
	יכשׁלו	niph	impf	3mp	כשׁל	505		stumble
	אמר	qal	pft	3ms	אמר	55		say
6:16	אמר	qal	pft	3ms	אמר	55		say
	עמדו	qal	impv	mp	עמד	763		stand, stop
	ראו	qal	impv	mp	ראה	906		see
	שׁאלו	qal	impv	mp	שׁאל	981		ask, borrow
	לכו	qal	impv	mp	הלך	229		walk, go
	מצאו	qal	impv	mp	מצא	592		find
	יאמרו	qal	wci	3mp	אמר	55		say
	נלך	qal	impf	1cp	הלך	229		walk, go
6:17	הקמתי	hiph	wcp	1cs	קום	877		raise, build, set
	צפים	qal	ptc	mp	צפה	859		keep watch
	הקשׁיבו	hiph	impv	mp	קשׁב	904		give attention
	יאמרו	qal	wci	3mp	אמר	55		say
	נקשׁיב	hiph	impf	1cp	קשׁב	904		give attention
6:18	שׁמעו	qal	impv	mp	שׁמע	1033		hear
	דעי	qal	impv	fs	ידע	393		know
6:19	שׁמעי	qal	impv	fs	שׁמע	1033		hear
	מביא	hiph	ptc	ms	בוא	97		bring in
	הקשׁיבו	hiph	pft	3cp	קשׁב	904		give attention
	ימאסו	qal	wci	3mp	מאס	549		reject, refuse
6:20	תבוא	qal	impf	3fs	בוא	97		come in
	ערבו	qal	pft	3cp	ערב	787		be sweet
6:21	אמר	qal	pft	3ms	אמר	55		say
	נתן	qal	ptc	ms	נתן	678		give, set
	כשׁלו	qal	wcp	3cp	כשׁל	505		stumble, totter
	יאבדו k	qal	impf	3mp	אבד	1		perish
	ואבדו q	qal	wcp	3cp	אבד	1		perish
6:22	אמר	qal	pft	3ms	אמר	55		say
	בא	qal	ptc	ms	בוא	97		come in
	יעור	niph	impf	3ms	עור	734		be roused
6:23	יחזיקו	hiph	impf	3mp	חזק	304		make firm, seize
	ירחמו	piel	impf	3mp	רחם	933		have compassion
	יהמה	qal	impf	3ms	המה	242		growl, murmur
	ירכבו	qal	impf	3mp	רכב	938		mount, ride
	ערוך	qal	pptc	ms	ערך	789		set in order
6:24	שׁמענו	qal	pft	1cp	שׁמע	1033		hear
	רפו	qal	pft	3cp	רפה	951		sink, relax
	החזיקתנו	hiph	pft	3fs	חזק	304	1cp	make firm, seize
	יולדה	qal	ptc	fs	ילד	408		bear, beget
6:25	תצאי k	qal	jusm	2fs	יצא	422		go out
	תצאו q	qal	jusm	2mp	יצא	422		go out
	תלכי k	qal	jusm	2fs	הלך	229		walk, go
	תלכו q	qal	jusm	2mp	הלך	229		walk, go
	איב	qal	ptc	ms	איב	33		be hostile to
6:26	חגרי	qal	impv	fs	חגר	291		gird
	התפלשׁי	hith	impv	fs	פלשׁ	814		roll self
	עשׂי	qal	impv	fs	עשׂה	793		do, make
	יבא	qal	impf	3ms	בוא	97		come in
	שׁדד	qal	ptc	ms	שׁדד	994		destroy, oppress
6:27	נתתיך	qal	pft	1cs	נתן	678	2ms	give, set
	תדע	qal	impf	2ms	ידע	393		know
	בחנת	qal	wcp	2ms	בחן	103		examine, try
6:28	סרי	qal	ptc	mp	סור	693		turn aside
	סוררים	qal	ptc	mp	סרר	710		be stubborn
	הלכי	qal	ptc	mp	הלך	229		walk, go
	משׁחיתים	hiph	ptc	mp	שׁחת	1007		spoil, ruin
6:29	נחר	niph	pft	3ms	חרר	359		be scorched
	חתם	qal	pft	3ms	תמם	1070		be finished
	צרף	qal	pft	3ms	צרף	864		refine, test
	צרוף	qal	infa		צרף	864		refine, test
	נתקו	niph	pft	3cp	נתק	683		be drawn, torn
6:30	נמאס	niph	ptc	ms	מאס	549		be rejected
	קראו	qal	pft	3cp	קרא	894		call, proclaim
	מאס	qal	pft	3ms	מאס	549		reject, refuse
7:1	היה	qal	pft	3ms	היה	224		be, become
	אמר	qal	infc		אמר	55		say
7:2	עמד	qal	impv	ms	עמד	763		stand, stop
	קראת	qal	wcp	2ms	קרא	894		call, proclaim
	אמרת	qal	wcp	2ms	אמר	55		say
	שׁמעו	qal	impv	mp	שׁמע	1033		hear
	באים	qal	ptc	mp	בוא	97		come in
	השׁתחות	hish	infc		חוה	1005		bow down
7:3	אמר	qal	pft	3ms	אמר	55		say
	היטיבו	hiph	impv	mp	יטב	405		do good
	אשׁכנה	piel	coh	1cs	שׁכן	1014		establish
7:4	תבטחו	qal	jusm	2mp	בטח	105		trust
	אמר	qal	infc		אמר	55		say
7:5	היטיב	hiph	infa		יטב	405		do good
	תיטיבו	hiph	impf	2mp	יטב	405		do good
	עשׂו	qal	infa		עשׂה	793		do, make
	תעשׂו	qal	impf	2mp	עשׂה	793		do, make
7:6	תעשׁקו	qal	impf	2mp	עשׁק	798		oppress, extort
	תשׁפכו	qal	jusm	2mp	שׁפך	1049		pour out
	תלכו	qal	impf	2mp	הלך	229		walk, go
7:7	שׁכנתי	piel	wcp	1cs	שׁכן	1014		establish
	נתתי	qal	pft	1cs	נתן	678		give, set
7:8	בטחים	qal	ptc	mp	בטח	105		trust
	הועיל	hiph	infc		יעל	418		profit, benefit
7:9	גנב	qal	infa		גנב	170		steal
	רצח	qal	infa		רצח	953		murder, slay
	נאף	qal	infa		נאף	610		commit adultery
	השׁבע	niph	infa		שׁבע	989		swear
	קטר	piel	infa		קטר	882		make sacrifices
	הלך	qal	infa		הלך	229		walk, go
	ידעתם	qal	pft	2mp	ידע	393		know
7:10	באתם	qal	wcp	2mp	בוא	97		come in
	עמדתם	qal	wcp	2mp	עמד	763		stand, stop
	נקרא	niph	pft	3ms	קרא	894		be called

Jeremiah 7:10–8:2

ChVs	Form	Stem	Tnse	PGN	Root	BDB	Sfx	Meaning
7:10	אמרתם	qal	wcp	2mp	אמר	55		say
	נצלנו	niph	pft	1cp	נצל	664		be delivered
	עשות	qal	infc		עשה	793		do, make
7:11	היה	qal	pft	3ms	היה	224		be, become
	נקרא	niph	pft	3ms	קרא	894		be called
	ראיתי	qal	pft	1cs	ראה	906		see
7:12	לכו	qal	impv	mp	הלך	229		walk, go
	שכנתי	piel	pft	1cs	שכן	1014		establish
	ראו	qal	impv	mp	ראה	906		see
	עשיתי	qal	pft	1cs	עשה	793		do, make
7:13	עשותכם	qal	infc		עשה	793	2mp	do, make
	אדבר	piel	wci	1cs	דבר	180		speak
	השכם	hiph	infa		שכם	1014		rise early
	דבר	piel	infa		דבר	180		speak
	שמעתם	qal	pft	2mp	שמע	1033		hear
	אקרא	qal	wci	1cs	קרא	894		call, proclaim
	עניתם	qal	pft	2mp	ענה	772		answer
7:14	עשיתי	qal	wcp	1cs	עשה	793		do, make
	נקרא	niph	pft	3ms	קרא	894		be called
	בטחים	qal	ptc	mp	בטח	105		trust
	נתתי	qal	pft	1cs	נתן	678		give, set
	עשיתי	qal	pft	1cs	עשה	793		do, make
7:15	השלכתי	hiph	wcp	1cs	שלך	1020		throw, cast
	השלכתי	hiph	pft	1cs	שלך	1020		throw, cast
7:16	תתפלל	hith	jusm	2ms	פלל	813		pray
	תשא	qal	jusm	2ms	נשא	669		lift, carry
	תפגע	qal	jusm	2ms	פגע	803		meet, encounter
	שמע	qal	ptc	ms	שמע	1033		hear
7:17	ראה	qal	ptc	ms	ראה	906		see
	עשים	qal	ptc	mp	עשה	793		do, make
7:18	מלקטים	piel	ptc	mp	לקט	544		gather
	מבערים	piel	ptc	mp	בער	128		burn, consume
	לשות	qal	ptc	fp	לוש	534		knead
	עשות	qal	infc		עשה	793		do, make
	הסך	hiph	infa		נסך	650		pour out
	הכעסני	hiph	infc		כעס	494	1cs	vex, provoke
7:19	מכעסים	hiph	ptc	mp	כעס	494		vex, provoke
7:20	אמר	qal	pft	3ms	אמר	55		say
	נתכת	niph	ptc	fs	נתך	677		be poured
	בערה	qal	wcp	3fs	בער	128		burn
	תכבה	qal	impf	3fs	כבה	459		be quenched
7:21	אמר	qal	pft	3ms	אמר	55		say
	ספו	qal	impv	mp	יסף	414		add, increase
	אכלו	qal	impv	mp	אכל	37		eat, devour
7:22	דברתי	piel	pft	1cs	דבר	180		speak
	צויתים	piel	pft	1cs	צוה	845	3mp	command
	הוציאk	hiph	infc		יצא	422		bring out
	הוציאיq	hiph	infc		יצא	422	1cs	bring out
7:23	צויתי	piel	pft	1cs	צוה	845		command
	אמר	qal	infc		אמר	55		say
	שמעו	qal	impv	mp	שמע	1033		hear
	הייתי	qal	wcp	1cs	היה	224		be, become
	תהיו	qal	impf	2mp	היה	224		be, become
	הלכתם	qal	wcp	2mp	הלך	229		walk, go
7:23	אצוה	piel	impf	1cs	צוה	845		command
	ייטב	qal	impf	3ms	יטב	405		be good
7:24	שמעו	qal	pft	3cp	שמע	1033		hear
	הטו	hiph	pft	3cp	נטה	639		turn, incline
	ילכו	qal	wci	3mp	הלך	229		walk, go
	יהיו	qal	wci	3mp	היה	224		be, become
7:25	יצאו	qal	pft	3cp	יצא	422		go out
	אשלח	qal	wci	1cs	שלח	1018		send
	השכם	hiph	infa		שכם	1014		rise early
	שלח	qal	infa		שלח	1018		send
7:26	שמעו	qal	pft	3cp	שמע	1033		hear
	הטו	hiph	pft	3cp	נטה	639		turn, incline
	יקשו	hiph	wci	3mp	קשה	904		harden
	הרעו	hiph	pft	3cp	רעע	949		hurt, do evil
7:27	דברת	piel	wcp	2ms	דבר	180		speak
	ישמעו	qal	impf	3mp	שמע	1033		hear
	קראת	qal	wcp	2ms	קרא	894		call, proclaim
	יענוכה	qal	impf	3mp	ענה	772	2ms	answer
7:28	אמרת	qal	wcp	2ms	אמר	55		say
	שמעו	qal	pft	3cp	שמע	1033		hear
	לקחו	qal	pft	3cp	לקח	542		take
	אבדה	qal	pft	3fs	אבד	1		perish
	נכרתה	niph	pft	3fs	כרת	503		be cut off
7:29	גזי	qal	impv	fs	גזז	159		shear
	השליכי	hiph	impv	fs	שלך	1020		throw, cast
	שאי	qal	impv	fs	נשא	669		lift, carry
	מאס	qal	pft	3ms	מאס	549		reject, refuse
	יטש	qal	wci	3ms	נטש	643		leave, forsake
7:30	עשו	qal	pft	3cp	עשה	793		do, make
	שמו	qal	pft	3cp	שים	962		put, set
	נקרא	niph	pft	3ms	קרא	894		be called
	טמאו	piel	infc		טמא	379	3ms	defile
7:31	בנו	qal	wcp	3cp	בנה	124		build
	שרף	qal	infc		שרף	976		burn
	צויתי	piel	pft	1cs	צוה	845		command
	עלתה	qal	pft	3fs	עלה	748		go up
7:32	באים	qal	ptc	mp	בוא	97		come in
	יאמר	niph	impf	3ms	אמר	55		be said, called
	קברו	qal	wcp	3cp	קבר	868		bury
7:33	היתה	qal	wcp	3fs	היה	224		be, become
	מחריד	hiph	ptc	ms	חרד	353		terrify
7:34	השבתי	hiph	wcp	1cs	שבת	991		destroy, remove
	תהיה	qal	impf	3fs	היה	224		be, become
8:1	יציאk	hiph	impf	3mp	יצא	422		bring out
	יוציאוq	hiph	impf	3mp	יצא	422		bring out
	יושבי	qal	ptc	mp	ישב	442		sit, dwell
8:2	שטחום	qal	wcp	3cp	שטח	1008	3mp	spread abroad
	אהבום	qal	pft	3cp	אהב	12	3mp	love
	עבדום	qal	pft	3cp	עבד	712	3mp	work, serve
	הלכו	qal	pft	3cp	הלך	229		walk, go
	דרשום	qal	pft	3cp	דרש	205	3mp	resort to, seek
	השתחוו	hish	pft	3cp	חוה	1005		bow down
	יאספו	niph	impf	3mp	אסף	62		assemble
	יקברו	niph	impf	3mp	קבר	868		be buried

Jeremiah 8: 2– 9: 6

ChVs	Form	Stem	Tnse	PGN	Root	BDB	Sfx	Meaning
8: 2	יהיו	qal	impf	3mp	היה	224		be, become
8: 3	נבחר	niph	wcp	3ms	בחר	103		be chosen
	נשארים	niph	ptc	mp	שאר	983		be left
	נשארים	niph	ptc	mp	שאר	983		be left
	הדחתים	hiph	pft	1cs	נדח	623	3mp	thrust out
8: 4	אמרת	qal	wcp	2ms	אמר	55		say
	אמר	qal	pft	3ms	אמר	55		say
	יפלו	qal	impf	3mp	נפל	656		fall
	יקומו	qal	impf	3mp	קום	877		arise, stand
	ישוב	qal	impf	3ms	שוב	996		turn, return
	ישוב	qal	impf	3ms	שוב	996		turn, return
8: 5	שובבה	pol	pft	3fs	שוב	996		bring back
	נצחת	niph	ptc	fs	נצח	663		be enduring
	החזיקו	hiph	pft	3cp	חזק	304		make firm, seize
	מאנו	piel	pft	3cp	מאן	549		refuse
	שוב	qal	infc		שוב	996		turn, return
8: 6	הקשבתי	hiph	pft	1cs	קשב	904		give attention
	אשמע	qal	wci	1cs	שמע	1033		hear
	ידברו	piel	impf	3mp	דבר	180		speak
	נחם	niph	ptc	ms	נחם	636		be sorry
	אמר	qal	infc		אמר	55		say
	עשיתי	qal	pft	1cs	עשה	793		do, make
	שב	qal	ptc	ms	שוב	996		turn, return
	שוטף	qal	ptc	ms	שטף	1009		overflow
8: 7	ידעה	qal	pft	3fs	ידע	393		know
	שמרו	qal	pft	3cp	שמר	1036		keep, watch
	באנה	qal	infc		בוא	97	3fp	come in
	ידעו	qal	pft	3cp	ידע	393		know
8: 8	תאמרו	qal	impf	2mp	אמר	55		say
	עשה	qal	pft	3ms	עשה	793		do, make
8: 9	הבישו	hiph	pft	3cp	בוש	101		put to shame
	חתו	qal	pft	3cp	חתת	369		be shattered
	ילכדו	niph	wci		לכד	539		be captured
	מאסו	qal	pft	3cp	מאס	549		reject, refuse
8:10	אתן	qal	impf	1cs	נתן	678		give, set
	יורשים	qal	ptc	mp	ירש	439		possess, inherit
	בצע	qal	ptc	ms	בצע	130		cut off
	עשה	qal	ptc	ms	עשה	793		do, make
8:11	ירפו	piel	wci	3mp	רפא	950		heal
	נקלה	niph	ptc	fs	קלל	886		be trifling
	אמר	qal	infc		אמר	55		say
8:12	הבשו	hiph	pft	3cp	בוש	101		put to shame
	עשו	qal	pft	3cp	עשה	793		do, make
	בוש	qal	infa		בוש	101		be ashamed
	יבשו	qal	impf	3mp	בוש	101		be ashamed
	הכלם	niph	infc		כלם	483		be humiliated
	ידעו	qal	pft	3cp	ידע	393		know
	יפלו	qal	impf	3mp	נפל	656		fall
	נפלים	qal	ptc	mp	נפל	656		fall
	יכשלו	niph	impf	3mp	כשל	505		stumble
	אמר	qal	pft	3ms	אמר	55		say
8:13	אסף	qal	infa		אסף	62		gather
	אסיפם	hiph	impf	1cs	סוף	692	3mp	make an end of
	נבל	qal	pft	3ms	נבל	615		sink, droop
8:13	אתן	qal	wci	1cs	נתן	678		give, set
	יעברום	qal	impf	3mp	עבר	716	3mp	pass over
8:14	ישבים	qal	ptc	mp	ישב	442		sit, dwell
	האספו	niph	impv	mp	אסף	62		assemble
	נבוא	qal	cohm	1cp	בוא	97		come in
	נדמה	qal	coh	1cp	דמם	198		be silent
	הדמנו	hiph	pft	3ms	דמם	198	1cp	silence
	ישקנו	hiph	wci	3ms	שקה	1052	1cp	give to drink
	חטאנו	qal	pft	1cp	חטא	306		sin
8:15	קוה	piel	infa		קוה	875		wait for
8:16	נשמע	niph	pft	3ms	שמע	1033		be heard
	רעשה	qal	pft	3fs	רעש	950		quake
	יבואו	qal	wci	3mp	בוא	97		come in
	יאכלו	qal	wci	3mp	אכל	37		eat, devour
	ישבי	qal	ptc	mp	ישב	442		sit, dwell
8:17	משלח	piel	ptc	ms	שלח	1018		send away, shoot
	נשכו	piel	wcp	3cp	נשך	675		bite
8:19	הכעסוני	hiph	pft	3cp	כעס	494	1cs	vex, provoke
8:20	עבר	qal	pft	3ms	עבר	716		pass over
	כלה	qal	pft	3ms	כלה	477		finished, spent
	נושענו	niph	pft	1cp	ישע	446		be saved
8:21	השברתי	hoph	pft	1cs	שבר	990		be broken
	קדרתי	qal	pft	1cs	קדר	871		be dark
	החזקתני	hiph	pft	3fs	חזק	304	1cs	make firm, seize
8:22	רפא	qal	ptc	ms	רפא	950		heal
	עלתה	qal	pft	3fs	עלה	748		go up
8:23	יתן	qal	impf	3ms	נתן	678		give, set
	אבכה	qal	cohm	1cs	בכה	113		weep
9: 1	יתנני	qal	impf	3ms	נתן	678	1cs	give, set
	ארחים	qal	ptc	mp	ארח	72		wander, go
	אעזבה	qal	coh	1cs	עזב	736		leave, loose
	אלכה	qal	coh	1cs	הלך	229		walk, go
	מנאפים	piel	ptc	mp	נאף	610		commit adultery
	בגדים	qal	ptc	mp	בגד	93		act faithlessly
9: 2	ידרכו	hiph	wci	3mp	דרך	201		tread, lead
	גברו	qal	pft	3cp	גבר	149		be strong
	יצאו	qal	pft	3cp	יצא	422		go out
	ידעו	qal	pft	3cp	ידע	393		know
9: 3	השמרו	niph	impv	mp	שמר	1036		be kept, guarded
	תבטחו	qal	jusm	2mp	בטח	105		trust
	עקוב	qal	infa		עקב	784		attack at heel
	יעקב	qal	impf	3ms	עקב	784		attack at heel
	יהלך	qal	impf	3ms	הלך	229		walk, go
9: 4	יהתלו	hiph	impf	3mp	תלל	1068		mock, deceive
	ידברו	piel	impf	3mp	דבר	180		speak
	למדו	piel	pft	3cp	למד	540		teach
	דבר	piel	infc		דבר	180		speak
	העוה	hiph	infa		עוה	731		commit iniquity
	נלאו	niph	pft	3cp	לאה	521		tire oneself
9: 5	שבתך	qal	infc		ישב	442	2ms	sit, dwell
	מאנו	piel	pft	3cp	מאן	549		refuse
	דעת	qal	infc		ידע	393		know
9: 6	אמר	qal	pft	3ms	אמר	55		say
	צורפם	qal	ptc	ms	צרף	864	3mp	refine, test

Jeremiah 9:6–10:11

ChVs	Form	Stem	Tnse	PGN	Root	BDB	Sfx	Meaning
9:6	בחנתים	qal	wcp	1cs	בחן	103	3mp	examine,try
	אעשה	qal	impf	1cs	עשה	793		do,make
9:7	שׁחוטk	qal	ptc	ms	שׁחט	1006		slaughter
	שׁחוטq	qal	pptc	ms	שׁחט	1006		slaughter
	דבר	piel	pft	3ms	דבר	180		speak
	ידבר	piel	impf	3ms	דבר	180		speak
	ישׁים	qal	impf	3ms	שׁים	962		put,set
9:8	אפקד	qal	impf	1cs	פקד	823		attend to,visit
	תתנקם	hith	impf	3fs	נקם	667		avenge oneself
9:9	אשׂא	qal	impf	1cs	נשׂא	669		lift,carry
	נצתו	niph	pft	3cp	יצת	428		be kindled
	עבר	qal	ptc	ms	עבר	716		pass over
	שׁמעו	qal	pft	3cp	שׁמע	1033		hear
	נדדו	qal	pft	3cp	נדד	622		retreat,flee
	הלכו	qal	pft	3cp	הלך	229		walk,go
9:10	נתתי	qal	wcp	1cs	נתן	678		give,set
	אתן	qal	impf	1cs	נתן	678		give,set
	יושׁב	qal	ptc	ms	ישׁב	442		sit,dwell
9:11	יבן	qal	jus	3ms	בין	106		discern
	דבר	piel	pft	3ms	דבר	180		speak
	ינדה	hiph	jusm	3ms	נגד	616	3fs	declare,tell
	אבדה	qal	pft	3fs	אבד	1		perish
	נצתה	niph	pft	3fs	יצת	428		be kindled
	עבר	qal	ptc	ms	עבר	716		pass over
9:12	יאמר	qal	wci	3ms	אמר	55		say
	עזבם	qal	infc		עזב	736	3mp	leave,loose
	נתתי	qal	pft	1cs	נתן	678		give,set
	שׁמעו	qal	pft	3cp	שׁמע	1033		hear
	הלכו	qal	pft	3cp	הלך	229		walk,go
9:13	ילכו	qal	wci	3mp	הלך	229		walk,go
	למדום	piel	pft	3cp	למד	540	3mp	teach
9:14	אמר	qal	pft	3ms	אמר	55		say
	מאכילם	hiph	ptc	ms	אכל	37	3mp	cause to eat
	השׁקיתים	hiph	wcp	1cs	שׁקה	1052	3mp	give to drink
9:15	הפצותים	hiph	wcp	1cs	פוץ	806	3mp	scatter
	ידעו	qal	pft	3cp	ידע	393		know
	שׁלחתי	piel	wcp	1cs	שׁלח	1018		send away,shoot
	כלותי	piel	infc		כלה	477	1cs	complete,finish
9:16	אמר	qal	pft	3ms	אמר	55		say
	התבוננו	htpo	impv	mp	בין	106		understand
	קראו	qal	impv	mp	קרא	894		call,proclaim
	מקוננות	pol	ptc	fp	קין	884		chant a dirge
	תבואינה	qal	jusm	3fp	בוא	97		come in
	שׁלחו	qal	impv	mp	שׁלח	1018		send
	תבואנה	qal	jusm	3fp	בוא	97		come in
9:17	תמהרנה	piel	jusm	3fp	מהר	554		hasten
	תשׂנה	qal	jusm	3fp	נשׂא	669		lift,carry
	תרדנה	qal	jusm	3fp	ירד	432		come down
	יזלו	qal	jusm	3mp	נזל	633		flow
9:18	נשׁמע	niph	pft	3ms	שׁמע	1033		be heard
	שׁדדנו	pual	pft	1cp	שׁדד	994		be devastated
	בשׁנו	qal	pft	1cp	בושׁ	101		be ashamed
	עזבנו	qal	pft	1cp	עזב	736		leave,loose
	השׁליכו	hiph	pft	3cp	שׁלך	1020		throw,cast
9:19	שׁמענה	qal	impv	fp	שׁמע	1033		hear
	תקח	qal	jusm	3fs	לקח	542		take
	למדנה	piel	impv	fp	למד	540		teach
9:20	עלה	qal	pft	3ms	עלה	748		go up
	בא	qal	pft	3ms	בוא	97		come in
	הכרית	hiph	infc		כרת	503		cut off,destroy
9:21	דבר	piel	impv	ms	דבר	180		speak
	נפלה	qal	wcp	3fs	נפל	656		fall
	קצר	qal	ptc	ms	קצר	894		reap,harvest
	מאסף	piel	ptc	ms	אסף	62		gather
9:22	אמר	qal	pft	3ms	אמר	55		say
	יתהלל	hith	jusm	3ms	הלל	237		glory
	יתהלל	hith	jusm	3ms	הלל	237		glory
	יתהלל	hith	jusm	3ms	הלל	237		glory
9:23	יתהלל	hith	jusm	3ms	הלל	237		glory
	מתהלל	hith	ptc	ms	הלל	237		glory
	השׂכל	hiph	infa		שׂכל	968		look at,prosper
	ידע	qal	infa		ידע	393		know
	עשׂה	qal	ptc	ms	עשׂה	793		do,make
	חפצתי	qal	pft	1cs	חפץ	342		delight in
9:24	באים	qal	ptc	mp	בוא	97		come in
	פקדתי	qal	wcp	1cs	פקד	823		attend to,visit
	מול	qal	pptc	ms	מול	557		circumcise
9:25	קצוצי	qal	pptc	mp	קצץ	893		cut off
	ישׁבים	qal	ptc	mp	ישׁב	442		sit,dwell
10:1	שׁמעו	qal	impv	mp	שׁמע	1033		hear
	דבר	piel	pft	3ms	דבר	180		speak
10:2	אמר	qal	pft	3ms	אמר	55		say
	תלמדו	qal	jusm	2mp	למד	540		learn
	תחתו	qal	jusm	2mp	חתת	369		be shattered
	יחתו	qal	impf	3mp	חתת	369		be shattered
10:3	כרתו	qal	pft	3ms	כרת	503	3ms	cut,destroy
10:4	ייפהו	piel	impf	3ms	יפה	421	3ms	beautify
	יחזקום	piel	impf	3mp	חזק	304	3mp	make strong
	יפיק	hiph	impf	3ms	פוק	807		totter
10:5	ידברו	piel	impf	3mp	דבר	180		speak
	נשׂוא	qal	infa		נשׂא	669		lift,carry
	ינשׂוא	niph	impf	3ms	נשׂא	669?		be lifted up
	יצעדו	qal	impf	3mp	צעד	857		step,march
	תיראו	qal	jusm	2mp	ירא	431		fear
	ירעו	hiph	impf	3mp	רעע	949		hurt,do evil
	היטיב	hiph	infa		יטב	405		do good
10:7	יראך	qal	impf	3ms	ירא	431	2ms	fear
	יאתה	qal	pft	3fs	יאה	383		befit
10:8	יבערו	qal	impf	3mp	בער	129		be stupid
	יכסלו	qal	impf	3mp	כסל	492		become stupid
10:9	מרקע	pual	ptc	ms	רקע	955		be beaten out
	יובא	hoph	impf	3ms	בוא	97		be brought
	צורף	qal	ptc	ms	צרף	864		refine,test
10:10	תרעשׁ	qal	impf	3fs	רעשׁ	950		quake
	יכלו	hiph	impf	3mp	כול	465		contain
10:11	תאמרון	peal	impf	2mp	אמר	1081		say,tell
	עבדו	peal	pft	3mp	עבד	1104		make,do
	יאבדו	peal	impf	3mp	אבד	1078		perish

Jeremiah 10:12–11:12

ChVs	Form	Stem	Tnse	PGN	Root	BDB	Sfx	Meaning
10:12	עשה	qal	ptc	ms	עשה	793		do, make
	מכין	hiph	ptc	ms	כון	465		fix, prepare
	נטה	qal	pft	3ms	נטה	639		stretch, incline
10:13	תתו	qal	infc		נתן	678	3ms	give, set
	יעלה	hiph	wci	3ms	עלה	748		bring up, offer
	עשה	qal	pft	3ms	עשה	793		do, make
	יוצא	hiph	wci	3ms	יצא	422		bring out
10:14	נבער	niph	pft	3ms	בער	129		be stupid
	הביש	hiph	pft	3ms	בוש	101		put to shame
	צורף	qal	ptc	ms	צרף	864		refine, test
10:15	יאבדו	qal	impf	3mp	אבד	1		perish
10:16	יוצר	qal	ptc	ms	יצר	427		form, create
10:17	אספי	qal	impv	fs	אסף	62		gather
	ישבתיk	qal	ptc	fs	ישב	442		sit, dwell
	ישבתq	qal	ptc	fs	ישב	442		sit, dwell
10:18	אמר	qal	pft	3ms	אמר	55		say
	קולע	qal	ptc	ms	קלע	887		sling, hurl
	יושבי	qal	ptc	mp	ישב	442		sit, dwell
	הצרותי	hiph	wcp	1cs	צרר	864		distress, cramp
	ימצאו	qal	impf	3mp	מצא	592		find
10:19	נחלה	niph	ptc	fs	חלה	317		be made sick
	אמרתי	qal	pft	1cs	אמר	55		say
	אשאנו	qal	impf	1cs	נשא	669	3ms	lift, carry
10:20	שדד	pual	pft	3ms	שדד	994		be devastated
	נתקו	niph	pft	3cp	נתק	683		be drawn, torn
	יצאני	qal	pft	3cp	יצא	422	1cs	go out
	נטה	qal	ptc	ms	נטה	639		stretch, incline
	מקים	hiph	ptc	ms	קום	877		raise, build, set
10:21	נבערו	niph	pft	3cp	בער	129		be stupid
	רעים	qal	ptc	mp	רעה	944		pasture, tend
	דרשו	qal	pft	3cp	דרש	205		resort to, seek
	השכילו	hiph	pft	3cp	שכל	968		look at, prosper
	נפוצה	niph	pft	3fs	פוץ	806		be scattered
10:22	באה	qal	ptc	fs	בוא	97		come in
	שום	qal	infc		שים	962		put, set
10:23	ידעתי	qal	pft	1cs	ידע	393		know
	הלך	qal	ptc	ms	הלך	229		walk, go
	הכין	hiph	infa		כון	465		fix, prepare
10:24	יסרני	piel	impv	ms	יסר	415	1cs	correct, chasten
	תמעטני	hiph	impf	2ms	מעט	589	1cs	make small
10:25	שפך	qal	impv	ms	שפך	1049		pour out
	ידעוך	qal	pft	3cp	ידע	393	2ms	know
	קראו	qal	pft	3cp	קרא	894		call, proclaim
	אכלו	qal	pft	3cp	אכל	37		eat, devour
	אכלהו	qal	pft	3cp	אכל	37	3ms	eat, devour
	יכלהו	piel	wci	3mp	כלה	477	3ms	complete, finish
	השמו	hiph	pft	3cp	שמם	1030		ravage, appall
11:1	היה	qal	pft	3ms	היה	224		be, become
	אמר	qal	infc		אמר	55		say
11:2	שמעו	qal	impv	mp	שמע	1033		hear
	דברתם	piel	wcp	2ms	דבר	180	3mp	speak
	ישבי	qal	ptc	mp	ישב	442		sit, dwell
11:3	אמרת	qal	wcp	2ms	אמר	55		say
	אמר	qal	pft	3ms	אמר	55		say
11:3	ארור	qal	pptc	ms	ארר	76		curse
	ישמע	qal	impf	3ms	שמע	1033		hear
11:4	צויתי	piel	pft	1cs	צוה	845		command
	הוציאי	hiph	infc		יצא	422	1cs	bring out
	אמר	qal	infc		אמר	55		say
	שמעו	qal	impv	mp	שמע	1033		hear
	עשיתם	qal	wcp	2mp	עשה	793		do, make
	אצוה	piel	impf	1cs	צוה	845		command
	הייתם	qal	wcp	2mp	היה	224		be, become
	אהיה	qal	impf	1cs	היה	224		be, become
11:5	הקים	hiph	infc		קום	877		raise, build, set
	נשבעתי	niph	pft	1cs	שבע	989		swear
	תת	qal	infc		נתן	678		give, set
	זבת	qal	ptc	fs	זוב	264		flow, gush
	אען	qal	wci	1cs	ענה	772		answer
	אמר	qal	wci	1cs	אמר	55		say
11:6	יאמר	qal	wci	3ms	אמר	55		say
	קרא	qal	impv	ms	קרא	894		call, proclaim
	אמר	qal	infc		אמר	55		say
	שמעו	qal	impv	mp	שמע	1033		hear
	עשיתם	qal	wcp	2mp	עשה	793		do, make
11:7	העד	hiph	infa		עוד	729		testify, warn
	העדתי	hiph	pft	1cs	עוד	729		testify, warn
	העלותי	hiph	infc		עלה	748	1cs	bring up, offer
	השכם	hiph	infa		שכם	1014		rise early
	העד	hiph	infa		עוד	729		testify, warn
	אמר	qal	infc		אמר	55		say
	שמעו	qal	impv	mp	שמע	1033		hear
11:8	שמעו	qal	pft	3cp	שמע	1033		hear
	הטו	hiph	pft	3cp	נטה	639		turn, incline
	ילכו	qal	wci	3mp	הלך	229		walk, go
	אביא	hiph	wci	1cs	בוא	97		bring in
	צויתי	piel	pft	1cs	צוה	845		command
	עשות	qal	infc		עשה	793		do, make
	עשו	qal	pft	3cp	עשה	793		do, make
11:9	יאמר	qal	wci	3ms	אמר	55		say
	נמצא	niph	pft	3ms	מצא	592		be found
	ישבי	qal	ptc	mp	ישב	442		sit, dwell
11:10	שבו	qal	pft	3cp	שוב	996		turn, return
	מאנו	piel	pft	3cp	מאן	549		refuse
	שמוע	qal	infc		שמע	1033		hear
	הלכו	qal	pft	3cp	הלך	229		walk, go
	עבדם	qal	infc		עבד	712	3mp	work, serve
	הפרו	hiph	pft	3cp	פרר	830		break, frustrate
	כרתי	qal	pft	1cs	כרת	503		cut, destroy
11:11	אמר	qal	pft	3ms	אמר	55		say
	מביא	hiph	ptc	ms	בוא	97		bring in
	יוכלו	qal	impf	3mp	יכל	407		be able
	צאת	qal	infc		יצא	422		go out
	זעקו	qal	wcp	3cp	זעק	277		call, cry out
	אשמע	qal	impf	1cs	שמע	1033		hear
11:12	הלכו	qal	wcp	3cp	הלך	229		walk, go
	ישבי	qal	ptc	mp	ישב	442		sit, dwell
	זעקו	qal	wcp	3cp	זעק	277		call, cry out

Jeremiah 11:12–12:15

ChVs	Form	Stem	Tnse	PGN	Root	BDB	Sfx	Meaning
11:12	מקטרים	piel	ptc	mp	קטר	882		make sacrifices
	הושע	hiph	infa		ישע	446		deliver, save
	יושיעו	hiph	impf	3mp	ישע	446		deliver, save
11:13	היו	qal	pft	3cp	היה	224		be, become
	שמתם	qal	pft	2mp	שים	962		put, set
	קטר	piel	infc		קטר	882		make sacrifices
11:14	תתפלל	hith	jusm	2ms	פלל	813		pray
	תשא	qal	jusm	2ms	נשא	669		lift, carry
	שמע	qal	ptc	ms	שמע	1033		hear
	קראם	qal	infc		קרא	894	3mp	call, proclaim
11:15	עשותה	qal	infc		עשה	793	3fs	do, make
	יעברו	qal	impf	3mp	עבר	716		pass over
	תעלזי	qal	impf	2fs	עלז	759		exult, triumph
11:16	קרא	qal	pft	3ms	קרא	894		call, proclaim
	הצית	hiph	pft	3ms	יצת	428		kindle
	רעו	qal	pft	3cp	רעע	949		break
11:17	נוטע	qal	ptc	ms	נטע	642		plant
	דבר	piel	pft	3ms	דבר	180		speak
	עשו	qal	pft	3cp	עשה	793		do, make
	הכעסני	hiph	infc		כעס	494	1cs	vex, provoke
	קטר	piel	infc		קטר	882		make sacrifices
11:18	הודיעני	hiph	pft	3ms	ידע	393	1cs	declare
	אדעה	qal	wci	1cs	ידע	393		know
	הראיתני	hiph	pft	2ms	ראה	906	1cs	show, exhibit
11:19	יובל	hoph	impf	3ms	יבל	384		be borne along
	טבוח	qal	infc		טבח	370		slaughter
	ידעתי	qal	pft	1cs	ידע	393		know
	חשבו	qal	pft	3cp	חשב	362		think, devise
	נשחיתה	hiph	coh	1cp	שחת	1007		spoil, ruin
	נכרתנו	qal	cohm	1cp	כרת	503	3ms	cut, destroy
	יזכר	niph	impf	3ms	זכר	269		be remembered
11:20	שפט	qal	ptc	ms	שפט	1047		judge
	בחן	qal	ptc	ms	בחן	103		examine, try
	אראה	qal	cohm	1cs	ראה	906		see
	גליתי	piel	pft	1cs	גלה	162		uncover
11:21	אמר	qal	pft	3ms	אמר	55		say
	מבקשים	piel	ptc	mp	בקש	134		seek
	אמר	qal	infc		אמר	55		say
	תנבא	niph	impf	2ms	נבא	612		prophesy
	תמות	qal	impf	2ms	מות	559		die
11:22	אמר	qal	pft	3ms	אמר	55		say
	פקד	qal	ptc	ms	פקד	823		attend to, visit
	ימתו	qal	impf	3mp	מות	559		die
	ימתו	qal	impf	3mp	מות	559		die
11:23	תהיה	qal	impf	3fs	היה	224		be, become
	אביא	hiph	impf	1cs	בוא	97		bring in
12:1	אריב	qal	impf	1cs	ריב	936		strive, contend
	אדבר	piel	impf	1cs	דבר	180		speak
	צלחה	qal	pft	3fs	צלח	852		prosper
	שלו	qal	pft	3cp	שלה	1017		be quiet, ease
	בגדי	qal	ptc	mp	בגד	93		act faithlessly
12:2	נטעתם	qal	pft	2ms	נטע	642	3mp	plant
	שרשו	poal	pft	3cp	שרש	1057		be rooted
	ילכו	qal	impf	3mp	הלך	229		walk, go
12:2	עשו	qal	pft	3cp	עשה	793		do, make
12:3	ידעתני	qal	pft	2ms	ידע	393	1cs	know
	תראני	qal	impf	2ms	ראה	906	1cs	see
	בחנת	qal	wcp	2ms	בחן	103		examine, try
	התקם	hiph	impv	ms	נתק	683	3mp	draw away
	הקדשם	hiph	impv	ms	קדש	872	3mp	consecrate
12:4	תאבל	qal	impf	3fs	אבל	5		mourn
	ייבש	qal	impf	3ms	יבש	386		be dry
	ישבי	qal	ptc	mp	ישב	442		sit, dwell
	ספתה	qal	pft	3fs	ספה	705		sweep away
	אמרו	qal	pft	3cp	אמר	55		say
	יראה	qal	impf	3ms	ראה	906		see
12:5	רצתה	qal	pft	2ms	רוץ	930		run
	ילאוך	hiph	wci	3mp	לאה	521	2ms	make weary
	תתחרה	hith	impf	2ms	חרה	354		hotly contend
	בוטח	qal	ptc	ms	בטח	105		trust
	תעשה	qal	impf	2ms	עשה	793		do, make
12:6	בגדו	qal	pft	3cp	בגד	93		act faithlessly
	קראו	qal	pft	3cp	קרא	894		call, proclaim
	תאמן	hiph	jus	2ms	אמן	52		believe
	ידברו	piel	impf	3mp	דבר	180		speak
12:7	עזבתי	qal	pft	1cs	עזב	736		leave, loose
	נטשתי	qal	pft	1cs	נטש	643		leave, forsake
	נתתי	qal	pft	1cs	נתן	678		give, set
	איביה	qal	ptc	mp	איב	33	3fs	be hostile to
12:8	היתה	qal	pft	3fs	היה	224		be, become
	נתנה	qal	pft	3fs	נתן	678		give, set
	שנאתיה	qal	pft	1cs	שנא	971	3fs	hate
12:9	לכו	qal	impv	mp	הלך	229		walk, go
	אספו	qal	impv	mp	אסף	62		gather
	התיו	hiph	impv	mp	אתה	87		bring
12:10	רעים	qal	ptc	mp	רעה	944		pasture, tend
	שחתו	piel	pft	3cp	שחת	1007		spoil, ruin
	בססו	pol	pft	3cp	בוס	100		tread down
	נתנו	qal	pft	3cp	נתן	678		give, set
12:11	שמה	qal	pft	3ms	שים	962	3fs	put, set
	אבלה	qal	pft	3fs	אבל	5		mourn
	נשמה	niph	pft	3fs	שמם	1030		be desolate
	שם	qal	ptc	ms	שים	962		put, set
12:12	באו	qal	pft	3cp	בוא	97		come in
	שדדים	qal	ptc	mp	שדד	994		destroy, oppress
	אכלה	qal	ptc	fs	אכל	37		eat, devour
12:13	זרעו	qal	pft	3cp	זרע	281		sow
	קצרו	qal	pft	3cp	קצר	894		reap, harvest
	נחלו	niph	pft	3cp	חלה	317		be made sick
	יועלו	hiph	impf	3mp	יעל	418		profit, benefit
	בשו	qal	impv	mp	בוש	101		be ashamed
12:14	אמר	qal	pft	3ms	אמר	55		say
	נגעים	qal	ptc	mp	נגע	619		touch, strike
	הנחלתי	hiph	pft	1cs	נחל	635		c. to inherit
	נתשם	qal	ptc	ms	נתש	684	3mp	pull up
	אתוש	qal	impf	1cs	נתש	684		pull up
12:15	היה	qal	wcp	3ms	היה	224		be, become
	נתשי	qal	infc		נתש	684	1cs	pull up

Jeremiah 12:15—13:20

ChVs	Form	Stem	Tnse	PGN	Root	BDB	Sfx	Meaning
12:15	אשוב	qal	impf	1cs	שוב	996		turn, return
	רחמתים	piel	wcp	1cs	רחם	933	3mp	have compassion
	השבתים	hiph	wcp	1cs	שוב	996	3mp	bring back
12:16	היה	qal	wcp	3ms	היה	224		be, become
	למד	qal	infa		למד	540		learn
	ילמדו	qal	impf	3mp	למד	540		learn
	השבע	niph	infc		שבע	989		swear
	למדו	piel	pft	3cp	למד	540		teach
	השבע	niph	infc		שבע	989		swear
	נבנו	niph	wcp	3cp	בנה	124		be built
12:17	ישמעו	qal	impf	3mp	שמע	1033		hear
	נתשתי	qal	wcp	1cs	נתש	684		pull up
	נתוש	qal	infa		נתש	684		pull up
	אבד	piel	infa		אבד	1		destroy
13:1	אמר	qal	pft	3ms	אמר	55		say
	הלוך	qal	infa		הלך	229		walk, go
	קנית	qal	wcp	2ms	קנה	888		get, buy
	שמתו	qal	wcp	2ms	שים	962	3ms	put, set
	תבאהו	hiph	impf	2ms	בוא	97	3ms	bring in
13:2	אקנה	qal	wci	1cs	קנה	888		get, buy
	אשם	qal	wci	1cs	שים	962		put, set
13:3	יהי	qal	wci	3ms	היה	224		be, become
	אמר	qal	infc		אמר	55		say
13:4	קח	qal	impv	ms	לקח	542		take
	קנית	qal	pft	2ms	קנה	888		get, buy
	קום	qal	impv	ms	קום	877		arise, stand
	לך	qal	impv	ms	הלך	229		walk, go
	טמנהו	qal	impv	ms	טמן	380	3ms	hide
13:5	אלך	qal	wci	1cs	הלך	229		walk, go
	אטמנהו	qal	wci	1cs	טמן	380	3ms	hide
	צוה	piel	pft	3ms	צוה	845		command
13:6	יהי	qal	wci	3ms	היה	224		be, become
	יאמר	qal	wci	3ms	אמר	55		say
	קום	qal	impv	ms	קום	877		arise, stand
	לך	qal	impv	ms	הלך	229		walk, go
	קח	qal	impv	ms	לקח	542		take
	צויתיך	piel	pft	1cs	צוה	845	2ms	command
	טמנו	qal	infc		טמן	380	3ms	hide
13:7	אלך	qal	wci	1cs	הלך	229		walk, go
	אחפר	qal	wci	1cs	חפר	343		dig, search
	אקח	qal	wci	1cs	לקח	542		take
	טמנתיו	qal	pft	1cs	טמן	380	3ms	hide
	נשחת	niph	pft	3ms	שחת	1007		be marred
	יצלח	qal	impf	3ms	צלח	852		prosper
13:8	יהי	qal	wci	3ms	היה	224		be, become
	אמר	qal	infc		אמר	55		say
13:9	אמר	qal	pft	3ms	אמר	55		say
	אשחית	hiph	impf	1cs	שחת	1007		spoil, ruin
13:10	שמוע	qal	infc		שמע	1033		hear
	ההלכים	qal	ptc	mp	הלך	229		walk, go
	ילכו	qal	wci	3mp	הלך	229		walk, go
	עבדם	qal	infc		עבד	712	3mp	work, serve
	השתחות	hish	infc		חוה	1005		bow down
	יהי	qal	jus	3ms	היה	224		be, become
13:10	יצלח	qal	impf	3ms	צלח	852		prosper
13:11	ידבק	qal	impf	3ms	דבק	179		cling, cleave
	הדבקתי	hiph	pft	1cs	דבק	179		cause to cling
	היות	qal	infc		היה	224		be, become
	שמעו	qal	pft	3cp	שמע	1033		hear
13:12	אמרת	qal	wcp	2ms	אמר	55		say
	אמר	qal	pft	3ms	אמר	55		say
	ימלא	niph	impf	3ms	מלא	569		be filled
	אמרו	qal	wcp	3cp	אמר	55		say
	ידע	qal	infa		ידע	393		know
	נדע	qal	impf	1cp	ידע	393		know
	ימלא	niph	impf	3ms	מלא	569		be filled
13:13	אמרת	qal	wcp	2ms	אמר	55		say
	אמר	qal	pft	3ms	אמר	55		say
	ממלא	piel	ptc	ms	מלא	569		fill
	ישבי	qal	ptc	mp	ישב	442		sit, dwell
	ישבים	qal	ptc	mp	ישב	442		sit, dwell
	ישבי	qal	ptc	mp	ישב	442		sit, dwell
13:14	נפצתים	piel	wcp	1cs	נפץ	658	3mp	dash to pieces
	אחמול	qal	impf	1cs	חמל	328		spare
	אחוס	qal	impf	1cs	חוס	299		pity
	ארחם	piel	impf	1cs	רחם	933		have compassion
	השחיתם	hiph	infc		שחת	1007	3mp	spoil, ruin
13:15	שמעו	qal	impv	mp	שמע	1033		hear
	האזינו	hiph	impv	mp	אזן	24		hear
	תגבהו	qal	jusm	2mp	גבה	146		be high
	דבר	piel	pft	3ms	דבר	180		speak
13:16	תנו	qal	impv	mp	נתן	678		give, set
	יחשך	hiph	impf	3ms	חשך	364		make dark
	יתנגפו	hith	impf	3mp	נגף	619		stumble
	קויתם	piel	wcp	2mp	קוה	875		wait for
	שמה	qal	wcp	3ms	שים	962	3fs	put, set
	ישיתk	qal	impf	3ms	שית	1011		put, set
	שיתq	qal	infc		שית	1011		put, set
13:17	תשמעוה	qal	impf	2mp	שמע	1033	3fs	hear
	תבכה	qal	impf	3fs	בכה	113		weep
	דמע	qal	infa		דמע	199		weep
	תדמע	qal	impf	3fs	דמע	199		weep
	תרד	qal	impf	3fs	ירד	432		come down
	נשבה	niph	pft	3ms	שבה	985		be held captive
13:18	אמר	qal	impv	ms	אמר	55		say
	השפילו	hiph	impv	mp	שפל	1050		make low, abase
	שבו	qal	impv	mp	ישב	442		sit, dwell
	ירד	qal	pft	3ms	ירד	432		come down
13:19	סגרו	pual	pft	3cp	סגר	688		be shut up
	פתח	qal	ptc	ms	פתח	834		open
	הגלת	hoph	pft	3fs	גלה	162		led into exile
	הגלת	hoph	pft	3fs	גלה	162		led into exile
13:20	שאיk	qal	impv	fs	נשא	669		lift, carry
	שאוq	qal	impv	mp	נשא	669		lift, carry
	ראיk	qal	impv	fs	ראה	906		see
	ראוq	qal	impv	mp	ראה	906		see
	באים	qal	ptc	mp	בוא	97		come in
	נתן	niph	pft	3ms	נתן	678		be given

Jeremiah 13:21 – 14:19

ChVs	Form	Stem	Tnse	PGN	Root	BDB	Sfx	Meaning	ChVs	Form	Stem	Tnse	PGN	Root	BDB	Sfx	Meaning
13:21	תאמרי	qal	impf	2fs	אמר	55		say	14:9	יוכל	qal	impf	3ms	יכל	407		be able
	יפקד	qal	impf	3ms	פקד	823		attend to, visit		הושיע	hiph	infc		ישע	446		deliver, save
	למדת	piel	pft	2fs	למד	540		teach		נקרא	niph	pft	3ms	קרא	894		be called
	יאחזוך	qal	impf	3mp	אחז	28	2fs	grasp		תנחנו	hiph	jusm	2ms	נוח	628	1cp	give rest, put
	לדה	qal	infc		ילד	408		bear, beget	14:10	אמר	qal	pft	3ms	אמר	55		say
13:22	תאמרי	qal	impf	2fs	אמר	55		say		אהבו	qal	pft	3cp	אהב	12		love
	קראני	qal	pft	3cp	קרא	896	1cs	meet, encounter		נוע	qal	infc		נוע	631		totter, wave
	נגלו	niph	pft	3cp	גלה	162		uncover self		חשכו	qal	pft	3cp	חשך	362		withhold
	נחמסו	niph	pft	3cp	חמס	329		suffer violence		רצם	qal	pft	3ms	רצה	953	3mp	be pleased
13:23	יהפך	qal	impf	3ms	הפך	245		turn, overturn		יזכר	qal	impf	3ms	זכר	269		remember
	תוכלו	qal	impf	2mp	יכל	407		be able		יפקד	qal	impf	3ms	פקד	823		attend to, visit
	היטיב	qal	infc		יטב	405		be good	14:11	יאמר	qal	wci	3ms	אמר	55		say
	הרע	hiph	infc		רעע	949		hurt, do evil		תתפלל	hith	jusm	2ms	פלל	813		pray
13:24	אפיצם	hiph	impf	1cs	פוץ	806	3mp	scatter	14:12	יצמו	qal	impf	3mp	צום	847		fast
	עובר	qal	ptc	ms	עבר	716		pass over		שמע	qal	ptc	ms	שמע	1033		hear
13:25	שכחת	qal	pft	2fs	שכח	1013		forget		יעלו	hiph	impf	3mp	עלה	748		bring up, offer
	תבטחי	qal	wci	2fs	בטח	105		trust		רצם	qal	ptc	ms	רצה	953	3mp	be pleased
13:26	חשפתי	qal	pft	1cs	חשף	362		strip off		מכלה	piel	ptc	ms	כלה	477		complete, finish
	נראה	niph	wcp	3ms	ראה	906		appear, be seen	14:13	אמר	qal	wci	1cs	אמר	55		say
13:27	ראיתי	qal	pft	1cs	ראה	906		see		אמרים	qal	ptc	mp	אמר	55		say
	תטהרי	qal	impf	2fs	טהר	372		be clean, pure		תראו	qal	impf	2mp	ראה	906		see
14:1	היה	qal	pft	3ms	היה	224		be, become		יהיה	qal	impf	3ms	היה	224		be, become
14:2	אבלה	qal	pft	3fs	אבל	5		mourn		אתן	qal	impf	1cs	נתן	678		give, set
	אמללו	pul	pft	3cp	אמל	51		be feeble	14:14	יאמר	qal	wci	3ms	אמר	55		say
	קדרו	qal	pft	3cp	קדר	871		be dark		נבאים	niph	ptc	mp	נבא	612		prophesy
	עלתה	qal	pft	3fs	עלה	748		go up		שלחתים	qal	pft	1cs	שלח	1018	3mp	send
14:3	שלחו	qal	pft	3cp	שלח	1018		send		צויתים	piel	pft	1cs	צוה	845	3mp	command
	באו	qal	pft	3cp	בוא	97		come in		דברתי	piel	pft	1cs	דבר	180		speak
	מצאו	qal	pft	3cp	מצא	592		find		מתנבאים	hith	ptc	mp	נבא	612		prophesy
	שבו	qal	pft	3cp	שוב	996		turn, return	14:15	אמר	qal	pft	3ms	אמר	55		say
	בשו	qal	pft	3cp	בוש	101		be ashamed		נבאים	niph	ptc	mp	נבא	612		prophesy
	הכלמו	hoph	pft	3cp	כלם	483		be humiliated		שלחתים	qal	pft	1cs	שלח	1018	3mp	send
	חפו	qal	pft	3cp	חפה	341		cover		אמרים	qal	ptc	mp	אמר	55		say
14:4	חתה	qal	pft	3fs	חתת	369		be shattered		יהיה	qal	impf	3ms	היה	224		be, become
	היה	qal	pft	3ms	היה	224		be, become		יתמו	qal	impf	3mp	תמם	1070		be finished
	בשו	qal	pft	3cp	בוש	101		be ashamed	14:16	נבאים	niph	ptc	mp	נבא	612		prophesy
	חפו	qal	pft	3cp	חפה	341		cover		יהיו	qal	impf	3mp	היה	224		be, become
14:5	ילדה	qal	pft	3fs	ילד	408		bear, beget		משלכים	hoph	ptc	mp	שלך	1020		be cast
	עזוב	qal	infa		עזב	736		leave, loose		מקבר	piel	ptc	ms	קבר	868		bury
	היה	qal	pft	3ms	היה	224		be, become		שפכתי	qal	wcp	1cs	שפך	1049		pour out
14:6	עמדו	qal	pft	3cp	עמד	763		stand, stop	14:17	אמרת	qal	wcp	2ms	אמר	55		say
	שאפו	qal	pft	3cp	שאף	983		gasp, pant after		תרדנה	qal	jusm	3fp	ירד	432		come down
	כלו	qal	pft	3cp	כלה	477		finished, spent		תדמינה	qal	jusm	3fp	דמה	198		cease, cut off
14:7	ענו	qal	pft	3cp	ענה	772		answer		נשברה	niph	pft	3fs	שבר	990		be broken
	עשה	qal	impv	ms	עשה	793		do, make		נחלה	niph	ptc	fs	חלה	317		be made sick
	רבו	qal	pft	3cp	רבה	912		be many	14:18	יצאתי	qal	pft	1cs	יצא	422		go out
	חטאנו	qal	pft	1cp	חטא	306		sin		באתי	qal	pft	1cs	בוא	97		come in
14:8	מושיע	hiph	ptc	ms	ישע	446	3ms	deliver, save		סחרו	qal	pft	3cp	סחר	695		go around
	תהיה	qal	impf	2ms	היה	224		be, become		ידעו	qal	pft	3cp	ידע	393		know
	ארח	qal	ptc	ms	ארח	72		wander, go	14:19	מאס	qal	infa		מאס	549		reject, refuse
	נטה	qal	pft	3ms	נטה	639		stretch, incline		מאסת	qal	pft	2ms	מאס	549		reject, refuse
	לון	qal	infc		לון	533		lodge, remain		געלה	qal	pft	3fs	געל	171		abhor, loathe
14:9	תהיה	qal	impf	2ms	היה	224		be, become		הכיתנו	hiph	pft	2ms	נכה	645	1cp	smite
	נדהם	niph	ptc	ms	דהם	187		astonish		קוה	piel	infa		קוה	875		wait for

Jeremiah 14:20–15:21

ChVs	Form	Stem	Tnse	PGN	Root	BDB	Sfx	Meaning
14:20	ידענו	qal	pft	1cp	ידע	393		know
	חטאנו	qal	pft	1cp	חטא	306		sin
14:21	תנאץ	qal	jusm	2ms	נאץ	610		spurn
	תנבל	piel	jusm	2ms	נבל	614		esteem lightly
	זכר	qal	impv	ms	זכר	269		remember
	תפר	hiph	jusm	2ms	פרר	830		break, frustrate
14:22	מגשמים	hiph	ptc	mp	גשם	177		send rain
	יתנו	qal	impf	3mp	נתן	678		give, set
	נקוה	piel	impf	1cp	קוה	875		wait for
	עשית	qal	pft	2ms	עשה	793		do, make
15:1	יאמר	qal	wci	3ms	אמר	55		say
	יעמד	qal	impf	3ms	עמד	763		stand, stop
	שלח	piel	impv	ms	שלח	1018		send away, shoot
	יצאו	qal	jusm	3mp	יצא	422		go out
15:2	היה	qal	wcp	3ms	היה	224		be, become
	יאמרו	qal	impf	3mp	אמר	55		say
	נצא	qal	impf	1cp	יצא	422		go out
	אמרת	qal	wcp	2ms	אמר	55		say
	אמר	qal	pft	3ms	אמר	55		say
15:3	פקדתי	qal	wcp	1cs	פקד	823		attend to, visit
	הרג	qal	infc		הרג	246		kill
	סחב	qal	infc		סחב	694		drag
	אכל	qal	infc		אכל	37		eat, devour
	השחית	hiph	infc		שחת	1007		spoil, ruin
15:4	נתתים	qal	wcp	1cs	נתן	678	3mp	give, set
	עשה	qal	pft	3ms	עשה	793		do, make
15:5	יחמל	qal	impf	3ms	חמל	328		spare
	ינוד	qal	impf	3ms	נוד	626		wander, lament
	יסור	qal	impf	3ms	סור	693		turn aside
	שאל	qal	infc		שאל	981		ask, borrow
15:6	נטשת	qal	pft	2fs	נטש	643		leave, forsake
	תלכי	qal	impf	2fs	הלך	229		walk, go
	אט	hiph	wci	1cs	נטה	639		turn, incline
	אשחיתך	hiph	wci	1cs	שחת	1007	2fs	spoil, ruin
	נלאיתי	niph	pft	1cs	לאה	521		tire oneself
	הנחם	niph	infc		נחם	636		be sorry
15:7	אזרם	qal	wci	1cs	זרה	279	3mp	scatter
	שכלתי	piel	pft	1cs	שכל	1013		make childless
	אבדתי	piel	pft	1cs	אבד	1		destroy
	שבו	qal	pft	3cp	שוב	996		turn, return
15:8	עצמו	qal	pft	3cp	עצם	782		be mighty, many
	הבאתי	hiph	pft	1cs	בוא	97		bring in
	שדד	qal	ptc	ms	שדד	994		destroy, oppress
	הפלתי	hiph	pft	1cs	נפל	656		cause to fall
15:9	אמללה	pul	pft	3fs	אמל	51		be feeble
	ילדת	qal	ptc	fs	ילד	408		bear, beget
	נפחה	qal	pft	3fs	נפח	655		breathe, blow
	באה	qal	pft	3fs	בוא	97		come in
	בושה	qal	pft	3fs	בוש	101		be ashamed
	חפרה	qal	pft	3fs	חפר	344		be ashamed
	אתן	qal	impf	1cs	נתן	678		give, set
	איביהם	qal	ptc	mp	איב	33	3mp	be hostile to
15:10	ילדתני	qal	pft	2fs	ילד	408	1cs	bear, beget
	נשיתי	qal	pft	1cs	נשה	674		lend
15:10	נשו	qal	pft	3cp	נשה	674		lend
	מקללוני k	piel	ptc	mp	קלל	886	?1cs	curse
15:11	אמר	qal	pft	3ms	אמר	55		say
	שרותך k	qal	pft	1cs	שרר	1056	?2ms	strengthen
	שריתיך q	piel	pft	1cs	שרה	1056	2ms	set free
	הפגעתי	hiph	pft	1cs	פגע	803		entreat, attack
	איב	qal	ptc	ms	איב	33		be hostile to
15:12	ירע	qal	impf	3ms	רעע	949		break
15:13	אתן	qal	impf	1cs	נתן	678		give, set
15:14	העברתי	hiph	wcp	1cs	עבר	716		cause to pass
	איביך	qal	ptc	mp	איב	33	2ms	be hostile to
	ידעת	qal	pft	2ms	ידע	393		know
	קדחה	qal	pft	3fs	קדח	869		be kindled
	תוקד	hoph	impf	3fs	יקד	428		be kindled
15:15	ידעת	qal	pft	2ms	ידע	393		know
	זכרני	qal	impv	ms	זכר	269	1cs	remember
	פקדני	qal	impv	ms	פקד	823	1cs	attend to, visit
	הנקם	niph	impv	ms	נקם	667		avenge oneself
	רדפי	qal	ptc	mp	רדף	922	1cs	pursue
	תקחני	qal	jusm	2ms	לקח	542	1cs	take
	דע	qal	impv	ms	ידע	393		know
	שאתי	qal	infc		נשא	669	1cs	lift, carry
15:16	נמצאו	niph	pft	3cp	מצא	592		be found
	אכלם	qal	wci	1cs	אכל	37	3mp	eat, devour
	יהי	qal	wci	3ms	היה	224		be, become
	נקרא	niph	pft	3ms	קרא	894		be called
15:17	ישבתי	qal	pft	1cs	ישב	442		sit, dwell
	משחקים	piel	ptc	mp	שחק	965		make sport
	אעלז	qal	wci	1cs	עלז	759		exult, triumph
	ישבתי	qal	pft	1cs	ישב	442		sit, dwell
	מלאתני	piel	pft	2ms	מלא	569	1cs	fill
15:18	היה	qal	pft	3ms	היה	224		be, become
	אנושה	qal	pptc	fs	אנש	60		be weak, sick
	מאנה	piel	pft	3fs	מאן	549		refuse
	הרפא	niph	infc		רפא	950		be healed
	היו	qal	infa		היה	224		be, become
	תהיה	qal	impf	2ms	היה	224		be, become
	נאמנו	niph	pft	3cp	אמן	52		be confirmed
15:19	אמר	qal	pft	3ms	אמר	55		say
	תשוב	qal	impf	2ms	שוב	996		turn, return
	אשיבך	hiph	impf	1cs	שוב	996	2ms	bring back
	תעמד	qal	impf	2ms	עמד	763		stand, stop
	תוציא	hiph	impf	2ms	יצא	422		bring out
	זולל	qal	ptc	ms	זלל	272		be worthless
	תהיה	qal	impf	2ms	היה	224		be, become
	ישבו	qal	impf	3mp	שוב	996		turn, return
	תשוב	qal	impf	2ms	שוב	996		turn, return
15:20	נתתיך	qal	wcp	1cs	נתן	678	2ms	give, set
	בצורה	qal	pptc	fs	בצר	130		cut off
	נלחמו	niph	wcp	3cp	לחם	535		wage war
	יוכלו	qal	impf	3mp	יכל	407		be able
	הושעך	hiph	infc		ישע	446	2ms	deliver, save
	הצילך	hiph	infc		נצל	664	2ms	snatch, deliver
15:21	הצלתיך	hiph	wcp	1cs	נצל	664	2ms	snatch, deliver

Jeremiah 15: 21 – 17: 8

ChVs	Form	Stem	Tnse	PGN	Root	BDB	Sfx	Meaning
15:21	פדתיך	qal	pft	1cs	פדה	804	2ms	ransom
16:1	יהי	qal	wci	3ms	היה	224		be, become
	אמר	qal	infc		אמר	55		say
16:2	תקח	qal	impf	2ms	לקח	542		take
	יהיו	qal	impf	3mp	היה	224		be, become
16:3	אמר	qal	pft	3ms	אמר	55		say
	ילדות	qal	ptc	fp	ילד	408		bear, beget
	מולדים	hiph	ptc	mp	ילד	408		beget
16:4	ימתו	qal	impf	3mp	מות	559		die
	יספדו	niph	impf	3mp	ספד	704		be bewailed
	יקברו	niph	impf	3mp	קבר	868		be buried
	יהיו	qal	impf	3mp	היה	224		be, become
	יכלו	qal	impf	3mp	כלה	477		finished, spent
	היתה	qal	wcp	3fs	היה	224		be, become
16:5	אמר	qal	pft	3ms	אמר	55		say
	תבוא	qal	jusm	2ms	בוא	97		come in
	תלך	qal	jusm	2ms	הלך	229		walk, go
	ספוד	qal	infc		ספד	704		wail, lament
	תנד	qal	jus	2ms	נוד	626		wander, lament
	אספתי	qal	pft	1cs	אסף	62		gather
16:6	מתו	qal	wcp	3cp	מות	559		die
	יקברו	niph	impf	3mp	קבר	868		be buried
	יספדו	qal	impf	3mp	ספד	704		wail, lament
	יתגדד	htpo	impf	3ms	גדד	151		cut self, throng
	יקרח	niph	impf	3ms	קרח	901		make self bald
16:7	יפרסו	qal	impf	3mp	פרס	828		break in two
	נחמו	piel	infc		נחם	636	3ms	comfort
	מת	qal	ptc	ms	מות	559		die
	ישקו	hiph	impf	3mp	שקה	1052		give to drink
16:8	תבוא	qal	impf	2ms	בוא	97		come in
	שבת	qal	infc		ישב	442		sit, dwell
	אכל	qal	infc		אכל	37		eat, devour
	שתות	qal	infc		שתה	1059		drink
16:9	אמר	qal	pft	3ms	אמר	55		say
	משבית	hiph	ptc	ms	שבת	991		destroy, remove
16:10	היה	qal	wcp	3ms	היה	224		be, become
	תגיד	hiph	impf	2ms	נגד	616		declare, tell
	אמרו	qal	wcp	3cp	אמר	55		say
	דבר	piel	pft	3ms	דבר	180		speak
	חטאנו	qal	pft	1cp	חטא	306		sin
16:11	אמרת	qal	wcp	2ms	אמר	55		say
	עזבו	qal	pft	3cp	עזב	736		leave, loose
	ילכו	qal	wci	3mp	הלך	229		walk, go
	יעבדום	qal	wci	3mp	עבד	712	3mp	work, serve
	ישתחוו	hish	wci	3mp	חוה	1005		bow down
	עזבו	qal	pft	3cp	עזב	736		leave, loose
	שמרו	qal	pft	3cp	שמר	1036		keep, watch
16:12	הרעתם	hiph	pft	2mp	רעע	949		hurt, do evil
	עשות	qal	infc		עשה	793		do, make
	הלכים	qal	ptc	mp	הלך	229		walk, go
	שמע	qal	infc		שמע	1033		hear
16:13	הטלתי	hiph	wcp	1cs	טול	376		cast
	ידעתם	qal	pft	2mp	ידע	393		know
	עבדתם	qal	wcp	2mp	עבד	712		work, serve
16:13	אתן	qal	impf	1cs	נתן	678		give, set
16:14	באים	qal	ptc	mp	בוא	97		come in
	יאמר	niph	impf	3ms	אמר	55		be said, called
	העלה	hiph	pft	3ms	עלה	748		bring up, offer
16:15	העלה	hiph	pft	3ms	עלה	748		bring up, offer
	הדיחם	hiph	pft	3ms	נדח	623	3mp	thrust out
	השבתים	hiph	wcp	1cs	שוב	996	3mp	bring back
	נתתי	qal	pft	1cs	נתן	678		give, set
16:16	שלח	qal	ptc	ms	שלח	1018		send
	דינום	qal	wcp	3cp	דוג	185	3mp	fish, catch
	אשלח	qal	impf	1cs	שלח	1018		send
	צדום	qal	wcp	3cp	צוד	844	3mp	hunt
16:17	נסתרו	niph	pft	3cp	סתר	711		hide, be hid
	נצפן	niph	pft	3ms	צפן	860		be stored up
16:18	שלמתי	piel	wcp	1cs	שלם	1022		repay, reward
	חללם	piel	infc		חלל	320	3mp	pollute
	מלאו	qal	pft	3cp	מלא	569		be full, fill
16:19	יבאו	qal	impf	3mp	בוא	97		come in
	יאמרו	qal	impf	3mp	אמר	55		say
	נחלו	qal	pft	3cp	נחל	635		possess, inherit
	מועיל	hiph	ptc	ms	יעל	418		profit, benefit
16:20	יעשה	qal	impf	3ms	עשה	793		do, make
16:21	מודיעם	hiph	ptc	ms	ידע	393	3mp	declare
	אודיעם	hiph	impf	1cs	ידע	393	3mp	declare
	ידעו	qal	wcp	3cp	ידע	393		know
17:1	כתובה	qal	pptc	fs	כתב	507		write
	חרושה	qal	pptc	fs	חרש	360		engrave, plough
17:2	זכר	qal	infc		זכר	269		remember
17:3	אתן	qal	impf	1cs	נתן	678		give, set
17:4	שמטתה	qal	wcp	2ms	שמט	1030		let drop
	נתתי	qal	pft	1cs	נתן	678		give, set
	העבדתיך	hiph	wcp	1cs	עבד	712	2ms	cause to serve
	איביך	qal	ptc	mp	איב	33	2ms	be hostile to
	ידעת	qal	pft	2ms	ידע	393		know
	קדחתם	qal	pft	2mp	קדח	869		be kindled
	תוקד	hoph	impf	3fs	יקד	428		be kindled
17:5	אמר	qal	pft	3ms	אמר	55		say
	ארור	qal	pptc	ms	ארר	76		curse
	יבטח	qal	impf	3ms	בטח	105		trust
	שם	qal	wcp	3ms	שים	962		put, set
	יסור	qal	impf	3ms	סור	693		turn aside
17:6	היה	qal	wcp	3ms	היה	224		be, become
	יראה	qal	impf	3ms	ראה	906		see
	יבוא	qal	impf	3ms	בוא	97		come in
	שכן	qal	wcp	3ms	שכן	1014		settle, dwell
	תשב	qal	impf	3fs	ישב	442		sit, dwell
17:7	ברוך	qal	pptc	ms	ברך	138		kneel, bless
	יבטח	qal	impf	3ms	בטח	105		trust
	היה	qal	wcp	3ms	היה	224		be, become
17:8	היה	qal	wcp	3ms	היה	224		be, become
	שתול	qal	pptc	ms	שתל	1060		transplant
	ישלח	piel	impf	3ms	שלח	1018		send away, shoot
	יראk	qal	impf	3ms	ירא	431		fear
	יראהq	qal	impf	3ms	ראה	906		see

ChVs	Form	Stem	Tnse	PGN	Root	BDB	Sfx	Meaning
17:8	יבא	qal	impf	3ms	בוא	97		come in
	היה	qal	wcp	3ms	היה	224		be, become
	ידאג	qal	impf	3ms	דאג	178		be anxious
	ימיש	hiph	impf	3ms	מוש	559		remove, depart
	עשות	qal	infc		עשה	793		do, make
17:9	אנש	qal	pptc	ms	אנש	60		be weak, sick
	ידענו	qal	impf	3ms	ידע	393	3ms	know
17:10	חקר	qal	ptc	ms	חקר	350		search
	בחן	qal	ptc	ms	בחן	103		examine, try
	תת	qal	infc		נתן	678		give, set
17:11	דגר	qal	pft	3ms	דגר	186		gather together
	ילד	qal	pft	3ms	ילד	408		bear, beget
	עשה	qal	ptc	ms	עשה	793		do, make
	יעזבנו	qal	impf	3ms	עזב	736	3ms	leave, loose
	יהיה	qal	impf	3ms	היה	224		be, become
17:13	עזביך	qal	ptc	mp	עזב	736	2ms	leave, loose
	יבשו	qal	impf	3mp	בוש	101		be ashamed
	יסורי q	qal	pptc	mp	סור	693		turn aside
	יכתבו	niph	impf	3mp	כתב	507		be written
	עזבו	qal	pft	3cp	עזב	736		leave, loose
17:14	רפאני	qal	impv	ms	רפא	950	1cs	heal
	ארפא	niph	cohm	1cs	רפא	950		be healed
	הושיעני	hiph	impv	ms	ישע	446	1cs	deliver, save
	אושעה	niph	coh	1cs	ישע	446		be saved
17:15	אמרים	qal	ptc	mp	אמר	55		say
	יבוא	qal	jusm	3ms	בוא	97		come in
17:16	אצתי	qal	pft	1cs	אוץ	21		press, hasten
	רעה	qal	ptc	ms	רעה	944		pasture, tend
	אנוש	qal	pptc	ms	אנש	60		be weak, sick
	התאויתי	hith	pft	1cs	אוה	16		desire
	ידעת	qal	pft	2ms	ידע	393		know
	היה	qal	pft	3ms	היה	224		be, become
17:17	תהיה	qal	jusm	2ms	היה	224		be, become
17:18	יבשו	qal	jusm	3mp	בוש	101		be ashamed
	רדפי	qal	ptc	mp	רדף	922	1cs	pursue
	אבשה	qal	coh	1cs	בוש	101		be ashamed
	יחתו	qal	jusm	3mp	חתת	369		be shattered
	אחתה	qal	coh	1cs	חתת	369		be shattered
	הביא	hiph	impv	ms	בוא	97		bring in
	שברם	qal	impv	ms	שבר	990	3mp	break
17:19	אמר	qal	pft	3ms	אמר	55		say
	הלך	qal	infa		הלך	229		walk, go
	עמדת	qal	wcp	2ms	עמד	763		stand, stop
	יבאו	qal	impf	3mp	בוא	97		come in
	יצאו	qal	impf	3mp	יצא	422		go out
17:20	אמרת	qal	wcp	2ms	אמר	55		say
	שמעו	qal	impv	mp	שמע	1033		hear
	ישבי	qal	ptc	mp	ישב	442		sit, dwell
	באים	qal	ptc	mp	בוא	97		come in
17:21	אמר	qal	pft	3ms	אמר	55		say
	השמרו	niph	impv	mp	שמר	1036		be kept, guarded
	תשאו	qal	jusm	2mp	נשא	669		lift, carry
	הבאתם	hiph	wcp	2mp	בוא	97		bring in
17:22	תוציאו	hiph	impf	2mp	יצא	422		bring out
17:22	תעשו	qal	impf	2mp	עשה	793		do, make
	קדשתם	piel	wcp	2mp	קדש	872		consecrate
	צויתי	piel	pft	1cs	צוה	845		command
17:23	שמעו	qal	pft	3cp	שמע	1033		hear
	הטו	hiph	pft	3cp	נטה	639		turn, incline
	יקשו	hiph	wci	3mp	קשה	904		harden
	שומע k	qal	ptc	ms	שמע	1033		hear
	שמוע q	qal	infc		שמע	1033		hear
	קחת	qal	infc		לקח	542		take
17:24	היה	qal	wcp	3ms	היה	224		be, become
	שמע	qal	infa		שמע	1033		hear
	תשמעון	qal	impf	2mp	שמע	1033		hear
	הביא	hiph	infc		בוא	97		bring in
	קדש	piel	infc		קדש	872		consecrate
	עשות	qal	infc		עשה	793		do, make
17:25	באו	qal	wcp	3cp	בוא	97		come in
	ישבים	qal	ptc	mp	ישב	442		sit, dwell
	רכבים	qal	ptc	mp	רכב	938		mount, ride
	ישבי	qal	ptc	mp	ישב	442		sit, dwell
	ישבה	qal	wcp	3fs	ישב	442		sit, dwell
17:26	באו	qal	wcp	3cp	בוא	97		come in
	מבאים	hiph	ptc	mp	בוא	97		bring in
	מבאי	hiph	ptc	mp	בוא	97		bring in
17:27	תשמעו	qal	impf	2mp	שמע	1033		hear
	קדש	piel	infc		קדש	872		consecrate
	שאת	qal	infc		נשא	669		lift, carry
	בא	qal	infc		בוא	97		come in
	הצתי	hiph	wcp	1cs	יצת	428		kindle
	אכלה	qal	wcp	3fs	אכל	37		eat, devour
	תכבה	qal	impf	3fs	כבה	459		be quenched
18:1	היה	qal	pft	3ms	היה	224		be, become
	אמר	qal	infc		אמר	55		say
18:2	קום	qal	impv	ms	קום	877		arise, stand
	ירדת	qal	wcp	2ms	ירד	432		come down
	יוצר	qal	ptc	ms	יצר	427		form, create
	אשמיעך	hiph	impf	1cs	שמע	1033	2ms	cause to hear
18:3	ארד	qal	wci	1cs	ירד	432		come down
	יוצר	qal	ptc	ms	יצר	427		form, create
	עשה	qal	ptc	ms	עשה	793		do, make
18:4	נשחת	niph	wcp	3ms	שחת	1007		be marred
	עשה	qal	ptc	ms	עשה	793		do, make
	יוצר	qal	ptc	ms	יצר	427		form, create
	שב	qal	wcp	3ms	שוב	996		turn, return
	יעשהו	qal	wci	3ms	עשה	793	3ms	do, make
	ישר	qal	pft	3ms	ישר	448		be straight
	יוצר	qal	ptc	ms	יצר	427		form, create
	עשות	qal	infc		עשה	793		do, make
18:5	יהי	qal	wci	3ms	היה	224		be, become
	אמור	qal	infc		אמר	55		say
18:6	יוצר	qal	ptc	ms	יצר	427		form, create
	אוכל	qal	impf	1cs	יכל	407		be able
	עשות	qal	infc		עשה	793		do, make
	יוצר	qal	ptc	ms	יצר	427		form, create
18:7	אדבר	piel	impf	1cs	דבר	180		speak

Jeremiah 18:7–19:7

ChVs	Form	Stem	Tnse	PGN	Root	BDB	Sfx	Meaning
18:7	נתוש	qal	infc		נתש	684		pull up
	נתוץ	qal	infc		נתץ	683		pull down
	האביד	hiph	infc		אבד	1		destroy
18:8	שב	qal	wcp	3ms	שוב	996		turn, return
	דברתי	piel	pft	1cs	דבר	180		speak
	נחמתי	niph	wcp	1cs	נחם	636		be sorry
	חשבתי	qal	pft	1cs	חשב	362		think, devise
	עשות	qal	infc		עשה	793		do, make
18:9	אדבר	piel	impf	1cs	דבר	180		speak
	בנת	qal	infc		בנה	124		build
	נטע	qal	infc		נטע	642		plant
18:10	עשה	qal	wcp	3ms	עשה	793		do, make
	שמע	qal	infc		שמע	1033		hear
	נחמתי	niph	wcp	1cs	נחם	636		be sorry
	אמרתי	qal	pft	1cs	אמר	55		say
	היטיב	hiph	infc		יטב	405		do good
18:11	אמר	qal	impv	ms	אמר	55		say
	יושבי	qal	ptc	mp	ישב	442		sit, dwell
	אמר	qal	infc		אמר	55		say
	אמר	qal	pft	3ms	אמר	55		say
	יוצר	qal	ptc	ms	יצר	427		form, create
	חשב	qal	ptc	ms	חשב	362		think, devise
	שובו	qal	impv	mp	שוב	996		turn, return
	היטיבו	hiph	impv	mp	יטב	405		do good
18:12	אמרו	qal	wcp	3cp	אמר	55		say
	נואש	niph	ptc	ms	יאש	384		despair
	נלך	qal	impf	1cp	הלך	229		walk, go
	נעשה	qal	impf	1cp	עשה	793		do, make
18:13	אמר	qal	pft	3ms	אמר	55		say
	שאלו	qal	impv	mp	שאל	981		ask, borrow
	שמע	qal	pft	3ms	שמע	1033		hear
	עשתה	qal	pft	3fs	עשה	793		do, make
18:14	יעזב	qal	impf	3ms	עזב	736		leave, loose
	ינתשו	niph	impf	3mp	נתש	684		be rooted up
	זרים	qal	ptc	mp	זור	266		be stranger
	נוזלים	qal	ptc	mp	נזל	633		flow
18:15	שכחני	qal	pft	3cp	שכח	1013	1cs	forget
	יקטרו	piel	impf	3mp	קטר	882		make sacrifices
	יכשלום	hiph	wci	3mp	כשל	505	3mp	cause to fall
	לכת	qal	infc		הלך	229		walk, go
	סלולה	qal	pptc	fs	סלל	699		cast up
18:16	שום	qal	infc		שים	962		put, set
	עובר	qal	ptc	ms	עבר	716		pass over
	ישם	qal	impf	3ms	שמם	1030		be desolate
	יניד	hiph	impf	3ms	נוד	626		cause to wander
18:17	אפיצם	hiph	impf	1cs	פוץ	806	3mp	scatter
	אויב	qal	ptc	ms	איב	33		be hostile to
	אראם	qal	impf	1cs	ראה	906	3mp	see
18:18	יאמרו	qal	wci	3mp	אמר	55		say
	לכו	qal	impv	mp	הלך	229		walk, go
	נחשבה	qal	coh	1cp	חשב	362		think, devise
	תאבד	qal	impf	3fs	אבד	1		perish
	לכו	qal	impv	mp	הלך	229		walk, go
	נכהו	hiph	cohm	1cp	נכה	645	3ms	smite
18:18	נקשיבה	hiph	coh	1cp	קשב	904		give attention
18:19	הקשיבה	hiph	impv	ms	קשב	904		give attention
	שמע	qal	impv	ms	שמע	1033		hear
18:20	ישלם	pual	impf	3ms	שלם	1022		be repaid
	כרו	qal	pft	3cp	כרה	500		dig
	זכר	qal	impv	ms	זכר	269		remember
	עמדי	qal	infc		עמד	763	1cs	stand, stop
	דבר	piel	infc		דבר	180		speak
	השיב	hiph	infc		שוב	996		bring back
18:21	תן	qal	impv	ms	נתן	678		give, set
	הגרם	hiph	impv	ms	נגר	620	3mp	pour, hurl down
	תהינה	qal	jusm	3fp	היה	224		be, become
	יהיו	qal	jusm	3mp	היה	224		be, become
	הרגי	qal	pptc	mp	הרג	246		kill
	מכי	hoph	ptc	mp	נכה	645		be smitten
18:22	תשמע	niph	jusm	3fs	שמע	1033		be heard
	תביא	hiph	impf	2ms	בוא	97		bring in
	כרו	qal	pft	3cp	כרה	500		dig
	לכדני	qal	infc		לכד	539	1cs	capture
	טמנו	qal	pft	3cp	טמן	380		hide
18:23	ידעת	qal	pft	2ms	ידע	393		know
	תכפר	piel	jusm	2ms	כפר	497		cover, atone
	תמחי	hiph	jusm	2ms	מחה	562		blot out
	יהיו k	qal	wcp	3cp	היה	224		be, become
	יהיו q	qal	jusm	3mp	היה	224		be, become
	מכשלים	hoph	ptc	mp	כשל	505		be overthrown
	עשה	qal	impv	ms	עשה	793		do, make
19:1	אמר	qal	pft	3ms	אמר	55		say
	הלוך	qal	infa		הלך	229		walk, go
	קנית	qal	wcp	2ms	קנה	888		get, buy
	יוצר	qal	ptc	ms	יצר	427		form, create
19:2	יצאת	qal	wcp	2ms	יצא	422		go out
	קראת	qal	wcp	2ms	קרא	894		call, proclaim
	אדבר	piel	impf	1cs	דבר	180		speak
19:3	אמרת	qal	wcp	2ms	אמר	55		say
	שמעו	qal	impv	mp	שמע	1033		hear
	ישבי	qal	ptc	mp	ישב	442		sit, dwell
	אמר	qal	pft	3ms	אמר	55		say
	מביא	hiph	ptc	ms	בוא	97		bring in
	שמעה	qal	ptc	ms	שמע	1033	3fs	hear
	תצלנה	qal	impf	3fp	צלל	852		tingle
19:4	עזבני	qal	pft	3cp	עזב	736	1cs	leave, loose
	ינכרו	piel	wci	3mp	נכר	649		treat strange
	יקטרו	piel	wci	3mp	קטר	882		make sacrifices
	ידעום	qal	pft	3cp	ידע	393	3mp	know
	מלאו	qal	pft	3cp	מלא	569		be full, fill
19:5	בנו	qal	pft	3cp	בנה	124		build
	שרף	qal	infc		שרף	976		burn
	צויתי	piel	pft	1cs	צוה	845		command
	דברתי	piel	pft	1cs	דבר	180		speak
	עלתה	qal	pft	3fs	עלה	748		go up
19:6	באים	qal	ptc	mp	בוא	97		come in
	יקרא	niph	impf	3ms	קרא	894		be called
19:7	בקתי	qal	wcp	1cs	בקק	132		empty, lay waste

ChVs	Form	Stem	Tnse	PGN	Root	BDB	Sfx	Meaning
19:7	הפלתים	hiph	wcp	1cs	נפל	656	3mp	cause to fall
	איביהם	qal	ptc	mp	איב	33	3mp	be hostile to
	מבקשי	piel	ptc	mp	בקש	134		seek
	נתתי	qal	wcp	1cs	נתן	678		give,set
19:8	שמתי	qal	wcp	1cs	שים	962		put,set
	עבר	qal	ptc	ms	עבר	716		pass over
	ישם	qal	impf	3ms	שמם	1030		be desolate
	ישרק	qal	impf	3ms	שרק	1056		hiss
19:9	האכלתים	hiph	wcp	1cs	אכל	37	3mp	cause to eat
	יאכלו	qal	impf	3mp	אכל	37		eat,devour
	יציקו	hiph	impf	3mp	צוק	847		constrain
	איביהם	qal	ptc	mp	איב	33	3mp	be hostile to
	מבקשי	piel	ptc	mp	בקש	134		seek
19:10	שברת	qal	wcp	2ms	שבר	990		break
	הלכים	qal	ptc	mp	הלך	229		walk,go
19:11	אמרת	qal	wcp	2ms	אמר	55		say
	אמר	qal	pft	3ms	אמר	55		say
	אשבר	qal	impf	1cs	שבר	990		break
	ישבר	qal	impf	3ms	שבר	990		break
	יוצר	qal	ptc	ms	יצר	427		form,create
	יוכל	qal	impf	3ms	יכל	407		be able
	הרפה	niph	infc		רפא	950		be healed
	יקברו	qal	impf	3mp	קבר	868		bury
	קבור	qal	infc		קבר	868		bury
19:12	אעשה	qal	impf	1cs	עשה	793		do,make
	יושביו	qal	ptc	mp	ישב	442	3ms	sit,dwell
	תת	qal	infc		נתן	678		give,set
19:13	היו	qal	wcp	3cp	היה	224		be,become
	קטרו	piel	pft	3cp	קטר	882		make sacrifices
	הסך	hiph	infa		נסך	650		pour out
19:14	יבא	qal	wci	3ms	בוא	97		come in
	שלחו	qal	pft	3ms	שלח	1018	3ms	send
	הנבא	niph	infc		נבא	612		prophesy
	יעמד	qal	wci	3ms	עמד	763		stand,stop
	יאמר	qal	wci	3ms	אמר	55		say
19:15	אמר	qal	pft	3ms	אמר	55		say
	מבי k	hiph	ptc	ms	בוא	97		bring in
	מביא q	hiph	ptc	ms	בוא	97		bring in
	דברתי	piel	pft	1cs	דבר	180		speak
	הקשו	hiph	pft	3cp	קשה	904		harden
	שמוע	qal	infc		שמע	1033		hear
20:1	ישמע	qal	wci	3ms	שמע	1033		hear
	נבא	niph	ptc	ms	נבא	612		prophesy
20:2	יכה	hiph	wci	3ms	נכה	645		smite
	יתן	qal	wci	3ms	נתן	678		give,set
20:3	יהי	qal	wci	3ms	היה	224		be,become
	יצא	hiph	wci	3ms	יצא	422		bring out
	יאמר	qal	wci	3ms	אמר	55		say
	קרא	qal	pft	3ms	קרא	894		call,proclaim
20:4	אמר	qal	pft	3ms	אמר	55		say
	נתנך	qal	ptc	ms	נתן	678	2ms	give,set
	אהביך	qal	ptc	mp	אהב	12	2ms	love
	נפלו	qal	wcp	3cp	נפל	656		fall
	איביהם	qal	ptc	mp	איב	33	3mp	be hostile to
20:4	ראות	qal	ptc	fp	ראה	906		see
	אתן	qal	impf	1cs	נתן	678		give,set
	הגלם	hiph	wcp	3ms	גלה	162	3mp	lead into exile
	הכם	hiph	wcp	3ms	נכה	645	3mp	smite
20:5	נתתי	qal	wcp	1cs	נתן	678		give,set
	אתן	qal	impf	1cs	נתן	678		give,set
	איביהם	qal	ptc	mp	איב	33	3mp	be hostile to
	בזזום	qal	wcp	3cp	בזז	102	3mp	plunder
	לקחום	qal	wcp	3cp	לקח	542	3mp	take
	הביאום	hiph	wcp	3cp	בוא	97	3mp	bring in
20:6	ישבי	qal	ptc	mp	ישב	442		sit,dwell
	תלכו	qal	impf	2mp	הלך	229		walk,go
	תבוא	qal	impf	2ms	בוא	97		come in
	תמות	qal	impf	2ms	מות	559		die
	תקבר	niph	impf	2ms	קבר	868		be buried
	אהביך	qal	ptc	mp	אהב	12	2ms	love
	נבאת	niph	pft	2ms	נבא	612		prophesy
20:7	פתיתני	piel	pft	2ms	פתה	834	1cs	entice
	אפת	niph	wci	1cs	פתה	834		be deceived
	חזקתני	qal	pft	2ms	חזק	304	1cs	be strong
	תוכל	qal	wci	2ms	יכל	407		be able
	הייתי	qal	pft	1cs	היה	224		be,become
	לעג	qal	ptc	ms	לעג	541		mock,deride
20:8	אדבר	piel	impf	1cs	דבר	180		speak
	אזעק	qal	impf	1cs	זעק	277		call,cry out
	אקרא	qal	impf	1cs	קרא	894		call,proclaim
	היה	qal	pft	3ms	היה	224		be,become
20:9	אמרתי	qal	wcp	1cs	אמר	55		say
	אזכרנו	qal	impf	1cs	זכר	269	3ms	remember
	אדבר	piel	impf	1cs	דבר	180		speak
	היה	qal	wcp	3ms	היה	224		be,become
	בערת	qal	ptc	fs	בער	128		burn
	עצר	qal	pptc	ms	עצר	783		restrain
	נלאיתי	niph	wcp	1cs	לאה	521		tire oneself
	כלכל	pilp	infc		כול	465		support
	אוכל	qal	impf	1cs	יכל	407		be able
20:10	שמעתי	qal	pft	1cs	שמע	1033		hear
	הגידו	hiph	impv	mp	נגד	616		declare,tell
	נגידנו	hiph	cohm	1cp	נגד	616	3ms	declare,tell
	שמרי	qal	ptc	mp	שמר	1036		keep,watch
	יפתה	pual	impf	3ms	פתה	834		be deceived
	נוכלה	qal	coh	1cp	יכל	407		be able
	נקחה	qal	coh	1cp	לקח	542		take
20:11	רדפי	qal	ptc	mp	רדף	922	1cs	pursue
	יכשלו	niph	impf	3mp	כשל	505		stumble
	יכלו	qal	impf	3mp	יכל	407		be able
	בשו	qal	pft	3cp	בוש	101		be ashamed
	השכילו	hiph	pft	3cp	שכל	968		look at,prosper
	תשכח	niph	impf	3fs	שכח	1013		be forgotten
20:12	בחן	qal	ptc	ms	בחן	103		examine,try
	ראה	qal	ptc	ms	ראה	906		see
	אראה	qal	cohm	1cs	ראה	906		see
	גליתי	piel	pft	1cs	גלה	162		uncover
20:13	שירו	qal	impv	mp	שיר	1010		sing

Jeremiah 20:13–22:7

ChVs	Form	Stem	Tnse	PGN	Root	BDB	Sfx	Meaning	ChVs	Form	Stem	Tnse	PGN	Root	BDB	Sfx	Meaning
20:13	הללו	piel	impv	mp	הלל	237		praise	21:9	ישׁב	qal	ptc	ms	ישׁב	442		sit, dwell
	הציל	hiph	pft	3ms	נצל	664		snatch, deliver		ימות	qal	impf	3ms	מות	559		die
	מרעים	hiph	ptc	mp	רעע	949		hurt, do evil		יוצא	qal	ptc	ms	יצא	422		go out
20:14	ארור	qal	pptc	ms	ארר	76		curse		נפל	qal	wcp	3ms	נפל	656		fall
	ילדתי	qalp	pft	1cs	ילד	408		be born		צרים	qal	ptc	mp	צור	848		confine, shut in
	ילדתני	qal	pft	3fs	ילד	408	1cs	bear, beget		יחיה	qal	impf	3ms	חיה	310		live
	יהי	qal	jus	3ms	היה	224		be, become		היתה	qal	wcp	3fs	היה	224		be, become
	ברוך	qal	pptc	ms	ברך	138		kneel, bless	21:10	שׂמתי	qal	pft	1cs	שׂים	962		put, set
20:15	ארור	qal	pptc	ms	ארר	76		curse		תנתן	niph	impf	3fs	נתן	678		be given
	בשׂר	piel	pft	3ms	בשׂר	142		bear tidings		שׂרפה	qal	wcp	3ms	שׂרף	976	3fs	burn
	אמר	qal	infc		אמר	55		say	21:11	שׁמעו	qal	impv	mp	שׁמע	1033		hear
	ילד	qalp	pft	3ms	ילד	408		be born	21:12	אמר	qal	pft	3ms	אמר	55		say
	שׂמח	piel	infa		שׂמח	970		gladden		דינו	qal	impv	mp	דין	192		judge
	שׂמחהו	piel	pft	3ms	שׂמח	970	3ms	gladden		הצילו	hiph	impv	mp	נצל	664		snatch, deliver
20:16	היה	qal	wcp	3ms	היה	224		be, become		גזול	qal	pptc	ms	גזל	159		tear away, rob
	הפך	qal	pft	3ms	הפך	245		turn, overturn		עושׁק	qal	ptc	ms	עשׁק	798		oppress, extort
	נחם	niph	pft	3ms	נחם	636		be sorry		תצא	qal	impf	3fs	יצא	422		go out
	שׁמע	qal	wcp	3ms	שׁמע	1033		hear		בערה	qal	wcp	3fs	בער	128		burn
20:17	מותתני	pol	pft	3ms	מות	559	1cs	kill		מכבה	piel	ptc	ms	כבה	459		extinguish
	תהי	qal	wci	3fs	היה	224		be, become	21:13	ישׁבת	qal	ptc	fs	ישׁב	442		sit, dwell
20:18	יצאתי	qal	pft	1cs	יצא	422		go out		אמרים	qal	ptc	mp	אמר	55		say
	ראות	qal	infc		ראה	906		see		יחת	qal	impf	3ms	חתת	369		be shattered
	יכלו	qal	wci	3mp	כלה	477		finished, spent		יבוא	qal	impf	3ms	בוא	97		come in
21:1	היה	qal	pft	3ms	היה	224		be, become	21:14	פקדתי	qal	wcp	1cs	פקד	823		attend to, visit
	שׁלח	qal	infc		שׁלח	1018		send		הצתי	hiph	wcp	1cs	יצת	428		kindle
	אמר	qal	infc		אמר	55		say		אכלה	qal	wcp	3fs	אכל	37		eat, devour
21:2	דרשׁ	qal	impv	ms	דרשׁ	205		resort to, seek	22:1	אמר	qal	pft	3ms	אמר	55		say
	נלחם	niph	ptc	ms	לחם	535		wage war		רד	qal	impv	ms	ירד	432		come down
	יעשׂה	qal	impf	3ms	עשׂה	793		do, make		דברת	piel	wcp	2ms	דבר	180		speak
	נפלאתיו	niph	ptc	fp	פלא	810	3ms	be wonderful	22:2	אמרת	qal	wcp	2ms	אמר	55		say
	יעלה	qal	jusm	3ms	עלה	748		go up		שׁמע	qal	impv	ms	שׁמע	1033		hear
21:3	יאמר	qal	wci	3ms	אמר	55		say		ישׁב	qal	ptc	ms	ישׁב	442		sit, dwell
	תאמרן	qal	impf	2mp	אמר	55		say		באים	qal	ptc	mp	בוא	97		come in
21:4	מסב	qal	pft	3ms	אמר	55		say	22:3	אמר	qal	pft	3ms	אמר	55		say
	מסב	hiph	ptc	ms	סבב	685		cause to turn		עשׂו	qal	impv	mp	עשׂה	793		do, make
	נלחמים	niph	ptc	mp	לחם	535		wage war		הצילו	hiph	impv	mp	נצל	664		snatch, deliver
	צרים	qal	ptc	mp	צור	848		confine, shut in		גזול	qal	pptc	ms	גזל	159		tear away, rob
	אספתי	qal	wcp	1cs	אסף	62		gather		תנו	hiph	jusm	2mp	ינה	413		oppress
21:5	נלחמתי	niph	wcp	1cs	לחם	535		wage war		תחמסו	qal	jusm	2mp	חמס	329		treat violently
	נטויה	qal	pptc	fs	נטה	639		stretch, incline		תשׁפכו	qal	jusm	2mp	שׁפך	1049		pour out
21:6	הכיתי	hiph	wcp	1cs	נכה	645		smite	22:4	עשׂו	qal	infa		עשׂה	793		do, make
	יושׁבי	qal	ptc	mp	ישׁב	442		sit, dwell		תעשׂו	qal	impf	2mp	עשׂה	793		do, make
	ימתו	qal	impf	3mp	מות	559		die		באו	qal	wcp	3cp	בוא	97		come in
21:7	אתן	qal	impf	1cs	נתן	678		give, set		ישׁבים	qal	ptc	mp	ישׁב	442		sit, dwell
	נשׁארים	niph	ptc	mp	שׁאר	983		be left		רכבים	qal	ptc	mp	רכב	938		mount, ride
	איביהם	qal	ptc	mp	איב	33	3mp	be hostile to	22:5	תשׁמעו	qal	impf	2mp	שׁמע	1033		hear
	מבקשׁי	piel	ptc	mp	בקשׁ	134		seek		נשׁבעתי	niph	pft	1cs	שׁבע	989		swear
	הכם	hiph	wcp	3ms	נכה	645	3mp	smite		יהיה	qal	impf	3ms	היה	224		be, become
	יחוס	qal	impf	3ms	חוס	299		pity	22:6	אמר	qal	pft	3ms	אמר	55		say
	יחמל	qal	impf	3ms	חמל	328		spare		אשׁיתך	qal	impf	1cs	שׁית	1011	2ms	put, set
	ירחם	piel	impf	3ms	רחם	933		have compassion		נושׁבהk	niph	ptc	fs	ישׁב	442		be inhabited
21:8	תאמר	qal	impf	2ms	אמר	55		say		נושׁבוq	niph	pft	3cp	ישׁב	442		be inhabited
	אמר	qal	pft	3ms	אמר	55		say	22:7	קדשׁתי	piel	wcp	1cs	קדשׁ	872		consecrate
	נתן	qal	ptc	ms	נתן	678		give, set		משׁחתים	hiph	ptc	mp	שׁחת	1007		spoil, ruin

Jeremiah 22: 7 – 23: 3

ChVs	Form	Stem	Tnse	PGN	Root	BDB	Sfx	Meaning
22:7	כרתו	qal	wcp	3cp	כרת	503		cut, destroy
	הפילו	hiph	wcp	3cp	נפל	656		cause to fall
22:8	עברו	qal	wcp	3cp	עבר	716		pass over
	אמרו	qal	wcp	3cp	אמר	55		say
	עשה	qal	pft	3ms	עשה	793		do, make
22:9	אמרו	qal	wcp	3cp	אמר	55		say
	עזבו	qal	pft	3cp	עזב	736		leave, loose
	ישתחוו	hish	wci	3mp	חוה	1005		bow down
	יעבדום	qal	wci	3mp	עבד	712	3mp	work, serve
22:10	תבכו	qal	jusm	2mp	בכה	113		weep
	מת	qal	ptc	ms	מות	559		die
	תנדו	qal	jusm	2mp	נוד	626		wander, lament
	בכו	qal	impv	mp	בכה	113		weep
	בכו	qal	infa		בכה	113		weep
	הלך	qal	ptc	ms	הלך	229		walk, go
	ישוב	qal	impf	3ms	שוב	996		turn, return
	ראה	qal	wcp	3ms	ראה	906		see
22:11	אמר	qal	pft	3ms	אמר	55		say
	מלך	qal	ptc	ms	מלך	573		be king, reign
	יצא	qal	pft	3ms	יצא	422		go out
	ישוב	qal	impf	3ms	שוב	996		turn, return
22:12	הגלו	hiph	pft	3cp	גלה	162		lead into exile
	ימות	qal	impf	3ms	מות	559		die
	יראה	qal	impf	3ms	ראה	906		see
22:13	בנה	qal	ptc	ms	בנה	124		build
	יעבד	qal	impf	3ms	עבד	712		work, serve
	יתן	qal	impf	3ms	נתן	678		give, set
22:14	אמר	qal	ptc	ms	אמר	55		say
	אבנה	qal	impf	1cs	בנה	124		build
	מרוחים	pual	ptc	mp	רוח	926		be spacious
	קרע	qal	wcp	3ms	קרע	902		tear, rend
	ספון	qal	pptc	ms	ספן	706		cover, panel
	משוח	qal	infa		משח	602		smear, anoint
22:15	תמלך	qal	impf	2ms	מלך	573		be king, reign
	מתחרה	hith	ptc	ms	חרה	354		hotly contend
	אכל	qal	pft	3ms	אכל	37		eat, devour
	שתה	qal	pft	3ms	שתה	1059		drink
	עשה	qal	pft	3ms	עשה	793		do, make
	טוב	qal	pft	3ms	טוב	373		be pleasing
22:16	דן	qal	pft	3ms	דין	192		judge
	טוב	qal	pft	3ms	טוב	373		be pleasing
22:17	שפוך	qal	infc		שפך	1049		pour out
	עשות	qal	infc		עשה	793		do, make
22:18	אמר	qal	pft	3ms	אמר	55		say
	יספדו	qal	impf	3mp	ספד	704		wail, lament
	יספדו	qal	impf	3mp	ספד	704		wail, lament
22:19	יקבר	niph	impf	3ms	קבר	868		be buried
	סחוב	qal	infa		סחב	694		drag
	השלך	hiph	infa		שלך	1020		throw, cast
22:20	עלי	qal	impv	fs	עלה	748		go up
	צעקי	qal	impv	fs	צעק	858		cry out
	תני	qal	impv	fs	נתן	678		give, set
	צעקי	qal	impv	fs	צעק	858		cry out
	נשברו	niph	pft	3cp	שבר	990		be broken
22:20	מאהביך	piel	ptc	mp	אהב	12	2fs	lovers
22:21	דברתי	piel	pft	1cs	דבר	180		speak
	אמרת	qal	pft	2fs	אמר	55		say
	אשמע	qal	impf	1cs	שמע	1033		hear
	שמעת	qal	pft	2fs	שמע	1033		hear
22:22	רעיך	qal	ptc	mp	רעה	944	2fs	pasture, tend
	תרעה	qal	impf	3fs	רעה	944		pasture, tend
	מאהביך	piel	ptc	mp	אהב	12	2fs	lovers
	ילכו	qal	impf	3mp	הלך	229		walk, go
	תבשי	qal	impf	2fs	בוש	101		be ashamed
	נכלמת	niph	wcp	2fs	כלם	483		be humiliated
22:23	ישבתי k	qal	ptc	fs	ישב	442		sit, dwell
	ישבת q	qal	ptc	fs	ישב	442		sit, dwell
	מקננתי k	pual	ptc	fs	קנן	890		be nested
	מקננת q	pual	ptc	fs	קנן	890		be nested
	נחנת	niph	pft	2fs	חנן	335		be pitied
	בא	qal	infc		בוא	97		come in
	ילדה	qal	ptc	fs	ילד	408		bear, beget
22:24	יהיה	qal	impf	3ms	היה	224		be, become
	אתקנך	qal	impf	1cs	נתק	683	2ms	draw away, pull
22:25	נתתיך	qal	wcp	1cs	נתן	678	2ms	give, set
	מבקשי	piel	ptc	mp	בקש	134		seek
22:26	הטלתי	hiph	wcp	1cs	טול	376		cast
	ילדתך	qal	pft	3fs	ילד	408	2ms	bear, beget
	ילדתם	qalp	pft	2mp	ילד	408		be born
	תמותו	qal	impf	2mp	מות	559		die
22:27	מנשאים	piel	ptc	mp	נשא	669		lift up
	שוב	qal	infc		שוב	996		turn, return
	ישובו	qal	impf	3mp	שוב	996		turn, return
22:28	נבזה	niph	ptc	ms	בזה	102		despised
	נפוץ	qal	pptc	ms	נפץ	658		shatter
	הוטלו	hoph	pft	3cp	טול	376		be hurled
	השלכו	hoph	pft	3cp	שלך	1020		be cast
	ידעו	qal	pft	3cp	ידע	393		know
22:29	שמעי	qal	impv	fs	שמע	1033		hear
22:30	אמר	qal	pft	3ms	אמר	55		say
	כתבו	qal	impv	mp	כתב	507		write
	יצלח	qal	impf	3ms	צלח	852		prosper
	יצלח	qal	impf	3ms	צלח	852		prosper
	ישב	qal	ptc	ms	ישב	442		sit, dwell
	משל	qal	ptc	ms	משל	605		rule
23:1	רעים	qal	ptc	mp	רעה	944		pasture, tend
	מאבדים	piel	ptc	mp	אבד	1		destroy
	מפצים	hiph	ptc	mp	פוץ	806		scatter
23:2	אמר	qal	pft	3ms	אמר	55		say
	רעים	qal	ptc	mp	רעה	944		pasture, tend
	רעים	qal	ptc	mp	רעה	944		pasture, tend
	הפצתם	hiph	pft	2mp	פוץ	806		scatter
	תדחום	hiph	wci	2mp	נדח	623	3mp	thrust out
	פקדתם	qal	pft	2mp	פקד	823		attend to, visit
	פקד	qal	ptc	ms	פקד	823		attend to, visit
23:3	אקבץ	piel	impf	1cs	קבץ	867		gather together
	הדחתי	hiph	pft	1cs	נדח	623		thrust out
	השבתי	hiph	wcp	1cs	שוב	996		bring back

ChVs	Form	Stem	Tnse	PGN	Root	BDB	Sfx	Meaning
23:3	פרו	qal	wcp	3cp	פרה	826		bear fruit
	רבו	qal	wcp	3cp	רבה	915		be many, great
23:4	הקמתי	hiph	wcp	1cs	קום	877		raise, build, set
	רעים	qal	ptc	mp	רעה	944		pasture, tend
	רעום	qal	wcp	3cp	רעה	944	3mp	pasture, tend
	ייראו	qal	impf	3mp	ירא	431		fear
	יחתו	qal	impf	3mp	חתת	369		be shattered
	יפקדו	niph	impf	3mp	פקד	823		be visited
23:5	באים	qal	ptc	mp	בוא	97		come in
	הקמתי	hiph	wcp	1cs	קום	877		raise, build, set
	מלך	qal	wcp	3ms	מלך	573		be king, reign
	השכיל	hiph	wcp	3ms	שכל	968		look at, prosper
	עשה	qal	wcp	3ms	עשה	793		do, make
23:6	תושע	niph	impf	3fs	ישע	446		be saved
	ישכן	qal	impf	3ms	שכן	1014		settle, dwell
	יקראו	qal	impf	3mp	קרא	894	3ms	call, proclaim
23:7	באים	qal	ptc	mp	בוא	97		come in
	יאמרו	qal	impf	3mp	אמר	55		say
	העלה	hiph	pft	3ms	עלה	748		bring up, offer
23:8	העלה	hiph	pft	3ms	עלה	748		bring up, offer
	הביא	hiph	pft	3ms	בוא	97		bring in
	הדחתים	hiph	pft	1cs	נדח	623	3mp	thrust out
	ישבו	qal	wcp	3cp	ישב	442		sit, dwell
23:9	נשבר	niph	pft	3ms	שבר	990		be broken
	רחפו	qal	pft	3cp	רחף	934		grow soft, relax
	הייתי	qal	pft	1cs	היה	224		be, become
	עברו	qal	pft	3ms	עבר	716	3ms	pass over
23:10	מנאפים	piel	ptc	mp	נאף	610		commit adultery
	מלאה	qal	pft	3fs	מלא	569		be full, fill
	אבלה	qal	pft	3fs	אבל	5		mourn
	יבשו	qal	pft	3cp	יבש	386		be dry
	תהי	qal	wci	3fs	היה	224		be, become
23:11	חנפו	qal	pft	3cp	חנף	337		be polluted
	מצאתי	qal	pft	1cs	מצא	592		find
23:12	יהיה	qal	impf	3ms	היה	224		be, become
	ידחו	niph	impf	3mp	דחח	191		be thrust down
	נפלו	qal	wcp	3cp	נפל	656		fall
	אביא	hiph	impf	1cs	בוא	97		bring in
23:13	ראיתי	qal	pft	1cs	ראה	906		see
	הנבאו	hith	pft	3cp	נבא	612		prophesy
	יתעו	hiph	wci	3mp	תעה	1073		cause to err
23:14	ראיתי	qal	pft	1cs	ראה	906		see
	נאוף	qal	infa		נאף	610		commit adultery
	הלך	qal	infa		הלך	229		walk, go
	חזקו	piel	wcp	3cp	חזק	304		make strong
	שבו	qal	pft	3cp	שוב	996		turn, return
	היו	qal	pft	3cp	היה	224		be, become
	ישביה	qal	ptc	mp	ישב	442	3fs	sit, dwell
23:15	אמר	qal	pft	3ms	אמר	55		say
	מאכיל	hiph	ptc	ms	אכל	37		cause to eat
	השקתים	hiph	wcp	1cs	שקה	1052	3mp	give to drink
	יצאה	qal	pft	3fs	יצא	422		go out
23:16	אמר	qal	pft	3ms	אמר	55		say
	תשמעו	qal	jusm	2mp	שמע	1033		hear
23:16	נבאים	niph	ptc	ms	נבא	612		prophesy
	מהבלים	hiph	ptc	mp	הבל	211		befool
	ידברו	piel	impf	3mp	דבר	180		speak
23:17	אמרים	qal	ptc	mp	אמר	55		say
	אמור	qal	infa		אמר	55		say
	מנאצי	piel	ptc	mp	נאץ	610	1cs	spurn
	דבר	piel	pft	3ms	דבר	180		speak
	יהיה	qal	impf	3ms	היה	224		be, become
	הלך	qal	ptc	ms	הלך	229		walk, go
	אמרו	qal	pft	3cp	אמר	55		say
	תבוא	qal	impf	3fs	בוא	97		come in
23:18	עמד	qal	pft	3ms	עמד	763		stand, stop
	ירא	qal	jus	3ms	ראה	906		see
	ישמע	qal	jusm	3ms	שמע	1033		hear
	הקשיב	hiph	pft	3ms	קשב	904		give attention
	ישמע	qal	wci	3ms	שמע	1033		hear
23:19	יצאה	qal	pft	3fs	יצא	422		go out
	מתחולל	htpo	ptc	ms	חול	296		whirl, writhe
	יחול	qal	impf	3ms	חול	296		dance, writhe
23:20	ישוב	qal	impf	3ms	שוב	996		turn, return
	עשתו	qal	infc		עשה	793	3ms	do, make
	הקימו	hiph	infc		קום	877	3ms	raise, build, set
	תתבוננו	htpo	impf	2mp	בין	106		understand
23:21	שלחתי	qal	pft	1cs	שלח	1018		send
	רצו	qal	pft	3cp	רוץ	930		run
	דברתי	piel	pft	1cs	דבר	180		speak
	נבאו	niph	pft	3cp	נבא	612		prophesy
23:22	עמדו	qal	pft	3cp	עמד	763		stand, stop
	ישמעו	hiph	impf	3mp	שמע	1033		cause to hear
	ישבום	hiph	impf	3mp	שוב	996	3mp	bring back
23:24	יסתר	niph	impf	3ms	סתר	711		hide, be hid
	אראנו	qal	impf	1cs	ראה	906	3ms	see
	מלא	qal	ptc	ms	מלא	569		be full, fill
23:25	שמעתי	qal	pft	1cs	שמע	1033		hear
	אמרו	qal	pft	3cp	אמר	55		say
	נבאים	niph	ptc	mp	נבא	612		prophesy
	אמר	qal	infc		אמר	55		say
	חלמתי	qal	pft	1cs	חלם	321		dream
	חלמתי	qal	pft	1cs	חלם	321		dream
23:26	נבאי	niph	ptc	mp	נבא	612		prophesy
23:27	חשבים	qal	ptc	mp	חשב	362		think, devise
	השכיח	hiph	infc		שכח	1013		make forget
	יספרו	piel	impf	3mp	ספר	707		recount
	שכחו	qal	pft	3cp	שכח	1013		forget
23:28	יספר	piel	jusm	3ms	ספר	707		recount
	ידבר	piel	jusm	3ms	דבר	180		speak
23:29	יפצץ	poel	impf	3ms	פצץ	822		shatter
23:30	מגנבי	piel	ptc	mp	גנב	170		steal away
23:31	לקחים	qal	ptc	mp	לקח	542		take
	ינאמו	qal	wci	3mp	נאם	610		utter prophecy
23:32	נבאי	niph	ptc	mp	נבא	612		prophesy
	יספרום	piel	wci	3mp	ספר	707	3mp	recount
	יתעו	hiph	wci	3mp	תעה	1073		cause to err
	שלחתים	qal	pft	1cs	שלח	1018	3mp	send

Jeremiah 23:32–25:13

ChVs	Form	Stem	Tnse	PGN	Root	BDB	Sfx	Meaning
23:32	צויתים	piel	pft	1cs	צוה	845	3mp	command
	הועיל	hiph	infa		יעל	418		profit, benefit
	יועילו	hiph	impf	3mp	יעל	418		profit, benefit
23:33	ישאלך	qal	impf	3ms	שאל	981	2ms	ask, borrow
	אמר	qal	infc		אמר	55		say
	אמרת	qal	wcp	2ms	אמר	55		say
	נטשתי	qal	wcp	1cs	נטש	643		leave, forsake
23:34	יאמר	qal	impf	3ms	אמר	55		say
	פקדתי	qal	wcp	1cs	פקד	823		attend to, visit
23:35	תאמרו	qal	impf	2mp	אמר	55		say
	ענה	qal	pft	3ms	ענה	772		answer
	דבר	piel	pft	3ms	דבר	180		speak
23:36	תזכרו	qal	impf	2mp	זכר	269		remember
	יהיה	qal	impf	3ms	היה	224		be, become
	הפכתם	qal	wcp	2mp	הפך	245		turn, overturn
23:37	תאמר	qal	impf	2ms	אמר	55		say
	ענך	qal	pft	3ms	ענה	772	2ms	answer
	דבר	piel	pft	3ms	דבר	180		speak
23:38	תאמרו	qal	impf	2mp	אמר	55		say
	אמר	qal	pft	3ms	אמר	55		say
	אמרכם	qal	infc		אמר	55	2mp	say
	אשלח	qal	wci	1cs	שלח	1018		send
	אמר	qal	infc		אמר	55		say
	תאמרו	qal	impf	2mp	אמר	55		say
23:39	נשיתי	qal	wcp	1cs	נשה	674		forget
	נשא	qal	infa		נשה	674		forget
	נטשתי	qal	wcp	1cs	נטש	643		leave, forsake
	נתתי	qal	wcp	1cs	נתן	678		give, set
23:40	נתתי	qal	wcp	1cs	נתן	678		give, set
	תשכח	niph	impf	3fs	שכח	1013		be forgotten
24:1	הראני	hiph	pft	3ms	ראה	906	1cs	show, exhibit
	מועדים	hoph	ptc	mp	יעד	416		be set, fixed
	הגלות	hiph	infc		גלה	162		lead into exile
	יבאם	hiph	wci	3ms	בוא	97	3mp	bring in
24:2	תאכלנה	niph	impf	3fp	אכל	37		be eaten
24:3	יאמר	qal	wci	3ms	אמר	55		say
	ראה	qal	ptc	ms	ראה	906		see
	אמר	qal	wci	1cs	אמר	55		say
	תאכלנה	niph	impf	3fp	אכל	37		be eaten
24:4	יהי	qal	wci	3ms	היה	224		be, become
	אמר	qal	infc		אמר	55		say
24:5	אמר	qal	pft	3ms	אמר	55		say
	אכיר	hiph	impf	1cs	נכר	647		regard, notice
	שלחתי	piel	pft	1cs	שלח	1018		send away, shoot
24:6	שמתי	qal	wcp	1cs	שים	962		put, set
	השבתים	hiph	wcp	1cs	שוב	996	3mp	bring back
	בניתים	qal	wcp	1cs	בנה	124	3mp	build
	אהרס	qal	impf	1cs	הרס	248		throw down
	נטעתים	qal	wcp	1cs	נטע	642	3mp	plant
	אתוש	qal	impf	1cs	נתש	684		pull up
24:7	נתתי	qal	wcp	1cs	נתן	678		give, set
	דעת	qal	infc		ידע	393		know
	היו	qal	wcp	3cp	היה	224		be, become
	אהיה	qal	impf	1cs	היה	224		be, become
24:7	ישבו	qal	impf	3mp	שוב	996		turn, return
24:8	תאכלנה	niph	impf	3fp	אכל	37		be eaten
	אמר	qal	pft	3ms	אמר	55		say
	אתן	qal	impf	1cs	נתן	678		give, set
	נשארים	niph	ptc	mp	שאר	983		be left
	ישבים	qal	ptc	mp	ישב	442		sit, dwell
24:9	נתתים	qal	wcp	1cs	נתן	678	3mp	give, set
	אדיחם	hiph	impf	1cs	נדח	623	3mp	thrust out
24:10	שלחתי	piel	wcp	1cs	שלח	1018		send away, shoot
	תמם	qal	infc		תמם	1070	3mp	be finished
	נתתי	qal	pft	1cs	נתן	678		give, set
25:1	היה	qal	pft	3ms	היה	224		be, become
25:2	דבר	piel	pft	3ms	דבר	180		speak
	ישבי	qal	ptc	mp	ישב	442		sit, dwell
	אמר	qal	infc		אמר	55		say
25:3	היה	qal	pft	3ms	היה	224		be, become
	אדבר	piel	wci	1cs	דבר	180		speak
	אשכים	hiph	infa		שכם	1014		rise early
	דבר	piel	infa		דבר	180		speak
	שמעתם	qal	pft	2mp	שמע	1033		hear
25:4	שלח	qal	pft	3ms	שלח	1018		send
	השכם	hiph	infa		שכם	1014		rise early
	שלח	qal	infa		שלח	1018		send
	שמעתם	qal	pft	2mp	שמע	1033		hear
	הטיתם	hiph	pft	2mp	נטה	639		turn, incline
	שמע	qal	infc		שמע	1033		hear
25:5	אמר	qal	infc		אמר	55		say
	שובו	qal	impv	mp	שוב	996		turn, return
	שבו	qal	impv	mp	ישב	442		sit, dwell
	נתן	qal	pft	3ms	נתן	678		give, set
25:6	תלכו	qal	jusm	2mp	הלך	229		walk, go
	עבדם	qal	infc		עבד	712	3mp	work, serve
	השתחות	hish	infc		חוה	1005		bow down
	תכעיסו	hiph	impf	2mp	כעס	494		vex, provoke
	ארע	hiph	impf	1cs	רעע	949		hurt, do evil
25:7	שמעתם	qal	pft	2mp	שמע	1033		hear
	הכעסוניk	hiph	infc		כעס	494	1cs	vex, provoke
	הכעיסניq	hiph	infc		כעס	494	1cs	vex, provoke
25:8	אמר	qal	pft	3ms	אמר	55		say
	שמעתם	qal	pft	2mp	שמע	1033		hear
25:9	שלח	qal	ptc	ms	שלח	1018		send
	לקחתי	qal	wcp	1cs	לקח	542		take
	הבאתים	hiph	wcp	1cs	בוא	97	3mp	bring in
	ישביה	qal	ptc	mp	ישב	442	3fs	sit, dwell
	החרמתים	hiph	wcp	1cs	חרם	355	3mp	ban, destroy
	שמתים	qal	wcp	1cs	שים	962	3mp	put, set
25:10	האבדתי	hiph	wcp	1cs	אבד	1		destroy
25:11	היתה	qal	wcp	3fs	היה	224		be, become
	עבדו	qal	wcp	3cp	עבד	712		work, serve
25:12	יהיה	qal	impf	3ms	היה	224		be, become
	מלאות	qal	infc		מלא	569		be full, fill
	אפקד	qal	impf	1cs	פקד	823		attend to, visit
	שמתי	qal	wcp	1cs	שים	962		put, set
25:13	הבאתיk	hiph	wcp	1cs	בוא	97		bring in

Jeremiah 25:13–26:7

ChVs	Form	Stem	Tnse	PGN	Root	BDB	Sfx	Meaning
25:13	הבאתיq	hiph	wcp	1cs	בוא	97		bring in
	דברתי	piel	pft	1cs	דבר	180		speak
	כתוב	qal	pptc	ms	כתב	507		write
	נבא	niph	pft	3ms	נבא	612		prophesy
25:14	עבדו	qal	pft	3cp	עבד	712		work, serve
	שלמתי	piel	wcp	1cs	שלם	1022		repay, reward
25:15	אמר	qal	pft	3ms	אמר	55		say
	קח	qal	impv	ms	לקח	542		take
	השקיתה	hiph	wcp	2ms	שקה	1052		give to drink
	שלח	qal	ptc	ms	שלח	1018		send
25:16	שתו	qal	wcp	3cp	שתה	1059		drink
	התגעשו	htpo	wcp	3cp	געש	172		reel to and fro
	התהללו	htpo	wcp	3cp	הלל	237		act madly
	שלח	qal	ptc	ms	שלח	1018		send
25:17	אקח	qal	wci	1cs	לקח	542		take
	אשקה	hiph	wci	1cs	שקה	1052		give to drink
	שלחני	qal	pft	3ms	שלח	1018	1cs	send
25:18	תת	qal	infc		נתן	678		give, set
25:23	קצוצי	qal	pptc	mp	קצץ	893		cut off
25:24	שכנים	qal	ptc	mp	שכן	1014		settle, dwell
25:26	ישתו	qal	impf	3ms	שתה	1059		drink
25:27	אמרת	qal	wcp	2ms	אמר	55		say
	אמר	qal	pft	3ms	אמר	55		say
	שתו	qal	impv	mp	שתה	1059		drink
	שכרו	qal	impv	mp	שכר	1016		be drunk
	קיו	qal	impv	mp	קיה	883		vomit
	נפלו	qal	impv	mp	נפל	656		fall
	תקומו	qal	impf	2mp	קום	877		arise, stand
	שלח	qal	ptc	ms	שלח	1018		send
25:28	היה	qal	wcp	3ms	היה	224		be, become
	ימאנו	piel	impf	3mp	מאן	549		refuse
	קחת	qal	infc		לקח	542		take
	שתות	qal	infc		שתה	1059		drink
	אמרת	qal	wcp	2ms	אמר	55		say
	אמר	qal	pft	3ms	אמר	55		say
	שתו	qal	infa		שתה	1059		drink
	תשתו	qal	impf	2mp	שתה	1059		drink
25:29	נקרא	niph	pft	3ms	קרא	894		be called
	מחל	hiph	ptc	ms	חלל	320		begin, profane
	הרע	hiph	infc		רעע	949		hurt, do evil
	הנקה	niph	infa		נקה	667		be clean, free
	תנקו	niph	impf	2mp	נקה	667		be clean, free
	תנקו	niph	impf	2mp	נקה	667		be clean, free
	קרא	qal	ptc	ms	קרא	894		call, proclaim
	ישבי	qal	ptc	mp	ישב	442		sit, dwell
25:30	תנבא	niph	impf	2ms	נבא	612		prophesy
	אמרת	qal	wcp	2ms	אמר	55		say
	ישאג	qal	impf	3ms	שאג	980		roar
	יתן	qal	impf	3ms	נתן	678		give, set
	שאג	qal	infa		שאג	980		roar
	ישאג	qal	impf	3ms	שאג	980		roar
	דרכים	qal	ptc	mp	דרך	201		tread, march
	יענה	qal	impf	3ms	ענה	777		sing
	ישבי	qal	ptc	mp	ישב	442		sit, dwell
25:31	בא	qal	pft	3ms	בוא	97		come in
	נשפט	niph	ptc	ms	שפט	1047		plead
	נתנם	qal	pft	3ms	נתן	678	3mp	give, set
25:32	אמר	qal	pft	3ms	אמר	55		say
	יצאת	qal	ptc	fs	יצא	422		go out
	יעור	niph	impf	3ms	עור	734		be roused
25:33	היו	qal	wcp	3cp	היה	224		be, become
	יספדו	niph	impf	3mp	ספד	704		be bewailed
	יאספו	niph	wci	3mp	אסף	62		assemble
	יקברו	niph	impf	3mp	קבר	868		be buried
	יהיו	qal	impf	3mp	היה	224		be, become
25:34	הילילו	hiph	impv	mp	ילל	410		howl
	רעים	qal	ptc	mp	רעה	944		pasture, tend
	זעקו	qal	impv	mp	זעק	277		call, cry out
	התפלשו	hith	impv	mp	פלש	814		roll self
	מלאו	qal	pft	3cp	מלא	569		be full, fill
	טבוח	qal	infc		טבח	370		slaughter
	נפלתם	qal	wcp	2mp	נפל	656		fall
25:35	אבד	qal	wcp	3ms	אבד	1		perish
	רעים	qal	ptc	mp	רעה	944		pasture, tend
25:36	רעים	qal	ptc	mp	רעה	944		pasture, tend
	שדד	qal	ptc	ms	שדד	994		destroy, oppress
25:37	נדמו	niph	wcp	3cp	דמם	198		be made silent
25:38	עזב	qal	pft	3ms	עזב	736		leave, loose
	היתה	qal	pft	3fs	היה	224		be, become
	יונה	qal	ptc	fs	ינה	413		oppress
26:1	היה	qal	pft	3ms	היה	224		be, become
	אמר	qal	infc		אמר	55		say
26:2	אמר	qal	pft	3ms	אמר	55		say
	עמד	qal	impv	ms	עמד	763		stand, stop
	דברת	piel	wcp	2ms	דבר	180		speak
	באים	qal	ptc	mp	בוא	97		come in
	השתחות	hish	infc		חוה	1005		bow down
	צויתיך	piel	pft	1cs	צוה	845	2ms	command
	דבר	piel	infc		דבר	180		speak
	תגרע	qal	jusm	2ms	גרע	175		diminish
26:3	ישמעו	qal	impf	3mp	שמע	1033		hear
	ישבו	qal	impf	3mp	שוב	996		turn, return
	נחמתי	niph	wcp	1cs	נחם	636		be sorry
	חשב	qal	ptc	ms	חשב	362		think, devise
	עשות	qal	infc		עשה	793		do, make
26:4	אמרת	qal	wcp	2ms	אמר	55		say
	אמר	qal	pft	3ms	אמר	55		say
	תשמעו	qal	impf	2mp	שמע	1033		hear
	לכת	qal	infc		הלך	229		walk, go
	נתתי	qal	pft	1cs	נתן	678		give, set
26:5	שמע	qal	infc		שמע	1033		hear
	שלח	qal	ptc	ms	שלח	1018		send
	השכם	hiph	infa		שכם	1014		rise early
	שלח	qal	infa		שלח	1018		send
	שמעתם	qal	pft	2mp	שמע	1033		hear
26:6	נתתי	qal	wcp	1cs	נתן	678		give, set
	אתן	qal	impf	1cs	נתן	678		give, set
26:7	ישמעו	qal	wci	3mp	שמע	1033		hear

Jeremiah 26:7–27:9

ChVs	Form	Stem	Tnse	PGN	Root	BDB	Sfx	Meaning
26:7	מדבר	piel	ptc	ms	דבר	180		speak
26:8	יהי	qal	wci	3ms	היה	224		be, become
	כלות	piel	infc		כלה	477		complete, finish
	דבר	piel	infc		דבר	180		speak
	צוה	piel	pft	3ms	צוה	845		command
	דבר	piel	infc		דבר	180		speak
	יתפשׂו	qal	wci	3mp	תפשׂ	1074		seize, grasp
	אמר	qal	infc		אמר	55		say
	מות	qal	infa		מות	559		die
	תמות	qal	impf	2ms	מות	559		die
26:9	נבית	niph	pft	2ms	נבא	612		prophesy
	אמר	qal	infc		אמר	55		say
	יהיה	qal	impf	3ms	היה	224		be, become
	תחרב	qal	impf	3fs	חרב	351		be waste
	יושׁב	qal	ptc	ms	ישׁב	442		sit, dwell
	יקהל	niph	wci	3ms	קהל	874		assemble
26:10	ישׁמעו	qal	wci	3mp	שׁמע	1033		hear
	יעלו	qal	wci	3mp	עלה	748		go up
	ישׁבו	qal	wci	3mp	ישׁב	442		sit, dwell
26:11	יאמרו	qal	wci	3mp	אמר	55		say
	אמר	qal	infc		אמר	55		say
	נבא	niph	pft	3ms	נבא	612		prophesy
	שׁמעתם	qal	pft	2mp	שׁמע	1033		hear
26:12	יאמר	qal	wci	3ms	אמר	55		say
	אמר	qal	infc		אמר	55		say
	שׁלחני	qal	pft	3ms	שׁלח	1018	1cs	send
	הנבא	niph	infc		נבא	612		prophesy
	שׁמעתם	qal	pft	2mp	שׁמע	1033		hear
26:13	היטיבו	hiph	impv	mp	יטב	405		do good
	שׁמעו	qal	impv	mp	שׁמע	1033		hear
	ינחם	niph	jusm	3ms	נחם	636		be sorry
	דבר	piel	pft	3ms	דבר	180		speak
26:14	עשׂו	qal	impv	mp	עשׂה	793		do, make
26:15	ידע	qal	infa		ידע	393		know
	תדעו	qal	impf	2mp	ידע	393		know
	ממתים	hiph	ptc	mp	מות	559		kill
	נתנים	qal	ptc	mp	נתן	678		give, set
	ישׁביה	qal	ptc	mp	ישׁב	442	3fs	sit, dwell
	שׁלחני	qal	pft	3ms	שׁלח	1018	1cs	send
	דבר	piel	infc		דבר	180		speak
26:16	יאמרו	qal	wci	3mp	אמר	55		say
	דבר	piel	pft	3ms	דבר	180		speak
26:17	יקמו	qal	wci	3mp	קום	877		arise, stand
	יאמרו	qal	wci	3mp	אמר	55		say
	אמר	qal	infc		אמר	55		say
26:18	היה	qal	pft	3ms	היה	224		be, become
	נבא	niph	ptc	ms	נבא	612		prophesy
	יאמר	qal	wci	3ms	אמר	55		say
	אמר	qal	infc		אמר	55		say
	אמר	qal	pft	3ms	אמר	55		say
	תחרשׁ	niph	impf	3fs	חרשׁ	360		be ploughed
	תהיה	qal	impf	3fs	היה	224		be, become
26:19	המת	hiph	infa		מות	559		kill
	המתהו	hiph	pft	3cp	מות	559	3ms	kill
26:19	ירא	qal	pft	3ms	ירא	431		fear
	יחל	piel	wci	3ms	חלה	318		pacify, entreat
	ינחם	niph	wci	3ms	נחם	636		be sorry
	דבר	piel	pft	3ms	דבר	180		speak
	עשׂים	qal	ptc	mp	עשׂה	793		do, make
26:20	היה	qal	pft	3ms	היה	224		be, become
	מתנבא	hith	ptc	ms	נבא	612		prophesy
	ינבא	niph	wci	3ms	נבא	612		prophesy
26:21	ישׁמע	qal	wci	3ms	שׁמע	1033		hear
	יבקשׁ	piel	wci	3ms	בקשׁ	134		seek
	המיתו	hiph	infc		מות	559	3ms	kill
	ישׁמע	qal	wci	3ms	שׁמע	1033		hear
	ירא	qal	wci	3ms	ירא	431		fear
	יברח	qal	wci	3ms	ברח	137		go thru, flee
	יבא	qal	wci	3ms	בוא	97		come in
26:22	ישׁלח	qal	wci	3ms	שׁלח	1018		send
26:23	יוציאו	hiph	wci	3mp	יצא	422		bring out
	יבאהו	hiph	wci	3mp	בוא	97	3ms	bring in
	יכהו	hiph	wci	3ms	נכה	645	3ms	smite
	ישׁלך	hiph	wci	3ms	שׁלך	1020		throw, cast
26:24	היתה	qal	pft	3fs	היה	224		be, become
	תת	qal	infc		נתן	678		give, set
	המיתו	hiph	infc		מות	559	3ms	kill
27:1	היה	qal	pft	3ms	היה	224		be, become
	אמר	qal	infc		אמר	55		say
27:2	אמר	qal	pft	3ms	אמר	55		say
	עשׂה	qal	impv	ms	עשׂה	793		do, make
	נתתם	qal	wcp	2ms	נתן	678	3mp	give, set
27:3	שׁלחתם	piel	wcp	2ms	שׁלח	1018	3mp	send away, shoot
	באים	qal	ptc	mp	בוא	97		come in
27:4	צוית	piel	wcp	2ms	צוה	845		command
	אמר	qal	infc		אמר	55		say
	אמר	qal	pft	3ms	אמר	55		say
	תאמרו	qal	impf	2mp	אמר	55		say
27:5	עשׂיתי	qal	pft	1cs	עשׂה	793		do, make
	נטויה	qal	pptc	fs	נטה	639		stretch, incline
	נתתיה	qal	wcp	1cs	נתן	678	3fs	give, set
	ישׁר	qal	pft	3ms	ישׁר	448		be straight
27:6	נתתי	qal	pft	1cs	נתן	678		give, set
	נתתי	qal	pft	1cs	נתן	678		give, set
	עבדו	qal	infc		עבד	712	3ms	work, serve
27:7	עבדו	qal	wcp	3cp	עבד	712		work, serve
	בא	qal	infc		בוא	97		come in
	עבדו	qal	wcp	3cp	עבד	712		work, serve
27:8	היה	qal	wcp	3ms	היה	224		be, become
	יעבדו	qal	impf	3mp	עבד	712		work, serve
	יתן	qal	impf	3ms	נתן	678		give, set
	אפקד	qal	impf	1cs	פקד	823		attend to, visit
	תמי	qal	infc		תמם	1070	1cs	be finished
27:9	תשׁמעו	qal	jusm	2mp	שׁמע	1033		hear
	קסמיכם	qal	ptc	mp	קסם	890	2mp	divine
	ענניכם	poel	ptc	mp	ענן	778	2mp	soothsay
	אמרים	qal	ptc	mp	אמר	55		say
	אמר	qal	infc		אמר	55		say

Jeremiah 27:9–28:16

ChVs	Form	Stem	Tnse	PGN	Root	BDB	Sfx	Meaning
27:9	תעבדו	qal	impf	2mp	עבד	712		work,serve
27:10	נבאים	niph	ptc	mp	נבא	612		prophesy
	הרחיק	hiph	infc		רחק	934		put far away
	הדחתי	hiph	wcp	1cs	נדח	623		thrust out
	אבדתם	qal	wcp	2mp	אבד	1		perish
27:11	יביא	hiph	impf	3ms	בוא	97		bring in
	עבדו	qal	wcp	3ms	עבד	712	3ms	work,serve
	הנחתיו	hiph	wcp	1cs	נוח	628	3ms	give rest,put
	עבדה	qal	wcp	3ms	עבד	712	3fs	work,serve
	ישב	qal	wcp	3ms	ישב	442		sit,dwell
27:12	דברתי	piel	pft	1cs	דבר	180		speak
	אמר	qal	infc		אמר	55		say
	הביאו	hiph	impv	mp	בוא	97		bring in
	עבדו	qal	impv	mp	עבד	712		work,serve
	חיו	qal	impv	mp	חיה	310		live
27:13	תמותו	qal	impf	2mp	מות	559		die
	דבר	piel	pft	3ms	דבר	180		speak
	יעבד	qal	impf	3ms	עבד	712		work,serve
27:14	תשמעו	qal	jusm	2mp	שמע	1033		hear
	אמרים	qal	ptc	mp	אמר	55		say
	אמר	qal	infc		אמר	55		say
	תעבדו	qal	impf	2mp	עבד	712		work,serve
	נבאים	niph	ptc	mp	נבא	612		prophesy
27:15	שלחתים	qal	pft	1cs	שלח	1018	3mp	send
	נבאים	niph	ptc	mp	נבא	612		prophesy
	הדיחי	hiph	infc		נדח	623	1cs	thrust out
	אבדתם	qal	wcp	2mp	אבד	1		perish
	נבאים	niph	ptc	mp	נבא	612		prophesy
27:16	דברתי	piel	pft	1cs	דבר	180		speak
	אמר	qal	infc		אמר	55		say
	אמר	qal	pft	3ms	אמר	55		say
	תשמעו	qal	jusm	2mp	שמע	1033		hear
	נבאים	niph	ptc	mp	נבא	612		prophesy
	אמר	qal	infc		אמר	55		say
	מושבים	hoph	ptc	mp	שוב	996		be returned
	נבאים	niph	ptc	mp	נבא	612		prophesy
27:17	תשמעו	qal	jusm	2mp	שמע	1033		hear
	עבדו	qal	impv	mp	עבד	712		work,serve
	חיו	qal	impv	mp	חיה	310		live
	תהיה	qal	impf	3fs	היה	224		be,become
27:18	יפגעו	qal	jusm	3mp	פגע	803		meet,encounter
	באו	qal	impv	mp	בוא	97?		come in
	נותרים	niph	ptc	mp	יתר	451		be left,remain
27:19	אמר	qal	pft	3ms	אמר	55		say
	נותרים	niph	ptc	mp	יתר	451		be left,remain
27:20	לקחם	qal	pft	3ms	לקח	542	3mp	take
	גלותו	hiph	infc		גלה	162	3ms	lead into exile
27:21	אמר	qal	pft	3ms	אמר	55		say
	נותרים	niph	ptc	mp	יתר	451		be left,remain
27:22	יובאו	hoph	impf	3mp	בוא	97		be brought
	יהיו	qal	impf	3mp	היה	224		be,become
	פקדי	qal	infc		פקד	823	1cs	attend to,visit
	העליתים	hiph	wcp	1cs	עלה	748	3mp	bring up,offer
	השיבתים	hiph	wcp	1cs	שוב	996	3mp	bring back
28:1	יהי	qal	wci	3ms	היה	224		be,become
	אמר	qal	pft	3ms	אמר	55		say
	אמר	qal	infc		אמר	55		say
28:2	אמר	qal	pft	3ms	אמר	55		say
	אמר	qal	infc		אמר	55		say
	שברתי	qal	pft	1cs	שבר	990		break
28:3	משיב	hiph	ptc	ms	שוב	996		bring back
	לקח	qal	pft	3ms	לקח	542		take
	יביאם	hiph	wci	3ms	בוא	97	3mp	bring in
28:4	באים	qal	ptc	mp	בוא	97		come in
	משיב	hiph	ptc	ms	שוב	996		bring back
	אשבר	qal	impf	1cs	שבר	990		break
28:5	יאמר	qal	wci	3ms	אמר	55		say
	עמדים	qal	ptc	mp	עמד	763		stand,stop
28:6	יאמר	qal	wci	3ms	אמר	55		say
	יעשה	qal	jusm	3ms	עשה	793		do,make
	יקם	hiph	jus	3ms	קום	877		raise,build,set
	נבאת	niph	pft	2ms	נבא	612		prophesy
	השיב	hiph	infc		שוב	996		bring back
28:7	שמע	qal	impv	ms	שמע	1033		hear
	דבר	qal	ptc	ms	דבר	180		speak
28:8	היו	qal	pft	3cp	היה	224		be,become
	ינבאו	niph	wci	3mp	נבא	612		prophesy
28:9	ינבא	niph	impf	3ms	נבא	612		prophesy
	בא	qal	infc		בוא	97		come in
	יודע	niph	impf	3ms	ידע	393		be made known
	שלחו	qal	pft	3ms	שלח	1018	3ms	send
28:10	יקח	qal	wci	3ms	לקח	542		take
	ישברהו	qal	wci	3ms	שבר	990	3ms	break
28:11	יאמר	qal	wci	3ms	אמר	55		say
	אמר	qal	infc		אמר	55		say
	אמר	qal	pft	3ms	אמר	55		say
	אשבר	qal	impf	1cs	שבר	990		break
	ילך	qal	wci	3ms	הלך	229		walk,go
28:12	יהי	qal	wci	3ms	היה	224		be,become
	שבור	qal	infc		שבר	990		break
	אמר	qal	infc		אמר	55		say
28:13	הלוך	qal	infa		הלך	229		walk,go
	אמרת	qal	wcp	2ms	אמר	55		say
	אמר	qal	infc		אמר	55		say
	אמר	qal	pft	3ms	אמר	55		say
	שברת	qal	pft	2ms	שבר	990		break
	עשית	qal	wcp	2ms	עשה	793		do,make
28:14	אמר	qal	pft	3ms	אמר	55		say
	נתתי	qal	pft	1cs	נתן	678		give,set
	עבד	qal	infc		עבד	712		work,serve
	עבדהו	qal	wcp	3cp	עבד	712	3ms	work,serve
	נתתי	qal	pft	1cs	נתן	678		give,set
28:15	יאמר	qal	wci	3ms	אמר	55		say
	שמע	qal	impv	ms	שמע	1033		hear
	שלחך	qal	pft	3ms	שלח	1018	2ms	send
	הבטחת	hiph	pft	2ms	בטח	105		cause to trust
28:16	אמר	qal	pft	3ms	אמר	55		say
	משלחך	piel	ptc	ms	שלח	1018	2ms	send away,shoot

ChVs	Form	Stem	Tnse	PGN	Root	BDB	Sfx	Meaning
28:16	מת	qal	ptc	ms	מות	559		die
	דברת	piel	pft	2ms	דבר	180		speak
28:17	ימת	qal	wci	3ms	מות	559		die
29:1	שלח	qal	pft	3ms	שלח	1018		send
	הגלה	hiph	pft	3ms	גלה	162		lead into exile
29:2	צאת	qal	infc		יצא	422		go out
29:3	שלח	qal	pft	3ms	שלח	1018		send
	אמר	qal	infc		אמר	55		say
29:4	אמר	qal	pft	3ms	אמר	55		say
	הגליתי	hiph	pft	1cs	גלה	162		lead into exile
29:5	בנו	qal	impv	mp	בנה	124		build
	שבו	qal	impv	mp	ישב	442		sit, dwell
	נטעו	qal	impv	mp	נטע	642		plant
	אכלו	qal	impv	mp	אכל	37		eat, devour
29:6	קחו	qal	impv	mp	לקח	542		take
	הולידו	hiph	impv	mp	ילד	408		beget
	קחו	qal	impv	mp	לקח	542		take
	תנו	qal	impv	mp	נתן	678		give, set
	תלדנה	qal	jusm	3fp	ילד	408		bear, beget
	רבו	qal	impv	mp	רבה	915		be many, great
	תמעטו	qal	jusm	2mp	מעט	589		be small, few
29:7	דרשו	qal	impv	mp	דרש	205		resort to, seek
	הגליתי	hiph	pft	1cs	גלה	162		lead into exile
	התפללו	hith	impv	mp	פלל	813		pray
	יהיה	qal	impf	3ms	היה	224		be, become
29:8	אמר	qal	pft	3ms	אמר	55		say
	ישיאו	hiph	jusm	3mp	נשא	674		beguile
	קסמיכם	qal	ptc	mp	קסם	890	2mp	divine
	תשמעו	qal	jusm	2mp	שמע	1033		hear
	מחלמים	hiph	ptc	mp	חלם	321		dream
29:9	נבאים	niph	ptc	mp	נבא	612		prophesy
	שלחתים	qal	pft	1cs	שלח	1018	3mp	send
29:10	אמר	qal	pft	3ms	אמר	55		say
	מלאת	qal	infc		מלא	569		be full, fill
	אפקד	qal	impf	1cs	פקד	823		attend to, visit
	הקמתי	hiph	wcp	1cs	קום	877		raise, build, set
	השיב	hiph	infc		שוב	996		bring back
29:11	ידעתי	qal	pft	1cs	ידע	393		know
	חשב	qal	ptc	ms	חשב	362		think, devise
	תת	qal	infc		נתן	678		give, set
29:12	קראתם	qal	wcp	2mp	קרא	894		call, proclaim
	הלכתם	qal	wcp	2mp	הלך	229		walk, go
	התפללתם	hith	wcp	2mp	פלל	813		pray
	שמעתי	qal	wcp	1cs	שמע	1033		hear
29:13	בקשתם	piel	wcp	2mp	בקש	134		seek
	מצאתם	qal	wcp	2mp	מצא	592		find
	תדרשני	qal	impf	2mp	דרש	205	1cs	resort to, seek
29:14	נמצאתי	niph	wcp	1cs	מצא	592		be found
	שבתי	qal	wcp	1cs	שוב	996		turn, return
	קבצתי	piel	wcp	1cs	קבץ	867		gather together
	הדחתי	hiph	pft	1cs	נדח	623		thrust out
	השבתי	hiph	wcp	1cs	שוב	996		bring back
	הגליתי	hiph	pft	1cs	גלה	162		lead into exile
29:15	אמרתם	qal	pft	2mp	אמר	55		say
	הקים	hiph	pft	3ms	קום	877		raise, build, set
29:16	אמר	qal	pft	3ms	אמר	55		say
	יושב	qal	ptc	ms	ישב	442		sit, dwell
	יושב	qal	ptc	ms	ישב	442		sit, dwell
	יצאו	qal	pft	3cp	יצא	422		go out
29:17	אמר	qal	pft	3ms	אמר	55		say
	משלח	piel	ptc	ms	שלח	1018		send away, shoot
	נתתי	qal	wcp	1cs	נתן	678		give, set
	תאכלנה	niph	impf	3fp	אכל	37		be eaten
29:18	רדפתי	qal	wcp	1cs	רדף	922		pursue
	נתתים	qal	wcp	1cs	נתן	678	3mp	give, set
	הדחתים	hiph	pft	1cs	נדח	623	3mp	thrust out
29:19	שמעו	qal	pft	3cp	שמע	1033		hear
	שלחתי	qal	pft	1cs	שלח	1018		send
	השכם	hiph	infa		שכם	1014		rise early
	שלח	qal	infa		שלח	1018		send
	שמעתם	qal	pft	2mp	שמע	1033		hear
29:20	שמעו	qal	impv	mp	שמע	1033		hear
	שלחתי	piel	pft	1cs	שלח	1018		send away, shoot
29:21	אמר	qal	pft	3ms	אמר	55		say
	נבאים	niph	ptc	mp	נבא	612		prophesy
	נתן	qal	ptc	ms	נתן	678		give, set
	הכם	hiph	wcp	3ms	נכה	645	3mp	smite
29:22	לקח	qalp	wcp	3ms	לקח	542		be taken
	אמר	qal	infc		אמר	55		say
	ישמך	qal	jusm	3ms	שים	962	2ms	put, set
	קלם	qal	pft	3ms	קלה	885	3mp	roast
29:23	עשו	qal	pft	3cp	עשה	793		do, make
	ינאפו	piel	wci	3mp	נאף	610		commit adultery
	ידברו	piel	wci	3mp	דבר	180		speak
	צויתם	piel	pft	1cs	צוה	845	3mp	command
	ידעk	qal	ptc	ms	ידע	393?		know
	יודעq	qal	ptc	ms	ידע	393		know
29:24	תאמר	qal	impf	2ms	אמר	55		say
	אמר	qal	infc		אמר	55		say
29:25	אמר	qal	pft	3ms	אמר	55		say
	אמר	qal	infc		אמר	55		say
	שלחת	qal	pft	2ms	שלח	1018		send
	אמר	qal	infc		אמר	55		say
29:26	נתנך	qal	pft	3ms	נתן	678	2ms	give, set
	היות	qal	infc		היה	224		be, become
	משגע	pual	ptc	ms	שגע	993		be mad
	מתנבא	hith	ptc	ms	נבא	612		prophesy
	נתתה	qal	wcp	2ms	נתן	678		give, set
29:27	גערת	qal	pft	2ms	גער	172		rebuke
	מתנבא	hith	ptc	ms	נבא	612		prophesy
29:28	שלח	qal	pft	3ms	שלח	1018		send
	אמר	qal	infc		אמר	55		say
	בנו	qal	impv	mp	בנה	124		build
	שבו	qal	impv	mp	ישב	442		sit, dwell
	נטעו	qal	impv	mp	נטע	642		plant
	אכלו	qal	impv	mp	אכל	37		eat, devour
29:29	יקרא	qal	wci	3ms	קרא	894		call, proclaim
29:30	יהי	qal	wci	3ms	היה	224		be, become

Jeremiah 29:30–30:23

ChVs	Form	Stem	Tnse	PGN	Root	BDB	Sfx	Meaning
29:30	אמר	qal	infc		אמר	55		say
29:31	שלח	qal	impv	ms	שלח	1018		send
	אמר	qal	infc		אמר	55		say
	אמר	qal	pft	3ms	אמר	55		say
	נבא	niph	pft	3ms	נבא	612		prophesy
	שלחתיו	qal	pft	1cs	שלח	1018	3ms	send
	יבטח	hiph	wci	3ms	בטח	105		cause to trust
29:32	אמר	qal	pft	3ms	אמר	55		say
	פקד	qal	ptc	ms	פקד	823		attend to, visit
	יהיה	qal	impf	3ms	היה	224		be, become
	יושב	qal	ptc	ms	ישב	442		sit, dwell
	יראה	qal	impf	3ms	ראה	906		see
	עשה	qal	ptc	ms	עשה	793		do, make
	דבר	piel	pft	3ms	דבר	180		speak
30:1	היה	qal	pft	3ms	היה	224		be, become
	אמר	qal	infc		אמר	55		say
30:2	אמר	qal	pft	3ms	אמר	55		say
	אמר	qal	infc		אמר	55		say
	כתב	qal	impv	ms	כתב	507		write
	דברתי	piel	pft	1cs	דבר	180		speak
30:3	באים	qal	ptc	mp	בוא	97		come in
	שבתי	qal	wcp	1cs	שוב	996		turn, return
	אמר	qal	pft	3ms	אמר	55		say
	השבתים	hiph	wcp	1cs	שוב	996	3mp	bring back
	נתתי	qal	pft	1cs	נתן	678		give, set
	ירשוה	qal	wcp	3cp	ירש	439	3fs	possess, inherit
30:4	דבר	piel	pft	3ms	דבר	180		speak
30:5	אמר	qal	pft	3ms	אמר	55		say
	שמענו	qal	pft	1cp	שמע	1033		hear
30:6	שאלו	qal	impv	mp	שאל	981		ask, borrow
	ראו	qal	impv	mp	ראה	906		see
	ילד	qal	ptc	ms	ילד	408		bear, beget
	ראיתי	qal	pft	1cs	ראה	906		see
	יולדה	qal	ptc	fs	ילד	408		bear, beget
	נהפכו	niph	wcp	3cp	הפך	245		turn oneself
30:7	יושע	niph	impf	3ms	ישע	446		be saved
30:8	היה	qal	wcp	3ms	היה	224		be, become
	אשבר	qal	impf	1cs	שבר	990		break
	אנתק	piel	impf	1cs	נתק	683		tear apart
	יעבדו	qal	impf	3mp	עבד	712		work, serve
	זרים	qal	ptc	mp	זור	266		be stranger
30:9	עבדו	qal	wcp	3cp	עבד	712		work, serve
	אקים	hiph	impf	1cs	קום	877		raise, build, set
30:10	תירא	qal	jusm	2ms	ירא	431		fear
	תחת	qal	jusm	2ms	חתת	369		be shattered
	מושיעך	hiph	ptc	ms	ישע	446	2ms	deliver, save
	שב	qal	wcp	3ms	שוב	996		turn, return
	שקט	qal	wcp	3ms	שקט	1052		be quiet
	שאנן	pal	wcp	3ms	שאן	983		be at ease
	מחריד	hiph	ptc	ms	חרד	353		terrify
30:11	הושיעך	hiph	infc		ישע	446	2ms	deliver, save
	אעשה	qal	impf	1cs	עשה	793		do, make
	הפצותיך	hiph	pft	1cs	פוץ	806	2ms	scatter
	אעשה	qal	impf	1cs	עשה	793		do, make
30:11	יסרתיך	piel	wcp	1cs	יסר	415	2ms	correct, chasten
	נקה	piel	infa		נקה	667		acquit
	אנקך	piel	impf	1cs	נקה	667	2ms	acquit
30:12	אמר	qal	pft	3ms	אמר	55		say
	אנוש	qal	pptc	ms	אנש	60		be weak, sick
	נחלה	niph	ptc	fs	חלה	317		be made sick
30:13	דן	qal	ptc	ms	דין	192		judge
30:14	מאהביך	piel	ptc	mp	אהב	12	2fs	lovers
	שכחוך	qal	pft	3cp	שכח	1013	2fs	forget
	ידרשו	qal	impf	3mp	דרש	205		resort to, seek
	אויב	qal	ptc	ms	איב	33		be hostile to
	הכיתיך	hiph	pft	1cs	נכה	645	2fs	smite
	עצמו	qal	pft	3cp	עצם	782		be mighty, many
30:15	תזעק	qal	impf	2ms	זעק	277		call, cry out
	אנוש	qal	pptc	ms	אנש	60		be weak, sick
	עצמו	qal	pft	3cp	עצם	782		be mighty, many
	עשיתי	qal	pft	1cs	עשה	793		do, make
30:16	אכליך	qal	ptc	mp	אכל	37	2fs	eat, devour
	יאכלו	niph	impf	3mp	אכל	37		be eaten
	ילכו	qal	impf	3mp	הלך	229		walk, go
	היו	qal	wcp	3cp	היה	224		be, become
	שאסיך	qal	ptc	mp	שסס	1042	2fs	plunder
	בזזיך	qal	ptc	mp	בזז	102	2fs	plunder
	אתן	qal	impf	1cs	נתן	678		give, set
30:17	אעלה	hiph	impf	1cs	עלה	748		bring up, offer
	ארפאך	qal	impf	1cs	רפא	950	2fs	heal
	נדחה	niph	ptc	fs	נדח	623		be banished
	קראו	qal	pft	3cp	קרא	894		call, proclaim
	דרש	qal	ptc	ms	דרש	205		resort to, seek
30:18	אמר	qal	pft	3ms	אמר	55		say
	שב	qal	ptc	ms	שוב	996		turn, return
	ארחם	piel	impf	1cs	רחם	933		have compassion
	נבנתה	niph	wcp	3fs	בנה	124		be built
	ישב	qal	impf	3ms	ישב	442		sit, dwell
30:19	יצא	qal	wcp	3ms	יצא	422		go out
	משחקים	piel	ptc	mp	שחק	965		make sport
	הרבתים	hiph	wcp	1cs	רבה	915	3mp	make many
	ימעטו	qal	impf	3mp	מעט	589		be small, few
	הכבדתים	hiph	wcp	1cs	כבד	457	3mp	make heavy
	יצערו	qal	impf	3mp	צער	858		be small
30:20	היו	qal	wcp	3cp	היה	224		be, become
	תכון	niph	impf	3fs	כון	465		be established
	פקדתי	qal	wcp	1cs	פקד	823		attend to, visit
	לחציו	qal	ptc	mp	לחץ	537	3ms	press, oppress
30:21	היה	qal	wcp	3ms	היה	224		be, become
	משלו	qal	ptc	ms	משל	605	3ms	rule
	יצא	qal	impf	3ms	יצא	422		go out
	הקרבתיו	hiph	wcp	1cs	קרב	897	3ms	bring near
	נגש	niph	wcp	3ms	נגש	620		draw near
	ערב	qal	pft	3ms	ערב	786		take on pledge
	גשת	qal	infc		נגש	620		draw near
30:22	הייתם	qal	wcp	2mp	היה	224		be, become
	אהיה	qal	impf	1cs	היה	224		be, become
30:23	יצאה	qal	pft	3fs	יצא	422		go out

ChVs	Form	Stem	Tnse	PGN	Root	BDB	Sfx	Meaning
30:23	מתגורר	htpo	ptc	ms	גרר	176		whirl
	יחול	qal	impf	3ms	חול	296		dance,writhe
30:24	ישוב	qal	impf	3ms	שוב	996		turn,return
	עשתו	qal	infc		עשה	793	3ms	do,make
	הקימו	hiph	infc		קום	877	3ms	raise,build,set
	תתבוננו	htpo	impf	2mp	בין	106		understand
31:1	אהיה	qal	impf	1cs	היה	224		be,become
	יהיו	qal	impf	3mp	היה	224		be,become
31:2	אמר	qal	pft	3ms	אמר	55		say
	מצא	qal	pft	3ms	מצא	592		find
	הלוך	qal	infa		הלך	229		walk,go
	הרגיעו	hiph	infc		רגע	921	3ms	give rest
31:3	נראה	niph	pft	3ms	ראה	906		appear,be seen
	אהבתיך	qal	pft	1cs	אהב	12	2fs	love
	משכתיך	qal	pft	1cs	משך	604	2fs	draw,pull
31:4	אבנך	qal	impf	1cs	בנה	124	2fs	build
	נבנית	niph	wcp	2fs	בנה	124		be built
	תעדי	qal	impf	2fs	עדה	725		ornament,adorn
	יצאת	qal	wcp	2fs	יצא	422		go out
	משחקים	piel	ptc	mp	שחק	965		make sport
31:5	תטעי	qal	impf	2fs	נטע	642		plant
	נטעו	qal	pft	3cp	נטע	642		plant
	נטעים	qal	ptc	mp	נטע	642		plant
	חללו	piel	wcp	3cp	חלל	320		pollute
31:6	קראו	qal	pft	3cp	קרא	894		call,proclaim
	נצרים	qal	ptc	mp	נצר	665		watch,guard
	קומו	qal	impv	mp	קום	877		arise,stand
	נעלה	qal	cohm	1cp	עלה	748		go up
31:7	אמר	qal	pft	3ms	אמר	55		say
	רנו	qal	impv	mp	רנן	943		cry aloud
	צהלו	qal	impv	mp	צהל	843		neigh,cry
	השמיעו	hiph	impv	mp	שמע	1033		cause to hear
	הללו	piel	impv	mp	הלל	237		praise
	אמרו	qal	impv	mp	אמר	55		say
	הושע	hiph	impv	ms	ישע	446		deliver,save
31:8	מביא	hiph	ptc	ms	בוא	97		bring in
	קבצתים	piel	wcp	1cs	קבץ	867	3mp	gather together
	ילדת	qal	ptc	fs	ילד	408		bear,beget
	ישובו	qal	impf	3mp	שוב	996		turn,return
31:9	יבאו	qal	impf	3mp	בוא	97		come in
	אובילם	hiph	impf	1cs	יבל	384	3mp	bear along
	אוליכם	hiph	impf	1cs	הלך	229	3mp	lead,bring
	יכשלו	niph	impf	3mp	כשל	505		stumble
	הייתי	qal	pft	1cs	היה	224		be,become
31:10	שמעו	qal	impv	mp	שמע	1033		hear
	הגידו	hiph	impv	mp	נגד	616		declare,tell
	אמרו	qal	impv	mp	אמר	55		say
	מזרה	piel	ptc	ms	זרה	279		scatter
	יקבצנו	piel	impf	3ms	קבץ	867	3ms	gather together
	שמרו	qal	wcp	3ms	שמר	1036	3ms	keep,watch
	רעה	qal	ptc	ms	רעה	944		pasture,tend
31:11	פדה	qal	pft	3ms	פדה	804		ransom
	גאלו	qal	pft	3ms	גאל	145	3ms	redeem
31:12	באו	qal	wcp	3cp	בוא	97		come in
31:12	רננו	piel	wcp	3cp	רנן	943		shout w/joy
	נהרו	qal	wcp	3cp	נהר	625		flow,stream
	היתה	qal	wcp	3fs	היה	224		be,become
	יוסיפו	hiph	impf	3mp	יסף	414		add,do again
	דאבה	qal	infc		דאב	178		be faint
31:13	תשמח	qal	impf	3fs	שמח	970		rejoice
	הפכתי	qal	wcp	1cs	הפך	245		turn,overturn
	נחמתים	piel	wcp	1cs	נחם	636	3mp	comfort
	שמחתים	piel	wcp	1cs	שמח	970	3mp	gladden
31:14	רויתי	piel	wcp	1cs	רוה	924		saturate
	ישבעו	qal	impf	3mp	שבע	959		be sated
31:15	אמר	qal	pft	3ms	אמר	55		say
	נשמע	niph	ptc	ms	שמע	1033		be heard
	מבכה	piel	ptc	fs	בכה	113		lament
	מאנה	piel	pft	3fs	מאן	549		refuse
	הנחם	niph	infc		נחם	636		be sorry
31:16	אמר	qal	pft	3ms	אמר	55		say
	מנעי	qal	impv	fs	מנע	586		withhold
	שבו	qal	wcp	3cp	שוב	996		turn,return
	איב	qal	ptc	ms	איב	33		be hostile to
31:17	שבו	qal	wcp	3cp	שוב	996		turn,return
31:18	שמוע	qal	infa		שמע	1033		hear
	שמעתי	qal	pft	1cs	שמע	1033		hear
	מתנודד	htpo	ptc	ms	נוד	626		wander,totter
	יסרתני	piel	pft	2ms	יסר	415	1cs	correct,chasten
	אוסר	niph	wci	1cs	יסר	415		be corrected
	למד	pual	pft	3ms	למד	540		be taught
	השיבני	hiph	impv	ms	שוב	996	1cs	bring back
	אשובה	qal	coh	1cs	שוב	996		turn,return
31:19	שובי	qal	infc		שוב	996	1cs	turn,return
	נחמתי	niph	pft	1cs	נחם	636		be sorry
	הודעי	niph	infc		ידע	393	1cs	be made known
	ספקתי	qal	pft	1cs	ספק	706		slap,clap
	בשתי	qal	pft	1cs	בוש	101		be ashamed
	נכלמתי	niph	pft	1cs	כלם	483		be humiliated
	נשאתי	qal	pft	1cs	נשא	669		lift,carry
31:20	דברי	piel	infc		דבר	180	1cs	speak
	זכר	qal	infa		זכר	269		remember
	אזכרנו	qal	impf	1cs	זכר	269	3ms	remember
	המו	qal	pft	3cp	המה	242		growl,murmur
	רחם	piel	infa		רחם	933		have compassion
	ארחמנו	piel	impf	1cs	רחם	933	3ms	have compassion
31:21	הציבי	hiph	impv	fs	נצב	662		cause to stand
	שמי	qal	impv	fs	שים	962		put,set
	שתי	qal	impv	fs	שית	1011		put,set
	הלכתיk	qal	pft	2fs	הלך	229		walk,go
	הלכתq	qal	pft	2fs	הלך	229		walk,go
	שובי	qal	impv	fs	שוב	996		turn,return
	שבי	qal	impv	fs	שוב	996		turn,return
31:22	תתחמקין	hith	impf	2fs	חמק	330		turn here,there
	ברא	qal	pft	3ms	ברא	135		create
	תסובב	poel	impf	3fs	סבב	685		encompass
31:23	אמר	qal	pft	3ms	אמר	55		say
	יאמרו	qal	impf	3mp	אמר	55		say

Jeremiah 31:23–32:12

ChVs	Form	Stem	Tnse	PGN	Root	BDB	Sfx	Meaning
31:23	שׁובי	qal	infc		שׁוב	996	1cs	turn,return
	יברכך	piel	jusm	3ms	ברך	138	2ms	bless
31:24	ישׁבו	qal	wcp	3cp	ישׁב	442		sit,dwell
	נסעו	qal	wcp	3cp	נסע	652		pull up,set out
31:25	הרויתי	hiph	pft	1cs	רוה	924		water
	דאבה	qal	pft	3fs	דאב	178		be faint
	מלאתי	piel	pft	1cs	מלא	569		fill
31:26	הקיצתי	hiph	pft	1cs	קיץ	884		awake
	אראה	qal	wci	1cs	ראה	906		see
	ערבה	qal	pft	3fs	ערב	787		be sweet
31:27	באים	qal	ptc	mp	בוא	97		come in
	זרעתי	qal	wcp	1cs	זרע	281		sow
31:28	היה	qal	wcp	3ms	היה	224		be,become
	שׁקדתי	qal	pft	1cs	שׁקד	1052		watch,wake
	נתושׁ	qal	infc		נתשׁ	684		pull up
	נתוץ	qal	infc		נתץ	683		pull down
	הרס	qal	infc		הרס	248		throw down
	האביד	hiph	infc		אבד	1		destroy
	הרע	hiph	infc		רעע	949		hurt,do evil
	אשׁקד	qal	impf	1cs	שׁקד	1052		watch,wake
	בנות	qal	infc		בנה	124		build
	נטוע	qal	infc		נטע	642		plant
31:29	יאמרו	qal	impf	3mp	אמר	55		say
	אכלו	qal	pft	3cp	אכל	37		eat,devour
	תקהינה	qal	impf	3fp	קהה	874		be blunt
31:30	ימות	qal	impf	3ms	מות	559		die
	אכל	qal	ptc	ms	אכל	37		eat,devour
	תקהינה	qal	impf	3fp	קהה	874		be blunt
31:31	באים	qal	ptc	mp	בוא	97		come in
	כרתי	qal	wcp	1cs	כרת	503		cut,destroy
31:32	כרתי	qal	pft	1cs	כרת	503		cut,destroy
	החזיקי	hiph	infc		חזק	304	1cs	make firm,seize
	הוציאם	hiph	infc		יצא	422	3mp	bring out
	הפרו	hiph	pft	3cp	פרר	830		break,frustrate
	בעלתי	qal	pft	1cs	בעל	127		marry,rule over
31:33	אכרת	qal	impf	1cs	כרת	503		cut,destroy
	נתתי	qal	pft	1cs	נתן	678		give,set
	אכתבנה	qal	impf	1cs	כתב	507	3fs	write
	הייתי	qal	wcp	1cs	היה	224		be,become
	יהיו	qal	impf	3mp	היה	224		be,become
31:34	ילמדו	piel	impf	3mp	למד	540		teach
	אמר	qal	infc		אמר	55		say
	דעו	qal	impv	mp	ידע	393		know
	ידעו	qal	impf	3mp	ידע	393		know
	אסלח	qal	impf	1cs	סלח	699		forgive,pardon
	אזכר	qal	impf	1cs	זכר	269		remember
31:35	אמר	qal	pft	3ms	אמר	55		say
	נתן	qal	ptc	ms	נתן	678		give,set
	רגע	qal	ptc	ms	רגע	920		disturb
	יהמו	qal	wci	3mp	המה	242		growl,murmur
31:36	ימשׁו	qal	impf	3mp	מושׁ	559		depart,remove
	ישׁבתו	qal	impf	3mp	שׁבת	991		cease,desist
	היות	qal	infc		היה	224		be,become
31:37	אמר	qal	pft	3ms	אמר	55		say
31:37	ימדו	niph	impf	3mp	מדד	551		be measured
	יחקרו	niph	impf	3mp	חקר	350		be searched out
	אמאס	qal	impf	1cs	מאס	549		reject,refuse
	עשׂו	qal	pft	3cp	עשׂה	793		do,make
31:38	באים q	qal	ptc	mp	בוא	97		come in
	נבנתה	niph	wcp	3fs	בנה	124		be built
31:39	יצא	qal	wcp	3ms	יצא	422		go out
	נסב	niph	wcp	3ms	סבב	685		turn round
31:40	ינתשׁ	niph	impf	3ms	נתשׁ	684		be rooted up
	יהרס	niph	impf	3ms	הרס	248		be thrown down
32:1	היה	qal	pft	3ms	היה	224		be,become
32:2	צרים	qal	ptc	mp	צור	848		confine,shut in
	היה	qal	pft	3ms	היה	224		be,become
	כלוא	qal	pptc	ms	כלא	476		shut up
32:3	כלאו	qal	pft	3ms	כלא	476	3ms	shut up
	אמר	qal	infc		אמר	55		say
	נבא	niph	ptc	ms	נבא	612		prophesy
	אמר	qal	pft	3ms	אמר	55		say
	נתן	qal	ptc	ms	נתן	678		give,set
	לכדה	qal	wcp	3ms	לכד	539	3fs	capture
32:4	ימלט	niph	impf	3ms	מלט	572		escape
	הנתן	niph	infa		נתן	678		be given
	ינתן	niph	impf	3ms	נתן	678		be given
	דבר	piel	wcp	3ms	דבר	180		speak
	תראינה	qal	impf	3fp	ראה	906		see
32:5	יולך	hiph	impf	3ms	הלך	229		lead,bring
	יהיה	qal	impf	3ms	היה	224		be,become
	פקדי	qal	infc		פקד	823	1cs	attend to,visit
	תלחמו	niph	impf	2mp	לחם	535		wage war
	תצליחו	hiph	impf	2mp	צלח	852		cause to thrive
32:6	יאמר	qal	wci	3ms	אמר	55		say
	היה	qal	pft	3ms	היה	224		be,become
	אמר	qal	infc		אמר	55		say
32:7	בא	qal	ptc	ms	בוא	97		come in
	אמר	qal	infc		אמר	55		say
	קנה	qal	impv	ms	קנה	888		get,buy
	קנות	qal	infc		קנה	888		get,buy
32:8	יבא	qal	wci	3ms	בוא	97		come in
	יאמר	qal	wci	3ms	אמר	55		say
	קנה	qal	impv	ms	קנה	888		get,buy
	קנה	qal	impv	ms	קנה	888		get,buy
	אדע	qal	wci	1cs	ידע	393		know
32:9	אקנה	qal	wci	1cs	קנה	888		get,buy
	אשׁקלה	qal	wci	1cs	שׁקל	1053		weigh
32:10	אכתב	qal	wci	1cs	כתב	507		write
	אחתם	qal	wci	1cs	חתם	367		seal
	אעד	hiph	wci	1cs	עוד	729		testify,warn
	אשׁקל	qal	wci	1cs	שׁקל	1053		weigh
32:11	אקח	qal	wci	1cs	לקח	542		take
	חתום	qal	pptc	ms	חתם	367		seal
	גלוי	qal	pptc	ms	גלה	162		uncover
32:12	אתן	qal	wci	1cs	נתן	678		give,set
	כתבים	qal	ptc	mp	כתב	507		write

ChVs	Form	Stem	Tnse	PGN	Root	BDB	Sfx	Meaning
32:12	ישבים	qal	ptc	mp	ישב	442		sit, dwell
32:13	אצוה	piel	wci	1cs	צוה	845		command
	אמר	qal	infc		אמר	55		say
32:14	אמר	qal	pft	3ms	אמר	55		say
	לקוח	qal	infa		לקח	542		take
	חתום	qal	pptc	ms	חתם	367		seal
	גלוי	qal	pptc	ms	גלה	162		uncover
	נתתם	qal	wcp	2ms	נתן	678	3mp	give, set
	יעמדו	qal	impf	3mp	עמד	763		stand, stop
32:15	אמר	qal	pft	3ms	אמר	55		say
	יקנו	niph	impf	3mp	קנה	888		be bought
32:16	אתפלל	hith	wci	1cs	פלל	813		pray
	תתי	qal	infc		נתן	678	1cs	give, set
	אמר	qal	infc		אמר	55		say
32:17	עשית	qal	pft	2ms	עשה	793		do, make
	נטויה	qal	pptc	fs	נטה	639		stretch, incline
	יפלא	niph	impf	3ms	פלא	810		be wonderful
32:18	עשה	qal	ptc	ms	עשה	793		do, make
	משלם	piel	ptc	ms	שלם	1022		repay, reward
32:19	פקחות	qal	pptc	fp	פקח	824		open
	תת	qal	infc		נתן	678		give, set
32:20	שמת	qal	pft	2ms	שים	962		put, set
	תעשה	qal	wci	2ms	עשה	793		do, make
32:21	תצא	hiph	wci	2ms	יצא	422		bring out
	נטויה	qal	pptc	fs	נטה	639		stretch, incline
32:22	תתן	qal	wci	2ms	נתן	678		give, set
	נשבעת	niph	pft	2ms	שבע	989		swear
	תת	qal	infc		נתן	678		give, set
	זבת	qal	ptc	fs	זוב	264		flow, gush
32:23	יבאו	qal	wci	3mp	בוא	97		come in
	יירשו	qal	wci	3mp	ירש	439		possess, inherit
	שמעו	qal	pft	3cp	שמע	1033		hear
	הלכו	qal	pft	3cp	הלך	229		walk, go
	צויתה	piel	pft	2ms	צוה	845		command
	עשות	qal	infc		עשה	793		do, make
	עשו	qal	pft	3cp	עשה	793		do, make
	תקרא	hiph	wci	2ms	קרא	896		cause to happen
32:24	באו	qal	pft	3cp	בוא	97		come in
	לכדה	qal	infc		לכד	539	3fs	capture
	נתנה	niph	pft	3fs	נתן	678		be given
	נלחמים	niph	ptc	mp	לחם	535		wage war
	דברת	piel	pft	2ms	דבר	180		speak
	היה	qal	pft	3ms	היה	224		be, become
	ראה	qal	ptc	ms	ראה	906		see
32:25	אמרת	qal	pft	2ms	אמר	55		say
	קנה	qal	impv	ms	קנה	888		get, buy
	העד	hiph	impv	ms	עוד	729		testify, warn
	נתנה	niph	pft	3fs	נתן	678		be given
32:26	יהי	qal	wci	3ms	היה	224		be, become
	אמר	qal	infc		אמר	55		say
32:27	יפלא	niph	impf	3ms	פלא	810		be wonderful
32:28	אמר	qal	pft	3ms	אמר	55		say
	נתן	qal	ptc	ms	נתן	678		give, set
	לכדה	qal	wcp	3ms	לכד	539	3fs	capture
32:29	באו	qal	wcp	3cp	בוא	97		come in
	נלחמים	niph	ptc	mp	לחם	535		wage war
	הציתו	hiph	wcp	3cp	יצת	428		kindle
	שרפוה	qal	wcp	3cp	שרף	976	3fs	burn
	קטרו	piel	pft	3cp	קטר	882		make sacrifices
	הסכו	hiph	pft	3cp	נסך	650		pour out
	הכעסני	hiph	infc		כעס	494	1cs	vex, provoke
32:30	היו	qal	pft	3cp	היה	224		be, become
	עשים	qal	ptc	mp	עשה	793		do, make
	מכעסים	hiph	ptc	mp	כעס	494		vex, provoke
32:31	היתה	qal	pft	3fs	היה	224		be, become
	בנו	qal	pft	3cp	בנה	124		build
	הסירה	hiph	infc		סור	693	3fs	take away
32:32	עשו	qal	pft	3cp	עשה	793		do, make
	הכעסני	hiph	infc		כעס	494	1cs	vex, provoke
	ישבי	qal	ptc	mp	ישב	442		sit, dwell
32:33	יפנו	qal	wci	3mp	פנה	815		turn
	למד	piel	infa		למד	540		teach
	השכם	hiph	infa		שכם	1014		rise early
	למד	piel	infa		למד	540		teach
	שמעים	qal	ptc	mp	שמע	1033		hear
	קחת	qal	infc		לקח	542		take
32:34	ישימו	qal	wci	3mp	שים	962		put, set
	נקרא	niph	pft	3ms	קרא	894		be called
	טמאו	piel	infc		טמא	379	3ms	defile
32:35	יבנו	qal	wci	3mp	בנה	124		build
	העביר	hiph	infc		עבר	716		cause to pass
	צויתים	piel	pft	1cs	צוה	845	3mp	command
	עלתה	qal	pft	3fs	עלה	748		go up
	עשות	qal	infc		עשה	793		do, make
	החטיk	hiph	infc		חטא	306		cause to sin
	ההטיאq	hiph	infc		חטא	306		cause to sin
32:36	אמר	qal	pft	3ms	אמר	55		say
	אמרים	qal	ptc	mp	אמר	55		say
	נתנה	niph	pft	3fs	נתן	678		be given
32:37	מקבצם	piel	ptc	ms	קבץ	867	3mp	gather together
	הדחתים	hiph	pft	1cs	נדח	623	3mp	thrust out
	השבתים	hiph	wcp	1cs	שוב	996	3mp	bring back
	השבתים	hiph	wcp	1cs	ישב	442	3mp	cause to dwell
32:38	היו	qal	wcp	3cp	היה	224		be, become
	אהיה	qal	impf	1cs	היה	224		be, become
32:39	נתתי	qal	wcp	1cs	נתן	678		give, set
	יראה	qal	infc		ירא	431		fear
	טוב	qal	infc		טוב	373		be pleasing
32:40	כרתי	qal	wcp	1cs	כרת	503		cut, destroy
	אשוב	qal	impf	1cs	שוב	996		turn, return
	היטיבי	hiph	infc		יטב	405	1cs	do good
	אתן	qal	impf	1cs	נתן	678		give, set
	סור	qal	infc		סור	693		turn aside
32:41	ששתי	qal	wcp	1cs	שוש	965		exult
	הטיב	hiph	infc		יטב	405		do good
	נטעתים	qal	wcp	1cs	נטע	642	3mp	plant
32:42	אמר	qal	pft	3ms	אמר	55		say
	הבאתי	hiph	pft	1cs	בוא	97		bring in

Jeremiah 32: 42– 34: 1

ChVs	Form	Stem	Tnse	PGN	Root	BDB	Sfx	Meaning
32:42	מביא	hiph	ptc	ms	בוא	97		bring in
	דבר	qal	ptc	ms	דבר	180		speak
32:43	נקנה	niph	wcp	3ms	קנה	888		be bought
	אמרים	qal	ptc	mp	אמר	55		say
	נתנה	niph	pft	3fs	נתן	678		be given
32:44	יקנו	qal	impf	3mp	קנה	888		get, buy
	כתוב	qal	infa		כתב	507		write
	חתום	qal	infa		חתם	367		seal
	העד	hiph	infa		עוד	729		testify, warn
	אשיב	hiph	impf	1cs	שוב	996		bring back
33:1	יהי	qal	wci	3ms	היה	224		be, become
	עצור	qal	pptc	ms	עצר	783		restrain
	אמר	qal	infc		אמר	55		say
33:2	אמר	qal	pft	3ms	אמר	55		say
	עשה	qal	ptc	ms	עשה	793	3fs	do, make
	יוצר	qal	ptc	ms	יצר	427		form, create
	הכינה	hiph	infc		כון	465	3fs	fix, prepare
33:3	קרא	qal	impv	ms	קרא	894		call, proclaim
	אענך	qal	cohm	1cs	ענה	772	2ms	answer
	אגידה	hiph	coh	1cs	נגד	616		declare, tell
	בצרות	qal	pptc	fp	בצר	130		cut off
	ידעתם	qal	pft	2ms	ידע	393	3ms	know
33:4	אמר	qal	pft	3ms	אמר	55		say
	נתצים	qal	pptc	mp	נתץ	683		pull down
33:5	באים	qal	ptc	mp	בוא	97		come in
	הלחם	niph	infc		לחם	535		wage war
	מלאם	piel	infc		מלא	569	3mp	fill
	הכיתי	hiph	pft	1cs	נכה	645		smite
	הסתרתי	hiph	pft	1cs	סתר	711		hide
33:6	מעלה	hiph	ptc	ms	עלה	748		bring up, offer
	רפאתים	qal	wcp	1cs	רפא	950	3mp	heal
	גליתי	piel	wcp	1cs	גלה	162		uncover
33:7	השבתי	hiph	wcp	1cs	שוב	996		bring back
	בנתים	qal	wcp	1cs	בנה	124	3mp	build
33:8	טהרתים	piel	wcp	1cs	טהר	372	3mp	cleanse
	חטאו	qal	pft	3cp	חטא	306		sin
	סלחתי	qal	wcp	1cs	סלח	699		forgive, pardon
	חטאו	qal	pft	3cp	חטא	306		sin
	פשעו	qal	pft	3cp	פשע	833		rebel, sin
33:9	היתה	qal	wcp	3fs	היה	224		be, become
	ישמעו	qal	impf	3mp	שמע	1033		hear
	עשה	qal	ptc	ms	עשה	793		do, make
	פחדו	qal	wcp	3cp	פחד	808		be in dread
	רגזו	qal	wcp	3cp	רגז	919		quake
	עשה	qal	ptc	ms	עשה	793		do, make
33:10	אמר	qal	pft	3ms	אמר	55		say
	ישמע	niph	impf	3ms	שמע	1033		be heard
	אמרים	qal	ptc	mp	אמר	55		say
	נשמות	niph	ptc	fp	שמם	1030		be desolate
	יושב	qal	ptc	ms	ישב	442		sit, dwell
33:11	אמרים	qal	ptc	mp	אמר	55		say
	הודו	hiph	impv	mp	ידה	392		praise
	מבאים	hiph	ptc	mp	בוא	97		bring in
	אשיב	hiph	impf	1cs	שוב	996		bring back
33:11	אמר	qal	pft	3ms	אמר	55		say
33:12	אמר	qal	pft	3ms	אמר	55		say
	יהיה	qal	impf	3ms	היה	224		be, become
	רעים	qal	ptc	mp	רעה	944		pasture, tend
	מרבצים	hiph	ptc	mp	רבץ	918		c. to lie down
33:13	תעברנה	qal	impf	3fp	עבר	716		pass over
	מונה	qal	ptc	ms	מנה	584		count, allot
	אמר	qal	pft	3ms	אמר	55		say
33:14	באים	qal	ptc	mp	בוא	97		come in
	הקמתי	hiph	wcp	1cs	קום	877		raise, build, set
	דברתי	piel	pft	1cs	דבר	180		speak
33:15	אצמיח	hiph	impf	1cs	צמח	855		cause to grow
	עשה	qal	wcp	3ms	עשה	793		do, make
33:16	תושע	niph	impf	3fs	ישע	446		be saved
	תשכון	qal	impf	3fs	שכן	1014		settle, dwell
	יקרא	qal	impf	3ms	קרא	894		call, proclaim
33:17	אמר	qal	pft	3ms	אמר	55		say
	יכרת	niph	impf	3ms	כרת	503		be cut off
	ישב	qal	ptc	ms	ישב	442		sit, dwell
33:18	יכרת	niph	impf	3ms	כרת	503		be cut off
	מעלה	hiph	ptc	ms	עלה	748		bring up, offer
	מקטיר	hiph	ptc	ms	קטר	882		make sacrifices
	עשה	qal	ptc	ms	עשה	793		do, make
33:19	יהי	qal	wci	3ms	היה	224		be, become
	אמור	qal	infc		אמר	55		say
33:20	אמר	qal	pft	3ms	אמר	55		say
	תפרו	hiph	impf	2mp	פרר	830		break, frustrate
	היות	qal	infc		היה	224		be, become
33:21	תפר	hoph	impf	3fs	פרר	830		be broken
	היות	qal	infc		היה	224		be, become
	מלך	qal	ptc	ms	מלך	573		be king, reign
	משרתי	piel	ptc	mp	שרת	1058	1cs	minister, serve
33:22	יספר	niph	impf	3ms	ספר	707		be counted
	ימד	niph	impf	3ms	מדד	551		be measured
	ארבה	hiph	impf	1cs	רבה	915		make many
	משרתי	piel	ptc	mp	שרת	1058		minister, serve
33:23	יהי	qal	wci	3ms	היה	224		be, become
	אמר	qal	infc		אמר	55		say
33:24	ראית	qal	pft	2ms	ראה	906		see
	דברו	piel	pft	3cp	דבר	180		speak
	אמר	qal	infc		אמר	55		say
	בחר	qal	pft	3ms	בחר	103		choose
	ימאסם	qal	wci	3ms	מאס	549	3mp	reject, refuse
	ינאצון	qal	impf	3mp	נאץ	610		spurn
	היות	qal	infc		היה	224		be, become
33:25	אמר	qal	pft	3ms	אמר	55		say
	שמתי	qal	pft	1cs	שים	962		put, set
33:26	אמאס	qal	impf	1cs	מאס	549		reject, refuse
	קחת	qal	infc		לקח	542		take
	משלים	qal	ptc	mp	משל	605		rule
	אאשובk	qal	impf	1cs	שוב	996		turn, return
	אאשיבq	hiph	impf	1cs	שוב	996		bring back
	רחמתים	piel	wcp	1cs	רחם	933	3mp	have compassion
34:1	היה	qal	pft	3ms	היה	224		be, become

Jeremiah 34: 1 – 35: 6

ChVs	Form	Stem	Tnse	PGN	Root	BDB	Sfx	Meaning
34: 1	נלחמים	niph	ptc	mp	לחם	535		wage war
	אמר	qal	infc		אמר	55		say
34: 2	אמר	qal	pft	3ms	אמר	55		say
	הלך	qal	infa		הלך	229		walk, go
	אמרת	qal	wcp	2ms	אמר	55		say
	אמרת	qal	wcp	2ms	אמר	55		say
	אמר	qal	pft	3ms	אמר	55		say
	נתן	qal	ptc	ms	נתן	678		give, set
	שרפה	qal	wcp	3ms	שרף	976	3fs	burn
34: 3	תמלט	niph	impf	2ms	מלט	572		escape
	תפש	qal	infa		תפש	1074		seize, grasp
	תתפש	niph	impf	2ms	תפש	1074		be seized
	תנתן	niph	impf	2ms	נתן	678		be given
	תראינה	qal	impf	3fp	ראה	906		see
	ידבר	piel	impf	3ms	דבר	180		speak
	תבוא	qal	impf	2ms	בוא	97		come in
34: 4	שמע	qal	impv	ms	שמע	1033		hear
	אמר	qal	pft	3ms	אמר	55		say
	תמות	qal	impf	2ms	מות	559		die
34: 5	תמות	qal	impf	2ms	מות	559		die
	היו	qal	pft	3cp	היה	224		be, become
	ישרפו	qal	impf	3mp	שרף	976		burn
	יספדו	qal	impf	3mp	ספד	704		wail, lament
	דברתי	piel	pft	1cs	דבר	180		speak
34: 6	ידבר	piel	wci	3ms	דבר	180		speak
34: 7	נלחמים	niph	ptc	mp	לחם	535		wage war
	נותרות	niph	ptc	fp	יתר	451		be left, remain
	נשארו	niph	pft	3cp	שאר	983		be left
34: 8	היה	qal	pft	3ms	היה	224		be, become
	כרת	qal	infc		כרת	503		cut, destroy
	קרא	qal	infc		קרא	894		call, proclaim
34: 9	שלח	piel	infc		שלח	1018		send away, shoot
	עבד	qal	infc		עבד	712		work, serve
34: 10	ישמעו	qal	wci	3mp	שמע	1033		hear
	באו	qal	pft	3cp	בוא	97		come in
	שלח	piel	infc		שלח	1018		send away, shoot
	עבד	qal	infc		עבד	712		work, serve
	ישמעו	qal	wci	3mp	שמע	1033		hear
	ישלחו	piel	wci	3mp	שלח	1018		send away, shoot
34: 11	ישובו	qal	wci	3mp	שוב	996		turn, return
	ישבו	hiph	wci	3mp	שוב	996		bring back
	שלחו	piel	pft	3cp	שלח	1018		send away, shoot
	ויכבישוּk	hiph	wci	3mp	כבש	461	3mp	subdue
	ויכבשו q	hiph	wci	3mp	כבש	461	3mp	subdue
34: 12	יהי	qal	wci	3ms	היה	224		be, become
	אמר	qal	infc		אמר	55		say
34: 13	אמר	qal	pft	3ms	אמר	55		say
	כרתי	qal	pft	1cs	כרת	503		cut, destroy
	הוצאי	hiph	infc		יצא	422	1cs	bring out
	אמר	qal	infc		אמר	55		say
34: 14	תשלחו	piel	impf	2mp	שלח	1018		send away, shoot
	ימכר	niph	impf	3ms	מכר	569		be sold
	עבדך	qal	wcp	3ms	עבד	712	2ms	work, serve
	שלחתו	piel	wcp	2ms	שלח	1018	3ms	send away, shoot

ChVs	Form	Stem	Tnse	PGN	Root	BDB	Sfx	Meaning
34: 14	שמעו	qal	pft	3cp	שמע	1033		hear
	הטו	hiph	pft	3cp	נטה	639		turn, incline
34: 15	תשבו	qal	wci	2mp	שוב	996		turn, return
	תעשו	qal	wci	2mp	עשה	793		do, make
	קרא	qal	infc		קרא	894		call, proclaim
	תכרתו	qal	wci	2mp	כרת	503		cut, destroy
	נקרא	niph	pft	3ms	קרא	894		be called
34: 16	תשבו	qal	wci	2mp	שוב	996		turn, return
	תחללו	piel	wci	2mp	חלל	320		pollute
	תשבו	hiph	wci	2mp	שוב	996		bring back
	שלחתם	piel	pft	2mp	שלח	1018		send away, shoot
	תכבשו	qal	wci	2mp	כבש	461		subdue
	היות	qal	infc		היה	224		be, become
34: 17	אמר	qal	pft	3ms	אמר	55		say
	שמעתם	qal	pft	2mp	שמע	1033		hear
	קרא	qal	infc		קרא	894		call, proclaim
	קרא	qal	ptc	ms	קרא	894		call, proclaim
	נתתי	qal	wcp	1cs	נתן	678		give, set
34: 18	נתתי	qal	wcp	1cs	נתן	678		give, set
	עברים	qal	ptc		עבר	716		pass over
	הקימו	hiph	pft	3cp	קום	877		raise, build, set
	כרתו	qal	pft	3cp	כרת	503		cut, destroy
	כרתו	qal	pft	3cp	כרת	503		cut, destroy
	יעברו	qal	wci	3mp	עבר	716		pass over
34: 19	עברים	qal	ptc	mp	עבר	716		pass over
34: 20	נתתי	qal	wcp	1cs	נתן	678		give, set
	איביהם	qal	ptc	mp	איב	33	3mp	be hostile to
	מבקשי	piel	ptc	mp	בקש	134		seek
	היתה	qal	wcp	3fs	היה	224		be, become
34: 21	אתן	qal	impf	1cs	נתן	678		give, set
	איביהם	qal	ptc	mp	איב	33	3mp	be hostile to
	מבקשי	piel	ptc	mp	בקש	134		seek
	עלים	qal	ptc	mp	עלה	748		go up
34: 22	מצוה	piel	ptc	ms	צוה	845		command
	השבתים	hiph	wcp	1cs	שוב	996	3mp	bring back
	נלחמו	niph	pft	3cp	לחם	535		wage war
	לכדוה	qal	wcp	3cp	לכד	539	3fs	capture
	שרפה	qal	wcp	3cp	שרף	976	3fs	burn
	אתן	qal	impf	1cs	נתן	678		give, set
	ישב	qal	ptc	ms	ישב	442		sit, dwell
35: 1	היה	qal	pft	3ms	היה	224		be, become
	אמר	qal	infc		אמר	55		say
35: 2	הלוך	qal	infa		הלך	229		walk, go
	דברת	piel	wcp	2ms	דבר	180		speak
	הבאותם	hiph	wcp	2ms	בוא	97	3mp	bring in
	השקית	hiph	wcp	2ms	שקה	1052		give to drink
35: 3	אקח	qal	wci	1cs	לקח	542		take
35: 4	אבא	hiph	wci	1cs	בוא	97		bring in
	שמר	qal	ptc	ms	שמר	1036		keep, watch
35: 5	אתן	qal	wci	1cs	נתן	678		give, set
	אמר	qal	wci	1cs	אמר	55		say
	שתו	qal	impv	mp	שתה	1059		drink
35: 6	יאמרו	qal	wci	3mp	אמר	55		say
	נשתה	qal	impf	1cp	שתה	1059		drink

Jeremiah 35:6 – 36:9

ChVs	Form	Stem	Tnse	PGN	Root	BDB	Sfx	Meaning
35:6	צוה	piel	pft	3ms	צוה	845		command
	אמר	qal	infc		אמר	55		say
	תשתו	qal	impf	2mp	שתה	1059		drink
35:7	תבנו	qal	impf	2mp	בנה	124		build
	תזרעו	qal	impf	2mp	זרע	281		sow
	תטעו	qal	impf	2mp	נטע	642		plant
	יהיה	qal	impf	3ms	היה	224		be, become
	תשבו	qal	impf	2mp	ישב	442		sit, dwell
	תחיו	qal	impf	2mp	חיה	310		live
	גרים	qal	ptc	mp	גור	157		sojourn
35:8	נשמע	qal	wci	1cp	שמע	1033		hear
	צונו	piel	pft	3ms	צוה	845	1cp	command
	שתות	qal	infc		שתה	1059		drink
35:9	בנות	qal	infc		בנה	124		build
	שבתנו	qal	infc		ישב	442	1cp	sit, dwell
	יהיה	qal	impf	3ms	היה	224		be, become
35:10	נשב	qal	wci	1cp	ישב	442		sit, dwell
	נשמע	qal	wci	1cp	שמע	1033		hear
	נעש	qal	wci	1cp	עשה	793		do, make
	צונו	piel	pft	3ms	צוה	845	1cp	command
35:11	יהי	qal	wci	3ms	היה	224		be, become
	עלות	qal	infc		עלה	748		go up
	נאמר	qal	wci	1cp	אמר	55		say
	באו	qal	impv	mp	בוא	97		come in
	נבוא	qal	cohm	1cp	בוא	97		come in
	נשב	qal	wci	1cp	ישב	442		sit, dwell
35:12	יהי	qal	wci	3ms	היה	224		be, become
	אמר	qal	infc		אמר	55		say
35:13	אמר	qal	pft	3ms	אמר	55		say
	הלך	qal	infa		הלך	229		walk, go
	אמרת	qal	wcp	2ms	אמר	55		say
	יושבי	qal	ptc	mp	ישב	442		sit, dwell
	תקחו	qal	impf	2mp	לקח	542		take
	שמע	qal	infc		שמע	1033		hear
35:14	הוקם	hoph	pft	3ms	קום	877		be raised up
	צוה	piel	pft	3ms	צוה	845		command
	שתות	qal	infc		שתה	1059		drink
	שתו	qal	pft	3cp	שתה	1059		drink
	שמעו	qal	pft	3cp	שמע	1033		hear
	דברתי	piel	pft	1cs	דבר	180		speak
	השכם	hiph	infa		שכם	1014		rise early
	דבר	piel	infa		דבר	180		speak
	שמעתם	qal	pft	2mp	שמע	1033		hear
35:15	אשלח	qal	wci	1cs	שלח	1018		send
	השכים	hiph	infa		שכם	1014		rise early
	שלח	qal	infa		שלח	1018		send
	אמר	qal	infc		אמר	55		say
	שבו	qal	impv	mp	שוב	996		turn, return
	היטיבו	hiph	impv	mp	יטב	405		do good
	תלכו	qal	jusm	mp	הלך	229		walk, go
	עבד	qal	infc		עבד	712	3mp	work, serve
	שבו	qal	impv	mp	ישב	442		sit, dwell
	נתתי	qal	pft	1cs	נתן	678		give, set
	הטיתם	hiph	pft	2mp	נטה	639		turn, incline
35:15	שמעתם	qal	pft	2mp	שמע	1033		hear
35:16	הקימו	hiph	pft	3cp	קום	877		raise, build, set
	צום	piel	pft	3ms	צוה	845	3mp	command
	שמעו	qal	pft	3cp	שמע	1033		hear
35:17	אמר	qal	pft	3ms	אמר	55		say
	מביא	hiph	ptc	ms	בוא	97		bring in
	יושבי	qal	ptc	mp	ישב	442		sit, dwell
	דברתי	piel	pft	1cs	דבר	180		speak
	דברתי	piel	pft	1cs	דבר	180		speak
	שמעו	qal	pft	3cp	שמע	1033		hear
	אקרא	qal	wci	1cs	קרא	894		call, proclaim
	ענו	qal	pft	3cp	ענה	772		answer
35:18	אמר	qal	pft	3ms	אמר	55		say
	אמר	qal	pft	3ms	אמר	55		say
	שמעתם	qal	pft	2mp	שמע	1033		hear
	תשמרו	qal	wci	2mp	שמר	1036		keep, watch
	תעשו	qal	wci	2mp	עשה	793		do, make
	צוה	piel	pft	3ms	צוה	845		command
35:19	אמר	qal	pft	3ms	אמר	55		say
	יכרת	niph	impf	3ms	כרת	503		be cut off
	עמד	qal	ptc	ms	עמד	763		stand, stop
36:1	יהי	qal	wci	3ms	היה	224		be, become
	היה	qal	pft	3ms	היה	224		be, become
	אמר	qal	infc		אמר	55		say
36:2	קח	qal	impv	ms	לקח	542		take
	כתבת	qal	wcp	2ms	כתב	507		write
	דברתי	piel	pft	1cs	דבר	180		speak
	דברתי	piel	pft	1cs	דבר	180		speak
36:3	ישמעו	qal	impf	3mp	שמע	1033		hear
	חשב	qal	ptc	ms	חשב	362		think, devise
	עשות	qal	infc		עשה	793		do, make
	ישובו	qal	impf	3mp	שוב	996		turn, return
	סלחתי	qal	wcp	1cs	סלח	699		forgive, pardon
36:4	יקרא	qal	wci	3ms	קרא	894		call, proclaim
	יכתב	qal	wci	3ms	כתב	507		write
	דבר	piel	pft	3ms	דבר	180		speak
36:5	יצוה	piel	wci	3ms	צוה	845		command
	אמר	qal	infc		אמר	55		say
	עצור	qal	pptc	ms	עצר	783		restrain
	אוכל	qal	impf	1cs	יכל	407		be able
	בוא	qal	infc		בוא	97		come in
36:6	באת	qal	wcp	2ms	בוא	97		come in
	קראת	qal	wcp	2ms	קרא	894		call, proclaim
	כתבת	qal	pft	2ms	כתב	507		write
	באים	qal	ptc	mp	בוא	97		come in
	תקראם	qal	impf	2ms	קרא	894	3mp	call, proclaim
36:7	תפל	qal	impf	3fs	נפל	656		fall
	ישבו	qal	impf	3mp	שוב	996		turn, return
	דבר	piel	pft	3ms	דבר	180		speak
36:8	יעש	qal	wci	3ms	עשה	793		do, make
	צוהו	piel	pft	3ms	צוה	845	3ms	command
	קרא	qal	infc		קרא	894		call, proclaim
36:9	יהי	qal	wci	3ms	היה	224		be, become
	קראו	qal	pft	3cp	קרא	894		call, proclaim

ChVs	Form	Stem	Tnse	PGN	Root	BDB	Sfx	Meaning
36:9	באים	qal	ptc	mp	בוא	97		come in
36:10	יקרא	qal	wci	3ms	קרא	894		call,proclaim
36:11	ישמע	qal	wci	3ms	שמע	1033		hear
36:12	ירד	qal	wci	3ms	ירד	432		come down
	יושבים	qal	ptc	mp	ישב	442		sit,dwell
36:13	יגד	hiph	wci	3ms	נגד	616		declare,tell
	שמע	qal	pft	3ms	שמע	1033		hear
	קרא	qal	infc		קרא	894		call,proclaim
36:14	ישלחו	qal	wci	3mp	שלח	1018		send
	אמר	qal	infc		אמר	55		say
	קראת	qal	pft	2ms	קרא	894		call,proclaim
	קחנה	qal	impv	ms	לקח	542	3fs	take
	לך	qal	impv	ms	הלך	229		walk,go
	יקח	qal	wci	3ms	לקח	542		take
	יבא	qal	wci	3ms	בוא	97		come in
36:15	יאמרו	qal	wci	3mp	אמר	55		say
	שב	qal	impv	ms	ישב	442		sit,dwell
	קראנה	qal	impv	ms	קרא	894	3fs	call,proclaim
	יקרא	qal	wci	3ms	קרא	894		call,proclaim
36:16	יהי	qal	wci	3ms	היה	224		be,become
	שמעם	qal	infc		שמע	1033	3mp	hear
	פחדו	qal	pft	3cp	פחד	808		be in dread
	יאמרו	qal	wci	3mp	אמר	55		say
	הגיד	hiph	infa		נגד	616		declare,tell
	נגיד	hiph	impf	1cp	נגד	616		declare,tell
36:17	שאלו	qal	pft	3cp	שאל	981		ask,borrow
	אמר	qal	infc		אמר	55		say
	הגד	hiph	impv	ms	נגד	616		declare,tell
	כתבת	qal	pft	2ms	כתב	507		write
36:18	יאמר	qal	wci	3ms	אמר	55		say
	יקרא	qal	impf	3ms	קרא	894		call,proclaim
	כתב	qal	ptc	ms	כתב	507		write
36:19	יאמרו	qal	wci	3mp	אמר	55		say
	לך	qal	impv	ms	הלך	229		walk,go
	הסתר	niph	impv	ms	סתר	711		hide,be hid
	ידע	qal	jusm	3ms	ידע	393		know
36:20	יבאו	qal	wci	3mp	בוא	97		come in
	הפקדו	hiph	pft	3cp	פקד	823		set,entrust
	הגידו	hiph	wci	3cp	נגד	616		declare,tell
36:21	ישלח	qal	wci	3ms	שלח	1018		send
	קחת	qal	infc		לקח	542		take
	יקחה	qal	wci	3ms	לקח	542	3fs	take
	יקראה	qal	wci	3ms	קרא	894	3fs	call,proclaim
	עמדים	qal	ptc	mp	עמד	763		stand,stop
36:22	יושב	qal	ptc	ms	ישב	442		sit,dwell
	מבערת	pual	ptc	fs	בער	128		burn
36:23	יהי	qal	wci	3ms	היה	224		be,become
	קרוא	qal	infc		קרא	894		call,proclaim
	יקרעה	qal	impf	3ms	קרע	902	3fs	tear,rend
	השלך	hiph	infa		שלך	1020		throw,cast
	תם	qal	infc		תמם	1070		be finished
36:24	פחדו	qal	pft	3cp	פחד	808		be in dread
	קרעו	qal	pft	3cp	קרע	902		tear,rend
	שמעים	qal	ptc	mp	שמע	1033		hear
36:25	הפגעו	hiph	pft	3cp	פגע	803		entreat,attack
	שרף	qal	infc		שרף	976		burn
	שמע	qal	pft	3ms	שמע	1033		hear
36:26	יצוה	piel	wci	3ms	צוה	845		command
	קחת	qal	infc		לקח	542		take
	יסתרם	hiph	wci	3ms	סתר	711	3mp	hide
36:27	יהי	qal	wci	3ms	היה	224		be,become
	שרף	qal	infc		שרף	976		burn
	כתב	qal	pft	3ms	כתב	507		write
	אמר	qal	infc		אמר	55		say
36:28	שוב	qal	impv	ms	שוב	996		turn,return
	קח	qal	impv	ms	לקח	542		take
	כתב	qal	impv	ms	כתב	507		write
	היו	qal	pft	3cp	היה	224		be,become
	שרף	qal	pft	3ms	שרף	976		burn
36:29	תאמר	qal	impf	2ms	אמר	55		say
	אמר	qal	pft	3ms	אמר	55		say
	שרפת	qal	pft	2ms	שרף	976		burn
	אמר	qal	infc		אמר	55		say
	כתבת	qal	pft	2ms	כתב	507		write
	אמר	qal	infc		אמר	55		say
	בא	qal	infa		בוא	97		come in
	יבוא	qal	impf	3ms	בוא	97		come in
	השחית	hiph	wcp	3ms	שחת	1007		spoil,ruin
	השבית	hiph	wcp	3ms	שבת	991		destroy,remove
36:30	אמר	qal	pft	3ms	אמר	55		say
	יהיה	qal	impf	3ms	היה	224		be,become
	יושב	qal	ptc	ms	ישב	442		sit,dwell
	תהיה	qal	impf	3fs	היה	224		be,become
	משלכת	hoph	ptc	fs	שלך	1020		be cast
36:31	פקדתי	qal	wcp	1cs	פקד	823		attend to,visit
	הבאתי	hiph	wcp	1cs	בוא	97		bring in
	ישבי	qal	ptc	mp	ישב	442		sit,dwell
	דברתי	piel	pft	1cs	דבר	180		speak
	שמעו	qal	pft	3cp	שמע	1033		hear
36:32	לקח	qal	pft	3ms	לקח	542		take
	יתנה	qal	wci	3ms	נתן	678	3fs	give,set
	יכתב	qal	wci	3ms	כתב	507		write
	שרף	qal	pft	3ms	שרף	976		burn
	נוסף	niph	pft	3ms	יסף	414		be joined to
37:1	ימלך	qal	wci	3ms	מלך	573		be king,reign
	המליך	hiph	pft	3ms	מלך	573		cause to reign
37:2	שמע	qal	pft	3ms	שמע	1033		hear
	דבר	piel	pft	3ms	דבר	180		speak
37:3	ישלח	qal	wci	3ms	שלח	1018		send
	אמר	qal	infc		אמר	55		say
	התפלל	hith	impv	ms	פלל	813		pray
37:4	בא	qal	ptc	ms	בוא	97		come in
	יצא	qal	ptc	ms	יצא	422		go out
	נתנו	qal	pft	3cp	נתן	678		give,set
37:5	יצא	qal	pft	3ms	יצא	422		go out
	ישמעו	qal	wci	3mp	שמע	1033		hear
	צרים	qal	ptc	mp	צור	848		confine,shut in
	יעלו	niph	wci	3mp	עלה	748		be brought up

Jeremiah 37:6–38:10

ChVs	Form	Stem	Tnse	PGN	Root	BDB	Sfx	Meaning
37:6	יהי	qal	wci	3ms	היה	224		be, become
	אמר	qal	infc		אמר	55		say
37:7	אמר	qal	pft	3ms	אמר	55		say
	תאמרו	qal	impf	2mp	אמר	55		say
	שלח	qal	ptc	ms	שלח	1018		send
	דרשני	qal	infc		דרש	205	1cs	resort to, seek
	יצא	qal	pft	3ms	יצא	422		go out
	שב	qal	ptc	ms	שוב	996		turn, return
37:8	שבו	qal	wcp	3cp	שוב	996		turn, return
	נלחמו	niph	wcp	3cp	לחם	535		wage war
	לכדה	qal	wcp	3cp	לכד	539	3fs	capture
	שרפה	qal	wcp	3cp	שרף	976	3fs	burn
37:9	אמר	qal	pft	3ms	אמר	55		say
	תשאו	hiph	jusm	2mp	נשא	674		beguile
	אמר	qal	infc		אמר	55		say
	הלך	qal	infa		הלך	229		walk, go
	ילכו	qal	impf	3mp	הלך	229		walk, go
	ילכו	qal	impf	3mp	הלך	229		walk, go
37:10	הכיתם	hiph	pft	2mp	נכה	645		smite
	נלחמים	niph	ptc	mp	לחם	535		wage war
	נשארו	niph	pft	3cp	שאר	983		be left
	מדקרים	pual	ptc	mp	דקר	201		be pierced
	יקומו	qal	impf	3mp	קום	877		arise, stand
	שרפו	qal	wcp	3cp	שרף	976		burn
37:11	היה	qal	wcp	3ms	היה	224		be, become
	העלות	niph	infc		עלה	748		be brought up
37:12	יצא	qal	wci	3ms	יצא	422		go out
	לכת	qal	infc		הלך	229		walk, go
	חלק	hiph	infc		חלק	323		receive portion
37:13	יהי	qal	wci	3ms	היה	224		be, become
	יתפש	qal	wci	3ms	תפש	1074		seize, grasp
	אמר	qal	infc		אמר	55		say
	נפל	qal	ptc	ms	נפל	656		fall
37:14	יאמר	qal	wci	3ms	אמר	55		say
	נפל	qal	ptc	ms	נפל	656		fall
	שמע	qal	pft	3ms	שמע	1033		hear
	יתפש	qal	wci	3ms	תפש	1074		seize, grasp
	יבאהו	hiph	wci	3ms	בוא	97	3ms	bring in
37:15	יקצפו	qal	wci	3mp	קצף	893		be angry
	הכו	hiph	pft	3cp	נכה	645		smite
	נתנו	qal	pft	3cp	נתן	678		give, set
	עשו	qal	pft	3cp	עשה	793		do, make
37:16	בא	qal	pft	3ms	בוא	97		come in
	ישב	qal	wci	3ms	ישב	442		sit, dwell
37:17	ישלח	qal	wci	3ms	שלח	1018		send
	יקחהו	qal	wci	3ms	לקח	542	3ms	take
	ישאלהו	qal	wci	3ms	שאל	981	3ms	ask, borrow
	יאמר	qal	wci	3ms	אמר	55		say
	יאמר	qal	wci	3ms	אמר	55		say
	יאמר	qal	wci	3ms	אמר	55		say
	תנתן	niph	impf	2ms	נתן	678		be given
37:18	יאמר	qal	wci	3ms	אמר	55		say
	חטאתי	qal	pft	1cs	חטא	306		sin
	נתתם	qal	pft	2mp	נתן	678		give, set
37:19	נבאו	niph	pft	3cp	נבא	612		prophesy
	אמר	qal	infc		אמר	55		say
	יבא	qal	impf	3ms	בוא	97		come in
37:20	שמע	qal	impv	ms	שמע	1033		hear
	תפל	qal	jus	3fs	נפל	656		fall
	תשבני	hiph	jusm	2ms	שוב	996	1cs	bring back
	אמות	qal	impf	1cs	מות	559		die
37:21	יצוה	piel	wci	3ms	צוה	845		command
	יפקדו	hiph	wci	3mp	פקד	823		set, entrust
	נתן	qal	infa		נתן	678		give, set
	אפים	qal	ptc	mp	אפה	66		bake
	תם	qal	infc		תמם	1070		be finished
	ישב	qal	wci	3ms	ישב	442		sit, dwell
38:1	ישמע	qal	wci	3ms	שמע	1033		hear
	מדבר	piel	ptc	ms	דבר	180		speak
	אמר	qal	infc		אמר	55		say
38:2	אמר	qal	pft	3ms	אמר	55		say
	ישב	qal	ptc	ms	ישב	442		sit, dwell
	ימות	qal	impf	3ms	מות	559		die
	יצא	qal	ptc	ms	יצא	422		go out
	יחיה k	qal	impf	3ms	חיה	310		live
	חיה q	qal	wcp	3ms	חיה	310		live
	היתה	qal	wcp	3fs	היה	224		be, become
	חי	qal	wcp	3ms	חיה	310		live
38:3	אמר	qal	pft	3ms	אמר	55		say
	הנתן	niph	infa		נתן	678		be given
	תנתן	niph	impf	3fs	נתן	678		be given
	לכדה	qal	wcp	3ms	לכד	539	3fs	capture
38:4	יאמרו	qal	wci	3mp	אמר	55		say
	יומת	hoph	jusm	3ms	מות	559		be killed
	מרפא	piel	ptc	ms	רפה	951		let fall
	נשארים	niph	ptc	mp	שאר	983		be left
	דבר	piel	infc		דבר	180		speak
	דרש	qal	ptc	ms	דרש	205		resort to, seek
38:5	יאמר	qal	wci	3ms	אמר	55		say
	יוכל	qal	impf	3ms	יכל	407		be able
38:6	יקחו	qal	wci	3mp	לקח	542		take
	ישלכו	hiph	wci	3mp	שלך	1020		throw, cast
	ישלחו	piel	wci	3mp	שלח	1018		send away, shoot
	יטבע	qal	wci	3ms	טבע	371		sink
38:7	ישמע	qal	wci	3ms	שמע	1033		hear
	נתנו	qal	pft	3cp	נתן	678		give, set
	יושב	qal	ptc	ms	ישב	442		sit, dwell
38:8	יצא	qal	wci	3ms	יצא	422		go out
	ידבר	piel	wci	3ms	דבר	180		speak
	אמר	qal	infc		אמר	55		say
38:9	הרעו	hiph	pft	3cp	רעע	949		hurt, do evil
	עשו	qal	pft	3cp	עשה	793		do, make
	השליכו	hiph	pft	3cp	שלך	1020		throw, cast
	ימת	qal	wci	3ms	מות	559		die
38:10	יצוה	piel	wci	3ms	צוה	845		command
	אמר	qal	infc		אמר	55		say
	קח	qal	impv	ms	לקח	542		take
	העלית	hiph	wcp	2ms	עלה	748		bring up, offer

ChVs	Form	Stem	Tnse	PGN	Root	BDB	Sfx	Meaning
38:10	ימות	qal	impf	3ms	מות	559		die
38:11	יקח	qal	wci	3ms	לקח	542		take
	יבא	qal	wci	3ms	בוא	97		come in
	יקח	qal	wci	3ms	לקח	542		take
	ישלחם	piel	wci	3ms	שלח	1018	3mp	send away, shoot
38:12	יאמר	qal	wci	3ms	אמר	55		say
	שים	qal	impv	ms	שים	962		put, set
	יעש	qal	wci	3ms	עשה	793		do, make
38:13	ימשכו	qal	wci	3mp	משך	604		draw, pull
	יעלו	hiph	wci	3mp	עלה	748		bring up, offer
	ישב	qal	wci	3ms	ישב	442		sit, dwell
38:14	ישלח	qal	wci	3ms	שלח	1018		send
	יקח	qal	wci	3ms	לקח	542		take
	יאמר	qal	wci	3ms	אמר	55		say
	שאל	qal	ptc		שאל	981		ask, borrow
	תכחד	piel	jusm	2ms	כחד	470		hide
38:15	יאמר	qal	wci	3ms	אמר	55		say
	אגיד	hiph	impf	1cs	נגד	616		declare, tell
	המת	hiph	infa		מות	559		kill
	תמיתני	hiph	impf	2ms	מות	559	1cs	kill
	איעצך	qal	impf	1cs	יעץ	419	2ms	advise, counsel
	תשמע	qal	impf	2ms	שמע	1033		hear
38:16	ישבע	niph	wci	3ms	שבע	989		swear
	אמר	qal	infc		אמר	55		say
	עשה	qal	pft	3ms	עשה	793		do, make
	אמיתך	hiph	impf	1cs	מות	559	2ms	kill
	אתנך	qal	impf	1cs	נתן	678	2ms	give, set
	מבקשים	piel	ptc	mp	בקש	134		seek
38:17	יאמר	qal	wci	3ms	אמר	55		say
	אמר	qal	pft	3ms	אמר	55		say
	יצא	qal	infa		יצא	422		go out
	תצא	qal	impf	2ms	יצא	422		go out
	חיתה	qal	wcp	3fs	חיה	310		live
	תשרף	niph	impf	3fs	שרף	976		be burned
	חיתה	qal	wcp	2ms	חיה	310		live
38:18	תצא	qal	impf	2ms	יצא	422		go out
	נתנה	niph	wcp	3fs	נתן	678		be given
	שרפוה	qal	wcp	3cp	שרף	976	3fs	burn
	תמלט	niph	impf	2ms	מלט	572		escape
38:19	יאמר	qal	wci	3ms	אמר	55		say
	דאג	qal	ptc	ms	דאג	178		be anxious
	נפלו	qal	pft	3cp	נפל	656		fall
	יתנו	qal	impf	3mp	נתן	678		give, set
	התעללו	hith	wcp	3cp	עלל	759		busy, vex
38:20	יאמר	qal	wci	3ms	אמר	55		say
	יתנו	qal	impf	3mp	נתן	678		give, set
	שמע	qal	impv	ms	שמע	1033		hear
	דבר	qal	ptc	ms	דבר	180		speak
	ייטב	qal	jusm	3ms	יטב	405		be good
	תחי	qal	jus	3fs	חיה	310		live
38:21	צאת	qal	infc		יצא	422		go out
	הראני	hiph	pft	3ms	ראה	906	1cs	show, exhibit
38:22	נשארו	niph	pft	3cp	שאר	983		be left
	מוצאות	hoph	ptc	fp	יצא	422		be brought out
38:22	אמרות	qal	ptc	fp	אמר	55		say
	הסיתוך	hiph	pft	3cp	סות	694	2ms	incite, allure
	יכלו	qal	pft	3cp	יכל	407		be able
	הטבעו	hoph	pft	3cp	טבע	371		be sunk
	נסגו	niph	pft	3cp	סוג	690		turn away
38:23	מוצאים	hiph	ptc	mp	יצא	422		bring out
	תמלט	niph	impf	2ms	מלט	572		escape
	תתפש	niph	impf	2ms	תפש	1074		be seized
	תשרף	qal	impf	2ms	שרף	976		burn
38:24	יאמר	qal	wci	3ms	אמר	55		say
	ידע	qal	jusm	3ms	ידע	393		know
	תמות	qal	impf	2ms	מות	559		die
38:25	ישמעו	qal	impf	3mp	שמע	1033		hear
	דברתי	piel	pft	1cs	דבר	180		speak
	באו	qal	wcp	3cp	בוא	97		come in
	אמרו	qal	wcp	3cp	אמר	55		say
	הגידה	hiph	impv	ms	נגד	616		declare, tell
	דברת	piel	pft	2ms	דבר	180		speak
	תכחד	piel	jusm	2ms	כחד	470		hide
	נמיתך	hiph	impf	1cp	מות	559	2ms	kill
	דבר	piel	pft	3ms	דבר	180		speak
38:26	אמרת	qal	wcp	2ms	אמר	55		say
	מפיל	hiph	ptc	ms	נפל	656		cause to fall
	השיבני	hiph	infc		שוב	996	1cs	bring back
	מות	qal	infc		מות	559		die
38:27	יבאו	qal	wci	3mp	בוא	97		come in
	ישאלו	qal	wci	3mp	שאל	981		ask, borrow
	יגד	hiph	wci	3ms	נגד	616		declare, tell
	צוה	piel	pft	3ms	צוה	845		command
	יחרשו	hiph	wci	3mp	חרש	361		be silent
	נשמע	niph	pft	3ms	שמע	1033		be heard
38:28	ישב	qal	wci	3ms	ישב	442		sit, dwell
	נלכדה	niph	pft	3fs	לכד	539		be captured
	היה	qal	wcp	3ms	היה	224		be, become
	נלכדה	niph	pft	3fs	לכד	539		be captured
39:1	בא	qal	pft	3ms	בוא	97		come in
	יצרו	qal	wci	3mp	צור	848		confine, shut in
39:2	הבקעה	hoph	pft	3fs	בקע	131		be broken into
39:3	יבאו	qal	wci	3mp	בוא	97		come in
	ישבו	qal	wci	3mp	ישב	442		sit, dwell
39:4	יהי	qal	wci	3ms	היה	224		be, become
	ראם	qal	pft	3ms	ראה	906	3mp	see
	יברחו	qal	wci	3mp	ברח	137		go thru, flee
	יצאו	qal	wci	3mp	יצא	422		go out
39:5	ירדפו	qal	wci	3mp	רדף	922		pursue
	ישגו	hiph	wci	3mp	נשג	673		reach, overtake
	יקחו	qal	wci	3mp	לקח	542		take
	יעלהו	hiph	wci	3mp	עלה	748	3ms	bring up, offer
	ידבר	piel	wci	3ms	דבר	180		speak
39:6	ישחט	qal	wci	3ms	שחט	1006		slaughter
	שחט	qal	pft	3ms	שחט	1006		slaughter
39:7	עור	piel	pft	3ms	עור	734		make blind
	יאסרהו	qal	wci	3ms	אסר	63	3ms	tie, bind

Jeremiah 39:7–40:14

ChVs	Form	Stem	Tnse	PGN	Root	BDB	Sfx	Meaning	ChVs	Form	Stem	Tnse	PGN	Root	BDB	Sfx	Meaning
39:7	ביא	hiph	infc		בוא	97		bring in	40:3	היה	qal	wcp	3ms	היה	224		be,become
39:8	שרפו	qal	pft	3cp	שרף	976		burn	40:4	פתחתיך	piel	pft	1cs	פתח	834	2ms	loose,free
	נתצו	qal	pft	3cp	נתץ	683		pull down		טוב	qal	pft	3ms	טוב	373		be pleasing
39:9	נשארים	niph	ptc	mp	שאר	983		be left		בוא	qal	infc		בוא	97		come in
	נפלים	qal	ptc	mp	נפל	656		fall		בא	qal	impv	ms	בוא	97		come in
	נפלו	qal	pft	3cp	נפל	656		fall		אשים	qal	impf	1cs	שים	962		put,set
	נשארים	niph	ptc	mp	שאר	983		be left		רע	qal	pft	3ms	רעע	949		be evil
	הגלה	hiph	pft	3ms	גלה	162		lead into exile		בוא	qal	infc		בוא	97		come in
39:10	השאיר	hiph	pft	3ms	שאר	983		leave,spare		חדל	qal	impv	ms	חדל	292		cease
	יתן	qal	wci	3ms	נתן	678		give,set		ראה	qal	impv	ms	ראה	906		see
39:11	יצו	piel	wci	3ms	צוה	845		command		לכת	qal	infc		הלך	229		walk,go
	אמר	qal	infc		אמר	55		say		לך	qal	impv	ms	הלך	229		walk,go
39:12	קחנו	qal	impv	ms	לקח	542	3ms	take	40:5	ישוב	qal	impf	3ms	שוב	996		turn,return
	שים	qal	impv	ms	שים	962		put,set		שבה	qal	impv	ms	שוב	996		turn,return
	תעש	qal	jus		עשה	793		do,make		הפקיד	hiph	pft	3ms	פקד	823		set,entrust
	ידבר	piel	impf	3ms	דבר	180		speak		שב	qal	impv	ms	ישב	442		sit,dwell
	עשה	qal	impv	ms	עשה	793		do,make		לכת	qal	infc		הלך	229		walk,go
39:13	ישלח	qal	wci	3ms	שלח	1018		send		לך	qal	impv	ms	הלך	229		walk,go
39:14	ישלחו	qal	wci	3mp	שלח	1018		send		יתן	qal	wci	3ms	נתן	678		give,set
	יקחו	qal	wci	3mp	לקח	542		take		ישלחהו	piel	wci	3ms	שלח	1018	3ms	send away,shoot
	יתנו	qal	wci	3mp	נתן	678		give,set	40:6	יבא	qal	wci	3ms	בוא	97		come in
	הוצאהו	hiph	infc		יצא	422	3ms	bring out		ישב	qal	wci	3ms	ישב	442		sit,dwell
	ישב	qal	wci	3ms	ישב	442		sit,dwell		נשארים	niph	ptc	mp	שאר	983		be left
39:15	היה	qal	pft	3ms	היה	224		be,become	40:7	ישמעו	qal	wci	3mp	שמע	1033		hear
	היתו	qal	infc		היה	224	3ms	be,become		הפקיד	hiph	pft	3ms	פקד	823		set,entrust
	עצור	qal	pptc	ms	עצר	783		restrain		הפקיד	hiph	pft	3ms	פקד	823		set,entrust
	אמר	qal	infc		אמר	55		say		הגלו	hoph	pft	3cp	גלה	162		led into exile
39:16	הלוך	qal	infa		הלך	229		walk,go	40:8	יבאו	qal	wci	3mp	בוא	97		come in
	אמרת	qal	wcp	2ms	אמר	55		say	40:9	ישבע	niph	wci	3ms	שבע	989		swear
	אמר	qal	infc		אמר	55		say		אמר	qal	infc		אמר	55		say
	אמר	qal	infc	3ms	אמר	55		say		תיראו	qal	jusm	2mp	ירא	431		fear
	מבי k	hiph	ptc	ms	בוא	97		bring in		עבוד	qal	infc		עבד	712		work,serve
	מביא q	hiph	ptc	ms	בוא	97		bring in		שבו	qal	impv	mp	ישב	442		sit,dwell
	היו	qal	wcp	3cp	היה	224		be,become		עבדו	qal	impv	mp	עבד	712		work,serve
39:17	הצלתיך	hiph	wcp	1cs	נצל	664	2ms	snatch,deliver		ייטב	qal	jusm	3ms	יטב	405		be good
	תנתן	niph	impf	2ms	נתן	678		be given	40:10	ישב	qal	ptc	ms	ישב	442		sit,dwell
39:18	מלט	piel	infa		מלט	572		deliver		עמד	qal	infc		עמד	763		stand,stop
	אמלטך	piel	impf	1cs	מלט	572	2ms	deliver		יבאו	qal	impf	3mp	בוא	97		come in
	תפל	qal	impf	2ms	נפל	656		fall		אספו	qal	impv	mp	אסף	62		gather
	היתה	qal	wcp	3fs	היה	224		be,become		שמו	qal	impv	mp	שים	962		put,set
	בטחת	qal	pft	2ms	בטח	105		trust		שבו	qal	impv	mp	ישב	442		sit,dwell
40:1	היה	qal	pft	3ms	היה	224		be,become		תפשתם	qal	pft	2mp	תפש	1074		seize,grasp
	שלח	piel	infc		שלח	1018		send away,shoot	40:11	שמעו	qal	pft	3cp	שמע	1033		hear
	קחתו	qal	infc		לקח	542	3ms	take		נתן	qal	pft	3ms	נתן	678		give,set
	אסור	qal	pptc	ms	אסר	63		tie,bind		הפקיד	hiph	pft	3ms	פקד	823		set,entrust
	מגלים	hoph	ptc	mp	גלה	162		led into exile	40:12	ישבו	qal	wci	3mp	שוב	996		turn,return
40:2	יקח	qal	wci	3ms	לקח	542		take		נדחו	niph	pft	3cp	נדח	623		be banished
	יאמר	qal	wci	3ms	אמר	55		say		יבאו	qal	wci	3mp	בוא	97		come in
	דבר	piel	pft	3ms	דבר	180		speak		יאספו	qal	wci	3mp	אסף	62		gather
40:3	יבא	hiph	wci	3ms	בוא	97		bring in		הרבה	hiph	infa		רבה	915		make many
	יעש	qal	wci	3ms	עשה	793		do,make	40:13	באו	qal	pft	3cp	בוא	97		come in
	דבר	piel	pft	3ms	דבר	180		speak	40:14	יאמרו	qal	wci	3mp	אמר	55		say
	חטאתם	qal	pft	2mp	חטא	306		sin		ידע	qal	infa		ידע	393		know
	שמעתם	qal	pft	2mp	שמע	1033		hear		תדע	qal	impf	2ms	ידע	393		know

ChVs	Form	Stem	Tnse	PGN	Root	BDB	Sfx	Meaning
40:14	שלח	qal	pft	3ms	שלח	1018		send
	הכתך	hiph	infc		נכה	645	2ms	smite
	האמן	hiph	pft	3ms	אמן	52		believe
40:15	אמר	qal	pft	3ms	אמר	55		say
	אמר	qal	infc		אמר	55		say
	אלכה	qal	coh	1cs	הלך	229		walk, go
	אכה	hiph	cohm	1cs	נכה	645		smite
	ידע	qal	impf	3ms	ידע	393		know
	יככה	hiph	impf	3ms	נכה	645	2ms	smite
	נפצו	niph	wcp	3cp	פוץ	806		be scattered
	נקבצים	niph	ptc	mp	קבץ	867		assemble, gather
	אבדה	qal	wcp	3fs	אבד	1		perish
40:16	יאמר	qal	wci	3ms	אמר	55		say
	תעש k	qal	jus	2ms	עשה	793		do, make
	תעשה q	qal	jusm	2ms	עשה	793		do, make
	דבר	qal	ptc	ms	דבר	180		speak
41:1	יהי	qal	wci	3ms	היה	224		be, become
	בא	qal	pft	3ms	בוא	97		come in
	יאכלו	qal	wci	3mp	אכל	37		eat, devour
41:2	יקם	qal	wci	3ms	קום	877		arise, stand
	היו	qal	pft	3cp	היה	224		be, become
	יכו	hiph	wci	3mp	נכה	645		smite
	ימת	hiph	wci	3ms	מות	559		kill
	הפקיד	hiph	pft	3ms	פקד	823		set, entrust
41:3	היו	qal	pft	3cp	היה	224		be, become
	נמצאו	niph	pft	3cp	מצא	592		be found
	הכה	hiph	pft	3ms	נכה	645		smite
41:4	יהי	qal	wci	3ms	היה	224		be, become
	המית	hiph	infc		מות	559		kill
	ידע	qal	pft	3ms	ידע	393		know
41:5	יבאו	qal	wci	3mp	בוא	97		come in
	מגלחי	pual	ptc	mp	גלח	164		be shaven
	קרעי	pptc	pptc	mp	קרע	902		tear, rend
	מתגדדים	htpo	ptc	mp	גדד	151		cut self, throng
	הביא	hiph	infc		בוא	97		bring in
41:6	יצא	qal	wci	3ms	יצא	422		go out
	קראתם	qal	infc		קרא	896	3mp	meet, encounter
	הלך	qal	ptc	ms	הלך	229		walk, go
	הלך	qal	infa		הלך	229		walk, go
	בכה	qal	ptc	ms	בכה	113		weep
	יהי	qal	wci	3ms	היה	224		be, become
	פגש	qal	infc		פגש	803		meet
	יאמר	qal	wci	3ms	אמר	55		say
	באו	qal	impv	mp	בוא	97		come in
41:7	יהי	qal	wci	3ms	היה	224		be, become
	בואם	qal	infc		בוא	97	3mp	come in
	ישחטם	qal	wci	3ms	שחט	1006	3mp	slaughter
41:8	נמצאו	niph	pft	3cp	מצא	592		be found
	יאמרו	qal	wci	3mp	אמר	55		say
	תמתנו	hiph	jusm	2ms	מות	559	1cp	kill
	יחדל	qal	wci	3ms	חדל	292		cease
	המיתם	hiph	pft	3ms	מות	559	3mp	kill
41:9	השליך	hiph	pft	3ms	שלך	1020		throw, cast
	הכה	hiph	pft	3ms	נכה	645		smite

ChVs	Form	Stem	Tnse	PGN	Root	BDB	Sfx	Meaning
41:9	עשה	qal	pft	3ms	עשה	793		do, make
	מלא	piel	pft	3ms	מלא	569		fill
41:10	ישב	qal	wci	3ms	שבה	985		take captive
	נשארים	niph	ptc	mp	שאר	983		be left
	הפקיד	hiph	pft	3ms	פקד	823		set, entrust
	ישבם	qal	wci	3ms	שבה	985	3mp	take captive
	ילך	qal	wci	3ms	הלך	229		walk, go
	עבר	qal	infc		עבר	716		pass over
41:11	ישמע	qal	wci	3ms	שמע	1033		hear
	עשה	qal	pft	3ms	עשה	793		do, make
41:12	יקחו	qal	wci	3mp	לקח	542		take
	ילכו	qal	wci	3mp	הלך	229		walk, go
	הלחם	niph	infc		לחם	535		wage war
	ימצאו	qal	wci	3mp	מצא	592		find
41:13	יהי	qal	wci	3ms	היה	224		be, become
	ראות	qal	infc		ראה	906		see
	ישמחו	qal	wci	3mp	שמח	970		rejoice
41:14	יסבו	qal	wci	3mp	סבב	685		surround
	שבה	qal	pft	3ms	שבה	985		take captive
	ישבו	qal	wci	3mp	שוב	996		turn, return
	ילכו	qal	wci	3mp	הלך	229		walk, go
41:15	נמלט	niph	pft	3ms	מלט	572		escape
	ילך	qal	wci	3ms	הלך	229		walk, go
41:16	יקח	qal	wci	3ms	לקח	542		take
	השיב	hiph	pft	3ms	שוב	996		bring back
	הכה	hiph	pft	3ms	נכה	645		smite
	השיב	hiph	pft	3ms	שוב	996		bring back
41:17	ילכו	qal	wci	3mp	הלך	229		walk, go
	ישבו	qal	wci	3mp	ישב	442		sit, dwell
	לכת	qal	infc		הלך	229		walk, go
	בוא	qal	infc		בוא	97		come in
41:18	יראו	qal	pft	3cp	ירא	431		fear
	הכה	hiph	pft	3ms	נכה	645		smite
	הפקיד	hiph	pft	3ms	פקד	823		set, entrust
42:1	ינשו	qal	wci	3mp	נגש	620		draw near
42:2	יאמרו	qal	wci	3mp	אמר	55		say
	תפל	qal	jus	3fs	נפל	656		fall
	התפלל	hith	impv	ms	פלל	813		pray
	נשארנו	niph	pft	1cp	שאר	983		be left
	הרבה	hiph	infa		רבה	915		make many
	ראות	qal	ptc	fp	ראה	906		see
42:3	יגד	hiph	jus	3ms	נגד	616		declare, tell
	נלך	qal	impf	1cp	הלך	229		walk, go
	נעשה	qal	impf	1cp	עשה	793		do, make
42:4	יאמר	qal	wci	3ms	אמר	55		say
	שמעתי	qal	pft	1cs	שמע	1033		hear
	מתפלל	hith	ptc	ms	פלל	813		pray
	היה	qal	wcp	3ms	היה	224		be, become
	יענה	qal	impf	3ms	ענה	772		answer
	אניד	hiph	impf	1cs	נגד	616		declare, tell
	אמנע	qal	impf	1cs	מנע	586		withhold
42:5	אמרו	qal	pft	3cp	אמר	55		say
	יהי	qal	jus	3ms	היה	224		be, become
	נאמן	niph	ptc	ms	אמן	52		be confirmed

Jeremiah 42: 5 – 43: 5

ChVs	Form	Stem	Tnse	PGN	Root	BDB	Sfx	Meaning
42:5	ישלחך	qal	impf	3ms	שלח	1018	2ms	send
	נעשׂה	qal	impf	1cp	עשׂה	793		do, make
42:6	שלחים	qal	ptc	mp	שלח	1018		send
	נשמע	qal	impf	1cp	שמע	1033		hear
	ייטב	qal	impf	3ms	יטב	405		be good
	נשמע	qal	impf	1cp	שמע	1033		hear
42:7	יהי	qal	wci	3ms	היה	224		be, become
	יהי	qal	wci	3ms	היה	224		be, become
42:8	יקרא	qal	wci	3ms	קרא	894		call, proclaim
42:9	יאמר	qal	wci	3ms	אמר	55		say
	אמר	qal	pft	3ms	אמר	55		say
	שלחתם	qal	pft	2mp	שלח	1018		send
	הפיל	hiph	infc		נפל	656		cause to fall
42:10	שוב	qal	infa		שוב	996		turn, return
	תשבו	qal	impf	2mp	ישב	442		sit, dwell
	בניתי	qal	wcp	1cs	בנה	124		build
	אהרס	qal	impf	1cs	הרס	248		throw down
	נטעתי	qal	wcp	1cs	נטע	642		plant
	אתוש	qal	impf	1cs	נתש	684		pull up
	נחמתי	niph	pft	1cs	נחם	636		be sorry
	עשׂיתי	qal	pft	1cs	עשׂה	793		do, make
42:11	תיראו	qal	jusm	2mp	ירא	431		fear
	יראים	qal	ptc	mp	ירא	431		fear
	תיראו	qal	jusm	2mp	ירא	431		fear
	הושׁיע	hiph	infc		ישׁע	446		deliver, save
	הציל	hiph	infc		נצל	664		snatch, deliver
42:12	אתן	qal	impf	1cs	נתן	678		give, set
	רחם	piel	wcp	3ms	רחם	933		have compassion
	השׁיב	hiph	wcp	3ms	שוב	996		bring back
42:13	אמרים	qal	ptc	mp	אמר	55		say
	נשב	qal	impf	1cp	ישב	442		sit, dwell
	שׁמע	qal	infc		שׁמע	1033		hear
42:14	אמר	qal	pft	3ms	אמר	55		say
	נבוא	qal	impf	1cp	בוא	97		come in
	נראה	qal	impf	1cp	ראה	906		see
	נשמע	qal	impf	1cp	שׁמע	1033		hear
	נרעב	qal	impf	1cp	רעב	944		be hungry
	נשב	qal	impf	1cp	ישב	442		sit, dwell
42:15	שמעו	qal	impv	mp	שׁמע	1033		hear
	אמר	qal	pft	3ms	אמר	55		say
	שום	qal	infa		שים	962		put, set
	תשׂמון	qal	impf	2mp	שים	962		put, set
	בא	qal	infc		בוא	97		come in
	באתם	qal	wcp	2mp	בוא	97		come in
	גור	qal	infc		גור	157		sojourn
42:16	היתה	qal	wcp	3fs	היה	224		be, become
	יראים	qal	ptc	mp	ירא	431		fear
	תשׂיג	hiph	impf	3fs	נשׂג	673		reach, overtake
	דאגים	qal	ptc	mp	דאג	178		be anxious
	ידבק	qal	impf	3ms	דבק	179		cling, cleave
	תמתו	qal	impf	2mp	מות	559		die
42:17	יהיו	qal	impf	3mp	היה	224		be, become
	שׂמו	qal	pft	3cp	שים	962		put, set
	בוא	qal	infc		בוא	97		come in
42:17	גור	qal	infc		גור	157		sojourn
	ימתו	qal	impf	3mp	מות	559		die
	יהיה	qal	impf	3ms	היה	224		be, become
	מביא	hiph	ptc	ms	בוא	97		bring in
42:18	אמר	qal	pft	3ms	אמר	55		say
	נתך	niph	pft	3ms	נתך	677		be poured
	ישׁבי	qal	ptc	mp	ישב	442		sit, dwell
	תתך	qal	impf	3fs	נתך	677		pour forth
	באכם	qal	infc		בוא	97	2mp	come in
	הייתם	qal	wcp	2mp	היה	224		be, become
	תראו	qal	impf	2mp	ראה	906		see
42:19	דבר	piel	pft	3ms	דבר	180		speak
	תבאו	qal	jusm	2mp	בוא	97		come in
	ידע	qal	infa		ידע	393		know
	תדעו	qal	impf	2mp	ידע	393		know
	העידתי	hiph	pft	1cs	עוד	729		testify, warn
42:20	התעתים k	hiph	pft	1cs	תעה	1073	3mp	cause to err
	התעיתם q	hiph	pft	2mp	תעה	1073		cause to err
	שלחתם	qal	pft	2mp	שלח	1018		send
	אמר	qal	infc		אמר	55		say
	התפלל	hith	impv	ms	פלל	813		pray
	יאמר	qal	impf	3ms	אמר	55		say
	הגד	hiph	impv	ms	נגד	616		declare, tell
	עשׂינו	qal	wcp	1cp	עשׂה	793		do, make
42:21	אגד	hiph	wci	1cs	נגד	616		declare, tell
	שמעתם	qal	pft	2mp	שמע	1033		hear
	שלחני	qal	pft	3ms	שלח	1018	1cs	send
42:22	ידע	qal	infa		ידע	393		know
	תדעו	qal	impf	2mp	ידע	393		know
	תמותו	qal	impf	2mp	מות	559		die
	חפצתם	qal	pft	2mp	חפץ	342		delight in
	בוא	qal	infc		בוא	97		come in
	גור	qal	infc		גור	157		sojourn
43:1	יהי	qal	wci	3ms	היה	224		be, become
	כלות	piel	infc		כלה	477		complete, finish
	דבר	piel	infc		דבר	180		speak
	שלחו	qal	pft	3ms	שלח	1018	3ms	send
43:2	יאמר	qal	wci	3ms	אמר	55		say
	אמרים	qal	ptc	mp	אמר	55		say
	מדבר	piel	ptc	ms	דבר	180		speak
	שלחך	qal	pft	3ms	שלח	1018	2ms	send
	אמר	qal	infc		אמר	55		say
	תבאו	qal	impf	2mp	בוא	97		come in
	גור	qal	infc		גור	157		sojourn
43:3	מסית	hiph	ptc	ms	סות	694		incite, allure
	תת	qal	infc		נתן	678		give, set
	המית	hiph	infc		מות	559		kill
	הגלות	hiph	infc		גלה	162		lead into exile
43:4	שׁמע	qal	pft	3ms	שׁמע	1033		hear
	שׁבת	qal	infc		ישׁב	442		sit, dwell
43:5	יקח	qal	wci	3ms	לקח	542		take
	שבו	qal	pft	3cp	שוב	996		turn, return
	נדחו	niph	pft	3cp	נדח	623		be banished
	גור	qal	infc		גור	157		sojourn

ChVs	Form	Stem	Tnse	PGN	Root	BDB	Sfx	Meaning	ChVs	Form	Stem	Tnse	PGN	Root	BDB	Sfx	Meaning
43:6	הניח	hiph	pft	3ms	נוח	628		give rest, put	44:7	אמר	qal	pft	3ms	אמר	55		say
43:7	יבאו	qal	wci	3mp	בוא	97		come in		עשים	qal	ptc	mp	עשה	793		do, make
	שמעו	qal	pft	3cp	שמע	1033		hear		הכרית	hiph	infc		כרת	503		cut off, destroy
	יבאו	qal	wci	3mp	בוא	97		come in		יונק	qal	ptc	ms	ינק	413		suck
43:8	יהי	qal	wci	3ms	היה	224		be, become		הותיר	hiph	infc		יתר	451		leave, spare
	אמר	qal	infc		אמר	55		say	44:8	הכעסני	hiph	infc		כעס	494	1cs	vex, provoke
43:9	קח	qal	impv	ms	לקח	542		take		קטר	piel	infc		קטר	882		make sacrifices
	וטמנתם	qal	wcp	2ms	טמן	380	3mp	hide		באים	qal	ptc	mp	בוא	97		come in
43:10	אמרת	qal	wcp	2ms	אמר	55		say		גור	qal	infc		גור	157		sojourn
	אמר	qal	pft	3ms	אמר	55		say		הכרית	hiph	infc		כרת	503		cut off, destroy
	שלח	qal	ptc	ms	שלח	1018		send		היותכם	qal	infc		היה	224	2mp	be, become
	לקחתי	qal	wcp	1cs	לקח	542		take	44:9	שכחתם	qal	pft	2mp	שכח	1013		forget
	שמתי	qal	wcp	1cs	שים	962		put, set		עשו	qal	pft	3cp	עשה	793		do, make
	וטמנתי	qal	pft	1cs	טמן	380		hide	44:10	דכאו	pual	pft	3cp	דכא	193		be crushed
	נטה	qal	wcp	3ms	נטה	639		stretch, incline		יראו	qal	pft	3cp	ירא	431		fear
43:11	באה k	qal	wcp	3fs	בוא	97		come in		הלכו	qal	pft	3cp	הלך	229		walk, go
	בא q	qal	wcp	3ms	בוא	97		come in		נתתי	qal	pft	1cs	נתן	678		give, set
	הכה	hiph	wcp	3ms	נכה	645		smite	44:11	אמר	qal	pft	3ms	אמר	55		say
43:12	הצתי	hiph	wcp	1cs	יצת	428		kindle		שם	qal	ptc	ms	שים	962		put, set
	שרפם	qal	wcp	3ms	שרף	976	3mp	burn		הכרית	hiph	infc		כרת	503		cut off, destroy
	שבם	qal	wcp	3ms	שבה	985	3mp	take captive	44:12	לקחתי	qal	wcp	1cs	לקח	542		take
	עטה	qal	wcp	3ms	עטה	741		wrap oneself		שמו	qal	pft	3cp	שים	962		put, set
	יעטה	qal	impf	3ms	עטה	741		wrap oneself		בוא	qal	infc		בוא	97		come in
	רעה	qal	ptc	ms	רעה	944		pasture, tend		גור	qal	infc		גור	157		sojourn
	יצא	qal	wcp	3ms	יצא	422		go out		תמו	qal	wcp	3cp	תמם	1070		be finished
43:13	שבר	piel	wcp	3ms	שבר	990		shatter		יפלו	qal	impf	3mp	נפל	656		fall
	ישרף	qal	impf	3ms	שרף	976		burn		יתמו	qal	impf	3mp	תמם	1070		be finished
44:1	היה	qal	pft	3ms	היה	224		be, become		ימתו	qal	impf	3mp	מות	559		die
	ישבים	qal	ptc	mp	ישב	442		sit, dwell		היו	qal	wcp	3cp	היה	224		be, become
	ישבים	qal	ptc	mp	ישב	442		sit, dwell	44:13	פקדתי	qal	wcp	1cs	פקד	823		attend to, visit
	אמר	qal	infc		אמר	55		say		יושבים	qal	ptc	mp	ישב	442		sit, dwell
44:2	אמר	qal	pft	3ms	אמר	55		say		פקדתי	qal	pft	1cs	פקד	823		attend to, visit
	ראיתם	qal	pft	2mp	ראה	906		see	44:14	יהיה	qal	impf	3ms	היה	224		be, become
	הבאתי	hiph	pft	1cs	בוא	97		bring in		באים	qal	ptc	mp	בוא	97		come in
	יושב	qal	ptc	ms	ישב	442		sit, dwell		גור	qal	infc		גור	157		sojourn
44:3	עשו	qal	pft	3cp	עשה	793		do, make		שוב	qal	infc		שוב	996		turn, return
	הכעסני	hiph	pft		כעס	494	1cs	vex, provoke		מנשאים	piel	ptc	mp	נשא	669		lift up
	לכת	qal	infc		הלך	229		walk, go		שוב	qal	infc		שוב	996		turn, return
	קטר	piel	infc		קטר	882		make sacrifices		שבת	qal	infc		ישב	442		sit, dwell
	עבד	qal	infc		עבד	712		work, serve		ישובו	qal	impf	3mp	שוב	996		turn, return
	ידעום	qal	pft	3cp	ידע	393	3mp	know	44:15	יענו	qal	wci	3mp	ענה	772		answer
44:4	אשלח	qal	wci	1cs	שלח	1018		send		ידעים	qal	ptc	mp	ידע	393		know
	השכים	hiph	infa		שכם	1014		rise early		מקטרות	piel	ptc	fp	קטר	882		make sacrifices
	שלח	qal	infa		שלח	1018		send		עמדות	qal	ptc	fp	עמד	763		stand, stop
	אמר	qal	infc		אמר	55		say		ישבים	qal	ptc	mp	ישב	442		sit, dwell
	תעשו	qal	jusm	2mp	עשה	793		do, make		אמר	qal	infc		אמר	55		say
	שנאתי	qal	pft	1cs	שנא	971		hate	44:16	דברת	piel	pft	2ms	דבר	180		speak
44:5	שמעו	qal	pft	3cp	שמע	1033		hear		שמעים	qal	ptc	mp	שמע	1033		hear
	הטו	hiph	pft	3cp	נטה	639		turn, incline	44:17	עשה	qal	infa		עשה	793		do, make
	שוב	qal	infc		שוב	996		turn, return		נעשה	qal	impf	1cp	עשה	793		do, make
	קטר	piel	infc		קטר	882		make sacrifices		יצא	qal	pft	3ms	יצא	422		go out
44:6	תתך	qal	wci	3fs	נתך	677		pour forth		קטר	piel	infc		קטר	882		make sacrifices
	תבער	qal	wci	3fs	בער	128		burn		הסיך	hiph	infa		נסך	650		pour out
	תהיינה	qal	wci	3fp	היה	224		be, become		עשינו	qal	pft	1cp	עשה	793		do, make

Jeremiah 44:17–46:6

ChVs	Form	Stem	Tnse	PGN	Root	BDB	Sfx	Meaning
44:17	נשבע	qal	wci	1cp	שבע	959		be sated
	נהיה	qal	wci	1cp	היה	224		be, become
	ראינו	qal	pft	1cp	ראה	906		see
44:18	חדלנו	qal	pft	1cp	חדל	292		cease
	קטר	piel	infc		קטר	882		make sacrifices
	הסך	hiph	infa		נסך	650		pour out
	חסרנו	qal	pft	1cp	חסר	341		lack
	תמנו	qal	pft	1cp	תמם	1070		be finished
44:19	מקטרים	piel	ptc	mp	קטר	882		make sacrifices
	הסך	hiph	infc		נסך	650		pour out
	עשינו	qal	pft	1cp	עשה	793		do, make
	העצבה	hiph	infc		עצב	781		fashion
	הסך	hiph	infa		נסך	650		pour out
44:20	יאמר	qal	wci	3ms	אמר	55		say
	ענים	qal	ptc	mp	ענה	772		answer
	אמר	qal	infc		אמר	55		say
44:21	קטרתם	piel	pft	2mp	קטר	882		make sacrifices
	זכר	qal	pft	3ms	זכר	269		remember
	תעלה	qal	wci	3fs	עלה	748		go up
44:22	יוכל	qal	impf	3ms	יכל	407		be able
	שאת	qal	infc		נשא	669		lift, carry
	עשיתם	qal	pft	2mp	עשה	793		do, make
	תהי	qal	wci	3fs	היה	224		be, become
	יושב	qal	ptc	ms	ישב	442		sit, dwell
44:23	קטרתם	piel	pft	2mp	קטר	882		make sacrifices
	חטאתם	qal	pft	2mp	חטא	306		sin
	שמעתם	qal	pft	2mp	שמע	1033		hear
	הלכתם	qal	pft	2mp	הלך	229		walk, go
	קראת	qal	pft	3fs	קרא	896		meet, encounter
44:24	יאמר	qal	wci	3ms	אמר	55		say
	שמעו	qal	impv	mp	שמע	1033		hear
44:25	אמר	qal	pft	3ms	אמר	55		say
	אמר	qal	infc		אמר	55		say
	תדברנה	piel	wci	2fp	דבר	180		speak
	מלאתם	piel	pft	2mp	מלא	569		fill
	אמר	qal	infc		אמר	55		say
	עשה	qal	infa		עשה	793		do, make
	נעשה	qal	impf	1cp	עשה	793		do, make
	נדרנו	qal	pft	1cp	נדר	623		vow
	קטר	piel	infc		קטר	882		make sacrifices
	הסך	hiph	infc		נסך	650		pour out
	הקים	hiph	infa		קום	877		raise, build, set
	תקימנה	hiph	impf	2fp	קום	877		raise, build, set
	עשה	qal	infa		עשה	793		do, make
	תעשינה	qal	impf	2fp	עשה	793		do, make
44:26	שמעו	qal	impv	mp	שמע	1033		hear
	ישבים	qal	ptc	mp	ישב	442		sit, dwell
	נשבעתי	niph	pft	1cs	שבע	989		swear
	אמר	qal	pft	3ms	אמר	55		say
	יהיה	qal	impf	3ms	היה	224		be, become
	נקרא	niph	ptc	ms	קרא	894		be called
	אמר	qal	ptc	ms	אמר	55		say
44:27	שקד	qal	ptc	ms	שקד	1052		watch, wake
	תמו	qal	wcp	3cp	תמם	1070		be finished
44:27	כלותם	qal	infc		כלה	477	3mp	finished, spent
44:28	ישבון	qal	impf	3mp	שוב	996		turn, return
	ידעו	qal	wcp	3cp	ידע	393		know
	באים	qal	ptc	mp	בוא	97		come in
	גור	qal	infc		גור	157		sojourn
	יקום	qal	impf	3ms	קום	877		arise, stand
44:29	פקד	qal	ptc	ms	פקד	823		attend to, visit
	תדעו	qal	impf	2mp	ידע	393		know
	קום	qal	infa		קום	877		arise, stand
	יקומו	qal	impf	3mp	קום	877		arise, stand
44:30	אמר	qal	pft	3ms	אמר	55		say
	נתן	qal	ptc	ms	נתן	678		give, set
	איביו	qal	ptc	mp	איב	33	3ms	be hostile to
	מבקשי	piel	ptc	mp	בקש	134		seek
	נתתי	qal	pft	1cs	נתן	678		give, set
	איבו	qal	ptc	ms	איב	33	3ms	be hostile to
	מבקש	piel	ptc	ms	בקש	134		seek
45:1	דבר	piel	pft	3ms	דבר	180		speak
	כתבו	qal	infc		כתב	507	3ms	write
	אמר	qal	infc		אמר	55		say
45:2	אמר	qal	pft	3ms	אמר	55		say
45:3	אמרת	qal	pft	2ms	אמר	55		say
	יסף	qal	pft	3ms	יסף	414		add, increase
	יגעתי	qal	pft	1cs	יגע	388		toil, grow weary
	מצאתי	qal	pft	1cs	מצא	592		find
45:4	תאמר	qal	impf	2ms	אמר	55		say
	אמר	qal	pft	3ms	אמר	55		say
	בניתי	qal	pft	1cs	בנה	124		build
	הרס	qal	ptc	ms	הרס	248		throw down
	נטעתי	qal	pft	1cs	נטע	642		plant
	נתש	qal	ptc	ms	נתש	684		pull up
45:5	תבקש	piel	impf	2ms	בקש	134		seek
	תבקש	piel	jusm	2ms	בקש	134		seek
	מביא	hiph	ptc	ms	בוא	97		bring in
	נתתי	qal	wcp	1cs	נתן	678		give, set
	תלך	qal	impf	2ms	הלך	229		walk, go
46:1	היה	qal	pft	3ms	היה	224		be, become
46:2	היה	qal	pft	3ms	היה	224		be, become
	הכה	hiph	pft	3ms	נכה	645		smite
46:3	ערכו	qal	impv	mp	ערך	789		set in order
	גשו	qal	impv	mp	נגש	620		draw near
46:4	אסרו	qal	impv	mp	אסר	63		tie, bind
	עלו	qal	impv	mp	עלה	748		go up
	התיצבו	hith	impv	mp	יצב	426		stand oneself
	מרקו	qal	impv	mp	מרק	599		polish
	לבשו	qal	impv	mp	לבש	527		put on, clothe
46:5	ראיתי	qal	pft	1cs	ראה	906		see
	נסגים	niph	ptc	mp	סוג	690		turn away
	יכתו	hoph	impf	3mp	כתת	510		be crushed
	נסו	qal	pft	3cp	נוס	630		flee, escape
	הפנו	hiph	pft	3cp	פנה	815		turn
46:6	ינוס	qal	jusm	3ms	נוס	630		flee, escape
	ימלט	niph	jusm	3ms	מלט	572		escape
	כשלו	qal	pft	3cp	כשל	505		stumble, totter

Jeremiah 46: 6–47: 4

ChVs	Form	Stem	Tnse	PGN	Root	BDB	Sfx	Meaning
46:6	נפלו	qal	pft	3cp	נפל	656		fall
46:7	יעלה	qal	impf	3ms	עלה	748		go up
	יתגעשו	hith	impf	3mp	געש	172		toss to and fro
46:8	יעלה	qal	impf	3ms	עלה	748		go up
	יתגעשו	htpo	impf	3mp	געש	172		reel to and fro
	יאמר	qal	wci	3ms	אמר	55		say
	אעלה	qal	cohm	1cs	עלה	748		go up
	אכסה	piel	cohm	1cs	כסה	491		cover
	אבידה	hiph	coh	1cs	אבד	1		destroy
	ישבי	qal	ptc	mp	ישב	442		sit, dwell
46:9	עלו	qal	impv	mp	עלה	748		go up
	התהללו	htpo	impv	mp	הלל	237		act madly
	יצאו	qal	jusm	3mp	יצא	422		go out
	תפשי	qal	ptc	mp	תפש	1074		seize, grasp
	תפשי	qal	ptc	mp	תפש	1074		seize, grasp
	דרכי	qal	ptc	mp	דרך	201		tread, march
46:10	הנקם	niph	infc		נקם	667		avenge oneself
	אכלה	qal	wcp	3fs	אכל	37		eat, devour
	שבעה	qal	wcp	3fs	שבע	959		be sated
	רותה	qal	wcp	3fs	רוה	924		drink copiously
46:11	עלי	qal	impv	fs	עלה	748		go up
	קחי	qal	impv	fs	לקח	542		take
	הרביתיk	hiph	pft	2fs	רבה	915		make many
	הרביתq	hiph	pft	2fs	רבה	915		make many
46:12	שמעו	qal	pft	3cp	שמע	1033		hear
	מלאה	qal	pft	3fs	מלא	569		be full, fill
	כשלו	qal	pft	3cp	כשל	505		stumble, totter
	נפלו	qal	pft	3cp	נפל	656		fall
46:13	דבר	piel	pft	3ms	דבר	180		speak
	בוא	qal	infc		בוא	97		come in
	הכות	hiph	infc		נכה	645		smite
46:14	הגידו	hiph	impv	mp	נגד	616		declare, tell
	השמיעו	hiph	impv	mp	שמע	1033		cause to hear
	השמיעו	hiph	impv	mp	שמע	1033		cause to hear
	אמרו	qal	impv	mp	אמר	55		say
	התיצב	hith	impv	ms	יצב	426		stand oneself
	הכן	hiph	impv	ms	כון	465		fix, prepare
	אכלה	qal	pft	3fs	אכל	37		eat, devour
46:15	נסחף	niph	pft	3ms	סחף	695		be prostrated
	עמד	qal	pft	3ms	עמד	763		stand, stop
	הדפו	qal	pft	3ms	הדף	213	3ms	thrust, drive
46:16	הרבה	hiph	pft	3ms	רבה	915		make many
	כושל	qal	ptc	ms	כשל	505		stumble, totter
	נפל	qal	pft	3ms	נפל	656		fall
	יאמרו	qal	wci	3mp	אמר	55		say
	קומה	qal	impv	ms	קום	877		arise, stand
	נשבה	qal	coh	1cp	שוב	996		turn, return
	יונה	qal	ptc	fs	ינה	413		oppress
46:17	קראו	qal	pft	3cp	קרא	894		call, proclaim
	העביר	hiph	pft	3ms	עבר	716		cause to pass
46:18	יבוא	qal	impf	3ms	בוא	97		come in
46:19	עשי	qal	impv	fs	עשה	793		do, make
	יושבת	qal	ptc	fs	ישב	442		sit, dwell
	תהיה	qal	impf	3fs	היה	224		be, become
46:19	נצתה	niph	wcp	3fs	יצת	428		be kindled
	יושב	qal	ptc	ms	ישב	442		sit, dwell
46:20	בא	qal	ptc	ms	בוא	97		come in
	בא	qal	ptc	ms	בוא	97		come in
46:21	הפנו	hiph	pft	3cp	פנה	815		turn
	נסו	qal	pft	3cp	נוס	630		flee, escape
	עמדו	qal	pft	3cp	עמד	763		stand, stop
	בא	qal	pft	3ms	בוא	97		come in
46:22	ילך	qal	impf	3ms	הלך	229		walk, go
	ילכו	qal	impf	3mp	הלך	229		walk, go
	באו	qal	pft	3cp	בוא	97		come in
	חטבי	qal	ptc	mp	חטב	310		cut wood
46:23	כרתו	qal	pft	3cp	כרת	503		cut, destroy
	יחקר	niph	impf	3ms	חקר	350		be searched out
	רבו	qal	pft	3cp	רבב	912		be many
46:24	הבישה	hiph	pft	3fs	בוש	101		put to shame
	נתנה	niph	pft	3fs	נתן	678		be given
46:25	אמר	qal	pft	3ms	אמר	55		say
	פוקד	qal	ptc	ms	פקד	823		attend to, visit
	בטחים	qal	ptc	mp	בטח	105		trust
46:26	נתתים	qal	wcp	1cs	נתן	678	3mp	give, set
	מבקשי	piel	ptc	mp	בקש	134		seek
	תשכן	qal	impf	3fs	שכן	1014		settle, dwell
46:27	תירא	qal	jusm	2ms	ירא	431		fear
	תחת	qal	jusm	2ms	חתת	369		be shattered
	מושעך	hiph	ptc	ms	ישע	446	2ms	deliver, save
	שב	qal	wcp	3ms	שוב	996		turn, return
	שקט	qal	wcp	3ms	שקט	1052		be quiet
	שאנן	pal	pft	3ms	שאן	983		be at ease
	מחריד	hiph	ptc	ms	חרד	353		terrify
46:28	תירא	qal	jusm	2ms	ירא	431		fear
	אעשה	qal	impf	1cs	עשה	793		do, make
	הדחתיך	hiph	pft	1cs	נדח	623	2ms	thrust out
	אעשה	qal	impf	1cs	עשה	793		do, make
	יסרתיך	piel	wcp	1cs	יסר	415	2ms	correct, chasten
	נקה	piel	infa		נקה	667		acquit
	אנקך	piel	impf	1cs	נקה	667	2ms	acquit
47:1	היה	qal	pft	3ms	היה	224		be, become
	יכה	hiph	impf	3ms	נכה	645		smite
47:2	אמר	qal	pft	3ms	אמר	55		say
	עלים	qal	ptc	mp	עלה	748		go up
	היו	qal	wcp	3cp	היה	224		be, become
	שוטף	qal	ptc	ms	שטף	1009		overflow
	ישטפו	qal	impf	3mp	שטף	1009		overflow
	ישבי	qal	ptc	mp	ישב	442		sit, dwell
	זעקו	qal	wcp	3cp	זעק	277		call, cry out
	הילל	hiph	wcp	3ms	ילל	410		howl
	יושב	qal	ptc	ms	ישב	442		sit, dwell
47:3	הפנו	hiph	pft	3cp	פנה	815		turn
47:4	בא	qal	ptc	ms	בוא	97		come in
	שדוד	qal	infc		שדד	994		destroy, oppress
	הכרית	hiph	infc		כרת	503		cut off, destroy
	עזר	qal	ptc	ms	עזר	740		help, aid
	שדד	qal	ptc	ms	שדד	994		destroy, oppress

ChVs	Form	Stem	Tnse	PGN	Root	BDB	Sfx	Meaning	ChVs	Form	Stem	Tnse	PGN	Root	BDB	Sfx	Meaning
47:5	באה	qal	pft	3fs	בוא	97		come in	48:12	צעים	qal	ptc	mp	צעה	858		stoop,tip
	נדמתה	niph	pft	3fs	דמה	198		be cut off		צעהו	piel	wcp	3cp	צעה	858	3ms	tip over
	תתגודדי	htpo	impf	2fs	גדד	151		cut self, throng		יריקו	hiph	impf	3mp	ריק	937		make empty
47:6	תשקטי	qal	impf	2fs	שקט	1052		be quiet		ינפצו	piel	impf	3mp	נפץ	658		dash to pieces
	האספי	niph	impv	fs	אסף	62		assemble	48:13	בש	qal	wcp	3ms	בוש	101		be ashamed
	הרגעי	niph	impv	fs	רגע	921		rest		בשו	qal	pft	3cp	בוש	101		be ashamed
	דמי	qal	impv	fs	דמם	198		be silent	48:14	תאמרו	qal	impf	2mp	אמר	55		say
47:7	תשקטי	qal	impf	2fs	שקט	1052		be quiet	48:15	שדד	pual	pft	3ms	שדד	994		be devastated
	צוה	piel	pft	3ms	צוה	845		command		עלה	qal	pft	3ms	עלה	748		go up
	יעדה	qal	pft	3ms	יעד	416	3fs	appoint		ירדו	qal	pft	3cp	ירד	432		come down
48:1	אמר	qal	pft	3ms	אמר	55		say	48:16	בוא	qal	infc		בוא	97		come in
	שדדה	pual	pft	3fs	שדד	994		be devastated		מהרה	piel	pft	3fs	מהר	554		hasten
	הבישה	hiph	pft	3fs	בוש	101		put to shame	48:17	נדו	qal	impv	mp	נוד	626		wander, lament
	נלכדה	niph	pft	3fs	לכד	539		be captured		ידעי	qal	ptc	mp	ידע	393		know
	הבישה	hiph	pft	3fs	בוש	101		put to shame		אמרו	qal	impv	mp	אמר	55		say
	חתה	qal	pft	3fs	חתת	369		be shattered		נשבר	niph	pft	3ms	שבר	990		be broken
48:2	חשבו	qal	pft	3cp	חשב	362		think, devise	48:18	רדי	qal	impv	fs	ירד	432		come down
	לכו	qal	impv	mp	הלך	229		walk, go		יֹשְׁבִיk	qal	ptc	mp	ישב	442		sit, dwell
	נכריתנה	hiph	cohm1cp		כרת	503	3fs	cut off, destroy		יֹשְׁבִיq	qal	impv	fs	ישב	442		sit, dwell
	תדמי	qal	impf	2fs	דמם	198		be silent		ישבת	qal	ptc	fs	ישב	442		sit, dwell
	תלך	qal	impf	3fs	הלך	229		walk, go		שדד	qal	ptc	ms	שדד	994		destroy, oppress
48:4	נשברה	niph	pft	3fs	שבר	990		be broken		עלה	qal	pft	3ms	עלה	748		go up
	השמיעו	hiph	pft	3cp	שמע	1033		cause to hear		שחת	piel	pft	3ms	שחת	1007		spoil, ruin
48:5	יעלה	qal	impf	3ms	עלה	748		go up	48:19	עמדי	qal	impv	fs	עמד	763		stand, stop
	שמעו	qal	pft	3cp	שמע	1033		hear		צפי	piel	impv	fs	צפה	859		watch closely
48:6	נסו	qal	impv	mp	נוס	630		flee, escape		יושבת	qal	ptc	fs	ישב	442		sit, dwell
	מלטו	piel	impv	mp	מלט	572		deliver		שאלי	qal	impv	fs	שאל	981		ask, borrow
	תהיינה	qal	jusm	3fp	היה	224		be, become		נס	qal	ptc	ms	נוס	630		flee, escape
48:7	בטחך	qal	infc		בטח	105	2fs	trust		נמלטה	niph	ptc	fs	מלט	572		escape
	תלכדי	niph	impf	2fs	לכד	539		be captured		אמרי	qal	impv	fs	אמר	55		say
	יצא	qal	wcp	3ms	יצא	422		go out		נהיתה	niph	pft	3fs	היה	224		be done
48:8	יבא	qal	impf	3ms	בוא	97		come in	48:20	הביש	hiph	pft	3ms	בוש	101		put to shame
	שדד	qal	ptc	ms	שדד	994		destroy, oppress		חתה	qal	pft	3fs	חתת	369		be shattered
	תמלט	niph	impf	3fs	מלט	572		escape		הֵילִילִיk	hiph	impv	fs	ילל	410		howl
	אבד	qal	wcp	3ms	אבד	1		perish		הֵילִילוּq	hiph	impv	mp	ילל	410		howl
	נשמד	niph	wcp	3ms	שמד	1029		be exterminated		זְעָקִיk	qal	impv	fs	זעק	277		call, cry out
	אמר	qal	pft	3ms	אמר	55		say		זְעָקוּq	qal	impv	mp	זעק	277		call, cry out
48:9	תנו	qal	impv	mp	נתן	678		give, set		הגידו	hiph	impv	mp	נגד	616		declare, tell
	נצא	qal	infa		נצא	661		fly		שדד	pual	pft	3ms	שדד	994		be devastated
	תצא	qal	impf	3fs	יצא	422		go out	48:21	בא	qal	pft	3ms	בוא	97		come in
	תהיינה	qal	impf	3fp	היה	224		be, become	48:25	נגדעה	niph	pft	3fs	גדע	154		be hewn off
	יושב	qal	ptc	ms	ישב	442		sit, dwell		נשברה	niph	pft	3fs	שבר	990		be broken
48:10	ארור	qal	pptc	ms	ארר	76		curse	48:26	השכירהו	hiph	impv	mp	שכר	1016	3ms	make drunk
	עשה	qal	ptc	ms	עשה	793		do, make		הגדיל	hiph	pft	3ms	גדל	152		make great
	ארור	qal	pptc	ms	ארר	76		curse		ספק	qal	wcp	3ms	ספק	706		slap, clap
	מנע	qal	ptc	ms	מנע	586		withhold		היה	qal	wcp	3ms	היה	224		be, become
48:11	שאנן	pal	pft	3ms	שאן	983		be at ease	48:27	היה	qal	pft	3ms	היה	224		be, become
	שקט	qal	pft	3ms	שקט	1052		be quiet		נמצאהk	niph	pft	3fs	מצא	592		be found
	הורק	hoph	pft	3ms	ריק	937		be emptied		נמצאq	niph	pft	3ms	מצא	592		be found
	הלך	qal	pft	3ms	הלך	229		walk, go		תתנודד	htpo	impf	2ms	נוד	626		wander, totter
	עמד	qal	pft	3ms	עמד	763		stand, stop	48:28	עזבו	qal	impv	mp	עזב	736		leave, loose
	נמר	niph	pft	3ms	מור	558		be changed		שכנו	qal	impv	mp	שכן	1014		settle, dwell
48:12	באים	qal	ptc	mp	בוא	97		come in		ישבי	qal	ptc	mp	ישב	442		sit, dwell
	שלחתי	piel	wcp	1cs	שלח	1018		send away, shoot		היו	qal	impv	mp	היה	224		be, become

Jeremiah 48:28—49:12

ChVs	Form	Stem	Tnse	PGN	Root	BDB	Sfx	Meaning
48:28	תקננ	piel	impf	3fs	קנן	890		make nest
48:29	שמענו	qal	pft	1cp	שמע	1033		hear
48:30	ידעתי	qal	pft	1cs	ידע	393		know
	עשו	qal	pft	3cp	עשה	793		do, make
48:31	איליל	hiph	impf	1cs	ילל	410		howl
	אזעק	qal	impf	1cs	זעק	277		call, cry out
	יהגה	qal	impf	3ms	הגה	211		groan, utter
48:32	אבכה	qal	impf	1cs	בכה	113		weep
	עברו	qal	pft	3cp	עבר	716		pass over
	נגעו	qal	pft	3cp	נגע	619		touch, strike
	שדד	qal	ptc	ms	שדד	994		destroy, oppress
	נפל	qal	pft	3ms	נפל	656		fall
48:33	נאספה	niph	pft	3fs	אסף	62		assemble
	השבתי	hiph	pft	1cs	שבת	991		destroy, remove
	ידרך	qal	impf	3ms	דרך	201		tread, march
48:34	נתנו	qal	pft	3cp	נתן	678		give, set
	יהיו	qal	impf	3mp	היה	224		be, become
48:35	השבתי	hiph	wcp	1cs	שבת	991		destroy, remove
	מעלה	hiph	ptc	ms	עלה	748		bring up, offer
	מקטיר	hiph	ptc	ms	קטר	882		make sacrifices
48:36	יהמה	qal	impf	3ms	המה	242		growl, murmur
	יהמה	qal	impf	3ms	המה	242		growl, murmur
	עשה	qal	pft	3ms	עשה	793		do, make
	אבדו	qal	pft	3cp	אבד	1		perish
48:37	גרעה	qal	pptc	fs	גרע	175		diminish
48:38	שברתי	qal	pft	1cs	שבר	990		break
48:39	חתה	qal	pft	3fs	חתת	369		be shattered
	הילילו	hiph	pft	3cp	ילל	410		howl
	הפנה	hiph	pft	3ms	פנה	815		turn
	בוש	qal	pft	3ms	בוש	101		be ashamed
	היה	qal	wcp	3ms	היה	224		be, become
48:40	אמר	qal	pft	3ms	אמר	55		say
	ידאה	qal	impf	3ms	דאה	178		fly swiftly
	פרש	qal	wcp	3ms	פרש	831		spread out
48:41	נלכדה	niph	pft	3fs	לכד	539		be captured
	נתפשה	niph	pft	3fs	תפש	1074		be seized
	היה	qal	wcp	3ms	היה	224		be, become
	מצרה	hiph	ptc	fs	צרר	865		suffer distress
48:42	נשמד	niph	wcp	3ms	שמד	1029		be exterminated
	הגדיל	hiph	pft	3ms	גדל	152		make great
48:43	יושב	qal	ptc	ms	ישב	442		sit, dwell
48:44	הניסk	hiph	pft	3ms	נוס	630		put to flight
	נסq	qal	ptc	ms	נוס	630		flee, escape
	יפל	qal	impf	3ms	נפל	656		fall
	עלה	qal	ptc	ms	עלה	748		go up
	ילכד	niph	impf	3ms	לכד	539		be captured
	אביא	hiph	impf	1cs	בוא	97		bring in
48:45	עמדו	qal	pft	3cp	עמד	763		stand, stop
	נסים	qal	ptc	mp	נוס	630		flee, escape
	יצא	qal	pft	3ms	יצא	422		go out
	תאכל	qal	wci	3fs	אכל	37		eat, devour
48:46	אבד	qal	pft	3ms	אבד	1		perish
	לקחו	qalp	pft	3cp	לקח	542		be taken
48:47	שבתי	qal	wcp	1cs	שוב	996		turn, return
49:1	אמר	qal	pft	3ms	אמר	55		say
	יורש	qal	ptc	ms	ירש	439		possess, inherit
	ירש	qal	pft	3ms	ירש	439		possess, inherit
	ישב	qal	pft	3ms	ישב	442		sit, dwell
49:2	באים	qal	ptc	mp	בוא	97		come in
	השמעתי	hiph	wcp	1cs	שמע	1033		cause to hear
	היתה	qal	wcp	3fs	היה	224		be, become
	תצתנה	qal	impf	3fp	יצת	428		kindle
	ירש	qal	wcp	3ms	ירש	439		possess, inherit
	ירשיו	qal	ptc	mp	ירש	439	3ms	possess, inherit
	אמר	qal	pft	3ms	אמר	55		say
49:3	הילילי	hiph	impv	fs	ילל	410		howl
	שדדה	pual	pft	3fs	שדד	994		be devastated
	צעקנה	qal	impv	fp	צעק	858		cry out
	חגרנה	qal	impv	fp	חגר	291		gird
	ספדנה	qal	impv	fp	ספד	704		wail, lament
	והתשוטטנה	htpo	impv	fp	שוט	1001		run to and fro
	ילך	qal	impf	3ms	הלך	229		walk, go
49:4	תתהללי	hith	impf	2fs	הלל	237		glory
	זב	qal	ptc	ms	זוב	264		flow, gush
	בטחה	qal	ptc	fs	בטח	105		trust
	יבוא	qal	impf	3ms	בוא	97		come in
49:5	מביא	hiph	ptc	ms	בוא	97		bring in
	נדחתם	niph	wcp	2mp	נדח	623		be banished
	מקבץ	piel	ptc	ms	קבץ	867		gather together
	נדד	qal	ptc	ms	נדד	622		retreat, flee
49:6	אשיב	hiph	impf	1cs	שוב	996		bring back
49:7	אמר	qal	pft	3ms	אמר	55		say
	אבדה	qal	pft	3fs	אבד	1		perish
	בנים	qal	ptc	mp	בין	106		discern
	נסרחה	niph	pft	3fs	סרח	710		be let loose
49:8	נסו	qal	impv	mp	נוס	630		flee, escape
	הפנו	hoph	impv	mp	פנה	815		be turned back
	העמיקו	hiph	impv	mp	עמק	770		make deep
	שבת	qal	infc		ישב	442		sit, dwell
	ישבי	qal	ptc	mp	ישב	442		sit, dwell
	הבאתי	hiph	pft	1cs	בוא	97		bring in
	פקדתיו	qal	pft	1cs	פקד	823	3ms	attend to, visit
49:9	בצרים	qal	ptc	mp	בצר	130		cut off
	באו	qal	pft	3cp	בוא	97		come in
	ישארו	hiph	impf	3mp	שאר	983		leave, spare
	השחיתו	hiph	pft	3cp	שחת	1007		spoil, ruin
49:10	חשפתי	qal	pft	1cs	חשף	362		strip off
	גליתי	piel	pft	1cs	גלה	162		uncover
	נחבה	niph	wcp	3ms	חבה	285		hide oneself
	יוכל	qal	impf	3ms	יכל	407		be able
	שדד	pual	pft	3ms	שדד	994		be devastated
49:11	עזבה	qal	impv	ms	עזב	736		leave, loose
	אחיה	piel	impf	1cs	חיה	310		preserve, revive
	תבטחו	qal	jusm	3fp	בטח	105?		trust
49:12	אמר	qal	pft	3ms	אמר	55		say
	שתות	qal	infc		שתה	1059		drink
	שתו	qal	infa		שתה	1059		drink
	ישתו	qal	impf	3mp	שתה	1059		drink

Jeremiah 49: 12 – 49: 38

ChVs	Form	Stem	Tnse	PGN	Root	BDB	Sfx	Meaning
49:12	נקה	qal	infa		נקה	667		be empty
	תנקה	niph	impf	2ms	נקה	667		be clean, free
	תנקה	niph	impf	2ms	נקה	667		be clean, free
	שתה	qal	infa		שתה	1059		drink
	תשתה	qal	impf	2ms	שתה	1059		drink
49:13	נשבעתי	niph	pft	1cs	שבע	989		swear
	תהיה	qal	impf	3fs	היה	224		be, become
	תהיינה	qal	impf	3fp	היה	224		be, become
49:14	שמעתי	qal	pft	1cs	שמע	1033		hear
	שלוח	qal	pptc	ms	שלח	1018		send
	התקבצו	hith	impv	mp	קבץ	867		gather together
	באו	qal	impv	mp	בוא	97		come in
	קומו	qal	impv	mp	קום	877		arise, stand
49:15	נתתיך	qal	pft	1cs	נתן	678	2ms	give, set
	בזוי	qal	pptc	ms	בזה	102		despise
49:16	השיא	hiph	pft	3ms	נשא	674		beguile
	שכני	qal	ptc	ms	שכן	1014		settle, dwell
	תפשי	qal	ptc	ms	תפש	1074		seize, grasp
	תגביה	hiph	impf	2ms	גבה	146		make high, exalt
	אורידך	hiph	impf	1cs	ירד	432	2ms	bring down
49:17	היתה	qal	wcp	3fs	היה	224		be, become
	עבר	qal	ptc	ms	עבר	716		pass over
	ישם	qal	impf	3ms	שמם	1030		be desolate
	ישרק	qal	impf	3ms	שרק	1056		hiss
49:18	אמר	qal	pft	3ms	אמר	55		say
	ישב	qal	impf	3ms	ישב	442		sit, dwell
	יגור	qal	impf	3ms	גור	157		sojourn
49:19	יעלה	qal	impf	3ms	עלה	748		go up
	ארגיעה	hiph	coh	1cs	רגע	920		twinkle, wink
	אריצנו	hiph	cohm	1cs	רוץ	930	3ms	bring quickly
	בחור	qal	pptc	ms	בחר	103		choose
	אפקד	qal	impf	1cs	פקד	823		attend to, visit
	יעידני	hiph	impf	3ms	יעד	416	1cs	appoint, summon
	רעה	qal	ptc	ms	רעה	944		pasture, tend
	יעמד	qal	impf	3ms	עמד	763		stand, stop
49:20	שמעו	qal	impv	mp	שמע	1033		hear
	יעץ	qal	pft	3ms	יעץ	419		advise, counsel
	חשב	qal	pft	3ms	חשב	362		think, devise
	ישבי	qal	ptc	mp	ישב	442		sit, dwell
	יסחבום	qal	impf	3mp	סחב	694	3mp	drag
	ישים	hiph	impf	3ms	שמם	1030		ravage, appall
49:21	נפלם	qal	infc		נפל	656	3mp	fall
	רעשה	qal	pft	3fs	רעש	950		quake
	נשמע	niph	pft	3ms	שמע	1033		be heard
49:22	יעלה	qal	impf	3ms	עלה	748		go up
	ידאה	qal	impf	3ms	דאה	178		fly swiftly
	יפרש	qal	impf	3ms	פרש	831		spread out
	היה	qal	wcp	3ms	היה	224		be, become
	מצרה	hiph	ptc	fs	צרר	865		suffer distress
49:23	בושה	qal	pft	3fs	בוש	101		be ashamed
	שמעו	qal	pft	3cp	שמע	1033		hear
	נמגו	niph	pft	3cp	מוג	556		melt away
	השקט	hiph	infa		שקט	1052		show quietness
	יוכל	qal	impf	3ms	יכל	407		be able
49:24	רפתה	qal	pft	3fs	רפה	951		sink, relax
	הפנתה	hiph	pft	3fs	פנה	815		turn
	נוס	qal	infc		נוס	630		flee, escape
	החזיקה	hiph	pft	3fs	חזק	304		make firm, seize
	אחזתה	qal	pft	3fs	אחז	28	3fs	grasp
	יולדה	qal	ptc	fs	ילד	408		bear, beget
49:25	עזבה	qalp	pft	3fs	עזב	736		be deserted
49:26	יפלו	qal	impf	3mp	נפל	656		fall
	ידמו	niph	impf	3mp	דמם	198		be made silent
49:27	הצתי	hiph	wcp	1cs	יצת	428		kindle
	אכלה	qal	wcp	3fs	אכל	37		eat, devour
49:28	הכה	hiph	pft	3ms	נכה	645		smite
	אמר	qal	pft	3ms	אמר	55		say
	קומו	qal	impv	mp	קום	877		arise, stand
	עלו	qal	impv	mp	עלה	748		go up
	שדדו	qal	impv	mp	שדד	994		destroy, oppress
49:29	יקחו	qal	impf	3mp	לקח	542		take
	ישאו	qal	impf	3mp	נשא	669		lift, carry
	קראו	qal	wcp	3cp	קרא	894		call, proclaim
49:30	נסו	qal	impv	mp	נוס	630		flee, escape
	נדו	qal	impv	mp	נוד	626		wander, lament
	העמיקו	hiph	impv	mp	עמק	770		make deep
	שבת	qal	infc		ישב	442		sit, dwell
	ישבי	qal	ptc	mp	ישב	442		sit, dwell
	יעץ	qal	pft	3ms	יעץ	419		advise, counsel
	חשב	qal	pft	3ms	חשב	362		think, devise
49:31	קומו	qal	impv	mp	קום	877		arise, stand
	עלו	qal	impv	mp	עלה	748		go up
	יושב	qal	ptc	ms	ישב	442		sit, dwell
	ישכנו	qal	impf	3mp	שכן	1014		settle, dwell
49:32	היו	qal	wcp	3cp	היה	224		be, become
	זרתים	piel	wcp	1cs	זרה	279	3mp	scatter
	קצוצי	qal	pptc	mp	קצץ	893		cut off
	אביא	hiph	impf	1cs	בוא	97		bring in
49:33	היתה	qal	wcp	3fs	היה	224		be, become
	ישב	qal	impf	3ms	ישב	442		sit, dwell
	יגור	qal	impf	3ms	גור	157		sojourn
49:34	היה	qal	pft	3ms	היה	224		be, become
	אמר	qal	infc		אמר	55		say
49:35	שבר	qal	ptc	ms	שבר	990		break
49:36	הבאתי	hiph	wcp	1cs	בוא	97		bring in
	זרתים	piel	wcp	1cs	זרה	279	3mp	scatter
	יהיה	qal	impf	3ms	היה	224		be, become
	יבוא	qal	impf	3ms	בוא	97		come in
	נדחי	niph	ptc	mp	נדח	623		be banished
49:37	החתתי	hiph	wcp	1cs	חתת	369		dismay
	איביהם	qal	ptc	mp	איב	33	3mp	be hostile to
	מבקשי	piel	ptc	mp	בקש	134		seek
	הבאתי	hiph	wcp	1cs	בוא	97		bring in
	שלחתי	piel	wcp	1cs	שלח	1018		send away, shoot
	כלותי	piel	infc		כלה	477	1cs	complete, finish
49:38	שמתי	qal	wcp	1cs	שים	962		put, set
	האבדתי	hiph	wcp	1cs	אבד	1		destroy

Jeremiah 49:39–50:21

ChVs	Form	Stem	Tnse	PGN	Root	BDB	Sfx	Meaning
49:39	היה	qal	wcp	3ms	היה	224		be, become
	אאשוב k	qal	impf	1cs	שוב	996		turn, return
	אאשיב q	hiph	impf	1cs	שוב	996		bring back
50:1	דבר	piel	pft	3ms	דבר	180		speak
50:2	הגידו	hiph	impv	mp	נגד	616		declare, tell
	השמיעו	hiph	impv	mp	שמע	1033		cause to hear
	שאו	qal	impv	mp	נשא	669		lift, carry
	השמיעו	hiph	impv	mp	שמע	1033		cause to hear
	תכחדו	piel	jusm	2mp	כחד	470		hide
	אמרו	qal	impv	mp	אמר	55		say
	נלכדה	niph	pft	3fs	לכד	539		be captured
	הביש	hiph	pft	3ms	בוש	101		put to shame
	חת	qal	pft	3ms	חתת	369		be shattered
	הבישו	hiph	pft	3cp	בוש	101		put to shame
	חתו	qal	pft	3cp	חתת	369		be shattered
50:3	עלה	qal	pft	3ms	עלה	748		go up
	ישית	qal	impf	3ms	שית	1011		put, set
	יהיה	qal	impf	3ms	היה	224		be, become
	יושב	qal	ptc	ms	ישב	442		sit, dwell
	נדו	qal	pft	3cp	נוד	626		wander, lament
	הלכו	qal	pft	3cp	הלך	229		walk, go
50:4	יבאו	qal	impf	3mp	בוא	97		come in
	הלוך	qal	infa		הלך	229		walk, go
	בכו	qal	infa		בכה	113		weep
	ילכו	qal	impf	3mp	הלך	229		walk, go
	יבקשו	piel	impf	3mp	בקש	134		seek
50:5	ישאלו	qal	impf	3mp	שאל	981		ask, borrow
	באו	qal	impv	mp	בוא	97		come in
	נלוו	niph	wcp	3cp	לוה	530		join oneself
	תשכח	niph	impf	3fs	שכח	1013		be forgotten
50:6	אבדות	qal	ptc	fp	אבד	1		perish
	ההיה k	qal	pft	3ms	היה	224		be, become
	ההיו q	qal	pft	3cp	היה	224		be, become
	רעיהם	qal	ptc	mp	רעה	944	3mp	pasture, tend
	התעום	hiph	pft	3cp	תעה	1073	3mp	cause to err
	הלכו	qal	pft	3cp	הלך	229		walk, go
	שכחו	qal	pft	3cp	שכח	1013		forget
50:7	מוצאיהם	qal	ptc	mp	מצא	592	3mp	find
	אכלום	qal	pft	3cp	אכל	37	3mp	eat, devour
	אמרו	qal	pft	3cp	אמר	55		say
	נאשם	qal	impf	1cp	אשם	79		offend
	חטאו	qal	pft	3cp	חטא	306		sin
50:8	נדו	qal	impv	mp	נוד	626		wander, lament
	צאו k	qal	pft	3cp	יצא	422		go out
	צאו q	qal	impv	mp	יצא	422		go out
	היו	qal	impv	mp	היה	224		be, become
50:9	מעיר	hiph	ptc	ms	עור	734		rouse, stir up
	מעלה	hiph	ptc	ms	עלה	748		bring up, offer
	ערכו	qal	wcp	3cp	ערך	789		set in order
	תלכד	niph	impf	3fs	לכד	539		be captured
	משכיל	hiph	ptc	ms	שכל	1013		miscarry
	ישוב	qal	impf	3ms	שוב	996		turn, return
50:10	היתה	qal	wcp	3fs	היה	224		be, become
	שלליה	qal	ptc	mp	שלל	1021	3fs	spoil, plunder
50:10	ישבעו	qal	impf	3mp	שבע	959		be sated
50:11	תשמחי k	qal	impf	2fs	שמח	970		rejoice
	תשמחו q	qal	impf	2mp	שמח	970		rejoice
	תעלזי k	qal	impf	2fs	עלז	759		exult, triumph
	תעלזו q	qal	impf	2mp	עלז	759		exult, triumph
	שסי	qal	ptc	mp	שסה	1042		plunder
	תפושי k	qal	impf	2fs	פוש	807		spring about
	תפושו q	qal	impf	2mp	פוש	807		spring about
	דשה	qal	ptc	fs	דוש	190		tread
	תצהלי k	qal	impf	2fs	צהל	843		neigh, cry
	תצהלו q	qal	impf	2mp	צהל	843		neigh, cry
50:12	בושה	qal	pft	3fs	בוש	101		be ashamed
	חפרה	qal	pft	3fs	חפר	344		be ashamed
	יולדתכם	qal	ptc	fs	ילד	408	2mp	bear, beget
50:13	תשב	qal	impf	3fs	ישב	442		sit, dwell
	היתה	qal	wcp	3fs	היה	224		be, become
	עבר	qal	ptc	ms	עבר	716		pass over
	ישם	qal	impf	3ms	שמם	1030		be desolate
	ישרק	qal	impf	3ms	שרק	1056		hiss
50:14	ערכו	qal	impv	mp	ערך	789		set in order
	דרכי	qal	ptc	mp	דרך	201		tread, march
	ידו	qal	impv	mp	ידה	392		shoot
	תחמלו	qal	jusm	2mp	חמל	328		spare
	חטאה	qal	pft	3fs	חטא	306		sin
50:15	הריעו	hiph	impv	mp	רוע	929		raise a shout
	נתנה	qal	pft	3fs	נתן	678		give, set
	נפלו	qal	pft	3cp	נפל	656		fall
	נהרסו	niph	pft	3cp	הרס	248		be thrown down
	הנקמו	niph	impv	mp	נקם	667		avenge oneself
	עשתה	qal	pft	3fs	עשה	793		do, make
	עשו	qal	impv	mp	עשה	793		do, make
50:16	כרתו	qal	impv	mp	כרת	503		cut, destroy
	זורע	qal	ptc	ms	זרע	281		sow
	תפש	qal	ptc	ms	תפש	1074		seize, grasp
	יונה	qal	ptc	fs	ינה	413		oppress
	יפנו	qal	impf	3mp	פנה	815		turn
	ינסו	qal	impf	3mp	נוס	630		flee, escape
50:17	פזורה	qal	pptc	fs	פזר	808		scatter
	הדיחו	hiph	pft	3cp	נדח	623		thrust out
	אכלו	qal	pft	3ms	אכל	37	3ms	eat, devour
	עצמו	piel	pft	3ms	עצם	1126	3ms	break bones
50:18	אמר	qal	pft	3ms	אמר	55		say
	פקד	qal	ptc	ms	פקד	823		attend to, visit
	פקדתי	qal	pft	1cs	פקד	823		attend to, visit
50:19	שבבתי	pol	wcp	1cs	שוב	996		bring back
	רעה	qal	wcp	3ms	רעה	944		pasture, tend
	תשבע	qal	impf	3fs	שבע	959		be sated
50:20	יבקש	pual	impf	3ms	בקש	134		be sought
	תמצאינה	niph	impf	3fp	מצא	592		be found
	אסלח	qal	impf	1cs	סלח	699		forgive, pardon
	אשאיר	hiph	impf	1cs	שאר	983		leave, spare
50:21	עלה	qal	impv	ms	עלה	748		go up
	יושבי	qal	ptc	mp	ישב	442		sit, dwell
	חרב	qal	impv	ms	חרב	352		attack

Jeremiah 50: 21 – 51: 3

ChVs	Form	Stem	Tnse	PGN	Root	BDB	Sfx	Meaning
50:21	החרם	hiph	impv	ms	חרם	355		ban, destroy
	עשה	qal	impv	ms	עשה	793		do, make
	צויתיך	piel	pft	1cs	צוה	845	2ms	command
50:23	נגדע	niph	pft	3ms	גדע	154		be hewn off
	ישבר	niph	wci	3ms	שבר	990		be broken
	היתה	qal	pft	3fs	היה	224		be, become
50:24	יקשתי	qal	pft	1cs	יקש	430		lay snares
	נלכדת	niph	pft	2fs	לכד	539		be captured
	ידעת	qal	pft	2fs	ידע	393		know
	נמצאת	niph	pft	2fs	מצא	592		be found
	נתפשת	niph	pft	2fs	תפש	1074		be seized
	התגרית	hith	pft	2fs	גרה	173		excite oneself
50:25	פתח	qal	pft	3ms	פתח	834		open
	יוצא	hiph	wci	3ms	יצא	422		bring out
50:26	באו	qal	impv	mp	בוא	97		come in
	פתחו	qal	impv	mp	פתח	834		open
	סלוה	qal	impv	mp	סלל	699	3fs	cast up
	החרימוה	hiph	impv	mp	חרם	355	3fs	ban, destroy
	תהי	qal	jus	3fs	היה	224		be, become
50:27	חרבו	qal	impv	mp	חרב	352		attack
	ירדו	qal	jusm	3mp	ירד	432		come down
	בא	qal	pft	3ms	בוא	97		come in
50:28	נסים	qal	ptc	mp	נוס	630		flee, escape
	הגיד	hiph	infc		נגד	616		declare, tell
50:29	השמיעו	hiph	impv	mp	שמע	1033		cause to hear
	דרכי	qal	ptc	mp	דרך	201		tread, march
	חנו	qal	impv	mp	חנה	333		decline, encamp
	יהי	qal	jus	3ms	היה	224		be, become
	שלמו	piel	impv	mp	שלם	1022		repay, reward
	עשתה	qal	pft	3fs	עשה	793		do, make
	עשו	qal	impv	mp	עשה	793		do, make
	זדה	qal	pft	3fs	זיד	267		act proudly
50:30	יפלו	qal	impf	3mp	נפל	656		fall
	ידמו	niph	impf	3mp	דמם	198		be made silent
50:31	בא	qal	pft	3ms	בוא	97		come in
	פקדתיך	qal	pft	1cs	פקד	823	2ms	attend to, visit
50:32	כשל	qal	wcp	3ms	כשל	505		stumble, totter
	נפל	qal	wcp	3ms	נפל	656		fall
	מקים	hiph	ptc	ms	קום	877		raise, build, set
	הצתי	hiph	wcp	1cs	יצת	428		kindle
	אכלה	qal	wcp	3fs	אכל	37		eat, devour
50:33	אמר	qal	pft	3ms	אמר	55		say
	עשוקים	qal	pptc	mp	עשק	798		oppress, extort
	שביהם	qal	ptc	mp	שבה	985	3mp	take captive
	החזיקו	hiph	pft	3cp	חזק	304		make firm, seize
	מאנו	piel	pft	3cp	מאן	549		refuse
	שלחם	piel	infc		שלח	1018	3mp	send away, shoot
50:34	גאלם	qal	ptc	ms	גאל	145	3mp	redeem
	ריב	qal	infa		ריב	936		strive, contend
	יריב	qal	impf	3ms	ריב	936		strive, contend
	הרגיע	hiph	infc		רגע	921		give rest
	הרגיז	hiph	infc		רגז	919		cause to quake
	ישבי	qal	ptc	mp	ישב	442		sit, dwell
50:35	ישבי	qal	ptc	mp	ישב	442		sit, dwell
50:36	נאלו	niph	wcp	3cp	יאל	383		act foolishly
	חתו	qal	wcp	3cp	חתת	369		be shattered
50:37	היו	qal	wcp	3cp	היה	224		be, become
	בזזו	qalp	wcp	3cp	בזז	102		taken as spoil
50:38	יבשו	qal	wcp	3cp	יבש	386		be dry
	יתהללו	htpo	impf	3mp	הלל	237		act madly
50:39	ישבו	qal	wcp	3cp	ישב	442		sit, dwell
	ישבו	qal	wcp	3cp	ישב	442		sit, dwell
	תשב	qal	impf	3fs	ישב	442		sit, dwell
	תשכון	qal	impf	3fs	שכן	1014		settle, dwell
50:40	ישב	qal	impf	3ms	ישב	442		sit, dwell
	יגור	qal	impf	3ms	גור	157		sojourn
50:41	בא	qal	ptc	ms	בוא	97		come in
	יערו	niph	impf	3mp	עור	734		be roused
50:42	יחזיקו	hiph	impf	3mp	חזק	304		make firm, seize
	ירחמו	piel	impf	3mp	רחם	933		have compassion
	יהמה	qal	impf	3ms	המה	242		growl, murmur
	ירכבו	qal	impf	3mp	רכב	938		mount, ride
	ערוך	qal	pptc	ms	ערך	789		set in order
50:43	שמע	qal	pft	3ms	שמע	1033		hear
	רפו	qal	pft	3cp	רפה	951		sink, relax
	החזיקתהו	hiph	pft	3fs	חזק	304	3ms	make firm, seize
	יולדה	qal	ptc	fs	ילד	408		bear, beget
50:44	יעלה	qal	impf	3ms	עלה	748		go up
	ארגעה	hiph	coh	1cs	רגע	920		twinkle, wink
	ארוצם k	qal	impf	1cs	רוץ	930	3mp	run
	אריצם q	hiph	impf	1cs	רוץ	930	3mp	bring quickly
	בחור	qal	pptc	ms	בחר	103		choose
	אפקד	qal	impf	1cs	פקד	823		attend to, visit
	יועדני	hiph	impf	3ms	יעד	416	1cs	appoint, summon
	רעה	qal	ptc	ms	רעה	944		pasture, tend
	יעמד	qal	impf	3ms	עמד	763		stand, stop
50:45	שמעו	qal	impv	mp	שמע	1033		hear
	יעץ	qal	pft	3ms	יעץ	419		advise, counsel
	חשב	qal	pft	3ms	חשב	362		think, devise
	יסחבום	qal	impf	3mp	סחב	694	3mp	drag
	ישים	hiph	impf	3ms	שמם	1030		ravage, appall
50:46	נתפשה	niph	pft	3fs	תפש	1074		be seized
	נרעשה	niph	pft	3fs	רעש	950		quake
	נשמע	niph	pft	3ms	שמע	1033		be heard
51:1	אמר	qal	pft	3ms	אמר	55		say
	מעיר	hiph	ptc	ms	עור	734		rouse, stir up
	ישבי	qal	ptc	mp	ישב	442		sit, dwell
	משחית	hiph	ptc	ms	שחת	1007		spoil, ruin
51:2	שלחתי	piel	wcp	1cs	שלח	1018		send away, shoot
	זרים	qal	ptc	mp	זור	266		be stranger
	זרוה	piel	wcp	3cp	זרה	279	3fs	scatter
	יבקקו	poel	impf	3mp	בקק	132		empty out
	היו	qal	pft	3cp	היה	224		be, become
51:3	ידרך	qal	impf	3ms	דרך	201		tread, march
	ידרך k	qal	impf	3ms	דרך	201		tread, march
	דרך	qal	ptc	ms	דרך	201		tread, march
	יתעל	hith	impf	3ms	עלה	748		lift oneself
	תחמלו	qal	jusm	2mp	חמל	328		spare

ChVs	Form	Stem	Tnse	PGN	Root	BDB	Sfx	Meaning
51:3	החרימו	hiph	impv	mp	חרם	355		ban,destroy
51:4	נפלו	qal	wcp	3cp	נפל	656		fall
	מדקרים	pual	ptc	mp	דקר	201		be pierced
51:5	מלאה	qal	pft	3fs	מלא	569		be full,fill
51:6	נסו	qal	impv	mp	נוס	630		flee,escape
	מלטו	piel	impv	mp	מלט	572		deliver
	תדמו	niph	jusm	2mp	דמם	198		be made silent
	משלם	piel	ptc	ms	שלם	1022		repay,reward
51:7	משכרת	piel	ptc	fs	שכר	1016		make drunk
	שתו	qal	pft	3cp	שתה	1059		drink
	יתהללו	htpo	impf	3mp	הלל	237		act madly
51:8	נפלה	qal	pft	3fs	נפל	656		fall
	תשבר	niph	wci	3fs	שבר	990		be broken
	הילילו	hiph	impv	mp	ילל	410		howl
	קחו	qal	impv	mp	לקח	542		take
	תרפא	niph	impf	3fs	רפא	950		be healed
51:9	רפאנו	piel	pft	1cp	רפא	950		heal
	רפינו	piel	pft	1cp	רפא	950		heal
	נרפתה	niph	pft	3fs	רפא	950		be healed
	עזבוה	qal	impv	mp	עזב	736	3fs	leave,loose
	נלך	qal	cohm	1cp	הלך	229		walk,go
	נגע	qal	pft	3ms	נגע	619		touch,strike
	נשא	niph	pft	3ms	נשא	669		be lifted up
51:10	הוציא	hiph	pft	3ms	יצא	422		bring out
	באו	qal	impv	mp	בוא	97		come in
	נספרה	piel	coh	1cp	ספר	707		recount
51:11	הברו	hiph	impv	mp	ברר	140		purify,polish
	מלאו	qal	impv	mp	מלא	569		be full,fill
	העיר	hiph	pft	3ms	עור	734		rouse,stir up
	השחיתה	hiph	infc		שחת	1007	3fs	spoil,ruin
51:12	שאו	qal	impv	mp	נשא	669		lift,carry
	החזיקו	hiph	impv	mp	חזק	304		make firm,seize
	הקימו	hiph	impv	mp	קום	877		raise,build,set
	שמרים	qal	ptc	mp	שמר	1036		keep,watch
	הכינו	hiph	impv	mp	כון	465		fix,prepare
	ארבים	qal	ptc	mp	ארב	70		lie in wait
	זמם	qal	pft	3ms	זמם	273		consider,devise
	עשה	qal	pft	3ms	עשה	793		do,make
	דבר	piel	pft	3ms	דבר	180		speak
	ישבי	qal	ptc	mp	ישב	442		sit,dwell
51:13	שכנתיk	qal	ptc	fs	שכן	1014		settle,dwell
	שכנתq	qal	ptc	fs	שכן	1014		settle,dwell
	בא	qal	pft	3ms	בוא	97		come in
51:14	נשבע	niph	pft	3ms	שבע	989		swear
	מלאתיך	piel	pft	1cs	מלא	569	2fs	fill
	ענו	qal	wcp	3cp	ענה	777		sing
51:15	עשה	qal	ptc	ms	עשה	793		do,make
	מכין	hiph	ptc	ms	כון	465		fix,prepare
	נטה	qal	pft	3ms	נטה	639		stretch,incline
51:16	תתו	qal	infc		נתן	678	3ms	give,set
	יעל	hiph	wci	3ms	עלה	748		bring up,offer
	עשה	qal	pft	3ms	עשה	793		do,make
	יצא	hiph	wci	3ms	יצא	422		bring out
51:17	נבער	niph	pft	3ms	בער	129		be stupid
51:17	הביש	hiph	pft	3ms	בוש	101		put to shame
	צרף	qal	ptc	ms	צרף	864		refine,test
51:18	יאבדו	qal	impf	3mp	אבד	1		perish
51:19	יוצר	qal	ptc	ms	יצר	427		form,create
51:20	נפצתי	piel	wcp	1cs	נפץ	658		dash to pieces
	השחתי	hiph	wcp	1cs	שחת	1007		spoil,ruin
51:21	נפצתי	piel	wcp	1cs	נפץ	658		dash to pieces
	רכבו	qal	ptc	ms	רכב	938	3ms	mount,ride
	נפצתי	piel	wcp	1cs	נפץ	658		dash to pieces
	רכבו	qal	ptc	ms	רכב	938	3ms	mount,ride
51:22	נפצתי	piel	wcp	1cs	נפץ	658		dash to pieces
	נפצתי	piel	wcp	1cs	נפץ	658		dash to pieces
	נפצתי	piel	wcp	1cs	נפץ	658		dash to pieces
51:23	נפצתי	piel	wcp	1cs	נפץ	658		dash to pieces
	רעה	qal	ptc	ms	רעה	944		pasture,tend
	נפצתי	piel	wcp	1cs	נפץ	658		dash to pieces
	נפצתי	piel	wcp	1cs	נפץ	658		dash to pieces
51:24	שלמתי	piel	wcp	1cs	שלם	1022		repay,reward
	יושבי	qal	ptc	mp	ישב	442		sit,dwell
	עשו	qal	pft	3cp	עשה	793		do,make
51:25	משחית	hiph	ptc	ms	שחת	1007		spoil,ruin
	משחית	hiph	ptc	ms	שחת	1007		spoil,ruin
	נטיתי	qal	wcp	1cs	נטה	639		stretch,incline
	גלגלתי	pilp	wcp	1cs	גלל	164	2ms	roll
	נתתיך	qal	wcp	1cs	נתן	678	2ms	give,set
51:26	יקחו	qal	impf	3mp	לקח	542		take
	תהיה	qal	impf	2ms	היה	224		be,become
51:27	שאו	qal	impv	mp	נשא	669		lift,carry
	תקעו	qal	impv	mp	תקע	1075		thrust,clap
	קדשו	piel	impv	mp	קדש	872		consecrate
	השמיעו	hiph	impv	mp	שמע	1033		cause to hear
	פקדו	qal	impv	mp	פקד	823		attend to,visit
	העלו	hiph	impv	mp	עלה	748		bring up,offer
51:28	קדשו	piel	impv	mp	קדש	872		consecrate
51:29	תרעש	qal	wci	3fs	רעש	950		quake
	תחל	qal	wci	3fs	חול	296		dance,writhe
	קמה	qal	pft	3fs	קום	877		arise,stand
	שום	qal	infc		שים	962		put,set
	יושב	qal	ptc	ms	ישב	442		sit,dwell
51:30	חדלו	qal	pft	3cp	חדל	292		cease
	הלחם	niph	infc		לחם	535		wage war
	ישבו	qal	pft	3cp	ישב	442		sit,dwell
	נשתה	qal	pft	3fs	נשת	677		be dry
	היו	qal	pft	3cp	היה	224		be,become
	הציתו	hiph	pft	3cp	יצת	428		kindle
	נשברו	niph	pft	3cp	שבר	990		be broken
51:31	רץ	qal	ptc	ms	רוץ	930		run
	קראת	qal	infc		קרא	896		meet,encounter
	ירוץ	qal	ptc	ms	רוץ	930		run
	ירוץ	qal	impf	3ms	רוץ	930		run
	מגיד	hiph	ptc	ms	נגד	616		declare,tell
	קראת	qal	infc		קרא	896		meet,encounter
	מגיד	hiph	ptc	ms	נגד	616		declare,tell
	הגיד	hiph	infc		נגד	616		declare,tell

Jeremiah 51:31 – 51:60

ChVs	Form	Stem	Tnse	PGN	Root	BDB	Sfx	Meaning
51:31	נלכדה	niph	pft	3fs	לכד	539		be captured
51:32	נתפשׂו	niph	pft	3cp	תפשׂ	1074		be seized
	שׂרפו	qal	pft	3cp	שׂרף	976		burn
	נבהלו	niph	pft	3cp	בהל	96		be disturbed
51:33	אמר	qal	pft	3ms	אמר	55		say
	הדריכה	hiph	pft	3ms	דרך	201	3fs	tread, lead
	באה	qal	wcp	3fs	בוא	97		come in
51:34	אאכלנוk	qal	pft	3ms	אכל	37	1cp	eat, devour
	אאכלניq	qal	pft	3ms	אכל	37	1cs	eat, devour
	הממנוk	qal	pft	3ms	המם	243	1cp	confuse, vex
	הממניq	qal	pft	3ms	המם	243	1cs	confuse, vex
	הציגנוk	hiph	pft	3ms	יצג	426	1cp	place, establish
	הציגניq	hiph	pft	3ms	יצג	426	1cs	place, establish
	בלענוk	qal	pft	3ms	בלע	118	1cp	swallow
	בלעניq	qal	pft	3ms	בלע	118	1cs	swallow
	מלא	piel	pft	3ms	מלא	569		fill
	הדיחנוk	hiph	pft	3ms	דוח	188	1cp	rinse
	הדיחניq	hiph	pft	3ms	דוח	188	1cs	rinse
51:35	תאמר	qal	impf	3fs	אמר	55		say
	ישבת	qal	ptc	fs	ישׁב	442		sit, dwell
	ישבי	qal	ptc	mp	ישׁב	442		sit, dwell
	תאמר	qal	impf	3fs	אמר	55		say
51:36	אמר	qal	pft	3ms	אמר	55		say
	רב	qal	ptc	ms	ריב	936		strive, contend
	נקמתי	piel	wcp	1cs	נקם	667		avenge
	החרבתי	hiph	wcp	1cs	חרב	351		dry up
	הבשׁתי	hiph	wcp	1cs	יבשׁ	386		make dry
51:37	היתה	qal	pft	3fs	היה	224		be, become
	יושב	qal	ptc	ms	ישׁב	442		sit, dwell
51:38	ישאגו	qal	impf	3mp	שׁאג	980		roar
	נערו	qal	pft	3cp	נער	654		growl
51:39	חמם	qal	infc		חמם	328	3mp	be warm
	אשית	qal	impf	1cs	שׁית	1011		put, set
	השכרתים	hiph	wcp	1cs	שׁכר	1016	3mp	make drunk
	יעלזו	qal	impf	3mp	עלז	759		exult, triumph
	ישנו	qal	wcp	3cp	ישׁן	445		sleep
	יקיצו	hiph	impf	3mp	קיץ	884		awake
51:40	אורידם	hiph	impf	1cs	ירד	432	3mp	bring down
	טבוח	qal	infc		טבח	370		slaughter
51:41	נלכדה	niph	pft	3fs	לכד	539		be captured
	תתפשׂ	niph	wci	3fs	תפשׂ	1074		be seized
	היתה	qal	pft	3fs	היה	224		be, become
51:42	עלה	qal	pft	3ms	עלה	748		go up
	נכסתה	niph	pft	3fs	כסה	491		be covered
51:43	היו	qal	pft	3cp	היה	224		be, become
	ישׁב	qal	impf	3ms	ישׁב	442		sit, dwell
	יעבר	qal	impf	3ms	עבר	716		pass over
51:44	פקדתי	qal	wcp	1cs	פקד	823		attend to, visit
	הצאתי	hiph	wcp	1cs	יצא	422		bring out
	ינהרו	qal	impf	3mp	נהר	625		flow, stream
	נפלה	qal	pft	3fs	נפל	656		fall
51:45	צאו	qal	impv	mp	יצא	422		go out
	מלטו	piel	impv	mp	מלט	572		deliver
51:46	ירך	qal	impf	3ms	רכך	939		be tender, timid
51:46	תיראו	qal	impf	2mp	ירא	431		fear
	נשמעת	niph	ptc	fs	שׁמע	1033		be heard
	בא	qal	wcp	3ms	בוא	97		come in
	משׁל	qal	ptc	ms	משׁל	605		rule
	משׁל	qal	ptc	ms	משׁל	605		rule
51:47	באים	qal	ptc	mp	בוא	97		come in
	פקדתי	qal	wcp	1cs	פקד	823		attend to, visit
	תבושׁ	qal	impf	3fs	בושׁ	101		be ashamed
	יפלו	qal	impf	3mp	נפל	656		fall
51:48	רננו	piel	wcp	3cp	רנן	943		shout w/joy
	יבוא	qal	impf	3ms	בוא	97		come in
	שודדים	qal	ptc	mp	שׁדד	994		destroy, oppress
51:49	נפל	qal	infc		נפל	656		fall
	נפלו	qal	pft	3cp	נפל	656		fall
51:50	הלכו	qal	impv	mp	הלך	229		walk, go
	תעמדו	qal	jusm	2mp	עמד	763		stand, stop
	זכרו	qal	impv	mp	זכר	269		remember
	תעלה	qal	jusm	3fs	עלה	748		go up
51:51	בשׁנו	qal	pft	1cp	בושׁ	101		be ashamed
	שׁמענו	qal	pft	1cp	שׁמע	1033		hear
	כסתה	piel	pft	3fs	כסה	491		cover
	באו	qal	pft	3cp	בוא	97		come in
	זרים	qal	ptc	mp	זור	266		be stranger
51:52	באים	qal	ptc	mp	בוא	97		come in
	פקדתי	qal	wcp	1cs	פקד	823		attend to, visit
	יאנק	qal	impf	3ms	אנק	60		groan
51:53	תעלה	qal	impf	3fs	עלה	748		go up
	תבצר	piel	impf	3fs	בצר	130		fortify
	יבאו	qal	impf	3mp	בוא	97		come in
	שדדים	qal	ptc	mp	שׁדד	994		destroy, oppress
51:55	שׁדד	qal	ptc	ms	שׁדד	994		destroy, oppress
	אבד	piel	wcp	3ms	אבד	1		destroy
	המו	qal	wcp	3cp	המה	242		growl, murmur
	נתן	niph	pft	3ms	נתן	678		be given
51:56	בא	qal	ptc	ms	בוא	97		come in
	שׁודד	qal	ptc	ms	שׁדד	994		destroy, oppress
	נלכדו	niph	wcp	3cp	לכד	539		be captured
	חתתה	piel	pft	3fs	חתת	369		dismay
	שׁלם	piel	infa		שׁלם	1022		repay, reward
	ישלם	piel	impf	3ms	שׁלם	1022		repay, reward
51:57	השׁכרתי	hiph	wcp	1cs	שׁכר	1016		make drunk
	ישׁנו	qal	wcp	3cp	ישׁן	445		sleep
	יקיצו	hiph	impf	3mp	קיץ	884		awake
51:58	אמר	qal	pft	3ms	אמר	55		say
	ערער	pilp	infa		ערר	792		lay bare
	תתערער	htpp	impf	3fs	ערר	792		be laid bare
	יצתו	qal	impf	3mp	יצת	428		kindle
	יגעו	qal	impf	3mp	יגע	388		toil, grow weary
	יעפו	qal	wcp	3cp	יעף	419		be weary
51:59	צוה	piel	pft	3ms	צוה	845		command
	לכתו	qal	infc		הלך	229	3ms	walk, go
	מלכו	qal	infc		מלך	573	3ms	be king, reign
51:60	יכתב	qal	wci	3ms	כתב	507		write
	תבוא	qal	impf	3fs	בוא	97		come in

ChVs	Form	Stem	Tnse	PGN	Root	BDB	Sfx	Meaning
51:60	כתבים	qal	pptc	mp	כתב	507		write
51:61	יאמר	qal	wci	3ms	אמר	55		say
	באך	qal	infc		בוא	97	2ms	come in
	ראית	qal	wcp	2ms	ראה	906		see
	קראת	qal	wcp	2ms	קרא	894		call, proclaim
51:62	אמרת	qal	wcp	2ms	אמר	55		say
	דברת	piel	pft	2ms	דבר	180		speak
	הכריתו	hiph	infc		כרת	503	3ms	cut off, destroy
	היות	qal	infc		היה	224		be, become
	יושב	qal	ptc	ms	ישב	442		sit, dwell
	תהיה	qal	impf	3fs	היה	224		be, become
51:63	היה	qal	wcp	3ms	היה	224		be, become
	כלתך	piel	infc		כלה	477	2ms	complete, finish
	קרא	qal	infc		קרא	894		call, proclaim
	תקשר	qal	impf	2ms	קשר	905		bind
	השלכתו	hiph	wcp	2ms	שלך	1020	3ms	throw, cast
51:64	אמרת	qal	wcp	2ms	אמר	55		say
	תשקע	qal	impf	3fs	שקע	1054		sink down
	תקום	qal	impf	3fs	קום	877		arise, stand
	מביא	hiph	ptc	ms	בוא	97		bring in
	יעפו	qal	wcp	3cp	יעף	419		be weary
52:1	מלכו	qal	infc		מלך	573	3ms	be king, reign
	מלך	qal	pft	3ms	מלך	573		be king, reign
52:2	יעש	qal	wci	3ms	עשה	793		do, make
	עשה	qal	pft	3ms	עשה	793		do, make
52:3	היתה	qal	pft	3fs	היה	224		be, become
	השליכו	hiph	infc		שלך	1020	3ms	throw, cast
	ימרד	qal	wci	3ms	מרד	597		rebel
52:4	יהי	qal	wci	3ms	היה	224		be, become
	מלכו	qal	infc		מלך	573	3ms	be king, reign
	בא	qal	pft	3ms	בוא	97		come in
	יחנו	qal	wci	3mp	חנה	333		decline, encamp
	יבנו	qal	wci	3mp	בנה	124		build
52:5	תבא	qal	wci	3fs	בוא	97		come in
52:6	יחזק	qal	wci	3ms	חזק	304		be strong
	היה	qal	pft	3ms	היה	224		be, become
52:7	תבקע	niph	wci	3fs	בקע	131		be cleft
	יברחו	qal	impf	3mp	ברח	137		go thru, flee
	יצאו	qal	wci	3mp	יצא	422		go out
	ילכו	qal	wci	3mp	הלך	229		walk, go
52:8	ירדפו	qal	wci	3mp	רדף	922		pursue
	ישינו	hiph	wci	3mp	נשג	673		reach, overtake
	נפצו	niph	pft	3cp	פוץ	806		be scattered
52:9	יתפשו	qal	wci	3mp	תפש	1074		seize, grasp
	יעלו	hiph	wci	3mp	עלה	748		bring up, offer
	ידבר	piel	wci	3ms	דבר	180		speak
52:10	ישחט	qal	wci	3ms	שחט	1006		slaughter
	שחט	qal	pft	3ms	שחט	1006		slaughter
52:11	עור	piel	pft	3ms	עור	734		make blind
	יאסרהו	qal	wci	3ms	אסר	63	3ms	tie, bind
	יבאהו	hiph	wci	3ms	בוא	97	3ms	bring in
	יתנהו	qal	wci	3ms	נתן	678	3ms	give, set
52:12	בא	qal	pft	3ms	בוא	97		come in
	עמד	qal	pft	3ms	עמד	763		stand, stop
52:13	ישרף	qal	wci	3ms	שרף	976		burn
	שרף	qal	pft	3ms	שרף	976		burn
52:14	נתצו	qal	pft	3cp	נתץ	683		pull down
52:15	נשארים	niph	ptc	mp	שאר	983		be left
	נפלים	qal	ptc	mp	נפל	656		fall
	נפלו	qal	pft	3cp	נפל	656		fall
	הגלה	hiph	pft	3ms	גלה	162		lead into exile
52:16	השאיר	hiph	pft	3ms	שאר	983		leave, spare
	כרמים	qal	ptc	mp	כרם	501		tend vineyard
	יגבים	qal	ptc	mp	יגב	387		till
52:17	שברו	piel	pft	3cp	שבר	990		shatter
	ישאו	qal	wci	3mp	נשא	669		lift, carry
52:18	ישרתו	piel	impf	3mp	שרת	1058		minister, serve
	לקחו	qal	pft	3cp	לקח	542		take
52:19	לקח	qal	pft	3ms	לקח	542		take
52:20	עשה	qal	pft	3ms	עשה	793		do, make
	היה	qal	pft	3ms	היה	224		be, become
52:21	יסבנו	qal	impf	3ms	סבב	685	3ms	surround
	נבוב	qal	pptc	ms	נבב	612		hollow out
52:23	יהיו	qal	wci	3mp	היה	224		be, become
52:24	יקח	qal	wci	3ms	לקח	542		take
	שמרי	qal	ptc	mp	שמר	1036		keep, watch
52:25	לקח	qal	pft	3ms	לקח	542		take
	היה	qal	pft	3ms	היה	224		be, become
	ראי	qal	ptc	mp	ראה	906		see
	נמצאו	niph	pft	3cp	מצא	592		be found
	מצבא	hiph	ptc	ms	צבא	838		muster
	נמצאים	niph	ptc	mp	מצא	592		be found
52:26	יקח	qal	wci	3ms	לקח	542		take
	ילך	hiph	wci	3ms	הלך	229		lead, bring
52:27	יכה	hiph	wci	3ms	נכה	645		smite
	ימתם	hiph	wci	3ms	מות	559	3mp	kill
	יגל	qal	wci	3ms	גלה	162		uncover
52:28	הגלה	hiph	pft	3ms	גלה	162		lead into exile
52:30	הגלה	hiph	pft	3ms	גלה	162		lead into exile
52:31	יהי	qal	wci	3ms	היה	224		be, become
	נשא	qal	pft	3ms	נשא	669		lift, carry
	יצא	hiph	wci	3ms	יצא	422		bring out
52:32	ידבר	piel	wci	3ms	דבר	180		speak
	יתן	qal	wci	3ms	נתן	678		give, set
52:33	שנה	piel	wcp	3ms	שנה	1039		change, alter
	אכל	qal	wcp	3ms	אכל	37		eat, devour
52:34	נתנה	niph	pft	3fs	נתן	678		be given

LAMENTATIONS

ChVs	Form	Stem	Tnse	PGN	Root	BDB	Sfx	Meaning
1:1	ישבה	qal	pft	3fs	ישב	442		sit, dwell
	היתה	qal	pft	3fs	היה	224		be, become
	היתה	qal	pft	3fs	היה	224		be, become
1:2	בכו	qal	infa		בכה	113		weep
	תבכה	qal	impf	3fs	בכה	113		weep
	מנחם	piel	ptc	ms	נחם	636		comfort
	אהביה	qal	ptc	mp	אהב	12	3fs	love
	בגדו	qal	pft	3cp	בגד	93		act faithlessly
	היו	qal	pft	3cp	היה	224		be, become

Lamentations 1:2–1:21

ChVs	Form	Stem	Tnse	PGN	Root	BDB	Sfx	Meaning
1:2	איבים	qal	ptc	mp	איב	33		be hostile to
1:3	גלתה	qal	pft	3fs	גלה	162		uncover
	ישבה	qal	pft	3fs	ישב	442		sit, dwell
	מצאה	qal	pft	3fs	מצא	592		find
	רדפיה	qal	ptc	mp	רדף	922	3fs	pursue
	השיגוה	hiph	pft	3cp	נשג	673	3fs	reach, overtake
1:4	באי	qal	ptc	mp	בוא	97		come in
	שוממין	qal	ptc	mp	שמם	1030		be desolate
	נאנחים	niph	ptc	mp	אנח	58		sigh
	נוגות	niph	ptc	fp	ינה	387		be grieved
	מר	qal	pft	3ms	מרר	600		be bitter
1:5	היו	qal	pft	3cp	היה	224		be, become
	איביה	qal	ptc	mp	איב	33	3fs	be hostile to
	שלו	qal	pft	3cp	שלה	1017		be quiet, ease
	הוגה	hiph	pft	3ms	ינה	387	3fs	cause grief
	הלכו	qal	pft	3cp	הלך	229		walk, go
1:6	יצא	qal	wci	3ms	יצא	422		go out
	היו	qal	pft	3cp	היה	224		be, become
	מצאו	qal	pft	3cp	מצא	592		find
	ילכו	qal	wci	3mp	הלך	229		walk, go
	רודף	qal	ptc	ms	רדף	922		pursue
1:7	זכרה	qal	pft	3fs	זכר	269		remember
	היו	qal	pft	3cp	היה	224		be, become
	נפל	qal	infc		נפל	656		fall
	עוזר	qal	ptc	ms	עזר	740		help, aid
	ראוה	qal	pft	3cp	ראה	906	3fs	see
	שחקו	qal	pft	3cp	שחק	965		laugh
1:8	חטאה	qal	pft	3fs	חטא	306		sin
	היתה	qal	pft	3fs	היה	224		be, become
	מכבדיה	piel	ptc	mp	כבד	457	3fs	honor, make dull
	הזילוה	hiph	pft	3cp	זלל	272	3fs	make light of
	ראו	qal	pft	3cp	ראה	906		see
	נאנחה	niph	pft	3fs	אנח	58		sigh
	תשב	qal	wci	3fs	שוב	996		turn, return
1:9	זכרה	qal	pft	3fs	זכר	269		remember
	תרד	qal	wci	3fs	ירד	432		come down
	מנחם	piel	ptc	ms	נחם	636		comfort
	ראה	qal	impv	ms	ראה	906		see
	הגדיל	hiph	pft	3ms	גדל	152		make great
	אויב	qal	ptc	ms	איב	33		be hostile to
1:10	פרש	qal	pft	3ms	פרש	831		spread out
	ראתה	qal	pft	3fs	ראה	906		see
	באו	qal	pft	3cp	בוא	97		come in
	צויתה	piel	pft	2ms	צוה	845		command
	יבאו	qal	impf	3mp	בוא	97		come in
1:11	נאנחים	niph	ptc	mp	אנח	58		sigh
	מבקשים	piel	ptc	mp	בקש	134		seek
	נתנו	qal	pft	3cp	נתן	678		give, set
	השיב	hiph	infc		שוב	996		bring back
	ראה	qal	impv	ms	ראה	906		see
	הביטה	hiph	impv	ms	נבט	613		look, regard
	הייתי	qal	pft	1cs	היה	224		be, become
	זוללה	qal	ptc	fs	זלל	272		be worthless
1:12	עברי	qal	ptc	mp	עבר	716		pass over
1:12	הביטו	hiph	impv	mp	נבט	613		look, regard
	ראו	qal	impv	mp	ראה	906		see
	עולל	poal	pft	3ms	עלל	759		be vexed
	הונה	hiph	pft	3ms	ינה	387		cause grief
1:13	שלח	qal	pft	3ms	שלח	1018		send
	ירדנה	qal	wci	3ms	רדה	921	3fs	rule
	פרש	qal	pft	3ms	פרש	831		spread out
	השיבני	hiph	pft	3ms	שוב	996	1cs	bring back
	נתנני	qal	pft	3ms	נתן	678	1cs	give, set
	שממה	qal	ptc	fs	שמם	1030		be desolate
1:14	נשקד	niph	pft	3ms	שקד	974		be bound
	ישתרגו	hith	impf	3mp	שרג	974		intertwine self
	עלו	qal	pft	3cp	עלה	748		go up
	הכשיל	hiph	pft	3ms	כשל	505		cause to fall
	נתנני	qal	pft	3ms	נתן	678	1cs	give, set
	אוכל	qal	impf	1cs	יכל	407		be able
	קום	qal	infc		קום	877		arise, stand
1:15	סלה	piel	pft	3ms	סלה	699		make light of
	קרא	qal	pft	3ms	קרא	894		call, proclaim
	שבר	qal	infc		שבר	990		break
	דרך	qal	pft	3ms	דרך	201		tread, march
1:16	בוכיה	qal	ptc	fs	בכה	113		weep
	ירדה	qal	ptc	fs	ירד	432		come down
	רחק	qal	pft	3ms	רחק	934		be distant
	מנחם	piel	ptc	ms	נחם	636		comfort
	משיב	hiph	ptc	ms	שוב	996		bring back
	היו	qal	pft	3cp	היה	224		be, become
	שוממים	qal	ptc	mp	שמם	1030		be desolate
	גבר	qal	pft	3ms	גבר	149		be strong
	אויב	qal	ptc	ms	איב	33		be hostile to
1:17	פרשה	piel	pft	3fs	פרש	831		spread out
	מנחם	piel	ptc	ms	נחם	636		comfort
	צוה	piel	pft	3ms	צוה	845		command
	היתה	qal	pft	3fs	היה	224		be, become
1:18	מריתי	qal	pft	1cs	מרה	598		be disobedient
	שמעו	qal	impv	mp	שמע	1033		hear
	ראו	qal	impv	mp	ראה	906		see
	הלכו	qal	pft	3cp	הלך	229		walk, go
1:19	קראתי	qal	pft	1cs	קרא	894		call, proclaim
	מאהבי	piel	ptc	mp	אהב	12	1cs	lovers
	רמוני	piel	pft	3cp	רמה	941	1cs	beguile
	גועו	qal	pft	3cp	גוע	157		expire, die
	בקשו	piel	pft	3cp	בקש	134		seek
	ישיבו	hiph	jusm	3mp	שוב	996		bring back
1:20	ראה	qal	impv	ms	ראה	906		see
	צר	qal	pft	3ms	צרר	864		bind, be cramped
	חמרמרו	pall	pft	3cp	חמר	330		be in turmoil
	נהפך	niph	pft	3ms	הפך	245		turn oneself
	מרו	qal	infa		מרה	598		be disobedient
	מריתי	qal	pft	1cs	מרה	598		be disobedient
	שכלה	piel	pft	3fs	שכל	1013		make childless
1:21	שמעו	qal	pft	3cp	שמע	1033		hear
	נאנחה	niph	ptc	fs	אנח	58		sigh
	מנחם	piel	ptc	ms	נחם	636		comfort

ChVs	Form	Stem	Tnse	PGN	Root	BDB	Sfx	Meaning
1:21	איבי	qal	ptc	mp	איב	33	1cs	be hostile to
	שמעו	qal	pft	3cp	שמע	1033		hear
	ששו	qal	pft	3cp	שוש	965		exult
	עשית	qal	pft	2ms	עשה	793		do, make
	הבאת	hiph	pft	2ms	בוא	97		bring in
	קראת	qal	pft	2ms	קרא	894		call, proclaim
	יהיו	qal	jusm	3mp	היה	224		be, become
1:22	תבא	qal	jusm	3fs	בוא	97		come in
	עולל	poel	impv	ms	עלל	759		vex
	עוללת	poel	pft	2ms	עלל	759		vex
2:1	יעיב	hiph	impf	3ms	עוב	728		becloud
	השליך	hiph	pft	3ms	שלך	1020		throw, cast
	זכר	qal	pft	3ms	זכר	269		remember
2:2	בלע	piel	pft	3ms	בלע	118		swallow up
	חמל	qal	pft	3ms	חמל	328		spare
	הרס	qal	pft	3ms	הרס	248		throw down
	הגיע	hiph	pft	3ms	נגע	619		reach, arrive
	חלל	piel	pft	3ms	חלל	320		pollute
2:3	גדע	qal	pft	3ms	גדע	154		cut in two
	השיב	hiph	pft	3ms	שוב	996		bring back
	אויב	qal	ptc	ms	איב	33		be hostile to
	יבער	qal	wci		בער	128		burn
	אכלה	qal	pft	3fs	אכל	37		eat, devour
2:4	דרך	qal	pft	3ms	דרך	201		tread, march
	אויב	qal	ptc	ms	איב	33		be hostile to
	נצב	niph	ptc	ms	נצב	662		stand
	יהרג	qal	wci	3ms	הרג	246		kill
	שפך	qal	pft	3ms	שפך	1049		pour out
2:5	היה	qal	pft	3ms	היה	224		be, become
	אויב	qal	ptc	ms	איב	33		be hostile to
	בלע	piel	pft	3ms	בלע	118		swallow up
	בלע	piel	pft	3ms	בלע	118		swallow up
	שחת	piel	pft	3ms	שחת	1007		spoil, ruin
	ירב	hiph	wci		רבה	915		make many
2:6	יחמס	qal	wci	3ms	חמס	329		treat violently
	שחת	piel	pft	3ms	שחת	1007		spoil, ruin
	שכח	piel	pft	3ms	שכח	1013		cause to forget
	ינאץ	qal	wci	3ms	נאץ	610		spurn
2:7	זנח	qal	pft	3ms	זנח	276		reject
	נאר	piel	pft	3ms	נאר	611		spurn
	הסגיר	hiph	pft	3ms	סגר	688		shut up, deliver
	אויב	qal	ptc	ms	איב	33		be hostile to
	נתנו	qal	pft	3cp	נתן	678		give, set
2:8	חשב	qal	pft	3ms	חשב	362		think, devise
	השחית	hiph	infc		שחת	1007		spoil, ruin
	נטה	qal	pft	3ms	נטה	639		stretch, incline
	השיב	hiph	pft	3ms	שוב	996		bring back
	בלע	piel	infc		בלע	118		swallow up
	יאבל	hiph	wci	3ms	אבל	5		cause to mourn
	אמללו	pul	pft	3cp	אמל	51		be feeble
2:9	טבעו	qal	pft	3cp	טבע	371		sink
	אבד	piel	pft	3ms	אבד	1		destroy
	שבר	piel	pft	3ms	שבר	990		shatter
	מצאו	qal	pft	3cp	מצא	592		find
2:10	ישבו	qal	impf	3mp	ישב	442		sit, dwell
	ידמו	qal	impf	3mp	דמם	198		be silent
	העלו	hiph	pft	3cp	עלה	748		bring up, offer
	חגרו	qal	pft	3cp	חגר	291		gird
	הורידו	hiph	pft	3cp	ירד	432		bring down
2:11	כלו	qal	pft	3cp	כלה	477		finished, spent
	חמרמרו	pall	pft	3cp	חמר	330		be in turmoil
	נשפך	niph	pft	3ms	שפך	1049		be poured out
	עטף	niph	infc		עטף	742		faint
	יונק	qal	ptc	ms	ינק	413		suck
2:12	יאמרו	qal	impf	3mp	אמר	55		say
	התעטפם	hith	infc		עטף	742	3mp	faint
	השתפך	hith	infc		שפך	1049		pour self out
2:13	אעידך	hiph	impf	1cs	עוד	729	2fs	testify, warn
	אדמה	piel	impf	1cs	דמה	197		liken, think
	אשוה	hiph	impf	1cs	שוה	1000		make like
	אנחמך	piel	cohm	1cs	נחם	636	2fs	comfort
	ירפא	qal	impf	3ms	רפא	950		heal
2:14	חזו	qal	pft	3cp	חזה	302		see
	גלו	piel	pft	3cp	גלה	162		uncover
	השיב	hiph	infc		שוב	996		bring back
	יחזו	qal	wci	3mp	חזה	302		see
2:15	ספקו	qal	pft	3cp	ספק	706		slap, clap
	עברי	qal	ptc	mp	עבר	716		pass over
	שרקו	qal	pft	3cp	שרק	1056		hiss
	ינעו	hiph	wci	3mp	נוע	631		shake, disturb
	יאמרו	qal	impf	3mp	אמר	55		say
2:16	פצו	qal	pft	3cp	פצה	822		open, set free
	אויביך	qal	ptc	mp	איב	33	2fs	be hostile to
	שרקו	qal	pft	3cp	שרק	1056		hiss
	יחרקו	qal	wci	3mp	חרק	359		grind teeth
	אמרו	qal	pft	3cp	אמר	55		say
	בלענו	piel	pft	1cp	בלע	118		swallow up
	קוינהו	piel	pft	1cp	קוה	875	3ms	wait for
	מצאנו	qal	pft	1cp	מצא	592		find
	ראינו	qal	pft	1cp	ראה	906		see
2:17	עשה	qal	pft	3ms	עשה	793		do, make
	זמם	qal	pft	3ms	זמם	273		consider, devise
	בצע	piel	pft	3ms	בצע	130		cut off, finish
	צוה	piel	pft	3ms	צוה	845		command
	הרס	qal	pft	3ms	הרס	248		throw down
	חמל	qal	pft	3ms	חמל	328		spare
	ישמח	piel	wci	3ms	שמח	970		gladden
	אויב	qal	ptc	ms	איב	33		be hostile to
	הרים	hiph	pft	3ms	רום	926		raise, lift
2:18	צעק	qal	pft	3ms	צעק	858		cry out
	הורידי	hiph	impv	fs	ירד	432		bring down
	תתני	qal	jusm	2fs	נתן	678		give, set
	תדם	qal	jusm	3fs	דמם	198		be silent
2:19	קומי	qal	impv	fs	קום	877		arise, stand
	רני	qal	impv	fs	רנן	943		cry aloud
	שפכי	qal	impv	fs	שפך	1049		pour out
	שאי	qal	impv	fs	נשא	669		lift, carry
	עטופים	qal	pptc	mp	עטף	742		be feeble

Lamentations 2: 20 – 3: 49

ChVs	Form	Stem	Tnse	PGN	Root	BDB	Sfx	Meaning
2:20	ראה	qal	impv	ms	ראה	906		see
	הביטה	hiph	impv	ms	נבט	613		look, regard
	עוללת	poel	pft	2ms	עלל	759		vex
	תאכלנה	qal	impf	3fp	אכל	37		eat, devour
	יהרג	niph	impf	3ms	הרג	246		be killed
2:21	שכבו	qal	pft	3cp	שכב	1011		lie, lie down
	נפלו	qal	pft	3cp	נפל	656		fall
	הרגת	qal	pft	2ms	הרג	246		kill
	טבחת	qal	pft	2ms	טבח	370		slaughter
	חמלת	qal	pft	2ms	חמל	328		spare
2:22	תקרא	qal	impf	2ms	קרא	894		call, proclaim
	היה	qal	pft	3ms	היה	224		be, become
	טפחתי	piel	pft	1cs	טפח	381		spread out
	רביתי	piel	pft	1cs	רבה	915		make large
	איבי	qal	ptc	ms	איב	33	1cs	be hostile to
	כלם	piel	pft	3ms	כלה	477	3mp	complete, finish
3:1	ראה	qal	pft	3ms	ראה	906		see
3:2	נהג	qal	pft	3ms	נהג	624		drive
	ילך	hiph	wci	3ms	הלך	229		lead, bring
3:3	ישב	qal	impf	3ms	שוב	996		turn, return
	יהפך	qal	impf	3ms	הפך	245		turn, overturn
3:4	בלה	piel	pft	3ms	בלה	115		wear out
	שבר	piel	pft	3ms	שבר	990		shatter
3:5	בנה	qal	pft	3ms	בנה	124		build
	יקף	hiph	wci	3ms	נקף	668		surround
3:6	הושיבני	hiph	pft	3ms	ישב	442	1cs	cause to dwell
	מתי	qal	ptc	mp	מות	559		die
3:7	גדר	qal	pft	3ms	גדר	154		wall up
	אצא	qal	impf	1cs	יצא	422		go out
	הכביד	hiph	pft	3ms	כבד	457		make heavy
3:8	אזעק	qal	impf	1cs	זעק	277		call, cry out
	אשוע	piel	impf	1cs	שוע	1002		cry for help
	שתם	qal	pft	3ms	שתם	979		shut out
3:9	גדר	qal	pft	3ms	גדר	154		wall up
	עוה	piel	pft	3ms	עוה	730		twist
3:10	ארב	qal	ptc	ms	ארב	70		lie in wait
3:11	סורר	pol	pft	3ms	סור	693		turn aside
	ימשחני	piel	wci	3ms	פשח	832	1cs	tear in pieces
	שמני	qal	wci	3ms	שים	962	1cs	put, set
	שמם	qal	ptc	ms	שמם	1030		be desolate
3:12	דרך	qal	pft	3ms	דרך	201		tread, march
	יציבני	hiph	wci	3ms	נצב	662	1cs	cause to stand
3:13	הביא	hiph	pft	3ms	בוא	97		bring in
3:14	הייתי	qal	pft	1cs	היה	224		be, become
3:15	השביעני	hiph	pft	3ms	שבע	959	1cs	satisfy
	הרוני	hiph	pft	3ms	רוה	924	1cs	water
3:16	יגרס	hiph	wci	3ms	גרס	176		crush
	הכפישני	hiph	pft	3ms	כפש	499	1cs	bend together
3:17	תזנח	qal	wci	3fs	זנח	276		reject
	נשיתי	qal	pft	1cs	נשה	674		forget
3:18	אמר	qal	wci	1cs	אמר	55		say
	אבד	qal	pft	3ms	אבד	1		perish
3:19	זכר	qal	impv	ms	זכר	269		remember
3:20	זכור	qal	infa		זכר	269		remember
3:20	תזכור	qal	impf	3fs	זכר	269		remember
	תתשיחk	hiph	impf	3fs	שוח	1001		be depressed
	תתשוחq	qal	impf	3fs	שוח	1001		sink down
3:21	אשיב	hiph	impf	1cs	שוב	996		bring back
	אוחיל	hiph	impf	1cs	יחל	403		wait
3:22	תמנו	qal	pft	1cp	תמם	1070		be finished
	כלו	qal	pft	3cp	כלה	477		finished, spent
3:24	אמרה	qal	pft	3fs	אמר	55		say
	אוחיל	hiph	impf	1cs	יחל	403		wait
3:25	קוהk	qal	ptc	ms	קוה	875		wait for
	קוויוq	qal	ptc	mp	קוה	875	3ms	wait for
	תדרשנו	qal	impf	3fs	דרש	205	3ms	resort to, seek
3:27	ישא	qal	impf	3ms	נשא	669		lift, carry
3:28	ישב	qal	jusm	3ms	ישב	442		sit, dwell
	ידם	qal	jusm	3ms	דמם	198		be silent
	נטל	qal	pft	3ms	נטל	642		lift, bear
3:29	יתן	qal	jusm	3ms	נתן	678		give, set
3:30	יתן	qal	jusm	3ms	נתן	678		give, set
	מכהו	hiph	ptc	ms	נכה	645	3ms	smite
	ישבע	qal	jusm	3ms	שבע	959		be sated
3:31	יזנח	qal	impf	3ms	זנח	276		reject
3:32	הוגה	hiph	pft	3ms	יגה	387		cause grief
	רחם	piel	wcp	3ms	רחם	933		have compassion
3:33	ענה	piel	pft	3ms	ענה	776		humble
	יגה	piel	wci	3ms	יגה	387		grieve
3:34	דכא	piel	infc		דכא	193		crush
3:35	הטות	hiph	infc		נטה	639		turn, incline
3:36	עות	piel	infc		עות	736		make crooked
	ראה	qal	pft	3ms	ראה	906		see
3:37	אמר	qal	pft	3ms	אמר	55		say
	תהי	qal	wci	3fs	היה	224		be, become
	צוה	piel	pft	3ms	צוה	845		command
3:38	תצא	qal	impf	3fs	יצא	422		go out
3:39	יתאונן	htpo	impf	3ms	אנן	59		complain
3:40	נחפשה	qal	coh	1cp	חפש	344		search out
	נחקרה	qal	coh	1cp	חקר	350		search
	נשובה	qal	coh	1cp	שוב	996		turn, return
3:41	נשא	qal	cohm	1cp	נשא	669		lift, carry
3:42	פשענו	qal	pft	1cp	פשע	833		rebel, sin
	מרינו	qal	pft	1cp	מרה	598		be disobedient
	סלחת	qal	pft	2ms	סלח	699		forgive, pardon
3:43	סכתה	qal	pft	2ms	סכך	696		cover
	תרדפנו	qal	wci	2ms	רדף	922	1cp	pursue
	הרגת	qal	pft	2ms	הרג	246		kill
	חמלת	qal	pft	2ms	חמל	328		spare
3:44	סכותה	qal	pft	2ms	סכך	696		cover
	עבור	qal	infc		עבר	716		pass over
3:45	תשימנו	qal	impf	2ms	שים	962	1cp	put, set
3:46	פצו	qal	pft	3cp	פצה	822		open, set free
3:47	איבינו	qal	ptc	mp	איב	33	1cp	be hostile to
	היה	qal	pft	3ms	היה	224		be, become
3:48	תרד	qal	impf	3fs	ירד	432		come down
3:49	נגרה	niph	pft	3fs	נגר	620		be poured
	תדמה	qal	impf	3fs	דמה	198		cease, cut off

ChVs	Form	Stem	Tnse	PGN	Root	BDB	Sfx	Meaning
3:50	ישקיף	hiph	impf	3ms	שקף	1054		look down
	ירא	qal	jusf	3ms	ראה	906		see
3:51	עוללה	poel	pft	3fs	עלל	759		vex
3:52	צוד	qal	infa		צוד	844		hunt
	צדוני	qal	pft	3cp	צוד	844	1cs	hunt
	איבי	qal	ptc	mp	איב	33	1cs	be hostile to
3:53	צמתו	qal	pft	3cp	צמת	856		put an end to
	ידו	piel	wci	3mp	ידה	392		cast
3:54	צפו	qal	pft	3cp	צוף	847		flow
	אמרתי	qal	pft	1cs	אמר	55		say
	נגזרתי	niph	pft	1cs	גזר	160		be cut off
3:55	קראתי	qal	pft	1cs	קרא	894		call, proclaim
3:56	שמעת	qal	pft	2ms	שמע	1033		hear
	תעלם	hiph	jusm	2ms	עלם	761		conceal, hide
3:57	קרבת	qal	pft	2ms	קרב	897		approach
	אקראך	qal	impf	1cs	קרא	894	2ms	call, proclaim
	אמרת	qal	pft	2ms	אמר	55		say
	תירא	qal	jusm	2ms	ירא	431		fear
3:58	רבת	qal	pft	2ms	ריב	936		strive, contend
	גאלת	qal	pft	2ms	גאל	145		redeem
3:59	ראיתה	qal	pft	2ms	ראה	906		see
	שפטה	qal	impv	ms	שפט	1047		judge
3:60	ראיתה	qal	pft	2ms	ראה	906		see
3:61	שמעת	qal	pft	2ms	שמע	1033		hear
3:62	קמי	qal	ptc	mp	קום	877	1cs	arise, stand
3:63	הביטה	hiph	impv	ms	נבט	613		look, regard
3:64	תשיב	hiph	impf	2ms	שוב	996		bring back
3:65	תתן	qal	impf	2ms	נתן	678		give, set
3:66	תרדף	qal	impf	2ms	רדף	922		pursue
	תשמידם	hiph	impf	2ms	שמד	1029	3mp	exterminate
4:1	יועם	hoph	impf	3ms	עמם	770		be dimmed
	ישנא	qal	impf	3ms	שנה	1039		change
	תשתפכנה	hith	impf	3fp	שפך	1049		pour self out
4:2	מסלאים	pual	ptc	mp	סלא	698		be weighed
	נחשבו	niph	pft	3cp	חשב	362		be thought
	יוצר	qal	ptc	ms	יצר	427		form, create
4:3	חלצו	qal	pft	3cp	חלץ	322		draw off
	היניקו	hiph	pft	3cp	ינק	413		nurse
4:4	דבק	qal	pft	3ms	דבק	179		cling, cleave
	יונק	qal	ptc	ms	ינק	413		suck
	שאלו	qal	pft	3cp	שאל	981		ask, borrow
	פרש	qal	ptc	ms	פרש	831		spread out
4:5	אכלים	qal	ptc	mp	אכל	37		eat, devour
	נשמו	niph	pft	3cp	שמם	1030		be desolate
	אמנים	qal	pptc	mp	אמן	52		nourish
	חבקו	piel	pft	3cp	חבק	287		embrace
4:6	יגדל	qal	wci	3ms	גדל	152		be great, grow
	הפוכה	qal	pptc	fs	הפך	245		turn, overturn
	חלו	qal	pft	3cp	חול	296		dance, writhe
4:7	זכו	qal	pft	3cp	זכך	269		be bright, pure
	צחו	qal	pft	3cp	צחח	850		be dazzling
	אדמו	qal	pft	3cp	אדם	10		be red
4:8	חשך	qal	pft	3ms	חשך	364		be dark
	נכרו	niph	pft	3cp	נכר	647		be recognized
4:8	צפד	qal	pft	3ms	צפד	859		shrivel
	יבש	qal	pft	3ms	יבש	386		be dry
	היה	qal	pft	3ms	היה	224		be, become
4:9	היו	qal	pft	3cp	היה	224		be, become
	יזובו	qal	impf	3mp	זוב	264		flow, gush
	מדקרים	pual	ptc	mp	דקר	201		be pierced
4:10	בשלו	piel	pft	3cp	בשל	143		boil, cook
	היו	qal	pft	3cp	היה	224		be, become
	ברות	piel	infc		ברה	136		devour
4:11	כלה	piel	pft	3ms	כלה	477		complete, finish
	שפך	qal	pft	3ms	שפך	1049		pour out
	יצת	hiph	wci	3ms	יצת	428		kindle
	תאכל	qal	wci	3fs	אכל	37		eat, devour
4:12	האמינו	hiph	pft	3cp	אמן	52		believe
	ישבי	qal	ptc	mp	ישב	442		sit, dwell
	יבא	qal	impf	3ms	בוא	97		come in
	אויב	qal	ptc	ms	איב	33		be hostile to
4:13	שפכים	qal	ptc	mp	שפך	1049		pour out
4:14	נעו	qal	pft	3cp	נוע	631		totter, wave
	נגאלו	niph	pft	3cp	גאל	146		be defiled
	יוכלו	qal	impf	3mp	יכל	407		be able
	יגעו	qal	impf	3mp	נגע	619		touch, strike
4:15	סורו	qal	impv	mp	סור	693		turn aside
	קראו	qal	pft	3cp	קרא	894		call, proclaim
	סורו	qal	impv	mp	סור	693		turn aside
	סורו	qal	impv	mp	סור	693		turn aside
	תגעו	qal	jusm	2mp	נגע	619		touch, strike
	נצו	qal	pft	3cp	נצה	663		fly
	נעו	qal	pft	3cp	נוע	631		totter, wave
	אמרו	qal	pft	3cp	אמר	55		say
	יוספו	hiph	impf	3mp	יסף	414		add, do again
	גור	qal	infc		גור	157		sojourn
4:16	חלקם	piel	pft	3ms	חלק	323	3mp	divide
	יוסיף	hiph	impf	3ms	יסף	414		add, do again
	הביטם	hiph	infc		נבט	613	3mp	look, regard
	נשאו	qal	pft	3cp	נשא	669		lift, carry
	חננו	qal	pft	3cp	חנן	335		show favor
4:17	תכלינה	qal	impf	3fp	כלה	477		finished, spent
	צפינו	piel	pft	1cp	צפה	859		watch closely
	יושע	hiph	impf	3ms	ישע	446		deliver, save
4:18	צדו	qal	pft	3cp	צוד	844		hunt
	לכת	qal	infc		הלך	229		walk, go
	קרב	qal	pft	3ms	קרב	897		approach
	מלאו	qal	pft	3cp	מלא	569		be full, fill
	בא	qal	pft	3ms	בוא	97		come in
4:19	היו	qal	pft	3cp	היה	224		be, become
	רדפינו	qal	ptc	mp	רדף	922	1cp	pursue
	דלקנו	qal	pft	3cp	דלק	196	1cp	burn, pursue
	ארבו	qal	pft	3cp	ארב	70		lie in wait
4:20	נלכד	niph	pft	3ms	לכד	539		be captured
	אמרנו	qal	pft	1cp	אמר	55		say
	נחיה	qal	impf	1cp	חיה	310		live
4:21	שישי	qal	impv	fs	שוש	965		exult
	שמחי	qal	impv	fs	שמח	970		rejoice

Lamentations 4:21–Ezekiel 1:22

ChVs	Form	Stem	Tnse	PGN	Root	BDB	Sfx	Meaning
4:21	יוֹשַׁבְתִּיq	qal	ptc	fs	ישׁב	442		sit, dwell
	יוֹשֶׁבֶתk	qal	ptc	fs	ישׁב	442		sit, dwell
	תַּעֲבָר	qal	impf	3fs	עבר	716		pass over
	תִּשְׁכְּרִי	qal	impf	2fs	שׁכר	1016		be drunk
	תִּתְעָרִי	hith	impf	2fs	ערה	788		make naked
4:22	תַּם	qal	pft	3ms	תמם	1070		be finished
	יוֹסִיף	hiph	impf	3ms	יסף	414		add, do again
	הַגְלוֹתֵךְ	hiph	infc		גלה	162	2fs	lead into exile
	פָּקַד	qal	pft	3ms	פקד	823		attend to, visit
	גִּלָּה	piel	pft	3ms	גלה	162		uncover
5:1	זְכֹר	qal	impv	ms	זכר	269		remember
	הָיָה	qal	pft	3ms	היה	224		be, become
	הַהֲבֵּטk	hiph	impv	ms	נבט	613		look, regard
	הֲבִּיטָהq	hiph	impv	ms	נבט	613		look, regard
	רְאֵה	qal	impv	ms	ראה	906		see
5:2	נֶהְפְּכָה	niph	pft	3fs	הפך	245		turn oneself
	זָרִים	qal	ptc	mp	זור	266		be stranger
5:3	הָיִינוּ	qal	pft	1cp	היה	224		be, become
5:4	שָׁתִינוּ	qal	pft	1cp	שׁתה	1059		drink
	יָבֹאוּ	qal	impf	3mp	בוא	97		come in
5:5	נִרְדָּפְנוּ	niph	pft	1cp	רדף	922		be pursued
	יָגַעְנוּ	qal	pft	1cp	יגע	388		toil, grow weary
	הוּנַח	hoph	pft	3ms	נוח	628		be set, open
5:6	נָתַנּוּ	qal	pft	1cp	נתן	678		give, set
	שְׂבֹעַ	qal	infc		שׂבע	959		be sated
5:7	חָטְאוּ	qal	pft	3cp	חטא	306		sin
	סָבַלְנוּ	qal	pft	1cp	סבל	687		bear a load
5:8	מָשְׁלוּ	qal	pft	3cp	משׁל	605		rule
	פֹּרֵק	qal	ptc	ms	פרק	830		tear away
5:9	נָבִיא	hiph	impf	1cp	בוא	97		bring in
5:10	נִכְמָרוּ	niph	pft	3cp	כמר	485		grow warm
5:11	עִנּוּ	piel	pft	3cp	ענה	776		humble
5:12	נִתְלוּ	niph	pft	3cp	תלה	1067		be hanged
	נֶהְדָּרוּ	niph	pft	3cp	הדר	213		be honored
5:13	נָשָׂאוּ	qal	pft	3cp	נשׂא	669		lift, carry
	כָּשְׁלוּ	qal	pft	3cp	כשׁל	505		stumble, totter
5:14	שָׁבְתוּ	qal	pft	3cp	שׁבת	991		cease, desist
5:15	שָׁבַת	qal	pft	3ms	שׁבת	991		cease, desist
	נֶהְפַּךְ	niph	pft	3ms	הפך	245		turn oneself
5:16	נָפְלָה	qal	pft	3fs	נפל	656		fall
	חָטָאנוּ	qal	pft	1cp	חטא	306		sin
5:17	הָיָה	qal	pft	3ms	היה	224		be, become
	חָשְׁכוּ	qal	pft	3cp	חשׁך	364		be dark
5:18	שָׁמֵם	qal	pft	3ms	שׁמם	1030		be desolate
	הִלְּכוּ	piel	pft	3cp	הלך	229		walk
5:19	תֵּשֵׁב	qal	impf	2ms	ישׁב	442		sit, dwell
5:20	תִּשְׁכָּחֵנוּ	qal	impf	2ms	שׁכח	1013	1cp	forget
	תַּעַזְבֵנוּ	qal	impf	2ms	עזב	736	1cp	leave, loose
5:21	הֲשִׁיבֵנוּ	hiph	impv	ms	שׁוב	996	1cp	bring back
	וְנָשׁוּבk	qal	impf	1cp	שׁוב	996		turn, return
	וְנָשׁוּבָהq	qal	coh	1cp	שׁוב	996		turn, return
	חַדֵּשׁ	piel	impv	ms	חדשׁ	293		renew, repair
5:22	מָאֹס	qal	infa		מאס	549		reject, refuse
	מְאַסְתָּנוּ	qal	pft	2ms	מאס	549	1cp	reject, refuse
5:22	קָצַפְתָּ	qal	pft	2ms	קצף	893		be angry

EZEKIEL

ChVs	Form	Stem	Tnse	PGN	Root	BDB	Sfx	Meaning
1:1	יְהִי	qal	wci	3ms	היה	224		be, become
	נִפְתְּחוּ	niph	pft	3cp	פתח	834		be opened
	אֶרְאֶה	qal	wci	1cs	ראה	906		see
1:3	הָיֹה	qal	infa		היה	224		be, become
	הָיָה	qal	pft	3ms	היה	224		be, become
	תְּהִי	qal	wci	3fs	היה	224		be, become
1:4	אֵרֶא	qal	wci	1cs	ראה	906		see
	בָּאָה	qal	ptc	fs	בוא	97		come in
	מִתְלַקַּחַת	hith	ptc	fs	לקח	542		contain oneself
1:7	נֹצְצִים	qal	ptc	mp	נצץ	665		shine, sparkle
1:9	חֹבְרֹת	qal	ptc	fp	חבר	287		unite
	יִסֹּבּוּ	niph	impf	3mp	סבב	685		turn round
	לֶכְתָּן	qal	infc		הלך	229	3fp	walk, go
	יֵלֵכוּ	qal	impf	3mp	הלך	229		walk, go
1:11	פֹּרְדוֹת	qal	pptc	fp	פרד	825		divide
	חֹבְרוֹת	qal	ptc	fp	חבר	287		unite
	מְכַסּוֹת	piel	ptc	fp	כסה	491		cover
1:12	יֵלֵכוּ	qal	impf	3mp	הלך	229		walk, go
	יִהְיֶה	qal	impf	3ms	היה	224		be, become
	לֶכֶת	qal	infc		הלך	229		walk, go
	יֵלֵכוּ	qal	impf	3mp	הלך	229		walk, go
	יִסֹּבּוּ	niph	impf	3mp	סבב	685		turn round
	לֶכְתָּן	qal	infc		הלך	229	3fp	walk, go
1:13	בֹּעֲרוֹת	qal	ptc	fp	בער	128		burn
	מִתְהַלֶּכֶת	hith	ptc	fs	הלך	229		walk to and fro
	יוֹצֵא	qal	ptc	ms	יצא	422		go out
1:14	רָצוֹא	qal	infa		רצא	952		run
	שׁוֹב	qal	infa		שׁוב	996		turn, return
1:15	אֵרֶא	qal	wci	1cs	ראה	906		see
1:16	יִהְיֶה	qal	impf	3ms	היה	224		be, become
1:17	לֶכְתָּם	qal	infc		הלך	229	3mp	walk, go
	יֵלֵכוּ	qal	impf	3mp	הלך	229		walk, go
	יִסֹּבּוּ	niph	impf	3mp	סבב	685		turn round
	לֶכְתָּן	qal	infc		הלך	229	3fp	walk, go
1:19	לֶכֶת	qal	infc		הלך	229		walk, go
	יֵלֵכוּ	qal	impf	3mp	הלך	229		walk, go
	הִנָּשֵׂא	niph	infc		נשׂא	669		be lifted up
	יִנָּשְׂאוּ	niph	impf	3mp	נשׂא	669		be lifted up
1:20	יִהְיֶה	qal	impf	3ms	היה	224		be, become
	לֶכֶת	qal	infc		הלך	229		walk, go
	יֵלֵכוּ	qal	impf	3mp	הלך	229		walk, go
	לֶכֶת	qal	infc		הלך	229		walk, go
	יִנָּשְׂאוּ	niph	impf	3mp	נשׂא	669		be lifted up
1:21	לֶכְתָּם	qal	infc		הלך	229	3mp	walk, go
	יֵלֵכוּ	qal	impf	3mp	הלך	229		walk, go
	עָמְדָם	qal	infc		עמד	763	3mp	stand, stop
	יַעֲמֹדוּ	qal	impf	3mp	עמד	763		stand, stop
	הִנָּשְׂאָם	niph	infc		נשׂא	669	3mp	be lifted up
	יִנָּשְׂאוּ	niph	impf	3mp	נשׂא	669		be lifted up
1:22	נוֹרָא	niph	ptc	ms	ירא	431		be feared
	נָטוּי	qal	pptc	ms	נטה	639		stretch, incline

ChVs	Form	Stem	Tnse	PGN	Root	BDB	Sfx	Meaning
1:23	מכסות	piel	ptc	fp	כסה	491		cover
	מכסות	piel	ptc	fp	כסה	491		cover
1:24	אשמע	qal	wci	1cs	שמע	1033		hear
	לכתם	qal	infc		הלך	229	3mp	walk,go
	עמדם	qal	infc		עמד	763	3mp	stand,stop
	תרפינה	piel	impf	3fp	רפה	951		let fall
1:25	יהי	qal	wci	3ms	היה	224		be,become
	עמדם	qal	infc		עמד	763	3mp	stand,stop
	תרפינה	piel	impf	3fp	רפה	951		let fall
1:27	ארא	qal	wci	1cs	ראה	906		see
	ראיתי	qal	pft	1cs	ראה	906		see
1:28	יהיה	qal	impf	3ms	היה	224		be,become
	אראה	qal	wci	1cs	ראה	906		see
	אפל	qal	wci	1cs	נפל	656		fall
	אשמע	qal	wci	1cs	שמע	1033		hear
	מדבר	piel	ptc	ms	דבר	180		speak
2:1	יאמר	qal	wci	3ms	אמר	55		say
	עמד	qal	impv	ms	עמד	763		stand,stop
	אדבר	piel	cohm	1cs	דבר	180		speak
2:2	תבא	qal	wci	3fs	בוא	97		come in
	דבר	piel	pft	3ms	דבר	180		speak
	תעמדני	hiph	wci	3fs	עמד	763	1cs	set up,raise
	אשמע	qal	wci	1cs	שמע	1033		hear
	מדבר	hith	ptc	ms	דבר	180		speak
2:3	יאמר	qal	wci	3ms	אמר	55		say
	שולח	qal	ptc	ms	שלח	1018		send
	מורדים	qal	ptc	mp	מרד	597		rebel
	מרדו	qal	pft	3cp	מרד	597		rebel
	פשעו	qal	pft	3cp	פשע	833		rebel,sin
2:4	שולח	qal	ptc	ms	שלח	1018		send
	אמרת	qal	wcp	2ms	אמר	55		say
	אמר	qal	pft	3ms	אמר	55		say
2:5	ישמעו	qal	impf	3mp	שמע	1033		hear
	יחדלו	qal	impf	3mp	חדל	292		cease
	ידעו	qal	wcp	3cp	ידע	393		know
	היה	qal	pft	3ms	היה	224		be,become
2:6	תירא	qal	jusm	2ms	ירא	431		fear
	תירא	qal	jusm	2ms	ירא	431		fear
	יושב	qal	ptc	ms	ישב	442		sit,dwell
	תירא	qal	jusm	2ms	ירא	431		fear
	תחת	qal	jusm	2ms	חתת	369		be shattered
2:7	דברת	piel	wcp	2ms	דבר	180		speak
	ישמעו	qal	impf	3mp	שמע	1033		hear
	יחדלו	qal	impf	3mp	חדל	292		cease
2:8	שמע	qal	impv	ms	שמע	1033		hear
	מדבר	piel	ptc	ms	דבר	180		speak
	תהי	qal	jus	2ms	היה	224		be,become
	פצה	qal	impv	ms	פצה	822		open,set free
	אכל	qal	impv	ms	אכל	37		eat,devour
	נתן	qal	ptc	ms	נתן	678		give,set
2:9	אראה	qal	wci	1cs	ראה	906		see
	שלוחה	qal	pptc	fs	שלח	1018		send
2:10	יפרש	qal	wci	3ms	פרש	831		spread out
	כתובה	qal	pptc	fs	כתב	507		write
2:10	כתוב	qal	pptc	ms	כתב	507		write
3:1	יאמר	qal	wci	3ms	אמר	55		say
	תמצא	qal	impf	2ms	מצא	592		find
	אכול	qal	impv	ms	אכל	37		eat,devour
	אכול	qal	impv	ms	אכל	37		eat,devour
	לך	qal	impv	ms	הלך	229		walk,go
	דבר	piel	impv	ms	דבר	180		speak
3:2	אפתח	qal	wci	1cs	פתח	834		open
	יאכלני	hiph	wci	3ms	אכל	37	1cs	cause to eat
3:3	יאמר	qal	wci	3ms	אמר	55		say
	תאכל	hiph	jus	2ms	אכל	37		cause to eat
	תמלא	piel	impf	2ms	מלא	569		fill
	נתן	qal	ptc	ms	נתן	678		give,set
	אכלה	qal	wci	1cs	אכל	37		eat,devour
	תהי	qal	wci	3fs	היה	224		be,become
3:4	יאמר	qal	wci	3ms	אמר	55		say
	לך	qal	impv	ms	הלך	229		walk,go
	בא	qal	impv	ms	בוא	97		come in
	דברת	piel	wcp	2ms	דבר	180		speak
3:5	שלוח	qal	pptc	ms	שלח	1018		send
3:6	תשמע	qal	impf	2ms	שמע	1033		hear
	שלחתיך	qal	pft	1cs	שלח	1018	2ms	send
	ישמעו	qal	impf	3mp	שמע	1033		hear
3:7	יאבו	qal	impf	3mp	אבה	2		be willing
	שמע	qal	infc		שמע	1033		hear
	אבים	qal	ptc	mp	אבה	2		be willing
	שמע	qal	infc		שמע	1033		hear
3:8	נתתי	qal	pft	1cs	נתן	678		give,set
3:9	נתתי	qal	pft	1cs	נתן	678		give,set
	תירא	qal	impf	2ms	ירא	431		fear
	תחת	qal	impf	2ms	חתת	369		be shattered
3:10	יאמר	qal	wci	3ms	אמר	55		say
	אדבר	piel	impf	1cs	דבר	180		speak
	קח	qal	impv	ms	לקח	542		take
	שמע	qal	impv	ms	שמע	1033		hear
3:11	לך	qal	impv	ms	הלך	229		walk,go
	בא	qal	impv	ms	בוא	97		come in
	דברת	piel	wcp	2ms	דבר	180		speak
	אמרת	qal	wcp	2ms	אמר	55		say
	אמר	qal	pft	3ms	אמר	55		say
	ישמעו	qal	impf	3mp	שמע	1033		hear
	יחדלו	qal	impf	3mp	חדל	292		cease
3:12	תשאני	qal	wci	3fs	נשא	669	1cs	lift,carry
	אשמע	qal	wci	1cs	שמע	1033		hear
	ברוך	qal	pptc	ms	ברך	138		kneel,bless
3:13	משיקות	hiph	ptc	fp	נשק	676		touch
3:14	נשאתני	qal	pft	3fs	נשא	669	1cs	lift,carry
	תקחני	qal	wci	3fs	לקח	542	1cs	take
	אלך	qal	wci	1cs	הלך	229		walk,go
3:15	אבוא	qal	wci	1cs	בוא	97		come in
	ישבים	qal	ptc	mp	ישב	442		sit,dwell
	אשב q	qal	wci	1cs	ישב	442		sit,dwell
	יושבים	qal	ptc	mp	ישב	442		sit,dwell
	אשב	qal	wci	1cs	ישב	442		sit,dwell

Ezekiel 3:15–4:13

ChVs	Form	Stem	Tnse	PGN	Root	BDB	Sfx	Meaning
3:15	משמים	hiph	ptc	ms	שמם	1030		ravage, appall
3:16	יהי	qal	wci	3ms	היה	224		be, become
	יהי	qal	wci	3ms	היה	224		be, become
	אמר	qal	infc		אמר	55		say
3:17	צפה	qal	ptc	ms	צפה	859		keep watch
	נתתיך	qal	pft	1cs	נתן	678	2ms	give, set
	שמעת	qal	wcp	2ms	שמע	1033		hear
	הזהרת	hiph	wcp	2ms	זהר	264		teach
3:18	אמרי	qal	infc		אמר	55	1cs	say
	מות	qal	infa		מות	559		die
	תמות	qal	impf	2ms	מות	559		die
	הזהרתו	hiph	pft	2ms	זהר	264	3ms	teach
	דברת	piel	pft	2ms	דבר	180		speak
	הזהיר	hiph	infc		זהר	264		teach
	חיתו	piel	infc		חיה	310	3ms	preserve, revive
	ימות	qal	impf	3ms	מות	559		die
	אבקש	piel	impf	1cs	בקש	134		seek
3:19	הזהרת	hiph	pft	2ms	זהר	264		teach
	שב	qal	pft	3ms	שוב	996		turn, return
	ימות	qal	impf	3ms	מות	559		die
	הצלת	hiph	pft	2ms	נצל	664		snatch, deliver
3:20	שוב	qal	infc		שוב	996		turn, return
	עשה	qal	wcp	3ms	עשה	793		do, make
	נתתי	qal	wcp	1cs	נתן	678		give, set
	ימות	qal	impf	3ms	מות	559		die
	הזהרתו	hiph	pft	2ms	זהר	264	3ms	teach
	ימות	qal	impf	3ms	מות	559		die
	תזכרן	niph	impf	3fp	זכר	269		be remembered
	עשה	qal	pft	3ms	עשה	793		do, make
	אבקש	piel	impf	1cs	בקש	134		seek
3:21	הזהרתו	hiph	pft	2ms	זהר	264	3ms	teach
	חטא	qal	infc		חטא	306		sin
	חטא	qal	pft	3ms	חטא	306		sin
	חיו	qal	infa		חיה	310		live
	יחיה	qal	impf	3ms	חיה	310		live
	נזהר	niph	pft	3ms	זהר	264		be admonished
	הצלת	hiph	pft	2ms	נצל	664		snatch, deliver
3:22	תהי	qal	wci	3fs	היה	224		be, become
	יאמר	qal	wci	3ms	אמר	55		say
	קום	qal	impv	ms	קום	877		arise, stand
	צא	qal	impv	ms	יצא	422		go out
	אדבר	piel	impf	1cs	דבר	180		speak
3:23	אקום	qal	wci	1cs	קום	877		arise, stand
	אצא	qal	wci	1cs	יצא	422		go out
	עמד	qal	ptc	ms	עמד	763		stand, stop
	ראיתי	qal	pft	1cs	ראה	906		see
	אפל	qal	wci	1cs	נפל	656		fall
3:24	תבא	qal	wci	3fs	בוא	97		come in
	תעמדני	hiph	wci	3fs	עמד	763	1cs	set up, raise
	ידבר	piel	wci	3ms	דבר	180		speak
	יאמר	qal	wci	3ms	אמר	55		say
	בא	qal	impv	ms	בוא	97		come in
	הסגר	niph	impv	ms	סגר	688		be shut
3:25	נתנו	qal	pft	3cp	נתן	678		give, set
3:25	אסרוך	qal	wcp	3cp	אסר	63	2ms	tie, bind
	תצא	qal	impf	2ms	יצא	422		go out
3:26	אדביק	hiph	impf	1cs	דבק	179		cause to cling
	נאלמת	niph	wcp	2ms	אלם	47		be dumb
	תהיה	qal	impf	2ms	היה	224		be, become
	מוכיח	hiph	ptc	ms	יכח	406		decide, reprove
3:27	דברי	piel	infc		דבר	180	1cs	speak
	אפתח	qal	impf	1cs	פתח	834		open
	אמרת	qal	wcp	2ms	אמר	55		say
	אמר	qal	pft	3ms	אמר	55		say
	שמע	qal	ptc	ms	שמע	1033		hear
	ישמע	qal	jusm	3ms	שמע	1033		hear
	יחדל	qal	jusm	3ms	חדל	292		cease
4:1	קח	qal	impv	ms	לקח	542		take
	נתתה	qal	wcp	2ms	נתן	678		give, set
	חקות	qal	wcp	ppk	חקק	349		cut in, inscribe
4:2	נתתה	qal	wcp	2ms	נתן	678		give, set
	בניח	qal	wcp	2ms	בנה	124		build
	שפכת	qal	wcp	2ms	שפך	1049		pour out
	נתתה	qal	wcp	2ms	נתן	678		give, set
	שים	qal	impv	ms	שים	962		put, set
4:3	קח	qal	impv	ms	לקח	542		take
	נתתה	qal	wcp	2ms	נתן	678		give, set
	הכינתה	hiph	wcp	2ms	כון	465		fix, prepare
	היתה	qal	wcp	3fs	היה	224		be, become
	צרת	qal	wcp	2ms	צור	848		confine, shut in
4:4	שכב	qal	impv	ms	שכב	1011		lie, lie down
	שמת	qal	wcp	2ms	שים	962		put, set
	תשכב	qal	impf	2ms	שכב	1011		lie, lie down
	תשא	qal	impf	2ms	נשא	669		lift, carry
4:5	נתתי	qal	pft	1cs	נתן	678		give, set
	נשאת	qal	wcp	2ms	נשא	669		lift, carry
4:6	כלית	piel	wcp	2ms	כלה	477		complete, finish
	שכבת	qal	wcp	2ms	שכב	1011		lie, lie down
	נשאת	qal	wcp	2ms	נשא	669		lift, carry
	נתתיו	qal	pft	1cs	נתן	678	3ms	give, set
4:7	תכין	hiph	impf	2ms	כון	465		fix, prepare
	חשופה	qal	ptc	fs	חשף	362		strip off
	נבאת	niph	wcp	2ms	נבא	612		prophesy
4:8	נתתי	qal	pft	1cs	נתן	678		give, set
	תהפך	niph	impf	2ms	הפך	245		turn oneself
	כלותך	piel	infc		כלה	477	2ms	complete, finish
4:9	קח	qal	impv	ms	לקח	542		take
	נתתה	qal	wcp	2ms	נתן	678		give, set
	עשית	qal	wcp	2ms	עשה	793		do, make
	שוכב	qal	ptc	ms	שכב	1011		lie, lie down
	תאכלנו	qal	impf	2ms	אכל	37	3ms	eat, devour
4:10	תאכלנו	qal	impf	2ms	אכל	37	3ms	eat, devour
	תאכלנו	qal	impf	2ms	אכל	37	3ms	eat, devour
4:11	תשתה	qal	impf	2ms	שתה	1059		drink
	תשתה	qal	impf	2ms	שתה	1059		drink
4:12	תאכלנה	qal	impf	2ms	אכל	37	3fs	eat, devour
	תעגנה	qal	impf	2ms	עוג	728	3fs	bake
4:13	יאמר	qal	wci	3ms	אמר	55		say

Ezekiel 4:13–6:7

ChVs	Form	Stem	Tnse	PGN	Root	BDB	Sfx	Meaning
4:13	יאכלו	qal	impf	3mp	אכל	37		eat,devour
	אדיחם	hiph	impf	1cs	נדח	623	3mp	thrust out
4:14	אמר	qal	wci	1cs	אמר	55		say
	מטמאה	pual	ptc	fs	טמא	379		be polluted
	אכלתי	qal	pft	1cs	אכל	37		eat,devour
	בא	qal	pft	3ms	בוא	97		come in
4:15	יאמר	qal	wci	3ms	אמר	55		say
	ראה	qal	impv	ms	ראה	906		see
	נתתי	qal	pft	1cs	נתן	678		give,set
	עשית	qal	wcp	2ms	עשה	793		do,make
4:16	יאמר	qal	wci	3ms	אמר	55		say
	שבר	qal	ptc	ms	שבר	990		break
	אכלו	qal	wcp	3cp	אכל	37		eat,devour
	ישתו	qal	impf	3mp	שתה	1059		drink
4:17	יחסרו	qal	impf	3mp	חסר	341		lack
	נשמו	niph	wcp	3cp	שמם	1030		be desolate
	נמקו	niph	wcp	3cp	מקק	596		rot,decay
5:1	קח	qal	impv	ms	לקח	542		take
	תקחנה	qal	impf	2ms	לקח	542	3fs	take
	העברת	hiph	wcp	2ms	עבר	716		cause to pass
	לקחת	qal	wcp	2ms	לקח	542		take
	חלקתם	piel	wcp	2ms	חלק	323	3mp	divide
5:2	תבעיר	hiph	impf	2ms	בער	128		cause to burn
	מלאת	qal	infc		מלא	569		be full,fill
	לקחת	qal	wcp	2ms	לקח	542		take
	תכה	hiph	impf	2ms	נכה	645		smite
	תזרה	qal	impf	2ms	זרה	279		scatter
	אריק	hiph	impf	1cs	ריק	937		make empty
5:3	לקחת	qal	wcp	2ms	לקח	542		take
	צרת	qal	wcp	2ms	צור	848		confine,shut in
5:4	תקח	qal	impf	2ms	לקח	542		take
	השלכת	hiph	wcp	2ms	שלך	1020		throw,cast
	שרפת	qal	wcp	2ms	שרף	976		burn
	תצא	qal	impf	3fs	יצא	422		go out
5:5	אמר	qal	pft	3ms	אמר	55		say
	שמתיה	qal	pft	1cs	שים	962	3fs	put,set
5:6	תמר	hiph	wci	3fs	מרה	598		rebel
	מאסו	qal	pft	3cp	מאס	549		reject,refuse
	הלכו	qal	pft	3cp	הלך	229		walk,go
5:7	אמר	qal	pft	3ms	אמר	55		say
	המנכם	qal	infc		המן	243	2mp	rebel
	הלכתם	qal	pft	2mp	הלך	229		walk,go
	עשיתם	qal	pft	2mp	עשה	793		do,make
	עשיתם	qal	pft	2mp	עשה	793		do,make
5:8	אמר	qal	pft	3ms	אמר	55		say
5:9	עשיתי	qal	wcp	1cs	עשה	793		do,make
	עשיתי	qal	wcp	1cs	עשה	793		do,make
	אעשה	qal	impf	1cs	עשה	793		do,make
5:10	יאכלו	qal	impf	3mp	אכל	37		eat,devour
	יאכלו	qal	impf	3mp	אכל	37		eat,devour
	עשיתי	qal	wcp	1cs	עשה	793		do,make
	זריתי	piel	wcp	1cs	זרה	279		scatter
5:11	טמאת	piel	pft	2fs	טמא	379		defile
5:11	אגרע	qal	impf	1cs	גרע	175		diminish
	תחוס	qal	impf	3fs	חוס	299?		pity
	אחמול	qal	impf	1cs	חמל	328		spare
5:12	ימותו	qal	impf	3mp	מות	559		die
	יכלו	qal	impf	3mp	כלה	477		finished,spent
	יפלו	qal	impf	3mp	נפל	656		fall
	אזרה	piel	impf	1cs	זרה	279		scatter
	אריק	hiph	impf	1cs	ריק	937		make empty
5:13	כלה	qal	wcp	3ms	כלה	477		finished,spent
	הנחותי	hiph	wcp	1cs	נוח	628		give rest,put
	הנחמתי	hith	wcp	1cs	נחם	636		have compassion
	ידעו	qal	wcp	3cp	ידע	393		know
	דברתי	piel	pft	1cs	דבר	180		speak
	כלותי	piel	infc		כלה	477	1cs	complete,finish
5:14	אתנך	qal	impf	1cs	נתן	678	2fs	give,set
	עובר	qal	ptc	ms	עבר	716		pass over
5:15	היתה	qal	wcp	3fs	היה	224		be,become
	עשותי	qal	infc		עשה	793	1cs	do,make
	דברתי	piel	pft	1cs	דבר	180		speak
5:16	שלחי	piel	infc		שלח	1018	1cs	send away,shoot
	היו	qal	pft	3cp	היה	224		be,become
	אשלח	piel	impf	1cs	שלח	1018		send away,shoot
	שחתכם	piel	infc		שחת	1007	2mp	spoil,ruin
	אסף	hiph	jusf	1cs	יסף	414		add,do again
	שברתי	qal	wcp	1cs	שבר	990		break
5:17	שלחתי	piel	wcp	1cs	שלח	1018		send away,shoot
	שכלך	piel	wcp	3cp	שכל	1013	2fs	make childless
	יעבר	qal	impf	3ms	עבר	716		pass over
	אביא	hiph	impf	1cs	בוא	97		bring in
	דברתי	piel	pft	1cs	דבר	180		speak
6:1	יהי	qal	wci	3ms	היה	224		be,become
	אמר	qal	infc		אמר	55		say
6:2	שים	qal	impv	ms	שים	962		put,set
	הנבא	niph	impv	ms	נבא	612		prophesy
6:3	אמרת	qal	wcp	2ms	אמר	55		say
	שמעו	qal	impv	mp	שמע	1033		hear
	אמר	qal	pft	3ms	אמר	55		say
	מביא	hiph	ptc	ms	בוא	97		bring in
	אבדתי	piel	wcp	1cs	אבד	1		destroy
6:4	נשמו	niph	wcp	3cp	שמם	1030		be desolate
	נשברו	niph	wcp	3cp	שבר	990		be broken
	הפלתי	hiph	wcp	1cs	נפל	656		cause to fall
6:5	נתתי	qal	wcp	1cs	נתן	678		give,set
	זריתי	piel	wcp	1cs	זרה	279		scatter
6:6	תחרבנה	qal	impf	3fp	חרב	351		be waste
	תישמנה	qal	impf	3fp	ישם	445		be desolate
	יחרבו	qal	impf	3mp	חרב	351		be waste
	יאשמו	qal	impf	3mp	אשם	79		offend
	נשברו	niph	wcp	3cp	שבר	990		be broken
	נשבתו	niph	wcp	3cp	שבת	991		cease
	נגדעו	niph	wcp	3cp	גדע	154		be hewn off
	נמחו	niph	wcp	3cp	מחה	562		be wiped out
6:7	נפל	qal	wcp	3ms	נפל	656		fall
	ידעתם	qal	wcp	2mp	ידע	393		know

Ezekiel 6:8–7:22

ChVs	Form	Stem	Tnse	PGN	Root	BDB	Sfx	Meaning
6:8	הותרתי	hiph	wcp	1cs	יתר	451		leave, spare
	היות	qal	infc		היה	224		be, become
	הזרותיכם	niph	infc		זרה	279	2mp	be scattered
6:9	זכרו	qal	wcp	3cp	זכר	269		remember
	נשבו	niph	pft	3cp	שבה	985		be held captive
	נשברתי	niph	pft	1cs	שבר	990		be broken
	זונה	qal	ptc	ms	זנה	275		act a harlot
	סר	qal	pft	3ms	סור	693		turn aside
	זנות	qal	ptc	fp	זנה	275		act a harlot
	נקטו	niph	wcp	3cp	קוט	876		feel loathing
	עשו	qal	pft	3cp	עשה	793		do, make
6:10	ידעו	qal	wcp	3cp	ידע	393		know
	דברתי	piel	pft	1cs	דבר	180		speak
	עשות	qal	infc		עשה	793		do, make
6:11	אמר	qal	pft	3ms	אמר	55		say
	הכה	hiph	impv	ms	נכה	645		smite
	רקע	qal	impv	ms	רקע	955		stamp, beat
	אמר	qal	impv	ms	אמר	55		say
	יפלו	qal	impf	3mp	נפל	656		fall
6:12	ימות	qal	impf	3ms	מות	559		die
	יפול	qal	impf	3ms	נפל	656		fall
	נשאר	niph	ptc	ms	שאר	983		be left
	נצור	qal	pptc	ms	נצר	665		watch, guard
	ימות	qal	impf	3ms	מות	559		die
	כליתי	piel	wcp	1cs	כלה	477		complete, finish
6:13	ידעתם	qal	wcp	2mp	ידע	393		know
	היות	qal	infc		היה	224		be, become
	רמה	qal	ptc	fs	רום	926		be high
	נתנו	qal	pft	3cp	נתן	678		give, set
6:14	נטיתי	qal	wcp	1cs	נטה	639		stretch, incline
	נתתי	qal	wcp	1cs	נתן	678		give, set
	ידעו	qal	wcp	3cp	ידע	393		know
7:1	יהי	qal	wci	3ms	היה	224		be, become
	אמר	qal	infc		אמר	55		say
7:2	אמר	qal	pft	3ms	אמר	55		say
	בא	qal	ptc	ms	בוא	97		come in
7:3	שלחתי	piel	wcp	1cs	שלח	1018		send away, shoot
	שפטתיך	qal	wcp	1cs	שפט	1047	2fs	judge
	נתתי	qal	wcp	1cs	נתן	678		give, set
7:4	תחוס	qal	impf	3fs	חום	299?		pity
	אחמול	qal	impf	1cs	חמל	328		spare
	אתן	qal	impf	1cs	נתן	678		give, set
	תהיין	qal	impf	3fp	היה	224		be, become
	ידעתם	qal	wcp	2mp	ידע	393		know
7:5	אמר	qal	pft	3ms	אמר	55		say
	באה	qal	ptc	fs	בוא	97		come in
7:6	בא	qal	ptc	ms	בוא	97		come in
	בא	qal	pft	3ms	בוא	97		come in
	הקיץ	hiph	pft	3ms	קיץ	884		awake
	באה	qal	ptc	fs	בוא	97		come in
7:7	באה	qal	pft	3fs	בוא	97		come in
	יושב	qal	ptc	ms	ישב	442		sit, dwell
	בא	qal	pft	3ms	בוא	97		come in
7:8	אשפוך	qal	impf	1cs	שפך	1049		pour out
7:8	כליתי	piel	wcp	1cs	כלה	477		complete, finish
	שפטתיך	qal	wcp	1cs	שפט	1047	2fs	judge
	נתתי	qal	wcp	1cs	נתן	678		give, set
7:9	תחוס	qal	impf	3fs	חום	299?		pity
	אחמול	qal	impf	1cs	חמל	328		spare
	אתן	qal	impf	1cs	נתן	678		give, set
	תהיין	qal	impf	3fp	היה	224		be, become
	ידעתם	qal	wcp	2mp	ידע	393		know
	מכה	hiph	ptc	ms	נכה	645		smite
7:10	באה	qal	ptc	fs	בוא	97		come in
	יצאה	qal	pft	3fs	יצא	422		go out
	צץ	qal	pft	3ms	צוץ	847		flourish, shine
	פרח	qal	pft	3ms	פרח	827		bud
7:11	קם	qal	pft	3ms	קום	877		arise, stand
7:12	בא	qal	pft	3ms	בוא	97		come in
	הגיע	hiph	pft	3ms	נגע	619		reach, arrive
	קונה	qal	ptc	ms	קנה	888		get, buy
	ישמח	qal	jusm	3ms	שמח	970		rejoice
	מוכר	qal	ptc	ms	מכר	569		sell
	יתאבל	hith	jusm	3ms	אבל	5		mourn
7:13	מוכר	qal	ptc	ms	מכר	569		sell
	ישוב	qal	impf	3ms	שוב	996		turn, return
	ישוב	qal	impf	3ms	שוב	996		turn, return
	יתחזקו	hith	impf	3mp	חזק	304		strengthen self
7:14	תקעו	qal	pft	3cp	תקע	1075		thrust, clap
	הכין	hiph	infa		כון	465		fix, prepare
	הלך	qal	ptc	ms	הלך	229		walk, go
7:15	ימות	qal	impf	3ms	מות	559		die
	יאכלנו	qal	impf	3ms	אכל	37	3ms	eat, devour
7:16	פלטו	qal	wcp	3cp	פלט	812		escape
	היו	qal	wcp	3cp	היה	224		be, become
	המות	qal	ptc	fp	המה	242		growl, murmur
7:17	תרפינה	qal	impf	3fp	רפה	951		sink, relax
	תלכנה	qal	impf	3fp	הלך	229		walk, go
7:18	חגרו	qal	wcp	3cp	חגר	291		gird
	כסתה	piel	wcp	3fs	כסה	491		cover
7:19	ישליכו	hiph	impf	3mp	שלך	1020		throw, cast
	יהיה	qal	impf	3ms	היה	224		be, become
	יוכל	qal	impf	3ms	יכל	407		be able
	הצילם	hiph	infc		נצל	664	3mp	snatch, deliver
	ישבעו	piel	impf	3mp	שבע	959		satisfy
	ימלאו	piel	impf	3mp	מלא	569		fill
	היה	qal	pft	3ms	היה	224		be, become
7:20	שמהו	qal	pft	3ms	שים	962	3ms	put, set
	עשו	qal	pft	3cp	עשה	793		do, make
	נתתיו	qal	pft	1cs	נתן	678	3ms	give, set
7:21	נתתיו	qal	wcp	1cs	נתן	678	3ms	give, set
	זרים	qal	ptc	mp	זור	266		be stranger
	חללה	piel	wcp	3cp	חלל	320	3fs	pollute
	וחללוהו	piel	wcp	3cp	חלל	320	3ms	pollute
7:22	הסבותי	hiph	wcp	1cs	סבב	685		cause to turn
	חללו	piel	wcp	3cp	חלל	320		pollute
	צפוני	qal	pptc	ms	צפן	860	1cs	hide
	באו	qal	wcp	3cp	בוא	97		come in

ChVs	Form	Stem	Tnse	PGN	Root	BDB	Sfx	Meaning
7:22	חלּלוּהָ	piel	wcp	3cp	חלל	320	3fs	pollute
7:23	עֲשֵׂה	qal	impv	ms	עשׂה	793		do, make
	מָלְאָה	qal	pft	3fs	מלא	569		be full, fill
	מָלְאָה	qal	pft	3fs	מלא	569		be full, fill
7:24	הֵבֵאתִי	hiph	wcp	1cs	בוא	97		bring in
	וְיָרְשׁוּ	qal	wcp	3cp	ירשׁ	439		possess, inherit
	הִשְׁבַּתִּי	hiph	wcp	1cs	שׁבת	991		destroy, remove
	נִחֲלוּ	niph	wcp	3cp	חלל	320		pollute oneself
7:25	בָּא	qal	ptc	ms	בוא	97		come in
	וּבִקְשׁוּ	piel	wcp	3cp	בקשׁ	134		seek
7:26	תָּבוֹא	qal	impf	3fs	בוא	97		come in
	תִּהְיֶה	qal	impf	3fs	היה	224		be, become
	וּבִקְשׁוּ	piel	wcp	3cp	בקשׁ	134		seek
	תֹּאבַד	qal	impf	3fs	אבד	1		perish
7:27	יִתְאַבָּל	hith	impf	3ms	אבל	5		mourn
	יִלְבַּשׁ	qal	impf	3ms	לבשׁ	527		put on, clothe
	תִּבָּהַלְנָה	niph	impf	3fp	בהל	96		be disturbed
	אֶעֱשֶׂה	qal	impf	1cs	עשׂה	793		do, make
	אֶשְׁפְּטֵם	qal	impf	1cs	שׁפט	1047	3mp	judge
	וְיָדְעוּ	qal	wcp	3cp	ידע	393		know
8:1	יְהִי	qal	wci	3ms	היה	224		be, become
	יוֹשֵׁב	qal	ptc	ms	ישׁב	442		sit, dwell
	יוֹשְׁבִים	qal	ptc	mp	ישׁב	442		sit, dwell
	תִּפֹּל	qal	wci	3fs	נפל	656		fall
8:2	אֶרְאֶה	qal	wci	1cs	ראה	906		see
8:3	יִּשְׁלַח	qal	wci	3ms	שׁלח	1018		send
	יִּקָּחֵנִי	qal	wci	3ms	לקח	542	1cs	take
	תִּשָּׂא	qal	wci	3fs	נשׂא	669		lift, carry
	תָּבֵא	hiph	wci	3fs	בוא	97		bring in
	פוֹנֶה	qal	ptc	ms	פנה	815		turn
	מַקְנֶה	hiph	ptc	ms	קנא	888		make jealous
8:4	רָאִיתִי	qal	pft	1cs	ראה	906		see
8:5	יֹּאמֶר	qal	wci	3ms	אמר	55		say
	שָׂא	qal	impv	ms	נשׂא	669		lift, carry
	אֶשָּׂא	qal	wci	1cs	נשׂא	669		lift, carry
8:6	יֹּאמֶר	qal	wci	3ms	אמר	55		say
	רֹאֶה	qal	ptc	ms	ראה	906		see
	עֹשִׂים	qal	ptc	mp	עשׂה	793		do, make
	עֹשִׂים	qal	ptc	mp	עשׂה	793		do, make
	רָחֳקָה	qal	infc		רחק	934		be distant
	תָּשׁוּב	qal	impf	2ms	שׁוב	996		turn, return
	תִרְאֶה	qal	impf	2ms	ראה	906		see
8:7	יָּבֵא	hiph	wci	3ms	בוא	97		bring in
	אֶרְאֶה	qal	wci	1cs	ראה	906		see
8:8	יֹּאמֶר	qal	wci	3ms	אמר	55		say
	חֲתָר	qal	impv	ms	חתר	369		dig, row
	אֶחְתֹּר	qal	wci	1cs	חתר	369		dig, row
8:9	יֹּאמֶר	qal	wci	3ms	אמר	55		say
	בֹּא	qal	impv	ms	בוא	97		come in
	רְאֵה	qal	impv	ms	ראה	906		see
	עֹשִׂים	qal	ptc	mp	עשׂה	793		do, make
8:10	אָבוֹא	qal	wci	1cs	בוא	97		come in
	אֶרְאֶה	qal	wci	1cs	ראה	906		see
	מְחֻקֶּה	pual	ptc	ms	חקה	348		carved
8:11	עֹמֵד	qal	ptc	ms	עמד	763		stand, stop
	עֹמְדִים	qal	ptc	mp	עמד	763		stand, stop
	עֹלֶה	qal	ptc	ms	עלה	748		go up
8:12	יֹּאמֶר	qal	wci	3ms	אמר	55		say
	רָאִיתָ	qal	pft	2ms	ראה	906		see
	עֹשִׂים	qal	ptc	mp	עשׂה	793		do, make
	אֹמְרִים	qal	ptc	mp	אמר	55		say
	רֹאֶה	qal	ptc	ms	ראה	906		see
	עָזַב	qal	pft	3ms	עזב	736		leave, loose
8:13	יֹּאמֶר	qal	wci	3ms	אמר	55		say
	תָּשׁוּב	qal	impf	2ms	שׁוב	996		turn, return
	תִרְאֶה	qal	impf	2ms	ראה	906		see
	עֹשִׂים	qal	ptc	mp	עשׂה	793		do, make
8:14	יָּבֵא	hiph	wci	3ms	בוא	97		bring in
	יֹשְׁבוֹת	qal	ptc	fp	ישׁב	442		sit, dwell
	מְבַכּוֹת	piel	ptc	fp	בכה	113		lament
8:15	יֹּאמֶר	qal	wci	3ms	אמר	55		say
	רָאִיתָ	qal	pft	2ms	ראה	906		see
	תָּשׁוּב	qal	impf	2ms	שׁוב	996		turn, return
	תִרְאֶה	qal	impf	2ms	ראה	906		see
8:16	יָּבֵא	hiph	wci	3ms	בוא	97		bring in
	מִשְׁתַּחֲוִיתֶם	hish	ptc	mp	חוה	1005	3mp	bow down
8:17	יֹּאמֶר	qal	wci	3ms	אמר	55		say
	רָאִיתָ	qal	pft	2ms	ראה	906		see
	נָקֵל	niph	pft	3ms	קלל	886		be trifling
	עֲשׂוֹת	qal	infc		עשׂה	793		do, make
	עָשׂוּ	qal	pft	3cp	עשׂה	793		do, make
	מָלְאוּ	qal	pft	3cp	מלא	569		be full, fill
	יָּשֻׁבוּ	qal	wci	3mp	שׁוב	996		turn, return
	הַכְעִיסֵנִי	hiph	infc		כעס	494	1cs	vex, provoke
	שֹׁלְחִים	qal	ptc	mp	שׁלח	1018		send
8:18	אֶעֱשֶׂה	qal	impf	1cs	עשׂה	793		do, make
	תָחוֹס	qal	impf	3fs	חוס	299?		pity
	אֶחְמֹל	qal	impf	1cs	חמל	328		spare
	וְקָרְאוּ	qal	wcp	3cp	קרא	894		call, proclaim
	אֶשְׁמָע	qal	impf	1cs	שׁמע	1033		hear
9:1	יִּקְרָא	qal	wci	3ms	קרא	894		call, proclaim
	אֱמֹר	qal	infc		אמר	55		say
	קָרְבוּ	qal	pft	3cp	קרב	897		approach
9:2	בָּאִים	qal	ptc	mp	בוא	97		come in
	מָפְנֶה	hoph	ptc	ms	פנה	815		be turned back
	לָבֻשׁ	qal	pptc	ms	לבשׁ	527		put on, clothe
	יָּבֹאוּ	qal	wci	3mp	בוא	97		come in
	יַּעַמְדוּ	qal	wci	3mp	עמד	763		stand, stop
9:3	נַעֲלָה	niph	pft	3ms	עלה	748		be brought up
	הָיָה	qal	pft	3ms	היה	224		be, become
	יִּקְרָא	qal	wci	3ms	קרא	894		call, proclaim
	לָבֻשׁ	qal	pptc	ms	לבשׁ	527		put on, clothe
9:4	יֹּאמֶר	qal	wci	3ms	אמר	55		say
	עֲבֹר	qal	impv	ms	עבר	716		pass over
	וְהִתְוִיתָ	hiph	wcp	2ms	תוה	1063		set mark
	הַנֶּאֱנָחִים	niph	ptc	mp	אנח	58		sigh
	הַנֶּאֱנָקִים	niph	ptc	mp	אנק	60		be in mourning
	הַנַּעֲשׂוֹת	niph	ptc	fp	עשׂה	793		be done

Ezekiel 9:5–11:3

ChVs	Form	Stem	Tnse	PGN	Root	BDB	Sfx	Meaning
9:5	אמר	qal	pft	3ms	אמר	55		say
	עברו	qal	impv	mp	עבר	716		pass over
	הכו	hiph	impv	mp	נכה	645		smite
	תחס	qal	jus	3fs	חוס	299		pity
	תחמלו	qal	jusm	2mp	חמל	328		spare
9:6	תהרגו	qal	impf	2mp	הרג	246		kill
	תגשו	qal	jusm	2mp	נגש	620		draw near
	תחלו	hiph	impf	2mp	חלל	320		begin, profane
	יחלו	hiph	wci	3mp	חלל	320		begin, profane
9:7	יאמר	qal	wci	3ms	אמר	55		say
	טמאו	piel	impv	mp	טמא	379		defile
	מלאו	piel	impv	mp	מלא	569		fill
	צאו	qal	impv	mp	יצא	422		go out
	יצאו	qal	wcp	3cp	יצא	422		go out
	הכו	hiph	wcp	3cp	נכה	645		smite
9:8	יהי	qal	wci	3ms	היה	224		be, become
	הכותם	hiph	infc		נכה	645	3mp	smite
	נאשאר	niph	ptc	ms	שאר	983?		be left
	אפלה	qal	wci	1cs	נפל	656		fall
	אזעק	qal	wci	1cs	זעק	277		call, cry out
	אמר	qal	wci	1cs	אמר	55		say
	משחית	hiph	ptc	ms	שחת	1007		spoil, ruin
	שפכך	qal	infc		שפך	1049	2ms	pour out
9:9	יאמר	qal	wci	3ms	אמר	55		say
	תמלא	niph	wci	3fs	מלא	569		be filled
	מלאה	qal	pft	3fs	מלא	569		be full, fill
	אמרו	qal	pft	3cp	אמר	55		say
	עזב	qal	pft	3ms	עזב	736		leave, loose
	ראה	qal	ptc	ms	ראה	906		see
9:10	תחוס	qal	impf	3fs	חוס	299?		pity
	אחמל	qal	impf	1cs	חמל	328		spare
	נתתי	qal	pft	1cs	נתן	678		give, set
9:11	לבש	qal	pptc	ms	לבש	527		put on, clothe
	משיב	hiph	ptc	ms	שוב	996		bring back
	אמר	qal	infc		אמר	55		say
	עשיתי	qal	pft	1cs	עשה	793		do, make
	צויתני	piel	pft	2ms	צוה	845	1cs	command
10:1	אראה	qal	wci	1cs	ראה	906		see
	נראה	niph	pft	3ms	ראה	906		appear, be seen
10:2	יאמר	qal	wci	3ms	אמר	55		say
	לבש	qal	pptc	ms	לבש	527		put on, clothe
	יאמר	qal	wci	3ms	אמר	55		say
	בא	qal	impv	ms	בוא	97		come in
	מלא	piel	impv	ms	מלא	569		fill
	זרק	qal	impv	ms	זרק	284		toss, scatter
	יבא	qal	wci	3ms	בוא	97		come in
10:3	עמדים	qal	ptc	mp	עמד	763		stand, stop
	באו	qal	infc		בוא	97	3ms	come in
	מלא	qal	pft	3ms	מלא	569		be full, fill
10:4	ירם	qal	wci	3ms	רום	926		be high
	ימלא	niph	wci	3ms	מלא	569		be filled
	מלאה	qal	pft	3fs	מלא	569		be full, fill
10:5	נשמע	niph	pft	3ms	שמע	1033		be heard
	דברו	piel	infc		דבר	180	3ms	speak
10:6	יהי	qal	wci	3ms	היה	224		be, become
	צותו	piel	infc		צוה	845	3ms	command
	לבש	qal	pptc	ms	לבש	527		put on, clothe
	אמר	qal	wci	3ms	אמר	55		say
	קח	qal	impv	ms	לקח	542		take
	יבא	qal	wci	3ms	בוא	97		come in
	יעמד	qal	wci	3ms	עמד	763		stand, stop
10:7	ישלח	qal	wci	3ms	שלח	1018		send
	ישא	qal	wci	3ms	נשא	669		lift, carry
	יתן	qal	wci	3ms	נתן	678		give, set
	לבש	qal	pptc	ms	לבש	527		put on, clothe
	יקח	qal	wci	3ms	לקח	542		take
	יצא	qal	wci	3ms	יצא	422		go out
10:8	ירא	niph	wci	3ms	ראה	906		appear, be seen
10:9	אראה	qal	wci	1cs	ראה	906		see
10:10	יהיה	qal	impf	3ms	היה	224		be, become
10:11	לכתם	qal	infc		הלך	229	3mp	walk, go
	ילכו	qal	impf	3mp	הלך	229		walk, go
	יסבו	niph	impf	3mp	סבב	685		turn round
	לכתם	qal	infc		הלך	229	3mp	walk, go
	יפנה	qal	impf	3ms	פנה	815		turn
	ילכו	qal	impf	3mp	הלך	229		walk, go
	יסבו	niph	impf	3mp	סבב	685		turn round
	לכתם	qal	infc		הלך	229	3mp	walk, go
10:13	קורא	qalp	pft	3ms	קרא	894		be named
10:15	ירמו	niph	wci	3mp	רמם	942		lift up oneself
	ראיתי	qal	pft	1cs	ראה	906		see
10:16	לכת	qal	infc		הלך	229		walk, go
	ילכו	qal	impf	3mp	הלך	229		walk, go
	שאת	qal	infc		נשא	669		lift, carry
	רום	qal	infc		רום	926		be high
	יסבו	niph	impf	3mp	סבב	685		turn round
10:17	עמדם	qal	infc		עמד	763	3mp	stand, stop
	יעמדו	qal	impf	3mp	עמד	763		stand, stop
	רומם	qal	infc		רום	926	3mp	be high
	ירומו	niph	impf	3mp	רמם	942		lift up oneself
10:18	יצא	qal	wci	3ms	יצא	422		go out
	יעמד	qal	wci	3ms	עמד	763		stand, stop
10:19	ישאו	qal	wci	3mp	נשא	669		lift, carry
	ירומו	niph	wci	3mp	רמם	942		lift up oneself
	צאתם	qal	infc		יצא	422	3mp	go out
	יעמד	qal	wci	3ms	עמד	763		stand, stop
10:20	ראיתי	qal	pft	1cs	ראה	906		see
	אדע	qal	wci	1cs	ידע	393		know
10:22	ראיתי	qal	pft	1cs	ראה	906		see
	ילכו	qal	impf	3mp	הלך	229		walk, go
11:1	תשא	qal	wci	3fs	נשא	669		lift, carry
	תבא	hiph	wci	3fs	בוא	97		bring in
	פונה	qal	ptc	ms	פנה	815		turn
	אראה	qal	wci	1cs	ראה	906		see
11:2	יאמר	qal	wci	3ms	אמר	55		say
	חשבים	qal	ptc	mp	חשב	362		think, devise
	יעצים	qal	ptc	mp	יעץ	419		advise, counsel
11:3	אמרים	qal	ptc	mp	אמר	55		say

Ezekiel 11:3–12:10

ChVs	Form	Stem	Tnse	PGN	Root	BDB	Sfx	Meaning
11:3	בנות	qal	infc		בנה	124		build
11:4	הנבא	niph	impv	ms	נבא	612		prophesy
	הנבא	niph	impv	ms	נבא	612		prophesy
11:5	תפל	qal	wci	3fs	נפל	656		fall
	יאמר	qal	wci	3ms	אמר	55		say
	אמר	qal	impv	ms	אמר	55		say
	אמר	qal	pft	3ms	אמר	55		say
	אמרתם	qal	pft	2mp	אמר	55		say
	ידעתיה	qal	pft	1cs	ידע	393	3fs	know
11:6	הרביתם	hiph	pft	2mp	רבה	915		make many
	מלאתם	piel	pft	2mp	מלא	569		fill
11:7	אמר	qal	pft	3ms	אמר	55		say
	שמתם	qal	pft	2mp	שים	962		put, set
	הוציא	hiph	pft	3ms	יצא	422		bring out
11:8	יראתם	qal	pft	2mp	ירא	431		fear
	אביא	hiph	impf	1cs	בוא	97		bring in
11:9	הוצאתי	hiph	wcp	1cs	יצא	422		bring out
	נתתי	qal	wcp	1cs	נתן	678		give, set
	זרים	qal	ptc	mp	זור	266		be stranger
	עשיתי	qal	wcp	1cs	עשה	793		do, make
11:10	תפלו	qal	impf	2mp	נפל	656		fall
	אשפוט	qal	impf	1cs	שפט	1047		judge
	ידעתם	qal	wcp	2mp	ידע	393		know
11:11	תהיה	qal	impf	3fs	היה	224		be, become
	תהיו	qal	impf	2mp	היה	224		be, become
	אשפט	qal	impf	1cs	שפט	1047		judge
11:12	ידעתם	qal	wcp	2mp	ידע	393		know
	הלכתם	qal	pft	2mp	הלך	229		walk, go
	עשיתם	qal	pft	2mp	עשה	793		do, make
	עשיתם	qal	pft	2mp	עשה	793		do, make
11:13	יהי	qal	wci	3ms	היה	224		be, become
	הנבאי	niph	infc		נבא	612	1cs	prophesy
	מת	qal	pft	3ms	מות	559		die
	אפל	qal	wci	1cs	נפל	656		fall
	אזעק	qal	wci	1cs	זעק	277		call, cry out
	אמר	qal	wci	1cs	אמר	55		say
	עשה	qal	ptc	ms	עשה	793		do, make
11:14	יהי	qal	wci	3ms	היה	224		be, become
	אמר	qal	infc		אמר	55		say
11:15	אמרו	qal	pft	3cp	אמר	55		say
	ישבי	qal	ptc	mp	ישב	442		sit, dwell
	רחקו	qal	impv	mp	רחק	934		be distant
	נתנה	niph	pft	3fs	נתן	678		be given
11:16	אמר	qal	impv	ms	אמר	55		say
	אמר	qal	pft	3ms	אמר	55		say
	הרחקתים	hiph	pft	1cs	רחק	934	3mp	put far away
	הפיצותים	hiph	pft	1cs	פוץ	806	3mp	scatter
	אהי	qal	wci	1cs	היה	224		be, become
	באו	qal	pft	3cp	בוא	97		come in
11:17	אמר	qal	impv	ms	אמר	55		say
	אמר	qal	pft	3ms	אמר	55		say
	קבצתי	piel	wcp	1cs	קבץ	867		gather together
	אספתי	qal	wcp	1cs	אסף	62		gather
	נפצותם	niph	pft	2mp	פוץ	806		be scattered
11:17	נתתי	qal	wcp	1cs	נתן	678		give, set
11:18	באו	qal	wcp	3cp	בוא	97		come in
	הסירו	hiph	wcp	3cp	סור	693		take away
11:19	נתתי	qal	wcp	1cs	נתן	678		give, set
	אתן	qal	impf	1cs	נתן	678		give, set
	הסרתי	hiph	wcp	1cs	סור	693		take away
	נתתי	qal	wcp	1cs	נתן	678		give, set
11:20	ילכו	qal	impf	3mp	הלך	229		walk, go
	ישמרו	qal	impf	3mp	שמר	1036		keep, watch
	עשו	qal	wcp	3cp	עשה	793		do, make
	היו	qal	wcp	3cp	היה	224		be, become
	אהיה	qal	impf	1cs	היה	224		be, become
11:21	הלך	qal	ptc	ms	הלך	229		walk, go
	נתתי	qal	pft	1cs	נתן	678		give, set
11:22	ישאו	qal	wci	3mp	נשא	669		lift, carry
11:23	יעל	qal	wci	3ms	עלה	748		go up
	יעמד	qal	wci	3ms	עמד	763		stand, stop
11:24	נשאתני	qal	pft	3fs	נשא	669	1cs	lift, carry
	תביאני	hiph	wci	3fs	בוא	97	1cs	bring in
	יעל	qal	wci	3ms	עלה	748		go up
	ראיתי	qal	pft	1cs	ראה	906		see
11:25	אדבר	piel	wci	1cs	דבר	180		speak
	הראני	hiph	pft	3ms	ראה	906	1cs	show, exhibit
12:1	יהי	qal	wci	3ms	היה	224		be, become
	אמר	qal	infc		אמר	55		say
12:2	ישב	qal	ptc	ms	ישב	442		sit, dwell
	ראות	qal	infc		ראה	906		see
	ראו	qal	pft	3cp	ראה	906		see
	שמע	qal	infc		שמע	1033		hear
	שמעו	qal	pft	3cp	שמע	1033		hear
12:3	עשה	qal	impv	ms	עשה	793		do, make
	גלה	qal	impv	ms	גלה	162		uncover
	גלית	qal	wcp	2ms	גלה	162		uncover
	יראו	qal	impf	3mp	ראה	906		see
12:4	הוצאת	hiph	wcp	2ms	יצא	422		bring out
	תצא	qal	impf	2ms	יצא	422		go out
12:5	חתר	qal	impv	ms	חתר	369		dig, row
	הוצאת	hiph	wcp	2ms	יצא	422		bring out
12:6	תשא	qal	impf	2ms	נשא	669		lift, carry
	תוציא	hiph	impf	2ms	יצא	422		bring out
	תכסה	piel	impf	2ms	כסה	491		cover
	תראה	qal	impf	2ms	ראה	906		see
	נתתיך	qal	pft	1cs	נתן	678	2ms	give, set
12:7	אעש	qal	wci	1cs	עשה	793		do, make
	צויתי	pual	pft	1cs	צוה	845		be commanded
	הוצאתי	hiph	pft	1cs	יצא	422		bring out
	חתרתי	qal	pft	1cs	חתר	369		dig, row
	הוצאתי	hiph	pft	1cs	יצא	422		bring out
	נשאתי	qal	pft	1cs	נשא	669		lift, carry
12:8	יהי	qal	wci	3ms	היה	224		be, become
	אמר	qal	infc		אמר	55		say
12:9	אמרו	qal	pft	3cp	אמר	55		say
	עשה	qal	ptc	ms	עשה	793		do, make
12:10	אמר	qal	impv	ms	אמר	55		say

Ezekiel 12:10–13:11

ChVs	Form	Stem	Tnse	PGN	Root	BDB	Sfx	Meaning
12:10	אמר	qal	pft	3ms	אמר	55		say
12:11	אמר	qal	impv	ms	אמר	55		say
	עשׂיתי	qal	pft	1cs	עשׂה	793		do, make
	יעשׂה	niph	impf	3ms	עשׂה	793		be done
	ילכו	qal	impf	3mp	הלך	229		walk, go
12:12	ישׂא	qal	impf	3ms	נשׂא	669		lift, carry
	יצא	qal	impf	3ms	יצא	422		go out
	יחתרו	qal	impf	3mp	חתר	369		dig, row
	הוציא	hiph	infc		יצא	422		bring out
	יכסה	piel	impf	3ms	כסה	491		cover
	יראה	qal	impf	3ms	ראה	906		see
12:13	פרשׂתי	qal	wcp	1cs	פרשׂ	831		spread out
	נתפשׂ	niph	pft	3ms	תפשׂ	1074		be seized
	הבאתי	hiph	wcp	1cs	בוא	97		bring in
	יראה	qal	impf	3ms	ראה	906		see
	ימות	qal	impf	3ms	מות	559		die
12:14	אזרה	piel	impf	1cs	זרה	279		scatter
	אריק	hiph	impf	1cs	ריק	937		make empty
12:15	ידעו	qal	wcp	3cp	ידע	393		know
	הפיצי	hiph	infc		פוץ	806	1cs	scatter
	זריתי	piel	wcp	1cs	זרה	279		scatter
12:16	הותרתי	hiph	wcp	1cs	יתר	451		leave, spare
	יספרו	piel	impf	3mp	ספר	707		recount
	באו	qal	pft	3cp	בוא	97		come in
	ידעו	qal	wcp	3cp	ידע	393		know
12:17	יהי	qal	wci	3ms	היה	224		be, become
	אמר	qal	infc		אמר	55		say
12:18	תאכל	qal	impf	2ms	אכל	37		eat, devour
	תשׁתה	qal	impf	2ms	שׁתה	1059		drink
12:19	אמרת	qal	wcp	2ms	אמר	55		say
	אמר	qal	pft	3ms	אמר	55		say
	יושׁבי	qal	ptc	mp	ישׁב	442		sit, dwell
	יאכלו	qal	impf	3mp	אכל	37		eat, devour
	ישׁתו	qal	impf	3mp	שׁתה	1059		drink
	תשׁם	qal	impf	3fs	ישׁם	445		be desolate
	ישׁבים	qal	ptc	mp	ישׁב	442		sit, dwell
12:20	נושׁבות	niph	ptc	fp	ישׁב	442		be inhabited
	תחרבנה	qal	impf	3fp	חרב	351		be waste
	תהיה	qal	impf	3fs	היה	224		be, become
	ידעתם	qal	wcp	2mp	ידע	393		know
12:21	יהי	qal	wci	3ms	היה	224		be, become
	אמר	qal	infc		אמר	55		say
12:22	אמר	qal	infc		אמר	55		say
	יארכו	qal	impf	3mp	ארך	73		be long
	אבד	qal	wcp	3ms	אבד	1		perish
12:23	אמר	qal	impv	ms	אמר	55		say
	אמר	qal	pft	3ms	אמר	55		say
	השׁבתי	hiph	pft	1cs	שׁבת	991		destroy, remove
	ימשׁלו	qal	impf	3mp	משׁל	605		use a proverb
	דבר	piel	impv	ms	דבר	180		speak
	קרבו	qal	pft	3cp	קרב	897		approach
12:24	יהיה	qal	impf	3ms	היה	224		be, become
12:25	אדבר	piel	impf	1cs	דבר	180		speak
	אדבר	piel	impf	1cs	דבר	180		speak
12:25	יעשׂה	niph	impf	3ms	עשׂה	793		be done
	תמשׁך	niph	impf	3fs	משׁך	604		be delayed
	אדבר	piel	impf	1cs	דבר	180		speak
	עשׂיתיו	qal	wcp	1cs	עשׂה	793	3ms	do, make
12:26	יהי	qal	wci	3ms	היה	224		be, become
	אמר	qal	infc		אמר	55		say
12:27	אמרים	qal	ptc	mp	אמר	55		say
	חזה	qal	ptc	ms	חזה	302		see
	נבא	niph	ptc	ms	נבא	612		prophesy
12:28	אמר	qal	impv	ms	אמר	55		say
	אמר	qal	pft	3ms	אמר	55		say
	תמשׁך	niph	impf	3fs	משׁך	604		be delayed
	אדבר	piel	impf	1cs	דבר	180		speak
	יעשׂה	niph	impf	3ms	עשׂה	793		be done
13:1	יהי	qal	wci	3ms	היה	224		be, become
	אמר	qal	infc		אמר	55		say
13:2	הנבא	niph	impv	ms	נבא	612		prophesy
	נבאים	niph	ptc	mp	נבא	612		prophesy
	אמרת	qal	wcp	2ms	אמר	55		say
	שׁמעו	qal	impv	mp	שׁמע	1033		hear
13:3	אמר	qal	pft	3ms	אמר	55		say
	הלכים	qal	ptc	mp	הלך	229		walk, go
	ראו	qal	pft	3cp	ראה	906		see
13:4	היו	qal	pft	3cp	היה	224		be, become
13:5	עליתם	qal	pft	2mp	עלה	748		go up
	תנדרו	qal	wci	2mp	נדר	154		wall up
	עמד	qal	infc		עמד	763		stand, stop
13:6	חזו	qal	pft	3cp	חזה	302		see
	אמרים	qal	ptc	mp	אמר	55		say
	שׁלחם	qal	pft	3ms	שׁלח	1018	3mp	send
	יחלו	piel	pft	3cp	יחל	403		await
	קים	piel	infc		קום	877		confirm
13:7	חזיתם	qal	pft	2mp	חזה	302		see
	אמרתם	qal	pft	2mp	אמר	55		say
	אמרים	qal	ptc	mp	אמר	55		say
	דברתי	piel	pft	1cs	דבר	180		speak
13:8	אמר	qal	pft	3ms	אמר	55		say
	דברכם	piel	infc		דבר	180	2mp	speak
	חזיתם	qal	pft	2mp	חזה	302		see
13:9	היתה	qal	wcp	3fs	היה	224		be, become
	חזים	qal	ptc	mp	חזה	302		see
	קסמים	qal	ptc	mp	קסם	890		divine
	יהיו	qal	impf	3mp	היה	224		be, become
	יכתבו	niph	impf	3mp	כתב	507		be written
	יבאו	qal	impf	3mp	בוא	97		come in
	ידעתם	qal	wcp	2mp	ידע	393		know
13:10	הטעו	hiph	pft	3cp	טעה	380		lead astray
	אמר	qal	infc		אמר	55		say
	בנה	qal	ptc	ms	בנה	124		build
	טחים	qal	ptc	mp	טוח	376		overlay
13:11	אמר	qal	impv	ms	אמר	55		say
	טחי	qal	ptc	mp	טוח	376		overlay
	יפל	qal	impf	3ms	נפל	656		fall
	היה	qal	pft	3ms	היה	224		be, become

Ezekiel 13:11–14:12

ChVs	Form	Stem	Tnse	PGN	Root	BDB	Sfx	Meaning
13:11	שׁוֹטֵף	qal	ptc	ms	שׁטף	1009		overflow
	תִפֹּלְנָה	qal	impf	3fp	נפל	656		fall
	תְבַקַּע	piel	impf	3fs	בקע	131		cut to pieces
13:12	נָפַל	qal	pft	3ms	נפל	656		fall
	יֵאָמֵר	niph	impf	3ms	אמר	55		be said, called
	טַחְתֶּם	qal	pft	2mp	טוח	376		overlay
13:13	אָמַר	qal	pft	3ms	אמר	55		say
	בִקַעְתִּי	piel	pft	1cs	בקע	131		cut to pieces
	שׁטף	qal	ptc	ms	שׁטף	1009		overflow
	יִהְיֶה	qal	impf	3ms	היה	224		be, become
13:14	הָרַסְתִּי	qal	wcp	1cs	הרס	248		throw down
	טַחְתֶּם	qal	pft	2mp	טוח	376		overlay
	הִגַּעְתִּיהוּ	hiph	wcp	1cs	נגע	619	3ms	reach, arrive
	נִגְלָה	niph	wcp	3ms	גלה	162		uncover self
	נָפְלָה	qal	wcp	3fs	נפל	656		fall
	כְלִיתֶם	qal	wcp	2mp	כלה	477		finished, spent
	יְדַעְתֶּם	qal	wcp	2mp	ידע	393		know
13:15	כִלֵּיתִי	piel	wcp	1cs	כלה	477		complete, finish
	טָחִים	qal	ptc	mp	טוח	376		overlay
	אֹמַר	qal	impf	1cs	אמר	55		say
	טָחִים	qal	ptc	mp	טוח	376		overlay
13:16	נִבְּאִים	niph	ptc	mp	נבא	612		prophesy
	חֹזִים	qal	ptc	mp	חזה	302		see
13:17	שִׂים	qal	impv	ms	שׂים	962		put, set
	מִתְנַבְּאוֹת	hith	ptc	fp	נבא	612		prophesy
	הִנָּבֵא	niph	impv	ms	נבא	612		prophesy
13:18	אָמַרְתָּ	qal	wcp	2ms	אמר	55		say
	אָמַר	qal	pft	3ms	אמר	55		say
	מְתַפְּרוֹת	piel	ptc	fp	תפר	1074		sew together
	עֹשׂוֹת	qal	ptc	fp	עשׂה	793		do, make
	צוֹדֵד	pol	infc		צוד	844		hunt
	תְצוֹדֵדְנָה	pol	impf	2fp	צוד	844		hunt
	תְחַיֶּינָה	piel	impf	2fp	חיה	310		preserve, revive
13:19	תְחַלֶּלְנָה	piel	wci	2fp	חלל	320		pollute
	הָמִית	hiph	infc		מות	559		kill
	תְמוֹתֶנָה	qal	impf	3fp	מות	559		die
	חַיּוֹת	piel	infc		חיה	310		preserve, revive
	תְחַיֶּינָה	qal	impf	3fp	חיה	310		live
	כְזֶבְכֶם	piel	infc		כזב	469	2mp	lie, deceive
	שֹׁמְעֵי	qal	ptc	mp	שׁמע	1033		hear
13:20	אָמַר	qal	pft	3ms	אמר	55		say
	מְצֹדְדוֹת	pol	ptc	fp	צוד	844		hunt
	פֹּרְחוֹת	qal	ptc	fp	פרח	827		fly
	קָרַעְתִּי	qal	wcp	1cs	קרע	902		tear, rend
	שִׁלַּחְתִּי	piel	wcp	1cs	שׁלח	1018		send away, shoot
	מְצֹדְדוֹת	pol	ptc	fp	צוד	844		hunt
	פֹּרְחֹת	qal	ptc	fp	פרח	827		fly
13:21	קָרַעְתִּי	qal	wcp	1cs	קרע	902		tear, rend
	הִצַּלְתִּי	hiph	wcp	1cs	נצל	664		snatch, deliver
	יִהְיוּ	qal	impf	3mp	היה	224		be, become
	יְדַעְתֶּן	qal	wcp	2fp	ידע	393		know
13:22	הַכְאוֹת	hiph	infc		כאה	456		make timid
	הִכְאַבְתִּיו	hiph	pft	1cs	כאב	456	3ms	pain, mar
	חַזֵּק	piel	infc		חזק	304		make strong
13:22	שׁוּב	qal	infc		שׁוב	996		turn, return
	הַחֲיֹתוֹ	hiph	infc		חיה	310	3ms	preserve
13:23	תֶחֱזֶינָה	qal	impf	2fp	חזה	302		see
	תִקְסַמְנָה	qal	impf	2fp	קסם	890		divine
	הִצַּלְתִּי	hiph	wcp	1cs	נצל	664		snatch, deliver
	יְדַעְתֶּן	qal	wcp	2fp	ידע	393		know
14:1	יָבוֹא	qal	wci	3ms	בוא	97		come in
	יֵשְׁבוּ	qal	wci	3mp	ישׁב	442		sit, dwell
14:2	יְהִי	qal	wci	3ms	היה	224		be, become
	אֱמֹר	qal	infc		אמר	55		say
14:3	הֶעֱלוּ	hiph	pft	3cp	עלה	748		bring up, offer
	נָתְנוּ	qal	pft	3cp	נתן	678		give, set
	הִדָּרֹשׁ	niph	infa		דרשׁ	205		be sought out
	אִדָּרֵשׁ	niph	impf	1cs	דרשׁ	205		be sought out
14:4	דַּבֵּר	piel	impv	ms	דבר	180		speak
	אָמַרְתָּ	qal	wcp	2ms	אמר	55		say
	אָמַר	qal	pft	3ms	אמר	55		say
	יַעֲלֶה	hiph	impf	3ms	עלה	748		bring up, offer
	יָשִׂים	qal	impf	3ms	שׂים	962		put, set
	בָא	qal	wcp	3ms	בוא	97		come in
	נַעֲנֵיתִי	niph	pft	1cs	ענה	772		be answered
	בָא	qal	ptc	ms	בוא	97		come in
14:5	תְפֹשׂ	qal	infc		תפשׂ	1074		seize, grasp
	נָזֹרוּ	niph	pft	3cp	זור	266		be estranged
14:6	אֱמֹר	qal	impv	ms	אמר	55		say
	אָמַר	qal	pft	3ms	אמר	55		say
	שׁוּבוּ	qal	impv	mp	שׁוב	996		turn, return
	הָשִׁיבוּ	hiph	impv	mp	שׁוב	996		bring back
	הָשִׁיבוּ	hiph	impv	mp	שׁוב	996		bring back
14:7	יָגוּר	qal	impf	3ms	גור	157		sojourn
	יִנָּזֵר	niph	impf	3ms	נזר	634		dedicate self
	יַעַל	hiph	jusf	3ms	עלה	748		bring up, offer
	יָשִׂים	qal	impf	3ms	שׂים	962		put, set
	בָא	qal	wcp	3ms	בוא	97		come in
	דְרָשׁ	qal	infc		דרשׁ	205		resort to, seek
	נַעֲנֶה	niph	ptc	ms	ענה	772		be answered
14:8	נָתַתִּי	qal	wcp	1cs	נתן	678		give, set
	הֲשִׁמֹּתִיהוּ	hiph	wcp	1cs	שׁמם	962	3ms	set
	הִכְרַתִּיו	hiph	wcp	1cs	כרת	503	3ms	cut off, destroy
	יְדַעְתֶּם	qal	wcp	2mp	ידע	393		know
14:9	יְפֻתֶּה	pual	impf	3ms	פתה	834		be deceived
	דִבֶּר	piel	wcp	3ms	דבר	180		speak
	פִתֵּיתִי	piel	pft	1cs	פתה	834		entice
	נָטִיתִי	qal	wcp	1cs	נטה	639		stretch, incline
	הִשְׁמַדְתִּיו	hiph	wcp	1cs	שׁמד	1029	3ms	exterminate
14:10	נָשְׂאוּ	qal	wcp	3cp	נשׂא	669		lift, carry
	דֹּרֵשׁ	qal	ptc	ms	דרשׁ	205		resort to, seek
	יִהְיֶה	qal	impf	3ms	היה	224		be, become
14:11	יִתְעוּ	qal	impf	3mp	תעה	1073		wander, err
	יִטַּמְּאוּ	hith	impf	3mp	טמא	379		defile oneself
	הָיוּ	qal	wcp	3cp	היה	224		be, become
	יִהְיוּ	qal	impf	1cs	היה	224		be, become
14:12	יְהִי	qal	wci	3ms	היה	224		be, become
	אֱמֹר	qal	infc		אמר	55		say

Ezekiel 14:13–16:9

ChVs	Form	Stem	Tnse	PGN	Root	BDB	Sfx	Meaning
14:13	תחטא	qal	impf	3fs	חטא	306		sin
	מעל	qal	infc		מעל	591		act faithlessly
	נטיתי	qal	wcp	1cs	נטה	639		stretch, incline
	שברתי	qal	wcp	1cs	שבר	990		break
	השלחתי	hiph	wcp	1cs	שלח	1018		send
	הכרתי	hiph	wcp	1cs	כרת	503		cut off, destroy
14:14	היו	qal	wcp	3cp	היה	224		be, become
	ינצלו	piel	impf	3mp	נצל	664		strip off
14:15	אעביר	hiph	impf	1cs	עבר	716		cause to pass
	שכלתה	piel	wcp	3fs	שכל	1013	3fs	make childless
	היתה	qal	wcp	3fs	היה	224		be, become
	עובר	qal	ptc	ms	עבר	716		pass over
14:16	יצילו	hiph	impf	3mp	נצל	664		snatch, deliver
	ינצלו	niph	impf	3mp	נצל	664		be delivered
	תהיה	qal	impf	3fs	היה	224		be, become
14:17	אביא	hiph	impf	1cs	בוא	97		bring in
	אמרתי	qal	wcp	1cs	אמר	55		say
	תעבר	qal	jusm	3fs	עבר	716		pass over
	הכרתי	hiph	wcp	1cs	כרת	503		cut off, destroy
14:18	יצילו	hiph	impf	3mp	נצל	664		snatch, deliver
	ינצלו	niph	impf	3mp	נצל	664		be delivered
14:19	אשלח	piel	impf	1cs	שלח	1018		send away, shoot
	שפכתי	qal	wcp	1cs	שפך	1049		pour out
	הכרית	hiph	infc		כרת	503		cut off, destroy
14:20	יצילו	hiph	impf	3mp	נצל	664		snatch, deliver
	יצילו	hiph	impf	3mp	נצל	664		snatch, deliver
14:21	אמר	qal	pft	3ms	אמר	55		say
	שלחתי	piel	pft	1cs	שלח	1018		send away, shoot
	הכרית	hiph	infc		כרת	503		cut off, destroy
14:22	נותרה	niph	pft	3fs	יתר	451		be left, remain
	מוצאים	hoph	ptc	mp	יצא	422		be brought out
	יוצאים	qal	ptc	mp	יצא	422		go out
	ראיתם	qal	wcp	2mp	ראה	906		see
	נחמתם	niph	wcp	2mp	נחם	636		be sorry
	הבאתי	hiph	pft	1cs	בוא	97		bring in
	הבאתי	hiph	pft	1cs	בוא	97		bring in
14:23	נחמו	piel	wcp	3cp	נחם	636		comfort
	תראו	qal	impf	2mp	ראה	906		see
	ידעתם	qal	wcp	2mp	ידע	393		know
	עשיתי	qal	pft	1cs	עשה	793		do, make
	עשיתי	qal	pft	1cs	עשה	793		do, make
15:1	יהי	qal	wci	3ms	היה	224		be, become
	אמר	qal	infc		אמר	55		say
15:2	יהיה	qal	impf	3ms	היה	224		be, become
	היה	qal	pft	3ms	היה	224		be, become
15:3	יקח	qalp	impf	3ms	לקח	542		be taken
	עשות	qal	infc		עשה	793		do, make
	יקחו	qal	impf	3mp	לקח	542		take
	תלות	qal	infc		תלה	1067		hang
15:4	נתן	niph	pft	3ms	נתן	678		be given
	אכלה	qal	pft	3fs	אכל	37		eat, devour
	נחר	niph	pft	3ms	חרר	359		be scorched
	יצלח	qal	impf	3ms	צלח	852		prosper
15:5	היותו	qal	infc		היה	224	3ms	be, become
15:5	יעשה	niph	impf	3ms	עשה	793		be done
	אכלתהו	qal	pft	3fs	אכל	37	3ms	eat, devour
	יחר	niph	wci	3ms	חרר	359		be scorched
	נעשה	niph	wcp	3ms	עשה	793		be done
15:6	אמר	qal	pft	3ms	אמר	55		say
	נתתיו	qal	pft	1cs	נתן	678	3ms	give, set
	נתתי	qal	pft	1cs	נתן	678		give, set
	ישבי	qal	ptc	mp	ישב	442		sit, dwell
15:7	נתתי	qal	wcp	1cs	נתן	678		give, set
	יצאו	qal	pft	3cp	יצא	422		go out
	תאכלם	qal	impf	3fs	אכל	37	3mp	eat, devour
	ידעתם	qal	wcp	2mp	ידע	393		know
	שומי	qal	infc		שים	962	1cs	put, set
15:8	נתתי	qal	wcp	1cs	נתן	678		give, set
	מעלו	qal	pft	3cp	מעל	591		act faithlessly
16:1	יהי	qal	wci	3ms	היה	224		be, become
	אמר	qal	infc		אמר	55		say
16:2	הודע	hiph	impv	ms	ידע	393		declare
16:3	אמרת	qal	wcp	2ms	אמר	55		say
	אמר	qal	pft	3ms	אמר	55		say
16:4	הולדת	qalp	infc		ילד	408		be born
	כרת	qalp	pft	3ms	כרת	503		be cut off
	רחצת	pual	pft	2fs	רחץ	934		be washed
	המלח	hoph	infa		מלח	572		washed w/salt
	המלחת	hoph	pft	2fs	מלח	572		washed w/salt
	החתל	hoph	infa		חתל	367		be swaddled
	חתלת	pual	pft	2fs	חתל	367		be swaddled
16:5	חסה	qal	pft	3fs	חום	299		pity
	עשות	qal	infc		עשה	793		do, make
	חמלה	qal	infc		חמל	328		spare
	תשלכי	hoph	wci	2fs	שלך	1020		be cast
	הלדת	qalp	infc		ילד	408		be born
16:6	אעבר	qal	wci	1cs	עבר	716		pass over
	אראך	qal	wci	1cs	ראה	906	2fs	see
	מתבוססת	htpo	ptc	fs	בוס	100		kick out
	אמר	qal	wci	1cs	אמר	55		say
	חיי	qal	impv	fs	חיה	310		live
	אמר	qal	wci	1cs	אמר	55		say
	חיי	qal	impv	fs	חיה	310		live
16:7	נתתיך	qal	pft	1cs	נתן	678	2fs	give, set
	תרבי	qal	wci	2fs	רבה	915		be many, great
	תגדלי	qal	wci	2fs	גדל	152		be great, grow
	תבאי	qal	wci	2fs	בוא	97		come in
	נכנו	niph	pft	3cp	כון	465		be established
	צמח	piel	pft	3ms	צמח	855		grow abundantly
16:8	אעבר	qal	wci	1cs	עבר	716		pass over
	אראך	qal	wci	1cs	ראה	906	2fs	see
	אפרש	qal	wci	1cs	פרש	831		spread out
	אכסה	piel	wci	1cs	כסה	491		cover
	אשבע	niph	wci	1cs	שבע	989		swear
	אבוא	qal	wci	1cs	בוא	97		come in
	תהיי	qal	wci	2fs	היה	224		be, become
16:9	ארחצך	qal	wci	1cs	רחץ	934	2fs	wash, bathe
	אשטף	qal	wci	1cs	שטף	1009		overflow

Ezekiel 16:9–16:37

ChVs	Form	Stem	Tnse	PGN	Root	BDB	Sfx	Meaning
16:9	אסכך	qal	wci	1cs	סוך	691	2fs	anoint, pour
16:10	אלבישך	hiph	wci	1cs	לבש	527	2fs	clothe
	אנעלך	qal	wci	1cs	נעל	653	2fs	give sandals
	אחבשך	qal	wci	1cs	חבש	289	2fs	bind
	אכסך	piel	wci	1cs	כסה	491	2fs	cover
16:11	אעדך	qal	wci	1cs	עדה	725	2fs	ornament, adorn
	אתנה	qal	wci	1cs	נתן	678		give, set
16:12	אתן	qal	wci	1cs	נתן	678		give, set
16:13	תעדי	qal	wci	2fs	עדה	725		ornament, adorn
	תאכליk	qal	pft	2fs	אכל	37		eat, devour
	תאכלq	qal	pft	2fs	אכל	37		eat, devour
	תיפי	qal	wci	2fs	יפה	421		be beautiful
	תצלחי	qal	wci	2fs	צלח	852		prosper
16:14	יצא	qal	wci	3ms	יצא	422		go out
	שמתי	qal	pft	1cs	שים	962		put, set
16:15	תבטחי	qal	wci	2fs	בטח	105		trust
	תזני	qal	wci	2fs	זנה	275		act a harlot
	תשפכי	qal	wci	2fs	שפך	1049		pour out
	עובר	qal	ptc	ms	עבר	716		pass over
	יהי	qal	jusf	3ms	היה	224		be, become
16:16	תקחי	qal	wci	2fs	לקח	542		take
	תעשי	qal	wci	2fs	עשה	793		do, make
	טלאות	qal	pptc	fp	טלא	378		patch, spot
	תזני	qal	wci	2fs	זנה	275		act a harlot
	באות	qal	ptc	fp	בוא	97		come in
	יהיה	qal	impf	3ms	היה	224		be, become
16:17	תקחי	qal	wci	2fs	לקח	542		take
	נתתי	qal	pft	1cs	נתן	678		give, set
	תעשי	qal	wci	2fs	עשה	793		do, make
	תזני	qal	wci	2fs	זנה	275		act a harlot
16:18	תקחי	qal	wci	2fs	לקח	542		take
	תכסים	piel	wci	2fs	כסה	491	3mp	cover
	נתתיk	qal	pft	2fs	נתן	678		give, set
	נתתq	qal	pft	2fs	נתן	678		give, set
16:19	נתתי	qal	pft	1cs	נתן	678		give, set
	האכלתיך	hiph	pft	1cs	אכל	37	2fs	cause to eat
	נתתיהו	qal	wcp	2fs	נתן	678	3ms	give, set
	יהי	qal	wci	3ms	היה	224		be, become
16:20	תקחי	qal	wci	2fs	לקח	542		take
	ילדת	qal	pft	2fs	ילד	408		bear, beget
	תזבחים	qal	wci	2fs	זבח	256	3mp	slaughter
	אכול	qal	infc		אכל	37		eat, devour
16:21	תשחטי	qal	wci	2fs	שחט	1006		slaughter
	תתנים	qal	wci	2fs	נתן	678	3mp	give, set
	העביר	hiph	infc		עבר	716		cause to pass
16:22	זכרתיk	qal	pft	2fs	זכר	269		remember
	זכרתq	qal	pft	2fs	זכר	269		remember
	היותך	qal	infc		היה	224	2fs	be, become
	מתבוססת	htpo	ptc	fs	בוס	100		kick out
	היית	qal	pft	2fs	היה	224		be, become
16:23	יהי	qal	wci	3ms	היה	224		be, become
16:24	תבני	qal	wci	2fs	בנה	124		build
	תעשי	qal	wci	2fs	עשה	793		do, make
16:25	בנית	qal	pft	2fs	בנה	124		build
16:25	תתעבי	piel	wci	2fs	תעב	1073		abhor
	תפשקי	piel	wci	2fs	פשק	832		spread out
	עובר	qal	ptc	ms	עבר	716		pass over
	תרבי	hiph	wci	2fs	רבה	915		make many
16:26	תזני	qal	wci	2fs	זנה	275		act a harlot
	תרבי	hiph	wci	2fs	רבה	915		make many
	הכעיסני	hiph	infc		כעס	494	1cs	vex, provoke
16:27	נטיתי	qal	pft	1cs	נטה	639		stretch, incline
	אגרע	qal	wci	1cs	גרע	175		diminish
	אתנך	qal	wci	1cs	נתן	678	2fs	give, set
	שנאותיך	qal	ptc	fp	שנא	971	2fs	hate
	נכלמות	niph	ptc	fp	כלם	483		be humiliated
16:28	תזני	qal	wci	2fs	זנה	275		act a harlot
	תזנים	qal	wci	2fs	זנה	275	3mp	act a harlot
	שבעת	qal	pft	2fs	שבע	959		be sated
16:29	תרבי	hiph	wci	2fs	רבה	915		make many
	שבעת	qal	pft	2fs	שבע	959		be sated
16:30	אמלה	qal	pptc	fs	אמל	51		be weak
	עשותך	qal	infc		עשה	793	2fs	do, make
	זונה	qal	ptc	fs	זנה	275		act a harlot
16:31	בנותיך	qal	infc		בנה	124	2fs	build
	עעשיתיk	qal	pft	2fs	עשה	793		do, make
	עשיתq	qal	pft	2fs	עשה	793		do, make
	הייתיk	qal	pft	2fs	היה	224		be, become
	הייתq	qal	pft	2fs	היה	224		be, become
	זונה	qal	ptc	fs	זנה	275		act a harlot
	קלס	piel	infc		קלס	887		scoff
16:32	מנאפת	piel	ptc	fs	נאף	610		commit adultery
	תקח	qal	impf	3fs	לקח	542		take
	זרים	qal	ptc	mp	זור	266		be stranger
16:33	זנות	qal	ptc	fp	זנה	275		act a harlot
	יתנו	qal	impf	3mp	נתן	678		give, set
	נתת	qal	pft	2fs	נתן	678		give, set
	מאהביך	piel	ptc	mp	אהב	12	2fs	lovers
	תשחדי	qal	wci	2fs	שחד	1005		bribe
	בוא	qal	infc		בוא	97		come in
16:34	יהי	qal	wci	3ms	היה	224		be, become
	זונה	qalp	pft	3ms	זנה	275		prostitute self
	נתך	qal	infc		נתן	678	2fs	give, set
	נתן	niph	pft	3ms	נתן	678		be given
	תהי	qal	wci	2fs	היה	224		be, become
16:35	זונה	qal	ptc	fs	זנה	275		act a harlot
	שמעי	qal	impv	fs	שמע	1033		hear
16:36	אמר	qal	pft	3ms	אמר	55		say
	השפך	niph	infc		שפך	1049		be poured out
	תגלה	niph	wci	3fs	גלה	162		uncover self
	מאהביך	piel	ptc	mp	אהב	12	2fs	lovers
	נתת	qal	pft	2fs	נתן	678		give, set
16:37	מקבץ	piel	ptc	ms	קבץ	867		gather together
	מאהביך	piel	ptc	mp	אהב	12	2fs	lovers
	ערבת	qal	pft	2fs	ערב	787		be sweet
	אהבת	qal	pft	2fs	אהב	12		love
	שנאת	qal	pft	2fs	שנא	971		hate
	קבצתי	piel	wcp	1cs	קבץ	867		gather together

Ezekiel 16:37–17:5

ChVs	Form	Stem	Tnse	PGN	Root	BDB	Sfx	Meaning
16:37	גליתי	piel	wcp	1cs	גלה	162		uncover
	ראו	qal	wcp	3cp	ראה	906		see
16:38	שפטתיך	qal	wcp	1cs	שפט	1047	2fs	judge
	נאפות	qal	ptc	fp	נאף	610		commit adultery
	שפכת	qal	ptc	fp	שפך	1049		pour out
	נתתיך	qal	wcp	1cs	נתן	678	2fs	give, set
16:39	נתתי	qal	wcp	1cs	נתן	678		give, set
	הרסו	qal	wcp	3cp	הרס	248		throw down
	נתצו	piel	wcp	3cp	נתץ	683		tear down
	הפשיטו	hiph	wcp	3cp	פשט	832		strip off
	לקחו	qal	wcp	3cp	לקח	542		take
	הניחוך	hiph	wcp	3cp	נוח	628	2fs	give rest, put
16:40	העלו	hiph	wcp	3cp	עלה	748		bring up, offer
	רגמו	qal	wcp	3cp	רגם	920		stone
	בתקוך	piel	wcp	3cp	בתק	144	2fs	cut off
16:41	שרפו	qal	wcp	3cp	שרף	976		burn
	עשו	qal	wcp	3cp	עשה	793		do, make
	השבתיך	hiph	wcp	1cs	שבת	991	2fs	destroy, remove
	זונה	qal	ptc	fs	זנה	275		act a harlot
	תתני	qal	impf	2fs	נתן	678		give, set
16:42	הנחתי	hiph	wcp	1cs	נוח	628		give rest, put
	סרה	qal	wcp	3fs	סור	693		turn aside
	שקטתי	qal	wcp	1cs	שקט	1052		be quiet
	אכעס	qal	impf	1cs	כעס	494		be angry, vexed
16:43	זכרתיk	qal	pft	2fs	זכר	269		remember
	זכרתq	qal	pft	2fs	זכר	269		remember
	תרגזי	qal	wci	2fs	רגז	919		quake
	נתתי	qal	pft	1cs	נתן	678		give, set
	עשיתיk	qal	pft	2fs	עשה	793		do, make
	עשיתq	qal	pft	2fs	עשה	793		do, make
16:44	משל	qal	ptc	ms	משל	605		use a proverb
	ימשל	qal	impf	3ms	משל	605		use a proverb
	אמר	qal	infc		אמר	55		say
16:45	געלת	qal	ptc	fs	געל	171		abhor, loathe
	געלו	qal	pft	3cp	געל	171		abhor, loathe
16:46	יושבת	qal	ptc	fs	ישב	442		sit, dwell
	יושבת	qal	ptc	fs	ישב	442		sit, dwell
16:47	הלכת	qal	pft	2fs	הלך	229		walk, go
	עשיתk	qal	pft	2fs	עשה	793		do, make
	עשיתq	qal	pft	2fs	עשה	793		do, make
	תשחתי	hiph	wci	2fs	שחת	1007		spoil, ruin
16:48	עשתה	qal	pft	3fs	עשה	793		do, make
	עשית	qal	pft	2fs	עשה	793		do, make
16:49	היה	qal	pft	3ms	היה	224		be, become
	השקט	hiph	infa		שקט	1052		show quietness
	היה	qal	pft	3ms	היה	224		be, become
	החזיקה	hiph	pft	3fs	חזק	304		make firm, seize
16:50	תגבהינה	qal	wci	3fp	גבה	146		be high
	תעשינה	qal	wci	3fp	עשה	793		do, make
	אסיר	hiph	wci	1cs	סור	693		take away
	ראיתי	qal	pft	1cs	ראה	906		see
16:51	חטאה	qal	pft	3fs	חטא	306		sin
	תרבי	hiph	wci	2fs	רבה	915		make many
	תצדקי	piel	wci	2fs	צדק	842		justify
16:51	עשיתk	qal	pft	2fs	עשה	793		do, make
	עשיתq	qal	pft	2fs	עשה	793		do, make
16:52	שאי	qal	impv	fs	נשא	669		lift, carry
	פללת	piel	pft	2fs	פלל	813		mediate, judge
	התעבת	hiph	pft	2fs	תעב	1073		do abominably
	תצדקנה	qal	impf	3fp	צדק	842		be righteous
	בושי	qal	impv	fs	בוש	101		be ashamed
	שאי	qal	impv	fs	נשא	669		lift, carry
	צדקתך	piel	infc		צדק	842	2fs	justify
16:53	שבתי	qal	wcp	1cs	שוב	996		turn, return
16:54	תשאי	qal	impf	2fs	נשא	669		lift, carry
	נכלמת	niph	wcp	2fs	כלם	483		be humiliated
	עשית	qal	pft	2fs	עשה	793		do, make
	נחמך	piel	infc		נחם	636	2fs	comfort
16:55	תשבן	qal	impf	3fp	שוב	996		turn, return
	תשבן	qal	impf	3fp	שוב	996		turn, return
	תשבינה	qal	impf	2fp	שוב	996		turn, return
16:56	היתה	qal	pft	3fs	היה	224		be, become
16:57	תגלה	niph	impf	3fs	גלה	162		uncover self
	שאטות	qal	ptc	fp	שוט	1002		despise
16:58	נשאתים	qal	pft	2fs	נשא	669	3mp	lift, carry
16:59	אמר	qal	pft	3ms	אמר	55		say
	עשיתk	qal	wcp	2fs	עשה	793		do, make
	עשיתיq	qal	wcp	1cs	עשה	793		do, make
	עשית	qal	pft	2fs	עשה	793		do, make
	בזית	qal	pft	2fs	בזה	102		despise
	הפר	hiph	infc		פרר	830		break, frustrate
16:60	זכרתי	qal	wcp	1cs	זכר	269		remember
	הקמותי	hiph	wcp	1cs	קום	877		raise, build, set
16:61	זכרת	qal	wcp	2fs	זכר	269		remember
	נכלמת	niph	wcp	2fs	כלם	483		be humiliated
	קחתך	qal	infc		לקח	542	2fs	take
	נתתי	qal	wcp	1cs	נתן	678		give, set
16:62	הקימותי	hiph	wcp	1cs	קום	877		raise, build, set
	ידעת	qal	wcp	2fs	ידע	393		know
16:63	תזכרי	qal	impf	2fs	זכר	269		remember
	בשת	qal	wcp	2fs	בוש	101		be ashamed
	יהיה	qal	impf	3ms	היה	224		be, become
	כפרי	piel	infc		כפר	497	1cs	cover, atone
	עשית	qal	pft	2fs	עשה	793		do, make
17:1	יהי	qal	wci	3ms	היה	224		be, become
	אמר	qal	infc		אמר	55		say
17:2	חוד	qal	impv	ms	חוד	295		make a riddle
	משל	qal	impv	ms	משל	605		use a proverb
17:3	אמרת	qal	wcp	2ms	אמר	55		say
	אמר	qal	pft	3ms	אמר	55		say
	בא	qal	pft	3ms	בוא	97		come in
	יקח	qal	wci	3ms	לקח	542		take
17:4	קטף	qal	pft	3ms	קטף	882		pluck off
	יביאהו	hiph	wci	3ms	בוא	97	3ms	bring in
	רכלים	qal	ptc	mp	רכל	940		trade, gossip
	שמו	qal	pft	3ms	שים	962	3ms	put, set
17:5	יקח	qal	wci	3ms	לקח	542		take
	יתנהו	qal	wci	3ms	נתן	678	3ms	give, set

ChVs	Form	Stem	Tnse	PGN	Root	BDB	Sfx	Meaning
17:5	קח	qal	pft	3ms	לקח	542		take
	שׂמו	qal	pft	3ms	שׂים	962	3ms	put, set
17:6	יצמח	qal	wci	3ms	צמח	855		sprout up
	יהי	qal	wci	3ms	היה	224		be, become
	סרחת	qal	ptc	fs	סרח	710		go free, overrun
	פנות	qal	infc		פנה	815		turn
	יהיו	qal	impf	3mp	היה	224		be, become
	תהי	qal	wci	3fs	היה	224		be, become
	תעשׂ	qal	wci	3fs	עשׂה	793		do, make
	תשׁלח	piel	wci	3fs	שׁלח	1018		send away, shoot
17:7	יהי	qal	wci	3ms	היה	224		be, become
	כפנה	qal	pft	3fs	כפן	495		be hungry
	שׁלחה	piel	pft	3fs	שׁלח	1018		send away, shoot
	השׁקות	hiph	infc		שׁקה	1052		give to drink
17:8	שׁתולה	qal	pptc	fs	שׁתל	1060		transplant
	עשׂות	qal	infc		עשׂה	793		do, make
	שׂאת	qal	infc		נשׂא	669		lift, carry
	היות	qal	infc		היה	224		be, become
17:9	אמר	qal	impv	ms	אמר	55		say
	אמר	qal	pft	3ms	אמר	55		say
	תצלח	qal	impf	3fs	צלח	852		prosper
	ינתק	piel	impf	3ms	נתק	683		tear apart
	יקוסס	poel	impf	3ms	קסס	890		strip off
	יבשׁ	qal	wcp	3ms	יבשׁ	386		be dry
	תיבשׁ	qal	impf	3fs	יבשׁ	386		be dry
	משׂאות	qal	infc		נשׂא	669		lift, carry
17:10	שׁתולה	qal	pptc	fs	שׁתל	1060		transplant
	תצלח	qal	impf	3fs	צלח	852		prosper
	געת	qal	infc		נגע	619		touch, strike
	תיבשׁ	qal	impf	3fs	יבשׁ	386		be dry
	יבשׁ	qal	infa		יבשׁ	386		be dry
	תיבשׁ	qal	impf	3fs	יבשׁ	386		be dry
17:11	יהי	qal	wci	3ms	היה	224		be, become
	אמר	qal	infc		אמר	55		say
17:12	אמר	qal	impv	ms	אמר	55		say
	ידעתם	qal	pft	2mp	ידע	393		know
	אמר	qal	impv	ms	אמר	55		say
	בא	qal	pft	3ms	בוא	97		come in
	יקח	qal	wci	3ms	לקח	542		take
	יבא	hiph	wci	3ms	בוא	97		bring in
17:13	יקח	qal	wci	3ms	לקח	542		take
	יכרת	qal	wci	3ms	כרת	503		cut, destroy
	יבא	hiph	wci	3ms	בוא	97		bring in
	לקח	qal	pft	3ms	לקח	542		take
17:14	היות	qal	infc		היה	224		be, become
	התנשׂא	hith	infc		נשׂא	669		lift self up
	שׁמר	qal	infc		שׁמר	1036		keep, watch
	עמדה	qal	infc		עמד	763	3fs	stand, stop
17:15	ימרד	qal	wci	3ms	מרד	597		rebel
	שׁלח	qal	infc		שׁלח	1018		send
	תת	qal	infc		נתן	678		give, set
	יצלח	qal	impf	3ms	צלח	852		prosper
	ימלט	niph	impf	3ms	מלט	572		escape
	עשׂה	qal	ptc	ms	עשׂה	793		do, make
17:15	הפר	hiph	pft	3ms	פרר	830		break, frustrate
	נמלט	niph	wcp	3ms	מלט	572		escape
17:16	ממליך	hiph	ptc	ms	מלך	573		cause to reign
	בזה	qal	pft	3ms	בזה	102		despise
	הפר	hiph	pft	3ms	פרר	830		break, frustrate
	ימות	qal	impf	3ms	מות	559		die
17:17	יעשׂה	qal	impf	3ms	עשׂה	793		do, make
	שׁפך	qal	infc		שׁפך	1049		pour out
	בנות	qal	infc		בנה	124		build
	הכרית	hiph	infc		כרת	503		cut off, destroy
17:18	בזה	qal	pft	3ms	בזה	102		despise
	הפר	hiph	pft	3ms	פרר	830		break, frustrate
	נתן	qal	pft	3ms	נתן	678		give, set
	עשׂה	qal	pft	3ms	עשׂה	793		do, make
	ימלט	niph	impf	3ms	מלט	572		escape
17:19	אמר	qal	pft	3ms	אמר	55		say
	בזה	qal	pft	3ms	בזה	102		despise
	הפיר	hiph	pft	3ms	פרר	830		break, frustrate
	נתתיו	qal	wcp	1cs	נתן	678	3ms	give, set
17:20	פרשׂתי	qal	wcp	1cs	פרשׂ	831		spread out
	נתפשׂ	niph	wcp	3ms	תפשׂ	1074		be seized
	הביאותיהו	hiph	wcp	1cs	בוא	97	3ms	bring in
	נשׁפטתי	niph	wcp	1cs	שׁפט	1047		plead
	מעל	qal	pft	3ms	מעל	591		act faithlessly
17:21	יפלו	qal	impf	3mp	נפל	656		fall
	נשׁארים	niph	ptc	mp	שׁאר	983		be left
	יפרשׂו	niph	impf	3mp	פרשׂ	831		be scattered
	ידעתם	qal	pft	2mp	ידע	393		know
	דברתי	piel	pft	1cs	דבר	180		speak
17:22	אמר	qal	pft	3ms	אמר	55		say
	לקחתי	qal	wcp	1cs	לקח	542		take
	רמה	qal	ptc	fs	רום	926		be high
	נתתי	qal	wcp	1cs	נתן	678		give, set
	אקטף	qal	impf	1cs	קטף	882		pluck off
	שׁתלתי	qal	wcp	1cs	שׁתל	1060		transplant
17:23	אשׁתלנו	qal	impf	1cs	שׁתל	1060	3ms	transplant
	נשׂא	qal	wcp	3ms	נשׂא	669		lift, carry
	עשׂה	qal	wcp	3ms	עשׂה	793		do, make
	היה	qal	wcp	3ms	היה	224		be, become
	שׁכנו	qal	wcp	3cp	שׁכן	1014		settle, dwell
	תשׁכנה	qal	impf	3fp	שׁכן	1014		settle, dwell
17:24	ידעו	qal	wcp	3cp	ידע	393		know
	השׁפלתי	hiph	pft	1cs	שׁפל	1050		make low, abase
	הגבהתי	hiph	pft	1cs	גבה	146		make high, exalt
	הובשׁתי	hiph	pft	1cs	יבשׁ	386		make dry
	הפרחתי	hiph	pft	1cs	פרח	827		cause to bud
	דברתי	piel	pft	1cs	דבר	180		speak
	עשׂיתי	qal	wcp	1cs	עשׂה	793		do, make
18:1	יהי	qal	wci	3ms	היה	224		be, become
	אמר	qal	infc		אמר	55		say
18:2	משׁלים	qal	ptc	mp	משׁל	605		use a proverb
	אמר	qal	infc		אמר	55		say
	יאכלו	qal	impf	3mp	אכל	37		eat, devour
	תקהינה	qal	impf	3fp	קהה	874		be blunt

Ezekiel 18: 3– 18: 25

ChVs	Form	Stem	Tnse	PGN	Root	BDB	Sfx	Meaning
18:3	יהיה	qal	impf	3ms	היה	224		be, become
	משל	qal	infc		משל	605		use a proverb
18:4	חטאת	qal	ptc	fs	חטא	306		sin
	תמות	qal	impf	3fs	מות	559		die
18:5	יהיה	qal	impf	3ms	היה	224		be, become
	עשה	qal	wcp	3ms	עשה	793		do, make
18:6	אכל	qal	pft	3ms	אכל	37		eat, devour
	נשא	qal	pft	3ms	נשא	669		lift, carry
	טמא	piel	pft	3ms	טמא	379		defile
	יקרב	qal	impf	3ms	קרב	897		approach
18:7	יונה	hiph	impf	3ms	ינה	413		oppress
	ישיב	hiph	impf	3ms	שוב	996		bring back
	יגזל	qal	impf	3ms	גזל	159		tear away, rob
	יתן	qal	impf	3ms	נתן	678		give, set
	יכסה	piel	impf	3ms	כסה	491		cover
18:8	יתן	qal	impf	3ms	נתן	678		give, set
	יקח	qal	impf	3ms	לקח	542		take
	ישיב	hiph	impf	3ms	שוב	996		bring back
	יעשה	qal	impf	3ms	עשה	793		do, make
18:9	יהלך	piel	impf	3ms	הלך	229		walk
	שמר	qal	pft	3ms	שמר	1036		keep, watch
	עשות	qal	infc		עשה	793		do, make
	חיה	qal	infa		חיה	310		live
	יחיה	qal	impf	3ms	חיה	310		live
18:10	הוליד	hiph	wcp	3ms	ילד	408		beget
	שפך	qal	ptc	ms	שפך	1049		pour out
	עשה	qal	wcp	3ms	עשה	793		do, make
18:11	עשה	qal	pft	3ms	עשה	793		do, make
	אכל	qal	pft	3ms	אכל	37		eat, devour
	טמא	piel	pft	3ms	טמא	379		defile
18:12	הונה	hiph	pft	3ms	ינה	413		oppress
	גזל	qal	pft	3ms	גזל	159		tear away, rob
	ישיב	hiph	impf	3ms	שוב	996		bring back
	נשא	qal	pft	3ms	נשא	669		lift, carry
	עשה	qal	pft	3ms	עשה	793		do, make
18:13	נתן	qal	pft	3ms	נתן	678		give, set
	לקח	qal	pft	3ms	לקח	542		take
	חי	qal	wcp	3ms	חיה	310		live
	יחיה	qal	impf	3ms	חיה	310		live
	עשה	qal	pft	3ms	עשה	793		do, make
	מות	qal	infa		מות	559		die
	יומת	hoph	impf	3ms	מות	559		be killed
	יהיה	qal	impf	3ms	היה	224		be, become
18:14	הוליד	hiph	pft	3ms	ילד	408		beget
	ירא	qal	wci	3ms	ראה	906		see
	עשה	qal	pft	3ms	עשה	793		do, make
	יראה	qal	wci	3ms	ראה	906		see
	יעשה	qal	impf	3ms	עשה	793		do, make
18:15	אכל	qal	pft	3ms	אכל	37		eat, devour
	נשא	qal	pft	3ms	נשא	669		lift, carry
	טמא	piel	pft	3ms	טמא	379		defile
18:16	הונה	hiph	pft	3ms	ינה	413		oppress
	חבל	qal	pft	3ms	חבל	286		bind
	גזל	qal	pft	3ms	גזל	159		tear away, rob
18:16	נתן	qal	pft	3ms	נתן	678		give, set
	כסה	piel	pft	3ms	כסה	491		cover
18:17	השיב	hiph	pft	3ms	שוב	996		bring back
	לקח	qal	pft	3ms	לקח	542		take
	עשה	qal	pft	3ms	עשה	793		do, make
	הלך	qal	pft	3ms	הלך	229		walk, go
	ימות	qal	impf	3ms	מות	559		die
	חיה	qal	infa		חיה	310		live
	יחיה	qal	impf	3ms	חיה	310		live
18:18	עשק	qal	pft	3ms	עשק	798		oppress, extort
	גזל	qal	pft	3ms	גזל	159		tear away, rob
	עשה	qal	pft	3ms	עשה	793		do, make
	מת	qal	ptc	ms	מות	559		die
18:19	אמרתם	qal	wcp	2mp	אמר	55		say
	נשא	qal	pft	3ms	נשא	669		lift, carry
	עשה	qal	pft	3ms	עשה	793		do, make
	שמר	qal	pft	3ms	שמר	1036		keep, watch
	יעשה	qal	wci	3ms	עשה	793		do, make
	חיה	qal	infa		חיה	310		live
	יחיה	qal	impf	3ms	חיה	310		live
18:20	חטאת	qal	ptc	fs	חטא	306		sin
	תמות	qal	impf	3fs	מות	559		die
	ישא	qal	impf	3ms	נשא	669		lift, carry
	ישא	qal	impf	3ms	נשא	669		lift, carry
	תהיה	qal	impf	3fs	היה	224		be, become
	תהיה	qal	impf	3fs	היה	224		be, become
18:21	ישוב	qal	impf	3ms	שוב	996		turn, return
	עשה	qal	pft	3ms	עשה	793		do, make
	שמר	qal	wcp	3ms	שמר	1036		keep, watch
	עשה	qal	wcp	3ms	עשה	793		do, make
	חיה	qal	infa		חיה	310		live
	יחיה	qal	impf	3ms	חיה	310		live
	ימות	qal	impf	3ms	מות	559		die
18:22	עשה	qal	pft	3ms	עשה	793		do, make
	יזכרו	niph	impf	3mp	זכר	269		be remembered
	עשה	qal	pft	3ms	עשה	793		do, make
	חיה	qal	infa		חיה	310		live
18:23	חפץ	qal	infa		חפץ	342		delight in
	אחפץ	qal	impf	1cs	חפץ	342		delight in
	שובו	qal	infc		שוב	996	3ms	turn, return
	חיה	qal	wcp	3ms	חיה	310		live
18:24	שוב	qal	infc		שוב	996		turn, return
	עשה	qal	wcp	3ms	עשה	793		do, make
	עשה	qal	pft	3ms	עשה	793		do, make
	יעשה	qal	impf	3ms	עשה	793		do, make
	חי	qal	wcp	3ms	חיה	310		live
	עשה	qal	pft	3ms	עשה	793		do, make
	תזכרנה	niph	impf	3fp	זכר	269		be remembered
	מעל	qal	pft	3ms	מעל	591		act faithlessly
	חטא	qal	pft	3ms	חטא	306		sin
	ימות	qal	impf	3ms	מות	559		die
18:25	אמרתם	qal	wcp	2mp	אמר	55		say
	יתכן	niph	impf	3ms	תכן	1067		be estimated
	שמעו	qal	impv	mp	שמע	1033		hear

Ezekiel 18: 25 – 20: 6

ChVs	Form	Stem	Tnse	PGN	Root	BDB	Sfx	Meaning
18:25	יתכן	niph	impf	3ms	תכן	1067		be estimated
	יתכנו	niph	impf	3mp	תכן	1067		be estimated
18:26	שוב	qal	infc		שוב	996		turn, return
	עשה	qal	wcp	3ms	עשה	793		do, make
	מת	qal	wcp	3ms	מות	559		die
	עשה	qal	pft	3ms	עשה	793		do, make
	ימות	qal	impf	3ms	מות	559		die
18:27	שוב	qal	infc		שוב	996		turn, return
	עשה	qal	pft	3ms	עשה	793		do, make
	יעש	qal	wci	3ms	עשה	793		do, make
	יחיה	piel	impf	3ms	חיה	310		preserve, revive
18:28	יראה	qal	wci	3ms	ראה	906		see
	ישובk	qal	wci	3ms	שוב	996		turn, return
	ישבq	qal	wci	3ms	שוב	996		turn, return
	עשה	qal	pft	3ms	עשה	793		do, make
	חיו	qal	infa		חיה	310		live
	יחיה	qal	impf	3ms	חיה	310		live
	ימות	qal	impf	3ms	מות	559		die
18:29	אמרו	qal	wcp	3cp	אמר	55		say
	יתכן	niph	impf	3ms	תכן	1067		be estimated
	יתכנו	niph	impf	3mp	תכן	1067		be estimated
	יתכן	niph	impf	3ms	תכן	1067		be estimated
18:30	אשפט	qal	impf	1cs	שפט	1047		judge
	שובו	qal	impv	mp	שוב	996		turn, return
	השיבו	hiph	impv	mp	שוב	996		bring back
	יהיה	qal	impf	3ms	היה	224		be, become
18:31	השליכו	hiph	impv	mp	שלך	1020		throw, cast
	פשעתם	qal	pft	2mp	פשע	833		rebel, sin
	עשו	qal	impv	mp	עשה	793		do, make
	תמתו	qal	impf	2mp	מות	559		die
18:32	אחפץ	qal	impf	1cs	חפץ	342		delight in
	מת	qal	ptc	ms	מות	559		die
	השיבו	hiph	impv	mp	שוב	996		bring back
	חיו	qal	impv	mp	חיה	310		live
19:1	שא	qal	impv	ms	נשא	669		lift, carry
19:2	אמרת	qal	wcp	2ms	אמר	55		say
	רבצה	qal	pft	3fs	רבץ	918		lie down
	רבתה	piel	pft	3fs	רבה	915		make large
19:3	תעל	hiph	wci	3fs	עלה	748		bring up, offer
	היה	qal	pft	3ms	היה	224		be, become
	ילמד	qal	wci	3ms	למד	540		learn
	טרף	qal	infc		טרף	382		tear, rend
	אכל	qal	pft	3ms	אכל	37		eat, devour
19:4	ישמעו	qal	wci	3mp	שמע	1033		hear
	נתפש	niph	pft	3ms	תפש	1074		be seized
	יבאהו	hiph	wci	3mp	בוא	97	3ms	bring in
19:5	תרא	qal	wci	3fs	ראה	906		see
	נוחלה	niph	pft	3fs	יחל	403		wait
	אבדה	qal	pft	3fs	אבד	1		perish
	תקח	qal	wci	3fs	לקח	542		take
	שמתהו	qal	wci	3fs	שים	962	3ms	put, set
19:6	יתהלך	hith	wci	3ms	הלך	229		walk to and fro
	היה	qal	pft	3ms	היה	224		be, become
	ילמד	qal	wci	3ms	למד	540		learn
19:6	טרף	qal	infc		טרף	382		tear, rend
	אכל	qal	pft	3ms	אכל	37		eat, devour
19:7	ידע	qal	wci	3ms	ידע	393		know
	החריב	hiph	pft	3ms	חרב	351		make desolate
	תשם	qal	wci	3fs	ישם	445		be desolate
19:8	יתנו	qal	wci	3mp	נתן	678		give, set
	יפרשו	qal	wci	3mp	פרש	831		spread out
	נתפש	niph	pft	3ms	תפש	1074		be seized
19:9	יתנהו	qal	wci	3mp	נתן	678	3ms	give, set
	יבאהו	hiph	wci	3mp	בוא	97	3ms	bring in
	יבאהו	hiph	wci	3mp	בוא	97	3ms	bring in
	ישמע	niph	impf	3ms	שמע	1033		be heard
19:10	שתולה	qal	pptc	fs	שתל	1060		transplant
	פריה	qal	ptc	fs	פרה	826		bear fruit
	היתה	qal	pft	3fs	היה	224		be, become
19:11	יהיו	qal	wci	3mp	היה	224		be, become
	משלים	qal	ptc	mp	משל	605		rule
	תגבה	qal	wci	3fs	גבה	146		be high
	ירא	niph	wci	3ms	ראה	906		appear, be seen
19:12	תתש	qalp	wci	3fs	נתש	684		be rooted up
	השלכה	hoph	pft	3fs	שלך	1020		be cast
	הוביש	hiph	pft	3ms	יבש	386		make dry
	התפרקו	hith	pft	3cp	פרק	830		tear off
	יבשו	qal	pft	3cp	יבש	386		be dry
	אכלתהו	qal	pft	3fs	אכל	37	3ms	eat, devour
19:13	שתולה	qal	pptc	fs	שתל	1060		transplant
19:14	תצא	qal	wci	3fs	יצא	422		go out
	אכלה	qal	pft	3fs	אכל	37		eat, devour
	היה	qal	pft	3ms	היה	224		be, become
	משול	qal	infc		משל	605		rule
	תהי	qal	wci	3fs	היה	224		be, become
20:1	יהי	qal	wci	3ms	היה	224		be, become
	באו	qal	pft	3cp	בוא	97		come in
	דרש	qal	infc		דרש	205		resort to, seek
	ישבו	qal	wci	3mp	ישב	442		sit, dwell
20:2	יהי	qal	wci	3ms	היה	224		be, become
	אמר	qal	infc		אמר	55		say
20:3	דבר	piel	impv	ms	דבר	180		speak
	אמרת	qal	wcp	2ms	אמר	55		say
	אמר	qal	pft	3ms	אמר	55		say
	דרש	qal	infc		דרש	205		resort to, seek
	באים	qal	ptc	mp	בוא	97		come in
	אדרש	niph	impf	1cs	דרש	205		be sought out
20:4	תשפט	qal	impf	2ms	שפט	1047		judge
	תשפוט	qal	impf	2ms	שפט	1047		judge
	הודיעם	hiph	impv	ms	ידע	393	3mp	declare
20:5	אמרת	qal	wcp	2ms	אמר	55		say
	אמר	qal	pft	3ms	אמר	55		say
	בחרי	qal	infc		בחר	103	1cs	choose
	אשא	qal	wci	1cs	נשא	669		lift, carry
	אודע	niph	wci	1cs	ידע	393		be made known
	אשא	qal	wci	1cs	נשא	669		lift, carry
	אמר	qal	infc		אמר	55		say
20:6	נשאתי	qal	pft	1cs	נשא	669		lift, carry

Ezekiel 20: 6– 20: 30

ChVs	Form	Stem	Tnse	PGN	Root	BDB	Sfx	Meaning
20:6	הוציאם	hiph	infc		יצא	422	3mp	bring out
	תרתי	qal	pft	1cs	תור	1064		seek out,spy
	זבת	qal	ptc	fs	זוב	264		flow,gush
20:7	אמר	qal	wci	1cs	אמר	55		say
	השליכו	hiph	impv	mp	שלך	1020		throw,cast
	תטמאו	hith	jusm	2mp	טמא	379		defile oneself
20:8	ימרו	hiph	wci	3mp	מרה	598		rebel
	אבו	qal	pft	3cp	אבה	2		be willing
	שמע	qal	infc		שמע	1033		hear
	השליכו	hiph	pft	3cp	שלך	1020		throw,cast
	עזבו	qal	pft	3cp	עזב	736		leave,loose
	אמר	qal	wci	1cs	אמר	55		say
	שפך	qal	infc		שפך	1049		pour out
	כלות	piel	infc		כלה	477		complete,finish
20:9	אעש	qal	wci	1cs	עשה	793		do,make
	החל	niph	infc		חלל	320		pollute oneself
	נודעתי	niph	pft	1cs	ידע	393		be made known
	הוציאם	hiph	infc		יצא	422	3mp	bring out
20:10	אוציאם	hiph	wci	1cs	יצא	422	3mp	bring out
	אבאם	hiph	wci	1cs	בוא	97	3mp	bring in
20:11	אתן	qal	wci	1cs	נתן	678		give,set
	הודעתי	hiph	pft	1cs	ידע	393		declare
	יעשה	qal	impf	3ms	עשה	793		do,make
	חי	qal	wcp	3ms	חיה	310		live
20:12	נתתי	qal	pft	1cs	נתן	678		give,set
	היות	qal	infc		היה	224		be,become
	דעת	qal	infc		ידע	393		know
	מקדשם	piel	ptc	ms	קדש	872	3mp	consecrate
20:13	ימרו	hiph	wci	3mp	מרה	598		rebel
	הלכו	qal	pft	3cp	הלך	229		walk,go
	מאסו	qal	pft	3cp	מאס	549		reject,refuse
	יעשה	qal	impf	3ms	עשה	793		do,make
	חי	qal	wcp	3ms	חיה	310		live
	חללו	piel	pft	3cp	חלל	320		pollute
	אמר	qal	wci	1cs	אמר	55		say
	שפך	qal	infc		שפך	1049		pour out
	כלותם	piel	infc		כלה	477	3mp	complete,finish
20:14	אעשה	qal	wci	1cs	עשה	793		do,make
	החל	niph	infc		חלל	320		pollute oneself
	הוצאתים	hiph	pft	1cs	יצא	422	3mp	bring out
20:15	נשאתי	qal	pft	1cs	נשא	669		lift,carry
	הביא	hiph	infc		בוא	97		bring in
	נתתי	qal	pft	1cs	נתן	678		give,set
	זבת	qal	ptc	fs	זוב	264		flow,gush
20:16	מאסו	qal	pft	3cp	מאס	549		reject,refuse
	הלכו	qal	pft	3cp	הלך	229		walk,go
	חללו	piel	pft	3cp	חלל	320		pollute
	הלך	qal	ptc	ms	הלך	229		walk,go
20:17	תחס	qal	wci	3fs	חום	299		pity
	שחתם	piel	infc		שחת	1007	3mp	spoil,ruin
	עשיתי	qal	infc		עשה	793		do,make
20:18	אמר	qal	wci	1cs	אמר	55		say
	תלכו	qal	jusm	2mp	הלך	229		walk,go
	תשמרו	qal	jusm	2mp	שמר	1036		keep,watch
	תטמאו	hith	jusm	2mp	טמא	379		defile oneself
20:19	לכו	qal	impv	mp	הלך	229		walk,go
	שמרו	qal	impv	mp	שמר	1036		keep,watch
	עשו	qal	impv	mp	עשה	793		do,make
20:20	קדשו	piel	impv	mp	קדש	872		consecrate
	היו	qal	wcp	3cp	היה	224		be,become
	דעת	qal	infc		ידע	393		know
20:21	ימרו	hiph	wci	3mp	מרה	598		rebel
	הלכו	qal	pft	3cp	הלך	229		walk,go
	שמרו	qal	pft	3cp	שמר	1036		keep,watch
	עשות	qal	infc		עשה	793		do,make
	יעשה	qal	impf	3ms	עשה	793		do,make
	חי	qal	wcp	3ms	חיה	310		live
	חללו	piel	pft	3cp	חלל	320		pollute
	אמר	qal	wci	1cs	אמר	55		say
	שפך	qal	infc		שפך	1049		pour out
	כלות	piel	infc		כלה	477		complete,finish
20:22	השבתי	hiph	pft	1cs	שוב	996		bring back
	אעש	qal	wci	1cs	עשה	793		do,make
	החל	niph	infc		חלל	320		pollute oneself
	הוצאתי	hiph	pft	1cs	יצא	422		bring out
20:23	נשאתי	qal	pft	1cs	נשא	669		lift,carry
	הפיץ	hiph	infc		פוץ	806		scatter
	זרות	piel	infc		זרה	279		scatter
20:24	עשו	qal	pft	3cp	עשה	793		do,make
	מאסו	qal	pft	3cp	מאס	549		reject,refuse
	חללו	piel	pft	3cp	חלל	320		pollute
	היו	qal	pft	3cp	היה	224		be,become
20:25	נתתי	qal	pft	1cs	נתן	678		give,set
	יחיו	qal	impf	3mp	חיה	310		live
20:26	אטמא	piel	wci	1cs	טמא	379		defile
	העביר	hiph	infc		עבר	716		cause to pass
	אשמם	hiph	impf	1cs	שמם	1030	3mp	ravage,appall
	ידעו	qal	impf	3mp	ידע	393		know
20:27	דבר	piel	impv	ms	דבר	180		speak
	אמרת	qal	wcp	2ms	אמר	55		say
	אמר	qal	pft	3ms	אמר	55		say
	גדפו	piel	pft	3cp	גדף	154		revile
	מעלם	qal	infc		מעל	591	3mp	act faithlessly
20:28	אביאם	hiph	wci	1cs	בוא	97	3mp	bring in
	נשאתי	qal	pft	1cs	נשא	669		lift,carry
	תת	qal	infc		נתן	678		give,set
	יראו	qal	wci	3mp	ראה	906		see
	רמה	qal	ptc	fs	רום	926		be high
	יזבחו	qal	wci	3mp	זבח	256		slaughter
	יתנו	qal	wci	3mp	נתן	678		give,set
	ישימו	qal	wci	3mp	שים	962		put,set
	יסיכו	hiph	wci	3mp	נסך	650		pour out
20:29	אמר	qal	wci	1cs	אמר	55		say
	באים	qal	ptc	mp	בוא	97		come in
	יקרא	niph	wci	3ms	קרא	894		be called
20:30	אמר	qal	impv	ms	אמר	55		say
	אמר	qal	pft	3ms	אמר	55		say
	נטמאים	niph	ptc	mp	טמא	379		defile oneself

ChVs	Form	Stem	Tnse	PGN	Root	BDB	Sfx	Meaning
20:30	זנים	qal	ptc	mp	זנה	275		act a harlot
20:31	שאת	qal	infc		נשא	669		lift, carry
	העביר	hiph	infc		עבר	716		cause to pass
	נטמאים	niph	ptc	mp	טמא	379		defile oneself
	אדרש	niph	impf	1cs	דרש	205		be sought out
	אדרש	niph	impf	1cs	דרש	205		be sought out
20:32	עלה	qal	ptc	fs	עלה	748		go up
	היו	qal	infa		היה	224		be, become
	תהיה	qal	impf	3fs	היה	224		be, become
	אמרים	qal	ptc	mp	אמר	55		say
	נהיה	qal	impf	1cp	היה	224		be, become
	שרת	piel	infc		שרת	1058		minister, serve
20:33	נטויה	qal	pptc	fs	נטה	639		stretch, incline
	שפוכה	qal	pptc	fs	שפך	1049		pour out
	אמלוך	qal	impf	1cs	מלך	573		be king, reign
20:34	הוצאתי	hiph	wcp	1cs	יצא	422		bring out
	קבצתי	piel	wcp	1cs	קבץ	867		gather together
	נפוצתם	niph	pft	2mp	פוץ	806		be scattered
	נטויה	qal	pptc	fs	נטה	639		stretch, incline
	שפוכה	qal	pptc	fs	שפך	1049		pour out
20:35	הבאתי	hiph	wcp	1cs	בוא	97		bring in
	נשפטתי	niph	wcp	1cs	שפט	1047		plead
20:36	נשפטתי	niph	pft	1cs	שפט	1047		plead
	אשפט	niph	impf	1cs	שפט	1047		plead
20:37	העברתי	hiph	wcp	1cs	עבר	716		cause to pass
	הבאתי	hiph	wcp	1cs	בוא	97		bring in
20:38	ברותי	qal	wcp	1cs	ברר	140		purify, polish
	מרדים	qal	ptc	mp	מרד	597		rebel
	פושעים	qal	ptc	mp	פשע	833		rebel, sin
	אוציא	hiph	impf	1cs	יצא	422		bring out
	יבוא	qal	impf	3ms	בוא	97		come in
	ידעתם	qal	wcp	2mp	ידע	393		know
20:39	אמר	qal	pft	3ms	אמר	55		say
	לכו	qal	impv	mp	הלך	229		walk, go
	עבדו	qal	impv	mp	עבד	712		work, serve
	שמעים	qal	ptc	mp	שמע	1033		hear
	תחללו	piel	impf	2mp	חלל	320		pollute
20:40	יעבדני	qal	impf	3mp	עבד	712	1cs	work, serve
	ארצם	qal	impf	1cs	רצה	953	3mp	be pleased
	אדרוש	qal	impf	1cs	דרש	205		resort, seek
20:41	ארצה	qal	impf	1cs	רצה	953		be pleased
	הוציאי	hiph	infc		יצא	422	1cs	bring out
	קבצתי	piel	wcp	1cs	קבץ	867		gather together
	נפצתם	niph	pft	2mp	פוץ	806		be scattered
	נקדשתי	niph	wcp	1cs	קדש	872		be sacred
20:42	ידעתם	qal	wcp	2mp	ידע	393		know
	הביאי	hiph	infc		בוא	97	1cs	bring in
	נשאתי	qal	pft	1cs	נשא	669		lift, carry
	תת	qal	infc		נתן	678		give, set
20:43	זכרתם	qal	wcp	2mp	זכר	269		remember
	נטמאתם	niph	pft	2mp	טמא	379		defile oneself
	נקטתם	niph	wcp	2mp	קוט	876		feel loathing
	עשיתם	qal	pft	2mp	עשה	793		do, make
20:44	ידעתם	qal	wcp	2mp	ידע	393		know
20:44	עשותי	qal	infc		עשה	793	1cs	do, make
	נשחתות	niph	ptc	fp	שחת	1007		be marred
21:1	יהי	qal	wci	3ms	היה	224		be, become
	אמר	qal	infc		אמר	55		say
21:2	שים	qal	impv	ms	שים	962		put, set
	הטף	hiph	impv	ms	נטף	642		drip, speak
	הנבא	niph	impv	ms	נבא	612		prophesy
21:3	אמרת	qal	wcp	2ms	אמר	55		say
	שמע	qal	impv	ms	שמע	1033		hear
	אמר	qal	pft	3ms	אמר	55		say
	מצית	hiph	ptc	ms	יצת	428		kindle
	אכלה	qal	wcp	3fs	אכל	37		eat, devour
	תכבה	qal	impf	3fs	כבה	459		be quenched
	נצרבו	niph	wcp	3cp	צרב	863		be scorched
21:4	ראו	qal	wcp	3cp	ראה	906		see
	בערתיה	piel	pft	1cs	בער	128	3fs	burn, consume
	תכבה	qal	impf	3fs	כבה	459		be quenched
21:5	אמר	qal	wci	1cs	אמר	55		say
	אמרים	qal	ptc	mp	אמר	55		say
	ממשל	piel	ptc	ms	משל	605		speak parable
21:6	יהי	qal	wci	3ms	היה	224		be, become
	אמר	qal	infc		אמר	55		say
21:7	שים	qal	impv	ms	שים	962		put, set
	הטף	hiph	impv	ms	נטף	642		drip, speak
	הנבא	niph	impv	ms	נבא	612		prophesy
21:8	אמרת	qal	wcp	2ms	אמר	55		say
	אמר	qal	pft	3ms	אמר	55		say
	הוצאתי	hiph	wcp	1cs	יצא	422		bring out
	הכרתי	hiph	wcp	1cs	כרת	503		cut off, destroy
21:9	הכרתי	hiph	pft	1cs	כרת	503		cut off, destroy
	תצא	qal	impf	3fs	יצא	422		go out
21:10	ידעו	qal	wcp	3cp	ידע	393		know
	הוצאתי	hiph	pft	1cs	יצא	422		bring out
	תשוב	qal	impf	3fs	שוב	996		turn, return
21:11	האנח	niph	impv	ms	אנח	58		sigh
	תאנח	niph	impf	2ms	אנח	58		sigh
21:12	היה	qal	wcp	3ms	היה	224		be, become
	יאמרו	qal	impf	3mp	אמר	55		say
	נאנח	niph	ptc	ms	אנח	58		sigh
	אמרת	qal	wcp	2ms	אמר	55		say
	באה	qal	ptc	fs	בוא	97		come in
	נמס	niph	wcp	3ms	מסס	587		melt, despair
	רפו	qal	wcp	3cp	רפה	951		sink, relax
	כהתה	piel	wcp	3fs	כהה	462		grow faint
	תלכנה	qal	impf	3fp	הלך	229		walk, go
	באה	qal	ptc	fs	בוא	97		come in
	נהיתה	niph	wcp	3fs	היה	224		be done
21:13	יהי	qal	wci	3ms	היה	224		be, become
	אמר	qal	infc		אמר	55		say
21:14	הנבא	niph	impv	ms	נבא	612		prophesy
	אמרת	qal	wcp	2ms	אמר	55		say
	אמר	qal	pft	3ms	אמר	55		say
	אמר	qal	impv	ms	אמר	55		say
	הוחדה	hoph	pft	3fs	חדד	292		be sharpened

Ezekiel 21:14–22:2

ChVs	Form	Stem	Tnse	PGN	Root	BDB	Sfx	Meaning
21:14	מרוטה	qal	pptc	fs	מרט	598		make bare
21:15	טבח	qal	infc		טבח	370		slaughter
	הוחדה	hoph	pft	3fs	חדד	292		be sharpened
	היה	qal	impv	ms	היה	224?		be, become
	מרטה	pual	pft		מרט	598		smooth, polished
	נשיש	qal	impf	1cp	שוש	965		exult
	מאסת	qal	ptc	fs	מאס	549		reject, refuse
21:16	יתן	qal	wci	3ms	נתן	678		give, set
	מרטה	qal	infc		מרט	598		make bare
	תפש	qal	infc		תפש	1074		seize, grasp
	הוחדה	hoph	pft	3fs	חדד	292		be sharpened
	מרטה	pual	pft	3fs	מרט	598		smooth, polished
	תת	qal	infc		נתן	678		give, set
	הורג	qal	ptc	ms	הרג	246		kill
21:17	זעק	qal	impv	ms	זעק	277		call, cry out
	הילל	hiph	impv	ms	ילל	410		howl
	היתה	qal	pft	3fs	היה	224		be, become
	מגורי	qal	pptc	mp	מגר	550		throw
	היו	qal	pft	3cp	היה	224		be, become
	ספק	qal	impv	ms	ספק	706		slap, clap
21:18	מאסת	qal	ptc	fs	מאס	549		reject, refuse
	יהיה	qal	impf	3ms	היה	224		be, become
21:19	הנבא	niph	impv	ms	נבא	612		prophesy
	הך	hiph	impv	ms	נכה	645		smite
	תכפל	niph	jusm	3fs	כפל	495		be doubled
	חדרת	qal	ptc	fs	חדר	293		surround
21:20	מוג	qal	infc		מוג	556		melt
	הרבה	hiph	infa		רבה	915		make many
	נתתי	qal	pft	1cs	נתן	678		give, set
	עשויה	qal	pptc	fs	עשה	793		do, make
21:21	התאחדי	hith	impv	fs	אחד	1119		gather oneself
	הימני	hiph	impv	fs	ימן	412		go to right
	השימי	hiph	impv	fs	שים	962		set
	השמילי	hiph	impv	fs	שמאל	970		go to left
	מעדות	hoph	ptc	fp	יעד	416		be set, fixed
21:22	אכה	hiph	impf	1cs	נכה	645		smite
	הנחתי	hiph	wcp	1cs	נוח	628		give rest, put
	דברתי	piel	pft	1cs	דבר	180		speak
21:23	יהי	qal	wci	3ms	היה	224		be, become
	אמר	qal	infc		אמר	55		say
21:24	שים	qal	impv	ms	שים	962		put, set
	בוא	qal	infc		בוא	97		come in
	יצאו	qal	impf	3mp	יצא	422		go out
	ברא	piel	infa		ברא	135		cut down
	ברא	piel	infa		ברא	135		cut down
21:25	תשים	qal	impf	2ms	שים	962		put, set
	בוא	qal	infc		בוא	97		come in
	בצורה	qal	pptc	fs	בצר	130		cut off
21:26	עמד	qal	pft	3ms	עמד	763		stand, stop
	קסם	qal	infc		קסם	890		divine
	קלקל	pilp	pft	3ms	קלל	886		shake
	שאל	qal	pft	3ms	שאל	981		ask, borrow
	ראה	qal	pft	3ms	ראה	906		see
21:27	היה	qal	pft	3ms	היה	224		be, become
21:27	שום	qal	infc		שים	962		put, set
	פתח	qal	infc		פתח	834		open
	הרים	hiph	infc		רום	926		raise, lift
	שום	qal	infc		שים	962		put, set
	שפך	qal	infc		שפך	1049		pour out
	בנות	qal	infc		בנה	124		build
21:28	היה	qal	wcp	3ms	היה	224		be, become
	קסום k	qal	infc		קסם	890		divine
	קסם q	qal	infc		קסם	890		divine
	שבעי	qal	pptc	mp	שבע	989		swear
	מזכיר	hiph	ptc	ms	זכר	269		c. to remember
	התפש	niph	infc		תפש	1074		be seized
21:29	אמר	qal	pft	3ms	אמר	55		say
	הזכרכם	hiph	infc		זכר	269	2mp	c. to remember
	הגלות	niph	infc		גלה	162		uncover self
	הראות	niph	infc		ראה	906		appear, be seen
	הזכרכם	niph	infc		זכר	269	2mp	be remembered
	תתפשו	niph	impf	2mp	תפש	1074		be seized
21:30	בא	qal	pft	3ms	בוא	97		come in
21:31	אמר	qal	pft	3ms	אמר	55		say
	הסיר	hiph	infc		סור	693?		take away
	הרים	hiph	infc		רום	926?		raise, lift
	הגבה	hiph	infa		גבה	146		make high, exalt
	השפיל	hiph	infc		שפל	1050?		make low, abase
21:32	אשימנה	qal	impf	1cs	שים	962	3fs	put, set
	היה	qal	pft	3ms	היה	224		be, become
	בא	qal	infc		בוא	97		come in
	נתתיו	qal	wcp	1cs	נתן	678	3ms	give, set
21:33	הנבא	niph	impv	ms	נבא	612		prophesy
	אמרת	qal	wcp	2ms	אמר	55		say
	אמר	qal	pft	3ms	אמר	55		say
	אמרת	qal	wcp	2ms	אמר	55		say
	פתוחה	qal	pptc	fs	פתח	834		open
	מרוטה	qal	pptc	fs	מרט	598		make bare
	הכיל	hiph	infc		כול	465		contain
21:34	חזות	qal	infc		חזה	302		see
	קסם	qal	infc		קסם	890		divine
	תת	qal	infc		נתן	678		give, set
	בא	qal	pft	3ms	בוא	97		come in
21:35	השב	hiph	impv	ms	שוב	996		bring back
	נבראת	niph	pft	2fs	ברא	135		be created
	אשפט	qal	impf	1cs	שפט	1047		judge
21:36	שפכתי	qal	wcp	1cs	שפך	1049		pour out
	אפיח	hiph	impf	1cs	פוח	806		breathe, utter
	נתתיך	qal	wcp	1cs	נתן	678	2fs	give, set
	בערים	qal	ptc	mp	בער	129		be stupid
21:37	תהיה	qal	impf	2ms	היה	224		be, become
	יהיה	qal	impf	3ms	היה	224		be, become
	תזכרי	niph	impf	2fs	זכר	269		be remembered
	דברתי	piel	pft	1cs	דבר	180		speak
22:1	יהי	qal	wci	3ms	היה	224		be, become
	אמר	qal	infc		אמר	55		say
22:2	תשפט	qal	impf	2ms	שפט	1047		judge
	תשפט	qal	impf	2ms	שפט	1047		judge

Ezekiel 22: 2– 23: 3

ChVs	Form	Stem	Tnse	PGN	Root	BDB	Sfx	Meaning	ChVs	Form	Stem	Tnse	PGN	Root	BDB	Sfx	Meaning
22: 2	הודעתה	hiph	wcp	2ms	ידע	393	3fs	declare	22: 19	היות	qal	infc		היה	224		be, become
22: 3	אמרת	qal	wcp	2ms	אמר	55		say		קבץ	qal	ptc	ms	קבץ	867		gather, collect
	אמר	qal	pft	3ms	אמר	55		say	22: 20	פחת	qal	infc		נפח	655		breathe, blow
	שפכת	qal	ptc	fs	שפך	1049		pour out		הניתך	hiph	infc		נתך	677		pour out
	בוא	qal	infc		בוא	97		come in		אקבץ	qal	impf	1cs	קבץ	867		gather, collect
	עשתה	qal	wcp	3fs	עשה	793		do, make		הנחתי	hiph	wcp	1cs	נוח	628		give rest, put
	טמאה	qal	infc		טמא	379		become unclean		התכתי	hiph	wcp	1cs	נתך	677		pour out
22: 4	שפכת	qal	pft	2fs	שפך	1049		pour out	22: 21	כנסתי	piel	wcp	1cs	כנס	488		gather together
	אשמת	qal	pft	2fs	אשם	79		offend		נפחתי	qal	wcp	1cs	נפח	655		breathe, blow
	עשית	qal	pft	2fs	עשה	793		do, make		נתכתם	niph	wcp	2mp	נתך	677		be poured
	טמאת	qal	pft	2fs	טמא	379		become unclean	22: 22	התכו	hoph	impf	2mp	נתך	677		be melted
	תקריבי	hiph	wci	2fs	קרב	897		bring near		ידעתם	qal	wcp	2mp	ידע	393		know
	תבוא	qal	wci	2fs	בוא	97		come in		שפכתי	qal	pft	1cs	שפך	1049		pour out
	נתתיך	qal	pft	1cs	נתן	678	2fs	give, set	22: 23	יהי	qal	wci	3ms	היה	224		be, become
22: 5	יתקלסו	hith	impf	3mp	קלס	887		mock, deride		אמר	qal	infc		אמר	55		say
22: 6	היו	qal	pft	3cp	היה	224		be, become	22: 24	אמר	qal	impv	ms	אמר	55		say
	שפך	qal	infc		שפך	1049		pour out		מטהרה	pual	ptc	fs	טהר	372		be cleansed
22: 7	הקלו	hiph	pft	3cp	קלל	886		make light	22: 25	שואג	qal	ptc	ms	שאג	980		roar
	עשו	qal	pft	3cp	עשה	793		do, make		טרף	qal	ptc	ms	טרף	382		tear, rend
	הונו	hiph	pft	3cp	ינה	413		oppress		אכלו	qal	pft	3cp	אכל	37		eat, devour
22: 8	בזית	qal	pft	2fs	בזה	102		despise		יקחו	qal	impf	3mp	לקח	542		take
	חללת	piel	pft	2fs	חלל	320		pollute		הרבו	hiph	pft	3cp	רבה	915		make many
22: 9	היו	qal	pft	3cp	היה	224		be, become	22: 26	חמסו	qal	pft	3cp	חמס	329		treat violently
	שפך	qal	infc		שפך	1049		pour out		יחללו	piel	wci	3mp	חלל	320		pollute
	אכלו	qal	pft	3cp	אכל	37		eat, devour		הבדילו	hiph	pft	3cp	בדל	95		divide
	עשו	qal	pft	3cp	עשה	793		do, make		הודיעו	hiph	pft	3cp	ידע	393		declare
22: 10	גלה	piel	pft	3ms	גלה	162		uncover		העלימו	hiph	pft	3cp	עלם	761		conceal, hide
	ענו	piel	pft	3cp	ענה	776		humble		אחל	niph	wci	1cs	חלל	320		pollute oneself
22: 11	עשה	qal	pft	3ms	עשה	793		do, make	22: 27	טרפי	qal	ptc	mp	טרף	382		tear, rend
	טמא	piel	pft	3ms	טמא	379		defile		שפך	qal	infc		שפך	1049		pour out
	ענה	piel	pft	3ms	ענה	776		humble		אבד	piel	infc		אבד	1		destroy
22: 12	לקחו	qal	pft	3cp	לקח	542		take		בצע	qal	infc		בצע	130		cut off
	שפך	qal	infc		שפך	1049		pour out	22: 28	טחו	qal	pft	3cp	טוח	376		overlay
	לקחת	qal	pft	2fs	לקח	542		take		חזים	qal	ptc	mp	חזה	302		see
	תבצעי	piel	wci	2fs	בצע	130		cut off, finish		קסמים	qal	ptc	mp	קסם	890		divine
	שכחת	qal	pft	2fs	שכח	1013		forget		אמרים	qal	ptc	mp	אמר	55		say
22: 13	הכיתי	hiph	pft	1cs	נכה	645		smite		אמר	qal	pft	3ms	אמר	55		say
	עשית	qal	pft	2fs	עשה	793		do, make		דבר	piel	pft	3ms	דבר	180		speak
	היו	qal	pft	3cp	היה	224		be, become	22: 29	עשקו	qal	pft	3cp	עשק	798		oppress, extort
22: 14	יעמד	qal	impf	3ms	עמד	763		stand, stop		גזלו	qal	pft	3cp	גזל	159		tear away, rob
	תחזקנה	qal	impf	3fp	חזק	304		be strong		הונו	hiph	pft	3cp	ינה	413		oppress
	עשה	qal	ptc	ms	עשה	793		do, make		עשקו	qal	pft	3cp	עשק	798		oppress, extort
	דברתי	piel	pft	1cs	דבר	180		speak	22: 30	אבקש	piel	wci	1cs	בקש	134		seek
	עשיתי	qal	wcp	1cs	עשה	793		do, make		גדר	qal	ptc	ms	גדר	154		wall up
22: 15	הפיצותי	hiph	wcp	1cs	פוץ	806		scatter		עמד	qal	ptc	ms	עמד	763		stand, stop
	זריתיך	piel	wcp	1cs	זרה	279	2fs	scatter		שחתה	piel	infc		שחת	1007	3fs	spoil, ruin
	התמתי	hiph	wcp	1cs	תמם	1070		finish		מצאתי	qal	pft	1cs	מצא	592		find
22: 16	נחלת	niph	wcp	2fs	חלל	320		pollute oneself	22: 31	אשפך	qal	wci	1cs	שפך	1049		pour out
	ידעת	qal	wcp	2fs	ידע	393		know		כליתים	piel	pft	1cs	כלה	477	3mp	complete, finish
22: 17	יהי	qal	wci	3ms	היה	224		be, become		נתתי	qal	pft	1cs	נתן	678		give, set
	אמר	qal	infc		אמר	55		say	23: 1	יהי	qal	wci	3ms	היה	224		be, become
22: 18	היו	qal	pft	3cp	היה	224		be, become		אמר	qal	infc		אמר	55		say
	היו	qal	pft	3cp	היה	224		be, become	23: 2	היו	qal	pft	3cp	היה	224		be, become
22: 19	אמר	qal	pft	3ms	אמר	55		say	23: 3	תזנינה	qal	wci	3fp	זנה	275		act a harlot

Ezekiel 23:3–23:37

ChVs	Form	Stem	Tnse	PGN	Root	BDB	Sfx	Meaning
23:3	זנו	qal	pft	3cp	זנה	275		act a harlot
	מעכו	pual	pft	3cp	מעך	590		be squeezed
	עשׂו	piel	pft	3cp	עשׂה	796		press, squeeze
23:4	תהיינה	qal	wci	3fp	היה	224		be, become
	תלדנה	qal	wci	3fp	ילד	408		bear, beget
23:5	תזן	qal	wci	3fs	זנה	275		act a harlot
	תעגב	qal	wci	3fs	עגב	721		lust
	מאהביה	piel	ptc	mp	אהב	12	3fs	lovers
23:6	לבשׁי	qal	pptc	mp	לבשׁ	527		put on, clothe
	רכבי	qal	ptc	mp	רכב	938		mount, ride
23:7	תתן	qal	wci	3fs	נתן	678		give, set
	עגבה	qal	pft	3fs	עגב	721		lust
	נטמאה	niph	pft	3fs	טמא	379		defile oneself
23:8	עזבה	qal	pft	3fs	עזב	736		leave, loose
	שׁכבו	qal	pft	3cp	שׁכב	1011		lie, lie down
	עשׂו	piel	pft	3cp	עשׂה	796		press, squeeze
	ישׁפכו	qal	wci	3mp	שׁפך	1049		pour out
23:9	נתתיה	qal	pft	1cs	נתן	678	3fs	give, set
	מאהביה	piel	ptc	mp	אהב	12	3fs	lovers
	עגבה	qal	pft	3fs	עגב	721		lust
23:10	גלו	piel	pft	3cp	גלה	162		uncover
	לקחו	qal	pft	3cp	לקח	542		take
	הרגו	qal	pft	3cp	הרג	246		kill
	תהי	qal	wci	3fs	היה	224		be, become
	עשׂו	qal	pft	3cp	עשׂה	793		do, make
23:11	תרא	qal	wci	3fs	ראה	906		see
	תשׁחת	hiph	wci	3fs	שׁחת	1007		spoil, ruin
23:12	עגבה	qal	pft	3fs	עגב	721		lust
	לבשׁי	qal	pptc	mp	לבשׁ	527		put on, clothe
	רכבי	qal	ptc	mp	רכב	938		mount, ride
23:13	ארא	qal	wci	1cs	ראה	906		see
	נטמאה	niph	pft	3fs	טמא	379		defile oneself
23:14	תוסף	hiph	wci	3fs	יסף	414		add, do again
	תרא	qal	wci	3fs	ראה	906		see
	מחקה	pual	ptc	ms	חקה	348		carved
	חקקים	qal	pptc	mp	חקק	349		cut in, inscribe
23:15	סרוחי	qal	pptc	mp	סרח	710		go free, overrun
23:16	תעגב k	qal	wci	3fs	עגב	721		lust
	ותעגבה q	qal	wci	3fs	עגב	721		lust
	תשׁלח	qal	wci	3fs	שׁלח	1018		send
23:17	יבאו	qal	wci	3mp	בוא	97		come in
	יטמאו	piel	wci	3mp	טמא	379		defile
	תטמא	qal	wci	3fs	טמא	379		become unclean
	תקע	qal	wci	3fs	יקע	429		be dislocated
23:18	תגל	piel	wci	3fs	גלה	162		uncover
	תגל	piel	wci	3fs	גלה	162		uncover
	תקע	qal	wci	3fs	יקע	429		be dislocated
	נקעה	qal	pft	3fs	נקע	668		be alienated
23:19	תרבה	hiph	wci	3fs	רבה	915		make many
	זכר	qal	infc		זכר	269		remember
	זנתה	qal	pft	3fs	זנה	275		act a harlot
23:20	תעגבה	qal	wci	3fs	עגב	721		lust
23:21	תפקדי	qal	wci	2fs	פקד	823		attend to, visit
	עשׂות	qal	infc		עשׂה	796		press, squeeze
23:22	אמר	qal	pft	3ms	אמר	55		say
	מעיר	hiph	ptc	ms	עור	734		rouse, stir up
	מאהביך	piel	ptc	mp	אהב	12	2fs	lovers
	נקעה	qal	pft	3fs	נקע	668		be alienated
	הבאתים	hiph	wcp	1cs	בוא	97	3mp	bring in
23:23	קרואים	qal	pptc	mp	קרא	894		call, proclaim
	רכבי	qal	ptc	mp	רכב	938		mount, ride
23:24	באו	qal	wcp	3cp	בוא	97		come in
	ישׂימו	qal	impf	3mp	שׂים	962		put, set
	נתתי	qal	wcp	1cs	נתן	678		give, set
	שׁפטוך	qal	wcp	3cp	שׁפט	1047	2fs	judge
23:25	נתתי	qal	wcp	1cs	נתן	678		give, set
	עשׂו	qal	wcp	3cp	עשׂה	793		do, make
	יסירו	hiph	impf	3mp	סור	693		take away
	תפול	qal	impf	3fs	נפל	656		fall
	יקחו	qal	impf	3mp	לקח	542		take
	תאכל	niph	impf	3fs	אכל	37		be eaten
23:26	הפשׁיטוך	hiph	wcp	3cp	פשׁט	832	2fs	strip off
	לקחו	qal	wcp	3cp	לקח	542		take
23:27	השׁבתי	hiph	wcp	1cs	שׁבת	991		destroy, remove
	תשׂאי	qal	impf	2fs	נשׂא	669		lift, carry
	תזכרי	qal	impf	2fs	זכר	269		remember
23:28	אמר	qal	pft	3ms	אמר	55		say
	נתנך	qal	ptc	ms	נתן	678	2fs	give, set
	שׂנאת	qal	pft	2fs	שׂנא	971		hate
	נקעה	qal	pft	3fs	נקע	668		be alienated
23:29	עשׂו	qal	pft	3cp	עשׂה	793		do, make
	לקחו	qal	wcp	3cp	לקח	542		take
	עזבוך	qal	wcp	3cp	עזב	736	2fs	leave, loose
	נגלה	niph	pft	3ms	גלה	162		uncover self
23:30	עשׂה	qal	infa		עשׂה	793		do, make
	זנותך	qal	infc		זנה	275	2fs	act a harlot
	נטמאת	niph	pft	2fs	טמא	379		defile oneself
23:31	הלכת	qal	pft	2fs	הלך	229		walk, go
	נתתי	qal	wcp	1cs	נתן	678		give, set
23:32	אמר	qal	pft	3ms	אמר	55		say
	תשׁתי	qal	impf	2fs	שׁתה	1059		drink
	תהיה	qal	impf	3fs	היה	224		be, become
	הכיל	hiph	infc		כול	465		contain
23:33	תמלאי	niph	impf	2fs	מלא	569		be filled
23:34	שׁתית	qal	wcp	2fs	שׁתה	1059		drink
	מצית	qal	wcp	2fs	מצה	594		drain out
	תגרמי	piel	impf	2fs	גרם	175		break bones
	תנתקי	piel	impf	2fs	נתק	683		tear apart
	דברתי	piel	pft	1cs	דבר	180		speak
23:35	אמר	qal	pft	3ms	אמר	55		say
	שׁכחת	qal	pft	2fs	שׁכח	1013		forget
	תשׁליכי	hiph	wci	2fs	שׁלך	1020		throw, cast
	שׂאי	qal	impv	fs	נשׂא	669		lift, carry
23:36	יאמר	qal	wci	3ms	אמר	55		say
	תשׁפוט	qal	impf	2ms	שׁפט	1047		judge
	הגד	hiph	impv	ms	נגד	616		declare, tell
23:37	נאפו	piel	pft	3cp	נאף	610		commit adultery
	נאפו	piel	pft	3cp	נאף	610		commit adultery

ChVs	Form	Stem	Tnse	PGN	Root	BDB	Sfx	Meaning
23:37	ילדו	qal	pft	3cp	ילד	408		bear, beget
	העבירו	hiph	pft	3cp	עבר	716		cause to pass
23:38	עשו	qal	pft	3cp	עשה	793		do, make
	טמאו	piel	pft	3cp	טמא	379		defile
	חללו	piel	pft	3cp	חלל	320		pollute
23:39	שחטם	qal	infc		שחט	1006	3mp	slaughter
	יבאו	qal	wci	3mp	בוא	97		come in
	חללו	piel	infc		חלל	320	3ms	pollute
	עשו	qal	pft	3cp	עשה	793		do, make
23:40	תשלחנה	qal	impf	3fp	שלח	1018		send
	באים	qal	ptc	mp	בוא	97		come in
	שלוח	qal	pptc	ms	שלח	1018		send
	באו	qal	pft	3cp	בוא	97		come in
	רחצת	qal	pft	2fs	רחץ	934		wash, bathe
	כחלת	qal	pft	2fs	כחל	471		paint (eyes)
	עדית	qal	pft	2fs	עדה	725		ornament, adorn
23:41	ישבת	qal	pft	2fs	ישב	442		sit, dwell
	ערוך	qal	pptc	ms	ערך	789		set in order
	שמת	qal	pft	2fs	שים	962		put, set
23:42	מובאים	hoph	ptc	mp	בוא	97		be brought
	k סובאים	qal	ptc	mp	סבא	684		imbibe
	יתנו	qal	wci	3mp	נתן	678		give, set
23:43	אמר	qal	wci	1cs	אמר	55		say
	k יזנה	qal	impf	3ms	זנה	275		act a harlot
	q יזנו	qal	impf	3mp	זנה	275		act a harlot
23:44	יבוא	qal	wci	3ms	בוא	97		come in
	בוא	qal	infc		בוא	97		come in
	זונה	qal	ptc	fs	זנה	275		act a harlot
	באו	qal	pft	3cp	בוא	97		come in
23:45	ישפטו	qal	impf	3mp	שפט	1047		judge
	נאפות	qal	ptc	fp	נאף	610		commit adultery
	שפכות	qal	ptc	fp	שפך	1049		pour out
	נאפת	qal	ptc	fp	נאף	610		commit adultery
23:46	אמר	qal	pft	3ms	אמר	55		say
	העלה	hiph	infa		עלה	748		bring up, offer
	נתן	qal	infa		נתן	678		give, set
23:47	רגמו	qal	wcp	3cp	רגם	920		stone
	ברא	piel	infa		ברא	135		cut down
	יהרגו	qal	impf	3mp	הרג	246		kill
	ישרפו	qal	impf	3mp	שרף	976		burn
23:48	השבתי	hiph	wcp	1cs	שבת	991		destroy, remove
	נוסרו	nith	wcp	3cp	יסר	415		be disciplined
	תעשינה	qal	impf	3fp	עשה	793		do, make
23:49	נתנו	qal	wcp	3cp	נתן	678		give, set
	תשאינה	qal	impf	2fp	נשא	669		lift, carry
	ידעתם	qal	wcp	2mp	ידע	393		know
24:1	יהי	qal	wci	3ms	היה	224		be, become
	אמר	qal	infc		אמר	55		say
24:2	k כתוב	qal	infa		כתב	507		write
	q כתב	qal	impv	ms	כתב	507		write
	סמך	qal	pft	3ms	סמך	701		lean, support
24:3	משל	qal	impv	ms	משל	605		use a proverb
	אמרת	qal	wcp	2ms	אמר	55		say
	אמר	qal	pft	3ms	אמר	55		say

ChVs	Form	Stem	Tnse	PGN	Root	BDB	Sfx	Meaning
24:3	שפת	qal	impv	ms	שפת	1046		set, establish
	שפת	qal	impv	ms	שפת	1046		set, establish
	יצק	qal	impv	ms	יצק	427		pour out, cast
24:4	אסף	qal	impv	ms	אסף	62		gather
	מלא	piel	impv	ms	מלא	569		fill
24:5	לקוח	qal	infa		לקח	542		take
	דור	qal	impv	ms	דור	189		heap, dwell
	רתח	piel	impv	ms	רתח	958		cause to boil
	בשלו	qal	pft	3cp	בשל	143		boil, cook
24:6	אמר	qal	pft	3ms	אמר	55		say
	יצאה	qal	pft	3fs	יצא	422		go out
	הוציאה	hiph	impv	ms	יצא	422	3fs	bring out
	נפל	qal	pft	3ms	נפל	656		fall
24:7	היה	qal	pft	3ms	היה	224		be, become
	שמתהו	qal	pft	3fs	שים	962	3ms	put, set
	שפכתהו	qal	pft	3fs	שפך	1049	3ms	pour out
	כסות	piel	infc		כסה	491		cover
24:8	העלות	hiph	infc		עלה	748		bring up, offer
	נקם	qal	infc		נקם	667		avenge
	נתתי	qal	pft	1cs	נתן	678		give, set
	הכסות	niph	infc		כסה	491		be covered
24:9	אמר	qal	pft	3ms	אמר	55		say
	אגדיל	hiph	impf	1cs	גדל	152		make great
24:10	הרבה	hiph	impv	ms	רבה	915		make many
	הדלק	hiph	impv	ms	דלק	196		inflame
	התם	hiph	infa		תמם	1070		finish
	הרקח	hiph	infa		רקח	955		spice
	יחרו	niph	impf	3mp	חרר	359		be scorched
24:11	העמידה	hiph	impv	ms	עמד	763	3fs	set up, raise
	תחם	qal	impf	3fs	חמם	328		be warm
	חרה	qal	wcp	3fs	חרר	359		be hot
	נתכה	niph	wcp	3fs	נתך	677		be poured
	תתם	qal	impf	3fs	תמם	1070		be finished
24:12	הלאת	hiph	pft	3fs	לאה	521		make weary
	תצא	qal	impf	3fs	יצא	422		go out
24:13	טהרתיך	piel	pft	1cs	טהר	372	2fs	cleanse
	טהרת	qal	pft	2fs	טהר	372		be clean, pure
	תטהרי	qal	impf	2fs	טהר	372		be clean, pure
	הניחי	hiph	infc		נוח	628	1cs	give rest, put
24:14	דברתי	piel	pft	1cs	דבר	180		speak
	באה	qal	ptc	fs	בוא	97		come in
	עשיתי	qal	wcp	1cs	עשה	793		do, make
	אפרע	qal	impf	1cs	פרע	828		let go
	אחוס	qal	impf	1cs	חוס	299		pity
	אנחם	niph	impf	1cs	נחם	636		be sorry
	שפטוך	qal	pft	3cp	שפט	1047	2fs	judge
24:15	יהי	qal	wci	3ms	היה	224		be, become
	אמר	qal	infc		אמר	55		say
24:16	לקח	qal	ptc	ms	לקח	542		take
	תספד	qal	impf	2ms	ספד	704		wail, lament
	תבכה	qal	impf	2ms	בכה	113		weep
	תבוא	qal	impf	3fs	בוא	97		come in
24:17	האנק	niph	infc		אנק	60		be in mourning
	דם	qal	impv	ms	דמם	198		be silent

Ezekiel 24:17 – 26:2

ChVs	Form	Stem	Tnse	PGN	Root	BDB	Sfx	Meaning
24:17	מתים	qal	ptc	mp	מות	559		die
	תעשה	qal	impf	2ms	עשה	793		do, make
	חבוש	qal	impv	ms	חבש	289		bind
	תשים	qal	impf	2ms	שים	962		put, set
	תעטה	qal	impf	2ms	עטה	741		wrap oneself
	תאכל	qal	impf	2ms	אכל	37		eat, devour
24:18	אדבר	piel	wci	1cs	דבר	180		speak
	תמת	qal	wci	3fs	מות	559		die
	אעש	qal	wci	1cs	עשה	793		do, make
	צויתי	pual	pft	1cs	צוה	845		be commanded
24:19	יאמרו	qal	wci	3mp	אמר	55		say
	תגיד	hiph	impf	2ms	נגד	616		declare, tell
	עשה	qal	ptc	ms	עשה	793		do, make
24:20	אמר	qal	wci	1cs	אמר	55		say
	היה	qal	pft	3ms	היה	224		be, become
	אמר	qal	infc		אמר	55		say
24:21	אמר	qal	impv	ms	אמר	55		say
	אמר	qal	pft	3ms	אמר	55		say
	מחלל	piel	ptc	ms	חלל	320		pollute
	עזבתם	qal	pft	2mp	עזב	736		leave, loose
	יפלו	qal	impf	3mp	נפל	656		fall
24:22	עשיתם	qal	wcp	2mp	עשה	793		do, make
	עשיתי	qal	pft	1cs	עשה	793		do, make
	תעטו	qal	impf	2mp	עטה	741		wrap oneself
	תאכלו	qal	impf	2mp	אכל	37		eat, devour
24:23	תספדו	qal	impf	2mp	ספד	704		wail, lament
	תבכו	qal	impf	2mp	בכה	113		weep
	נמקתם	niph	wcp	2mp	מקק	596		rot, decay
	נהמתם	qal	wcp	2mp	נהם	625		growl, groan
24:24	היה	qal	wcp	3ms	היה	224		be, become
	עשה	qal	pft	3ms	עשה	793		do, make
	תעשו	qal	impf	2mp	עשה	793		do, make
	באה	qal	infc		בוא	97	3fs	come in
	ידעתם	qal	wcp	2mp	ידע	393		know
24:25	קחתי	qal	infc		לקח	542	1cs	take
24:26	יבוא	qal	impf	3ms	בוא	97		come in
24:27	יפתח	niph	impf	3ms	פתח	834		be opened
	תדבר	piel	impf	2ms	דבר	180		speak
	תאלם	niph	impf	2ms	אלם	47		be dumb
	היית	qal	wcp	2ms	היה	224		be, become
	ידעו	qal	wcp	3cp	ידע	393		know
25:1	יהי	qal	wci	3ms	היה	224		be, become
	אמר	qal	infc		אמר	55		say
25:2	שים	qal	impv	ms	שים	962		put, set
	הנבא	niph	impv	ms	נבא	612		prophesy
25:3	אמרת	qal	wcp	2ms	אמר	55		say
	שמעו	qal	impv	mp	שמע	1033		hear
	אמר	qal	pft	3ms	אמר	55		say
	אמרך	qal	infc		אמר	55	2fs	say
	נחל	niph	pft	3ms	חלל	320		pollute oneself
	נשמה	niph	pft	3fs	שמם	1030		be desolate
	הלכו	qal	pft	3cp	הלך	229		walk, go
25:4	נתנך	qal	ptc	ms	נתן	678	2fs	give, set
	ישבו	piel	wcp	3cp	ישב	442		set camp
25:4	נתנו	qal	wcp	3cp	נתן	678		give, set
	יאכלו	qal	impf	3mp	אכל	37		eat, devour
	ישתו	qal	impf	3mp	שתה	1059		drink
25:5	נתתי	qal	wcp	1cs	נתן	678		give, set
	ידעתם	qal	wcp	2mp	ידע	393		know
25:6	אמר	qal	pft	3ms	אמר	55		say
	מחאך	piel	infc		מחא	561	2ms	clap
	רקעך	qal	infc		רקע	955	2ms	stamp, beat
	תשמח	qal	wci	2ms	שמח	970		rejoice
25:7	נטיתי	qal	pft	1cs	נטה	639		stretch, incline
	נתתיך	qal	pft	1cs	נתן	678	2ms	give, set
	הכרתיך	hiph	pft	1cs	כרת	503	2ms	cut off, destroy
	האבדתיך	hiph	pft	1cs	אבד	1	2ms	destroy
	אשמידך	hiph	impf	1cs	שמד	1029	2ms	exterminate
	ידעת	qal	wcp	2ms	ידע	393		know
25:8	אמר	qal	pft	3ms	אמר	55		say
	אמר	qal	infc		אמר	55		say
25:9	פתח	qal	ptc	ms	פתח	834		open
25:10	נתתיה	qal	wcp	1cs	נתן	678	3fs	give, set
	תזכר	niph	impf	3fs	זכר	269		be remembered
25:11	אעשה	qal	impf	1cs	עשה	793		do, make
	ידעו	qal	wcp	3cp	ידע	393		know
25:12	אמר	qal	pft	3ms	אמר	55		say
	עשות	qal	infc		עשה	793		do, make
	נקם	qal	infc		נקם	667		avenge
	יאשמו	qal	wci	3mp	אשם	79		offend
	אשום	qal	infa		אשם	79		offend
	נקמו	niph	pft	3cp	נקם	667		avenge oneself
25:13	אמר	qal	pft	3ms	אמר	55		say
	נטתי	qal	wcp	1cs	נטה	639		stretch, incline
	הכרתי	hiph	wcp	1cs	כרת	503		cut off, destroy
	נתתיה	qal	wcp	1cs	נתן	678	3fs	give, set
	יפלו	qal	impf	3mp	נפל	656		fall
25:14	נתתי	qal	wcp	1cs	נתן	678		give, set
	עשו	qal	wcp	3cp	עשה	793		do, make
	ידעו	qal	wcp	3cp	ידע	393		know
25:15	אמר	qal	pft	3ms	אמר	55		say
	עשות	qal	infc		עשה	793		do, make
	ינקמו	niph	wci	3mp	נקם	667		avenge oneself
25:16	אמר	qal	pft	3ms	אמר	55		say
	נוטה	qal	ptc	ms	נטה	639		stretch, incline
	הכרתי	hiph	wcp	1cs	כרת	503		cut off, destroy
	האבדתי	hiph	wcp	1cs	אבד	1		destroy
25:17	עשיתי	qal	wcp	1cs	עשה	793		do, make
	ידעו	qal	wcp	3cp	ידע	393		know
	תתי	qal	infc		נתן	678	1cs	give, set
26:1	יהי	qal	wci	3ms	היה	224		be, become
	היה	qal	pft	3ms	היה	224		be, become
	אמר	qal	infc		אמר	55		say
26:2	אמרה	qal	pft	3fs	אמר	55		say
	נשברה	niph	pft	3fs	שבר	990		be broken
	נסבה	niph	pft	3fs	סבב	685		turn round
	אמלאה	niph	coh	1cs	מלא	569		be filled
	החרבה	hoph	pft	3fs	חרב	351		laid waste

Ezekiel 26: 3– 27: 11

ChVs	Form	Stem	Tnse	PGN	Root	BDB	Sfx	Meaning
26: 3	אמר	qal	pft	3ms	אמר	55		say
	העליתי	hiph	wcp	1cs	עלה	748		bring up, offer
	העלות	hiph	infc		עלה	748		bring up, offer
26: 4	שחתו	piel	wcp	3cp	שחת	1007		spoil, ruin
	הרסו	qal	wcp	3cp	הרס	248		throw down
	סחיתי	piel	wcp	1cs	סחה	695		scrape
	נתתי	qal	wcp	1cs	נתן	678		give, set
26: 5	תהיה	qal	impf	3fs	היה	224		be, become
	דברתי	piel	pft	1cs	דבר	180		speak
	היתה	qal	wcp	3fs	היה	224		be, become
26: 6	תהרגנה	niph	impf	3fp	הרג	246		be killed
	ידעו	qal	wcp	3cp	ידע	393		know
26: 7	אמר	qal	pft	3ms	אמר	55		say
	מביא	hiph	ptc	ms	בוא	97		bring in
26: 8	יהרג	qal	impf	3ms	הרג	246		kill
	נתן	qal	wcp	3ms	נתן	678		give, set
	שפך	qal	wcp	3ms	שפך	1049		pour out
	הקים	hiph	wcp	3ms	קום	877		raise, build, set
26: 9	יתן	qal	impf	3ms	נתן	678		give, set
	יתץ	qal	impf	3ms	נתץ	683		pull down
26: 10	יכסך	piel	impf	3ms	כסה	491	2fs	cover
	תרעשנה	qal	impf	3fp	רעש	950		quake
	באו	qal	infc		בוא	97	3ms	come in
	מבקעה	pual	ptc	fs	בקע	131		be ripped open
26: 11	ירמס	qal	impf	3ms	רמס	942		trample
	יהרג	qal	impf	3ms	הרג	246		kill
	תרד	qal	impf	3fs	ירד	432		come down
26: 12	שללו	qal	wcp	3cp	שלל	1021		spoil, plunder
	בזזו	qal	wcp	3cp	בזז	102		plunder
	הרסו	qal	wcp	3cp	הרס	248		throw down
	יתצו	qal	impf	3mp	נתץ	683		pull down
	ישימו	qal	impf	3mp	שים	962		put, set
26: 13	השבתי	hiph	wcp	1cs	שבת	991		destroy, remove
	ישמע	niph	impf	3ms	שמע	1033		be heard
26: 14	נתתיך	qal	wcp	1cs	נתן	678	2fs	give, set
	תהיה	qal	impf	3fs	היה	224		be, become
	תבנה	niph	impf	3fs	בנה	124		be built
	דברתי	piel	pft	1cs	דבר	180		speak
26: 15	אמר	qal	pft	3ms	אמר	55		say
	אנק	qal	infc		אנק	60		groan
	הרג	niph	infc		הרג	246		be killed
	ירעשו	qal	impf	3mp	רעש	950		quake
26: 16	ירדו	qal	wcp	3cp	ירד	432		come down
	הסירו	hiph	wcp	3cp	סור	693		take away
	יפשטו	qal	impf	3mp	פשט	832		strip off
	ילבשו	qal	impf	3mp	לבש	527		put on, clothe
	ישבו	qal	impf	3mp	ישב	442		sit, dwell
	חרדו	qal	wcp	3cp	חרד	353		tremble
	שממו	qal	wcp	3cp	שמם	1030		be desolate
26: 17	נשאו	qal	wcp	3cp	נשא	669		lift, carry
	אמרו	qal	wcp	3cp	אמר	55		say
	אבדת	qal	pft	2fs	אבד	1		perish
	נושבת	niph	ptc	fs	ישב	442		be inhabited
	הללה	pual	pft	3fs	הלל	237		be praised
26: 17	היתה	qal	pft	3fs	היה	224		be, become
	ישביה	qal	ptc	mp	ישב	442	3fs	sit, dwell
	נתנו	qal	pft	3cp	נתן	678		give, set
	יושביה	qal	ptc	mp	ישב	442	3fs	sit, dwell
26: 18	יחרדו	qal	impf	3mp	חרד	353		tremble
	נבהלו	niph	wcp	3cp	בהל	96		be disturbed
	צאתך	qal	infc		יצא	422	2fs	go out
26: 19	אמר	qal	pft	3ms	אמר	55		say
	תתי	qal	infc		נתן	678	1cs	give, set
	נחרבת	niph	ptc	fs	חרב	351		desolate
	נושבו	niph	pft	3cp	ישב	442		be inhabited
	העלות	hiph	infc		עלה	748		bring up, offer
	כסוך	piel	wcp	3cp	כסה	491	2fs	cover
26: 20	הורדתיך	hiph	wcp	1cs	ירד	432	2fs	bring down
	יורדי	qal	ptc	mp	ירד	432		come down
	הושבתיך	hiph	wcp	1cs	ישב	442	2fs	cause to dwell
	יורדי	qal	ptc	mp	ירד	432		come down
	תשבי	qal	impf	2fs	ישב	442		sit, dwell
	נתתי	qal	wcp	1cs	נתן	678		give, set
26: 21	אתנך	qal	impf	1cs	נתן	678	2fs	give, set
	תבקשי	pual	impf	2fs	בקש	134		be sought
	תמצאי	niph	impf	2fs	מצא	592		be found
27: 1	יהי	qal	wci	3ms	היה	224		be, become
	אמר	qal	infc		אמר	55		say
27: 2	שא	qal	impv	ms	נשא	669		lift, carry
27: 3	אמרת	qal	wcp	2ms	אמר	55		say
	ישבתיk	qal	ptc	fs	ישב	442		sit, dwell
	ישבתq	qal	ptc	fs	ישב	442		sit, dwell
	רכלת	qal	ptc	fs	רכל	940		trade, gossip
	אמר	qal	pft	3ms	אמר	55		say
	אמרת	qal	pft	2fs	אמר	55		say
27: 4	בניך	qal	ptc	mp	בנה	124	2fs	build
	כללו	qal	pft	3cp	כלל	480		perfect
27: 5	בנו	qal	pft	3cp	בנה	124		build
	לקחו	qal	pft	3cp	לקח	542		take
	עשות	qal	infc		עשה	793		do, make
27: 6	עשו	qal	pft	3cp	עשה	793		do, make
	עשו	qal	pft	3cp	עשה	793		do, make
27: 7	היה	qal	pft	3ms	היה	224		be, become
	היות	qal	infc		היה	224		be, become
	היה	qal	pft	3ms	היה	224		be, become
27: 8	ישבי	qal	ptc	mp	ישב	442		sit, dwell
	היו	qal	pft	3cp	היה	224		be, become
	שטים	qal	ptc	mp	שוט	1002		row
	היו	qal	pft	3cp	היה	224		be, become
27: 9	היו	qal	pft	3cp	היה	224		be, become
	מחזיקי	hiph	ptc	mp	חזק	304		make firm, seize
	היו	qal	pft	3cp	היה	224		be, become
	ערב	qal	infc		ערב	786		take on pledge
27: 10	היו	qal	pft	3cp	היה	224		be, become
	תלו	piel	pft	3cp	תלה	1067		hang up
	נתנו	qal	pft	3cp	נתן	678		give, set
27: 11	היו	qal	pft	3cp	היה	224		be, become
	תלו	piel	pft	3cp	תלה	1067		hang up

Ezekiel 27:11 – 28:16

ChVs	Form	Stem	Tnse	PGN	Root	BDB	Sfx	Meaning
27:11	כללו	qal	pft	3cp	כלל	480		perfect
27:12	סחרתך	qal	ptc	fs	סחר	695	2fs	go around
	נתנו	qal	pft	3cp	נתן	678		give, set
27:13	רכליך	qal	ptc	mp	רכל	940	2fs	trade, gossip
	נתנו	qal	pft	3cp	נתן	678		give, set
27:14	נתנו	qal	pft	3cp	נתן	678		give, set
27:15	רכליך	qal	ptc	mp	רכל	940	2fs	trade, gossip
	השיבו	hiph	pft	3cp	שוב	996		bring back
27:16	סחרתך	qal	ptc	fs	סחר	695	2fs	go around
	נתנו	qal	pft	3cp	נתן	678		give, set
27:17	רכליך	qal	ptc	mp	רכל	940	2fs	trade, gossip
	נתנו	qal	pft	3cp	נתן	678		give, set
27:18	סחרתך	qal	ptc	fs	סחר	695	2fs	go around
27:19	מאוזל	pual	ptc	ms	אזל	23?		yarn
	נתנו	qal	pft	3cp	נתן	678		give, set
	היה	qal	pft	3ms	היה	224		be, become
27:20	רכלתך	qal	ptc	fs	רכל	940	2fs	trade, gossip
27:21	סחרי	qal	ptc	mp	סחר	695		go around
	סחריך	qal	ptc	mp	סחר	695	2fs	go around
27:22	רכלי	qal	ptc	mp	רכל	940		trade, gossip
	רכליך	qal	ptc	mp	רכל	940	2fs	trade, gossip
	נתנו	qal	pft	3cp	נתן	678		give, set
27:23	רכלי	qal	ptc	mp	רכל	940		trade, gossip
	רכלתך	qal	ptc	fs	רכל	940	2fs	trade, gossip
27:24	רכליך	qal	ptc	mp	רכל	940	2fs	trade, gossip
	חבשים	qal	pptc	mp	חבש	289		bind
27:25	שרותיך	qal	ptc	fp	שור	1003	2fs	travel
	תמלאי	niph	wci	2fs	מלא	569		be filled
	תכבדי	qal	wci	2fs	כבד	457		be heavy
27:26	הביאוך	hiph	pft	3cp	בוא	97	2fs	bring in
	שטים	qal	ptc	mp	שוט	1002		row
	שברך	qal	pft	3ms	שבר	990	2fs	break
27:27	מחזיקי	hiph	ptc	mp	חזק	304		make firm, seize
	ערבי	qal	ptc	mp	ערב	786		take on pledge
	יפלו	qal	impf	3mp	נפל	656		fall
27:28	ירעשו	qal	impf	3mp	רעש	950		quake
27:29	ירדו	qal	wcp	3cp	ירד	432		come down
	תפשי	qal	ptc	mp	תפש	1074		seize, grasp
	יעמדו	qal	impf	3mp	עמד	763		stand, stop
27:30	השמיעו	hiph	wcp	3cp	שמע	1033		cause to hear
	יזעקו	qal	impf	3mp	זעק	277		call, cry out
	יעלו	hiph	impf	3mp	עלה	748		bring up, offer
	יתפלשו	hith	impf	3mp	פלש	814		roll self
27:31	הקריחו	hiph	wcp	3cp	קרח	901		make bald
	חגרו	qal	wcp	3cp	חגר	291		gird
	בכו	qal	wcp	3cp	בכה	113		weep
27:32	נשאו	qal	wcp	3cp	נשא	669		lift, carry
	קוננו	pol	wcp	3cp	קין	884		chant a dirge
27:33	צאת	qal	infc		יצא	422		go out
	השבעת	hiph	pft	2fs	שבע	959		satisfy
	העשרת	hiph	pft	2fs	עשר	799		make rich
27:34	נשברת	niph	ptc	fs	שבר	990		be broken
	נפלו	qal	pft	3cp	נפל	656		fall
27:35	ישבי	qal	ptc	mp	ישב	442		sit, dwell
27:35	שממו	qal	pft	3cp	שמם	1030		be desolate
	שערו	qal	pft	3cp	שער	972		bristle
	רעמו	qal	pft	3cp	רעם	947		thunder
27:36	סחרים	qal	ptc	mp	סחר	695		go around
	שרקו	qal	pft	3cp	שרק	1056		hiss
	היית	qal	pft	2fs	היה	224		be, become
28:1	יהי	qal	wci	3ms	היה	224		be, become
	אמר	qal	infc		אמר	55		say
28:2	אמר	qal	impv	ms	אמר	55		say
	אמר	qal	pft	3ms	אמר	55		say
	גבה	qal	pft	3ms	גבה	146		be high
	תאמר	qal	wci	2ms	אמר	55		say
	ישבתי	qal	pft	1cs	ישב	442		sit, dwell
	תתן	qal	wci	2ms	נתן	678		give, set
28:3	סתום	qal	pptc	ms	סתם	711		stop up
	עממוך	qal	pft	3cp	עמם	770	2ms	darken, dim
28:4	עשית	qal	pft	2ms	עשה	793		do, make
	תעש	qal	wci	2ms	עשה	793		do, make
28:5	הרבית	hiph	pft	2ms	רבה	915		make many
	יגבה	qal	wci	3ms	גבה	146		be high
28:6	אמר	qal	pft	3ms	אמר	55		say
	תתך	qal	infc		נתן	678	2ms	give, set
28:7	מביא	hiph	ptc	ms	בוא	97		bring in
	זרים	qal	ptc	mp	זור	266		be stranger
	הריקו	hiph	wcp	3cp	ריק	937		make empty
	חללו	piel	wcp	3cp	חלל	320		pollute
28:8	יורדוך	hiph	impf	3mp	ירד	432	2ms	bring down
	מתה	qal	wcp	2ms	מות	559		die
28:9	אמר	qal	infa		אמר	55		say
	תאמר	qal	impf	2ms	אמר	55		say
	הרגך	qal	ptc	ms	הרג	246	2ms	kill
	מחלליך	piel	ptc	mp	חלל	319	2ms	wound
28:10	תמות	qal	impf	2ms	מות	559		die
	זרים	qal	ptc	mp	זור	266		be stranger
	דברתי	piel	pft	1cs	דבר	180		speak
28:11	יהי	qal	wci	3ms	היה	224		be, become
	אמר	qal	infc		אמר	55		say
28:12	שא	qal	impv	ms	נשא	669		lift, carry
	אמרת	qal	wcp	2ms	אמר	55		say
	אמר	qal	pft	3ms	אמר	55		say
	חותם	qal	ptc	ms	חתם	367		seal
28:13	היית	qal	pft	2ms	היה	224		be, become
	הבראך	niph	infc		ברא	135	2ms	be created
	כוננו	pola	pft	3cp	כון	465		be established
28:14	סוכך	qal	ptc	ms	סכך	696		cover
	נתתיך	qal	pft	1cs	נתן	678	2ms	give, set
	היית	qal	pft	2ms	היה	224		be, become
	התהלכת	hith	pft	2ms	הלך	229		walk to and fro
28:15	הבראך	niph	infc		ברא	135	2ms	be created
	נמצא	niph	pft	3ms	מצא	592		be found
28:16	מלו	qal	pft	3cp	מלא	569		be full, fill
	תחטא	qal	wci	2ms	חטא	306		sin
	אחללך	piel	wci	1cs	חלל	320	2ms	pollute
	אבדך	piel	wci	1cs	אבד	1	2ms	destroy

ChVs	Form	Stem	Tnse	PGN	Root	BDB	Sfx	Meaning	ChVs	Form	Stem	Tnse	PGN	Root	BDB	Sfx	Meaning
28:16	סכך	qal	ptc	ms	סכך	696		cover	29:3	עשׂיתני	qal	pft	1cs	עשׂה	793	1cs	do,make
28:17	גבה	qal	pft	3ms	גבה	146		be high	29:4	נתתי	qal	wcp	1cs	נתן	678		give,set
	שׁחת	piel	pft	2ms	שׁחת	1007		spoil,ruin		הדבקתי	hiph	wcp	1cs	דבק	179		cause to cling
	השׁלכתיך	hiph	pft	1cs	שׁלך	1020	2ms	throw,cast		העליתיך	hiph	wcp	1cs	עלה	748	2ms	bring up,offer
	נתתיך	qal	pft	1cs	נתן	678	2ms	give,set		תדבק	qal	impf	3fs	דבק	179		cling,cleave
	ראוה	qal	infc		ראה	906		see	29:5	נטשׁתיך	qal	wcp	1cs	נטשׁ	643	2ms	leave,forsake
28:18	חללת	piel	pft	2ms	חלל	320		pollute		תפול	qal	impf	2ms	נפל	656		fall
	אוצא	hiph	wci	1cs	יצא	422		bring out		תאסף	niph	impf	2ms	אסף	62		assemble
	אכלתך	qal	pft	3fs	אכל	37	2ms	eat,devour		תקבץ	niph	impf	2ms	קבץ	867		assemble,gather
	אתנך	qal	wci	1cs	נתן	678	2ms	give,set		נתתיך	qal	pft	1cs	נתן	678	2ms	give,set
	ראיך	qal	ptc	mp	ראה	906	2ms	see	29:6	ידעו	qal	wcp	3cp	ידע	393		know
28:19	יודעיך	qal	ptc	mp	ידע	393	2ms	know		ישׁבי	qal	ptc	mp	ישׁב	442		sit,dwell
	שׁממו	qal	pft	3cp	שׁמם	1030		be desolate		היותם	qal	infc		היה	224	3mp	be,become
	היית	qal	pft	2ms	היה	224		be,become	29:7	תפשׂם	qal	infc		תפשׂ	1074	3mp	seize,grasp
28:20	יהי	qal	wci	3ms	היה	224		be,become		תרוץ	niph	impf	2ms	רצץ	954		be crushed
	אמר	qal	infc		אמר	55		say		בקעת	qal	wcp	2ms	בקע	131		cleave,break
28:21	שׂים	qal	impv	ms	שׂים	962		put,set		השׁענם	niph	infc		שׁען	1043	3mp	lean,support
	הנבא	niph	impv	ms	נבא	612		prophesy		תשׁבר	niph	impf	2ms	שׁבר	990		be broken
28:22	אמרת	qal	wcp	2ms	אמר	55		say		העמדת	hiph	wcp	2ms	עמד	763		set up,raise
	אמר	qal	pft	3ms	אמר	55		say	29:8	אמר	qal	pft	3ms	אמר	55		say
	נכבדתי	niph	wcp	1cs	כבד	457		be honored		מביא	hiph	ptc	ms	בוא	97		bring in
	ידעו	qal	wcp	3cp	ידע	393		know		הכרתי	hiph	wcp	1cs	כרת	503		cut off,destroy
	עשׂותי	qal	infc		עשׂה	793	1cs	do,make	29:9	היתה	qal	wcp	3fs	היה	224		be,become
	נקדשׁתי	niph	wcp	1cs	קדשׁ	872		be sacred		ידעו	qal	wcp	3cp	ידע	393		know
28:23	שׁלחתי	piel	wcp	1cs	שׁלח	1018		send away,shoot		אמר	qal	pft	3ms	אמר	55		say
	נפלל	pil	wcp	3ms	נפל	656		fall		עשׂיתי	qal	pft	1cs	עשׂה	793		do,make
	ידעו	qal	wcp	3cp	ידע	393		know	29:10	נתתי	qal	wcp	1cs	נתן	678		give,set
28:24	יהיה	qal	impf	3ms	היה	224		be,become	29:11	תעבר	qal	impf	3fs	עבר	716		pass over
	ממאיר	hiph	ptc	ms	מאר	549		prick,pain		תעבר	qal	impf	3fs	עבר	716		pass over
	מכאב	hiph	ptc	ms	כאב	456		pain,mar		תשׁב	qal	impf	3fs	ישׁב	442		sit,dwell
	שׁאטים	qal	ptc	mp	שׁוט	1002		despise	29:12	נתתי	qal	wcp	1cs	נתן	678		give,set
	ידעו	qal	wcp	3cp	ידע	393		know		נשׁמות	niph	ptc	fp	שׁמם	1030		be desolate
28:25	אמר	qal	pft	3ms	אמר	55		say		מחרבות	hoph	ptc	fp	חרב	351		laid waste
	קבצי	piel	infc		קבץ	867	1cs	gather together		תהיין	qal	impf	3fp	היה	224		be,become
	נפצו	niph	pft	3cp	פוץ	806		be scattered		הפצתי	hiph	wcp	1cs	פוץ	806		scatter
	נקדשׁתי	niph	wcp	1cs	קדשׁ	872		be sacred		זריתים	piel	wcp	1cs	זרה	279	3mp	scatter
	ישׁבו	qal	wcp	3cp	ישׁב	442		sit,dwell	29:13	אמר	qal	pft	3ms	אמר	55		say
	נתתי	qal	pft	1cs	נתן	678		give,set		אקבץ	piel	impf	1cs	קבץ	867		gather together
28:26	ישׁבו	qal	wcp	3cp	ישׁב	442		sit,dwell		נפצו	niph	pft	3cp	פוץ	806		be scattered
	בנו	qal	wcp	3cp	בנה	124		build	29:14	שׁבתי	qal	wcp	1cs	שׁוב	996		turn,return
	נטעו	qal	wcp	3cp	נטע	642		plant		השׁבתי	hiph	wcp	1cs	שׁוב	996		bring back
	ישׁבו	qal	wcp	3cp	ישׁב	442		sit,dwell		היו	qal	wcp	3cp	היה	224		be,become
	עשׂותי	qal	infc		עשׂה	793	1cs	do,make	29:15	תהיה	qal	impf	3fs	היה	224		be,become
	שׁאטים	qal	ptc	mp	שׁוט	1002		despise		תתנשׂא	hith	impf	3fs	נשׂא	669		lift self up
	ידעו	qal	wcp	3cp	ידע	393		know		המעטתים	hiph	wcp	1cs	מעט	589	3mp	make small
29:1	היה	qal	pft	3ms	היה	224		be,become		רדות	qal	infc		רדה	921		rule
	אמר	qal	infc		אמר	55		say	29:16	יהיה	qal	impf	3ms	היה	224		be,become
29:2	שׂים	qal	impv	ms	שׂים	962		put,set		מזכיר	hiph	ptc	ms	זכר	269		c. to remember
	הנבא	niph	impv	ms	נבא	612		prophesy		פנותם	qal	infc		פנה	815	3mp	turn
29:3	דבר	piel	impv	ms	דבר	180		speak		ידעו	qal	wcp	3cp	ידע	393		know
	אמרת	qal	wcp	2ms	אמר	55		say	29:17	יהי	qal	wci	3ms	היה	224		be,become
	אמר	qal	pft	3ms	אמר	55		say		היה	qal	pft	3ms	היה	224		be,become
	רבץ	qal	ptc	ms	רבץ	918		lie down		אמר	qal	infc		אמר	55		say
	אמר	qal	pft	3ms	אמר	55		say	29:18	העביד	hiph	pft	3ms	עבד	712		cause to serve

Ezekiel 29:18 – 30:26

ChVs	Form	Stem	Tnse	PGN	Root	BDB	Sfx	Meaning
29:18	מקרח	hoph	ptc	3ms	קרח	901		be made bald
	מרוטה	qal	pptc	fs	מרט	598		make bare
	היה	qal	pft	3ms	היה	224		be, become
	עבד	qal	pft	3ms	עבד	712		work, serve
29:19	אמר	qal	pft	3ms	אמר	55		say
	נתן	qal	ptc	ms	נתן	678		give, set
	נשא	qal	wcp	3ms	נשא	669		lift, carry
	שלל	qal	wcp	3ms	שלל	1021		spoil, plunder
	בזז	qal	wcp	3ms	בזז	102		plunder
	היתה	qal	wcp	3fs	היה	224		be, become
29:20	עבד	qal	pft	3ms	עבד	712		work, serve
	נתתי	qal	pft	1cs	נתן	678		give, set
	עשו	qal	pft	3cp	עשה	793		do, make
29:21	אצמיח	hiph	impf	1cs	צמח	855		cause to grow
	אתן	qal	impf	1cs	נתן	678		give, set
	ידעו	qal	wcp	3cp	ידע	393		know
30:1	יהי	qal	wci	3ms	היה	224		be, become
	אמר	qal	infc		אמר	55		say
30:2	הנבא	niph	impv	ms	נבא	612		prophesy
	אמרת	qal	wcp	2ms	אמר	55		say
	אמר	qal	pft	3ms	אמר	55		say
	הילילו	hiph	impv	mp	ילל	410		howl
30:3	יהיה	qal	impf	3ms	היה	224		be, become
30:4	באה	qal	wcp	3fs	בוא	97		come in
	היתה	qal	wcp	3fs	היה	224		be, become
	נפל	qal	infc		נפל	656		fall
	לקחו	qal	wcp	3cp	לקח	542		take
	נהרסו	niph	wcp	3cp	הרס	248		be thrown down
30:5	יפלו	qal	impf	3mp	נפל	656		fall
30:6	אמר	qal	pft	3ms	אמר	55		say
	נפלו	qal	wcp	3cp	נפל	656		fall
	סמכי	qal	ptc	mp	סמך	701		lean, support
	ירד	qal	wcp	3ms	ירד	432		come down
	יפלו	qal	impf	3mp	נפל	656		fall
30:7	נשמו	niph	wcp	3cp	שמם	1030		be desolate
	נשמות	niph	ptc	fp	שמם	1030		be desolate
	נחרבות	niph	ptc	fp	חרב	351		desolate
	תהיינה	qal	impf	3fp	היה	224		be, become
30:8	ידעו	qal	wcp	3cp	ידע	393		know
	תתי	qal	infc		נתן	678	1cs	give, set
	נשברו	niph	wcp	3cp	שבר	990		be broken
	עזריה	qal	ptc	mp	עזר	740	3fs	help, aid
30:9	יצאו	qal	impf	3mp	יצא	422		go out
	החריד	hiph	infc		חרד	353		terrify
	היתה	qal	wcp	3fs	היה	224		be, become
	באה	qal	ptc	fs	בוא	97		come in
30:10	אמר	qal	pft	3ms	אמר	55		say
	השבתי	hiph	wcp	1cs	שבת	991		destroy, remove
30:11	מובאים	hoph	ptc	mp	בוא	97		be brought
	שחת	piel	infc		שחת	1007		spoil, ruin
	הריקו	hiph	wcp	3cp	ריק	937		make empty
	מלאו	qal	wcp	3cp	מלא	569		be full, fill
30:12	נתתי	qal	wcp	1cs	נתן	678		give, set
	מכרתי	qal	wcp	1cs	מכר	569		sell
30:12	השמתי	hiph	wcp	1cs	שמם	1030		ravage, appall
	זרים	qal	ptc	mp	זור	266		be stranger
	דברתי	piel	pft	1cs	דבר	180		speak
30:13	אמר	qal	pft	3ms	אמר	55		say
	האבדתי	hiph	wcp	1cs	אבד	1		destroy
	השבתי	hiph	wcp	1cs	שבת	991		destroy, remove
	יהיה	qal	impf	3ms	היה	224		be, become
	נתתי	qal	wcp	1cs	נתן	678		give, set
30:14	השמתי	hiph	wcp	1cs	שמם	1030		ravage, appall
	נתתי	qal	wcp	1cs	נתן	678		give, set
	עשיתי	qal	wcp	1cs	עשה	793		do, make
30:15	שפכתי	qal	wcp	1cs	שפך	1049		pour out
	הכרתי	hiph	wcp	1cs	כרת	503		cut off, destroy
30:16	נתתי	qal	wcp	1cs	נתן	678		give, set
	חול	qal	infc		חול	296		dance, writhe
	תחילk	qal	impf	3fs	חול	296		dance, writhe
	תחולq	qal	impf	3fs	חול	296		dance, writhe
	תהיה	qal	impf	3fs	היה	224		be, become
	הבקע	niph	infc		בקע	131		be cleft
30:17	יפלו	qal	impf	3mp	נפל	656		fall
	תלכנה	qal	impf	3fp	הלך	229		walk, go
30:18	חשך	qal	pft	3ms	חשך	362		withhold
	שברי	qal	infc		שבר	990	1cs	break
	נשבת	niph	wcp	3ms	שבת	991		cease
	יכסנה	piel	impf	3ms	כסה	491	3fs	cover
	תלכנה	qal	impf	3fp	הלך	229		walk, go
30:19	עשיתי	qal	wcp	1cs	עשה	793		do, make
	ידעו	qal	wcp	3cp	ידע	393		know
30:20	יהי	qal	wci	3ms	היה	224		be, become
	היה	qal	pft	3ms	היה	224		be, become
	אמר	qal	infc		אמר	55		say
30:21	שברתי	qal	pft	1cs	שבר	990		break
	חבשה	pual	pft	3fs	חבש	289		be bound up
	תת	qal	infc		נתן	678		give, set
	שום	qal	infc		שים	962		put, set
	חבשה	qal	infc		חבש	289	3fs	bind
	חזקה	qal	infc		חזק	304	3fs	be strong
	תפש	qal	infc		תפש	1074		seize, grasp
30:22	אמר	qal	pft	3ms	אמר	55		say
	שברתי	qal	wcp	1cs	שבר	990		break
	נשברת	niph	ptc	fs	שבר	990		be broken
	הפלתי	hiph	wcp	1cs	נפל	656		cause to fall
30:23	הפצותי	hiph	wcp	1cs	פוץ	806		scatter
	זריתם	piel	wcp	1cs	זרה	279	3mp	scatter
30:24	חזקתי	piel	wcp	1cs	חזק	304		make strong
	נתתי	qal	wcp	1cs	נתן	678		give, set
	שברתי	qal	wcp	1cs	שבר	990		break
	נאק	qal	wcp	3ms	נאק	611		groan
30:25	החזקתי	hiph	wcp	1cs	חזק	304		make firm, seize
	תפלנה	qal	impf	3fp	נפל	656		fall
	ידעו	qal	wcp	3cp	ידע	393		know
	תתי	qal	infc		נתן	678	1cs	give, set
	נטה	qal	wcp	3ms	נטה	639		stretch, incline
30:26	הפצותי	hiph	wcp	1cs	פוץ	806		scatter

ChVs	Form	Stem	Tnse	PGN	Root	BDB	Sfx	Meaning	ChVs	Form	Stem	Tnse	PGN	Root	BDB	Sfx	Meaning
30:26	זריתי	piel	wcp	1cs	זרה	279		scatter	31:15	כסתי	piel	pft	1cs	כסה	491		cover
	ידעו	qal	wcp	3cp	ידע	393		know		אמנע	qal	wci	1cs	מנע	586		withhold
31:1	יהי	qal	wci	3ms	היה	224		be, become		יכלאו	niph	wci	3mp	כלא	476		be restrained
	היה	qal	pft	3ms	היה	224		be, become		אקדר	hiph	wci	1cs	קדר	871		darken
	אמר	qal	infc		אמר	55		say	31:16	הרעשתי	hiph	pft	1cs	רעש	950		cause to quake
31:2	אמר	qal	impv	ms	אמר	55		say		הורדי	hiph	infc		ירד	432	1cs	bring down
	דמית	qal	pft	2ms	דמה	197		be like		יורדי	qal	ptc	mp	ירד	432		come down
31:3	מצל	hiph	ptc	ms	צלל	853		give shadow		ינחמו	niph	wci	3mp	נחם	636		be sorry
	היתה	qal	pft	3fs	היה	224		be, become		שתי	qal	ptc	mp	שתה	1059		drink
31:4	גדלוהו	piel	pft	3cp	גדל	152	3ms	cause to grow	31:17	ירדו	qal	pft	3cp	ירד	432		come down
	רממתהו	pol	pft	3fs	רום	926	3ms	raise, rear		ישבו	qal	pft	3cp	ישב	442		sit, dwell
	הלך	qal	ptc	ms	הלך	229		walk, go	31:18	דמית	qal	pft	2ms	דמה	197		be like
	שלחה	piel	pft	3fs	שלח	1018		send away, shoot		הורדת	hoph	wcp	2ms	ירד	432		be led down
31:5	גבהא	qal	pft	3fs	גבה	146		be high		תשכב	qal	impf	2ms	שכב	1011		lie, lie down
	תרבינה	qal	wci	3fp	רבה	915		be many, great	32:1	יהי	qal	wci	3ms	היה	224		be, become
	תארכנה	qal	wci	3fp	ארך	73		be long		היה	qal	pft	3ms	היה	224		be, become
	שלח	piel	infc		שלח	1018	3ms	send away, shoot		אמר	qal	infc		אמר	55		say
31:6	קננו	piel	pft	3cp	קנן	890		make nest	32:2	שא	qal	impv	ms	נשא	669		lift, carry
	ילדו	qal	pft	3cp	ילד	408		bear, beget		אמרת	qal	wcp	2ms	אמר	55		say
	ישבו	qal	impf	3mp	ישב	442		sit, dwell		נדמית	niph	pft	2ms	דמה	198		be cut off
31:7	ייף	qal	wci	3ms	יפה	421		be beautiful		תגח	qal	wci	2ms	גיח	161		burst forth
	היה	qal	pft	3ms	היה	224		be, become		תדלח	qal	wci	2ms	דלח	195		stir up
31:8	עממהו	qal	pft	3cp	עמם	770	3ms	darken, dim		תרפס	qal	wci	2ms	רפס	952		trample
	דמו	qal	pft	3cp	דמה	197		be like	32:3	אמר	qal	pft	3ms	אמר	55		say
	היו	qal	pft	3cp	היה	224		be, become		פרשתי	qal	wcp	1cs	פרש	831		spread out
	דמה	qal	pft	3ms	דמה	197		be like		העלוך	hiph	wcp	3cp	עלה	748	2ms	bring up, offer
31:9	עשיתיו	qal	pft	1cs	עשה	793	3ms	do, make	32:4	נטשתיך	qal	wcp	1cs	נטש	643	2ms	leave, forsake
	יקנאהו	piel	wci	3mp	קנא	888	3ms	be jealous		אטילך	hiph	impf	1cs	טול	376	2ms	cast
31:10	אמר	qal	pft	3ms	אמר	55		say		השכנתי	hiph	wcp	1cs	שכן	1014		cause to dwell
	גבהת	qal	pft	2ms	גבה	146		be high		השבעתי	hiph	wcp	1cs	שבע	959		satisfy
	יתן	qal	wci	3ms	נתן	678		give, set	32:5	נתתי	qal	wcp	1cs	נתן	678		give, set
	רם	qal	pft	3ms	רום	926		be high		מלאתי	piel	wcp	1cs	מלא	569		fill
31:11	אתנהו	qal	impf	1cs	נתן	678	3ms	give, set	32:6	השקיתי	hiph	wcp	1cs	שקה	1052		give to drink
	עשו	qal	infa		עשה	793		do, make		ימלאון	niph	impf	3mp	מלא	569		be filled
	יעשה	qal	impf	3ms	עשה	793		do, make	32:7	כסיתי	piel	wcp	1cs	כסה	491		cover
	גרשתהו	piel	pft	1cs	גרש	176	3ms	drive out		בכבותך	piel	infc		כבה	459	2ms	extinguish
31:12	יכרתהו	qal	wci	3mp	כרת	503	3ms	cut, destroy		הקדרתי	hiph	wcp	1cs	קדר	871		darken
	זרים	qal	ptc	mp	זור	266		be stranger		אכסנו	piel	impf	1cs	כסה	491	3ms	cover
	יטשהו	qal	wci	3mp	נטש	643	3ms	leave, forsake		יאיר	hiph	impf	3ms	אור	21		cause to shine
	נפלו	qal	pft	3cp	נפל	656		fall	32:8	אקדירם	hiph	impf	1cs	קדר	871	3mp	darken
	תשברנה	niph	wci	3fp	שבר	990		be broken		נתתי	qal	wcp	1cs	נתן	678		give, set
	ירדו	qal	wci	3mp	ירד	432		come down	32:9	הכעסתי	hiph	wcp	1cs	כעס	494		vex, provoke
	יטשהו	qal	wci	3mp	נטש	643	3ms	leave, forsake		הביאי	hiph	infc		בוא	97	1cs	bring in
31:13	ישכנו	qal	impf	3mp	שכן	1014		settle, dwell		ידעתם	qal	pft	2ms	ידע	393	3mp	know
	היו	qal	pft	3cp	היה	224		be, become	32:10	השמותי	hiph	wcp	1cs	שמם	1030		ravage, appall
31:14	יגבהו	qal	impf	3mp	גבה	146		be high		ישערו	qal	impf	3mp	שער	972		bristle
	יתנו	qal	impf	3mp	נתן	678		give, set		עופפי	pol	infc		עוף	733	1cs	fly about
	יעמדו	qal	impf	3mp	עמד	763		stand, stop		חרדו	qal	wcp	3cp	חרד	353		tremble
	שתי	qal	ptc	mp	שתה	1059		drink	32:11	אמר	qal	pft	3ms	אמר	55		say
	נתנו	niph	wcp	3cp	נתן	678		be given		תבואך	qal	impf	3fs	בוא	97	2ms	come in
	יורדי	qal	ptc	mp	ירד	432		come down	32:12	אפיל	hiph	impf	1cs	נפל	656		cause to fall
31:15	אמר	qal	pft	3ms	אמר	55		say		שדדו	qal	wcp	3cp	שדד	994		destroy, oppress
	רדתו	qal	infc		ירד	432	3ms	come down		נשמד	niph	wcp	3ms	שמד	1029		be exterminated
	האבלתי	hiph	pft	1cs	אבל	5		cause to mourn	32:13	האבדתי	hiph	wcp	1cs	אבד	1		destroy

Ezekiel 32:13–33:8

ChVs	Form	Stem	Tnse	PGN	Root	BDB	Sfx	Meaning	ChVs	Form	Stem	Tnse	PGN	Root	BDB	Sfx	Meaning
32:13	תדלחם	qal	impf	3fs	דלח	195	3mp	stir up	32:29	ירדי	qal	ptc	mp	ירד	432		come down
	תדלחם	qal	impf	3fs	דלח	195	3mp	stir up	32:30	ירדו	qal	pft	3cp	ירד	432		come down
32:14	אשקיע	hiph	impf	1cs	שקע	1054		make sink		בושים	qal	ptc	mp	בוש	101		be ashamed
	אוליך	hiph	impf	1cs	הלך	229		lead, bring		ישכבו	qal	wci	3mp	שכב	1011		lie, lie down
32:15	תתי	qal	infc		נתן	678	1cs	give, set		ישאו	qal	wci	3mp	נשא	669		lift, carry
	נשמה	niph	ptc	fs	שמם	1030		be desolate		יורדי	qal	ptc	mp	ירד	432		come down
	הכותי	hiph	infc		נכה	645	1cs	smite	32:31	יראה	qal	impf	3ms	ראה	906		see
	יושבי	qal	ptc	mp	ישב	442		sit, dwell		נחם	niph	wcp	3ms	נחם	636		be sorry
	ידעו	qal	wcp	3cp	ידע	393		know	32:32	נתתי	qal	pft	1cs	נתן	678		give, set
32:16	קוננוה	pol	wcp	3cp	קין	884	3fs	chant a dirge		השכב	hoph	wcp	3ms	שכב	1011		be laid
	תקוננה	pol	impf	3fp	קין	884		chant a dirge	33:1	יהי	qal	wci	3ms	היה	224		be, become
	תקוננה	pol	impf	3fp	קין	884		chant a dirge		אמר	qal	infc		אמר	55		say
32:17	יהי	qal	wci	3ms	היה	224		be, become	33:2	דבר	piel	impv	ms	דבר	180		speak
	היה	qal	pft	3ms	היה	224		be, become		אמרת	qal	wcp	2ms	אמר	55		say
	אמר	qal	infc		אמר	55		say		אביא	hiph	impf	1cs	בוא	97		bring in
32:18	נהה	qal	impv	ms	נהה	624		lament		לקחו	qal	wcp	3cp	לקח	542		take
	הורדהו	hiph	impv	ms	ירד	432	3ms	bring down		נתנו	qal	wcp	3cp	נתן	678		give, set
	יורדי	qal	ptc	mp	ירד	432		come down		צפה	qal	ptc	ms	צפה	859		keep watch
32:19	נעמת	qal	pft	2ms	נעם	653		be delightful	33:3	ראה	qal	wcp	3ms	ראה	906		see
	רדה	qal	impv	ms	ירד	432		come down		באה	qal	ptc	fs	בוא	97		come in
	השכבה	hoph	impv	ms	שכב	1011		be laid		תקע	qal	wcp	3ms	תקע	1075		thrust, clap
32:20	יפלו	qal	impf	3mp	נפל	656		fall		הזהיר	hiph	wcp	3ms	זהר	264		teach
	נתנה	niph	pft	3fs	נתן	678		be given	33:4	שמע	qal	wcp	3ms	שמע	1033		hear
	משכו	qal	pft	3cp	משך	604		draw, pull		שמע	qal	ptc	ms	שמע	1033		hear
32:21	ידברו	piel	impf	3mp	דבר	180		speak		נזהר	niph	pft	3ms	זהר	264		be admonished
	עזריו	qal	ptc	mp	עזר	740	3ms	help, aid		תבוא	qal	wci	3fs	בוא	97		come in
	ירדו	qal	pft	3cp	ירד	432		come down		תקחהו	qal	wci	3fs	לקח	542	3ms	take
	שכבו	qal	pft	3cp	שכב	1011		lie, lie down		יהיה	qal	impf	3ms	היה	224		be, become
32:22	נפלים	qal	ptc	mp	נפל	656		fall	33:5	שמע	qal	pft	3ms	שמע	1033		hear
32:23	נתנו	niph	pft	3cp	נתן	678		be given		נזהר	niph	pft	3ms	זהר	264		be admonished
	יהי	qal	wci	3ms	היה	224		be, become		יהיה	qal	impf	3ms	היה	224		be, become
	נפלים	qal	ptc	mp	נפל	656		fall		נזהר	niph	pft	3ms	זהר	264		be admonished
	נתנו	qal	pft	3cp	נתן	678		give, set		מלט	piel	pft	3ms	מלט	572		deliver
32:24	נפלים	qal	ptc	mp	נפל	656		fall	33:6	צפה	qal	ptc	ms	צפה	859		keep watch
	ירדו	qal	pft	3cp	ירד	432		come down		יראה	qal	impf	3ms	ראה	906		see
	נתנו	qal	pft	3cp	נתן	678		give, set		באה	qal	ptc	fs	בוא	97		come in
	ישאו	qal	wci	3mp	נשא	669		lift, carry		תקע	qal	pft	3ms	תקע	1075		thrust, clap
	יורדי	qal	ptc	mp	ירד	432		come down		נזהר	niph	pft	3ms	זהר	264		be admonished
32:25	נתנו	qal	pft	3cp	נתן	678		give, set		תבוא	qal	wci	3fs	בוא	97		come in
	נתן	niph	pft	3ms	נתן	678		be given		תקח	qal	wci	3fs	לקח	542		take
	ישאו	qal	wci	3mp	נשא	669		lift, carry		נלקח	niph	pft	3ms	לקח	542		be taken
	יורדי	qal	ptc	mp	ירד	432		come down		צפה	qal	ptc	ms	צפה	859		keep watch
	נתן	niph	pft	3ms	נתן	678		be given		אדרש	qal	impf	1cs	דרש	205		resort to, seek
32:26	מחללי	pual	ptc	mp	חלל	319		pierced	33:7	צפה	qal	ptc	ms	צפה	859		keep watch
	נתנו	qal	pft	3cp	נתן	678		give, set		נתתיך	qal	pft	1cs	נתן	678	2ms	give, set
32:27	ישכבו	qal	impf	3mp	שכב	1011		lie, lie down		שמעת	qal	wcp	2ms	שמע	1033		hear
	נפלים	qal	ptc	mp	נפל	656		fall		הזהרת	hiph	wcp	2ms	זהר	264		teach
	ירדו	qal	pft	3cp	ירד	432		come down	33:8	אמרי	qal	infc		אמר	55	1cs	say
	יתנו	qal	wci	3mp	נתן	678		give, set		מות	qal	infa		מות	559		die
	תהי	qal	wci	3fs	היה	224		be, become		תמות	qal	impf	2ms	מות	559		die
32:28	תשבר	niph	impf	2ms	שבר	990		be broken		דברת	piel	pft	2ms	דבר	180		speak
	תשכב	qal	impf	2ms	שכב	1011		lie, lie down		הזהיר	hiph	infc		זהר	264		teach
32:29	נתנו	niph	pft	3cp	נתן	678		be given		ימות	qal	impf	3ms	מות	559		die
	ישכבו	qal	impf	3mp	שכב	1011		lie, lie down		אבקש	piel	impf	1cs	בקש	134		seek

ChVs	Form	Stem	Tnse	PGN	Root	BDB	Sfx	Meaning
33:9	הזהרת	hiph	pft	2ms	זהר	264		teach
	שוב	qal	infc		שוב	996		turn, return
	שב	qal	pft	3ms	שוב	996		turn, return
	ימות	qal	impf	3ms	מות	559		die
	הצלת	hiph	pft	2ms	נצל	664		snatch, deliver
33:10	אמר	qal	impv	ms	אמר	55		say
	אמרתם	qal	pft	2mp	אמר	55		say
	אמר	qal	infc		אמר	55		say
	נמקים	niph	ptc	mp	מקק	596		rot, decay
	נחיה	qal	impf	1cp	חיה	310		live
33:11	אמר	qal	impv	ms	אמר	55		say
	אחפץ	qal	impf	1cs	חפץ	342		delight in
	שוב	qal	infc		שוב	996		turn, return
	חיה	qal	wcp	3ms	חיה	310		live
	שובו	qal	impv	mp	שוב	996		turn, return
	שובו	qal	impv	mp	שוב	996		turn, return
	תמותו	qal	impf	2mp	מות	559		die
33:12	אמר	qal	impv	ms	אמר	55		say
	תצילנו	hiph	impf	3fs	נצל	664	3ms	snatch, deliver
	יכשל	niph	impf	3ms	כשל	505		stumble
	שובו	qal	infc		שוב	996	3ms	turn, return
	יוכל	qal	impf	3ms	יכל	407		be able
	חיות	qal	infc		חיה	310		live
	חטאתו	qal	infc		חטא	306	3ms	sin
33:13	אמרי	qal	infc		אמר	55	1cs	say
	חיה	qal	infa		חיה	310		live
	יחיה	qal	impf	3ms	חיה	310		live
	בטח	qal	pft	3ms	בטח	105		trust
	עשה	qal	wcp	3ms	עשה	793		do, make
	תזכרנה	niph	impf	3fp	זכר	269		be remembered
	עשה	qal	pft	3ms	עשה	793		do, make
	ימות	qal	impf	3ms	מות	559		die
33:14	אמרי	qal	infc		אמר	55	1cs	say
	מות	qal	infa		מות	559		die
	תמות	qal	impf	2ms	מות	559		die
	שב	qal	wcp	3ms	שוב	996		turn, return
	עשה	qal	wcp	3ms	עשה	793		do, make
33:15	ישיב	hiph	impf	3ms	שוב	996		bring back
	ישלם	piel	impf	3ms	שלם	1022		repay, reward
	הלך	qal	pft	3ms	הלך	229		walk, go
	עשות	qal	infc		עשה	793		do, make
	חיו	qal	infa		חיה	310		live
	יחיה	qal	impf	3ms	חיה	310		live
	ימות	qal	impf	3ms	מות	559		die
33:16	חטא	qal	pft	3ms	חטא	306		sin
	תזכרנה	niph	impf	3fp	זכר	269		be remembered
	עשה	qal	pft	3ms	עשה	793		do, make
	חיו	qal	infa		חיה	310		live
	יחיה	qal	impf	3ms	חיה	310		live
33:17	אמרו	qal	wcp	3cp	אמר	55		say
	יתכן	niph	impf	3ms	תכן	1067		be estimated
	יתכן	niph	impf	3ms	תכן	1067		be estimated
33:18	שוב	qal	infc		שוב	996		turn, return
	עשה	qal	wcp	3ms	עשה	793		do, make
33:18	מת	qal	wcp	3ms	מות	559		die
33:19	שוב	qal	infc		שוב	996		turn, return
	עשה	qal	wcp	3ms	עשה	793		do, make
	יחיה	qal	impf	3ms	חיה	310		live
33:20	אמרתם	qal	wcp	2mp	אמר	55		say
	יתכן	niph	impf	3ms	תכן	1067		be estimated
	אשפוט	qal	impf	1cs	שפט	1047		judge
33:21	יהי	qal	wci	3ms	היה	224		be, become
	בא	qal	pft	3ms	בוא	97		come in
	אמר	qal	infc		אמר	55		say
	הכתה	hoph	pft	3fs	נכה	645		be smitten
33:22	היתה	qal	pft	3fs	היה	224		be, become
	בוא	qal	infc		בוא	97		come in
	יפתח	qal	wci	3ms	פתח	834		open
	בוא	qal	infc		בוא	97		come in
	יפתח	niph	wci	3ms	פתח	834		be opened
	נאלמתי	niph	pft	1cs	אלם	47		be dumb
33:23	יהי	qal	wci	3ms	היה	224		be, become
	אמר	qal	infc		אמר	55		say
33:24	ישבי	qal	ptc	mp	ישב	442		sit, dwell
	אמרים	qal	ptc	mp	אמר	55		say
	אמר	qal	infc		אמר	55		say
	היה	qal	pft	3ms	היה	224		be, become
	יירש	qal	wci	3ms	ירש	439		possess, inherit
	נתנה	niph	pft	3fs	נתן	678		be given
33:25	אמר	qal	impv	ms	אמר	55		say
	אמר	qal	pft	3ms	אמר	55		say
	תאכלו	qal	impf	2mp	אכל	37		eat, devour
	תשאו	qal	impf	2mp	נשא	669		lift, carry
	תשפכו	qal	impf	2mp	שפך	1049		pour out
	תירשו	qal	impf	2mp	ירש	439		possess, inherit
33:26	עמדתם	qal	pft	2mp	עמד	763		stand, stop
	עשיתן	qal	pft	2fp	עשה	793		do, make
	טמאתם	piel	pft	2mp	טמא	379		defile
	תירשו	qal	impf	2mp	ירש	439		possess, inherit
33:27	תאמר	qal	impf	2ms	אמר	55		say
	אמר	qal	pft	3ms	אמר	55		say
	יפלו	qal	impf	3mp	נפל	656		fall
	נתתיו	qal	pft	1cs	נתן	678	3ms	give, set
	אכלו	qal	infc		אכל	37	3ms	eat, devour
	ימותו	qal	impf	3mp	מות	559		die
33:28	נתתי	qal	wcp	1cs	נתן	678		give, set
	נשבת	niph	wcp	3ms	שבת	991		cease
	שממו	qal	wcp	3cp	שמם	1030		be desolate
	עובר	qal	ptc	ms	עבר	716		pass over
33:29	ידעו	qal	wcp	3cp	ידע	393		know
	תתי	qal	infc		נתן	678	1cs	give, set
	עשו	qal	pft	3cp	עשה	793		do, make
33:30	נדברים	niph	ptc	mp	דבר	180		speak with
	דבר	piel	impf	3ms	דבר	180		speak
	אמר	qal	infc		אמר	55		say
	באו	qal	impv	mp	בוא	97		come in
	שמעו	qal	impv	mp	שמע	1033		hear
	יוצא	qal	ptc	ms	יצא	422		go out

Ezekiel 33:31 – 34:18

ChVs	Form	Stem	Tnse	PGN	Root	BDB	Sfx	Meaning
33:31	יבואו	qal	impf	3mp	בוא	97		come in
	ישבו	qal	impf	3mp	ישב	442		sit, dwell
	שמעו	qal	wcp	3cp	שמע	1033		hear
	יעשו	qal	impf	3mp	עשה	793		do, make
	עשים	qal	ptc	mp	עשה	793		do, make
	הלך	qal	ptc	ms	הלך	229		walk, go
33:32	מטב	hiph	ptc	ms	יטב	405		do good
	נגן	piel	infc		נגן	618		play (strings)
	שמעו	qal	wcp	3cp	שמע	1033		hear
	עשים	qal	ptc	mp	עשה	793		do, make
33:33	באה	qal	infc		בוא	97	3fs	come in
	באה	qal	ptc	fs	בוא	97		come in
	ידעו	qal	wcp	3cp	ידע	393		know
	היה	qal	pft	3ms	היה	224		be, become
34:1	יהי	qal	wci	3ms	היה	224		be, become
	אמר	qal	infc		אמר	55		say
34:2	הנבא	niph	impv	ms	נבא	612		prophesy
	רועי	qal	ptc	mp	רעה	944		pasture, tend
	הנבא	niph	impv	ms	נבא	612		prophesy
	אמרת	qal	wcp	2ms	אמר	55		say
	רעים	qal	ptc	mp	רעה	944		pasture, tend
	אמר	qal	pft	3ms	אמר	55		say
	רעי	qal	ptc	mp	רעה	944		pasture, tend
	היו	qal	pft	3cp	היה	224		be, become
	רעים	qal	ptc	mp	רעה	944		pasture, tend
	ירעו	qal	impf	3mp	רעה	944		pasture, tend
	רעים	qal	ptc	mp	רעה	944		pasture, tend
34:3	תאכלו	qal	impf	2mp	אכל	37		eat, devour
	תלבשו	qal	impf	2mp	לבש	527		put on, clothe
	תזבחו	qal	impf	2mp	זבח	256		slaughter
	תרעו	qal	impf	2mp	רעה	944		pasture, tend
34:4	נחלות	niph	ptc	fp	חלה	317		be made sick
	חזקתם	piel	pft	2mp	חזק	304		make strong
	חולה	qal	ptc	fs	חלה	317		be weak, sick
	רפאתם	piel	pft	2mp	רפא	950		heal
	נשברת	niph	ptc	fs	שבר	990		be broken
	חבשתם	qal	pft	2mp	חבש	289		bind
	נדחת	niph	ptc	fs	נדח	623		be banished
	השבתם	hiph	pft	2mp	שוב	996		bring back
	אבדת	qal	ptc	fs	אבד	1		perish
	בקשתם	piel	pft	2mp	בקש	134		seek
	רדיתם	qal	pft	2mp	רדה	921		rule
34:5	תפוצינה	qal	wci	3fp	פוץ	806		be scattered
	רעה	qal	ptc	ms	רעה	944		pasture, tend
	תהיינה	qal	wci	3fp	היה	224		be, become
	תפוצינה	qal	wci	3fp	פוץ	806		be scattered
34:6	ישגו	qal	impf	3mp	שגה	993		err, go astray
	רמה	qal	ptc	fs	רום	926		be high
	נפצו	niph	pft	3cp	פוץ	806		be scattered
	דורש	qal	ptc	ms	דרש	205		resort to, seek
	מבקש	piel	ptc	ms	בקש	134		seek
34:7	רעים	qal	ptc	mp	רעה	944		pasture, tend
	שמעו	qal	impv	mp	שמע	1033		hear
34:8	היות	qal	infc		היה	224		be, become
34:8	תהיינה	qal	wci	3fp	היה	224		be, become
	רעה	qal	ptc	ms	רעה	944		pasture, tend
	דרשו	qal	pft	3cp	דרש	205		resort to, seek
	רעי	qal	ptc	mp	רעה	944	1cs	pasture, tend
	ירעו	qal	wci	3mp	רעה	944		pasture, tend
	רעים	qal	ptc	mp	רעה	944		pasture, tend
	רעו	qal	pft	3cp	רעה	944		pasture, tend
34:9	רעים	qal	ptc	mp	רעה	944		pasture, tend
	שמעו	qal	impv	mp	שמע	1033		hear
34:10	אמר	qal	pft	3ms	אמר	55		say
	רעים	qal	ptc	mp	רעה	944		pasture, tend
	דרשתי	qal	wcp	1cs	דרש	205		resort to, seek
	השבתים	hiph	wcp	1cs	שבת	991	3mp	destroy, remove
	רעות	qal	infc		רעה	944		pasture, tend
	ירעו	qal	impf	3mp	רעה	944		pasture, tend
	רעים	qal	ptc	mp	רעה	944		pasture, tend
	הצלתי	hiph	wcp	1cs	נצל	664		snatch, deliver
	תהיין	qal	impf	3fp	היה	224		be, become
34:11	אמר	qal	pft	3ms	אמר	55		say
	דרשתי	qal	wcp	1cs	דרש	205		resort to, seek
	בקרתים	piel	wcp	1cs	בקר	133	3mp	seek, inquire
34:12	רעה	qal	ptc	ms	רעה	944		pasture, tend
	היותו	qal	infc		היה	224	3ms	be, become
	נפרשות	niph	ptc	fp	פרש	831		be scattered
	אבקר	piel	impf	1cs	בקר	133		seek, inquire
	הצלתי	hiph	wcp	1cs	נצל	664		snatch, deliver
	נפצו	niph	pft	3cp	פוץ	806		be scattered
34:13	הוצאתים	hiph	wcp	1cs	יצא	422	3mp	bring out
	קבצתים	piel	wcp	1cs	קבץ	867	3mp	gather together
	הביאתים	hiph	wcp	1cs	בוא	97	3mp	bring in
	רעיתים	qal	wcp	1cs	רעה	944	3mp	pasture, tend
34:14	ארעה	qal	impf	1cs	רעה	944		pasture, tend
	יהיה	qal	impf	3ms	היה	224		be, become
	תרבצנה	qal	impf	3fp	רבץ	918		lie down
	תרעינה	qal	impf	3fp	רעה	944		pasture, tend
34:15	ארעה	qal	impf	1cs	רעה	944		pasture, tend
	ארביצם	hiph	impf	1cs	רבץ	918	3mp	c. to lie down
34:16	אבדת	qal	ptc	fs	אבד	1		perish
	אבקש	piel	impf	1cs	בקש	134		seek
	נדחת	niph	ptc	fs	נדח	623		be banished
	אשיב	hiph	impf	1cs	שוב	996		bring back
	נשברת	niph	ptc	fs	שבר	990		be broken
	אחבש	qal	impf	1cs	חבש	289		bind
	חולה	qal	ptc	fs	חלה	317		be weak, sick
	אחזק	piel	impf	1cs	חזק	304		make strong
	אשמיד	hiph	impf	1cs	שמד	1029		exterminate
	ארענה	qal	impf	1cs	רעה	944	3fs	pasture, tend
34:17	אמר	qal	pft	3ms	אמר	55		say
	שפט	qal	ptc	ms	שפט	1047		judge
34:18	תרעו	qal	impf	2mp	רעה	944		pasture, tend
	תרמסו	qal	impf	2mp	רמס	942		trample
	תשתו	qal	impf	2mp	שתה	1059		drink
	נותרים	niph	ptc	mp	יתר	451		be left, remain
	תרפשון	qal	impf	2mp	רפס	952		trample

Ezekiel 34:19–36:4

ChVs	Form	Stem	Tnse	PGN	Root	BDB	Sfx	Meaning
34:19	תרעינה	qal	impf	3fp	רעה	944		pasture,tend
	תשתינה	qal	impf	3fp	שתה	1059		drink
34:20	אמר	qal	pft	3ms	אמר	55		say
	שפטתי	qal	wcp	1cs	שפט	1047		judge
34:21	תהדפו	qal	impf	2mp	הדף	213		thrust,drive
	תנגחו	piel	impf	2mp	נגח	618		thrust at
	נחלות	niph	ptc	fp	חלה	317		be made sick
	הפיצותם	hiph	pft	2mp	פוץ	806		scatter
34:22	הושעתי	hiph	wcp	1cs	ישע	446		deliver,save
	תהיינה	qal	impf	3fp	היה	224		be,become
	שפטתי	qal	wcp	1cs	שפט	1047		judge
34:23	הקמתי	hiph	wcp	1cs	קום	877		raise,build,set
	רעה	qal	ptc	ms	רעה	944		pasture,tend
	רעה	qal	wcp	3ms	רעה	944		pasture,tend
	ירעה	qal	impf	3ms	רעה	944		pasture,tend
	יהיה	qal	impf	3ms	היה	224		be,become
	רעה	qal	ptc	ms	רעה	944		pasture,tend
34:24	אהיה	qal	impf	1cs	היה	224		be,become
	דברתי	piel	pft	1cs	דבר	180		speak
34:25	כרתי	qal	wcp	1cs	כרת	503		cut,destroy
	השבתי	hiph	wcp	1cs	שבת	991		destroy,remove
	ישבו	qal	wcp	3cp	ישב	442		sit,dwell
	ישנו	qal	wcp	3cp	ישן	445		sleep
34:26	נתתי	qal	wcp	1cs	נתן	678		give,set
	הורדתי	hiph	wcp	1cs	ירד	432		bring down
	יהיו	qal	impf	3mp	היה	224		be,become
34:27	נתן	qal	wcp	3ms	נתן	678		give,set
	תתן	qal	impf	3fs	נתן	678		give,set
	היו	qal	wcp	3cp	היה	224		be,become
	ידעו	qal	wcp	3cp	ידע	393		know
	שברי	qal	infc		שבר	990	1cs	break
	הצלתים	hiph	wcp	1cs	נצל	664	3mp	snatch,deliver
	עבדים	qal	ptc	mp	עבד	712		work,serve
34:28	יהיו	qal	impf	3mp	היה	224		be,become
	תאכלם	qal	impf	3fs	אכל	37	3mp	eat,devour
	ישבו	qal	wcp	3cp	ישב	442		sit,dwell
	מחריד	hiph	ptc	ms	חרד	353		terrify
34:29	הקמתי	hiph	wcp	1cs	קום	877		raise,build,set
	יהיו	qal	impf	3mp	היה	224		be,become
	אספי	qal	pptc	mp	אסף	62		gather
	ישאו	qal	impf	3mp	נשא	669		lift,carry
34:30	ידעו	qal	wcp	3cp	ידע	393		know
35:1	יהי	qal	wci	3ms	היה	224		be,become
	אמר	qal	infc		אמר	55		say
35:2	שים	qal	impv	ms	שים	962		put,set
	הנבא	niph	impv	ms	נבא	612		prophesy
35:3	אמרת	qal	wcp	2ms	אמר	55		say
	אמר	qal	pft	3ms	אמר	55		say
	נטיתי	qal	wcp	1cs	נטה	639		stretch,incline
	נתתיך	qal	wcp	1cs	נתן	678	2ms	give,set
35:4	אשים	qal	impf	1cs	שים	962		put,set
	תהיה	qal	impf	2ms	היה	224		be,become
	ידעת	qal	wcp	2ms	ידע	393		know
35:5	היות	qal	infc		היה	224		be,become
35:5	תגר	hiph	wci	2ms	נגר	620		pour,hurl down
35:6	אעשך	qal	impf	1cs	עשה	793	2ms	do,make
	ירדפך	qal	impf	3ms	רדף	922	2ms	pursue
	שנאת	qal	pft	2ms	שנא	971		hate
	ירדפך	qal	impf	3ms	רדף	922	2ms	pursue
35:7	נתתי	qal	wcp	1cs	נתן	678		give,set
	הכרתי	hiph	wcp	1cs	כרת	503		cut off,destroy
	עבר	qal	ptc	ms	עבר	716		pass over
	שב	qal	ptc	ms	שוב	996		turn,return
35:8	מלאתי	piel	wcp	1cs	מלא	569		fill
	יפלו	qal	impf	3mp	נפל	656		fall
35:9	אתנך	qal	impf	1cs	נתן	678	2ms	give,set
	תישבנהk	qal	impf	3fp	ישב	442		sit,dwell
	תשבנהq	qal	impf	3fp	שוב	996		turn,return
	ידעתם	qal	wcp	2mp	ידע	393		know
35:10	אמרך	qal	infc		אמר	55	2ms	say
	תהיינה	qal	impf	3fp	היה	224		be,become
	ירשנוה	qal	wcp	1cp	ירש	439	3fs	possess,inherit
	היה	qal	pft	3ms	היה	224		be,become
35:11	עשיתי	qal	wcp	1cs	עשה	793		do,make
	עשיתה	qal	pft	2ms	עשה	793		do,make
	נודעתי	niph	wcp	1cs	ידע	393		be made known
	אשפטך	qal	impf	1cs	שפט	1047	2ms	judge
35:12	ידעת	qal	wcp	2ms	ידע	393		know
	שמעתי	qal	pft	1cs	שמע	1033		hear
	אמרת	qal	pft	2ms	אמר	55		say
	אמר	qal	infc		אמר	55		say
	שממוq	qal	pft	3cp	שמם	1030		be desolate
	נתנו	niph	pft	3cp	נתן	678		be given
35:13	תגדילו	hiph	wci	2mp	גדל	152		make great
	העתרתם	hiph	wcp	2mp	עתר	801		multiply
	שמעתי	qal	pft	1cs	שמע	1033		hear
35:14	אמר	qal	pft	3ms	אמר	55		say
	שמח	qal	infc		שמח	970		rejoice
	אעשה	qal	impf	1cs	עשה	793		do,make
35:15	שממה	qal	pft	3fs	שמם	1030		be desolate
	אעשה	qal	impf	1cs	עשה	793		do,make
	תהיה	qal	impf	2ms	היה	224		be,become
	ידעו	qal	wcp	3cp	ידע	393		know
36:1	הנבא	niph	impv	ms	נבא	612		prophesy
	אמרת	qal	wcp	2ms	אמר	55		say
	שמעו	qal	impv	mp	שמע	1033		hear
36:2	אמר	qal	pft	3ms	אמר	55		say
	אמר	qal	pft	3ms	אמר	55		say
	אויב	qal	ptc	ms	איב	33		be hostile to
	היתה	qal	pft	3fs	היה	224		be,become
36:3	הנבא	niph	impv	ms	נבא	612		prophesy
	אמרת	qal	wcp	2ms	אמר	55		say
	אמר	qal	pft	3ms	אמר	55		say
	שמות	qal	infc		שמם	1030		be desolate
	שאף	qal	infa		שאף	983		trample,crush
	היותכם	qal	infc		היה	224	2mp	be,become
	תעלו	niph	wci	2mp	עלה	748		be brought up
36:4	שמעו	qal	impv	mp	שמע	1033		hear

Ezekiel 36: 4 – 36: 32

ChVs	Form	Stem	Tnse	PGN	Root	BDB	Sfx	Meaning
36:4	אמר	qal	pft	3ms	אמר	55		say
	שממות	qal	ptc	fp	שמם	1030		be desolate
	נעזבות	niph	ptc	fp	עזב	736		be left
	היו	qal	pft	3cp	היה	224		be, become
36:5	אמר	qal	pft	3ms	אמר	55		say
	דברתי	piel	pft	1cs	דבר	180		speak
	נתנו	qal	pft	3cp	נתן	678		give, set
	מגרשה	qal	infc		גרש	176	3fs	cast out
36:6	הנבא	niph	impv	ms	נבא	612		prophesy
	אמרת	qal	wcp	2ms	אמר	55		say
	אמר	qal	pft	3ms	אמר	55		say
	דברתי	piel	pft	1cs	דבר	180		speak
	נשאתם	qal	pft	2mp	נשא	669		lift, carry
36:7	אמר	qal	pft	3ms	אמר	55		say
	נשאתי	qal	pft	1cs	נשא	669		lift, carry
	ישאו	qal	impf	3mp	נשא	669		lift, carry
36:8	תתנו	qal	impf	2mp	נתן	678		give, set
	תשאו	qal	impf	2mp	נשא	669		lift, carry
	קרבו	piel	pft	3cp	קרב	897		c.to bring near
	בוא	qal	infc		בוא	97		come in
36:9	פניתי	qal	wcp	1cs	פנה	815		turn
	נעבדתם	niph	wcp	2mp	עבד	712		be tilled
	נזרעתם	niph	wcp	2mp	זרע	281		be sown
36:10	הרביתי	hiph	wcp	1cs	רבה	915		make many
	נשבו	niph	wcp	3cp	ישב	442		be inhabited
	תבנינה	niph	impf	3fp	בנה	124		be built
36:11	הרביתי	hiph	wcp	1cs	רבה	915		make many
	רבו	qal	wcp	3cp	רבה	915		be many, great
	פרו	qal	wcp	3cp	פרה	826		bear fruit
	הושבתי	hiph	wcp	1cs	ישב	442		cause to dwell
	הטבתי	hiph	wcp	1cs	יטב	405		do good
	ידעתם	qal	wcp	2mp	ידע	393		know
36:12	הולכתי	hiph	wcp	1cs	הלך	229		lead, bring
	ירשוך	qal	wcp	3cp	ירש	439	2ms	possess, inherit
	היית	qal	wcp	2ms	היה	224		be, become
	תוסף	hiph	impf	2ms	יסף	414		add, do again
	שכלם	piel	infc		שכל	1013	3mp	make childless
36:13	אמר	qal	pft	3ms	אמר	55		say
	אמרים	qal	ptc	mp	אמר	55		say
	אכלת	qal	ptc	fs	אכל	37		eat, devour
	משכלת	piel	ptc	fs	שכל	1013		make childless
	היית	qal	pft	2fs	היה	224		be, become
36:14	תאכלי	qal	impf	2fs	אכל	37		eat, devour
	תכשלי k	piel	impf	2fs	כשל	505		cause to fall
	תשכלי q	piel	impf	2fs	שכל	1013		make childless
36:15	אשמיע	hiph	impf	1cs	שמע	1033		cause to hear
	תשאי	qal	impf	2fs	נשא	669		lift, carry
	תכשלי	hiph	impf	2fs	כשל	505		cause to fall
36:16	יהי	qal	wci	3ms	היה	224		be, become
	אמר	qal	infc		אמר	55		say
36:17	ישבים	qal	ptc	mp	ישב	442		sit, dwell
	יטמאו	piel	wci	3mp	טמא	379		defile
	היתה	qal	pft	3fs	היה	224		be, become
36:18	אשפך	qal	wci	1cs	שפך	1049		pour out

ChVs	Form	Stem	Tnse	PGN	Root	BDB	Sfx	Meaning
36:18	שפכו	qal	pft	3cp	שפך	1049		pour out
	טמאוה	piel	pft	3cp	טמא	379	3fs	defile
36:19	אפיץ	hiph	wci	1cs	פוץ	806		scatter
	יזרו	niph	wci	3mp	זרה	279		be scattered
	שפטתים	qal	pft	1cs	שפט	1047	3mp	judge
36:20	יבוא	qal	wci	3ms	בוא	97		come in
	באו	qal	pft	3cp	בוא	97		come in
	יחללו	piel	wci	3mp	חלל	320		pollute
	אמר	qal	infc		אמר	55		say
	יצאו	qal	pft	3cp	יצא	422		go out
36:21	אחמל	qal	wci	1cs	חמל	328		spare
	חללוהו	piel	pft	3cp	חלל	320	3ms	pollute
	באו	qal	pft	3cp	בוא	97		come in
36:22	אמר	qal	impv	ms	אמר	55		say
	אמר	qal	pft	3ms	אמר	55		say
	עשה	qal	ptc	ms	עשה	793		do, make
	חללתם	piel	pft	2mp	חלל	320		pollute
	באתם	qal	pft	2mp	בוא	97		come in
36:23	קדשתי	piel	wcp	1cs	קדש	872		consecrate
	מחלל	pual	ptc	ms	חלל	320		profaned
	חללתם	piel	pft	2mp	חלל	320		pollute
	ידעו	qal	wcp	3cp	ידע	393		know
	הקדשי	niph	infc		קדש	872	1cs	be sacred
36:24	לקחתי	qal	wcp	1cs	לקח	542		take
	קבצתי	piel	wcp	1cs	קבץ	867		gather together
	הבאתי	hiph	wcp	1cs	בוא	97		bring in
36:25	זרקתי	qal	wcp	1cs	זרק	284		toss, scatter
	טהרתם	qal	wcp	2mp	טהר	372		be clean, pure
	אטהר	piel	impf	1cs	טהר	372		cleanse
36:26	נתתי	qal	wcp	1cs	נתן	678		give, set
	אתן	qal	impf	1cs	נתן	678		give, set
	הסרתי	hiph	wcp	1cs	סור	693		take away
	נתתי	qal	wcp	1cs	נתן	678		give, set
36:27	אתן	qal	impf	1cs	נתן	678		give, set
	עשיתי	qal	wcp	1cs	עשה	793		do, make
	תלכו	qal	impf	2mp	הלך	229		walk, go
	תשמרו	qal	impf	2mp	שמר	1036		keep, watch
	עשיתם	qal	wcp	2mp	עשה	793		do, make
36:28	ישבתם	qal	wcp	2mp	ישב	442		sit, dwell
	נתתי	qal	pft	1cs	נתן	678		give, set
	הייתם	qal	wcp	2mp	היה	224		be, become
	אהיה	qal	impf	1cs	היה	224		be, become
36:29	הושעתי	hiph	wcp	1cs	ישע	446		deliver, save
	קראתי	qal	wcp	1cs	קרא	894		call, proclaim
	הרביתי	hiph	wcp	1cs	רבה	915		make many
	אתן	qal	impf	1cs	נתן	678		give, set
36:30	הרביתי	hiph	wcp	1cs	רבה	915		make many
	תקחו	qal	impf	2mp	לקח	542		take
36:31	זכרתם	qal	wcp	2mp	זכר	269		remember
	נקטתם	niph	wcp	2mp	קוט	876		feel loathing
36:32	עשה	qal	ptc	ms	עשה	793		do, make
	יודע	niph	jusm	3ms	ידע	393		be made known
	בושו	qal	impv	mp	בוש	101		be ashamed
	הכלמו	niph	impv	mp	כלם	483		be humiliated

ChVs	Form	Stem	Tnse	PGN	Root	BDB	Sfx	Meaning
36:33	אמר	qal	pft	3ms	אמר	55		say
	טהרי	piel	infc		טהר	372	1cs	cleanse
	הושבתי	hiph	wcp	1cs	ישב	442		cause to dwell
	נבנו	niph	wcp	3cp	בנה	124		be built
36:34	נשבד	niph	ptc	fs	שמם	1030		be desolate
	תעבד	niph	impf	3fs	עבד	712		be tilled
	היתה	qal	pft	3fs	היה	224		be, become
	עובר	qal	ptc	ms	עבר	716		pass over
36:35	אמרו	qal	wcp	3cp	אמר	55		say
	נשמה	niph	ptc	fs	שמם	1030		be desolate
	היתה	qal	pft	3fs	היה	224		be, become
	נשמות	niph	ptc	fp	שמם	1030		be desolate
	נהרסות	niph	ptc	fp	הרס	248		be thrown down
	בצורות	qal	pptc	fp	בצר	130		cut off
	ישבו	qal	pft	3cp	ישב	442		sit, dwell
36:36	ידעו	qal	wcp	3cp	ידע	393		know
	ישארו	niph	impf	3mp	שאר	983		be left
	בניתי	qal	pft	1cs	בנה	124		build
	נהרסות	niph	ptc	fp	הרס	248		be thrown down
	נטעתי	qal	pft	1cs	נטע	642		plant
	נשמה	niph	ptc	fs	שמם	1030		be desolate
	דברתי	piel	pft	1cs	דבר	180		speak
	עשיתי	qal	wcp	1cs	עשה	793		do, make
36:37	אמר	qal	pft	3ms	אמר	55		say
	אדרש	niph	impf	1cs	דרש	205		be sought out
	עשות	qal	infc		עשה	793		do, make
	ארבה	hiph	impf	1cs	רבה	915		make many
36:38	תהיינה	qal	impf	3fp	היה	224		be, become
	ידעו	qal	wcp	3cp	ידע	393		know
37:1	היתה	qal	pft	3fs	היה	224		be, become
	יוצאני	hiph	wci	3ms	יצא	422	1cs	bring out
	יניחני	hiph	wci	3ms	נוח	628	1cs	give rest, put
37:2	העבירני	hiph	pft	3ms	עבר	716	1cs	cause to pass
37:3	יאמר	qal	wci	3ms	אמר	55		say
	תחיינה	qal	impf	3fp	חיה	310		live
	אמר	qal	wci	1cs	אמר	55		say
	ידעת	qal	pft	2ms	ידע	393		know
37:4	יאמר	qal	wci	3ms	אמר	55		say
	הנבא	niph	impv	ms	נבא	612		prophesy
	אמרת	qal	wcp	2ms	אמר	55		say
	שמעו	qal	impv	mp	שמע	1033		hear
37:5	אמר	qal	pft	3ms	אמר	55		say
	מביא	hiph	ptc	ms	בוא	97		bring in
	חייתם	qal	wcp	2mp	חיה	310		live
37:6	נתתי	qal	wcp	1cs	נתן	678		give, set
	העלתי	hiph	wcp	1cs	עלה	748		bring up, offer
	קרמתי	qal	wcp	1cs	קרם	901		spread over
	נתתי	qal	wcp	1cs	נתן	678		give, set
	חייתם	qal	wcp	2mp	חיה	310		live
	ידעתם	qal	wcp	2mp	ידע	393		know
37:7	נבאתי	niph	wcp	1cs	נבא	612		prophesy
	צויתי	pual	pft	1cs	צוה	845		be commanded
	יהי	qal	wci	3ms	היה	224		be, become
	הנבאי	niph	infc		נבא	612	1cs	prophesy
37:7	תקרבו	qal	wci	3fp	קרב	897?		approach
37:8	ראיתי	qal	wcp	1cs	ראה	906		see
	עלה	qal	pft	3ms	עלה	748		go up
	יקרם	qal	wci	3ms	קרם	901		spread over
37:9	יאמר	qal	wci	3ms	אמר	55		say
	הנבא	niph	impv	ms	נבא	612		prophesy
	הנבא	niph	impv	ms	נבא	612		prophesy
	אמרת	qal	wcp	2ms	אמר	55		say
	אמר	qal	pft	3ms	אמר	55		say
	באי	qal	impv	fs	בוא	97		come in
	פחי	qal	impv	fs	נפח	655		breathe, blow
	הרוגים	qal	pptc	mp	הרג	246		kill
	יחיו	qal	jusm	3mp	חיה	310		live
37:10	הנבאתי	hith	pft	1cs	נבא	612		prophesy
	צוני	piel	pft	3ms	צוה	845	1cs	command
	תבוא	qal	wci	3fs	בוא	97		come in
	יחיו	qal	wci	3mp	חיה	310		live
	יעמדו	qal	wci	3mp	עמד	763		stand, stop
37:11	יאמר	qal	wci	3ms	אמר	55		say
	אמרים	qal	ptc	mp	אמר	55		say
	יבשו	qal	pft	3cp	יבש	386		be dry
	אבדה	qal	wcp	3fs	אבד	1		perish
	נגזרנו	niph	pft	1cp	גזר	160		be cut off
37:12	הנבא	niph	impv	ms	נבא	612		prophesy
	אמרת	qal	wcp	2ms	אמר	55		say
	אמר	qal	pft	3ms	אמר	55		say
	פתח	qal	ptc	ms	פתח	834		open
	העליתי	hiph	wcp	1cs	עלה	748		bring up, offer
	הבאתי	hiph	wcp	1cs	בוא	97		bring in
37:13	ידעתם	qal	wcp	2mp	ידע	393		know
	פתחי	qal	infc		פתח	834	1cs	open
	העלותי	hiph	infc		עלה	748	1cs	bring up, offer
37:14	נתתי	qal	wcp	1cs	נתן	678		give, set
	חייתם	qal	wcp	2mp	חיה	310		live
	הנחתי	hiph	wcp	1cs	נוח	628		give rest, put
	ידעתם	qal	wcp	2mp	ידע	393		know
	דברתי	piel	pft	1cs	דבר	180		speak
	עשיתי	qal	wcp	1cs	עשה	793		do, make
37:15	יהי	qal	wci	3ms	היה	224		be, become
	אמר	qal	infc		אמר	55		say
37:16	קח	qal	impv	ms	לקח	542		take
	כתב	qal	impv	ms	כתב	507		write
	לקח	qal	impv	ms	לקח	542		take
	כתוב	qal	impv	ms	כתב	507		write
37:17	קרב	piel	impv	ms	קרב	897		c.to bring near
	היו	qal	wcp	3cp	היה	224		be, become
37:18	יאמרו	qal	impf	3mp	אמר	55		say
	אמר	qal	infc		אמר	55		say
	תגיד	hiph	impf	2ms	נגד	616		declare, tell
37:19	דבר	piel	impv	ms	דבר	180		speak
	אמר	qal	pft	3ms	אמר	55		say
	לקח	qal	ptc	ms	לקח	542		take
	נתתי	qal	wcp	1cs	נתן	678		give, set
	עשיתם	qal	wcp	1cs	עשה	793	3mp	do, make

Ezekiel 37:19–38:17

ChVs	Form	Stem	Tnse	PGN	Root	BDB	Sfx	Meaning	ChVs	Form	Stem	Tnse	PGN	Root	BDB	Sfx	Meaning
37:19	היו	qal	wcp	3cp	היה	224		be, become	38:7	היית	qal	wcp	2ms	היה	224		be, become
37:20	היו	qal	wcp	3cp	היה	224		be, become	38:8	תפקד	niph	impf	2ms	פקד	823		be visited
	תכתב	qal	impf	2ms	כתב	507		write		תבוא	qal	impf	2ms	בוא	97		come in
37:21	דבר	piel	impv	ms	דבר	180		speak		משובבת	pol	ptc	fs	שוב	996		bring back
	אמר	qal	pft	3ms	אמר	55		say		מקבצת	pual	ptc	fs	קבץ	867		be gathered
	לקח	qal	ptc	ms	לקח	542		take		היו	qal	pft	3cp	היה	224		be, become
	הלכו	qal	pft	3cp	הלך	229		walk, go		הוצאה	hoph	pft	3fs	יצא	422		be brought out
	קבצתי	piel	wcp	1cs	קבץ	867		gather together		ישבו	qal	wcp	3cp	ישב	442		sit, dwell
	הבאתי	hiph	wcp	1cs	בוא	97		bring in	38:9	עלית	qal	wcp	2ms	עלה	748		go up
37:22	עשיתי	qal	wcp	1cs	עשה	793		do, make		תבוא	qal	impf	2ms	בוא	97		come in
	יהיה	qal	impf	3ms	היה	224		be, become		כסות	piel	infc		כסה	491		cover
	יהיה k	qal	impf	3ms	היה	224		be, become		תהיה	qal	impf	2ms	היה	224		be, become
	יהיו q	qal	impf	3mp	היה	224		be, become	38:10	אמר	qal	pft	3ms	אמר	55		say
	יחצו	niph	impf	3mp	חצה	345		be divided		היה	qal	wcp	3ms	היה	224		be, become
37:23	יטמאו	hith	impf	3mp	טמא	379		defile oneself		יעלו	qal	impf	3mp	עלה	748		go up
	הושעתי	hiph	wcp	1cs	ישע	446		deliver, save		חשבת	qal	wcp	2ms	חשב	362		think, devise
	חטאו	qal	pft	3cp	חטא	306		sin	38:11	אמרת	qal	wcp	2ms	אמר	55		say
	טהרתי	piel	wcp	1cs	טהר	372		cleanse		אעלה	qal	impf	1cs	עלה	748		go up
	היו	qal	wcp	3cp	היה	224		be, become		אבוא	qal	impf	1cs	בוא	97		come in
	אהיה	qal	impf	1cs	היה	224		be, become		שקטים	qal	ptc	mp	שקט	1052		be quiet
37:24	רועה	qal	ptc	ms	רעה	944		pasture, tend		ישבי	qal	ptc	mp	ישב	442		sit, dwell
	יהיה	qal	impf	3ms	היה	224		be, become		ישבים	qal	ptc	mp	ישב	442		sit, dwell
	ילכו	qal	impf	3mp	הלך	229		walk, go	38:12	שלל	qal	infc		שלל	1021		spoil, plunder
	ישמרו	qal	impf	3mp	שמר	1036		keep, watch		בז	qal	infc		בזז	102		plunder
	עשו	qal	wcp	3cp	עשה	793		do, make		השיב	hiph	infc		שוב	996		bring back
37:25	ישבו	qal	wcp	3cp	ישב	442		sit, dwell		נושבת	niph	ptc	fp	ישב	442		be inhabited
	נתתי	qal	pft	1cs	נתן	678		give, set		מאסף	pual	ptc	ms	אסף	62		be gathered
	ישבו	qal	pft	3cp	ישב	442		sit, dwell		עשה	qal	ptc	ms	עשה	793		do, make
	ישבו	qal	wcp	3cp	ישב	442		sit, dwell		ישבי	qal	ptc	mp	ישב	442		sit, dwell
37:26	כרתי	qal	wcp	1cs	כרת	503		cut, destroy	38:13	סחרי	qal	ptc	mp	סחר	695		go around
	יהיה	qal	impf	3ms	היה	224		be, become		יאמרו	qal	impf	3mp	אמר	55		say
	נתתים	qal	wcp	1cs	נתן	678	3mp	give, set		שלל	qal	infc		שלל	1021		spoil, plunder
	הרביתי	hiph	wcp	1cs	רבה	915		make many		בא	qal	ptc	ms	בוא	97		come in
	נתתי	qal	wcp	1cs	נתן	678		give, set		בז	qal	infc		בזז	102		plunder
37:27	היה	qal	wcp	3ms	היה	224		be, become		הקהלת	hiph	pft	2ms	קהל	874		call assembly
	הייתי	qal	wcp	1cs	היה	224		be, become		שאת	qal	infc		נשא	669		lift, carry
	יהיו	qal	impf	3mp	היה	224		be, become		קחת	qal	infc		לקח	542		take
37:28	ידעו	qal	wcp	3cp	ידע	393		know		שלל	qal	infc		שלל	1021		spoil, plunder
	מקדש	piel	ptc	ms	קדש	872		consecrate	38:14	הנבא	niph	impv	ms	נבא	612		prophesy
	היות	qal	infc		היה	224		be, become		אמרת	qal	wcp	2ms	אמר	55		say
38:1	יהי	qal	wci	3ms	היה	224		be, become		אמר	qal	pft	3ms	אמר	55		say
	אמר	qal	infc		אמר	55		say		שבת	qal	infc		ישב	442		sit, dwell
38:2	שים	qal	impv	ms	שים	962		put, set		תדע	qal	impf	2ms	ידע	393		know
	הנבא	niph	impv	ms	נבא	612		prophesy	38:15	באת	qal	wcp	2ms	בוא	97		come in
38:3	אמרת	qal	wcp	2ms	אמר	55		say		רכבי	qal	ptc	mp	רכב	938		mount, ride
	אמר	qal	pft	3ms	אמר	55		say	38:16	עלית	qal	wcp	2ms	עלה	748		go up
38:4	שובבתיך	pol	wcp	1cs	שוב	996	2ms	bring back		כסות	piel	infc		כסה	491		cover
	נתתי	qal	wcp	1cs	נתן	678		give, set		תהיה	qal	impf	3fs	היה	224		be, become
	הוצאתי	hiph	wcp	1cs	יצא	422		bring out		הבאותיך	hiph	wcp	1cs	בוא	97	2ms	bring in
	לבשי	qal	pptc	mp	לבש	527		put on, clothe		דעת	qal	infc		ידע	393		know
	תפשי	qal	ptc	mp	תפש	1074		seize, grasp		הקדשי	niph	infc		קדש	872	1cs	be sacred
38:7	הכן	niph	impv	ms	כון	465		be established	38:17	אמר	qal	pft	3ms	אמר	55		say
	הכן	hiph	impv	ms	כון	465		fix, prepare		דברתי	piel	pft	1cs	דבר	180		speak
	נקהלים	niph	ptc	mp	קהל	874		assemble		נבאים	niph	ptc	mp	נבא	612		prophesy

Ezekiel 38:17–39:25

ChVs	Form	Stem	Tnse	PGN	Root	BDB	Sfx	Meaning
38:17	הביא	hiph	infc		בוא	97		bring in
38:18	היה	qal	wcp	3ms	היה	224		be, become
	בוא	qal	infc		בוא	97		come in
	תעלה	qal	impf	3fs	עלה	748		go up
38:19	דברתי	piel	pft	1cs	דבר	180		speak
	יהיה	qal	impf	3ms	היה	224		be, become
38:20	רעשו	qal	wcp	3cp	רעש	950		quake
	רמש	qal	ptc	ms	רמש	942		creep
	נהרסו	niph	wcp	3cp	הרס	248		be thrown down
	נפלו	qal	wcp	3cp	נפל	656		fall
	תפול	qal	impf	3fs	נפל	656		fall
38:21	קראתי	qal	wcp	1cs	קרא	894		call, proclaim
	תהיה	qal	impf	3fs	היה	224		be, become
38:22	נשפטתי	niph	wcp	1cs	שפט	1047		plead
	שוטף	qal	ptc	ms	שטף	1009		overflow
	אמטיר	hiph	impf	1cs	מטר	565		rain
38:23	התגדלתי	hith	wcp	1cs	גדל	152		magnify oneself
	התקדשתי	hith	wcp	1cs	קדש	872		consecrate self
	נודעתי	niph	wcp	1cs	ידע	393		be made known
	ידעו	qal	wcp	3cp	ידע	393		know
39:1	הנבא	niph	impv	ms	נבא	612		prophesy
	אמרת	qal	wcp	2ms	אמר	55		say
	אמר	qal	pft	3ms	אמר	55		say
39:2	שבבתיך	pol	wcp	1cs	שוב	996	2ms	bring back
	ששאתיך	piel	wcp	1cs	נשא	1058	2ms	lead
	העליתיך	hiph	wcp	1cs	עלה	748	2ms	bring up, offer
	הבאותך	hiph	wcp	1cs	בוא	97	2ms	bring in
39:3	הכיתי	hiph	wcp	1cs	נכה	645		smite
	אפיל	hiph	impf	1cs	נפל	656		cause to fall
39:4	תפול	qal	impf	2ms	נפל	656		fall
	נתתיך	qal	pft	1cs	נתן	678	2ms	give, set
39:5	תפול	qal	impf	2ms	נפל	656		fall
	דברתי	piel	pft	1cs	דבר	180		speak
39:6	שלחתי	piel	wcp	1cs	שלח	1018		send away, shoot
	ישבי	qal	ptc	mp	ישב	442		sit, dwell
	ידעו	qal	wcp	3cp	ידע	393		know
39:7	אודיע	hiph	impf	1cs	ידע	393		declare
	אחל	hiph	impf	1cs	חלל	320		begin, profane
	ידעו	qal	wcp	3cp	ידע	393		know
39:8	באה	qal	ptc	fs	בוא	97		come in
	נהיתה	niph	wcp	3fs	היה	224		be done
	דברתי	piel	pft	1cs	דבר	180		speak
39:9	יצאו	qal	wcp	3cp	יצא	422		go out
	ישבי	qal	ptc	mp	ישב	442		sit, dwell
	בערו	piel	wcp	3cp	בער	128		burn, consume
	השיקו	hiph	wcp	3cp	שלק	969		make a fire
	בערו	piel	wcp	3cp	בער	128		burn, consume
39:10	ישאו	qal	impf	3mp	נשא	669		lift, carry
	יחטבו	qal	impf	3mp	חטב	310		cut wood
	יבערו	piel	impf	3mp	בער	128		burn, consume
	שללו	qal	wcp	3cp	שלל	1021		spoil, plunder
	שללו שלליהם	qal	pft	3cp	שלל	1021	3mp	spoil, plunder
	בזזו	qal	wcp	3cp	בזז	102		plunder
	בזזיהם	qal	ptc	mp	בזז	102	3mp	plunder
39:11	היה	qal	wcp	3ms	היה	224		be, become
	אתן	qal	impf	1cs	נתן	678		give, set
	עברים	qal	ptc	mp	עבר	716		pass over
	חסמת	qal	ptc	fs	חסם	340		muzzle
	עברים	qal	ptc	mp	עבר	716		pass over
	קברו	qal	wcp	3cp	קבר	868		bury
	קראו	qal	wcp	3cp	קרא	894		call, proclaim
39:12	קברום	qal	wcp	3cp	קבר	868	3mp	bury
	טהר	piel	infc		טהר	372		cleanse
39:13	קברו	qal	wcp	3cp	קבר	868		bury
	היה	qal	wcp	3ms	היה	224		be, become
	הכבדי	niph	infc		כבד	457	1cs	be honored
39:14	יבדילו	hiph	impf	3mp	בדל	95		divide
	עברים	qal	ptc	mp	עבר	716		pass over
	מקברים	piel	ptc	mp	קבר	868		bury
	עברים	qal	ptc	mp	עבר	716		pass over
	נותרים	niph	ptc	mp	יתר	451		be left, remain
	טהרה	piel	infc		טהר	372	3fs	cleanse
	יחקרו	qal	impf	3mp	חקר	350		search
39:15	עברו	qal	wcp	3cp	עבר	716		pass over
	עברים	qal	ptc	mp	עבר	716		pass over
	ראה	qal	wcp	3ms	ראה	906		see
	בנה	qal	wcp	3ms	בנה	124		build
	קברו	qal	pft	3cp	קבר	868		bury
	מקברים	piel	ptc	mp	קבר	868		bury
39:16	טהרו	piel	wcp	3cp	טהר	372		cleanse
39:17	אמר	qal	pft	3ms	אמר	55		say
	אמר	qal	impv	ms	אמר	55		say
	הקבצו	niph	impv	mp	קבץ	867		assemble, gather
	באו	qal	impv	mp	בוא	97		come in
	האספו	niph	impv	mp	אסף	62		assemble
	זבח	qal	ptc	ms	זבח	256		slaughter
	אכלתם	qal	wcp	2mp	אכל	37		eat, devour
	שתיתם	qal	wcp	2mp	שתה	1059		drink
39:18	תאכלו	qal	impf	2mp	אכל	37		eat, devour
	תשתו	qal	impf	2mp	שתה	1059		drink
39:19	אכלתם	qal	wcp	2mp	אכל	37		eat, devour
	שתיתם	qal	wcp	2mp	שתה	1059		drink
	זבחתי	qal	pft	1cs	זבח	256		slaughter
39:20	שבעתם	qal	wcp	2mp	שבע	959		be sated
39:21	נתתי	qal	wcp	1cs	נתן	678		give, set
	ראו	qal	wcp	3cp	ראה	906		see
	עשיתי	qal	pft	1cs	עשה	793		do, make
	שמתי	qal	pft	1cs	שים	962		put, set
39:22	ידעו	qal	wcp	3cp	ידע	393		know
39:23	ידעו	qal	wcp	3cp	ידע	393		know
	גלו	qal	pft	3cp	גלה	162		uncover
	מעלו	qal	pft	3cp	מעל	591		act faithlessly
	אסתר	hiph	wci	1cs	סתר	711		hide
	אתנם	qal	wci	1cs	נתן	678	3mp	give, set
	יפלו	qal	wci	3mp	נפל	656		fall
39:24	עשיתי	qal	pft	1cs	עשה	793		do, make
	אסתר	hiph	wci	1cs	סתר	711		hide
39:25	אמר	qal	pft	3ms	אמר	55		say

Ezekiel 39:25–41:25

ChVs	Form	Stem	Tnse	PGN	Root	BDB	Sfx	Meaning
39:25	אשיב	hiph	impf	1cs	שוב	996		bring back
	רחמתי	piel	wcp	1cs	רחם	933		have compassion
	קנאתי	piel	wcp	1cs	קנא	888		be jealous
39:26	נשו	qal	wcp	3cp	נשא	669		lift, carry
	מעלו	qal	pft	3cp	מעל	591		act faithlessly
	שבתם	qal	infc		ישב	442	3mp	sit, dwell
	מחריד	hiph	ptc	ms	חרד	353		terrify
39:27	שובבי	pol	infc		שוב	996	1cs	bring back
	קבצתי	piel	wcp	1cs	קבץ	867		gather together
	איביהם	qal	ptc	mp	איב	33	3mp	be hostile to
	נקדשתי	niph	wcp	1cs	קדש	872		be sacred
39:28	ידעו	qal	wcp	3cp	ידע	393		know
	הגלותי	hiph	infc		גלה	162	1cs	lead into exile
	כנסתים	piel	wcp	1cs	כנס	488	3mp	gather together
	אותיר	hiph	impf	1cs	יתר	451		leave, spare
39:29	אסתיר	hiph	impf	1cs	סתר	711		hide
	שפכתי	qal	pft	1cs	שפך	1049		pour out
40:1	הכתה	hoph	pft	3fs	נכה	645		be smitten
	היתה	qal	pft	3fs	היה	224		be, become
	יבא	hiph	wci	3ms	בוא	97		bring in
40:2	הביאני	hiph	pft	3ms	בוא	97	1cs	bring in
	יניחני	hiph	wci	3ms	נוח	628	1cs	give rest, put
40:3	יביא	hiph	wci	3ms	בוא	97		bring in
	עמד	qal	ptc	ms	עמד	763		stand, stop
40:4	ידבר	piel	wci	3ms	דבר	180		speak
	ראה	qal	impv	ms	ראה	906		see
	שמע	qal	impv	ms	שמע	1033		hear
	שים	qal	impv	ms	שים	962		put, set
	מראה	hiph	ptc	ms	ראה	906		show, exhibit
	הראותכה	hiph	infc		ראה	906	2ms	show, exhibit
	הבאתה	hoph	pft	2ms	בוא	97		be brought
	הגד	hiph	impv	ms	נגד	616		declare, tell
	ראה	qal	ptc	ms	ראה	906		see
40:5	ימד	qal	wci	3ms	מדד	551		measure
40:6	יבוא	qal	wci	3ms	בוא	97		come in
	יעל	qal	wci	3ms	עלה	748		go up
	ימד	qal	wci	3ms	מדד	551		measure
40:8	ימד	qal	wci	3ms	מדד	551		measure
40:9	ימד	qal	wci	3ms	מדד	551		measure
40:11	ימד	qal	wci	3ms	מדד	551		measure
40:13	ימד	qal	wci	3ms	מדד	551		measure
40:14	יעש	qal	wci	3ms	עשה	793		do, make
40:16	אטמות	qal	pptc	fp	אטם	31		shut
40:17	יביאני	hiph	wci	3ms	בוא	97	1cs	bring in
	עשוי	qal	pptc	ms	עשה	793		do, make
40:19	ימד	qal	wci	3ms	מדד	551		measure
40:20	מדד	qal	pft	3ms	מדד	551		measure
40:21	היה	qal	pft	3ms	היה	224		be, become
40:22	יעלו	qal	impf	3mp	עלה	748		go up
40:23	ימד	qal	wci	3ms	מדד	551		measure
40:24	יולכני	hiph	wci	3ms	הלך	229	1cs	lead, bring
	מדד	qal	pft	3ms	מדד	551		measure
40:27	ימד	qal	wci	3ms	מדד	551		measure
40:28	יביאני	hiph	wci	3ms	בוא	97	1cs	bring in
40:28	ימד	qal	wci	3ms	מדד	551		measure
40:32	יביאני	hiph	wci	3ms	בוא	97	1cs	bring in
	ימד	qal	wci	3ms	מדד	551		measure
40:35	יביאני	hiph	wci	3ms	בוא	97	1cs	bring in
	מדד	qal	pft	3ms	מדד	551		measure
40:38	ידיחו	hiph	impf	3mp	דוח	188		rinse
40:39	שחוט	qal	infc		שחט	1006		slaughter
40:40	עולה	qal	ptc	ms	עלה	748		go up
40:41	ישחטו	qal	impf	3mp	שחט	1006		slaughter
40:42	יניחו	hiph	impf	3mp	נוח	628		give rest, put
	ישחטו	qal	impf	3mp	שחט	1006		slaughter
40:43	מוכנים	hoph	ptc	mp	כון	465		be established
40:44	שרים	qal	ptc	mp	שיר	1010		sing
40:45	ידבר	piel	wci	3ms	דבר	180		speak
	שמרי	qal	ptc	mp	שמר	1036		keep, watch
40:46	שמרי	qal	ptc	mp	שמר	1036		keep, watch
	שרתו	piel	infc		שרת	1058	3ms	minister, serve
40:47	ימד	qal	wci	3ms	מדד	551		measure
	מרבעת	pual	ptc	fp	רבע	917		be square
40:48	יביאני	hiph	wci	3ms	בוא	97	1cs	bring in
	ימד	qal	wci	3ms	מדד	551		measure
40:49	יעלו	qal	impf	3mp	עלה	748		go up
41:1	יביאני	hiph	wci	3ms	בוא	97	1cs	bring in
	ימד	qal	wci	3ms	מדד	551		measure
41:2	ימד	qal	wci	3ms	מדד	551		measure
41:3	בא	qal	pft	3ms	בוא	97		come in
	ימד	qal	wci	3ms	מדד	551		measure
41:4	ימד	qal	wci	3ms	מדד	551		measure
	יאמר	qal	wci	3ms	אמר	55		say
41:5	ימד	qal	wci	3ms	מדד	551		measure
41:6	באות	qal	ptc	fp	בוא	97		come in
	היות	qal	infc		היה	224		be, become
	אחוזים	qal	pptc	mp	אחז	28		grasp
	יהיו	qal	impf	3mp	היה	224		be, become
	אחוזים	qal	pptc	mp	אחז	28		grasp
41:7	רחבה	qal	pft	3fs	רחב	931		be wide
	נסבה	niph	pft	3fs	סבב	685		turn round
	יעלה	qal	impf	3ms	עלה	748		go up
41:8	ראיתי	qal	pft	1cs	ראה	906		see
41:9	מנח	hoph	ptc	ms	נוח	628		be set, open
41:11	מנח	hoph	ptc	ms	נוח	628		be set, open
	מנח	hoph	ptc	ms	נוח	628		be set, open
41:13	מדד	qal	pft	3ms	מדד	551		measure
41:15	מדד	qal	pft	3ms	מדד	551		measure
41:16	אטמות	qal	pptc	fp	אטם	31		shut
	מכסות	pual	ptc	fp	כסה	491		be covered
41:18	עשוי	qal	pptc	ms	עשה	793		do, make
41:19	עשוי	qal	pptc	ms	עשה	793		do, make
41:20	עשוים	qal	pptc	mp	עשה	793		do, make
41:21	רבעה	qal	pptc	fs	רבע	917		be square
41:22	ידבר	piel	wci	3ms	דבר	180		speak
41:24	מוסבות	hoph	ptc	fp	סבב	685		be turned
41:25	עשויה	qal	pptc	fs	עשה	793		do, make
	עשוים	qal	pptc	mp	עשה	793		do, make

Ezekiel 41: 26 – 44: 2

ChVs	Form	Stem	Tnse	PGN	Root	BDB	Sfx	Meaning
41:26	אטמות	qal	pptc	fp	אטם	31		shut
42:1	יוצאני	hiph	wci	3ms	יצא	422	1cs	bring out
	יבאני	hiph	wci	3ms	בוא	97	1cs	bring in
42:5	קצרות	qal	pptc	fp	קצר	894		be short
	יוכלו	qal	impf	3mp	אכל	37		eat, devour
42:6	משלשות	pual	ptc	fp	שלש	1026		be threefold
	נאצל	niph	pft	3ms	אצל	69		be withdrawn
42:9	באו	qal	infc		בוא	97	3ms	come in
42:12	בואן	qal	infc		בוא	97	3fp	come in
42:13	יאמר	qal	wci	3ms	אמר	55		say
	יאכלו	qal	impf	3mp	אכל	37		eat, devour
	יניחו	hiph	impf	3mp	נוח	628		give rest, put
42:14	באם	qal	infc		בוא	97	3mp	come in
	יצאו	qal	impf	3mp	יצא	422		go out
	יניחו	hiph	impf	3mp	נוח	628		give rest, put
	ישרתו	piel	impf	3mp	שרת	1058		minister, serve
	ילבשו k	qal	impf	3mp	לבש	527		put on, clothe
	ילבשו q	qal	wcp	3cp	לבש	527		put on, clothe
	קרבו	qal	wcp	3cp	קרב	897		approach
42:15	כלה	piel	pft	3ms	כלה	477		complete, finish
	הוציאני	hiph	pft	3ms	יצא	422	1cs	bring out
	מדדו	qal	pft	3ms	מדד	551	3ms	measure
42:16	מדד	qal	pft	3ms	מדד	551		measure
42:17	מדד	qal	pft	3ms	מדד	551		measure
42:18	מדד	qal	pft	3ms	מדד	551		measure
42:19	סבב	qal	pft	3ms	סבב	685		surround
	מדד	qal	pft	3ms	מדד	551		measure
42:20	מדדו	qal	pft	3ms	מדד	551	3ms	measure
	הבדיל	hiph	infc		בדל	95		divide
43:1	יולכני	hiph	wci	3ms	הלך	229	1cs	lead, bring
	פנה	qal	ptc	ms	פנה	815		turn
43:2	בא	qal	ptc	ms	בוא	97		come in
	האירה	hiph	pft	3fs	אור	21		cause to shine
43:3	ראיתי	qal	pft	1cs	ראה	906		see
	ראיתי	qal	pft	1cs	ראה	906		see
	באי	qal	infc		בוא	97	1cs	come in
	שחת	piel	infc		שחת	1007		spoil, ruin
	ראיתי	qal	pft	1cs	ראה	906		see
	אפל	qal	wci	1cs	נפל	656		fall
43:4	בא	qal	pft	3ms	בוא	97		come in
43:5	תשאני	qal	wci	3fs	נשא	669	1cs	lift, carry
	תביאני	hiph	wci	3fs	בוא	97	1cs	bring in
	מלא	qal	pft	3ms	מלא	569		be full, fill
43:6	אשמע	qal	wci	1cs	שמע	1033		hear
	מדבר	hith	ptc	ms	דבר	180		speak
	היה	qal	pft	3ms	היה	224		be, become
	עמד	qal	ptc	ms	עמד	763		stand, stop
43:7	יאמר	qal	wci	3ms	אמר	55		say
	אשכן	qal	impf	1cs	שכן	1014		settle, dwell
	יטמאו	piel	impf	3mp	טמא	379		defile
43:8	תתם	qal	infc		נתן	678	3mp	give, set
	טמאו	piel	pft	3cp	טמא	379		defile
	עשו	qal	pft	3cp	עשה	793		do, make
	אכל	piel	wci	1cs	כלה	477		complete, finish
43:9	ירחקו	piel	jusm	3mp	רחק	934		send far away
	שכנתי	qal	wcp	1cs	שכן	1014		settle, dwell
43:10	הגד	hiph	impv	ms	נגד	616		declare, tell
	יכלמו	niph	jusm	3mp	כלם	483		be humiliated
	מדדו	qal	wcp	3cp	מדד	551		measure
43:11	נכלמו	niph	pft	3cp	כלם	483		be humiliated
	עשו	qal	pft	3cp	עשה	793		do, make
	הודע	hiph	impv	ms	ידע	393		declare
	כתב	qal	impv	ms	כתב	507		write
	ישמרו	qal	jusm	3mp	שמר	1036		keep, watch
	עשו	qal	wcp	3cp	עשה	793		do, make
43:16	רבוע	qal	pptc	ms	רבע	917		be square
43:17	פנות	qal	infc		פנה	815		turn
43:18	יאמר	qal	wci	3ms	אמר	55		say
	אמר	qal	pft	3ms	אמר	55		say
	העשותו	niph	infc		עשה	793	3ms	be done
	העלות	hiph	infc		עלה	748		bring up, offer
	זרק	qal	infc		זרק	284		toss, scatter
43:19	נתתה	qal	wcp	2ms	נתן	678		give, set
	שרתני	piel	infc		שרת	1058	1cs	minister, serve
43:20	לקחת	qal	wcp	2ms	לקח	542		take
	נתתה	qal	wcp	2ms	נתן	678		give, set
	חטאת	piel	wcp	2ms	חטא	306		purify
	כפרתהו	piel	wcp	2ms	כפר	497	3ms	cover, atone
43:21	לקחת	qal	wcp	2ms	לקח	542		take
	שרפו	qal	wcp	3ms	שרף	976	3ms	burn
43:22	תקריב	hiph	impf	2ms	קרב	897		bring near
	חטאו	piel	wcp	3cp	חטא	306		purify
	חטאו	piel	pft	3cp	חטא	306		purify
43:23	כלותך	piel	infc		כלה	477	2ms	complete, finish
	חטא	piel	infc		חטא	306		purify
	תקריב	hiph	impf	2ms	קרב	897		bring near
43:24	הקרבתם	hiph	wcp	2ms	קרב	897	3mp	bring near
	השליכו	hiph	wcp	3cp	שלך	1020		throw, cast
	העלו	hiph	wcp	3cp	עלה	748		bring up, offer
43:25	תעשה	qal	impf	2ms	עשה	793		do, make
	יעשו	qal	impf	3mp	עשה	793		do, make
43:26	יכפרו	piel	impf	3mp	כפר	497		cover, atone
	טהרו	piel	wcp	3cp	טהר	372		cleanse
	מלאו	piel	wcp	3cp	מלא	569		fill
43:27	יכלו	piel	impf	3mp	כלה	477		complete, finish
	היה	qal	wcp	3ms	היה	224		be, become
	יעשו	qal	impf	3mp	עשה	793		do, make
	רצאתי	qal	wcp	1cs	רצה	953		be pleased
44:1	ישב	hiph	wci	3ms	שוב	996		bring back
	פנה	qal	ptc	ms	פנה	815		turn
	סגור	qal	pptc	ms	סגר	688		shut
44:2	יאמר	qal	wci	3ms	אמר	55		say
	סגור	qal	pptc	ms	סגר	688		shut
	יהיה	qal	impf	3ms	היה	224		be, become
	יפתח	niph	impf	3ms	פתח	834		be opened
	יבא	qal	impf	3ms	בוא	97		come in
	בא	qal	pft	3ms	בוא	97		come in
	היה	qal	wcp	3ms	היה	224		be, become

Ezekiel 44: 2– 44: 30

ChVs	Form	Stem	Tnse	PGN	Root	BDB	Sfx	Meaning
44:2	סגור	qal	pptc	ms	סגר	688		shut
44:3	ישׁב	qal	impf	3ms	ישׁב	442		sit,dwell
	לאכולk	qal	infc		אכל	37		eat,devour
	לאכלq	qal	infc		אכל	37		eat,devour
	יבוא	qal	impf	3ms	בוא	97		come in
	יצא	qal	impf	3ms	יצא	422		go out
44:4	ויביאני	hiph	wci	3ms	בוא	97	1cs	bring in
	וארא	qal	wci	1cs	ראה	906		see
	מלא	qal	pft	3ms	מלא	569		be full,fill
	ואפל	qal	wci	1cs	נפל	656		fall
44:5	ויאמר	qal	wci	3ms	אמר	55		say
	שׂים	qal	impv	ms	שׂים	962		put,set
	וראה	qal	impv	ms	ראה	906		see
	ושׁמע	qal	impv	ms	שׁמע	1033		hear
	מדבר	piel	ptc	ms	דבר	180		speak
	ושׂמת	qal	wcp	2ms	שׂים	962		put,set
44:6	ואמרת	qal	wcp	2ms	אמר	55		say
	אמר	qal	pft	3ms	אמר	55		say
44:7	הביאכם	hiph	infc		בוא	97	2mp	bring in
	להיות	qal	infc		היה	224		be,become
	חללו	piel	infc		חלל	320	3ms	pollute
	הקריבכם	hiph	infc		קרב	897	2mp	bring near
	ויפרו	hiph	wci	3mp	פרר	830		break,frustrate
44:8	שׁמרתם	qal	pft	2mp	שׁמר	1036		keep,watch
	ותשׂימון	qal	wci	2mp	שׂים	962		put,set
	שׁמרי	qal	ptc	mp	שׁמר	1036		keep,watch
44:9	אמר	qal	pft	3ms	אמר	55		say
	יבוא	qal	impf	3ms	בוא	97		come in
44:10	רחקו	qal	pft	3cp	רחק	934		be distant
	תעות	qal	infc		תעה	1073		wander,err
	תעו	qal	pft	3cp	תעה	1073		wander,err
	נשׂאו	qal	wcp	3cp	נשׂא	669		lift,carry
44:11	היו	qal	wcp	3cp	היה	224		be,become
	משׁרתים	piel	ptc	mp	שׁרת	1058		minister,serve
	משׁרתים	piel	ptc	mp	שׁרת	1058		minister,serve
	ישׁחטו	qal	impf	3mp	שׁחט	1006		slaughter
	יעמדו	qal	impf	3mp	עמד	763		stand,stop
	שׁרתם	piel	infc		שׁרת	1058	3mp	minister,serve
44:12	ישׁרתו	piel	impf	3mp	שׁרת	1058		minister,serve
	היו	qal	wcp	3cp	היה	224		be,become
	נשׂאתי	qal	pft	1cs	נשׂא	669		lift,carry
	ונשׂאו	qal	wcp	3cp	נשׂא	669		lift,carry
44:13	יגשׁו	qal	impf	3mp	נגשׁ	620		draw near
	כהן	piel	infc		כהן	464		act as priest
	גשׁת	qal	infc		נגשׁ	620		draw near
	ונשׂאו	qal	wcp	3cp	נשׂא	669		lift,carry
	עשׂו	qal	pft	3cp	עשׂה	793		do,make
44:14	ונתתי	qal	wcp	1cs	נתן	678		give,set
	שׁמרי	qal	ptc	mp	שׁמר	1036		keep,watch
	יעשׂה	niph	impf	3ms	עשׂה	793		be done
44:15	שׁמרו	qal	pft	3cp	שׁמר	1036		keep,watch
	תעות	qal	infc		תעה	1073		wander,err
	יקרבו	qal	impf	3mp	קרב	897		approach
	שׁרתני	piel	infc		שׁרת	1058	1cs	minister,serve
44:15	עמדו	qal	wcp	3cp	עמד	763		stand,stop
	הקריב	hiph	infc		קרב	897		bring near
44:16	יבאו	qal	impf	3mp	בוא	97		come in
	יקרבו	qal	impf	3mp	קרב	897		approach
	שׁרתני	piel	infc		שׁרת	1058	1cs	minister,serve
	ושׁמרו	qal	wcp	3cp	שׁמר	1036		keep,watch
44:17	והיה	qal	wcp	3ms	היה	224		be,become
	בואם	qal	infc		בוא	97	3mp	come in
	ילבשׁו	qal	impf	3mp	לבשׁ	527		put on,clothe
	יעלה	qal	impf	3ms	עלה	748		go up
	שׁרתם	piel	infc		שׁרת	1058	3mp	minister,serve
44:18	יהיו	qal	impf	3mp	היה	224		be,become
	יהיו	qal	impf	3mp	היה	224		be,become
	יחגרו	qal	impf	3mp	חגר	291		gird
44:19	ובצאתם	qal	infc		יצא	422	3mp	go out
	יפשׁטו	qal	impf	3mp	פשׁט	832		strip off
	משׁרתם	piel	ptc	mp	שׁרת	1058		minister,serve
	והניחו	hiph	wcp	3cp	נוח	628		give rest,put
	ולבשׁו	qal	wcp	3cp	לבשׁ	527		put on,clothe
	יקדשׁו	piel	impf	3mp	קדשׁ	872		consecrate
44:20	יגלחו	piel	impf	3mp	גלח	164		shave
	ישׁלחו	piel	impf	3mp	שׁלח	1018		send away,shoot
	כסום	qal	infa		כסם	493		shear,clip
	יכסמו	qal	impf	3mp	כסם	493		shear,clip
44:21	ישׁתו	qal	impf	3mp	שׁתה	1059		drink
	בואם	qal	infc		בוא	97	3mp	come in
44:22	גרושׁה	qal	pptc	fs	גרשׁ	176		cast out
	יקחו	qal	impf	3mp	לקח	542		take
	תהיה	qal	impf	3fs	היה	224		be,become
	יקחו	qal	impf	3mp	לקח	542		take
44:23	יורו	hiph	impf	3mp	ירה	434		shoot,teach
	יודעם	hiph	impf	3mp	ידע	393	3mp	declare
44:24	יעמדו	qal	impf	3mp	עמד	763		stand,stop
	לשׁפטk	qal	infc		שׁפט	1047		judge
	וישׁפטהוk	qal	wcp	3cp	שׁפט	1047	3ms	judge
	וישׁפטהוq	qal	impf	3mp	שׁפט	1047	3ms	judge
	ישׁמרו	qal	impf	3mp	שׁמר	1036		keep,watch
	יקדשׁו	piel	impf	3mp	קדשׁ	872		consecrate
44:25	מת	qal	ptc	ms	מות	559		die
	יבוא	qal	impf	3ms	בוא	97		come in
	טמאה	qal	infc		טמא	379		become unclean
	היתה	qal	pft	3fs	היה	224		be,become
	יטמאו	hith	impf	3mp	טמא	379		defile oneself
44:26	יספרו	qal	impf	3mp	ספר	707		count
44:27	באו	qal	infc		בוא	97	3ms	come in
	שׁרת	piel	infc		שׁרת	1058		minister,serve
	יקריב	hiph	impf	3ms	קרב	897		bring near
44:28	והיתה	qal	wcp	3fs	היה	224		be,become
	תתנו	qal	impf	2mp	נתן	678		give,set
44:29	יאכלום	qal	impf	3mp	אכל	37	3mp	eat,devour
	יהיה	qal	impf	3ms	היה	224		be,become
44:30	יהיה	qal	impf	3ms	היה	224		be,become
	תתנו	qal	impf	2mp	נתן	678		give,set
	הניח	hiph	infc		נוח	628		give rest,put

Ezekiel 44:31 – 46:18

ChVs	Form	Stem	Tnse	PGN	Root	BDB	Sfx	Meaning
44:31	יאכלו	qal	impf	3mp	אכל	37		eat, devour
45:1	הפילכם	hiph	infc		נפל	656	2mp	cause to fall
	תרימו	hiph	impf	2mp	רום	926		raise, lift
45:2	יהיה	qal	impf	3ms	היה	224		be, become
	מרבע	pual	ptc	ms	רבע	917		be square
45:3	תמוד	qal	impf	2ms	מדד	551		measure
	יהיה	qal	impf	3ms	היה	224		be, become
45:4	משרתי	piel	ptc	mp	שרת	1058		minister, serve
	יהיה	qal	impf	3ms	היה	224		be, become
	שרת	piel	infc		שרת	1058		minister, serve
	היה	qal	wcp	3ms	היה	224		be, become
45:5	יהיה k	qal	impf	3ms	היה	224		be, become
	יהיה q	qal	wcp	3ms	היה	224		be, become
	משרתי	piel	ptc	mp	שרת	1058		minister, serve
45:6	תתנו	qal	impf	2mp	נתן	678		give, set
	יהיה	qal	impf	3ms	היה	224		be, become
45:8	יהיה	qal	impf	3ms	היה	224		be, become
	יונו	hiph	impf	3mp	ינה	413		oppress
	יתנו	qal	impf	3mp	נתן	678		give, set
45:9	אמר	qal	pft	3ms	אמר	55		say
	הסירו	hiph	impv	mp	סור	693		take away
	עשו	qal	impv	mp	עשה	793		do, make
	הרימו	hiph	impv	mp	רום	926		raise, lift
45:10	יהי	qal	jus	3ms	היה	224		be, become
45:11	יהיה	qal	impf	3ms	היה	224		be, become
	שאת	qal	infc		נשא	669		lift, carry
	יהיה	qal	impf	3ms	היה	224		be, become
45:12	יהיה	qal	impf	3ms	היה	224		be, become
45:13	תרימו	hiph	impf	2mp	רום	926		raise, lift
	ששיתם	piel	wcp	2mp	ששה	995		give sixth part
45:15	כפר	piel	infc		כפר	497		cover, atone
45:16	יהיו	qal	impf	3mp	היה	224		be, become
45:17	יהיה	qal	impf	3ms	היה	224		be, become
	יעשה	qal	impf	3ms	עשה	793		do, make
	כפר	piel	infc		כפר	497		cover, atone
45:18	אמר	qal	pft	3ms	אמר	55		say
	תקח	qal	impf	2ms	לקח	542		take
	חטאת	piel	wcp	2ms	חטא	306		purify
45:19	לקח	qal	wcp	3ms	לקח	542		take
	נתן	qal	wcp	3ms	נתן	678		give, set
45:20	תעשה	qal	impf	2ms	עשה	793		do, make
	שגה	qal	ptc	ms	שגה	993		err, go astray
	כפרתם	piel	wcp	2mp	כפר	497		cover, atone
45:21	יהיה	qal	impf	3ms	היה	224		be, become
	יאכל	niph	impf	3ms	אכל	37		be eaten
45:22	עשה	qal	wcp	3ms	עשה	793		do, make
45:23	יעשה	qal	impf	3ms	עשה	793		do, make
45:24	יעשה	qal	impf	3ms	עשה	793		do, make
45:25	יעשה	qal	impf	3ms	עשה	793		do, make
46:1	אמר	qal	pft	3ms	אמר	55		say
	פנה	qal	ptc	ms	פנה	815		turn
	יהיה	qal	impf	3ms	היה	224		be, become
	סגור	qal	pptc	ms	סגר	688		shut
	יפתח	niph	impf	3ms	פתח	834		be opened

ChVs	Form	Stem	Tnse	PGN	Root	BDB	Sfx	Meaning
46:1	יפתח	niph	impf	3ms	פתח	834		be opened
46:2	בא	qal	wcp	3ms	בוא	97		come in
	עמד	qal	wcp	3ms	עמד	763		stand, stop
	עשו	qal	wcp	3cp	עשה	793		do, make
	השתחוה	hish	wcp	3ms	חוה	1005		bow down
	יצא	qal	wcp	3ms	יצא	422		go out
	יסגר	niph	impf	3ms	סגר	688		be shut
46:3	השתחוו	hish	wcp	3cp	חוה	1005		bow down
46:4	יקרב	hiph	impf	3ms	קרב	897		bring near
46:6	יהיו	qal	impf	3mp	היה	224		be, become
46:7	יעשה	qal	impf	3ms	עשה	793		do, make
	תשיג	hiph	impf	3fs	נשג	673		reach, overtake
46:8	בוא	qal	infc		בוא	97		come in
	יבוא	qal	impf	3ms	בוא	97		come in
	יצא	qal	impf	3ms	יצא	422		go out
46:9	בוא	qal	infc		בוא	97		come in
	בא	qal	ptc	ms	בוא	97		come in
	השתחות	hish	infc		חוה	1005		bow down
	יצא	qal	impf	3ms	יצא	422		go out
	בא	qal	ptc	ms	בוא	97		come in
	יצא	qal	impf	3ms	יצא	422		go out
	ישוב	qal	impf	3ms	שוב	996		turn, return
	בא	qal	pft	3ms	בוא	97		come in
	יצאו k	qal	impf	3mp	יצא	422		go out
	יצא q	qal	impf	3ms	יצא	422		go out
46:10	בואם	qal	infc		בוא	97	3mp	come in
	יבוא	qal	impf	3ms	בוא	97		come in
	צאתם	qal	infc		יצא	422	3mp	go out
	יצאו	qal	impf	3mp	יצא	422		go out
46:11	תהיה	qal	impf	3fs	היה	224		be, become
46:12	יעשה	qal	impf	3ms	עשה	793		do, make
	פתח	qal	wcp	3ms	פתח	834		open
	פנה	qal	ptc	ms	פנה	815		turn
	עשה	qal	wcp	3ms	עשה	793		do, make
	יעשה	qal	impf	3ms	עשה	793		do, make
	יצא	qal	wcp	3ms	יצא	422		go out
	סגר	qal	wcp	3ms	סגר	688		shut
	צאתו	qal	infc		יצא	422	3ms	go out
46:13	תעשה	qal	impf	2ms	עשה	793		do, make
	תעשה	qal	impf	2ms	עשה	793		do, make
46:14	תעשה	qal	impf	2ms	עשה	793		do, make
	רס	qal	infc		רסס	944		moisten
46:15	יעשו k	qal	wcp	3cp	עשה	793		do, make
	יעשו q	niph	impf	3mp	עשה	793		do, make
46:16	אמר	qal	pft	3ms	אמר	55		say
	יתן	qal	impf	3ms	נתן	678		give, set
	תהיה	qal	impf	3fs	היה	224		be, become
46:17	יתן	qal	impf	3ms	נתן	678		give, set
	היתה	qal	wcp	3fs	היה	224		be, become
	שבת	qal	wcp	3fs	שוב	996		turn, return
	תהיה	qal	impf	3fs	היה	224		be, become
46:18	יקח	qal	impf	3ms	לקח	542		take
	הונתם	hiph	infc		ינה	413	3mp	oppress
	ינחל	hiph	impf	3ms	נחל	635		c. to inherit

Ezekiel 46:18–48:14

ChVs	Form	Stem	Tnse	PGN	Root	BDB	Sfx	Meaning
46:18	יפצו	qal	impf	3mp	פוץ	806		be scattered
46:19	יביאני	hiph	wci	3ms	בוא	97	1cs	bring in
	פנות	qal	ptc	fp	פנה	815		turn
46:20	יאמר	qal	wci	3ms	אמר	55		say
	יבשלו	piel	impf	3mp	בשל	143		boil, cook
	יאפו	qal	impf	3mp	אפה	66		bake
	הוציא	hiph	infc		יצא	422		bring out
	קדש	piel	infc		קדש	872		consecrate
46:21	יוציאני	hiph	wci	3ms	יצא	422	1cs	bring out
	יעבירני	hiph	wci	3ms	עבר	716	1cs	cause to pass
46:22	קטרות	qal	pptc	fp	קטר	883		enclose
	מהקצעות	hoph	ptc	fp	קצע	893		be cornered
46:23	עשוי	qal	pptc	ms	עשה	793		do, make
46:24	יאמר	qal	wci	3ms	אמר	55		say
	מבשלים	piel	ptc	mp	בשל	143		boil, cook
	יבשלו	piel	impf	3mp	בשל	143		boil, cook
	משרתי	piel	ptc	mp	שרת	1058		minister, serve
47:1	ישבני	hiph	wci	3ms	שוב	996	1cs	bring back
	יצאים	qal	ptc	mp	יצא	422		go out
	ירדים	qal	ptc	mp	ירד	432		come down
47:2	יוצאני	hiph	wci	3ms	יצא	422	1cs	bring out
	יסבני	hiph	wci	3ms	סבב	685	1cs	cause to turn
	פונה	qal	ptc	ms	פנה	815		turn
	מפכים	piel	ptc	mp	פכה	810		trickle
47:3	צאת	qal	infc		יצא	422		go out
	ימד	qal	wci	3ms	מדד	551		measure
	יעברני	hiph	wci	3ms	עבר	716	1cs	cause to pass
47:4	ימד	qal	wci	3ms	מדד	551		measure
	יעברני	hiph	wci	3ms	עבר	716	1cs	cause to pass
	ימד	qal	wci	3ms	מדד	551		measure
	יעברני	hiph	wci	3ms	עבר	716	1cs	cause to pass
47:5	ימד	qal	wci	3ms	מדד	551		measure
	אוכל	qal	impf	1cs	יכל	407		be able
	עבר	qal	infc		עבר	716		pass over
	גאו	qal	pft	3cp	גאה	144		rise up
	יעבר	niph	impf	3ms	עבר	716		be crossed
47:6	יאמר	qal	wci	3ms	אמר	55		say
	ראית	qal	pft	2ms	ראה	906		see
	יולכני	hiph	wci	3ms	הלך	229	1cs	lead, bring
	ישבני	hiph	wci	3ms	שוב	996	1cs	bring back
47:7	שובני	qal	infc		שוב	996	1cs	turn, return
47:8	יאמר	qal	wci	3ms	אמר	55		say
	יוצאים	qal	ptc	mp	יצא	422		go out
	ירדו	qal	wcp	3cp	ירד	432		come down
	באו	qal	wcp	3cp	בוא	97		come in
	מוצאים	hoph	ptc	mp	יצא	422		be brought out
	ונרפאו k	niph	wcp	3cp	רפא	950		be healed
	ונרפו q	niph	wcp	3cp	רפא	950		be healed
47:9	היה	qal	wcp	3ms	היה	224		be, become
	ישרץ	qal	impf	3ms	שרץ	1056		swarm, teem
	יבוא	qal	impf	3ms	בוא	97		come in
	יחיה	qal	impf	3ms	חיה	310		live
	היה	qal	wcp	3ms	היה	224		be, become
	באו	qal	pft	3cp	בוא	97		come in
47:9	ירפאו	niph	impf	3mp	רפא	950		be healed
	יבוא	qal	impf	3ms	בוא	97		come in
47:10	היה	qal	wcp	3ms	היה	224		be, become
	יעמדו k	qal	impf	3mp	עמד	763		stand, stop
	עמדו q	qal	pft	3cp	עמד	763		stand, stop
	יהיו	qal	impf	3mp	היה	224		be, become
	תהיה	qal	impf	3fs	היה	224		be, become
47:11	ירפאו	niph	impf	3mp	רפא	950		be healed
	נתנו	niph	pft	3cp	נתן	678		be given
47:12	יעלה	qal	impf	3ms	עלה	748		go up
	יבול	qal	impf	3ms	נבל	615		sink, droop
	יתם	qal	impf	3ms	תמם	1070		be finished
	יבכר	piel	impf	3ms	בכר	114		bear 1st fruit
	יוצאים	qal	ptc	mp	יצא	422		go out
	יהיו k	qal	wcp	3cp	היה	224		be, become
	יהיה q	qal	wcp	3ms	היה	224		be, become
47:13	אמר	qal	pft	3ms	אמר	55		say
	תתנחלו	hith	impf	2mp	נחל	635		possess oneself
47:14	נחלתם	qal	wcp	2mp	נחל	635		possess, inherit
	נשאתי	qal	pft	1cs	נשא	669		lift, carry
	תתה	qal	infc		נתן	678	3fs	give, set
	נפלה	qal	wcp	3fs	נפל	656		fall
47:15	בוא	qal	infc		בוא	97		come in
47:17	היה	qal	wcp	3ms	היה	224		be, become
47:18	תמדו	qal	impf	2mp	מדד	551		measure
47:20	בוא	qal	infc		בוא	97		come in
47:21	חלקתם	piel	wcp	2mp	חלק	323		divide
47:22	היה	qal	wcp	3ms	היה	224		be, become
	תפלו	hiph	impf	2mp	נפל	656		cause to fall
	גרים	qal	ptc	mp	גור	157		sojourn
	הולדו	hiph	pft	3cp	ילד	408		beget
	היו	qal	wcp	3cp	היה	224		be, become
	יפלו	qal	impf	3mp	נפל	656		fall
47:23	היה	qal	wcp	3ms	היה	224		be, become
	גר	qal	pft	3ms	גור	157		sojourn
	תתנו	qal	impf	2mp	נתן	678		give, set
48:1	בוא	qal	infc		בוא	97		come in
	היו	qal	wcp	3cp	היה	224		be, become
48:8	תהיה	qal	impf	3fs	היה	224		be, become
	תרימו	hiph	impf	2mp	רום	926		raise, lift
	היה	qal	wcp	3ms	היה	224		be, become
48:9	תרימו	hiph	impf	2mp	רום	926		raise, lift
48:10	תהיה	qal	impf	3fs	היה	224		be, become
	היה	qal	wcp	3ms	היה	224		be, become
48:11	מקדש	pual	ptc	ms	קדש	872		be consecrated
	שמרו	qal	pft	3cp	שמר	1036		keep, watch
	תעו	qal	pft	3cp	תעה	1073		wander, err
	תעות	qal	infc		תעה	1073		wander, err
	תעו	qal	pft	3cp	תעה	1073		wander, err
48:12	היתה	qal	wcp	3fs	היה	224		be, become
48:14	ימכרו	qal	impf	3mp	מכר	569		sell
	ימר	hiph	jusf	3ms	מור	558		change
	יעבור k	qal	impf	3ms	עבר	716		pass over
	יעביר q	hiph	impf	3ms	עבר	716		cause to pass

ChVs	Form	Stem	Tnse	PGN	Root	BDB	Sfx	Meaning
48:15	נותר	niph	ptc	ms	יתר	451		be left, remain
	היתה	qal	wcp	3fs	היה	224		be, become
48:17	היה	qal	wcp	3ms	היה	224		be, become
48:18	נותר	niph	ptc	ms	יתר	451		be left, remain
	היה	qal	wcp	3ms	היה	224		be, become
	היתה	qal	wcp	3fs	היה	224		be, become
	עבדי	qal	ptc	mp	עבד	712		work, serve
48:19	עבד	qal	ptc	ms	עבד	712		work, serve
	יעבדוהו	qal	impf	3mp	עבד	712	3ms	work, serve
48:20	תרימו	hiph	impf	2mp	רום	926		raise, lift
48:21	נותר	niph	ptc	ms	יתר	451		be left, remain
	היתה	qal	wcp	3fs	היה	224		be, become
48:22	יהיה	qal	impf	3ms	היה	224		be, become
	יהיה	qal	impf	3ms	היה	224		be, become
48:28	היה	qal	wcp	3ms	היה	224		be, become
48:29	תפילו	hiph	impf	2mp	נפל	656		cause to fall

DANIEL

ChVs	Form	Stem	Tnse	PGN	Root	BDB	Sfx	Meaning
1:1	בא	qal	pft	3ms	בוא	97		come in
	יצר	qal	wci	3ms	צור	848		confine, shut in
1:2	יתן	qal	wci	3ms	נתן	678		give, set
	יביאם	hiph	wci	3ms	בוא	97	3mp	bring in
	הביא	hiph	pft	3ms	בוא	97		bring in
1:3	יאמר	qal	wci	3ms	אמר	55		say
	הביא	hiph	infc		בוא	97		bring in
1:4	משכילים	hiph	ptc	mp	שכל	968		look at, prosper
	ידעי	qal	ptc	mp	ידע	393		know
	מביני	hiph	ptc	mp	בין	106		understand
	עמד	qal	infc		עמד	763		stand, stop
	למדם	piel	infc		למד	540	3mp	teach
1:5	ימן	piel	wci	3ms	מנה	584		appoint
	גדלם	piel	infc		גדל	152	3mp	cause to grow
	יעמדו	qal	impf	3mp	עמד	763		stand, stop
1:6	יהי	qal	wci	3ms	היה	224		be, become
1:7	ישם	qal	wci	3ms	שים	962		put, set
	ישם	qal	wci	3ms	שים	962		put, set
1:8	ישם	qal	wci	3ms	שים	962		put, set
	יתגאל	hith	impf	3ms	גאל	146		defile oneself
	יבקש	piel	wci	3ms	בקש	134		seek
	יתגאל	hith	impf	3ms	גאל	146		defile oneself
1:9	יתן	qal	wci	3ms	נתן	678		give, set
1:10	יאמר	qal	wci	3ms	אמר	55		say
	ירא	qal	ptc	ms	ירא	431		fear
	מנה	piel	pft	3ms	מנה	584		appoint
	יראה	qal	impf	3ms	ראה	906		see
	זעפים	qal	ptc	mp	זעף	277		be vexed
	חיבתם	piel	wcp	2mp	חוב	295		make guilty
1:11	יאמר	qal	wci	3ms	אמר	55		say
	מנה	piel	pft	3ms	מנה	584		appoint
1:12	נס	piel	impv	ms	נסה	650		test, try
	יתנו	qal	jusm	3mp	נתן	678		give, set
	נאכלה	qal	coh	1cp	אכל	37		eat, devour
	נשתה	qal	cohm	1cp	שתה	1059		drink
1:13	יראו	niph	jusm	3mp	ראה	906		appear, be seen

ChVs	Form	Stem	Tnse	PGN	Root	BDB	Sfx	Meaning
1:13	אכלים	qal	ptc	mp	אכל	37		eat, devour
	תראה	qal	impf	2ms	ראה	906		see
	עשה	qal	impv	ms	עשה	793		do, make
1:14	ישמע	qal	wci	3ms	שמע	1033		hear
	ינסם	piel	wci	3ms	נסה	650	3mp	test, try
1:15	נראה	niph	pft	3ms	ראה	906		appear, be seen
	אכלים	qal	ptc	mp	אכל	37		eat, devour
1:16	יהי	qal	wci	3ms	היה	224		be, become
	נשא	qal	ptc	ms	נשא	669		lift, carry
	נתן	qal	ptc	ms	נתן	678		give, set
1:17	נתן	qal	pft	3ms	נתן	678		give, set
	השכל	hiph	infa		שכל	968		look at, prosper
	הבין	hiph	pft	3ms	בין	106		understand
1:18	אמר	qal	pft	3ms	אמר	55		say
	הביאם	hiph	infc		בוא	97	3mp	bring in
	יביאם	hiph	wci	3ms	בוא	97	3mp	bring in
1:19	ידבר	piel	wci	3ms	דבר	180		speak
	נמצא	niph	pft	3ms	מצא	592		be found
	יעמדו	qal	wci	3mp	עמד	763		stand, stop
1:20	בקש	piel	pft	3ms	בקש	134		seek
	ימצאם	qal	wci	3ms	מצא	592	3mp	find
1:21	יהי	qal	wci	3ms	היה	224		be, become
2:1	חלם	qal	pft	3ms	חלם	321		dream
	תתפעם	hith	wci	3fs	פעם	821		be disturbed
	נהיתה	niph	pft	3fs	היה	224		be done
2:2	יאמר	qal	wci	3ms	אמר	55		say
	קרא	qal	infc		קרא	894		call, proclaim
	מכשפים	piel	ptc	mp	כשף	506		practice magic
	הגיד	hiph	infc		נגד	616		declare, tell
	יבאו	qal	wci	3mp	בוא	97		come in
	יעמדו	qal	wci	3mp	עמד	763		stand, stop
2:3	יאמר	qal	wci	3ms	אמר	55		say
	חלמתי	qal	pft	1cs	חלם	321		dream
	תפעם	niph	wci	3fs	פעם	821		be disturbed
	דעת	qal	infc		ידע	393		know
2:4	ידברו	piel	wci	3mp	דבר	180		speak
	חיי	peal	impv	ms	חיא	1092		live
	אמר	peal	impv	ms	אמר	1081		say, tell
	נחוא	pael	impf	1cp	חוה	1092		declare
2:5	ענה	peal	ptc	ms	ענה	1107		answer
	אמר	peal	ptc	ms	אמר	1081		say, tell
	הודעוני	haph	impf	2mp	ידע	1095	1cs	inform
	תתעבדון	htpe	impf	2mp	עבד	1104		be done
	יתשמון	htap	impf	3mp	שים	1113		be made
2:6	תהחון	haph	impf	2mp	חוה	1092		declare
	תקבלון	pael	impf	2mp	קבל	1110		receive
	החוני	haph	impv	mp	חוה	1092	1cs	declare
2:7	ענו	peal	pft	3mp	ענה	1107		answer
	אמרין	peal	ptc	mp	אמר	1081		say, tell
	יאמר	peal	jusm	3ms	אמר	1081		say, tell
	נהחוה	haph	impf	1cp	חוה	1092		declare
2:8	ענה	peal	ptc	ms	ענה	1107		answer
	אמר	peal	ptc	ms	אמר	1081		say, tell
	ידע	peal	ptc	ms	ידע	1095		know

Daniel 2:8– 2:35

ChVs	Form	Stem	Tnse	PGN	Root	BDB	Sfx	Meaning
2:8	זבנין	peal	ptc	mp	זבן	1091		gain, buy
	חזיתון	peal	pft	2mp	חזה	1092		see, behold
2:9	תהודענני	haph	impf	2mp	ידע	1095	1cs	inform
	שחיתה	peal	pptc	fs	שחת	1115		corrupt
	הזמנתוןk	htpe	pft	2mp	זמן	1091		agree together
	הזדמנתון	htpe	pft	2mp	זמן	1091		agree together
	מאמר	peal	infc		אמר	1081		say, tell
	ישתנא	htpa	impf	3ms	שנא	1116		be changed
	אמרו	peal	impv	mp	אמר	1081		say, tell
	ואנדע	peal	impf	1cs	ידע	1095		know
	תהחונני	haph	impf	2mp	חוה	1092	1cs	declare
2:10	ענו	peal	pft	3mp	ענה	1107		answer
	אמרין	peal	ptc	mp	אמר	1081		say, tell
	יוכל	peal	impf	3ms	יכל	1095		be able
	החויה	haph	infc		חוה	1092		declare
	שאל	peal	pft	3ms	שאל	1114		ask, request
2:11	שאל	peal	ptc	ms	שאל	1114		ask, request
	יחונה	pael	impf	3ms	חוה	1092	3fs	declare
2:12	בנס	peal	pft	3ms	בנס	1084		be angry
	קצף	peal	pft	3ms	קצף	1111		be angry
	אמר	peal	pft	3ms	אמר	1081		say, tell
	הובדה	haph	infc		אבד	1078		destroy
2:13	נפקת	peal	pft	3fs	נפק	1103		come forth
	מתקטלין	htpa	ptc	mp	קטל	1111		be slain
	בעו	peal	pft	3mp	בעא	1085		ask, seek
	התקטלה	htpe	infc		קטל	1111		be slain
2:14	התיב	haph	pft	3ms	תוב	1117		restore, return
	נפק	peal	pft	3ms	נפק	1103		come forth
	קטלה	pael	infc		קטל	1111		slay
2:15	ענה	peal	ptc	ms	ענה	1107		answer
	אמר	peal	ptc	ms	אמר	1081		say, tell
	מהחצפה	haph	ptc	fs	חצף	1093		show insolence
	הודע	haph	pft	3ms	ידע	1095		inform
2:16	על	peal	pft	3ms	עלל	1106		go, come in
	בעה	peal	pft	3ms	בעא	1085		ask, seek
	ינתן	peal	impf	3ms	נתן	1103		give
	החויה	haph	infc		חוה	1092		declare
2:17	אזל	peal	pft	3ms	אזל	1079		go, go off
	הודע	haph	pft	3ms	ידע	1095		inform
2:18	מבעא	peal	infc		בעא	1085		ask, seek
	יהבדון	haph	impf	3mp	אבד	1078		destroy
2:19	גלי	peil	pft	3ms	גלה	1086		be revealed
	ברך	pael	pft	3ms	ברך	1085		bless, praise
2:20	ענה	peal	ptc	ms	ענה	1107		answer
	אמר	peal	ptc	ms	אמר	1081		say, tell
	להוא	peal	jusm	3ms	הוה	1089		become, be
	מברך	pael	pptc	ms	ברך	1085		bless, praise
2:21	מהשנא	haph	ptc	ms	שנא	1116		change
	מהעדה	haph	ptc	ms	עדה	1105		take away
	מהקים	haph	ptc	ms	קום	1110		set up, appoint
	יהב	peal	ptc	ms	יהב	1095		give
	ידעי	peal	ptc	mp	ידע	1095		know
2:22	גלא	peal	ptc	ms	גלה	1086		reveal
	מסתרתא	pael	pptc	fp	סתר	1104		hide
2:22	ידע	peal	ptc	ms	ידע	1095		know
	שרא	peal	pptc	ms	שרא	1117		loosen
2:23	מהודא	haph	ptc	ms	ידא	1095		praise
	משבח	pael	ptc	ms	שבח	1114		laud, praise
	יהבת	peal	pft	2ms	יהב	1095		give
	הודעתני	haph	pft	2ms	ידע	1095	1cs	inform
	בעינא	peal	pft	1cp	בעא	1085		ask, seek
	הודעתנא	haph	pft	2ms	ידע	1095	1cp	inform
2:24	על	peal	pft	3ms	עלל	1106		go, come in
	מני	pael	pft	3ms	מנה	1101		appoint
	הובדה	haph	infc		אבד	1078		destroy
	אזל	peal	pft	3ms	אזל	1079		go, go off
	אמר	peal	pft	3ms	אמר	1081		say, tell
	תהובד	haph	jusm	2ms	אבד	1078		destroy
	העלני	haph	impv	ms	עלל	1106	1cs	bring in
	אחוא	pael	impf	1cs	חוה	1092		declare
2:25	התבהלה	htpe	infc		בהל	1084		hasten
	הנעל	haph	pft	3ms	עלל	1106		bring in
	אמר	peal	pft	3ms	אמר	1081		say, tell
	השכחת	haph	pft	1cs	שכח	1115		find
	יהודע	haph	impf	3ms	ידע	1095		inform
2:26	ענה	peal	ptc	ms	ענה	1107		answer
	אמר	peal	ptc	ms	אמר	1081		say, tell
	כהל	peal	ptc	ms	כהל	1096		be able
	הודעתני	haph	infc		ידע	1095	1cs	inform
	חזית	peal	pft	1cs	חזה	1092		see, behold
2:27	ענה	peal	ptc	ms	ענה	1107		answer
	אמר	peal	ptc	ms	אמר	1081		say, tell
	שאל	peal	ptc	ms	שאל	1114		ask, request
	גזרין	peal	ptc	mp	גזר	1086		determine
	יכלין	peal	ptc	mp	יכל	1095		be able
	החויה	haph	infc		חוה	1092		declare
2:28	גלא	peal	ptc	ms	גלה	1086		reveal
	הודע	haph	pft	3ms	ידע	1095		inform
	להוא	peal	impf	3ms	הוה	1089		become, be
2:29	סלקו	peal	pft	3mp	סלק	1104		come up
	להוא	peal	impf	3ms	הוה	1089		become, be
	גלא	peal	ptc	ms	גלה	1086		reveal
	הודעך	haph	pft	3ms	ידע	1095	2ms	inform
	להוא	peal	impf	3ms	הוה	1089		become, be
2:30	גלי	peil	pft	3ms	גלה	1086		be revealed
	יהודעון	haph	impf	3mp	ידע	1095		inform
	תנדע	peal	impf	2ms	ידע	1095		know
2:31	חזה	peal	ptc	ms	חזה	1092		see, behold
	הוית	peal	pft	2ms	הוה	1089		become, be
	קאם	peal	ptc	ms	קום	1110		arise
	דחיל	peal	pptc	ms	דחל	1087		fear
2:34	חזה	peal	ptc	ms	חזה	1092		see, behold
	הוית	peal	pft	2ms	הוה	1089		become, be
	התגזרת	htpe	pft	3fs	גזר	1086		be cut out
	מחת	peal	pft	3fs	מחא	1099		smite
	הדקת	haph	pft	3fs	דקק	1089		break in pieces
2:35	דקו	peal	pft	3mp	דקק	1089		be shattered
	הוו	peal	pft	3mp	הוה	1089		become, be

ChVs	Form	Stem	Tnse	PGN	Root	BDB	Sfx	Meaning	ChVs	Form	Stem	Tnse	PGN	Root	BDB	Sfx	Meaning
2:35	נשׂא	peal	pft	3ms	נשׂא	1103		carry away	2:47	יכלת	peal	pft	2ms	יכל	1095		be able
	השׁתכח	htpe	pft	3ms	שׁכח	1115		be found		מגלא	peal	infc		גלה	1086		reveal
	מחת	peal	pft	3fs	מחא	1099		smite	2:48	רבי	pael	pft	3ms	רבה	1112		make great
	הות	peal	pft	3fs	הוה	1089		become,be		יהב	peal	pft	3ms	יהב	1095		give
	מלת	peal	pft	3fs	מלא	1100		fill		השׁלטה	haph	pft	3ms	שׁלט	1115	3ms	make ruler
2:36	נאמר	peal	impf	1cp	אמר	1081		say,tell	2:49	בעא	peal	pft	3ms	בעא	1085		ask,seek
2:37	יהב	peal	pft	3ms	יהב	1095		give		מני	pael	pft	3ms	מנה	1101		appoint
2:38	דאריןk	peal	ptc	mp	דור	1087		dwell	3:1	עבד	peal	pft	3ms	עבד	1104		make,do
	דיריןq	peal	ptc	mp	דור	1087		dwell		אקימה	aph	pft	3ms	קום	1110	3ms	set up,appoint
	יהב	peal	pft	3ms	יהב	1095		give	3:2	שׁלח	peal	pft	3ms	שׁלח	1115		send
	השׁלטך	haph	pft	3ms	שׁלט	1115	2ms	make ruler		מכנשׁ	peal	infc		כנשׁ	1097		gather
2:39	תקום	peal	impf	3fs	קום	1110		arise		מתא	peal	infc		אתה	1083		come
	תשׁלט	peal	impf	3fs	שׁלט	1115		have power,rule		הקים	haph	pft	3ms	קום	1110		set up,appoint
2:40	תהוא	peal	impf	3fs	הוה	1089		become,be	3:3	מתכנשׁין	htpa	ptc	mp	כנשׁ	1097		be assembled
	מהדק	haph	ptc	ms	דקק	1089		break in pieces		הקים	haph	pft	3ms	קום	1110		set up,appoint
	חשׁל	peal	ptc	ms	חשׁל	1094		shatter		קאמיןk	peal	ptc	mp	קום	1110		arise
	מרעע	pael	ptc	ms	רעע	1113		crush,shatter		קימיןq	peal	ptc	mp	קום	1110		arise
	תדק	aph	impf	3fs	דקק	1089		break in pieces		הקים	haph	pft	3ms	קום	1110		set up,appoint
	תרע	peal	impf	3fs	רעע	1113		crush,shatter	3:4	קרא	peal	ptc	ms	קרא	1111		call,proclaim
2:41	חזיתה	peal	pft	2ms	חזה	1092		see,behold		אמרין	peal	ptc	mp	אמר	1081		say,tell
	פליגה	peal	pptc	fs	פלג	1108		divide	3:5	תשׁמעון	peal	impf	2mp	שׁמע	1116		hear
	תהוה	peal	impf	3fs	הוה	1089		become,be		תפלון	peal	impf	2mp	נפל	1103		fall
	להוא	peal	impf	3ms	הוה	1089		become,be		תסגדון	peal	impf	2mp	סגד	1104		do homage
	חזיתה	peal	pft	2ms	חזה	1092		see,behold		הקים	haph	pft	3ms	קום	1110		set up,appoint
	מערב	pael	pptc	ms	ערב	1107		be mixed	3:6	יפל	peal	impf	3ms	נפל	1103		fall
2:42	תהוה	peal	impf	3fs	הוה	1089		become,be		יסגד	peal	impf	3ms	סגד	1104		do homage
	תהוה	peal	impf	3fs	הוה	1089		become,be		יתרמא	htpe	impf	3ms	רמא	1113		be cast
	תבירה	peal	pptc	fs	תבר	1117		break		יקדתא	peal	ptc	fs	יקד	1096		burn
2:43	חזית	peal	pft	2ms	חזה	1092		see,behold	3:7	שׁמעין	peal	ptc	mp	שׁמע	1116		hear
	מערב	pael	pptc	ms	ערב	1107		be mixed		נפלין	peal	ptc	mp	נפל	1103		fall
	מתערבין	htpa	ptc	mp	ערב	1107		be mixed		סגדין	peal	ptc	mp	סגד	1104		do homage
	להון	peal	impf	3mp	הוה	1089		become,be		הקים	haph	pft	3ms	קום	1110		set up,appoint
	להון	peal	impf	3mp	הוה	1089		become,be	3:8	קרבו	peal	pft	3mp	קרב	1111		approach
	דבקין	peal	ptc	mp	דבק	1087		cling		אכלו	peal	pft	3mp	אכל	1080		eat,devour
	מתערב	htpa	ptc	ms	ערב	1107		be mixed	3:9	ענו	peal	pft	3mp	ענה	1107		answer
2:44	יקים	aph	impf	3ms	קום	1110		set up,appoint		אמרין	peal	ptc	mp	אמר	1081		say,tell
	תתחבל	htpa	impf	3fs	חבל	1091		be destroyed		חיי	peal	impv	ms	חיא	1092		live
	תשׁתבק	htpe	impf	3fs	שׁבק	1114		be left	3:10	שׂמת	peal	pft	2ms	שׂים	1113		make,set
	תדק	aph	impf	3fs	דקק	1089		break in pieces		ישׁמע	peal	pft	3ms	שׁמע	1116		hear
	תסיף	aph	impf	3fs	סוף	1104		put an end to		יפל	peal	impf	3ms	נפל	1103		fall
	תקום	peal	impf	3fs	קום	1110		arise		יסגד	peal	impf	3ms	סגד	1104		do homage
2:45	חזית	peal	pft	2ms	חזה	1092		see,behold	3:11	יפל	peal	impf	3ms	נפל	1103		fall
	אתגזרת	ith	pft	3fs	גזר	1086		be cut out		יסגד	peal	impf	3ms	סגד	1104		do homage
	הדקת	haph	pft	3fs	דקק	1089		break in pieces		יתרמא	htpe	impf	3ms	רמא	1113		be cast
	הודע	haph	pft	3ms	ידע	1095		inform		יקדתא	peal	ptc	fs	יקד	1096		burn
	להוא	peal	impf	3ms	הוה	1089		become,be	3:12	מנית	pael	pft	2ms	מנה	1101		appoint
	מהימן	haph	pptc	ms	אמן	1081		trust		שׂמו	peal	pft	3mp	שׂים	1113		make,set
2:46	נפל	peal	pft	3ms	נפל	1103		fall		פלחין	peal	ptc	mp	פלח	1108		pay reverence
	סגד	peal	pft	3ms	סגד	1104		do homage		הקימת	haph	pft	2ms	קום	1110		set up,appoint
	אמר	peal	pft	3ms	אמר	1081		say,tell		סגדין	peal	ptc	mp	סגד	1104		do homage
	נסכה	pael	infc		נסך	1103		pour out	3:13	אמר	peal	pft	3ms	אמר	1081		say,tell
2:47	ענה	peal	ptc	ms	ענה	1107		answer		היתיה	haph	infc		אתה	1083		bring
	אמר	peal	ptc	ms	אמר	1081		say,tell		היתיו	heph	pft	3mp	אתה	1083		be brought
	גלה	peal	ptc	ms	גלה	1086		reveal	3:14	ענה	peal	ptc	ms	ענה	1107		answer

Daniel 3:14–4:4

ChVs	Form	Stem	Tnse	PGN	Root	BDB	Sfx	Meaning
3:14	אמר	peal	ptc	ms	אמר	1081		say,tell
	פלחין	peal	ptc	mp	פלח	1108		pay reverence
	הקימת	haph	pft	1cs	קום	1110		set up, appoint
	סגדין	peal	ptc	mp	סגד	1104		do homage
3:15	תשמעון	peal	impf	2mp	שמע	1116		hear
	תפלון	peal	impf	2mp	נפל	1103		fall
	תסגדון	peal	impf	2mp	סגד	1104		do homage
	עבדת	peal	pft	1cs	עבד	1104		make, do
	תסגדון	peal	impf	2mp	סגד	1104		do homage
	תתרמון	htpe	impf	2mp	רמא	1113		be cast
	יקדתא	peal	ptc	fs	יקד	1096		burn
	שיזבנכון	shap	impf	3ms	יזב	1115	2mp	deliver
3:16	ענו	peal	pft	3mp	ענה	1107		answer
	אמרין	peal	ptc	mp	אמר	1081		say,tell
	חשחין	peal	ptc	mp	חשח	1093		need
	התבותך	haph	infc		תוב	1117	2ms	restore, return
3:17	פלחין	peal	ptc	mp	פלח	1108		pay reverence
	יכל	peal	ptc	ms	יכל	1095		be able
	שיזבותנא	shap	infc		יזב	1115	1cp	deliver
	יקדתא	peal	ptc	fs	יקד	1096		burn
	ישיזב	shap	impf	3ms	יזב	1115		deliver
3:18	ידיע	peal	pptc	ms	ידע	1095		know
	להוא	peal	impf	3ms	הוה	1089		become, be
	פלחין	peal	ptc	mp	פלח	1108		pay reverence
	הקימת	haph	pft	2ms	קום	1110		set up, appoint
	נסגד	peal	impf	1cp	סגד	1104		do homage
3:19	התמלי	htpe	pft	3ms	מלא	1100		be filled
	אשתנוk	itpa	pft	3mp	שנא	1116		be changed
	אשתניq	itpa	pft	3ms	שנא	1116		be changed
	ענה	peal	ptc	ms	ענה	1107		answer
	אמר	peal	ptc	ms	אמר	1081		say,tell
	מזא	peal	infc		אזא	1079		make hot
	חזה	peal	pptc	ms	חזה	1092		see, behold
	מזיה	peal	infc		אזא	1079	3ms	make hot
3:20	אמר	peal	pft	3ms	אמר	1081		say,tell
	כפתה	pael	pft		כפת	1097		bound
	מרמא	peal	infc		רמא	1113		cast, throw
	יקדתא	peal	ptc	fs	יקד	1096		burn
3:21	כפתו	peil	pft	3mp	כפת	1097		be bound
	רמיו	peil	pft	3mp	רמא	1113		be cast
	יקדתא	peal	ptc	fs	יקד	1096		burn
3:22	מחצפה	aph	ptc	fs	חצף	1093		show insolence
	אזה	peal	pptc	ms	אזא	1079		make hot
	הסק	haph	pft	3mp	סלק	1104		take up
	קטל	pael	pft	3ms	קטל	1111		slay
3:23	נפלו	peal	pft	3mp	נפל	1103		fall
	יקדתא	peal	ptc	fs	יקד	1096		burn
	מכפתין	pael	pptc	mp	כפת	1097		bound
3:24	תוה	peal	pft	3ms	תוה	1117		be startled
	קם	peal	pft	3ms	קום	1110		arise
	התבהלה	htpe	infc		בהל	1084		hasten
	ענה	peal	ptc	ms	ענה	1107		answer
	אמר	peal	ptc	ms	אמר	1081		say,tell
	רמינא	peal	pft	1cp	רמא	1113		cast, throw
3:24	מכפתין	pael	pptc	mp	כפת	1097		bound
	ענין	peal	ptc	mp	ענה	1107		answer
	אמרין	peal	ptc	mp	אמר	1081		say,tell
3:25	ענה	peal	ptc	ms	ענה	1107		answer
	אמר	peal	ptc	ms	אמר	1081		say,tell
	חזה	peal	ptc	ms	חזה	1092		see, behold
	שרין	peal	pptc	mp	שרא	1117		loosen
	מהלכין	aph	ptc	mp	הלך	1090		walk
	דמה	peal	ptc	ms	דמה	1088		be like
3:26	קרב	peal	pft	3ms	קרב	1111		approach
	יקדתא	peal	ptc	fs	יקד	1096		burn
	ענה	peal	ptc	ms	ענה	1107		answer
	אמר	peal	ptc	ms	אמר	1081		say,tell
	פקו	peal	impv	mp	נפק	1103		come forth
	אתו	peal	impv	mp	אתה	1083		come
	נפקין	peal	ptc	mp	נפק	1103		come forth
3:27	מתכנשין	htpa	ptc	mp	כנש	1097		be assembled
	חזין	peal	ptc	mp	חזה	1092		see, behold
	שלט	peal	pft	3ms	שלט	1115		have power, rule
	התחרך	htpa	pft	3ms	חרך	1093		singe
	שנו	peal	pft	3mp	שנא	1116		change
	עדת	peal	pft	3fs	עדה	1105		pass on, away
3:28	ענה	peal	ptc	ms	ענה	1107		answer
	אמר	peal	ptc	ms	אמר	1081		say,tell
	בריך	peal	pptc	ms	ברך	1085		kneel
	שלח	peal	pft	3ms	שלח	1115		send
	שיזב	shap	pft	3ms	יזב	1115		deliver
	התרחצו	htpe	pft	3mp	רחץ	1113		trust
	שניו	pael	pft	3mp	שנא	1116		change
	יהבו	peal	pft	3mp	יהב	1095		give
	יפלחון	peal	impf	3mp	פלח	1108		pay reverence
	יסגדון	peal	impf	3mp	סגד	1104		do homage
3:29	שים	peil	pft	3ms	שים	1113		be made
	יאמר	peal	impf	3ms	אמר	1081		say,tell
	יתעבד	htpe	impf	3ms	עבד	1104		be done
	ישתוה	htpa	impf	3ms	שוה	1114		be set, made
	יכל	peal	impf	3ms	יכל	1095		be able
	הצלה	haph	infc		נצל	1103		rescue
3:30	הצלח	haph	pft	3ms	צלח	1109		prosper
3:31	דאריןk	peal	ptc	mp	דור	1087		dwell
	דיריןq	peal	ptc	mp	דור	1087		dwell
	ישגא	peal	jusm	3ms	שגא	1113		grow great
3:32	עבד	peal	pft	3ms	עבד	1104		make, do
	שפר	peal	pft	3ms	שפר	1117		be fair, seemly
	החויה	haph	infc		חוה	1092		declare
4:1	הוית	peal	pft	1cs	הוה	1089		become, be
4:2	חזית	peal	pft	1cs	חזה	1092		see, behold
	ידחלנני	pael	impf	3ms	דחל	1087	1cs	make afraid
	יבהלנני	pael	impf	3mp	בהל	1084	1cs	alarm, dismay
4:3	שים	peil	pft	3ms	שים	1113		be made
	הנעלה	haph	infc		עלל	1106		bring in
	יהודענני	haph	impf	3mp	ידע	1095	1cs	inform
4:4	עלליןk	peal	ptc	mp	עלל	1106		go, come in
	עליןq	peal	ptc	mp	עלל	1106		go, come in

Daniel 4:4–4:31

ChVs	Form	Stem	Tnse	PGN	Root	BDB	Sfx	Meaning
4:4	גזריא	peal	ptc	mp	גזר	1086		determine
	אמר	peal	ptc	ms	אמר	1081		say, tell
	מהודעין	haph	ptc	mp	ידע	1095		inform
4:5	על	peal	pft	3ms	עלל	1106		go, come in
	אמרת	peal	pft	1cs	אמר	1081		say, tell
4:6	ידעת	peal	pft	1cs	ידע	1095		know
	אנס	peal	ptc	ms	אנס	1081		oppress
	חזית	peal	pft	1cs	חזה	1092		see, behold
	אמר	peal	impv	ms	אמר	1081		say, tell
4:7	חזה	peal	ptc	ms	חזה	1092		see, behold
	הוית	peal	pft	1cs	הוה	1089		become, be
4:8	רבה	peal	pft	3ms	רבה	1112		grow great
	תקף	peal	pft	3ms	תקף	1118		grow strong
	ימטא	peal	impf	3ms	מטה	1100		reach, come to
4:9	תטלל	aph	impf	3fs	טלל	1094		have shade
	ידרוןk	peal	impf	3mp	דור	1087		dwell
	ידרוןq	peal	impf	3fp	דור	1087		dwell
	יתזין	htap	impf	3ms	זון	1091		feed
4:10	חזה	peal	ptc	ms	חזה	1092		see, behold
	הוית	peal	pft	1cs	הוה	1089		become, be
	נחת	peal	ptc	ms	נחת	1102		descend
4:11	קרא	peal	ptc	ms	קרא	1111		call, proclaim
	אמר	peal	ptc	ms	אמר	1081		say, tell
	גדו	peal	impv	mp	נדד	1086		hew down
	קצצו	pael	impv	mp	קצץ	1127		cut off
	אתרו	aph	impv	mp	נתר	1103		strip off
	בדרו	pael	impv	mp	בדר	1084		scatter
	תנד	peal	jusm	3fs	נוד	1102		flee
4:12	שבקו	peal	impv	mp	שבק	1114		leave, let alone
	יצטבע	htpa	jusm	3ms	צבע	1109		be wet
4:13	ישנון	pael	jusm	3mp	שנא	1116		change
	יתיהב	htpe	jusm	3ms	יהב	1095		be given
	יחלפון	peal	jusm	3mp	חלף	1093		pass over
4:14	ינדעון	peal	impf	3mp	ידע	1095		know
	יצבא	peal	impf	3ms	צבא	1109		be pleased
	יתננה	peal	impf	3ms	נתן	1103	3fs	give
	יקים	aph	impf	3ms	קום	1110		set up, appoint
4:15	חזית	peal	pft	1cs	חזה	1092		see, behold
	אמר	peal	impv	ms	אמר	1081		say, tell
	יכלין	peal	ptc	mp	יכל	1095		be able
	הודעתני	haph	infc		ידע	1095	1cs	inform
	כהל	peal	ptc	ms	כהל	1096		be able
4:16	אשתומם	itpo	pft	3ms	שמם	1116		be appalled
	יבהלנה	pael	impf	3mp	בהל	1084	3ms	alarm, dismay
	ענה	peal	ptc	ms	ענה	1107		answer
	אמר	peal	ptc	ms	אמר	1081		say, tell
	יבהלך	pael	jus	3ms	בהל	1084	2ms	alarm, dismay
	ענה	peal	ptc	ms	ענה	1107		answer
	אמר	peal	ptc	ms	אמר	1081		say, tell
	שנאיךk	peal	ptc	mp	שנא	1114	2ms	hate
	שנאךq	peal	ptc	ms	שנא	1114	2ms	hate
4:17	חזית	peal	pft	2ms	חזה	1092		see, behold
	רבה	peal	pft	3ms	רבה	1112		grow great
	תקף	peal	pft	3ms	תקף	1118		grow strong
4:17	ימטא	peal	impf	3ms	מטה	1100		reach, come to
4:18	תדור	peal	impf	3fs	דור	1087		dwell
	ישכנן	peal	impf	3fp	שכן	1115		dwell
4:19	רבית	peal	pft	2ms	רבה	1112		grow great
	תקפת	peal	pft	2ms	תקף	1118		grow strong
	רבת	peal	pft	3fs	רבה	1112		grow great
	מטת	peal	pft	3fs	מטה	1100		reach, come to
4:20	חזה	peal	pft	3ms	חזה	1092		see, behold
	נחת	peal	ptc	ms	נחת	1102		descend
	אמר	peal	ptc	ms	אמר	1081		say, tell
	גדו	peal	impv	mp	נדד	1086		hew down
	חבלוהי	pael	impv	mp	חבל	1091	3ms	destroy, hurt
	שבקו	peal	impv	mp	שבק	1114		leave, let alone
	יצטבע	htpa	jusm	3ms	צבע	1109		be wet
	יחלפון	peal	impf	3mp	חלף	1093		pass over
4:21	מטת	peal	pft	3fs	מטה	1100		reach, come to
4:22	טרדין	peal	ptc	mp	טרד	1094		chase away
	להוה	peal	impf	3ms	הוה	1089		become, be
	יטעמון	pael	impf	3mp	טעם	1094		feed
	מצבעין	pael	ptc	mp	צבע	1109		wet
	יחלפון	peal	impf	3mp	חלף	1093		pass over
	תנדע	peal	impf	2ms	ידע	1095		know
	יצבא	peal	impf	3ms	צבא	1109		be pleased
	יתננה	peal	impf	3ms	נתן	1103	3fs	give
4:23	אמרו	peal	pft	3mp	אמר	1081		say, tell
	משבק	peal	infc		שבק	1114		leave, let alone
	תנדע	peal	impf	2ms	ידע	1095		know
4:24	ישפר	peal	jusm	3ms	שפר	1117		be fair, seemly
	פרק	peal	impv	ms	פרק	1108		tear away
	מחן	peal	infc		חנן	1093		show favor
	תהוא	peal	impf	3fs	הוה	1089		become, be
4:25	מטא	peal	pft	3ms	מטה	1100		reach, come to
4:26	מהלך	pael	ptc	ms	הלך	1090		walk about
	הוה	peal	pft	3ms	הוה	1089		become, be
4:27	ענה	peal	ptc	ms	ענה	1107		answer
	אמר	peal	ptc	ms	אמר	1081		say, tell
	בניתה	peal	pft	1cs	בנה	1084	3fs	build
4:28	נפל	peal	pft	3ms	נפל	1103		fall
	אמרין	peal	ptc	mp	אמר	1081		say, tell
	עדת	peal	pft	3fs	עדה	1105		pass on, away
4:29	טרדין	peal	ptc	mp	טרד	1094		chase away
	יטעמון	pael	impf	3mp	טעם	1094		feed
	יחלפון	peal	impf	3mp	חלף	1093		pass over
	תנדע	peal	impf	2ms	ידע	1095		know
	יצבא	peal	impf	3ms	צבא	1109		be pleased
	יתננה	peal	impf	3ms	נתן	1103	3fs	give
4:30	ספת	peal	pft	3fs	סוף	1104		be fulfilled
	טריד	peil	pft	3ms	טרד	1094		be chased
	יאכל	peal	impf	3ms	אכל	1080		eat, devour
	יצטבע	htpa	impf	3ms	צבע	1109		be wet
	רבה	peal	pft	3ms	רבה	1112		grow great
4:31	נטלת	peal	pft	1cs	נטל	1102		look
	יתוב	peal	impf	3ms	תוב	1117		return
	ברכת	pael	pft	1cs	ברך	1085		bless, praise

Ch Vs	Form	Stem	Tnse	PGN	Root	BDB	Sfx	Meaning	Ch Vs	Form	Stem	Tnse	PGN	Root	BDB	Sfx	Meaning
4:31	שבחת	pael	pft	1cs	שבח	1114		laud, praise	5:8	כהלין	peal	ptc	mp	כהל	1096		be able
	הדרת	pael	pft	1cs	הדר	1089		glorify		מקרא	peal	infc		קרא	1111		call, proclaim
4:32	דאריk	peal	ptc	mp	דור	1087		dwell		הודעה	haph	infc		ידע	1095		inform
	דיריq	peal	ptc	mp	דור	1087		dwell	5:9	מתבהל	htpa	ptc	ms	בהל	1084		be alarmed
	חשביבן	peal	pptc	mp	חשב	1093		think, account		שנין	peal	ptc	mp	שנא	1116		change
	מצביה	peal	infc		צבא	1109	3ms	be pleased		משתבשין	htpa	ptc	mp	שבש	1114		be perplexed
	עבד	peal	ptc	ms	עבד	1104		make, do	5:10	עללתk	peal	pft	3fs	עלל	1106		go, come in
	דאריk	peal	ptc	mp	דור	1087		dwell		עלת q	peal	pft	3fs	עלל	1106		go, come in
	דיריq	peal	ptc	mp	דור	1087		dwell		ענת	peal	pft	3fs	ענה	1107		answer
	ימחא	pael	impf	3ms	מחא	1099		hinder		אמרת	peal	pft	3fs	אמר	1081		say, tell
	יאמר	peal	impf	3ms	אמר	1081		say, tell		חיי	peal	impv	ms	חיא	1092		live
	עבדת	peal	pft	2ms	עבד	1104		make, do		יבהלוך	pael	jus	3mp	בהל	1084	2ms	alarm, dismay
4:33	יתוב	peal	impf	3ms	תוב	1117		return		ישתנו	htpa	jus	3mp	שנא	1116		be changed
	יתוב	peal	impf	3ms	תוב	1117		return	5:11	השתכחת	htpe	pft	3fs	שכח	1115		be found
	יבעון	pael	impf	3mp	בעא	1085		resort		גזרין	peal	ptc	mp	גזר	1086		determine
	התקנת	hoph	pft	3fs	תקן	1118		be established		הקימה	haph	pft	3ms	קום	1110	3ms	set up, appoint
	הוספת	hoph	pft	3fs	יסף	1095		be added	5:12	מפשר	pael	ptc	ms	פשר	1109		interpret
4:34	משבח	pael	ptc	ms	שבח	1114		laud, praise		משרא	pael	ptc	ms	שרא	1117		begin
	מרומם	pol	ptc	ms	רום	1112		extol		השתכחת	htpe	pft	3fs	שכח	1115		be found
	מהדר	pael	ptc	ms	הדר	1089		glorify		שם	peal	pft	3ms	שים	1113		make, set
	מהלכין	aph	ptc	mp	הלך	1090		walk		יתקרי	htpe	jus	3ms	קרא	1111		be summoned
	יכל	peal	ptc	ms	יכל	1095		be able		יהחוה	haph	impf	3ms	חוה	1092		declare
	השפלה	haph	infc		שפל	1117		bring low	5:13	העל	hoph	pft	3ms	עלל	1106		be brought
5:1	עבד	peal	pft	3ms	עבד	1104		make, do		ענה	peal	ptc	ms	ענה	1107		answer
	שתה	peal	ptc	ms	שתה	1117		drink		אמר	peal	ptc	ms	אמר	1081		say, tell
5:2	אמר	peal	pft	3ms	אמר	1081		say, tell		היתי	haph	pft	3ms	אתה	1083		bring
	היתיה	haph	infc		אתה	1083		bring	5:14	שמעת	peal	pft	1cs	שמע	1116		hear
	הנפק	haph	pft	3ms	נפק	1103		bring forth		השתכחת	htpe	pft	3fs	שכח	1115		be found
	ישתון	peal	impf	3mp	שתה	1117		drink	5:15	העלו	hoph	pft	3mp	עלל	1106		be brought
5:3	היתיו	haph	pft	3mp	אתה	1083		bring		יקרון	peal	impf	3mp	קרא	1111		call, proclaim
	הנפקו	haph	pft	3mp	נפק	1103		bring forth		הודעתני	haph	infc		ידע	1095	1cs	inform
	אשתיו	peal	pft	3mp	שתה	1117		drink		כהלין	peal	ptc	mp	כהל	1096		be able
5:4	אשתיו	peal	pft	3mp	שתה	1117		drink		החויה	haph	infc		חוה	1092		declare
	שבחו	pael	pft	3mp	שבח	1114		laud, praise	5:16	שמעת	peal	pft	1cs	שמע	1116		hear
5:5	נפקוk	peal	pft	3mp	נפק	1103		come forth		תוכלk	peal	impf	2ms	יכל	1095		be able
	נפקהq	peal	pft	3fp	נפק	1103		come forth		תכולq	peal	impf	2ms	יכל	1095		be able
	כתבן	peal	ptc	fp	כתב	1098		write		מפשר	peal	infc		פשר	1109		interpret
	חזה	peal	ptc	ms	חזה	1092		see, behold		משרא	peal	infc		שרא	1117		loosen
	כתבה	peal	ptc	fs	כתב	1098		write		תוכלk	peal	impf	2ms	יכל	1095		be able
5:6	שנוהי	peal	pft	3mp	שנא	1116	3ms	change		תכולq	peal	impf	2ms	יכל	1095		be able
	יבהלונה	pael	impf	3mp	בהל	1084	3ms	alarm, dismay		מקרא	peal	infc		קרא	1111		call, proclaim
	משתרין	htpa	ptc	mp	שרא	1117		be loosened		הודעתני	haph	infc		ידע	1095	1cs	inform
	נקשן	peal	ptc	fp	נקש	1103		knock		תלבש	peal	impf	2ms	לבש	1098		be clothed
5:7	קרא	peal	ptc	ms	קרא	1111		call, proclaim		תשלט	peal	impf	2ms	שלט	1115		have power, rule
	העלה	haph	infc		עלל	1106		bring in	5:17	ענה	peal	ptc	ms	ענה	1107		answer
	גזריא	peal	ptc	mp	גזר	1086		determine		אמר	peal	ptc	ms	אמר	1081		say, tell
	ענה	peal	pft	3ms	ענה	1107		answer		להוין	peal	jusm	3fp	הוה	1089		become, be
	אמר	peal	pft	3ms	אמר	1081		say, tell		הב	peal	impv	ms	יהב	1095		give
	יקרה	peal	impf	3ms	קרא	1111		call, proclaim		אקרא	peal	impf	1cs	קרא	1111		call, proclaim
	יחוני	pael	impf	3ms	חוה	1092	1cs	declare		אהודענה	haph	impf	1cs	ידע	1095	3ms	inform
	ילבש	peal	impf	3ms	לבש	1098		be clothed	5:18	יהב	peal	pft	3ms	יהב	1095		give
	ישלט	peal	impf	3ms	שלט	1115		have power, rule	5:19	יהב	peal	pft	3ms	יהב	1095		give
5:8	עלליןk	peal	ptc	mp	עלל	1106		go, come in		הוו	peal	pft	3mp	הוה	1089		become, be
	עליןq	peal	ptc	mp	עלל	1106		go, come in		זאעיןk	peal	ptc	mp	זוע	1091		tremble

Daniel 5:19–6:13

ChVs	Form	Stem	Tnse	PGN	Root	BDB	Sfx	Meaning
5:19	זָיְעִין	peal	ptc	mp	זוע	1091		tremble
	דָחֲלִין	peal	ptc	mp	דחל	1087		fear
	הֲוָה	peal	pft	3ms	הוה	1089		become, be
	צָבֵא	peal	ptc	ms	צבא	1109		be pleased
	הֲוָא	peal	pft	3ms	הוה	1089		become, be
	קָטֵל	peal	ptc	ms	קטל	1111		slay
	הֲוָה	peal	pft	3ms	הוה	1089		become, be
	צָבֵא	peal	ptc	ms	צבא	1109		be pleased
	הֲוָה	peal	pft	3ms	הוה	1089		become, be
	מַחֵא	aph	ptc	ms	חיא	1092		let live
	הֲוָה	peal	pft	3ms	הוה	1089		become, be
	צָבֵא	peal	ptc	ms	צבא	1109		be pleased
	הֲוָה	peal	pft	3ms	הוה	1089		become, be
	מָרִים	aph	ptc	ms	רום	1112		exalt
	הֲוָה	peal	pft	3ms	הוה	1089		become, be
	צָבֵא	peal	ptc	ms	צבא	1109		be pleased
	הֲוָה	peal	pft	3ms	הוה	1089		become, be
	מַשְׁפִּיל	aph	ptc	ms	שׁפל	1117		bring low
5:20	רָם	peal	pft	3ms	רום	1112		lift up
	תְּקִפַת	peal	pft	3fs	תקף	1118		grow strong
	הֲזִדָה	haph	infc		זוד	1091		be presumptuous
	הָנְחַת	hoph	pft	3ms	נחת	1102		be deposed
	הֶעְדִּיו	haph	pft	3mp	עדה	1105		take away
5:21	טְרִיד	peil	pft	3ms	טרד	1094		be chased
	שְׁוִי k	peil	pft	3ms	שׁוה	1114		be like
	שַׁוִּיו q	pael	pft	3mp	שׁוה	1114		be like
	יְטַעֲמוּנֵהּ	pael	impf	3mp	טעם	1094	3ms	feed
	יִצְטַבַּע	htpa	impf	3ms	צבע	1109		be wet
	יְדַע	peal	pft	3ms	ידע	1095		know
	יִצְבֵּה	peal	impf	3ms	צבא	1109		be pleased
	יְהָקֵים	haph	impf	3ms	קום	1110		set up, appoint
5:22	הַשְׁפֵּלְתְּ	haph	pft	2ms	שׁפל	1117		bring low
	יְדַעְתָּ	peal	pft	2ms	ידע	1095		know
5:23	הִתְרוֹמַמְתָּ	htpo	pft	2ms	רום	1112		lift self up
	הַיְתִיו	haph	pft	3mp	אתה	1083		bring
	שָׁתַיִן	peal	ptc	mp	שׁתה	1117		drink
	חָזַיִן	peal	ptc	mp	חזה	1092		see, behold
	שָׁמְעִין	peal	ptc	mp	שׁמע	1116		hear
	יָדְעִין	peal	ptc	mp	ידע	1095		know
	שַׁבַּחְתָּ	pael	pft	2ms	שׁבח	1114		laud, praise
	הַדַּרְתָּ	pael	pft	2ms	הדר	1089		glorify
5:24	שְׁלִיחַ	peil	pft	3ms	שׁלח	1115		be sent
	רְשִׁים	peil	pft	3ms	רשׁם	1113		be written
5:25	רְשִׁים	peil	pft	3ms	רשׁם	1113		be written
5:26	מְנָה	peal	pft	3ms	מנה	1101		number
	הַשְׁלְמַהּ	haph	pft	3ms	שׁלם	1115	3fs	finish
5:27	תְּקִילְתָּה	peil	pft	2ms	תקל	1118		be weighed
	הִשְׁתְּכַחַתְּ	htpe	pft	2ms	שׁכח	1115		be found
5:28	פְּרִיסַת	peil	pft	3fs	פרס	1108		be broken in 2
	יְהִיבַת	peil	pft	3fs	יהב	1095		be given
5:29	אֲמַר	peal	pft	3ms	אמר	1081		say, tell
	הַלְבִּישׁוּ	haph	pft	3mp	לבשׁ	1098		clothe
	הַכְרִזוּ	haph	pft	3mp	כרז	1097		proclaim
	לֶהֱוֵא	peal	impf	3ms	הוה	1089		become, be
5:30	קְטִיל	peil	pft	3ms	קטל	1111		be slain
6:1	קַבֵּל	pael	pft	3ms	קבל	1110		receive
6:2	שְׁפַר	peal	pft	3ms	שׁפר	1117		be fair, seemly
	הֲקֵים	haph	pft	3ms	קום	1110		set up, appoint
	לֶהֱוֹן	peal	impf	3mp	הוה	1089		become, be
6:3	לְהוֹן	peal	impf	3mp	הוה	1089		become, be
	יָהֲבִין	peal	ptc	mp	יהב	1095		give
	לֶהֱוֵא	peal	impf	3ms	הוה	1089		become, be
	נָזִק	peal	ptc	ms	נזק	1102		suffer injury
6:4	הֲוָה	peal	pft	3ms	הוה	1089		become, be
	מִתְנַצַּח	htpa	ptc	ms	נצח	1103		distinguish
	עֲשִׁית	peal	pptc	ms	עשׁת	1108		think, plan
	הֲקָמוּתֵהּ	haph	infc		קום	1110	3ms	set up, appoint
6:5	הֲווֹ	peal	pft	3mp	הוה	1089		become, be
	בָּעַיִן	peal	ptc	mp	בעא	1085		ask, seek
	הַשְׁכָּחָה	haph	infc		שׁכח	1115		find
	שְׁחִיתָה	peal	pptc	fs	שׁחת	1115		corrupt
	יָכְלִין	peal	ptc	mp	יכל	1095		be able
	הַשְׁכָּחָה	haph	infc		שׁכח	1115		find
	מְהֵימַן	haph	pptc	ms	אמן	1081		trust
	שְׁחִיתָה	peal	pptc	fs	שׁחת	1115		corrupt
	הִשְׁתְּכַחַת	htpe	pft	3fs	שׁכח	1115		be found
6:6	אָמְרִין	peal	ptc	mp	אמר	1081		say, tell
	נְהַשְׁכַּח	haph	impf	1cp	שׁכח	1115		find
	הַשְׁכַּחְנָה	haph	pft	1cp	שׁכח	1115		find
6:7	הַרְגִּשׁוּ	haph	pft	3mp	רגשׁ	1112		be in tumult
	אָמְרִין	peal	ptc	mp	אמר	1081		say, tell
	חֱיִי	peal	impv	ms	חיא	1092		live
6:8	אִתְיָעַטוּ	itpa	pft	3mp	יעט	1095		advise
	קַיָּמָה	pael	infc		קום	1110		establish
	תַּקָּפָה	pael	infc		תקף	1118		make strong
	יִבְעֵה	peal	impf	3ms	בעא	1085		ask, seek
	יִתְרְמֵא	htpe	impf	3ms	רמא	1113		be cast
6:9	תְּקִים	aph	impf	2ms	קום	1110		set up, appoint
	תִּרְשֻׁם	peal	impf	2ms	רשׁם	1113		inscribe, sign
	הַשְׁנָיָה	haph	infc		שׁנא	1116		change
	תֶעְדֵּא	peal	impf	3fs	עדה	1105		pass on, away
6:10	רְשַׁם	peal	pft	3ms	רשׁם	1113		inscribe, sign
6:11	יְדַע	peal	pft	3ms	ידע	1095		know
	רְשִׁים	peil	pft	3ms	רשׁם	1113		be written
	עַל	peal	pft	3ms	עלל	1106		go, come in
	פְּתִיחָן	peal	pptc	fp	פתח	1109		open
	בָּרֵךְ	peal	ptc	ms	ברך	1085		kneel
	מְצַלֵּא	pael	ptc	ms	צלא	1109		pray
	מוֹדֵא	aph	ptc	ms	ידא	1095		praise
	הֲוָה	peal	pft	3ms	הוה	1089		become, be
	עָבֵד	peal	ptc	ms	עבד	1104		make, do
6:12	הַרְגִּשׁוּ	haph	pft	3mp	רגשׁ	1112		be in tumult
	הַשְׁכַּחוּ	haph	pft	3mp	שׁכח	1115		find
	בָּעֵא	peal	ptc	ms	בעא	1085		ask, seek
	מִתְחַנַּן	htpa	ptc	ms	חנן	1093		implore favor
6:13	קְרִיבוּ	peal	pft	3mp	קרב	1111		approach
	אָמְרִין	peal	ptc	mp	אמר	1081		say, tell
	רְשַׁמְתָּ	peal	pft	2ms	רשׁם	1113		inscribe, sign

ChVs	Form	Stem	Tnse	PGN	Root	BDB	Sfx	Meaning	ChVs	Form	Stem	Tnse	PGN	Root	BDB	Sfx	Meaning
6:13	יבעה	peal	impf	3ms	בעא	1085		ask, seek	6:23	עבדת	peal	pft	1cs	עבד	1104		make, do
	יתרמא	htpe	impf	3ms	רמא	1113		be cast	6:24	טאב	peal	pft	3ms	טאב	1094		be good
	ענה	peal	ptc	ms	ענה	1107		answer		אמר	peal	pft	3ms	אמר	1081		say, tell
	אמר	peal	ptc	ms	אמר	1081		say, tell		הנסקה	haph	infc		סלק	1104		take up
	תעדא	peal	impf	3fs	עדה	1105		pass on, away		הסק	haph	pft	3ms	סלק	1104		be taken up
6:14	ענו	peal	pft	3mp	ענה	1107		answer		השתכח	htpe	pft	3ms	שכח	1115		be found
	אמרין	peal	ptc	mp	אמר	1081		say, tell		הימן	haph	pft	3ms	אמן	1081		trust
	שם	peal	pft	3ms	שים	1113		make, set	6:25	אמר	peal	pft	3ms	אמר	1081		say, tell
	רשמת	peal	pft	2ms	רשם	1113		inscribe, sign		היתיו	haph	pft	3mp	אתה	1083		bring
	בעא	peal	ptc	ms	בעא	1085		ask, seek		אכלו	peal	pft	3mp	אכל	1080		eat, devour
6:15	שמע	peal	pft	3ms	שמע	1116		hear		רמו	peal	pft	3mp	רמא	1113		cast, throw
	באש	peal	pft	3ms	באש	1084		be evil		מטו	peal	pft	3mp	מטה	1100		reach, come to
	שם	peal	pft	3ms	שים	1113		make, set		שלטו	peal	pft	3mp	שלט	1115		have power, rule
	שיזבותה	shap	infc		יזב	1115	3ms	deliver		הדקו	haph	pft	3mp	דקק	1089		break in pieces
	הוא	peal	pft	3ms	הוה	1089		become, be	6:26	כתב	peal	pft	3ms	כתב	1098		write
	משתדר	htpa	ptc	ms	שדר	1114		struggle, strive		דארין k	peal	ptc	mp	דור	1087		dwell
	הצלותה	haph	infc		נצל	1103	3ms	rescue		דירין q	peal	ptc	mp	דור	1087		dwell
6:16	הרגשו	haph	pft	3mp	רגש	1112		be in tumult		ישגא	peal	jusm	3ms	שגא	1113		grow great
	אמרין	peal	ptc	mp	אמר	1081		say, tell	6:27	שים	peil	pft	3ms	שים	1113		be made
	דע	peal	impv	ms	ידע	1095		know		להון	peal	impf	3mp	הוה	1089		become, be
	יהקים	haph	impf	3ms	קום	1110		set up, appoint		זאעין k	peal	ptc	mp	זוע	1091		tremble
	השניה	haph	infc		שנא	1116		change		זיעין q	peal	ptc	mp	זוע	1091		tremble
6:17	אמר	peal	pft	3ms	אמר	1081		say, tell		דחלין	peal	ptc	mp	דחל	1087		fear
	היתיו	haph	pft	3mp	אתה	1083		bring		תתחבל	htpa	impf	3fs	חבל	1091		be destroyed
	רמו	peal	pft	3mp	רמא	1113		cast, throw	6:28	משיזב	shap	ptc	ms	יזב	1115		deliver
	ענה	peal	ptc	ms	ענה	1107		answer		מצל	aph	ptc	ms	נצל	1103		rescue
	אמר	peal	ptc	ms	אמר	1081		say, tell		עבד	peal	ptc	ms	עבד	1104		make, do
	פלח	peal	ptc	ms	פלח	1108		pay reverence		שיזיב	shap	pft	3ms	יזב	1115		deliver
	ישיזבנך	shap	jusm	3ms	יזב	1115	2ms	deliver	6:29	הצלח	haph	pft	3ms	צלח	1109		prosper
6:18	היתית	heph	pft	3fs	אתה	1083		be brought	7:1	חזה	peal	pft	3ms	חזה	1092		see, behold
	שמת	peil	pft	3fs	שים	1113		be made		כתב	peal	pft	3ms	כתב	1098		write
	חתמה	peal	pft	3ms	חתם	1094	3fs	seal		אמר	peal	pft	3ms	אמר	1081		say, tell
	תשנא	peal	impf	3fs	שנא	1116		change	7:2	ענה	peal	ptc	ms	ענה	1107		answer
6:19	אזל	peal	pft	3ms	אזל	1079		go, go off		אמר	peal	ptc	ms	אמר	1081		say, tell
	בת	peal	pft	3ms	בית	1084		pass the night		חזה	peal	ptc	ms	חזה	1092		see, behold
	הנעל	haph	pft	3ms	עלל	1106		bring in		הוית	peal	pft	1cs	הוה	1089		become, be
	נדת	peal	pft	3fs	נדד	1102		flee		מגיחן	aph	ptc	fp	גוח	1127		break forth
6:20	יקום	peal	impf	3ms	קום	1110		arise	7:3	סלקן	peal	ptc	fp	סלק	1104		come up
	התבהלה	htpe	infc		בהל	1084		hasten		שנין	peal	ptc	fp	שנא	1116		change
	אזל	peal	pft	3ms	אזל	1079		go, go off	7:4	חזה	peal	ptc	ms	חזה	1092		see, behold
6:21	מקרבה	peal	infc		קרב	1111	3ms	approach		הוית	peal	pft	1cs	הוה	1089		become, be
	עציב	peal	pptc	ms	עצב	1107		pain, grieve		מריטו	peil	pft	3mp	מרט	1101		be plucked
	זעק	peal	pft	3ms	זעק	1091		cry, call		נטילת	peil	pft	3fs	נטל	1102		be lifted
	ענה	peal	ptc	ms	ענה	1107		answer		הקימת	hoph	pft	3fs	קום	1110		made to stand
	אמר	peal	ptc	ms	אמר	1081		say, tell		יהיב	peil	pft	3ms	יהב	1095		be given
	פלח	peal	ptc	ms	פלח	1108		pay reverence	7:5	דמיה	peal	ptc	fs	דמה	1088		be like
	יכל	peal	pft	3ms	יכל	1095		be able		הקמת	hoph	pft	3fs	קום	1110		made to stand
	שיזבותך	shap	infc		יזב	1115	2ms	deliver		אמרין	peal	ptc	mp	אמר	1081		say, tell
6:22	מלל	pael	pft	3ms	מלל	1100		speak, say		קומי	peal	impv	fs	קום	1110		arise
	חיי	peal	impv	ms	חיא	1092		live		אכלי	peal	impv	fs	אכל	1080		eat, devour
6:23	שלח	peal	pft	3ms	שלח	1115		send	7:6	חזה	peal	ptc	ms	חזה	1092		see, behold
	סגר	peal	pft	3ms	סגר	1104		shut		הוית	peal	pft	1cs	הוה	1089		become, be
	חבלוני	pael	pft	3mp	חבל	1091	1cs	destroy, hurt		יהיב	peil	pft	3ms	יהב	1095		be given
	השתכחת	htpe	pft	3fs	שכח	1115		be found	7:7	חזה	peal	ptc	ms	חזה	1092		see, behold

ChVs	Form	Stem	Tnse	PGN	Root	BDB	Sfx	Meaning
7:7	הוית	peal	pft	1cs	הוה	1089		become, be
	דחילה	peal	pptc	fs	דחל	1087		fear
	אכלה	peal	ptc	fs	אכל	1080		eat, devour
	מדקה	aph	ptc	fs	דקק	1089		break in pieces
	רפסה	peal	ptc	fs	רפס	1113		tread, trample
	משניה	pael	pptc	fs	שנא	1116		change
7:8	משתכל	htpa	ptc	ms	שכל	1114		consider
	הוית	peal	pft	1cs	הוה	1089		become, be
	סלקת	peal	pft	3fs	סלק	1104		come up
	אתעקרוk	itpe	pft	3mp	עקר	1107		be rooted up
	אתעקרהq	itpe	pft	3fp	עקר	1107		be rooted up
	ממלל	pael	ptc	ms	מלל	1100		speak, say
7:9	חזה	peal	ptc	ms	חזה	1092		see, behold
	הוית	peal	pft	1cs	הוה	1089		become, be
	רמיו	peil	pft	3mp	רמא	1113		be cast
	יתב	peal	pft	3ms	יתב	1096		sit, dwell
	דלק	peal	ptc	ms	דלק	1088		burn
7:10	נגד	peal	ptc	ms	נגד	1102		stream, flow
	נפק	peal	ptc	ms	נפק	1103		come forth
	ישמשונה	pael	impf	3mp	שמש	1116	3ms	minister
	יקומון	peal	impf	3mp	קום	1110		arise
	יתב	peal	pft	3ms	יתב	1096		sit, dwell
	פתיחו	peil	pft	3mp	פתח	1109		be opened
7:11	חזה	peal	ptc	ms	חזה	1092		see, behold
	הוית	peal	pft	1cs	הוה	1089		become, be
	ממללה	pael	ptc	fs	מלל	1100		speak, say
	חזה	peal	ptc	ms	חזה	1092		see, behold
	הוית	peal	pft	1cs	הוה	1089		become, be
	קטילת	peil	pft	3fs	קטל	1111		be slain
	הובד	hoph	pft	3ms	אבד	1078		be destroyed
	יהיבת	peil	pft	3fs	יהב	1095		be given
7:12	העדיו	haph	pft	3mp	עדה	1105		take away
	יהיבת	peil	pft	3fs	יהב	1095		be given
7:13	חזה	peal	ptc	ms	חזה	1092		see, behold
	הוית	peal	pft	1cs	הוה	1089		become, be
	אתה	peal	ptc	ms	אתה	1083		come
	הוה	peal	pft	3ms	הוה	1089		become, be
	מטה	peal	pft	3ms	מטה	1100		reach, come to
	הקרבוהי	haph	pft	3mp	קרב	1111	3ms	bring near
7:14	יהיב	peil	pft	3ms	יהב	1095		be given
	יפלחון	peal	impf	3mp	פלח	1108		pay reverence
	יעדה	peal	impf	3ms	עדה	1105		pass on, away
	תתחבל	htpa	impf	3fs	חבל	1091		be destroyed
7:15	אתכרית	itpe	pft	3fs	כרא	1097		be distressed
	יבהלנני	pael	impf	3mp	בהל	1084	1cs	alarm, dismay
7:16	קרבת	peal	pft	1cs	קרב	1111		approach
	קאמיא	peal	ptc	mp	קום	1110		arise
	אבעא	peal	impf	1cs	בעא	1085		ask, seek
	אמר	peal	pft	3ms	אמר	1081		say, tell
	יהודענני	haph	impf	3ms	ידע	1095	1cs	inform
7:17	יקומון	peal	impf	3mp	קום	1110		arise
7:18	יקבלון	pael	impf	3mp	קבל	1110		receive
	יחסנון	aph	impf	3mp	חסן	1093		take possession
7:19	צבית	peal	pft	1cs	צבא	1109		be pleased
7:19	יצבא	pael	infc		יצב	1096		make certain
	הות	peal	pft	3fs	הוה	1089		become, be
	שניה	peal	ptc	fs	שנא	1116		change
	דחילה	peal	pptc	fs	דחל	1087		fear
	אכלה	peal	ptc	fs	אכל	1080		eat, devour
	מדקה	aph	ptc	fs	דקק	1089		break in pieces
	רפסה	peal	ptc	fs	רפס	1113		tread, trample
7:20	סלקת	peal	pft	3fs	סלק	1104		come up
	נפלוk	peal	pft	3mp	נפל	1103		fall
	נפלהq	peal	pft	3fp	נפל	1103		fall
	ממלל	pael	ptc	ms	מלל	1100		speak, say
7:21	חזה	peal	ptc	ms	חזה	1092		see, behold
	הוית	peal	pft	1cs	הוה	1089		become, be
	עבדה	peal	ptc	fs	עבד	1104		make, do
	יכלה	peal	ptc	fs	יכל	1095		be able
7:22	אתה	peal	pft	3ms	אתה	1083		come
	יהב	peil	pft	3ms	יהב	1095		be given
	מטה	peal	pft	3ms	מטה	1100		reach, come to
	החסנו	haph	pft	3mp	חסן	1093		take possession
7:23	אמר	peal	pft	3ms	אמר	1081		say, tell
	תהוא	peal	impf	3fs	הוה	1089		become, be
	תשנא	peal	impf	3fs	שנא	1116		change
	תאכל	peal	impf	3fs	אכל	1080		eat, devour
	תדושנה	peal	impf	3fs	דוש	1087	3fs	tread down
	תדקנה	aph	impf	3fs	דקק	1089	3fs	break in pieces
7:24	יקמון	peal	impf	3mp	קום	1110		arise
	יקום	peal	impf	3ms	קום	1110		arise
	ישנא	peal	impf	3ms	שנא	1116		change
	יהשפל	haph	impf	3ms	שפל	1117		bring low
7:25	ימלל	pael	impf	3ms	מלל	1100		speak, say
	יבלא	pael	impf	3ms	בלא	1084		wear away
	יסבר	peal	impf	3ms	סבר	1104		think, intend
	השניה	haph	infc		שנא	1116		change
	יתיהבון	htpe	impf	3mp	יהב	1095		be given
7:26	יתב	peal	impf	3ms	יתב	1096		sit, dwell
	יהעדון	haph	impf	3mp	עדה	1105		take away
	השמדה	haph	infc		שמד	1116		destroy
	הובדה	haph	infc		אבד	1078		destroy
7:27	יהיבת	peil	pft	3fs	יהב	1095		be given
	יפלחון	peal	impf	3mp	פלח	1108		pay reverence
	ישתמעון	htpa	impf	3mp	שמע	1116		be obedient
7:28	יבהלנני	pael	impf	3mp	בהל	1084	1cs	alarm, dismay
	ישתנון	htpa	impf	3mp	שנא	1116		be changed
	נטרת	peal	pft	1cs	נטר	1102		keep
8:1	נראה	niph	pft	3ms	ראה	906		appear, be seen
	נראה	niph	pft	3ms	ראה	906		appear, be seen
8:2	אראה	qal	wci	1cs	ראה	906		see
	יהי	qal	wci	3ms	היה	224		be, become
	ראתי	qal	infc		ראה	906	1cs	see
	אראה	qal	wci	1cs	ראה	906		see
	הייתי	qal	pft	1cs	היה	224		be, become
8:3	אשא	qal	wci	1cs	נשא	669		lift, carry
	אראה	qal	wci	1cs	ראה	906		see
	עמד	qal	ptc	ms	עמד	763		stand, stop

Daniel 8:3–9:4

ChVs	Form	Stem	Tnse	PGN	Root	BDB	Sfx	Meaning
8:3	עלה	qal	ptc	fs	עלה	748		go up
8:4	ראיתי	qal	pft	1cs	ראה	906		see
	מנגח	piel	ptc	ms	נגח	618		thrust at
	יעמדו	qal	impf	3mp	עמד	763		stand,stop
	מציל	hiph	ptc	ms	נצל	664		snatch,deliver
	עשה	qal	wcp	3ms	עשה	793		do,make
	הגדיל	hiph	wcp	3ms	גדל	152		make great
8:5	הייתי	qal	pft	1cs	היה	224		be,become
	מבין	hiph	ptc	ms	בין	106		understand
	בא	qal	ptc	ms	בוא	97		come in
	נוגע	qal	ptc	ms	נגע	619		touch,strike
8:6	יבא	qal	wci	3ms	בוא	97		come in
	ראיתי	qal	pft	1cs	ראה	906		see
	עמד	qal	ptc	ms	עמד	763		stand,stop
	ירץ	qal	wci	3ms	רוץ	930		run
8:7	ראיתיו	qal	pft	1cs	ראה	906	3ms	see
	מגיע	hiph	ptc	ms	נגע	619		reach,arrive
	יתמרמר	htpp	wci	3ms	מרר	600		be embittered
	יך	hiph	wci	3ms	נכה	645		smite
	ישבר	piel	wci	3ms	שבר	990		shatter
	היה	qal	pft	3ms	היה	224		be,become
	עמד	qal	infc		עמד	763		stand,stop
	ישליכהו	hiph	wci	3ms	שלך	1020	3ms	throw,cast
	ירמסהו	qal	wci	3ms	רמס	942	3ms	trample
	היה	qal	pft	3ms	היה	224		be,become
	מציל	hiph	ptc	ms	נצל	664		snatch,deliver
8:8	הגדיל	hiph	pft	3ms	גדל	152		make great
	עצמו	qal	infc		עצם	782	3ms	be mighty,many
	נשברה	niph	pft	3fs	שבר	990		be broken
	תעלנה	qal	wci	3fp	עלה	748		go up
8:9	יצא	qal	pft	3ms	יצא	422		go out
	תגדל	qal	wci	3fs	גדל	152		be great,grow
8:10	תגדל	qal	wci	3fs	גדל	152		be great,grow
	תפל	hiph	wci	3fs	נפל	656		cause to fall
	תרמסם	qal	wci	3fs	רמס	942	3mp	trample
8:11	הגדיל	hiph	pft	3ms	גדל	152		make great
	הרים k	hiph	pft	3ms	רום	926		raise,lift
	הורם q	hoph	pft	3ms	רום	926		be taken away
	השלך	hoph	pft	3ms	שלך	1020		be cast
8:12	תנתן	niph	impf	3fs	נתן	678		be given
	תשלך	hiph	jusf	3fs	שלך	1020		throw,cast
	עשתה	qal	wcp	3fs	עשה	793		do,make
	הצליחה	hiph	wcp	3fs	צלח	852		cause to thrive
8:13	אשמעה	qal	wci	1cs	שמע	1033		hear
	מדבר	piel	ptc	ms	דבר	180		speak
	יאמר	qal	wci	3ms	אמר	55		say
	מדבר	piel	ptc	ms	דבר	180		speak
	שמם	qal	ptc	ms	שמם	1030		be desolate
	תת	qal	infc		נתן	678		give,set
8:14	יאמר	qal	wci	3ms	אמר	55		say
	נצדק	niph	wcp	3ms	צדק	842		be put right
8:15	יהי	qal	wci	3ms	היה	224		be,become
	ראתי	qal	infc		ראה	906	1cs	see
	אבקשה	piel	wci	1cs	בקש	134		seek
8:15	עמד	qal	ptc	ms	עמד	763		stand,stop
8:16	אשמע	qal	wci	1cs	שמע	1033		hear
	יקרא	qal	wci	3ms	קרא	894		call,proclaim
	יאמר	qal	wci	3ms	אמר	55		say
	הבן	hiph	impv	ms	בין	106		understand
8:17	יבא	qal	wci	3ms	בוא	97		come in
	באו	qal	infc		בוא	97	3ms	come in
	נבעתי	niph	pft	1cs	בעת	129		be terrified
	אפלה	qal	wci	1cs	נפל	656		fall
	יאמר	qal	wci	3ms	אמר	55		say
	הבן	hiph	impv	ms	בין	106		understand
8:18	דברו	piel	infc		דבר	180	3ms	speak
	נרדמתי	niph	pft	1cs	רדם	922		be fast asleep
	יגע	qal	wci	3ms	נגע	619		touch,strike
	יעמידני	hiph	wci	3ms	עמד	763	1cs	set up,raise
8:19	יאמר	qal	wci	3ms	אמר	55		say
	מודיעך	hiph	ptc	ms	ידע	393	2ms	declare
	יהיה	qal	impf	3ms	היה	224		be,become
8:20	ראית	qal	pft	2ms	ראה	906		see
8:22	נשברת	niph	ptc	fs	שבר	990		be broken
	תעמדנה	qal	wci	3fp	עמד	763		stand,stop
	יעמדנה	qal	impf	3fp	עמד	763		stand,stop
8:23	התם	hiph	infc		תמם	1070		finish
	פשעים	qal	ptc	mp	פשע	833		rebel,sin
	יעמד	qal	impf	3ms	עמד	763		stand,stop
	מבין	hiph	ptc	ms	בין	106		understand
8:24	עצם	qal	wcp	3ms	עצם	782		be mighty,many
	נפלאות	niph	ptc	fp	פלא	810		be wonderful
	ישחית	hiph	impf	3ms	שחת	1007		spoil,ruin
	הצליח	hiph	wcp	3ms	צלח	852		cause to thrive
	עשה	qal	wcp	3ms	עשה	793		do,make
	השחית	hiph	wcp	3ms	שחת	1007		spoil,ruin
8:25	הצליח	hiph	wcp	3ms	צלח	852		cause to thrive
	יגדיל	hiph	impf	3ms	גדל	152		make great
	ישחית	hiph	impf	3ms	שחת	1007		spoil,ruin
	יעמד	qal	impf	3ms	עמד	763		stand,stop
	ישבר	niph	impf	3ms	שבר	990		be broken
8:26	נאמר	niph	pft	3ms	אמר	55		be said,called
	סתם	qal	impv	ms	סתם	711		stop up
8:27	נהייתי	niph	pft	1cs	היה	224		be done
	נחליתי	niph	pft	1cs	חלה	317		be made sick
	אקום	qal	wci	1cs	קום	877		arise,stand
	אעשה	qal	wci	1cs	עשה	793		do,make
	אשתומם	htpo	wci	1cs	שמם	1030		be appalled
	מבין	hiph	ptc	ms	בין	106		understand
9:1	המלך	hoph	pft	3ms	מלך	573		be made king
9:2	מלכו	qal	infc		מלך	573	3ms	be king,reign
	בינתי	qal	pft	1cs	בין	106		discern
	היה	qal	pft	3ms	היה	224		be,become
	מלאות	piel	infc		מלא	569		fill
9:3	אתנה	qal	wci	1cs	נתן	678		give,set
	בקש	piel	infc		בקש	134		seek
9:4	אתפללה	hith	wci	1cs	פלל	813		pray
	אתודה	hith	wci	1cs	ידה	392		confess

Daniel 9: 4 – 10: 1

ChVs	Form	Stem	Tnse	PGN	Root	BDB	Sfx	Meaning
9:4	אמרה	qal	wci	1cs	אמר	55		say
	נורא	niph	ptc	ms	ירא	431		be feared
	שמר	qal	ptc	ms	שמר	1036		keep, watch
	אהביו	qal	ptc	mp	אהב	12	3ms	love
	שמרי	qal	ptc	mp	שמר	1036		keep, watch
9:5	חטאנו	qal	pft	1cp	חטא	306		sin
	עוינו	qal	pft	1cp	עוה	731		do wrong
	הרשענו	hiph	pft	1cp	רשע	957		condemn, be evil
	מרדנו	qal	pft	1cp	מרד	597		rebel
	סור	qal	infa		סור	693		turn aside
9:6	שמענו	qal	pft	1cp	שמע	1033		hear
	דברו	piel	pft	3cp	דבר	180		speak
9:7	יושבי	qal	ptc	mp	ישב	442		sit, dwell
	הדחתם	hiph	pft	2ms	נדח	623	3mp	thrust out
	מעלו	qal	pft	3cp	מעל	591		act faithlessly
9:8	חטאנו	qal	pft	1cp	חטא	306		sin
9:9	מרדנו	qal	pft	1cp	מרד	597		rebel
9:10	שמענו	qal	pft	1cp	שמע	1033		hear
	לכת	qal	infc		הלך	229		walk, go
	נתן	qal	pft	3ms	נתן	678		give, set
9:11	עברו	qal	pft	3cp	עבר	716		pass over
	סור	qal	infa		סור	693		turn aside
	שמוע	qal	infc		שמע	1033		hear
	תתך	qal	wci	3fs	נתך	677		pour forth
	כתובה	qal	pptc	fs	כתב	507		write
	חטאנו	qal	pft	1cp	חטא	306		sin
9:12	יקם	hiph	wci	3ms	קום	877		raise, build, set
	דבר	piel	pft	3ms	דבר	180		speak
	שפטינו	qal	ptc	mp	שפט	1047	1cp	judge
	שפטונו	qal	pft	3cp	שפט	1047	1cp	judge
	הביא	hiph	infc		בוא	97		bring in
	נעשתה	niph	pft	3fs	עשה	793		be done
	נעשתה	niph	pft	3fs	עשה	793		be done
9:13	כתוב	qal	pptc	ms	כתב	507		write
	באה	qal	pft	3fs	בוא	97		come in
	חלינו	piel	pft	1cp	חלה	318		pacify, entreat
	שוב	qal	infc		שוב	996		turn, return
	השכיל	hiph	infc		שכל	968		look at, prosper
9:14	ישקד	qal	wci	3ms	שקד	1052		watch, wake
	יביאה	hiph	wci	3ms	בוא	97	3fs	bring in
	עשה	qal	pft	3ms	עשה	793		do, make
	שמענו	qal	pft	1cp	שמע	1033		hear
9:15	הוצאת	hiph	pft	2ms	יצא	422		bring out
	תעש	qal	wci	2ms	עשה	793		do, make
	חטאנו	qal	pft	1cp	חטא	306		sin
	רשענו	qal	pft	1cp	רשע	957		be wicked
9:16	ישב	qal	jus	3ms	שוב	996		turn, return
9:17	שמע	qal	impv	ms	שמע	1033		hear
	האר	hiph	impv	ms	אור	21		cause to shine
9:18	הטה	hiph	impv	ms	נטה	639		turn, incline
	שמע	qal	impv	ms	שמע	1033		hear
	פקחk	qal	impv	ms	פקח	824		open
	פקחq	qal	impv	ms	פקח	824		open
	ראה	qal	impv	ms	ראה	906		see
9:18	שממתינו	qal	ptc	fp	שמם	1030	1cp	be desolate
	נקרא	niph	pft	3ms	קרא	894		be called
	מפילים	hiph	ptc	mp	נפל	656		cause to fall
9:19	שמעה	qal	impv	ms	שמע	1033		hear
	סלחה	qal	impv	ms	סלח	699		forgive, pardon
	הקשיבה	hiph	impv	ms	קשב	904		give attention
	עשה	qal	impv	ms	עשה	793		do, make
	תאחר	piel	jusm	2ms	אחר	29		tarry, hinder
	נקרא	niph	pft	3ms	קרא	894		be called
9:20	מדבר	piel	ptc	ms	דבר	180		speak
	מתפלל	hith	ptc	ms	פלל	813		pray
	מתודה	hith	ptc	ms	ידה	392		confess
	מפיל	hiph	ptc	ms	נפל	656		cause to fall
9:21	מדבר	piel	ptc	ms	דבר	180		speak
	ראיתי	qal	pft	1cs	ראה	906		see
	מעף	hoph	ptc	ms	יעף	419		wearied
	נגע	qal	ptc	ms	נגע	619		touch, strike
9:22	יבן	hiph	wci	3ms	בין	106		understand
	ידבר	piel	wci	3ms	דבר	180		speak
	יאמר	qal	wci	3ms	אמר	55		say
	יצאתי	qal	pft	1cs	יצא	422		go out
	השכילך	hiph	infc		שכל	968	2ms	look at, prosper
9:23	יצא	qal	pft	3ms	יצא	422		go out
	באתי	qal	pft	1cs	בוא	97		come in
	הגיד	hiph	infc		נגד	616		declare, tell
	בין	qal	impv	ms	בין	106		discern
	הבן	hiph	impv	ms	בין	106		understand
9:24	נחתך	niph	pft	3ms	חתך	367		be determined
	כלא	piel	infc		כלה	477		complete, finish
	לחתםk	qal	infc		חתם	367		seal
	להתםq	hiph	infc		תמם	1070		finish
	כפר	piel	infc		כפר	497		cover, atone
	הביא	hiph	infc		בוא	97		bring in
	חתם	qal	infc		חתם	367		seal
	משח	qal	infc		משח	602		smear, anoint
9:25	תדע	qal	impf	2ms	ידע	393		know
	תשכל	hiph	jusf	2ms	שכל	968		look at, prosper
	השיב	hiph	infc		שוב	996		bring back
	בנות	qal	infc		בנה	124		build
	תשוב	qal	impf	3fs	שוב	996		turn, return
	נבנתה	niph	wcp	3fs	בנה	124		be built
9:26	יכרת	niph	impf	3ms	כרת	503		be cut off
	ישחית	hiph	impf	3ms	שחת	1007		spoil, ruin
	בא	qal	ptc	ms	בוא	97		come in
	נחרצת	niph	ptc	fs	חרץ	358		be decided
	שממות	qal	ptc	fp	שמם	1030		be desolate
9:27	הגביר	hiph	wcp	3ms	גבר	149		confirm
	ישבית	hiph	impf	3ms	שבת	991		destroy, remove
	משמם	poel	ptc	ms	שמם	1030		make desolate
	נחרצה	niph	ptc	fs	חרץ	358		be decided
	תתך	qal	impf	3fs	נתך	677		pour forth
	שמם	qal	ptc	ms	שמם	1030		be desolate
10:1	נגלה	niph	pft	3ms	גלה	162		uncover self
	נקרא	niph	pft	3ms	קרא	894		be called

Daniel 10:1–11:6

ChVs	Form	Stem	Tnse	PGN	Root	BDB	Sfx	Meaning
10:1	בין	qal	pft	3ms	בין	106		discern
10:2	הייתי	qal	pft	1cs	היה	224		be, become
	מתאבל	hith	ptc	ms	אבל	5		mourn
10:3	אכלתי	qal	pft	1cs	אכל	37		eat, devour
	בא	qal	pft	3ms	בוא	97		come in
	סוך	qal	infa		סוך	691		anoint, pour
	סכתי	qal	pft	1cs	סוך	691		anoint, pour
	מלאת	qal	infc		מלא	569		be full, fill
10:4	הייתי	qal	pft	1cs	היה	224		be, become
10:5	אשא	qal	wci	1cs	נשא	669		lift, carry
	ארא	qal	wci	1cs	ראה	906		see
	לבוש	qal	pptc	ms	לבש	527		put on, clothe
	חגרים	qal	pptc	mp	חגר	291		gird
10:7	ראיתי	qal	pft	1cs	ראה	906		see
	היו	qal	pft	3cp	היה	224		be, become
	ראו	qal	pft	3cp	ראה	906		see
	נפלה	qal	pft	3fs	נפל	656		fall
	יברחו	qal	wci	3mp	ברח	137		go thru, flee
	החבא	niph	infc		חבא	285		hide oneself
10:8	נשארתי	niph	pft	1cs	שאר	983		be left
	אראה	qal	wci	1cs	ראה	906		see
	נשאר	niph	pft	3ms	שאר	983		be left
	נהפך	niph	pft	3ms	הפך	245		turn oneself
	עצרתי	qal	pft	1cs	עצר	783		restrain
10:9	אשמע	qal	wci	1cs	שמע	1033		hear
	שמעי	qal	infc		שמע	1033	1cs	hear
	הייתי	qal	pft	1cs	היה	224		be, become
	נרדם	niph	ptc	ms	רדם	922		be fast asleep
10:10	נגעה	qal	pft	3fs	נגע	619		touch, strike
	תניעני	hiph	wci	3fs	נוע	631	1cs	shake, disturb
10:11	יאמר	qal	wci	3ms	אמר	55		say
	הבן	hiph	impv	ms	בין	106		understand
	דבר				דבר	180		speak
	עמד	qal	impv	ms	עמד	763		stand, stop
	שלחתי	pual	pft	1cs	שלח	1018		be sent off
	דברו	piel	infc		דבר	180	3ms	speak
	עמדתי	qal	pft	1cs	עמד	763		stand, stop
	מרעיד	hiph	ptc	ms	רעד	944		tremble
10:12	יאמר	qal	wci	3ms	אמר	55		say
	תירא	qal	jusm	2ms	ירא	431		fear
	נתת	qal	pft	2ms	נתן	678		give, set
	הבין	hiph	infc		בין	106		understand
	התענות	hith	infc		ענה	776		humble oneself
	נשמעו	niph	pft	3cp	שמע	1033		be heard
	באתי	qal	pft	1cs	בוא	97		come in
10:13	עמד	qal	ptc	ms	עמד	763		stand, stop
	בא	qal	pft	3ms	בוא	97		come in
	עזרני	qal	infc		עזר	740	1cs	help, aid
	נותרתי	niph	pft	1cs	יתר	451		be left, remain
10:14	באתי	qal	pft	1cs	בוא	97		come in
	הבינך	hiph	infc		בין	106	2ms	understand
	יקרה	qal	impf	3ms	קרה	899		encounter, meet
10:15	דברו	piel	infc		דבר	180	3ms	speak
	נתתי	qal	pft	1cs	נתן	678		give, set
10:15	נאלמתי	niph	pft	1cs	אלם	47		be dumb
10:16	נגע	qal	ptc	ms	נגע	619		touch, strike
	אפתח	qal	wci	1cs	פתח	834		open
	אדברה	piel	wci	1cs	דבר	180		speak
	אמרה	qal	wci	1cs	אמר	55		say
	עמד	qal	ptc	ms	עמד	763		stand, stop
	נהפכו	niph	pft	3cp	הפך	245		turn oneself
	עצרתי	qal	pft	1cs	עצר	783		restrain
10:17	יוכל	qal	impf	3ms	יכל	407		be able
	דבר	piel	infc		דבר	180		speak
	יעמד	qal	impf	3ms	עמד	763		stand, stop
	נשארה	niph	pft	3fs	שאר	983		be left
10:18	יסף	hiph	wci	3ms	יסף	414		add, do again
	יגע	qal	wci	3ms	נגע	619		touch, strike
	יחזקני	piel	wci	3ms	חזק	304	1cs	make strong
10:19	יאמר	qal	wci	3ms	אמר	55		say
	תירא	qal	jusm	2ms	ירא	431		fear
	חזק	qal	impv	ms	חזק	304		be strong
	חזק	qal	impv	ms	חזק	304		be strong
	דברו	piel	infc		דבר	180	3ms	speak
	התחזקתי	hith	pft	1cs	חזק	304		strengthen self
	אמרה	qal	wci	1cs	אמר	55		say
	ידבר	piel	jusm	3ms	דבר	180		speak
	חזקתני	piel	pft	2ms	חזק	304	1cs	make strong
10:20	יאמר	qal	wci	3ms	אמר	55		say
	ידעת	qal	pft	2ms	ידע	393		know
	באתי	qal	pft	1cs	בוא	97		come in
	אשוב	qal	impf	1cs	שוב	996		turn, return
	הלחם	niph	infc		לחם	535		wage war
	יוצא	qal	ptc	ms	יצא	422		go out
	בא	qal	ptc	ms	בוא	97		come in
10:21	אגיד	hiph	impf	1cs	נגד	616		declare, tell
	רשום	qal	pptc	ms	רשם	957		inscribe, note
	מתחזק	hith	ptc	ms	חזק	304		strengthen self
11:1	עמדי	qal	infc		עמד	763	1cs	stand, stop
	מחזיק	hiph	ptc	ms	חזק	304		make firm, seize
11:2	אגיד	hiph	impf	1cs	נגד	616		declare, tell
	עמדים	qal	ptc	mp	עמד	763		stand, stop
	יעשיר	hiph	impf	3ms	עשר	799		make rich
	יעיר	hiph	impf	3ms	עור	734		rouse, stir up
11:3	עמד	qal	wcp	3ms	עמד	763		stand, stop
	משל	qal	wcp	3ms	משל	605		rule
	עשה	qal	wcp	3ms	עשה	793		do, make
11:4	עמדו	qal	infc		עמד	763	3ms	stand, stop
	תשבר	niph	impf	3fs	שבר	990		be broken
	תחץ	niph	jusf	3fs	חצה	345		be divided
	משל	qal	pft	3ms	משל	605		rule
	תנתש	niph	impf	3fs	נתש	684		be rooted up
11:5	יחזק	qal	impf	3ms	חזק	304		be strong
	יחזק	qal	impf	3ms	חזק	304		be strong
	משל	qal	wcp	3ms	משל	605		rule
11:6	יתחברו	hith	impf	3mp	חבר	287		unite oneself
	תבוא	qal	impf	3fs	בוא	97		come in
	עשות	qal	infc		עשה	793		do, make

ChVs	Form	Stem	Tnse	PGN	Root	BDB	Sfx	Meaning
11:6	תעצר	qal	impf	3fs	עצר	783		restrain
	יעמד	qal	impf	3ms	עמד	763		stand,stop
	תנתן	niph	impf	3fs	נתן	678		be given
	מביאיה	hiph	ptc	mp	בוא	97	3fs	bring in
	ילדה	qal	ptc		ילד	408	3fs	bear,beget
	מחזקה	hiph	ptc	ms	חזק	304	3fs	make firm,seize
11:7	עמד	qal	wcp	3ms	עמד	763		stand,stop
	יבא	qal	impf	3ms	בוא	97		come in
	יבא	qal	impf	3ms	בוא	97		come in
	עשה	qal	wcp	3ms	עשה	793		do,make
	החזיק	hiph	wcp	3ms	חזק	304		make firm,seize
11:8	יבא	hiph	impf	3ms	בוא	97		bring in
	יעמד	qal	impf	3ms	עמד	763		stand,stop
11:9	בא	qal	wcp	3ms	בוא	97		come in
	שב	qal	wcp	3ms	שוב	996		turn,return
11:10	יתגרו	hith	impf	3mp	גרה	173		excite oneself
	אספו	qal	wcp	3cp	אסף	62		gather
	בא	qal	wcp	3ms	בוא	97		come in
	בוא	qal	infa		בוא	97		come in
	שטף	qal	wcp	3ms	שטף	1009		overflow
	עבר	qal	wcp	3ms	עבר	716		pass over
	ישב	qal	jusf	3ms	שוב	996		turn,return
	יתגרוk	hith	impf	3mp	גרה	173		excite oneself
	ויתגרהq	hith	impf	3mp	גרה	173		excite oneself
11:11	יתמרמר	htpp	wci	3ms	מרר	600		be embittered
	יצא	qal	wcp	3ms	יצא	422		go out
	נלחם	niph	wcp	3ms	לחם	535		wage war
	העמיד	hiph	wcp	3ms	עמד	763		set up,raise
	נתן	niph	wcp	3ms	נתן	678		be given
11:12	נשא	niph	wcp	3ms	נשא	669		be lifted up
	ירוםk	qal	impf	3ms	רום	926		be high
	ירםq	qal	wcp	3ms	רום	926		be high
	הפיל	hiph	wcp	3ms	נפל	656		cause to fall
	יעוז	qal	impf	3ms	עזז	738		be strong
11:13	שב	qal	wcp	3ms	שוב	996		turn,return
	העמיד	hiph	wcp	3ms	עמד	763		set up,raise
	יבוא	qal	impf	3ms	בוא	97		come in
	בוא	qal	infa		בוא	97		come in
11:14	יעמדו	qal	impf	3mp	עמד	763		stand,stop
	ינשאו	hith	impf	3mp	נשא	669		lift self up
	העמיד	hiph	infc		עמד	763		set up,raise
	נכשלו	niph	wcp	3cp	כשל	505		stumble
11:15	יבא	qal	impf	3ms	בוא	97		come in
	ישפך	qal	impf	3ms	שפך	1049		pour out
	לכד	qal	wcp	3ms	לכד	539		capture
	יעמדו	qal	impf	3mp	עמד	763		stand,stop
	עמד	qal	infc		עמד	763		stand,stop
11:16	יעש	qal	jusf	3ms	עשה	793		do,make
	בא	qal	ptc	ms	בוא	97		come in
	עומד	qal	ptc	ms	עמד	763		stand,stop
	יעמד	qal	impf	3ms	עמד	763		stand,stop
11:17	ישם	qal	jusf	3ms	שים	962		put,set
	בוא	qal	infc		בוא	97		come in
	עשה	qal	wcp	3ms	עשה	793		do,make
11:17	יתן	qal	impf	3ms	נתן	678		give,set
	השחיתה	hiph	infc		שחת	1007	3fs	spoil,ruin
	תעמד	qal	impf	3fs	עמד	763		stand,stop
	תהיה	qal	impf	3fs	היה	224		be,become
11:18	ישבk	hiph	jusf	3ms	שוב	996		bring back
	ישםq	qal	jusf	3ms	שים	962		put,set
	לכד	qal	wcp	3ms	לכד	539		capture
	השבית	hiph	wcp	3ms	שבת	991		destroy,remove
	ישיב	hiph	impf	3ms	שוב	996		bring back
11:19	ישב	hiph	jusf	3ms	שוב	996		bring back
	נכשל	niph	wcp	3ms	כשל	505		stumble
	נפל	qal	wcp	3ms	נפל	656		fall
	ימצא	niph	impf	3ms	מצא	592		be found
11:20	עמד	qal	wcp	3ms	עמד	763		stand,stop
	מעביר	hiph	ptc	ms	עבר	716		cause to pass
	נוגש	qal	ptc	ms	נגש	620		press,exact
	ישבר	niph	impf	3ms	שבר	990		be broken
11:21	עמד	qal	wcp	3ms	עמד	763		stand,stop
	נבזה	niph	ptc	ms	בזה	102		despised
	נתנו	qal	pft	3cp	נתן	678		give,set
	בא	qal	wcp	3ms	בוא	97		come in
	החזיק	hiph	wcp	3ms	חזק	304		make firm,seize
11:22	ישטפו	niph	impf	3mp	שטף	1009		be overwhelmed
	ישברו	niph	impf	3mp	שבר	990		be broken
11:23	התחברות	hith	infc		חבר	287		unite oneself
	יעשה	qal	impf	3ms	עשה	793		do,make
	עלה	qal	wcp	3ms	עלה	748		go up
	עצם	qal	wcp	3ms	עצם	782		be mighty,many
11:24	יבוא	qal	impf	3ms	בוא	97		come in
	עשה	qal	wcp	3ms	עשה	793		do,make
	עשו	qal	pft	3cp	עשה	793		do,make
	יבזור	qal	impf	3ms	בזר	103		scatter
	יחשב	piel	impf	3ms	חשב	362		devise
11:25	יער	hiph	jusf	3ms	עור	734		rouse,stir up
	יתגרה	hith	impf	3ms	גרה	173		excite oneself
	יעמד	qal	impf	3ms	עמד	763		stand,stop
	יחשבו	qal	impf	3mp	חשב	362		think,devise
11:26	אכלי	qal	ptc	mp	אכל	37		eat,devour
	ישברוהו	qal	impf	3mp	שבר	990	3ms	break
	ישטוף	qal	impf	3ms	שטף	1009		overflow
	נפלו	qal	wcp	3cp	נפל	656		fall
11:27	מרע	hiph	ptc	ms	רעע	949		hurt,do evil
	ידברו	piel	impf	3mp	דבר	180		speak
	תצלח	qal	impf	3fs	צלח	852		prosper
11:28	ישב	qal	jusf	3ms	שוב	996		turn,return
	עשה	qal	wcp	3ms	עשה	793		do,make
	שב	qal	wcp	3ms	שוב	996		turn,return
11:29	ישוב	qal	impf	3ms	שוב	996		turn,return
	בא	qal	wcp	3ms	בוא	97		come in
	תהיה	qal	impf	3fs	היה	224		be,become
11:30	באו	qal	wcp	3cp	בוא	97		come in
	נכאה	niph	wcp	3ms	כאה	456		be humbled
	שב	qal	wcp	3ms	שוב	996		turn,return
	זעם	qal	wcp	3ms	זעם	276		be indignant

Daniel 11:30–12:11

ChVs	Form	Stem	Tnse	PGN	Root	BDB	Sfx	Meaning
11:30	עשה	qal	wcp	3ms	עשה	793		do, make
	שב	qal	wcp	3ms	שוב	996		turn, return
	יבן	qal	jusf	3ms	בין	106		discern
	עזבי	qal	ptc	mp	עזב	736		leave, loose
11:31	יעמדו	qal	impf	3mp	עמד	763		stand, stop
	חללו	piel	wcp	3cp	חלל	320		pollute
	הסירו	hiph	wcp	3cp	סור	693		take away
	נתנו	qal	wcp	3cp	נתן	678		give, set
	משומם	poel	ptc	ms	שמם	1030		make desolate
11:32	מרשיעי	hiph	ptc	mp	רשע	957		condemn, be evil
	יחניף	hiph	impf	3ms	חנף	337		pollute
	ידעי	qal	ptc	mp	ידע	393		know
	יחזקו	hiph	impf	3mp	חזק	304		make firm, seize
	עשו	qal	wcp	3cp	עשה	793		do, make
11:33	משכילי	hiph	ptc	mp	שכל	968		look at, prosper
	יבינו	hiph	impf	3mp	בין	106		understand
	נכשלו	niph	wcp	3cp	כשל	505		stumble
11:34	הכשלם	niph	infc		כשל	505	3mp	stumble
	יעזרו	niph	impf	3mp	עזר	740		be helped
	נלוו	niph	wcp	3cp	לוה	530		join oneself
11:35	משכילים	hiph	ptc	mp	שכל	968		look at, prosper
	יכשלו	niph	impf	3mp	כשל	505		stumble
	צרוף	qal	infc		צרף	864		refine, test
	ברר	piel	infc		ברר	140		purify
	לבן	hiph	infc		לבן	526		make white
11:36	עשה	qal	wcp	3ms	עשה	793		do, make
	יתרומם	htpo	impf	3ms	רום	926		exalt oneself
	יתגדל	hith	impf	3ms	גדל	152		magnify oneself
	ידבר	piel	impf	3ms	דבר	180		speak
	נפלאות	niph	ptc	fp	פלא	810		be wonderful
	הצליח	hiph	wcp	3ms	צלח	852		cause to thrive
	כלה	qal	pft	3ms	כלה	477		finished, spent
	נחרצה	niph	ptc	fs	חרץ	358		be decided
	נעשתה	niph	pft	3fs	עשה	793		be done
11:37	יבין	qal	impf	3ms	בין	106		discern
	יבין	qal	impf	3ms	בין	106		discern
	יתגדל	hith	impf	3ms	גדל	152		magnify oneself
11:38	יכבד	piel	impf	3ms	כבד	457		honor, make dull
	ידעהו	qal	pft	3cp	ידע	393	3ms	know
	יכבד	piel	impf	3ms	כבד	457		honor, make dull
11:39	עשה	qal	wcp	3ms	עשה	793		do, make
	הכיר k	hiph	pft	3ms	נכר	647		regard, notice
	יכיר q	hiph	impf	3ms	נכר	647		regard, notice
	ירבה	hiph	impf	3ms	רבה	915		make many
	המשילם	hiph	wcp	3ms	משל	605	3mp	cause to rule
	חלק	piel	infc		חלק	323		divide
11:40	יתנגח	hith	impf	3ms	נגח	618		make war
	ישתער	hith	impf	3ms	שער	973		storm against
	בא	qal	wcp	3ms	בוא	97		come in
	שטף	qal	wcp	3ms	שטף	1009		overflow
	עבר	qal	wcp	3ms	עבר	716		pass over
11:41	בא	qal	wcp	3ms	בוא	97		come in
	יכשלו	niph	impf	3mp	כשל	505		stumble
	ימלטו	niph	impf	3mp	מלט	572		escape
11:42	ישלח	qal	impf	3ms	שלח	1018		send
	תהיה	qal	impf	3fs	היה	224		be, become
11:43	משל	qal	wcp	3ms	משל	605		rule
11:44	יבהלהו	piel	impf	3mp	בהל	96	3ms	hasten, dismay
	יצא	qal	wcp	3ms	יצא	422		go out
	השמיד	hiph	infc		שמד	1029		exterminate
	החרים	hiph	infc		חרם	355		ban, destroy
11:45	יטע	qal	impf	3ms	נטע	642		plant
	בא	qal	wcp	3ms	בוא	97		come in
	עוזר	qal	ptc	ms	עזר	740		help, aid
12:1	יעמד	qal	impf	3ms	עמד	763		stand, stop
	עמד	qal	ptc	ms	עמד	763		stand, stop
	היתה	qal	wcp	3fs	היה	224		be, become
	נהיתה	niph	pft	3fs	היה	224		be done
	היות	qal	infc		היה	224		be, become
	ימלט	niph	impf	3ms	מלט	572		escape
	נמצא	niph	ptc	ms	מצא	592		be found
	כתוב	qal	pptc	ms	כתב	507		write
12:2	יקיצו	hiph	impf	3mp	קיץ	884		awake
12:3	משכלים	hiph	ptc	mp	שכל	968		look at, prosper
	יזהרו	hiph	impf	3mp	זהר	263		shine
	מצדיקי	hiph	ptc	mp	צדק	842		make righteous
12:4	סתם	qal	impv	ms	סתם	711		stop up
	חתם	qal	impv	ms	חתם	367		seal
	ישטטו	pol	impf	3mp	שוט	1001		go quickly
	תרבה	qal	impf	3fs	רבה	915		be many, great
12:5	ראיתי	qal	pft	1cs	ראה	906		see
	עמדים	qal	ptc	mp	עמד	763		stand, stop
12:6	יאמר	qal	wci	3ms	אמר	55		say
	לבוש	qal	pptc	ms	לבש	527		put on, clothe
12:7	אשמע	qal	wci	1cs	שמע	1033		hear
	לבוש	qal	pptc	ms	לבש	527		put on, clothe
	ירם	hiph	wci	3ms	רום	926		raise, lift
	ישבע	niph	wci	3ms	שבע	989		swear
	כלות	piel	infc		כלה	477		complete, finish
	נפץ	piel	infc		נפץ	658		dash to pieces
	תכלינה	qal	impf	3fp	כלה	477		finished, spent
12:8	שמעתי	qal	pft	1cs	שמע	1033		hear
	אבין	qal	impf	1cs	בין	106		discern
	אמרה	qal	wci	1cs	אמר	55		say
12:9	יאמר	qal	wci	3ms	אמר	55		say
	לך	qal	impv	ms	הלך	229		walk, go
	סתמים	qal	pptc	mp	סתם	711		stop up
	חתמים	qal	pptc	mp	חתם	367		seal
12:10	יתבררו	hith	impf	3mp	ברר	140		purify oneself
	יתלבנו	hith	impf	3mp	לבן	526		be purified
	יצרפו	niph	impf	3mp	צרף	864		be refined
	הרשיעו	hiph	wcp	3cp	רשע	957		condemn, be evil
	יבינו	qal	impf	3mp	בין	106		discern
	משכלים	hiph	ptc	mp	שכל	968		look at, prosper
	יבינו	qal	impf	3mp	בין	106		discern
12:11	הוסר	hoph	pft	3ms	סור	693		be taken away
	תת	qal	infc		נתן	678		give, set
	שמם	qal	ptc	ms	שמם	1030		be desolate

ChVs	Form	Stem	Tnse	PGN	Root	BDB	Sfx	Meaning
12:12	מחכה	piel	ptc	ms	חכה	314		wait
	יגיע	hiph	impf	3ms	נגע	619		reach, arrive
12:13	לך	qal	impv	ms	הלך	229		walk, go
	תנוח	qal	impf	2ms	נוח	628		rest
	תעמד	qal	impf	2ms	עמד	763		stand, stop

HOSEA

ChVs	Form	Stem	Tnse	PGN	Root	BDB	Sfx	Meaning
1:1	היה	qal	pft	3ms	היה	224		be, become
1:2	דבר	piel	pft	3ms	דבר	180		speak
	יאמר	qal	wci	3ms	אמר	55		say
	לך	qal	impv	ms	הלך	229		walk, go
	קח	qal	impv	ms	לקח	542		take
	זנה	qal	infa		זנה	275		act a harlot
	תזנה	qal	impf	3fs	זנה	275		act a harlot
1:3	ילך	qal	wci	3ms	הלך	229		walk, go
	יקח	qal	wci	3ms	לקח	542		take
	תהר	qal	wci	3fs	הרה	247		conceive
	תלד	qal	wci	3fs	ילד	408		bear, beget
1:4	יאמר	qal	wci	3ms	אמר	55		say
	קרא	qal	impv	ms	קרא	894		call, proclaim
	פקדתי	qal	wcp	1cs	פקד	823		attend to, visit
	השבתי	hiph	wcp	1cs	שבת	991		destroy, remove
1:5	היה	qal	wcp	3ms	היה	224		be, become
	שברתי	qal	wcp	1cs	שבר	990		break
1:6	תהר	qal	wci	3fs	הרה	247		conceive
	תלד	qal	wci	3fs	ילד	408		bear, beget
	יאמר	qal	wci	3ms	אמר	55		say
	קרא	qal	impv	ms	קרא	894		call, proclaim
	אוסיף	hiph	impf	1cs	יסף	414		add, do again
	ארחם	piel	impf	1cs	רחם	933		have compassion
	נשא	qal	infa		נשא	669		lift, carry
	אשא	qal	impf	1cs	נשא	669		lift, carry
1:7	ארחם	piel	impf	1cs	רחם	933		have compassion
	הושעתים	hiph	wcp	1cs	ישע	446	3mp	deliver, save
	אושיעם	hiph	impf	1cs	ישע	446	3mp	deliver, save
1:8	תגמל	qal	wci	3fs	גמל	168		deal out, ripen
	תהר	qal	wci	3fs	הרה	247		conceive
	תלד	qal	wci	3fs	ילד	408		bear, beget
1:9	יאמר	qal	wci	3ms	אמר	55		say
	קרא	qal	impv	ms	קרא	894		call, proclaim
	אהיה	qal	impf	1cs	היה	224		be, become
2:1	היה	qal	wcp	3ms	היה	224		be, become
	ימד	niph	impf	3ms	מדד	551		be measured
	יספר	niph	impf	3ms	ספר	707		be counted
	היה	qal	wcp	3ms	היה	224		be, become
	יאמר	niph	impf	3ms	אמר	55		be said, called
	יאמר	niph	impf	3ms	אמר	55		be said, called
2:2	נקבצו	niph	wcp	3cp	קבץ	867		assemble, gather
	שמו	qal	wcp	3cp	שים	962		put, set
	עלו	qal	wcp	3cp	עלה	748		go up
2:3	אמרו	qal	impv	mp	אמר	55		say
	רחמה	pual	pft	3fs	רחם	933		shown mercy
2:4	ריבו	qal	impv	mp	ריב	936		strive, contend
	ריבו	qal	impv	mp	ריב	936		strive, contend
2:4	תסר	hiph	jus	3fs	סור	693		take away
2:5	אפשיטנה	hiph	impf	1cs	פשט	832	3fs	strip off
	הצגתיה	hiph	wcp	1cs	יצג	426	3fs	place, establish
	הולדה	niph	infc		ילד	408	3fs	be born
	שמתיה	qal	wcp	1cs	שים	962	3fs	put, set
	שתה	qal	wcp	1cs	שית	1011	3fs	put, set
	המתיה	hiph	wcp	1cs	מות	559	3fs	kill
2:6	ארחם	piel	impf	1cs	רחם	933		have compassion
2:7	זנתה	qal	pft	3fs	זנה	275		act a harlot
	הבישה	hiph	pft	3fs	בוש	101		put to shame
	הורתם	qal	ptc	fs	הרה	247	3mp	conceive
	אמרה	qal	pft	3fs	אמר	55		say
	אלכה	qal	coh	1cs	הלך	229		walk, go
	מאהבי	piel	ptc	mp	אהב	12	1cs	lovers
	נתני	qal	ptc	mp	נתן	678		give, set
2:8	שך	qal	ptc	ms	שוך	962		hedge about
	גדרתי	qal	wcp	1cs	גדר	154		wall up
	תמצא	qal	impf	3fs	מצא	592		find
2:9	רדפה	piel	wcp	3fs	רדף	922		pursue eagerly
	מאהביה	piel	ptc	mp	אהב	12	3fs	lovers
	תשיג	hiph	impf	3fs	נשג	673		reach, overtake
	בקשתם	piel	wcp	3fs	בקש	134	3mp	seek
	תמצא	qal	impf	3fs	מצא	592		find
	אמרה	qal	wcp	3fs	אמר	55		say
	אלכה	qal	coh	1cs	הלך	229		walk, go
	אשובה	qal	coh	1cs	שוב	996		turn, return
2:10	ידעה	qal	pft	3fs	ידע	393		know
	נתתי	qal	pft	1cs	נתן	678		give, set
	הרביתי	hiph	pft	1cs	רבה	915		make many
	עשו	qal	pft	3cp	עשה	793		do, make
2:11	אשוב	qal	impf	1cs	שוב	996		turn, return
	לקחתי	qal	wcp	1cs	לקח	542		take
	הצלתי	hiph	wcp	1cs	נצל	664		snatch, deliver
	כסות	piel	infc		כסה	491		cover
2:12	אגלה	piel	impf	1cs	גלה	162		uncover
	מאהביה	piel	ptc	mp	אהב	12	3fs	lovers
	יצילנה	hiph	impf	3ms	נצל	664	3fs	snatch, deliver
2:13	השבתי	hiph	wcp	1cs	שבת	991		destroy, remove
2:14	השמתי	hiph	wcp	1cs	שמם	1030		ravage, appall
	אמרה	qal	pft	3fs	אמר	55		say
	נתנו	qal	pft	3cp	נתן	678		give, set
	מאהבי	piel	ptc	mp	אהב	12	1cs	lovers
	שמתים	qal	wcp	1cs	שים	962	3mp	put, set
	אכלתם	qal	wcp	3fs	אכל	37	3mp	eat, devour
2:15	פקדתי	qal	wcp	1cs	פקד	823		attend to, visit
	תקטיר	hiph	impf	3fs	קטר	882		make sacrifices
	תעד	qal	wci	3fs	עדה	725		ornament, adorn
	תלך	qal	wci	3fs	הלך	229		walk, go
	מאהביה	piel	ptc	mp	אהב	12	3fs	lovers
	שכחה	qal	pft	3fs	שכח	1013		forget
2:16	מפתיה	piel	ptc	ms	פתה	834	3fs	entice
	הלכתיה	hiph	wcp	1cs	הלך	229	3fs	lead, bring
	דברתי	piel	wcp	1cs	דבר	180		speak
2:17	נתתי	qal	wcp	1cs	נתן	678		give, set

ChVs	Form	Stem	Tnse	PGN	Root	BDB	Sfx	Meaning	ChVs	Form	Stem	Tnse	PGN	Root	BDB	Sfx	Meaning
2:17	ענתה	qal	wcp	3fs	ענה	777		sing	4:3	יאספו	niph	impf	3mp	אסף	62		assemble
	עלתה	qal	infc		עלה	748	3fs	go up	4:4	ירב	qal	jus	3ms	ריב	936		strive, contend
2:18	היה	qal	wcp	3ms	היה	224		be, become		יוכח	hiph	jus	3ms	יכח	406		decide, reprove
	תקראי	qal	impf	2fs	קרא	894		call, proclaim		מריבי	hiph	ptc	mp	ריב	936		strive, contend
	תקראי	qal	impf	2fs	קרא	894		call, proclaim	4:5	כשלת	qal	wcp	2ms	כשל	505		stumble, totter
2:19	הסרתי	hiph	wcp	1cs	סור	693		take away		כשל	qal	wcp	3ms	כשל	505		stumble, totter
	יזכרו	niph	impf	3mp	זכר	269		be remembered		דמיתי	qal	wcp	1cs	דמה	198		cease, cut off
2:20	כרתי	qal	wcp	1cs	כרת	503		cut, destroy	4:6	נדמו	niph	pft	3cp	דמה	198		be cut off
	אשבור	qal	impf	1cs	שבר	990		break		מאסת	qal	pft	2ms	מאס	549		reject, refuse
	השכבתים	hiph	wcp	1cs	שכב	1011	3mp	lay		אמאסאך	qal	impf	1cs	מאס	549	2ms	reject, refuse
2:21	ארשתיך	piel	wcp	1cs	ארש	76	2fs	betroth		כהן	piel	infc		כהן	464		act as priest
	ארשתיך	piel	wcp	1cs	ארש	76	2fs	betroth		תשכח	qal	wci	2ms	שכח	1013		forget
2:22	ארשתיך	piel	wcp	1cs	ארש	76	2fs	betroth		אשכח	qal	impf	1cs	שכח	1013		forget
	ידעת	qal	wcp	2fs	ידע	393		know	4:7	רבם	qal	infc		רבב	912	3mp	be many
2:23	היה	qal	wcp	3ms	היה	224		be, become		חטאו	qal	pft	3cp	חטא	306		sin
	אענה	qal	impf	1cs	ענה	772		answer		אמיר	hiph	impf	1cs	מור	558		change
	אענה	qal	impf	1cs	ענה	772		answer	4:8	יאכלו	qal	impf	3mp	אכל	37		eat, devour
	יענו	qal	impf	3mp	ענה	772		answer		ישאו	qal	impf	3mp	נשא	669		lift, carry
2:24	תענה	qal	impf	3fs	ענה	772		answer	4:9	היה	qal	wcp	3ms	היה	224		be, become
	יענו	qal	impf	3mp	ענה	772		answer		פקדתי	qal	wcp	1cs	פקד	823		attend to, visit
2:25	זרעתיה	qal	wcp	1cs	זרע	281	3fs	sow		אשיב	hiph	impf	1cs	שוב	996		bring back
	רחמתי	piel	wcp	1cs	רחם	933		have compassion	4:10	אכלו	qal	wcp	3cp	אכל	37		eat, devour
	רחמה	pual	pft	3fs	רחם	933		shown mercy		ישבעו	qal	impf	3mp	שבע	959		be sated
	אמרתי	qal	wcp	1cs	אמר	55		say		הזנו	hiph	pft	3cp	זנה	275		commit harlotry
	יאמר	qal	impf	3ms	אמר	55		say		יפרצו	qal	impf	3mp	פרץ	829		break through
3:1	יאמר	qal	wci	3ms	אמר	55		say		עזבו	qal	pft	3cp	עזב	736		leave, loose
	לך	qal	impv	ms	הלך	229		walk, go		שמר	qal	infc		שמר	1036		keep, watch
	אהב	qal	impv	ms	אהב	12		love	4:11	יקח	qal	impf	3ms	לקח	542		take
	אהבת	qal	pptc	fs	אהב	12		love	4:12	ישאל	qal	impf	3ms	שאל	981		ask, borrow
	מנאפת	piel	ptc	fs	נאף	610		commit adultery		יגיד	hiph	impf	3ms	נגד	616		declare, tell
	אהבת	qal	infc		אהב	12		love		התעה	hiph	pft	3ms	תעה	1073		cause to err
	פנים	qal	ptc	mp	פנה	815		turn		יזנו	qal	wci	3mp	זנה	275		act a harlot
	אהבי	qal	ptc	mp	אהב	12		love	4:13	יזבחו	piel	impf	3mp	זבח	256		sacrifice
3:2	אכרה	qal	wci	1cs	כרה	500	3fs	get by trade		יקטרו	piel	impf	3mp	קטר	882		make sacrifices
3:3	אמר	qal	wci	1cs	אמר	55		say		תזנינה	qal	impf	3fp	זנה	275		act a harlot
	תשבי	qal	impf	2fs	ישב	442		sit, dwell		תנאפנה	piel	impf	3fp	נאף	610		commit adultery
	תזני	qal	impf	2fs	זנה	275		act a harlot	4:14	אפקוד	qal	impf	1cs	פקד	823		attend to, visit
	תהיי	qal	impf	2fs	היה	224		be, become		תזנינה	qal	impf	3fp	זנה	275		act a harlot
3:4	ישבו	qal	impf	3mp	ישב	442		sit, dwell		תנאפנה	piel	impf	3fp	נאף	610		commit adultery
3:5	ישבו	qal	impf	3mp	שוב	996		turn, return		זנות	qal	ptc	fp	זנה	275		act a harlot
	בקשו	piel	wcp	3cp	בקש	134		seek		יפרדו	piel	impf	3mp	פרד	825		separate self
	פחדו	qal	wcp	3cp	פחד	808		be in dread		יזבחו	piel	impf	3mp	זבח	256		sacrifice
4:1	שמעו	qal	impv	mp	שמע	1033		hear		יבין	qal	impf	3ms	בין	106		discern
	יושבי	qal	ptc	mp	ישב	442		sit, dwell		ילבט	niph	impf	3ms	לבט	526		be thrust down
4:2	אלה	qal	infa		אלה	46		swear	4:15	זנה	qal	ptc	ms	זנה	275		act a harlot
	כחש	piel	infa		כחש	471		deceive		יאשם	qal	jusm	3ms	אשם	79		offend
	רצח	qal	infa		רצח	953		murder, slay		תבאו	qal	jusm	2mp	בוא	97		come in
	גנב	qal	infa		גנב	170		steal		תעלו	qal	jusm	2mp	עלה	748		go up
	נאף	qal	infa		נאף	610		commit adultery		תשבעו	niph	jusm	2mp	שבע	989		swear
	פרצו	qal	pft	3cp	פרץ	829		break through	4:16	סררה	qal	ptc	fs	סרר	710		be stubborn
	נגעו	qal	pft	3cp	נגע	619		touch, strike		סרר	qal	pft	3ms	סרר	710		be stubborn
4:3	תאבל	qal	impf	3fs	אבל	5		mourn		ירעם	qal	impf	3ms	רעה	944	3mp	pasture, tend
	אמלל	pul	wcp	3ms	אמל	51		be feeble	4:17	חבור	qal	pptc	ms	חבר	287		unite
	יושב	qal	ptc	ms	ישב	442		sit, dwell		הנח	hiph	impv	ms	נוח	628		give rest, put

ChVs	Form	Stem	Tnse	PGN	Root	BDB	Sfx	Meaning
4:18	סר	qal	pft	3ms	סור	693		turn aside
	הזנה	hiph	infa		זנה	275		commit harlotry
	הזנו	hiph	pft	3cp	זנה	275		commit harlotry
	אהבו	qal	pft	3cp	אהב	12		love
	הבו	qal	pft	3cp	?	12?		love
4:19	צרר	qal	pft	3ms	צרר	864		bind, be cramped
	יבשו	qal	impf	3mp	בוש	101		be ashamed
5:1	שמעו	qal	impv	mp	שמע	1033		hear
	הקשיבו	hiph	impv	mp	קשב	904		give attention
	האזינו	hiph	impv	mp	אזן	24		hear
	הייתם	qal	pft	2mp	היה	224		be, become
	פרושה	qal	pptc	fs	פרש	831		spread out
5:2	העמיקו	hiph	pft	3cp	עמק	770		make deep
5:3	ידעתי	qal	pft	1cs	ידע	393		know
	נכחד	niph	pft	3ms	כחד	470		be hid, effaced
	הזנית	hiph	pft	2ms	זנה	275		commit harlotry
	נטמא	niph	pft	3ms	טמא	379		defile oneself
5:4	יתנו	qal	impf	3mp	נתן	678		give, set
	שוב	qal	infc		שוב	996		turn, return
	ידעו	qal	pft	3cp	ידע	393		know
5:5	ענה	qal	wcp	3ms	ענה	772		answer
	יכשלו	niph	impf	3mp	כשל	505		stumble
	כשל	qal	pft	3ms	כשל	505		stumble, totter
5:6	ילכו	qal	impf	3mp	הלך	229		walk, go
	בקש	piel	infc		בקש	134		seek
	ימצאו	qal	impf	3mp	מצא	592		find
	חלץ	qal	pft	3ms	חלץ	322		draw off
5:7	בגדו	qal	pft	3cp	בגד	93		act faithlessly
	זרים	qal	ptc	mp	זור	266		be stranger
	ילדו	qal	pft	3cp	ילד	408		bear, beget
	יאכלם	qal	impf	3ms	אכל	37	3mp	eat, devour
5:8	תקעו	qal	impv	mp	תקע	1075		thrust, clap
	הריעו	hiph	impv	mp	רוע	929		raise a shout
5:9	תהיה	qal	impf	3fs	היה	224		be, become
	הודעתי	hiph	pft	1cs	ידע	393		declare
	נאמנה	niph	ptc	fs	אמן	52		be confirmed
5:10	היו	qal	pft	3cp	היה	224		be, become
	מסיגי	hiph	ptc	mp	סוג	690		displace
	אשפוך	qal	impf	1cs	שפך	1049		pour out
5:11	עשוק	qal	pptc	ms	עשק	798		oppress, extort
	רצוץ	qal	pptc	ms	רצץ	954		crush
	הואיל	hiph	pft	3ms	יאל	383		be willing
	הלך	qal	pft	3ms	הלך	229		walk, go
5:13	ירא	qal	wci	3ms	ראה	906		see
	ילך	qal	wci	3ms	הלך	229		walk, go
	ישלח	qal	wci	3ms	שלח	1018		send
	יוכל	qal	impf	3ms	יכל	407		be able
	רפא	qal	infc		רפא	950		heal
	יגהה	qal	impf	3ms	גהה	155		depart
5:14	אטרף	qal	impf	1cs	טרף	382		tear, rend
	אלך	qal	impf	1cs	הלך	229		walk, go
	אשא	qal	impf	1cs	נשא	669		lift, carry
	מציל	hiph	ptc	ms	נצל	664		snatch, deliver
5:15	אלך	qal	impf	1cs	הלך	229		walk, go
5:15	אשובה	qal	coh	1cs	שוב	996		turn, return
	יאשמו	qal	impf	3mp	אשם	79		offend
	ובקשו	piel	wcp	3cp	בקש	134		seek
	ישחרנני	piel	impf	3mp	שחר	1007	1cs	seek, desire
6:1	לכו	qal	impv	mp	הלך	229		walk, go
	ונשובה	qal	coh	1cp	שוב	996		turn, return
	טרף	qal	pft	3ms	טרף	382		tear, rend
	ירפאנו	qal	impf	3ms	רפא	950	1cp	heal
	יך	hiph	jusf	3ms	נכה	645		smite
	יחבשנו	qal	impf	3ms	חבש	289	1cp	bind
6:2	יחינו	piel	impf	3ms	חיה	310	1cp	preserve, revive
	יקמנו	hiph	impf	3ms	קום	877	1cp	raise, build, set
	ונחיה	qal	impf	1cp	חיה	310		live
6:3	ונדעה	qal	coh	1cp	ידע	393		know
	נרדפה	qal	coh	1cp	רדף	922		pursue
	דעת	qal	infc		ידע	393		know
	נכון	niph	ptc	ms	כון	465		be established
	יבוא	qal	impf	3ms	בוא	97		come in
	יורה	hiph	impf	3ms	ירה	434		shoot, teach
6:4	אעשה	qal	impf	1cs	עשה	793		do, make
	אעשה	qal	impf	1cs	עשה	793		do, make
	משכים	hiph	ptc	ms	שכם	1014		rise early
	הלך	qal	ptc	ms	הלך	229		walk, go
6:5	חצבתי	qal	pft	1cs	חצב	345		hew out, dig
	הרגתים	qal	pft	1cs	הרג	246	3mp	kill
	יצא	qal	impf	3ms	יצא	422		go out
6:6	חפצתי	qal	pft	1cs	חפץ	342		delight in
6:7	עברו	qal	pft	3cp	עבר	716		pass over
	בגדו	qal	pft	3cp	בגד	93		act faithlessly
6:8	פעלי	qal	ptc	mp	פעל	821		do, make
6:9	חכי	piel	infc		חכה	314		wait
	ירצחו	piel	impf	3mp	רצח	953		murder
	עשו	qal	pft	3cp	עשה	793		do, make
6:10	ראיתי	qal	pft	1cs	ראה	906		see
	נטמא	niph	pft	3ms	טמא	379		defile oneself
6:11	שת	qal	pft	3ms	שית	1011		put, set
	שובי	qal	infc		שוב	996	1cs	turn, return
7:1	רפאי	qal	infc		רפא	950	1cs	heal
	ונגלה	niph	wcp	3ms	גלה	162		uncover self
	פעלו	qal	pft	3cp	פעל	821		do, make
	יבוא	qal	impf	3ms	בוא	97		come in
	פשט	qal	pft	3ms	פשט	832		strip off
7:2	יאמרו	qal	impf	3mp	אמר	55		say
	זכרתי	qal	pft	1cs	זכר	269		remember
	סבבום	qal	pft	3cp	סבב	685	3mp	surround
	היו	qal	pft	3cp	היה	224		be, become
7:3	ישמחו	piel	impf	3mp	שמח	970		gladden
7:4	מנאפים	piel	ptc	mp	נאף	610		commit adultery
	בערה	qal	ptc	fs	בער	128		burn
	אפה	qal	ptc	ms	אפה	66		bake
	ישבות	qal	impf	3ms	שבת	991		cease, desist
	מעיר	hiph	ptc	ms	עור	734		rouse, stir up
	לוש	qal	infc		לוש	534		knead
	חמצתו	qal	infc		חמץ	329	3ms	be leavened

Hosea 7:5–9:4

ChVs	Form	Stem	Tnse	PGN	Root	BDB	Sfx	Meaning	ChVs	Form	Stem	Tnse	PGN	Root	BDB	Sfx	Meaning
7:5	החלו	hiph	pft	3cp	חלה	317		make sick	8:4	עשו	qal	pft	3cp	עשה	793		do, make
	משך	qal	pft	3ms	משך	604		draw, pull		יכרת	niph	impf	3ms	כרת	503		be cut off
	לצצים	pol	ptc	mp	ליץ	539		scorn	8:5	זנח	qal	pft	3ms	זנח	276		reject
7:6	קרבו	piel	pft	3cp	קרב	897		c. to bring near		חרה	qal	pft	3ms	חרה	354		be kindled, burn
	אפהם	qal	ptc	ms	אפה	66?3mp		bake		יוכלו	qal	impf	3mp	יכל	407		be able
	בער	qal	ptc	ms	בער	128		burn	8:6	עשהו	qal	pft	3ms	עשה	793	3ms	do, make
7:7	יחמו	qal	impf	3mp	חמם	328		be warm		יהיה	qal	impf	3ms	היה	224		be, become
	אכלו	qal	wcp	3cp	אכל	37		eat, devour	8:7	יזרעו	qal	impf	3mp	זרע	281		sow
	שפטיהם	qal	ptc	mp	שפט	1047	3mp	judge		יקצרו	qal	impf	3mp	קצר	894		reap, harvest
	נפלו	qal	pft	3cp	נפל	656		fall		יעשה	qal	impf	3ms	עשה	793		do, make
	קרא	qal	ptc	ms	קרא	894		call, proclaim		יעשה	qal	impf	3ms	עשה	793		do, make
7:8	יתבולל	htpo	impf	3ms	בלל	117		mix self		זרים	qal	ptc	mp	זור	266		be stranger
	היה	qal	pft	3ms	היה	224		be, become		יבלעהו	qal	impf	3mp	בלע	118	3ms	swallow
	הפוכה	qal	pptc	fs	הפך	245		turn, overturn	8:8	נבלע	niph	pft	3ms	בלע	118		swallowed up
7:9	אכלו	qal	pft	3cp	אכל	37		eat, devour		היו	qal	pft	3cp	היה	224		be, become
	זרים	qal	ptc	mp	זור	266		be stranger	8:9	עלו	qal	pft	3cp	עלה	748		go up
	ידע	qal	pft	3ms	ידע	393		know		בודד	qal	ptc	ms	בדד	94		be separate
	זרקה	qal	pft	3fs	זרק	284		toss, scatter		התנו	hiph	pft	3cp	תנה	1071		hire
	ידע	qal	pft	3ms	ידע	393		know	8:10	יתנו	qal	impf	3mp	תנה	1071		hire
7:10	ענה	qal	wcp	3ms	ענה	772		answer		אקבצם	piel	impf	1cs	קבץ	867	3mp	gather together
	שבו	qal	pft	3cp	שוב	996		turn, return		יחלו	hiph	wci	3mp	חלל	320		begin, profane
	בקשהו	piel	pft	3cp	בקש	134	3ms	seek	8:11	הרבה	hiph	pft	3ms	רבה	915		make many
7:11	יהי	qal	wci	3ms	היה	224		be, become		חטא	qal	infc		חטא	306		sin
	פותה	qal	ptc	fs	פתה	834		be simple		היו	qal	pft	3cp	היה	224		be, become
	קראו	qal	pft	3cp	קרא	894		call, proclaim		חטא	qal	infc		חטא	306		sin
	הלכו	qal	pft	3cp	הלך	229		walk, go	8:12	אכתובk	qal	impf	1cs	כתב	507		write
7:12	ילכו	qal	impf	3mp	הלך	229		walk, go		אכתבq	qal	impf	1cs	כתב	507		write
	אפרוש	qal	impf	1cs	פרש	831		spread out		זר	qal	ptc	ms	זור	266		be stranger
	אורידם	hiph	impf	1cs	ירד	432	3mp	bring down		נחשבו	niph	pft	3cp	חשב	362		be thought
	איסרם	hiph	impf	1cs	יסר	415	3mp	chasten	8:13	יזבחו	qal	impf	3mp	זבח	256		slaughter
7:13	נדדו	qal	pft	3cp	נדד	622		retreat, flee		יאכלו	qal	wci	3mp	אכל	37		eat, devour
	פשעו	qal	pft	3cp	פשע	833		rebel, sin		רצם	qal	pft	3ms	רצה	953	3mp	be pleased
	אפדם	qal	impf	1cs	פדה	804	3mp	ransom		יזכר	qal	impf	3ms	זכר	269		remember
	דברו	piel	pft	3cp	דבר	180		speak		יפקד	qal	impf	3ms	פקד	823		attend to, visit
7:14	זעקו	qal	pft	3cp	זעק	277		call, cry out		ישובו	qal	impf	3mp	שוב	996		turn, return
	יילילו	hiph	impf	3mp	ילל	410		howl	8:14	ישכח	qal	wci	3ms	שכח	1013		forget
	יתגוררו	htpo	impf	3mp	גור	157		sojourn		עשהו	qal	ptc	ms	עשה	793	3ms	do, make
	יסורו	qal	impf	3mp	סור	693		turn aside		יבן	qal	wci	3ms	בנה	124		build
7:15	יסרתי	piel	pft	1cs	יסר	415		correct, chasten		הרבה	hiph	pft	3ms	רבה	915		make many
	חזקתי	piel	pft	1cs	חזק	304		make strong		בצרות	qal	pptc	fp	בצר	130		cut off
	יחשבו	piel	impf	3mp	חשב	362		devise		שלחתי	piel	wcp	1cs	שלח	1018		send away, shoot
7:16	ישובו	qal	impf	3mp	שוב	996		turn, return		אכלה	qal	wcp	3fs	אכל	37		eat, devour
	היו	qal	pft	3cp	היה	224		be, become	9:1	תשמח	qal	jusm	2ms	שמח	970		rejoice
	יפלו	qal	impf	3mp	נפל	656		fall		זנית	qal	pft	2ms	זנה	275		act a harlot
8:1	עברו	qal	pft	3cp	עבר	716		pass over		אהבת	qal	pft	2ms	אהב	12		love
	פשעו	qal	pft	3cp	פשע	833		rebel, sin	9:2	ירעם	qal	impf	3ms	רעה	944	3mp	pasture, tend
8:2	יזעקו	qal	impf	3mp	זעק	277		call, cry out		יכחש	piel	impf	3ms	כחש	471		deceive
	ידענוך	qal	pft	1cp	ידע	393	2ms	know	9:3	ישבו	qal	impf	3mp	ישב	442		sit, dwell
8:3	זנח	qal	pft	3ms	זנח	276		reject		שב	qal	wcp	3ms	שוב	996		turn, return
	אויב	qal	ptc	ms	איב	33		be hostile to		אכלו	qal	impf	3mp	אכל	37		eat, devour
	ירדפו	qal	impf	3ms	רדף	922	3ms	pursue	9:4	יסכו	qal	impf	3mp	נסך	650		pour out
8:4	המליכו	hiph	pft	3cp	מלך	573		cause to reign		יערבו	qal	impf	3mp	ערב	787		be sweet
	השירו	hiph	pft	3cp	שרר	979		make ruler		אכליו	qal	ptc	mp	אכל	37	3ms	eat, devour
	ידעתי	qal	pft	1cs	ידע	393		know		יטמאו	hith	impf	3mp	טמא	379		defile oneself

Hosea 9: 4 – 11: 1

ChVs	Form	Stem	Tnse	PGN	Root	BDB	Sfx	Meaning
9:4	יבוא	qal	impf	3ms	בוא	97		come in
9:5	תעשו	qal	impf	2mp	עשה	793		do, make
9:6	הלכו	qal	pft	3cp	הלך	229		walk, go
	תקבצם	piel	impf	3fs	קבץ	867	3mp	gather together
	תקברם	piel	impf	3fs	קבר	868	3mp	bury
	יירשם	qal	impf	3ms	ירש	439	3mp	possess, inherit
9:7	באו	qal	pft	3cp	בוא	97		come in
	באו	qal	pft	3cp	בוא	97		come in
	ידעו	qal	jusm	3mp	ידע	393		know
	משגע	pual	ptc	ms	שגע	993		be mad
	רבה	qal	wcp	3fs	רבב	912		be many
9:8	צפה	qal	ptc	ms	צפה	859		keep watch
9:9	העמיקו	hiph	pft	3cp	עמק	770		make deep
	שחתו	piel	pft	3cp	שחת	1007		spoil, ruin
	יזכור	qal	impf	3ms	זכר	269		remember
	יפקוד	qal	impf	3ms	פקד	823		attend to, visit
9:10	מצאתי	qal	pft	1cs	מצא	592		find
	ראיתי	qal	pft	1cs	ראה	906		see
	באו	qal	pft	3cp	בוא	97		come in
	ינזרו	niph	wci	3mp	נזר	634		dedicate self
	יהיו	qal	wci	3mp	היה	224		be, become
9:11	יתעופף	htpo	impf	3ms	עוף	733		fly away
	לדה	qal	infc		ילד	408		bear, beget
9:12	יגדלו	piel	impf	3mp	גדל	152		cause to grow
	שכלתים	piel	wcp	1cs	שכל	1013	3mp	make childless
	שורי	qal	infc		שור	965	1cs	saw
9:13	ראיתי	qal	pft	1cs	ראה	906		see
	שתולה	qal	pptc	fs	שתל	1060		transplant
	הוציא	hiph	infc		יצא	422		bring out
	הרג	qal	ptc	ms	הרג	246		kill
9:14	תן	qal	impv	ms	נתן	678		give, set
	תתן	qal	impf	2ms	נתן	678		give, set
	תן	qal	impv	ms	נתן	678		give, set
	משכיל	hiph	ptc	ms	שכל	1013		miscarry
	צמקים	qal	ptc	mp	צמק	855		shrivel, dry up
9:15	שנאתים	qal	pft	1cs	שנא	971	3mp	hate
	אגרשם	piel	impf	1cs	גרש	176	3mp	drive out
	אוסף	hiph	jusf	1cs	יסף	414		add, do again
	אהבתם	qal	infc		אהב	12	3mp	love
	סררים	qal	ptc	mp	סרר	710		be stubborn
9:16	הכה	hoph	pft	3ms	נכה	645		be smitten
	יבש	qal	pft	3ms	יבש	386		be dry
	יעשון	qal	impf	3mp	עשה	793		do, make
	ילדון	qal	impf	3mp	ילד	408		bear, beget
	המתי	hiph	wcp	1cs	מות	559		kill
9:17	ימאסם	qal	impf	3ms	מאס	549	3mp	reject, refuse
	שמעו	qal	pft	3cp	שמע	1033		hear
	יהיו	qal	impf	3mp	היה	224		be, become
	נדדים	qal	ptc	mp	נדד	622		retreat, flee
10:1	בוקק	qal	ptc	ms	בקק	132		be luxuriant
	ישוה	piel	impf	3ms	שוה	1001		set, place
	הרבה	hiph	pft	3ms	רבה	915		make many
	היטיבו	hiph	pft	3cp	יטב	405		do good
10:2	חלק	qal	pft	3ms	חלק	325		be smooth
10:2	יאשמו	qal	impf	3mp	אשם	79		offend
	יערף	qal	impf	3ms	ערף	791		break neck
	ישדד	poel	impf	3ms	שדד	994		destroy
10:3	יאמרו	qal	impf	3mp	אמר	55		say
	יראנו	qal	pft	1cp	ירא	431		fear
	יעשה	qal	impf	3ms	עשה	793		do, make
10:4	דברו	piel	pft	3cp	דבר	180		speak
	אלות	qal	infa		אלה	46		swear
	כרת	qal	infa		כרת	503		cut, destroy
	פרח	qal	wcp	3ms	פרח	827		bud
10:5	יגורו	qal	impf	3mp	גור	158		dread
	אבל	qal	pft	3ms	אבל	5		mourn
	יגילו	qal	impf	3mp	גיל	162		rejoice
	גלה	qal	pft	3ms	גלה	162		uncover
10:6	יובל	hoph	impf	3ms	יבל	384		be borne along
	יקח	qal	impf	3ms	לקח	542		take
	יבוש	qal	impf	3ms	בוש	101		be ashamed
10:7	נדמה	niph	ptc	ms	דמה	198		be cut off
10:8	נשמדו	niph	wcp	3cp	שמד	1029		be exterminated
	עלה	qal	impf	3ms	עלה	748		go up
	אמרו	qal	wcp	3cp	אמר	55		say
	כסונו	piel	impv	mp	כסה	491	1cp	cover
	נפלו	qal	impv	mp	נפל	656		fall
10:9	חטאת	qal	pft	2ms	חטא	306		sin
	עמדו	qal	pft	3cp	עמד	763		stand, stop
	תשיגם	hiph	impf	3fs	נשג	673	3mp	reach, overtake
10:10	אסרם	qal	impf	1cs	יסר	415	3mp	discipline
	אספו	pual	wcp	3cp	אסף	62		be gathered
	אסרם	qal	infc		אסר	63	3mp	tie, bind
10:11	מלמדה	pual	ptc	fs	למד	540		be taught
	אהבתי	qal	ptc	fs	אהב	12		love
	דוש	qal	infc		דוש	190		tread
	עברתי	qal	pft	1cs	עבר	716		pass over
	ארכיב	hiph	impf	1cs	רכב	938		cause to ride
	יחרוש	qal	impf	3ms	חרש	360		engrave, plough
	ישדד	piel	impf	3ms	שדד	961		harrow
10:12	זרעו	qal	impv	mp	זרע	281		sow
	קצרו	qal	impv	mp	קצר	894		reap, harvest
	נירו	qal	impv	mp	niר	644		till
	דרוש	qal	infc		דרש	205		resort to, seek
	יבוא	qal	impf	3ms	בוא	97		come in
	ירה	hiph	impf	3ms	ירה	434		shoot, teach
10:13	חרשתם	qal	pft	2mp	חרש	360		engrave, plough
	קצרתם	qal	pft	2mp	קצר	894		reap, harvest
	אכלתם	qal	pft	2mp	אכל	37		eat, devour
	בטחת	qal	pft	2ms	בטח	105		trust
10:14	קאם	qal	wcp	3ms	קום	877		arise, stand
	יושד	qalp	impf	3ms	שדד	994		be devastated
	שד	qal	infc		שדד	994		destroy, oppress
	רטשה	pual	pft	3fs	רטש	936		be dashed
10:15	עשה	qal	pft	3ms	עשה	793		do, make
	נדמה	niph	infa		דמה	198		be cut off
	נדמה	niph	pft	3ms	דמה	198		be cut off
11:1	אהבהו	qal	wci	1cs	אהב	12	3ms	love

Hosea 11:1–13:9

ChVs	Form	Stem	Tnse	PGN	Root	BDB	Sfx	Meaning
11:1	קראתי	qal	pft	1cs	קרא	894		call, proclaim
11:2	קראו	qal	pft	3cp	קרא	894		call, proclaim
	הלכו	qal	pft	3cp	הלך	229		walk, go
	יזבחו	piel	impf	3mp	זבח	256		sacrifice
	יקטרון	piel	impf	3mp	קטר	882		make sacrifices
11:3	תרגלתי	tiph	pft	1cs	רגל	920		teach to walk
	קחם	qal	pft	3ms	לקח	542	3mp	take
	ידעו	qal	pft	3cp	ידע	393		know
	רפאתים	qal	pft	1cs	רפא	950	3mp	heal
11:4	אמשכם	qal	impf	1cs	משך	604	3mp	draw, pull
	אהיה	qal	wci	1cs	היה	224		be, become
	מרימי	hiph	ptc	mp	רום	926		raise, lift
	אט	hiph	jusf	1cs	נטה	639?		turn, incline
	אוכיל	hiph	impf	1cs	אכל	37		cause to eat
11:5	ישוב	qal	impf	3ms	שוב	996		turn, return
	מאנו	piel	pft	3cp	מאן	549		refuse
	שוב	qal	infc		שוב	996		turn, return
11:6	חלה	qal	wcp	3fs	חול	296		dance, writhe
	כלתה	piel	wcp	3fs	כלה	477		complete, finish
	אכלה	qal	wcp	3fs	אכל	37		eat, devour
11:7	תלואים	qal	pptc	mp	תלא	1067		hang
	יקראהו	qal	impf	3mp	קרא	894	3ms	call, proclaim
	ירומם	pol	impf	3ms	רום	926	3mp	raise, rear
11:8	אתנך	qal	impf	1cs	נתן	678	2ms	give, set
	אמגנך	piel	impf	1cs	מגן	171	2ms	deliver up
	אתנך	qal	impf	1cs	נתן	678	2ms	give, set
	אשימך	qal	impf	1cs	שים	962	2ms	put, set
	נהפך	niph	pft	3ms	הפך	245		turn oneself
	נכמרו	niph	pft	3cp	כמר	485		grow warm
11:9	אעשה	qal	impf	1cs	עשה	793		do, make
	אשוב	qal	impf	1cs	שוב	996		turn, return
	שחת	piel	infc		שחת	1007		spoil, ruin
	אבוא	qal	impf	1cs	בוא	97		come in
11:10	ילכו	qal	impf	3mp	הלך	229		walk, go
	ישאג	qal	impf	3ms	שאג	980		roar
	ישאג	qal	impf	3ms	שאג	980		roar
	יחרדו	qal	impf	3mp	חרד	353		tremble
11:11	יחרדו	qal	impf	3mp	חרד	353		tremble
	הושבתים	hiph	wcp	1cs	ישב	442	3mp	cause to dwell
12:1	סבבני	qal	pft	3cp	סבב	685	1cs	surround
	רד	qal	pft	3ms	רוד	923		roam
	נאמן	niph	ptc	ms	אמן	52		be confirmed
12:2	רעה	qal	ptc	ms	רעה	944		pasture, tend
	רדף	qal	ptc	ms	רדף	922		pursue
	ירבה	hiph	impf	3ms	רבה	915		make many
	יכרתו	qal	impf	3mp	כרת	503		cut, destroy
	יובל	hoph	impf	3ms	יבל	384		be borne along
12:3	פקד	qal	infc		פקד	823		attend to, visit
	ישיב	hiph	impf	3ms	שוב	996		bring back
12:4	עקב	qal	pft	3ms	עקב	784		attack at heel
	שרה	qal	pft	3ms	שרה	975		persist
12:5	ישר	qal	wci	3ms	שרה	975		persist
	יכל	qal	wci	3ms	יכל	407		be able
	בכה	qal	pft	3ms	בכה	113		weep
12:5	יתחנן	hith	wci	3ms	חנן	335		seek favor
	ימצאנו	qal	impf	3ms	מצא	592	3ms	find
	ידבר	piel	impf	3ms	דבר	180		speak
12:7	תשוב	qal	impf	2ms	שוב	996		turn, return
	שמר	qal	impv	ms	שמר	1036		keep, watch
	קוה	piel	impv	ms	קוה	875		wait for
12:8	עשק	qal	infc		עשק	798		oppress, extort
	אהב	qal	pft	3ms	אהב	12		love
12:9	יאמר	qal	wci	3ms	אמר	55		say
	עשרתי	qal	pft	1cs	עשר	799		be rich
	מצאתי	qal	pft	1cs	מצא	592		find
	ימצאו	qal	impf	3mp	מצא	592		find
12:10	אושיבך	hiph	impf	1cs	ישב	442	2ms	cause to dwell
12:11	דברתי	piel	pft	1cs	דבר	180		speak
	הרביתי	hiph	pft	1cs	רבה	915		make many
	אדמה	piel	impf	1cs	דמה	197		liken, think
12:12	היו	qal	pft	3cp	היה	224		be, become
	זבחו	piel	pft	3cp	זבח	256		sacrifice
12:13	יברח	qal	wci	3ms	ברח	137		go thru, flee
	יעבד	qal	wci	3ms	עבד	712		work, serve
	שמר	qal	pft	3ms	שמר	1036		keep, watch
12:14	העלה	hiph	pft	3ms	עלה	748		bring up, offer
	נשמר	niph	pft	3ms	שמר	1036		be kept, guarded
12:15	הכעיס	hiph	pft	3ms	כעס	494		vex, provoke
	יטוש	qal	impf	3ms	נטש	643		leave, forsake
	ישיב	hiph	impf	3ms	שוב	996		bring back
13:1	דבר	piel	infc		דבר	180		speak
	נשא	qal	pft	3ms	נשא	669		lift, carry
	יאשם	qal	wci	3ms	אשם	79		offend
	ימת	qal	wci	3ms	מות	559		die
13:2	יוספו	hiph	impf	3mp	יסף	414		add, do again
	חטא	qal	infc		חטא	306		sin
	יעשו	qal	wci	3mp	עשה	793		do, make
	אמרים	qal	ptc	mp	אמר	55		say
	זבחי	qal	ptc	mp	זבח	256		slaughter
	ישקון	qal	impf	3mp	נשק	676		kiss
13:3	יהיו	qal	impf	3mp	היה	224		be, become
	משכים	hiph	ptc	ms	שכם	1014		rise early
	הלך	qal	ptc	ms	הלך	229		walk, go
	יסער	poel	impf	3ms	סער	704		be storm-driven
13:4	תדע	qal	impf	2ms	ידע	393		know
	מושיע	hiph	ptc	ms	ישע	446		deliver, save
13:5	ידעתיך	qal	pft	1cs	ידע	393	2ms	know
13:6	ישבעו	qal	wci	3mp	שבע	959		be sated
	שבעו	qal	pft	3cp	שבע	959		be sated
	ירם	qal	wci	3ms	רום	926		be high
	שכחוני	qal	pft	3cp	שכח	1013	1cs	forget
13:7	אהי	qal	wci	1cs	היה	224		be, become
	אשור	qal	impf	1cs	שור	1003		behold, regard
13:8	אפגשם	qal	impf	1cs	פגש	803	3mp	meet
	אקרע	qal	impf	1cs	קרע	902		tear, rend
	אכלם	qal	impf	1cs	אכל	37	3mp	eat, devour
	תבקעם	piel	impf	3fs	בקע	131	3mp	cut to pieces
13:9	שחתך	piel	pft	3ms	שחת	1007	2ms	spoil, ruin

Hosea 13:10—Joel 1:14

ChVs	Form	Stem	Tnse	PGN	Root	BDB	Sfx	Meaning
13:10	יושיעך	hiph	impf	3ms	ישע	446	2ms	deliver,save
	שפטיך	qal	ptc	mp	שפט	1047	2ms	judge
	אמרת	qal	pft	2ms	אמר	55		say
	תנה	qal	impv	ms	נתן	678		give,set
13:11	אתן	qal	impf	1cs	נתן	678		give,set
	אקח	qal	impf	1cs	לקח	542		take
13:12	צרור	qal	pptc	ms	צרר	864		bind,be cramped
	צפונה	qal	pptc	fs	צפן	860		hide
13:13	יולדה	qal	ptc	fs	ילד	408		bear,beget
	יבאו	qal	impf	3mp	בוא	97		come in
	יעמד	qal	impf	3ms	עמד	763		stand,stop
13:14	אפדם	qal	impf	1cs	פדה	804	3mp	ransom
	אגאלם	qal	impf	1cs	גאל	145	3mp	redeem
	יסתר	niph	impf	3ms	סתר	711		hide,be hid
13:15	יפריא	hiph	impf	3ms	פרה	826		make fruitful
	יבוא	qal	impf	3ms	בוא	97		come in
	עלה	qal	ptc	ms	עלה	748		go up
	יבוש	qal	impf	3ms	בוש	101		be ashamed
	יחרב	qal	impf	3ms	חרב	351		be dried up
	ישסה	qal	impf	3ms	שסה	1042		plunder
14:1	תאשם	qal	impf	3fs	אשם	79		offend
	מרתה	qal	pft	3fs	מרה	598		be disobedient
	יפלו	qal	impf	3mp	נפל	656		fall
	ירטשו	pual	impf	3mp	רטש	936		be dashed
	יבקעו	pual	impf	3mp	בקע	131		be ripped open
14:2	שובה	qal	impv	ms	שוב	996		turn,return
	כשלת	qal	pft	2ms	כשל	505		stumble,totter
14:3	קחו	qal	impv	mp	לקח	542		take
	שובו	qal	impv	mp	שוב	996		turn,return
	אמרו	qal	impv	mp	אמר	55		say
	תשא	qal	impf	2ms	נשא	669		lift,carry
	קח	qal	impv	ms	לקח	542		take
	נשלמה	piel	coh	1cp	שלם	1022		repay,reward
14:4	יושיענו	hiph	impf	3ms	ישע	446	1cp	deliver,save
	נרכב	qal	impf	1cp	רכב	938		mount,ride
	נאמר	qal	impf	1cp	אמר	55		say
	ירחם	pual	impf	3ms	רחם	933		shown mercy
14:5	ארפא	qal	impf	1cs	רפא	950		heal
	אהבם	qal	impf	1cs	אהב	12	3mp	love
	שב	qal	pft	3ms	שוב	996		turn,return
14:6	אהיה	qal	impf	1cs	היה	224		be,become
	יפרח	qal	jusm	3ms	פרח	827		bud
	יך	hiph	jus	3ms	נכה	645		smite
14:7	ילכו	qal	jusm	3mp	הלך	229		walk,go
	יהי	qal	jus	3ms	היה	224		be,become
14:8	ישבו	qal	impf	3mp	שוב	996		turn,return
	ישבי	qal	ptc	mp	ישב	442		sit,dwell
	יחיו	piel	impf	3mp	חיה	310		preserve,revive
	יפרחו	qal	impf	3mp	פרח	827		bud
14:9	עניתי	qal	pft	1cs	ענה	772		answer
	אשורנו	qal	impf	1cs	שור	1003	3ms	behold,regard
	נמצא	niph	pft	3ms	מצא	592		be found
14:10	יבן	qal	jus	3ms	בין	106		discern
	נבון	niph	ptc	ms	בין	106		be discerning
14:10	ידעם	qal	jusm	3ms	ידע	393	3mp	know
	ילכו	qal	impf	3mp	הלך	229		walk,go
	פשעים	qal	ptc	mp	פשע	833		rebel,sin
	יכשלו	niph	impf	3mp	כשל	505		stumble
JOEL								
1:1	היה	qal	pft	3ms	היה	224		be,become
1:2	שמעו	qal	impv	mp	שמע	1033		hear
	האזינו	hiph	impv	mp	אזן	24		hear
	יושבי	qal	ptc	mp	ישב	442		sit,dwell
	היתה	qal	pft	3fs	היה	224		be,become
1:3	ספרו	piel	impv	mp	ספר	707		recount
1:4	אכל	qal	pft	3ms	אכל	37		eat,devour
	אכל	qal	pft	3ms	אכל	37		eat,devour
	אכל	qal	pft	3ms	אכל	37		eat,devour
1:5	הקיצו	hiph	impv	mp	קיץ	884		awake
	בכו	qal	impv	mp	בכה	113		weep
	הילילו	hiph	impv	mp	ילל	410		howl
	שתי	qal	ptc	mp	שתה	1059		drink
	נכרת	niph	pft	3ms	כרת	503		be cut off
1:6	עלה	qal	pft	3ms	עלה	748		go up
1:7	שם	qal	pft	3ms	שים	962		put,set
	חשף	qal	infa		חשף	362		strip off
	חשפה	qal	pft	3ms	חשף	362	3fs	strip off
	השליך	hiph	pft	3ms	שלך	1020		throw,cast
	הלבינו	hiph	pft	3cp	לבן	526		make white
1:8	אלי	qal	impv	fs	אלה	46		wail
	חגרת	qal	pptc	fs	חגר	291		gird
1:9	הכרת	hoph	pft	3ms	כרת	503		be cut off
	אבלו	qal	pft	3cp	אבל	5		mourn
	משרתי	piel	ptc	mp	שרת	1058		minister,serve
1:10	שדד	pual	pft	3ms	שדד	994		be devastated
	אבלה	qal	pft	3fs	אבל	5		mourn
	שדד	pual	pft	3ms	שדד	994		be devastated
	הוביש	hiph	pft	3ms	יבש	386		make dry
	אמלל	pul	pft	3ms	אמל	51		be feeble
1:11	הבישו	hiph	impv	mp	בוש	101		put to shame
	הילילו	hiph	impv	mp	ילל	410		howl
	כרמים	qal	ptc	mp	כרם	501		tend vineyard
	אבד	qal	pft	3ms	אבד	1		perish
1:12	הובישה	hiph	pft	3fs	יבש	386		make dry
	אמללה	pul	pft	3fs	אמל	51		be feeble
	יבשו	qal	pft	3cp	יבש	386		be dry
	הביש	hiph	pft	3ms	יבש	386		make dry
1:13	חגרו	qal	impv	mp	חגר	291		gird
	ספדו	qal	impv	mp	ספד	704		wail,lament
	הילילו	hiph	impv	mp	ילל	410		howl
	משרתי	piel	ptc	mp	שרת	1058		minister,serve
	באו	qal	impv	mp	בוא	97		come in
	לינו	qal	impv	mp	לון	533		lodge,remain
	משרתי	piel	ptc	mp	שרת	1058		minister,serve
	נמנע	niph	pft	3ms	מנע	586		be withholden
1:14	קדשו	piel	impv	mp	קדש	872		consecrate
	קראו	qal	impv	mp	קרא	894		call,proclaim

Joel 1:14–2:25

ChVs	Form	Stem	Tnse	PGN	Root	BDB	Sfx	Meaning
1:14	אספו	qal	impv	mp	אסף	62		gather
	ישבי	qal	ptc	mp	ישב	442		sit, dwell
	זעקו	qal	impv	mp	זעק	277		call, cry out
1:15	יבוא	qal	impf	3ms	בוא	97		come in
1:16	נכרת	niph	pft	3ms	כרת	503		be cut off
1:17	עבשו	qal	pft	3cp	עבש	721		shrivel
	נשמו	niph	pft	3cp	שמם	1030		be desolate
	נהרסו	niph	pft	3cp	הרס	248		be thrown down
	הביש	hiph	pft	3ms	יבש	386		make dry
1:18	נאנחה	niph	pft	3fs	אנח	58		sigh
	נבכו	niph	pft	3cp	בוך	100		be confused
	נאשמו	niph	pft	3cp	אשם	79		be punished
1:19	אקרא	qal	impf	1cs	קרא	894		call, proclaim
	אכלה	qal	pft	3fs	אכל	37		eat, devour
	להטה	piel	pft	3fs	להט	529		set ablaze
1:20	תערוג	qal	impf	3fs	ערג	788		long for
	יבשו	qal	pft	3cp	יבש	386		be dry
	אכלה	qal	pft	3fs	אכל	37		eat, devour
2:1	תקעו	qal	impv	mp	תקע	1075		thrust, clap
	הריעו	hiph	impv	mp	רוע	929		raise a shout
	ירגזו	qal	jusm	3mp	רגז	919		quake
	ישבי	qal	ptc	mp	ישב	442		sit, dwell
	בא	qal	ptc	ms	בוא	97		come in
2:2	פרש	qal	pptc	ms	פרש	831		spread out
	נהיה	niph	pft	3ms	היה	224		be done
	יוסף	hiph	jusf	3ms	יסף	414		add, do again
2:3	אכלה	qal	pft	3fs	אכל	37		eat, devour
	תלהט	piel	impf	3fs	להט	529		set ablaze
	היתה	qal	pft	3fs	היה	224		be, become
2:4	ירוצון	qal	impf	3mp	רוץ	930		run
2:5	ירקדון	piel	impf	3mp	רקד	955		leap, dance
	אכלה	qal	ptc	fs	אכל	37		eat, devour
	ערוך	qal	pptc	ms	ערך	789		set in order
2:6	יחילו	qal	impf	3mp	חול	296		dance, writhe
	קבצו	piel	pft	3cp	קבץ	867		gather together
2:7	ירצון	qal	impf	3mp	רוץ	930		run
	יעלו	qal	impf	3mp	עלה	748		go up
	ילכון	qal	impf	3mp	הלך	229		walk, go
	יעבטון	piel	impf	3mp	עבט	716		change
2:8	ידחקון	qal	impf	3mp	דחק	191		thrust, crowd
	ילכון	qal	impf	3mp	הלך	229		walk, go
	יפלו	qal	impf	3mp	נפל	656		fall
	יבצעו	qal	impf	3mp	בצע	130		cut off
2:9	ישקו	qal	impf	3mp	שקק	1055		run, rush
	ירצון	qal	impf	3mp	רוץ	930		run
	יעלו	qal	impf	3mp	עלה	748		go up
	יבאו	qal	impf	3mp	בוא	97		come in
2:10	רגזה	qal	pft	3fs	רגז	919		quake
	רעשו	qal	pft	3cp	רעש	950		quake
	קדרו	qal	pft	3cp	קדר	871		be dark
	אספו	qal	pft	3cp	אסף	62		gather
2:11	נתן	qal	pft	3ms	נתן	678		give, set
	עשה	qal	ptc	ms	עשה	793		do, make
	נורא	niph	ptc	ms	ירא	431		be feared
2:11	יכילנו	hiph	impf	3ms	כול	465	3ms	contain
2:12	שבו	qal	impv	mp	שוב	996		turn, return
2:13	קרעו	qal	impv	mp	קרע	902		tear, rend
	שובו	qal	impv	mp	שוב	996		turn, return
	נחם	niph	ptc	ms	נחם	636		be sorry
2:14	יודע	qal	ptc	ms	ידע	393		know
	ישוב	qal	impf	3ms	שוב	996		turn, return
	נחם	niph	wcp	3ms	נחם	636		be sorry
	השאיר	hiph	wcp	3ms	שאר	983		leave, spare
2:15	תקעו	qal	impv	mp	תקע	1075		thrust, clap
	קדשו	piel	impv	mp	קדש	872		consecrate
	קראו	qal	impv	mp	קרא	894		call, proclaim
2:16	אספו	qal	impv	mp	אסף	62		gather
	קדשו	piel	impv	mp	קדש	872		consecrate
	קבצו	qal	impv	mp	קבץ	867		gather, collect
	אספו	qal	impv	mp	אסף	62		gather
	ינקי	qal	ptc	mp	ינק	413		suck
	יצא	qal	jusm	3ms	יצא	422		go out
2:17	יבכו	qal	jusm	3mp	בכה	113		weep
	משרתי	piel	ptc	mp	שרת	1058		minister, serve
	יאמרו	qal	jusm	3mp	אמר	55		say
	חוסה	qal	impv	ms	חוס	299		pity
	תתן	qal	jusm	2ms	נתן	678		give, set
	יאמרו	qal	impf	3mp	אמר	55		say
2:18	יקנא	piel	wci	3ms	קנא	888		be jealous
	יחמל	qal	wci	3ms	חמל	328		spare
2:19	יען	qal	wci	3ms	ענה	772		answer
	יאמר	qal	wci	3ms	אמר	55		say
	שלח	qal	ptc	ms	שלח	1018		send
	שבעתם	qal	wcp	2mp	שבע	959		be sated
	אתן	qal	impf	1cs	נתן	678		give, set
2:20	ארחיק	hiph	impf	1cs	רחק	934		put far away
	הדחתיו	hiph	wcp	1cs	נדח	623	3ms	thrust out
	עלה	qal	wcp	3ms	עלה	748		go up
	תעל	qal	jusf	3fs	עלה	748		go up
	הגדיל	hiph	pft	3ms	גדל	152		make great
	עשות	qal	infc		עשה	793		do, make
2:21	תיראי	qal	jusm	2fs	ירא	431		fear
	גילי	qal	impv	fs	גיל	162		rejoice
	שמחי	qal	impv	fs	שמח	970		rejoice
	הגדיל	hiph	pft	3ms	גדל	152		make great
	עשות	qal	infc		עשה	793		do, make
2:22	תיראו	qal	jusm	2mp	ירא	431		fear
	דשאו	qal	pft	3cp	דשא	205		sprout
	נשא	qal	pft	3ms	נשא	669		lift, carry
	נתנו	qal	pft	3cp	נתן	678		give, set
2:23	גילו	qal	impv	mp	גיל	162		rejoice
	שמחו	qal	impv	mp	שמח	970		rejoice
	נתן	qal	pft	3ms	נתן	678		give, set
	יורד	hiph	wci	3ms	ירד	432		bring down
2:24	מלאו	qal	wcp	3cp	מלא	569		be full, fill
	השיקו	hiph	wcp	3cp	שוק	1003		overflow
2:25	שלמתי	piel	wcp	1cs	שלם	1022		repay, reward
	אכל	qal	pft	3ms	אכל	37		eat, devour

ChVs	Form	Stem	Tnse	PGN	Root	BDB	Sfx	Meaning	ChVs	Form	Stem	Tnse	PGN	Root	BDB	Sfx	Meaning
2:25	שלחתי	piel	pft	1cs	שלח	1018		send away, shoot	4:9	יגשו	qal	jusm	3mp	נגש	620		draw near
2:26	אכלתם	qal	wcp	2mp	אכל	37		eat, devour		יעלו	qal	jusm	3mp	עלה	748		go up
	אכול	qal	infa		אכל	37		eat, devour	4:10	כתו	qal	impv	mp	כתת	510		beat, crush
	שבוע	qal	infa		שבע	959		be sated		יאמר	qal	jusm	3ms	אמר	55		say
	הללתם	piel	wcp	2mp	הלל	237		praise	4:11	עשו	qal	impv	mp	עוש	736		lend aid
	עשה	qal	pft	3ms	עשה	793		do, make		באו	qal	impv	mp	בוא	97		come in
	הפליא	hiph	infc		פלא	810		do wondrously		נקבצו	niph	wcp	3cp	קבץ	867		assemble, gather
	יבשו	qal	impf	3mp	בוש	101		be ashamed		הנחת	hiph	impv	ms	נחת	639		bring down
2:27	ידעתם	qal	wcp	2mp	ידע	393		know	4:12	יעורו	niph	jusm	3mp	עור	734		be roused
	יבשו	qal	impf	3mp	בוש	101		be ashamed		יעלו	qal	jusm	3mp	עלה	748		go up
3:1	היה	qal	wcp	3ms	היה	224		be, become		אשב	qal	impf	1cs	ישב	442		sit, dwell
	אשפוך	qal	impf	1cs	שפך	1049		pour out		שפט	qal	infc		שפט	1047		judge
	נבאו	niph	wcp	3cp	נבא	612		prophesy	4:13	שלחו	qal	impv	mp	שלח	1018		send
	יחלמון	qal	impf	3mp	חלם	321		dream		בשל	qal	pft	3ms	בשל	143		boil, cook
	יראו	qal	impf	3mp	ראה	906		see		באו	qal	impv	mp	בוא	97		come in
3:2	אשפוך	qal	impf	1cs	שפך	1049		pour out		רדו	qal	impv	mp	ירד	432		come down
3:3	נתתי	qal	wcp	1cs	נתן	678		give, set		מלאה	qal	pft	3fs	מלא	569		be full, fill
3:4	יהפך	niph	impf	3ms	הפך	245		turn oneself		השיקו	hiph	pft	3cp	שוק	1003		overflow
	בוא	qal	infc		בוא	97		come in	4:15	קדרו	qal	pft	3cp	קדר	871		be dark
	נורא	niph	ptc	ms	ירא	431		be feared		אספו	qal	pft	3cp	אסף	62		gather
3:5	היה	qal	wcp	3ms	היה	224		be, become	4:16	ישאג	qal	impf	3ms	שאג	980		roar
	יקרא	qal	impf	3ms	קרא	894		call, proclaim		יתן	qal	impf	3ms	נתן	678		give, set
	ימלט	niph	impf	3ms	מלט	572		escape		רעשו	qal	wcp	3cp	רעש	950		quake
	תהיה	qal	impf	3fs	היה	224		be, become	4:17	ידעתם	qal	wcp	2mp	ידע	393		know
	אמר	qal	pft	3ms	אמר	55		say		שכן	qal	ptc	ms	שכן	1014		settle, dwell
	קרא	qal	ptc	ms	קרא	894		call, proclaim		היתה	qal	wcp	3fs	היה	224		be, become
4:1	אשובk	qal	impf	1cs	שוב	996		turn, return		זרים	qal	ptc	mp	זור	266		be stranger
	אשיבq	hiph	impf	1cs	שוב	996		bring back		יעברו	qal	impf	3mp	עבר	716		pass over
4:2	קבצתי	piel	wcp	1cs	קבץ	867		gather together	4:18	היה	qal	wcp	3ms	היה	224		be, become
	הורדתים	hiph	wcp	1cs	ירד	432	3mp	bring down		יטפו	qal	impf	3mp	נטף	642		drop, drip
	נשפטתי	niph	wcp	1cs	שפט	1047		plead		תלכנה	qal	impf	3fp	הלך	229		walk, go
	פזרו	piel	pft	3cp	פזר	808		scatter		ילכו	qal	impf	3mp	הלך	229		walk, go
	חלקו	piel	pft	3cp	חלק	323		divide		יצא	qal	impf	3ms	יצא	422		go out
4:3	ידו	qal	pft	3cp	ידד	391		cast a lot		השקה	hiph	wcp	3ms	שקה	1052		give to drink
	יתנו	qal	wci	3mp	נתן	678		give, set	4:19	תהיה	qal	impf	3fs	היה	224		be, become
	זונה	qal	ptc	fs	זנה	275		act a harlot		תהיה	qal	impf	3fs	היה	224		be, become
	מכרו	qal	pft	3cp	מכר	569		sell		שפכו	qal	pft	3cp	שפך	1049		pour out
	ישתו	qal	wci	3mp	שתה	1059		drink	4:20	תשב	qal	impf	3fs	ישב	442		sit, dwell
4:4	משלמים	piel	ptc	mp	שלם	1022		repay, reward	4:21	נקיתי	piel	wcp	1cs	נקה	667		acquit
	גמלים	qal	ptc	mp	גמל	168		deal out, ripen		נקיתי	piel	pft	1cs	נקה	667		acquit
	אשיב	hiph	impf	1cs	שוב	996		bring back		שכן	qal	ptc	ms	שכן	1014		settle, dwell
4:5	לקחתם	qal	pft	2mp	לקח	542		take									
	הבאתם	hiph	pft	2mp	בוא	97		bring in	AMOS								
4:6	מכרתם	qal	pft	2mp	מכר	569		sell	1:1	היה	qal	pft	3ms	היה	224		be, become
	הרחיקם	hiph	infc		רחק	934	3mp	put far away		חזה	qal	pft	3ms	חזה	302		see
4:7	מערתם	hiph	ptc	ms	עור	734	3mp	rouse, stir up	1:2	יאמר	qal	wci	3ms	אמר	55		say
	מכרתם	qal	pft	2mp	מכר	569		sell		ישאג	qal	impf	3ms	שאג	980		roar
	השבתי	hiph	wcp	1cs	שוב	996		bring back		יתן	qal	impf	3ms	נתן	678		give, set
4:8	מכרתי	qal	wcp	1cs	מכר	569		sell		אבלו	qal	wcp	3cp	אבל	5		mourn
	מכרום	qal	wcp	3cp	מכר	569	3mp	sell		רעים	qal	ptc	mp	רעה	944		pasture, tend
	דבר	piel	pft	3ms	דבר	180		speak		יבש	qal	wcp	3ms	יבש	386		be dry
4:9	קראו	qal	impv	mp	קרא	894		call, proclaim	1:3	אמר	qal	pft	3ms	אמר	55		say
	קדשו	piel	impv	mp	קדש	872		consecrate		אשיבנו	hiph	impf	1cs	שוב	996	3ms	bring back
	העירו	hiph	impv	mp	עור	734		rouse, stir up		דושם	qal	infc		דוש	190	3mp	tread

Amos 1:4–3:6

ChVs	Form	Stem	Tnse	PGN	Root	BDB	Sfx	Meaning
1:4	שלחתי	piel	wcp	1cs	שלח	1018		send away,shoot
	אכלה	qal	wcp	3fs	אכל	37		eat,devour
1:5	שברתי	qal	wcp	1cs	שבר	990		break
	הכרתי	hiph	wcp	1cs	כרת	503		cut off,destroy
	יושב	qal	ptc	ms	ישב	442		sit,dwell
	תומך	qal	ptc	ms	תמך	1069		grasp,support
	גלו	qal	wcp	3cp	גלה	162		uncover
	אמר	qal	pft	3ms	אמר	55		say
1:6	אמר	qal	pft	3ms	אמר	55		say
	אשיבנו	hiph	impf	1cs	שוב	996	3ms	bring back
	הגלותם	hiph	infc		גלה	162	3mp	lead into exile
	הסגיר	hiph	infc		סגר	688		shut up,deliver
1:7	שלחתי	piel	wcp	1cs	שלח	1018		send away,shoot
	אכלה	qal	wcp	3fs	אכל	37		eat,devour
1:8	הכרתי	hiph	wcp	1cs	כרת	503		cut off,destroy
	יושב	qal	ptc	ms	ישב	442		sit,dwell
	תומך	qal	ptc	ms	תמך	1069		grasp,support
	השיבותי	hiph	wcp	1cs	שוב	996		bring back
	אבדו	qal	wcp	3cp	אבד	1		perish
	אמר	qal	pft	3ms	אמר	55		say
1:9	אמר	qal	pft	3ms	אמר	55		say
	אשיבנו	hiph	impf	1cs	שוב	996	3ms	bring back
	הסגירם	hiph	infc		סגר	688	3mp	shut up,deliver
	זכרו	qal	pft	3cp	זכר	269		remember
1:10	שלחתי	piel	wcp	1cs	שלח	1018		send away,shoot
	אכלה	qal	wcp	3fs	אכל	37		eat,devour
1:11	אמר	qal	pft	3ms	אמר	55		say
	אשיבנו	hiph	impf	1cs	שוב	996	3ms	bring back
	רדפו	qal	infc		רדף	922	3ms	pursue
	שחת	piel	pft	3ms	שחת	1007		spoil,ruin
	יטרף	qal	wci	3ms	טרף	382		tear,rend
	שמרה	qal	pft	3ms	שמר	1036	3fs	keep,watch
1:12	שלחתי	piel	wcp	1cs	שלח	1018		send away,shoot
	אכלה	qal	wcp	3fs	אכל	37		eat,devour
1:13	אמר	qal	pft	3ms	אמר	55		say
	אשיבנו	hiph	impf	1cs	שוב	996	3ms	bring back
	בקעם	qal	infc		בקע	131	3mp	cleave,break
	הרחיב	hiph	infc		רחב	931		enlarge
1:14	הצתי	hiph	wcp	1cs	יצת	428		kindle
	אכלה	qal	wcp	3fs	אכל	37		eat,devour
1:15	הלך	qal	wcp	3ms	הלך	229		walk,go
	אמר	qal	pft	3ms	אמר	55		say
2:1	אמר	qal	pft	3ms	אמר	55		say
	אשיבנו	hiph	impf	1cs	שוב	996	3ms	bring back
	שרפו	qal	infc		שרף	976	3ms	burn
2:2	שלחתי	piel	wcp	1cs	שלח	1018		send away,shoot
	אכלה	qal	wcp	3fs	אכל	37		eat,devour
	מת	qal	wcp	3ms	מות	559		die
2:3	הכרתי	hiph	wcp	1cs	כרת	503		cut off,destroy
	שופט	qal	ptc	ms	שפט	1047		judge
	אהרוג	qal	impf	1cs	הרג	246		kill
	אמר	qal	pft	3ms	אמר	55		say
2:4	אמר	qal	pft	3ms	אמר	55		say
	אשיבנו	hiph	impf	1cs	שוב	996	3ms	bring back
2:4	מאסם	qal	infc		מאס	549	3mp	reject,refuse
	שמרו	qal	pft	3cp	שמר	1036		keep,watch
	יתעום	hiph	wci	3mp	תעה	1073	3mp	cause to err
	הלכו	qal	pft	3cp	הלך	229		walk,go
2:5	שלחתי	piel	wcp	1cs	שלח	1018		send away,shoot
	אכלה	qal	wcp	3fs	אכל	37		eat,devour
2:6	אמר	qal	pft	3ms	אמר	55		say
	אשיבנו	hiph	impf	1cs	שוב	996	3ms	bring back
	מכרם	qal	infc		מכר	569	3mp	sell
2:7	שאפים	qal	ptc	mp	שאף	983		trample,crush
	יטו	hiph	impf	3mp	נטה	639		turn,incline
	ילכו	qal	impf	3mp	הלך	229		walk,go
	חלל	piel	infc		חלל	320		pollute
2:8	חבלים	qal	pptc	mp	חבל	286		bind
	יטו	hiph	impf	3mp	נטה	639		turn,incline
	ענושים	qal	pptc	mp	ענש	778		punish,fine
	ישתו	qal	impf	3mp	שתה	1059		drink
2:9	השמדתי	hiph	pft	1cs	שמד	1029		exterminate
	אשמיד	hiph	wci	1cs	שמד	1029		exterminate
2:10	העליתי	hiph	pft	1cs	עלה	748		bring up,offer
	אולך	hiph	wci	1cs	הלך	229		lead,bring
	רשת	qal	infc		ירש	439		possess,inherit
2:11	אקים	hiph	wci	1cs	קום	877		raise,build,set
2:12	תשקו	hiph	wci	2mp	שקה	1052		give to drink
	צויתם	piel	pft	2mp	צוה	845		command
	אמר	qal	infc		אמר	55		say
	תנבאו	niph	impf	2mp	נבא	612		prophesy
2:13	מעיק	hiph	ptc	ms	עוק	734		press
	תעיק	hiph	impf	3fs	עוק	734		press
2:14	אבד	qal	wcp	3ms	אבד	1		perish
	יאמץ	piel	impf	3ms	אמץ	54		make firm
	ימלט	piel	impf	3ms	מלט	572		deliver
2:15	תפש	qal	ptc	ms	תפש	1074		seize,grasp
	יעמד	qal	impf	3ms	עמד	763		stand,stop
	ימלט	piel	impf	3ms	מלט	572		deliver
	רכב	qal	ptc	ms	רכב	938		mount,ride
	ימלט	piel	impf	3ms	מלט	572		deliver
2:16	ינוס	qal	impf	3ms	נוס	630		flee,escape
3:1	שמעו	qal	impv	mp	שמע	1033		hear
	דבר	piel	pft	3ms	דבר	180		speak
	העליתי	hiph	pft	1cs	עלה	748		bring up,offer
	אמר	qal	infc		אמר	55		say
3:2	ידעתי	qal	pft	1cs	ידע	393		know
	אפקד	qal	impf	1cs	פקד	823		attend to,visit
3:3	ילכו	qal	impf	3mp	הלך	229		walk,go
	נועדו	niph	pft	3cp	יעד	416		gather
3:4	ישאג	qal	impf	3ms	שאג	980		roar
	יתן	qal	impf	3ms	נתן	678		give,set
	לכד	qal	pft	3ms	לכד	539		capture
3:5	תפל	qal	impf	3fs	נפל	656		fall
	יעלה	qal	impf	3ms	עלה	748		go up
	לכוד	qal	infa		לכד	539		capture
	ילכוד	qal	impf	3ms	לכד	539		capture
3:6	יתקע	niph	impf	3ms	תקע	1075		be blown,struck

Amos 3:6–5:6

ChVs	Form	Stem	Tnse	PGN	Root	BDB	Sfx	Meaning
3:6	יחרדו	qal	impf	3mp	חרד	353		tremble
	תהיה	qal	impf	3fs	היה	224		be, become
	עשה	qal	pft	3ms	עשה	793		do, make
3:7	יעשה	qal	impf	3ms	עשה	793		do, make
	גלה	qal	pft	3ms	גלה	162		uncover
3:8	שאג	qal	pft	3ms	שאג	980		roar
	יירא	qal	impf	3ms	ירא	431		fear
	דבר	piel	pft	3ms	דבר	180		speak
	ינבא	niph	impf	3ms	נבא	612		prophesy
3:9	השמיעו	hiph	impv	mp	שמע	1033		cause to hear
	אמרו	qal	impv	mp	אמר	55		say
	האספו	niph	impv	mp	אסף	62		assemble
	ראו	qal	impv	mp	ראה	906		see
3:10	ידעו	qal	pft	3cp	ידע	393		know
	עשות	qal	infc		עשה	793		do, make
	אוצרים	qal	ptc	mp	אצר	69		store up
3:11	אמר	qal	pft	3ms	אמר	55		say
	הורד	hiph	wcp	3ms	ירד	432		bring down
	נבוז	niph	wcp	3cp	בזז	102		be plundered
3:12	אמר	qal	pft	3ms	אמר	55		say
	יציל	hiph	impf	3ms	נצל	664		snatch, deliver
	רעה	qal	ptc	ms	רעה	944		pasture, tend
	ינצלו	niph	impf	3mp	נצל	664		be delivered
	ישבים	qal	ptc	mp	ישב	442		sit, dwell
3:13	שמעו	qal	impv	mp	שמע	1033		hear
	העידו	hiph	impv	mp	עוד	729		testify, warn
3:14	פקדי	qal	infc		פקד	823	1cs	attend to, visit
	פקדתי	qal	wcp	1cs	פקד	823		attend to, visit
	נגדעו	niph	wcp	3cp	גדע	154		be hewn off
	נפלו	qal	wcp	3cp	נפל	656		fall
3:15	הכיתי	hiph	wcp	1cs	נכה	645		smite
	אבדו	qal	wcp	3cp	אבד	1		perish
	ספו	qal	wcp	3cp	סוף	692		come to an end
4:1	שמעו	qal	impv	mp	שמע	1033		hear
	עשקות	qal	ptc	fp	עשק	798		oppress, extort
	רצצות	qal	ptc	fp	רצץ	954		crush
	אמרת	qal	ptc	fp	אמר	55		say
	הביאה	hiph	impv	ms	בוא	97		bring in
	נשתה	qal	cohm	1cp	שתה	1059		drink
4:2	נשבע	niph	pft	3ms	שבע	989		swear
	באים	qal	ptc	mp	בוא	97		come in
	נשא	piel	wcp	3ms	נשא	669		lift up
4:3	תצאנה	qal	impf	2fp	יצא	422		go out
	השלכתנה	hiph	wcp	2fp	שלך	1020		throw, cast
4:4	באו	qal	impv	mp	בוא	97		come in
	פשעו	qal	impv	mp	פשע	833		rebel, sin
	הרבו	hiph	impv	mp	רבה	915		make many
	פשע	qal	infc		פשע	833		rebel, sin
	הביאו	hiph	impv	mp	בוא	97		bring in
4:5	קטר	piel	infa		קטר	882		make sacrifices
	קראו	qal	impv	mp	קרא	894		call, proclaim
	השמיעו	hiph	impv	mp	שמע	1033		cause to hear
	אהבתם	qal	pft	2mp	אהב	12		love
4:6	נתתי	qal	pft	1cs	נתן	678		give, set
4:6	שבתם	qal	pft	2mp	שוב	996		turn, return
4:7	מנעתי	qal	pft	1cs	מנע	586		withhold
	המטרתי	hiph	wcp	1cs	מטר	565		rain
	אמטיר	hiph	impf	1cs	מטר	565		rain
	תמטר	niph	impf	3fs	מטר	565		be rained on
	תמטיר	hiph	impf	3fs	מטר	565		rain
	תיבש	qal	impf	3fs	יבש	386		be dry
4:8	נעו	qal	wcp	3cp	נוע	631		totter, wave
	שתות	qal	infc		שתה	1059		drink
	ישבעו	qal	impf	3mp	שבע	959		be sated
	שבתם	qal	pft	2mp	שוב	996		turn, return
4:9	הכיתי	hiph	pft	1cs	נכה	645		smite
	הרבות	hiph	infc		רבה	915		make many
	יאכל	qal	impf	3ms	אכל	37		eat, devour
	שבתם	qal	pft	2mp	שוב	996		turn, return
4:10	שלחתי	piel	pft	1cs	שלח	1018		send away, shoot
	הרגתי	qal	pft	1cs	הרג	246		kill
	אעלה	hiph	wci	1cs	עלה	748		bring up, offer
	שבתם	qal	pft	2mp	שוב	996		turn, return
4:11	הפכתי	qal	pft	1cs	הפך	245		turn, overturn
	תהיו	qal	wci	2mp	היה	224		be, become
	מצל	hoph	ptc	ms	נצל	664		be plucked
	שבתם	qal	pft	2mp	שוב	996		turn, return
4:12	אעשה	qal	impf	1cs	עשה	793		do, make
	אעשה	qal	impf	1cs	עשה	793		do, make
	הכון	niph	impv	ms	כון	465		be established
	קראת	qal	infc		קרא	896		meet, encounter
4:13	יוצר	qal	ptc	ms	יצר	427		form, create
	ברא	qal	ptc	ms	ברא	135		create
	מגיד	hiph	ptc	ms	נגד	616		declare, tell
	עשה	qal	ptc	ms	עשה	793		do, make
	דרך	qal	ptc	ms	דרך	201		tread, march
5:1	שמעו	qal	impv	mp	שמע	1033		hear
	נשא	qal	ptc	ms	נשא	669		lift, carry
5:2	נפלה	qal	pft	3fs	נפל	656		fall
	תוסיף	hiph	impf	3fs	יסף	414		add, do again
	קום	qal	infc		קום	877		arise, stand
	נטשה	niph	pft	3fs	נטש	643		be forsaken
	מקימה	hiph	ptc	ms	קום	877	3fs	raise, build, set
5:3	אמר	qal	pft	3ms	אמר	55		say
	יצאת	qal	ptc	fs	יצא	422		go out
	תשאיר	hiph	impf	3fs	שאר	983		leave, spare
	יוצאת	qal	ptc	fs	יצא	422		go out
	תשאיר	hiph	impf	3fs	שאר	983		leave, spare
5:4	אמר	qal	pft	3ms	אמר	55		say
	דרשוני	qal	impv	mp	דרש	205	1cs	resort to, seek
	חיו	qal	impv	mp	חיה	310		live
5:5	תדרשו	qal	jusm	2mp	דרש	205		resort to, seek
	תבאו	qal	impf	2mp	בוא	97		come in
	תעברו	qal	impf	2mp	עבר	716		pass over
	גלה	qal	infa		גלה	162		uncover
	יגלה	qal	impf	3ms	גלה	162		uncover
	יהיה	qal	impf	3ms	היה	224		be, become
5:6	דרשו	qal	impv	mp	דרש	205		resort to, seek

Amos 5:6–6:14

ChVs	Form	Stem	Tnse	PGN	Root	BDB	Sfx	Meaning
5:6	חיו	qal	impv	mp	חיה	310		live
	יצלח	qal	impf	3ms	צלח	852		rush
	אכלה	qal	wcp	3fs	אכל	37		eat, devour
	מכבה	piel	ptc	ms	כבה	459		extinguish
5:7	הפכים	qal	ptc	mp	הפך	245		turn, overturn
	הניחו	hiph	pft	3cp	נוח	628		give rest, put
5:8	עשה	qal	ptc	ms	עשה	793		do, make
	הפך	qal	ptc	ms	הפך	245		turn, overturn
	החשיך	hiph	pft	3ms	חשך	364		make dark
	קורא	qal	ptc	ms	קרא	894		call, proclaim
	ישפכם	qal	wci	3ms	שפך	1049	3mp	pour out
5:9	מבליג	hiph	ptc	ms	בלג	114		gleam, smile
	יבוא	qal	impf	3ms	בוא	97		come in
5:10	שנאו	qal	pft	3cp	שנא	971		hate
	מוכיח	hiph	ptc	ms	יכח	406		decide, reprove
	דבר	qal	ptc	ms	דבר	180		speak
	יתעבו	piel	impf	3mp	תעב	1073		abhor
5:11	בושסכם	poel	infc		בשס	143	2mp	trample
	תקחו	qal	impf	2mp	לקח	542		take
	בניתם	qal	pft	2mp	בנה	124		build
	תשבו	qal	impf	2mp	ישב	442		sit, dwell
	נטעתם	qal	pft	2mp	נטע	642		plant
	תשתו	qal	impf	2mp	שתה	1059		drink
5:12	ידעתי	qal	pft	1cs	ידע	393		know
	צררי	qal	ptc	mp	צרר	865		show hostility
	לקחי	qal	ptc	mp	לקח	542		take
	הטו	hiph	pft	3cp	נטה	639		turn, incline
5:13	משכיל	hiph	ptc	ms	שכל	968		look at, prosper
	ידם	qal	impf	3ms	דמם	198		be silent
5:14	דרשו	qal	impv	mp	דרש	205		resort to, seek
	תחיו	qal	impf	2mp	חיה	310		live
	יהי	qal	jus	3ms	היה	224		be, become
	אמרתם	qal	pft	2mp	אמר	55		say
5:15	שנאו	qal	impv	mp	שנא	971		hate
	אהבו	qal	impv	mp	אהב	12		love
	הציגו	hiph	impv	mp	יצג	426		place, establish
	יחנן	qal	impf	3ms	חנן	335		show favor
5:16	אמר	qal	pft	3ms	אמר	55		say
	יאמרו	qal	impf	3mp	אמר	55		say
	קראו	qal	wcp	3cp	קרא	894		call, proclaim
	יודעי	qal	ptc	mp	ידע	393		know
5:17	אעבר	qal	impf	1cs	עבר	716		pass over
	אמר	qal	pft	3ms	אמר	55		say
5:18	מתאוים	hith	ptc	mp	אוה	16		desire
5:19	ינוס	qal	impf	3ms	נוס	630		flee, escape
	פגעו	qal	wcp	3ms	פגע	803	3ms	meet, encounter
	בא	qal	wcp	3ms	בוא	97		come in
	סמך	qal	wcp	3ms	סמך	701		lean, support
	נשכו	qal	wcp	3ms	נשך	675	3ms	bite
5:21	שנאתי	qal	pft	1cs	שנא	971		hate
	מאסתי	qal	pft	1cs	מאס	549		reject, refuse
	אריח	hiph	impf	1cs	ריח	926		smell
5:22	תעלו	hiph	impf	2mp	עלה	748		bring up, offer
	ארצה	qal	impf	1cs	רצה	953		be pleased
5:22	אביט	hiph	impf	1cs	נבט	613		look, regard
5:23	הסר	hiph	impv	ms	סור	693		take away
	אשמע	qal	impf	1cs	שמע	1033		hear
5:24	יגל	niph	jusm	3ms	גלל	164		roll along
5:25	הגשתם	hiph	pft	2mp	נגש	620		bring near
5:26	נשאתם	qal	wcp	2mp	נשא	669		lift, carry
	עשיתם	qal	pft	2mp	עשה	793		do, make
5:27	הגליתי	hiph	wcp	1cs	גלה	162		lead into exile
	אמר	qal	pft	3ms	אמר	55		say
6:1	בטחים	qal	ptc	mp	בטח	105		trust
	נקבי	qal	pptc	mp	נקב	666		pierce
	באו	qal	wcp	3cp	בוא	97		come in
6:2	עברו	qal	impv	mp	עבר	716		pass over
	ראו	qal	impv	mp	ראה	906		see
	לכו	qal	impv	mp	הלך	229		walk, go
	רדו	qal	impv	mp	ירד	432		come down
6:3	מנדים	piel	ptc	mp	נדה	622		expel, remove
	תגישון	hiph	wci	2mp	נגש	620		bring near
6:4	שכבים	qal	ptc	mp	שכב	1011		lie, lie down
	סרחים	qal	pptc	mp	סרח	710		go free, overrun
	אכלים	qal	ptc	mp	אכל	37		eat, devour
6:5	פרטים	qal	ptc	mp	פרט	827		sing foolishly
	חשבו	qal	pft	3cp	חשב	362		think, devise
6:6	שתים	qal	ptc	mp	שתה	1059		drink
	ימשחו	qal	impf	3mp	משח	602		smear, anoint
	נחלו	niph	pft	3cp	חלה	317		be made sick
6:7	יגלו	qal	impf	3mp	גלה	162		uncover
	גלים	qal	ptc	mp	גלה	162		uncover
	סר	qal	wcp	3ms	סור	693		turn aside
	סרוחים	qal	pptc	mp	סרח	710		go free, overrun
6:8	נשבע	niph	pft	3ms	שבע	989		swear
	מתאב	piel	ptc	ms	תאב	1060		loathe
	שנאתי	qal	pft	1cs	שנא	971		hate
	הסגרתי	hiph	wcp	1cs	סגר	688		shut up, deliver
6:9	היה	qal	wcp	3ms	היה	224		be, become
	יותרו	niph	impf	3mp	יתר	451		be left, remain
	מתו	qal	wcp	3cp	מות	559		die
6:10	נשאו	qal	wcp	3ms	נשא	669	3ms	lift, carry
	מסרפו	piel	ptc	ms	שרף	976	3ms	burning
	הוציא	hiph	infc		יצא	422		bring out
	אמר	qal	wcp	3ms	אמר	55		say
	אמר	qal	wcp	3ms	אמר	55		say
	אמר	qal	wcp	3ms	אמר	55		say
	הזכיר	hiph	infc		זכר	269		c. to remember
6:11	מצוה	piel	ptc	ms	צוה	845		command
	הכה	hiph	wcp	3ms	נכה	645		smite
6:12	ירצון	qal	impf	3mp	רוץ	930		run
	יחרוש	qal	impf	3ms	חרש	360		engrave, plough
	הפכתם	qal	pft	2mp	הפך	245		turn, overturn
6:13	אמרים	qal	ptc	mp	אמר	55		say
	לקחנו	qal	pft	1cp	לקח	542		take
6:14	מקים	hiph	ptc	ms	קום	877		raise, build, set
	לחצו	qal	wcp	3cp	לחץ	537		press, oppress
	בוא	qal	infc		בוא	97		come in

ChVs	Form	Stem	Tnse	PGN	Root	BDB	Sfx	Meaning
7:1	הראני	hiph	pft	3ms	ראה	906	1cs	show,exhibit
	יוצר	qal	ptc	ms	יצר	427		form,create
	עלות	qal	infc		עלה	748		go up
7:2	היה	qal	wcp	3ms	היה	224		be,become
	כלה	piel	pft	3ms	כלה	477		complete,finish
	אכול	qal	infc		אכל	37		eat,devour
	אמר	qal	wci	1cs	אמר	55		say
	סלח	qal	impv	ms	סלח	699		forgive,pardon
	יקום	qal	impf	3ms	קום	877		arise,stand
7:3	נחם	niph	pft	3ms	נחם	636		be sorry
	תהיה	qal	impf	3fs	היה	224		be,become
	אמר	qal	pft	3ms	אמר	55		say
7:4	הראני	hiph	pft	3ms	ראה	906	1cs	show,exhibit
	קרא	qal	ptc	ms	קרא	894		call,proclaim
	רב	qal	infc		ריב	936		strive,contend
	תאכל	qal	wci	3fs	אכל	37		eat,devour
	אכלה	qal	wcp	3fs	אכל	37		eat,devour
7:5	אמר	qal	wci	1cs	אמר	55		say
	חדל	qal	impv	ms	חדל	292		cease
	יקום	qal	impf	3ms	קום	877		arise,stand
7:6	נחם	niph	pft	3ms	נחם	636		be sorry
	תהיה	qal	impf	3fs	היה	224		be,become
	אמר	qal	pft	3ms	אמר	55		say
7:7	הראני	hiph	pft	3ms	ראה	906	1cs	show,exhibit
	נצב	niph	ptc	ms	נצב	662		stand
7:8	יאמר	qal	wci	3ms	אמר	55		say
	ראה	qal	ptc	ms	ראה	906		see
	אמר	qal	wci	1cs	אמר	55		say
	יאמר	qal	wci	3ms	אמר	55		say
	שם	qal	ptc	ms	שים	962		put,set
	אוסיף	hiph	impf	1cs	יסף	414		add,do again
	עבור	qal	infc		עבר	716		pass over
7:9	נשמו	niph	wcp	3cp	שמם	1030		be desolate
	יחרבו	qal	impf	3mp	חרב	351		be waste
	קמתי	qal	wcp	1cs	קום	877		arise,stand
7:10	ישלח	qal	wci	3ms	שלח	1018		send
	אמר	qal	pft	3ms	אמר	55		say
	קשר	qal	pft	3ms	קשר	905		bind
	תוכל	qal	impf	3fs	יכל	407		be able
	הכיל	hiph	infc		כול	465		contain
7:11	אמר	qal	pft	3ms	אמר	55		say
	ימות	qal	impf	3ms	מות	559		die
	גלה	qal	infa		גלה	162		uncover
	יגלה	qal	impf	3ms	גלה	162		uncover
7:12	יאמר	qal	wci	3ms	אמר	55		say
	לך	qal	impv	ms	הלך	229		walk,go
	ברח	qal	impv	ms	ברח	137		go thru,flee
	אכל	qal	impv	ms	אכל	37		eat,devour
	תנבא	niph	impf	2ms	נבא	612		prophesy
7:13	תוסיף	hiph	impf	2ms	יסף	414		add,do again
	הנבא	niph	infc		נבא	612		prophesy
7:14	יען	qal	wci	3ms	ענה	772		answer
	יאמר	qal	wci	3ms	אמר	55		say
	בולס	qal	ptc	ms	בלס	118		gather figs
7:15	יקחני	qal	wci	3ms	לקח	542	1cs	take
	יאמר	qal	wci	3ms	אמר	55		say
	לך	qal	impv	ms	הלך	229		walk,go
	הנבא	niph	impv	ms	נבא	612		prophesy
	שמע	qal	impv	ms	שמע	1033		hear
7:16	אמר	qal	ptc	ms	אמר	55		say
	תנבא	niph	impf	2ms	נבא	612		prophesy
	תטיף	hiph	impf	2ms	נטף	642		drip,speak
7:17	אמר	qal	pft	3ms	אמר	55		say
	תזנה	qal	impf	3fs	זנה	275		act a harlot
	יפלו	qal	impf	3mp	נפל	656		fall
	תחלק	pual	impf	3fs	חלק	323		be divided
	תמות	qal	impf	2ms	מות	559		die
	גלה	qal	infa		גלה	162		uncover
	יגלה	qal	impf	3ms	גלה	162		uncover
8:1	הראני	hiph	pft	3ms	ראה	906	1cs	show,exhibit
8:2	יאמר	qal	wci	3ms	אמר	55		say
	ראה	qal	ptc	ms	ראה	906		see
	אמר	qal	wci	1cs	אמר	55		say
	יאמר	qal	wci	3ms	אמר	55		say
	בא	qal	pft	3ms	בוא	97		come in
	אוסיף	hiph	impf	1cs	יסף	414		add,do again
	עבור	qal	infc		עבר	716		pass over
8:3	הילילו	hiph	wcp	3cp	ילל	410		howl
	השליך	hiph	pft	3ms	שלך	1020		throw,cast
8:4	שמעו	qal	impv	mp	שמע	1033		hear
	שאפים	qal	ptc	mp	שאף	983		trample,crush
	שבית	hiph	infc		שבת	991		destroy,remove
8:5	אמר	qal	infc		אמר	55		say
	יעבר	qal	impf	3ms	עבר	716		pass over
	נשבירה	hiph	coh	1cp	שבר	991		sell grain
	נפתחה	qal	coh	1cp	פתח	834		open
	הקטין	hiph	infc		קטן	881		make small
	הגדיל	hiph	infc		גדל	152		make great
	עות	piel	infc		עות	736		make crooked
8:6	קנות	qal	infc		קנה	888		get,buy
	נשביר	hiph	impf	1cp	שבר	991		sell grain
8:7	נשבע	niph	pft	3ms	שבע	989		swear
	אשכח	qal	impf	1cs	שכח	1013		forget
8:8	תרגז	qal	impf	3fs	רגז	919		quake
	אבל	qal	wcp	3ms	אבל	5		mourn
	יושב	qal	ptc	ms	ישב	442		sit,dwell
	עלתה	qal	wcp	3fs	עלה	748		go up
	נגרשה	niph	wcp	3fs	גרש	176		be driven
	נשקהk	niph	wcp	3fs	שקע	1054		sink
	נשקעהq	niph	wcp	3fs	שקע	1054		sink
8:9	היה	qal	wcp	3ms	היה	224		be,become
	הבאתי	hiph	wcp	1cs	בוא	97		bring in
	החשכתי	hiph	wcp	1cs	חשך	364		make dark
8:10	הפכתי	qal	wcp	1cs	הפך	245		turn,overturn
	העליתי	hiph	wcp	1cs	עלה	748		bring up,offer
	שמתיה	qal	wcp	1cs	שים	962	3fs	put,set
8:11	באים	qal	ptc	mp	בוא	97		come in
	השלחתי	hiph	wcp	1cs	שלח	1018		send

Amos 8:11–Obadiah 1:5

ChVs	Form	Stem	Tnse	PGN	Root	BDB	Sfx	Meaning	ChVs	Form	Stem	Tnse	PGN	Root	BDB	Sfx	Meaning
8:11	שמע	qal	infc		שמע	1033		hear	9:10	אמרים	qal	ptc	mp	אמר	55		say
8:12	נעו	qal	wcp	3cp	נוע	631		totter,wave		תגיש	hiph	impf	3fs	נגש	620		bring near
	ישוטטו	pol	impf	3mp	שוט	1001		go quickly		תקדים	hiph	impf	3fs	קדם	869		encounter
	בקש	piel	infc		בקש	134		seek	9:11	אקים	hiph	impf	1cs	קום	877		raise,build,set
	ימצאו	qal	impf	3mp	מצא	592		find		נפלת	qal	ptc	fs	נפל	656		fall
8:13	תתעלפנה	hith	impf	3fp	עלף	763		enwrap oneself		גדרתי	qal	wcp	1cs	גדר	154		wall up
8:14	נשבעים	niph	ptc	mp	שבע	989		swear		אקים	hiph	impf	1cs	קום	877		raise,build,set
	אמרו	qal	wcp	3cp	אמר	55		say		בניתיה	qal	wcp	1cs	בנה	124	3fs	build
	נפלו	qal	wcp	3cp	נפל	656		fall	9:12	יירשו	qal	impf	3mp	ירש	439		possess,inherit
	יקומו	qal	impf	3mp	קום	877		arise,stand		נקרא	niph	pft	3ms	קרא	894		be called
9:1	ראיתי	qal	pft	1cs	ראה	906		see		עשה	qal	ptc	ms	עשה	793		do,make
	נצב	niph	ptc	ms	נצב	662		stand	9:13	באים	qal	ptc	mp	בוא	97		come in
	יאמר	qal	wci	3ms	אמר	55		say		נגש	niph	wcp	3ms	נגש	620		draw near
	הך	hiph	impv	ms	נכה	645		smite		חורש	qal	ptc	ms	חרש	360		engrave,plough
	ירעשו	qal	jusm	3mp	רעש	950		quake		קצר	qal	ptc	ms	קצר	894		reap,harvest
	בצעם	qal	impv	ms	בצע	130	3mp	cut off		דרך	qal	ptc	ms	דרך	201		tread,march
	אהרג	qal	impf	1cs	הרג	246		kill		משך	qal	ptc	ms	משך	604		draw,pull
	ינוס	qal	impf	3ms	נוס	630		flee,escape		הטיפו	hiph	wcp	3cp	נטף	642		drip,speak
	נס	qal	ptc	ms	נוס	630		flee,escape		תתמוגגנה	htpo	impf	3fp	מוג	556		melt
	ימלט	niph	impf	3ms	מלט	572		escape	9:14	שבתי	qal	wcp	1cs	שוב	996		turn,return
9:2	יחתרו	qal	impf	3mp	חתר	369		dig,row		בנו	qal	wcp	3cp	בנה	124		build
	תקחם	qal	impf	3fs	לקח	542	3mp	take		נשמות	niph	ptc	fp	שמם	1030		be desolate
	יעלו	qal	impf	3mp	עלה	748		go up		ישבו	qal	wcp	3cp	ישב	442		sit,dwell
	אורידם	hiph	impf	1cs	ירד	432	3mp	bring down		נטעו	qal	wcp	3cp	נטע	642		plant
9:3	יחבאו	niph	impf	3mp	חבא	285		hide oneself		שתו	qal	wcp	3cp	שתה	1059		drink
	אחפש	piel	impf	1cs	חפש	344		search for		עשו	qal	wcp	3cp	עשה	793		do,make
	לקחתים	qal	wcp	1cs	לקח	542	3mp	take		אכלו	qal	wcp	3cp	אכל	37		eat,devour
	יסתרו	niph	impf	3mp	סתר	711		hide,be hid	9:15	נטעתים	qal	wcp	1cs	נטע	642	3mp	plant
	אצוה	piel	impf	1cs	צוה	845		command		ינתשו	niph	impf	3mp	נתש	684		be rooted up
	נשכם	qal	wcp	3ms	נשך	675	3mp	bite		נתתי	qal	pft	1cs	נתן	678		give,set
9:4	ילכו	qal	impf	3mp	הלך	229		walk,go		אמר	qal	pft	3ms	אמר	55		say
	איביהם	qal	ptc	mp	איב	33	3mp	be hostile to									
	אצוה	piel	impf	1cs	צוה	845		command	**OBADIAH**								
	הרגתם	qal	wcp	3fs	הרג	246	3mp	kill	1:1	אמר	qal	pft	3ms	אמר	55		say
	שמתי	qal	wcp	1cs	שים	962		put,set		שמענו	qal	pft	1cp	שמע	1033		hear
9:5	נוגע	qal	ptc	ms	נגע	619		touch,strike		שלח	pual	pft	3ms	שלח	1018		be sent off
	תמוג	qal	wci	3fs	מוג	556		melt		קומו	qal	impv	mp	קום	877		arise,stand
	אבלו	qal	wcp	3cp	אבל	5		mourn		נקומה	qal	coh	1cp	קום	877		arise,stand
	יושבי	qal	ptc	mp	ישב	442		sit,dwell	1:2	נתתיך	qal	pft	1cs	נתן	678	2ms	give,set
	עלתה	qal	wcp	3fs	עלה	748		go up		בזוי	qal	pptc	ms	בזה	102		despise
	שקעה	qal	wcp	3fs	שקע	1054		sink down	1:3	השיאך	hiph	pft	3ms	נשא	674	2ms	beguile
9:6	בונה	qal	ptc	ms	בנה	124		build		שכני	qal	ptc	ms	שכן	1014		settle,dwell
	יסדה	qal	pft	3ms	יסד	413	3fs	establish		אמר	qal	ptc	ms	אמר	55		say
	קרא	qal	ptc	ms	קרא	894		call,proclaim		יורדני	hiph	impf	3ms	ירד	432	1cs	bring down
	ישפכם	qal	wci	3ms	שפך	1049	3mp	pour out	1:4	תגביה	hiph	impf	2ms	גבה	146		make high,exalt
9:7	העליתי	hiph	pft	1cs	עלה	748		bring up,offer		שים	qal	pptc	ms	שים	962		put,set
9:8	השמדתי	hiph	wcp	1cs	שמד	1029		exterminate		אורידך	hiph	impf	1cs	ירד	432	2ms	bring down
	השמיד	hiph	infa		שמד	1029		exterminate	1:5	באו	qal	pft	3cp	בוא	97		come in
	אשמיד	hiph	impf	1cs	שמד	1029		exterminate		שודדי	qal	ptc	mp	שדד	994		destroy,oppress
9:9	מצוה	piel	ptc	ms	צוה	845		command		נדמיתה	niph	pft	2ms	דמה	198		be cut off
	הנעותי	hiph	wcp	1cs	נוע	631		shake,disturb		יגנבו	qal	impf	3mp	גנב	170		steal
	ינוע	niph	impf	3ms	נוע	631		be tossed about		בצרים	qal	ptc	mp	בצר	130		cut off
	יפול	qal	impf	3ms	נפל	656		fall		באו	qal	pft	3cp	בוא	97		come in
9:10	ימותו	qal	impf	3mp	מות	559		die		ישאירו	hiph	impf	3mp	שאר	983		leave,spare

Obadiah 1:6–Jonah 1:12

ChVs	Form	Stem	Tnse	PGN	Root	BDB	Sfx	Meaning
1:6	נחפשו	niph	pft	3cp	חפש	344		searched out
	נבעו	niph	pft	3cp	בעה	126		searched, swell
1:7	שלחוך	piel	pft	3cp	שלח	1018	2ms	send away, shoot
	השיאוך	hiph	pft	3cp	נשא	674	2ms	beguile
	יכלו	qal	pft	3cp	יכל	407		be able
	ישימו	qal	impf	3mp	שים	962		put, set
1:8	האבדתי	hiph	wcp	1cs	אבד	1		destroy
1:9	חתו	qal	wcp	3cp	חתת	369		be shattered
	יכרת	niph	impf	3ms	כרת	503		be cut off
1:10	תכסך	piel	impf	3fs	כסה	491	2ms	cover
	נכרת	niph	wcp	2ms	כרת	503		be cut off
1:11	עמדך	qal	infc		עמד	763	2ms	stand, stop
	שבות	qal	infc		שבה	985		take captive
	זרים	qal	ptc	mp	זור	266		be stranger
	באו	qal	pft	3cp	בוא	97		come in
	ידו	qal	pft	3cp	ידד	391		cast a lot
1:12	תרא	qal	jus	2ms	ראה	906		see
	תשמח	qal	jusm	2ms	שמח	970		rejoice
	אבדם	qal	infc		אבד	1	3mp	perish
	תגדל	hiph	jus	3fs	גדל	152		make great
1:13	תבוא	qal	jusm	2ms	בוא	97		come in
	תרא	qal	jus	2ms	ראה	906		see
	תשלחנה	qal	jusm	3fp	שלח	1018?		send
1:14	תעמד	qal	jusm	2ms	עמד	763		stand, stop
	הכרית	hiph	infc		כרת	503		cut off, destroy
	תסגר	hiph	jus	2ms	סגר	688		shut up, deliver
1:15	עשית	qal	pft	2ms	עשה	793		do, make
	יעשה	niph	impf	3ms	עשה	793		be done
	ישוב	qal	impf	3ms	שוב	996		turn, return
1:16	שתיתם	qal	pft	2mp	שתה	1059		drink
	ישתו	qal	impf	3mp	שתה	1059		drink
	שתו	qal	wcp	3cp	שתה	1059		drink
	לעו	qal	wcp	3cp	לוע	534		swallow
	היו	qal	wcp	3cp	היה	224		be, become
	היו	qal	pft	3cp	היה	224		be, become
1:17	תהיה	qal	impf	3fs	היה	224		be, become
	היה	qal	wcp	3ms	היה	224		be, become
	ירשו	qal	wcp	3cp	ירש	439		possess, inherit
1:18	היה	qal	wcp	3ms	היה	224		be, become
	דלקו	qal	wcp	3cp	דלק	196		burn, pursue
	אכלום	qal	wcp	3cp	אכל	37	3mp	eat, devour
	יהיה	qal	impf	3ms	היה	224		be, become
	דבר	piel	pft	3ms	דבר	180		speak
1:19	ירשו	qal	wcp	3cp	ירש	439		possess, inherit
	ירשו	qal	wcp	3cp	ירש	439		possess, inherit
1:20	ירשו	qal	impf	3mp	ירש	439		possess, inherit
1:21	עלו	qal	wcp	3cp	עלה	748		go up
	מושעים	hiph	ptc	mp	ישע	446		deliver, save
	שפט	qal	infc		שפט	1047		judge
	היתה	qal	wcp	3fs	היה	224		be, become

JONAH

ChVs	Form	Stem	Tnse	PGN	Root	BDB	Sfx	Meaning
1:1	יהי	qal	wci	3ms	היה	224		be, become
	אמר	qal	infc		אמר	55		say
1:2	קום	qal	impv	ms	קום	877		arise, stand
	לך	qal	impv	ms	הלך	229		walk, go
	קרא	qal	impv	ms	קרא	894		call, proclaim
	עלתה	qal	pft	3fs	עלה	748		go up
1:3	יקם	qal	wci	3ms	קום	877		arise, stand
	ברח	qal	infc		ברח	137		go thru, flee
	ירד	qal	wci	3ms	ירד	432		come down
	ימצא	qal	wci	3ms	מצא	592		find
	באה	qal	ptc	fs	בוא	97		come in
	יתן	qal	wci	3ms	נתן	678		give, set
	ירד	qal	wci	3ms	ירד	432		come down
	בוא	qal	infc		בוא	97		come in
1:4	הטיל	hiph	pft	3ms	טול	376		cast
	יהי	qal	wci	3ms	היה	224		be, become
	חשבה	piel	pft	3fs	חשב	362		devise
	השבר	niph	infc		שבר	990		be broken
1:5	ייראו	qal	wci	3mp	ירא	431		fear
	יזעקו	qal	wci	3mp	זעק	277		call, cry out
	יטלו	hiph	wci	3mp	טול	376		cast
	הקל	hiph	infc		קלל	886		make light
	ירד	qal	pft	3ms	ירד	432		come down
	ישכב	qal	wci	3ms	שכב	1011		lie, lie down
	ירדם	niph	wci	3ms	רדם	922		be fast asleep
1:6	יקרב	qal	wci	3ms	קרב	897		approach
	יאמר	qal	wci	3ms	אמר	55		say
	נרדם	niph	ptc	ms	רדם	922		be fast asleep
	קום	qal	impv	ms	קום	877		arise, stand
	קרא	qal	impv	ms	קרא	894		call, proclaim
	יתעשת	hith	impf	3ms	עשת	799		think
	נאבד	qal	impf	1cp	אבד	1		perish
1:7	יאמרו	qal	wci	3mp	אמר	55		say
	לכו	qal	impv	mp	הלך	229		walk, go
	נפילה	hiph	coh	1cp	נפל	656		cause to fall
	נדעה	qal	coh	1cp	ידע	393		know
	יפלו	hiph	wci	3mp	נפל	656		cause to fall
	יפל	qal	wci	3ms	נפל	656		fall
1:8	יאמרו	qal	wci	3mp	אמר	55		say
	הגידה	hiph	impv	ms	נגד	616		declare, tell
	תבוא	qal	impf	2ms	בוא	97		come in
1:9	יאמר	qal	wci	3ms	אמר	55		say
	ירא	qal	ptc	ms	ירא	431		fear
	עשה	qal	pft	3ms	עשה	793		do, make
1:10	ייראו	qal	wci	3mp	ירא	431		fear
	יאמרו	qal	wci	3mp	אמר	55		say
	עשית	qal	pft	2ms	עשה	793		do, make
	ידעו	qal	pft	3cp	ידע	393		know
	ברח	qal	ptc	ms	ברח	137		go thru, flee
	הגיד	hiph	pft	3ms	נגד	616		declare, tell
1:11	יאמרו	qal	wci	3mp	אמר	55		say
	נעשה	qal	impf	1cp	עשה	793		do, make
	ישתק	qal	jusm	3ms	שתק	1060		be quiet
	הולך	qal	ptc	ms	הלך	229		walk, go
	סער	qal	ptc	ms	סער	704		storm
1:12	יאמר	qal	wci	3ms	אמר	55		say

Jonah 1:12–4:5

ChVs	Form	Stem	Tnse	PGN	Root	BDB	Sfx	Meaning
1:12	שָׂאוּנִי	qal	impv	mp	נשׂא	669	1cs	lift, carry
	הֲטִילֻנִי	hiph	impv	mp	טול	376	1cs	cast
	יִשְׁתֹּק	qal	jusm	3ms	שׁתק	1060		be quiet
	יוֹדֵעַ	qal	ptc	ms	ידע	393		know
1:13	יַחְתְּרוּ	qal	wci	3mp	חתר	369		dig, row
	הָשִׁיב	hiph	infc		שׁוב	996		bring back
	יָכְלוּ	qal	pft	3cp	יכל	407		be able
	הוֹלֵךְ	qal	ptc	ms	הלך	229		walk, go
	סֹעֵר	qal	ptc	ms	סער	704		storm
1:14	יִּקְרְאוּ	qal	wci	3mp	קרא	894		call, proclaim
	יֹּאמְרוּ	qal	wci	3mp	אמר	55		say
	נֹאבְדָה	qal	coh	1cp	אבד	1		perish
	תִּתֵּן	qal	jusm	2ms	נתן	678		give, set
	חָפַצְתָּ	qal	pft	2ms	חפץ	342		delight in
	עָשִׂיתָ	qal	pft	2ms	עשׂה	793		do, make
1:15	יִּשְׂאוּ	qal	wci	3mp	נשׂא	669		lift, carry
	יְטִלֻהוּ	hiph	wci	3mp	טול	376	3ms	cast
	יַּעֲמֹד	qal	wci	3ms	עמד	763		stand, stop
1:16	יִּירְאוּ	qal	wci	3mp	ירא	431		fear
	יִּזְבְּחוּ	qal	wci	3mp	זבח	256		slaughter
	יִּדְּרוּ	qal	wci	3mp	נדר	623		vow
2:1	יְמַן	piel	wci	3ms	מנה	584		appoint
	בְּלֹעַ	qal	infc		בלע	118		swallow
	יְהִי	qal	wci	3ms	היה	224		be, become
2:2	יִּתְפַּלֵּל	hith	wci	3ms	פלל	813		pray
2:3	יֹּאמֶר	qal	wci	3ms	אמר	55		say
	קָרָאתִי	qal	pft	1cs	קרא	894		call, proclaim
	יַּעֲנֵנִי	qal	wci	3ms	ענה	772	1cs	answer
	שִׁוַּעְתִּי	piel	pft	1cs	שׁוע	1002		cry for help
	שָׁמַעְתָּ	qal	pft	2ms	שׁמע	1033		hear
2:4	תַּשְׁלִיכֵנִי	hiph	wci	2ms	שׁלך	1020	1cs	throw, cast
	יְסֹבְבֵנִי	poel	impf	3ms	סבב	685	1cs	encompass
	עָבְרוּ	qal	pft	3cp	עבר	716		pass over
2:5	אָמַרְתִּי	qal	pft	1cs	אמר	55		say
	נִגְרַשְׁתִּי	niph	pft	1cs	גרשׁ	176		be driven
	אוֹסִיף	hiph	impf	1cs	יסף	414		add, do again
	הַבִּיט	hiph	infc		נבט	613		look, regard
2:6	אֲפָפוּנִי	qal	pft	3cp	אפף	67	1cs	encompass
	יְסֹבְבֵנִי	poel	impf	3ms	סבב	685	1cs	encompass
	חָבוּשׁ	qal	pptc	ms	חבשׁ	289		bind
2:7	יָרַדְתִּי	qal	pft	1cs	ירד	432		come down
	תַּעַל	hiph	wci	2ms	עלה	748		bring up, offer
2:8	הִתְעַטֵּף	hith	infc		עטף	742		faint
	זָכַרְתִּי	qal	pft	1cs	זכר	269		remember
	תָּבוֹא	qal	wci	3fs	בוא	97		come in
2:9	מְשַׁמְּרִים	piel	ptc	mp	שׁמר	1036		honor
	יַעֲזֹבוּ	qal	impf	3mp	עזב	736		leave, loose
2:10	אֶזְבְּחָה	qal	coh	1cs	זבח	256		slaughter
	נָדַרְתִּי	qal	pft	1cs	נדר	623		vow
	אֲשַׁלֵּמָה	piel	coh	1cs	שׁלם	1022		repay, reward
2:11	יֹּאמֶר	qal	wci	3ms	אמר	55		say
	יָּקֵא	hiph	wci	3ms	קיא	883		vomit up
3:1	יְהִי	qal	wci	3ms	היה	224		be, become
	אֲמֹר	qal	infc		אמר	55		say
3:2	קוּם	qal	impv	ms	קום	877		arise, stand
	לֵךְ	qal	impv	ms	הלך	229		walk, go
	קְרָא	qal	impv	ms	קרא	894		call, proclaim
	דֹּבֵר	qal	ptc	ms	דבר	180		speak
3:3	יָּקָם	qal	wci	3ms	קום	877		arise, stand
	יֵּלֶךְ	qal	wci	3ms	הלך	229		walk, go
	הָיְתָה	qal	pft	3fs	היה	224		be, become
3:4	יָּחֶל	hiph	wci	3ms	חלל	320		begin, profane
	בוֹא	qal	infc		בוא	97		come in
	יִּקְרָא	qal	wci	3ms	קרא	894		call, proclaim
	יֹּאמַר	qal	wci	3ms	אמר	55		say
	נֶהְפָּכֶת	niph	ptc	fs	הפך	245		turn oneself
3:5	יַּאֲמִינוּ	hiph	wci	3mp	אמן	52		believe
	יִּקְרְאוּ	qal	wci	3mp	קרא	894		call, proclaim
	יִּלְבְּשׁוּ	qal	wci	3mp	לבשׁ	527		put on, clothe
3:6	יִּגַּע	qal	wci	3ms	נגע	619		touch, strike
	יָּקָם	qal	wci	3ms	קום	877		arise, stand
	יַּעֲבֵר	hiph	wci	3ms	עבר	716		cause to pass
	יְכַס	piel	wci	3ms	כסה	491		cover
	יֵּשֶׁב	qal	wci	3ms	ישׁב	442		sit, dwell
3:7	יַּזְעֵק	hiph	wci	3ms	זעק	277		call together
	יֹּאמֶר	qal	wci	3ms	אמר	55		say
	אֱמֹר	qal	infc		אמר	55		say
	יִטְעֲמוּ	qal	jusm	3mp	טעם	380		taste
	יִרְעוּ	qal	jusm	3mp	רעה	944		pasture, tend
	יִשְׁתּוּ	qal	jusm	3mp	שׁתה	1059		drink
3:8	יִתְכַּסּוּ	hith	jusm	3mp	כסה	491		cover oneself
	יִקְרְאוּ	qal	jusm	3mp	קרא	894		call, proclaim
	יָשֻׁבוּ	qal	jusm	3mp	שׁוב	996		turn, return
3:9	יוֹדֵעַ	qal	ptc	ms	ידע	393		know
	יָשׁוּב	qal	impf	3ms	שׁוב	996		turn, return
	נִחַם	niph	wcp	3ms	נחם	636		be sorry
	שָׁב	qal	wcp	3ms	שׁוב	996		turn, return
	נֹאבֵד	qal	impf	1cp	אבד	1		perish
3:10	יַּרְא	qal	wci	3ms	ראה	906		see
	שָׁבוּ	qal	pft	3cp	שׁוב	996		turn, return
	יִּנָּחֶם	niph	wci	3ms	נחם	636		be sorry
	דִּבֶּר	piel	pft	3ms	דבר	180		speak
	עֲשׂוֹת	qal	infc		עשׂה	793		do, make
	עָשָׂה	qal	pft	3ms	עשׂה	793		do, make
4:1	יֵּרַע	qal	wci	3ms	רעע	949		be evil
	יִּחַר	qal	wci	3ms	חרה	354		be kindled, burn
4:2	יִּתְפַּלֵּל	hith	wci	3ms	פלל	813		pray
	יֹּאמַר	qal	wci	3ms	אמר	55		say
	הֱיוֹתִי	qal	infc		היה	224	1cs	be, become
	קִדַּמְתִּי	piel	pft	1cs	קדם	869		meet, confront
	בְּרֹחַ	qal	infc		ברח	137		go thru, flee
	יָדַעְתִּי	qal	pft	1cs	ידע	393		know
	נִחָם	niph	ptc	ms	נחם	636		be sorry
4:3	קַח	qal	impv	ms	לקח	542		take
4:4	יֹּאמֶר	qal	wci	3ms	אמר	55		say
	הֵיטֵב	hiph	infa		יטב	405		do good
	חָרָה	qal	pft	3ms	חרה	354		be kindled, burn
4:5	יֵּצֵא	qal	wci	3ms	יצא	422		go out

Jonah 4: 5–Micah 2: 4

ChVs	Form	Stem	Tnse	PGN	Root	BDB	Sfx	Meaning
4:5	ישׁב	qal	wci	3ms	ישׁב	442		sit, dwell
	יעשׂ	qal	wci	3ms	עשׂה	793		do, make
	ישׁב	qal	wci	3ms	ישׁב	442		sit, dwell
	יראה	qal	impf	3ms	ראה	906		see
	יהיה	qal	impf	3ms	היה	224		be, become
4:6	ימן	piel	wci	3ms	מנה	584		appoint
	יעל	qal	wci	3ms	עלה	748		go up
	היות	qal	infc		היה	224		be, become
	הציל	hiph	infc		נצל	664		snatch, deliver
	ישׂמח	qal	wci	3ms	שׂמח	970		rejoice
4:7	ימן	piel	wci	3ms	מנה	584		appoint
	עלות	qal	infc		עלה	748		go up
	תך	hiph	wci	3fs	נכה	645		smite
	ייבשׁ	qal	wci	3ms	יבשׁ	386		be dry
4:8	יהי	qal	wci	3ms	היה	224		be, become
	זרח	qal	infc		זרח	280		rise, appear
	ימן	piel	wci	3ms	מנה	584		appoint
	תך	hiph	wci	3fs	נכה	645		smite
	יתעלף	hith	wci	3ms	עלף	763		enwrap oneself
	ישׁאל	qal	wci	3ms	שׁאל	981		ask, borrow
	מות	qal	infc		מות	559		die
	יאמר	qal	wci	3ms	אמר	55		say
4:9	יאמר	qal	wci	3ms	אמר	55		say
	היטב	hiph	infa		יטב	405		do good
	חרה	qal	pft	3ms	חרה	354		be kindled, burn
	יאמר	qal	wci	3ms	אמר	55		say
	היטב	hiph	infa		יטב	405		do good
	חרה	qal	pft	3ms	חרה	354		be kindled, burn
4:10	יאמר	qal	wci	3ms	אמר	55		say
	חסת	qal	pft	2ms	חוס	299		pity
	עמלת	qal	pft	2ms	עמל	765		labor, toil
	גדלתו	piel	pft	2ms	גדל	152	3ms	cause to grow
	היה	qal	pft	3ms	היה	224		be, become
	אבד	qal	pft	3ms	אבד	1		perish
4:11	אחוס	qal	impf	1cs	חוס	299		pity
	הרבה	hiph	infa		רבה	915		make many
	ידע	qal	pft	3ms	ידע	393		know

MICAH

ChVs	Form	Stem	Tnse	PGN	Root	BDB	Sfx	Meaning
1:1	היה	qal	pft	3ms	היה	224		be, become
	חזה	qal	pft	3ms	חזה	302		see
1:2	שׁמעו	qal	impv	mp	שׁמע	1033		hear
	הקשׁיבי	hiph	impv	fs	קשׁב	904		give attention
	יהי	qal	jus	3ms	היה	224		be, become
1:3	יצא	qal	ptc	ms	יצא	422		go out
	ירד	qal	wcp	3ms	ירד	432		come down
	דרך	qal	wcp	3ms	דרך	201		tread, march
1:4	נמסו	niph	wcp	3cp	מסס	587		melt, despair
	יתבקעו	hith	impf	3mp	בקע	131		burst open
	מגרים	hoph	ptc	mp	נגר	620		be poured out
1:6	שׂמתי	qal	wcp	1cs	שׂים	962		put, set
	הגרתי	hiph	wcp	1cs	נגר	620		pour, hurl down
	אגלה	piel	impf	1cs	גלה	162		uncover
1:7	יכתו	hoph	impf	3mp	כתת	510		be crushed
1:7	ישׂרפו	niph	impf	3mp	שׂרף	976		be burned
	אשׂים	qal	impf	1cs	שׂים	962		put, set
	זונה	qal	ptc	fs	זנה	275		act a harlot
	קבצה	piel	pft	3fs	קבץ	867		gather together
	זונה	qal	ptc	fs	זנה	275		act a harlot
	ישׁובו	qal	impf	3mp	שׁוב	996		turn, return
1:8	אספדה	qal	coh	1cs	ספד	704		wail, lament
	אילילה	hiph	coh	1cs	ילל	410		howl
	אילכה	qal	coh	1cs	הלך	229		walk, go
	אעשׂה	qal	cohm	1cs	עשׂה	793		do, make
1:9	אנושׁה	qal	pptc	fs	אנשׁ	60		be weak, sick
	באה	qal	pft	3fs	בוא	97		come in
	נגע	qal	pft	3ms	נגע	619		touch, strike
1:10	תגידו	hiph	jusm	2mp	נגד	616		declare, tell
	בכו	qal	infa		בכה	113		weep
	תבכו	qal	jusm	2mp	בכה	113		weep
	kהתפלשׁתי	hith	pft	1cs	פלשׁ	814		roll self
	qהתפלשׁי	hith	impv	fs	פלשׁ	814		roll self
1:11	עברי	qal	impv	fs	עבר	716		pass over
	יושׁבת	qal	ptc	fs	ישׁב	442		sit, dwell
	יצאה	qal	pft	3fs	יצא	422		go out
	יושׁבת	qal	ptc	fs	ישׁב	442		sit, dwell
	יקח	qal	impf	3ms	לקח	542		take
1:12	חלה	qal	pft	3ms	חלה	317		be weak, sick
	יושׁבת	qal	ptc	fs	ישׁב	442		sit, dwell
	ירד	qal	pft	3ms	ירד	432		come down
1:13	רתם	qal	impv	ms	רתם	958		bind, attach
	יושׁבת	qal	ptc	fs	ישׁב	442		sit, dwell
	נמצאו	niph	pft	3cp	מצא	592		be found
1:14	תתני	qal	impf	2fs	נתן	678		give, set
1:15	ירשׁ	qal	ptc	ms	ירשׁ	439		possess, inherit
	אבי	hiph	impf	1cs	בוא	97		bring in
	יושׁבת	qal	ptc	fs	ישׁב	442		sit, dwell
	יבוא	qal	impf	3ms	בוא	97		come in
1:16	קרחי	qal	impv	fs	קרח	901		make bald
	גזי	qal	impv	fs	גזז	159		shear
	הרחבי	hiph	impv	fs	רחב	931		enlarge
	גלו	qal	pft	3cp	גלה	162		uncover
2:1	חשׁבי	qal	ptc	mp	חשׁב	362		think, devise
	פעלי	qal	ptc	mp	פעל	821		do, make
	יעשׂוה	qal	impf	3mp	עשׂה	793	3fs	do, make
2:2	חמדו	qal	wcp	3cp	חמד	326		desire
	גזלו	qal	wcp	3cp	גזל	159		tear away, rob
	נשׂאו	qal	wcp	3cp	נשׂא	669		lift, carry
	עשׁקו	qal	wcp	3cp	עשׁק	798		oppress, extort
2:3	אמר	qal	pft	3ms	אמר	55		say
	חשׁב	qal	ptc	ms	חשׁב	362		think, devise
	תמישׁו	hiph	impf	2mp	מושׁ	559		remove, depart
	תלכו	qal	impf	2mp	הלך	229		walk, go
2:4	ישׂא	qal	impf	3ms	נשׂא	669		lift, carry
	נהה	qal	wcp	3ms	נהה	624		lament
	נהיה	niph	pft	3ms	היה	224		be done
	אמר	qal	pft	3ms	אמר	55		say
	שׁדוד	qal	infa		שׁדד	994		destroy, oppress

Micah 2:4—4:6

ChVs	Form	Stem	Tnse	PGN	Root	BDB	Sfx	Meaning
2:4	נשדנו	niph	pft	1cp	שדד	994		be ruined
	ימיר	hiph	impf	3ms	מור	558		change
	ימיש	hiph	impf	3ms	מוש	559		remove, depart
	יחלק	piel	impf	3ms	חלק	323		divide
2:5	יהיה	qal	impf	3ms	היה	224		be, become
	משליך	hiph	ptc	ms	שלך	1020		throw, cast
2:6	תטפו	hiph	jusm	2mp	נטף	642		drip, speak
	יטפון	hiph	impf	3mp	נטף	642		drip, speak
	יטפו	hiph	impf	3mp	נטף	642		drip, speak
	יסג	niph	impf	3ms	סוג	690		turn away
2:7	אמור	qal	pptc	ms	אמר	55		say
	קצר	qal	pft	3ms	קצר	894		be short
	ייטיבו	hiph	impf	3mp	יטב	405		do good
	הולך	qal	ptc	ms	הלך	229		walk, go
2:8	אויב	qal	ptc	ms	איב	33		be hostile to
	יקומם	pol	impf	3ms	קום	877		raise up
	תפשטון	hiph	impf	2mp	פשט	832		strip off
	עברים	qal	ptc	mp	עבר	716		pass over
	שובי	qal	pptc	mp	שוב	996		turn, return
2:9	תגרשון	piel	impf	2mp	גרש	176		drive out
	תקחו	qal	impf	2mp	לקח	542		take
2:10	קומו	qal	impv	mp	קום	877		arise, stand
	לכו	qal	impv	mp	הלך	229		walk, go
	תחבל	piel	impf	3fs	חבל	287		ruin, destroy
	נמרץ	niph	ptc	ms	מרץ	599		be grievous
2:11	הלך	qal	ptc	ms	הלך	229		walk, go
	כזב	piel	pft	3ms	כזב	469		lie, deceive
	אטף	hiph	impf	1cs	נטף	642		drip, speak
	היה	qal	wcp	3ms	היה	224		be, become
	מטיף	hiph	ptc	ms	נטף	642		drip, speak
2:12	אסף	qal	infa		אסף	62		gather
	אאסף	qal	impf	1cs	אסף	62		gather
	קבץ	piel	infa		קבץ	867		gather together
	אקבץ	piel	impf	1cs	קבץ	867		gather together
	אשימנו	qal	impf	1cs	שים	962	3ms	put, set
	תהימנה	hiph	impf	3fp	הום	223		be noisy
2:13	עלה	qal	pft	3ms	עלה	748		go up
	פרץ	qal	ptc	ms	פרץ	829		break through
	פרצו	qal	pft	3cp	פרץ	829		break through
	יעברו	qal	wci	3mp	עבר	716		pass over
	יצאו	qal	wci	3mp	יצא	422		go out
	יעבר	qal	wci	3ms	עבר	716		pass over
3:1	אמר	qal	wci	1cs	אמר	55		say
	שמעו	qal	impv	mp	שמע	1033		hear
	דעת	qal	infc		ידע	393		know
3:2	שנאי	qal	ptc	mp	שנא	971		hate
	אהבי	qal	ptc	mp	אהב	12		love
	גזלי	qal	ptc	mp	גזל	159		tear away, rob
3:3	אכלו	qal	pft	3cp	אכל	37		eat, devour
	הפשיטו	hiph	pft	3cp	פשט	832		strip off
	פצחו	piel	pft	3cp	פצח	822		break in pieces
	פרשו	qal	pft	3cp	פרש	831		spread out
3:4	יזעקו	qal	impf	3mp	זעק	277		call, cry out
	יענה	qal	impf	3ms	ענה	772		answer
3:4	יסתר	hiph	jusf	3ms	סתר	711		hide
	הרעו	hiph	pft	3cp	רעע	949		hurt, do evil
3:5	אמר	qal	pft	3ms	אמר	55		say
	מתעים	hiph	ptc	mp	תעה	1073		cause to err
	נשכים	qal	ptc	mp	נשך	675		bite
	קראו	qal	wcp	3cp	קרא	894		call, proclaim
	יתן	qal	impf	3ms	נתן	678		give, set
	קדשו	piel	wcp	3cp	קדש	872		consecrate
3:6	חשכה	qal	wcp	3fs	חשך	364		be dark
	קסם	qal	infc		קסם	890		divine
	באה	qal	wcp	3fs	בוא	97		come in
	קדר	qal	wcp	3ms	קדר	871		be dark
3:7	בשו	qal	wcp	3cp	בוש	101		be ashamed
	חפרו	qal	wcp	3cp	חפר	344		be ashamed
	קסמים	qal	ptc	mp	קסם	890		divine
	עטו	qal	wcp	3cp	עטה	741		wrap oneself
3:8	מלאתי	qal	pft	1cs	מלא	569		be full, fill
	הגיד	hiph	infc		נגד	616		declare, tell
3:9	שמעו	qal	impv	mp	שמע	1033		hear
	מתעבים	piel	ptc	mp	תעב	1073		abhor
	יעקשו	piel	impf	3mp	עקש	786		twist
3:10	בנה	qal	ptc	ms	בנה	124		build
3:11	ישפטו	qal	impf	3mp	שפט	1047		judge
	יורו	hiph	impf	3mp	ירה	434		shoot, teach
	יקסמו	qal	impf	3mp	קסם	890		divine
	ישענו	niph	impf	3mp	שען	1043		lean, support
	אמר	qal	infc		אמר	55		say
	תבוא	qal	impf	3fs	בוא	97		come in
3:12	תחרש	niph	impf	3fs	חרש	360		be ploughed
	תהיה	qal	impf	3fs	היה	224		be, become
4:1	היה	qal	wcp	3ms	היה	224		be, become
	יהיה	qal	impf	3ms	היה	224		be, become
	נכון	niph	ptc	ms	כון	465		be established
	נשא	niph	ptc	ms	נשא	669		be lifted up
	נהרו	qal	wcp	3cp	נהר	625		flow, stream
4:2	הלכו	qal	wcp	3cp	הלך	229		walk, go
	אמרו	qal	wcp	3cp	אמר	55		say
	לכו	qal	impv	mp	הלך	229		walk, go
	נעלה	qal	cohm	1cp	עלה	748		go up
	יורנו	hiph	jusm	3ms	ירה	434	1cp	shoot, teach
	נלכה	qal	coh	1cp	הלך	229		walk, go
	תצא	qal	impf	3fs	יצא	422		go out
4:3	שפט	qal	wcp	3ms	שפט	1047		judge
	הוכיח	hiph	wcp	3ms	יכח	406		decide, reprove
	כתתו	piel	wcp	3cp	כתת	510		beat to pieces
	ישאו	qal	impf	3mp	נשא	669		lift, carry
	ילמדון	qal	impf	3mp	למד	540		learn
4:4	ישבו	qal	wcp	3cp	ישב	442		sit, dwell
	מחריד	hiph	ptc	ms	חרד	353		terrify
	דבר	piel	pft	3ms	דבר	180		speak
4:5	ילכו	qal	impf	3mp	הלך	229		walk, go
	נלך	qal	impf	1cp	הלך	229		walk, go
4:6	אספה	qal	coh	1cs	אסף	62		gather
	צלעה	qal	ptc	fs	צלע	854		limp

ChVs	Form	Stem	Tnse	PGN	Root	BDB	Sfx	Meaning	ChVs	Form	Stem	Tnse	PGN	Root	BDB	Sfx	Meaning
4:6	נדחה	niph	ptc	fs	נדח	623		be banished	5:4	ידרך	qal	impf	3ms	דרך	201		tread,march
	אקבצה	piel	coh	1cs	קבץ	867		gather together		הקמנו	hiph	wcp	1cp	קום	877		raise,build,set
	הרעתי	hiph	pft	1cs	רעע	949		hurt,do evil		רעים	qal	ptc	mp	רעה	944		pasture,tend
4:7	שמתי	qal	wcp	1cs	שים	962		put,set	5:5	רעו	qal	wcp	3cp	רעה	944		pasture,tend
	צלעה	qal	ptc	fs	צלע	854		limp		הציל	hiph	wcp	3ms	נצל	664		snatch,deliver
	נהלאה	niph	ptc	fs	הלא	229		be removed		יבוא	qal	impf	3ms	בוא	97		come in
	מלך	qal	wcp	3ms	מלך	573		be king,reign		ידרך	qal	impf	3ms	דרך	201		tread,march
4:8	תאתה	qal	impf	3fs	אתה	87		come	5:6	היה	qal	wcp	3ms	היה	224		be,become
	באה	qal	wcp	3fs	בוא	97		come in		יקוה	piel	impf	3ms	קוה	875		wait for
4:9	תריעי	hiph	impf	2fs	רוע	929		raise a shout		ייחל	piel	impf	3ms	יחל	403		await
	יועצך	qal	ptc	ms	יעץ	419	2fs	advise,counsel	5:7	היה	qal	wcp	3ms	היה	224		be,become
	אבד	qal	pft	3ms	אבד	1		perish		עבר	qal	pft	3ms	עבר	716		pass over
	החזיקך	hiph	pft	3ms	חזק	304	2fs	make firm,seize		רמס	qal	wcp	3ms	רמס	942		trample
	יולדה	qal	ptc	fs	ילד	408		bear,beget		טרף	qal	wcp	3ms	טרף	382		tear,rend
4:10	חולי	qal	impv	fs	חול	296		dance,writhe		מציל	hiph	ptc	ms	נצל	664		snatch,deliver
	גחי	qal	impv	fs	גיח	161		burst forth	5:8	תרם	qal	jus	3fs	רום	926		be high
	יולדה	qal	ptc	fs	ילד	408		bear,beget		איביך	qal	ptc	mp	איב	33	2ms	be hostile to
	תצאי	qal	impf	2fs	יצא	422		go out		יכרתו	niph	jusm	3mp	כרת	503		be cut off
	שכנת	qal	wcp	2fs	שכן	1014		settle,dwell	5:9	היה	qal	wcp	3ms	היה	224		be,become
	באת	qal	wcp	2fs	בוא	97		come in		הכרתי	hiph	wcp	1cs	כרת	503		cut off,destroy
	תנצלי	niph	impf	2fs	נצל	664		be delivered		האבדתי	hiph	wcp	1cs	אבד	1		destroy
	יגאלך	qal	impf	3ms	גאל	145	2fs	redeem	5:10	הכרתי	hiph	wcp	1cs	כרת	503		cut off,destroy
	איביך	qal	ptc	mp	איב	33	2fs	be hostile to		הרסתי	qal	wcp	1cs	הרס	248		throw down
4:11	נאספו	niph	pft	3cp	אסף	62		assemble	5:11	הכרתי	hiph	wcp	1cs	כרת	503		cut off,destroy
	אמרים	qal	ptc	mp	אמר	55		say		מעוננים	poel	ptc	mp	ענן	778		soothsay
	תחנף	qal	jusm	3fs	חנף	337		be polluted		יהיו	qal	impf	3mp	היה	224		be,become
	תחז	qal	jus	3fs	חזה	302		see	5:12	הכרתי	hiph	wcp	1cs	כרת	503		cut off,destroy
4:12	ידעו	qal	pft	3cp	ידע	393		know		תשתחוה	hish	impf	2ms	חוה	1005		bow down
	הבינו	hiph	pft	3cp	בין	106		understand	5:13	נתשתי	qal	wcp	1cs	נתש	684		pull up
	קבצם	piel	pft	3ms	קבץ	867	3mp	gather together		השמדתי	hiph	wcp	1cs	שמד	1029		exterminate
4:13	קומי	qal	impv	fs	קום	877		arise,stand	5:14	עשיתי	qal	wcp	1cs	עשה	793		do,make
	דושי	qal	impv	fs	דוש	190		tread		שמעו	qal	pft	3cp	שמע	1033		hear
	אשים	qal	impf	1cs	שים	962		put,set	6:1	שמעו	qal	impv	mp	שמע	1033		hear
	אשים	qal	impf	1cs	שים	962		put,set		אמר	qal	ptc	ms	אמר	55		say
	הדקות	hiph	wcp	2fs	דקק	200		pulverize		קום	qal	impv	ms	קום	877		arise,stand
	החרמתי	hiph	wcp	1cs	חרם	355		ban,destroy		ריב	qal	impv	ms	ריב	936		strive,contend
4:14	תתגדדי	htpo	impf	2fs	גדד	151		cut self,throng		תשמענה	qal	jusm	3fp	שמע	1033		hear
	שם	qal	pft	3ms	שים	962		put,set	6:2	שמעו	qal	impv	mp	שמע	1033		hear
	יכו	hiph	impf	3mp	נכה	645		smite		יתוכח	hith	impf	3ms	יכח	406		argue
	שפט	qal	ptc	ms	שפט	1047		judge	6:3	עשיתי	qal	pft	1cs	עשה	793		do,make
5:1	היות	qal	infc		היה	224		be,become		הלאתיך	hiph	pft	1cs	לאה	521	2ms	make weary
	יצא	qal	impf	3ms	יצא	422		go out		ענה	qal	impv	ms	ענה	772		answer
	היות	qal	infc		היה	224		be,become	6:4	העלתיך	hiph	pft	1cs	עלה	748	2ms	bring up,offer
	מושל	qal	ptc	ms	משל	605		rule		פדיתיך	qal	pft	1cs	פדה	804	2ms	ransom
5:2	יתנם	qal	impf	3ms	נתן	678	3mp	give,set		אשלח	qal	wci	1cs	שלח	1018		send
	יולדה	qal	ptc	fs	ילד	408		bear,beget	6:5	זכר	qal	impv	ms	זכר	269		remember
	ילדה	qal	pft	3fs	ילד	408		bear,beget		יעץ	qal	pft	3ms	יעץ	419		advise,counsel
	ישובון	qal	impf	3mp	שוב	996		turn,return		ענה	qal	pft	3ms	ענה	772		answer
5:3	עמד	qal	wcp	3ms	עמד	763		stand,stop		דעת	qal	infc		ידע	393		know
	רעה	qal	wcp	3ms	רעה	944		pasture,tend	6:6	אקדם	piel	impf	1cs	קדם	869		meet,confront
	ישבו	qal	wcp	3cp	ישב	442		sit,dwell		אכף	niph	impf	1cs	כפף	496		bow oneself
	יגדל	qal	impf	3ms	גדל	152		be great,grow		אקדמנו	piel	impf	1cs	קדם	869	3ms	meet,confront
5:4	היה	qal	wcp	3ms	היה	224		be,become	6:7	ירצה	qal	impf	3ms	רצה	953		be pleased
	יבוא	qal	impf	3ms	בוא	97		come in		אתן	qal	impf	1cs	נתן	678		give,set

Micah 6:8–Nahum 1:2

ChVs	Form	Stem	Tnse	PGN	Root	BDB	Sfx	Meaning
6:8	הגיד	hiph	pft	3ms	נגד	616		declare,tell
	דורש	qal	ptc	ms	דרש	205		resort to,seek
	עשות	qal	infc		עשה	793		do,make
	אהבת	qal	infc		אהב	12		love
	הצנע	hiph	infa		צנע	857		behave modestly
	לכת	qal	infc		הלך	229		walk,go
6:9	יקרא	qal	impf	3ms	קרא	894		call,proclaim
	יראה	qal	impf	3ms	ראה	906		see
	שמעו	qal	impv	mp	שמע	1033		hear
	יעדה	qal	pft	3ms	יעד	416	3fs	appoint
6:10	זעומה	qal	pptc	fs	זעם	276		be indignant
6:11	אזכה	qal	impf	1cs	זכה	269		be clean,pure
6:12	מלאו	qal	pft	3cp	מלא	569		be full,fill
	ישביה	qal	ptc	mp	ישב	442	3fs	sit,dwell
	דברו	piel	pft	3cp	דבר	180		speak
6:13	החליתי	hiph	pft	1cs	חלה	317		make sick
	הכותך	hiph	infc		נכה	645	2ms	smite
	השמם	hiph	infa		שמם	1030		ravage,appall
6:14	תאכל	qal	impf	2ms	אכל	37		eat,devour
	תשבע	qal	impf	2ms	שבע	959		be sated
	תסג	hiph	jusf	2ms	סוג	690		displace
	תפליט	hiph	impf	2ms	פלט	812		bring to safety
	תפלט	piel	impf	2ms	פלט	812		deliver
	אתן	qal	impf	1cs	נתן	678		give,set
6:15	תזרע	qal	impf	2ms	זרע	281		sow
	תקצור	qal	impf	2ms	קצר	894		reap,harvest
	תדרך	qal	impf	2ms	דרך	201		tread,march
	תסוך	qal	impf	2ms	סוך	691		anoint,pour
	תשתה	qal	impf	2ms	שתה	1059		drink
6:16	ישתמר	hith	impf	3ms	שמר	1036		keep oneself
	תלכו	qal	wci	2mp	הלך	229		walk,go
	תתי	qal	infc		נתן	678	1cs	give,set
	ישביה	qal	ptc	mp	ישב	442	3fs	sit,dwell
	תשאו	qal	impf	2mp	נשא	669		lift,carry
7:1	הייתי	qal	pft	1cs	היה	224		be,become
	אכול	qal	infc		אכל	37		eat,devour
	אותה	piel	pft	3fs	אוה	16		desire
7:2	אבד	qal	pft	3ms	אבד	1		perish
	יארבו	qal	impf	3mp	ארב	70		lie in wait
	יצודו	qal	impf	3mp	צוד	844		hunt
7:3	היטיב	hiph	infc		יטב	405		do good
	שאל	qal	ptc	ms	שאל	981		ask,borrow
	שפט	qal	ptc	ms	שפט	1047		judge
	דבר	qal	ptc	ms	דבר	180		speak
	יעבתוה	piel	wci	3mp	עבת	721	3fs	wind,weave
7:4	מצפיך	piel	ptc	mp	צפה	859	2ms	watch closely
	באה	qal	pft	3fs	בוא	97		come in
	תהיה	qal	impf	3fs	היה	224		be,become
7:5	תאמינו	hiph	jusm	2mp	אמן	52		believe
	תבטחו	qal	jusm	2mp	בטח	105		trust
	שכבת	qal	ptc	fs	שכב	1011		lie,lie down
	שמר	qal	impv	ms	שמר	1036		keep,watch
7:6	מנבל	piel	ptc	ms	נבל	614		esteem lightly
	קמה	qal	ptc	fs	קום	877		arise,stand
7:6	איבי	qal	ptc	mp	איב	33		be hostile to
7:7	אצפה	piel	cohm	1cs	צפה	859		watch closely
	אוחילה	hiph	coh	1cs	יחל	403		wait
	ישמעני	qal	impf	3ms	שמע	1033	1cs	hear
7:8	תשמחי	qal	jusm	2fs	שמח	970		rejoice
	איבתי	qal	ptc	fs	איב	33	1cs	be hostile to
	נפלתי	qal	pft	1cs	נפל	656		fall
	קמתי	qal	pft	1cs	קום	877		arise,stand
	אשב	qal	impf	1cs	ישב	442		sit,dwell
7:9	אשא	qal	impf	1cs	נשא	669		lift,carry
	חטאתי	qal	pft	1cs	חטא	306		sin
	יריב	qal	impf	3ms	ריב	936		strive,contend
	עשה	qal	wcp	3ms	עשה	793		do,make
	יוצאני	hiph	impf	3ms	יצא	422	1cs	bring out
	אראה	qal	impf	1cs	ראה	906		see
7:10	תרא	qal	jusf	3fs	ראה	906		see
	איבתי	qal	ptc	fs	איב	33	1cs	be hostile to
	תכסה	piel	impf	3fs	כסה	491	3fs	cover
	אמרה	qal	ptc	fs	אמר	55		say
	תראינה	qal	impf	3fp	ראה	906		see
	תהיה	qal	impf	3fs	היה	224		be,become
7:11	בנות	qal	infc		בנה	124		build
	ירחק	qal	impf	3ms	רחק	934		be distant
7:12	יבוא	qal	impf	3ms	בוא	97		come in
7:13	היתה	qal	wcp	3fs	היה	224		be,become
	ישביה	qal	ptc	mp	ישב	442	3fs	sit,dwell
7:14	רעה	qal	impv	ms	רעה	944		pasture,tend
	שכני	qal	ptc	ms	שכן	1014		settle,dwell
	ירעו	qal	jusm	3mp	רעה	944		pasture,tend
7:15	צאתך	qal	infc		יצא	422	2ms	go out
	אראנו	hiph	impf	1cs	ראה	906	3ms	show,exhibit
	נפלאות	niph	ptc	fp	פלא	810		be wonderful
7:16	יראו	qal	impf	3mp	ראה	906		see
	יבשו	qal	impf	3mp	בוש	101		be ashamed
	ישימו	qal	impf	3mp	שים	962		put,set
	תחרשנה	qal	impf	3fp	חרש	361		be silent,deaf
7:17	ילחכו	piel	impf	3mp	לחך	535		lick up
	זחלי	qal	ptc	mp	זחל	267		crawl
	ירגזו	qal	impf	3mp	רגז	919		quake
	יפחדו	qal	impf	3mp	פחד	808		be in dread
	יראו	qal	impf	3mp	ירא	431		fear
7:18	נשא	qal	ptc	ms	נשא	669		lift,carry
	עבר	qal	ptc	ms	עבר	716		pass over
	החזיק	hiph	pft	3ms	חזק	304		make firm,seize
	חפץ	qal	pft	3ms	חפץ	342		delight in
7:19	ישוב	qal	impf	3ms	שוב	996		turn,return
	ירחמנו	piel	impf	3ms	רחם	933	1cp	have compassion
	יכבש	qal	impf	3ms	כבש	461		subdue
	תשליך	hiph	impf	2ms	שלך	1020		throw,cast
7:20	תתן	qal	impf	2ms	נתן	678		give,set
	נשבעת	niph	pft	2ms	שבע	989		swear

NAHUM

ChVs	Form	Stem	Tnse	PGN	Root	BDB	Sfx	Meaning
1:2	נקם	qal	ptc	ms	נקם	667		avenge

Nahum 1: 2—3: 5

ChVs	Form	Stem	Tnse	PGN	Root	BDB	Sfx	Meaning
1:2	נקם	qal	ptc	ms	נקם	667		avenge
	נקם	qal	ptc	ms	נקם	667		avenge
	נוטר	qal	ptc	ms	נטר	643		keep
	איביו	qal	ptc	mp	איב	33	3ms	be hostile to
1:3	נקה	piel	infa		נקה	667		acquit
	ינקה	piel	impf	3ms	נקה	667		acquit
1:4	גוער	qal	ptc	ms	גער	172		rebuke
	ויבשהו	piel	wci	3ms	יבש	386	3ms	make dry
	החריב	hiph	pft	3ms	חרב	351		dry up
	אמלל	pul	pft	3ms	אמל	51		be feeble
	אמלל	pul	pft	3ms	אמל	51		be feeble
1:5	רעשו	qal	pft	3cp	רעש	950		quake
	התמגנו	htpo	pft	3cp	מוג	556		melt
	תשא	qal	wci	3fs	נשא	669		lift, carry
	ישבי	qal	ptc	mp	ישב	442		sit, dwell
1:6	יעמוד	qal	impf	3ms	עמד	763		stand, stop
	יקום	qal	impf	3ms	קום	877		arise, stand
	נתכה	niph	pft	3fs	נתך	677		be poured
	נתצו	niph	pft	3cp	נתץ	683		be pulled down
1:7	ידע	qal	ptc	ms	ידע	393		know
	חסי	qal	ptc	mp	חסה	340		seek refuge
1:8	עבר	qal	ptc	ms	עבר	716		pass over
	יעשה	qal	impf	3ms	עשה	793		do, make
	איביו	qal	ptc	mp	איב	33	3ms	be hostile to
	ירדף	piel	impf	3ms	רדף	922		pursue eagerly
1:9	תחשבון	piel	impf	2mp	חשב	362		devise
	עשה	qal	ptc	ms	עשה	793		do, make
	תקום	qal	impf	3fs	קום	877		arise, stand
1:10	סבכים	qal	pptc	mp	סבך	687		interweave
	סבואים	qal	pptc	mp	סבא	684		imbibe
	אכלו	qalp	pft	3cp	אכל	37		be consumed
1:11	יצא	qal	pft	3ms	יצא	422		go out
	חשב	qal	ptc	ms	חשב	362		think, devise
	יעץ	qal	ptc	ms	יעץ	419		advise, counsel
1:12	אמר	qal	pft	3ms	אמר	55		say
	נגזו	niph	pft	3cp	גזז	159		be cut off
	עבר	qal	pft	3ms	עבר	716		pass over
	ענתך	piel	pft	1cs	ענה	776	2fs	humble
	אענך	piel	impf	1cs	ענה	776	2fs	humble
1:13	אשבר	qal	impf	1cs	שבר	990		break
	אנתק	piel	impf	1cs	נתק	683		tear apart
1:14	צוה	piel	pft	3ms	צוה	845		command
	יזרע	niph	impf	3ms	זרע	281		be sown
	אכרית	hiph	impf	1cs	כרת	503		cut off, destroy
	אשים	qal	impf	1cs	שים	962		put, set
	קלות	qal	pft	2ms	קלל	886		be slight, swift
2:1	מבשר	piel	ptc	ms	בשר	142		bear tidings
	משמיע	hiph	ptc	ms	שמע	1033		cause to hear
	חגי	qal	impv	fs	חגג	290		keep festival
	שלמי	piel	impv	fs	שלם	1022		repay, reward
	יוסיף	hiph	impf	3ms	יסף	414		add, do again
	לעבורk	qal	infc		עבר	716		pass over
	לעבורq	qal	infc		עבר	716		pass over
	נכרת	niph	pft	3ms	כרת	503		be cut off
2:2	עלה	qal	pft	3ms	עלה	748		go up
	נצור	qal	infa		נצר	665		watch, guard
	צפה	piel	impv	ms	צפה	859		watch closely
	חזק	piel	impv	ms	חזק	304		make strong
	אמץ	piel	impv	ms	אמץ	54		make firm
2:3	שב	qal	pft	3ms	שוב	996		turn, return
	בקקום	qal	pft	3cp	בקק	132	3mp	empty, lay waste
	בקקים	qal	ptc	mp	בקק	132		empty, lay waste
	שחתו	piel	pft	3cp	שחת	1007		spoil, ruin
2:4	מאדם	pual	ptc	ms	אדם	10		dyed red
	מתלעים	pual	ptc	mp	תלע	1069		be clad in red
	הכינו	hiph	infc		כון	465	3ms	fix, prepare
	הרעלו	hoph	pft	3cp	רעל	947		be brandished
2:5	יתהוללו	htpo	impf	3mp	הלל	237		act madly
	ישתקשקון	htpp	impf	3mp	שקק	1055		rush to and fro
	ירוצצו	pol	impf	3mp	רוץ	930		run fast
2:6	יזכר	qal	impf	3ms	זכר	269		remember
	יכשלו	niph	impf	3mp	כשל	505		stumble
	ימהרו	piel	impf	3mp	מהר	554		hasten
	הכן	hoph	wcp	3ms	כון	465		be established
2:7	נפתחו	niph	pft	3cp	פתח	834		be opened
	נמוג	niph	pft	3ms	מוג	556		melt away
2:8	הצב	hoph	pft	3ms	נצב	662		be fixed
	גלתה	pual	pft	3fs	גלה	162		be uncovered
	העלתה	hoph	pft	3fs	עלה	748		be taken up
	מנהגות	piel	ptc	fp	נהג	624		moan, lament
	מתפפת	poel	ptc	fp	תפף	1074		beat
2:9	נסים	qal	ptc	mp	נוס	630		flee, escape
	עמדו	qal	impv	mp	עמד	763		stand, stop
	עמדו	qal	impv	mp	עמד	763		stand, stop
	מפנה	hiph	ptc	ms	פנה	815		turn
2:10	בזו	qal	impv	mp	בזז	102		plunder
	בזו	qal	impv	mp	בזז	102		plunder
2:11	מבלקה	pual	ptc	fs	בלק	118		devastated
	נמס	niph	ptc	ms	מסס	587		melt, despair
	קבצו	piel	pft	3cp	קבץ	867		gather together
2:12	הלך	qal	pft	3ms	הלך	229		walk, go
	מחריד	hiph	ptc	ms	חרד	353		terrify
2:13	טרף	qal	ptc	ms	טרף	382		tear, rend
	מחנק	piel	ptc	ms	חנק	338		strangle
	ימלא	piel	wci	3ms	מלא	569		fill
2:14	הבערתי	hiph	wcp	1cs	בער	128		cause to burn
	תאכל	qal	impf	3fs	אכל	37		eat, devour
	הכרתי	hiph	wcp	1cs	כרת	503		cut off, destroy
	ישמע	niph	impf	3ms	שמע	1033		be heard
3:1	ימיש	hiph	impf	3ms	מוש	559		remove, depart
3:2	דהר	qal	ptc	ms	דהר	187		rush
	מרקדה	piel	ptc	fs	רקד	955		leap, dance
3:3	מעלה	hiph	ptc	ms	עלה	748		bring up, offer
	וכשלוk	niph	impf	3mp	כשל	505		stumble
	וכשלוq	qal	wcp	3cp	כשל	505		stumble, totter
3:4	זונה	qal	ptc	fs	זנה	275		act a harlot
	המכרת	qal	ptc	fs	מכר	569		sell
3:5	גליתי	piel	wcp	1cs	גלה	162		uncover

Nahum 3:5–Habakkuk 1:12

ChVs	Form	Stem	Tnse	PGN	Root	BDB	Sfx	Meaning
3:5	הראיתי	hiph	wcp	1cs	ראה	906		show, exhibit
3:6	השלכתי	hiph	wcp	1cs	שלך	1020		throw, cast
	נבלתיך	piel	wcp	1cs	נבל	614	2fs	esteem lightly
	שמתיך	qal	wcp	1cs	שים	962	2fs	put, set
3:7	היה	qal	wcp	3ms	היה	224		be, become
	ראיך	qal	ptc	mp	ראה	906	2fs	see
	ידוד	qal	impf	3ms	נדד	622		retreat, flee
	אמר	qal	wcp	3ms	אמר	55		say
	שדדה	pual	pft	3fs	שדד	994		be devastated
	ינוד	qal	impf	3ms	נוד	626		wander, lament
	אבקש	piel	impf	1cs	בקש	134		seek
	מנחמים	piel	ptc	mp	נחם	636		comfort
3:8	תיטבי	hiph	impf	2fs	יטב	405		do good
	ישבה	qal	ptc	fs	ישב	442		sit, dwell
3:9	היו	qal	pft	3cp	היה	224		be, become
3:10	הלכה	qal	pft	3fs	הלך	229		walk, go
	ירטשו	pual	impf	3mp	רטש	936		be dashed
	נכבדיה	niph	ptc	mp	כבד	457	3fs	be honored
	ידו	qal	pft	3cp	ידד	391		cast a lot
	רתקו	pual	pft	3cp	רתק	958		be bound
3:11	תשכרי	qal	impf	2fs	שכר	1016		be drunk
	תהי	qal	jusf	2fs	היה	224		be, become
	נעלמה	niph	ptc	fs	עלם	761		be concealed
	תבקשי	piel	impf	2fs	בקש	134		seek
	אויב	qal	ptc	ms	איב	33		be hostile to
3:12	ינועו	niph	impf	3mp	נוע	631		be tossed about
	נפלו	qal	wcp	3cp	נפל	656		fall
	אוכל	qal	ptc	ms	אכל	37		eat, devour
3:13	איביך	qal	ptc	mp	איב	33	2fs	be hostile to
	פתוח	qal	infa		פתח	834		open
	נפתחו	niph	pft	3cp	פתח	834		be opened
	אכלה	qal	pft	3fs	אכל	37		eat, devour
3:14	שאבי	qal	impv	fs	שאב	980		draw (water)
	חזקי	piel	impv	fs	חזק	304		make strong
	באי	qal	impv	fs	בוא	97		come in
	רמסי	qal	impv	fs	רמס	942		trample
	החזיקי	hiph	impv	fs	חזק	304		make firm, seize
3:15	תאכלך	qal	impf	3fs	אכל	37	2fs	eat, devour
	תכריתך	hiph	impf	3fs	כרת	503	2fs	cut off, destroy
	תאכלך	qal	impf	3fs	אכל	37	2fs	eat, devour
	התכבד	hith	impv	ms	כבד	457		make self heavy
	התכבדי	hith	impv	fs	כבד	457		make self heavy
3:16	הרבית	hiph	pft	2fs	רבה	915		make many
	רכליך	qal	ptc	mp	רכל	940	2fs	trade, gossip
	פשט	qal	pft	3ms	פשט	832		strip off
	יעף	qal	wci	3ms	עוף	733		fly
3:17	חוניך	qal	ptc	mp	חנה	333		decline, encamp
	זרחה	qal	pft	3fs	זרח	280		rise, appear
	נודד	poal	wcp	3ms	נדד	622		be chased away
	נודע	niph	pft	3ms	ידע	393		be made known
3:18	נמו	qal	pft	3cp	נום	630		be drowsy
	רעיך	qal	ptc	mp	רעה	944	2ms	pasture, tend
	ישכנו	qal	impf	3mp	שכן	1014		settle, dwell
	נפשו	niph	pft	3cp	פוש	807		be scattered
3:18	מקבץ	piel	ptc	ms	קבץ	867		gather together
3:19	נחלה	niph	ptc	fs	חלה	317		be made sick
	שמעי	qal	ptc	mp	שמע	1033		hear
	תקעו	qal	pft	3cp	תקע	1075		thrust, clap
	עברה	qal	pft	3fs	עבר	716		pass over

HABAKKUK

ChVs	Form	Stem	Tnse	PGN	Root	BDB	Sfx	Meaning
1:1	חזה	qal	pft	3ms	חזה	302		see
1:2	שועתי	piel	pft	1cs	שוע	1002		cry for help
	תשמע	qal	impf	2ms	שמע	1033		hear
	אזעק	qal	impf	1cs	זעק	277		call, cry out
	תושיע	hiph	impf	2ms	ישע	446		deliver, save
1:3	תראני	hiph	impf	2ms	ראה	906	1cs	show, exhibit
	תביט	hiph	impf	2ms	נבט	613		look, regard
	יהי	qal	wci	3ms	היה	224		be, become
	ישא	qal	impf	3ms	נשא	669		lift, carry
1:4	תפוג	qal	impf	3fs	פוג	806		grow numb
	יצא	qal	impf	3ms	יצא	422		go out
	מכתיר	hiph	ptc	ms	כתר	509		surround, wear
	יצא	qal	impf	3ms	יצא	422		go out
	מעקל	pual	ptc	ms	עקל	785		be bent
1:5	ראו	qal	impv	mp	ראה	906		see
	הביטו	hiph	impv	mp	נבט	613		look, regard
	התמהו	hith	impv	mp	תמה	1069		be astonished
	תמהו	qal	impv	mp	תמה	1069		be astounded
	פעל	qal	ptc	ms	פעל	821		do, make
	תאמינו	hiph	impf	2mp	אמן	52		believe
	יספר	pual	impf	3ms	ספר	707		be recounted
1:6	מקים	hiph	ptc	ms	קום	877		raise, build, set
	נמהר	niph	ptc	ms	מהר	554		be hurried
	הולך	qal	ptc	ms	הלך	229		walk, go
	רשת	qal	infc		ירש	439		possess, inherit
1:7	נורא	niph	ptc	ms	ירא	431		be feared
	יצא	qal	impf	3ms	יצא	422		go out
1:8	קלו	qal	pft	3cp	קלל	886		be slight, swift
	חדו	qal	pft	3cp	חדד	292		be sharp
	פשו	qal	pft	3cp	פוש	807		spring about
	יבאו	qal	impf	3mp	בוא	97		come in
	יעפו	qal	impf	3mp	עוף	733		fly
	חש	qal	ptc	ms	חוש	301		make haste
	אכול	qal	infc		אכל	37		eat, devour
1:9	יבוא	qal	impf	3ms	בוא	97		come in
	יאסף	qal	wci	3ms	אסף	62		gather
1:10	יתקלס	hith	impf	3ms	קלס	887		mock, deride
	רזנים	qal	ptc	mp	רזן	931		be ruler
	ישחק	qal	impf	3ms	שחק	965		laugh
	יצבר	qal	wci	3ms	צבר	840		heap up
	ילכדה	qal	wci	3ms	לכד	539	3fs	capture
1:11	חלף	qal	pft	3ms	חלף	322		pass on
	יעבר	qal	wci	3ms	עבר	716		pass over
	אשם	qal	pft	3ms	אשם	79		offend
1:12	נמות	qal	impf	1cp	מות	559		die
	שמתו	qal	pft	2ms	שים	962	3ms	put, set
	הוכיח	hiph	infc		יכח	406		decide, reprove

ChVs	Form	Stem	Tnse	PGN	Root	BDB	Sfx	Meaning
1:12	יסדתו	qal	pft	2ms	יסד	413	3ms	establish
1:13	ראות	qal	infc		ראה	906		see
	הביט	hiph	infc		נבט	613		look, regard
	תוכל	qal	impf	2ms	יכל	407		be able
	תביט	hiph	impf	2ms	נבט	613		look, regard
	בוגדים	qal	ptc	mp	בגד	93		act faithlessly
	תחריש	hiph	impf	2ms	חרש	361		be silent
	בלע	piel	infc		בלע	118		swallow up
1:14	תעשה	qal	wci	2ms	עשה	793		do, make
	משל	qal	ptc	ms	משל	605		rule
1:15	העלה	hiph	pft	3ms	עלה	748		bring up, offer
	יגרהו	qal	impf	3ms	גרר	176	3ms	drag away
	יאספהו	qal	impf	3ms	אסף	62	3ms	gather
	ישמח	qal	impf	3ms	שמח	970		rejoice
	יגיל	qal	impf	3ms	גיל	162		rejoice
1:16	יזבח	piel	impf	3ms	זבח	256		sacrifice
	יקטר	piel	impf	3ms	קטר	882		make sacrifices
1:17	יריק	hiph	impf	3ms	ריק	937		make empty
	הרג	qal	infc		הרג	246		kill
	יחמול	qal	impf	3ms	חמל	328		spare
2:1	אעמדה	qal	coh	1cs	עמד	763		stand, stop
	אתיצבה	hith	coh	1cs	יצב	426		stand oneself
	אצפה	piel	cohm	1cs	צפה	859		watch closely
	ראות	qal	infc		ראה	906		see
	ידבר	piel	impf	3ms	דבר	180		speak
	אשיב	hiph	impf	1cs	שוב	996		bring back
2:2	יענני	qal	wci	3ms	ענה	772	1cs	answer
	יאמר	qal	wci	3ms	אמר	55		say
	כתוב	qal	impv	ms	כתב	507		write
	באר	piel	impv	ms	באר	91		make plain
	ירוץ	qal	impf	3ms	רוץ	930		run
	קורא	qal	ptc	ms	קרא	894		call, proclaim
2:3	יפח	hiph	jusf	3ms	פוח	806		breathe, utter
	יכזב	piel	impf	3ms	כזב	469		lie, deceive
	יתמהמה	htpp	impf	3ms	מהה	554		tarry
	חכה	piel	impv	ms	חכה	314		wait
	בא	qal	infa		בוא	97		come in
	יבא	qal	impf	3ms	בוא	97		come in
	יאחר	piel	impf	3ms	אחר	29		tarry, hinder
2:4	עפלה	pual	pft	3fs	עפל	779		be inflated
	ישרה	qal	pft	3fs	ישר	448		be straight
	יחיה	qal	impf	3ms	חיה	310		live
2:5	בוגד	qal	ptc	ms	בגד	93		act faithlessly
	ינוה	qal	impf	3ms	נוה	627		abide
	הרחיב	hiph	pft	3ms	רחב	931		enlarge
	ישבע	qal	impf	3ms	שבע	959		be sated
	יאסף	qal	wci	3ms	אסף	62		gather
	יקבץ	qal	wci	3ms	קבץ	867		gather, collect
	ישאו	qal	impf	3mp	נשא	669		lift, carry
	יאמר	qal	impf	3ms	אמר	55		say
	מרבה	hiph	ptc	ms	רבה	915		make many
	מכביד	hiph	ptc	ms	כבד	457		make heavy
2:7	יקומו	qal	impf	3mp	קום	877		arise, stand
	נשכיך	qal	ptc	mp	נשך	675	2ms	bite
2:7	יקצו	qal	impf	3mp	יקץ	429		awake
	מזעזעיך	pilp	ptc	mp	זוע	266	2ms	violently shake
	היית	qal	wcp	2ms	היה	224		be, become
2:8	שלות	qal	pft	2ms	שלל	1021		spoil, plunder
	ישלוך	qal	impf	3mp	שלל	1021	2ms	spoil, plunder
	ישבי	qal	ptc	mp	ישב	442		sit, dwell
2:9	בצע	qal	ptc	ms	בצע	130		cut off
	שום	qal	infc		שים	962		put, set
	הנצל	niph	infc		נצל	664		be delivered
2:10	יעצת	qal	pft	2ms	יעץ	419		advise, counsel
	קצות	qal	infc		קצה	891		cut off
	חוטא	qal	ptc	ms	חטא	306		sin
2:11	תזעק	qal	impf	3fs	זעק	277		call, cry out
	יעננה	qal	impf	3ms	ענה	772	3fs	answer
2:12	בנה	qal	ptc	ms	בנה	124		build
	כונן	pol	wcp	3ms	כון	465		establish
2:13	ייגעו	qal	impf	3mp	יגע	388		toil, grow weary
	יעפו	qal	impf	3mp	יעף	419		be weary
2:14	תמלא	niph	impf	3fs	מלא	569		be filled
	דעת	qal	infc		ידע	393		know
	יכסו	piel	impf	3mp	כסה	491		cover
2:15	משקה	hiph	ptc	ms	שקה	1052		give to drink
	מספח	piel	ptc	ms	ספח	705		join together
	שכר	piel	infa		שכר	1016		make drunk
	הביט	hiph	infc		נבט	613		look, regard
2:16	שבעת	qal	pft	2ms	שבע	959		be sated
	שתה	qal	impv	ms	שתה	1059		drink
	הערל	niph	impv	ms	ערל	790		be uncircumcisd
	תסוב	qal	impf	3fs	סבב	685		surround
2:17	יכסך	piel	impf	3ms	כסה	491	2ms	cover
	יחיתן	hiph	impf	3ms	חתת	369	3fp	dismay
	ישבי	qal	ptc	mp	ישב	442		sit, dwell
2:18	הועיל	hiph	pft	3ms	יעל	418		profit, benefit
	פסלו	qal	pft	3ms	פסל	820	3ms	hew out
	יצרו	qal	ptc	ms	יצר	427	3ms	form, create
	מורה	hiph	ptc	ms	ירה	434		shoot, teach
	בטח	qal	pft	3ms	בטח	105		trust
	יצר	qal	ptc	ms	יצר	427		form, create
	עשות	qal	infc		עשה	793		do, make
2:19	אמר	qal	ptc	ms	אמר	55		say
	הקיצה	hiph	impv	ms	קיץ	884		awake
	עורי	qal	impv	fs	עור	734		rouse self
	יורה	hiph	impf	3ms	ירה	434		shoot, teach
	תפוש	qal	pptc	ms	תפש	1074		seize, grasp
3:2	שמעתי	qal	pft	1cs	שמע	1033		hear
	יראתי	qal	pft	1cs	ירא	431		fear
	חייהו	piel	impv	ms	חיה	310	3ms	preserve, revive
	תודיע	hiph	impf	2ms	ידע	393		declare
	רחם	piel	infa		רחם	933		have compassion
	תזכור	qal	impf	2ms	זכר	269		remember
3:3	יבוא	qal	impf	3ms	בוא	97		come in
	כסה	piel	pft	3ms	כסה	491		cover
	מלאה	qal	pft	3fs	מלא	569		be full, fill
3:4	תהיה	qal	impf	3fs	היה	224		be, become

Habakkuk 3:5 – Zephaniah 2:2

ChVs	Form	Stem	Tnse	PGN	Root	BDB	Sfx	Meaning
3:5	ילך	qal	impf	3ms	הלך	229		walk,go
	יצא	qal	impf	3ms	יצא	422		go out
3:6	עמד	qal	pft	3ms	עמד	763		stand,stop
	ימדד	poel	wci	3ms	מדד	551		measure
	ראה	qal	pft	3ms	ראה	906		see
	יתר	hiph	wci	3ms	נתר	684		c. to start up
	יתפצצו	htpo	wci	3mp	פצץ	822		be shattered
	שחו	qal	pft	3cp	שחח	1005		be bowed down
3:7	ראיתי	qal	pft	1cs	ראה	906		see
	ירגזון	qal	impf	3mp	רגז	919		quake
3:8	חרה	qal	pft	3ms	חרה	354		be kindled,burn
	תרכב	qal	impf	2ms	רכב	938		mount,ride
3:9	תעור	niph	impf	3fs	עור	735		be exposed
	תבקע	piel	impf	2ms	בקע	131		cut to pieces
3:10	ראוך	qal	pft	3cp	ראה	906	2ms	see
	יחילו	qal	impf	3mp	חול	296		dance,writhe
	עבר	qal	pft	3ms	עבר	716		pass over
	נתן	qal	pft	3ms	נתן	678		give,set
	נשא	qal	pft	3ms	נשא	669		lift,carry
3:11	עמד	qal	pft	3ms	עמד	763		stand,stop
	יהלכו	piel	impf	3mp	הלך	229		walk
3:12	תצעד	qal	impf	2ms	צעד	857		step,march
	תדוש	qal	impf	2ms	דוש	190		tread
3:13	יצאת	qal	pft	2ms	יצא	422		go out
	מחצת	qal	pft	2ms	מחץ	563		smite through
	ערות	piel	infa		ערה	788		lay bare
3:14	נקבת	qal	pft	2ms	נקב	666		pierce
	יסערו	qal	impf	3mp	סער	704		storm
	הפיצני	hiph	infc		פוץ	806	1cs	scatter
	אכל	qal	infc		אכל	37		eat,devour
3:15	דרכת	qal	pft	2ms	דרך	201		tread,march
3:16	שמעתי	qal	pft	1cs	שמע	1033		hear
	תרגז	qal	wci	3fs	רגז	919		quake
	צללו	qal	pft	3cp	צלל	852		tingle
	יבוא	qal	impf	3ms	בוא	97		come in
	ארגז	qal	impf	1cs	רגז	919		quake
	אנוח	qal	impf	1cs	נוח	628		rest
	עלות	qal	infc		עלה	748		go up
	יגודנו	qal	impf	3ms	גוד	156	1cp	attack
3:17	תפרח	qal	impf	3fs	פרח	827		bud
	כחש	piel	pft	3ms	כחש	471		deceive
	עשה	qal	pft	3ms	עשה	793		do,make
	גזר	qal	pft	3ms	גזר	160		divide
3:18	אעלוזה	qal	coh	1cs	עלז	759		exult,triumph
	אגילה	qal	coh	1cs	גיל	162		rejoice
3:19	ישם	qal	wci	3ms	שים	962		put,set
	ידרכני	hiph	impf	3ms	דרך	201	1cs	tread,lead
	מנצח	piel	ptc	ms	נצח	663		act as director

ZEPHANIAH

ChVs	Form	Stem	Tnse	PGN	Root	BDB	Sfx	Meaning
1:1	היה	qal	pft	3ms	היה	224		be,become
1:2	אסף	qal	infa		אסף	62		gather
	אסף	hiph	jusf	1cs	סוף	692		make an end of
1:3	אסף	hiph	jusf	1cs	סוף	692		make an end of

ChVs	Form	Stem	Tnse	PGN	Root	BDB	Sfx	Meaning
1:3	אסף	hiph	jusf	1cs	סוף	692		make an end of
	הכרתי	hiph	wcp	1cs	כרת	503		cut off,destroy
1:4	נטיתי	qal	wcp	1cs	נטה	639		stretch,incline
	יושבי	qal	ptc	mp	ישב	442		sit,dwell
	הכרתי	hiph	wcp	1cs	כרת	503		cut off,destroy
1:5	משתחוים	hish	ptc	mp	חוה	1005		bow down
	משתחוים	hish	ptc	mp	חוה	1005		bow down
	נשבעים	niph	ptc	mp	שבע	989		swear
	נשבעים	niph	ptc	mp	שבע	989		swear
1:6	נסוגים	niph	ptc	mp	סוג	690		turn away
	בקשו	piel	pft	3cp	בקש	134		seek
	דרשהו	qal	pft	3cp	דרש	205	3ms	resort to,seek
1:7	הכין	hiph	pft	3ms	כון	465		fix,prepare
	הקדיש	hiph	pft	3ms	קדש	872		consecrate
	קראיו	qal	pptc	mp	קרא	894	3ms	call,proclaim
1:8	היה	qal	wcp	3ms	היה	224		be,become
	פקדתי	qal	wcp	1cs	פקד	823		attend to,visit
	לבשים	qal	ptc	mp	לבש	527		put on,clothe
1:9	פקדתי	qal	wcp	1cs	פקד	823		attend to,visit
	דולג	qal	ptc	ms	דלג	194		leap
	ממלאים	piel	ptc	mp	מלא	569		fill
1:10	היה	qal	wcp	3ms	היה	224		be,become
1:11	הילילו	hiph	impv	mp	ילל	410		howl
	ישבי	qal	ptc	mp	ישב	442		sit,dwell
	נדמה	niph	pft	3ms	דמה	198		be cut off
	נכרתו	niph	pft	3cp	כרת	503		be cut off
1:12	היה	qal	wcp	3ms	היה	224		be,become
	אחפש	piel	impf	1cs	חפש	344		search for
	פקדתי	qal	wcp	1cs	פקד	823		attend to,visit
	קפאים	qal	ptc	mp	קפא	891		condense
	אמרים	qal	ptc	mp	אמר	55		say
	ייטיב	hiph	impf	3ms	יטב	405		do good
	ירע	hiph	impf	3ms	רעע	949		hurt,do evil
1:13	היה	qal	wcp	3ms	היה	224		be,become
	בנו	qal	wcp	3cp	בנה	124		build
	ישבו	qal	impf	3mp	ישב	442		sit,dwell
	נטעו	qal	wcp	3cp	נטע	642		plant
	ישתו	qal	impf	3mp	שתה	1059		drink
1:14	צרח	qal	ptc	ms	צרח	863		roar
1:16	בצרות	qal	pptc	fp	בצר	130		cut off
1:17	הצרתי	hiph	wcp	1cs	צרר	864		distress,cramp
	הלכו	qal	wcp	3cp	הלך	229		walk,go
	חטאו	qal	pft	3cp	חטא	306		sin
	שפך	qalp	wcp	3ms	שפך	1049		be poured out
1:18	יוכל	qal	impf	3ms	יכל	407		be able
	הצילם	hiph	infc		נצל	664	3mp	snatch,deliver
	תאכל	niph	impf	3fs	אכל	37		be eaten
	נבהלה	niph	ptc	fs	בהל	96		be disturbed
	יעשה	qal	impf	3ms	עשה	793		do,make
	ישבי	qal	ptc	mp	ישב	442		sit,dwell
2:1	התקוששו	htpo	impv	mp	קשש	905		collect oneself
	קושו	qal	impv	mp	קשש	905		collect self
	נכסף	niph	pft	3ms	כסף	493		long for
2:2	לדת	qal	infc		ילד	408		bear,beget

Zephaniah 2:2–3:15

ChVs	Form	Stem	Tnse	PGN	Root	BDB	Sfx	Meaning
2:2	עבר	qal	pft	3ms	עבר	716		pass over
	יבוא	qal	impf	3ms	בוא	97		come in
	יבוא	qal	impf	3ms	בוא	97		come in
2:3	בקשו	piel	impv	mp	בקש	134		seek
	פעלו	qal	pft	3cp	פעל	821		do, make
	בקשו	piel	impv	mp	בקש	134		seek
	בקשו	piel	impv	mp	בקש	134		seek
	תסתרו	niph	impf	2mp	סתר	711		hide, be hid
2:4	עזובה	qal	pptc	fs	עזב	736		leave, loose
	תהיה	qal	impf	3fs	היה	224		be, become
	יגרשוה	piel	impf	3mp	גרש	176	3fs	drive out
	תעקר	niph	impf	3fs	עקר	785		be destroyed
2:5	ישבי	qal	ptc	mp	ישב	442		sit, dwell
	האבדתיך	hiph	wcp	1cs	אבד	1	2fs	destroy
	יושב	qal	ptc	ms	ישב	442		sit, dwell
2:6	היתה	qal	wcp	3fs	היה	224		be, become
	רעים	qal	ptc	mp	רעה	944		pasture, tend
2:7	היה	qal	wcp	3ms	היה	224		be, become
	ירעון	qal	impf	3mp	רעה	944		pasture, tend
	ירבצון	qal	impf	3mp	רבץ	918		lie down
	יפקדם	qal	impf	3ms	פקד	823	3mp	attend to, visit
	שב	qal	wcp	3ms	שוב	996		turn, return
2:8	שמעתי	qal	pft	1cs	שמע	1033		hear
	חרפו	piel	pft	3cp	חרף	357		reproach
	יגדילו	hiph	wci	3mp	גדל	152		make great
2:9	תהיה	qal	impf	3fs	היה	224		be, become
	יבזום	qal	impf	3mp	בזז	102	3mp	plunder
	ינחלום	qal	impf	3mp	נחל	635	3mp	possess, inherit
2:10	חרפו	piel	pft	3cp	חרף	357		reproach
	יגדלו	hiph	wci	3mp	גדל	152		make great
2:11	נורא	niph	ptc	ms	ירא	431		be feared
	רזה	qal	pft	3ms	רזה	930		make lean
	ישתחוו	hish	impf	3mp	חוה	1005		bow down
2:13	יט	qal	jus	3ms	נטה	639		stretch, incline
	יאבד	piel	jusm	3ms	אבד	1		destroy
	ישם	qal	jus	3ms	שים	962		put, set
2:14	רבצו	qal	wcp	3cp	רבץ	918		lie down
	ילינו	qal	impf	3mp	לון	533		lodge, remain
	ישורר	pol	impf	3ms	שיר	1010		sing
	ערה	piel	pft	3ms	ערה	788		lay bare
2:15	יושבת	qal	ptc	fs	ישב	442		sit, dwell
	אמרה	qal	ptc	fs	אמר	55		say
	היתה	qal	pft	3fs	היה	224		be, become
	עובר	qal	ptc	ms	עבר	716		pass over
	ישרק	qal	impf	3ms	שרק	1056		hiss
	יניע	hiph	impf	3ms	נוע	631		shake, disturb
3:1	מראה	qal	ptc	fs	מרה	598		be disobedient
	נגאלה	niph	ptc	fs	גאל	146		be defiled
	יונה	qal	ptc	fs	ינה	413		oppress
3:2	שמעה	qal	pft	3fs	שמע	1033		hear
	לקחה	qal	pft	3fs	לקח	542		take
	בטחה	qal	pft	3fs	בטח	105		trust
	קרבה	qal	pft	3fs	קרב	897		approach
3:3	שאגים	qal	ptc	mp	שאג	980		roar
3:3	שפטיה	qal	ptc	mp	שפט	1047	3fs	judge
	גרמו	qal	pft	3cp	גרם	175		reserve
3:4	פחזים	qal	ptc	mp	פחז	808		be reckless
	חללו	piel	pft	3cp	חלל	320		pollute
	חמסו	qal	pft	3cp	חמס	329		treat violently
3:5	יעשה	qal	impf	3ms	עשה	793		do, make
	יתן	qal	impf	3ms	נתן	678		give, set
	נעדר	niph	impf	3ms	עדר	727		be lacking, fail
	יודע	qal	ptc	ms	ידע	393		know
3:6	הכרתי	hiph	pft	1cs	כרת	503		cut off, destroy
	נשמו	niph	pft	3cp	שמם	1030		be desolate
	החרבתי	hiph	pft	1cs	חרב	351		make desolate
	עובר	qal	ptc	ms	עבר	716		pass over
	נצדו	niph	pft	3cp	צדה	841		be laid waste
	יושב	qal	ptc	ms	ישב	442		sit, dwell
3:7	אמרתי	qal	pft	1cs	אמר	55		say
	תיראי	qal	impf	2fs	ירא	431		fear
	תקחי	qal	impf	2fs	לקח	542		take
	יכרת	niph	impf	3ms	כרת	503		be cut off
	פקדתי	qal	pft	1cs	פקד	823		attend to, visit
	השכימו	hiph	pft	3cp	שכם	1014		rise early
	השחיתו	hiph	pft	3cp	שחת	1007		spoil, ruin
3:8	חכו	piel	impv	mp	חכה	314		wait
	קומי	qal	infc		קום	877	1cs	arise, stand
	אספי	qal	infc		אסף	62		gather
	קבצי	qal	infc		קבץ	867	1cs	gather, collect
	שפך	qal	infc		שפך	1049		pour out
	תאכל	niph	impf	3fs	אכל	37		be eaten
3:9	אהפך	qal	impf	1cs	הפך	245		turn, overturn
	ברורה	qal	pptc	fs	ברר	140		purify, polish
	קרא	qal	infc		קרא	894		call, proclaim
	עבדו	qal	infc		עבד	712	3ms	work, serve
3:10	פוצי	qal	pptc	mp	פוץ	806	1cs	be scattered
	יובלון	hiph	impf	3mp	יבל	384		bear along
3:11	תבושי	qal	impf	2fs	בוש	101		be ashamed
	פשעת	qal	pft	2fs	פשע	833		rebel, sin
	אסיר	hiph	impf	1cs	סור	693		take away
	תוספי	hiph	impf	2fs	יסף	414		add, do again
	גבהה	qal	infc		גבה	146		be high
3:12	השארתי	hiph	wcp	1cs	שאר	983		leave, spare
	חסו	qal	wcp	3cp	חסה	340		seek refuge
3:13	יעשו	qal	impf	3mp	עשה	793		do, make
	ידברו	piel	impf	3mp	דבר	180		speak
	ימצא	niph	impf	3ms	מצא	592		be found
	ירעו	qal	impf	3mp	רעה	944		pasture, tend
	רבצו	qal	wcp	3cp	רבץ	918		lie down
	מחריד	hiph	ptc	ms	חרד	353		terrify
3:14	רני	qal	impv	fs	רנן	943		cry aloud
	הריעו	hiph	impv	mp	רוע	929		raise a shout
	שמחי	qal	impv	fs	שמח	970		rejoice
	עלזי	qal	impv	fs	עלז	759		exult, triumph
3:15	הסיר	hiph	pft	3ms	סור	693		take away
	פנה	piel	pft	3ms	פנה	815		make clear
	איבך	qal	ptc	ms	איב	33	2fs	be hostile to

Zephaniah 3:15 – Haggai 2:12

ChVs	Form	Stem	Tnse	PGN	Root	BDB	Sfx	Meaning
3:15	תיראי	qal	impf	2fs	ירא	431		fear
3:16	יאמר	niph	impf	3ms	אמר	55		be said, called
	תיראי	qal	jusm	2fs	ירא	431		fear
	ירפו	qal	jusm	3mp	רפה	951		sink, relax
3:17	יושיע	hiph	impf	3ms	ישע	446		deliver, save
	ישיש	qal	impf	3ms	שוש	965		exult
	יחריש	hiph	impf	3ms	חרש	361		be silent
	יגיל	qal	impf	3ms	גיל	162		rejoice
3:18	נוגי	niph	ptc	mp	יגה	387		be grieved
	אספתי	qal	pft	1cs	אסף	62		gather
	היו	qal	pft	3cp	היה	224		be, become
3:19	עשה	qal	ptc	ms	עשה	793		do, make
	מעניך	piel	ptc	mp	ענה	776	2fs	humble
	הושעתי	hiph	wcp	1cs	ישע	446		deliver, save
	צלעה	qal	ptc	fs	צלע	854		limp
	נדחה	niph	ptc	fs	נדח	623		be banished
	אקבץ	piel	impf	1cs	קבץ	867		gather together
	שמתים	qal	wcp	1cs	שים	962	3mp	put, set
3:20	אביא	hiph	impf	1cs	בוא	97		bring in
	קבצי	piel	infc		קבץ	867	1cs	gather together
	אתן	qal	impf	1cs	נתן	678		give, set
	שובי	qal	infc		שוב	996	1cs	turn, return
	אמר	qal	pft	3ms	אמר	55		say

HAGGAI

ChVs	Form	Stem	Tnse	PGN	Root	BDB	Sfx	Meaning
1:1	היה	qal	pft	3ms	היה	224		be, become
	אמר	qal	infc		אמר	55		say
1:2	אמר	qal	pft	3ms	אמר	55		say
	אמר	qal	infc		אמר	55		say
	אמרו	qal	pft	3cp	אמר	55		say
	בא	qal	infc		בוא	97		come in
	הבנות	niph	infc		בנה	124		be built
1:3	יהי	qal	wci	3ms	היה	224		be, become
	אמר	qal	infc		אמר	55		say
1:4	שבת	qal	infc		ישב	442		sit, dwell
	ספונים	qal	pptc	mp	ספן	706		cover, panel
1:5	אמר	qal	pft	3ms	אמר	55		say
	שימו	qal	impv	mp	שים	962		put, set
1:6	זרעתם	qal	pft	2mp	זרע	281		sow
	הרבה	hiph	infa		רבה	915		make many
	הבא	hiph	infa		בוא	97		bring in
	אכול	qal	infa		אכל	37		eat, devour
	שבעה	qal	infc		שבע	959		be sated
	שתו	qal	infa		שתה	1059		drink
	שכרה	qal	infc		שכר	1016		be drunk
	לבוש	qal	infa		לבש	527		put on, clothe
	חם	qal	infc		חמם	328		be warm
	משתכר	hith	ptc	ms	שכר	968		earn wages
	משתכר	hith	ptc	ms	שכר	968		earn wages
	נקוב	qal	pptc	ms	נקב	666		pierce
1:7	אמר	qal	pft	3ms	אמר	55		say
	שימו	qal	impv	mp	שים	962		put, set
1:8	עלו	qal	impv	mp	עלה	748		go up
	הבאתם	hiph	wcp	2mp	בוא	97		bring in
1:8	בנו	qal	impv	mp	בנה	124		build
	ארצה	qal	cohm	1cs	רצה	953		be pleased
	אאכבדk	niph	impf	1cs	כבד	457		be honored
	אאכבדהq	niph	coh	1cs	כבד	457		be honored
	אמר	qal	pft	3ms	אמר	55		say
1:9	פנה	qal	infa		פנה	815		turn
	הרבה	hiph	infa		רבה	915		make many
	הבאתם	hiph	pft	2mp	בוא	97		bring in
	נפחתי	qal	pft	1cs	נפח	655		breathe, blow
	רצים	qal	ptc	mp	רוץ	930		run
1:10	כלאו	qal	pft	3cp	כלא	476		shut up
	כלאה	qal	pft	3fs	כלא	476		shut up
1:11	אקרא	qal	wci	1cs	קרא	894		call, proclaim
	תוציא	hiph	impf	3fs	יצא	422		bring out
1:12	ישמע	qal	wci	3ms	שמע	1033		hear
	שלחו	qal	pft	3ms	שלח	1018	3ms	send
	ייראו	qal	wci	3mp	ירא	431		fear
1:13	יאמר	qal	wci	3ms	אמר	55		say
	אמר	qal	infc		אמר	55		say
1:14	יער	hiph	wci	3ms	עור	734		rouse, stir up
	יבאו	qal	wci	3mp	בוא	97		come in
	יעשו	qal	wci	3mp	עשה	793		do, make
2:1	היה	qal	pft	3ms	היה	224		be, become
	אמר	qal	infc		אמר	55		say
2:2	אמר	qal	impv	ms	אמר	55		say
	אמר	qal	infc		אמר	55		say
2:3	נשאר	niph	ptc	ms	שאר	983		be left
	ראה	qal	pft	3ms	ראה	906		see
	ראים	qal	ptc	mp	ראה	906		see
2:4	חזק	qal	impv	ms	חזק	304		be strong
	חזק	qal	impv	ms	חזק	304		be strong
	חזק	qal	impv	ms	חזק	304		be strong
	עשו	qal	impv	mp	עשה	793		do, make
2:5	כרתי	qal	pft	1cs	כרת	503		cut, destroy
	צאתכם	qal	infc		יצא	422	2mp	go out
	עמדת	qal	ptc	fs	עמד	763		stand, stop
	תיראו	qal	jusm	2mp	ירא	431		fear
2:6	אמר	qal	pft	3ms	אמר	55		say
	מרעיש	hiph	ptc	ms	רעש	950		cause to quake
2:7	הרעשתי	hiph	wcp	1cs	רעש	950		cause to quake
	באו	qal	wcp	3cp	בוא	97		come in
	מלאתי	piel	wcp	1cs	מלא	569		fill
	אמר	qal	pft	3ms	אמר	55		say
2:9	יהיה	qal	impf	3ms	היה	224		be, become
	אמר	qal	pft	3ms	אמר	55		say
	אתן	qal	impf	1cs	נתן	678		give, set
2:10	היה	qal	pft	3ms	היה	224		be, become
	אמר	qal	infc		אמר	55		say
2:11	אמר	qal	pft	3ms	אמר	55		say
	שאל	qal	impv	ms	שאל	981		ask, borrow
	אמר	qal	infc		אמר	55		say
2:12	ישא	qal	impf	3ms	נשא	669		lift, carry
	נגע	qal	wcp	3ms	נגע	619		touch, strike
	יקדש	qal	impf	3ms	קדש	872		be set apart

ChVs	Form	Stem	Tnse	PGN	Root	BDB	Sfx	Meaning
2:12	יענו	qal	wci	3mp	ענה	772		answer
	יאמרו	qal	wci	3mp	אמר	55		say
2:13	יאמר	qal	wci	3ms	אמר	55		say
	יגע	qal	impf	3ms	נגע	619		touch, strike
	יטמא	qal	impf	3ms	טמא	379		become unclean
	יענו	qal	wci	3mp	ענה	772		answer
	יאמרו	qal	wci	3mp	אמר	55		say
	יטמא	qal	impf	3ms	טמא	379		become unclean
2:14	יען	qal	wci	3ms	ענה	772		answer
	יאמר	qal	wci	3ms	אמר	55		say
	יקריבו	hiph	impf	3mp	קרב	897		bring near
2:15	שימו	qal	impv	mp	שים	962		put, set
	שום	qal	infc		שים	962		put, set
2:16	היותם	qal	infc		היה	224	3mp	be, become
	בא	qal	pft	3ms	בוא	97		come in
	היתה	qal	wcp	3fs	היה	224		be, become
	בא	qal	pft	3ms	בוא	97		come in
	חשף	qal	infc		חשף	362		strip off
	היתה	qal	wcp	3fs	היה	224		be, become
2:17	הכיתי	hiph	pft	1cs	נכה	645		smite
2:18	שימו	qal	impv	mp	שים	962		put, set
	יסד	pual	pft	3ms	יסד	413		be founded
	שימו	qal	impv	mp	שים	962		put, set
2:19	נשא	qal	pft	3ms	נשא	669		lift, carry
	אברך	piel	impf	1cs	ברך	138		bless
2:20	יהי	qal	wci	3ms	היה	224		be, become
	אמר	qal	infc		אמר	55		say
2:21	אמר	qal	impv	ms	אמר	55		say
	אמר	qal	infc		אמר	55		say
	מרעיש	hiph	ptc	ms	רעש	950		cause to quake
2:22	הפכתי	qal	wcp	1cs	הפך	245		turn, overturn
	השמדתי	hiph	wcp	1cs	שמד	1029		exterminate
	הפכתי	qal	wcp	1cs	הפך	245		turn, overturn
	רכביה	qal	ptc	mp	רכב	938	3fs	mount, ride
	ירדו	qal	wcp	3cp	ירד	432		come down
	רכביהם	qal	ptc	mp	רכב	938	3mp	mount, ride
2:23	אקחך	qal	impf	1cs	לקח	542	2ms	take
	שמתיך	qal	wcp	1cs	שים	962	2ms	put, set
	בחרתי	qal	pft	1cs	בחר	103		choose

ZECHARIAH

ChVs	Form	Stem	Tnse	PGN	Root	BDB	Sfx	Meaning
1:1	היה	qal	pft	3ms	היה	224		be, become
	אמר	qal	infc		אמר	55		say
1:2	קצף	qal	pft	3ms	קצף	893		be angry
1:3	אמרת	qal	wcp	2ms	אמר	55		say
	אמר	qal	pft	3ms	אמר	55		say
	שובו	qal	impv	mp	שוב	996		turn, return
	אשוב	qal	impf	1cs	שוב	996		turn, return
	אמר	qal	pft	3ms	אמר	55		say
1:4	תהיו	qal	jusm	2mp	היה	224		be, become
	קראו	qal	pft	3cp	קרא	894		call, proclaim
	אמר	qal	infc		אמר	55		say
	אמר	qal	pft	3ms	אמר	55		say
	שובו	qal	impv	mp	שוב	996		turn, return
1:4	שמעו	qal	pft	3cp	שמע	1033		hear
	הקשיבו	hiph	pft	3cp	קשב	904		give attention
1:5	יחיו	qal	impf	3mp	חיה	310		live
1:6	צויתי	piel	pft	1cs	צוה	845		command
	השיגו	hiph	pft	3cp	נשג	673		reach, overtake
	ישובו	qal	wci	3mp	שוב	996		turn, return
	יאמרו	qal	wci	3mp	אמר	55		say
	זמם	qal	pft	3ms	זמם	273		consider, devise
	עשות	qal	infc		עשה	793		do, make
	עשה	qal	pft	3ms	עשה	793		do, make
1:7	היה	qal	pft	3ms	היה	224		be, become
	אמר	qal	infc		אמר	55		say
1:8	ראיתי	qal	pft	1cs	ראה	906		see
	רכב	qal	ptc	ms	רכב	938		mount, ride
	עמד	qal	ptc	ms	עמד	763		stand, stop
1:9	אמר	qal	wci	1cs	אמר	55		say
	יאמר	qal	wci	3ms	אמר	55		say
	דבר	qal	ptc	ms	דבר	180		speak
	אראך	hiph	impf	1cs	ראה	906	2ms	show, exhibit
1:10	יען	qal	wci	3ms	ענה	772		answer
	עמד	qal	ptc	ms	עמד	763		stand, stop
	יאמר	qal	wci	3ms	אמר	55		say
	שלח	qal	pft	3ms	שלח	1018		send
	התהלך	hith	infc		הלך	229		walk to and fro
1:11	יענו	qal	wci	3mp	ענה	772		answer
	עמד	qal	ptc	ms	עמד	763		stand, stop
	יאמרו	qal	wci	3mp	אמר	55		say
	התהלכנו	hith	pft	1cp	הלך	229		walk to and fro
	ישבת	qal	ptc	fs	ישב	442		sit, dwell
	שקטת	qal	ptc	fs	שקט	1052		be quiet
1:12	יען	qal	wci	3ms	ענה	772		answer
	יאמר	qal	wci	3ms	אמר	55		say
	תרחם	piel	impf	2ms	רחם	933		have compassion
	זעמתה	qal	pft	2ms	זעם	276		be indignant
1:13	יען	qal	wci	3ms	ענה	772		answer
	דבר	qal	ptc	ms	דבר	180		speak
1:14	יאמר	qal	wci	3ms	אמר	55		say
	דבר	qal	ptc	ms	דבר	180		speak
	קרא	qal	impv	ms	קרא	894		call, proclaim
	אמר	qal	infc		אמר	55		say
	אמר	qal	pft	3ms	אמר	55		say
	קנאתי	piel	pft	1cs	קנא	888		be jealous
1:15	קצף	qal	ptc	ms	קצף	893		be angry
	קצפתי	qal	pft	1cs	קצף	893		be angry
	עזרו	qal	pft	3cp	עזר	740		help, aid
1:16	אמר	qal	pft	3ms	אמר	55		say
	שבתי	qal	pft	1cs	שוב	996		turn, return
	יבנה	niph	impf	3ms	בנה	124		be built
	ינטה	niph	impf	3ms	נטה	639		be stretched
1:17	קרא	qal	impv	ms	קרא	894		call, proclaim
	אמר	qal	infc		אמר	55		say
	אמר	qal	pft	3ms	אמר	55		say
	תפוצינה	qal	impf	3fp	פוץ	807		flow, overflow
	נחם	piel	wcp	3ms	נחם	636		comfort

Zechariah 1:17–4:1

ChVs	Form	Stem	Tnse	PGN	Root	BDB	Sfx	Meaning
1:17	בחר	qal	wcp	3ms	בחר	103		choose
2:1	אשא	qal	wci	1cs	נשא	669		lift,carry
	ארא	qal	wci	1cs	ראה	906		see
2:2	אמר	qal	wci	1cs	אמר	55		say
	דבר	qal	ptc	ms	דבר	180		speak
	יאמר	qal	wci	3ms	אמר	55		say
	זרו	piel	pft	3cp	זרה	279		scatter
2:3	יראני	hiph	wci	3ms	ראה	906	1cs	show,exhibit
2:4	אמר	qal	wci	1cs	אמר	55		say
	באים	qal	ptc	mp	בוא	97		come in
	עשות	qal	infc		עשה	793		do,make
	יאמר	qal	wci	3ms	אמר	55		say
	אמר	qal	infc		אמר	55		say
	זרו	piel	pft	3cp	זרה	279		scatter
	נשא	qal	pft	3ms	נשא	669		lift,carry
	יבאו	qal	wci	3mp	בוא	97		come in
	החריד	hiph	infc		חרד	353		terrify
	ידות	piel	infc		ידה	392		cast
	נשאים	qal	ptc	mp	נשא	669		lift,carry
	זרותה	piel	infc		זרה	279	3fs	scatter
2:5	אשא	qal	wci	1cs	נשא	669		lift,carry
	ארא	qal	wci	1cs	ראה	906		see
2:6	אמר	qal	wci	1cs	אמר	55		say
	הלך	qal	ptc	ms	הלך	229		walk,go
	יאמר	qal	wci	3ms	אמר	55		say
	מד	qal	infc		מדד	551		measure
	ראות	qal	infc		ראה	906		see
2:7	דבר	qal	ptc	ms	דבר	180		speak
	יצא	qal	ptc	ms	יצא	422		go out
	יצא	qal	ptc	ms	יצא	422		go out
	קראתו	qal	infc		קרא	896	3ms	meet,encounter
2:8	יאמר	qal	wci	3ms	אמר	55		say
	רץ	qal	impv	ms	רוץ	930		run
	דבר	piel	impv	ms	דבר	180		speak
	אמר	qal	infc		אמר	55		say
	תשב	qal	impf	3fs	ישב	442		sit,dwell
2:9	אהיה	qal	impf	1cs	היה	224		be,become
	אהיה	qal	impf	1cs	היה	224		be,become
2:10	נסו	qal	impv	mp	נוס	630		flee,escape
	פרשתי	piel	pft	1cs	פרש	831		spread out
2:11	המלטי	niph	impv	fs	מלט	572		escape
	יושבת	qal	ptc	fs	ישב	442		sit,dwell
2:12	אמר	qal	pft	3ms	אמר	55		say
	שלחני	qal	pft	3ms	שלח	1018	1cs	send
	שללים	qal	ptc	mp	שלל	1021		spoil,plunder
	נגע	qal	ptc	ms	נגע	619		touch,strike
	נגע	qal	ptc	ms	נגע	619		touch,strike
2:13	מניף	hiph	ptc	ms	נוף	631		swing,wave
	היו	qal	wcp	3cp	היה	224		be,become
	ידעתם	qal	wcp	2mp	ידע	393		know
	שלחני	qal	pft	3ms	שלח	1018	1cs	send
2:14	רני	qal	impv	fs	רנן	943		cry aloud
	שמחי	qal	impv	fs	שמח	970		rejoice
	בא	qal	ptc	ms	בוא	97		come in
2:14	שכנתי	qal	wcp	1cs	שכן	1014		settle,dwell
2:15	נלוו	niph	wcp	3cp	לוה	530		join oneself
	היו	qal	wcp	3cp	היה	224		be,become
	שכנתי	qal	wcp	1cs	שכן	1014		settle,dwell
	ידעת	qal	wcp	2fs	ידע	393		know
	שלחני	qal	pft	3ms	שלח	1018	1cs	send
2:16	נחל	qal	wcp	3ms	נחל	635		possess,inherit
	בחר	qal	wcp	3ms	בחר	103		choose
2:17	נעור	niph	pft	3ms	עור	734		be roused
3:1	יראני	hiph	wci	3ms	ראה	906	1cs	show,exhibit
	עמד	qal	ptc	ms	עמד	763		stand,stop
	עמד	qal	ptc	ms	עמד	763		stand,stop
	שטנו	qal	infc		שטן	966	3ms	be adversary
3:2	יאמר	qal	wci	3ms	אמר	55		say
	יגער	qal	jusm	3ms	גער	172		rebuke
	יגער	qal	jusm	3ms	גער	172		rebuke
	בחר	qal	ptc	ms	בחר	103		choose
	מצל	hoph	ptc	ms	נצל	664		be plucked
3:3	היה	qal	pft	3ms	היה	224		be,become
	לבש	qal	pptc	ms	לבש	527		put on,clothe
	עמד	qal	ptc	ms	עמד	763		stand,stop
3:4	יען	qal	wci	3ms	ענה	772		answer
	יאמר	qal	wci	3ms	אמר	55		say
	עמדים	qal	ptc	mp	עמד	763		stand,stop
	אמר	qal	infc		אמר	55		say
	הסירו	hiph	impv	mp	סור	693		take away
	יאמר	qal	wci	3ms	אמר	55		say
	ראה	qal	impv	ms	ראה	906		see
	העברתי	hiph	pft	1cs	עבר	716		cause to pass
	הלבש	hiph	infa		לבש	527		clothe
3:5	אמר	qal	wci	1cs	אמר	55		say
	ישימו	qal	jusm	3mp	שים	962		put,set
	ישימו	qal	wci	3mp	שים	962		put,set
	ילבשהו	hiph	wci	3mp	לבש	527	3ms	clothe
	עמד	qal	ptc	ms	עמד	763		stand,stop
3:6	יעד	hiph	wci	3ms	עוד	729		testify,warn
	אמר	qal	infc		אמר	55		say
3:7	אמר	qal	pft	3ms	אמר	55		say
	תלך	qal	impf	2ms	הלך	229		walk,go
	תשמר	qal	impf	2ms	שמר	1036		keep,watch
	תדין	qal	impf	2ms	דין	192		judge
	תשמר	qal	impf	2ms	שמר	1036		keep,watch
	נתתי	qal	wcp	1cs	נתן	678		give,set
	עמדים	qal	ptc	mp	עמד	763		stand,stop
3:8	שמע	qal	impv	ms	שמע	1033		hear
	ישבים	qal	ptc	mp	ישב	442		sit,dwell
	מביא	hiph	ptc	ms	בוא	97		bring in
3:9	נתתי	qal	pft	1cs	נתן	678		give,set
	מפתח	piel	ptc	ms	פתח	836		engrave
	משתי	qal	wcp	1cs	מוש	559		depart,remove
3:10	תקראו	qal	impf	2mp	קרא	894		call,proclaim
4:1	ישב	qal	wci	3ms	שוב	996		turn,return
	דבר	qal	ptc	ms	דבר	180		speak
	יעירני	hiph	wci	3ms	עור	734	1cs	rouse,stir up

Zechariah 4:1 – 6:7

ChVs	Form	Stem	Tnse	PGN	Root	BDB	Sfx	Meaning
4:1	יעור	niph	impf	3ms	עור	734		be roused
4:2	יאמר	qal	wci	3ms	אמר	55		say
	ראה	qal	ptc	ms	ראה	906		see
	יאמרk	qal	wci	3ms	אמר	55		say
	אמרq	qal	wci	1cs	אמר	55		say
	ראיתי	qal	pft	1cs	ראה	906		see
4:4	אען	qal	wci	1cs	ענה	772		answer
	אמר	qal	wci	1cs	אמר	55		say
	דבר	qal	ptc	ms	דבר	180		speak
	אמר	qal	infc		אמר	55		say
4:5	יען	qal	wci	3ms	ענה	772		answer
	דבר	qal	ptc	ms	דבר	180		speak
	יאמר	qal	wci	3ms	אמר	55		say
	ידעת	qal	pft	2ms	ידע	393		know
	אמר	qal	wci	1cs	אמר	55		say
4:6	יען	qal	wci	3ms	ענה	772		answer
	יאמר	qal	wci	3ms	אמר	55		say
	אמר	qal	infc		אמר	55		say
	אמר	qal	infc		אמר	55		say
	אמר	qal	pft	3ms	אמר	55		say
4:7	הוציא	hiph	wcp	3ms	יצא	422		bring out
4:8	יהי	qal	wci	3ms	היה	224		be, become
	אמר	qal	infc		אמר	55		say
4:9	יסדו	piel	pft	3cp	יסד	413		found, establish
	תבצענה	piel	impf	3fp	בצע	130		cut off, finish
	ידעת	qal	wcp	2ms	ידע	393		know
	שלחני	qal	pft	3ms	שלח	1018	1cs	send
4:10	בז	qal	pft	3ms	בוז	100		despise
	שמחו	qal	wcp	3cp	שמח	970		rejoice
	ראו	qal	wcp	3cp	ראה	906		see
	משוטטים	pol	ptc	mp	שוט	1001		go quickly
4:11	אען	qal	wci	1cs	ענה	772		answer
	אמר	qal	wci	1cs	אמר	55		say
4:12	אען	qal	wci	1cs	ענה	772		answer
	אמר	qal	wci	1cs	אמר	55		say
	מריקים	hiph	ptc	mp	ריק	937		make empty
4:13	יאמר	qal	wci	3ms	אמר	55		say
	אמר	qal	infc		אמר	55		say
	ידעת	qal	pft	2ms	ידע	393		know
	אמר	qal	wci	1cs	אמר	55		say
4:14	יאמר	qal	wci	3ms	אמר	55		say
	עמדים	qal	ptc	mp	עמד	763		stand, stop
5:1	אשוב	qal	wci	1cs	שוב	996		turn, return
	אשא	qal	wci	1cs	נשא	669		lift, carry
	אראה	qal	wci	1cs	ראה	906		see
	עפה	qal	ptc	fs	עוף	733		fly
5:2	יאמר	qal	wci	3ms	אמר	55		say
	ראה	qal	ptc	ms	ראה	906		see
	אמר	qal	wci	1cs	אמר	55		say
	ראה	qal	ptc	ms	ראה	906		see
	עפה	qal	ptc	fs	עוף	733		fly
5:3	יאמר	qal	wci	3ms	אמר	55		say
	יוצאת	qal	ptc	fs	יצא	422		go out
	גנב	qal	ptc	ms	גנב	170		steal
5:3	נקה	niph	pft	3ms	נקה	667		be clean, free
	נשבע	niph	ptc	ms	שבע	989		swear
	נקה	niph	pft	3ms	נקה	667		be clean, free
5:4	הוצאתיה	hiph	pft	1cs	יצא	422	3fs	bring out
	באה	qal	wcp	3fs	בוא	97		come in
	נשבע	niph	ptc	ms	שבע	989		swear
	לנה	qal	wcp	3fs	לון	533		lodge, remain
	כלתו	piel	wcp	3fs	כלה	477	3ms	complete, finish
5:5	יצא	qal	wci	3ms	יצא	422		go out
	דבר	qal	ptc	ms	דבר	180		speak
	יאמר	qal	wci	3ms	אמר	55		say
	שא	qal	impv	ms	נשא	669		lift, carry
	ראה	qal	impv	ms	ראה	906		see
	יוצאת	qal	ptc	fs	יצא	422		go out
5:6	אמר	qal	wci	1cs	אמר	55		say
	יאמר	qal	wci	3ms	אמר	55		say
	יוצאת	qal	ptc	fs	יצא	422		go out
	יאמר	qal	wci	3ms	אמר	55		say
5:7	נשאת	niph	ptc	fs	נשא	669		be lifted up
	יושבת	qal	ptc	fs	ישב	442		sit, dwell
5:8	יאמר	qal	wci	3ms	אמר	55		say
	ישלך	hiph	wci	3ms	שלך	1020		throw, cast
	ישלך	hiph	wci	3ms	שלך	1020		throw, cast
5:9	אשא	qal	wci	1cs	נשא	669		lift, carry
	ארא	qal	wci	1cs	ראה	906		see
	יוצאות	qal	ptc	fp	יצא	422		go out
	תשאנה	qal	wci	3fp	נשא	669		lift, carry
5:10	אמר	qal	wci	1cs	אמר	55		say
	דבר	qal	ptc	ms	דבר	180		speak
	מולכות	hiph	ptc	fp	הלך	229		lead, bring
5:11	יאמר	qal	wci	3ms	אמר	55		say
	בנות	qal	infc		בנה	124		build
	הוכן	hoph	wcp	3ms	כון	465		be established
	הניחה	hoph	wcp	3fs	נוח	628		be set, open
6:1	אשב	qal	wci	1cs	שוב	996		turn, return
	אשא	qal	wci	1cs	נשא	669		lift, carry
	אראה	qal	wci	1cs	ראה	906		see
	יצאות	qal	ptc	fp	יצא	422		go out
6:4	אען	qal	wci	1cs	ענה	772		answer
	אמר	qal	wci	1cs	אמר	55		say
	דבר	qal	ptc	ms	דבר	180		speak
6:5	יען	qal	wci	3ms	ענה	772		answer
	יאמר	qal	wci	3ms	אמר	55		say
	יוצאות	qal	ptc	fp	יצא	422		go out
	התיצב	hith	infc		יצב	426		stand oneself
6:6	יצאים	qal	ptc	mp	יצא	422		go out
	יצאו	qal	pft	3cp	יצא	422		go out
	יצאו	qal	pft	3cp	יצא	422		go out
6:7	יצאו	qal	pft	3cp	יצא	422		go out
	יבקשו	piel	wci	3mp	בקש	134		seek
	לכת	qal	infc		הלך	229		walk, go
	התהלך	hith	infc		הלך	229		walk to and fro
	יאמר	qal	wci	3ms	אמר	55		say
	לכו	qal	impv	mp	הלך	229		walk, go

Zechariah 6:7–8:6

ChVs	Form	Stem	Tnse	PGN	Root	BDB	Sfx	Meaning
6:7	התהלכו	hith	impv	mp	הלך	229		walk to and fro
	תתהלכנה	hith	wci	3fp	הלך	229		walk to and fro
6:8	יזעק	hiph	wci	3ms	זעק	277		call together
	ידבר	piel	wci	3ms	דבר	180		speak
	אמר	qal	infc		אמר	55		say
	ראה	qal	impv	ms	ראה	906		see
	יוצאים	qal	ptc	mp	יצא	422		go out
	הניחו	hiph	pft	3cp	נוח	628		give rest, put
6:9	יהי	qal	wci	3ms	היה	224		be, become
	אמר	qal	infc		אמר	55		say
6:10	לקוח	qal	infa		לקח	542		take
	באת	qal	wcp	2ms	בוא	97		come in
	באת	qal	wcp	2ms	בוא	97		come in
	באו	qal	pft	3cp	בוא	97		come in
6:11	לקחת	qal	wcp	2ms	לקח	542		take
	עשית	qal	wcp	2ms	עשה	793		do, make
	שמת	qal	wcp	2ms	שים	962		put, set
6:12	אמרת	qal	wcp	2ms	אמר	55		say
	אמר	qal	infc		אמר	55		say
	אמר	qal	pft	3ms	אמר	55		say
	אמר	qal	infc		אמר	55		say
	יצמח	qal	impf	3ms	צמח	855		sprout up
	בנה	qal	wcp	3ms	בנה	124		build
6:13	יבנה	qal	impf	3ms	בנה	124		build
	ישא	qal	impf	3ms	נשא	669		lift, carry
	ישב	qal	wcp	3ms	ישב	442		sit, dwell
	משל	qal	wcp	3ms	משל	605		rule
	היה	qal	wcp	3ms	היה	224		be, become
	תהיה	qal	impf	3fs	היה	224		be, become
6:14	תהיה	qal	impf	3fs	היה	224		be, become
6:15	יבאו	qal	impf	3mp	בוא	97		come in
	בנו	qal	wcp	3cp	בנה	124		build
	ידעתם	qal	wcp	2mp	ידע	393		know
	שלחני	qal	pft	3ms	שלח	1018	1cs	send
	היה	qal	wcp	3ms	היה	224		be, become
	שמוע	qal	infa		שמע	1033		hear
	תשמעון	qal	impf	2mp	שמע	1033		hear
7:1	יהי	qal	wci	3ms	היה	224		be, become
	היה	qal	pft	3ms	היה	224		be, become
7:2	ישלח	qal	wci	3ms	שלח	1018		send
	חלות	piel	infc		חלה	318		pacify, entreat
7:3	אמר	qal	infc		אמר	55		say
	אמר	qal	infc		אמר	55		say
	אבכה	qal	impf	1cs	בכה	113		weep
	הנזר	niph	infa		נזר	634		dedicate self
	עשיתי	qal	pft	1cs	עשה	793		do, make
7:4	יהי	qal	wci	3ms	היה	224		be, become
	אמר	qal	infc		אמר	55		say
7:5	אמר	qal	impv	ms	אמר	55		say
	אמר	qal	infc		אמר	55		say
	צמתם	qal	pft	2mp	צום	847		fast
	ספוד	qal	infa		ספד	704		wail, lament
	צום	qal	infa		צום	847		fast
	צמתני	qal	pft	2mp	צום	847	1cs	fast
7:6	תאכלו	qal	impf	2mp	אכל	37		eat, devour
	תשתו	qal	impf	2mp	שתה	1059		drink
	אכלים	qal	ptc	mp	אכל	37		eat, devour
	שתים	qal	ptc	mp	שתה	1059		drink
7:7	קרא	qal	pft	3ms	קרא	894		call, proclaim
	היות	qal	infc		היה	224		be, become
	ישבת	qal	ptc	fs	ישב	442		sit, dwell
	ישב	qal	ptc	ms	ישב	442		sit, dwell
7:8	יהי	qal	wci	3ms	היה	224		be, become
	אמר	qal	infc		אמר	55		say
7:9	אמר	qal	pft	3ms	אמר	55		say
	אמר	qal	infc		אמר	55		say
	שפטו	qal	impv	mp	שפט	1047		judge
	עשו	qal	impv	mp	עשה	793		do, make
7:10	תעשקו	qal	jusm	2mp	עשק	798		oppress, extort
	תחשבו	qal	jusm	2mp	חשב	362		think, devise
7:11	ימאנו	piel	wci	3mp	מאן	549		refuse
	הקשיב	hiph	infc		קשב	904		give attention
	יתנו	qal	wci	3mp	נתן	678		give, set
	סררת	qal	ptc	fs	סרר	710		be stubborn
	הכבידו	hiph	pft	3cp	כבד	457		make heavy
	שמוע	qal	infc		שמע	1033		hear
7:12	שמו	qal	pft	3cp	שים	962		put, set
	שמוע	qal	infc		שמע	1033		hear
	שלח	qal	pft	3ms	שלח	1018		send
	יהי	qal	wci	3ms	היה	224		be, become
7:13	יהי	qal	wci	3ms	היה	224		be, become
	קרא	qal	pft	3ms	קרא	894		call, proclaim
	שמעו	qal	pft	3cp	שמע	1033		hear
	יקראו	qal	impf	3mp	קרא	894		call, proclaim
	אשמע	qal	impf	1cs	שמע	1033		hear
	אמר	qal	pft	3ms	אמר	55		say
7:14	אסערם	piel	impf	1cs	סער	704	3mp	toss about
	ידעום	qal	pft	3cp	ידע	393	3mp	know
	נשמה	niph	pft	3fs	שמם	1030		be desolate
	עבר	qal	ptc	ms	עבר	716		pass over
	שב	qal	ptc	ms	שוב	996		turn, return
	ישימו	qal	wci	3mp	שים	962		put, set
8:1	יהי	qal	wci	3ms	היה	224		be, become
	אמר	qal	infc		אמר	55		say
8:2	אמר	qal	pft	3ms	אמר	55		say
	קנאתי	piel	pft	1cs	קנא	888		be jealous
	קנאתי	piel	pft	1cs	קנא	888		be jealous
8:3	אמר	qal	pft	3ms	אמר	55		say
	שבתי	qal	pft	1cs	שוב	996		turn, return
	שכנתי	qal	wcp	1cs	שכן	1014		settle, dwell
	נקראה	niph	wcp	3fs	קרא	894		be called
8:4	אמר	qal	pft	3ms	אמר	55		say
	ישבו	qal	impf	3mp	ישב	442		sit, dwell
8:5	ימלאו	niph	impf	3mp	מלא	569		be filled
	משחקים	piel	ptc	mp	שחק	965		make sport
8:6	אמר	qal	pft	3ms	אמר	55		say
	יפלא	niph	impf	3ms	פלא	810		be wonderful
	יפלא	niph	impf	3ms	פלא	810		be wonderful

Zechariah 8:7–9:14

ChVs	Form	Stem	Tnse	PGN	Root	BDB	Sfx	Meaning
8:7	אמר	qal	pft	3ms	אמר	55		say
	מושיע	hiph	ptc	ms	ישע	446		deliver, save
8:8	הבאתי	hiph	wcp	1cs	בוא	97		bring in
	שכנו	qal	wcp	3cp	שכן	1014		settle, dwell
	היו	qal	wcp	3cp	היה	224		be, become
	אהיה	qal	impf	1cs	היה	224		be, become
8:9	אמר	qal	pft	3ms	אמר	55		say
	תחזקנה	qal	jusm	3fp	חזק	304		be strong
	שמעים	qal	ptc	mp	שמע	1033		hear
	יסד	pual	pft	3ms	יסד	413		be founded
	הבנות	niph	infc		בנה	124		be built
8:10	נהיה	niph	pft	3ms	היה	224		be done
	יוצא	qal	ptc	ms	יצא	422		go out
	בא	qal	ptc	ms	בוא	97		come in
	אשלח	piel	wci	1cs	שלח	1018		send away, shoot
8:12	תתן	qal	impf	3fs	נתן	678		give, set
	תתן	qal	impf	3fs	נתן	678		give, set
	יתנו	qal	impf	3mp	נתן	678		give, set
	הנחלתי	hiph	wcp	1cs	נחל	635		c. to inherit
8:13	היה	qal	wcp	3ms	היה	224		be, become
	הייתם	qal	pft	2mp	היה	224		be, become
	אושיע	hiph	impf	1cs	ישע	446		deliver, save
	הייתם	qal	wcp	2mp	היה	224		be, become
	תיראו	qal	jusm	2mp	ירא	431		fear
	תחזקנה	qal	jusm	3mpכ	חזק	304		be strong
8:14	אמר	qal	pft	3ms	אמר	55		say
	זמתי	qal	pft	1cs	זמם	273		consider, devise
	הרע	hiph	infc		רעע	949		hurt, do evil
	הקציף	hiph	infc		קצף	893		provoke
	אמר	qal	pft	3ms	אמר	55		say
	נחמתי	niph	pft	1cs	נחם	636		be sorry
8:15	שבתי	qal	pft	1cs	שוב	996		turn, return
	זמתי	qal	pft	1cs	זמם	273		consider, devise
	היטיב	hiph	infc		יטב	405		do good
	תיראו	qal	jusm	2mp	ירא	431		fear
8:16	תעשו	qal	impf	2mp	עשה	793		do, make
	דברו	piel	impv	mp	דבר	180		speak
	שפטו	qal	impv	mp	שפט	1047		judge
8:17	תחשבו	qal	jusm	2mp	חשב	362		think, devise
	תאהבו	qal	jusm	2mp	אהב	12		love
	שנאתי	qal	pft	1cs	שנא	971		hate
8:18	יהי	qal	wci	3ms	היה	224		be, become
	אמר	qal	infc		אמר	55		say
8:19	אמר	qal	pft	3ms	אמר	55		say
	יהיה	qal	impf	3ms	היה	224		be, become
	אהבו	qal	impv	mp	אהב	12		love
8:20	אמר	qal	pft	3ms	אמר	55		say
	יבאו	qal	impf	3mp	בוא	97		come in
	ישבי	qal	ptc	mp	ישב	442		sit, dwell
8:21	הלכו	qal	wcp	3cp	הלך	229		walk, go
	ישבי	qal	ptc	mp	ישב	442		sit, dwell
	אמר	qal	infc		אמר	55		say
	נלכה	qal	coh	1cp	הלך	229		walk, go
	הלוך	qal	infa		הלך	229		walk, go
8:21	חלות	piel	infc		חלה	318		pacify, entreat
	בקש	piel	infc		בקש	134		seek
	אלכה	qal	coh	1cs	הלך	229		walk, go
8:22	באו	qal	wcp	3cp	בוא	97		come in
	בקש	piel	infc		בקש	134		seek
	חלות	piel	infc		חלה	318		pacify, entreat
8:23	אמר	qal	pft	3ms	אמר	55		say
	יחזיקו	hiph	impf	3mp	חזק	304		make firm, seize
	החזיקו	hiph	wcp	3cp	חזק	304		make firm, seize
	אמר	qal	infc		אמר	55		say
	נלכה	qal	coh	1cp	הלך	229		walk, go
	שמענו	qal	pft	1cp	שמע	1033		hear
9:2	תגבל	qal	impf	3fs	גבל	148		border
	חכמה	qal	pft	3fs	חכם	314		be wise
9:3	תבן	qal	wci	3fs	בנה	124		build
	תצבר	qal	wci	3fs	צבר	840		heap up
9:4	יורשנה	hiph	impf	3ms	ירש	439	3fs	c. to possess
	הכה	hiph	wcp	3ms	נכה	645		smite
	תאכל	niph	impf	3fs	אכל	37		be eaten
9:5	תרא	qal	jusf	3fs	ראה	906		see
	תירא	qal	impf	3fs	ירא	431		fear
	תחיל	qal	impf	3fs	חול	296		dance, writhe
	הביש	hiph	pft	3ms	בוש	101		put to shame
	אבד	qal	wcp	3ms	אבד	1		perish
	תשב	qal	impf	3fs	ישב	442		sit, dwell
9:6	ישב	qal	wcp	3ms	ישב	442		sit, dwell
	הכרתי	hiph	wcp	1cs	כרת	503		cut off, destroy
9:7	הסרתי	hiph	wcp	1cs	סור	693		take away
	נשאר	niph	wcp	3ms	שאר	983		be left
	היה	qal	wcp	3ms	היה	224		be, become
9:8	חניתי	qal	wcp	1cs	חנה	333		decline, encamp
	עבר	qal	ptc	ms	עבר	716		pass over
	שב	qal	ptc	ms	שוב	996		turn, return
	יעבר	qal	impf	3ms	עבר	716		pass over
	נגש	qal	ptc	ms	נגש	620		press, exact
	ראיתי	qal	pft	1cs	ראה	906		see
9:9	גילי	qal	impv	fs	גיל	162		rejoice
	הריעי	hiph	impv	fs	רוע	929		raise a shout
	יבוא	qal	impf	3ms	בוא	97		come in
	נושע	niph	ptc	ms	ישע	446		be saved
	רכב	qal	ptc	ms	רכב	938		mount, ride
9:10	הכרתי	hiph	wcp	1cs	כרת	503		cut off, destroy
	נכרתה	niph	wcp	3fs	כרת	503		be cut off
	דבר	piel	wcp	3ms	דבר	180		speak
9:11	שלחתי	piel	pft	1cs	שלח	1018		send away, shoot
9:12	שובו	qal	impv	mp	שוב	996		turn, return
	מגיד	hiph	ptc	ms	נגד	616		declare, tell
	אשיב	hiph	impf	1cs	שוב	996		bring back
9:13	דרכתי	qal	pft	1cs	דרך	201		tread, march
	מלאתי	piel	pft	1cs	מלא	569		fill
	עוררתי	pol	wcp	1cs	עור	734		rouse, incite
	שמתיך	qal	wcp	1cs	שים	962	2fs	put, set
9:14	יראה	niph	impf	3ms	ראה	906		appear, be seen
	יצא	qal	wcp	3ms	יצא	422		go out

Zechariah 9:14–11:9

ChVs	Form	Stem	Tnse	PGN	Root	BDB	Sfx	Meaning
9:14	יתקע	qal	impf	3ms	תקע	1075		thrust, clap
	הלך	qal	wcp	3ms	הלך	229		walk, go
9:15	יגן	hiph	impf	3ms	גנן	170		defend
	אכלו	qal	wcp	3cp	אכל	37		eat, devour
	כבשו	qal	wcp	3cp	כבש	461		subdue
	שתו	qal	wcp	3cp	שתה	1059		drink
	המו	qal	pft	3cp	המה	242		growl, murmur
	מלאו	qal	wcp	3cp	מלא	569		be full, fill
9:16	הושעם	hiph	wcp	3ms	ישע	446	3mp	deliver, save
	מתנוססות	htpo	ptc	fp	נסס	651		be raised
9:17	ינובב	pol	impf	3ms	נוב	626		make flourish
10:1	שאלו	qal	impv	mp	שאל	981		ask, borrow
	עשה	qal	ptc	ms	עשה	793		do, make
	יתן	qal	impf	3ms	נתן	678		give, set
10:2	דברו	piel	pft	3cp	דבר	180		speak
	קוסמים	qal	ptc	mp	קסם	890		divine
	חזו	qal	pft	3cp	חזה	302		see
	ידברו	piel	impf	3mp	דבר	180		speak
	ינחמון	piel	impf	3mp	נחם	636		comfort
	נסעו	qal	pft	3cp	נסע	652		pull up, set out
	יענו	qal	impf	3mp	ענה	776		be bowed down
	רעה	qal	ptc	ms	רעה	944		pasture, tend
10:3	רעים	qal	ptc	mp	רעה	944		pasture, tend
	חרה	qal	pft	3ms	חרה	354		be kindled, burn
	אפקוד	qal	impf	1cs	פקד	823		attend to, visit
	פקד	qal	pft	3ms	פקד	823		attend to, visit
	שם	qal	wcp	3ms	שים	962		put, set
10:4	יצא	qal	impf	3ms	יצא	422		go out
	נוגש	qal	ptc	ms	נגש	620		press, exact
10:5	היו	qal	wcp	3cp	היה	224		be, become
	בוסים	qal	ptc	mp	בוס	100		trample
	נלחמו	niph	wcp	3cp	לחם	535		wage war
	הבישו	hiph	wcp	3cp	בוש	101		put to shame
	רכבי	qal	ptc	mp	רכב	938		mount, ride
10:6	גברתי	piel	wcp	1cs	גבר	149		make strong
	אושיע	hiph	impf	1cs	ישע	446		deliver, save
	הושבותים	hiph	wcp	1cs	שוב	996	?3mp	bring back
	רחמתים	piel	pft	1cs	רחם	933	3mp	have compassion
	היו	qal	wcp	3cp	היה	224		be, become
	זנחתים	qal	pft	1cs	זנח	276	3mp	reject
	אענם	qal	impf	1cs	ענה	772	3mp	answer
10:7	היו	qal	wcp	3cp	היה	224		be, become
	שמח	qal	wcp	3ms	שמח	970		rejoice
	יראו	qal	impf	3mp	ראה	906		see
	שמחו	qal	wcp	3cp	שמח	970		rejoice
	יגל	qal	jus	3ms	גיל	162		rejoice
10:8	אשרקה	qal	coh	1cs	שרק	1056		hiss
	אקבצם	piel	cohm	1cs	קבץ	867	3mp	gather together
	פדיתים	qal	pft	1cs	פדה	804	3mp	ransom
	רבו	qal	wcp	3cp	רבה	915		be many, great
	רבו	qal	wcp	3cp	רבה	915		be many, great
10:9	אזרעם	qal	impf	1cs	זרע	281	3mp	sow
	יזכרוני	qal	impf	3mp	זכר	269	1cs	remember
	חיו	qal	wcp	3cp	חיה	310		live
10:9	שבו	qal	wcp	3cp	שוב	996		turn, return
10:10	השיבותים	hiph	wcp	1cs	שוב	996	3mp	bring back
	אקבצם	piel	impf	1cs	קבץ	867	3mp	gather together
	אביאם	hiph	impf	1cs	בוא	97	3mp	bring in
	ימצא	niph	impf	3ms	מצא	592		be found
10:11	עבר	qal	wcp	3ms	עבר	716		pass over
	הכה	hiph	wcp	3ms	נכה	645		smite
	הבישו	hiph	wcp	3cp	יבש	386		make dry
	הורד	hoph	wcp	3ms	ירד	432		be led down
	יסור	qal	impf	3ms	סור	693		turn aside
10:12	גברתים	piel	wcp	1cs	גבר	149	3mp	make strong
	יתהלכו	hith	impf	3mp	הלך	229		walk to and fro
11:1	פתח	qal	impv	ms	פתח	834		open
	תאכל	qal	jusm	3fs	אכל	37		eat, devour
11:2	הילל	hiph	impv	ms	ילל	410		howl
	נפל	qal	pft	3ms	נפל	656		fall
	שדדו	pual	pft	3cp	שדד	994		be devastated
	הילילו	hiph	impv	mp	ילל	410		howl
	ירד	qal	pft	3ms	ירד	432		come down
	בצור	k qal	pptc	ms	בצר	130		cut off
11:3	רעים	qal	ptc	mp	רעה	944		pasture, tend
	שדדה	pual	pft	3fs	שדד	994		be devastated
	שדד	pual	pft	3ms	שדד	994		be devastated
11:4	אמר	qal	pft	3ms	אמר	55		say
	רעה	qal	impv	ms	רעה	944		pasture, tend
11:5	קניהן	qal	ptc	mp	קנה	888	3fp	get, buy
	יהרגן	qal	impf	3mp	הרג	246	3fp	kill
	יאשמו	qal	impf	3mp	אשם	79		offend
	מכריהן	qal	ptc	mp	מכר	569	3fp	sell
	יאמר	qal	impf	3ms	אמר	55		say
	ברוך	qal	pptc	ms	ברך	138		kneel, bless
	אעשר	hiph	impf	1cs	עשר	799		make rich
	רעיהם	qal	ptc	mp	רעה	944	3mp	pasture, tend
	יחמול	qal	impf	3ms	חמל	328		spare
11:6	אחמול	qal	impf	1cs	חמל	328		spare
	ישבי	qal	ptc	mp	ישב	442		sit, dwell
	ממציא	hiph	ptc	ms	מצא	592		cause to find
	כתתו	piel	wcp	3cp	כתת	510		beat to pieces
	אציל	hiph	impf	1cs	נצל	664		snatch, deliver
11:7	ארעה	qal	wci	1cs	רעה	944		pasture, tend
	אקח	qal	wci	1cs	לקח	542		take
	קראתי	qal	pft	1cs	קרא	894		call, proclaim
	קראתי	qal	pft	1cs	קרא	894		call, proclaim
	ארעה	qal	wci	1cs	רעה	944		pasture, tend
11:8	אכחד	hiph	wci	1cs	כחד	470		hide, efface
	רעים	qal	ptc	mp	רעה	944		pasture, tend
	תקצר	qal	wci	3fs	קצר	894		be short
	בחלה	qal	pft	3fs	בחל	103		feel loathing
11:9	אמר	qal	wci	1cs	אמר	55		say
	ארעה	qal	impf	1cs	רעה	944		pasture, tend
	מתה	qal	ptc	fs	מות	559		die
	תמות	qal	jusm	3fs	מות	559		die
	נכחדת	niph	ptc	fs	כחד	470		be hid, effaced
	תכחד	niph	jusm	3fs	כחד	470		be hid, effaced

ChVs	Form	Stem	Tnse	PGN	Root	BDB	Sfx	Meaning	ChVs	Form	Stem	Tnse	PGN	Root	BDB	Sfx	Meaning
11:9	נשארות	niph	ptc	fp	שאר	983		be left	12:4	אכה	hiph	impf	1cs	נכה	645		smite
	תאכלנה	qal	jusm	3fp	אכל	37		eat,devour		רכבו	qal	ptc	ms	רכב	938	3ms	mount,ride
11:10	אקח	qal	wci	1cs	לקח	542		take		אפקח	qal	impf	1cs	פקח	824		open
	ואגדע	qal	wci	1cs	גדע	154		cut in two		אכה	hiph	impf	1cs	נכה	645		smite
	הפיר	hiph	infc		פרר	830		break,frustrate	12:5	אמרו	qal	wcp	3cp	אמר	55		say
	כרתי	qal	pft	1cs	כרת	503		cut,destroy		ישבי	qal	ptc	mp	ישב	442		sit,dwell
11:11	תפר	hoph	wci	3fs	פרר	830		be broken	12:6	אשים	qal	impf	1cs	שים	962		put,set
	וידעו	qal	wci	3mp	ידע	393		know		אכלו	qal	wcp	3cp	אכל	37		eat,devour
	שמרים	qal	ptc	mp	שמר	1036		keep,watch		וישבה	qal	wcp	3fs	ישב	442		sit,dwell
11:12	אמר	qal	wci	1cs	אמר	55		say	12:7	הושיע	hiph	wcp	3ms	ישע	446		deliver,save
	טוב	qal	pft	3ms	טוב	373		be pleasing		תגדל	qal	impf	3fs	גדל	152		be great,grow
	הבו	qal	impv	mp	יהב	396		give		ישב	qal	ptc	ms	ישב	442		sit,dwell
	חדלו	qal	impv	mp	חדל	292		cease	12:8	יגן	hiph	impf	3ms	גנן	170		defend
	וישקלו	qal	wci	3mp	שקל	1053		weigh		יושב	qal	ptc	ms	ישב	442		sit,dwell
11:13	יאמר	qal	wci	3ms	אמר	55		say		והיה	qal	wcp	3ms	היה	224		be,become
	השליכהו	hiph	impv		שלך	1020	3ms	throw,cast		נכשל	niph	ptc	ms	כשל	505		stumble
	יוצר	qal	ptc	ms	יצר	427		form,create	12:9	והיה	qal	wcp	3ms	היה	224		be,become
	יקרתי	qal	pft	1cs	יקר	429		be precious		אבקש	piel	impf	1cs	בקש	134		seek
	אקחה	qal	wci	1cs	לקח	542		take		השמיד	hiph	infc		שמד	1029		exterminate
	אשליך	hiph	wci	1cs	שלך	1020		throw,cast		באים	qal	ptc	mp	בוא	97		come in
	יוצר	qal	ptc	ms	יצר	427		form,create	12:10	שפכתי	qal	wcp	1cs	שפך	1049		pour out
11:14	ואגדע	qal	wci	1cs	גדע	154		cut in two		יושב	qal	ptc	ms	ישב	442		sit,dwell
	הפר	hiph	infc		פרר	830		break,frustrate		הביטו	hiph	wcp	3cp	נבט	613		look,regard
11:15	יאמר	qal	wci	3ms	אמר	55		say		דקרו	qal	pft	3cp	דקר	201		pierce
	קח	qal	impv	ms	לקח	542		take		וספדו	qal	wcp	3cp	ספד	704		wail,lament
	רעה	qal	ptc	ms	רעה	944		pasture,tend		המר	hiph	infa		מרר	600		make bitter
11:16	מקים	hiph	ptc	ms	קום	877		raise,build,set		המר	hiph	infa		מרר	600		make bitter
	רעה	qal	ptc	ms	רעה	944		pasture,tend	12:11	יגדל	qal	impf	3ms	גדל	152		be great,grow
	נכחדות	niph	ptc	fp	כחד	470		be hid,effaced	12:12	וספדה	qal	wcp	3fs	ספד	704		wail,lament
	יפקד	qal	impf	3ms	פקד	823		attend to,visit	12:14	הנשארות	niph	ptc	fp	שאר	983		be left
	יבקש	piel	impf	3ms	בקש	134		seek	13:1	יהיה	qal	impf	3ms	היה	224		be,become
	נשברת	niph	ptc	fs	שבר	990		be broken		נפתח	niph	ptc	ms	פתח	834		be opened
	ירפא	piel	impf	3ms	רפא	950		heal		ישבי	qal	ptc	mp	ישב	442		sit,dwell
	נצבה	niph	ptc	fs	נצב	662		stand	13:2	והיה	qal	wcp	3ms	היה	224		be,become
	יכלכל	pilp	impf	3ms	כול	465		support		אכרית	hiph	impf	1cs	כרת	503		cut off,destroy
	יאכל	qal	impf	3ms	אכל	37		eat,devour		יזכרו	niph	impf	3mp	זכר	269		be remembered
	יפרק	piel	impf	3ms	פרק	830		tear off		אעביר	hiph	impf	1cs	עבר	716		cause to pass
11:17	רעי	qal	ptc	ms	רעה	944		pasture,tend	13:3	והיה	qal	wcp	3ms	היה	224		be,become
	עזבי	qal	ptc	ms	עזב	736		leave,loose		ינבא	niph	impf	3ms	נבא	612		prophesy
	יבוש	qal	infa		יבש	386		be dry		ואמרו	qal	wcp	3cp	אמר	55		say
	תיבש	qal	impf	3fs	יבש	386		be dry		ילדיו	qal	ptc	mp	ילד	408	3ms	bear,beget
	כהה	qal	infa		כהה	462		grow dim		תחיה	qal	impf	2ms	חיה	310		live
	תכהה	qal	impf	3fs	כהה	462		grow dim		דברת	piel	pft	2ms	דבר	180		speak
12:1	נטה	qal	ptc	ms	נטה	639		stretch,incline		דקרהו	qal	wcp	3cp	דקר	201	3ms	pierce
	יסד	qal	ptc	ms	יסד	413		establish		ילדיו	qal	ptc	mp	ילד	408	3ms	bear,beget
	יצר	qal	ptc	ms	יצר	427		form,create		הנבאו	niph	infc		נבא	612	3ms	prophesy
12:2	שם	qal	ptc	ms	שים	962		put,set	13:4	והיה	qal	wcp	3ms	היה	224		be,become
	יהיה	qal	impf	3ms	היה	224		be,become		יבשו	qal	impf	3mp	בוש	101		be ashamed
12:3	והיה	qal	wcp	3ms	היה	224		be,become		הנבאתו	niph	infc		נבא	612	3ms	prophesy
	אשים	qal	impf	1cs	שים	962		put,set		ילבשו	qal	impf	3mp	לבש	527		put on,clothe
	עמסיה	qal	ptc	mp	עמס	770	3fs	load,carry		כחש	piel	infc		כחש	471		deceive
	שרוט	qal	infa		שרט	976		incise	13:5	אמר	qal	wcp	3ms	אמר	55		say
	ישרטו	niph	impf	3mp	שרט	976		be scratched		עבד	qal	ptc	ms	עבד	712		work,serve
	נאספו	niph	wcp	3cp	אסף	62		assemble		הקנני	hiph	pft	3ms	קנה	888	1cs	buy (as slave)

Zechariah 13:6–Malachi 1:2

ChVs	Form	Stem	Tnse	PGN	Root	BDB	Sfx	Meaning
13:6	אמר	qal	wcp	3ms	אמר	55		say
	אמר	qal	wcp	3ms	אמר	55		say
	הכיתי	hoph	pft	1cs	נכה	645		be smitten
	מאהבי	piel	ptc	mp	אהב	12	1cs	lovers
13:7	עורי	qal	impv	fs	עור	734		rouse self
	רעי	qal	ptc	ms	רעה	944	1cs	pasture, tend
	הך	hiph	impv	ms	נכה	645		smite
	רעה	qal	ptc	ms	רעה	944		pasture, tend
	תפוצין	qal	jusm	3fp	פוץ	806		be scattered
	השבתי	hiph	wcp	1cs	שוב	996		bring back
	צערים	qal	ptc	mp	צער	858		be small
13:8	היה	qal	wcp	3ms	היה	224		be, become
	יכרתו	niph	impf	3mp	כרת	503		be cut off
	יגועו	qal	impf	3mp	גוע	157		expire, die
	יותר	niph	impf	3ms	יתר	451		be left, remain
13:9	הבאתי	hiph	wcp	1cs	בוא	97		bring in
	צרפתים	qal	wcp	1cs	צרף	864	3mp	refine, test
	צרף	qal	infc		צרף	864		refine, test
	בחנתים	qal	wcp	1cs	בחן	103	3mp	examine, try
	בחן	qal	infc		בחן	103		examine, try
	יקרא	qal	impf	3ms	קרא	894		call, proclaim
	אענה	qal	impf	1cs	ענה	772		answer
	אמרתי	qal	pft	1cs	אמר	55		say
	יאמר	qal	impf	3ms	אמר	55		say
14:1	בא	qal	ptc	ms	בוא	97		come in
	חלק	pual	wcp	3ms	חלק	323		be divided
14:2	אספתי	qal	wcp	1cs	אסף	62		gather
	נלכדה	niph	wcp	3fs	לכד	539		be captured
	נשסו	niph	wcp	3cp	שסס	1042		be plundered
	אתשגלנה k	niph	impf	3fp	שגל	993		be ravished
	תשכבנה q	niph	impf	3fp	שכב	1011		be lain with
	יצא	qal	wcp	3ms	יצא	422		go out
	יכרת	niph	impf	3ms	כרת	503		be cut off
14:3	יצא	qal	wcp	3ms	יצא	422		go out
	נלחם	niph	wcp	3ms	לחם	535		wage war
	הלחמו	niph	infc		לחם	535	3ms	wage war
14:4	עמדו	qal	wcp	3cp	עמד	763		stand, stop
	נבקע	niph	wcp	3ms	בקע	131		be cleft
	מש	qal	wcp	3ms	מוש	559		depart, remove
14:5	נסתם	qal	wcp	2mp	נוס	630		flee, escape
	יגיע	hiph	impf	3ms	נגע	619		reach, arrive
	נסתם	qal	wcp	2mp	נוס	630		flee, escape
	נסתם	qal	pft	2mp	נוס	630		flee, escape
	בא	qal	wcp	3ms	בוא	97		come in
14:6	היה	qal	wcp	3ms	היה	224		be, become
	יהיה	qal	impf	3ms	היה	224		be, become
	יקפאון k	qal	impf	3mp	קפא	891		condense
14:7	היה	qal	wcp	3ms	היה	224		be, become
	יודע	niph	impf	3ms	ידע	393		be made known
	היה	qal	wcp	3ms	היה	224		be, become
	יהיה	qal	impf	3ms	היה	224		be, become
14:8	היה	qal	wcp	3ms	היה	224		be, become
	יצאו	qal	impf	3mp	יצא	422		go out
	יהיה	qal	impf	3ms	היה	224		be, become
14:9	היה	qal	wcp	3ms	היה	224		be, become
	יהיה	qal	impf	3ms	היה	224		be, become
14:10	יסוב	qal	impf	3ms	סבב	685		surround
	ראמה	qal	wcp	3fs	ראם	910		rise
	ישבה	qal	wcp	3fs	ישב	442		sit, dwell
14:11	ישבו	qal	wcp	3cp	ישב	442		sit, dwell
	יהיה	qal	impf	3ms	היה	224		be, become
	ישבה	qal	wcp	3fs	ישב	442		sit, dwell
14:12	תהיה	qal	impf	3fs	היה	224		be, become
	יגף	qal	impf	3ms	נגף	619		smite, strike
	צבאו	qal	pft	3cp	צבא	838		wage war
	המק	hiph	infa		מקק	596		cause to rot
	עמד	qal	ptc	ms	עמד	763		stand, stop
	תמקנה	niph	impf	3fp	מקק	596		rot, decay
	תמק	niph	impf	3fs	מקק	596		rot, decay
14:13	היה	qal	wcp	3ms	היה	224		be, become
	תהיה	qal	impf	3fs	היה	224		be, become
	החזיקו	hiph	wcp	3cp	חזק	304		make firm, seize
	עלתה	qal	wcp	3fs	עלה	748		go up
14:14	תלחם	niph	impf	3fs	לחם	535		wage war
	אסף	pual	wcp	3ms	אסף	62		be gathered
14:15	תהיה	qal	impf	3fs	היה	224		be, become
	יהיה	qal	impf	3ms	היה	224		be, become
14:16	היה	qal	wcp	3ms	היה	224		be, become
	נותר	niph	ptc	ms	יתר	451		be left, remain
	באים	qal	ptc	mp	בוא	97		come in
	עלו	qal	wcp	3cp	עלה	748		go up
	השתחות	hish	infc		חוה	1005		bow down
	חג	qal	infc		חגג	290		keep festival
14:17	היה	qal	wcp	3ms	היה	224		be, become
	יעלה	qal	impf	3ms	עלה	748		go up
	השתחות	hish	infc		חוה	1005		bow down
	יהיה	qal	impf	3ms	היה	224		be, become
14:18	תעלה	qal	impf	3fs	עלה	748		go up
	באה	qal	ptc	fs	בוא	97		come in
	תהיה	qal	impf	3fs	היה	224		be, become
	יגף	qal	impf	3ms	נגף	619		smite, strike
	יעלו	qal	impf	3mp	עלה	748		go up
	חג	qal	infc		חגג	290		keep festival
14:19	תהיה	qal	impf	3fs	היה	224		be, become
	יעלו	qal	impf	3mp	עלה	748		go up
	חג	qal	infc		חגג	290		keep festival
14:20	יהיה	qal	impf	3ms	היה	224		be, become
	היה	qal	wcp	3ms	היה	224		be, become
14:21	היה	qal	wcp	3ms	היה	224		be, become
	באו	qal	wcp	3cp	בוא	97		come in
	זבחים	qal	ptc	mp	זבח	256		slaughter
	לקחו	qal	wcp	3cp	לקח	542		take
	בשלו	piel	wcp	3cp	בשל	143		boil, cook
	יהיה	qal	impf	3ms	היה	224		be, become

MALACHI

ChVs	Form	Stem	Tnse	PGN	Root	BDB	Sfx	Meaning
1:2	אהבתי	qal	pft	1cs	אהב	12		love
	אמר	qal	pft	3ms	אמר	55		say

Malachi 1:2–2:11

ChVs	Form	Stem	Tnse	PGN	Root	BDB	Sfx	Meaning
1:2	אמרתם	qal	wcp	2mp	אמר	55		say
	אהבתנו	qal	pft	2ms	אהב	12	1cp	love
	אהב	qal	wci	1cs	אהב	12		love
1:3	שנאתי	qal	pft	1cs	שנא	971		hate
	אשים	qal	wci	1cs	שים	962		put,set
1:4	תאמר	qal	impf	3fs	אמר	55		say
	רששנו	pual	pft	1cp	רשש	958		be beaten down
	נשוב	qal	impf	1cp	שוב	996		turn,return
	נבנה	qal	impf	1cp	בנה	124		build
	אמר	qal	pft	3ms	אמר	55		say
	יבנו	qal	impf	3mp	בנה	124		build
	אהרוס	qal	impf	1cs	הרס	248		throw down
	קראו	qal	wcp	3cp	קרא	894		call,proclaim
	זעם	qal	pft	3ms	זעם	276		be indignant
1:5	תראינה	qal	impf	3fp	ראה	906		see
	תאמרו	qal	impf	2mp	אמר	55		say
	יגדל	qal	jusm	3ms	גדל	152		be great,grow
1:6	יכבד	piel	impf	3ms	כבד	457		honor,make dull
	אמר	qal	pft	3ms	אמר	55		say
	בוזי	qal	ptc	mp	בזה	102		despise
	אמרתם	qal	wcp	2mp	אמר	55		say
	בזינו	qal	pft	1cp	בזה	102		despise
1:7	מגישים	hiph	ptc	mp	נגש	620		bring near
	מגאל	pual	ptc	ms	גאל	146		be desecrated
	אמרתם	qal	wcp	2mp	אמר	55		say
	גאלנוך	piel	pft	1cp	גאל	146	2ms	pollute
	אמרכם	qal	infc		אמר	55	2mp	say
	נבזה	niph	ptc	ms	בזה	102		despised
1:8	תגשון	hiph	impf	2mp	נגש	620		bring near
	זבח	qal	infc		זבח	256		slaughter
	תגישו	hiph	impf	2mp	נגש	620		bring near
	חלה	qal	ptc	ms	חלה	317		be weak,sick
	הקריבהו	hiph	impv	ms	קרב	897	3ms	bring near
	ירצך	qal	impf	3ms	רצה	953	2ms	be pleased
	ישא	qal	impf	3ms	נשא	669		lift,carry
	אמר	qal	pft	3ms	אמר	55		say
1:9	חלו	piel	impv	mp	חלה	318		pacify,entreat
	יחננו	qal	jusm	3ms	חנן	335	1cp	show favor
	היתה	qal	pft	3fs	היה	224		be,become
	ישא	qal	impf	3ms	נשא	669		lift,carry
	אמר	qal	pft	3ms	אמר	55		say
1:10	יסגר	qal	jusm	3ms	סגר	688		shut
	תאירו	hiph	impf	2mp	אור	21		cause to shine
	אמר	qal	pft	3ms	אמר	55		say
	ארצה	qal	impf	1cs	רצה	953		be pleased
1:11	מגש	hoph	ptc	ms	נגש	620		be brought near
	אמר	qal	pft	3ms	אמר	55		say
1:12	מחללים	piel	ptc	mp	חלל	320		pollute
	אמרכם	qal	infc		אמר	55	2mp	say
	מגאל	pual	ptc	ms	גאל	146		be desecrated
	נבזה	niph	ptc	ms	בזה	102		despised
1:13	אמרתם	qal	wcp	2mp	אמר	55		say
	הפחתם	hiph	wcp	2mp	נפח	655		c. to breathe
	אמר	qal	pft	3ms	אמר	55		say
1:13	הבאתם	hiph	wcp	2mp	בוא	97		bring in
	גזול	qal	pptc	ms	גזל	159		tear away,rob
	חולה	qal	ptc	ms	חלה	317		be weak,sick
	הבאתם	hiph	wcp	2mp	בוא	97		bring in
	ארצה	qal	impf	1cs	רצה	953		be pleased
	אמר	qal	pft	3ms	אמר	55		say
1:14	ארור	qal	pptc	ms	ארר	76		curse
	נוכל	qal	ptc	ms	נכל	647		be crafty
	נדר	qal	ptc	ms	נדר	623		vow
	זבח	qal	ptc	ms	זבח	256		slaughter
	משחת	hoph	ptc	ms	שחת	1007		be spoiled
	אמר	qal	pft	3ms	אמר	55		say
	נורא	niph	ptc	ms	ירא	431		be feared
2:2	תשמעו	qal	impf	2mp	שמע	1033		hear
	תשימו	qal	impf	2mp	שים	962		put,set
	תת	qal	infc		נתן	678		give,set
	אמר	qal	pft	3ms	אמר	55		say
	שלחתי	piel	wcp	1cs	שלח	1018		send away,shoot
	ארותי	qal	wcp	1cs	ארר	76		curse
	ארותיה	qal	pft	1cs	ארר	76	3fs	curse
	שמים	qal	ptc	mp	שים	962		put,set
2:3	גער	qal	ptc	ms	גער	172		rebuke
	זריתי	piel	wcp	1cs	זרה	279		scatter
	נשא	qal	wcp	3ms	נשא	669		lift,carry
2:4	ידעתם	qal	wcp	2mp	ידע	393		know
	שלחתי	piel	pft	1cs	שלח	1018		send away,shoot
	היות	qal	infc		היה	224		be,become
	אמר	qal	pft	3ms	אמר	55		say
2:5	היתה	qal	pft	3fs	היה	224		be,become
	אתנם	qal	wci	1cs	נתן	678	3mp	give,set
	ייראני	qal	wci	3ms	ירא	431	1cs	fear
	נחת	niph	pft	3ms	חתת	369		be dismayed
2:6	היתה	qal	pft	3fs	היה	224		be,become
	נמצא	niph	pft	3ms	מצא	592		be found
	הלך	qal	pft	3ms	הלך	229		walk,go
	השיב	hiph	pft	3ms	שוב	996		bring back
2:7	ישמרו	qal	impf	3mp	שמר	1036		keep,watch
	יבקשו	piel	impf	3mp	בקש	134		seek
2:8	סרתם	qal	pft	2mp	סור	693		turn aside
	הכשלתם	hiph	pft	2mp	כשל	505		cause to fall
	שחתם	piel	pft	2mp	שחת	1007		spoil,ruin
	אמר	qal	pft	3ms	אמר	55		say
2:9	נתתי	qal	pft	1cs	נתן	678		give,set
	נבזים	niph	ptc	mp	בזה	102		despised
	שמרים	qal	ptc	mp	שמר	1036		keep,watch
	נשאים	qal	ptc	mp	נשא	669		lift,carry
2:10	בראנו	qal	pft	3ms	ברא	135	1cp	create
	נבגד	qal	impf	1cp	בגד	93		act faithlessly
	חלל	piel	infc		חלל	320		pollute
2:11	בגדה	qal	pft	3fs	בגד	93		act faithlessly
	נעשתה	niph	pft	3fs	עשה	793		be done
	חלל	piel	pft	3ms	חלל	320		pollute
	אהב	qal	pft	3ms	אהב	12		love
	בעל	qal	pft	3ms	בעל	127		marry,rule over

Malachi 2:12–3:16

ChVs	Form	Stem	Tnse	PGN	Root	BDB	Sfx	Meaning
2:12	יכרת	hiph	jus	3ms	כרת	503		cut off, destroy
	יעשנה	qal	impf	3ms	עשה	793	3fs	do, make
	ער	qal	ptc	ms	עור	734		rouse self
	ענה	qal	ptc	ms	ענה	772		answer
	מגיש	hiph	ptc	ms	נגש	620		bring near
2:13	תעשו	qal	impf	2mp	עשה	793		do, make
	כסות	piel	infc		כסה	491		cover
	פנות	qal	infc		פנה	815		turn
	לקחת	qal	infc		לקח	542		take
2:14	אמרתם	qal	wcp	2mp	אמר	55		say
	העיד	hiph	pft	3ms	עוד	729		testify, warn
	בגדתה	qal	pft	2ms	בגד	93		act faithlessly
2:15	עשה	qal	pft	3ms	עשה	793		do, make
	מבקש	piel	ptc	ms	בקש	134		seek
	נשמרתם	niph	wcp	2mp	שמר	1036		be kept, guarded
	יבגד	qal	jusm	3ms	בגד	93		act faithlessly
2:16	שנא	qal	pft	3ms	שנא	971		hate
	שלח	piel	infc		שלח	1018		send away, shoot
	אמר	qal	pft	3ms	אמר	55		say
	כסה	piel	wcp	3ms	כסה	491		cover
	אמר	qal	pft	3ms	אמר	55		say
	נשמרתם	niph	wcp	2mp	שמר	1036		be kept, guarded
	תבגדו	qal	impf	2mp	בגד	93		act faithlessly
2:17	הוגעתם	hiph	pft	2mp	יגע	388		cause to toil
	אמרתם	qal	wcp	2mp	אמר	55		say
	הוגענו	hiph	pft	1cp	יגע	388		cause to toil
	אמרכם	qal	infc		אמר	55	2mp	say
	עשה	qal	ptc	ms	עשה	793		do, make
	חפץ	qal	pft	3ms	חפץ	342		delight in
3:1	שלח	qal	ptc	ms	שלח	1018		send
	פנה	piel	wcp	3ms	פנה	815		make clear
	יבוא	qal	impf	3ms	בוא	97		come in
	מבקשים	piel	ptc	mp	בקש	134		seek
	בא	qal	ptc	ms	בוא	97		come in
	אמר	qal	pft	3ms	אמר	55		say
3:2	מכלכל	pilp	ptc	ms	כול	465		support
	בואו	qal	infc		בוא	97	3ms	come in
	עמד	qal	ptc	ms	עמד	763		stand, stop
	הראותו	niph	infc		ראה	906	3ms	appear, be seen
	מצרף	piel	ptc	ms	צרף	864		refiner
	מכבסים	piel	ptc	mp	כבס	460		wash
3:3	ישב	qal	wcp	3ms	ישב	442		sit, dwell
	מצרף	piel	ptc	ms	צרף	864		refiner
	מטהר	piel	ptc	ms	טהר	372		cleanse
	טהר	piel	wcp	3ms	טהר	372		cleanse
	זקק	piel	wcp	3ms	זקק	279		purify
	היו	qal	wcp	3cp	היה	224		be, become
	מגישי	hiph	ptc	mp	נגש	620		bring near
3:4	ערבה	qal	wcp	3fs	ערב	787		be sweet
3:5	קרבתי	qal	wcp	1cs	קרב	897		approach
	הייתי	qal	wcp	1cs	היה	224		be, become
	ממהר	piel	ptc	ms	מהר	554		hasten
	מכשפים	piel	ptc	mp	כשף	506		practice magic
	מנאפים	piel	ptc	mp	נאף	610		commit adultery
3:5	נשבעים	niph	ptc	mp	שבע	989		swear
	עשקי	qal	ptc	mp	עשק	798		oppress, extort
	מטי	hiph	ptc	mp	נטה	639		turn, incline
	יראוני	qal	pft	3cp	ירא	431	1cs	fear
	אמר	qal	pft	3ms	אמר	55		say
3:6	שניתי	qal	pft	1cs	שנה	1039		change
	כליתם	qal	pft	2mp	כלה	477		finished, spent
3:7	סרתם	qal	pft	2mp	סור	693		turn aside
	שמרתם	qal	pft	2mp	שמר	1036		keep, watch
	שובו	qal	impv	mp	שוב	996		turn, return
	אשובה	qal	coh	1cs	שוב	996		turn, return
	אמר	qal	pft	3ms	אמר	55		say
	אמרתם	qal	wcp	2mp	אמר	55		say
	נשוב	qal	impf	1cp	שוב	996		turn, return
3:8	יקבע	qal	impf	3ms	קבע	867		rob
	קבעים	qal	ptc	mp	קבע	867		rob
	אמרתם	qal	wcp	2mp	אמר	55		say
	קבענוך	qal	pft	1cp	קבע	867	2ms	rob
3:9	נארים	niph	ptc	mp	ארר	76		cursed
	קבעים	qal	ptc	mp	קבע	867		rob
3:10	הביאו	hiph	impv	mp	בוא	97		bring in
	יהי	qal	jus	3ms	היה	224		be, become
	בחנוני	qal	impv	mp	בחן	103	1cs	examine, try
	אמר	qal	pft	3ms	אמר	55		say
	אפתח	qal	impf	1cs	פתח	834		open
	הריקתי	hiph	wcp	1cs	ריק	937		make empty
3:11	גערתי	qal	wcp	1cs	גער	172		rebuke
	אכל	qal	ptc	ms	אכל	37		eat, devour
	ישחת	hiph	impf	3ms	שחת	1007		spoil, ruin
	תשכל	piel	impf	3fs	שכל	1013		make childless
	אמר	qal	pft	3ms	אמר	55		say
3:12	אשרו	piel	wcp	3cp	אשר	80		call blessed
	תהיו	qal	impf	2mp	היה	224		be, become
	אמר	qal	pft	3ms	אמר	55		say
3:13	חזקו	qal	pft	3cp	חזק	304		be strong
	אמר	qal	pft	3ms	אמר	55		say
	אמרתם	qal	wcp	2mp	אמר	55		say
	נדברנו	niph	pft	1cp	דבר	180		speak with
3:14	אמרתם	qal	pft	2mp	אמר	55		say
	עבד	qal	infc		עבד	712		work, serve
	שמרנו	qal	pft	1cp	שמר	1036		keep, watch
	הלכנו	qal	pft	1cp	הלך	229		walk, go
3:15	מאשרים	piel	ptc	mp	אשר	80		call blessed
	נבנו	niph	pft	3cp	בנה	124		be built
	עשי	qal	ptc	mp	עשה	793		do, make
	בחנו	qal	pft	3cp	בחן	103		examine, try
	ימלטו	niph	wci	3mp	מלט	572		escape
3:16	נדברו	niph	pft	3cp	דבר	180		speak with
	יראי	qal	ptc	mp	ירא	431		fear
	יקשב	hiph	wci	3ms	קשב	904		give attention
	ישמע	qal	wci	3ms	שמע	1033		hear
	יכתב	niph	wci	3ms	כתב	507		be written
	יראי	qal	ptc	mp	ירא	431		fear
	חשבי	qal	ptc	mp	חשב	362		think, devise

ChVs	Form	Stem	Tnse	PGN	Root	BDB	Sfx	Meaning
3:17	היו	qal	wcp	3cp	היה	224		be, become
	אמר	qal	pft	3ms	אמר	55		say
	עשה	qal	ptc	ms	עשה	793		do, make
	חמלתי	qal	wcp	1cs	חמל	328		spare
	יחמל	qal	impf	3ms	חמל	328		spare
	עבד	qal	ptc	ms	עבד	712		work, serve
3:18	שבתם	qal	wcp	2mp	שוב	996		turn, return
	ראיתם	qal	wcp	2mp	ראה	906		see
	עבד	qal	ptc	ms	עבד	712		work, serve
	עבדו	qal	pft	3ms	עבד	712	3ms	work, serve
3:19	בא	qal	ptc	ms	בוא	97		come in
	בער	qal	ptc	ms	בער	128		burn
	היו	qal	wcp	3cp	היה	224		be, become
	עשה	qal	ptc	ms	עשה	793		do, make
	להט	piel	wcp	3ms	להט	529		set ablaze
	בא	qal	ptc	ms	בוא	97		come in
	אמר	qal	pft	3ms	אמר	55		say
	יעזב	qal	impf	3ms	עזב	736		leave, loose
3:20	זרחה	qal	wcp	3fs	זרח	280		rise, appear
	יראי	qal	ptc	mp	ירא	431		fear
	יצאתם	qal	wcp	2mp	יצא	422		go out
	פשתם	qal	wcp	2mp	פוש	807		spring about
3:21	עסותם	qal	wcp	2mp	עסס	779		press, crush
	יהיו	qal	impf	3mp	היה	224		be, become
	עשה	qal	ptc	ms	עשה	793		do, make
	אמר	qal	pft	3ms	אמר	55		say
3:22	זכרו	qal	impv	mp	זכר	269		remember
	צויתי	piel	pft	1cs	צוה	845		command
3:23	שלח	qal	ptc	ms	שלח	1018		send
	בוא	qal	infc		בוא	97		come in
	נורא	niph	ptc	ms	ירא	431		be feared
3:24	השיב	hiph	wcp	3ms	שוב	996		bring back
	אבוא	qal	impf	1cs	בוא	97		come in